AF533990

Hans-Ludwig Grabowski

Das Geld des Terrors

Geld und Geldersatz in deutschen Konzentrationslagern
und Gettos 1933 bis 1945

Hans-Ludwig Grabowski

Das Geld des Terrors

Geld und Geldersatz in deutschen Konzentrationslagern und Gettos 1933 bis 1945

Dokumentation und Katalog
basierend auf Belegen der zeitgeschichtlichen Sammlung Wolfgang Haney sowie aus weiteren Sammlungen und Archiven

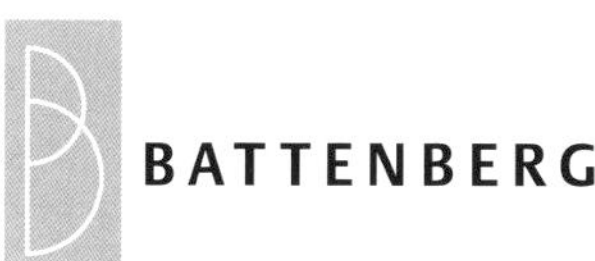

Bibliografische Information der Deutschen Bibliothek

Die Deutsche Bibliothek verzeichnet diese Publikation in der Deutschen Nationalbibliografie; detaillierte bibliografische Daten sind im Internet über http://dnb.ddb.de abrufbar.
ISBN 978-3-86646-040-9

1. Auflage 2008
© 2008 by Battenberg Verlag, Regenstauf
(www.battenberg.de)
Alle Rechte vorbehalten
ISBN 978-3-86646-040-9

Vorwort

Mit dem „totalen“ Krieg und dem massenhaften Einsatz von Häftlingen als Arbeitssklaven – vor allem in der Rüstungsindustrie – erreichte die Verwendung von Geld und Geldersatz in den Lagern und Gettos des Dritten Reichs ihren Höhepunkt. Schon zuvor hatte es spezielle Ersatzzahlungsmittel gegeben, doch nahmen die sog. Prämienscheine, die dann in fast allen Konzentrationslagern benutzt wurden, um Gefangene aus ganz Europa zu immer höheren Leistungen für die deutsche Kriegswirtschaft zu motivieren, eine herausragende Stellung ein.

Die Rolle von Geld und Geldersatz in den Lagern und Gettos wird nicht nur in Form einer umfassenden Katalogisierung behandelt. Im vorliegenden Band steht sie im Mittelpunkt einer ausführlichen Arbeit zu den historischen Hintergründen und Fakten, die in dieser Form erstmals präsentiert werden können und im Bezug zur Geschichte der jeweiligen Lager und Gettos stehen.

Als Basis für die längst überfällige Aufarbeitung dieses Kapitels der deutschen und internationalen Währungsgeschichte diente nicht nur die bedeutende zeitgeschichtliche Sammlung des bekannten Berliner Holocaust-Sammlers und Forschers Wolfgang Haney. Zusammen mit historischen Belegen aus weiteren Sammlungen und Archiven, die für diese Arbeit dank mannigfaltiger Unterstützung zusammengeführt werden konnten, wurden zahlreiche neue Erkenntnisse auf einem Gebiet gewonnen, auf dem zum Teil Grundlagenforschung zu betreiben war. Dadurch ist über einen Abriß zur Geschichte der wichtigsten Lager und Gettos sowie zu Antisemitismus und Holocaust hinaus eine völlig neuartige, reichhaltig bebilderte Dokumentation zu einem wichtigen Baustein im System des nationalsozialistischen Terrors entstanden, die für überraschende Einblicke und erschütternde Momentaufnahmen aus den Erinnerungen von Zeitzeugen und der Bürokratie der Vernichtung sorgt.

Diese Arbeit spricht deshalb nicht nur Sammler historischer Geldzeichen oder Dokumente zur Geschichte des Nationalsozialismus, der Konzentrationslager und des Holocaust an, sie bietet jedem geschichtlich interessierten und aufgeschlossenen Leser einen erfahrenswerten Überblick über politische, ökonomische, finanzielle und menschliche Aspekte eines Kapitels der deutschen Geschichte, das wie kein anderes vor ihm die nachfolgenden Generationen bis heute beeinflußt.

Als Anfang 1945 mit über 700 000 Häftlingen in deutschen Konzentrationslagern der Höhepunkt erreicht war, stand das System bereits vor dem Aus. Das „Geld des Terrors“ blieb als stummes Zeugnis der Geschichte bis heute erhalten.

Über die wissenschaftliche Erforschung der Verwendung von Geld und Geldersatz hinaus werden alle heute bekannten Lagergeldscheine, Prämienscheine, Getto-Quittungen und sonstigen geldähnlichen Belege ausführlich in Wort und Bild katalogisiert. Abgerundet wird die Arbeit mit einer Übersicht zu Gedenkausgaben und zu modernen Fälschungen, die im Zusammenhang mit dem wachsenden Sammelinteresse leider recht häufig zu finden sind. Damit sollen sowohl Sammler als auch Gedenkstätten und Museen sensibilisiert und zur Erkennung von Falsifikaten und Fantasieausgaben befähigt werden.

Ausgehend von den historischen Quellen und den hier behandelten Belegen wurde die damals gebräuchliche Abkürzung KL für Konzentrationslager verwendet, das Kürzel KZ stammt erst aus der Nachkriegszeit und kam bis 1945 kaum vor. Für Gettos wurde die deutsche und auf den meisten historischen Belegen – insbesondere den hier behandelten geldgeschichtlichen – verwendete Schreibweise benutzt.

Mit Rücksicht auf die historische Bedeutung der katalogisierten Geldzeichen der Konzentrationslager und Gettos sowie deren heutige Seltenheit wurde in der Regel auf die Angabe von Bewertungen verzichtet.

Möge diese Arbeit ihren – wenn auch nur bescheidenen – Anteil an der Erforschung unserer jüngeren Geschichte leisten. Zum Geld des Terros wird sie dies ganz sicher.

Hans L. Grabowski, Regenstauf im Oktober 2008

Danksagung

Dieses umfangreiche Werk wäre ohne die außergewöhnliche Sammlung von Wolfgang Haney, der sich seit vielen Jahren für das Holocaust-Gedenken einsetzt und durch Ausstellungen und Vorträge in vielen Ländern bekannt wurde, nicht denkbar gewesen. Die zeitgeschichtlichen Belege aus seiner Sammlung – Geldzeichen, Dokumente und Fotos – bildeten die Grundlage für die Erforschung geldgeschichtlicher Hintergründe. Zusammen mit der Unterstützung von Gedenkstätten und von zahlreichen Sammlern, konnte diese Arbeit erst Gestalt annehmen, und ohne einen geduldigen Verleger hätte sie wohl nicht abgeschlossen werden können. Ich möchte mich auch bei Marek Staskiewicz aus Warschau bedanken, der den Anstoß zu dieser Arbeit gab.

Besonderer Dank gilt der Unterstützung durch Archive verschiedener Gedenkstätten, die mit wichtigen Dokumenten helfen konnten. Hervorheben möchte ich die besonders freundliche und kooperative Zusammenarbeit mit den Gedenkstätten Buchenwald, Ravensbrück, Dachau und Mauthausen.

Stellvertretend für alle, die mit zum Gelingen des vorliegenden Buchs beigetragen haben – sei es durch Bereitstellung von Abbildungsvorlagen und Dokumenten oder im Gespräch mit Historikern oder Zeitzeugen – möchte ich an dieser Stelle einigen Personen meinen ganz besonderen persönlichen Dank aussprechen. Die Aufstellung erfolgt in alphabetischer Reihenfolge und stellt keine Wertung dar.

• August, Jochen	Gedenkstätte Auschwitz
• Bronnert, Uwe	Kirchen
• Drywa, Danuta	Muzeum Stutthof
• Dürr, Christian	Gedenkstätte Mauthausen
• Eck van, Thomas	Düsseldorf
• Eijsermans, Jos F. M.	Bedburg-Hau
• Frank, Dietrich	Haldensleben
• Franquinet, Guy	Crailshaim
• Geiger, Anton	Frankenthal
• Haney, Wolfgang	Berlin
• Herzog, Monika	Gedenkstätte Ravensbrück
• Heubaum, Regine	Gedenkstätte Dora-Mittelbau
• Jungmann-Stadler, Franziska	HVB-Stiftung Geldscheinsammlung, München
• Kahnt, Helmut	Ammelshain
• Klein, Peter	Berlin
• Knoll, Albert	Gedenkstätte Dachau
• Lauerwald, Paul	Nordhausen
• Liebscher, Monika	Gedenkstätte Sachsenhausen
• Luther, Helga (Zeitzeugin)	Berlin
• Mehl, Manfred	Hamburg
• Möller, Reimer	Gedenkstätte Neuengamme
• Richter, Rudolf	Salzburg
• Rothmann, Ottomar (Zeitzeuge)	Weimar
• Schmidt, Alexander	Gedenkstätte Flossenbürg
• Schöne, Michael H.	Pirna
• Schuhmann, Wolfgang	Maissau
• Schult, Werner (Zeitzeuge)	Nordhausen
• Schwanninger, Florian	Gedenkstätte Schloß Hartheim

- Staskiewicz, Marek — Warschau
- Stein, Sabine — Gedenkstätte Buchenwald
- Vorberg, Robert — Gedenkstätte Mauthausen
- Waardhuizen van, Ronald — Brasschaat
- Wagner, Jens-Christian — Gedenkstätte Dora-Mittelbau
- Walz, Karlheinz — Ravenstein-Oberwittstadt
- Wegele, Sabine — Regensburg
- Wendt, Marina — Geldmuseum der Deutschen Bundesbank, Frankfurt a.M.
- Worbes, Hans — Berlin
- Wühle, Eberhard — Eberswalde

Schnellübersicht

Die Schnellübersicht soll das Auffinden einzelner Lager, Außenkommandos und Gettos durch deren Zuordnung und die Angabe der Seitenzahl des Kapitels, in dem diese behandelt werden, erleichtern. Es wurden auch Außenkommandos aufgenommen, von denen Abstempelungen bekannt sind.

Erläuterung zum Katalogaufbau:

Abbildungen, in der Regel 50 % der Originalgröße

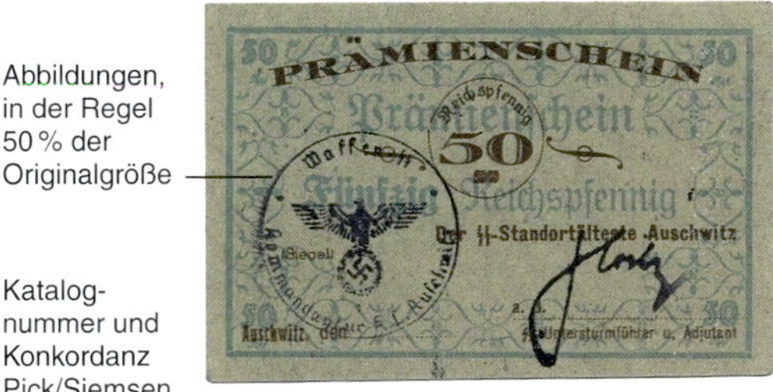

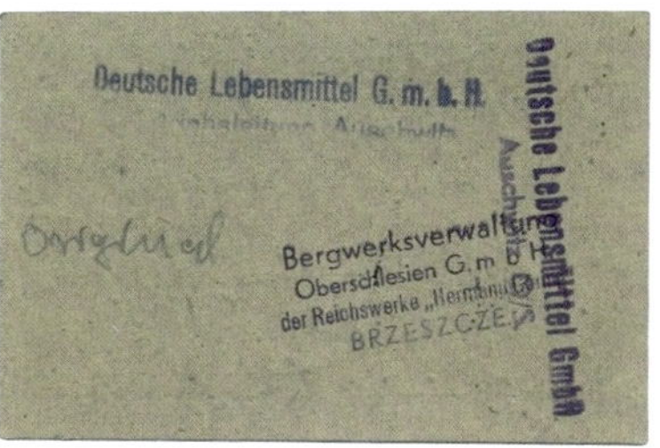

Katalognummer und Konkordanz Pick/Siemsen

(Au 1, Sammlung Wolfgang Haney, Berlin) —— Variante und Quelle

Au 1
PS 41

50 Reichspfennig —— Nominal mit Währungsbezeichnung

Vs: Udr mit Zierrahmen graublau, Text braun,
Stpl der Kommandantur K.L. Auschwitz und Faksimile-Unterschrift-Stpl des Adjutanten
Rs: unbedruckt, mit oder ohne diverse Stpl von Ausgabestellen

Entwurf:	unbekannt	Format:	ca. 100 mm x 65 mm
Umlauf bis:	Frühjahr 1944	Wz:	Karton grau, ohne Wz
Druck:	unbekannt	KN:	ohne

Datum	**Auflage**	
o.D. (1943)	unbekannt	RRR

Informationen zur Ausgabe und deren Varianten sowie zur Seltenheit (RRR)

Angaben auf einem Geldschein:

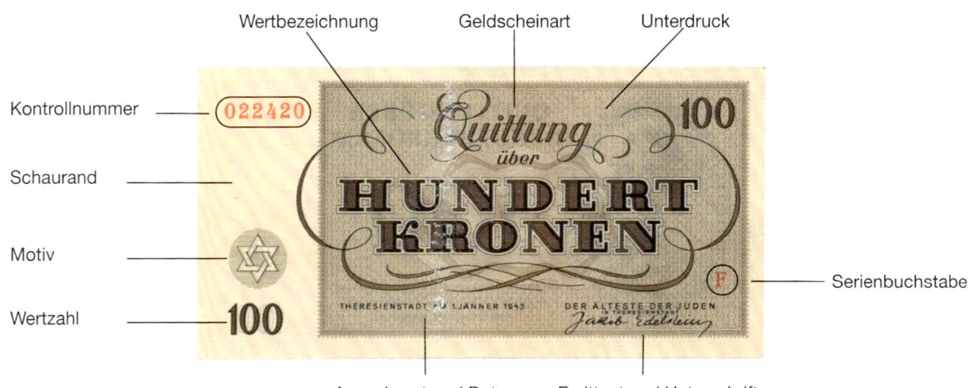

Bewertungen:

Zur Bestimmung der relativen Seltenheit von Ausgaben stehen die Angaben R (Wert etwa ab 100 Euro), RR (Wert von mehreren Hundert Euro), RRR (Wert etwa ab 1000 Euro) und RRRR (Wert von mehreren Tausend Euro). Bewertungen wurden nur dann in Zahlen angegeben, wenn die Stücke in entsprechenden Mengen am Markt verfügbar sind und deshalb die Bildung von Marktpreisen sinnvoll erschien. Die Erhaltungsangabe I steht für druckfrische und III für gebrauchte Scheine.

Abkürzungen im Katalogteil / Abbreviations in the catalogue

E	Entwertung	cancelled (demonitized)
F	Fälschung	forgery
Fa.	Firma	firm
KN	Kontrollnummer	control number (serial number)
	Laufende Numerierung der Scheine; davor oder dahinter meist ein Serienbuchstabe.	
M	Muster	Specimen
o.D.	ohne Datum	without date
PF/Pf.	Pfennig	Pfennig
R	Rar	rare
RM	Reichsmark	Reichsmark
RPf.	Reichspfennig	Reichspfennig
RR	Rar Rar	rare rare
RRR	Rar Rar Rar	rare rare rare
RRRR	Rar Rar Rar Rar	rare rare rare rare
Rs	Rückseite	back
	Meistens nur aus Ornamenten und einer Wertangabe bestehend. Bei Lagergeld und Notausgaben meist ohne Druck.	
PS	Pieck/Siemsen	Pick/Siemsen
	Angabe einer Konkordanznummer zum Katalog von Albert Pick und Carl Siemsen.	
SS-Ko.	SS-Kommando	subcamp
Stpl	Stempel	stamping
Udr	Unterdruck	underprint (background printing)
	Der erste Druckvorgang auf dem Notenpapier, meistens ornamentaler Art.	
Us	Unterschrift	signature
Vs	Vorderseite	face
	Die den Werttext, das Datum und die Unterschriften tragende Seite.	
Wz	Wasserzeichen im Papier	watermark

Lagerkürzel im Katalogteil / Abbreviations for the camps in the catalogue

Af	Amersfoort	KL	Konzentrationslager (Fälschungen)
Au	Auschwitz	La	Langenwerke Langensalza
Be	Bernhard-Fälschungen	Lb	Lichtenburg
Bi	Bielsk	Li	Litzmannstadt
Bo	Bozen	Ma	Mauthausen
Br	BRABAG Böhlen	Mi	Mittelbau
Bu	Buchenwald	Na	Natzweiler
Da	Dachau	Ng	Neuengamme
Di	Diedenhofen/Westmark	Or	Oranienburg
Do	Dora	Ra	Ravensbrück
Eb	Linz-Ebelsberg	Sa	Sachsenhausen
Fl	Flossenbürg	So	Sokolka
Ge	Gedenkausgaben	SS	SS-Fälschungen
Gr	Groß-Rosen	St	Stutthof
Hb	Herzogenbusch	Th	Theresienstadt
He	Heinkel Oranienburg	Tr	Treblinka (Fälschungen)
Ho	Holleischen	Wa	Warschau
Ju	Junkers Schönebeck	We	Westerbork

Inhalt

3 Gedenkausgaben

4 Fälschungen, Manipulationen, Fantasiescheine

1. Geld und Geldersatz in deutschen Konzentrationslagern 1933 – 1945

Die frühen Lager und ihr Geld

Bereits kurz nach der Machtübernahme durch die Nationalsozialisten in Deutschland wurde unter dem Vorwand des Reichstagsbrands durch „Verordnung des Reichspräsidenten zum Schutz von Volk und Staat" vom 28. Februar 1933 die sog. Schutzhaft eingeführt. Danach konnten politisch Andersdenkende zum Schutze des Staats vorbeugend inhaftiert werden.[1)]

Besonders die SA (Sturmabteilung) ging danach brutal und willkürlich gegen Kommunisten, linke Intellektuelle, Publizisten sowie Sozialdemokraten und Gewerkschaftsfunktionäre vor, bis sie schließlich nach dem sog. „Röhmputsch" im Sommer 1934 entmachtet wurde. Es entstanden erste „Schutzhaftlager", bei denen jedoch noch keine einheitlichen Strukturen vorhanden waren. 1933/1934 gab es in Deutschland mindestens 70 Konzentrationslager und 30 Schutzhaftabteilungen, in denen im Laufe des Jahrs 1933 mehr als 80 000 Menschen inhaftiert wurden. Die meisten dieser Lager bestanden nur kurze Zeit und nur wenige wurden länger als ein Jahr genutzt. Eine Ausnahme bildete Dachau, das bis zum Kriegsende Konzentrationslager blieb.[2)]

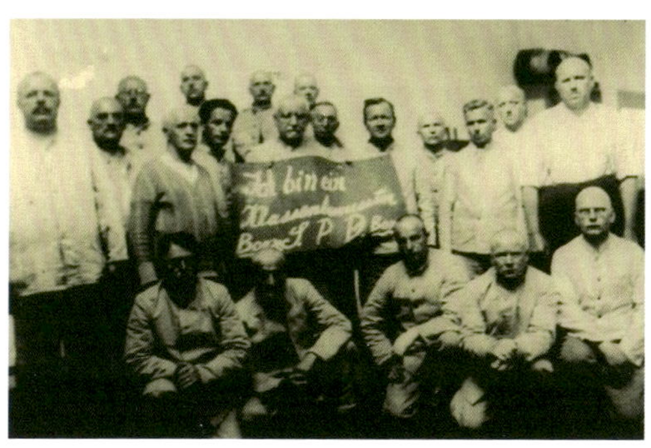

Konzentrationslager Dachau, im Sommer 1933 verhaftete SPD-Funktionäre.
(Foto aus einem Tatsachenbericht von Karl Feuerer, Archiv der Gedenkstätte Buchenwald)[3)]

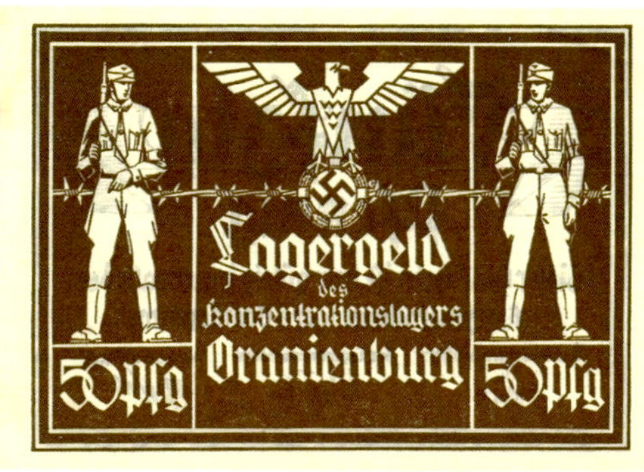

Konzentrationslager Oranienburg, Rückseite des 50-Pfennig-Scheins von 1933.
(Sammlung Wolfgang Haney, Berlin)

Lagergeld ist aus dieser Zeit lediglich aus Oranienburg bei Berlin und Lichtenburg bei Torgau bekannt.[4)]

Das Lagergeld aus Oranienburg diente nach Einziehung und Umtausch mitgeführter oder angewiesener regulärer Zahlungsmittel als Geldersatz, der ähnlich wie bei Ausgaben für Kriegsgefangenenlager im Ersten Weltkrieg die Fluchtgefahr mindern sollte, aber auch über den anteiligen Einbehalt von Häftlingsgeldern einen Deckungsbeitrag zu den Unterhaltskosten für die Schutzhäftlinge leistete.[5)]

Aus Lichtenburg sind nur niedrige Pfennig-Beträge bekannt, die lediglich als Kleingeldersatz anzusehen sind.[6)]

Von den sog. „Emslandlagern" ist kein Lagergeld bekannt geworden.

Zum Geld in Konzentrationslagern

Bisher ging man wohl überwiegend davon aus, daß reguläre Zahlungsmittel in den Lagern kaum eine Rolle spielten und sogar allgemein verboten waren, da man diese den Häftlingen bei deren Ankunft entzog, um sich daran zu bereichern (egal ob seitens der SS oder der Reichsbank) sowie um die Fluchtgefahr zu mindern. Das ist aber für die große Mehrheit der registrierten Häftlinge in den Lagern unzutreffend und gilt im Hinblick auf den Raub des persönlichen Eigentums lediglich für Personen aus den ab 1942 rollenden Todestransporten zur sog. „Sonderbehandlung" (hauptsächlich Juden sowie Sinti und Roma), die überwiegend sofort nach Ankunft und Selektion ermordet wurden. Nur ein kleiner Teil der Menschen aus solchen Transporten wurde als arbeitsfähig eingestuft und registriert. Für die restlichen Personen, die etwa in Auschwitz vergast wurden, erfolgte lediglich eine zahlenmäßige, aber keine namentliche Erfassung.[7)]

Eine häufige Annahme war bislang, daß die bekannt gewordenen Prämienscheine eine Art Lagergeld gewesen seien, das ausschließlich und anstelle von kursgültigem Geld im jeweiligen Lager umgelaufen wäre. Diese Annahme resultiert nicht zuletzt aus dem Wissen über den praktischen Einsatz von Kriegsgefangenenlagergeld im Ersten Weltkrieg, trifft aber hier nicht zu.

In Wahrheit spielten sowohl gültige Zahlungsmittel – in allen Lagern in Deutschland und den angeschlossenen Gebieten war nur die Reichsmark gültig – als auch Prämienscheine sowie besonderes Lagergeld eine sehr große Rolle im täglichen Lebens- und Überlebenskampf der Häftlinge. Deshalb soll nachfolgend die Rolle des Umgangs mit dem Eigentum der Häftlinge und mit deren Geld und Geldersatz in der Organisation der Konzentrationslager näher untersucht werden. Da dieses Thema in der bisherigen wissenschaftlichen Literatur nur am Rande behandelt wurde und die gewonnenen Erkenntnisse zum Teil völlig neue Einblicke in das System des Terrors gewähren, wird es besonders ausführlich und unter reichhaltiger Verwendung historischer Dokumente ausgeführt.

Die Registrierung und das Eigentum der Häftlinge

Bei der Registrierung eines Häftlings wurde eine Karte für die Häftlingskartei angelegt, in der u. a. persönliche Angaben, die Häftlingsnummer, Daten zur Inhaftierung sowie Angaben zu den nächsten Angehörigen vermerkt wurden. Nach der eigentlichen Registrierung erhielt jeder Häftling einen Laufzettel oder Fragebogen der Effektenkammer, auf der ebenfalls Angaben zur Person vermerkt wurden. Seine Bekleidung und persönliche Habe wurde, so wie dies heute noch im Strafvollzug üblich ist, in Empfang genommen und gewissenhaft dokumentiert. In der Regel geschah dies ebenfalls durch Häftlinge. Nach der Desinfektion kam der Besitz des Häftlings in einen mit seiner Häftlingsnummer gekennzeichneten Effektensack, der in der Effektenkammer für ihn aufbewahrt wurde. Der Häftling selbst erhielt meist die übliche Lagerkleidung. Wertsachen, wie Uhren und Schmuck, wurden in einer Wertsachenabteilung für ihn aufbewahrt.

Auch wenn die SS bei registrierten Häftlingen keine Raubabsichten hatte, so sind doch verschiedene Fälle von Diebstahl bekannt, sowohl durch kriminelle Häftlinge als auch auf Veranlassung oder unter Duldung einzelner SS-Angehöriger, die deren persönlicher Bereicherung oder der Bestechung dienten. Gestohlen wurden etwa Goldschmuck und sogar ganze Münzsammlungen.[8)]

Die – besonders im Winter – völlig unzureichende Häftlingsbekleidung (Zebra) führte dazu, daß in verschiedenen Lagern auf Weisung der SS auch auf Bekleidung aus den Effektenkammern zurückgegriffen wurde. So nutzte man etwa Mäntel und Wattejacken ermordeter sowjetischer Kriegsgefangener in Buchenwald oder Bekleidung von den Opfern der Gaskammern aus Auschwitz. In vielen Lagern wurde deshalb immer mehr Zivilkleidung mit Winkeln und Häftlingsnummern zur Kennzeichnung getragen. So waren alliierte Soldaten erstaunt, weil sie einen großen Teil der 1945 befreiten Häftlinge in Zivil vorfanden.[9)]

Bei einer möglichen Entlassung oder Verlegung erhielt der Häftling sein Eigentum ausgehändigt.

Alte No 52474

Konzentrationslager Art der Haft: Gef.-Nr.: 87392

Name und Vorname: HAGEL Leif
geb.: 17.4.1921 zu: Helsingör
Wohnort: Helsingör, Mads-Holmsvej 34a
Beruf: Maler, Polizeiwachtmeister Rel.: ev.
Staatsangehörigkeit: Dänemark Stand: verh.
Name der Eltern: Vater: Carl H., Mutter: Ella H., geb. Nielsen Rasse:
Wohnort: Helsingör, Dammusvej Nr. 6
Name der Ehefrau: Lilian H., geb. Berthelsen, Rasse:
Wohnort: Helsingör, Mads-Holmsvej 34a
Kinder: 2 Alleiniger Ernährer der Familie oder der Eltern:
Vorbildung: Volksschule 7 Kl.
Militärdienstzeit: — von — bis
Kriegsdienstzeit: — von — bis
Grösse: 176 Gestalt: schlank Gesicht: oval Augen: blau
Nase: gerade Mund: gew. Ohren: gew. Zähne: 4 fehlen
Haare: dkl.-blond Sprache: Dänisch
Ansteckende Krankheit oder Gebrechen: —
Besondere Kennzeichen: —
Rentenempfänger:
Verhaftet am: 19.9.44 wo: Helsingör
1. Mal eingeliefert: 23.9.44 KL. Neuengamme, 2. Mal ~~eingeliefert~~ überstellt 5.10.44 KL. Bu
Einweisende Dienststelle:
Grund:
Parteizugehörigkeit: — von — bis
Welche Funktionen: —
Mitglied v. Unterorganisationen: —
Kriminelle Vorstrafen: —
Politische Vorstrafen: —

5.10.44 Kl. Neuengamme

17.12.44 Stal. Mühlberg

Ich bin darauf hingewiesen worden, dass meine Bestrafung wegen intellektueller Urkundenfälschung erfolgt, wenn sich die obigen Angaben als falsch erweisen sollten.

v. g. u. **Der Lagerkommandant**

Leif Hagel

KL/42/4-43 500.000

Konzentrationslager Buchenwald, Registrierkarte der Häftlingskartei für den inhaftierten dänischen Polizisten Leif Hagel vom Dezember 1944. (Archiv der Gedenkstätte Buchenwald)

Fragebogen der Effektenkammer.

Vorb.-H. - Schutzh. - Rückf.Schutzh. - Ausweisungsh. - Arbeitsscheu -
Bibelf. - Rückf. Bibelf. - § 175 - Rassenschänder - Schulungsh. - Jude

Häftl.-Nr. 8247

Zuname:	Vorname:	Beruf:
Hahn	Jacob-Markus	Kfm

Geburtstag:	Geburtsort:	Rel.:	verh./led.:	Staatsangeh.:
13.3.78	Lemberg	mos.	verh.	Polen

Verwandtschaftsgrad, Name und Anschrift der Angehörigen:
Frau: Ella H., Erfurt, Schmittstedterstr. 8

Letzte Wohnung vor der Verhaftung:
Erfurt, Straßburgerstr. 10

Einlieferungsbehörde: Erfurt
Wohnung nach der Entlassung:

In Haft vom: .... bis: .... in Gef./Z.: ....

In Schutzhaft vom: 8.9.39 Im K.L. Bu. seit: 10.10.39

Wo befindet sich die Invaliden- oder Angestelltenkarte:

Überführt am: .... nach: ....

Entlassen am: .... nach: ....

Bemerkungen:

22. Dez. 1939

Konzentrationslager Buchenwald, Fragebogen der Effektenkammer des zwei Monate nach Einlieferung im Dezember 1939 verstorbenen jüdischen Häftlings Jacob-Markus Hahn. *(Archiv der Gedenkstätte Buchenwald)*

Das Eigentum verstorbener Häftlinge wurde in der Regel den nächsten Angehörigen zugesandt, die auf der Registrierkarte und auf dem Fragebogen der Effektenkammer angegeben waren (siehe Abb. vorherige Seiten). Für die Abwicklung war eine besondere Nachlaßverwaltung zuständig, die der Effektenkammer unterstand.[10)]

Beim Tod eines Häftlings war es üblich, die Angehörigen per Brief oder Telegramm zu verständigen. Die wahren Todesursachen wurden dabei meist verschwiegen oder geschönt dargestellt. Nicht selten wurde sogar auf eine „umfassende medizinische Versorgung“ hingewiesen, die „leider“ das Leben des Häftlings nicht hatte retten können. Oft erhielten die Angehörigen auch eine Sterbeurkunde, die durch einen SS-Arzt unterschrieben war.

Der Versand des persönlichen Nachlasses erfolgte im Paket. Dem Paket beigelegt war eine Aufstellung der Effektenkammer über die verbliebene Habe des verstorbenen Häftlings. Die Angehörigen hatten den Empfang der Effekten auf einer Empfangsbestätigung zu quittieren, die an die Gefangenen-Eigentumsverwaltung des Lagers zurückzusenden war.

Angehörige außerhalb des Reichsgebiets (also auch im Generalgouvernement Polen) mußten für anfallende Zollgebühren selbst aufkommen.

Sollten keine Angehörigen mehr zu ermitteln gewesen sein, so ging das Eigentum des verstorbenen Häftlings in Staatsbesitz über, d. h. es wurde etwa im Lager zur Ausgabe an Häftlinge frei gegeben oder verschwand nicht selten. Wertsachen fanden mitunter ihre Liebhaber in den Reihen korrupter SS-Angehöriger.

Zum Eigentum russischer und polnischer Häftlinge führt der nach der Befreiung erschienene sog. „Erste Lagerbericht“ von Buchenwald aus: *„1943 ordnete die SS-Verwaltung an, daß das Eigentum der eingebrachten russischen Häftlinge ‚aufzulösen‘ sei, d. h. es wurde desinfiziert, gewaschen und der Bekleidungskammer zur Ausgabe als Lagerkleidung für Neuzugänge zugeführt. Sichergestellt wurden für russische Häftlinge nur noch ihre Papiere und Wertsachen. Die Nachlässe von russischen und jüdischen Häftlingen wurden von Anfang an ebenfalls nicht für die Angehörigen sichergestellt, sondern restlos ‚aufgelöst‘; ihre Wertsachen und Geldguthaben zog die SS-Wirtschaftsverwaltung ein. Seit Herbst 1943 wurden auch die Nachlässe polnischer Häftlinge enteignet. Laut Verfügung des SS-Wirtschaftshauptamtes vom 11. November 1944 sollten dann auch die Bekleidungsgegenstände sämtlicher ausländischer Häftlinge enteignet und als Häftlingskleidung verwendet werden.“*[11)]

Beim Tod russischer Häftlinge, meist handelte es sich um Kriegsgefangene, erfolgte keine Benachrichtigung der Angehörigen, wie dies bei allen anderen registrierten Häftlingen üblich war.

Ganz anders wurde mit dem Eigentum der Menschen verfahren, die mit Todestransporten in die Vernichtungslager kamen und bei der Selektion als nicht arbeitsfähig eingestuft wurden. Dies betraf in erster Linie Alte und Kranke sowie Frauen und Kinder. So gab es in Auschwitz ein besonderes Arbeitskommando (Kanada), das ausschließlich mit der Aussortierung der wachsenden Berge von Kleidung und Koffern mit der verbliebenen persönlichen Habe der Ermordeten beschäftigt war.[12)] Ein Teil der Bekleidung und Schuhe wurde ausgebombten Familien im Reich zur Verfügung gestellt. Gold und Zahlungsmittel gingen an die Reichsbank oder wurden im Lager gestohlen, anderes wurde an die Industrie zur Weiterverarbeitung geliefert. Schuhe und Taschen aus Leder wurden zum Teil von Häftlingen in Konzentrationslagern zerlegt und mit alten Textilien zu Tarnmatten oder Gürteln für die Wehrmacht verarbeitet.

Ausgehend von den rasant steigenden Häftlingszahlen ab 1942 und der vielerorts fehlenden Häftlingskleidung (große Mengen Textilien wurden für die Wehrmacht verarbeitet, und mit der sich verschlechternden Versorgungslage im Krieg stellte man die Fertigung von Häftlingskleidung schließlich ein), waren viele Häftlinge bald nur noch in Lumpen gehüllt. Nun wurde auch die Habe von den Opfern der „Sonderbehandlung“ genutzt, um damit die Arbeitssklaven der deutschen Rüstungsindustrie in den Konzentrationslagern einzukleiden. So erhielt allein das Lager Buchenwald 1941 u. a. 500 000 Hemden und

Mauthausen, den 15. Februar 1943.

Herrn

Adolf R e i c h e n b a c h

H a l l e

Große Gosenstr. 15

Sehr geehrter Herr Reichenbach!

Ihr Sohn Walter Reichenbach wurde, als er sich krank meldete, unter Aufnahme in den Krankenbau in ärztliche Behandlung genommen. Es wurde ihm die bestmöglichste medikamentöse und pflegerische Behandlung zuteil. Trotz aller angewandten ärztlichen Bemühungen gelang es nicht, der Krankheit Herr zu werden. Ihr Sohn starb, ohne letzte Wünsche geäussert zu haben.-

Ich spreche Ihnen zu diesem Verlust mein Beileid aus.-

i.A.

SS - Untersturmführer.-

Li.-

Konzentrationslager Mauthausen, Schreiben vom 15.2.1943 an den Vater des verstorbenen politischen Häftlings Walter Reichenbach. *(Sammlung Wolfgang Haney, Berlin)*

Konzentrationslager Mauthausen / Gusen.
V e r w a l t u n g

Mauthausen,den
Gusen,den 14.Mai 1943.

V 5 Az.14/4e - 5. XXXXXXXXX 43./Re./Pa.

Betrifft: Effekten des R e i c h e n b a c h Walter,geb.30.7.02.
Bezug : ohne verst.27.1.43
Anlagen : 1 H.Nr.5127

An Frau
Maria R e i c h e n b a c h / Mutter des Verstorbenen,
in H a l l e a.d.Saale,Gr.Gosenstraße Nr.15 Ptr.

In der Anlage werden die Effekten des

am XXXXXXX 27.Januar 43 in Gusen verstorbenen

Reichenbach Walter geboren am 30.Juli 1902

übersandt.

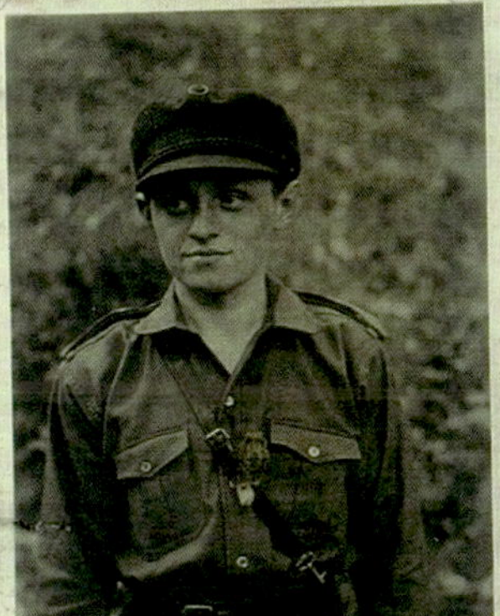

1 Mütze	1 P.Schuhe
1 Mantel	2 P.Socken
1 Rock	div.Papiere
1 Hose	div.Kleinkram
1 Pullover	
2 Hemden	
1 P.Schuhe	
2,P.Socken	
1 Schal	

Es wird gebeten,die beigefügte Empfangsbescheinigung unterschrie=ben,sofort an die Gefangenen Eigentumsverwaltung des K.L.Mauthau=sen/Oberdonau rücksenden zu wollen

Wenn keine empfangsberechtigten Angehörige festgestellt werden können,wird um Rücksendung der Effekten gebeten.

Der Gefangenen Eigentumsverwalter
des Konzentrationslagers Mauthausen

SS - Oberscharführer

Konzentrationslager Mauthausen, Aufstellung über die der Mutter zugesandten Effekten ihres Sohnes Walter Reichenbach mit Erinnerungsfoto in Uniform des Rotfrontkämpferbunds. (Sammlung Wolfgang Haney, Berlin)

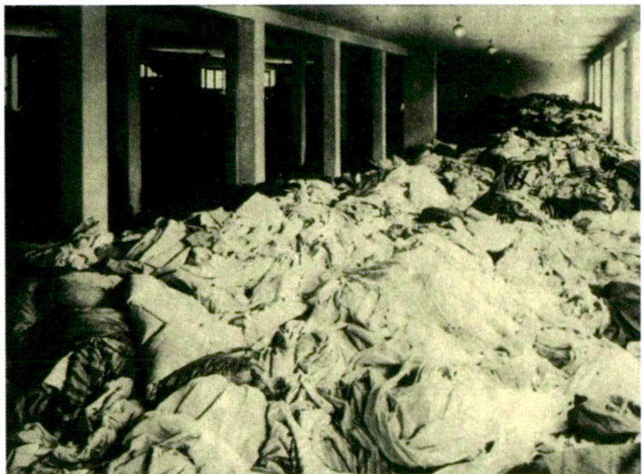

Vernichtungslager Auschwitz II-Birkenau, Berge von Bekleidung ermordeter Juden in einer Effektenkammer.
(Aufnahme nach der Befreiung 1945)

046 Telegramm Deutsche Reichspost
JOSEF LEWANDOWSKI
FLOTTWELLSTR 12/14 LITZMANNSTADT
Litzmannstadt
= SOHN LEON IM KONZENTRATIONSLAGER AUSCHWITZ VERSTORBEN =
DER KOMMANDANT +

Telegramm des Lagerkommandanten von Auschwitz vom 15.8.1942 mit der Todesnachricht an den im Getto Litzmannstadt lebenden Vater des verstorbenen jüdischen Häftlings Leon Lewandowski.
(Sammlung Wolfgang Haney, Berlin)

280 000 Unterhosen aus Auschwitz und Lublin sowie 1942 weitere 30 000 Anzüge, 100 000 Hemden und 80 000 Unterhosen aus Auschwitz.[13)]

Zur Durchführung der Deportationen von Juden nach Auschwitz verfügte zwar eine Richtlinie des Reichssicherheitshauptamts (RSHA) vom 20. Februar 1942, daß außer den darin genau festgelegten Bekleidungs- und Ausrüstungsgegenständen sowie Marschverpflegung für fünf Tage keinerlei Wertsachen (Gold, Silber, Platin – mit Ausnahme des Eherings) mitgeführt werden dürfen und vor Abgang der Transporte auch eine Durchsuchung nach Schmuck und Devisen zu erfolgen hatte.[14)] In der Realität führten aber viele Deportierte Gold, Schmuck und Zahlungsmittel mit sich.

Gab man sich etwa in Mauthausen (siehe vorige Seiten) oder Buchenwald noch Mühe, den Todesmitteilungen an die Angehörigen einen menschlichen Anschein zu geben, so waren diese in Auschwitz meist auf ein kurzes Telegramm des Lagerkommandanten beschränkt.

Dank erhalten gebliebener Unterlagen kann der Todesfall eines in Auschwitz inhaftierten und umgekommenen polnischen Häftlings nachvollzogen werden, der exemplarisch für die Bürokratie des Terrors steht.

In seinem Brief vom 16. März 1941, der wie alle Post in und aus deutschen Konzentrationslagern in Deutsch abzufassen war, schreibt der Häftling Julian Zychowicz u. a., daß er gesund und munter sei und er zweimal im Monat 15 RM erhalten darf. Auf die Regelungen zu Geldsendungen an Häftlinge soll später noch detailliert eingegangen werden. Nur zwei Tage später starb dieser Häftling, und am 28. März 1941 wurde von der Effektenkammer ein „Verzeichnis der Nachlass-Sachen" für den Versand an seine Frau erstellt. Da der Versand in das Generalgouvernement Polen erfolgte, das nicht Teil des Reichsgebiets war, mußte außerdem eine Zollinhaltserklärung für die Paketsendung erfolgen. Wie in den meisten Fällen, so bestand auch der Inhalt dieser Sendung lediglich aus gebrauchten Kleidungsstücken. Die Verwaltung des Konzentrationslagers Auschwitz bestätigte per Stempel am 21. April 1941 auf dieser Erklärung außerdem, daß die Sendung keimfrei, d. h. desinfiziert, war.

Der Empfänger des Nachlasses mußte anfallende Zollgebühren übernehmen. Hierfür wurde eine Zollquittung mit Abfertigungsbefund ausgestellt. Zur Rücksendung des Nachlasses eines in Auschwitz verstorbenen jüdischen Häftlings blieb eine solche Zollquittung erhalten, die am 17. Juni 1941 beim Zollamt Warschau ausgefertigt worden war.

Ähnlich dürfte auch die Rücksendung des Nachlasses verstorbener Häftlinge in andere Länder gehandhabt worden sein.

Konzentrationslager Auschwitz

Folgende Anordnungen sind beim Schriftverkehr mit Gefangenen zu beachten:

1.) Jeder Schutzhaftgefangene darf im Monat zwei Briefe oder zwei Karten von seinen Angehörigen empfangen und an sie absenden. Die Briefe an die Gefangenen müssen gut lesbar mit Tinte geschrieben sein und dürfen nur 15 Zeilen auf einer Seite enthalten. Gestattet ist nur ein Briefbogen normaler Größe. Briefumschläge müssen ungefüttert sein. In einem Briefe dürfen nur 5 Briefmarken à 12 Pfg. beigelegt werden. Alles andere ist verboten und unterliegt der Beschlagnahme. Postkarten haben 10 Zeilen. Lichtbilder dürfen als Postkarten nicht verwendet werden.

2.) Geldsendungen sind gestattet.

3.) Es ist darauf zu achten, daß bei Geld- oder Postsendungen die genaue Adresse, bestehend aus: Name, Geburtsdatum, und Gefangenen-Nummer, auf die Sendungen zu schreiben ist. Ist die Adresse fehlerhaft, geht die Post an den Absender zurück oder wird vernichtet.

4.) Zeitungen sind gestattet, dürfen aber nur durch die Poststelle des K. L. Auschwitz bestellt werden.

5.) Pakete dürfen nicht geschickt werden, da die Gefangenen im Lager alles kaufen können.

6.) Entlassungsgesuche aus der Schutzhaft an die Lagerleitung sind zwecklos.

7.) Sprecherlaubnis und Besuche von Gefangenen im Konzentrations-Lager sind grundsätzlich nicht gestattet.

Der Lagerkommandant.

Absender:

Meine Anschrift:

Name: Julius Zychowicz, Pole.

geboren am: 21.III.1898.

Gef.-Nr. 10532. Bl.: 13.

Auschwitz, den: 16.3.41.

Liebe Frau u. Kinder.
Ich bin noch gesund
und munter hoffe das
selbe auch von Euch.
Ich darf im Monat zwei Briefe erhalten,
und zwei mal 15 RM im Monat. Grüße
alle andern. Will nun schließen.
Seidt nun recht herzlich gegrüßt
und gegeküßt von Euerm Mann und
Vater. Julian

Postzensurstelle K. L. Auschwitz geprüft

Konzentrationslager Auschwitz, Brief des polnischen Häftlings Julian Zychowicz vom 16.3.1941 an seine Familie auf einem Lagervordruck mit Anordnungen zum Schriftverkehr und Stempel der Zensurstelle. (Sammlung Wolfgang Haney, Berlin)

Name Zychowicz Julian Nr. 10532

Geboren 21. 10. 98. Gestorben 18. 3. 41.

Verzeichnis der Nachlass-Sachen

Koffer	1 Kragen	2 Taschentuch
Aktentasche	1 Binder	Ziertuch
	Fliege	Handtuch
Hut	Halstuch	
1 Mütze		Bürste
Mantel	Schuhe	Kamm
1 Rock	1 Stiefel	Spiegel
Jacke	Pantoffel	Messer
1 Hose	1 Strümpfe	Schere
Weste		Nagelfeile
1 Pullover	Sockenhalter	Feuerzeug
1 Pelzmantel	Ärmelhalter	Geldbörse
2 Hemd	Hosenträger	Brille / Etu
1 Unterhose	Leibriemen	Schlüssel / Ring
Alaunstein	Seifennapf	Brieftasche
Hautcreme	Seife	Fotos
Rasierapparat	Zahnbürste	Pass
Rasiermesser	Zahnpasta	Inv. Vers. Karte
Rasierklingen		Aufrechnungsbesch.
Rasierpinsel		Füllhalter
Rasierseife		Drehbleistift
Rasiercreme		

Ausgefertigt: am 28. 3. 41.

Häftlg. Effektenkammer

von SS Rottf. [illegible]

Konzentrationslager Auschwitz, von der Effektenkammer am 28.3.1941 ausgestelltes Verzeichnis der Nachlass-Sachen des verstorbenen polnischen Häftlings Julian Zychowicz. (Sammlung Wolfgang Haney, Berlin)

Absendungsort
Miejsce wysłania
Lieu d'expédition

AUSCHWITZ

DEUTSCHLAND
POCZTA NIEMIECKA WSCHODU
Administration des Postes Allemandes d' Allemagne

Zollinhaltserklärung
Deklaracja celna
Déklaration en douane

Bestimmungsort
Miejsce przeznaczenia
Lieu de destination

Radom

Bestimmungsland
Kraj przeznaczenia
Pays de destination

Gen.Gouvern.

Empfänger
Adresat
Destinataire Zychowicz Janina

Sendungen / Przesyłki / Envois: Anzahl / Ilość / Nombre	Gattung / Rodzaj / Expéde	Bezeichnung des Inhalts / Wyszczególnienie zawartości / Désignation du contenu	Wert mit genauer Bezeichnung der angewendeten Währung / Wartość z dokładnym podaniem jednostki monetarnej / Valeur avec indication précise de l'unitté monètaire employeè: im einzelnen / w jednost. / par espéce	insgesamt / w sumie / totale	Gewicht / Waga / Poids: Roh / Brutto / brut – Gramm / Gramy / grammes	Rein / Netto / net – Gramm / Gramy / grames	Bemerkungen / Uwagi / Observations
1	2	3	4 a	4 b	5	6	7
1	PAKET	LEBENSMITTEL Gebrauchte Kleidungsstücke					

Ursprungs oder Herstellungsland der Ware
Kraj pochodzenia lub wyrobu towaru
Pays d'origine ou de fabrication de la marchandise

Wenden!

AUSCHWITZ, den / dnia / le 21.4. 1941.

Der Absender
Nadawca
L'expediteur

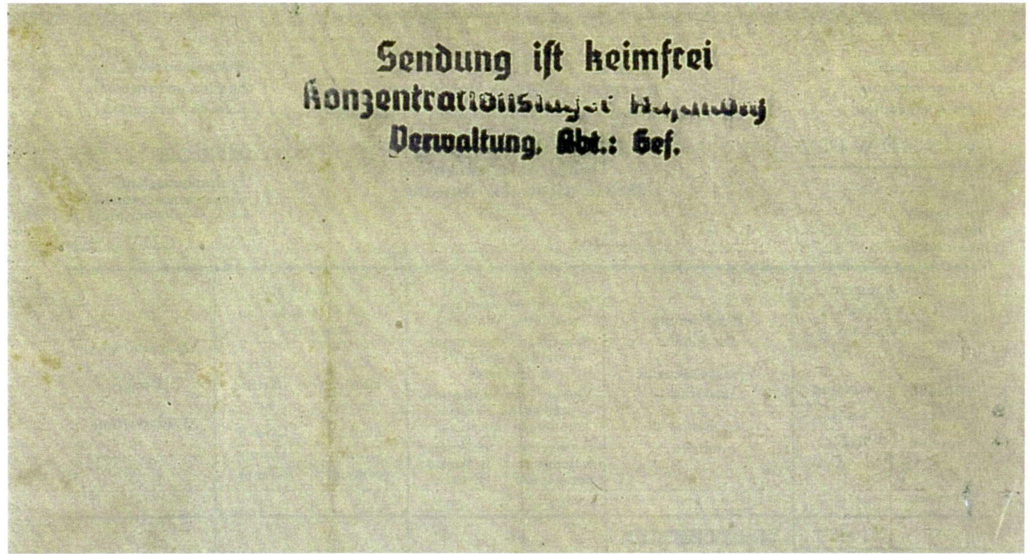

Sendung ist keimfrei
Konzentrations
Verwaltung, Abt.: Gef.

Konzentrationslager Auschwitz, von der Verwaltung erstellte Zollinhaltserklärung vom 21.4.1941 zur Rücksendung des Nachlasses von Julian Zychowicz an dessen Frau im Generalgouvernement Polen. (Sammlung Wolfgang Haney, Berlin)

Zollamt: Warschau-Post
Urząd Celny:

Block 95
Blok

Blatt Nr 00010
Karta

Zollquittung mit Abfertigungsbefund
Pokwitowanie celne z wynikiem rewizji

Herr — ~~Frau — Frl.~~ Herschfinkel in Warschau ...
Pan(i) w

hat für die unten aufgeführten Waren entrichtet:
uiścił(a) za niżej wyszczególnione towary:

Der Packstücke Pakunków		Der Waren Towarów	Menge Ilość		Wert Wartość	Zollsatz Stawka celna		Zollbetrag Kwota celna	
Zeichen u. Nr. Cechy i Nr.	Zahl. u. Art Ilość i rodzaj	Tarifmässige Benennung mit Angabe der Tarifnummer Taryfowa nazwa z podaniem poz tar. celn.	durch Verwiegung ermitteltes Gewicht Przez wyważenie stwierdzona waga Rohg.	Reing.	der Ware towaru	Zl	Gr	Zl	Gr
39702	1 p.	1) Herbata 78 2/b	3,300	0,400	45	8,75	–	3	50
		2) ... 76 p 2		0,400		2,00	–	–	80
		3) ... 80 2/b		0,400		2,20	–	–	88
		4) ... 25 p 2		0,400		1,05	–	–	42
		5) ...		1,500		–			

Gesamtsumme i. B. .... Zl ....
Ogólna suma w lit.

Zusammen Razem	5	60
Abf. Geb. Opł. man	–	50
Ausgl. Abg. Opł. wyrówn.	–	20
Summe Suma	6	30

Einnahmebuch Nr.: ....
Księga wpływów

Verwahrungsbuch Nr.: ....
Księga depozytowa

17. 6. 194 1

L. S.

Die Abfertigungsbeamten:
Urzędnicy odprawiający:

Staatsdruckerei Warschau — Nr. 3314-41.

Zollamt Warschau-Post, Zollquittung mit Abfertigungsbefund vom 17.6.1941 über den Nachlaß eines jüdischen Häftlings aus Warschau. Der Empfänger, Herr Herschfinkel, mußte 6,30 Zloty Zollgebühren bezahlen. (Sammlung Haney, Berlin)

Das zurückgelassene Privateigentum jüdischer Bürger, die man in Konzentrations- oder Vernichtungslager deportierte, wurde in aller Regel enteignet. Im Reich wurden zahlreiche Sammelstellen eingerichtet, in denen man z. B. die Möbel aus geräumten jüdischen Wohnungen zusammentrug. Bei Bedarf wurden diese etwa an ausgebombte deutsche Familien abgegeben.
Nach der 11. Verordnung zum Reichsbürgergesetz verfiel das Vermögen reichsdeutscher Juden bei Überschreiten der Reichsgrenze, also z. B. auch im Falle einer Deportation in ein Konzentrationslager in Polen. Das Vermögen sog. staatenloser Juden wurde auf der Grundlage von Vorschriften zur Einziehung volks- und staatsfeindlichen Vermögens beschlagnahmt.[15]
Auch jüdischer Geschäftsbesitz wurde enteignet. Im sog. Generalgouvernement wurde beschlagnahmte jüdische Ware sogar Städten und Gemeinden überlassen, in denen die Beschlagnahmung vorgenommen wurde. Dies förderte wohl auch Denunziationen. Die begünstigte Kommune hatte dafür 50% des Warenwerts an die Kreisverwaltung zu zahlen, wobei man auch Ratenzahlung akzeptierte (siehe Abb. unten).

Das Geld der Häftlinge

Bei der Registrierung mitgeführtes Bargeld (Reichsmark) wurde auf den Namen des Häftlings deponiert. Dies geschah in aller Regel bei einer Häftlingsgeldverwaltung, die der Effektenkammer unterstand. Zusätzlich konnten reichsdeutsche Häftlinge (auch Juden) Geldanweisungen von Angehörigen in unbegrenzter Höhe erhalten, die ihrem Depot in der Geldkartei gutgeschrieben wurden. Für Häftlinge aus dem Ausland, insbesondere dem Generalgouvernement Polen, galten jedoch Beschränkungen, auf die später noch eingegangen wird.

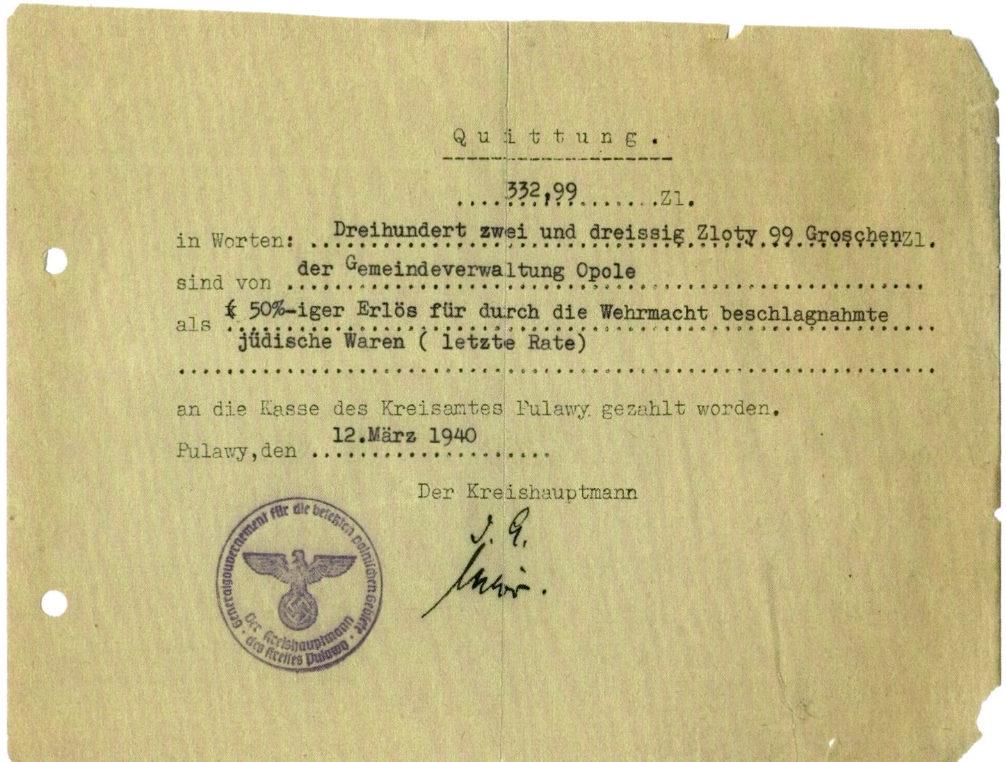

Q u i t t u n g .

....332,99.......Zl.

in Worten: ..Dreihundert zwei und dreissig Zloty 99 Groschen Zl.

sind von ....der Gemeindeverwaltung Opole....

als ..X 50%-iger Erlös für durch die Wehrmacht beschlagnahmte jüdische Waren (letzte Rate)....

an die Kasse des Kreisamtes Pulawy gezahlt worden.

Pulawy, den ....12.März 1940....

Der Kreishauptmann

I. A.

[Unterschrift]

[Stempel:] Generalgouvernement für die besetzten polnischen Gebiete – Der Kreishauptmann des Kreises Pulawy

Generalgouvernement Polen, Kreishauptmann Pulawa, Quittung über die Zahlung einer letzten Rate der Gemeinde Opole für 50% Erlös aus von der Wehrmacht beschlagnahmter jüdischer Ware vom 12.3.1940. *(Sammlung Haney, Berlin)*

Sog. Geldkartei oder Kontokarte des norwegischen Häftlings Leif Reusch Berg (Name falsch geschrieben) im Konzentrationslager Stutthof 1943/1944. *(Sammlung Wolfgang Haney, Berlin)*

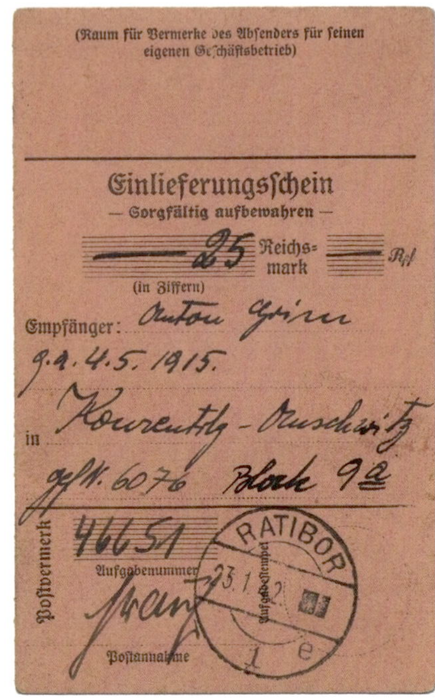

(Raum für Vermerke des Absenders für seinen eigenen Geschäftsbetrieb)

Einlieferungsschein

– Sorgfältig aufbewahren –

25 Reichsmark Rpf

(in Ziffern)

Empfänger: Anton Grim

g.a. 4.5.1915.

in Konzentrl.-Auschwitz

gfN. 6076 Block 9a

Postvermerk

46651

Aufgabenummer

Postannahme

RATIBOR 23.1.42 1 e

Einlieferungsschein über 25 RM (Postanweisung) vom 23.1.1942 aus dem oberschlesischen Ratibor für den Häftling Anton Grim (Gef-Nr. 6076, Block 9a) im Konzentrationslager Auschwitz. *(Sammlung Haney, Berlin)*

Auf der Geldkartei (siehe Abb.), die wie ein Konto geführt wurde, wurden neben den wesentlichen Angaben zur Person mit Häftlingsnummer nicht nur das mitgeführte Bargeld vermerkt, sondern auch alle Zugänge (Geldanweisungen oder Gutschriften von anderen Häftlingskonten) und Abgänge. Bei „Abhebungen“ erhielt der Häftling in der Regel Bargeld (offiziell nur bis zur Einführung der Prämienscheine ab Mitte 1943, häuffig aber auch darüber hinaus), mit dem er dann in einer Lagerkantine einkaufen konnte und das auf dem Schwarzmarkt im Lager von großer Bedeutung war. Je mehr Geld ein Häftling von seinen Angehörigen geschickt bekam, um so größer konnten seine Chancen auf Überleben sein. Als Belege zur Geschichte der Konzentrationslager sind zahlreiche Abschnitte postalischer Geldanweisungen über unterschiedlich hohe Beträge erhalten geblieben.

Während arme Familien ihre inhaftierten Angehörigen nur mit geringen Beträgen oder gar nicht unterstützen konnten, erhielten andere Häftlinge monatliche Zuwendungen in zwei- und sogar dreistelliger Höhe.

Alle Vordrucke für Postkarten und Briefe, die zum Versand durch Häftlinge an deren Angehörige bestimmt waren, enthielten Auszüge aus der Lagerordnung, in denen ausdrücklich darauf hingewiesen wurde, daß Geldsendungen erlaubt waren, aber durch Postanweisungen zu erfolgen hatten.

Da in allen deutschen Konzentrationslagern auch die Häftlingspost nur in deutscher Sprache zulässig war, dies schon wegen der vorgeschriebenen Zensur, mußten sich viele Häftlinge auch die Dienste deutschsprachiger Landsleute erkaufen, um einen Kartengruß oder einen Brief an die Angehörigen senden zu können.

Sehr detailliert regelte die „Vorläufige Dienstvorschrift für das Fr. K. L. - Ravensbrück (Lagerordnung)“, die laut Aussage der heutigen Gedenkstätte wahrscheinlich schon aus dem Jahr 1939 stammt[16], u. a. auch den Umgang mit dem Geld der Häftlinge. So heißt es etwa zur Effektenausgabe: *„Im Effektenraum sind den Häftlingen* <u>*alle*</u> *Gegenstände, Wertsachen und Schriftsachen abzunehmen. Nur Kamm, Haarbürste und die Geldbörse mit Beträgen bis zu RM. 5.oo sind ihnen zu lassen. ... Der anwesende Häftlingsgeldverwalter zieht von den Häftlingen alle Beträge über RM. 5.oo ein und verbucht sie. Die Eintragung und alle weiteren Buchungen sind von den betreffenden Häftlingen unterschriftlich zu bestätigen. Der Häftlingsgeldverwalter zeichnet stets mit seinem Handzeichen ab (für spätere Kontrollen).“*[17]

Die Festlegungen zur Häftlingsgeldverwaltung selbst nehmen eine ganze Seite ein und werden in Kopie des Originals, das sich heute im National Archiv in Washington befindet, auf den folgenden Seiten gezeigt.

In den Lagern auf deutschem Reichsgebiet war nur die Reichsmark gültig. Das heißt, daß z. B. für Angehörige von Häftlingen aus dem sog. Generalgouvernement Polen, die in einem deutschen Lager inhaftiert waren (hierzu zählte auch Auschwitz) ein Umtausch ihrer Zloty in Reichsmark erfolgen mußte, bevor sie einem Häftling Geld zukommen lassen konnten. Hierfür war eine besondere Devisengenehmigung erforderlich, die von der Devisenstelle in Krakau erteilt wurde. Krakau war Hauptstadt des Generalgouvernements. Hier hatte auch die von der deutschen Besatzungsmacht eingerichtete Emissionsbank in Polen ihren Sitz, die für die Versorgung des Generalgouvernements mit Zahlungsmitteln in Zloty-Währung (Krakauer Zloty) zuständig war.

Genau wie der Zloty, so unterlagen auch alle anderen Fremdwährungen devisenrechtlichen Bestimmungen. Angehörige aus dem Ausland mußten also in jedem Fall ihre Devisen in Reichsmark umtauschen, um damit ihre Angehörigen in innerdeutschen Konzentrationslagern unterstützen zu können. Der Angehörige mußte auf seiner Bank den aktuellen Umtauschkurs zur Reichsmark erfragen und dann den ermittelten Betrag in seiner Landeswährung zugunsten des Häftlings einzahlen. Hierfür wurde ihm von der Bank eine Einzahlungsquittung ausgestellt. Die Bank leitete das Geld dann an die Deutsche Verrechnungskasse in Berlin weiter, die für den Devisenumtausch verantwortlich war. Die Verrechnungskasse erteilte schließlich einen Zahlungsauftrag über einen Reichsmark-Betrag, der wie eine Geldanweisung an das jeweilige Lager gesandt wurde und überwies damit den Betrag auf das Konto der Häftlingsgeldverwaltung. Nach Zahlungseingang wurde der Betrag dann bei dieser dem Depot des Häftlings gutgeschrieben.

Wahrscheinlich war die zunehmende inflationäre Entwicklung und die zahlreich anfallenden Falsifikate des Zloty bei gleichzeitigem Festhalten an dem mit Gründung der Emissionsbank in Polen Anfang 1940 eingeführten staatlichen Zwangskurs von 1 RM = 2 Zlote daran Schuld, daß für Geldanweisungen aus dem Generalgouvernement Polen bald Sonderregelungen getroffen wurden.

Aus dem bereits abgebildeten Brief des polnischen Häftlings Julian Zychowicz an seine Familie aus dem Stammlager Auschwitz vom 16. März 1941 ist zu entnehmen, daß er monatlich

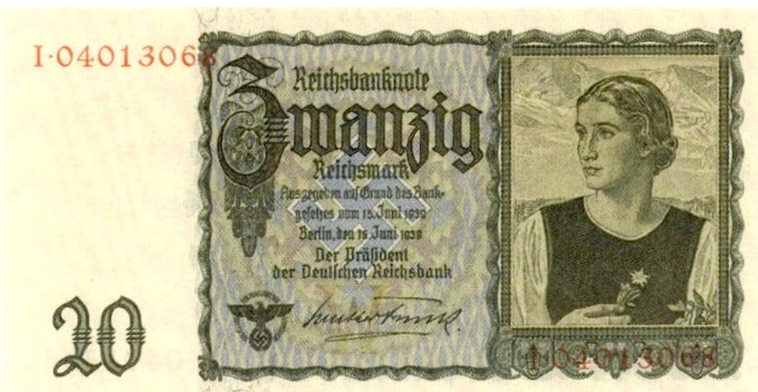

Reichsbanknote über 20 Reichsmark vom 16.6.1939.
(Sammlung des Autors)

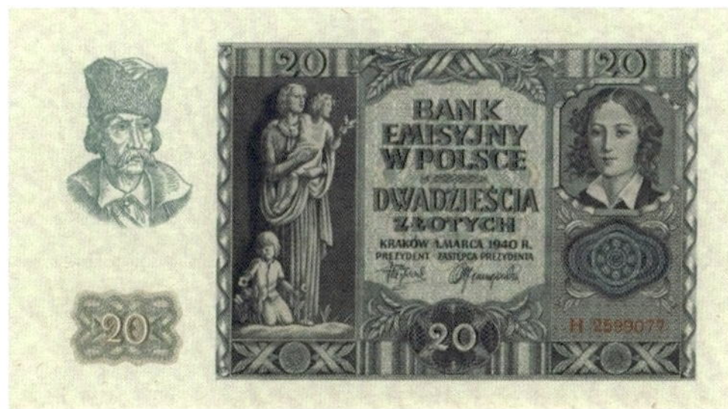

Emissionsbank in Polen,
Banknote über 20 Zlotych vom 1.3.1940
für das Generalgouvernement Polen.
(Sammlung des Autors)

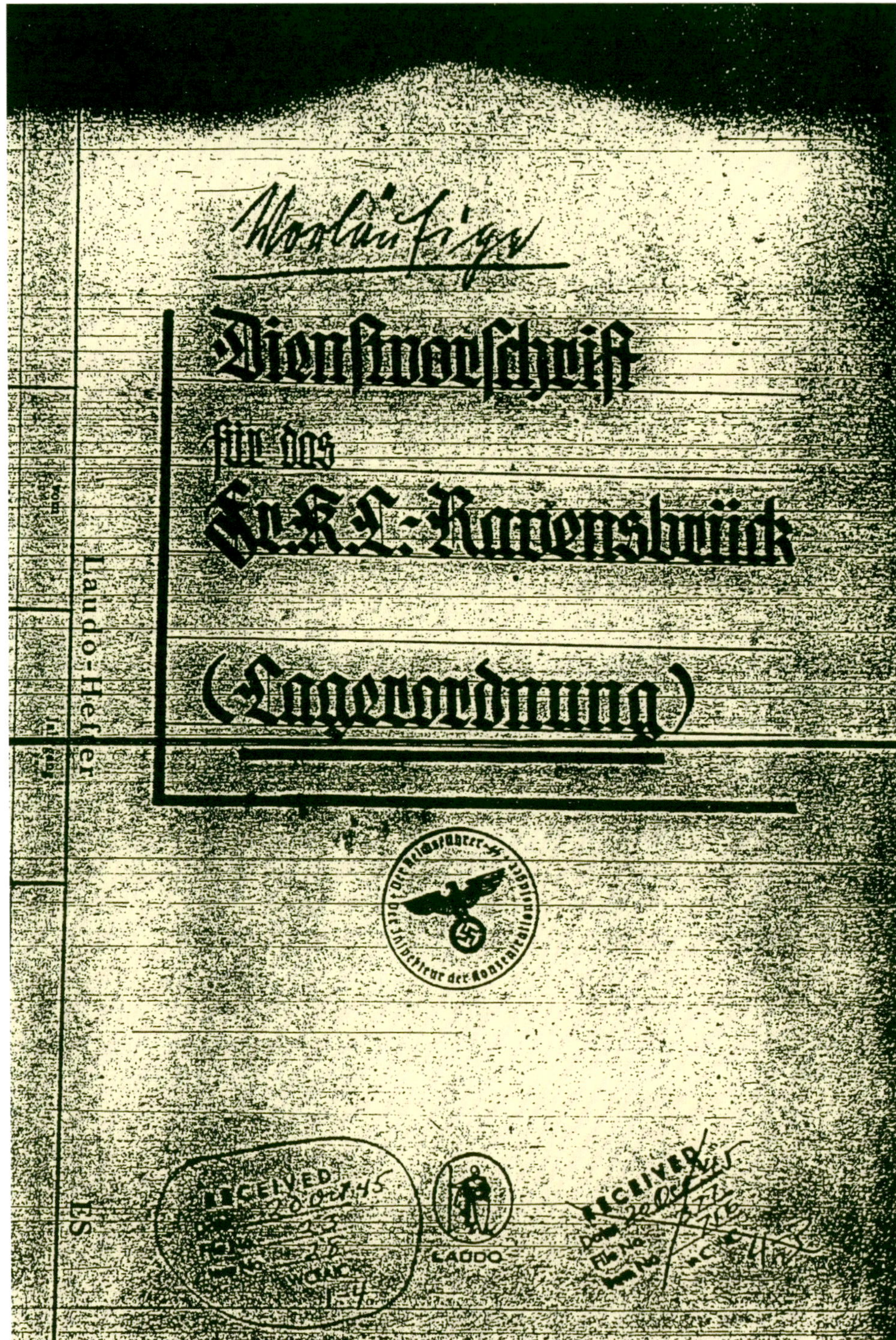

Vorläufige

Dienstvorschrift

für das

Fr.K.L.-Ravensbrück

(Lagerordnung)

Frauen-Konzentrationslager Ravensbrück, Deckblatt zur „Vorläufigen" Dienstvorschrift für das Fr.K.L.-Ravensbrück (Lagerordnung).

(National Archiv Washington, Kopie der Gedenkstätte Ravensbrück)

- 29 -

XII. Häftlingsgeldverwaltung.

1.) Der leitende Verwaltungsführer überwacht die Verwahrung und Verwaltung der von den Häftlingen eingebrachten und für sie durch die Post eingehenden Geldbeträge und sämtliche Effekten.

2.) Der Häftlingsgeldverwalter des Konzentrationslagers nimmt täglich die mit Postanweisung eingehenden Häftlingsgelder auf der Poststelle in Empfang. Beträge über RM. 5.oo deponiert er auf das Konto der betreffenden Häftlinge und ergänzt gleichzeitig die Kontokarte. Den Postabschnitt erhält der Häftling zur Einsichtnahme oder auch ausgehändigt, nachdem er den eingetragenen Betrag im Postbuch und auf der Kontokarte quittiert hat. Alle übrigen Beträge zahlt er täglich an die Häftlinge aus, welche Quittung hierüber im Postbuch oder auf einer besonderen Quittungsliste zu leisten haben.

3.) Deponierte Gelder kommen in der Woche ein-oder mehrmals zur Auszahlung. Der Häftlingsgeldverwalter trifft im Rahmen der gegebenen Bestimmungen die erforderlichen Vorbereitungen (Reihenfolge der Häftlinge, Feststellung der vorhandenen und auszuzahlenden Beträge). Er stellt die benötigte Summe bereit und zahlt die Gelder persönlich an die Häftlinge aus. Die Häftlinge haben selbst auf den Konto-(Kartei) Karten Quittung zu leisten. Als Beleg für das Kassenbuch ist eine Auszahlungsliste zu fertigen.

4.) Der Geldverwalter haftet persönlich für die Häftlingsgelder und ist für Verlust infolge nachgewiesenen eigenen Verschuldens schadenersatzpflichtig.

5.) Häftlinge dürfen zur Hilfe bei der Erledigung der Geldgeschäfte nicht herangezogen werden.

-3o-

Frauen-Konzentrationslager Ravensbrück, Regelungen zur Häftlingsgeldverwaltung in der „Vorläufigen" Dienstvorschrift für das Fr.K.L.-Ravensbrück (Lagerordnung).

(National Archiv Washington, Kopie der Gedenkstätte Ravensbrück)

NORGES BANK

iwj.

Kvittering

~~in duplo.~~

Oslo, den 30. mai 1942.

Dags dato mottatt av:

Fröken Herborg Halvorsen, Oslo,

Beløp kroner 18.56

Kroner ---atten 56/100-------------

for regning: Herr Karl J. Knutsen, Oranienburg bei Berlin.

efter opdrag fra:

~~Beløpet godskrives konto:~~

NORGES BANK

NB Nr. 1226 10–36 2000

Quittung der Norges Bank über die Einzahlung von 18,56 Kronen (umgerechnet rund 10 RM) vom 30.5.1942 zur Unterstützung des Häftlings Karl J. Knutsen im KL Sachsenhausen in Oranienburg bei Berlin.

(Sammlung Wolfgang Haney, Berlin)

CHANGES de Compensation à la / an die

ORDRE DE PAIEMENT - ZAHLUNGSAUFTRAG 19514 1844

DEUTSCHE VERRECHNUNGSKASSE, BERLIN C 111

DEBITEUR FRANÇAIS / FRANZÖSISCHER SCHULDNER	BENEFICIAIRE ALLEMAND / DEUTSCHER BEGUNSTIGTER 22.3.2	REICHSMARK	Contrevaleur / Gegenwert	Caractère de l'obligation / Art der Verpflichtung
M. MARTEL 141 RUE LA FAYETTE PARIS IOE.	FRANCIS MARTEL 43303-51 WEIMAR BUCHENWALD 15. 22.2.44	30,00		Warenverkehr Dienstleistungen Kapitalverkehr SECOURS (Rayer les mentions inutiles)

Vorstehender Reichsmarkbetrag wird überwiesen. Deutsche Verrechnungskasse

27. IV. 44

Der von der Deutschen Verrechnungskasse überwiesene Betrag ist gutgeschrieben worden und wie nebenstehend zu verwenden. Reichsbank

a) Konto Nr.
bei der Reichsbank in
oder
b) Bankkonto bei
Konto Nr.
bei der Reichsbank in
oder
c) Postscheckkonto Nr.
beim Postscheckamt in

Für Vermerke der Bankverbindung des Begünstigten

99

Zur Beachtung !

Bei Rückfragen ist stets das Datum, die Nummer und die Kontobezeichnung anzugeben.

Zahlungsauftrag der Deutschen Verrechnungskasse Berlin über 30 RM vom 27.4.1944 zugunsten des französischen Häftlings Francis Martel im Konzentrationslager Buchenwald.

(Archiv der Gedenkstätte Buchenwald)

DEVISENSTELLE KRAKAU
23 VII 1942
GENEHMIGUNGS-ABTEILUNG

Antrag
auf Erteilung einer Devisengenehmigung

Auf lesbare Durchschrift ist zu achten

Anschrift des Antragstellers:
(Vom Antragsteller auszufüllen)

Name: Gwiazdzinska Aleksandra

in Pruszków über Warschau

3 Maistrasse Nr. 19 4.6

Ich beantrage — ~~im Auftrage von~~ *) 60 RM auf drei Monate (20 RM. Monatlich)

die Erteilung einer Genehmigung zur Zahlung von (Währung und Betrag)

an: Schutzhäftling Pole Cezar Gwiazdzinski Geb. 25.I.1912. Gef. Nr. 1820. (Firma oder Name des Zahlungsempfängers)

wohnhaft in Konzentrationslager Auschwitz O/S Land: Deutsches Reich
Block 4 Postamt 2

Grund der Zahlungsverpflichtung — Verwendungszweck:
(Ausführliche Begründung nötigenfalls auf besonderem Blatt)

Zum kaufen verschiedene Ausgaben: Zigareten, Briefmarken, Seife, und alles Sache welche können in Kantine kaufen.

Als Prüfungsunterlagen sind beigefügt:

Mir/Meinem Auftraggeber*) stehen Devisen — nicht — zur Verfügung. (Auch Forderungen gegen Ausländer sind als Devisen zu betrachten.)

Pruszków, den 3. VII 1941

A. G[illegible]
(Unterschrift des Antragstellers)

An

Devisenstelle

in **Krakau 20**

*) Nichtzutreffendes ist zu durchstreichen.

Vordruck Dev. VI. — 2723 ID II 41. 100.000

Antrag einer polnischen Frau vom 3.7.1941 auf Erteilung einer Devisengenehmigung über 60 RM zugunsten ihres in Auschwitz inhaftierten Mannes Cezar Gwiazdzinski. (Sammlung Wolfgang Haney, Berlin)

DEVISENSTELLE KRAKAU

(im Schriftwechsel unbedingt anzugeben!)
Sachgebiet: II/85
Akte:
Stat.:

Krakau 20, den 23. Juli 1941

Genehmigungsbescheid

in Worten:

für den beantragten Zweck wird genehmigt. **Durch die Post direkt an den Empfänger.**

Die Überweisung bezw. Zahlung hat im Monat .... 194.... zu erfolgen auf das ....-Konto des Verrechnungsinstituts Krakau bei der Emissionsbank in Polen, Krakau, zur Gutschrift auf das ....-Konto der Deutschen Verrechnungskasse, Berlin.

Dieser Bescheid tritt am 30. SEP. 1941 ausser Kraft.

Im Auftrag:

Dienstsiegel erforderlich

12

.... Anlage zurück.

Zur dringenden Beachtung:

Der Genehmigungsbescheid berechtigt nicht zur Versendung oder Überbringung von Zlotynoten oder Scheidemünzen ins Ausland.

Rückseite des Antrags mit dem Genehmigungsbescheid vom 23.7.1941. Für die 60 RM, die dem Empfänger per Post in drei Monatsraten zugingen, zahlte die Frau 120 Zloty ein. (Sammlung Wolfgang Haney, Berlin)

CREDITANSTALT - BANKVEREIN
FILIALE KRAKAU

Drahtanschrift: „CREDIT KRAKAU"
Fernsprecher Nr. 135-32
Postscheckkonto Warschau 531
Girokonto bei der Emissionsbank in Polen, Krakau

Mi

Ihr Zeichen:

Krakau, den 3.Januar 1942.
Adolf-Hitler-Platz 31

Frau
Wiktoria Badurzynska

Warschau
Marywilska-Str.26

Wir bestätigen den Empfang des uns zugunsten der Aleksand: Badurzynska Gef. Nr. 7809 Block 13 Fr. K. L. Ravensbrück-Fürstenberg überwiesenen Betrages von Zl. 104,-- und teilen Ihnen höflichst mit, daß der monatliche Unterstützungsbetrag für einen Insassen im Konzentrationslager lt. der uns vorliegenden allgemeinen Genehmigung der Devisenstelle auf Zl. 100.— begrenzt ist und wir bereits im Januar 42 an den Begünstigten Zl. 100,-- überwiesen haben.

Infolgedessen werden wir den Betrag von Zl. 100,-- im Februar 1942, an den Begünstigten weiterleiten.

CREDITANSTALT-BANKVEREIN
FILIALE KRAKAU

EINLIEFERUNGSSCHEIN
POTWIERDZENIE DLA WPŁACAJĄCEGO

Für Vermerke des Absenders
Notatki wpłacającego

104 Zl -- Gr

Empfänger:
Odbiorca:

Creditanstalt—Bankverein
Filiale
KRAKAU

Konto Nr 531 PSchA WARSCHAU

Postvermerk
Notatki poczty

Aufgabenummer
Nr nadawczy

Tagesstempel
Datownik

DPO S 401 (5.41)

Oben:

Schreiben des Creditanstalt-Bankvereins, Filiale Krakau, vom 3.1.1942 über die Begrenzung des Unterstützungsbetrags für Insassen in Konzentrationslagern durch die Devisenstelle Krakau. Bestimmt war das Geld für Aleksandra Badurzynska (Häftling-Nr. 7809 im KL Ravensbrück).

(Sammlung Wolfgang Haney, Berlin)

Unten links:

Einlieferungsschein zur Einzahlung des Unterstützungsbetrags bei der Bank über 104 Zlotych.

(Sammlung Wolfgang Haney, Berlin)

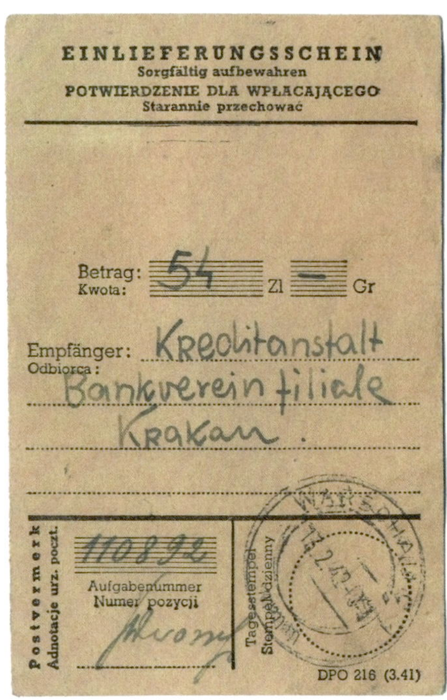

EINLIEFERUNGSSCHEIN
Sorgfältig aufbewahren
POTWIERDZENIE DLA WPŁACAJĄCEGO
Starannie przechować

Betrag: / Kwota: 54 Zl — Gr

Empfänger: / Odbiorca: Kreditanstalt Bankverein filiale Krakau.

Postvermerk / Adnotacje urz. poczt.: 110892 Aufgabenummer / Numer pozycji

Tagesstempel / Stempel dzienny: Warschau 13.2.42

DPO 216 (3.41)

zweimal 15 RM erhalten dürfe. Viele Häftlinge verwechselten aber die Verfügbarkeit über ihr Guthaben bei der Häftlingsgeldverwaltung mit einer Begrenzung von Unterstützungszahlungen. Während die Geldanweisungen von Angehörigen im allgemeinen nicht begrenzt waren, so war dies die Verfügbarkeit über die verwalteten Guthaben schon. Ab 1941 waren alle zwei Wochen 15 RM üblich.

Fest steht, daß ab 1. Januar 1942 die Summe der monatlichen finanziellen Unterstützungen für Insassen von Konzentrationslagern aus dem Generalgouvernement entsprechend allgemeiner Genehmigung der Devisenstelle Krakau auf 100 Zlotych (also 50 RM) begrenzt war. Dies belegt das abgebildete Bankschreiben des Creditanstalt-Bankvereins, Filiale Krakau.

Ab 1. April 1942 waren laut Anordnung der Devisenstelle Krakau finanzielle Unterstützungszahlungen an Insassen von Konzentrationslagern bis auf weiteres nicht mehr zulässig (siehe dazu die

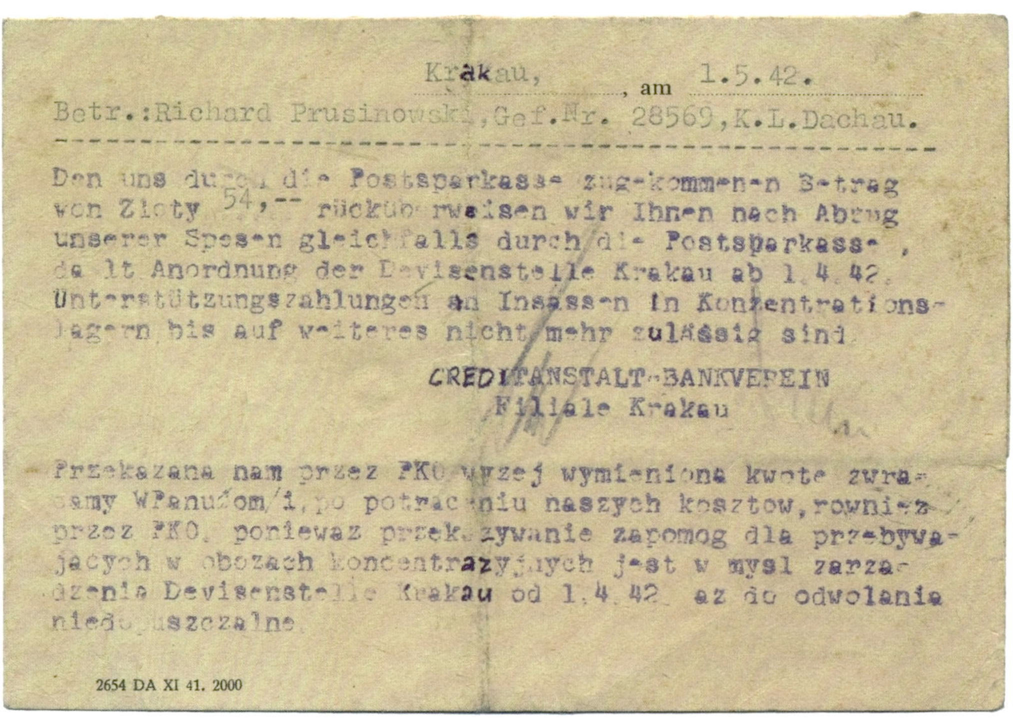

Krakau, am 1.5.42.

Betr.:Richard Prusinowski,Gef.Nr. 28569,K.L.Dachau.

Den uns durch die Postsparkasse zugekommenen Betrag von Zloty 54,-- rücküberweisen wir Ihnen nach Abzug unserer Spesen gleichfalls durch die Postsparkasse, da lt Anordnung der Devisenstelle Krakau ab 1.4.42. Unterstützungszahlungen an Insassen in Konzentrationslagern bis auf weiteres nicht mehr zulässig sind.

CREDITANSTALT-BANKVEREIN
Filiale Krakau

Przekazana nam przez PKO wyzej wymieniona kwote zwracamy WPanu/om/i, po potraceniu naszych kosztow, rowniez przez PKO, poniewaz przekazywanie zapomog dla przebywajacych w obozach koncentrazyjnych jest w mysl zarzadzenia Devisenstelle Krakau od 1.4.42 az do odwolania niedopuszczalne.

2654 DA XI 41. 2000

Einzahlungsbeleg vom 13.2.1942 und Postkarte des Creditanstalt-Bankvereins, Filiale Krakau vom 1.5.1942 zu Unterstützungszahlungen an Insassen von Konzentrationslagern in Zloty. *(Sammlung Wolfgang Haney, Berlin)*

abgebildete Postanweisung vom 13. Februar 1942 und die Postkarte aus dem KL Dachau vom 1. Mai 1942 zur Rücküberweisung des Betrags). Wie lange diese Regelung anhielt, ist leider nicht bekannt. Es sollen aber sogar im KL Auschwitz noch fast bis zum Ende des Lagers Geldanweisungen per Post eingegangen sein, auch aus dem Generalgouvernement.[18)]

Man kann also annehmen, daß die Devisenstelle Krakau nur zeitweilig die Genehmigungen zum Umtausch von Zloty in Reichsmark zur Unterstützung von Angehörigen in Konzentrationslagern aussetzte.

In der Literatur wird oft ausgeführt, daß Bargeldbeträge in Fremdwährungen aus dem Besitz von Häftlingen grundsätzlich bei deren Registrierung beschlagnahmt und der Reichsbank zugeführt wurden. Dies ist jedoch nur teilweise richtig, da nach den Bedingungen der Reichsbank besondere Freibeträge galten. Als im Laufe des Kriegs immer mehr Häftlinge aus besetzten Gebieten in die Konzentrationslager eingeliefert wurden, die auch Geld in ihren Landeswährungen mit sich führten, häuften sich die Anfragen der Lagerverwaltungen an das Wirtschafts-Verwaltungshauptamt der SS (WVHA) zum Umgang mit den ausländischen Geldern. Ganz entscheidende Hinweise hierzu sind schließlich einem Entwurf des WVHA, Amtsgruppe D, vom 12. Oktober 1944 an die Verwaltungen der Konzentrationslager zu entnehmen, der den Umtausch von häftlingseigenen Devisen regelt und im Anhang einen Auszug aus den Bedingungen der Reichsbank für den Umtausch von Geldsorten enthält. Auch wenn es sich hier „nur" um einen Entwurf handelt, so läßt sich aus ihm doch der grundsätzliche Verfahrensweg ableiten und es ist davon auszugehen, daß er den Konzentrationslagern als Handlungsrichtlinie überstellt wurde. Anders ist es nicht zu erklären, daß sich heute auch ein Exemplar im Besitz der Gedenkstätte Dachau befindet.

Ganz klar geht aus dem genannten Entwurf hervor, daß vom volkswirtschaftlichen Standpunkt her kein Interesse am Umtausch der Devisen in Reichsmark und damit an der Schaffung zusätzlicher Kaufkraft bestehen konnte, und deshalb die Einzahlung der Gelder auf ein Sperrkonto der Reichsbank nahegelegt wurde. Es wurde aber auch der Verfahrensweg für die Fälle geregelt, in denen ein Umtausch im Rahmen der Freibeträge erfolgte. Da insbesondere die Bedingungen der Reichsbank mit den darin festgelegten Freibeträgen sehr viel Aufschluß bieten, wird auf den folgenden Seiten der komplette Entwurf samt Anhang abgebildet. Abgesehen von den bevorzugten Freibeträgen für Reichs- und Volksdeutsche (bis zu 2000 RM), werden hier auch die Freibeträge für Nichtdeutsche aus dem Generalgouvernement geregelt, die danach bis zu 200 Zlotych pro Person (also 100 RM) umtauschen konnten. Für Franzosen und Belgier lag der Freibetrag bei umgerechnet 1000 RM und für Personen aus den sog. „Südoststaaten" bei umgerechnet 300 RM.

In welchem Umfang tatsächlich Devisen umgetauscht wurden, und was mit den Geldern auf den Sperrguthaben der Reichsbank geschah, dazu bedarf es weiterer Forschung, die den Rahmen dieser Arbeit sprengen würde.

Weiterer Forschung bedarf auch die Verwendung gesetzlicher Zahlungsmittel in den Lagern selbst. Fest steht, daß ein Häftling von dem für ihn angelegten „Konto" bei der Häftlingsgeld-Verwaltung auch Abhebungen tätigen konnte. So heißt es im sog. „Ersten Lagerbericht" von Buchenwald, der nach der Befreiung 1945 vom Internationalen Lagerkomitee veröffentlicht wurde: *„Aufgabe der Geldverwaltung war, das Eigentumsgeld, das den Häftlingen bei ihrer Anhaltung oder Ueberführung ins Lager abgenommen wurde, auf dem für sie eingerichteten Konto gutzuschreiben und nach den Anweisungen der Lagerführung in monatlichen oder größeren Zeitabständen zum Eigenverbrauch auszuzahlen."*[19)]

Die darin angegebenen Verfügungszeiträume decken sich aber nicht mit der üblichen Praxis und den Eintragungen auf Geldkarteien.

Unterschiedliche Angaben gibt es auch über die Höhe des Verfügungsrahmens. In Erinnerungsberichten ehemaliger Häftlinge wird oft von 10,– oder 15,– RM gesprochen, die man in bestimmten Abständen für den Eigenbedarf von seinem Guthaben verwenden konnte.

SS-Wirtschafts-Verwaltungshauptamt
Amtsgruppe D- Konzentrationslager

Entwurf.

D IV - Az.: 14/10.44/ Kr.

Oranienburg, den 12. Oktober 1944

Betr.: Umtausch von häftlingseigenen Devisen.
Bezug: Anfragen einzelner Verwaltungen - KL.
Anlagen: Auszug aus den Bestimmungen der Reichsbank.

An die
Verwaltungen der Konzentrationslager
Auschwitz I, II, III, Buchenwald, Buchenwald, Dachau, Floßenbürg, Gr.-Rosen, Mauthausen, Mittelbau, Natzweiler, Neuengamme, Ravensbrück, Sachsenhausen, Stutthof, Plaszow, Aufenthaltslager Bergen-Belsen, Sonderlager Hinzert.
SS-Zentralverwaltung Auschwitz.

Die Überstellung von Häftlingen aus Lagern der besetzten Gebiete in andere Konzentrationslager bringt es mit sich, daß bei diesen KL größere Mengen ausländischer Geldsorten anfallen. Soweit es sich dabei um häftlingseigene Gelder handelt, besteht eine Umtauschmöglichkeit nach Maßgabe der Bedingungen der Reichsbank, die im Auszug diesem Schreiben als Anlage beigefügt sind.

Vom volkswirtschaftlichen Standpunkt aus besteht z.Zt. kein Interesse daran, durch den Umtausch dieser Devisen in Reichsmark zusätzlich Kaufkraft zu schaffen. Es wird darum den Verwaltungen der KL nahegelegt, auch hinsichtlich der Freibeträge von der Möglichkeit der Hinterlegung oder Einzahlung auf ein Sperrkonto bei der Reichsbank bezw. bei einer Devisenbank Gebrauch zu machen.

Nach Rücksprache mit der Reichsbank Berlin kann ein Sammelsperrkonto bezw. Sammeldepot auf den Namen der Verwaltung des KL eingerichtet werden. Die Häftlingsgeldverwaltung hat über die Einzelbeträge einen listenmäßigen Nachweis zu führen, wenn nicht die Einrichtung einer Kartei für die ordnungsmäßige Verbuchung als notwendig erscheint.

Wird in einzelnen Fällen im Rahmen der Freibeträge von der Umtauschmöglichkeit Gebrauch gemacht, so ist folgendes zu beachten: Die Bedingungen der Reichsbank sehen vor, daß die ausländischen Geldsorten mit einer namentlichen Liste der Ablieferer einzureichen sind. Da diese Bedingung von den Verwaltungen der KL nicht erfüllt werden kann, hat sich die Reichsbank Berlin, Dev.Abt., damit einverstanden erklärt, wenn in einem Begleitschreiben die Anzahl der Ablieferer, getrennt nach Volkszugehörigkeit, mitgeteilt und die Versicherung abgegeben wird, daß der Freibetrag nach den Bestimmungen der Reichsbank in keinem Falle überschritten ist, und daß ein Umtausch von weiteren Beträgen für die gleichen Ablieferer früher oder an anderer Stelle nicht erfolgte.
Auch auf die Vorlage von Ausweispapieren (Pass usw.) verzichtet die Reichsbank, wenn die Verwaltung erklärt, den Umtausch bei Entlassung des Häftlings in seinen Ausweispapieren vermerken zu wollen.
Die Verwaltung des KL trägt die devisenrechtliche Verantwortung. für die Richtigkeit der Angaben.
Sollten sich bei einzelnen Reichsbankanstalten Schwierigkeiten ergeben, so ist auf die diesseitigen Abmachungen mit der Reichsbank Berlin, Dev.Abt., Abt. Sonderaufgaben, hinzuweisen.

Der Chef der Verwaltung

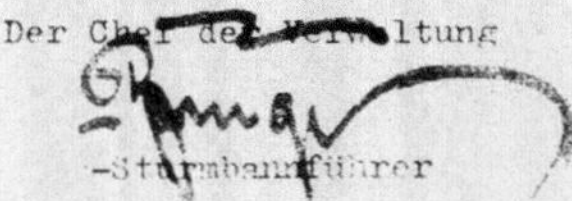

-Sturmbannführer

WVHA der SS, Amtsgruppe D, Entwurf zum Umtausch von häftlingseigenen Devisen vom 12.10.1944.

(Archiv der Gedenkstätte Dachau, Nr. 1699)

Anlage.

Auszug aus den Bedingungen der Reichsbank für den Umtausch von Geldsorten.

I.

Umwechslung von Zahlungsmitteln, wie Reichskreditkassenscheine, umlaufsfähigen und unbeschädigten Rubel und Karbowanez (von Personen aus dem Räumungsgebiet der Ukraine Rubel nur in Abschnitten zu Rubel 1,- und 3,-) aus der Hand von Ostabwanderern:

Sofort umgewechselt werden aus der Hand von

a) Reichsdeutschen der Gegenwert von RM 2 000,-- je Person,

b) Volksdeutschen " " " RM 2 000,-- je Familie,

c) Einheimischen " " " RM 50,-- je Person.

Die diesen Freibetrag überschreitenden Beträge werden ohne Auszahlung des Gegenwerts gegen Empfangsbestätigung von den Reichsbankanstalten hereingenommen. Eine Verfügung über diese Überschußbeträge ist nur mit Genehmigung

1. für die Ukraine
des Reichskommissars für die Ukraine - Devisenstelle -, zur Zeit Königsberg (Pr.), Ostmessehaus, Adolf Hitler-Straße,

2. für das Ostland
des Reichskommissars für das Ostland - Abt. III A 11 Wi -, Riga,

3. für Weißruthenien
des Generalkommissars für Weißruthenien - Devisenstelle -, zur Zeit Dresden, Prager Straße 33

möglich.

II.

Umwechslung von Zloty-Noten aus der Hand von Flüchtlingen und Rückwanderern aus dem Generalgouvernement:

Die von Reichsdeutschen, Volksdeutschen und Deutschstämmigen ohne Genehmigung ins Deutsche Reich eingeführten Zloty-Noten werden bis zum Betrage von Zl 600,- je Person,

die von Nichtdeutschen in das Reich eingeführten Zloty-Beträge bis zum Betrage von Zl 200,- je Person

sofort umgewechselt.

Darüber hinaus eingeführte Zloty-Beträge sind einem unverzinslichen Zloty-Sperr-Konto bei einer Devisenbank zuzuführen, über das nur mit Genehmigung der zuständigen Devisenstelle verfügt werden kann.

III.

Von den aus Frankreich und Belgien von Zivilpersonen (auch Nichtdeutschen) mitgebrachten französischen oder belgischen Geldsorten darf einmalig ein Betrag bis zum Gegenwert von RM 1 000,- (Freibetrag) in Reichsmark umgewechselt werden.

Darüber hinausgehende Beträge sind in ein Depot bei einer Devisenbank einzulegen, über das nur mit Genehmigung der zuständigen Devisenstelle verfügt werden kann.

WVHA der SS, Amtsgruppe D, Anhang zum Entwurf zum Umtausch von häftlingseigenen Devisen vom 12.10.1944. Auszug aus den Bedingungen der Reichsbank für den Umtausch von Geldsorten, Seite 1.

(Archiv der Gedenkstätte Dachau, Nr. 1699)

-2-

Zusätze nach telef. Auskunft der Reichsbank.

IV.

Südoststaaten: Rumänien, Bulgarien, Ungarn, Serbien, Kroatien und Slowakei.
Von den aus den vorgenannten Ländern von Zivilpersonen eingebrachten Geldsorten (Lewa, Lei, Pengö, Dinar, kroat. u. slow. Kronen) darf einmalig ein Betrag bis zum Gegenwert von RM 300,-- (Freibetrag) in Reichsmark umgewechselt werden.

Hinsichtlich der darüber hinausgehenden Beträge ist eine Entscheidung der Reichsbank in Kürze zuerwarten.

V.

Für die Umwechslung von Lire ist ein Freibetrag bis zum Gegenwert von RM 300,-- zugelassen. Darüber hinausgehende Beträge sind der Reichsbank anzubieten.

Bemerkt wird, daß 1000 Lire-Noten nicht eingelöst werden, da die Ausfuhr dieser Noten aus Italien verboten ist.

VI.

Für holländische Geldsorten bestehen keinerlei Beschränkungen.

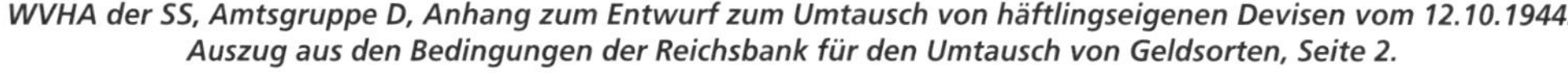

WVHA der SS, Amtsgruppe D, Anhang zum Entwurf zum Umtausch von häftlingseigenen Devisen vom 12.10.1944. Auszug aus den Bedingungen der Reichsbank für den Umtausch von Geldsorten, Seite 2.

(Archiv der Gedenkstätte Dachau, Nr. 1699)

Der ehemalige Häftling in Dachau und Buchenwald Karl Feuerer erinnerte sich in seinem Bericht: „*Vor dem Ausbruch des Nazikrieges konnte jeder Häftling monatlich 60, später 30 Mark aus eigenen Mitteln verbrauchen und sich in der Lagerkantine zusätzlich Lebensmittel kaufen. Dass die große Mehrzahl der aus Arbeiterkreisen stammenden Inhaftierten nicht in der Lage waren, von ihren Angehörigen monatlich 60 Mark in Anspruch zu nehmen, weiss jeder, der damals im KZ war. Dieser Betrag wurde bei Kriegsausbruch auf 30 Mark reduziert, was eigentlich gar nicht notwendig gewesen wäre, denn es gab ja sowieso fast nichts mehr zu kaufen.*“[20] Abgänge auf Geldkarteien fallen aber unterschiedlich und manchmal deutlich höher aus.

Den Häftlingen selbst war der Besitz von Bargeld nur bis zur Höhe des festgelegten Verfügungsrahmens erlaubt. Dieser änderte sich mehrfach und wurde in den Lagern auch unterschiedlich angesetzt. Darüber hinaus war der Besitz von Bargeld verboten.

Bereits in der Disziplinar- und Strafordnung des Konzentrationslagers Dachau vom 1. Oktober 1933, die als Muster für alle späteren Lagerordnungen angesehen werden kann, wurde u. a. festgelegt: „*Mit 42 Tagen strengem Arrest oder dauernder Verwahrung in Einzelhaft wird bestraft: 1. Wer Geldbeträge im Lager ansammelt, verbotene Bestrebungen in- oder außerhalb des Lagers finanziert, oder Mitgefangene durch Geld gefügig macht, oder zum Schweigen verpflichtet, 2. wer Geldbeträge, die aus verbotenen Sammlungen der roten Hilfe stammen, sich schicken lässt, oder an Mitgefangene verteilt.*“[21]

Aus dem Lager Buchenwald ist eine sehr interessante und umfangreiche Geldkartei des jüdischen Häftlings Prof. Dr. Ernst Federn aus dem Bestand des Thüringer Staatsarchivs Weimar erhalten, die mit dessen Einweisung am 3. Oktober 1938 und einem „Guthaben“ von 5,– RM begann und bis zu einem Übertrag in Höhe von 184,65 RM im September 1944 vorliegt. In diesen sechs Jahren sind insgesamt 2465,– RM an Zugängen und 2280,35 RM an Abgängen verzeichnet wurden, aus denen auch verschiedene Verwendungsmöglichkeiten hervorgehen. So sind neben regelmäßigen Abgängen über meist 10,– oder 15,– RM (bis Mitte 1941 in unterschiedlichsten Höhen – meist wöchentlich 10,– RM, aber auch viel höhere Beträge – und danach meist 15,– RM alle zwei Wochen) auch Kosten für Paßbilder, häufige Bezahlung von Zeitungen, sog. Spenden und Übertragungen auf Konten anderer Häftlinge ersichtlich. Die Beteiligung an einer Spenden-liste war meist nicht ganz freiwillig und besonders in den Anfangsjahren der Lager üblich. Von dem „gespendeten“ Geld wurden nicht nur Baumaßnahmen mitfinanziert und Reparaturen ausgeführt, die angeblich durch Sachbeschädigungen von Häftlingen notwendig wurden. Der Lagerkommandant von Buchenwald, Karl Otto Koch, ließ sich z. B. 1938 aus „Spenden“ von Häftlingen in unmittelbarer Nähe des Todeszauns einen SS-Zoo mit Bärenzwinger errichten, der von den Familien führender SS-Männer als Freizeitbereich genutzt wurde.[22] Viel bedeutender ist aber der mit der Geldkartei geführte Nachweis, daß bessergestellte Häftlinge Solidarität im Lager auch dadurch lebten, daß sie bedürftigen Kameraden Geld zukommen ließen. So finden sich auf mehreren Karteikarten von Ernst Federn Übertragungen von Geldbeträgen auf andere Häftlingskonten. Die „Konto-Nummer“ war übrigens identisch mit der Häftlingsnummer. Daß derartige Geldspenden von Häftlingen für Häftlinge bei der SS nicht gern gesehen waren, beweist eine Anordnung des Inspekteurs der Konzentrationslager vom 23. Dezember 1941, in der darauf hingewiesen wurde, daß diese grundsätzlich abzulehnen seien (siehe Abbildung). Auf den Geldkarteien waren in der Regel Beträge für Fahrgeld angegeben, die als Reserve stehen bleiben sollten, da ein Häftling im Falle einer Entlassung für die Kosten seiner Heimreise selbst aufzukommen hatte.

Was aber geschah nun mit dem Geld, das bei der Häftlingsgeldverwaltung für jeden einzelnen Häftling akribisch auf Geldkarteien verwaltet wurde? Wurde es im Lager aufbewahrt? Standen prall gefüllte Tresore in der Lagerkommandantur? Oder wurde das Geld der Reichsbank „zugeführt“, wie in Erinnerungsberichten und so mancher Literatur zu lesen ist?

40.– RM. Reingeld bleiben stehen.

K.=L. Buchenwald 2402

Federn Ernst (Vor- und Zuname) Häftlings-Nr. ~~9122~~

geb. am 26. 8. 14 zu Wien Fahrgeld 35.–

Datum	Zugang RM	Zugang Rpf	Abgang RM	Abgang Rpf	Bestand RM	Bestand Rpf	
Übertrag:	320	–	187	–	133	–	[illegible]
2. 2. 39	[illegible]		1	–	132	–	Federn
6. 2.	–	–	10	–	122	–	Federn
10. 2. 39	30	–			152	–	
11. 2.	[illegible]		10	05	141	95	
16. 2.			9	95	132	–	Federn
20. 2.	Ltg.		3		129	–	Federn
	350	–	221	00	129	–	[illegible]
3. 3. 39	30	–			159	–	
6. 3.			10	–	149	–	Ernst Federn
13. 3.			10	–	139	–	Ernst Federn
20. 3.	Zeitung		6	–	133		Ernst Federn
21. 3.			10	–	123	–	Ernst Federn
23. 3.	übertragen		20	–	103	–	auf Cto. 9274
24. 3.	25	–			128	–	
	405	–	277	–	128	–	[illegible]
Übertrag:	405	–	277	–	128	–	

Ko. 9 R. Borkmann, Weimar

Konzentrationslager Buchenwald, frühe Kontokarte der Häftlingsgeldverwaltung von 1939 für den jüdischen Häftling Ernst Federn mit Abgang für Zeitungen und Übertragung zugunsten eines anderen Häftlings.

(Archiv der Gedenkstätte Buchenwald/Thüringer Staatsarchiv Weimar)

VII. Karte (12.1.42.)

K.-L. Buchenwald

Federn Ernst (Vor- und Zuname) Häftlings-Nr. 2402

geb. am 26.8.14. zu Fahrgeld 35.-

Datum	Zugang RM	Rpf	Abgang RM	Rpf	Bestand RM	Rpf	
1942							
Uebertrag	1570	-	1485	-	85	-	B.G.
23.1.42			15	-	70	-	x Ernst Federn
	1570	-	1500	-	70	-	[illegible]
6.2			15		55		+ Ernst Federn
11.2.42	40	-			95	-	x Ernst Federn
20.2.			15	-	80	-	x Ernst Federn
	1610	-	1530	-	80	-	
6.3.			15	-	65	-	+ Ernst Federn
	1610	-	1545	-	65	-	
2.4.			15	-	50	-	x Ernst Federn
9.4.42	30	-			80	-	x Ernst Federn
17.4			15	-	65	-	x Ernst Federn
	1640	-	1575	-	65	-	
4.5.42	15	-			80	-	x Ernst Federn
5.5			15	-	65	-	x Ernst Federn
19.5.			15	-	50	-	x Ernst Federn
Übertrag:	1655	-	1605	-	50	-	

Ko. 9 14841/5

Konzentrationslager Buchenwald, Kontokarte der Häftlingsgeldverwaltung von 1942 für den jüdischen Häftling Ernst Federn mit regelmäßigen Abgängen von 15,– RM für Eigenverbrauch.

(Archiv der Gedenkstätte Buchenwald/Thüringer Staatsarchiv Weimar)

386

Der Reichsführer - SS
Der Inspekteur der Konzentrationslager

-Pol./Az.: 14 c 9 /Ot./S.-

Oranienburg, den 23. Dez. 1941.

Betreff: Geldspenden von Häftlingen.
Bezug: Ohne
Anlagen: - / -

An die
Lagerkommandanten der
Konzentrationslager

Da., Sah., Bu., Flo., Mau., Nu., Au., Gr.-Ro., Natz., Nie., Rav., KGL. Lublin.

Ein Sonderfall gibt Veranlassung darauf hinzuweisen, daß Geldspenden von Häftlingen für Häftlinge (Stiftungen pp.) nach einer Entscheidung des Chefs der Sicherheitspolizei und des SD grundsätzlich abzulehnen sind.

Diese Anweisung ist vorkommendenfalls zu beachten.

I.V.
[Unterschrift]
SS-Obersturmbannführer.

301

WVHA der SS, Anordnung vom 23.12.1941 zur grundsätzlichen Ablehnung von Spenden unter Häftlingen.

(Archiv der Gedenkstätte Dachau, Nr. 1381)

Bei der Häftlingsgeldverwaltung war sicher ein gewisser Vorrat an Bargeld für Auszahlungen vorhanden. Der Großteil des Gelds der Häftlinge wurde aber tatsächlich an Banken überwiesen, allerdings nicht zu deren Gunsten oder um Eigentum des Staats zu werden. Die Verwaltungen der Lager richteten besondere Konten für das Geld der Gefangenen ein. So wurden etwa die Häftlingsgelder des KL Buchenwald bis März 1942 bei der Städtischen Sparbank Weimar auf einem Spargiro-Konto der Gefangenengeldverwaltung deponiert. Ab März 1942 richtete man bei der Deutschen Reichsbank in Weimar ein Giro-Konto der Häftlingsgeldverwaltung ein. Hier halfen die Unterlagen der Lagerverwaltung maßgeblich bei der Klärung des Sachverhalts. Diese wurden 1945 von US-Truppen mitgenommen und von der Gedenkstätte Buchenwald auf Mikrofilmen zurückgekauft (siehe hierzu auch die Abbildungen auf dieser und den folgenden Seiten). Wahrscheinlich hängt der Kontenwechsel zur Reichsbank mit der kurz zuvor erfolgten Übernahme der zentralen Verwaltung der Konzentrationslager am 1. Februar 1942 durch das Wirtschafts-Verwaltungshauptamt der SS (WVHA) zusammen, das einen Wechsel der Häftlingsgeldkonten zur Reichsbank gefordert haben könnte. Immerhin kamen mit dem geplanten massenweisen Einsatz von Häftlingen als Leiharbeiter in der Rüstungsindustrie auch ganz neue Aufgaben auf die Lager zu. So mußten auch für die Abrechnung der entstehenden Forderungen der SS an die Industrie gesonderte Konten angelegt werden. Viel spricht deshalb für eine einheitliche finanzielle Abwicklung über die Reichsbank.

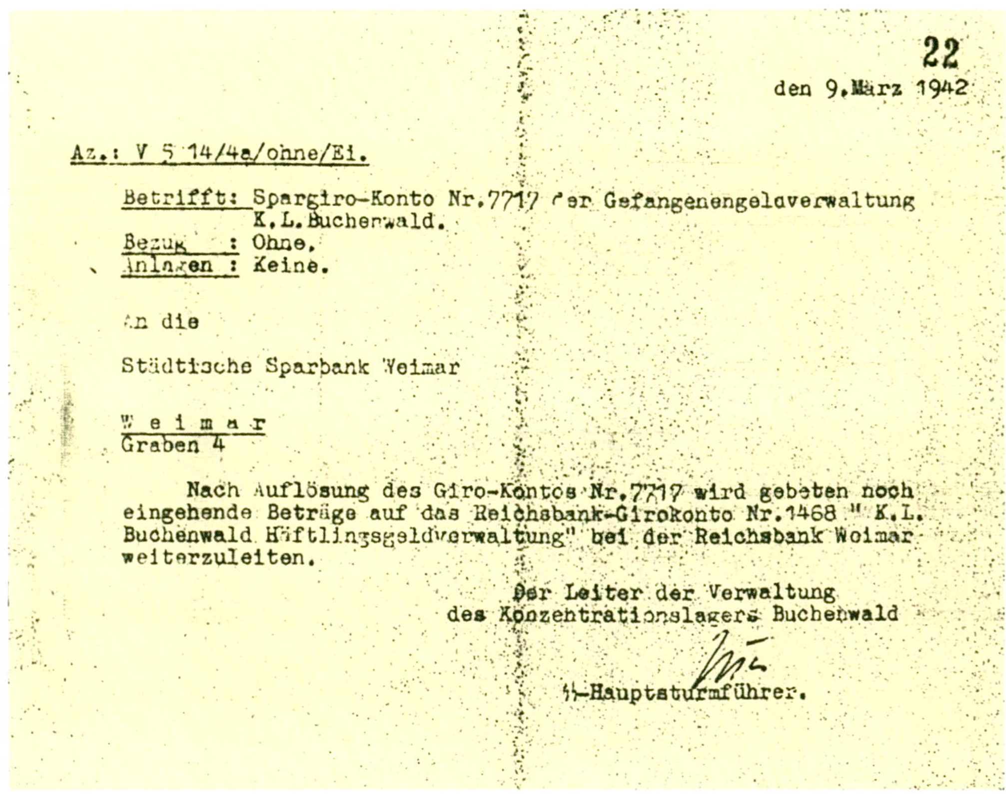

22

den 9.März 1942

Az.: V S 14/4a/ohne/Ei.

Betrifft: Spargiro-Konto Nr.7717 der Gefangenengeldverwaltung K.L.Buchenwald.
Bezug : Ohne.
Anlagen : Keine.

An die

Städtische Sparbank Weimar

Weimar
Graben 4

Nach Auflösung des Giro-Kontos Nr.7717 wird gebeten noch eingehende Beträge auf das Reichsbank-Girokonto Nr.1468 " K.L. Buchenwald Häftlingsgeldverwaltung" bei der Reichsbank Weimar weiterzuleiten.

Der Leiter der Verwaltung
des Konzentrationslagers Buchenwald

SS-Hauptsturmführer.

Konzentrationslager Buchenwald, Schreiben der Lagerverwaltung an die Städtische Sparbank Weimar vom 9.3.1942 zum Kontenwechsel der Häftlingsgeldverwaltung zur Reichsbank.

(Archiv der Gedenkstätte Buchenwald)

Konto-Nr. 1458

Unterschriftenblatt

für Behördenvertreter

20

Behörde: K.L. Buchenwald
(Genaue Bezeichnung des Kontos)
Häftlingsgeldverwaltung

Anschrift:

Fernruf: 6311

Name des Zeichnungsberechtigten**) (möglichst Maschinenschrift)	E A B *)	Unterschriftsprobe**) (nur mit Tinte)
1. Pister, SS-Obersturmbannführer	B	Pister
2. Barnewald, SS-Sturmbannführer	B	Barnewald
3. Eichler, SS-Oberscharführer	B	Eichler
4.		
5.		
6.		
7.		

Heft- bzw. Klemmrand

Dienststempel (nur wenn die einzelne Kontoverfügung den Stempel tragen soll)

Konzentrationslager Buchenwald Verwaltung

K.-L. Buchenwald
Häftlingsgeldverwaltung

*) Es zeichnet: Gruppe E einzeln,
Gruppe A mit einem anderen Zeichnungsberechtigten gemeinsam (allgemein),
Gruppe B mit einem Zeichnungsberechtigten der Gruppe A gemeinsam (beschränkt).
Zutreffendes ist anzugeben.

**) Nicht benutzte Unterschriftsfelder sind zu durchstreichen.

Konzentrationslager Buchenwald, Unterschriftenblatt der Zeichnungsberechtigten für das Konto der Häftlingsgeldverwaltung bei der Deutschen Reichsbank vom Juli 1942.

(Archiv der Gedenkstätte Buchenwald)

Betrifft Schreiben der Reichsbank vom 24.7.42.

76/14681 9

(Beim Kunden verbleibende Durchschrift der Bestätigung)

Die Richtigkeit
des Giroguthabens von RM 182.772.14
der Lombardschuld von RM ---------- ---
und der hierunter aufgeführten, als Lombardpfand bzw. als Wechselsicherheit hinterlegten Wertpapiere und Urkunden nach dem Stande vom
20. Juli 1942 abends wird hiermit unter Beifügung
des Lombardpfandscheins Nr. ---------- *)
der Hinterlegungsbescheinigung über niedergelegte Wechselsicherheiten*)
bestätigt

*) Nichtzutreffendes bitte streichen.

Weimar-Buchenwald, den 30. Juli 1942

K.-L. Buchenwald
Häftlingsgeldverwaltung
[Unterschrift]

An
den Herrn Ersten Vorstandsbeamten
der Reichsbank
in Erfurt.

Konzentrationslager Buchenwald, Bestätigung über das Giroguthaben der Häftlingsgeldverwaltung an den Vorstand der Reichsbank Erfurt vom 24.7.1942.

(Archiv der Gedenkstätte Buchenwald)

In einem Schreiben der Lagerverwaltung des KL Buchenwald vom 9. März 1942 an die Städtische Sparbank Weimar wurde darum gebeten, daß alle noch auf das vormals dort bestehende Konto eingehenden Beträge auf das neue Konto der Häftlingsgeldverwaltung bei der Deutschen Reichsbank weitergeleitet werden sollen.

Vorhanden sind auch noch Unterlagen zu Unterschriftsberechtigungen für das Häftlingsgeldkonto bei der Reichsbank – auf dem beigefügten Unterschriftsblatt sind ausschließlich SS-Angehörige verzeichnet – sowie eine Bestätigung über das Giroguthaben der Häftlingsgeldverwaltung des KL Buchenwald vom 24. Juli 1942 über rund 190 000 RM. 1942 war das Lager mit etwa 9500 Häftlingen belegt, d. h. durchschnittlich hätte jeder Häftling über ein Guthaben von 20,– RM verfügt. Angesichts der unterschiedlichen nationalen und sozialen Herkunft der Gefangenen spiegelt dieser rein statistische Wert jedoch nicht die tatsächlichen Lebensumstände wider. Während viele Häftlinge ohne oder mit geringer finanzieller Unterstützung auskommen mussten, verfügten andere sogar über größere Beträge.

Für die bei der Reichsbank geführten Häftlingsgeldkonten wurden bei den Häftlingsgeldverwaltungen neben den Geldkarteien je Häftling auch namentliche Listen geführt. In der abgebildeten Liste aus dem KL Dachau wurde jeweils die Häftlingsnummer, der Name, das Geburtsdatum und das Guthaben aufgeführt.

Mittels wöchentlicher Geldanforderungen wurde in den Blocks der Bedarf der Häftlinge zur Auszahlung von Bargeld aus deren Guthaben zusammengefaßt und an die Häftlingsgeldverwaltung gemeldet. Die Geldanforderungen wurden durch einen SS-Führer, wahrscheinlich einen Vorgesetzten der Häftlingsgeldverwaltung, abgezeichnet. Den Empfang des Gelds bestätigten die Häftlinge durch ihre Unterschrift. Auf der abgebildeten Geldanforderung (nächste Seite) findet sich auch ein Eintrag für den prominenten Dachau-Häftling Pfarrer Dr. Martin Niemöller. Auffällig ist, daß sowohl diese als auch andere bekannte Geldanforderungen von den Beträgen her nicht zu den oft zitierten wöchentlichen oder

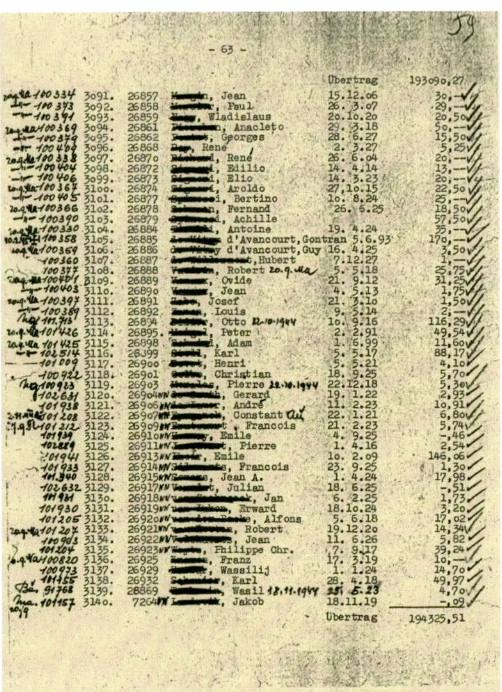

- 63 -

			Übertrag	193090,27
3091.	26857	[illegible], Jean	15.12.06	30,–
3092.	26858	[illegible], Paul	26. 3.07	29,–
3093.	26859	[illegible], Wladislaus	20.10.20	20,50
3094.	26861	[illegible], Anacleto	29. 3.18	50,–
3095.	26862	[illegible], Georges	28. 6.27	15,50
3096.	26868	[illegible], Rene	2. 3.27	5,25
3097.	26870	[illegible], René	26. 6.04	20,–
3098.	26872	[illegible], Edilio	14. 4.14	13,–
3099.	26873	[illegible], Elio	14. 3.23	20,–
3100.	26874	[illegible], Aroldo	27.10.15	22,50
3101.	26877	[illegible], Bertino	10. 8.24	25,–
3102.	26878	[illegible], Fernand	26. 5.25	18,50
3103.	26879	[illegible], Achille		57,50
3104.	26884	[illegible], Antoine	19. 4.24	35,–
3105.	26885	[illegible] d'Avancourt, Gontran	5.6.93	170,–
3106.	26886	[illegible] d'Avancourt, Guy	16. 4.25	3,50
3107.	26887	[illegible], Hubert	7.12.27	1,–
3108.	26888	[illegible], Robert	5. 5.18	25,75
3109.	26889	[illegible], Ovide	21. 9.12	31,25
3110.	26890	[illegible], Jean	4. 5.13	1,75
3111.	26891	[illegible], Josef	21. 3.10	1,50
3112.	26892	[illegible], Louis	9. 5.14	2,–
3113.	26894	[illegible], Otto	10. 9.16	116,29
3114.	26895.	[illegible], Peter	2. 2.91	49,54
3115.	26898	[illegible], Adam	1. 6.99	11,60
3116.	26899	[illegible], Karl	5. 5.17	88,17
3117.	26900	[illegible], Henri	5. 5.21	4,10
3118.	26901	[illegible], Christian	18. 9.25	5,70
3119.	26903	[illegible], Pierre	22.12.18	5,30
3120.	26904	[illegible], Gerard	19. 1.22	2,93
3121.	26906	[illegible], André	11. 2.23	10,91
3122.	26907	[illegible], Constant	22. 1.21	6,80
3123.	26909	[illegible], Francois	21. 2.23	5,74
3124.	26910	[illegible], Emile	4. 9.25	–,46
3125.	26911	[illegible], Pierre	1. 4.16	2,54
3126.	26913	[illegible], Emile	10. 2.09	146,06
3127.	26914	[illegible], Francois	23. 9.25	1,30
3128.	26915	[illegible], Jean A.	1. 4.24	17,98
3129.	26917	[illegible], Julian	18. 6.25	–,51
3130.	26918	[illegible], Jan	6. 2.25	1,73
3131.	26919	[illegible], Erward	18.10.24	3,20
3132.	26920	[illegible], Alfons	5. 6.18	17,02
3133.	26921	[illegible], Robert	19.12.20	14,34
3134.	26922	[illegible], Jean	11. 6.26	5,82
3135.	26923	[illegible], Philippe Chr.	7. 9.17	39,24
3136.	26925	[illegible], Franz	17. 3.19	10,–
3137.	26929	[illegible], Wassilij	1. 1.24	14,70
3138.	26932	[illegible], Karl	28. 4.18	49,97
3139.	28869	[illegible], Wasil	25. 5.23	4,70
3140.	7264	[illegible], Jakob	18.11.19	–,09
			Übertrag	194325,51

KL Dachau, Blatt 63 aus einer namentlichen Liste der Häftlingsgeldverwaltung über Guthaben der Häftlinge.
(Archiv der Gedenkstätte Dachau, Nr. 20175)

14tägigen Verfügungsrahmen passen. Auf der abgebildeten Geldanforderung wurden für den Häftling Otto Josek (Häftlingsnummer 22788) sogar 400 RM angefordert, bestätigt und ausgezahlt.

Auf der Grundlage der wöchentlichen Geldanforderungen wurden dann Auszahlungs-Kassenanweisungen erstellt, die im KL Dachau vom Leiter der Verwaltung des Konzentrationslagers persönlich unterschrieben wurden. Wie verschiedene Geldanforderungen und die dazugehörigen Kassenanweisungen belegen, wurde in Dachau auch nach der Prämienvorschrift des WVHA der SS vom 15. Mai 1943 weiterhin Bargeld an Häftlinge aus deren Guthaben gezahlt.

Auf den Kassenanweisungen wurde auch der Grund der Zahlung angegeben. Bei der zur Geldanforderung passenden Kassenanweisung (siehe Abbildung) vom 22. April 1944 wurde als Grund „Eigengeld zum Verbrauch im Lager" angegeben. Andere Kassenanweisungen belegen die Auszahlung von Eigengeld bei Entlassungen.

Wöchentliche Geldanforderung des ______ Block

Ausbezahlt am: ______

Lfd. Nr.	Name	Vorname	Geburtsdatum	Betrag RM	Rpf	Betrag erhalten Unterschrift
26678	Höck	Michael	20.8.03	30	–	Höck
[illegible]	[illegible]	Martin	14.1.92	50	–	[illegible]
[illegible]	[illegible]	Johann	27.1.88	30	–	[illegible]
[illegible]	Jorek	Otto	18.6.03	400	–	[illegible]
			Summe	510	–	

Festgestellt!
SS-Hauptscharführer

Übertrag

KL Dachau, wöchentliche Geldanforderung zur Auszahlung von Bargeld aus den Guthaben von Häftlingen.
(Archiv der Gedenkstätte Dachau, Nr. 19671)

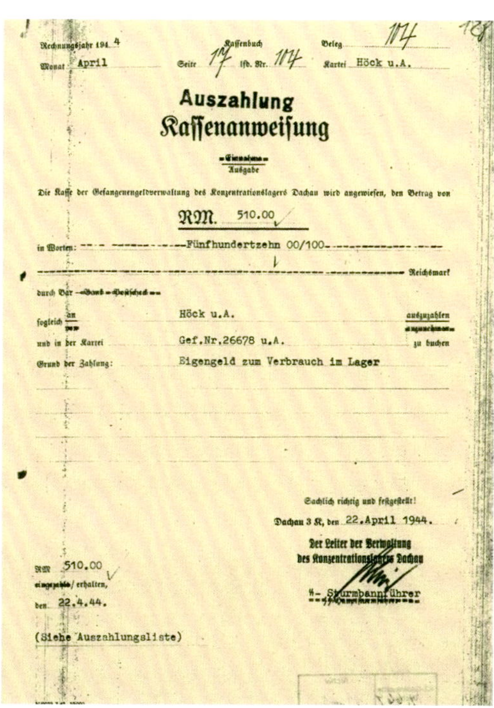

Rechnungsjahr 1944 Kassenbuch Beleg 114
Monat April Seite 17 lfd. Nr. 114 Kartei Höck u.A.

Auszahlung
Kassenanweisung

Die Kasse der Gefangenengeldverwaltung des Konzentrationslagers Dachau wird angewiesen, den Betrag von

RM. 510.00

in Worten: Fünfhundertzehn 00/100 Reichsmark

durch Bar

sogleich an Höck u.A. auszuzahlen

und in der Kartei Gef.Nr.26678 u.A. zu buchen

Grund der Zahlung: Eigengeld zum Verbrauch im Lager

Sachlich richtig und festgestellt!
Dachau 3 K, den 22.April 1944.
Der Leiter der Verwaltung des Konzentrationslagers Dachau
SS-Sturmbannführer

RM 510.00 erhalten,
den 22.4.44.

(Siehe Auszahlungsliste)

KL Dachau, Auszahlung Kassenanweisung über 510 RM vom 22.4.1944 an Häftlinge zum Eigenverbrauch.
(Archiv der Gedenkstätte Dachau, Nr. 19669)

Die gesammelten Kassenanweisungen bildeten schließlich die Grundlage für die Geldabhebungen der Häftlingsgeldverwaltung von deren Konto bei der Deutschen Reichsbank.

Unabhängig von der Empfangsbestätigung auf der Geldanforderung, wurde die Auszahlung aus den Guthaben der Häftlinge zusätzlich auch auf deren Geldkarteien vermerkt und durch Unterschrift des Häftlings bestätigt. So läßt sich anhand der Geldkartei von Dr. Martin Niemöller schließlich auch die Auszahlung der angeforderten 50 RM am 22. April 1944 nachweisen.

Bei einer Entlassung oder Verlegung in ein anderes Lager erhielt der Häftling sein verbliebenes Guthaben bei der Häftlingsgeldverwaltung bar ausgezahlt (siehe hierzu auch die abgebildete Kontokarte aus dem KL Stutthof).

Häftlinge in sog. Arbeitserziehungslagern, die auch Konzentrationslagern wie Buchenwald angegliedert sein konnten, erhielten pro Tag Arbeitseinsatz einen Lohn von 0,50 RM gutgeschrieben. Hiervon konnten sie Verbrauchsgegenstände wie Briefmarken, Rasierklingen und Zahnpasta im Wert von bis zu 2,– RM wöchentlich kaufen.[23)]

Die Gelder auf den Konten der Häftlingsgeldverwaltungen blieben in der Regel bis zum Kriegsende unangetastet. Es soll Ausnahmen gegeben haben, in denen in der Endzeit der Lager auch Lieferungen zur Aufrechterhaltung des Lagerbetriebs (z. B. Lebensmittel) aus Häftlingsgeldern bezahlt wurden.

Interessant wäre die Klärung des Verbleibs der Häftlingsgelder in den Verwaltungen sowie auf Bankkonten in den letzten Tagen der NS-Herrschaft und nach der Befreiung der Lager. Dies kann jedoch nur Lager für Lager untersucht und nicht verallgemeinert werden. Im „Endzeit-Chaos“ waren Fälle von Bereicherung an Häftlingseigentum durch SS-Angehörige vor deren Flucht jedenfalls nicht selten.

Der sog. Erste Buchenwald-Bericht vermerkt zu den Geschehnissen in der Nacht des 10. April 1945, nur einen Tag vor der Befreiung des Lagers durch US-Truppen: *„In derselben Nacht vollbrachten die Faschisten noch eine ihrer Schandtaten. Sie schlossen sich auf der Effektenkammer ein, stahlen hier Geld, Uhren und andere Wertsachen von etwa 2000 Häftlingen und verpackten das Diebesgut in große Kisten. Auch ein großer Koffer mit Juwelen, der bisher noch nicht abgeliefert worden war und von einem Judentransport stammte, wurde gut verschnürt in der Nacht von einem LKW abgeholt. In derselben Nacht verschwand auch ein großer Teil der Angehörigen des Kommandanturstabes. Bei der Ausgabe der restlichen Effekten an die Häftlinge stellte man später fest, daß sie vielen Häftlingen die Personalpapiere gestohlen haben, damit sie unter fremdem Namen flüchten und sich verstecken konnten."*[24)]

Karl Feuerer, Häftling in Buchenwald und Dachau, schrieb in seinem Tatsachenbericht: *„Wertsachen von Häftlingen sich direkt anzueignen, war auch in SS-Kreisen nicht üblich. Alles kam in den Effektensack oder die Wertsachenabteilung. Wie man es dort unauffällig herausholen konnte, darüber wurde nicht gesprochen. Dass man aber unglaubliche Mengen Häftlingswertsachen und Gelder ‚sicherzustellen' verstand, haben die 21 Lastautos mit etwa 1000 Koffern und Kisten von Häftlingseffekten bewiesen, die am 29. April 1945 nach der Befreiung des KL Buchenwald von den Amerikanern in einem verschütteten Luftschutzbunker des Steinbruchs gefunden wurden. Dieser Fund hatte einen Wert von Millionen Reichsmark."*[25)]

Häftlinge anderer Lager berichteten dagegen, daß sie ihr Guthaben nach der Befreiung ausgezahlt bekommen haben.

Zwangsarbeit für die Kriegswirtschaft

Bis 1942 waren Häftlinge meist nur zu Arbeiten in den Lagern eingesetzt. Ab Frühjahr 1942, besonders aber nach der Propagierung des „Totalen Kriegs" Anfang 1943, der eine Steigerung der Rüstungsproduktion bei gleichzeitigem Arbeitskräftemangel infolge des massenweisen Kriegseinsatzes deutscher Männer verlangte, wurden die Insassen der Konzentrationslager zu einem wichtigen Faktor der deutschen Kriegswirtschaft.

Das am 1. Februar 1942 neu gebildete SS-Wirtschafts-Verwaltungshauptamt (WVHA) wurde von Oswald Pohl errichtet und stand bis zum Kriegsende unter dessen Leitung. Schon am 16. März 1942 wurde die Inspektion der Konzentrationslager (IKL), der bisher das Lagersystem unterstand, als Amtsgruppe D dem WVHA unterstellt.[26)] Nach der Übernahme der Konzentrationslager forderte Pohl im März 1942 von den Lagerkommandanten, der Arbeitseinsatz müsse *„im wahren Sinne des Wortes erschöpfend sein, um ein Höchstmaß an Leistung zu erreichen."*[27)]

Am 21. März 1942 wurde der Gauleiter von Thüringen, Fritz Sauckel, zum „Generalbevollmächtigten für den Arbeitseinsatz" ernannt.[28)] Sauckel sollte den akuten Arbeitskräftemangel in der Rüstungsindustrie bekämpfen und bediente sich dabei vornehmlich Zwangsarbeitern aus Osteuropa. Himmler verlangte seinerseits den Einsatz von Häftlingen in SS-eigenen Betrieben und befahl hierzu den Aus- und Neubau von Lagern, in denen Hunderttausende als Arbeitssklaven eingesetzt werden könnten.

SS-eigene Betriebe waren die Deutschen Erd- und Steinwerke (DESt), die in ihren Steinbrüchen, Ziegelwerken und Kiesgruben Baustoffe für geplante Monumentalbauten und neue „Führerstädte" erzeugten; die Deutschen Ausrüstungswerke (DAW), in denen Häftlinge vor allem Möbel, Türen und Fenster für die SS und Heereszeugämter herstellten; die Deutsche Lebensmittel GmbH mit Back- und Fleischwarenbetrieben

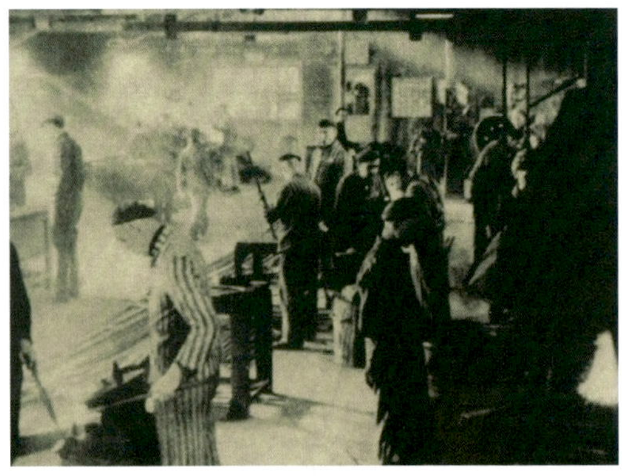

Häftlingsarbeit in einer der Fabriken nahe des Konzentrationslagers Auschwitz.
(Foto: Archiv des Staatlichen Museums Auschwitz)

sowie die Gesellschaft für Textil- und Lederverwertung (ab 1944 Deutsche Textil- und Bekleidungswerke), in der weibliche Häftlinge aus Ravensbrück Lagerkleidung und Uniformen für die Waffen-SS herstellten. Die meisten dieser SS-Unternehmen zahlten zwar nur einen Tagessatz von 0,30 RM pro Häftling an die Lager, waren aber trotzdem hoch verschuldet. Erst als man 1943 auch lukrative Aufträge für die Kriegswirtschaft und Rüstung erhielt, erzielte man Gewinn.[29] Die Pläne Heinrich Himmlers zum Aufbau eines eigenen SS-Rüstungskonzerns scheiterten dennoch. Sie scheiterten nicht nur an mangelnden wirtschaftlichen und fachlichen Erfahrungen innerhalb der SS, sondern auch an den schlechten Bedingungen, unter denen die Häftlinge Zwangsarbeit leisten mußten. Bald schon suchte man deswegen die Zusammenarbeit mit der Rüstungsindustrie, an die man immer mehr Häftlinge als billige Arbeitskräfte gegen Zahlung von Tagespauschalen auslieh. Für Facharbeiter berechnete man Firmen wie Krupp, Siemens & Halske oder den Gustloff-Werken 2,– RM und für ungelernte Hilfsarbeiter 0,90 RM pro Tag.

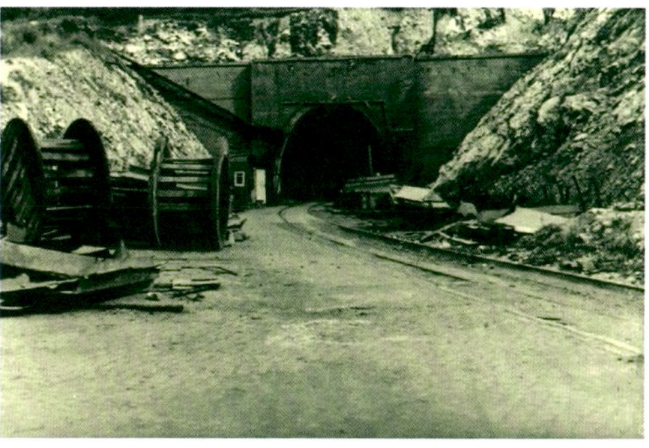

Arbeitslager Mittelbau bei Nordhausen am Harz 1944, Einfahrt zu einem Stollen der V-Waffenfertigung.

(Foto aus einem Tatsachenbericht von Karl Feuerer)[30]

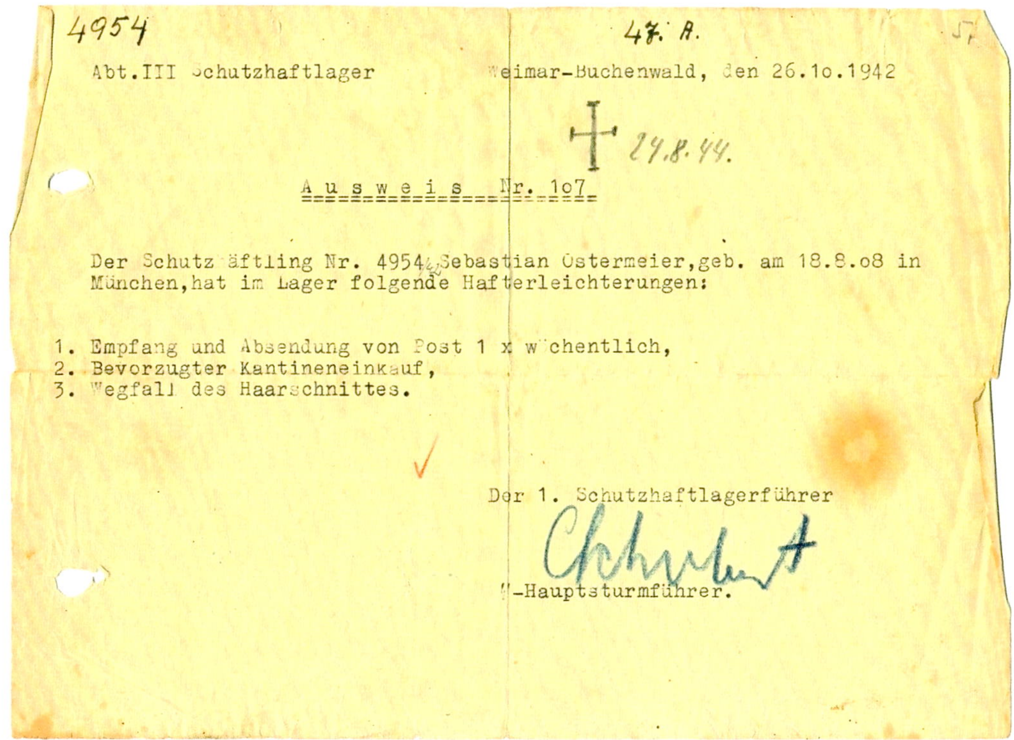

4954 47. A.

Abt.III Schutzhaftlager Weimar-Buchenwald, den 26.1o.1942

† 24.8.44.

Ausweis Nr. 1o7

Der Schutzhäftling Nr. 4954 Sebastian Ostermeier, geb. am 18.8.o8 in München, hat im Lager folgende Hafterleichterungen:

1. Empfang und Absendung von Post 1 x wöchentlich,
2. Bevorzugter Kantineneinkauf,
3. Wegfall des Haarschnittes.

Der 1. Schutzhaftlagerführer

Schobert

SS-Hauptsturmführer.

Konzentrationslager Buchenwald, Ausweis über Hafterleichterungen für den Schutzhäftling Sebastian Ostermeier vom 26.10.1942 (verstorben am 24.8.1944).

(Archiv der Gedenkstätte Buchenwald)

Immer mehr Betriebe forderten nun Häftlinge an, wo Zivil- und Zwangsarbeiter fehlten.
Betrug die Gesamtzahl aller Häftlinge in den Konzentrationslagern bis vor Kriegsbeginn nur maximal etwa 20 000, so stieg deren Zahl ab dem Frühjahr 1942 kontinuierlich an, bis sie schließlich im Januar 1945 den höchsten Stand mit über 715 000 erreichte. Im letzten Kriegsjahr waren Häftlinge aus Konzentrationslagern oft die einzigen verfügbaren Arbeitskräfte, die von der Industrie angefordert werden konnten.[31)]
Schon ab Herbst 1942 holte man nicht mehr die Betriebe zu den Lagern, sondern schuf dort Außenlager, wo Betriebe waren. So entstand zu den vorhandenen 24 Stammlagern bis 1945 ein flächendeckendes Netz von über 1000 Nebenlagern in ganz Deutschland und den besetzten Gebieten.[32)]
Die hohe Sterblichkeitsrate bei Häftlingen im Winter 1942/1943 zwang zum Umdenken. Wie Anweisungen von Lagerkommandanten belegen, stand ab 1943 die Arbeitskraft eines Häftlings im Vordergrund. Dies führte zu Verbesserungen bei der Verpflegung, der Hygiene und auch der Krankenbehandlung. Häftlinge konnten nun außerdem unbeschränkt Lebensmittelpakete von ihren Angehörigen oder vom Internationalen Roten Kreuz empfangen.[33)]
So forderte etwa der Lagerkommandant von Auschwitz Schwarz in seinem Kommandanturbefehl 4/44 unter 7. Häftlingsmißhandlung: *„In einem Außenlager ist es vorgekommen, daß Häftlinge von Zivilisten mit denen sie auf einer gleichen Arbeitsstelle beschäftigt waren, geschlagen und z.T. mißhandelt wurden, so daß sie vorübergehend in den Krankenbau aufgenommen werden mußten. In den Fällen, in denen ein Zusammenarbeiten mit Zivilisten unvermeidlich ist, sind mir die Lagerführer für Ordnung verantwortlich und haben die Zivilisten nochmals durch das Werk über den Umgang mit Häftlingen belehren zu lassen. Andererseits ist mir jede Mißhandlung eines Häftlings durch einen Zivilisten umgehend zu melden.*
Bei dieser Gelegenheit mache ich nochmals ausdrücklich auf den bestehenden Befehl aufmerksam, daß kein SS-Mann Hand an einen Häftling legen darf. Im 5. Kriegsjahr ist alles daran zu setzen die Arbeitskraft der Häftlinge zu erhalten.“[35)]

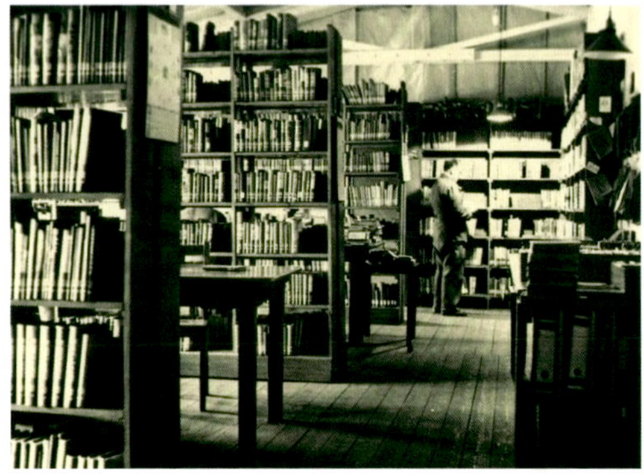

Konzentrationslager Buchenwald, gut bestückte Lagerbibliothek mit mehr als 15 000 Bänden. Hier liehen sich sogar SS-Angehörige Bücher aus.[34)]
(Musée de la Résistance et de la Déportation, Besancon aus dem SS-Album: Buchenwald Jahresende 1943)

Drastisch stieg noch einmal der Einsatz von Häftlingen ab Ende 1944 an. Innerhalb weniger Monate entstanden Hunderte neue Außenlager, in denen zum Teil extreme Bedingungen herrschten. Allgemein bekannt ist der Einsatz von Häftlingen in Stollen des Arbeitslagers Mittelbau bei Nordhausen, in denen die sog. „Vergeltungswaffen“ produziert wurden. Von den etwa 60 000 hier eingesetzten Häftlingen kam ein Drittel ums Leben.

Vergünstigungen für Häftlinge

Bereits vor, aber auch nach Einführung sog. Prämienscheine wurden verschiedene Vergünstigungen für Häftlinge angewandt, um gute Führung und gute Leistungen zu belohnen. Zu diesen Hafterleichterungen zählte ein erhöhter Briefwechsel mit Angehörigen, die Nutzung der Lagerbibliothek, das Lesen von Zeitungen, der vorrangige Einkauf in der Lagerkantine, der Wegfall der Kopfrasur, Sonderzuteilungen an Zigaretten, der Besuch von Kinovorstellungen, das Tragen von Uhren und von Zivilkleidung und sogar der Aufenthalt außerhalb des Lagers unter Bewachung. Aus dem KL Flossenbürg sind Prämien für Häftlinge (vorrangig für Steinmetze) schon

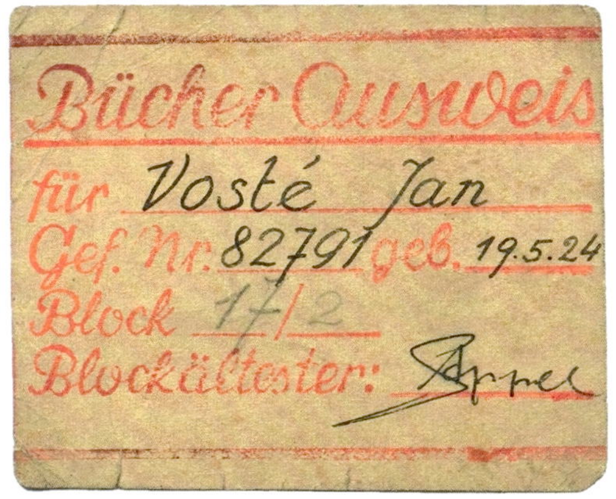

Bücher Ausweis
für Vosté Jan
Gef. Nr. 82791 geb. 19.5.24
Block 17/2
Blockältester: [signature]

Konzentrationslager Dachau,
Bücherausweis für den Häftling Jan Vosté,
der zur Nutzung der Lagerbibliothek berechtigte.
(Archiv der Gedenkstätte Dachau, Nr. 9651)

seit 1941 vergeben worden. Darüber hinaus gab es für Häftlinge, die zu besonders schweren und anstrengenden Arbeiten herangezogen wurden, sog. „Schwerarbeiterzulagen", die zum Bezug besserer Verpflegung berechtigten.

Häftlinge, die in den Genuß derartiger Vergünstigungen kamen, erhielten in aller Regel einen „Ausweis", mit dem sie ihre Privilegien bei Kontrollen nachweisen konnten.

Wenn es Hafterleichterungen gab, so wird es nicht verwundern, daß auch verschärfte Haftbedingungen möglich waren. Als Nachweis soll hier eine Mitteilung der Postzensurstelle des KL Dachau vom 11. September 1941 dienen. Danach bestanden die „verschärften Haftmassnahmen" in der Einschränkung des Briefwechsels und des Empfangs von Geldanweisungen sowie im Verbot des Empfangs von Paketen.

Bei der Postzensurstelle, in der ebenfalls Häftlinge arbeiteten, wurden alle ein- und ausgehenden Postsendungen kontrolliert. So durften z. B. Nachrichten an Angehörige keine negativen Schilderungen vom Leben in den Lagern oder persönliche Zeichnungen enthalten. Selbst Briefmarken wurden abgelöst, um evtl. darunter versteckte Nachrichten zu finden. Kritische Wörter und Passagen wurden gestrichen. Viele Karten und Briefe enthalten deshalb auch nur übliche Floskeln, wie: *„Mir geht es gut. Wie geht es Euch? Ihr braucht nichts zu schicken, hier gibt es alles zu kaufen! Viele Grüße!"*

Bei Verstößen gegen die Lagerordnung, in der auch der Briefverkehr geregelt war, drohten dem Häftling verschärfte Haftbedingungen oder schlimmere Strafen.

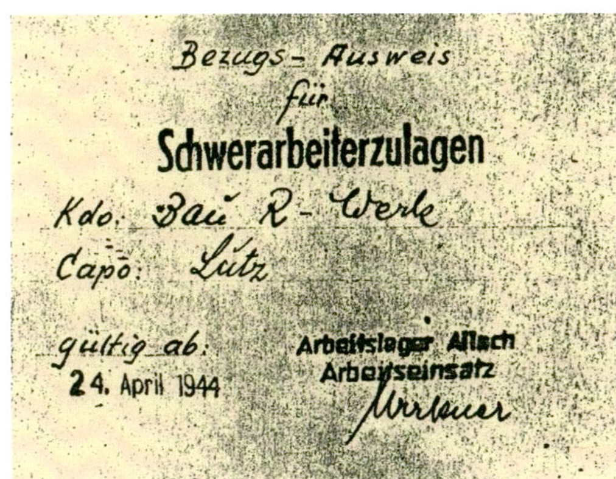

Bezugs-Ausweis
für
Schwerarbeiterzulagen
Kdo.: Bau R-Werk
Capo: Lutz
gültig ab: 24. April 1944
Arbeitslager Allach
Arbeitseinsatz
[signature]

Konzentrationslager Dachau,
Bezugs-Ausweis für Schwerarbeiterzulagen
vom 24.4.1944 für den „Capo" eines Baukommandos.
(Archiv der Gedenkstätte Dachau, Nr. 9651)

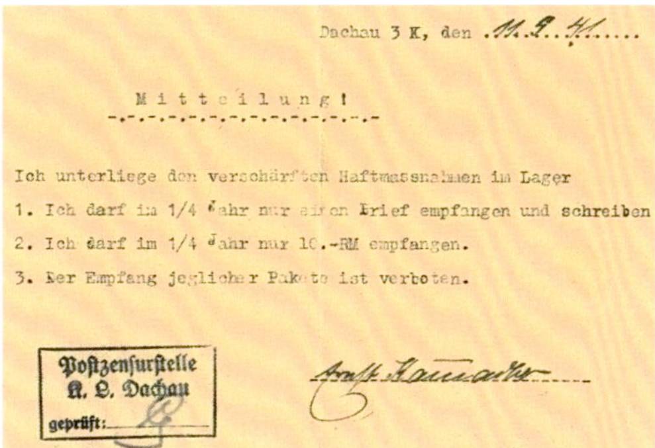

Dachau 3 K, den 11.9.41

Mitteilung!

Ich unterliege den verschärften Haftmassnahmen im Lager

1. Ich darf im 1/4 Jahr nur einen Brief empfangen und schreiben
2. Ich darf im 1/4 Jahr nur 10.-RM empfangen.
3. Der Empfang jeglicher Pakete ist verboten.

Postzensurstelle
K. L. Dachau
geprüft: [signature]

[signature]

Konzentrationslager Dachau, Mitteilung der Postzensurstelle vom 11.9.1941 über verschärfte Haftbedingungen.
(Sammlung Wolfgang Haney, Berlin)

Prämienscheine für Häftlinge

Die Ausgabe von Prämienscheinen erfolgte auf der Grundlage der am 15. Mai 1943 in Kraft getretenen SS-Dienstvorschrift des Chefs des Wirtschafts- und Verwaltungshauptamts (WVHA) für die Gewährung von Vergünstigungen an Häftlinge (Abschrift auf den folgenden Seiten).

Der Chef des
SS-Wirtschaftsverwaltung-
hauptamtes

Geheim

Buchenwaldarchiv
Sign. 31 2-15

D i e n s t v o r s c h r i f t

für die
Gewährung von Vergünstigungen an Häftlinge
(Prämien - Vorschrift)

Gültig ab 15. Mai 1943

Dienstvorschrift für die Gewährung von Vergünstigungen an Häftlinge (Prämien-Vorschrift) des WVHA der SS vom 15.5.1943. *(Abschrift aus dem Archiv der Gedenkstätte Buchenwald)*

-1-

Bei Errichtung der Konzentrationslager nach der Machtübernahme bestand deren Aufgabe allein darin, alle diejenigen, volks- und staatsfeindlichen Personen zu verwahren, die durch ihr Verhalten den Bestand und die Sicherheit des Volkes und Staates gefährdeten. Die damals im Reichsgebiet noch herrschende Arbeitslosigkeit brachte es mit sich, daß ein produktiver Arbeitseinsatz der verwahrten Häftlinge nicht erfolgte. Der im Laufe der Jahre zunehmende Mangel an Arbeitskräften erreichte seinen Höhepunkt im jetzigen Kriege.

Nachdem schon seit Jahren Häftlinge in großer Zahl in SS-eigenen Wirtschaftsbetrieben eingesetzt wurden, erfolgte im Kriege Umstellung der Betriebe auf kriegswichtige und siegentscheidende Aufgaben. Unabhängig davon jedoch wurden Häftlinge in großen Kommandos durch Errichtung von Rüstungsbetrieben innerhalb der Konzentrationslager oder in deren unmittelbarer Nähe und bei Rüstungswerken selbst zur Arbeit geführt.

Es ist zu der verantwortlichen Aufgabe der Verwahrung die bedeutungsvolle Arbeit im Krieges des Großdeutschen Reiches durch den Einsatz der Häftlinge in diesen kriegswichtigen und siegentscheidenden Fertigungen hinzugekommen.

Die Leistungen der eingesetzten Häftlinge sind im allgemeinen gut.

Der Umfang und die Dringlichkeit aller mit Häftlingen zur Durchführung gelangenen Arbeiten erfordern höchste Leistung eines jeden Häftlings. Die gegenwärtigen Ergebnisse müssen

-2-

Dienstvorschrift für die Gewährung von Vergünstigungen an Häftlinge (Prämien-Vorschrift) des WVHA der SS vom 15.5.1943. *(Abschrift aus dem Archiv der Gedenkstätte Buchenwald)*

-2-

deshalb zu einer Steigerung gebracht werden. Sie wird durch Führung und Erziehung der Häftlinge erreicht, und durch Gewährung von Vergünstigungen an die Häftlinge anerkannt.
Hierfür erlasse ich folgende

D i e n s t v o r s c h r i f t .

Häftlinge, die sich durch Fleiß, Umsichtigkeit, gute Führung und besondere Arbeitsleistung auszeichnen, erhalten künftig Vergünstigungen.
Diese bestehen in Gewährung von

1. Hafterleichterung,
2. Verpflegungszulagen,
3. Geldprämien,
4. Tabakwarenbezug,
5. Bordellbesuch.

1. Hafterleichterung

Hierzu zählen erhöhter Briefwechsel und Haarschnitt. Die allgemein vorgeschriebene Zahl von monatlich je zwei aus- und eingehenden Briefen oder Karten kann bis zu je 4 Briefen oder Karten erhöht werden, hierüber bestimmt der Kommandant.
Reichsdeutsche Häftlinge dürfen sich mit Genehmigung des Lagerkommandanten die Haare schneiden lassen. Art des Haarschnitts kann der Häftling wählen, jedoch muß er kurz und militärisch sein. Hiervon werden nur die reichsdeutschen Häftlinge betroffen, sofern für ausländische Häftlinge besondere Anweisung vom Reichssicherheitshauptamt nicht vorliegt.

-3-

Dienstvorschrift für die Gewährung von Vergünstigungen an Häftlinge (Prämien-Vorschrift) des WVHA der SS vom 15.5.1943. (Abschrift aus dem Archiv der Gedenkstätte Buchenwald)

-3-

2. Verpflegungszulagen

Die den Häftlingen im Rahmen der kriegswirtschaftlichen Bestimmungen zu gewährende Verpflegung muß so gehalten sein, daß die Arbeitskraft erhalten bleibt.
Unabhängig von dieser Grundverpflegung erhalten Facharbeiter, Schwerarbeiter und die sich durch besondere Leistung auszeichnenden Häftlinge Verpflegungszulagen. Diese können nicht hoch genug sein, um die besten Arbeitskräfte unter den Häftlingen für ihre Leistung zu belohnen und zu weiterer Steigerung anzuspornen. Ich mache deshalb die Kommandanten und die Leiter der Verwaltungen dafür verantwortlich, daß sie jede Möglichkeit der Beschaffung nichtbewirtschafteter Lebensmittel (Gemüse, Obst usw.) weitgehendst wahrnehmen.

Sofern die Arbeitsleistung der mit Verpflegungszulagen bedachten Häftlinge unter das bisherige Maß absinkt und somit die Voraussetzungen für die Gewährung der Zulagen nicht mehr gegeben sind, hat Kürzung der Zulagen solange zu erfolgen bis die Mehrleistung wieder erreicht wird. Laufende persönliche Überwachung der Arbeitsleistung durch den Kommandanten, den Leiter der Verwaltung sowie durch die Kommando- und Blockführer ist deshalb erforderlich.

Bei den außerhalb der Konzentrationslager in Rüstungsbetrieben eingesetzten Häftlingen ist der Führer des Arbeitslagers verpflichtet in engster Fühlungnahme mit dem Betriebsleiter des Unternehmens die Leistung der Häftlinge und ihre Steigerung zu überwachen.

-4-

Dienstvorschrift für die Gewährung von Vergünstigungen an Häftlinge (Prämien-Vorschrift) des WVHA der SS vom 15.5.1943. (Abschrift aus dem Archiv der Gedenkstätte Buchenwald)

-4-

3. Geldprämien

Alle in der Arbeit eingesetzten Häftlinge sollen künftig die Möglichkeit haben, sich durch Leistung eines Geldprämie zu erarbeiten. Sie wird in Form von Prämienscheinen, die innerhalb der Konzentrationslager Geldeswert darstellen, als denjenigen Häftlingen gegeben, die sich durch gute Leistung, Fleiß und besonderes Interesse hervortun.
Es wird die Mehrleistung belohnt. Die Höhe der Belohnung richtet sich nach dem Wert der Mehrleistung und darf vorläufig im Einzelfalle

RM -.5o,
RM 1.--,
RM 2.--,
RM 3.-- oder
RM 4.--

sowie in besonderen wenigen Ausnahmefällen bis zu RM 1o.-- je Woche im Höchstfall betragen.
Die Feststellung der Mehrleistung erfolgt bei Einsatz der Häftlinge in Arbeitsgruppen über das Gruppen-Akkord-System. Eine Gruppe arbeitender Häftlinge erhält zum Beispiel für eine bestimmte Arbeit eine feste Zeit zur Erledigung vorgeschrieben. Wird das Arbeitspensum vor Ablauf dieser Zeit erfüllt, werden die in der Gruppe arbeitenden Häftlinge je nach der Größe der Zeitverkürzung prämiert. Die Vorarbeiter dieser Gruppe ist mit einer Prämie der nächst höheren Stufe zu belohnen. Die Feststellung der Arbeitsleistung erfolgt hierfür und auch

-5-

Dienstvorschrift für die Gewährung von Vergünstigungen an Häftlinge (Prämien-Vorschrift) des WVHA der SS vom 15.5.1943. *(Abschrift aus dem Archiv der Gedenkstätte Buchenwald)*

-5-

im Einzelfall durch die Betriebsleiter, Werkmeister, Bau - leiter usw. derjenigen Stellen, denen die Häftlinge zur Verfügung gestellt werden, im engsten Einvernehmen mit dem Kommandoführer des Konzentrationslagers.

Die in den Konzentrationslagern selbst für den Lagerbetrieb, zum Beispiel in den Schneider-, Schuhmacher-Reparaturwerk - stätten, in der Küche usw. eingesetzten Häftlinge erhalten bei entsprechender, besonderer Leistung ebenfalls Prämien. Die Bewertung dieser Leistung kann, das Akkordsystem wegen der Art der Arbeit nicht möglich ist, nur durch den Lagerkommandanten oder dem Leiter der Verwaltung erfolgen. Es sind jedoch auch hier nur diejenigen Häftlinge zu belohnen, die sich tatsächlich durch besonderen Fleiß hervortun.

Die Häftlinge haben die Möglichkeit ihre Prämienscheine zum Kauf von Zigaretten, zu sonstigen Einkäufen in den Kantinen sowie zum Besuch des Bordells zu verwenden (Ausführungen hierfür unter Ziffer 4 u. 5) oder sich die erarbeiteten Prämienbeträge auf ihre Sparkonten gutschreiben zu lassen.

Die Prämienscheine werden in Stücken zu RM -,5o und RM 1.- ausgegeben. Sie besitzen Geldeswert und sind als solcher von den Kantinen der Konzentrationslager in Zahlung zu nehmen.

Die prämienzahlenden Stellen (Bauleitungen, Wirtschaftsbetriebe und Rüstungsfirmen) kaufen für eine gewisse Zeit im voraus und nehmen hiervon am Ende einer jeden Woche die Ausgabe der Scheine an die zu belohnenden Häftlinge vor. Bei der Ausgabe sind alle Häftlinge des betreffenden Arbeitskommandos

-6-

Dienstvorschrift für die Gewährung von Vergünstigungen an Häftlinge (Prämien-Vorschrift) des WVHA der SS vom 15.5.1943. (Abschrift aus dem Archiv der Gedenkstätte Buchenwald)

-6-

zugegen, damit auf diese Weise die mit Prämien nicht belohnten Häftlinge für die Folge zu erhöhter Arbeitsleistung angespornt werden.

Die Prämien werden durch Kauf von denjenigen Stellen bezahlt, denen die Häftlinge zur Arbeitsleistung zur Verfügung gestellt wurden. Für die in den Konzentrationslagern selbst im Lagerbetrieb eingesetzten Häftlinge erfolgt die Bezahlung der Prämienscheine aus Reichsmitteln über Kapitel Ti/7b* (sachliche Angaben).

Die Sperkonten aller Häftlinge werden für Abhebungen sofort gesperrt. Ausgenommen hiervon sind lediglich diejenigen Häftlinge, die erarbeitete Prämienbeträge auf ihre Sparkonten einzahlen und im Laufe der Zeit davon Abhebungen vornehmen wollen. Ihre Abhebungen dürfen jedoch die Summe ihrer aus erhaltenen Prämien gemachten Einzahlungen, nicht übersteigen. Hierdurch soll erreicht werden, daß auch diejenigen Häftlinge zu erhöhter Arbeitsleistung gebracht werden, die mit Einlieferung oder durch Überweisungen Sparguthaben im Konzentrationslager besitzen, also tüchtig arbeiten müssen, um durch Prämien ihre persönlichen Bedürfnisse im Lager decken zu können.

4. Tabakwarenzulage

Als weitere Vergünstigung bleibt den fleißigen und sich durch besondere Arbeitsleistungen auszeichnenden Häftlingen der Bezug von Zigaretten und Tabak in der Kantine vorbehalten.
Je höher die Leistung der Häftlinge ist, um so mehr ist ihnen

-7-

* un leserlich

Dienstvorschrift für die Gewährung von Vergünstigungen an Häftlinge (Prämien-Vorschrift) des WVHA der SS vom 15.5.1943. (Abschrift aus dem Archiv der Gedenkstätte Buchenwald)

-7-

die Möglichkeit zum Kauf von Tabakwaren in den Kantinen zu geben. Der Einkauf erfolgt mittels Prämienscheinen.
Häftlinge mit normaler Leistung dürfen erst dann zum Bezug von Tabakwaren zugelassen werden, wenn diejenigen mit Mehr - leistung ihren Bedarf gedeckt haben.

Solche, deren Leistung unter dem Soll liegt, werden vom Bezug ausgeschlossen. Die auf sie entfallenden Tabakwaren kommen den Häftlingen mit bester Leistung zugute.

5. Bordellbesuch

Nur den Spitzenkräften soll auf Wunsch als besondere Belohnung der Besuch des Bordells ermöglicht werden. Die betreffenden Häftlinge stellen kurzen Antrag über den Schutzhaftlagerführer beim Lagerkommandanten, der ihn zugleich prüft und entscheidet. Der Lagerkommandant ist ermächtigt, die Erlaubnis zum Besuch des Bordells im Einzelfalle bis zu einem Mal schriftlich zu erteilen.

Ich weise jedoch besonders darauf hin, daß hierfür nur Häftlinge mit wirklich hervorragender Leistung zugelassen werden.

Für den Besuch des Bordells haben die Häftlinge eine Gebühr von RM 2.-- zu entrichten. Die Entrichtung erfolgt durch Abgabe eines Prämienscheines in dieser Höhe, den der Häftling an seiner Arbeitsstelle für seine dort geleistete Mehrarbeit erhalten hat. (Vergl. Ausführungen in Ziffer 3.) Von diesem Betrag erhält die Insassin des Bordells RM. -.45, der aufsichtsführende weibliche Häftling RM -,o5, der Rest in

-8-

Dienstvorschrift für die Gewährung von Vergünstigungen an Häftlinge (Prämien-Vorschrift) des WVHA der SS vom 15.5.1943. (Abschrift aus dem Archiv der Gedenkstätte Buchenwald)

-8-

Höhe von RM 1,5o ist vorläufig zu hinterlegen und halbjährig erstmalig am 1o.1.1944 für die Zeit bis zum 31.12.1943 dem Chef der Arbeitsgruppe D zu melden.

gez. P o h l
SS-Obergruppenführer und
General der Waffen - SS

Für die Richtigkeit:
G l ü c k s
SS-Brigadeführer und
Generalmajor der Waffen-SS

Berlin, den 15. Mai 1943

Dienstvorschrift für die Gewährung von Vergünstigungen an Häftlinge (Prämien-Vorschrift) des WVHA der SS vom 15.5.1943. (Abschrift aus dem Archiv der Gedenkstätte Buchenwald)

Die Prämienscheine sollten der Motivation dienen und Häftlinge, die oft in kriegswichtiger Produktion eingesetzt waren, zu höheren Leistungen anspornen. Tatsächlich wurde jedoch nur unzureichend Gebrauch von ihnen gemacht und sog. „Funktionshäftlinge“ wurden mitunter sogar bevorzugt.

Betriebe, in denen Häftlinge als Leiharbeiter eingesetzt waren, mußten die für das Lager gedruckten Prämienscheine von der Lager- bzw. Kantinenverwaltung kaufen. Da in diesem Fall die Prämienvergabe an die Häftlinge allein zu Lasten der Firmen ging, waren diese bei der Vergabe von Prämien eher zögerlich. Oft wurde argumentiert, daß die Arbeitsleistung von Häftlingen deutlich niedriger als die von Zivilarbeitern sei. Die unzureichende Vergabe von Prämienscheinen durch Firmen war mehrfach Anlaß für diesbezügliche Befehle von Lagerkommandanten (siehe auch unter Auschwitz). In vielen Außenlagern wurden auch gar keine Prämienscheine ausgegeben, weil Firmen keine Prämien zahlen wollten oder es keine Kantine gab, in der die Häftlinge hätten einkaufen können.[36)]

In SS-eigenen Firmen, wie den Deutschen Ausrüstungswerken (DAW) oder der Deutschen Lebensmittel GmbH sowie Arbeitskommandos, z. B. der Bauleitung der Waffen-SS und Polizei, erfolgte die Ausgabe der Prämienscheine allein zu Lasten der SS.

Zur praktischen Verwendung der Prämienscheine sollen nachfolgend einige Berichte ehemaliger Häftlinge bzw. Auszüge aus der Literatur angeführt werden.

Karl Feuerer, der von 1933 bis 1945 Schutzhäftling in Dachau und Buchenwald war, erinnerte sich in seinem leider unveröffentlichten Tatsachenbericht „Unsterbliche Opfer“: *„Zehn Jahre mussten die Häftlinge molochen, ohne auch nur einen Pfennig dafür zu verdienen. Erst, als die Häftlingskantinen nichts mehr zu verkaufen hatten, führten die Nazis Leistungsprämien ein, um die Rüstungsproduktion zu steigern. Der Durchschnittsarbeiter erhielt sowieso nichts. Wer Glück hatte, bekam 50 Pfg. wöchentlich. In ganz Buchenwald haben die Höchstprämie von 8 Mark pro Woche nur ein paar einzelne Häftlinge*

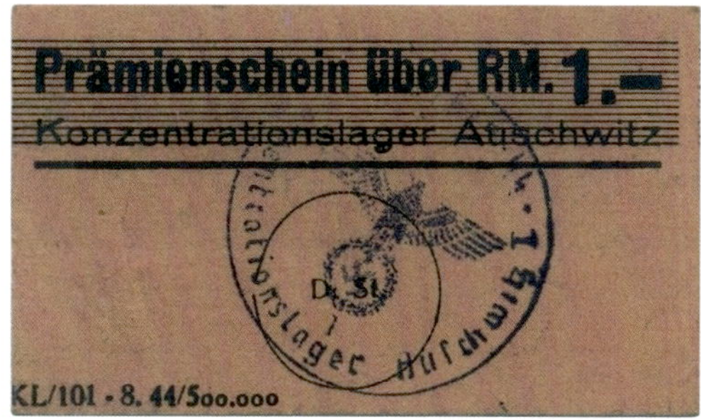

Konzentrationslager Auschwitz, Prämienschein über 1 RM vom August 1944 (Einheitstyp).
(Sammlung Wolfgang Haney, Berlin)

bekommen. Die Verteilung wurde in den meisten Kommandos durch die SS, in einigen wenigen durch die Kapos und Vorarbeiter vorgenommen. Dabei sind ebenfalls Unterschleife vorgekommen, vor allem in den Lagern, wo kriminelle Häftlinge entscheidenden Einfluß in den Arbeitskommandos hatten. Umgekehrt haben gute Antifaschisten als Kapos, trotz Verbot, die dem Kommando zur Verteilung gestellten Prämienscheine, der Reihe nach gleichmäßig verteilt oder für das ganze Kommando in der Kantine Suppe, Getränke oder Rübensalat, wenn davon vorhanden war, eingekauft. Da man damit (Prämienscheine 0.50 bis 3.–) nur an einer Stelle, nämlich in der Häftlingskantine einkaufen konnte, wo es meistens nichts gab, wurde versucht, diese in rauhen Mengen vorhandenen wertlosen Papierfetzen auf Kosten der SS in deutsche Papiermark umzutauschen, was in den Lagern möglich war, wo Antifaschisten in der Kantine Einfluss hatten. In Buchenwald sind auf diese Weise Tausende von Mark umgetauscht worden, die dann dazu benutzt werden konnten, ausserhalb des Lagers auf Umwegen Kartoffeln, Rauchwaren oder andere notwendige Dinge zu kaufen.“[37)]

In der Praxis blieben die Leistungen der Häftlinge hinter denen von Zivilarbeitern zurück. Betriebe beurteilten die Leistungsfähigkeit von Häftlingen oft nur mit etwa 50% gegenüber der von zivilen Beschäftigten.

Zur „Leistungsbewertung“ und Prämienvergabe erinnerte sich Feuerer in seinem Bericht: *„In den zu Rüstungsbetrieben umgestellten Werkstätten-*

Nr 93051 - 93150	100 Prämienscheine zu	-.50	RM	50.--	
Nr102301 -102850	550 "	1.--	RM	550.--	
Nr 12851 - 13000	150 "	3.--	RM	450.--	
Nr 8701 - 8800	100 "	4.--	RM	400.--	
	Gesamt			1450.--	

Beleg Nr.

Konto

Auszahlungs-Schein

über

RM 1450.-- i. W. Vierzehnhundertfünfzig Reichsmark

die heute aus der Deutschen Versuchsanstalt f-Ernährg u.Verpflegg, Dachau

für Prämienscheine

an Kantinenverwaltung KL Dachau

richtig bezahlt wurden.

Dachau, den 22.Dezember 1943

Kantinenverwaltung Konzentrationslager Dachau S/K

i. V. SS-Uscha.

Zauner-Druck Dachau

Quittung der Kantinenverwaltung Dachau vom 22.12.1943 über 1450,– RM zum Verkauf von Prämienscheinen (mit Stückelung und Kontrollnummernkreisen) an die Deutsche Versuchsanstalt für Ernährung und Verpflegung in Dachau, bei der zahlreiche Häftlinge arbeiten mußten. *(Sammlung Wolfgang Haney, Berlin)*

betrieben des Lagers, wie in den neuerbauten Waffenfabriken wurden sehr schnell Arbeitszeitverlängerungen und Nachtschichten eingeführt. Dennoch stieg die Produktion nicht so, wie es das Dritte Reich in seiner Zwangslage forderte. Trotz Bock und Baum konnten nirgends die gestellten Produktionsziffern erreicht werden. Man versuchte es deshalb mit einer konzentrierten Anwendung von Zuckerbrot und Peitsche. Einige Punkte aus den ‚Richtlinien des Gustloff-Werkes', die am 26. November 1943 durch den dortigen Lagerkommandanten herausgegeben wurden, illustrieren dies vorzüglich. Darin heisst es: Am 29.11.43 wird für jeden Häftling ein Leistungsblatt geführt, aus dem hervorgeht, zu wieviel % er an die Leistung eines freien Arbeiters heranreicht. Soweit möglich, ist die zu leistende Arbeit in Stückzahlen dargestellt. Erreicht er diese Zahl, bezw. überschreitet er das Mindestmass, so erhält er am Wochenende eine Leistungsprämie. Wer seine Arbeit nicht schafft, bezw. viel Ausschuss fertigt, hat dadurch den Nachteil, dass er Strafarbeit in der Freizeit oder Kostabzug erhält.“[38]

Zur Einführung von Prämienscheinen schrieb Eugen Kogon in seinem Buch „Der SS-Staat“: *„Im Herbst 1943 führte die SS sogenanntes Lagergeld ein, das nur im KL Gültigkeit hatte und in Form von Prämien für besondere Arbeitsleistungen verteilt wurde. Da der Versuch, auf diese Weise mehr Arbeit aus den Häftlingen herauszuholen, völlig fehlschlug, spendierte die Lagerverwaltung das bedruckte Papier wöchentlich den Kommandos in bestimmten kleinen Mengen (z.B. 16 Mark für 65 Personen! – man versuche nicht den logischen Sinn des Verhältnisses 16:65 zu entdecken, es gibt ihn nicht –) und sperrte die Auszahlung des Normalgeldes für die Häftlinge überhaupt. Die SS hatte dadurch in jedem großen KL einige Millionen Mark zur Abwick-*

lung ihrer eigenen Finanztransaktionen erhalten, und das war der Grund ihrer Prämiengroßzügigkeit."[39]

Die Behauptung Kogons in bezug auf die Verwendung des Häftlingsgelds durch die SS ist differenziert zu betrachten. Für „Finanztransaktionen", die die Verwaltung der Lager selbst betrafen, standen gesonderte Konten zur Verfügung. Ein Konzentrationslager als „Wirtschaftsunternehmen" hatte Einkäufe abzuwickeln, aber auch Forderungen aus der Bereitstellung von Häftlingen als Leiharbeiter für die Rüstungsindustrie einzutreiben. Derartige Forderungen wurden mit Forderungsnachweisen über den Häftlingseinsatz geltend gemacht. Die Betriebe hatten die geforderten Beträge in der Regel auf ein Konto des SS-Wirtschafts-Verwaltungshauptamtes (Amt D IV) in Oranienburg zu überweisen. Außerdem kann im Hinblick auf die leistungsorientierte und teils auch für die SS bzw. das Reich kostenrelevante Vergabe von Prämienscheinen nicht von „Prämiengroßzügigkeit" zugunsten der SS gesprochen werden. Dies würde ein völlig falsches Bild vermitteln und widerspricht zahlreichen Erinnerungen von Zeitzeugen und vorliegenden Dokumenten, die u. a. auch die Auszahlung von Bargeld bis zum Ende der Lager bestätigen.

Spätestens seit der Prämien-Vorschrift des WVHA, in der geregelt wurde, daß von den für die Häftlinge geführten Konten nur noch die Beträge abgehoben werden durften, die zuvor in Form von Prämienscheinen eingezahlt worden waren, sollten Geldanweisungen zugunsten von Häftlingen kaum noch Sinn gemacht haben. Geht man von dieser „Prämien-Vorschrift" aus, so sollten Auszahlungen ab diesem Zeitpunkt auch nur noch in Form von Prämienscheinen erfolgen. Tatsächlich wurde das aber ganz anders gehandhabt. Während in einigen Lagern, wie Ravensbrück und Stutthof, besondere Wertmarken anstelle von Bargeld durch die Geldverwaltung ausgezahlt wurden, blieb es in den meisten anderen Lagern bei der gewohnten Auszahlung von Bargeld aus den Guthaben der Häftlinge neben der gleichzeitigen Nutzung von Prämienscheinen als Ersatzzahlungsmittel.

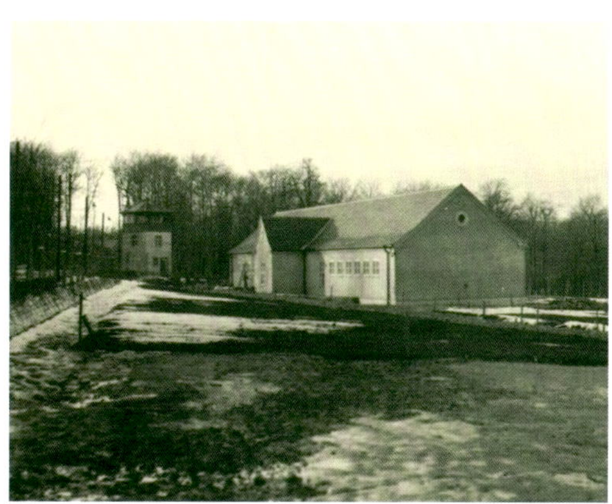

Konzentrationslager Buchenwald, Lagerkantine 1942.
(Musée de la Résistance et de la Déportation, Besançon aus dem SS-Album: Buchenwald Jahresende 1943)

Kaum bekannt ist der Nachtrag zur Dienstvorschrift für die Gewährung von Vergünstigungen an Häftlinge (Prämien-Vorschrift) vom 14. Februar 1944. Da die allseits in Fachkreisen bekannte Prämienvorschrift vom 15. Mai 1943 nicht zu den gewünschten Ergebnissen führte und zum Teil auch praxisuntauglich war, dies besonders was die Regelungen zum Eigentumsgeld der Häftlinge betraf, wurden mit dem Nachtrag nicht nur Prämien auch für betriebliche Verbesserungsvorschläge eingeführt, sondern hauptsächlich eine Reihe von Regelungen zur Verwendung von Häftlingsgeldern. Danach konnten neu eingelieferte Häftlinge für die Zeit ihrer Quarantäne einmalig 30 RM und kranke Häftlinge wöchentlich 10 RM aus ihren Guthaben für den Eigenbedarf verwenden. Die wichtigste Neuerung betraf allerdings die Vergabe von Prämienscheinen selbst. Der in Form von Prämienscheinen erhaltene Betrag wurde nun außerdem dem Konto des Häftlings gutgeschrieben und konnte von diesem zusätzlich zum Eigenverbrauch abgehoben werden. Damit wurde der Wert der Prämierung mit Prämienscheinen und der Leistungsanreiz für Häftlinge praktisch verdoppelt.

Die Vergabe von Prämien wie auch alle anderen Zu- und Abgänge auf den „Konten" von Häftlingen, läßt sich am besten anhand einer Geldkartei nachvollziehen. Auf einer der folgenden Seiten soll deshalb die Geldkartei eines polnischen Häftlings des KL Dachau aus der Zeit

Der Chef
des
SS-Wirtschafts-Verwaltungshauptamtes   Berlin, den 14. 2. 1944

D II/1 Az.: 23 Ma./F.
Tgb.Nr. /44 geh.

Geheim

1. Nachtrag

zur

Dienstvorschrift

für die

Gewährung von Vergünstigungen

an Häftlinge

(Prämien-Vorschrift.)

In Ergänzung der Dienstvorschrift vom 15. 5. 1943 ordne ich folgendes an:

1.) Häftlinge, die durch ihre Leistung eine Prämie erhalten, können künftig von ihren Sparkonten den gleichen Betrag, den sie als Prämie empfangen haben, abheben.

2.) Als weitere Vergünstigung soll Häftlingen mit guter Leistung die Möglichkeit zum Besuch einer Kinovorstellung mit Wochenschau gegeben werden. Die Lagerkommandanten ermöglichen die Durchführung innerhalb des Lagers.

3.) Körperschwache und kranke Häftlinge, die nicht zur Arbeit eingesetzt werden können, dürfen wöchentlich bis zu RM 10.- von ihren Sparkonten zur Deckung ihrer persönlichen Bedürfnisse durch Einkauf in der Kantine abheben. Es soll ihnen hierdurch vor allem Gelegenheit zum Einkauf zusätzlicher Verpflegung in der Kantine gegeben werden.

i.V. [illegible]

Nachtrag zur Dienstvorschrift für die Gewährung von Vergünstigungen an Häftlinge (Prämien-Vorschrift) des WVHA der SS vom 14.2.1944. (Archiv der Gedenkstätte Dachau, Nr. 6750)

4.) Für neu eingelieferte Häftlinge genehmige ich die einmalige Abhebung von RM 30.- von ihrem Guthaben, damit sie während der Quarantänezeit die Möglichkeit zum Einkauf zusätzlicher Verpflegsmittel und zur Deckung ihrer Bedürfnisse haben.

5.) Die Gebühr für den Besuch des Bordells wird mit sofortiger Wirkung auf RM 1.- festgesetzt. Von diesem Betrag erhält die Insassin des Bordells RM -.90 und der aufsichtsführende weibliche Häftling RM -.10.

6.) Betriebliche Verbesserungsvorschläge, die Verwertung finden, sollen prämiiert werden. Die Prämie zahlt diejenige Stelle, welche die Nutzung der Verbesserung hat. Es wird in Kürze hierfür eine Bekanntmachung in Plakatform in verschiedenen Sprachen den Konzentrationslagern zum Aushang in den Unterkünften der Häftlinge zugestellt.

gez. Pohl

SS-Obergruppenführer und
General der Waffen-SS

F. d. R.

SS-Obersturmbannführer
u. Chef des Amtes D II

Nachtrag zur Dienstvorschrift für die Gewährung von Vergünstigungen an Häftlinge (Prämien-Vorschrift) des WVHA der SS vom 14.2.1944. *(Archiv der Gedenkstätte Dachau, Nr. 6750)*

Kolozieg, Kasim. 49152

Name · Vorname · Häftl. Nr.

Block: 3 · Geburtsdatum: 6.2.23

Datum		Eingang	Ausgang	Kontostand	Quittung
19.1.44	Pr.	3.-	-.-	3.-	
24.1.	K.	-.-	1.65	1.35	
"	Pr.	4.-	-.-	5.35	
7.2.	"	1.-	-.-	6.35	
16.2.	K.	-.-	4.40	1.95	
22.2	K. Umlj.	-.-	-.20	1.75	
3.3	Pr.	2.50	-.-	4.25	
20.3	Pr.	3.-	-.-	7.25	
27.3.	K.	-.-	6.55	-.70	
9.4.	Pr.	1.-	-.-	1.70	
12.4	Pr.	1.-	-.-	2.70	
19.4.	K.	-.-	3.80	-1.10	
22.4	Pr.	4.-	-.-	5.10	
4.5	Z.	-.-	3.-	2.10	
9.5.	K	-.-	1.-	1.10	
14.5.	K Übertrag	-.-	1.20	-.10	

Datum		Eingang	Ausgang	Kontostand	Quittung
14.5.	Pr.	1.-	-.-	-.90	
27.5.	K	-.-	-.90	-.-	
29.5.	Pr.	4.50	-.-	4.50	
3.6.	K	-.-	4.-	-.50	
8.6.	Pr.	5.-	-.-	5.50	
14.6	Pr.	6.-	-.-	11.50	
1.7.	Pr.	7.-	-.-	18.50	
9.7.	K	-.-	3.00	15.50	
15.7.	G.M.	-.-	3.20	12.30	
22.7	Br.	-.-	0.20	12.10	
[illegible]	[illegible]	[illegible]	[illegible]	[illegible]	
26.8	K	-.-	2.-	14.80	
28.8.	K.	-.-	4.50	10.30	
5.9	P.	3.-	-.50	13.80	
19.9	"	5.-	-.-	17.80	
	Übertrag				

1285

Kolozig Kasim 49152

Name · Vorname · Häftl. Nr.

Block · Geburtsdatum: 6.2.23.

Datum		Eingang	Ausgang	Kontostand	Quittung
12. Sep. 1944		-.-	-.-	17.80	
23.9	K.	-.-	10.40	7.40	
30.9.	"	-.-	-.50	6.90	
6.10	Pr.	5.-	-.-	11.90	
6.10	K	-.-	11.90	-.-	
9.10.	K.	-.-	0.50	-.50	
21.10.	K.	-.-	1.-	-1.50	
26.10	Pr.	8.50	-.-	7.00	
28. Okt. 1944		-.-	0.50	6.50	
9. Nov. 1944	K	-.-	3.80	2.70	
14. Nov. 1944	Pr.	9.-	-.-	11.70	
22. Nov. 1944		-.-	3.-	8.70	
3. Dez. 1944		5.50	-.-	14.20	
16. Dez. 1944		-.-	5.50	8.70	
19. Dez. 1944		6.-	-.-	14.70	
	Übertrag			14.70	

Datum		Eingang	Ausgang	Kontostand	Quittung
22. Dez. 1944		-.-	3.-	11.70	
28. Dez. 1944		2.-	-.-	13.70	
15. Jan. 1945		10.-	-.-	23.70	
31. Jan. 1945		4.-	-.-	27.70	
7. Feb. 1945		-.-	3.-	24.70	
20. Feb. 1945		5.50	-.-	30.20	
"	"	1.-	-.-	31.20	
13.3.	[illegible]		-.70	30.50	
14.4	[illegible]		1.-	29.50	
[illegible]/4	[illegible]		-.50	29.-	
15.4	[illegible]		2.-	27.-	
16.4	[illegible]		-.50	26.50	
	Übertrag				

1285

Konzentrationslager Dachau, Geldkartei des polnischen Häftlings Kasimir Kolozig (Häftlingsnummer 49152) vom 19.1.1944 bis 16.4.1945 mit zahlreichen Vermerken zu Prämien (Pr.) und Kantineneinkäufen (K.).

(Archiv der Gedenkstätte Dachau)

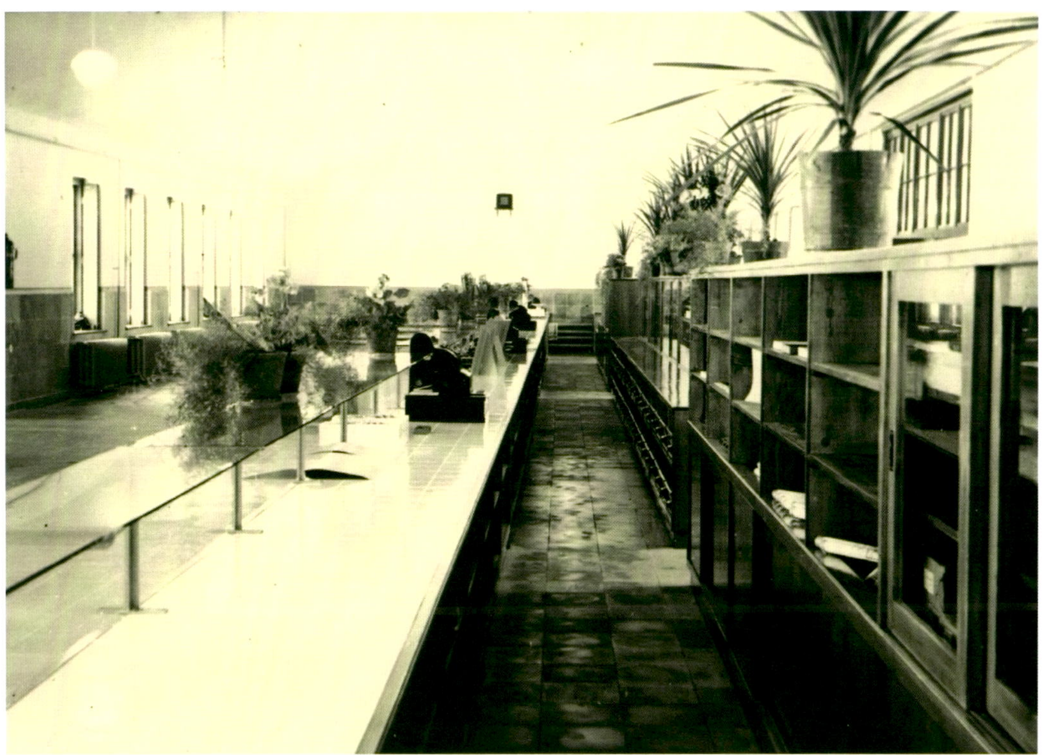

Konzentrationslager Buchenwald 1942,
Blick in den Verkaufsraum zur Einweihung der neu gebauten Lagerkantine. Die Waren fehlen noch!
(Musée de la Résistance et de la Déportation, Besançon aus dem SS-Album: Buchenwald Jahresende 1943)

vom Januar 1944 bis kurz vor der Befreiung des Lagers im April 1945 abgebildet werden, auf der zahlreiche Eintragungen von Prämien (Pr.) und Einkäufen (K.) verzeichnet sind.

Wie andere Verwaltungsvordrucke, so wurden wohl auch Prämienscheine zum Teil in lagereigenen Druckereien hergestellt. Darauf deuten nicht zuletzt auch die verschiedentlich verwendeten Druckgenehmigungsvermerke mit Lagerkürzeln hin. Lager ohne eigene Druckerei ließen meist bei Privatfirmen in der Region drucken.

Einkauf in Lagerkantinen

Mindestens bis zur Übergabe der zentralen Verwaltung durch die Inspektion der Konzentrationslager (IKL) an das Wirtschafts-Verwaltungshauptamt der SS im März 1942 wurde Bargeld in Lagern verwendet, sicher aber noch bis zur Einführung der Prämienscheine Mitte bis Ende 1943 und sogar darüber hinaus. Dem widerspricht zwar die Allgemeine Lagerordnung von Sachsenhausen vom 6. November 1942, die u. a. regelt: *„Den Häftlingen ist es erlaubt, sich von ihren Angehörigen Geld durch Postanweisungen schicken zu lassen. Die eingehenden Beträge werden durch die Verwaltung der Häftlingskasse dem Konto des Häftlings gutgebracht. Um Einkäufe in der Kantine tätigen zu können, kann jeder Guthabenbesitzer über einen Betrag von RM 15,– pro Woche verfügen, doch dürfen alle Einkäufe grundsätzlich nur auf dem vorgeschriebenen bargeldlosen Verrechnungsweg vorgenommen werden. Den Häftlingen ist es streng verboten, Bargeld (auch ausländisches) bei sich zu führen oder in der Unterkunft oder sonstwo aufzubewahren. Verstöße in dieser Hinsicht werden streng bestraft und der vorgefundene Geldbetrag zu Gunsten der Reichskasse eingezogen.“*[40]
Ausgehend davon sollte spätestens ab November 1942 in den Lagern kein Bargeld mehr aus-

gezahlt worden sein, da die Verwaltungsrichtlinien für die Konzentrationslager zentral ausgegeben wurden und den Kommandanten nur wenig Spielraum für eigene Entscheidungsbefugnisse blieb. Wie der „vorgeschriebene bargeldlose Verrechnungsweg" beim Einkauf in Lagerkantinen funktionierte, ist unklar. Auch die Gedenkstätte Sachsenhausen konnte hierüber keine Aussagen treffen. Denkbar wäre aber der Einkauf über Wertkarten mit Abschnitten in verschiedenen Wertstufen. Solche sind aus den Lagern Ravensbrück und Stutthof bekannt. Hinzu kommt, daß Sachsenhausen als „Musterlager" nördlich von Berlin galt, in dessen Nachbarschaft sich die Inspektion der Konzentrationslager befand, und das mitunter als „Testfall" für die Praxistauglichkeit vorgesehener Regelungen diente. Wie der Kantineneinkauf etwa in Buchenwald verlief, dazu vermittelt der Tatsachenbericht des ehemaligen Funktionshäftlings Stefan Heymann einen Einblick: *„Ein minimaler Zukauf einfacher Dinge des Alltags war seit den Anfangsjahren des Lagers für viele Häftlinge möglich. In einer Welt vollständigen Mangels bot die SS billig erworbene oder im Lager produzierte Waren an, um Unterstützungsgelder von Angehörigen der Häftlinge abzuschöpfen. Den Kauf vollzog ein Beauftragter je Baracke (Blockeinkäufer oder Kantiner genannt). 1942 öffnete ein entsprechendes Kantinengebäude im Lager. Außer Bargeld berechtigten ab Herbst 1943 ausgegebene Bezugsscheine mit formalem Geldwert (sogenanntes Lagergeld oder Prämiengeld) zum Einkauf. Für dieses Geld gab es in der Häftlingskantine kaum reelle Dinge zu kaufen. Brot oder Obst bekamen wir nicht. Es gab eine sogenannte Gemüsewurst, Zahnpasta, Schnürsenkel, Muschelpaste, mitunter auch Kartoffelsalat und Bouillonwürfel, zeitweise Zigaretten und Tabak. Dann gab es auch Hosenträger und Patentknöpfe. Im Keller des Kantinengebäudes wurden Seife und andere Mittel zur Körperpflege von Häftlingen hergestellt."*[41]

In den Kantinen anderer Lager war das Angebot ähnlich karg und trug deshalb nur unwesentlich zur Verbesserung der Lebensbedingungen bei. So wurden kaum Brot und andere wertvolle Lebensmittel verkauft. Wie sich ein Überlebender des Stammlagers Auschwitz erinnerte, gab es hin und wieder sauer eingelegte Rüben, gesalzene Schnecken, Sodawasser und Zigaretten, darüber hinaus Rasierzeug, Zahnbürsten, Vordrucke für Lagerbriefe, Briefmarken und andere Kleinigkeiten.[42]

Konzentrationslager Ravensbrück,* *Waren-Wertkarte der Gefangenen-Eigentums-Verwaltung für den Einkauf in der Häftlingskantine im Gesamtwert von 6 RM. *(Sammlung Wolfgang Haney, Berlin)*

Margarete Buber-Neumann war Häftling in Ravensbrück und schrieb in ihren Erinnerungen „Als Gefangene bei Stalin und Hitler": *„Da mußten die heruntergekommenen Frauen nach zehn- oder elfstündiger Arbeit bis zu 5 Stunden ‚nacharbeiten'. Wer aber sein Pensum übererfüllte – so etwas gab es leider auch, erhielt eine Prämie in Form von 50-Pfennig- oder 1-Mark-Gutscheinen für die Häftlingskantine, in der es jedoch in den letzten Jahren außer Salz und ungenießbarer ‚Fischpaste' nichts mehr zu kaufen gab."*[43]

Interessant ist der technische Ablauf des Einkaufs, auf den auch der „Heymann-Bericht" ansatzweise eingeht:

Je Block war ein Einkäufer – in Sachsenhausen war dies auch der Blockälteste – berechtigt, in der Lagerkantine für sich und seine Kameraden einzukaufen. Ausgenommen waren hiervon solche Häftlinge, denen als Vergünstigung ein bevorzugter Kantineneinkauf eingeräumt wurde. Diese konnten selbst in der Lagerkantine einkaufen und wurden bevorzugt mit Waren, etwa mit Zigaretten, bedient. Aus den Erinnerungen vieler Häftlinge geht hervor, daß der Einkauf nur an vorgeschriebenen Tagen möglich war. Dies

war bei der Masse der Menschen, die in den Lagern lebte, auch kaum anders möglich. Man regelte den Einkauf durch Festlegung von Einkaufstagen für die einzelnen Bereiche des Lagers. Ein Häftlingsblock konnte deshalb immer nur an einem Tag in der Woche „einkaufen". Der Blockeinkäufer, der für die Einkäufe von mehreren Hundert Gefangenen zuständig war, mußte also Listen führen und die Einkäufe dann intern im Block verteilen und abrechnen. In Berichten von Zeitzeugen wird aber kaum auf die Art und Weise des Einkaufs eingegangen, sondern meist nur auf das mangelhafte Angebot.
Ein möglicher „bargeldloser Verrechnungsweg" wäre einerseits mittels Wertmarken und andererseits natürlich durch die 1943 eingeführten Prämienscheine möglich, die nicht als Bargeld im Sinne von kursgültigen Zahlungsmitteln anzusehen sind. Die Lagerkantinen waren jedenfalls mit Kassen ausgestattet. Anhand der Geldkarteien ist auch nachvollziehbar, daß in der Regel die festgelegten runden RM-Beträge als Abgänge verzeichnet wurden, wofür der Häftling den Empfang auf der Geldkartei quittierte.
Wertmarken waren bis vor kurzem lediglich aus dem Frauen-Konzentrationslager Ravensbrück bekannt. Wie sich die ehemalige Gefangene Helga Luther im persönlichen Gespräch erinnerte, wurden die Waren-Wertkarten anstelle Bargeld an die Häftlinge ausgegeben, die über ein entsprechendes Guthaben auf ihrer Geldkartei verfügten. Helga Luther kam im Herbst 1943 als politische Gefangene nach Ravensbrück. Sie konnte monatlich für 12 RM von ihrem Guthaben mittels Waren-Wertkarten, die jeweils einen Gesamtwert aller Abschnitte in Höhe von 6 RM darstellten (siehe Abb.), selbständig in der Häftlingskantine einkaufen. Für die 12 RM kaufte sie für sich selbst 1 Pfund Salz, 1 Pfund Sauerkraut, 1 Pfund gekochte rote Rüben, 1 Zahnpasta und 1 Seife sowie als Tauschware weitere 25 Pfund Salz und 5 Zöpfe Knoblauch. Salz war besonders gefragt, da es wertvolle Mineralstoffe enthält und die übliche Rübensuppe ungesalzen war. Beim Einkauf wurden die benötigten Wertmarken aus der Karte geschnitten und waren damit ungültig. Die Wertkarten wurden bis zum Ende des Lagers genutzt. Das Restguthaben auf ihrer Geldkartei erhielt Frau Luther bei ihrer Entlassung nach der Befreiung im April 1945 in voller Höhe ausgezahlt.[44]
Die Wertmarken-Karten aus Stutthof gibt es in Werten zu 5 und 10 RM.
In einigen Lagern wurde auch besonderes Lagergeld für den Einkauf in der Kantine ausgegeben, das nichts mit der Prämien-Vorschrift des WVHA der SS zu tun hatte, so etwa im Durchgangslager Amersfoort in den Niederlanden. In derartigen Lagern wurden keine Prämienscheine verwendet, da diese einen umfangreichen Arbeitseinsatz und Verleih von Arbeitskräften (z. B. an die Industrie) voraussetzten. Das hier – meist erst sehr spät – ausgegebene Lagergeld diente ausschließlich als Geldersatz, für den reguläre Zahlungsmittel einbehalten wurden.

Lagerbordelle

Im Zusammenhang mit der Übernahme der Konzentrationslager durch das WVHA der SS hatte dessen Leiter der Amtsgruppe D, Oswald Pohl, Vorschläge zur Verbesserung des Arbeitseinsatzes von Häftlingen in der Rüstungsindustrie und in SS-Baubrigaden unterbreitet. Hierzu schrieb der Reichsführer SS, Heinrich Himmler, u. a. in seinem Brief vom 23. März 1942 aus dem Führerhauptquartier: *„Mit der einfachen Rechnung, dass man Arbeiterhäftlinge nur mit 50% der Arbeitsleistung im Verhältnis zu deutschen Facharbeitern ansetzt, gebe ich mich nicht zufrieden. ... Für notwendig halte ich allerdings, dass in der freiesten Form den fleißig arbeitenden Gefangenen Weiber in Bordellen zugeführt werden. Ebenso muß ein gewisser kleiner Akkordlohn da sein. Wollte man diese beiden Bedingungen, besonders die erste, verneinen, hieße das, welt- und lebensfremd sein."*[45]
Die Einrichtung von Lagerbordellen, in denen weibliche Häftlinge (meist aus Ravensbrück, aber für Auschwitz I und III auch aus Auschwitz-Birkenau sowie in einigen Fällen aus Bergen-Belsen) als Prostituierte eingesetzt wurden, hatte mehrere Ursachen. So sollten Bordellbesuche die Motivation von Häftlingen und damit deren Arbeitsleistungen steigern und andererseits soll-

Konzentrationslager Dachau
Schutzhaftlager
Der ____________ Häftl.Nr. ________

____

geb.am ________________ Bl. ______
Arbeitskommando: __________________
bittet gehorsamst das Bordell
besuchen zu dürfen.

Konzentrationslager Dachau, Vordruck für den Antrag auf einen Bordellbesuch.
(Archiv der Gedenkstätte Dachau)

ten sie eine mögliche Ausbreitung von Homosexualität in den Lagern verhindern.

Die Prämien-Vorschrift des WVHA der SS vom 15. Mai 1943 regelt ausführlich Bordellbesuche für Häftlinge, einschließlich deren Bezahlung mit Prämienscheinen (siehe Abschrift, Punkt 5). Auch zu diesem Thema sei ein Zitat aus dem Bericht von Karl Feuerer erlaubt: *„Zur Steigerung der Arbeitsfreude und Arbeitsleistung ersannen die ‚Endsiegstrategen' für ihre Rüstungssklaven in den KZ eine ebenso sinnreiche wie niedrige Einrichtung: Das Häftlingsbordell. 10 Jahre war es der SS vollkommen gleichgültig, wie die Häftlinge mit ihren sexuellen Nöten fertig wurden. Die Homosexualität wucherte wie eine schleichende Krankheit. Brutalste Torturen, selbst die Todesstrafe für homosexuelle Verfehlungen, konnten nicht verhindern, dass immer wieder solche Fälle vorkamen. Doch nicht diese Tatsache in erster Linie war entscheidend für die Einrichtung der Häftlingsbordelle in den KZ, sondern der Anreiz zu verstärkter Arbeitsdisziplin und Arbeitsleistung. Mauthausen erhielt als erstes Lager den sogenannten ‚Sonderbau'. Im Jahre 1943 folgten Dachau, Buchenwald und dann Sachsenhausen. Nach KZ-Begriffen besonders komfortabel eingerichtete Baracken wurden aufgebaut. In Sachsenhausen z. B. neben der Leichenhalle, in Buchenwald neben dem Krankenbau. Weibliche Häftlinge aus dem KZ Ravensbrück erhielten die grosse Chance, wenn sie dem auswählenden Lagerkommandanten gefielen, für sechs Monate Bordelldienst die Freiheit versprochen zu erhalten. In grossen Omnibussen trafen die ‚freiwilligen' Dirnen in den Männer-KZ ein. Sie bezogen eigene Zimmer im umzäunten Sonderbau und SS-Verpflegung, brauchten nicht zu arbeiten, sondern ‚nur abends ein paar Männer abzufertigen'. Auf durchschnittlich 1000 Männer traf eine Frau. In Sachsenhausen spendeten 10, in Buchenwald 16 Frauen Freude. Zugelassen zum Besuch waren nur deutsche und polnische Häftlinge. Die meisten der Frauen hatten früher schon einmal das horizontale Gewerbe ausgeübt, jedoch befanden sich auch solche darunter, die glaubten, den schweren Lebensbedingungen im Frauen-KZ ausweichen zu können. Sie täuschten sich, denn sie sahen weder nach 6 Monaten die Freiheit, noch gewannen sie in ihrem ‚neuen Arbeitskommando' besondere Vorteile. Obwohl ein grosser Teil der in Frage kommenden Häftlinge, vor allem die politischen, es ablehnten, das Bordell zu besuchen, war die Frequenz dennoch nicht gering und manche der Frauen hatten pro Abend bis zu 30 Häftlingen zu*

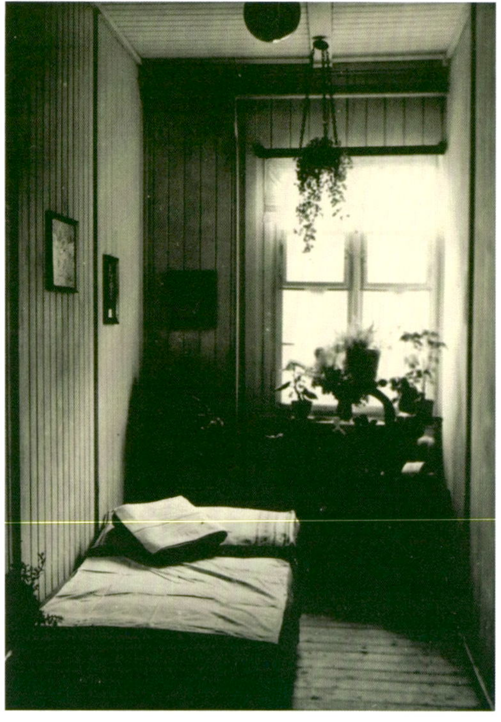

Konzentrationslager Buchenwald, Blick in ein Zimmer des Lagerbordells Ende 1943.
(Musée de la Résistance et de la Déportation, Besançon aus dem SS-Album: Buchenwald Jahresende 1943)

Konzentrationslager Dachau — Zum Beleg Nr. .... — Dachau 3K, den 24. o.44

Beleg Nr. 749

Einzahlung

Kassebuch Seite 47 lfd. Nr. 788

	Nr	Name	Zahl der Besucher	Betrag RM	Gutschrift à RM 0.50	davon 10% f. Kasierfrl.	verbleiben	zuzüglich Trinkgeld	Gutschrift zusammen	Hinterleg. Konto "B"	Unterschrift
69846	3		9	9.-		-.90			8.10	✓	
67572	4		10	10.-		1.-			9.-	✓	
80172	5		8	8.-		-.80			7.20	✓	
69848	6		9	9.-		-.90			8.10	✓	
173	7		8	8.-		-.80			7.20	✓	
67573	8		8	8.-		-.80			7.20	✓	
91138	9		8	8.-		-.80			7.20	✓	
80171	14		8	8.-		-.80			7.20	✓	
69847	16		8	8.-		-.80			7.20	✓	
80159									7.60	✓	
		zusammen :	76	76.-		7.60			76.-		

Festgestellt!

SS-Hauptscharführer

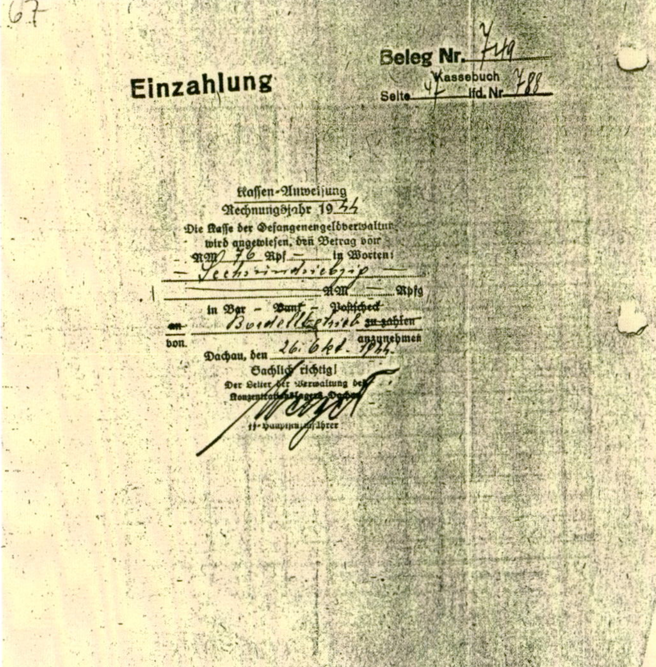

Beleg Nr. 749

Einzahlung

Kassebuch Seite 47 lfd. Nr. 788

Kassen-Anweisung

Rechnungsjahr 1944

Die Kasse der Gefangenengeldverwaltung wird angewiesen, den Betrag von RM 76 Rpf — in Worten:

— Sechsundsiebzig —

RM — Rpfg

in Bar – ~~Bank – Postscheck~~

~~an~~ Bordellbetrieb ~~zu zahlen~~

von anzunehmen

Dachau, den 26. Okt. 1944

Sachlich richtig!

Der Leiter der Verwaltung des Konzentrationslagers Dachau

SS-Hauptsturmführer

KL Dachau, Einzahlungsbeleg für die Tageseinnahmen des Lagerbordells vom 24. Juni 1944 über 76 RM mit rückseitiger Kassen-Anweisung.

(Archiv der Gedenkstätte Dachau, Nr. 20277, Namen und Unterschriften wurden zum Schutze der Betroffenen und ihrer Nachfahren abgedeckt)

Willen zu sein, ganz gleich, wie dieselben aussahen und auftraten. Jede Strassendirne konnte sich ihre Kunden aussuchen. Im KZ musste jeder empfangen werden, der seine Mark bezahlt hatte, wovon das Mädchen 25 Pfg. erhielt. Die zum Bordellbesuch zugelassenen Häftlinge konnten sich einen oder zwei Tage vorher für eine der vorhandenen Bräute, die numeriert waren, melden. War die Reihe an ihm, so erhielt er vom Krankenbau einen Zettel, dass er sich Abends nach dem Zählappell zur Untersuchung einzufinden habe. Wenn er keine ansteckenden Krankheiten hatte, hatte er im Aufenthaltsraum des Bordells zu warten, bis die ‚Dame seiner Wahl' für ihn frei war. Zehn bis 15 Minuten standen ihm dann für die Liebe zur Verfügung. Es ist nicht wenige Male vorgekommen, dass Häftlinge, die jahrelang keinen Kontakt mit dem anderen Geschlecht hatten, versagten. Umgekehrt haben einzelne mehr als engen Kontakt mit diesen weiblichen Häftlingen gefunden und ihnen von ihren oder anderen Portionen und Eigentum Geschenke gemacht, was sich für die Liebe nicht ungünstig auswirkte. Die diensttuenden SS-Leute haben nicht selten auch Geschenke bekommen für die Verlängerung der Aufenthaltszeit für einzelne besonders gut angeschriebene Bordellbesucher. Auch fanden gewisse Lagerführer Abwechslung im Häftlingsbordell, indem sie ‚mal wieder eine einreiten' gingen. Ausgediente KZ-Prostituierte gingen in das Frauenlager zurück oder starben eines stillen Todes.“[46]

Lagerbordelle gab es neben den im Bericht genannten Lagern auch in allen anderen großen Stammlagern. Die Bezahlung eines Bordellbesuchs konnte ausschließlich mit Prämienscheinen erfolgen.
Der ehemalige Häftling Primo Levi aus Auschwitz-Monowitz überlieferte, daß die Prämienscheine, die auch als „interne Lagerwährung" zum Tauschhandel unter den Häftlingen genutzt wurden, dann eine Aufwertung erfuhren, wenn neue Frauen zum Bordelleinsatz in Block 29 (Lagerbordell) eingetroffen waren.[47]
Laut der ursprünglichen Prämienvorschrift der SS vom Mai 1943 hatten Häftlinge für einen Bordellbesuch 2 RM zu entrichten, von denen der weibliche Bordellhäftling 0,45 RM und die weibliche Aufsicht 0,05 RM erhielt. 1,50 RM sollten demnach zugunsten der SS „hinterlegt" werden. Mit dem Nachtrag zur Prämienvorschrift wurde der Preis für einen Bordellbesuch auf 1 RM reduziert, um noch mehr Häftlingen „Anreize für höhere Arbeitsleistungen" zu bieten. Außerdem erhielt nun der weibliche Bordellhäftling 90% von den Einnahmen und die weibliche Aufsicht 10%. Für die SS war nun kein Anteil mehr vorgesehen. Der abgebildete Einzahlungsbeleg samt Kassenanweisung führt beispielhaft die Tageseinnahmen eines Lagerbordells nach der neuen Regelung auf. Danach erhielten die weiblichen Bordellhäftlinge tatsächlich 90 und nicht, wie Karl Feuerer schrieb, 25 Pfennig von der „Mark", die ein Häftling für einen Bordellbesuch bezahlen mußte. Die mit Kassen-Anweisung durch den Verwaltungsleiter bestätigten Beträge wurden den „Konten" der Frauen bei der Häftlingsgeldverwaltung gut geschrieben.

Sonstige Prämien für Häftlinge

Neben den Prämienscheinen auf der Grundlage der SS-Prämienvorschrift, die auf Geldbeträge lauteten, sind auch Prämien in Form von sog. Raucherkarten und Bezugsscheinen für Zigaretten aus Auschwitz bekannt geworden. Auch diese Prämien waren ausschließlich für Häftlinge bestimmt. Die Raucherkarte enthielt Abschnitte für wöchentliche Einlösungen.
Zigaretten wurden aber auch direkt als Prämie an Häftlinge vergeben. Die abgebildete Rech-

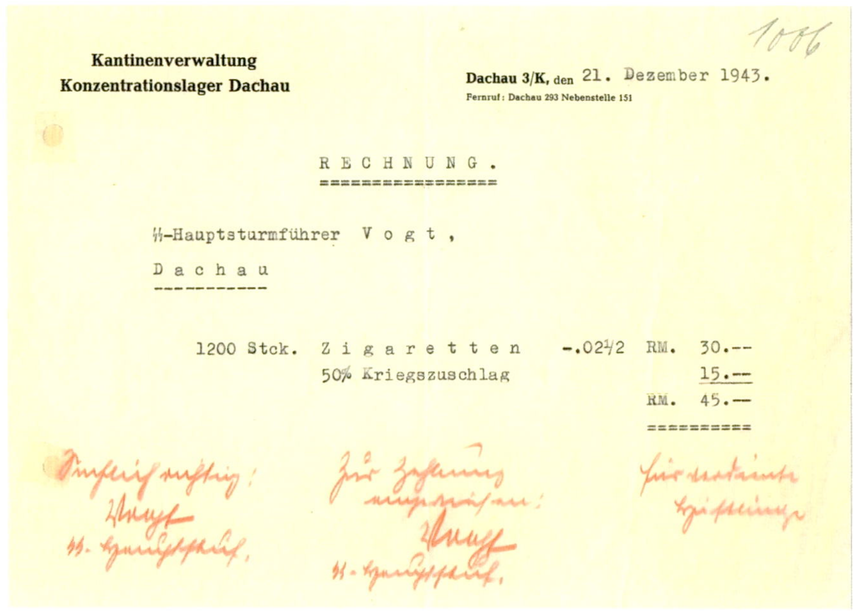

1006

Kantinenverwaltung
Konzentrationslager Dachau

Dachau 3/K, den 21. Dezember 1943.
Fernruf: Dachau 293 Nebenstelle 151

R E C H N U N G .

SS-Hauptsturmführer V o g t ,
D a c h a u

1200 Stck.	Z i g a r e t t e n	-.02½	RM.	30.--
	50% Kriegszuschlag			15.--
			RM.	45.--

Rechnung der Kantinenverwaltung Dachau über den Verkauf von Zigaretten zur Vergabe an „verdiente Häftlinge" vom 21.12.1943. (Sammlung Wolfgang Haney, Berlin)

Raucherkarte 1944-45

Häftlingskantine I.

Auschwitz

Häftl.-Nr. A 14278 Block 27

II 30.–5.	II 6.–11.	II 12.–17.	II 18.–23.	II 24.–28.
I 31.–5.	I 6–11.	I 12–17.	I 18–23	I 24.–29.
XII 1.–6	XII 7.–12	XII 13.–18	XII 19–24.	XII 25.–30
XI 1.–6.	XI 7.–12.	XI 13.–18.	XI 19.–24.	XI 25.–30.

KL Auschwitz, Häftlingskantine I, Raucherkarte 1944 – 45.
(Sammlung Wolfgang Haney, Berlin)

nung belegt einen Verkauf der Kantinenverwaltung Dachau über 1200 Stück Zigaretten mit 50% Kriegszuschlag vom 21. Dezember 1943 an einen SS-Hauptsturmführer. Als Verwendungszweck wurde handschriftlich „für verdiente Häftlinge“ angegeben. Vermutlich erfolgte die Vergabe der Zigaretten zum Weihnachtsfest 1943.

Kantinen-Gutscheine

Die Kantinenverwaltungen der Lager waren der SS unterstellt. Dies betraf sowohl die Kantinen für die SS-Wachmannschaften selbst als auch die Häftlingskantinen. So kam es wohl auch vor, daß Lebensmittelvorräte kurzerhand zugunsten von SS-Kantinen „umverteilt“ wurden, aber auch,

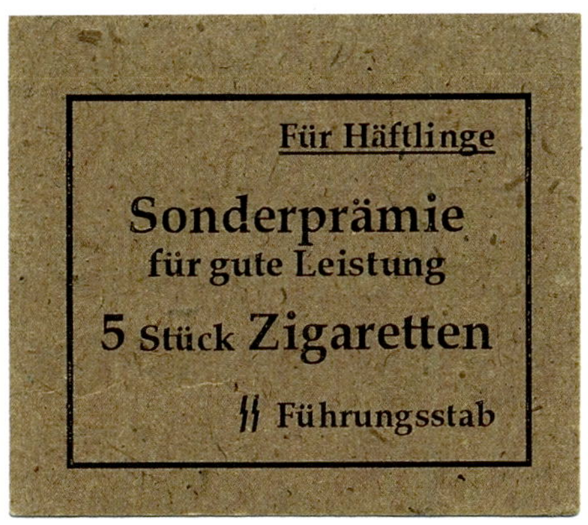
Für Häftlinge
Sonderprämie
für gute Leistung
5 Stück Zigaretten
ϟϟ Führungsstab

KL Auschwitz, Sonderprämie über 5 Zigaretten für gute Leistungen. *(Sammlung Wolfgang Haney, Berlin)*

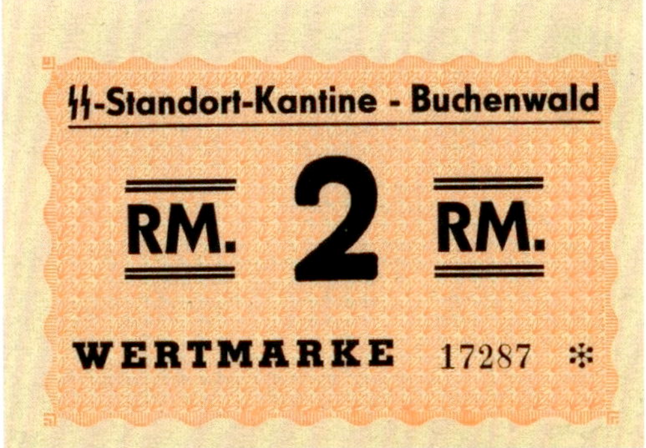
ϟϟ-Standort-Kantine - Buchenwald
RM. 2 RM.
WERTMARKE 17287

Wertmarke der SS-Standort-Kantine Buchenwald über 2 RM (Prämienschein).
(Sammlung Wolfgang Haney, Berlin)

daß überschüssige SS-Verpflegung zum Verkauf in der Häftlingskantine angeboten wurde.[48] Die Prämienscheine von Buchenwald sorgten und sorgen für Verwirrung. Nicht nur, daß die ersten Ausgaben mit der Bezeichnung „KL. Bu“ fälschlich einem „Buna-Lager“ von Auschwitz zugeordnet worden waren (gemeint war wohl das Lager Auschwitz III-Monowitz), die vormals einzig unter Buchenwald katalogisierten Scheine geben auch noch als Emittenten die „SS-Standort-Kantine Buchenwald“ an. Man könnte also annehmen, daß es sich um Scheine für die Kantine der SS-Wachmannschaften und nicht für die Häftlingskantine handelt. Daraus ergäbe sich, daß nur die Scheine mit dem Aufdruck „KL Bu“ als Prämienscheine für Häftlinge genutzt wurden. Der SS-Standort-Kantine unterstand aber auch die Lagerkantine für die Häftlinge und die Nutzung der Scheine in zahlreichen Außenkommandos ist ein deutlicher Beleg für die Verwendung

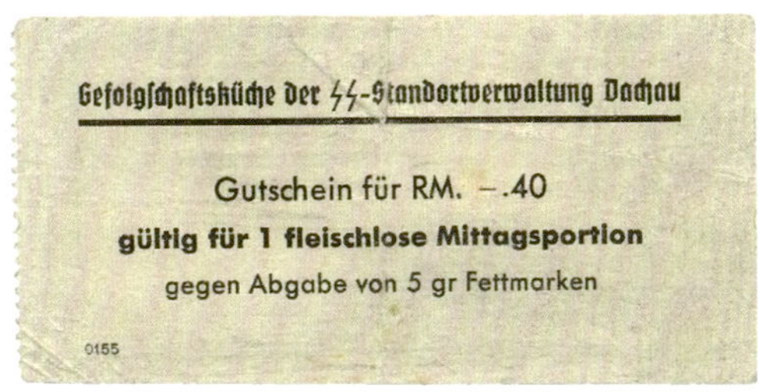
Gefolgschaftsküche der ϟϟ-Standortverwaltung Dachau
Gutschein für RM. –.40
gültig für 1 fleischlose Mittagsportion
gegen Abgabe von 5 gr Fettmarken
0155

Gutschein der Gefolgschaftsküche der SS-Standortverwaltung Dachau über eine fleischlose Mittagsportion im Wert von 0,40 RM.
(Archiv der Gedenkstätte Dachau)

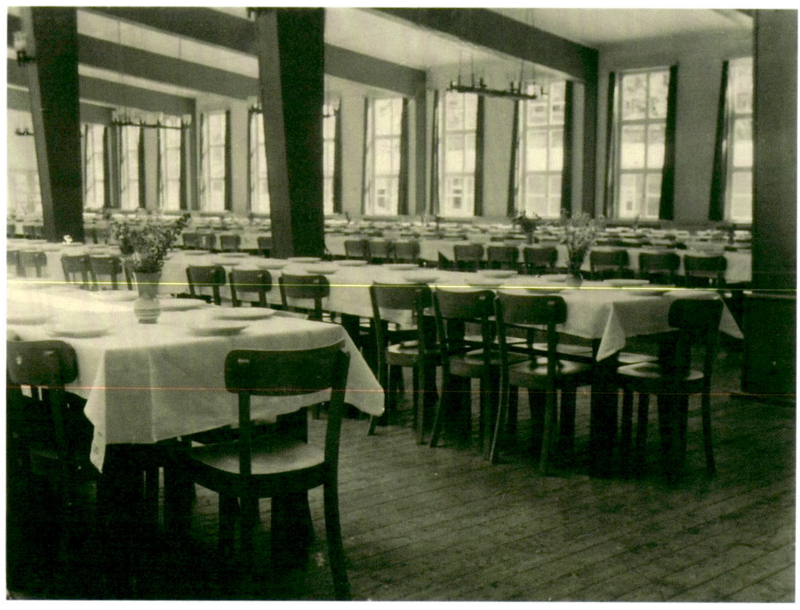

Konzentrationslager Buchenwald, Blick in den Speisesaal der 3. SS-Totenkopf-Standarte Thüringen 1939.
(Postkarte, Archiv der Gedenkstätte Buchenwald)

durch Häftlinge. Karl Feuerer bewahrte in seinem bereits mehrfach erwähnten Tatsachenbericht auch Scheine der SS-Standort-Kantine Buchenwald auf, die rückseitig seine Häftlingsnummer 7079 tragen und vermerkte dazu handschriftlich: *„Buchenwald – Prämienscheine für gute Arbeitsleistung."*[49)]

Mit Kantinen-Gutscheinen, die übrigens nur von Buchenwald und Dachau bekannt sind, sind allerdings Essens-Gutscheine gemeint. Solche gab es von der SS-Kantine für standortfremde SS-Angehörige und Gäste, aber auch für Häftlinge mit Abstempelung durch ein Außenkommando. Letztere sind lediglich als Berechtigungsschein für eine Abendsuppe aus dem Gemeinschaftslager „Martha" in Dessau bekannt, das Buchenwald unterstand.

Essenmarke
der
ϟϟ-Kantine Buchenwald
für

Essenmarke der SS-Kantine Buchenwald mit Stempel einer SS-Flak-Ersatz-Abteilung, die zur Abwehr alliierter Luftangriffe auf das Lager eingesetzt war.
(Sammlung Wolfgang Haney, Berlin)

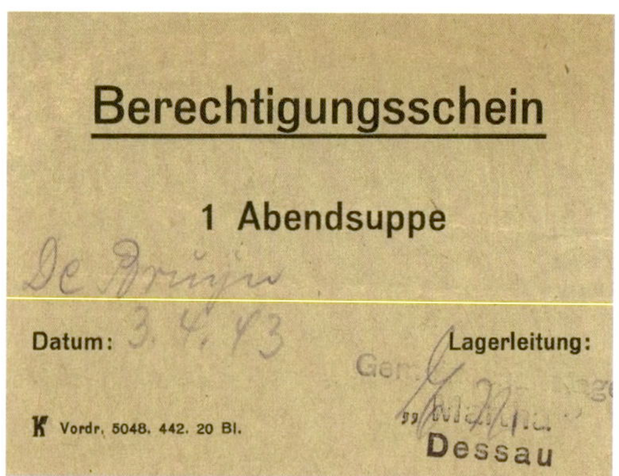

Berechtigungsschein

1 Abendsuppe

De Bruijn

Datum: 3. 4. 43

Lagerleitung:

Gem. ϟϟ Martha Dessau

K Vordr. 5048. 442. 20 Bl.

Gemeinschaftslager „Martha" Dessau (Außenkommando des KL Buchenwald), bisher unbekannter Berechtigungsschein für eine Abendsuppe aus dem Nachlaß eines niederländischen Häftlings vom 3. April 1943.
(Sammlung des Autors)

Kriegsgefangenenlagergeld

Bereits im Ersten Weltkrieg hatte es in den zahlreichen deutschen Kriegsgefangenenlagern Lagergeld gegeben. Nach internationalem Recht waren kriegsgefangene Soldaten für ihre Arbeit zu entlohnen und den von der Arbeit befreiten Offizieren standen Festbeträge zu. Es gibt eine Vielzahl verschiedener Lagerscheine aus dieser Zeit, da jedes Lager sein eigenes Geld ausgab.

Gleich zu Beginn des Zweiten Weltkriegs im Herbst 1939 wurde im Auftrag des Oberkommandos der Wehrmacht (OKW) einheitliches Lagergeld für alle Kriegsgefangenenlager eingeführt. Oft wurden die einseitigen Scheine mit zusätzlichen Lagerstempeln auf der Rückseite versehen (z. B. mit „Stalag …“ für ein Stammlager, oder „Oflag …“ für ein Offiziers-Gefangenenlager). Derartig gestempelte Stücke sind heute recht selten.

Die Wehrmacht unterhielt eine Vielzahl von Kriegsgefangenenlagern, in denen Soldaten in Übereinstimmung mit dem geltenden Kriegsrecht interniert waren. Viele Lager hatten Kantinen, in denen Zusatzverpflegung eingekauft werden konnte, einige sogar Sportstätten und Bibliotheken. Zugleich wurden aber sowjetische Kriegsgefangene nicht nur in solchen „zivilisierten Lagern“, sondern auch in Konzentrationslagern interniert, in denen viele von ihnen Zwangsarbeit leisten mußten und ums Leben kamen. Ähnlich erging es unzähligen deutschen Wehrmachtsangehörigen in sowjetischer Kriegsgefangenschaft, auch noch Jahre nach Kriegsende.[50)]

Sobald die sowjetischen Kriegsgefangenen in Konzentrationslager eingeliefert wurden, unterstanden sie nicht mehr der Wehrmacht, sondern der SS. Zumindest in einer Übergangszeit muß dabei auch das Kriegsgefangenenlagergeld der Wehrmacht in Lublin weiter genutzt worden sein, wie ein Lagergeldschein mit rückseitigem SS-Dienststempel der Kommandantur des Lagers belegt. Zusätzlich wurde der Schein mit einem Stempel „SS-Hauptsturmführer“ (Hauptmann) nebst Faksimile-Unterschriftsstempel versehen. Der ebenfalls gestempelte Buchstabe „K“ stand wahrscheinlich für „Kriegsgefangenenlager“.

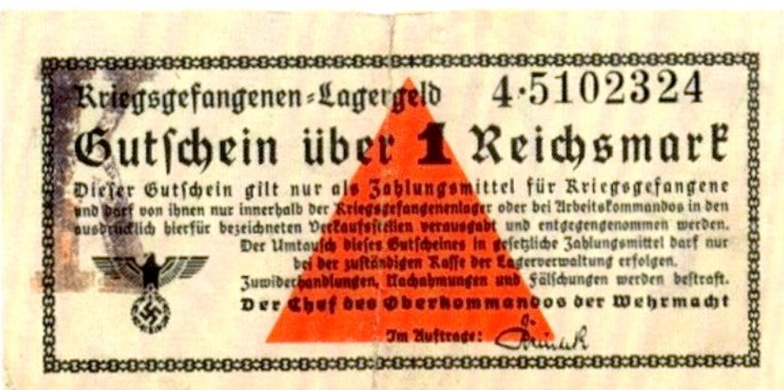

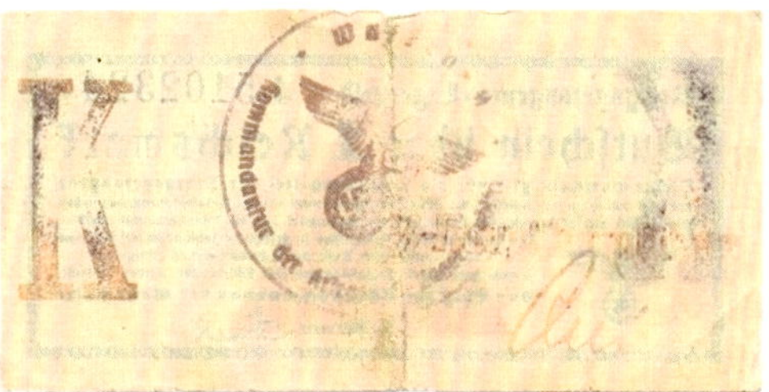

Kriegsgefangenenlager der Waffen-SS Lublin, Kriegsgefangenen-Lagergeld der Wehrmacht über 1 Reichsmark mit rückseitigen Stempeln der SS.
(Sammlung Uwe Bronnert)

Nach dem erfolgreichen Beginn des „Rußlandfeldzugs“, der ein großes Heer von sowjetischen Kriegsgefangenen mit sich brachte, faßte Himmler den Plan, einen Teil der Gefangenen zu übernehmen, in Konzentrationslager zu überführen und zur Arbeit in Bau- und Industriebetrieben der SS einzusetzen. Bereits im August 1941 wurden hierzu in den bestehenden Lagern Vorbereitungen getroffen. Im September 1941 sprach Himmler die Einzelheiten mit dem Oberkommando des Heeres (OKH) und der IKL ab. Vereinbart wurde die Übernahme von 325 000 Kriegsgefangenen aus den Stammlagern (Stalags) der Wehrmacht durch die SS. Ende Septemer 1941 wurde dem Militärbefehlshaber im Generalgouvernement befohlen, daß in der Region Lublin schrittweise bis zu 100 000 sowjetische Kriegsgefangene der SS zu übergeben sind. Im Oktober 1941 begann dann der Bau des „Kriegsgefangenenlagers der Waffen-SS in Lublin“, das als späteres Konzentrationslager „Majdanek“ unrühmlich in die Geschichte eingehen sollte.[51)] Prämienscheine sind von Lublin-Majdanek nicht bekannt, sieht man einmal von modernen Fantasiefälschungen ab.

Einkommen im historischen Zusammenhang

Wenn historische Geldwerte zum zentralen Thema intensiver numismatischer und geschichtswissenschaftlicher Arbeit werden, noch dazu wenn es um ein so wichtiges und sensibles Thema wie in diesem Buch geht, dann darf auf zeitrelevante Vergleiche dazu nicht verzichtet werden, will man nicht den Anspruch auf deren historisch korrekte Einordnung in Frage stellen. Jede basis- und vergleichslose Darstellung historischer Geldwerte wird zwangsläufig auf die Beurteilung des Betrachters reduziert, die von der heutigen Sicht und dessen allgemeinem Kenntnisstand beinflußt wird. Erst die historische Vergleichsbasis von Geldwerten ermöglicht auch eine historisch korrekte Beurteilung derselben. Ausgehend vom heutigen Lohn- und Preisniveau Rückschlüsse auf die scheinbar geringen Beträge ziehen zu wollen, die etwa die SS für die „Verleihung“ von Häftlingen als Zwangsarbeiter an die Rüstungsindustrie verlangte, oder die Häftlinge als Prämien erhielten, wird zu einem falschen Bild führen, läßt man den historischen Vergleichswert des Gelds außer Betracht. Zu leicht kommt es zu Trugschlüssen, wenn keine geldgeschichtliche Betrachtung die zeitgeschichtliche unterstützt. Aus diesem Grund erscheint es dringend notwendig, einige vergleichende Angaben zu den damaligen „Einkommen“ von Zivilarbeitern, Fremdarbeitern, Häftlingen in Konzentrations- und Arbeitserziehungslagern sowie von Angehörigen der Wehrmacht anzuführen.

1939 lag der durchschnittliche Wochenlohn eines deutschen Industriearbeiters bei 28,08 RM Brutto und der monatliche Lohn eines Angestellten bei 231 RM Brutto. Die Wochenarbeitszeit betrug 1939 durchschnittlich 47 Stunden.[52] Pro Stunde verdiente der Industriearbeiter also etwa 0,60 RM. Im Verlauf des Kriegs stiegen die Durchschnittslöhne nicht wesentlich an. Bei einer Sechstage-Woche hatte der Industriearbeiter also einen durchschnittlichen Bruttoverdienst von rund 4,70 RM pro Arbeitstag.

Wenn die SS Häftlinge in Kriegszeiten als Facharbeiter an Firmen für durchschnittlich 2 – 3 RM täglich „verlieh“ (Hilfsarbeiter für weniger), so wurden diese damit von den Firmen zu etwa den halben Lohnkosten eines Industriearbeiters beschäftigt. Die meisten Betriebe schätzten die Arbeitskraft von Häftlingen, ausgehend von ihrer eingeschränkten physischen Belastbarkeit, mangelnder Qualifikation und den tatsächlich erbrachten Leistungen auch mit 50% von der eines Zivilarbeiters ein (hierauf wurde bereits eingegangen). Von diesen Tagessätzen bekamen die Häftlinge selbst aber nichts. Die Unternehmen zahlten direkt an das Wirtschafts-Verwaltungshauptamt der SS, über das auch die laufenden Kosten der Lager abgewickelt wurden.

Seit Einführung der Prämienscheine, die der „Motivierung“ der Häftlinge zu höheren Arbeitsleistungen dienen sollten, und die die Firmen von den SS-Kantinen kaufen mußten, erhöhten sich für diese die Beschäftigungskosten für Häftlinge durch die wöchentliche Vergabe von Prämien. Kein Wunder also, wenn Prämien nicht in dem von der SS gewünschten Umfang und längst nicht an alle Häftlinge vergeben wurden. Basierend auf Erinnerungen von Zeitzeugen sowie auf Prämienlisten und Geldkarteien von Häftlingen (einige sind in diesem Buch abgebildet), kann man von durchschnittlich 2 RM wöchentlicher Prämie je Häftling ausgehen, wenn man außer Betracht läßt, daß viele Häftlinge auch weniger oder in manchen Wochen gar keine Prämie bekamen und andere, z. B. Kapos oder Funktionshäftlinge, mehr.

Der bekannte Thüringer Waffenfabrikant Walther, der beim KL Neuengamme einen Rüstungsbetrieb unterhielt, in dem zahlreiche Häftlinge arbeiten mußten, sagte im sog. „Curiohaus-Prozeß“ von 1946 in Hamburg aus, daß jeder Gefangene in seinem Werk wöchentlich 3 bis 10 RM als Prämie erhielt (siehe hierzu auch die Ausführungen zu Neuengamme).[53]

Der Nachtrag zur Prämienvorschrift vom Februar 1944 regelte, daß ab diesem Zeitpunkt der als Prämie vergebene Betrag zusätzlich als Guthaben auf das Konto des Häftlings gebucht wurde (siehe in dem abgebildeten Dokument), was allein zu finanziellen Lasten der SS erfolgt sein dürfte. Der Häftling erhielt also z. B. Prämienscheine über 3 RM für den Einkauf in der Lagerkantine oder für den Kino- und Bordellbesuch über die Firma, und zusätzlich eine Gutschrift über 3 RM auf sein Konto, über dessen Guthaben er verfügen konnte. Er hatte in diesem Beispiel also 6 RM in der Woche „verdient". Für sein „Geld" (Prämienscheine) konnte er in der Lagerkantine Waren einkaufen, die von Häftlingen allgemein als überteuert bezeichnet wurden. Im erwähnten „Curiohaus-Prozeß" sagte der ehemalige Kantinenleiter von Neuengamme aus, daß man die Waren mit einem Aufschlag von 12 bis 15% verkaufte.[54]

Gehen wir aber noch einmal auf den Verdienst von Zivilarbeitern ein, die während des Kriegs ja nicht unbedingt deutscher Herkunft sein mußten. Verdienten ausländische Zivilarbeiter weniger als ihre deutschen Kollegen?

Unweit des Zella-Mehliser Stammwerks der Firma Walther befand sich in Wernshausen die Holzfirma Fischer. Hier wurden u. a. Fertigteile für Baracken hergestellt – in einer Zeit, da Lager (egal welcher Art) allerorts wie Pilze aus dem Boden schossen, sicher ein lukratives Geschäft.

Die Firma Fischer beschäftigte sowohl deutsche Zivil- als auch französische Fremdarbeiter. Über die Betriebskrankenkasse der Firma waren die Arbeiter und Angestellten versichert. Auf den Quittungskarten der Invalidenversicherung wurden auch die Arbeitsverdienste der Beschäftigten eingetragen. Der damals als Stellmacher bei der Firma Fischer beschäftigte deutsche Arbeiter Theodor Kümpel hatte danach im Jahr 1944 einen Verdienst von 1872,54 RM (rund 156 RM im Monat). Der französische Zivilarbeiter Maurice Chardigny war bei der Firma Fischer als Barackenbauer beschäftigt. Laut Quittungskarte hatte er im Jahr 1944 sogar einen Verdienst von 2225,43 RM (also rund 185 RM im Monat) erzielt. Die abgebildeten Quittungskarten auf den folgenden Seiten belegen, daß es keine Benachteiligung von französischen Zivilarbeitern gegenüber ihren deutschen Kollegen gab, was die soziale Absicherung und den Verdienst betraf. Auch in allen anderen Firmen erhielten „Westarbeiter" die gleichen Tariflöhne wie deutsche Arbeiter. Zusätzlich erhielten sie eine Trennungsentschädigung in Höhe von 1,50 RM pro

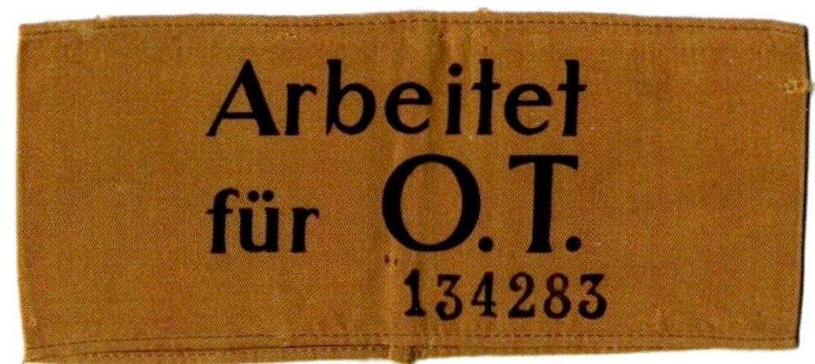

Armbinde eines zivilen Zwangsarbeiters (mit dessen Nummer), der für die Organisation Todt (O.T.) arbeiten mußte.
(Sammlung Wolfgang Haney, Berlin)

Tag.[55] In deutschen Firmen waren aber nicht nur Franzosen eingesetzt, die sich zu Tausenden zum Arbeitseinsatz nach Deutschland gemeldet hatten. Nachfolgend werden einige Verdienstbeispiele für andere „Fremdarbeiter" aus der Region Verden/Aller aufgeführt.

In der Druckerei Lührs & Röver in Verden wurden auch eine Polin, ein Jugoslawe, ein Niederländer und zwei Belgier beschäftigt. Bezahlt wurden sie, wie ihre deutschen Kollegen, nach Wochenlöhnen. Die Polin Lucyna Gorgas erhielt 1944 als Hilfsarbeiterin 64 RM netto im Monat.

Der ledige jugoslawische Drucker Baltasar Balič verdiente monatlich 157 RM netto. Der niederländische Drucker Pierre de Boeck war verheiratet und erhielt deshalb zu seinem Verdienst noch eine monatliche Auslöse von 42 RM, insgesamt kam er so auf 207,60 RM netto im Monat.[56]

Der Lohn, den sog. „Ostarbeiter" erhielten, also Arbeitskräfte, die vorwiegend aus der damaligen Sowjetunion zur Arbeit in Deutschland angeworben und später zwangsverpflichtet worden waren, war ganz wesentlich von der „Verordnung über die Einsatzbedingungen der Ostarbeiter" vom 30. Juni 1942 abhängig, mit der u. a. eine „Ostarbeiterabgabe" eingeführt wurde. Laut dieser Verordnung hatte sich der Stundenlohn eines „Ostarbeiters" am Satz für einen vergleichbaren deutschen Hilfsarbeiter zu orientieren.[57] Der Ostarbeiterlohn wurde also per Gesetz nach dem Lohn eines deutschen Hilfsarbeiters berechnet. Abgezogen davon wurden jedoch Unterkunfts- und Verpflegungskosten, für die der Arbeitgeber pro Tag 1,50 RM ansetzen konnte[58], sowie die „Ostarbeiterabgabe". Diese war zum Schutze

INVALIDENVERSICHERUNG

Landesversicherungsanstalt: Thüringen
(in deren Bezirk der Versicherte bei Ausstellung der Karte Nr. 1 beschäftigt ist; jede folgende Karte ist mit demselben Namen zu versehen)

Ausgabestelle: Betriebskrankenkasse der Firma E.&S.Fischer in Wernshausen

in Wernshausen Kreis (Amt) Meiningen

Ausstellungstag: 28. Dezember 1942

Umtausch: Binnen 3 Jahren nach dem Tage der Ausstellung

Stempel der Ausgabestelle

Quittungskarte Nr. 7 für

Kümpel, Theodor

ledig / verheiratet / verwitwet / geschieden } Nichtzutreffendes streichen

(Vor- und Zuname, bei Frauen auch Geburtsname, bei mehreren Vornamen Rufname zu unterstreichen)

z. Z. der Ausstellung dieser Karte { Wohnort (Wohnung): Niederschmalkalden
Beschäftigungsart: Stellmacher
geboren am 13. August 1905
in Niederschmalkalden Kreis (Amt) Meiningen } genau feststellen!

A. Für Versicherte, deren Beiträge zur Invalidenversicherung an die Krankenkasse abgeführt werden

Beschäftigt gegen Entgelt von	bis	Arbeitsverdienst (Barbezüge und Wert der Sachbezüge) für die Beschäftigungszeit RM.	Rpf.	Name und Sitz der Krankenkasse, an die die Beiträge abgeführt sind	Firmenstempel, Anschrift und Unterschrift des Arbeitgebers
1943 7.2. 13.5. 30.8.	 17.3 3.6. 25.12	1019	57	Betriebskrankenkasse der Firma E. & S. Fischer Wernshausen	E. & S. Fischer Wernshausen ppa [illegible]
1944 26.12.43	 31.12.44	1872	54	Betriebskrankenkasse der Firma E. & S. Fischer Wernshausen	E. & S. Fischer Wernshausen
194.....					

Firma Fischer, Quittungskarte der Invalidenversicherung für den deutschen Stellmacher Theodor Kümpel, (Teile der Vorder- und Rückseite mit Verdienstangaben).

(Sammlung des Autors)

INVALIDENVERSICHERUNG

Landesversicherungsanstalt: Thüringen
(In deren Bezirk der Versicherte bei Ausstellung der Karte Nr. 1 beschäftigt ist; jede folgende Karte ist mit demselben Namen zu versehen)

Ausgabestelle: Betriebskrankenkasse der Firma E.&S. Fischer in Wernshausen

in Wernshausen Kreis (Amt) Meiningen

Ausstellungstag: 19.3. 1943

Umtausch: Binnen 3 Jahren nach dem Tage der Ausstellung

Stempel der Ausgabestelle

Quittungskarte Nr. 1 für

Chardigny Maurice — ledig / verheiratet / verwitwet / geschieden (Nichtzutreffendes streichen)

(Vor- und Zuname, bei Frauen auch Geburtsname, bei mehreren Vornamen Rufname zu unterstreichen)

z. Z. der Ausstellung dieser Karte:
Wohnort (Wohnung): Wernshausen
Beschäftigungsart: Barackenbauer
geboren am 7.1.1922
in Macon Kreis (Amt)
(genau feststellen!)

A. Für Versicherte, deren Beiträge zur Invalidenversicherung an die Krankenkasse abgeführt werden

Beschäftigt gegen Entgelt von	bis	Arbeitsverdienst (Barbezüge und Wert der Sachbezüge) für die Beschäftigungszeit RM.	Rpf.	Name und Sitz der Krankenkasse, an die die Beiträge abgeführt sind	Firmenstempel, Anschrift und Unterschrift des Arbeitgebers
1943 19.3.	25.12.	1611	70	Betriebskrankenkasse der Firma E. & S. Fischer Wernshausen	E. & S. Fischer Wernshausen, ppa [Unterschrift]
1944 26.12.43	31.12.44	2225	43	Betriebskrankenkasse der Firma E. & S. Fischer Wernshausen	E. & S. Fischer Wernshausen
194...					

Firma Fischer, Quittungskarte der Invalidenversicherung für den französischen Barackenbauer Maurice Chardigny, (Teile der Vorder- und Rückseite mit Verdienstangaben).

(Sammlung des Autors)

deutscher Arbeitskräfte eingeführt worden. Arbeitgeber sollten keinen Profit durch die bevorzugte Beschäftigung von „Ostarbeitern" gegenüber deutschen Arbeitskräften dadurch erlangen, daß für jeden deutschen Arbeitnehmer Lohnsteuer und Bürgersteuer zu zahlen waren, für „Ostarbeiter" aber nicht. Die „Ostarbeiterabgabe" ersetzte demnach die für einen deutschen Arbeitnehmer zu zahlenden Steuern. In der Praxis bedeutete dies aber für den „Ostarbeiter" erhebliche Abzüge.[59)]

Ein weiteres Verdienstbeispiel zum Thema Zwangsarbeit ausländischer Arbeitskräfte im Regionalbereich Verden/Aller macht dies sehr deutlich. Bei der Verdener Baufirma Wegener waren 20 sowjetische und zwei italienische Arbeiter beschäftigt. Die Italiener erhielten einen Stundenlohn von 0,70 RM und 7 RM Trennungsentschädigung für Verheiratete. Die „Ostarbeiter" erhielten im Schnitt 0,73 RM Stundenlohn, aber keine Trennungszulage. Der ebenfalls für diese Firma arbeitende 14jährige „Ostarbeiter" Anatolij Isajev erhielt nur einen Stundenlohn von 0,58 RM. Bei einer 50-Stunden-Woche kam er so auf einen Brutto-Wochenlohn in Höhe von 29 RM. Von seinem Monatsgehalt in Höhe von rund 116 RM wurden etwa 45 RM für Unterkunft und Verpflegung abgezogen sowie ca. 30 RM „Ostarbeiterabgabe". Es blieb ihm also lediglich ein Nettoverdienst in Höhe von rund 41 RM.[60)]

Nach allen Abzügen sollte grundsätzlich sichergestellt sein, daß einem „Ostarbeiter" ein Taschengeld von mindestens 0,20 RM pro Kalendertag (also rund 6 RM im Monat) verblieb.[61)]

Während „Westarbeiter" Trennungszulagen erhielten, hatten „Ostarbeiter" überhaupt keinen Anspruch darauf. Polnische Industriearbeiter erhielten 0,70 RM Trennungsentschädigung pro Tag.[62)]

Erst wenige Wochen vor Kriegsende hob Fritz Sauckel als „Generalbevollmächtigter für den Arbeitseinsatz" die Sondervorschriften für „Ostarbeiter" in *„Anerkennung der guten Arbeitsleistungen und der Haltung und Bewährung der im Reich eingesetzten Ostarbeiter"* auf, womit für sie die gleichen Vorschriften wie für deutsche Arbeitnehmer und „Westarbeiter" galten.[63)]

Die Unterschiede im Verdienst von „Ostarbeitern" zu sonstigen „Fremdarbeitern", die aus lange nicht gewährten Trennungszulagen und „Ostarbeiterabgaben" resultierten, spiegeln sich auch in den Geldanweisungen wider, die Fremdarbeiter in die Heimat vornahmen. Besonders augenfällig ist dies, wenn man die durchschnittliche Höhe der Überweisungen je Arbeiter aus verschiedenen Ländern vergleicht.

1943 überwiesen belgische „Fremdarbeiter" insgesamt 271 Millionen RM an die Angehörigen zu Hause (rund 123 RM pro Arbeiter). Franzosen schickten im gleichen Jahr 277 Millionen RM in die Heimat (417 RM pro Arbeiter). Polnische „Fremdarbeiter" überwiesen 1943 insgesamt 29,75 Millionen RM an ihre Familien (28,30 RM pro Arbeiter). 16 Millionen RM wurden 1943 durch serbische Arbeiter in die Heimat geschickt (352,70 RM pro Arbeiter). Sowjetbürger – in der Regel „Ostarbeiter" – überwiesen an ihre Angehörigen im gleichen Zeitraum 8,49 Millionen RM, das entsprach nur 4,70 RM pro Arbeiter.[64)]

Häftlinge in Arbeitserziehungslagern bekamen pro Tag einen Lohn von 0,50 RM gut geschrieben, wovon sie 2 RM wöchentlich für den Eigenbedarf ausgeben konnten.[65)]

Im Krieg wurden fast alle „wehrfähigen" deutschen Männer einberufen. Was erhielten die Millionen deutscher Soldaten, die mit der Wehrmacht – dem „größten Reiseveranstalter ihrer Zeit"[66)] – in ganz Europa und Nordafrika „für das Vaterland" im Einsatz waren? Neben der Unterkunft, der üblichen Bekleidung (nicht jedem stand „Feldgrau") sowie der Verpflegung und Freifahrten mit der Deutschen Reichsbahn erhielt ein Soldat der Wehrmacht als Sold 0,50 RM pro Tag. Im rückwärtigen Dienst und in der Kaserne erhielt er also nicht mehr als ein Häftling in einem Arbeitserziehungslager! War er im Fronteinsatz – und nur dann, erhielt er eine Frontzulage von 1 RM pro Tag. Für insgesamt 1,50 RM und ein „kostenloses Begräbnis" setzte also z. B. ein Schütze an der Ostfront Tag für Tag sein Leben aufs Spiel!

Die Gewährung von Frontzulage galt übrigens für alle Dienstgrade, egal ob einfacher Schütze, Feldwebel oder General. Für Mannschaftsdienst-

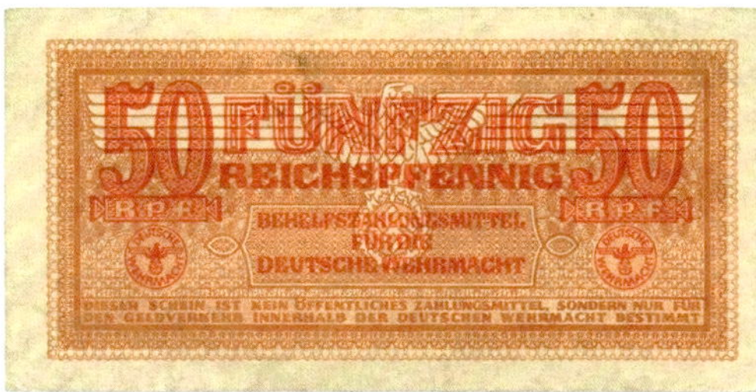

Behelfszahlungsmittel für die Deutsche Wehrmacht über 50 Reichspfennig, ohne Datum (1942).
(Sammlung des Autors)

grade gab es 1 RM pro Tag, alle anderen Dienstgrade erhielten monatliche Frontzulagen (ein Unteroffizier z. B. 42 RM, ein Leutnant 72 RM und ein Major 108 RM). Zeit- und Berufssoldaten wurden nach der Reichsbesoldungsordnung vergütet, die in Ortsklassen unterteilt war. Nach der am häufigsten angewandten Ortsklasse A erhielt etwa ein lediger kasernierter Schütze einen monatlichen Sold von 89,46 RM und ein Feldwebel von 182,13 RM. Die Besoldungsordnung stammte noch aus dem Jahr 1935, sie änderte sich bis zum Kriegsende nur geringfügig.[67)]

Zurückkehrend zu den Häftlingen in Konzentrationslagern, bieten die vorgenannten Einkommensbeispiele auch eine gute historische Vergleichsbasis zu den Verfügungsrahmen aus den Eigengeld-Guthaben der Häftlinge und zu den gewährten Prämien.

Anmerkungen:

1) Wolfgang Benz/Barbara Distel, Einleitung, in: Wolfgang Benz/Barbara Distel (Hrsg.), Der Ort des Terrors, Band 2: Frühe Lager, Dachau, Emslandlager, S. 10, sowie: Marlis Gräfe/Bernhard Post/Andreas Schneider (Hrsg.), III. Schutzhaft in: Quellen zur Geschichte Thüringens: Die Geheime Staatspolizei im NS-Gau Thüringen 1933 – 1945, S. 155f., sowie: Tadeusz Iwasko, Die Häftlinge, in: Auschwitz – faschistisches Vernichtungslager, S. 41

2) Johannes Tuchel, Organisationsgeschichte der „frühen" Konzentrationslager, in: Wolfgang Benz/Barbara Distel (Hrsg.), Der Ort des Terrors, Band 1: Die Organisation des Terrors, S. 44

3) Karl Feuerer (Schutzhäftling in Dachau und Buchenwald 1933 bis 1945), Unsterbliche Opfer – Ein Tatsachenbericht aus dem KZ mit 200 Bildern und zahlreichen Dokumenten, unveröffentlicht, im Archiv der Gedenkstätte Buchenwald

4) Albert Pick/Carl Siemsen, Das Lagergeld der Konzentrationslager und D.P.-Lager 1933 – 1947, S. 18f., sowie: Lance K. Campell, Prisoner of War and Concentration Camp Money of the 20th Century, S. 60f., sowie: C. Frederick Schwan/Joseph E. Boling, World War II Remembered: history in your hands – a numismatic study, S. 496, sowie: Ray Feller/Steve Feller, Concentration Camps of the German Reich – Before the War, in: Silent Witnesses: Civilian Camp Money of World War II, S. 21

5) Erich Vormberg, Lagerscheine des Konzentrationslagers Oranienburg 1933/1934, in: Der Geldscheinsammler, Ausgabe 7/1993, S. 5 – 9

6) Albert Pick/Carl Siemsen, Das Lagergeld der Konzentrationslager und D.P.-Lager 1933 – 1947, S. 19, sowie: Lance K. Campell, Prisoner of War and Concentration Camp Money of the 20th Century, S. 60, sowie: Ray Feller/Steve Feller, Concentration Camps of the German Reich – Lichtenburg (Germany), in: Silent Witnesses: Civilian Camp Money of World War II, S. 25

7) Franciszek Piper, Ausrottung, in: Auschwitz – faschistisches Vernichtungslager, S. 98

8) Karl Feuerer (Schutzhäftling in Dachau und Buchenwald 1933 bis 1945), Unsterbliche Opfer – Ein Tatsachenbericht aus dem KZ mit 200 Bildern und zahlreichen Dokumenten, unveröffentlicht, im Archiv der Gedenkstätte Buchenwald, S. 48 – 49

9) Ebenda, S. 52

10) Internationales Lagerkomitee, KL Bu – Bericht des internationalen Lagerkomitees Buchenwald (sog. „Erster Lagerbericht"), S. 65f.

11) siehe Anmerkung 9)

12) Franciszek Piper, Ausrottung, in: Auschwitz – faschistisches Vernichtungslager, S. 99f.

13) Internationales Lagerkomitee, KL Bu – Bericht des internationalen Lagerkomitees Buchenwald (sog. „Erster Lagerbericht"), S. 64 u. 67, sowie: Karl Feuerer (Schutzhäftling in Dachau und Buchenwald 1933 bis 1945), Unsterbliche Opfer – Ein Tatsachenbericht aus dem KZ mit 200 Bildern und zahlreichen Dokumenten, unveröffentlicht, im Archiv der Gedenkstätte Buchenwald, S. 52

14) Marlis Gräfe/Bernhard Post/Andreas Schneider (Hrsg.), „unbekannt verzogen" in: Quellen zur Geschichte Thüringens: Die Geheime Staatspolizei im NS-Gau Thüringen 1933 – 1945, S. 384f.

15) Marlis Gräfe/Bernhard Post/Andreas Schneider (Hrsg.), Die Endlösung der Judenfrage: c. Übermittlung der Richtlinien zum Umgang mit dem Vermögen deportierter jüdischer Bürger ..., in: Quellen zur Geschichte Thüringens: Die Geheime Staatspolizei im NS-Gau Thüringen 1933 – 1945, S. 380

16) Laut schriftlicher Auskunft der Leiterin museologische Dienste der Gedenkstätte Ravensbrück, Frau Monika Herzog

17) Konzentrationslager Ravensbrück, Effektenausgabe in: „Vorläufige" Dienstvorschrift für das Fr.K.L.-Ravensbrück (Lagerordnung), S. 26

18) Laut Auskunft eines langjährigen Mitarbeiters der Gedenkstätte Auschwitz, Herr Jochen August (Januar 2008)

19) siehe Anmerkung 10)

20) Karl Feuerer (Schutzhäftling in Dachau und Buchenwald 1933 bis 1945), Unsterbliche Opfer – Ein Tatsachenbericht aus dem KZ mit 200 Bildern und zahlreichen Dokumenten, unveröffentlicht, im Archiv der Gedenkstätte Buchenwald, S. 185

21) Konzentrationslager Dachau (Kommandantur, 1.10.1933), Disziplinar- u. Strafordnung für das Gefangenenlager, § 10

22) Stefan Heymann, Die einzelnen Gebäude: 6) SS-Zoo in KZ-Buchenwald (Bericht eines ehemaligen Häftlings)

23) Marlis Gräfe/Bernhard Post/Andreas Schneider (Hrsg.), Arbeitserziehungslager: V. Arbeit und Arbeitsbelohnung in: Quellen zur Geschichte Thüringens: Die Geheime Staatspolizei im NS-Gau Thüringen 1933 – 1945, S. 205

24) Internationales Lagerkomitee, KL Bu – Bericht des internationalen Lagerkomitees Buchenwald (sog. „Erster Lagerbericht"), S. 170

25) Karl Feuerer (Schutzhäftling in Dachau und Buchenwald 1933 bis 1945), Unsterbliche Opfer – Ein Tatsachenbericht aus dem KZ mit 200 Bildern und zahlreichen Dokumenten, unveröffentlicht, im Archiv der Gedenkstätte Buchenwald, S. 49

26) Angelika Königseder, Entwicklung des KZ-Systems, in: Wolfgang Benz/Barbara Distel (Hrsg.), Der Ort des Terrors, Band 1: Die Organisation des Terrors, S. 36

27) Hermann Kaienburg, KZ und Wirtschaft im Zweiten Weltkrieg, in: Wolfgang Benz/Barbara Distel (Hrsg.), Der Ort des Terrors, Band 1: Die Organisation des Terrors, S. 191

28) Jan Erik Schulte, Das SS-Wirtschafts-Verwaltungshauptamt, in: Wolfgang Benz/Barbara Distel (Hrsg.), Der Ort des Terrors, Band 1: Die Organisation des Terrors, S. 149

29) Hermann Kaienburg, KZ und Wirtschaft im Zweiten Weltkrieg, in: Wolfgang Benz/Barbara Distel (Hrsg.), Der Ort des Terrors, Band 1: Die Organisation des Terrors, S. 181 – 182

30) Hermann Kaienburg, KZ und Wirtschaft im Zweiten Weltkrieg, in: Wolfgang Benz/Barbara Distel (Hrsg.), Der Ort des Terrors, Band 1: Die Organisation des Terrors, S. 184

31) Jan Erik Schulte, Das SS-Wirtschafts-Verwaltungshauptamt, in: Wolfgang Benz/Barbara Distel (Hrsg.), Der Ort des Terrors, Band 1: Die Organisation des Terrors, S. 151f

32) Hermann Kaienburg, KZ und Wirtschaft im Zweiten Weltkrieg, in: Wolfgang Benz/Barbara Distel (Hrsg.), Der Ort des Terrors, Band 1: Die Organisation des Terrors, S. 191

33) siehe Anmerkung 3)

34) Internationales Lagerkomitee, KL Bu – Bericht des internationalen Lagerkomitees Buchenwald (sog. „Erster Lagerbericht"), S. 61

35) Norbert Frei (Hrsg., im Auftrag des Instituts für Zeitgeschichte), KB 4/44, in Standort- und Kommandanturbefehle des Konzentrationslagers Auschwitz 1940 – 1945, S. 413

36) Hermann Kaienburg, KZ und Wirtschaft im Zweiten Weltkrieg, in: Wolfgang Benz/Barbara Distel (Hrsg.), Der Ort des Terrors, Band 1: Die Organisation des Terrors, S. 193

37) Karl Feuerer (Schutzhäftling in Dachau und Buchenwald 1933 bis 1945), Unsterbliche Opfer – Ein Tatsachenbericht aus dem KZ mit 200 Bildern und zahlreichen Dokumenten, unveröffentlicht, im Archiv der Gedenkstätte Buchenwald, S. 145

38) Karl Feuerer (Schutzhäftling in Dachau und Buchenwald 1933 bis 1945), Unsterbliche Opfer – Ein Tatsachenbericht aus dem KZ mit 200 Bildern und zahlreichen Dokumenten, unveröffentlicht, im Archiv der Gedenkstätte Buchenwald, S. 144

39) Erich Kogon, Der SS-Staat, S. 124

40) Konzentrationslager Sachsenhausen, 11. Geldsendungen, in: Allgemeine Lagerordnung KL Sachsenhausen vom 6.11.1942, S. 5

41) Stefan Heymann, Die einzelnen Gebäude: 26) Häftlingskantine (Bericht eines ehemaligen Häftlings)

42) Tadeusz Iwaszko, 9. Ernährung, in: Die Häftlinge, Auschwitz – faschistisches Vernichtungslager, S. 66

43) Margarete Buber-Neumann, Als Gefangene bei Stalin und Hitler, S. 239

44) Helga Luther (ehem. politischer Häftling im Frauen-Konzentrationslager Ravensbrück vom Herbst 1943 bis April 1945), aus Erinnerungen in einem persönlichen Gespräch mit dem Autor vom 11. April 2008

45) Heinrich Himmler, Schreiben aus dem Führerhauptquartier vom 23.3.1942 an Oswald Pohl (IFZ, MA 304/0812, aus National Archiv Washington)

46) Karl Feuerer (Schutzhäftling in Dachau und Buchenwald 1933 bis 1945), Unsterbliche Opfer – Ein Tatsachenbericht aus dem KZ mit 200 Bildern und zahlreichen Dokumenten, unveröffentlicht, im Archiv der Gedenkstätte Buchenwald, S. 146a - 146b

47) Primo Levi, Ist das ein Mensch?, S. 34, 96

48) Ottomar Rothmann (ehemaliger Häftling im KL Buchenwald und Schreiber im Quarantäneblock von 1943 – 1945), aus Erinnerungen in einem persönlichen Gespräch mit dem Autor vom 9. Mai 2008

49) Karl Feuerer (Schutzhäftling in Dachau und Buchenwald 1933 bis 1945), Unsterbliche Opfer – Ein Tatsachenbericht aus dem KZ mit 200 Bildern und zahlreichen Dokumenten, unveröffentlicht, im Archiv der Gedenkstätte Buchenwald, Anhang Prämienscheine.

50) Wolfgang J. Mehlhausen/Hans-Ludwig Grabowski, Handbuch Geldscheinsammeln, S. 98 – 99, sowie: Reinhard Tieste, KGL – Katalog des Papiergeldes der deutschen Kriegsgefangenenlager im I. Weltkrieg.

51) Thomas Kranz, Lublin-Majdanek – Stammlager, in: Wolfgang Benz/Barbara Distel (Hrsg.), Der Ort des Terrors, Band 7: Niederhagen/Wewelsburg, Lublin-Majdanek, Arbeitsdorf, Herzogenbusch (Vught), Bergen-Belsen, Mittelbau-Dora, S. 35 – 36.

52) Wolfgang Michalka (Hrsg.), Deutsche Geschichte 1933 – 1945: Dokumente zur Innen- und Außenpolitik, Anhang, S. 352., 354.

53) Freundeskreis e.V. (Hrsg.), Curiohaus-Prozess, Verhandelt vor dem britischen Militärgericht, in der Zeit vom 18. März bis zum 3. Mai 1946 gegen die Hauptverantwortlichen des KZ-Neuengamme, S 198.

54) Ebenda.

55) Joachim Woock, Zwangsarbeit ausländischer Arbeitskräfte im Regionalbereich Verden/Aller, S. 107., 115.

56) Siehe Anmerkung 53), S. 107.

57) Verordnung über die Einsatzbedingungen der Ostarbeiter vom 30.6.1942, RGBl. Teil I, Jg. 1942, Nr. 71, S. 419 – 424.

58) Siehe Anmerkung 53), S. 114.

59) Siehe Anmerkung 53), S. 113.

60) Siehe Anmerkung 53), S. 109.

60) Siehe Anmerkung 56).

62) Siehe Anmerkung 53), S. 115.

63) Siehe Anmerkung 57).

64) Siehe Anmerkung 53), S. 119.

65) Siehe Anmerkung 23).

66) Zeitgenössischer Spott auf die Wehrmacht, mit der viele junge, deutsche Männern erstmals in ihrem Leben „Reisen“ in fremde Länder unternahmen.

67) http://www.lexikon-der-wehrmacht.de/Soldat/Besoldung.htm.

1.1 Auschwitz (Oświecim)

OBERSCHLESIEN

Konzentrations- und Vernichtungslager

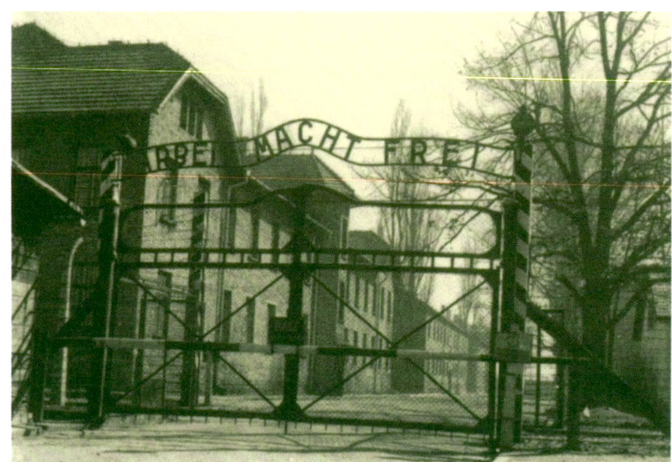

Konzentrationslager Auschwitz, Haupttor des Stammlagers 1945.
(Archiv des Museums Auschwitz-Birkenau)

Zur Geschichte des Lagers

Der Name Auschwitz gilt heute in aller Welt als Synonym für den Holocaust schlechthin. Hier war es, wo die „Endlösung der Judenfrage" mit deutscher Gründlichkeit bis in die letzte Konsequenz vollzogen wurde, wo die Entmenschlichung am größten war und der Massenmord am effektivsten.

1916 hatte die unter habsburgischer Herrschaft stehende Stadt Oświecim ein Lager für sog. „Sachsengänger" errichtet. Gemeint waren damit polnische Wanderarbeiter, die sich z. B. als Erntehelfer im deutschen Oberschlesien verdingten. Dieses Lager bestand aus 22 festen Häusern und 90 Holzbaracken, in denen 12 000 Arbeiter untergebracht werden konnten. Nach dem Ersten Weltkrieg gehörte Oświecim zum wiedererstandenen Polen, und im Barackenlager wurden polnische Flüchtlinge untergebracht, während die festen Bauten von der polnischen Armee als Kaserne bezogen wurden.[1)]

Schon wenige Tage nach Beginn des deutschen „Polenfeldzugs" wurde Oświecim am 4. September 1939 von der Wehrmacht eingenommen. Ende Oktober 1939 kam die Stadt zu Ostoberschlesien, das 1921 an Polen gefallen war, wurde damit dem Deutschen Reich angegliedert und in Auschwitz umbenannt.[2)]

Das brutale deutsche Besatzungsregime in Polen füllte schnell die vorhandenen Gefängnisse. Schon im Dezember 1939 plante man deshalb die Errichtung eines Durchgangslagers im Raum Kattowitz. Am 1. Februar 1940 befahl Himmler dem Inspekteur der Konzentrationslager, Richard Glücks, nach einem geeigneten Standort für ein solches Lager zu suchen. Glücks entschied sich für Auschwitz und Anfang April 1940 wurde das Gelände von der Wehrmacht übergeben. Es sollte lediglich ein „Quarantänelager" für 10 000 Häftlinge entstehen. Zum ersten Lagerkommandanten wurde Rudolf Höß ernannt, der wohl auch den bekannten Spruch „Arbeit macht frei" aus Dachau und Sachsenhausen mitbrachte.[3)]

Die ersten Häftlinge trafen im Mai 1940 aus Sachsenhausen in Auschwitz ein. Es handelte sich um 30 „Kriminelle“, die als „Funktionshäftlinge“ fungieren sollten.[4)]

Nachdem das Lager provisorisch umzäunt war, traf Mitte Juni 1940 der erste größere Transport mit über 700 polnischen Häftlingen in Auschwitz ein, der den eigentlichen Beginn des Lagerbetriebs darstellt. Nachdem weitere große Transporte aus Polen angerollt und die ersten Baracken im Kasernengelände bezogen waren, ließ man den ursprünglichen Plan, Auschwitz nur als Durchgangslager für Häftlinge auf dem Weg in die großen Lager im Reichsinneren zu nutzen, fallen. Auschwitz sollte nun selbst dauerhaft zu einem Konzentrationslager für polnische Häftlinge werden, das bald das gesamte Kasernengelände einnahm.[5)]

Himmler besuchte Auschwitz am 1. März 1941 und ordnete die Einrichtung von Produktionsstätten und landwirtschaftlichen Betrieben in der Nähe des Lagers an. So dehnte sich das „Interessensgebiet“ der SS rasch auch auf die umliegenden Dörfer aus, deren Bevölkerung größtenteils umgesiedelt wurde, und war insgesamt etwa 40 km² groß.[6)]

Nach Himmlers Vorstellungen sollte in Auschwitz eine landwirtschaftliche Versuchsstation für die Besiedlung des Ostens als Teil einer deutschen Siedlungslandschaft entstehen. So mußten Häftlingskommandos das sumpfige Gelände zwischen Weichsel und Sola trocken legen, Teiche stauen, Dämme, Wirtschaftshöfe, Straßen und Wege bauen. Außerdem entstanden SS-eigene Unternehmen.[7)]

Die Deutschen Erd- und Steinwerke betrieben ein Kieswerk und die Deutschen Ausrüstungswerke übernahmen die Lagerwerkstätten und beschäftigten mehrere Tausend Häftlinge, die hier u. a. Fenster, Türen, Möbel, Munitionskisten und sogar Bauteile für Gaskammern und Krematorien herstellten. Die Deutsche Lebensmittel GmbH betrieb einen Schlachthof, eine Brotfabrik, eine Getreidemühle, einen Milchhof und nicht zuletzt die Kantinen.[8)]

Himmler war am 1. März 1941 aber auch mit einer Abordnung der I.G. Farben in Auschwitz zusammengetroffen, die nach einem geeigneten Stand-ort für ein neues Buna-Werk suchte. Die Bedingungen schienen in Auschwitz optimal, neben einem entsprechenden Gelände waren auch alle erforderlichen Rohstoffe, wie Wasser, Kalk, Salz und Kohle, in großen Mengen in der Region vorhanden und außerdem ein Heer billiger Arbeitskräfte aus dem Lager. Für Facharbeiter wurde ein an die SS zu zahlender Tagessatz von 4 RM und für Hilfsarbeiter von 3 RM vereinbart. Außerdem befand sich Auschwitz außerhalb der Reichweite alliierter Bomberverbände.

Anweisung des Polizeipräsidenten in Berlin an das Strafgefängnis Berlin-Tegel zur Überführung des Gefangenen Konrad Winter in das Konzentrationslager Auschwitz am 3.2.1943.
(Rückseite einer Postkarte vom 30.1.1943, Sammlung Wolfgang Haney, Berlin)

Für den Bau des Buna-Werks forderte Himmler die Bereitstellung von 10 000 Häftlingen. Das Werk Buna IV bildete zusammen mit anderen Produktionsstätten der I.G. Farben den Kern des späteren Lagers Auschwitz III-Monowitz.

Unabhängig davon sollte auf Himmlers Weisung aber auch das Stammlager Auschwitz I, das sich abgeschirmt in der ehemaligen polnischen Kaserne befand, für bis zu 30 000 Häftlinge ausgebaut werden.[9)]

Der anfänglich erfolgreiche Vormarsch der deutschen Wehrmacht in der Sowjetunion führte 1941 zur Gefangennahme von Millionen Soldaten der Roten Armee. Ende September 1941 befahl deshalb Himmler den Bau eines „Kriegsgefangenenlagers“ für 100 000 russische Gefangene in Birkenau (Brzezinka).[10)]

Die fast gleichzeitig forcierten Bauvorhaben zum Ausbau des Stammlagers Auschwitz I, zum Bau

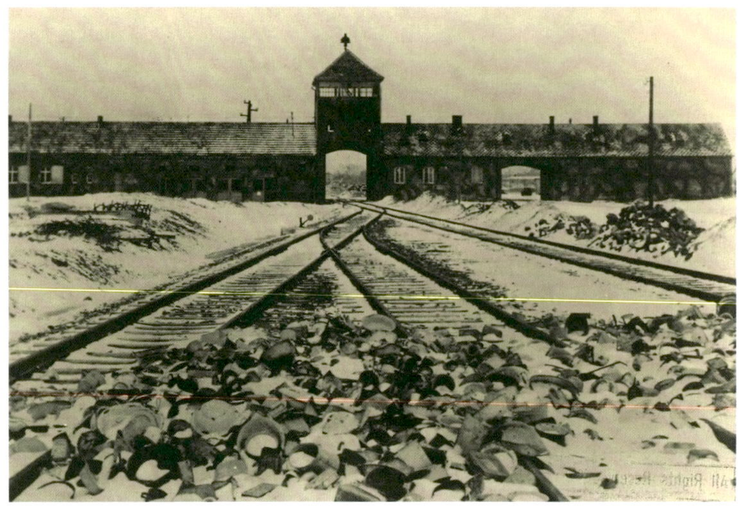

Auschwitz II-Birkenau, Einfahrt zum Vernichtungslager 1945
(Foto: St. Mucha, Sammlung Haney, Berlin)

von Werkstätten und landwirtschaftlichen Betrieben im sog. „Interessengebiet“ des Lagers, zum Bau des Buna-Werks sowie des Lagers Auschwitz II in Birkenau verursachten hohe Kosten und forderten von März 1941 bis Februar 1942 Tausende Menschenleben.[11)]

War das Lager Auschwitz II-Birkenau anfänglich noch als Sammel- und Arbeitslager für Kriegsgefangene gedacht, so wurden die Pläne schon bald geändert, auch wenn das Lager noch bis Ende März 1944 als „Kriegsgefangenenlager“ firmierte.[12)]

Schon im Sommer 1941 führte man im Stammlager erste Versuche mit dem Giftgas Zyklon B durch, deren Opfer russische Kriegsgefangene waren. Die erste größere Tötungsaktion fand Anfang September 1941 statt. Dabei erstickte man etwa 250 Kranke, 600 sowjetische Kriegsgefangene und einige Häftlinge der Strafkompanie in einem Keller.[13)]

Waren 1940/1941 die meisten Gefangenen in Auschwitz Polen und sowjetische Kriegsgefangene gewesen, so bestimmte Himmler Auschwitz-Birkenau schon im Sommer 1941 zum Ort der Massenvernichtung von Juden, die im Januar 1942 begann.[14)]

Nach allgemein anerkannten Schätzungen sind mehr als eine Million Opfer im Vernichtungslager Auschwitz ums Leben gekommen, die meisten davon Juden. Nach ihrem Transport mit der Bahn und der Ankunft in Birkenau erfolgte die Selektion auf der sog. „Rampe“. Von hier aus sollen etwa 960 000 von ihnen direkt ins Gas geschickt worden sein. Nur 100 000 Juden wurden als Häftlinge registriert, von denen etwa 30 000 überlebten. Die Opferbilanz von Auschwitz wäre aber unvollständig, würde man nicht auch an die etwa 70 000 Polen, rund 20 000 Sinti und Roma, 15 000 sowjetische Kriegsgefangene und weitere 10 000 bis 15 000 Opfer verschiedenster Nationalitäten erinnern.[15)]

Wie stark auch politische Interessen mit der Opferbilanz des Holocaust, insbesondere mit der von Auschwitz verbunden sind, belegt nicht

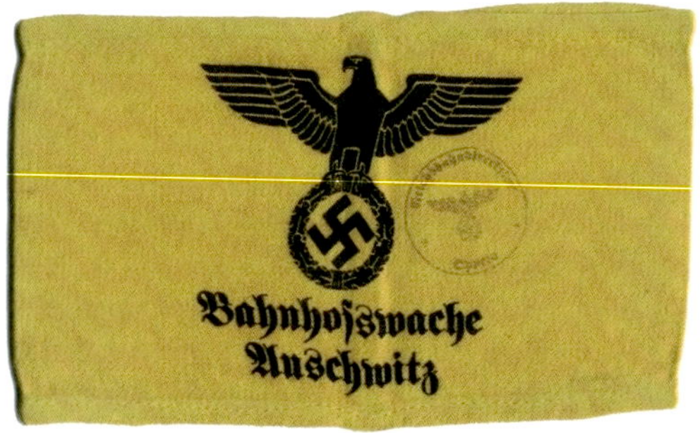

Armbinde der Bahnhofswache Auschwitz mit Stempel der Reichsbahndirektion Oppeln.
(Sammlung Wolfgang Haney, Berlin)

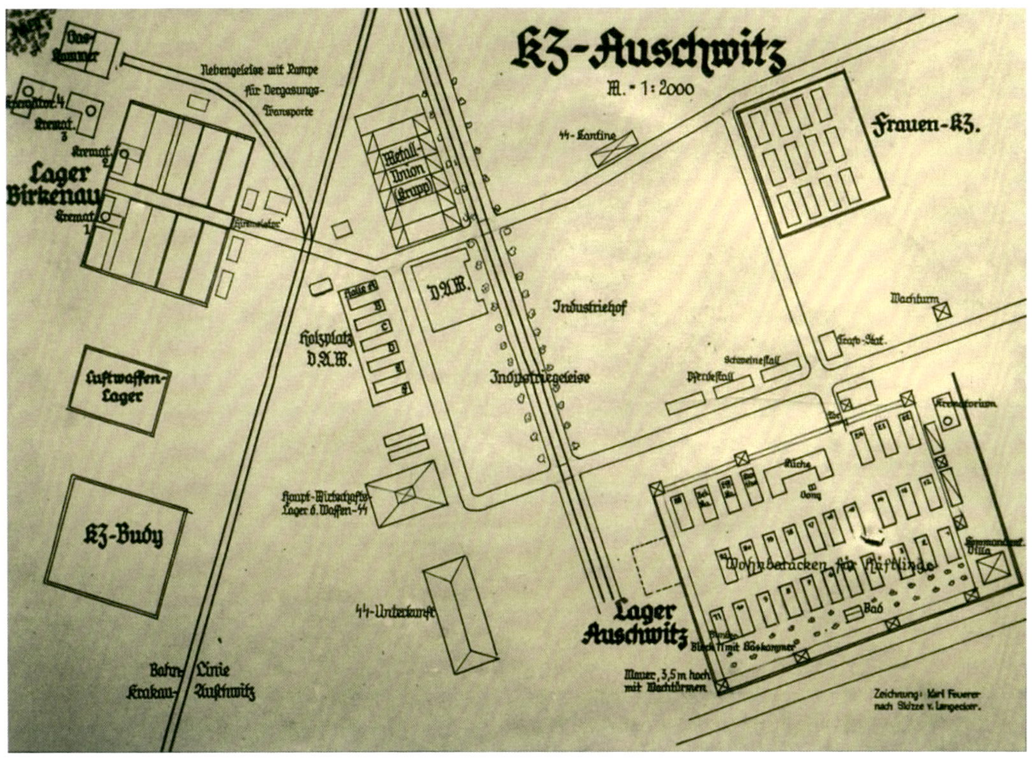

Konzentrationslager-Komplex Auschwitz, Zeichnung von Karl Feuerer aus seinem Bericht „Unsterbliche Opfer".
(Archiv der Gedenkstätte Buchenwald)

zuletzt die seit Jahrzehnten anhaltende Kontroverse und der mit Zahlen praktizierte Mißbrauch – egal von welcher Seite. Hatte 1945 eine sowjetische Untersuchungskommission vier Millionen Auschwitz-Opfer „festgestellt", so ließ sich diese Zahl spätestens seit September 1998 nicht mehr halten. Zu diesem Zeitpunkt erklärte der Forschungskurator des Archivs des Staatsmuseums Auschwitz (APMO), Wáclaw Dlugoborski, in der Frankfurter Allgemeinen Zeitung zur Zahl der Opfer: *„Kurz nach Kriegsende wurde sie von einer sowjetischen Untersuchungskommission ohne weitere Nachforschung auf vier Millionen festgelegt. Obwohl von Anfang an Zweifel an der Richtigkeit der Schätzung bestanden, wurde sie zum Dogma. Bis 1989 galt in Osteuropa ein Verbot, die Zahl der vier Millionen Getöteten anzuzweifeln; in der Gedenkstätte von Auschwitz drohte man Angestellten, die an der Richtigkeit der Schätzung zweifelten, mit Disziplinarverfahren."*[16] Es sei an dieser Stelle darauf hingewiesen, daß Vertreter dieser „Untersuchungskommission" auch den sowjetischen Massenmord von Katyn der deutschen Seite anlasteten. Auf Befehl Stalins und Molotows vom 5. März 1940 waren durch den sowjetischen Geheimdienst NKWD mehr als 14 500 polnische Kriegsgefangene ermordet worden.[17]

Bereits mit den sowjetischen Opferzahlen für Majdanek (1,5 Millionen) und Treblinka (3 Millionen) hatte die Kommission maßlos übertrieben. Insgesamt sechs Millionen jüdische Opfer hatte schließlich Stalins Haßpropagandist Ilja Ehrenburg schon im Dezember 1944 ausgemacht, indem er kurzerhand alle unter deutsche Gewalt geratenen Juden für ermordet erklärte. Seine Kriegspropaganda hat als sprichwörtliche „Keule" gegen das „Tätervolk" der Deutschen bis in die Gegenwart hinein Bestand.[18]

Neuere Berechnungen des linksliberalen langjährigen Spiegel-Redakteurs und Osteuropa-Experten Fritjof Meyer zu den Opferzahlen von

Auschwitz, die im wesentlichen auf neu entdeckten Dokumenten der Firma Topf & Söhne zur Kapazität und Betriebsdauer der Krematorien, auf einer Aussage des ehemaligen Lagerkommandanten Höß zu deren Nutzungsdauer sowie auf Unterlagen aus dem 1989 veröffentlichten Auschwitz-Kalendarium von Danuta Czech basieren, gehen von 510 000 Auschwitz-Opfern aus, davon etwa 356 000 Vergasten.[19] Eine seit ihrer Veröffentlichung 2002 heftig umstrittene Zahl, der nüchterne Fakten wie technische Parameter, Betriebsausfallzeiten, Raumvolumen von Gaskammern und Transportzahlen zugrunde liegen. Eine Zahl, die nichts leugnet, nichts verharmlost und nichts relativiert. Eine Opferbilanz, die sicher noch nicht die letzte sein wird, die aber auf der Basis fundierter Forschung das Verbrechen des Holocaust in begreifbare Dimensionen zu rücken scheint – im Verlaufe wissenschaftlicher und weniger wissenschaftlicher Opferbilanzen der letzten sechs Jahrzehnte waren immerhin auch schon acht Millionen Opfer für Auschwitz genannt worden. Wenn der bekannte polnische Auschwitz-Experte Franciszek Piper nun als Kritik an Meyer die alte sowjetische Vier-Millionen-Legende bemüht und als „Beweis" hierfür das „Geständnis" von Rudolf Höß vor dem Internationalen Militärgerichtshof in Nürnberg anführt, in dem dieser schriftlich drei Millionen Auschwitz-Opfer zugab, so ist das äußerst fragwürdig. Jedem allein der Wahrheitsfindung verpflichteten Historiker ist nicht nur die Unhaltbarkeit der sowjetischen Schätzung bekannt, der längst auch international anerkannte Zahlen von etwa 1,1 bis maximal 1,5 Millionen Opfern entgegenstehen, sondern auch die Tatsache, daß das immer wieder gern zitierte „Geständnis" von Rudolf Höß nach tagelangem Schlafentzug, unter Folter, nackt und zwangsalkoholisiert zustande kam und von ihm widerrufen wurde. So berichtete Höß selbst: „*Was in dem Protokoll drin steht, weiß ich nicht, obwohl ich es unterschrieben habe. Doch Alkohol und Peitsche waren auch für mich zuviel.*"[20]

Es bleibt zu hoffen, daß sich am Ende – nicht nur im Interesse der Geschichtswissenschaften – die Wahrheit durchsetzen wird und eine zum Teil unwürdig geführte Diskussion um Zahlen nicht das Gedenken an die Opfer überschattet.

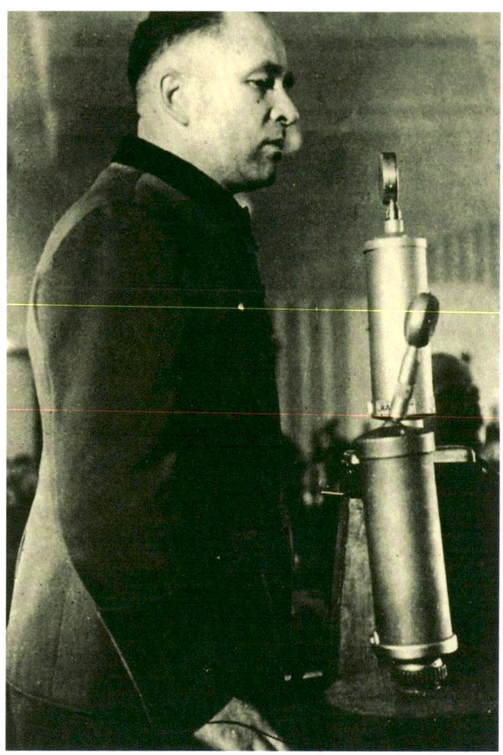

Der ehemalige Lagerkommandant von Auschwitz, Rudolf Höß, vor einem polnischen Tribunal, das ihn im März 1947 zum Tode verurteilte

(Sammlung Wolfgang Haney, Berlin)

Am 27. Januar 2005, dem 60. Jahrestag der Befreiung des Lagers durch sowjetische Truppen, erklärte die Generalversammlung der Vereinten Nationen den Tag der Befreiung von Auschwitz zum internationalen Holocaust-Gedenktag.[21]

Zum Geldumlauf bis 1943

Von 1940 bis 1943 gab es, wie in allen deutschen Konzentrationslagern, kein eigenes Lagergeld in Auschwitz. Bei der Registrierung der Häftlinge wurde mitgeführtes Bargeld auf deren Namen deponiert. Zusätzlich konnten Häftlinge Geldanweisungen von Angehörigen in unbegrenzter Höhe empfangen, die ihrem Depot bei der Gefangenen-Eigenverwaltung (später Häftlingsgeld-

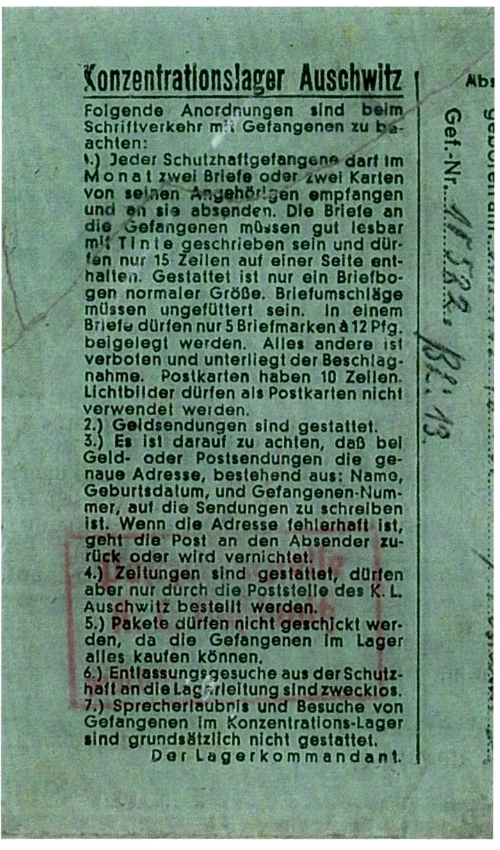

Konzentrationslager Auschwitz

Folgende Anordnungen sind beim Schriftverkehr mit Gefangenen zu beachten:

1.) Jeder Schutzhaftgefangene darf im Monat zwei Briefe oder zwei Karten von seinen Angehörigen empfangen und an sie absenden. Die Briefe an die Gefangenen müssen gut lesbar mit Tinte geschrieben sein und dürfen nur 15 Zeilen auf einer Seite enthalten. Gestattet ist nur ein Briefbogen normaler Größe. Briefumschläge müssen ungefüttert sein. In einem Briefe dürfen nur 5 Briefmarken à 12 Pfg. beigelegt werden. Alles andere ist verboten und unterliegt der Beschlagnahme. Postkarten haben 10 Zeilen. Lichtbilder dürfen als Postkarten nicht verwendet werden.

2.) Geldsendungen sind gestattet.

3.) Es ist darauf zu achten, daß bei Geld- oder Postsendungen die genaue Adresse, bestehend aus: Name, Geburtsdatum, und Gefangenen-Nummer, auf die Sendungen zu schreiben ist. Wenn die Adresse fehlerhaft ist, geht die Post an den Absender zurück oder wird vernichtet.

4.) Zeitungen sind gestattet, dürfen aber nur durch die Poststelle des K. L. Auschwitz bestellt werden.

5.) Pakete dürfen nicht geschickt werden, da die Gefangenen im Lager alles kaufen können.

6.) Entlassungsgesuche aus der Schutzhaft an die Lagerleitung sind zwecklos.

7.) Sprecherlaubnis und Besuche von Gefangenen im Konzentrations-Lager sind grundsätzlich nicht gestattet.

Der Lagerkommandant.

Gef.-Nr.

Konzentrationslager Auschwitz, Teil eines Briefumschlags mit den Anordnungen des Lagerkommandanten zum Schriftverkehr mit Gefangenen inkl. zum Empfang von Geldsendungen vom März 1941.
(Sammlung Wolfgang Haney, Berlin)

Konzentrationslager Auschwitz
Kommandantur

Mitteilung

Jeder Schutzhäftling darf sich von seinen Angehörigen zu Weihnachten ein Päckchen im Gewicht von einem (1) Kilogramm schicken lassen, aber nicht als Paket mit Postanweisung.

Gestattet ist: Brot, Weihnachtsgebäck, Dauerwurst, Rauchwaren, Toiletten-Artikel.
Verboten ist das Beilegen von: Geld, Konserven in Dosen, Briefmarken, Fotografien, Briefe u. brennbare Gegenstände wie Feuerzeuge, Zündhölzer usw.

Bei der Zusendung der Päckchen ist auf genaueste Anschrift, wie Geburtsdatum u. Häftlings-Nr. zu achten.

Die Päckchen dürfen in der Zeit vom 10. 12. 40 — 5. 1. 1941 zugesandt werden.

Alle eingehenden Päckchen, die der Lagervorschrift nicht entsprechen, werden zugunsten der Häftlinge beschlagnahmt, die von zu Hause kein Päckchen erhalten.

Der Lagerkommandant.

Konzentrationslager Auschwitz, Mitteilung der Kommandantur zum Empfang von Paketen zum Weihnachtsfest 1941.
(Sammlung Wolfgang Haney, Berlin)

verwaltung) gutgeschrieben wurden. Siehe hierzu auch die Ausführungen und Abbildungen im Einleitungsteil zum Geld und Geldersatz in deutschen Konzentrationslagern.

Die Häftlinge konnten dann in gewissen Abständen über festgelegte Beträge im Rahmen ihrer Guthaben verfügen. So ordnete der damalige Lagerkommandant Rudolf Höß in einem Kommandanturbefehl vom September 1942 an: „*In Zukunft sind sämtliche gefundenen Gelder, Wertgegenstände und Effekten von Häftlingen nicht mehr auf Umwegen, sondern direkt an die Gef. Eig. Verwaltung abzuliefern.*“[22]

Spätestens bis zur Schaffung einer besonderen Häftlingsgeldverwaltung, die später auch eigene Prämienscheine ausgab, oblag die Verwaltung von Geldern aus dem Besitz von Gefangenen deren Eigenverwaltung. Dies traf jedoch nicht auf Transporte zu, die direkt in das Vernichtungslager Auschwitz-Birkenau (KL Auschwitz II) gingen. Die hier nach der Selektion gefundenen Gelder und Wertsachen von den Opfern der sog. „Sonderbehandlung“ wurden beschlagnahmt.[23]

Im Lager selbst war nur die Reichsmark gültig. Angehörige aus dem Ausland zahlten Unterstützungsleistungen in ihrer Landeswährung, die Gutschrift und Auszahlung an den Häftling erfolgte dann aber in gültiger deutscher Währung. In den verschiedenen Teilen des Lagers gab es Lagerkantinen, in denen die Häftlinge an festgelegten Tagen gegen Reichsmark von ihrem Depot einkaufen konnten. Das eingeschränkte Warenangebot trug jedoch kaum zur Verbesserung der Lebensbedingungen im Lager bei. Zum Weihnachtsfest 1941 erlaubte deshalb der Lagerkommandant auf Drängen der polnischen Geistlichkeit den Empfang von Lebensmittelpaketen. Ab Herbst 1942 war es dann ohne Beschränkung erlaubt, Lebensmittelpakete zu empfangen, was zumindest einen Teil der Häftlinge vor dem Hungertod rettete, und ab 1943 trafen dann auch immer mehr Hilfspakete vom Internationalen Roten Kreuz in Auschwitz ein.[24]

Prämienscheine ab 1943

Die Ausgabe von Prämienscheinen erfolgte auf der Grundlage der am 15. Mai 1943 in Kraft getretenen SS-Dienstvorschrift des Chefs des Wirtschafts- und Verwaltungshauptamtes (WVHA), Oswald Pohl, für die Gewährung von Vergünstigungen an Häftlinge (siehe Einleitung). Die erste Ausgabe erfolgte wahrscheinlich schon 1943 durch den SS-Standortältesten. Angeblich sollen die Prämienscheine anfänglich nur an sog. „arische" Häftlinge vergeben worden sein.

Es folgten Prämienscheine der Häftlingsgeldverwaltung, die z. B. Daten vom April 1944 tragen, und ab August 1944 Einheitsausgaben für das Konzentrationslager Auschwitz.

Alle Ausgaben wurden als Prämien für „besondere Leistungen" verwendet und konnten zum Einkauf in Häftlingskantinen oder auch für Bordellbesuche genutzt werden. Es kommen auch Prämienscheine vor, auf denen eine Häftlingsnummer durch die ausgebende Stelle oder den Eigentümer vermerkt wurde. Der Druck erfolgte wahrscheinlich in der lagereigenen Druckerei.

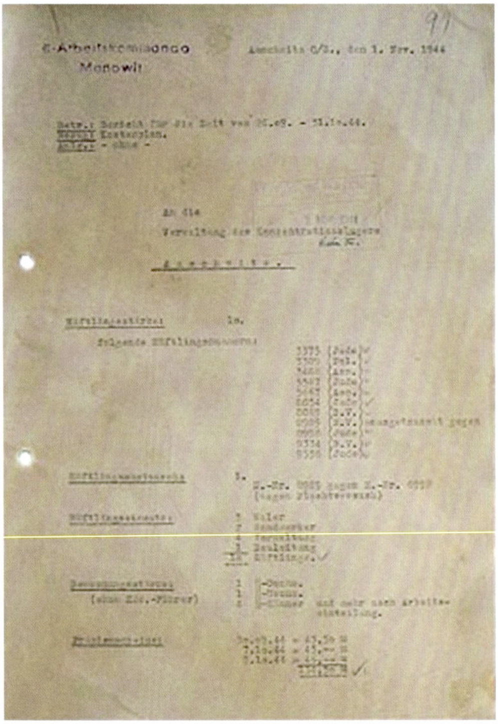

Bericht des Arbeitskommandos Monowitz (KL Auschwitz III) vom 1.11.1944 über den Arbeitseinsatz und die Prämienscheinvergabe an Häftlinge.

Die Prämienscheine sollten der Motivation dienen und Häftlinge zu höheren Leistungen anspornen. In der Praxis wurde jedoch nur wenig Gebrauch von ihnen gemacht. Die unzureichende Nutzung von Prämienscheinen war deswegen auch mehrfach Anlaß für diesbezügliche Befehle des Lagerkommandanten.

Im Kommandanturbefehl Nr. 4/44 vom 22. Februar 1944 befahl der seinerzeitige Lagerkommandant Schwarz etwa unter Punkt 5. Begünstigungen für Häftlinge – Prämienscheine: *„Aus dem Bericht über die Arbeitslage ist zu ersehen, daß verschiedene Rüstungsfirmen, bei denen Häftlinge eingesetzt sind, sehr geringe Prämienbeträge an die Häftlinge zahlen. Einige Lager waren überhaupt von den Prämien ausgeschlossen. Es ist sofort von den Lagerführern festzustellen, aus welchem Grunde die Prämienzahlung im Januar 1944 so gering oder überhaupt nicht erfolgte. Nach Eintreffen der einzelnen Meldungen werde ich mich sofort bei den Firmen bzw. Bauherren persönlich einschalten."*[25]

In einem weiteren Befehl des Lagerkommandanten Schwarz vom 22. April 1944 heißt es: *„Die Höhe der von den Firmen ausgegebenen Prämienbeträge ist im Verhältnis zu der Gesamtzahl der eingesetzten Häftlinge immer noch zu gering. Die Lagerführer haben ständig Verbindung mit den Direktionen der Firmen aufrecht zu halten, um den Zweck der Auszahlung der Prämienscheine restlos zu erreichen."*[26]

Die letzte Ausgabe von Prämienscheinen im KL Auschwitz entspricht einem Einheitstyp mit einer Druckgenehmigungsnummer, in der u. a. das Datum „8.44" (August 1944) enthalten ist. Der Einheitstyp wurde mit entsprechend geänderter Kopfzeile auch in anderen Konzentrationslagern, wie Mauthausen oder Ravensbrück, verwendet. Eine späte Anordnung zu Prämienscheinen findet sich im Standortbefehl Nr. 29/44 vom 25. November 1944 des Lagerkommandanten Baer. Darin heißt es zur Vergabepraxis unter Punkt 9: *„In den wöchentlichen Anforderungen der lager-*

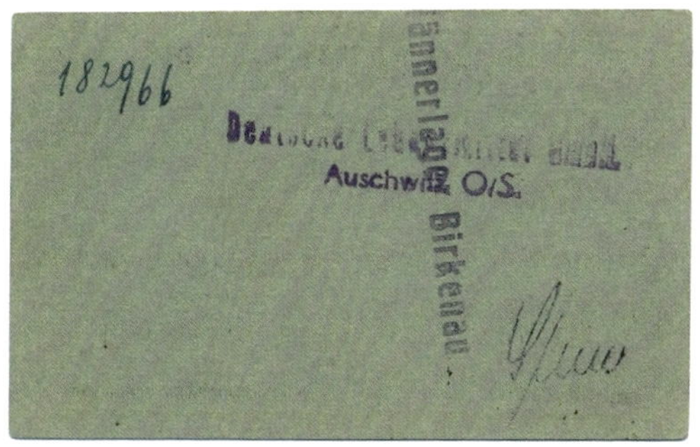

Konzentrationslager Auschwitz, Rückseite eines Prämienscheins mit Stempeln verschiedener Vergabestellen (Deutsche Lebensmittel GmbH und Männerlager Birkenau) sowie mit handschriftlicher Häftlings-Nummer „182966".
(Sammlung Wolfgang Haney, Berlin)

eigenen Betriebe und Dienststellen ist die Anzahl der Häftlinge, die Prämienscheine erhalten sollen, mitanzugeben."[27]
Interessante Einblicke zur Bedeutung und Verwendung von Prämienscheinen in Auschwitz bieten die persönlichen Erinnerungen des bekannten jüdischen Psychiaters Viktor Frankl. In diesen führt er u. a. an, daß er vor Weihnachten 1944 als „Geschenk" Prämienscheine von einer Baufirma erhielt, für die er wie ein Sklave arbeiten mußte. Die Firma selbst zahlte lediglich einen Tagessatz pro Häftling an die SS. Für einen Prämienschein über 50 Pfennig, den die Firma bei der SS kaufte, bekam man sechs Zigaretten. So war er eines Tages stolzer Besitzer von zwölf Zigaretten, die so gut wie Geld waren. Zwölf Zigaretten konnte man gegen zwölf Suppen eintauschen, die kurzzeitig den langsamen Hungertod aufhielten und das Leben verlängerten. Das Privileg, seine Zigaretten tatsächlich zu rauchen, blieb dagegen nur den Kapos und Vorarbeitern vorbehalten. Sah man einen einfachen Kameraden rauchen, wußte man dagegen, daß er den Lebensmut verloren und sich selbst aufgegeben hat. So genoß er vielleicht die letzten Züge Tabak in seinem Leben.[28]

Abstempelungen

Gebrauchte Scheine sind oft auf der Rückseite mit Stempeln verschiedener Firmen versehen, die nahe des Lagers bestanden, aber auch mit solchen von Betrieben oder Dienststellen der SS. Abstempelungen wurden von den Stellen vorgenommen, die die Scheine als Prämien ausgaben, so etwa Firmen, in denen Häftlinge arbeiteten oder Arbeitskommandos, die der Bauleitung der SS und Polizei unterstanden. Manche derart gestempelten Scheine tragen auch eine zusätzliche handschriftliche Nummer, bei der es sich in der Regel um die Häftlingsnummer des Prämienempfängers handelt.

Bekannt sind u. a.:

- Bauleitung der Waffen-SS u. Pol.
- Bergwerksverwaltung Oberschlesien
- Deutsche Lebensmittel GmbH
- Männerlager Birkenau
- SS-Standortverwaltung Auschwitz OS
- Walter Wagner, Tiefbauunternehmung
- Zentral-Bauleitung der Waffen-SS u. Polizei

Die oft praktizierte Abstempelung von Prämienscheinen geschah eigenmächtig.
Im Standortbefehl Nr. 26/44 vom 12. Oktober 1944 wurde unter 8. angeführt: *„Es wird nochmals darauf hingewiesen, daß die Prämienschei-*

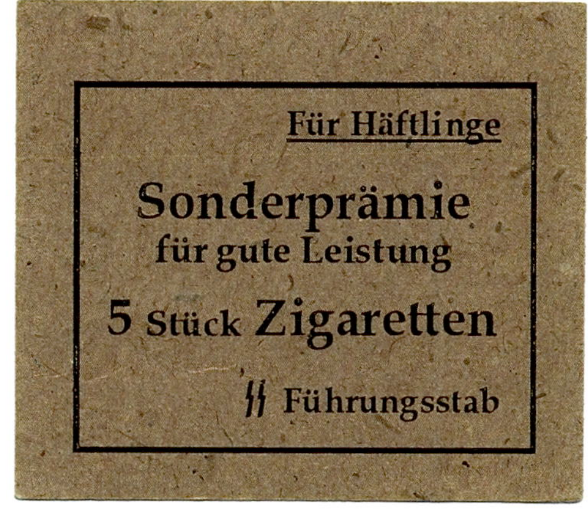
Für Häftlinge

Sonderprämie
für gute Leistung

5 Stück Zigaretten

SS Führungsstab

Konzentrationslager Auschwitz, Sonderprämie des Führungsstabs der SS für gute Leistungen zum Bezug von 5 Zigaretten für Häftlinge.
(Sammlung Wolfgang Haney, Berlin)

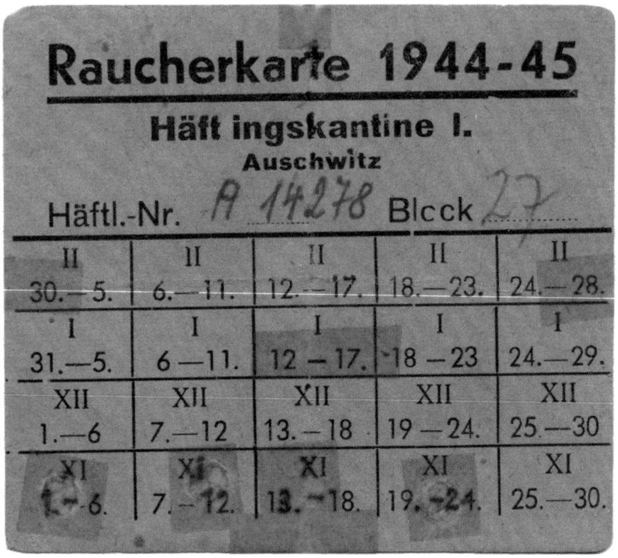

Auschwitz, Häftlingskantine I, Raucherkarte 1944 – 45.
(Sammlung Wolfgang Haney, Berlin)

ne durch die ausgebenden Stellen weder zu stempeln noch zu beschriften sind.“[29)]
Viele Prämienscheine kommen jedoch auch ohne zusätzliche Abstempelung auf der Rückseite vor.

Sonderprämien

Neben den eigentlichen Prämienscheinen sind auch Sonderprämien für gute Leistungen in Form von Gutscheinen des Führungsstabs der SS für Zigaretten bekannt, die für Häftlinge bestimmt waren, und die in der Häftlingskantine eingelöst werden konnten.

Raucherkarten

Wie sich Überlebende des Konzentrationslagers Auschwitz erinnerten, waren sog. reichsdeutsche Häftlinge, die im Lager Funktionen wie Kapo oder Blockältester wahrnahmen, berechtigt, die deutsche nationalsozialistische Presse (z. B. den „Stürmer“) zu kaufen und in der Lagerbibliothek Bücher auszuleihen. Zusätzlich sollen sie vom Lagerältesten oder SS-Rapportführer eine Art Bezugscheine bekommen haben, für die sie in der Lagerkantine kostenlos Zigaretten oder Tabak erhielten. Hierzu schrieb der ehemalige Häftling und spätere langjährige Mitarbeiter der Gedenkstätte Auschwitz, Tadeusz Szymanski, in einem Brief mit Erläuterungen zur Raucherkarte: *„Solche ‚Bezugscheine‘ habe ich sowohl im Lager, wie auch während meiner Arbeit in der Gedenkstätte, nie gesehen. Ich vermute, dass es ‚Raucherkarten‘ sein konnten. ... Leider, im Archiv der Gedenkstätte Auschwitz befindet sich nicht solche Raucherkarte. ... Ich bin überzeugt, dass die gekaufte ‚Raucherkarte‘ authentisch ist, weil die Lagerdruckerei solches Papier und Buchstaben verwendet hat. ... Da ich mich mit der Lagerpost befasste, konnte ich feststellen, dass es in der Lagerdruckerei im KL Auschwitz gedruckt wurde.*“[30)]

Diese Art von „Zusatzversorgung“ war so gesehen eine zweckgebundene Prämierung. Ob die Raucherkarten tatsächlich nur an „reichsdeutsche“ Funktionshäftlinge abgegeben wurden, kann nur geklärt werden, wenn mehrere Vergleichsstücke über die auf der Karte angegebene Häftlingsnummer abgeglichen werden könnten. Die abgebildete Raucherkarte mit der Häftlingsnummer „A 14278“ dürfte jedenfalls aus dem Besitz eines jüdischen Häftlings stammen, für die ab Mitte Mai 1944 eine besondere Kennzeichnung, beginnend mit dem vorangestellten A (A1 - 20 000 und dann weiter mit B) eingeführt worden war, um zu hohe Häftlingsnummern zu vermeiden.[31)]
Weitere bekannte Raucherkarten tragen z. B. die Häftlingsnummern „2076“[32)] und „138227“[33)].
Bei letzterer Karte wurden die einzelnen Felder (Wochenrationen) zur Entwertung gelocht.[34)]
Der Aufbau der Karte läßt aber auch auf Abschnitte (von unten nach oben) schließen. Vorgesehen war eine Gültigkeit von November 1944 bis Ende Februar 1945.

Anmerkungen:

1) Angelika Königseder, Die Entstehung des Lagers und das „Interessengebiet“ Auschwitz, in: Wolfgang Benz/Barbara Distel (Hrsg.), Der Ort des Terrors, Band 5: Hinzert, Auschwitz, Neuengamme, S. 80.

2) Ebenda.

3) Angelika Königseder, Die Entstehung des Lagers und das „Interessengebiet“ Auschwitz, in: Wolfgang Benz/Barbara Distel (Hrsg.), Der Ort des Terrors, Band 5: Hinzert, Auschwitz, Neuengamme, S. 81, sowie: Danuta Czech, Konzentrationslager Auschwitz – Abriss der Geschichte, in: Auschwitz – faschistisches Vernichtungslager, S. 13–14.

4) Angelika Königseder, Die Entstehung des Lagers und das „Interessengebiet“ Auschwitz, in: Wolfgang Benz/Barbara Distel (Hrsg.), Der Ort des Terrors, Band 5: Hinzert, Auschwitz, Neuengamme, S. 81, sowie: Danuta Czech, Konzentrationslager Auschwitz – Abriss der Geschichte, in: Auschwitz – faschistisches Vernichtungslager, S. 15.

5) Angelika Königseder, Die Entstehung des Lagers und das „Interessengebiet“ Auschwitz, in: Wolfgang Benz/Barbara Distel (Hrsg.), Der Ort des Terrors, Band 5: Hinzert, Auschwitz, Neuengamme, S. 81–82, sowie: Danuta Czech, Konzentrationslager Auschwitz – Abriss der Geschichte, in: Auschwitz – faschistisches Vernichtungslager, S. 15–16.

6) Angelika Königseder, Die Entstehung des Lagers und das „Interessengebiet“ Auschwitz, in: Wolfgang Benz/Barbara Distel (Hrsg.), Der Ort des Terrors, Band 5: Hinzert, Auschwitz, Neuengamme, S. 83, sowie: Danuta Czech, Konzentrationslager Auschwitz – Abriss der Geschichte, in: Auschwitz – faschistisches Vernichtungslager, S. 18–19.

7) Angelika Königseder, Die Entstehung des Lagers und das „Interessengebiet“ Auschwitz, in: Wolfgang Benz/Barbara Distel (Hrsg.), Der Ort des Terrors, Band 5: Hinzert, Auschwitz, Neuengamme, S. 85–86.

8) Angelika Königseder, Die Entstehung des Lagers und das „Interessengebiet“ Auschwitz, in: Wolfgang Benz/Barbara Distel (Hrsg.), Der Ort des Terrors, Band 5: Hinzert, Auschwitz, Neuengamme, S. 86–87.

9) Wolfgang Benz, I. G. Farben, in: Wolfgang Benz/ Barbara Distel (Hrsg.), Der Ort des Terrors, Band 5:Hinzert, Auschwitz, Neuengamme, S. 87f.

10) Angelika Königseder, Der Ausbau des Stammlagers und die Strukturen des Komplexes Auschwitz, in: Wolfgang Benz/Barbara Distel (Hrsg.), Der Ort des Terrors, Band 5: Hinzert, Auschwitz, Neuengamme, S. 95.

11) Danuta Czech, Bau, Ausbau und Entwicklung des Lagers und seiner Aussenlager, in: Auschwitz – faschistisches Vernichtungslager, S. 22.

12) Verena Walter, Der Aufbau des Lagers Birkenau, in: Wolfgang Benz/Barbara Distel (Hrsg.), Der Ort des Terrors, Band 5: Hinzert, Auschwitz, Neuengamme, S. 106.

13) Claudio Curio, Das Instrumentarium der Massenvernichtung: Gaskammern und Krematorien, in: Wolfgang Benz/Barbara Distel (Hrsg.), Der Ort des Terrors, Band 5: Hinzert, Auschwitz, Neuengamme, S. 106.

14) Danuta Czech, Bau, Ausbau und Entwicklung des Lagers und seiner Aussenlager, in: Auschwitz – faschistisches Vernichtungslager, S. 23.

15) Wolfgang Benz/Miriam Bistrović/Cladio Curio/Barbara Distel/Franziska Jahn/Angelika Königseder/Brigitte Mihok/Verena Walter, Auschwitz, in: Wolfgang Benz/Barbara Distel (Hrsg.), Der Ort des Terrors, Band 5: Hinzert, Auschwitz, Neuengamme, S. 79.

16) Frankfurter Allgemeine Zeitung (FAZ) vom 14. September 1938.

17) Siehe Anmerkung 19), sowie: Hans-Ludwig Grabowski, unter Mitarbeit von Henning Huschka und Wolfgang Schamberg, Ausländische Geldscheine unter deutscher Besatzung im Ersten und Zweiten Weltkrieg, S. 224.

18) Fritjof Meyer, Replik auf Piper (Erwiderung auf die Kritik von Franciszek Piper vom 4. Dezember 2003) unter: http://www.holocaust-history.org/auschwitz/fritjof-meyer/meyer-replik-auf-piper.shtml.

19) Fritjof Meyer, Die Zahl der Opfer von Auschwitz – Neue Erkenntnisse durch neue Archivfunde, in: Osteuropa, 52. Jg, Ausgabe 5/2002, S. 631 – 641., sowie: http://www.holocaust-history.org/auschwitz/fritjof-meyer/meyer-osteuropa.shtml sowie: Replik auf Piper (Erwiderung auf die Kritik von Frantciszek Piper vom 4. Dezember 2003) unter: http://www.holocaust-history.org/auschwitz/fritjof-meyer/meyer-replik-auf-piper.shtml., sowie: Danuta Czech, Kalendarium der Ereignisse im Konzentrationslager Auschwitz-Birkenau 1939 – 1945.

20) Ebenda, sowie: Broszat, Kommandant [Fn. 17], S. 149.

21) Siehe Anmerkung 15).

22) Norbert Frei (Hrsg., im Auftrag des Instituts für Zeitgeschichte), KB 18/42, in: Standort- und Kommandanturbefehle des Konzentrationslagers Auschwitz 1940 – 1945, S. 179.

23) Franciszek Piper, Ausrottung, in: Auschwitz – faschistisches Vernichtungslager, S. 99–100.

24) Tadeusz Iwaszko, Die Häftlinge: 9. Ernährung, in: Auschwitz – faschistisches Vernichtungslager, S. 66f.

25) Norbert Frei (Hrsg., im Auftrag des Instituts für Zeitgeschichte), KB 4/44, in: Standort- und Kommandanturbefehle des Konzentrationslagers Auschwitz 1940 – 1945, S. 413.

26) Norbert Frei (Hrsg., im Auftrag des Instituts für Zeitgeschichte), KB 6/44, in: Standort- und Kommandanturbefehle des Konzentrationslagers Auschwitz 1940 – 1945, S. 439.

27) Norbert Frei (Hrsg., im Auftrag des Instituts für Zeitgeschichte), KB 29/44, in: Standort- und Kommandanturbefehle des Konzentrationslagers Auschwitz 1940 – 1945, S. 516.

28) Ray Feller/Steve Feller, Silent Witnesses: Civilian Camp Money of World War II, S. 26.

29) Norbert Frei (Hrsg., im Auftrag des Instituts für Zeitgeschichte), KB 26/44, in: Standort- und Kommandanturbefehle des Konzentrationslagers Auschwitz 1940 – 1945, S. 501.

30) Tadeusz Szymanski (ehem. Häftling und langjähriger Mitarbeiter der Gedenkstätte Auschwitz), Erläuterungen zur „Raucherkarte" (Brief aus der Sammlung Wolfgang Haney).

31) Tadeusz Iwaszko, Kennzeichnung der Häftlinge, in: Die Häftlinge, in: Auschwitz - faschistisches Vernichtungslager, S. 49.

32) Wolfgang Haney, Beleg seiner zeitgeschichtlichen Sammlung.

33) Ray Feller/Steve Feller, Silent Witnesses: Civilian Camp Money of World War II, S. 28.

34) Ebenda.

Prämienscheine

1.1.1 Der SS-Standortälteste Auschwitz

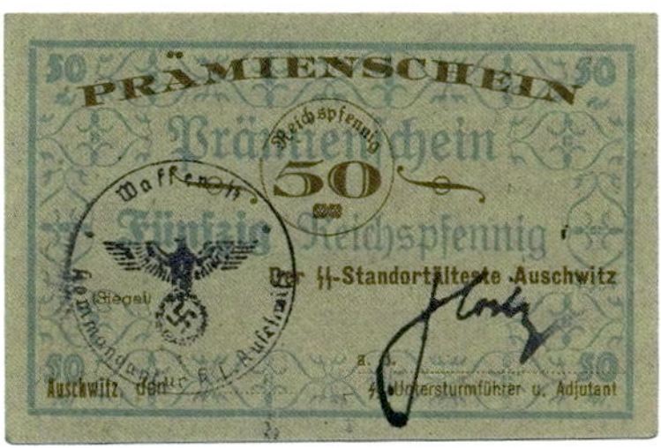

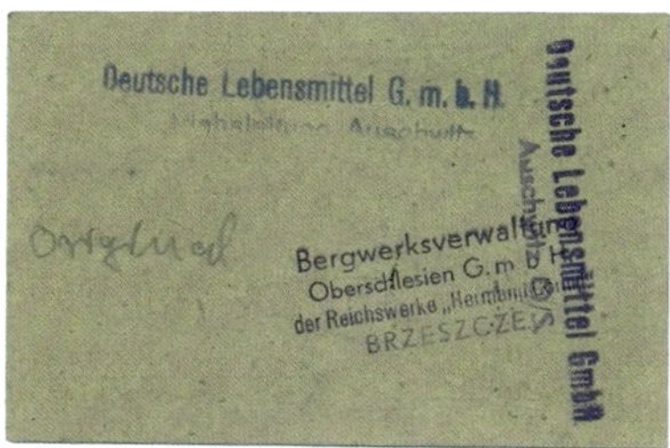

(Au 1, Sammlung Wolfgang Haney, Berlin)

Au 1 **50 Reichspfennig**
PS 41
Vs: Udr mit Zierrahmen graublau, Text braun,
Stpl der Kommandantur K.L. Auschwitz und Faksimile-Unterschrift-Stpl des Adjutanten
Rs: unbedruckt, mit oder ohne diverse Stpl von Ausgabestellen

Entwurf:	unbekannt	Format:	ca. 100 mm x 65 mm
Umlauf bis:	Frühjahr 1944	Wz:	Karton grau, ohne Wz
Druck:	unbekannt	KN:	ohne

Datum	Auflage	
o.D. (1943)	unbekannt	RRR

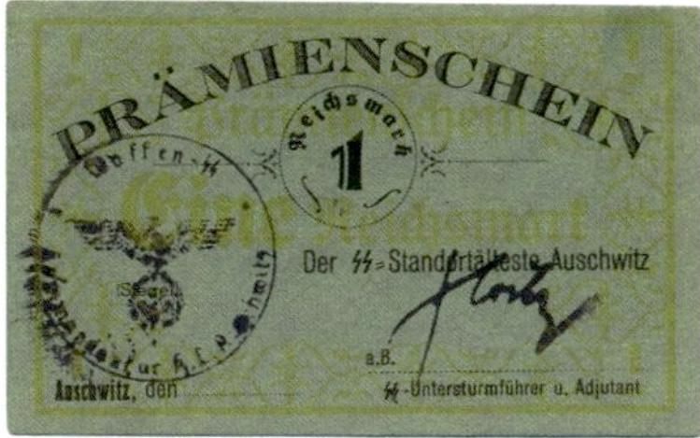

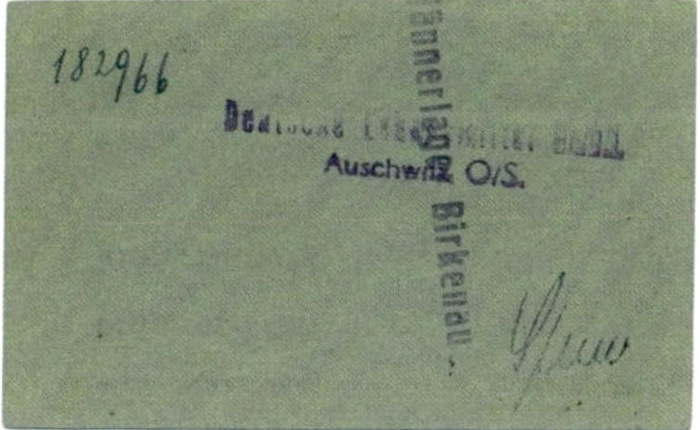

(Au 2, Sammlung Wolfgang Haney, Berlin)

Au 2 **1 Reichsmark**
PS 42
Vs: Udr mit Zierrahmen gelb, Text schwarz,
Stpl der Kommandantur K.L. Auschwitz und Faksimile-Unterschrift-Stpl des Adjudanten
Rs: unbedruckt, mit oder ohne diverse Stpl von Ausgabestellen

Entwurf:	unbekannt	Format:	ca. 100 mm x 62 mm
Umlauf bis:	Frühjahr 1944	Wz:	Karton grau, ohne Wz
Druck:	unbekannt	KN:	ohne

Datum	Auflage	
o.D. (1943)	unbekannt	RRR

1.1.2 Häftlingsgeldverwaltung KL. Auschwitz

Au 3 **50 Reichspfennig (RM –.50)**
PS 43 Vs: „Prämienschein“ auf Punkt-Raster,
Stpl der Kommandantur K.L. Auschwitz und Faksimile-Unterschrift-Stpl,
mit oder ohne Angabe des Datums (handschriftlich oder gestempelt)
Rs: unbedruckt, mit oder ohne diverse Stpl von Ausgabestellen

Entwurf:	unbekannt	Format:	ca. 105 mm x 60 mm
Umlauf bis:	Januar 1945	Wz:	Karton, ohne Wz
Druck:	unbekannt	KN:	ohne

Datum	Auflage	
o.D. (1944)	unbekannt	RRR

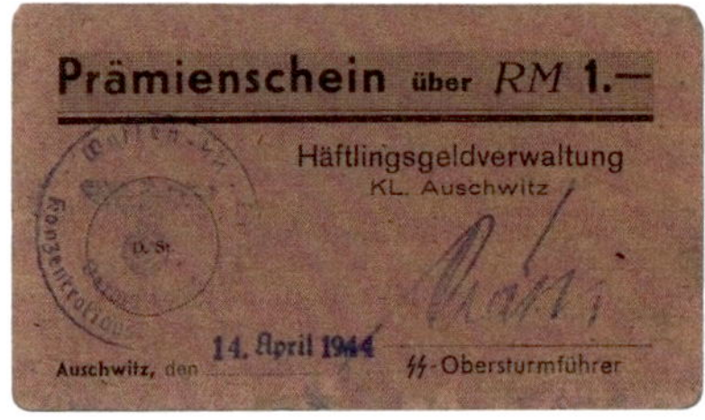

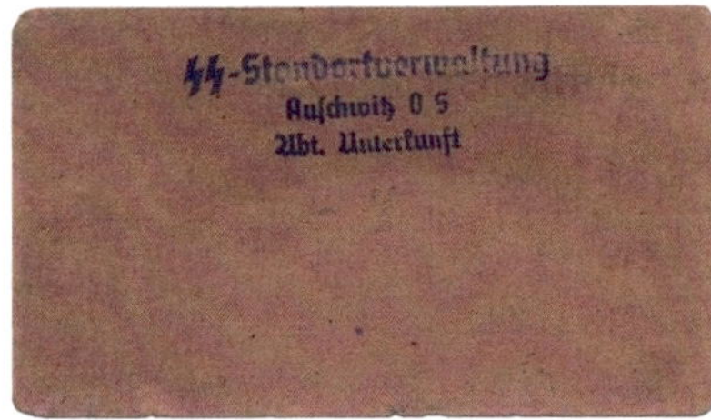

(Au 4, Sammlung Wolfgang Haney, Berlin)

Au 4 **1 Reichsmark (RM 1.–)**
PS 44 Vs: „Prämienschein“ auf Punkt-Raster,
Stpl der Kommandantur K.L. Auschwitz und Faksimile-Unterschrift-Stpl,
mit oder ohne Angabe des Datums (handschriftlich oder gestempelt)
Rs: unbedruckt, mit oder ohne diverse Stpl von Ausgabestellen

Entwurf:	unbekannt	Format:	ca. 105 mm x 60 mm
Umlauf bis:	Januar 1945	Wz:	Karton rot, ohne Wz
Druck:	unbekannt	KN:	ohne

Datum	Auflage	
o.D. (1944)	unbekannt	RRR

1.1.3 Konzentrationslager Auschwitz (Einheitstyp)

Erste Ausgabe mit kleinem Kreis in der Mitte

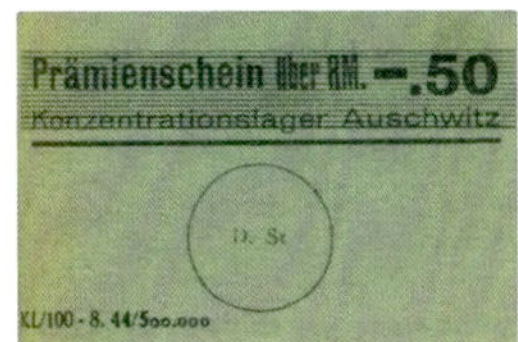

(Au 5, Bildarchiv des Verlags)

Au 5 **50 Reichspfennig (RM –.50)**
PS 45 Vs: „Prämienschein“ auf Linien-Raster mit Lagerbezeichnung,
Kreis 24 mm Durchmesser, Dienst-Stpl der Kommandantur K.L. Auschwitz,
links unten Druckgenehmigungs-Nr: KL/100-8.44/5oo.ooo
Rs: unbedruckt, mit oder ohne diverse Stpl von Ausgabestellen

Entwurf:	unbekannt	Format:	ca. 70 mm x 45 mm
Umlauf bis:	Januar 1945	Wz:	Karton graugrün, ohne Wz
Druck:	unbekannt	KN:	ohne

Datum	Auflage		
o.D. (8/1944)	500.000*	Farbabweichungen des Kartons**	RR

* Gesamtauflage (Au 5 + Au 7)
** Lt. Feller/Feller soll dieser Schein auf graugrünem, rotbraunem oder orangerotem Karton vorkommen. Wahrscheinlich handelt es sich bei diesen Farbvarianten aber lediglich um Verfärbungen (z. B. durch Einwirkung von Licht und Feuchtigkeit), wie sie deutlich auch bei dem abgebildeten Schein zu erkennen sind.

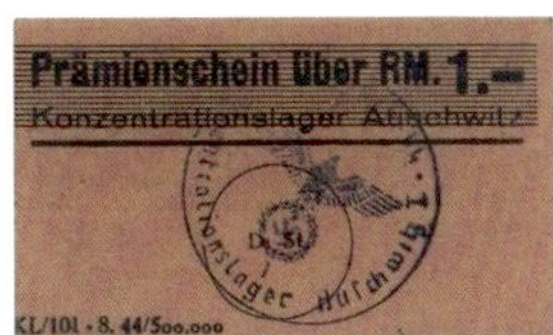

(Au 6, Sammlung Wolfgang Haney, Berlin)

Au 6 **1 Reichsmark (RM 1.–)**
PS 48 Vs: „Prämienschein“ auf Linien-Raster mit Lagerbezeichnung,
Kreis 24 mm Durchmesser, Dienst-Stpl der Kommandantur K.L. Auschwitz,
links unten Druckgenehmigungs-Nr: KL/101-8.44/5oo.ooo
Rs: unbedruckt, mit oder ohne diverse Stpl von Ausgabestellen

Entwurf:	unbekannt	Format:	ca. 75 mm x 43 mm
Umlauf bis:	Januar 1945	Wz:	Karton rot, ohne Wz
Druck:	unbekannt	KN:	ohne

Datum	Auflage	
o.D. (8/1944)	500.000*	RR

* Gesamtauflage (Au 6 + Au 8)

Zweite Ausgabe mit großem Kreis in der Mitte

Die zweite Ausgabe trägt zwar dieselbe Druckgenehmigungsnummer vom August 1944 wie die erste, wurde aber wahrscheinlich erst Ende 1944 gedruckt und ausgegeben.

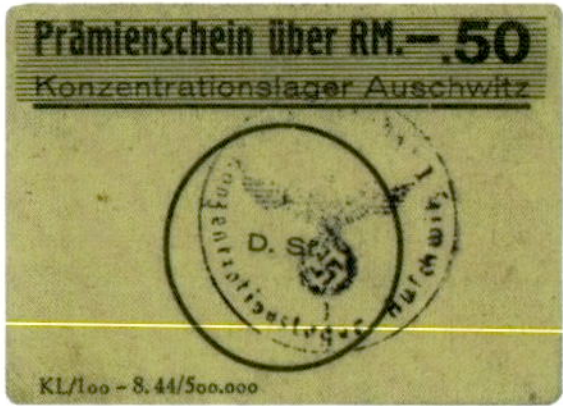

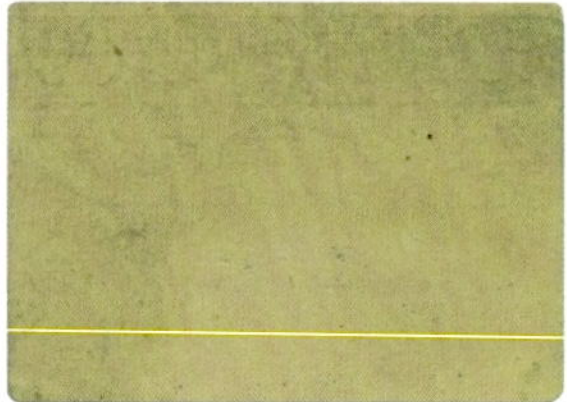

(Au 7, Sammlung Wolfgang Haney, Berlin)

Au 7 **50 Reichspfennig (RM –.50)**
PS 46 Vs: „Prämienschein" auf Linien-Raster mit Lagerbezeichnung,
Kreis 39 mm Durchmesser, Dienst-Stpl der Kommandantur K.L. Auschwitz,
links unten Druckgenehmigungs-Nr: KL/100-8.44/500.000
Rs: unbedruckt, mit oder ohne diverse Stpl von Ausgabestellen

Entwurf:	unbekannt	Format:	ca. 75 mm x 53 mm
Umlauf bis:	Januar 1945	Wz:	Karton gelbbraun, ohne Wz
Druck:	unbekannt	KN:	ohne

Datum	Auflage	
o.D. (8/1944)	500.000*	RR

* Gesamtauflage (Au 5 + Au 7)

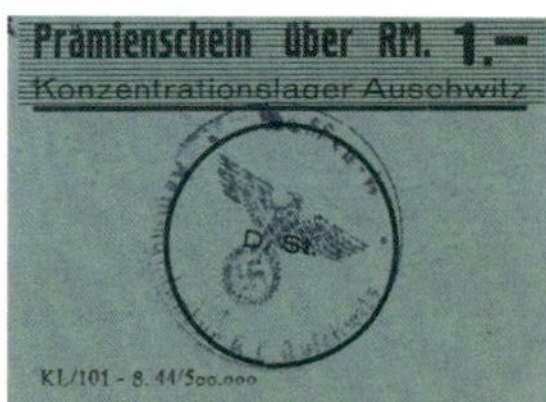

(Au 8, Sammlung Wolfgang Haney, Berlin)

Au 8 **1 Reichsmark (RM 1.–)**
PS 47 Vs: „Prämienschein" auf Linien-Raster mit Lagerbezeichnung,
Kreis 39 mm Durchmesser, Dienst-Stpl der Kommandantur K.L. Auschwitz,
links unten Druckgenehmigungs-Nr: KL/101-8.44/500.000
Rs: unbedruckt, mit oder ohne diverse Stpl von Ausgabestellen

Entwurf:	unbekannt	Format:	ca. 75 mm x 53 mm
Umlauf bis:	Januar 1945	Wz:	Karton blau, ohne Wz
Druck:	unbekannt	KN:	ohne

Datum	Auflage	
o.D. (8/1944)	500.000*	RR

* Gesamtauflage (Au 6 + Au 8)

1.2 Bozen (Bolzano)

SÜDTIROL

Polizeiliches Durchgangslager / Campo Concentramento

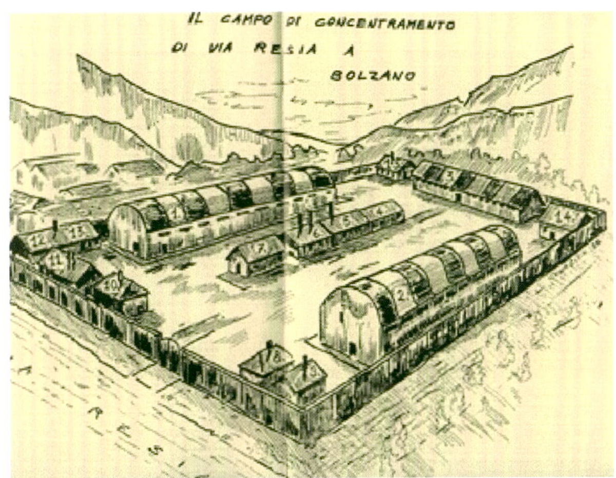

Durchgangslager Bozen, Zeichnung des ehemaligen Häftlings Cesare Zilio.

(Circolo culturale ANPI Bolzano)

Zur Geschichte des Lagers

Für den italienischen Bündnisbruch mit den Mittelmächten und seinen Kriegseintritt auf der Seite der Entente gegen Österreich und Deutschland 1915 hatten die Siegermächte nach dem Ersten Weltkrieg – wie zuvor versprochen – Bozen mit dem ganzen südlichen Tirol bis zum Brenner Italien zugeschlagen.

Im Zweiten Weltkrieg war Italien zwar lange Zeit erneut mit Deutschland verbündet, nach dem Scheitern der italienischen Großmachtpläne und in Anbetracht einer kurz zuvor erfolgten alliierten Invasion setzte der faschistische Großrat Italiens jedoch den Duce am 25. Juli 1943 ab. Noch während deutsche Soldaten an der Seite ihrer italienischen „Waffenbrüder" gegen die Invasion kämpften, trat die neue italienische Regierung in Waffenstillstandsverhandlungen mit den Alliierten.

Als US-General Eisenhower am 8. September 1943 über Rundfunk den Waffenstillstand mit Italien bekanntgab, liefen kurz darauf die deutschen Gegenmaßnahmen unter dem „Fall Achse" an. Im Norden Italiens wurde Mussolini von einem SD-Sonderkommando befreit und schon am 23. September rief er die „Sozialrepublik Italien" aus, die Anfangs den gesamten Norden des Landes umfaßte und auch die „allerfaschistischste Republik" genannt wurde. Die Kriegserklärung des verbliebenen Königreichs Italien an Deutschland folgte am 13. Oktober 1943.[1)]

Schon im Winter 1943 diente ein kleines Lager an der heutigen Reschenstraße in Bozen als Unterkunft für eine Art Strafbataillon.

Bis zum Sommer 1944 wurde das Lager für eine größere Aufnahmekapazität ausgebaut und im Juli als Durchgangslager in Betrieb genommen. Hier wurden die Häftlinge des geräumten Lagers Fossoli aufgenommen.

Ab Oktober 1944 kamen noch weitere Baracken und ein Lagergefängnis dazu, so daß schließlich insgesamt mehr als 2000 Häftlinge untergebracht werden konnten.

Fossoli in der Provinz Modena war im Dezember 1943 von den italienischen Faschisten zunächst als kleines Internierungslager für Juden errichtet worden. Nach der Übernahme des Lagers durch den deutschen Sicherheitsdienst (SD) im März 1944 wurde es als Polizeidurchgangslager unter hauptsächlich italienischer Bewachung genutzt, in dem sich ein separates sog. „Judenlager" befand. Von Fossoli aus, das unter Leitung des SS-Untersturmführers Karl Friedrich Titho stand, erfolgte die Deportation mehrerer Tausend Juden in Vernichtungslager, vor allem nach Auschwitz. Mit der näher rückenden Front wurde das Lager Fossoli aufgelöst und Titho wurde Lagerkommandant in Bozen. Im Unterschied zu den zahlreichen anderen Konzentrationslagern im faschistischen Italien stand nun allein Bozen unter deutscher Leitung. Neben jüdischen Gefangenen wurden im Lager z. B. auch Angehörige von Widerstandsgruppen, Kriegsdienstverweigerer, sog. Politische aller Art oder ganze Familien in Sippenhaft interniert. Die Häftlinge, die von Bozen aus nicht in andere Lager, wie Mauthausen, Dachau, Ravensbrück oder Auschwitz, transportiert wurden, mußten Zwangsarbeit im Lager, in der Stadt oder im Virgolo-Tunnel leisten. Jüdische Häftlinge wurden ausschließlich für Reinigungsarbeiten im Lager und in den Häusern der SS herangezogen. Frauen kamen auch in einer Uniformschneiderei zum Einsatz.

Transportliste aus dem Lager Fossoli vom 20.5.1944 mit Altersfoto des ehemaligen Lagerkommandanten Karl Friedrich Titho, um dessen Auslieferung nach Italien immer wieder vergeblich ersucht wurde. Titho verstarb 2001 in Deutschland. (Plakat der Arbeitsgemeinschaft Fossoli, www.agfossoli.de)

Der von einem im Lager heimlich tätigen Komitee für Nationale Befreiung (CLN) geplante Gefangenenaufstand wurde nicht mehr notwendig, da die SS das Lager in den letzten Apriltagen 1945 räumte, ohne ein zuvor befürchtetes Massaker an den Häftlingen zu verüben. Danach wurde das Lager vom Roten Kreuz übernommen und am 3. Mai 1945 geschlossen.
Insgesamt sollen bis zu 15 000 registrierte Häftlinge durch das Lager Bozen gegangen sein. Hinzu kommen zahlreiche nicht registrierte jüdische Häftlinge auf ihrem Weg in die Vernichtung. Im Lager selbst wurde die Ermordung von bis zu 20 Häftlingen im Zellenbau bekannt.[2)]

Das Lagergeld von Bozen

Im Durchgangslager Bozen wurden von Häftlingen inoffiziell eigene Scheine in Lira-Währung hergestellt, die man zum Einkauf von Lebensmitteln und Waren aller Art außerhalb des Lagers nutzte. Die meisten Informationen hierzu stammen von dem ehemaligen politischen Häftling Bruno Galmozzi, der die Scheine auch gedruckt hatte.
Nach Galmozzi soll das Ersatzgeld im Auftrag des Internen Widerstands-Komitees (Comitato Interno di Resistenza) heimlich im Lager hergestellt worden sein. Das fertige Lagergeld wurde dann durch den Lagerältesten, Ermanno Pasqualini, versteckt und wie gültige Lira-Währung gehütet. Ausgewählte Häftlinge, die in Bozen oder beim Tunnelbau zur Arbeit eingesetzt waren, schmuggelten dann kleinere Beträge aus dem Lager und bezahlten damit notwendige Waren in „patriotischen Geschäften", die bereit waren, das Lagergeld anzunehmen.
Galmozzi selbst entwarf auch die unterschiedlichen Wertstufen und druckte diese zwischen Dezember 1944 und Januar 1945. Als erstes wurde ein 500-Lire-Schein gedruckt, und auch einen Hunderter hat es nach Galmozzi gegeben, der hier – genau wie der Wert zu 1 Lire – erstmals nachgewiesen werden kann.
Drei Monate konnten Häftlinge mit dem illegalen „Lagergeld" erfolgreich in verschiedenen Geschäften in Bozen einkaufen, bevor die Ladenbesitzer Angst bekamen, verraten und selbst inhaftiert zu werden. Schließlich stieß eine Wache auf die Scheine beim Durchsuchen von Gefangenen, die aus dem Lager gehen wollten. Der Posten informierte die Lagerleitung und Galmozzi mußte sich selbst verteidigen, nachdem auch die Druckerpresse gefunden wurde. Er behauptete, daß die Scheine auf Abfallpapier gedruckt und ausschließlich für Poker-Spiele genutzt wurden. Zu dieser Zeit rückten die Alliierten bereits immer näher und das Ende des Lagers war auch für die SS absehbar.
Man bestrafte Galmozzi nicht, beschlagnahmte aber den gesamten Bestand des illegalen „Lagergelds" und begann nun selbst, die Scheine in Bozen zur Bezahlung von Einkäufen wie Notgeld zu nutzen. Ladenbesitzer wurden zur Annahme der Scheine aufgefordert.[3)]
Dies kann, muß jedoch nicht der einzige Grund für Abstempelungen solcher Scheine mit Dienststempeln der SS sein. Es gibt auch Vermutungen, daß Stempel nachträglich aufgebracht wurden, um die Nachfrage von Sammlern und den Wert der Scheine zu steigern.
Fest steht jedoch, daß die Scheine aus dem Lager Bozen nicht das Geringste mit der „Prämienvorschrift" des Wirtschafts-Verwaltungshauptamts der SS zu tun haben. Eine diesbezügliche Zuordnung, wie sie noch bei Pick/Siemsen erfolgte, ist nicht zutreffend.[4)]

Anmerkungen:

1) Hans-Ludwig Grabowski (unter Mitarbeit von Henning Huschka und Wolfgang Schamberg), Italien – Deutsche Intervention im Zweiten Weltkrieg, in: Ausländische Geldscheine unter deutscher Besatzung im Ersten und Zweiten Weltkrieg, S.114 – 119

2) Ada Buffulini, Das Konzentrationslager Bozen, in: Roter Winkel Nr. 1 – 2, 01.1976

3) Ray Feller/Steve Feller, Silent Witnesses: Civilian Camp Money of World War II, S. 52, sowie: Lance K. Campbell, Prisoner of War and Concentration Camp Money of the 20th Century, S. 104

4) Albert Pick/Carls Siemsen, C. Ausgaben nach der Dienstvorschrift für die Gewährung von Vergünstigungen an Häftlinge, in: Das Lagergeld der Konzentrationslager und D.P.-Lager 1933 – 1947, S. 29

Lagergeld

1.2.1 Pol. Durchgangslager Bozen

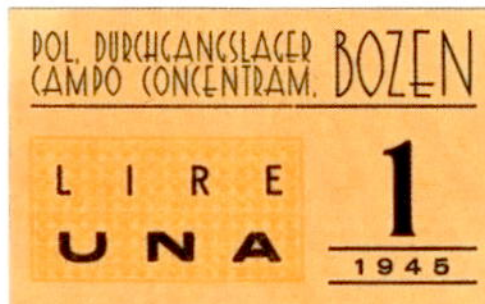

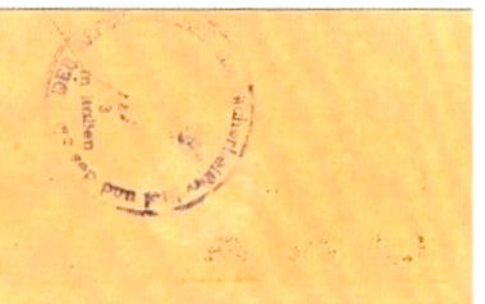

(Bo 1b, Geldmuseum der Deutschen Bundesbank)

Bo 1 **1 Lire**
PS –
Vs: Druck schwarz und orange, Lagername und Wertbezeichnung, teilweise mit Dienst-Stpl der SS
Rs: unbedruckt

Entwurf:	Bruno Galmozzi	Format:	ca. 66 mm x 40 mm
Umlauf bis:	April 1945	Papier:	gelb, ohne Wz
Druck:	illegale Lagerdruckerei	KN:	ohne

Datum	**Auflage**			
1945	unbekannt	**a)**	ohne Stpl	RRRR
		b)	mit Dienst-Stpl der SS	RRRR

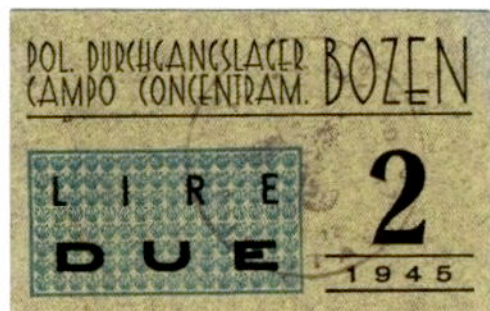

(Bo 2b, Geldmuseum der Deutschen Bundesbank)

Bo 2 **2 Lire**
PS 60
Vs: Druck schwarz und blau, Lagername und Wertbezeichnung, teilweise mit Dienst-Stpl der SS
Rs: unbedruckt

Entwurf:	Bruno Galmozzi	Format:	66 mm x 42 mm
Umlauf bis:	April 1945	Papier:	blau gefasert, ohne Wz
Druck:	illegale Lagerdruckerei	KN:	ohne

Datum	**Auflage**			
1945	unbekannt	**a)**	ohne Stpl	RR
		b)	mit Dienst-Stpl der SS	RR

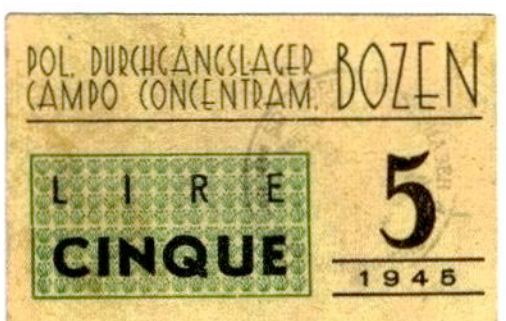

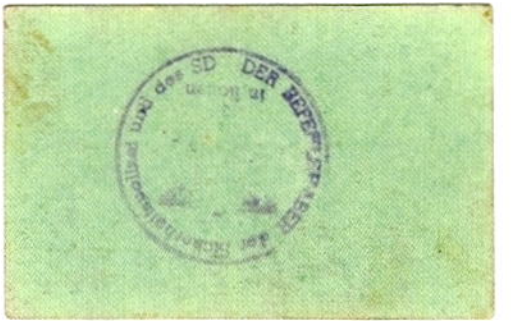

(Bo 3b, Geldmuseum der Deutschen Bundesbank)

Bo 3 **5 Lire**
PS 61 Vs: Druck schwarz und grün, Lagername und Wertbezeichnung, teilweise mit Dienst-Stpl der SS
Rs: unbedruckt

Entwurf:	Bruno Galmozzi	Format:	ca. 66 mm x 42 mm
Umlauf bis:	April 1945	Papier:	hellgrün, ohne Wz
Druck:	illegale Lagerdruckerei	KN:	ohne

Datum	**Auflage**			
1945	unbekannt	**a)**	ohne Stpl	RR
		b)	mit Dienst-Stpl der SS	RR

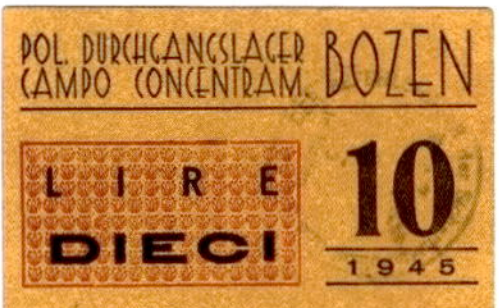

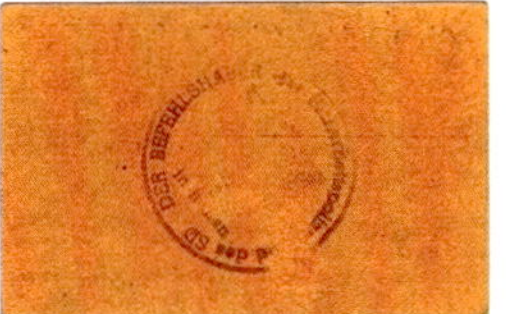

(Bo 4b, Geldmuseum der Deutschen Bundesbank)

Bo 3 **10 Lire**
PS 62 Vs: Druck schwarz und dunkelrot, Lagername und Wertbezeichnung, teilweise mit Dienst-Stpl der SS
Rs: unbedruckt

Entwurf:	Bruno Galmozzi	Format:	ca. 66 mm x 42 mm
Umlauf bis:	April 1945	Papier:	orange, ohne Wz
Druck:	illegale Lagerdruckerei	KN:	ohne

Datum	**Auflage**			
1945	unbekannt	**a)**	ohne Stpl	RR
		b)	mit Dienst-Stpl der SS	RR

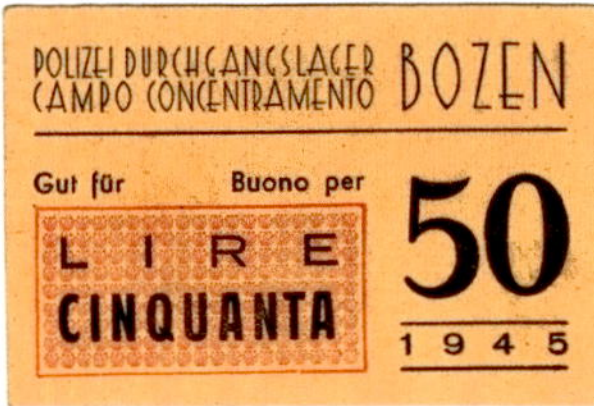

(Bo 5b, Geldmuseum der Deutschen Bundesbank)

Bo 5 **50 Lire**
PS 63

Vs: Druck schwarz und rot, Lagername und Wertbezeichnung, teilweise mit Dienst-Stpl der SS
Rs: unbedruckt

Entwurf:	Bruno Galmozzi	Format:	ca. 81 mm x 53 mm
Umlauf bis:	April 1945	Papier:	gelblich, ohne Wz
Druck:	illegale Lagerdruckerei	KN:	ohne

Datum	**Auflage**			
1945	unbekannt	**a)**	ohne Stpl	RR
		b)	mit Dienst-Stpl der SS	RR

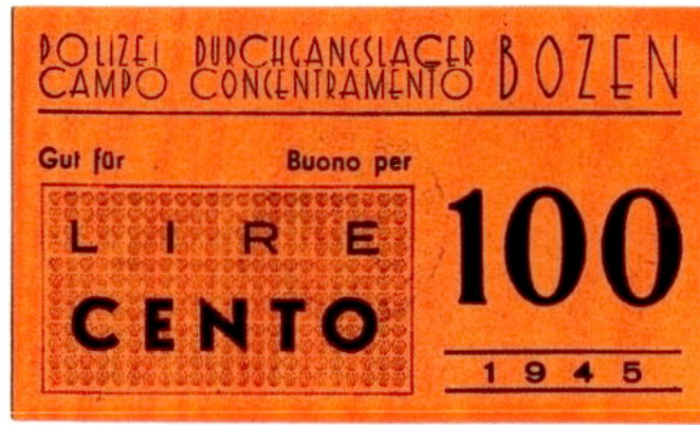

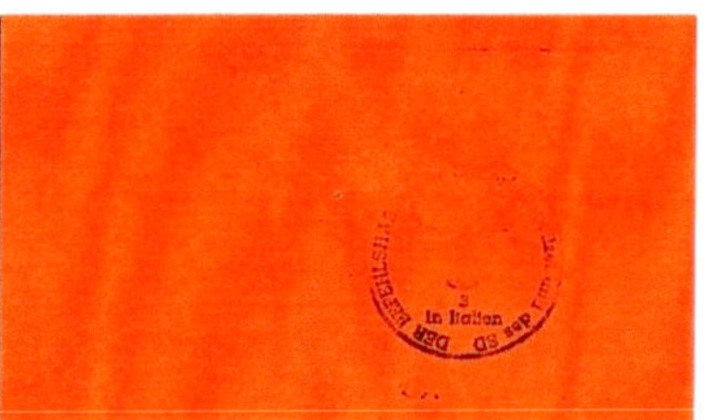

(Bo 6b, Geldmuseum der Deutschen Bundesbank)

Bo 6 **100 Lire**
PS –

Vs: Druck schwarz und rot, Lagername und Wertbezeichnung, teilweise mit Dienst-Stpl der SS
Rs: unbedruckt

Entwurf:	Bruno Galmozzi	Format:	ca. 100 mm x 58 mm
Umlauf bis:	April 1945	Papier:	rot, ohne Wz
Druck:	illegale Lagerdruckerei	KN:	ohne

Datum	**Auflage**			
1945	unbekannt	**a)**	ohne Stpl	RRRR
		b)	mit Dienst-Stpl der SS	RRRR

Bo 7 **500 Lire**
PS 64
Vs: Druck schwarz und grün, Lagername und Wertbezeichnung, teilweise mit Dienst-Stpl der SS
Rs: unbedruckt

Entwurf:	Bruno Galmozzi	Format:	ca. 101 mm x 58 mm
Umlauf bis:	April 1945	Papier:	gelblich, ohne Wz
Druck:	illegale Lagerdruckerei	KN:	ohne

Datum	**Auflage**			
1945	unbekannt	**a)**	ohne Stpl	RRR
		b)	mit Dienst-Stpl der SS	RRR

1.3 Buchenwald

Thüringen

Konzentrationslager

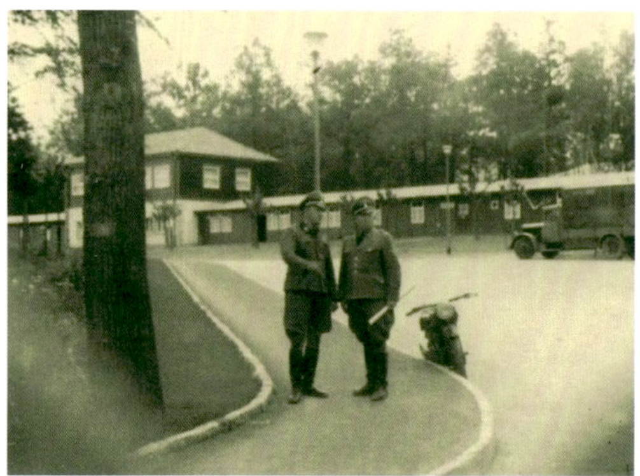

Konzentrationslager Buchenwald, Lagerkommandant Koch (rechts) vor der Kommandantur, um 1942.
(Sammlung Wolfgang Haney, Berlin)

Zur Geschichte des Lagers

Thüringen war ab Januar 1930 das erste Land Deutschlands mit nationalsozialistischer Regierungsbeteiligung und wurde deshalb von Hitler als politisches Experimentierfeld verstanden.[1]

Bereits im August 1932 übernahm NS-Gauleiter Fritz Sauckel, der im März 1942 zum „Generalbevollmächtigten für den Arbeitseinsatz" werden sollte, die Thüringer Regierung als Ministerpräsident in Weimar.[2]

In Thüringen entstand auch das erste deutsche Konzentrationslager nach der Machtergreifung der Nationalsozialisten. Schon Anfang März 1933 richtete man in der „Heimatschule Mitteldeutschland" auf dem Flugplatz Nohra, unweit von Weimar, ein Internierungslager für Kommunisten ein, das bald mit etwa 200 Gefangenen voll belegt war und nur zehn Wochen bestand.[3]

Ein weiteres kleines Lager in der Nähe von Weimar entstand 1933 in Bad Sulza. Am 1. April 1936 wurde es von der SS übernommen, die auf ein großes Konzentrationslager in Thüringen drang. Im Juni 1936 schlug deshalb der Inspekteur der Konzentrationslager, Theodor Eicke, Gauleiter Sauckel die Verlegung des II. SS-Totenkopfsturmbanns „Elbe" aus Lichtenburg nach Thüringen vor, wenn ein geeignetes Gelände für ein neu zu errichtendes Konzentrationslager durch das Land gestellt werden könne.[4]

Anfang Mai 1937 stimmte Eicke dem ausgewählten Ort auf der Nordseite des Ettersbergs bei Weimar zu. Ab Juli 1937 wurde das Lager Bad Sulza schließlich nach und nach aufgelöst. Die ersten Häftlinge trafen am 15. Juli 1937 auf dem vollständig bewaldeten Ettersberg aus Sachsenhausen ein. An diesem Tag wurde offiziell das „KL Ettersberg" errichtet, das wegen kulturellen Einwänden (in der Nähe befindet sich z. B. das Barockschloß Ettersburg) nur zwei Wochen später in „KL Buchenwald" umbenannt wurde.[5]

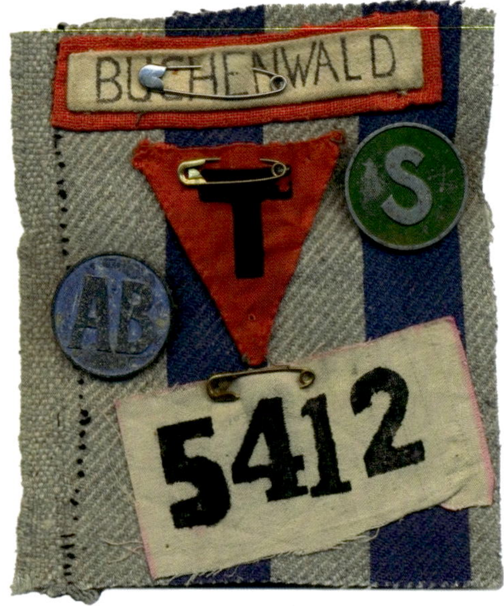

Erinnerungsstück eines ehemaligen tschechischen Häftlings aus Buchenwald mit Winkel, Häftlingsnummer und Werkstattmarken auf Zebra-Stoff.
(Sammlung Wolfgang Haney, Berlin)

Der komplette Aufbau des Lagers wurde von Anfang an durch das Deutsche Reich finanziert. Neben dem eigentlichen Schutzhaftlager entstand ein großzügig angelegter militärischer Standort mit Kasernen, aber auch mit Häusern für die Familien der führenden SS-Angehörigen. Ab 1939 führte sogar eine eigene Straße, die unter zahlreichen Opfern durch Häftlinge angelegt und deshalb auch „Blutstraße" genannt wurde, von Weimar aus bis in das acht Kilometer entfernte Lager, dessen Aufbau im wesentlichen bis 1940 abgeschlossen war.[6]

Schon seit Kriegsbeginn wandelte sich der Charakter Buchenwalds von einem „Aufbaulager" zu einem „Kriegsproduktionsbetrieb", in dem Tausende Häftlinge Zwangsarbeit leisteten.[7]

Ab 1942 wurde Buchenwald zum Durchgangs- und Stammlager ausgebaut. Das sog. „Kleine Lager", das provisorisch auf dem Appellplatz angelegt worden war, diente als „Quarantänelager" für die Aufnahme großer Transporte.[8] Nun kamen auch Kriegsgefangene aus ganz Europa nach Buchenwald, darunter zahlreiche Angehörige der Roten Armee, von denen etwa 8000 im Lager ermordet wurden.[9]

Mit dem massenhaften Einsatz von Häftlingen in der Rüstungsindustrie und als Arbeitssklaven für Betriebe, Arbeitskommandos und Bauabteilungen der SS entstanden auch immer mehr Außenlager. Waren zu Beginn des Jahres 1943 von den damals etwa 9000 Buchenwald-Häftlingen noch über 90% im Hauptlager, so stieg die Zahl der männlichen Gefangenen bis Anfang März 1945 auf fast 85 000 an, von denen über 60% in Außenlagern untergebracht waren, die hauptsächlich in der Nähe von Rüstungsproduktionen entstanden. So zählten etwa die Junkers Flugzeug- und Motorenwerke Dessau, die Braunkohle-Benzin AG (Brabag) Berlin, die Hugo-Schneider AG in Leipzig, die Rheinmetall Borsig AG Düsseldorf oder die Gustloff-Werke Weimar zu den Firmen, die jeweils mehr als 1000 Buchenwald-Häftlinge beschäftigten.[10]

Das berüchtigtste Außenlager von Buchenwald war „Dora" bei Nordhausen am Harz, wo in unterirdischen Stollen sog. „Vergeltungswaffen" (V1- und V2-Raketen) gefertigt wurden. Von den rund 60 000 Häftlingen von „Dora", das ab Herbst 1944 als „Arbeitslager Mittelbau" selbständig wurde, kam etwa jeder Dritte um.[11]

Von 1937 bis zur Befreiung des Lagers am 11. April 1945 sind fast eine Viertelmillion Men-

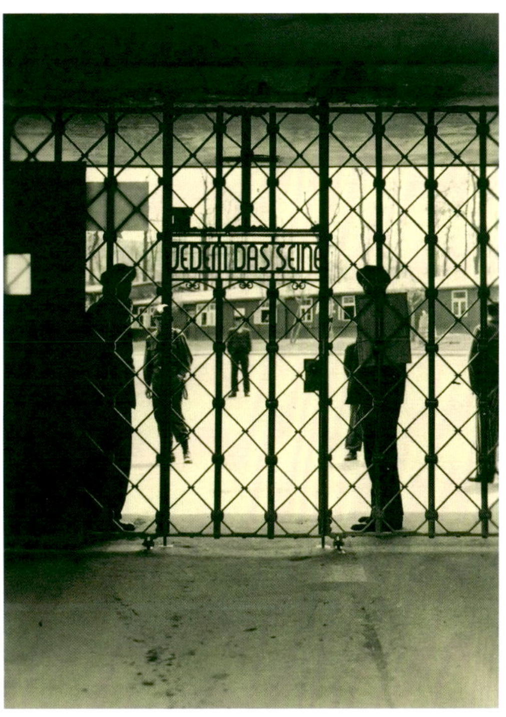

Konzentrationslager Buchenwald, Lagertor nach der Befreiung 1945.
(Bild aus der sog. „Erinnerungs-Serie", Archiv der Gedenkstätte Buchenwald)

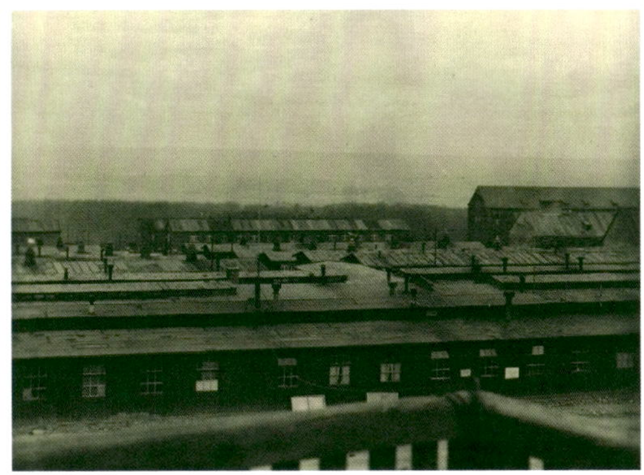

Konzentrationslager Buchenwald, Blick vom Balkon des Lagertors über einen Teil des Lagers nach der Befreiung 1945. Rechts hinten das Gebäude der Effektenkammer.
(Bild aus der sog. „Erinnerungs-Serie", Archiv der Gedenkstätte Buchenwald)

Häftl-Schreibstube

197

K.L.Buchebwald/ Weimar-Buchenwald den,14.Mai.1944
"Lagerarzt"

Betrifft: Transport Julius

Folgende Häftlinge sind heute ärztlich untersucht worden,und als arbeits-und transportfähig befunden.

6876	37	Bogowik D.	9. 1.43	433o5	2o	Kralicek V.	14.4.44
7o45	44	Demidenko J.	17.11.42	33o	2o	David F.	14.4.44
78o2	49	Brunot V.	11. 3.44	344	2o	Svoboda J.	14.4.44
9573	57	Zuba W.	11. 3.44	44822	36	Palij-Sidorjanskij J.	
11783	57	Schulipa J.	4. 4.44				7. 4.44
15263	29	Sendecki A.	4. 8.43	4494o	36	Hornik B.	7. 4.44
18894	52	Simonow W.	1o. 3.44	46oo7	57	Kurakow W.	25.3.44
2991o	52	Kornakow W.	6. 4.44	o24	52	Bezuglow L.	25.3.44
~~29481~~	~~52~~	~~Gomtscherow A.~~	~~6. 4.44~~	o25	52	Chodykin N.	25.3.44
1836	25	Zub F.	16. 3.44	o26	52	Krasnow W.	25.3.44
36o	44	Rudenko N.	17. 3.44	o34	52	Schewtschenko N.	25.3.44
29292	44	Grigorjew B.	17. 3.44	o57	52	Gwozdew N.	25.3.44
34259	49	Verriest M.	25. 3.44	412	52	Achomow W.	31.3.44
35554	2o	Kanturek W.	14. 4.44	452	57	Iwanow I.	4.4.44
36o16	52	Besedin K.	6. 4.44	481	51	Iwanow P.	7.4.44
36377	52	Skabel...					
37194	44	Moskow...					
38783	49	Bergh ...					
4o157	2o	Hruby ...					
4259o	52	Mettba...					
43o24	57	Reinha...					
43o4o	57	Birken...					

Der Häftling 4688...

Betrifft: Transpo...

24556	49	Getman...
28898	38	Sarkan...
3o573	26	Douaud...

Der Häftling 127o...

O... aufgeführten ...
de...ifiziert,und

Der L a g e r a r z t
K.L.Buchenwald.

[Unterschrift]

SS-Hauptsturmführer d.R.

Schreibst.

K.L.Buchenwald, den 2o. August 1944.
"Lagerarzt"

Betrifft: Transport Bochum.

Der Häftling Nr.2979o B u n k , Wilhelm, Bl.4... geb. 25.8.97., Einlieferung 27.1.44. wurde heu... ärztlichuntersucht und für transport-und arbeitsfähig befunden.

Der L a g e r a r z t
K.L."Buchenwald"

[Unterschrift]

SS-Hauptsturmführer d.R.

Transportliste „Julius" vom 14.5.1944 (mit Häftlingsnummern, Altersangaben, Namen und Einlieferungstagen) über eine Verlegung von Häftlingen aus dem Stammlager Buchenwald in das Außenkommando Schwerte/Ruhr, in dem diese Zwangsarbeit für die Deutsche Reichsbahn leisten mußten. Dazu eine ärztliche Bescheinigung für eine Einzelverlegung vom 20.8.1944 für den Transport „Bochum". (Archiv der Gedenkstätte Buchenwald, ehem. Häftlings-Schreibstube)

schen durch das Lager Buchenwald gegangen. Rechnet man alle Opfer aus dieser Zeit zusammen, so liegt deren Gesamtzahl bei etwa 56 000, davon allein etwa 12 000 Opfer der „Evakuierungs-“ und „Todesmärsche“ am Ende des Kriegs.[12)]

Zu den bekanntesten Opfern von Buchenwald gehört der einstige KPD-Vorsitzende Ernst Thälmann, der im August 1944 im Krematorium erschossen wurde, sowie der ehemalige Vorsitzende der SPD-Reichstagsfraktion Dr. Rudolf Breitscheid und seine Frau Mafalda von Hessen, eine Tochter des italienischen Königs. Beide waren in einer Isolierbaracke des „Sonderlagers Fichtenhain“ untergebracht, das für prominente Häftlinge errichtet worden war. Sie starben an Verletzungen, die sie bei einem US-Bombenangriff vom 24. August 1944 erlitten.[13)]

Der langjährige Lagerkommandant von Buchenwald, SS-Standartenführer Karl Otto Koch (ab 1933 in führenden Positionen verschiedener Lager, wie Lichtenburg, Esterwegen und Sachsenhausen), wurde schon im August 1943 wegen Korruption, Unterschlagung und Mordes an drei Häftlingen von der Gestapo verhaftet, vor Gericht gestellt und am 5. April 1945 – eine Woche vor der Befreiung des Lagers – in Buchenwald durch die SS hingerichtet.[14)]

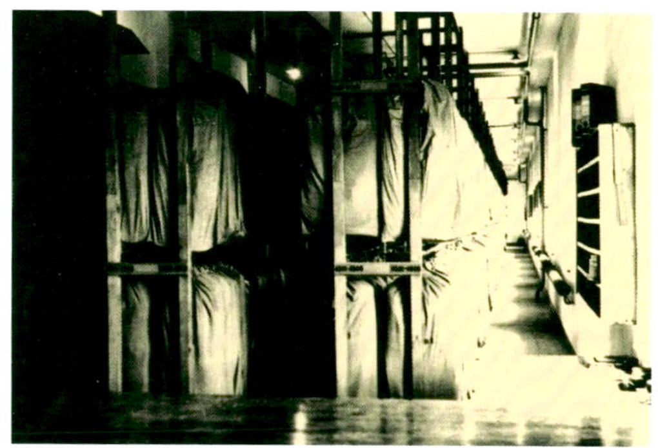

Konzentrationslager Buchenwald, Effektenkammer mit Kleidersäcken der Häftlinge 1943.
(Musée de la Résistance et de la Déportation, Besançon aus dem SS-Album: Buchenwald Jahresende 1943)

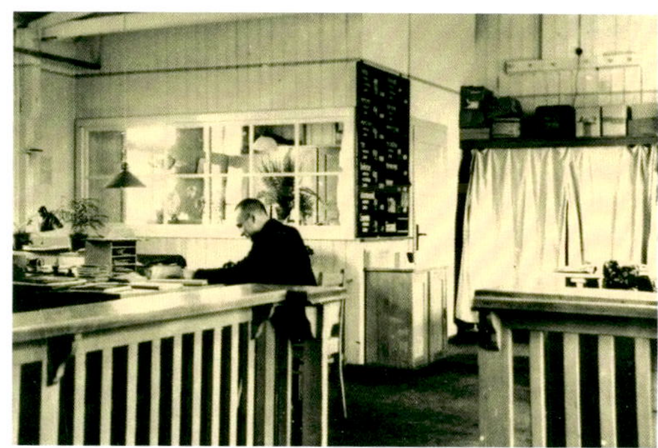

Konzentrationslager Buchenwald, Schreibstube in der Baracke 5, Ende 1943.
(Musée de la Résistance et de la Déportation, Besançon aus dem SS-Album: Buchenwald Jahresende 1943)

Bargeld im Lager

Seit der Gründung des KL Buchenwald orientierte man sich zum Lagerbetrieb an der „Besonderen Lagerordnung“ des Konzentrationslagers Esterwegen vom 1. August 1934, die heute noch im Archiv der Gedenkstätte Buchenwald vorliegt. Verantwortlich dafür war der erste Lagerkommandant Karl Otto Koch, der zuvor Kommandant in Esterwegen und Sachsenhausen war. In dieser Lagerordnung heißt es unter 15. Geldbeträge: *„Geldbeträge können nur mittels Postanweisung oder Zahlkarte in das Lager gelangen. Den Angehörigen ist mitzuteilen, daß Barbeträge bei der Poststelle nicht angenommen werden dürfen. Barbeträge, die entgegen dieser Vorschrift Briefen und Paketen beigelegt werden, verfallen der Beschlagnehme. Wer einem SS-Angehörigen Geld anbietet, kommt in Einzelhaft. Die Gefangenengelder werden bei der Politischen Abteilung verwaltet. Beträge über R.M. 15,-- werden auf Konto des betreffenden Gefangenen deponiert. Alle übrigen Beträge zahlt der SS-Geldverwalter täglich an die Gefangenen aus, welche im Postbuch hierüber persönlich zu quittieren haben. Deponierte Gelder werden auf Grund einer Anforderungsliste, in welcher der Gefangene quittiert, nach Bedarf ausgezahlt.“*[15)]

Die spätere Häftlingsgeldverwaltung war der Effektenkammer unterstellt. Bis zur Ausgabe besonderen „Lagergelds“ wurde in Buchenwald, wie auch in anderen Konzentrationslagern, ausschließlich Bargeld genutzt. Hierzu wurden mehrfach geänderte Höchstbeträge festgelegt, über die Häftlinge im Rahmen ihrer Guthaben bei der Häftlingsgeldverwaltung verfügen konnten. Um die Fluchtgefahr zu verringern, durfte der

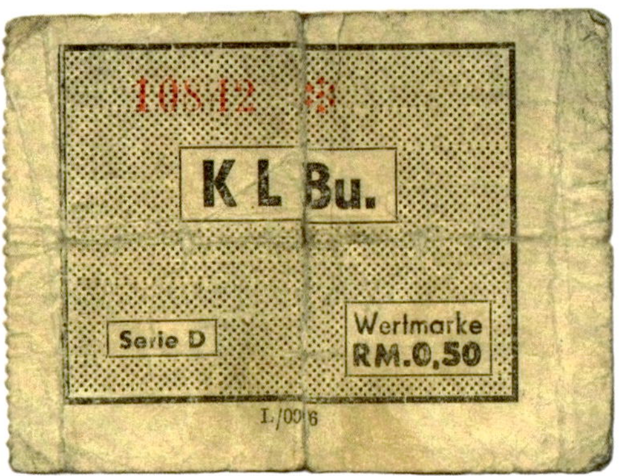

Konzentrationslager Buchenwald.
Von Karl Feuerer im Anhang zu seinem Bericht „Unsterbliche Opfer“ aufbewahrter Prämienschein.
(Archiv der Gedenkstätte Buchenwald)

Bargeldbestand eines Häftlings den Verfügungsrahmen nicht überschreiten. Im sog. „Ersten Lagerbericht“ von Buchenwald, der nach der Befreiung 1945 durch das internationale Lagerkomitee ausgegeben wurde, heißt es u. a. zum Ablauf der in allen Lagern üblichen Zählappelle: *„Aber auch wenn die Häftlinge vollzählig antraten, hatte die SS ihrerseits noch genug Möglichkeiten, das Abrücken hinauszuschieben ... Da hatten sie doch den ganzen Haufen so schön beieinander auf dem Platz und konnten ihn ‚Filzen‘. Jeder mußte sich ausziehen und seine Habseligkeiten vor sich hinlegen, wehe wenn er eine Mark mehr in der Tasche hatte als erlaubt war. Das machte ihn sofort fluchtverdächtig und ‚reif‘.“*[16)]

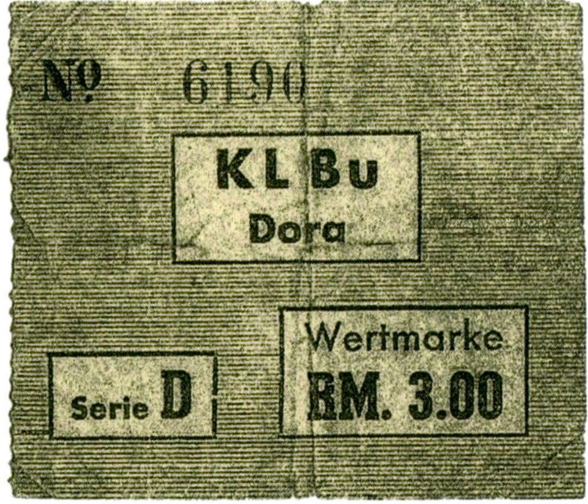

Konzentrationslager Buchenwald – Außenlager „Dora“, bisher kaum bekannter Prämienschein über RM. 3.00.
(Schwarzweiß-Kopie, Auktionshaus Künker)

Zur Verwendung von Bargeld in Buchenwald erinnerte sich der ehemalige Häftling und Schreiber von Block 17 (Quarantäneblock), Ottomar Rothmann, daß bis zur Befreiung des Lagers Bargeld (Reichsmark) aus Guthaben an die Insassen ausgezahlt wurde.[17)]

Die entsprechenden Weisungen der „Prämienvorschrift“ vom Mai 1943, nach denen die Sparkonten der Häftlinge sofort gesperrt und Guthaben nur noch in Form von Prämienscheinen in der Höhe ausgezahlt werden sollten, die zuvor als Prämien gutgeschrieben wurden, war nicht praxistauglich und wurde scheinbar in verschiedenen Lagern nicht angewandt. Immerhin deponierten die Häftlingsgeldverwaltungen den Großteil der verwalteten Gelder auf Bankkonten, für die keine Einzahlung in Form von Prämienscheinen denkbar gewesen ist. Geldanweisungen an Häftlinge hätten bei strikter Einhaltung der „Prämienvorschrift“ außerdem überhaupt keinen Sinn mehr gemacht. Auch an dieser Stelle wird klar, daß man von keiner „Prämiengroßzügigkeit“ zugunsten der SS ausgehen kann.

Dafür sprechen auch die Erinnerungen ehemaliger Häftlinge aus Auschwitz und Ravensbrück. Danach wurden weiterhin Guthaben, die z. B. aus eigenen Mitteln und Zuwendungen von Angehörigen stammten, bar ausgezahlt. Auf den eingesehenen Geldkarteien aus Buchenwald waren zudem keine Hinweise auf Gutschriften von Prämienscheinen zu finden.

Die Prämienscheine wurden im KL Buchenwald jeweils zum Wochenendappell ausgegeben und blieben bis zur Einlösung in der Lagerkantine oder im Lagerbordell im Besitz der Häftlinge. Sie wurden praktisch neben Bargeld als Ersatzzahlungsmittel genutzt.

Wertmarken des „KL Bu“

Da rund um das Lager im Laufe der Jahre immer mehr Betriebe mit kriegswichtiger Produktion entstanden waren, so z. B. die Wilhelm-Gustloff-Werke oder die Deutschen Ausrüstungswerke (DAW), nutzte man ab 1943 auch in Buchenwald die Möglichkeit zur Prämierung von Häftlingen, um sie zu höheren Leistungen zu motivieren.

Die Scheine mit dem Aufdruck „KL Bu." sind zwar nicht als Prämienscheine kenntlich gemacht, wurden aber aufgrund der bereits einleitend beschriebenen „Prämienvorschrift" der SS ab Mitte 1943 an Häftlinge ausgegeben.

Fälschlicherweise wurden diese Scheine in der Literatur meist einem „Buna-Außenlager" des KL Auschwitz zugeordnet. Ein solches Lager gab es aber nicht, es wurde trotz der angeschlossenen Buna-Werke offiziell Auschwitz III-Monowitz genannt. Oder aber man ließ eine Zuordnung zu Buchenwald oder einem „Buna-Lager" offen, da diese nicht geklärt war.[18)]

Es kann aber als gesichert gelten, daß es sich bei diesen Wertmarken um Ausgaben für das Lager Buchenwald handelt. So zeigt etwa der sog. „Erste Lagerbericht" einen roten Winkel mit dem Kürzel „KL Bu", das auch im SS-internen Schriftverkehr für Buchenwald verwendet wurde.

Der überlebende Buchenwald-Häftling Karl Feuerer bewahrte mit seinem Tatsachenbericht

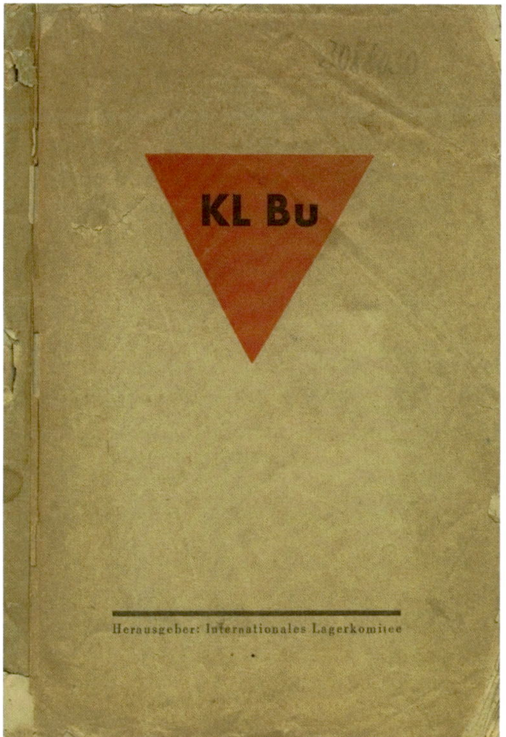

Bericht des internationalen Lagerkomitees Buchenwald aus dem Jahr 1945. (Pick-Bibliothek)

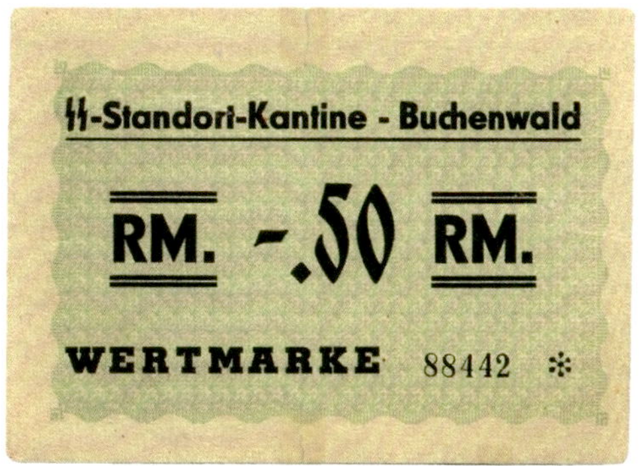

Konzentrationslager Buchenwald, Wertmarke der SS-Standort-Kantine über –.50 RM.
(Sammlung Wolfgang Haney, Berlin)

„Unsterbliche Opfer" auch einige Seiten mit aufgeklebten „Lagergeldscheinen" auf, unter denen sich auch einer mit „KL Bu." befand. Er notierte dazu handschriftlich: *„Buchenwald – Prämienscheine für gute Arbeitsleistung."*[19)]

Auch durch das Archiv und die Sammlung der heutigen Gedenkstätte werden diese Scheine eindeutig Buchenwald zugeordnet.

Den letzten Zweifel zerstreuen schließlich die kaum bekannten Prämienscheine aus dem Buchenwalder Nebenlager „Dora" (später Mittelbau), die bisher nur in einem dänischen Katalog erwähnt wurden. Der dänische Buchenwald-Häftling Arved Jensen (Häftlings-Nr. 85536) hatte sie nach dem Krieg als Andenken mit nach Hause gebracht.[20)]

Auch in den Sammlungen der Gedenkstätten Buchenwald und Dora-Mittelbau sind solche Scheine nicht vorhanden. Selbst wenn es zahlreiche moderne Fantasiedrucke gibt, so etwa von Auschwitz, Dachau, Sachsenhausen usw., so sind diese Scheine doch als echt anzusehen. Dies soll später bei der Katalogisierung noch ausführlicher erläutert werden.

Von den Prämienscheinen für das Stammlager mit der Bezeichnung „KL Bu." sind zwei verschiedene Auflagen bekannt. Eine frühe Ausgabe mit waagerechtem Lagerkürzel trägt den Druckgenehmigungsvermerk „L/0906" (wahrscheinlich von Mitte 1943) und die folgende Ausgabe mit diagonalem Lagerkürzel (wahrscheinlich von Ende 1943) den Genehmigungsvermerk

„L/1187“. Eine genaue zeitliche Einordnung der beiden Ausgaben ließe sich lediglich im Vergleich mit Genehmigungsvermerken anderer Drucksachen vornehmen, bei denen der Zeitpunkt der Erteilung der Druckgenehmigung bekannt ist. Drucksachen für das KL Buchenwald wurden von der Buchdruckerei F. Borkmann in Weimar hergestellt.

Wertmarken der SS-Standortkantine

Als Ende Oktober 1944 „Dora“ selbständig wurde und mehrere eigene Nebenlager zugeteilt bekam, gab es hier bald neue Prämienscheine mit der Bezeichnung „Arbeitslager Mittelbau“.[21] In Buchenwald selbst wurden – möglicherweise in diesem Zusammenhang Ende 1944 – neue Wertmarken von der SS-Standortkantine ausgegeben, der nicht nur der Kantinenbetrieb für die SS-Wachmannschaften, sondern auch für die Häftlinge unterstand. Wertmarken der SS-Standortkantine sind jedoch keine Wertmarken für die SS selbst. Sie wurden als Prämienscheine für Häftlinge entsprechend der Prämienvorschrift des WVHA der SS genutzt.

Jeweils freitags erstatteten die Leiter von Arbeitskommandos Bericht und gaben dabei ihre Anforderung von Prämienscheinen mit ihren namentlichen Vorschlägen zu deren Vergabe ab. Beim Samstagsappell wurden die Prämienscheine dann verteilt.[22]

Sie dienten als Geldersatz und konnten zum Einkauf in der 1942 errichteten Lagerkantine oder für Bordellbesuche im Lager genutzt werden (Siehe hierzu auch die Ausführungen im Einleitungsteil zum Geld und Geldersatz in deutschen Konzentrationslagern 1933 bis 1945).

Zum Sortiment der Lagerkantine

Wie sich der bereits zitierte ehemalige Häftling Ottomar Rothmann erinnerte, wurden bis zum Schluß Guthaben aus Geldanweisungen von der Häftlingsgeldverwaltung immer nur in bar ausgezahlt. Prämienscheine wurden neben der Reichswährung als Zahlungsmittel in der Lagerkantine genutzt, waren aber meist nur im Besitz von Häftlingen, die z. B. in der Rüstungsproduktion arbeiteten und deshalb Prämien erhielten.

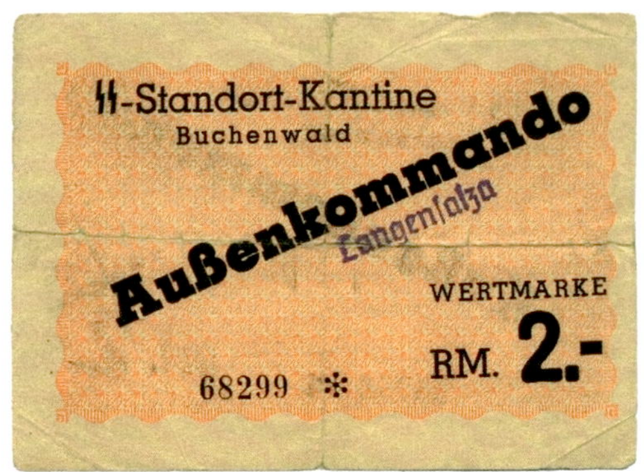

Konzentrationslager Buchenwald, Außenkommando-Wertmarke der SS-Standort-Kantine über RM. 2.– mit Stempel des Außenkommandos Langensalza (Junkers-Werke).

(Sammlung Wolfgang Haney, Berlin)

Zum Angebot in der Lagerkantine des KL Buchenwald erinnerte sich Herr Rothmann, daß oft überschüssige Lebensmittel aus der SS-Kantine, wie etwa Salate, angeboten wurden. Hierzu wurden über Lagerfunk die Blockältesten gerufen, die dafür zu sorgen hatten, daß die Einkäufer (meist die Stubendienste) im Block Geld einsammelten und in der Kantine dann die verderblichen Lebensmittel kauften und (im Block) verteilten. An Zigaretten wurde meist nur die tschechische Sorte „Rama“ angeboten, die zugeteilt wurden. So gab es z. B. für jeden der Blöcke 150 Zigaretten, obwohl diese mit 200 bis 300 Häftlingen belegt waren.

Herrn Rothmann waren aus der Erinnerung nur noch die Wertmarken der SS-Standort-Kantine als „Lagergeld“ bekannt. An die früheren Ausgaben mit „KL Bu“ konnte er sich nicht erinnern. Er war von 1943 bis 1945 als Schreiber im Lager, hatte aber selbst wenig Kontakt mit Prämienscheinen.[23]

Wertmarken für Außenkommandos

Für Außenkommandos des KL Buchenwald gab die SS-Standortkantine eigene Wertmarken mit schrägem Überdruck „Außenkommando“ aus, die häufig blanko oder mit Abstempelungen des SS-Kommandos Rottleberode vorkommen, seltener aber auch mit anderen Stempeln wie von folgenden Kommandos:

- Arb.-Kdo. Altenburg
- Junkers Werke Halberstadt
- Langensalza
- SS Kommando HASAG Leipzig (Produktion der sog. „Panzerfaust“)
- Außenlager Markkleeberg
- Außenlager Meuselwitz
- Muna-Oberndorf
- Schwerte (Ruhr)
- Arbeitslager Sonneberg-West
- SS-Arbeitskommando A6 (Wansleben)

Von Pick/Siemsen wird vermutet, daß es sich bei Scheinen mit anderen Stempeln als denen des SS-Kommandos Rottleberode wahrscheinlich um Fälschungen für Sammler handelt.[24] Richtig ist jedoch, daß die besonderen Wertmarken für Außenkommandos nur den Aufdruck „Außenkommando“ tragen, damit sie theoretisch in allen über 130 Außenlagern des KL Buchenwald mit zusätzlicher Abstempelung benutzt werden konnten. Man hätte sie anderenfalls gleich mit dem Aufdruck „Außenkommando Rottleberode“ versehen können. Fakt ist auch, daß die Scheine selbst keine Fälschungen sind. Man könnte also höchstens von Manipulationen echter Scheine mit falschen Stempeln ausgehen. Fakt ist, daß es die mit Abstempelungen vorkommenden Außenkommandos von Buchenwald tatsächlich gab. Wenn bei Pick/Siemsen eine Abstempelung „Sonnenburg-West“ genannt wird, so kann es sich dabei nur um eine Verwechslung mit „Sonneberg-West“ (evtl. ausgehend von schlechter Lesbarkeit des Stempels) handeln. Ein Lager Sonnenburg-West existierte nicht, und das frühe Lager Sonnenburg war ein aufgelassenes Zuchthaus, das nur kurzzeitig 1933 genutzt wurde und nichts mit Buchenwald zu tun hatte.

Derartige Belegstücke sind in der Sammlung der Gedenkstätte Buchenwald aus Spenden überlebender Häftlinge erhalten geblieben und müssen als zweifelsfrei echt und umgelaufen angesehen werden. Die Verwendung der Wertmarken für verschiedene Außenkommandos ist authentisch. Eine vollständige Aufstellung zu allen ehemals vorgekommenen bzw. vorkommenden Stempeln ist jedoch kaum möglich. Dies liegt sowohl an den fehlenden (historischen) Unterlagen als auch an der heutigen Seltenheit der Stücke.

Im Katalogteil sollen die bekannten Abstempelungen zu jeder Wertstufe aber mit aufgeführt werden, um einen Anfang zu deren Nachweis zu machen.

Langenwerke A.-G.
Langensalza
Belei III Niederorschel
№ 5434
Gutschein über RM 0.50
zum Einkauf von Waren in der Lager-Kantine
Lw 751 Belei III — 20000. 10. 44. — C/0492

Konzentrationslager Buchenwald, Langenwerke AG, Langensalza, Bereichsleitung III in Niederorschel, Gutschein über 0,50 RM vom Oktober 1944

(Bildarchiv des Verlags)

Prämienscheine von Außenlagern

Eigene Prämienscheine verschiedener Außenlager des KL Buchenwald, z. B. des Lagers der Langenwerke AG in Langensalza, folgen in der Katalogisierung den Ausgaben des Stammlagers und der Außenkommandos alphabetisch. Weitere Erläuterungen zu diesen Ausgaben finden sich dort.

Momentaufnahmen nach der Befreiung

Unmittelbar nach der Befreiung des Lagers im April 1945 fertigte Alfred Stüber, der als Häftling in der Fotoabteilung von Buchenwald gearbeitet hatte, im Auftrag des Internationalen Lagerkomitees Fotos an. Einige dieser Bilder wurden Teil einer Fotoserie, die er in unbekannter Stückzahl an ausgewählte Häftlinge verteilte.

Mit freundlicher Genehmigung des Archivs der Gedenkstätte Buchenwald sollen hier einige dieser Aufnahmen gezeigt werden, da sie einen einzigartig authentischen Blick in eine Vergangenheit gewähren, die heute für nachfolgende Generationen selbst vor Ort nur schwer nachvollziehbar ist.

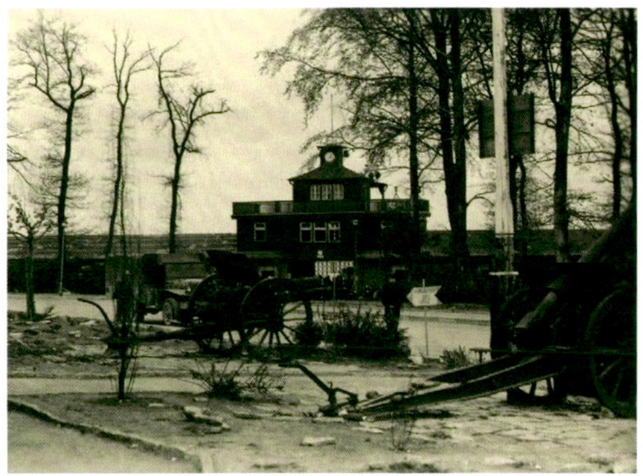

Konzentrationslager Buchenwald, erbeutete Geschütze aus dem Frankreichfeldzug vor dem Tor.
(Bild aus der sog. „Erinnerungs-Serie", Archiv der Gedenkstätte Buchenwald)

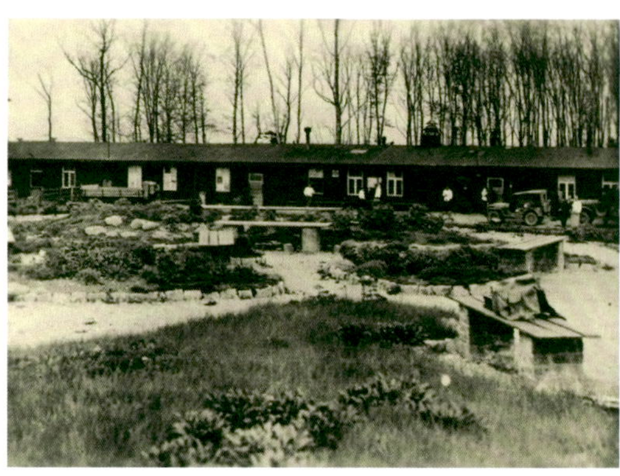

Konzentrationslager Buchenwald, Häftlings-Krankenbau, für manche eine „Oase" der Ruhe und Erholung.
(Bild aus der sog. „Erinnerungs-Serie", Archiv der Gedenkstätte Buchenwald)

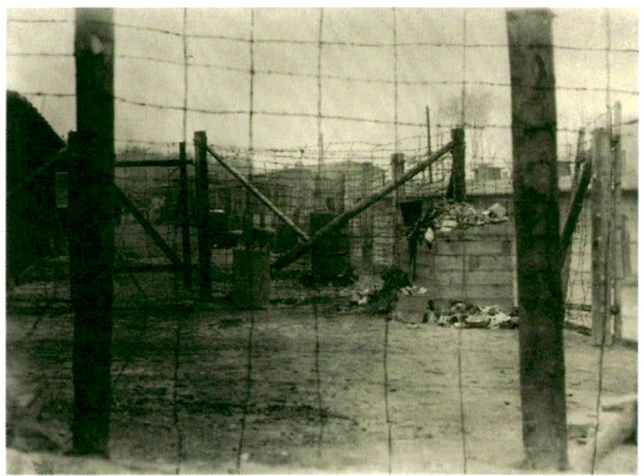

Konzentrationslager Buchenwald, Blick in das sog. „Kleine Lager", das als Quarantänelager diente.
(Bild aus der sog. „Erinnerungs-Serie", Archiv der Gedenkstätte Buchenwald)

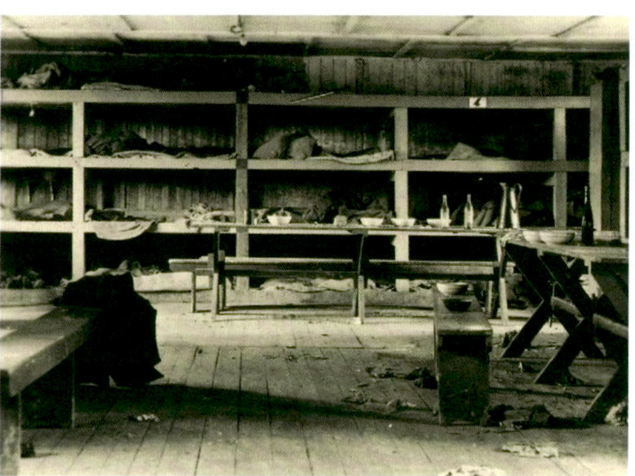

Konzentrationslager Buchenwald, Blick in eine verlassene Unterkunftsbaracke nach der Befreiung.
(Bild aus der sog. „Erinnerungs-Serie", Archiv der Gedenkstätte Buchenwald)

Sowjetisches Speziallager Nr. 2

Von August 1945 bis Anfang 1950 wurde das ehemalige Konzentrationslager Buchenwald als sowjetisches Speziallager weitergeführt.
In insgesamt zehn Speziallagern und drei Spezialgefängnissen wurden in der sowjetischen Besatzungszone mehr als 122 000 Deutsche willkürlich gefangen gehalten.
Nach offiziellen sowjetischen Angaben wurden insgesamt fast 28 500 Menschen im Speziallager Nr. 2 inhaftiert, wovon über 7100 starben und in Massengräbern endeten. Die wenigsten davon hatten etwas mit NS-Verbrechen zu tun.[25] Schätzungen gehen aber mit ca. 13 000 Toten von deutlich mehr Opfern aus.[26] Die meisten von ihnen starben an Tuberkulose und Hunger. Totale Isolation und Nichtbeschäftigung führten zum psychischen und schließlich physischen Zusammenbruch. Als im Winter 1946/1947 die Essensrationen gekürzt wurden, setzte ein Massensterben im Lager ein. Die katastrophalen Zustände im Speziallager wurden zusätzlich durch die Nichtgewährung elementarer Gefangenenrechte, wie etwa das Recht auf Briefverkehr, erschwert, die selbst in den Konzentrationslagern der NS-Zeit gewährt wurden.[27]
Lagergeld gab es während der Zeit des sowjetischen Speziallagers nicht, auch keine Prämienscheine oder sonstige Wertmarken. Den Häftlingen war es verboten zu arbeiten. Vergünstigungen gab es durch bessere Verpflegung.[28]

Anmerkungen:

1) Marlis Gräfe/Bernhard Post/Andreas Schneider (Hrsg.), Quellen zur Geschichte Thüringens – Die Geheime Staatspolizei im NS-Gau Thüringen 1933 – 1945, S. 39.

2) Marlis Gräfe/Bernhard Post/Andreas Schneider (Hrsg.), Quellen zur Geschichte Thüringens – Die Geheime Staatspolizei im NS-Gau Thüringen 1933 – 1945, S. 41, sowie: Jan Erik Schulte, Das SS-Wirtschafts-Verwaltungshauptamt, in: Wolfgang Benz/Barbara Distel (Hrsg.), Der Ort des Terrors, Band 1: Die Organisation des Terrors, S. 149.

3) Angelika Königseder, Die Entwicklung des KZ-Systems, in: Wolfgang Benz/Barbara Distel (Hrsg.), Der Ort des Terrors, Band 1: Die Organisation des Terrors, S. 30.

4) Harry Stein, Buchenwald – Stammlager, in: Wolfgang Benz/Barbara Distel (Hrsg.), Der Ort des Terrors, Band 3: Sachsenhausen/Buchenwald, S. 301f.

5) Ebenda.

6) Ebenda.

7) Internationales Lagerkomitee, KL Bu – Bericht des internationalen Lagerkomitees Buchenwald (sog. „Erster Lagerbericht“), S. 26.

8) Harry Stein, Buchenwald – Stammlager, in: Wolfgang Benz/Barbara Distel (Hrsg.), Der Ort des Terrors, Band 3: Sachsenhausen/Buchenwald, S. 306.

9) Ebenda, S. 339 und 348, sowie: Harry Stein, Konzentrationslager Buchenwald 1937 – 1945: Begleitband zur ständigen hist. Ausstellung, S. 121 – 122.

10) Harry Stein, Konzentrationslager Buchenwald 1937 – 1945: Begleitband zur ständigen historischen Ausstellung, S. 177.

11) Ebenda, S. 179 – 181.

12) Harry Stein, Buchenwald – Stammlager, in: Wolfgang Benz/Barbara Distel (Hrsg.), Der Ort des Terrors, Band 3: Sachsenhausen/Buchenwald, S. 348.

13) Harry Stein, Konzentrationslager Buchenwald 1937 – 1945: Begleitband zur ständigen hist. Ausstellung, S. 194 – 195.

14) Harry Stein, Konzentrationslager Buchenwald 1937 – 1945: Begleitband zur ständigen historischen Ausstellung, S. 42 – 43, sowie: Benoît Cazenave, L'exemplarité du commandant SS Karl Otto Koch (Der Kommandant Karl Otto Koch, das Muster eines SS-Kommandanten) Biografie.

15) Internationales Lagerkomitee, KL Bu – Bericht des internationalen Lagerkomitees Buchenwald (sog. „Erster Lagerbericht“), S. 29.

16) Ebenda.

17) Ottomar Rothmann, ehemaliger Häftling und Schreiber im Quarantäneblock des KL Buchenwald von 1943 – 1945, Erinnerungen im persönlichen Gespräch mit dem Autor vom 9.5.2008.

18) Albert Pick/Carl Siemsen, Das Lagergeld der Konzentrationslager und D.P.-Lager 1933 – 1947, S. 28f., sowie: Lance K. Campbell, Prisoner of War and Concentration Camp Money of the 20th Century, S. 60, sowie: Ray Feller/Steve Feller, Silent Witnesses: Civilian Camp Money of World War II, S. 28.

19) Karl Feuerer (Schutzhäftling in Dachau und Buchenwald von 1933 bis 1945), Unsterbliche Opfer – Ein Tatsachenbericht aus dem KZ mit 200 Bildern und zahlreichen Dokumenten (unveröffentlicht im Archiv der Gedenkstätte Buchenwald), Anhang.

20) Niels Nielsen, Sedler brugt af Danskere under 2. Verdenskrig, S. 166 – 167.

21) Jens-Christian Wagner, Dora, in: Wolfgang Benz/Barbara Distel (Hrsg.), Der Ort des Terrors, Band 3: Sachsenhausen/Buchenwald, S. 414.

22) Sabine Stein (Leiterin Archiv und Wissenschaftliche Mitarbeiterin der Gedenkstätte Buchenwald), Telefonauskuft.

23) siehe Anmerkung 17).

24) Albert Pick/Carl Siemsen, Das Lagergeld der Konzentrationslager und D.P.-Lager 1933 – 1947, S. 35.

25) Harry Stein, Buchenwald – Stammlager, in: Wolfgang Benz/Barbara Distel (Hrsg.), Der Ort des Terrors, Band 3: Sachsenhausen/Buchenwald, S. 350 – 351.

26) Adrian Preissinger (Hrsg.), Von Sachsenhausen bis Buchenwald – Todesfabriken der Kommunisten, S. 111.

27) siehe Anmerkung 25).

28) Bodo Ritscher (Wissenschaftlicher Mitarbeiter der Gedenkstätte Buchenwald für das Speziallager Nr. 2), Telefonauskuft vom 13.11.2007.

Wertmarken des Stammlagers Buchenwald

1.3.1 KL Bu.

Erste Ausgabe mit waagerechtem Lagerkürzel KL Bu. und Druckvermerk „L/0906“

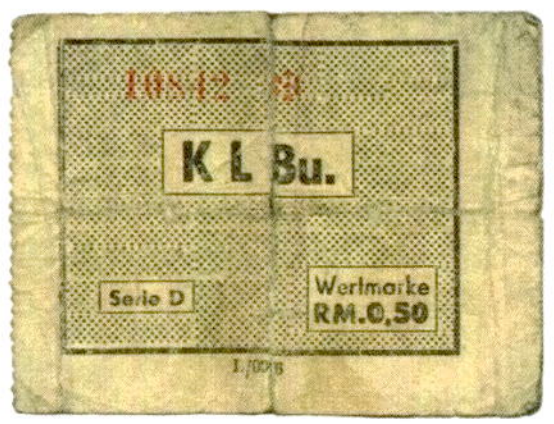

(Bu 1 Vs., Archiv der Gedenkstätte Buchenwald)

Bu 1 **50 Reichspfennig (RM. 0,50)**
PS 49 Vs: Punktraster im Rahmen schwarz, mittig KL Bu., Serie D
Rs: unbedruckt

Entwurf:	unbekannt	Format:	ca. 75 mm x 55 mm
Umlauf bis:	Herbst 1943?	Wz:	Karton weiß, ohne Wz
Druck:	wahrsch. Fa. Borkmann	KN:	5stellig ⁂, rot

Datum	Auflage	
o.D. (1943)	unbekannt	RRR

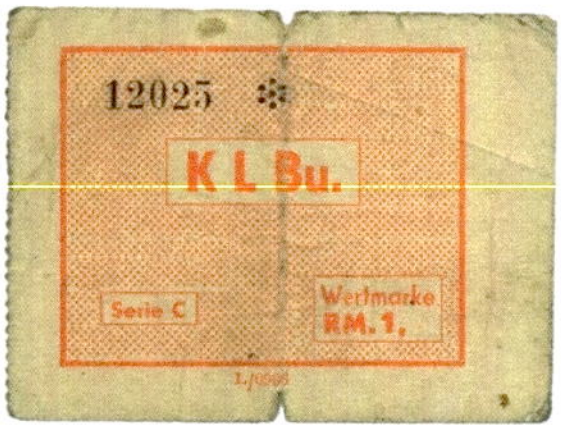

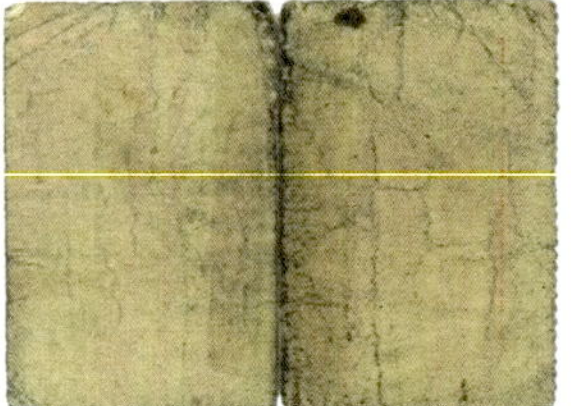

(Bu 2, Sammlung Wolfgang Haney, Berlin)

Bu 2 **1 Reichsmark (RM. 1,–)**
PS 50 Vs: Punktraster im Rahmen rot, mittig KL Bu., Serie C
Rs: unbedruckt

Entwurf:	unbekannt	Format:	ca. 75 mm x 55 mm
Umlauf bis:	Herbst 1943?	Wz:	Karton weiß, ohne Wz
Druck:	wahrsch. Fa. Borkmann	KN:	5stellig ⁂, schwarz

Datum	Auflage	
o.D. (1943)	unbekannt	RRR

Bu 3 **2 Reichsmark (RM. 2,–)**
PS 51 Vs: Punktraster im Rahmen, mittig KL Bu., Serie B
Rs: unbedruckt

Entwurf:	unbekannt	Format:	ca. 75 mm x 55 mm
Umlauf bis:	Herbst 1943?	Wz:	Karton weiß, ohne Wz
Druck:	wahrsch. Fa. Borkmann	KN:	?

Datum	Auflage		
o.D. (1943)	unbekannt		RRR

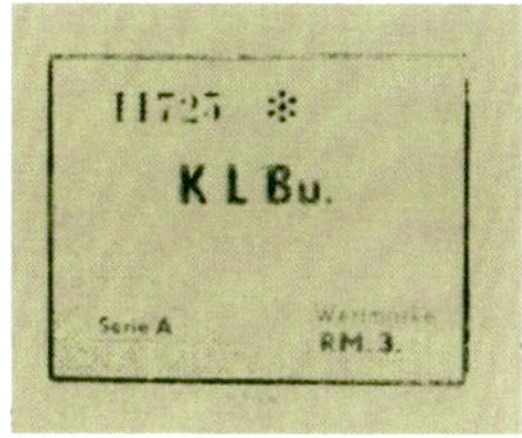

(Bu 4 Vs, s/w-Kopie)

Bu 4 **3 Reichsmark (RM. 3,–)**
PS 52 Vs: Punktraster im Rahmen grün, mittig KL Bu., Serie A
Rs: unbedruckt

Entwurf:	unbekannt	Format:	ca. 75 mm x 55 mm
Umlauf bis:	Herbst 1943?	Wz:	Karton weiß, ohne Wz
Druck:	wahrsch. Fa. Borkmann	KN:	5stellig

Datum	Auflage		
o.D. (1943)	unbekannt		RRR

Zweite Ausgabe mit diagonelem Lagerkürzel KL Bu. und Druckvermerk „L/1187“

Bu 5 **50 Reichspfennig (RM. 0,50)**
PS – Vs: Serie D

Entwurf:	unbekannt	Umlauf bis:	Herbst 1944?
Druck:	wahrsch. Fa. Borkmann		

Datum	Auflage		
o.D. (1943)	unbekannt	Existenz wahrscheinlich, aber bisher nicht belegt	RRR

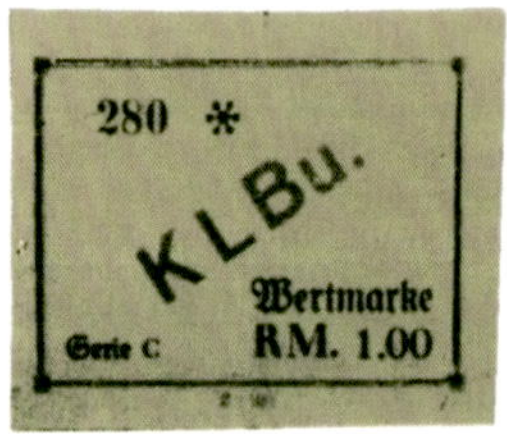

(Bu 6 Vs, s/w-Kopie)

Bu 6 **1 Reichsmark (RM. 1.00)**
PS 53 Vs: gelb, Serie C

Entwurf:	unbekannt	Format:	ca. 65 mm x 55 mm
Umlauf bis:	Herbst 1944?	Wz:	Karton, ohne Wz
Druck:	wahrsch. Fa. Borkmann	KN:	3stellig *, schwarz

Datum	Auflage		
o.D. (1943)	unbekannt		RRR

Bu 7 **2 Reichsmark (RM. 1.00)**
PS 54 Vs: Serie B

Entwurf:	unbekannt	Umlauf bis:	Herbst 1944?
Druck:	wahrsch. Fa. Borkmann		

Datum	Auflage		
o.D. (1943)	unbekannt	Existenz wahrscheinlich, aber bisher nicht belegt	RRR

(Bu 8, Sammlung Wolfgang Haney, Berlin)

Bu 8 **3 Reichsmark (RM. 3.00)**
PS 55 Vs: Udr. blau, Rahmen und KL Bu. rot, Serie A
Rs: unbedruckt

Entwurf:	unbekannt	Format:	ca. 65 mm x 55 mm
Umlauf bis:	Herbst 1943?	Wz:	Karton weiß, ohne Wz
Druck:	wahrsch. Fa. Borkmann	KN:	4stellig *, schwarz

Datum	Auflage		
o.D. (1943)	unbekannt		RRR

1.3.2 SS-Standort-Kantine Buchenwald

Von beiden Ausgaben sind Kontrollnummern bis über 99 000 bekannt, aber keine 6stelligen. Man kann also von je 100 000 Stück Auflage ausgehen, wobei keine vorangestellten Nullen verwendet wurden. Es muß also von allen Werten 1- bis 5stellige Kontrollnummern gegeben haben.

Erste Ausgabe: M von RM. mit geraden Strichen

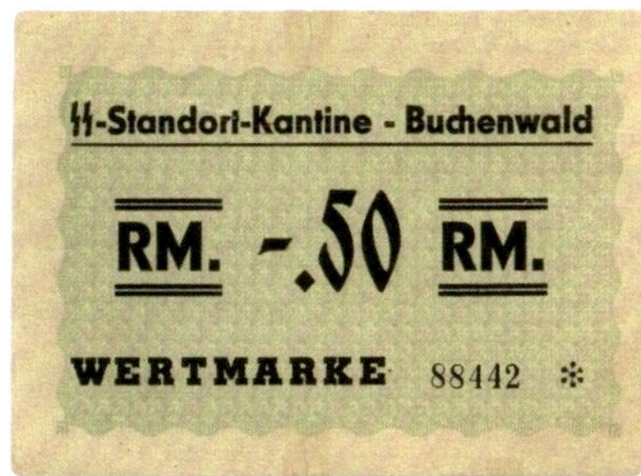

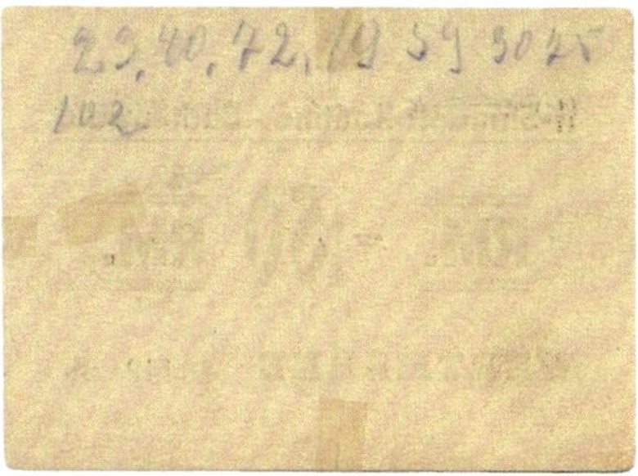

(Bu 9, Sammlung Wolfgang Haney, Berlin)

Bu 9 **50 Reichspfennig (RM. –,50)**
PS 65 Vs: Udr. hellgrün — Rs: unbedruckt

Entwurf:	unbekannt	Format:	ca. 106 mm x 75 mm
Umlauf bis:	11. April 1945	Wz:	ohne
Druck:	wahrsch. Fa. Borkmann	KN:	4- oder 5stellig ✻, schwarz

Datum	Auflage	
o.D. (1944)	unbekannt	R

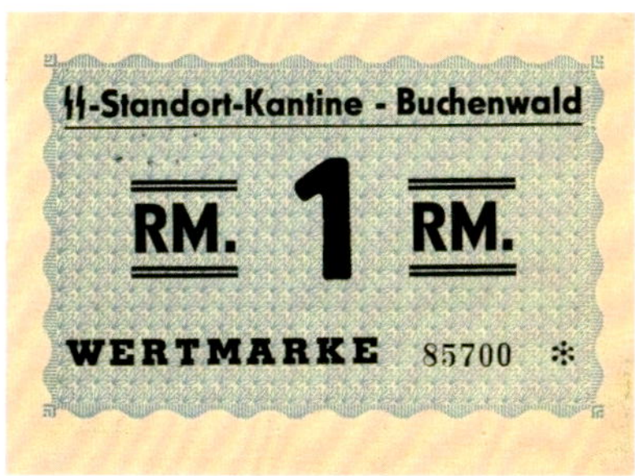

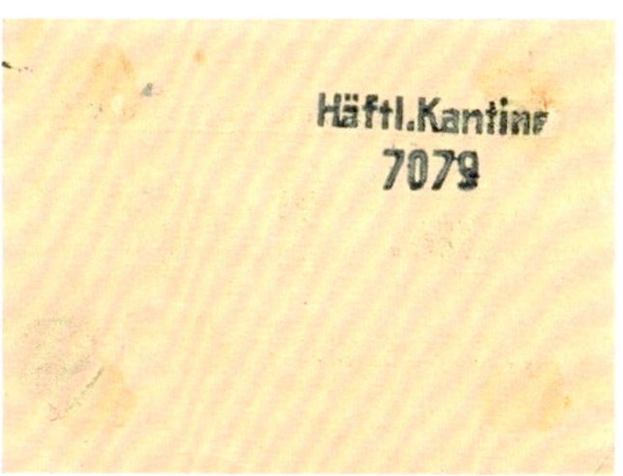

(Bu 10a, Gedenkstätte Buchenwald, Schein aus dem Bericht von Karl Feuerer mit dessen Häftlingsnummer 7079)

Bu 10 **1 Reichsmark (RM. 1)**
PS 66 Vs: Udr. hellblau — Rs: unbedruckt

Entwurf:	unbekannt	Format:	ca. 106 mm x 75 mm
Umlauf bis:	11. April 1945	Wz:	ohne
Druck:	wahrsch. Fa. Borkmann	KN:	5stellig ✻, schwarz

Datum	Auflage			
o.D. (1944)	unbekannt	**a)**	Anstrich der Wertzahl 1 rund	R
		b)	Anstrich der Wertzahl 1 eckig	R

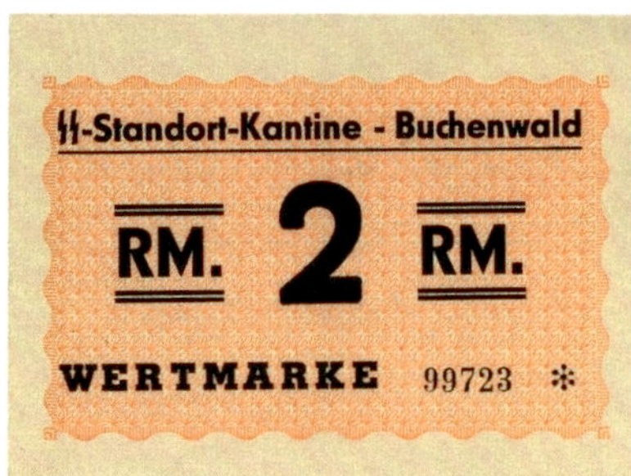

(Bu 11, Sammlung Wolfgang Haney, Berlin)

Bu 11 **2 Reichsmark (RM. 2)**
PS 67 Vs: Udr. orangerot Rs: unbedruckt

Entwurf:	unbekannt	Format:	ca. 106 mm x 75 mm
Umlauf bis:	11. April 1945	Wz:	ohne
Druck:	wahrsch. Fa. Borkmann	KN:	4- oder 5stellig ✻, schwarz

Datum	**Auflage**	
o.D. (1944)	unbekannt	R

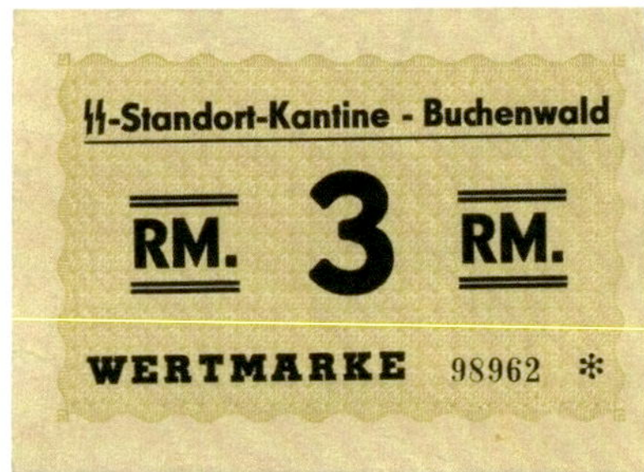

(Bu 12, Sammlung Wolfgang Haney, Berlin)

Bu 12 **3 Reichsmark (RM. 3)**
PS 68 Vs: Udr. hellolivbraun Rs: unbedruckt

Entwurf:	unbekannt	Format:	ca. 106 mm x 75 mm
Umlauf bis:	11. April 1945	Wz:	ohne
Druck:	wahrsch. Fa. Borkmann	KN:	4- oder 5stellig ✻, schwarz

Datum	**Auflage**	
o.D. (1944)	unbekannt	RR

Zweite Ausgabe: M von RM mit schrägen Strichen

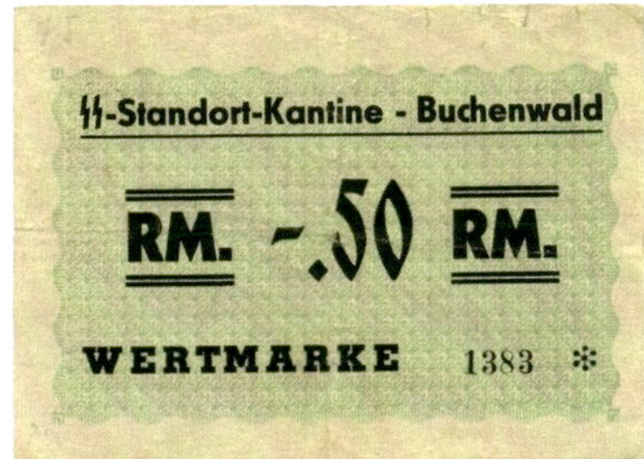

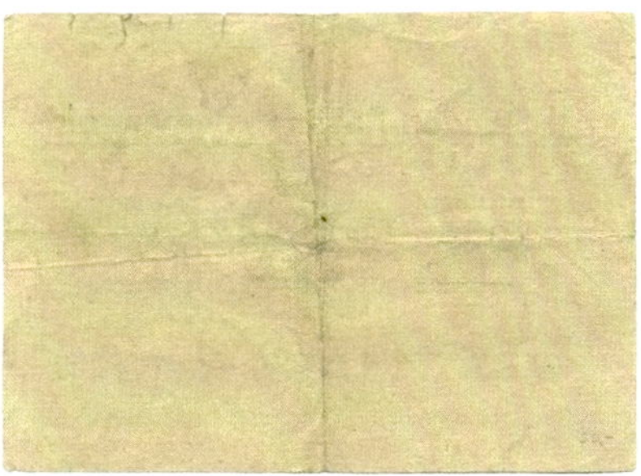

(Bu 9, Sammlung Wolfgang Haney, Berlin)

Bu 13 **50 Reichspfennig (RM. –.50)**
PS 69 Vs: Udr. hellgrün Rs: unbedruckt

Entwurf:	unbekannt	Format:	ca. 106 mm x 75 mm
Umlauf bis:	11. April 1945	Wz:	ohne
Druck:	wahrsch. Fa. Borkmann	KN:	4- oder 5stellig ❊, schwarz

Datum	**Auflage**	
o.D. (1944)	unbekannt	R

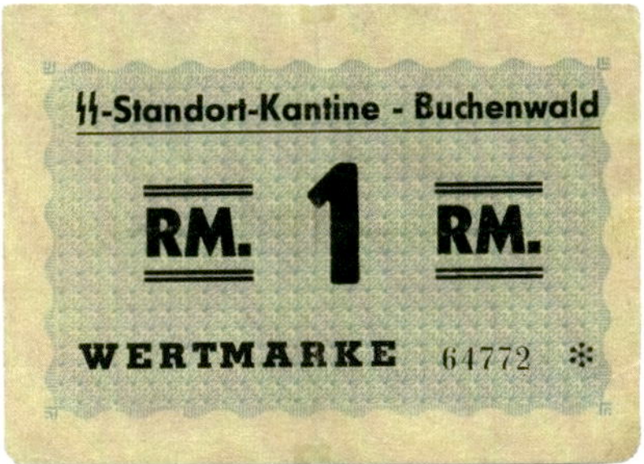

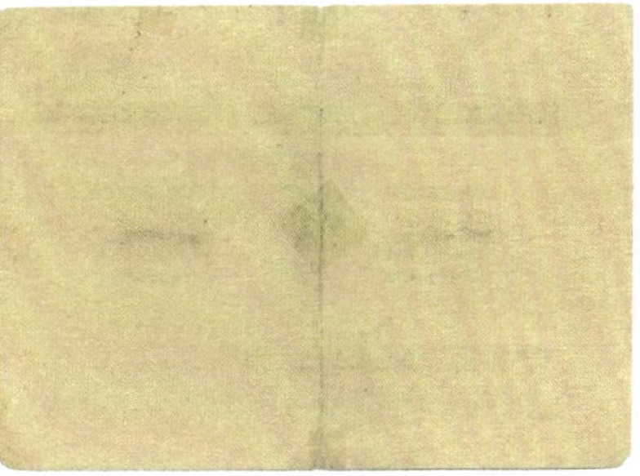

(Bu 14b, Sammlung Wolfgang Haney, Berlin)

Bu 14 **1 Reichsmark (RM. 1)**
PS 70 Vs: Udr. hellblau Rs: unbedruckt

Entwurf:	unbekannt	Format:	ca. 106 mm x 75 mm
Umlauf bis:	11. April 1945	Wz:	ohne
Druck:	wahrsch. Fa. Borkmann	KN:	5stellig ❊, schwarz

Datum	**Auflage**			
o.D. (1944)	unbekannt	**a)**	Anstrich der Wertzahl 1 rund	R
		b)	Anstrich der Wertzahl 1 eckig	R

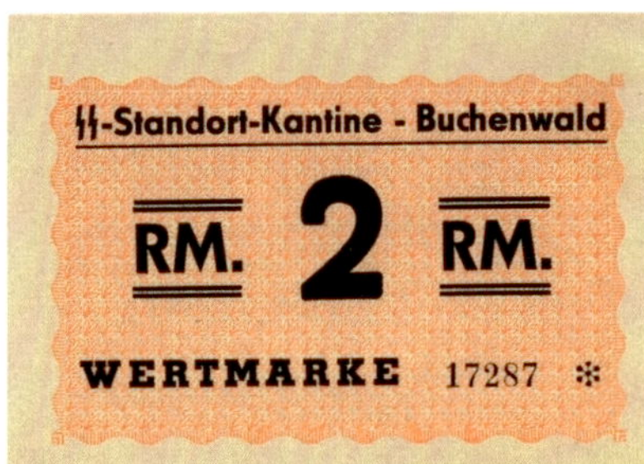

(Bu 15, Sammlung Wolfgang Haney, Berlin)

Bu 15 **2 Reichsmark (RM. 2)**
PS 71 Vs: Udr. orangerot Rs: unbedruckt

Entwurf:	unbekannt	Format:	ca. 106 mm x 75 mm
Umlauf bis:	11. April 1945	Wz:	ohne
Druck:	wahrsch. Fa. Borkmann	KN:	4- oder 5stellig ❊, schwarz

Datum	**Auflage**	
o.D. (1944)	unbekannt	R

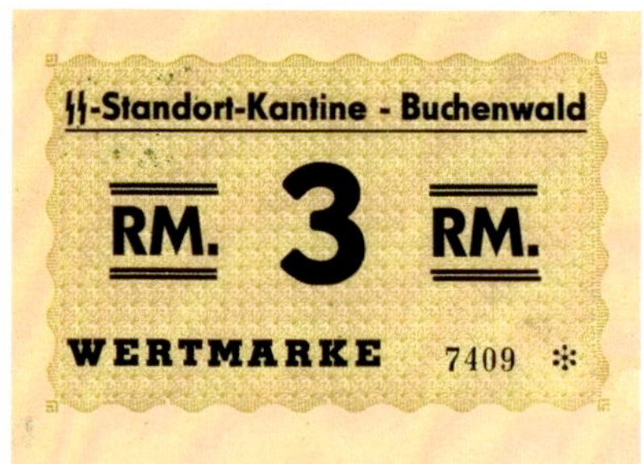

(Bu 16 Vs, Gedenkstätte Buchenwald)

Bu 16 **3 Reichsmark (RM. 3)**
PS 72 Vs: Udr. hellolivbraun Rs: unbedruckt

Entwurf:	unbekannt	Format:	ca. 106 mm x 75 mm
Umlauf bis:	11. April 1945	Wz:	ohne
Druck:	wahrsch. Fa. Borkmann	KN:	4- und 5stellig ❊, schwarz

Datum	**Auflage**	
o.D. (1944)	unbekannt	RR

Wertmarken für Außenkommandos des KL Buchenwald

1.3.3 SS-Standort-Kantine Buchenwald (Einheitsausgabe)

Die Auflagenhöhe der einheitlich gestalteten Wertmarken für Außenkommandos des KL Buchenwald dürfte ebenfalls bei 100 000 Stück je Wertstufe gelegen haben. Auch hier sind Stücke mit Kontrollnummern bis über 99 000 bekannt.

Die Abstempelungen erfolgten in verschiedenen Farben je nach Verfügbarkeit z. B. in Schwarz, Violett, Blau oder Rot. Bis auf jene des SS-Kommandos Rottleberode (A 5), das ab Herbst 1944 Außenkommando des selbständig gewordenen ehemaligen Lagers „Dora“ war, sind die meisten Abstempelungen heute recht selten.

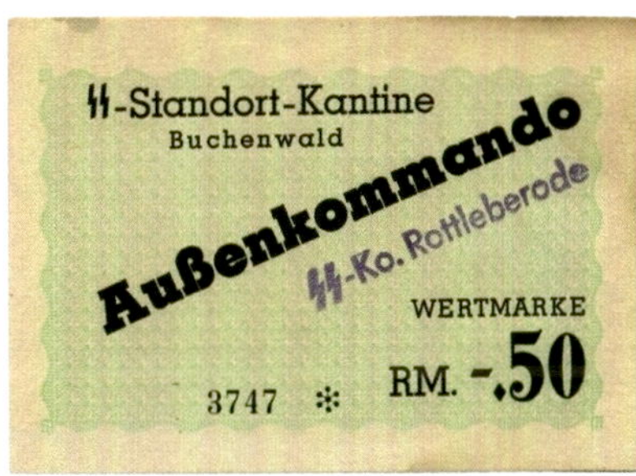

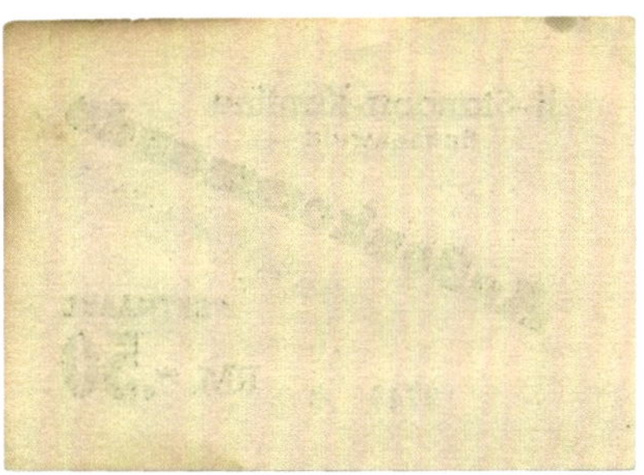

(Bu 17b, Sammlung Wolfgang Haney, Berlin)

Bu 17 **50 Reichspfennig (RM. 0,50)**
PS 73 Vs: Udr. hellgrün — Rs: unbedruckt

Entwurf:	unbekannt	Format:	ca. 106 mm x 75 mm
Umlauf bis:	April 1945	Wz:	ohne
Druck:	wahrsch. Fa. Borkmann	KN:	4- oder 5stellig ⁂, schwarz

Datum	Auflage			
o.D. (1944)	unbekannt	**a)**	ohne Stempel	RR
		b)	mit Stempel des SS-Kommandos Rottleberode	
	wie:		SS-Ko. Rottleberode	R
			SS-Ko. Rottleberode / A 5	R
		c)	mit Stempel eines anderen Außenkommandos	
	wie:		SS-Arbeitskommando A 6	R
			JUNKERS FLUGZEUG UND MOTORENWERKE A.-G. / FLUGZEUGBAU ZWEIGWERK HALBERSTADT	RR
			Muna-Oberndorf / Post Hermsdorf	RR
			SS-Kommando HASAG / Leipzig O / Tel 64111	RR
			Agfa-Filmfabrik / Wolfen Kr. Bitterfeld (Stpl auf Rs)	RR

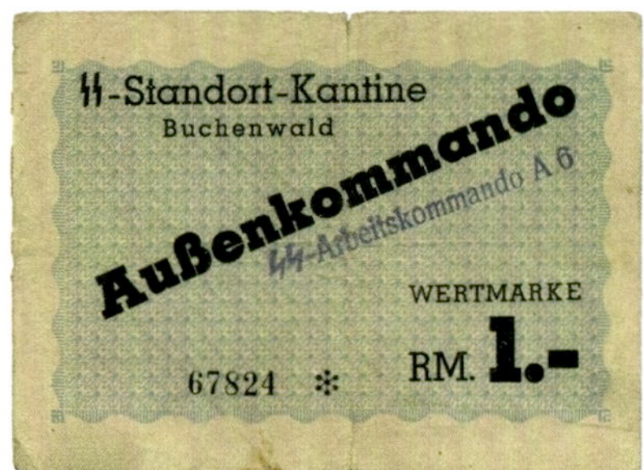

(Bu 18c mit Stempel des SS-Arbeitskommandos A 6 in Wansleben, Sammlung Wolfgang Haney, Berlin)

Bu 18 **1 Reichsmark (RM. 1.–)**
PS 74 Vs: Udr. hellblau Rs: unbedruckt

Entwurf:	unbekannt	Format:	ca. 106 mm x 75 mm
Umlauf bis:	April 1945	Wz:	ohne
Druck:	wahrsch. Fa. Borkmann	KN:	4- oder 5stellig ⁕, schwarz

Datum	**Auflage**			
o.D. (1944)	unbekannt	**a)**	ohne Stempel	RR
		b)	mit Stempel des SS-Kommandos Rottleberode	
	wie:		SS-Ko. Rottleberode	R
			SS-Ko. Rottleberode / A 5	R
		c)	mit Stempel eines anderen Außenkommandos	
	wie:		SS-Arbeitskommando A 6	R
			Waffen SS / K. L. Buchenwald / Arb.-Kdo. Altenburg	RR
			SS-Kommando HASAG / Leipzig O / Tel 64111	RR
			Waffen-SS / K. L. Buchenwald / Arbeitslager Sonneberg-West / Verwaltung	RR

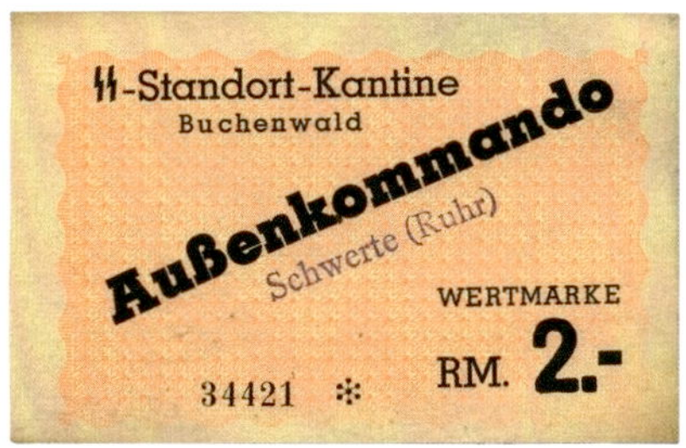

(Bu 19c, Sammlung Wolfgang Haney, Berlin)

Bu 19 **2 Reichsmark (RM. 2.–)**
PS 75 Vs: Udr. orangerot Rs: unbedruckt

Entwurf:	unbekannt	Format:	ca. 106 mm x 75 mm
Umlauf bis:	April 1945	Wz:	ohne
Druck:	wahrsch. Fa. Borkmann	KN:	4- oder 5stellig ⁜, schwarz

Datum	**Auflage**			
o.D. (1944)	unbekannt	**a)**	ohne Stempel	RR
		b)	mit Stempel des SS-Kommandos Rottleberode	
	wie:		SS-Ko. Rottleberode	R
			SS-Ko. Rottleberode / A 5	R
		c)	mit Stempel eines anderen Außenkommandos	
	wie:		Waffen SS / K. L. Buchenwald / Arb.-Kdo. Altenburg	RR
			SS-Arbeitskommando A 6	R
			Langensalza	RR
			Waffen-SS / K. L. Weimar-Bu. / Außenlager Meuselwitz	RR
			Schwerte (Ruhr)	RR
		F)	es ist ein Exemplar mit hellbraunem statt orangerotem Unterdruck bekannt (ohne Stempel)	RR

Bu 20 **3 Reichsmark (RM. 3.–)**
PS – Vs: Udr. hellolivbraun Rs: unbedruckt

Entwurf:	unbekannt	Druck:	wahrsch. Fa. Borkmann
Umlauf bis:	April 1945		

Datum	**Auflage**		
o.D. (1944)	unbekannt	Existenz wahrscheinlich, aber bisher nicht belegt	RRR

1.3.4 BRABAG Böhlen

Die Braunkohle-Benzin AG (Brabag) unterhielt mehrere Treibstoff-Fabriken, deren Produktion für den Kriegsverlauf wichtig war. Als letztes Werk forderte Böhlen in Sachsen im Juni 1944 Häftlinge als Arbeitskräfte an. Schon Ende Juli 1944 war ein Außenlager des KL Buchenwald in Böhlen errichtet worden, in das über tausend Häftlinge transportiert wurden. Die von der SS geforderte Leihgebühr für die Häftlinge erstattete das Reich der Brabag zurück.
Das Lager Böhlen wurde bereits vier Monate später am 28.11.1944 aufgelöst, vermutlich wegen der Produktionsverlegung der Brabag unter Tage in das Elbsandsteingebirge. Deshalb wurden fast alle Häftlinge mit Transporten in ein dort befindliches Außenlager des KL Flossenbürg verlegt.[29]

Anmerkungen:

29) Franka Bindernagel/Tobias Bütow, Böhlen, in: Wolfgang Benz/Barbara Distel (Hrsg.), Der Ort des Terrors, Band 3: Sachsenhausen/Buchenwald, S. 402 – 404.

Erste Ausgabe: Währungsbezeichnung RM.

Die erste Ausgabe erfolgte im Stil der Scheine mit „KL Bu“ für das Stammlager und für „Dora“. Der bei Br 1 abgebildete Schein ist lediglich eine Kopie, die rückseitig mit dem Stempel FORGERY (Fälschung) versehen wurde. Sie vermittelt aber einen Eindruck von der Originalausgabe.

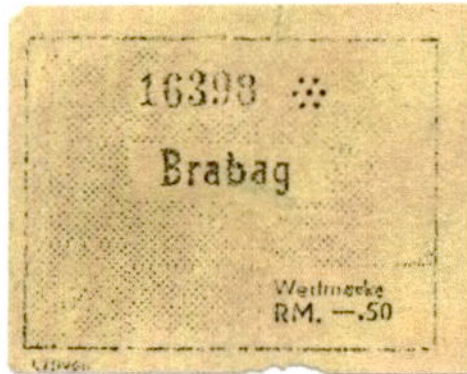

(Br 1F, Kopie aus der Sammlung Wolfgang Haney, Berlin)

Br 1 **50 Reichspfennig (RM. –.50)**
PS 58 Vs: blaugrün Rs: unbedruckt

Entwurf:	unbekannt	Format:	ca. 65 mm x 52 mm
Umlauf bis:	28.11.1944	Wz:	ohne
Druck:	unbekannt	KN:	ja

Datum	**Auflage**	
o.D. (1944)	unbekannt	RRRR

Br 2 **2 Reichsmark (RM. 2.–)**
PS 59 Vs: weiß Rs: unbedruckt

Entwurf:	unbekannt	Format:	ca. 65 mm x 52 mm
Umlauf bis:	28.11.1944	Wz:	ohne
Druck:	unbekannt	KN:	ja

Datum	**Auflage**	
o.D. (1944)	unbekannt	RRRR

Zweite Ausgabe: Währungsbezeichnung Rpfg.

Die Echtheit der Pfennig-Scheine wurde im Katalog von Pick/Siemsen angezweifelt und kann auch hier nicht mit vollständiger Sicherheit geklärt werden. Da bei der Brabag in Böhlen neben den Häftlingen aber auch etwa 2000 sog. Ostarbeiter eingesetzt waren, könnte es sich bei den Pfennig-Scheinen auch um Kleingeldersatz für diese handeln, sicher aber nicht um Prämienscheine. Lediglich der Zusatz „Durch K-I Wache entwertet" läßt den Rückschluß auf des KL-Außenlager zu.

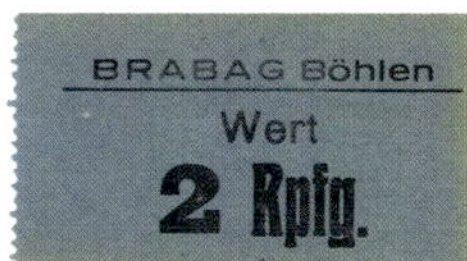

(Br 3, Sammlung Wolfgang Haney, Berlin)

Br 3 **2 Reichspfennig (2 Rpfg.)**
PS – Vs: blau — Rs: unbedruckt

Entwurf:	unbekannt	Format:	ca. 63 mm x 35 mm
Umlauf bis:	28.11.1944	Wz:	ohne
Druck:	unbekannt	KN:	ohne

Datum	Auflage	
o.D. (1944)	unbekannt	RRR

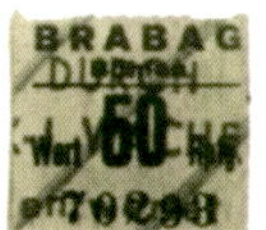

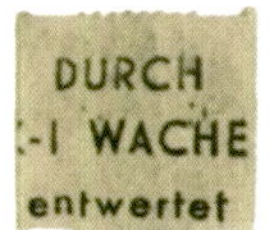

(Br 4, s/w-Kopie)

Br 4 **50 Reichspfennig (50 Rpfg.)**
PS – Vs: BRABAG, Wert und KN — Vs und Rs: DURCH K-I WACHE entwertet

Entwurf:	unbekannt	Format:	ca. 31 mm x 31 mm
Umlauf bis:	28.11.1944	Wz:	ohne
Druck:	unbekannt	KN:	5stellig

Datum	Auflage	
o.D. (1944)	unbekannt	RRR

1.3.5 Langenwerke A.-G. Langensalza, Belei III Niederorschel

Ende 1943 wurde wegen des alliierten Luftkriegs die Teilverlagerung der Junkers Flugzeug- und Motorenwerke AG in das thüringische Langensalza beschlossen. Der neue Betrieb trug die Tarnbezeichnung Langenwerke AG und fertigte in Langensalza und dem angeschlossenen Betriebsteil Niederorschel Tragflächen für Flugzeuge, insbesondere für einen Jäger von Focke-Wulf.[30] Im Bereich Niederorschel waren ab Oktober 1944 insgesamt über 700 Häftlinge, meist Juden, mit der Produktion von Tragflächen und dem Einbau von Fahrwerken beschäftigt. Die Sterblichkeitsrate war trotz mangelnder Ernährung sehr niedrig. Anfang April traten die letzten Häftlinge ihren Marsch nach Buchenwald an. Sie erreichten das Stammlager nur einen Tag vor dessen Befreiung.[31]

Von den durch die Bereichsleitung Niederorschel (Belei III) ausgegeben Gutscheinen war lange nur der Wert zu 1 RM bekannt. Erst durch die Meldung eines Sammlers an die Redaktion der Fachzeitschrift „Münzen & Papiergeld“ (heute „Münzen & Sammeln“) konnte 2006 erstmals die ganze Serie vorgestellt werden.
Ausgehend von den Druckvermerken wurden die Scheine im Oktober 1944 hergestellt. Für die einzelnen Wertstufen gab es unterschiedlich hohe Auflagen, die ebenfalls aus den Druckvermerken ersichtlich sind.[32]
Verwendet wurden die Prämien als Gutscheine zum Einkauf von Waren in der Lagerkantine gemäß der Prämienvorschrift des WVHA der SS.

Anmerkungen:

30) Frank Baranowski, Langensalza, in: Wolfgang Benz/Barbara Distel (Hrsg.), Der Ort des Terrors, Band 3: Sachsenhausen/Buchenwald, S. 484 – 486.

31) Wolfgang Große, Niederorschel, in: Wolfgang Benz/Barbara Distel (Hrsg.), Der Ort des Terrors, Band 3: Sachsenhausen/Buchenwald, S. 534 – 537.

32) Dietrich Frank/Hans L. Grabowski, Unbekanntes Kantinen-Lagergeld, in Leserpost, in Münzen & Papiergeld, Ausgabe 06/2006, S. 120

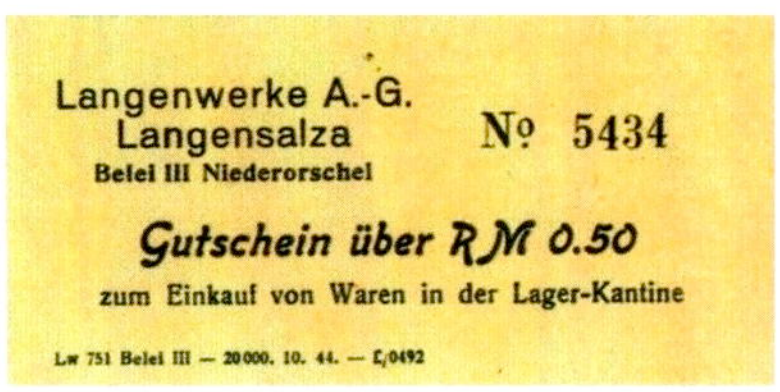

(La 1 Vs, Bildarchiv des Verlags)

La 1 **50 Reichspfennig (RM 0.50)**
PS – Vs: gelb — Rs: unbedruckt

Entwurf:	unbekannt	Format:	ca. 105 mm x 50 mm
Umlauf bis:	Ende März 1945	Wz:	ohne
Druck:	unbekannt	KN:	4- und 5stellig

Datum	Auflage	
o.D. (10/1944)	20 000	RRRR

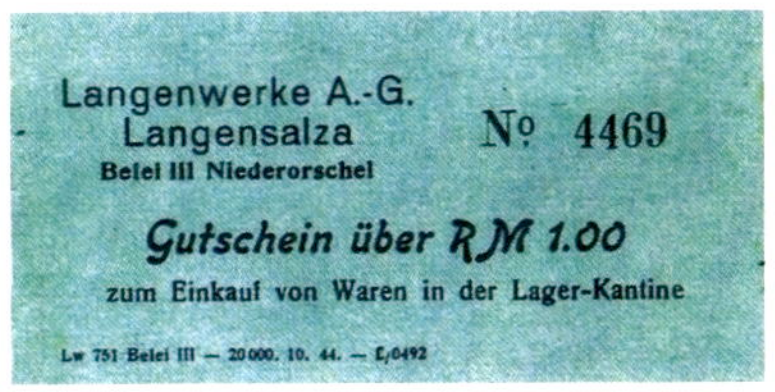

(La 2 Vs, Bildarchiv des Verlags)

La 2 **1 Reichsmark (RM 1.00)**
PS 57 Vs: hellblau Rs: unbedruckt

Entwurf:	unbekannt	Format:	ca. 105 mm x 50 mm
Umlauf bis:	Ende März 1945	Wz:	ohne
Druck:	unbekannt	KN:	4-und 5stellig

Datum	**Auflage**	
o.D. (10/1944)	20 000	RRRR

(La 3 Vs, Bildarchiv des Verlags)

La 3 **2 Reichsmark (RM 2.00)**
PS – Vs: sämisch Rs: unbedruckt

Entwurf:	unbekannt	Format:	ca. 105 mm x 50 mm
Umlauf bis:	Ende März 1945	Wz:	ohne
Druck:	unbekannt	KN:	4-und 5stellig

Datum	**Auflage**	
o.D. (10/1944)	20 000	RRRR

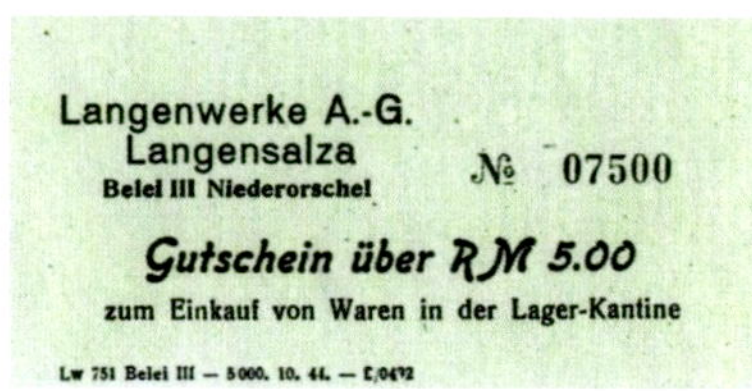
Langenwerke A.-G.
Langensalza
Belei III Niederorschel
№ 07500
Gutschein über RM 5.00
zum Einkauf von Waren in der Lager-Kantine

(La 4 Vs, Bildarchiv des Verlags)

La 4 **5 Reichsmark (RM 5.00)**

PS – Vs: weiß Rs: unbedruckt

Entwurf:	unbekannt	Format:	ca. 105 mm x 50 mm
Umlauf bis:	Ende März 1945	Wz:	ohne
Druck:	unbekannt	KN:	5stellig

Datum	**Auflage**	
o.D. (10/1944)	5000*	RRRR

* Wahrscheinlich wurden mit der gleichen Druckgenehmigung mehr Scheine gedruckt. Deshalb trägt der abgebildete Schein auch die Kontrollnummer 7500.

1.3.6 KL Bu – Dora Nordhausen

Als im August 1943 ein schwerer britischer Luftangriff die Heeresversuchsanstalt Peenemünde auf der Insel Usedom traf, wo seit 1936 unter der Leitung von Wernher von Braun ein Forschungszentrum für Raketenwaffen entstanden war und die Serienfertigung der sog. V2 (A4-Rakete) vorbereitet wurde, förderte dies Überlegungen zur Verlagerung der Raketenfertigung unter Tage. Neben den Zerstörungen, die der Angriff anrichtete, waren auch Hunderte Menschen ums Leben gekommen.

Wahrscheinlich fiel schon Ende August 1943 die Entscheidung für die Stollenanlage der Wirtschaftlichen Forschungsgesellschaft (Wifo) im Kohnstein bei Nordhausen am Harz. Die zwei Fahrstollen waren durch 46 Querkammern miteinander verbunden und boten eine Produktionsfläche von rund 110 000 m^2. Nur zehn Tage nach dem Luftangriff auf Peenemünde trafen am Kohnstein die ersten Häftlinge aus Buchenwald ein, die mit Bauarbeiten in den Stollen begannen. Im Winter 1943/1944 mußten schon 10 000 Häftlinge in den Stollen arbeiten und leben. Unter diesen extremen Bedingungen starben mehr Häftlinge als aus Buchenwald neu eintrafen, zu dem „Dora" als Außenlager gehörte. Schon im September 1943 hatte man die reichseigene Mittelwerke GmbH gegründet, durch die der Umbau der Stollen zur Raketenfabrik mit den Dora-Häftlingen erfolgte und die die „Vergeltungswaffen" produzieren sollte.

Von einem Lager im herkömmlichen Sinne konnte man die erste Zeit kaum sprechen. Erst als das Mittelwerk und der SS-Bereich aufgebaut waren, begann man Anfang 1944 auch mit dem Bau oberirdischer Baracken und Lagergebäude für den Häftlingsbereich, deren Bezug im Sommer 1944 abgeschlossen war. Der genaue Zeitpunkt der Eröffnung der Lagerkantine ist heute nicht mehr bekannt (wahrscheinlich zwischen März und Juni 1944). Eine Nutzung von Gutscheinen war natürlich an das Bestehen einer Häftlingskantine gebunden. Ein Häftlingsbordell wurde erst Anfang 1945 eröffnet, also schon in der Zeit der Selbständigkeit des Arbeitslagers Mittelbau.

Im Laufe des Sommers 1944 wurden die Außenlager Buchenwalds im Harz schrittweise ausgegliedert. Schließlich bildete die Gründung des KL Mittelbau am 28.10.1944 nicht nur die völlige Selbständigkeit des Außenlagers Dora, dem nun eine Reihe weiterer ehemaliger Außenlager von Buchenwald unterstellt waren, es war auch die letzte Gründung eines Hauptlagers im NS-Regime.[33)]

Bisher kaum bekannt waren die Wertmarken mit der Bezeichnung „KL Bu Dora", die wahrscheinlich in der Zeit vom Frühjahr bis zum Sommer/Herbst 1944 als Prämienscheine genutzt wurden. Sie ähneln in ihrer Gestaltung der ersten Ausgabe von Wertmarken des Stammlagers Buchenwald.

Anmerkungen:

33) Jens-Christian Wagner, Mittelbau-Dora – Stammlager, in: Wolfgang Benz/Barbara Distel (Hrsg.), Der Ort des Terrors, Band 7: Niederhagen/Wewelsburg, Lublin-Majdanek, Arbeitsdorf, Herzogenbusch (Vught), Bergen-Belsen, Mittelbau-Dora, S. 223f.

Do 1 **50 Reichspfennig (RM. 0,50)**
PS – Vs: Udr. liniert, KL Bu / Dora im Rahmen, Serie A
Rs: unbedruckt

Entwurf:	unbekannt	Format:	ca. 92 mm x 75 mm
Umlauf bis:	Oktober 1944	Wz:	ohne
Druck:	unbekannt	KN:	wahrscheinlich 4stellig

Datum	Auflage		
o.D. (1944)	unbekannt	Existenz wahrscheinlich, aber bisher nicht belegt	RRRR

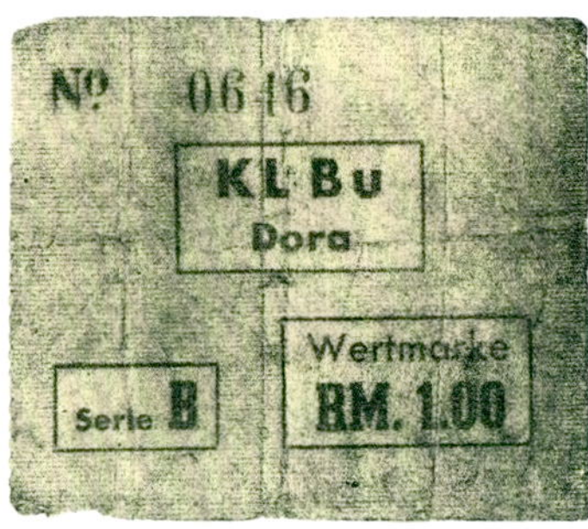

(Do 2 Vs, Schwarzweiß-Kopie, Auktionshaus Künker)

Do 2 **1 Reichsmark (RM. 1.00)**
PS – Vs: Druck orangerot, Udr. liniert, KL Bu / Dora im Rahmen, Serie B
Rs: unbedruckt

Entwurf:	unbekannt	Format:	ca. 92 mm x 75 mm
Umlauf bis:	Oktober 1944	Wz:	ohne
Druck:	unbekannt	KN:	4stellig

Datum	Auflage		
o.D. (1944)	unbekannt		RRRR

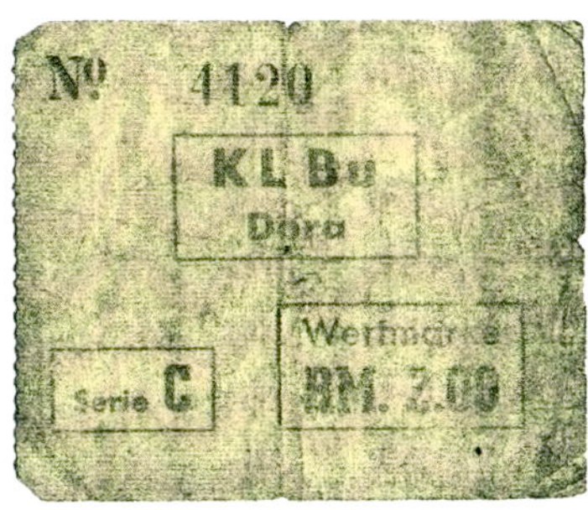

(Do 3 Vs, Schwarzweiß-Kopie, Auktionshaus Künker)

Do 3 **2 Reichsmark (RM. 2.00)**
PS – Vs: Druck hellgrün, Udr. liniert, KL Bu / Dora im Rahmen, Serie C
Rs: unbedruckt

Entwurf:	unbekannt	Format:	ca. 92 mm x 75 mm
Umlauf bis:	Oktober 1944	Wz:	ohne
Druck:	unbekannt	KN:	4stellig

Datum	Auflage	
o.D. (1944)	unbekannt	RRRR

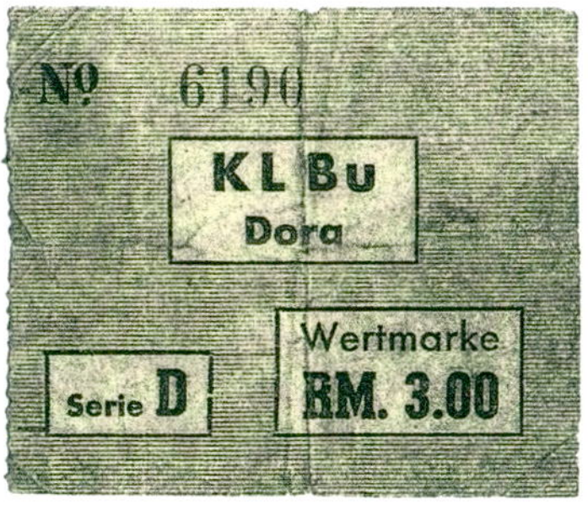

(Do 4 Vs, Schwarzweiß-Kopie, Auktionshaus Künker)

Do 4 **3 Reichsmark (RM. 3.00)**
PS – Vs: Druck braun, Udr. liniert, KL Bu / Dora im Rahmen, Serie D
Rs: unbedruckt

Entwurf:	unbekannt	Format:	ca. 92 mm x 75 mm
Umlauf bis:	Oktober 1944	Wz:	ohne
Druck:	unbekannt	KN:	4stellig

Datum	Auflage	
o.D. (1944)	unbekannt	RRRR

Do 5 **5 Reichsmark (RM 5.00)**
PS – Diesen Wert soll es laut Zeitzeugen gegeben haben. Er konnte aber bisher nicht belegt werden. Ausgehend von der ersten Buchenwald-Ausgabe (ebenfalls Werte von 0,50 bis 3 RM mit den Serien A – D) ist die Existenz eines 5-RM-Scheins für das Außenkommando„Dora“ eher unwahrscheinlich.

1.3.7 Junkers Flugzeug- und Motorenwerke Schönebeck/Elbe

Im Frühjahr 1943 entstand bei den Junkers Flugzeug- und Motorenwerken in Schönebeck unter dem Decknamen „Julius“ ein Außenlager von Buchenwald. Aufgrund des akuten Arbeitskräftemangels hatte die Firma einen Vertrag mit dem Wirtschafts- und Verwaltungshauptamt der SS (WVHA) abgeschlossen. Teilweise waren bis zu 1800 männliche Häftlinge im Lager, vornehmlich Russen, Franzosen und Polen. Sie waren neben 1200 deutschen Zivilarbeitern und ca. 1500 Zwangsarbeitern in der Produktion von Bauteilen für Flugzeuge eingesetzt.[34)]

Zu den Bedingungen im Lager erinnerte sich ein polnischer Häftling: „*Ich wartete auf den Meister und beobachtete die Arbeit der Häftlinge. Niemand stand hinter ihnen, und niemand schrie. Man spürte keine Todesstimmung wie in Buchenwald. Es bellten keine dressierten Elsässer Schäferhunde, es brüllten und schlugen keine Kapos oder SS-Männer.*“[35)]

Ab dem 8. April 1945 wurde die Arbeit eingestellt und als am 11. April 1945 die Kämpfe um Magdeburg begannen, wurde das Lager evakuiert. Buchenwald war bereits befreit und Anfang Mai verlor sich die Spur des Hauptzugs in Brandenburg, wo nur etwa 300 Häftlinge von US-Truppen befreit wurden. Wievielen Häftlingen die Flucht gelungen war oder wie viele auf dem Marsch umkamen, ist ungeklärt. Nach dem Krieg wurden im Lager deutsche Flüchtlinge und Vertriebene aus dem Sudetenland untergebracht.[36)]

Anmerkungen:

34) Herwig Lewy, Schönebeck I („Julius“), in: Wolfgang Benz/Barbara Distel (Hrsg.), Der Ort des Terrors, Band 3: Sachsenhausen/Buchenwald, S. 568 – 171.

35) Tomasz Kiryllow, Und ihr werdet doch verlieren – Erinnerungen eines polnischen Antifaschisten, Berlin 1985, S. 111 und 114.

36) siehe Anmerkung 33.

Gutscheine

Die Gutscheine waren zum Einkauf von Waren in der Lagerkantine bestimmt und wurden wahrscheinlich als Prämienscheine genutzt. Laut Druckgenehmigungsvermerk stammen sie vom März 1944. Bekannt waren bisher nur Scheine über 1 RM. Vermutlich hat es neben den 1- und 5-RM-Scheinen auch noch andere Wertstufen (evtl. 0,50 und 2 RM) gegeben. Diese sind jedoch bis heute nicht nachgewiesen.

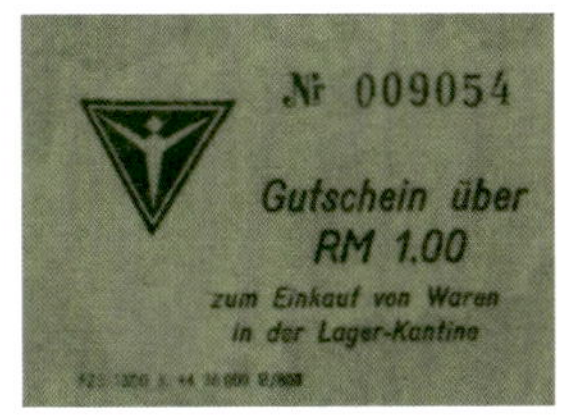

(Ju 1 Vs , Schwarzweiß-Kopie, Bildarchiv des Verlags)

Ju 1 **1 Reichsmark (RM 1.00)**
PS 56 Vs: Junkers-Firmenzeichen
Rs: unbedruckt

Entwurf:	unbekannt	Format:	ca. 73 mm x 53 mm
Umlauf bis:	April 1945	Wz:	Papier grün, ohne Wz.
Druck:	unbekannt	KN:	6stellig

Datum	Auflage	
o.D. (1944)	36 000	RRR

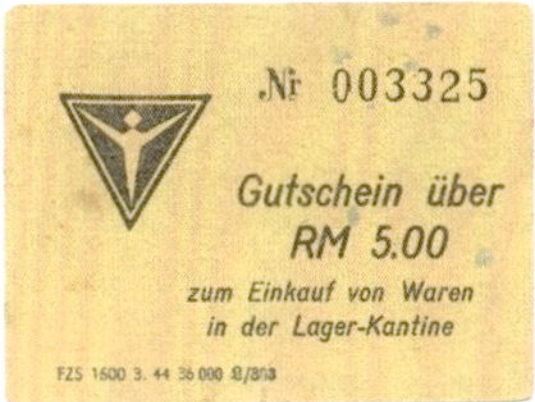

(Ju 2, Gedenkstätte Buchenwald)

Ju 2 **5 Reichsmark (RM 5.00)**
PS – Vs: Junkers-Firmenzeichen
Rs: unbedruckt

Entwurf:	unbekannt	Format:	ca. 73 mm x 53 mm
Umlauf bis:	April 1945	Wz:	Papier gelblich, ohne Wz.
Druck:	unbekannt	KN:	6stellig

Datum	Auflage	
o.D. (1944)	36 000	RRRR

1.3.8 Gustloff-Werk Suhl

Das Gustloff-Werk in Suhl (einst und nach dem Krieg wieder Simson) errichtete am 15. Juli 1943 ein Außenlager für ca. 100 Häftlinge aus Buchenwald, die zum Bau eines Barackenlagers für Fremdarbeiter eingesetzt wurden.[37]

Die im Werk arbeitenden Häftlinge sollen von den Angestellten gut behandelt worden sein. Außerdem erhielten sie von der Leitung des Gustloff-Werks Bons für gute Arbeit in Werten von 0,50 bis 3 RM zugeteilt.[38] Anfang Oktober 1943 wurden sie wieder nach Buchenwald verlegt, nachdem das Barackenlager errichtet war.[39]

Vermutlich handelte es sich um eigene Wertbons des Gustloff-Werks in Suhl, mit denen der Einkauf in einer der Werkskantinen möglich war. Das kleine Außenlager bestand nur kurze Zeit und dürfte über keine eigene Lagerkantine verfügt haben. Möglicherweise nutzte man aber auch Einheitsausgaben der SS-Standort-Kantine Buchenwald für Außenkommandos und stempelte diese lediglich ab.

Leider liegen bis heute keine Belegstücke vor, die die eine oder andere Theorie bestätigen würden. Eine Überprüfung der Gustloff-Akten in der Suhler Außenstelle des Thüringischen Staatsarchivs Meiningen nach Wertbons und Hinweisen zur Organisation des Kantinenbetriebs blieb leider erfolglos. Durch Kriegseinwirkung und Nachkriegswirren hatte dieser Aktenbestand jedoch auch hohe Verluste erlitten.[40]

Anmerkungen:

37) Esther Neustadt, Suhl, in: Wolfgang Benz/Barbara Distel (Hrsg.), Der Ort des Terrors, Band 3: Sachsenhausen/Buchenwald, S. 580 – 581.

38) Stadtarchiv Suhl, Schreiben an das Institut für Deutsche Geschichte an der Karl-Marx-Universität Leipzig vom 5.4.1957, in: BwA, 62-83-1.

39) Siehe Anmerkung 36).

40) Dr. Norbert Moczanski (Oberarchivrat des Thüringischen Staatsarchivs Meiningen), Mitteilung vom 6.7.2008 (im Besitz des Autors).

1.4 Dachau

Bayern

Konzentrationslager

Zur Geschichte des Lagers

Bereits kurz nach der Machtübernahme durch die Nationalsozialisten wurde Angang März 1933 die bayerische Staatsregierung entmachtet und es kam zu einer ersten Verhaftungswelle. Kommissarischer Polizeipräsident in München war Heinrich Himmler, dem die vorhandenen Gefängnisse für die Vollstreckung der „Schutzhaft" nicht ausreichten und der deshalb am 20. März 1933 die Eröffnung eines Konzentrationslagers u. a. für Kommunisten und Sozialdemokraten für den 22. März 1933 in der Nähe von Dachau ankündigte.

Den Ursprung des KL Dachau bildete eine 1916 errichtete Munitionsfabrik mit Hallen, Depots und Unterkünften für etwa 8000 Arbeiter, die seit dem Ende des Ersten Weltkriegs leer stand und verfiel. Da das Objekt durch eine hohe Mauer geschützt und durch Bäume gut getarnt war, nutzte man es als Basis des für bis zu 5000 Häftlinge geplanten Lagers.

Im Vergleich zu anderen frühen Lagern der NS-Diktatur war Dachau von Anfang an nicht als Provisorium gedacht, sondern als dauerhafte Einrichtung für das Land Bayern.

Dachau war zwar nicht das erste Konzentrationslager, aber das einzige frühe Lager, das bis zum Ende des Kriegs bestand. Es verwundert deshalb auch nicht weiter, daß die hier entwickelte „Lagerordnung", die sich nicht wie die anderer frühen Lager an den Haftvorschriften für Polizei- und Justizgefängnisse, sondern ganz an den Zielstellungen der SS orientierte, zum Vorbild für die meisten Lagerordnungen späterer Konzentrationslager wurde. Die vom zweiten Lagerkommandanten Theodor Eicke ab 1. Oktober 1933 eingeführte „Disziplinar- und Strafordnung für das Gefangenenlager" sowie die „Dienstvorschrift für die Begleitposten und die Gefangenenbewachung" wurden in allen noch folgenden

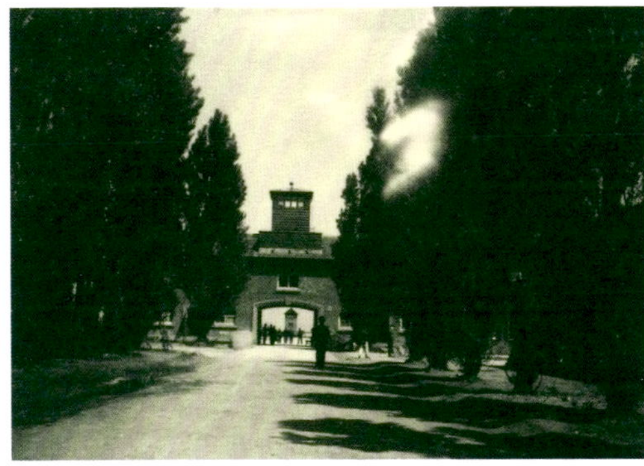

Konzentrationslager Dachau, Straße mit Lagertor.
(Foto aus dem Bericht „Unsterbliche Opfer" von Karl Feuerer, Archiv der Gedenkstätte Buchenwald)

Konzentrationslagern angewandt. Viele SS-Angehörige, die später in leitenden Funktionen anderer Lager tätig waren, gingen durch die „Schule von Dachau".

Eicke war es auch, auf den die Organisationsstruktur der Konzentrationslager zurückgeht, die sich am militärischen Vorbild ausrichtet.

Die „Erziehung durch Arbeit" wurde erstmals in Dachau auf breiter Basis angewandt. So arbeiteten außer zum Ausbau des Lagers schon bald Hunderte Häftlinge in Werkstätten, Baubrigaden und Versorgungsbetrieben für die SS.[1]

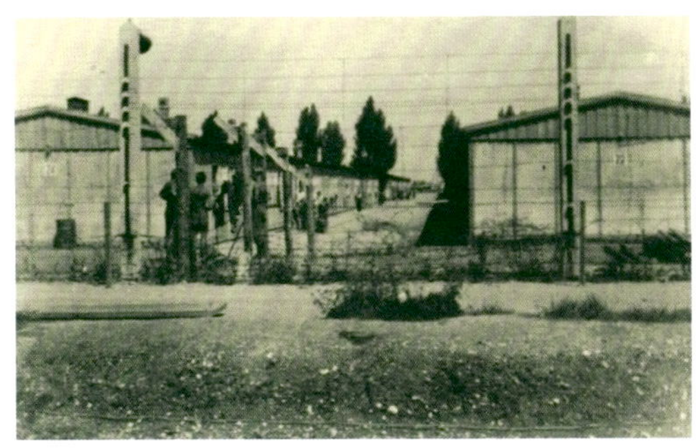

Konzentrationslager Dachau, Blick in das Häftlingslager.
(Foto aus dem Bericht „Unsterbliche Opfer" von Karl Feuerer, Archiv der Gedenkstätte Buchenwald)

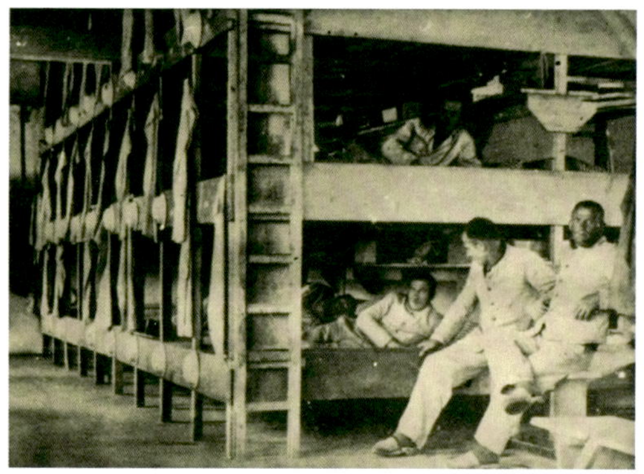

Konzentrationslager Dachau, Häftlingsbaracke 1933.
(Foto aus dem Bericht „Unsterbliche Opfer“ von Karl Feuerer, Archiv der Gedenkstätte Buchenwald)

deren Spitzen nun „Stubenälteste“ und „Blockälteste“ standen. Aus den SS-Kompanieführern wurden SS-Blockführer.[2)]
Anfang 1937 hatten die Bauarbeiten für das neue Gefangenenlager begonnen, das kaum noch an den Grundriß des alten Lagers erinnerte. Insgesamt wurden 34 lange Baracken errichtet, von denen 30 Unterkunftsblöcke waren.
Jeder Block bestand aus 4 Stuben für je 52 Häftlinge. Es konnten nun also insgesamt über 6200 Häftlinge im KL Dachau untergebracht werden. Die Einrichtung der Stuben entsprach dem damaligen Standard deutscher Kasernen. Das Lager war von einem Graben umgeben.[3)]

Auch hierin war Dachau ein „Muster-Gefangenenlager“, das anfänglich sogar in der Presse gelobt wurde. Tatsächlich kam es in der Anfangszeit nur zu wenigen Todesfällen (1936: 11; 1937: 38) und die Versorgung der Häftlinge war den Umständen entsprechend zufriedenstellend.
Mit der Übernahme des Lagers Dachau durch SS-Oberführer Hans Loritz am 1. April 1936 sollte es erneut zu Veränderungen kommen, die allen folgenden Konzentrationslagern als Vorbild dienten. So wurde zwischen 1937 und 1938 die gestreifte Häftlingskleidung und die Kennzeichnung der Häftlinge durch farbige Winkel und Häftlingsnummern eingeführt. Die Unterkünfte wurden in „Stuben“ und „Blöcke“ umbenannt, an

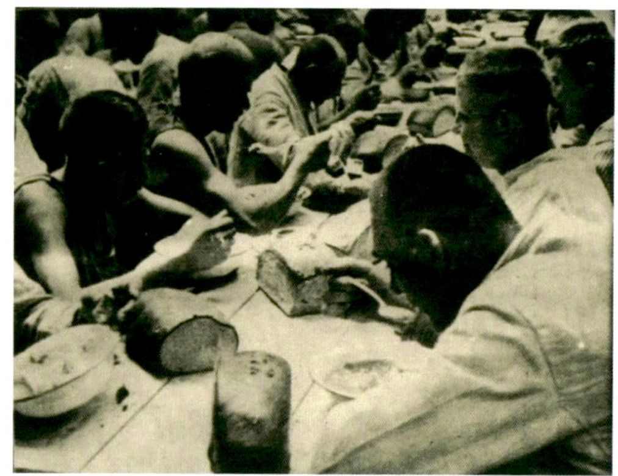

Konzentrationslager Dachau, Mittagessen 1933.
(Foto aus dem Bericht „Unsterbliche Opfer“ von Karl Feuerer, Archiv der Gedenkstätte Buchenwald)

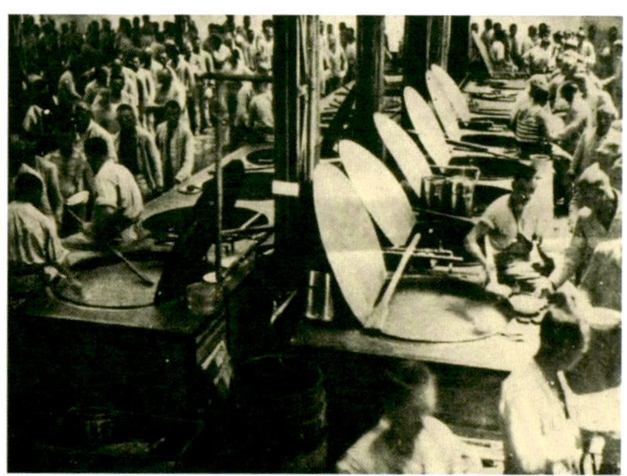

Konzentrationslager Dachau, Häftlingsküche 1933.
(Foto aus dem Bericht „Unsterbliche Opfer“ von Karl Feuerer, Archiv der Gedenkstätte Buchenwald)

Im Zuge mehrerer Verhaftungsaktionen von Schwer- und Sittlichkeitsverbrechern sowie sog. Asozialen waren zahlreiche neue Häftlinge nach Dachau gekommen, sodaß deren Gesamtzahl im Juni 1938 von etwa 3400 auf fast 6200 angestiegen und damit die Kapazität des Lagers fast erschöpft war.
Als der Neubau des Lagers abgeschlossen war, setzte man viele Häftlinge bei der „Deutschen Versuchsanstalt für Ernährung und Verpflegung“ ein, für die Moorboden zu entwässern und eine Heilkräuterplantage zu pflegen war. Die SS-eigene GmbH war durch Oswald Pohl Ende Januar 1939 gegründet worden.

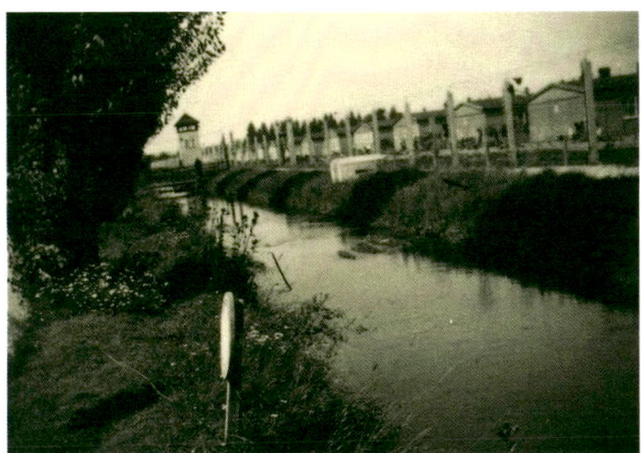

Konzentrationslager Dachau, Neues Lager 1937 von außen mit Wassergraben.
(Foto aus dem Bericht „Unsterbliche Opfer" von Karl Feuerer, Archiv der Gedenkstätte Buchenwald)

Mit Beginn des Kriegs gegen Polen rückten die SS-Wachmannschaften an die Front ab und wurden durch ältere SS-Angehörige ersetzt.

Ende September 1939 brauchte die SS das Lager für die Ausbildung von SS-Totenkopf-Divisionen für den Fronteinsatz. Am 26. September 1939 begann deshalb die Räumung: 1600 Häftlinge kamen nach Mauthausen, fast 1000 nach Flossenbürg und 2200 nach Buchenwald (darunter auch Karl Feuerer, dessen Bericht „Unsterbliche Opfer" wir u. a. die zahlreichen Fotos aus den Anfangsjahren des KL Dachau verdanken). Zurück blieben lediglich 100 Häftlinge für die Arbeit auf der Heilkräuterplantage und für dringende Arbeiten im Lager.[4]

Ab Februar 1940 füllte sich das Lager wieder langsam, nachdem es die Ausbildungseinheiten der SS verlassen hatten. Es kamen Häftlinge aus Mauthausen und Flossenbürg zurück, außerdem trafen neue Häftlinge aus Sachsenhausen ein.

Mit dem Kriegsbeginn war es wieder Dachau, von wo aus die SS neue Wege beschritt. Das hier entstandene große Kommando Wirtschaftsbetriebe bildete die Grundlage für die späteren SS-eigenen „Deutschen Ausrüstungswerke" (DAW), in denen Tausende Häftlinge in verschiedenen Lagern Zwangsarbeit leisten mußten.

Der Krieg führte aber auch zu dramatischen Veränderungen der Lebensbedingungen in den Lagern. Nicht nur, daß sich die Verpflegung verschlechterte und zudem rationiert wurde, die Arbeitseinsätze von Häftlingen wurden außerdem immer härter, so daß sich das später oft zitierte Ziel „Vernichtung durch Arbeit" abzuzeichnen begann.[5]

Hatte man in Friedenszeiten noch bestimmte Regeln im Umgang mit den Gefangenen einzuhalten gehabt, so fielen mit Kriegsbeginn alle Normen, die die Macht der SS über das Leben und den Tod der Häftlinge eingeschränkt hatten.[6]

Mit den Pogromen vom November 1938 waren mehr als 10 000 Juden nach Dachau gekommen, womit die Gesamtstärke des Lagers auf über 14 200 Häftlinge angewachsen war. Als man den jüdischen Häftlingen für den Verzicht auf ihr Eigentum im Rahmen der „Arisierung" die Auswanderung anbot, sank die Zahl der Häftlinge durch Entlassungen in den folgenden Monaten wieder deutlich auf unter 4000.

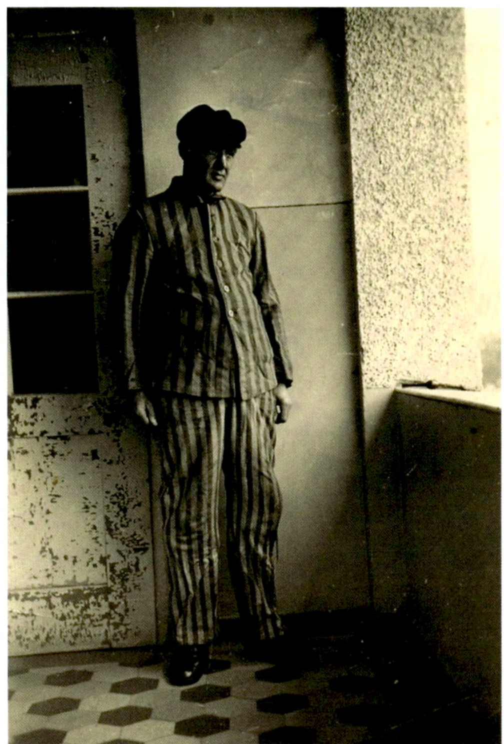

Konzentrationslager Dachau, Häftlingsporträt in der 1937 – 1938 eingeführten „Zebra-Uniform".
(Foto aus dem Bericht „Unsterbliche Opfer" von Karl Feuerer, Archiv der Gedenkstätte Buchenwald)

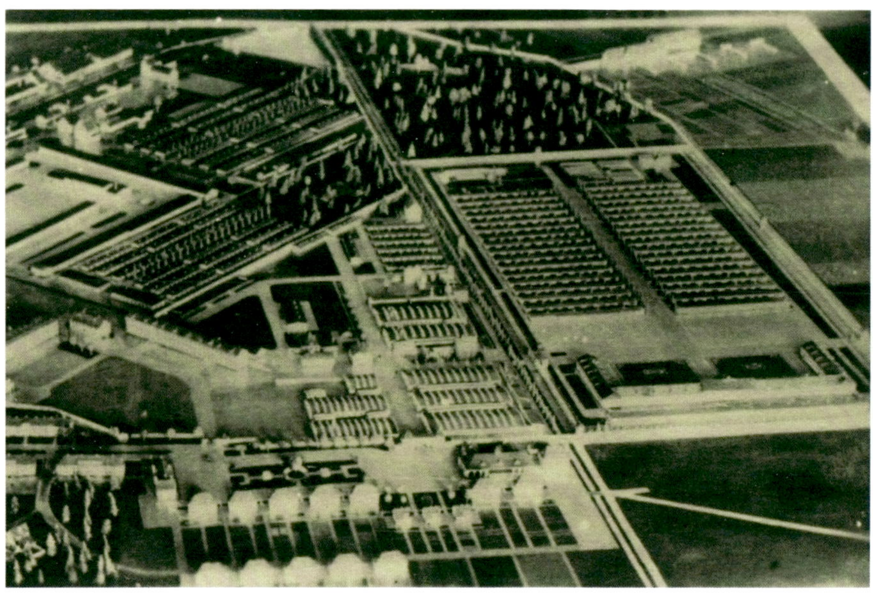

Konzentrationslager Dachau, Relief-Modell des Lagers.
(Foto aus dem Bericht „Unsterbliche Opfer“ von Karl Feuerer, Archiv der Gedenkstätte Buchenwald)

Bekannt wurde Dachau als Sammellager für über 2700 Priester, die hier ab Ende 1940 aus allen Konzentrationslagern zusammengelegt wurden. Von ihnen sollten über 1000 in Dachau den Tod finden.

Mit den großen Anfangserfolgen der Wehrmacht im Krieg gegen die Sowjetunion wurden Ende Oktober 1941 mehrere Baracken für die Aufnahme von bis zu 7000 Kriegsgefangenen vorbereitet und durch einen besonderen Zaun gesichert. Insgesamt wurden in Dachau etwa 4500 sowjetische Kriegsgefangene ermordet.[7)]

Massendeportationen aus besetzten Gebieten nach Dachau begannen erst im Sommer 1944. Eine der größten Gruppen bildeten Franzosen, von denen in kurzer Zeit über 14 000 im Lager eintrafen. Es kamen aber auch über 21 000 Ungarn (davon etwa 17 600 Juden) als Häftlinge nach Dachau.[8)]

Im Herbst 1944 war das Lager schließlich völlig überfüllt. In die Blocks, die für etwa 200 Häftlinge gebaut waren, pferchte man nun über 1000, ja teilweise bis zu 2000 Häftlinge. Dies hatte katastrophale Auswirkungen auf die hygienischen Verhältnisse und die Versorgung der Häftlinge, deren Rationen bald nicht mehr zum Leben reichten. Hinzu kam eine Flecktyphus-Epidemie, die durch einen Gefangenentransport aus Ungarn eingeschleppt wurde und Tausende Opfer forderte. Allein vom Dezember 1944 bis zur Befreiung des Lagers starben über 14 500 Menschen und als dem Krematorium im Februar 1945 die Kohlen ausgingen, wurden die Leichen in Massengräbern beigesetzt.

In der Endzeit des Lagers kamen zusätzlich auch noch immer mehr Häftlinge mit Transporten aus bereits evakuierten Lagern in Dachau an. Darunter befanden sich auch bekannte Persönlichkeiten wie der ehemalige Reichsbankpräsident Hjalmar Schacht, der ehemalige österreichische Bundeskanzler Kurt von Schuschnigg und der einstige Chef des Generalstabs des Heeres Franz Halder. Ende April waren 137 „Sonderhäftlinge“ in Dachau, unter ihnen ein Neffe Winston Churchills und der Sohn des ungarischen Reichsverwesers Nikolaus von Horthy sowie 36 „Sippenhäftlinge“, die man im Zusammenhang mit dem Hitler-Attentat vom 20. Juli 1944 verhaftet hatte. Die meisten von ihnen wurden am 27. April 1945 in ein Sammellager der Gestapo

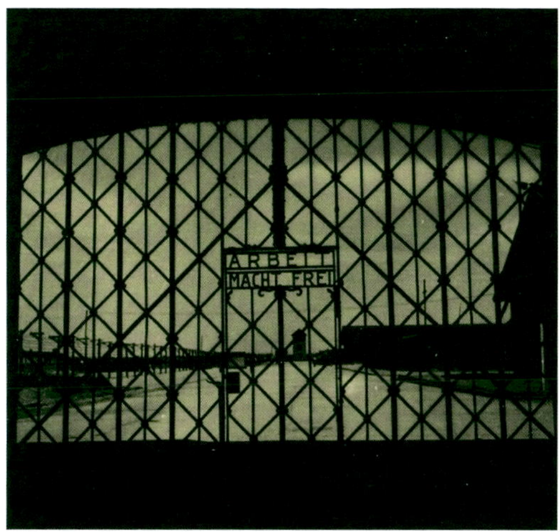

Konzentrationslager Dachau,
Lagertor mit dem Motto „Arbeit macht frei", das auch für andere Lager wie Auschwitz übernommen wurde.
(Foto aus dem Bericht „Unsterbliche Opfer" von Karl Feuerer, Archiv der Gedenkstätte Buchenwald)

nach Innsbruck gebracht, wo sie kurz darauf von amerikanischen Truppen befreit wurden.
Bereits am 23. April 1945 hatte ein Zug mit etwa 2000 jüdischen Häftlingen Dachau in Richtung Innsbruck verlassen. Sie wurden am 30. April befreit. Am 26. April wurden über 8600 Häftlinge aus Dachau evakuiert, etwa 1000 von ihnen sollten den Marsch nicht überleben.
Als das Lager am 29. April 1945 von amerikanischen Einheiten befreit wurde, bot sich ein grausames Bild. Im Lager fanden sich Hunderte Leichname von kurz zuvor verstorbenen Häftlingen. In einem abgestellten Zug aus Buchenwald, der am Vortag in Dachau eingetroffen war, lagen mindestens 1000 Tote. Nach der Befreiung starben noch mehr als 3000 Menschen.
Die traurige Bilanz: Von den etwa 200 000 Häftlingen, die zwischen 1933 und 1945 im Konzentrationslager Dachau und dessen Außenlagern inhaftiert waren, sind insgesamt fast 41 600 ums Leben gekommen.[9)]

Bargeld im Lager

Bereits in der Einleitung zum Thema Geld und Geldersatz in den deutschen Konzentrationslagern 1933 bis 1945 wurde auf die Disziplinar- und Strafordnung des KL Dachau vom 1. Oktober 1933 eingegangen, die vielen späteren Lagerordnungen anderer Konzentrationslager als Vorbild diente. Darin war u. a. das Ansammeln von Geld im Lager, die Finanzierung verbotener Bestrebungen, Bestechung und der Erhalt von Geldbeträgen aus Sammlungen der „Roten Hilfe" verboten.[10)] Prinzipiell war den Häftlingen aber der Empfang und der Besitz von Bargeld bis zu einer festgelegten Höchstgrenze erlaubt.
Wie so oft, wenn man sich intensiv mit der Geschichte der Konzentrationslager befaßt, stößt man auf Widersprüche.
Einerseits sollte mit der Einführung von Prämienscheinen im Mai 1943 die Auszahlung von Bargeld aus Guthaben eingestellt werden, andererseits sind von der SS genehmigte „Wöchentliche Geldanforderungen" und dazugehörige Kassenanweisungen zur Auszahlung von Eigengeld für den Verbrauch im Lager Dachau auch noch vom Juli 1944 bekannt.
Einerseits wurde Bargeld, zum Teil auch in höheren Beträgen, an Häftlinge zum Eigenverbrauch in Dachau ausgezahlt (siehe hierzu auch den allgemeinen Einleitungsteil zum Geld und Geldersatz in deutschen Konzentrationslagern), andererseits mußten einige Häftlinge z. B. im März 1944 ein „Protokoll" unterschreiben, wonach jeglicher Besitz von Privatgeld (Schwarzgeld) verboten war (siehe Abb. auf der nächsten Seite). Waren der Anlaß für dieses Verbot von „Schwarzgeld" vielleicht die ebenfalls mit diesem Protokoll untersagten Kartenspiele?
Einerseits erhielten Häftlinge laut Geldkartei – nachweislich mindestens noch bis Sommer 1944 – in Dachau regelmäßig Geld aus ihren Guthaben ausbezahlt (so u. a. auch der prominente Häftling Dr. Martin Niemöller), andererseits sind eine Reihe von Geldkarteien erhalten geblieben, auf denen in dieser Zeit keine runden Beträge mehr als Abgang verzeichnet sind, sondern die Kantineneinkäufe direkt vom „Konto" des Häftlings abgebucht wurden. Erhielten etwa nur

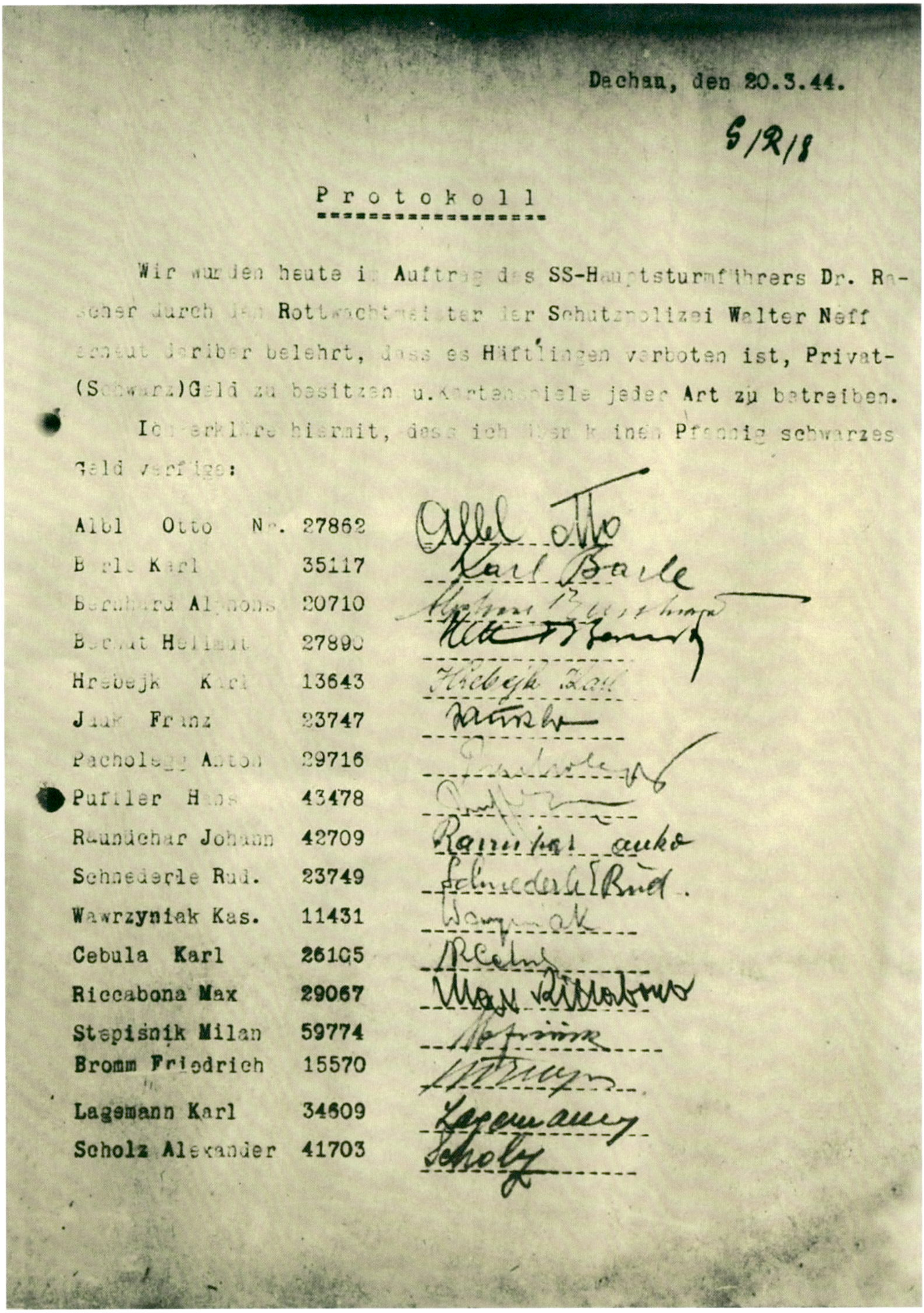

Dachau, den 20.3.44.

S/R/8

Protokoll

Wir wurden heute im Auftrag des SS-Hauptsturmführers Dr. Rascher durch den Rottwachtmeister der Schutzpolizei Walter Neff erneut darüber belehrt, dass es Häftlingen verboten ist, Privat-(Schwarz)Geld zu besitzen u.Kartenspiele jeder Art zu betreiben.

Ich erkläre hiermit, dass ich über keinen Pfennig schwarzes Geld verfüge:

Albl Otto Nr. 27862
Berle Karl 35117
Bernhard Alphons 20710
Bernt Hellmut 27890
Hrebejk Karl 13643
Jank Franz 23747
Pacholegg Anton 29716
Puffler Hans 43478
Raunicher Johann 42709
Schnederle Rud. 23749
Wawrzyniak Kas. 11431
Cebula Karl 26105
Riccabona Max 29067
Stepisnik Milan 59774
Bromm Friedrich 15570
Lagemann Karl 34609
Scholz Alexander 41703

KL Dachau, Protokoll einer Belehrung über das Verbot des Besitzes von „Schwarzgeld" vom 20.3.1944.
(Archiv der Gedenkstätte Dachau)

Name	Vorname	Häftl. Nr.
Schirmann	Richard	19871

Block	Geburtsdatum
Kmdo. Neu Aubing 2	3.7.1908

Datum		Eingang	Ausgang	Kontostand	Quittung
21.1.44		3.–		3.–	
4.2.44		4.–		7.–	
20.2.44			2.26	4.74	
17.2.44		3.–		7.74	
27.2.44			6.70	1.04	
4.3.44			1.04	–	
14.3.44		2.–		2.–	
21.3.44			2.00	–	
6.4.44		2.–		2.–	
16.4.44		6.–		8.–	
25.4.44			5.–	3.–	
5.5.44	Präm.	6.–		9.–	
10.5.			5.80	3.20	
30.5.	Einkauf		–.87	2.33	
15.5.	Prämie	2.50		4.83	
	Übertrag				
	Überweisg.	10.–		14.83	
	Prämie	12.–		26.83	
28.6.	Eink.		6.70	20.13	
14.7.	–"–		11.68	8.45	
31.7	Verk.		–.70	7.75	
1.8	–"–		2.02	5.73	
15.8.	P. + Bier		3.35	2.38	
21.8.	B.		2.–	–.38	
24.8.	6 Zig		–.36	–.02	
29.8.	Pr.	7.50		7.52	
10.9.	B.		1.25	6.27	
11.9.	Z.		3.60	2.67	
20.9.	Ware		–.80	1.87	
21.9.	Pr.	7.50		9.37	
23.9.	– B.		1.–	8.37	
26.9.	Uml.		–.50	7.87	
–"–	B.		–.50	7.37	
27.9.	Präm.	7.50		14.87	
28.9.	Z.		1.50	13.37	
5.10.	Z.		2.48	10.89	
	Übertrag				

1285

Name	Vorname	Häftl. Nr.
Schirmann	Richard	19871

Block	Geburtsdatum

Datum		Eingang	Ausgang	Kontostand	Quittung
	Übertrag			10.89	
8.10.	Prämie	2.–		12.89	
24.10	Z.		7.90	4.99	
12.12.	V.		4.99	–.–	
20.12	Pr.	4.–		4.–	
23.12	Z.		–.25	3.75	
24.12	Z.		2.50	1.25	
30.12.	Z.		1.25	–.–	
29.1.45	Pr.	3.–		3.–	
29.1.	Z.		1.50	1.50	
1.2.	Prämie	2.–		3.50	
1.2.	Uml. Z.		1.–	2.50	
4.2	Z.		1.50	1.–	
8.2.	Pr.	3.–		4.–	
14.2.	Z.		1.50	2.50	
	Übertrag				
11.3.	Z.		–.40	2.10	
13.3.	Pr.	10.–		12.10	
13.3.	u. M.		–.70	11.40	
13.3.	Z.		–.80	10.60	
4.4.	Z.		1.–	9.60	
15.4	M.		1.–	8.60	
15.4	B.		–.50	8.10	
18. April 1945					
	Übertrag				

1285

Konzentrationslager Dachau, Geldkartei des deutschen Häftlings Richard Schirmann (Nr. 19871) vom 21.1.1944 bis 18.4.1945 mit Vermerken zu Prämien (meist ohne Benennung), Einkäufen, Zigaretten, Bier (meist B.) und Umlagen. (Archiv der Gedenkstätte Dachau)

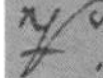

Dieses Zeichen kommt sehr häufig auf Dachauer Geldkarteien vor und steht wahrscheinlich für die Verrechung eines Einkaufs in der Lagerkantine.

Prominente und einige Funktionshäftlinge Geld ausgezahlt, während die große Masse der Häftlinge über einen bargeldlosen Verrechnungsweg einkaufen mußte? Diese und viele andere Fragen sollen Anregungen für weitere Forschungen sein.
Auch die auf der vorherigen Seite abgebildete Geldkartei eines deutschen Häftlings enthält für 1944 und 1945 keine regelmäßigen Abgänge in runden Beträgen (Auszahlung von Bargeld innerhalb eines Verfügungsrahmens) mehr, sondern lediglich Prämien und direkt von der Geldkartei gebuchte Abgänge, z.B. für Kantineneinkäufe. Auffällig ist, daß mit Ausnahme von Prämien keine Zugänge verzeichnet sind, etwa aus Geldanweisungen. Nun könnte dieser Häftling natürlich keine Geldanweisungen erhalten haben. Tatsächlich finden sich aber auch auf den meisten anderen Geldkarteien für diesen Zeitraum keine Zugänge mehr, außer Prämien. Zum Vergleich soll eine Seite der Geldkartei eines anderen Häftlings aus dem Jahr 1941 gezeigt werden, auf der sowohl regelmäßige Geldzugänge (Geldanweisungen) als auch Abgänge verzeichnet sind (eine vergleichbare Kartei liegt von Dr. Martin Niemöller von 1941 bis zum September 1944 vor). Interessant ist der Umstand, daß mehrere Geldkarteien aus Dachau sog. Umlagen verzeichnen. Offenbar mußten sich darüber die Häftlinge in geringem Umfang an den „Gemeinkosten" des Lagers beteiligen.
Die Verteilung von Zigaretten und Bier ist ebenfalls durch entsprechende Abgänge auf den Geldkarteien von Dachau vermerkt.
Besonders aufschlußreich sind die Ausführungen des ehemaligen Häftlings Stanislav Zámecnik in seinem Buch „Das war Dachau". So schreibt er zur Vorkriegszeit im Lager: „*Die Häftlinge empfanden die Lagerverpflegung als widerlich, doch war sie unvergleichlich besser und reichhaltiger als während des Krieges. Zudem konnten die Häftlinge ihre Speisekarte durch Einkäufe in der Lagerkantine ergänzen. Von dem Geld, das sie mitgebracht hatten oder das ihnen zugeschickt wurde, teilte man ihnen monatlich maximal 30 RM zu; dafür konnten die Häftlinge in der Kantine für überhöhte Preise Grundnahrungsmittel wie Brot, Wurstwaren, Butter, Obst u.a. erstehen. Für einen erheblichen Teil der Häftlinge aber blieb die Kantine verschlossen, und zwar vor allem für die Arbeiter, von denen viele vor ihrer Verhaftung arbeitslos gewesen waren. Ihre dahinvegetierenden Familien sahen sich nicht in der Lage, ihnen Geld zu schicken.*"[11]
Zum Einkauf in der Lagerkantine erinnerte er sich: „*Die Möglichkeiten, sich die Speisekarte durch Einkäufe in der Kantine zu verbessern, wurden zunehmend eingeschränkt. Als ich in das Lager eingeliefert wurde (im Februar 1941), gingen die Blöcke noch in Abständen von zwei bis drei Wochen am Sonntag in Kolonnen zu Kaffee und Kuchen in die Kantine. Wie alles andere war auch dieses mit Geschrei und Schlägen verbunden, weil die Kolonne angeblich schlecht ausgerichtet war, weil der Verdacht aufkam, jemand kaufe zum zweiten Mal ein usw. Die Gelegenheit, die Kantine aufsuchen zu können, bot sich mir*

Konzentrationslager Dachau.

Neuhäusler Johann (Vor- und Zuname) Häftling Nr. 26.680
geb. am 27.1.88 Heimatort: Fahrtkosten:

Datum	Bel. Nr.	Zugang RM	Rpf	Abgang RM	Rpf	Bestand RM	Rpf	Bestätigung
22. JULI 1941	652	60	–			60	–	Neuhäusler
26. JULI 1941	670	50	–			110	–	Neuhäusler
1. AUG. 1941	369			30	–	80	–	Neuhäusler
7. AUG. 1941	388			30	–	50	–	Neuhäusler
13. AUG. 1941	760	226	70			276	70	Neuhäusler
15. AUG. 1941	116			30	–	246	70	Neuhäusler
25. AUG. 1941	816	50	–			296	70	Neuhäusler
2. SEP. 1941	466			30	–	266	70	Neuhäusler
18. SEP. 1941	514			30	–	236	70	Neuhäusler
25. Sep. 1941	970	✓50	–			286	70	Neuhäusler
14. OKT. 1941	164			30	–	256	70	Neuhäusler
28. OKT. 1941	1438	50	–			306	70	Neuhäusler
17.11.41	1230	250	–			556	70	Neuhäusler
13.11.41	634			306	70	250	–	Neuhäusler
29. Dez. 1941	756			30	–	220	–	Neuhäusler
				Übertrag:		220	–	

Konzentrationslager Dachau,
Geldkartei des Häftlings Johann Neuhäusler (Nr. 26680) vom Juli bis Dezember 1941.
(Archiv der Gedenkstätte Dachau)

nur zweimal. Zu einem Becher Kaffee erhielten wir beim erstenmal ein sogenanntes Nürnberger Brötchen, eine Art Semmel, aus dunklem Mehl und getrockneten Birnen gebacken, mit etwas Marmelade. Uns erschien diese Speise wie himmlisches Manna. Beim zweiten Mal erhielten wir eine dünne Scheibe Brot mit Marmelade. Später durften die Häftlinge kein Geld mehr bei sich haben; dieses wurde auf ein Konto eingezahlt, das der ‚Kantinenmann' eines jeden Blockes verwaltete. Dieser besorgte auch einmal wöchentlich die Einkäufe. Der Essraum der Kantine war seit dieser Zeit nur noch eine Potemkinsche Fassade. Brot oder aus Mehl hergestellte Produkte wurden den normalen Häftlingen nicht mehr verkauft. An Lebensmitteln konnte man für einen stark überhöhten Preis nur eine Art scharf schmeckenden Salat aus Gemüse und Senf erhalten, hin und wieder auch einen sehr säuerlichen Salat aus roten Rüben. Beides wäre als Beilage zu einem ordentlichen Gericht nicht schlecht gewesen. Wenn aber der hungrige Mensch diese Speisen, die ein Halbliterglas füllten, ohne jede Zutaten verschlang, pflegte dies üble Folgen zu haben. Etwa zwei- oder dreimal wurden wie Käfer aussehende Meerestiere verkauft, die einen großen Bauch, einen insgesamt aber winzigen Körper besaßen und ebenfalls in einer säuerlichen Flüssigkeit eingelegt worden waren. Einmal machte die Lagerleitung alte Hühnerfleischkonserven, deren Deckel sich bereits wölbten, zu Geld. Das wohl einzige wertvolle Nahrungsmittel, das ab und zu zum Verkauf angeboten wurde, war Rübensirup in Blechkonserven. Die Häftlinge konnten sich eine bestimmte Menge an Tabakwaren kaufen, die die SS irgendwo erbeutet hatte. Im (Jahr) 1941 waren es sehr starke französische Zigaretten, später russische Machorka. Den Hauptzweck des Kantineneinkaufs bildete das Abschöpfen von Geld zugunsten der SS. Alles war unangemessen teuer und der Einkauf der erwähnten Lebensmittel häufig zugleich an den Kauf unverkäuflicher oder unnützer Gegenstände gebunden, wie etwa Bakelitbecher oder sogar Puderdosen und Kämme (in einem Lager, in dem alle kahl geschoren waren)."[12]

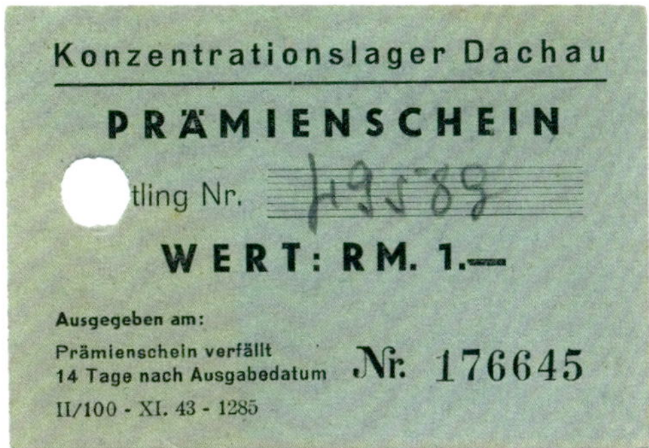
Konzentrationslager Dachau
PRÄMIENSCHEIN
tling Nr. 49588
WERT: RM. 1.—
Ausgegeben am:
Prämienschein verfällt
14 Tage nach Ausgabedatum
Nr. 176645
II/100 - XI. 43 - 1285

Konzentrationslager Dachau, Prämienschein vom November 1943 über 1 RM mit Häftlingsnummer, ohne Ausgabedatum und mit Lochung.
(Sammlung Wolfgang Haney, Berlin)

Prämienscheine des KL Dachau

Ausgehend vom ungünstigen Kriegsverlauf für das Deutsche Reich, wurden ab 1942 Häftlinge als Arbeitskräfte in der Rüstungsproduktion immer wichtiger. Um die Leistungsfähigkeit der Häftlinge zu steigern, mußten jedoch dringend auch deren Lebensbedingungen in den Lagern verbessert werden. In Dachau setzte ab September 1942 der neue Lagerkommandant Piorkowski eine Reihe radikaler Veränderungen durch, die diesem Ziel dienten. So verbot er das Schlagen von Häftlingen, grausame Schikanen und das Pfahlbinden. Die Appelle wurden reduziert und der Empfang von Lebensmittelpaketen erlaubt. Außerdem enthob er eine Reihe berüchtigter SS-Führer ihrer Funktionen. Schon bald waren genügend Lebensmittel vorhanden und man verteilte sie untereinander sogar an Bedürftigte oder nutzte sie im Tauschhandel.

Mit den Bestimmungen der Prämienvorschrift des WVHA der SS vom Mai 1943 sollten die Arbeitsleistungen der Häftlinge zusätzlich durch die Vergabe von Prämienscheinen gesteigert werden. In Dachau gab es für diese Scheine aber kaum Lebensmittel oder Kleidung zu kaufen. Ab dem 11. Mai 1944 existierte ein Lagerbordell, in dem man die Scheine einlösen konnte.

In Dachau trugen die Prämienscheine aber kaum zu Arbeitssteigerungen bei, und das Bordell mußte zum Jahreswechsel 1944/1945 sogar seinen Betrieb einstellen.[13]

Die Vergabe der Scheine erfolgte über die Betriebe und Kommandos, in denen Häftlinge zur Arbeit eingesetzt waren. Diese wiederum kauften die Prämienscheine zum Nennwert von der Kantinenverwaltung (siehe hierzu auch den „Auszahlungs-Schein“ der Kantinenverwaltung des KL Dachau vom 22. Dezember 1943 über Prämienscheine im Gesamtwert von 1450 RM an die Deutsche Versuchsanstalt für Ernährung und Verpflegung in Dachau im Einleitungsteil). Prämienscheine wurden also nicht nur an Häftlinge ausgegeben, die unmittelbar in der Rüstungsproduktion eingesetzt waren, sondern prinzipiell an alle Häftlinge, die zu Arbeiten in oder außerhalb des Lagers herangezogen wurden. Hierzu zählten auch Häftlinge in Außenkommandos.

Kaum bekannt ist, daß 1944 im Zusammenhang mit dem Bau von unterirdischen Flugzeugfabriken auch mehrere Außenlager von Dachau bei Mühldorf und Kaufering als regelrechte Lagerkomplexe entstanden, in denen insgesamt etwa 30 000 jüdische Häftlinge arbeiten mußten, von denen fast die Hälfte ums Leben kam.[14)]

Buchenwald war jedoch das einzige Stammlager, das für seine Außenkommandos besondere Prämienscheine drucken ließ. In allen anderen Lagern, so auch in Dachau, galten einheitliche Prämienscheine des Stammlagers auch in Außenlagern und Außenkommandos. Zum Teil wurden diese dort auch abgestempelt. So sind von Dachau rückseitig abgestempelte Prämienscheine mit folgenden Stempeln in verschiedenen Farben (Violett und Grün) bekannt:

- Deutsche Versuchsanstalt für Ernährung und Verpflegung Werk Dachau
- Sanitätswesen der Waffen-SS
- SS-Standortverwaltung Dachau.

Im Katalog „Das Lagergeld der Konzentrationslager und D.P.-Lager 1933 – 1947“ von Albert Pick und Carl Siemsen wurden unter Dachau lediglich Prämienscheine mit Druckgenehmigungsvermerken aufgeführt, in denen als Ausgabezeiträume der Mai und der Oktober 1944 vorkommen.[15)] Es gibt aber auch Prämienscheine mit Datum vom November 1943.

Die Dachauer Prämienscheine sind recht einfach gestaltet und zeigen neben der Lagerbezeichnung und dem Nominal auch ein Raster zur Eintragung der Häftlingsnummer sowie eine Zeile zum Eintrag (Stempeln) des Ausgabetags.

Nach der Gültigkeitsangabe auf den Scheinen sollten diese 14 Tage nach dem Ausgabedatum verfallen. Tatsächlich wurde diese Regelung wohl aber nicht konsequent angewandt, denn zahlreiche Dachauer Prämienscheine tragen zwar eine handschriftlich eingetragene Häftlingsnummer und sind damit ausgegeben wurden, blieben aber ohne Ausgabedatum.

Von ihrem Charakter her waren die Scheine also nicht angelegt um wie Geld zu zirkulieren, sondern lediglich um als Verrechnungsscheine für eine einmalige Annahme benutzt zu werden. Dies trifft übrigens auch auf die Prämienscheine allgemein zu, wird aber in der Ausführung bei jenen von Dachau besonders deutlich.

Einige Dachauer Prämienscheine sind auch mit Lochungen bekannt geworden (siehe Abb.).

Lochungen von Geldscheinen kamen in der vergleichsweise jungen Geschichte des Papiergelds immer wieder als eine Form der Entwertung vor. Wenn die Scheine also ohnehin nur für eine einmalige Einlösung vorgesehen waren, so wäre eine Entwertung (Lochung) bei deren Annahme zwar nicht notwendig, aber immerhin denkbar. Die meisten Scheine kommen aber ohne solche Lochungen vor. Auf eine entsprechende Anfrage liegt hierzu von der Gedenkstätte Dachau folgende Stellungnahme vor: *„Von Prämienscheinen wie die von Ihnen in Fotokopie geschickten, sind einige wenige im Archiv aufbewahrt. Keiner dieser Scheine (Drucknummern N 1285 / IV 50 / X 44 oder N 1285 / V 100 / X 44 für das Stammlager bezw. III 60 / V 44 / 1285 für das Außenlager Allach), die – soweit wir das Ausgabedatum kennen – zwischen März und April 1945 ausgegeben wurden, ist gelocht. Ob die Lochung eine Art Entwertung nach der Einlösung in der Kantine bedeutet, kann ich nicht sagen.“*

Auch wenn damit die Frage nach einer möglichen Lochentwertung nicht abschließend geklärt werden konnte, so scheint die Zuordnung von Prämienscheinen für das Stammlager und

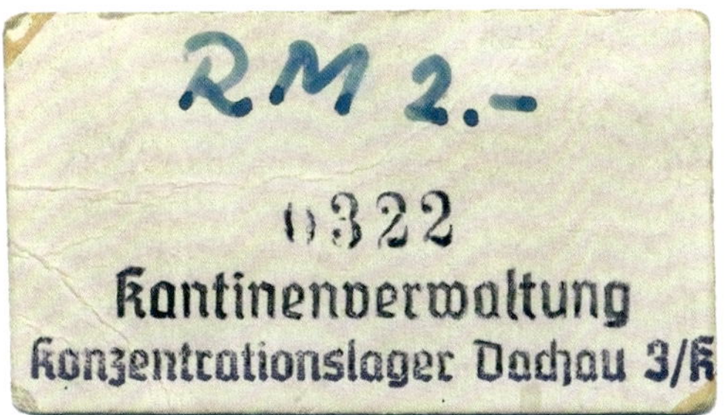

Konzentrationslager Dachau, Provisorischer Gutschein der Kantinenverwaltung über 2 RM.
(Sammlung Wolfgang Haney, Berlin)

ein Außenlager anhand des Druckvermerks doch hoch interessant, ist letztlich aber ein Irrtum, der auf der Herkunft der Belege beruht.[16)]

Interessant ist auch eine provisorische Ausgabe der Kantinenverwaltung des Konzentrationslagers Dachau über 2 RM ohne Datum, die aus der unmittelbaren Zeit nach dem Erlaß der SS-Prämienvorschrift und vor der Ausgabe gedruckter Scheine für Dachau stammen könnte.

Die Gedenkstätte Dachau erklärte hierzu Herrn Wolfgang Haney schriftlich: *„Einen provisorischen Geldschein, wie der von Ihnen beigelegte aus der Kantinenverwaltung, habe ich zuvor noch nie gesehen. Verglichen mit den gedruckten Prämienscheinen wirkt dieser in der Tat wie ein Vorläufer mit gestempelter laufender Nummer und handschriftlicher Werteintragung. Leider sind für das KZ Dachau keine Richtlinien der Kommandantur bezüglich des Prämiensystems überliefert. Insofern können wir nicht sagen, ab wann das Prämiensystem eingeführt und wie es verwaltet wurde."*[17)]

Leider gibt es immer mehr moderne Fantasiescheine für verschiedene Konzentrationslager, darunter auch häufig für Dachau, die zum Schaden der Sammler angeboten werden. Man kann also nicht mit letzter Sicherheit sagen, ob der leicht herzustellende und überdies noch durch seine handschriftliche Wertangabe im Umlauf leicht manipulierbare, provisorische Gutschein der Kantinenverwaltung wirklich echt oder aber nur das Werk fantasievoller Fälscher ist.

Zahlreiche Fälschungen sind jedenfalls auch von Dachauer Prämienscheinen bekannt, ja die Dachauer Prämienscheine dienten sogar als Vorlage für Fantasiefälschungen verschiedenster Lager, wie Auschwitz und Treblinka. Auf Fälschungen soll in einem besonderen Kapitel am Ende des Buches näher eingegangen werden.

Anmerkungen:

1) Stanislav Zámecnik, Dachau-Stammlager, in: Wolfgang Benz/Barbara Distel (Hrsg.), Der Ort des Terrors, Band 2: Frühe Lager/Dachau/Emslandlager, S. 233 f.
2) wie Anmerkung 1), Die Ausschaltung der SA und die neuen Lagerkommandanten, S. 244 – 245.
3) wie Anmerkung 1), Das neue Lager ab 1937, S. 246.
4) wie Anmerkung 1), Das neue Lager ab 1937, S. 248, sowie:
Stein, Sabine (Leiterin Archiv der Gedenkstätte Buchenwald), telefonische Auskunft vom 4.6.2008 zum Transport vom 27.9.1939 aus dem KL Dachau und zur Registrierung von Karl Feuerer.
5) wie Anmerkung 1), Das neue Lager ab 1937, S. 247 f.
6) wie Anmerkung 1), Das neue Lager ab 1937, S. 248.
7) wie Anmerkung 1), Zusammensetzung der Häftlingsgesellschaft, S. 255.
8) wie Anmerkung 1), Zusammensetzung der Häftlingsgesellschaft, S. 257 – 258.
9) wie Anmerkung 1), Die Endphase 1944/1945, S. 268 – 271.
10) Konzentrationslager Dachau (Kommandantur, 1.10.1933), Disziplinar- u. Strafordnung für das Gefangenenlager, § 10.
11) Stanislav Zámecnik, Das war Dachau, S. 54.
12) Ebenda, S. 146.
13) wie Anmerkung 1), Die Eingliederung der KZ-Gefangenen in die Kriegsproduktion ab 1942, S. 258 – 260.
14) wie Anmerkung 1), Außenlager- und kommandos, S. 266 – 267.
15) Albert Pick/Carl Siemsen, Das Lagergeld der Konzentrationslager und D.P.-Lager 1933 – 1947, S. 35 – 36.
16) Wolfgang Haney, Auszug aus einem Antwortschreiben der Gedenkstätte Dachau, sowie:
Albert Knoll (Leiter des Archivs der Gedenkstätte Dachau) in einem persönlichen Gespräch mit dem Autor vom 20.6.2008.
17) Haney, Wolfgang, Auszug aus einem Antwortschreiben der Gedenkstätte Dachau.

Prämienscheine des KL Dachau

1.4.1 Kantinenverwaltung 3/K

Ausgaben der Kantinenverwaltung waren in der Literatur bisher kaum bekannt oder wurden als solche nicht ausgewiesen[1]. Man könnte sie als provisorische Ausgaben vor Einführung der gedruckten Prämienscheine und damit als deren Vorläufer bezeichnen. Bisher sind nur die Werte zu 1 RM[2] und 2 RM[3] belegt, die Existenz anderer Wertstufen ist aber wahrscheinlich.
3/K war das Post-Kürzel für das Konzentrationslager Dachau.

Anmerkungen:

1) Albert Pick/Carl Siemsen, Das Lagergeld der Konzentrationslager und D.P.-Lager 1933 – 1947, S. 36, sowie: Ray Feller/Steve Feller, Silent Witnesses: Civilian Camp Money of World War II, S. 33 – 34, sowie: Lance K. Campell, Prisoner of War and Concentration Camp Money of the 20th Century, S. 59, sowie: C. Frederick Schwan/Joseph E. Boling, World War II Remembered: History in your Hands – A numismatic Study, S. 498, sowie: Arlie R. Slabaugh, Concentration Camps – Dachau, in: Prisoner of War Monies and Medals, S. 31 – 32.

2) Arlie R. Slabaugh, Concentration Camps – Dachau, in: Prisoner of War Monies and Medals, S. 31 – 32.

3) Sammmlung Wolfgang Haney, Berlin (siehe Abb.).

Da 1 **1 Reichsmark (RM 1.–)**
PS – Vs: handschriftlich und gestempelt
Rs: unbedruckt

Entwurf:	unbekannt	Format:	ca. 70 mm x 40 mm
Umlauf bis:	Herbst 1943?	Wz:	Karton ohne Wz
Druck:	Kantinenverwaltung	KN:	ja

Datum	Auflage		
o.D. (1943)	unbekannt	mit Datum-Stpl vom 28.2.1944	RRRR

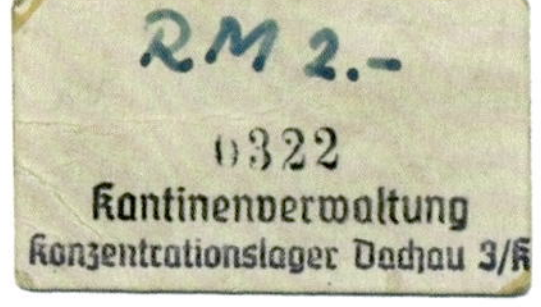

(Da 2, Sammlung Wolfgang Haney, Berlin)

Da 2 **2 Reichsmark (RM 2.–)**
PS 84 Vs: handschriftlich und gestempelt
Rs: unbedruckt

Entwurf:	unbekannt	Format:	ca. 70 mm x 40 mm
Umlauf bis:	Herbst 1943?	Wz:	Karton weiß, ohne Wz
Druck:	Kantinenverwaltung	KN:	4stellig

Datum	Auflage	
o.D. (1943)	unbekannt	RRRR

1.4.2 Konzentrationslager Dachau

Die Dachauer Prämienscheine gibt es in verschiedenen Auflagen, die sich durch die Druckvermerke mit dem darin verschlüsselten Ausgabezeitraum und in der farblichen Ausführung unterscheiden. Leider gibt es noch keinen vollständigen Überblick über alle Auflagen, so daß an dieser Stelle mit einer Aufzeichnung der bisher bekannt gewordenen Varianten und den wahrscheinlichen Kontrollnummern-Kreisen, die auf der Basis der bisher bekannten Auflagehöhen und der Kontrollnummern von Belegstücken ermittelt wurden, vorlieb genommen werden muß. Die römischen Ziffern stehen für die Auflage und die folgende Zahl für die Auflagenhöhe (50 für 50 000, 100 = 100 000 usw.).

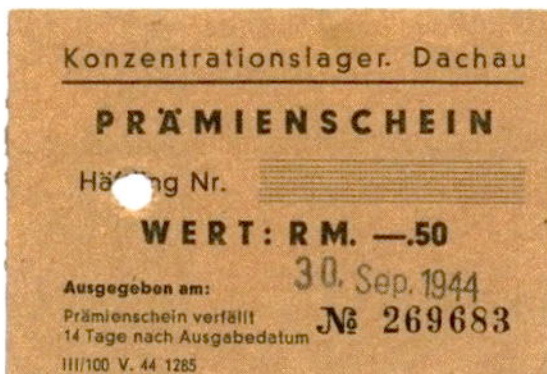

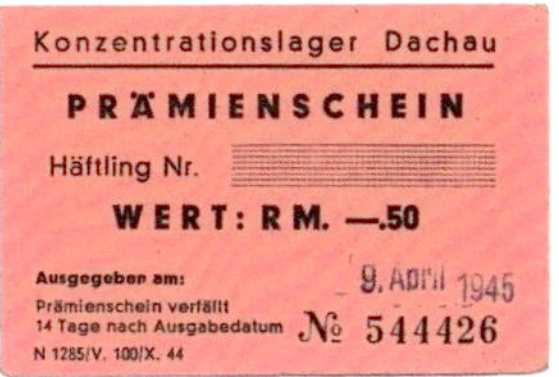

(Da 3cE/f Vs., Sammlung Wolfgang Haney, Berlin)

Da 3 **50 Reichspfennig (RM. 0,50)**
PS 76 Vs: Schrift und Raster für Häftlings-Nr. Rs: unbedruckt

Entwurf:	unbekannt	Format:	ca. 75 mm x 50 mm
Umlauf bis:	April 1945	Wz:	farbiges Papier, ohne Wz
Druck:	unbekannt	KN:	6stellig

Datum	**Ausgabe**			
o.D.		**a)**	1. Auflage, KN 000001 – 099999	RRR
		b)	2. Auflage, KN 100000 – 199999	RRR
	05/1944	**c)**	3. Auflage, KN 200000 – 299999 Druckvermerk III/100 V. 44 1285, Pap. orange	RRR
		d)	4. Auflage, KN 300000 – 399999	RRR
	10/1944	**e)**	5. Auflage, KN 400000 – 499999 Druckvermerk V/100 X. 44 1285, Pap. rosa	RR
	10/1944	**f)**	6. Auflage, KN 500000 – 599999 Druckvermerk N 1285/V. 100/X. 44, Pap. rosa	RR

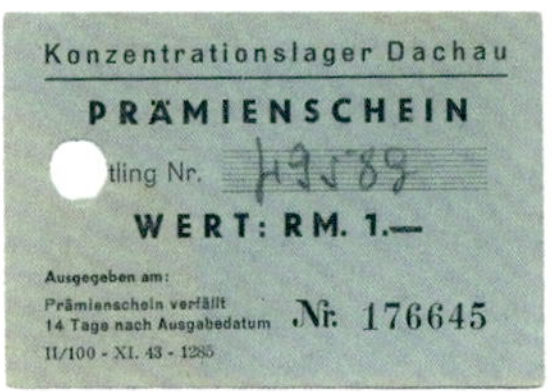

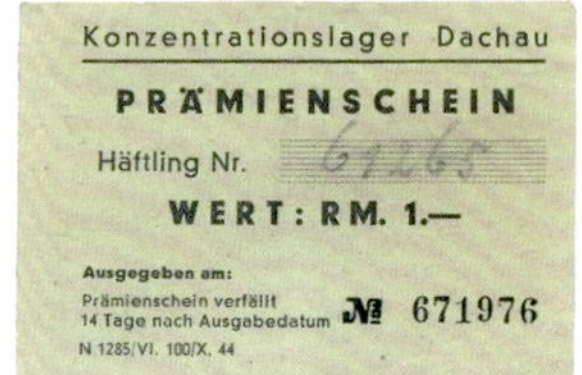

(Da 4bE/g Vs., Sammlung Wolfgang Haney, Berlin)

Da 4 **1 Reichsmark (RM. 1.-)**

PS 77/78 Vs: Schrift und Raster für Häftlings-Nr. Rs: unbedruckt

Entwurf:	unbekannt	Format:	ca. 75 mm x 50 mm
Umlauf bis:	April 1945	Wz:	farbiges Papier, ohne Wz
Druck:	unbekannt	KN:	6stellig

Datum	**Ausgabe**			
o.D.		**a)**	1. Auflage, KN 000001 – 099999	RRR
	11/1943	**b)**	2. Auflage, KN 100000 – 199999 Druckvermerk II/100 - XI. 43 - 1285, Pap. hellblau	RRR
		c)	3. Auflage, KN 200000 – 299999	RRR
		d)	4. Auflage, KN 300000 – 399999	RRR
		e)	5. Auflage, KN 400000 – 499999	RRR
	10/1944	**f)**	6. Auflage, KN 500000 – 599999 Druckvermerk VI/100 X.44 1285, Pap. blaßgrün	RR
	10/1944	**g)**	7. Auflage, KN 600000 – 699999 Druckvermerk N 1285/VI. 100/X. 44, Pap. blaßgrün	RR

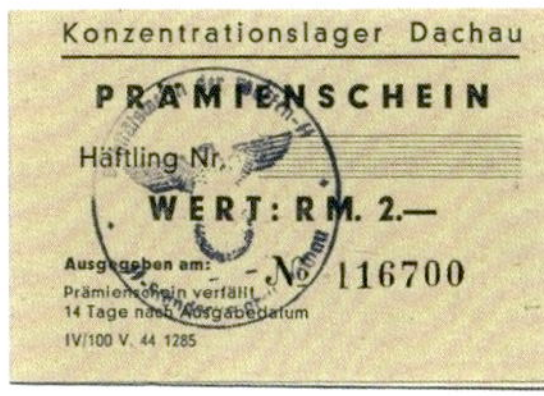

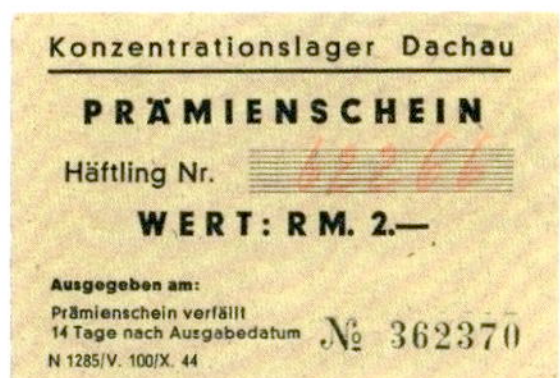

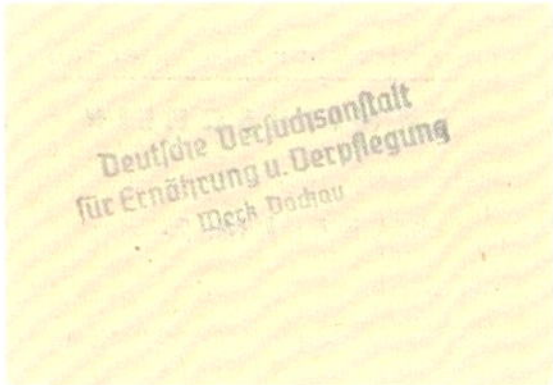

(Da 5d Vs./5f Vs. und Rs. mit Stpl., Sammlung Wolfgang Haney, Berlin)

Da 5 **2 Reichsmark (RM. 2.-)**
PS 79/80 Vs: Schrift und Raster für Häftlings-Nr. Rs: unbedruckt

Entwurf:	unbekannt	Format:	ca. 75 mm x 50 mm
Umlauf bis:	April 1945	Wz:	farbiges Papier, ohne Wz
Druck:	unbekannt	KN:	6stellig

Datum	Ausgabe			
o.D.		**a)**	1. Auflage, KN 000001 –	RRR
		b)	2. Auflage, KN	RRR
		c)	3. Auflage, KN – 099999	RRR
	05/1944	**d)**	4. Auflage, KN 100000 – 199999 Druckvermerk IV/100 V. 44 1285, Pap. gelblich	RRR
	10/1944	**e)**	5. Auflage, KN 200000 – 299999* Druckvermerk V/100 X. 44 1285, Pap. gelblich	RR
	10/1944	**f)**	6. Auflage, KN 300000 – 399999* Druckvermerk N 1285/V. 100/X. 44, Pap. gelblich	RR

* Es sind auch Belegstücke mit KN über 300000 und dem Druckvermerk von e) bekannt. Alle vorliegenden Belege mit KN über 350000 tragen aber den Druckvermerk von f).

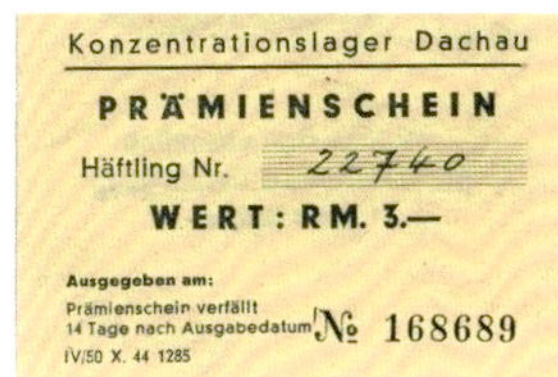

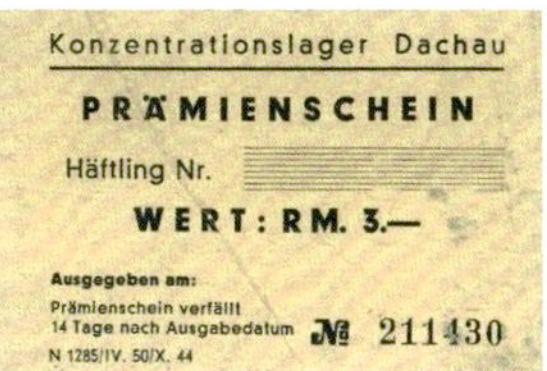

(Da 6d/e Vs., Sammlung Wolfgang Haney, Berlin)

Da 6 **3 Reichsmark (RM. 3.-)**
PS 81 Vs: Schrift und Raster für Häftlings-Nr. Rs: unbedruckt

Entwurf:	unbekannt	Format:	ca. 75 mm x 50 mm
Umlauf bis:	April 1945	Wz:	farbiges Papier, ohne Wz
Druck:	unbekannt	KN:	6stellig

Datum	Ausgabe			
o.D.		**a)**	1. Auflage, KN 000001 – 049999	RRR
		b)	2. Auflage, KN 050000 – 099999	RRR
		c)	3. Auflage, KN 100000 – 149999	RRR
	10/1944	**d)**	4. Auflage, KN 150000 – 199999 Druckvermerk IV/50 X. 44 1285, Pap. gelblich	RR
	10/1944	**e)**	5. Auflage, KN 200000 – 249999 Druckvermerk N 1285/IV. 50/X. 44, Pap. gelblich	RR

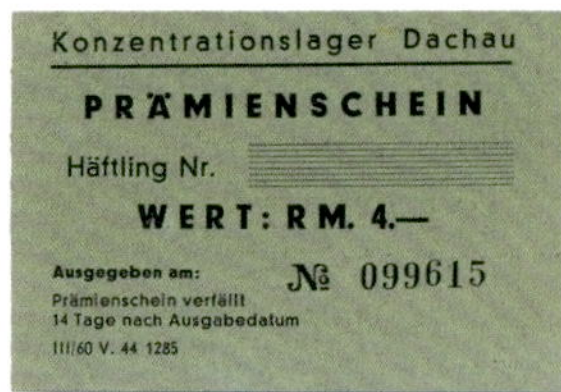

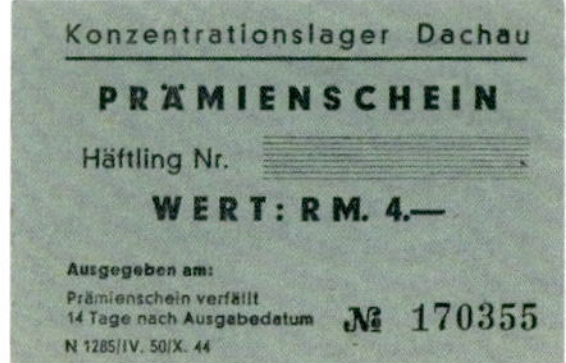

(Da 7c/e Vs., Sammlung Wolfgang Haney, Berlin)

Da 7 **4 Reichsmark (RM. 4.–)**

PS 82/83 Vs: Schrift und Raster für Häftlings-Nummer

Rs: unbedruckt

Entwurf:	unbekannt	Format:	ca. 75 mm x 50 mm
Umlauf bis:	April 1945	Wz:	farbiges Papier, ohne Wz
Druck:	unbekannt	KN:	6stellig

Datum	**Ausgabe**			
o.D.		**a)**	1. Auflage, KN 000001 –	RRRR
		b)	2. Auflage, KN – 039999	RRRR
	05/1944	**c)**	3. Auflage, KN 040000 – 099999 Druckvermerk III/60 V. 44 1285, Pap. graugrün	RRRR
	10/1944	**d)**	4. Auflage, KN 100000 – 149999 Druckvermerk IV/50 X. 44 1285, Pap. graugrün	RRR
	10/1944	**e)**	5. Auflage, KN 150000 – 199999 Druckvermerk N 1285/IV. 50/X. 44, Pap. hellblau	RRR

1.5 Flossenbürg

BAYERN

Konzentrationslager

Zur Geschichte des Lagers

Die Gemeinde Flossenbürg liegt im östlichen Oberpfälzer Wald an der Grenze zu Böhmen und war schon im 19. Jahrhundert durch ihre reichen Granitvorkommen und den Betrieb zahlreicher Steinbrüche bekannt geworden. Nach dem Ersten Weltkrieg verschlechterte sich die wirtschaftliche Lage, nicht zuletzt, weil die Jahrhunderte alte kulturelle Einheit des bayerisch-böhmischen Grenzgebiets mit seiner deutschen Bevölkerung auf beiden Seiten durch die Bildung der Tschechoslowakei und die damit „spürbare" Grenze gespalten wurde.

Infolge der weitreichenden zivilen und militärischen Bauvorhaben der Nationalsozialisten wurde schon ab 1936/1937 ein Arbeitskräftemangel in der Bauindustrie spürbar. Himmler schlug deshalb den Einsatz von Häftlingen in der Baustofferzeugung vor, was ursächlich zur Errichtung neuer Konzentrationslager führte.[1)]

Bereits seit Mitte 1937 wurden durch das SS-Verwaltungsamt verschiedene Steinbrüche auf ihre Ergiebigkeit und Eignung zur Errichtung eines Lagers untersucht. Im März 1938 trafen sich hochrangige Vertreter der SS, darunter auch Oswald Pohl, mit Regionalpolitikern in Ostbayern und man einigte sich schnell auf den Standort Flossenbürg. Immerhin wurde der hiesige Granit schon für den Bau des Reichsparteitagsgeländes in Nürnberg geliefert und das besichtigte Areal war bereits in staatlichem Besitz. Schon am 31. März 1938 bestellte das SS-Verwaltungsamt acht Baracken für die „Baustelle K. L. Flossenbürg". Die Deutsche Erd- und Steinwerke GmbH (DESt) wurde im April 1938 als SS-eigener Betrieb gegründet.[2)]

Die ersten Wachmannschaften trafen am 1. Mai 1938 in Flossenbürg ein. Lagerkommandant wurde Jakob Weiseborn, der zuvor als Schutzhaftlagerführer und Adjutant von Karl Otto Koch

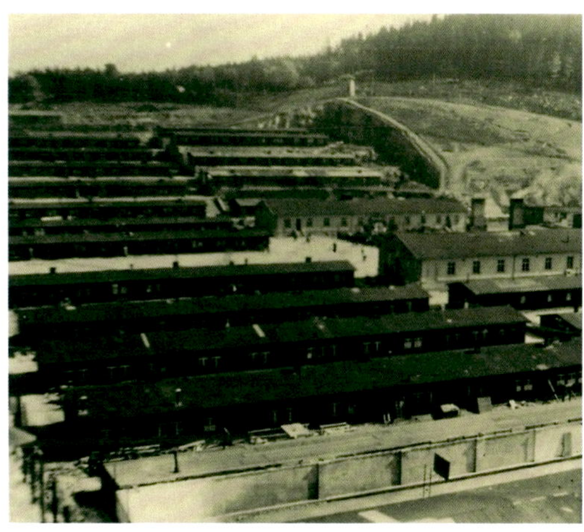

Konzentrationslager Flossenbürg – 22 Wohnbaracken, Steinbruch-Lager, terassenförmiger Aufbau.
(Foto aus dem Bericht „Unsterbliche Opfer" von Karl Feuerer, Archiv der Gedenkstätte Buchenwald)

im KL Buchenwald eingesetzt war. Nur zwei Tage später folgten die ersten 100 Häftlinge mit einem Transport aus dem KL Dachau. Obwohl die Häftlinge sofort mit Erschließungsarbeiten begannen, verliefen die ersten Monate mehr oder weniger planlos. Einerseits fehlte es an Baumaterial für Baracken, andererseits war man sich in führenden SS-Kreisen über den Charakter des Lagers nicht sicher. So fragte Oswald Pohl noch Anfang September 1938 beim Leiter der Inspektion der Konzentrationslager (IKL) Theodor Eicke an, ob Flossenbürg als „Wanderlager" weitergeführt würde.

Die Entwicklung des Lagers hing jedoch ganz wesentlich vom Aufbau der Deutschen Erd- und Steinwerke ab, für die Flossenbürg ihre erste Produktionsstätte werden sollte. Im August 1938 schloß man deshalb Pachtverträge auf zehn Jahre über ein Steinbruchgelände mit dem Land Bayern ab. Bis zum Jahresende 1938 waren insgesamt 1500 Häftlinge in Flossenbürg, zumeist Schwerkriminelle, aus deren Reihen sich für lange Zeit die meisten Funktionshäftlinge rekrutierten. Auch wenn erste Lieferungen von Werksteinen bereits wenige Wochen nach Pachtung erfolgten, so war bis Jahresende 1938 etwa die Hälfte der Häftlinge mit dem Aufbau des Lagers beschäftigt. Dazu gehörte nicht nur das Barackenlager selbst, sondern auch der SS-Bereich mit einer dazugehörigen Siedlung.[3]

Die DESt erwirtschaftete in Flossenbürg – anders als die Steinbrüche in Buchenwald und Mauthausen – einen bescheidenen Gewinn, auch wenn dies einer „großzügigen" Buchhaltung zu verdanken war. Für die SS-Wirtschaftsverwaltung war es Grund genug, um in den weiteren Ausbau zu investieren und eine Verdopplung der Häftlingsbelegung auf 3000 bis Juli 1939 zu planen.[4]

Bis September 1939 waren jedoch nur maximal 2000 Häftlinge im Lager, da der Ausbau nur schleppend voran ging. Erst als das KL Dachau nach dem Beginn des „Polenfeldzugs" Ende September geräumt werden mußte, um SS-Einheiten für deren Ausbildung zum Fronteinsatz Platz zu machen, kamen weitere 1000 Häftlinge nach Flossenbürg.

Kennzeichnend für das Lager war die schwere Arbeit im Steinbruch, Kälte, Hunger und die beherrschende Rolle der Schwerverbrecher in der Lagerhierarchie.

Als Weihnachten 1939 eine Ruhrepidemie ausbrach, konnte der SS-Standortarzt die Lagerleitung von der Notwendigkeit einer Quarantäne überzeugen. Bis Anfang Februar 1940 wurden deshalb alle Arbeiten eingestellt und das Leben von hunderten Häftlingen konnte gerettet werden. Anfang März wurden schließlich die Dachauer Häftlinge wieder rücküberstellt. Zahlreiche von ihnen sollten noch in Dachau an den Folgen des Flossenbürger Hunger- und Seuchenwinters sterben.[5]

Für die rückverlegten Dachauer Häftlinge kamen zwei Transporte aus Sachsenhausen in Flossenbürg an, mit denen die Belegung wieder auf bis zu 2500 Häftlinge im April 1940 anstieg. Wichtigstes Ziel der SS war nun der weitere Ausbau des Lagers. Hierzu zählte der Bau eines eigenen Krematoriums, von massiven Wachtürmen und der Ausbau von Sperranlagen mit elektrisch geladenem Zaun. Währenddessen blieb die Produktion der Steinbrüche weit hinter der von 1939 zurück. Auch wenn Werksteine für Brücken- und Straßenbaustellen geliefert wurden, so konnte man doch in der Praxis keine Effektivität des Häftlingseinsatzes erreichen. Dieser Umstand war nicht nur dem überwiegenden Einsatz von Häftlingen zum Ausbau des Lagers, sondern auch den harten Arbeitsbedingungen in den Steinbrüchen bei mangelhafter Ernährung und Bekleidung der Häftlinge geschuldet.

Als das Aufbauprogramm für die Reichshauptstadt nach dem erfolgreichen „Frankreichfeldzug" im Sommer 1940 wieder aufgenommen wurde, besuchte Himmler persönlich Flossenbürg. Im Zuge der geforderten Erhöhung der Werksteinproduktion in allen Granitwerken der DESt sollte auch Flossenbürg weiter ausgebaut werden. Die Zielplanung übernahm der Architekt des KL Sachsenhausen, Bernhard Kuiper. Dessen Neukonzeption für Flossenbürg sah nun einen Häftlingsbereich für bis zu 9000 Gefangene vor. Hierzu sollte ein neues SS-Wachgebäude im Stil einer Festung errichtet werden, für das dann die alten SS-Wachbaracken in Häftlingsunterkünfte umfunktioniert werden sollten. Als Kosten waren ca. 5,7 Mio. Reichsmark durch Kuiper veranschlagt worden. Pohl lehnte diese Planung ab, nicht zuletzt war er sich nicht sicher, ob Flossenbürg als dauerhafter Standort relevant sein würde und ordnete an, daß Kasernen nur als Notunterkünfte errichtet werden sollten.

Ab 1940 hatte sich in Flossenbürg, wie auch in anderen Konzentrationslagern, die Zusammensetzung der Häftlingsgesellschaft grundlegend geändert. Es kam zu ersten Direkteinweisungen von Häftlingen aus dem Protektorat Böhmen und Mähren, aus Polen und von Juden. Fast alle Neueinweisungen waren nun „Politische", die das bisher rein deutsche Häftlingslager internationalisierten. Dennoch blieb die Macht der bisherigen Funktionshäftlinge ungebrochen. Gezielt wurden nun aber Häftlinge durch diese nach Häftlingsgruppe und Rasse eingestuft, und danach gezielt begünstigt oder unterdrückt.[6]

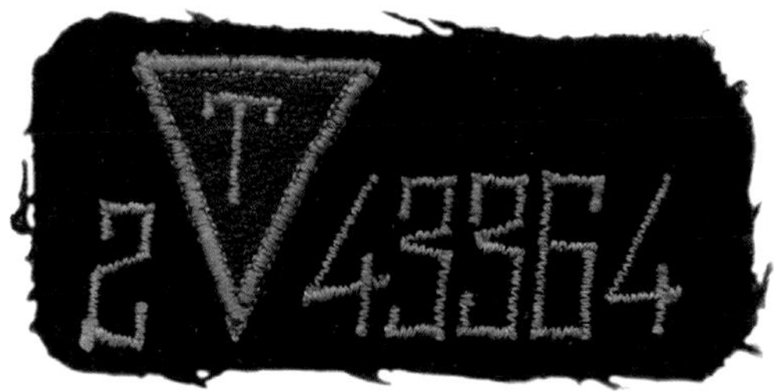

Aufnäher mit Transportnummer und rotem Dreieck für politische Gefangene mit einem „T" für „Tscheche".
(Sammlung Wolfgang Haney, Berlin)

Mit dem Beginn des „Rußlandfeldzugs" und dem massenhaften Fronteinsatz deutscher Männer wurde die Arbeit von Häftlingen in Konzentrationslagern immer bedeutender. Selbst für die Arbeit der Häftlinge in den Steinbrüchen der DESt von Flossenbürg zeichneten sich neue Großvorhaben im Rahmen der Ausweitung deutscher Siedlungsgebiete im Osten ab. Ab Winter 1941 organisierte deshalb die DESt auf Anordnung von Himmler ein Programm zur Ausbildung von Häftlingen zu Steinmetzen. In Flossenbürg begann man 1941 mit der Ausbildung von 179 Häftlingen, 1942 waren es schon 600 bis 700, die man als Steinmetze ausbildete, was zu einer deutlichen Steigerung der Produktivität und des Umsatzes des Flossenbürger Betriebs führte.
Die stetige Steigerung der Aufnahmekapazitäten der Konzentrationslager und deren forcierter Ausbau, inkl. eines flächendeckenden Netzes von Nebenlagern und Außenkommandos, war dem enorm wachsenden Arbeitskräftebedarf der SS und der Rüstungsindustrie im Verlauf des Kriegs geschuldet. So bemühte sich die SS schon bald um gezielte Einweisungsaktionen neuer Gefangenengruppen zur Verstärkung des Sklavenarbeiterheers in den Konzentrationslagern. Dabei spielten vor allem Häftlinge aus den besetzten Gebieten eine große Rolle, mit denen sich aber auch eine weitere neue Funktion der Lager herausbildete, nämlich die der Vernichtung. Von der Arbeit im Steinbruch und in Fabriken über die Vernichtung durch Massenmord, der in Flossenbürg nicht nur polnische Häftlinge und etwa 2000 sowjetische Kriegsgefangene zum Opfer fielen, war es bis zur „Vernichtung durch Arbeit" nur ein kleiner Schritt gewesen, der den Charakter der Konzentrationslager von „Schutzhaftlagern" über „Arbeitslager" bis hin zu „Vernichtungslagern" grundlegend wandeln sollte.[7)]
Nachdem der „Blitzkrieg" gegen die Sowjetunion vor Moskau zum Stehen gekommen war, mußte man sich auf eine längere Kriegführung einstellen. Hierzu waren nicht nur erhebliche Anstrengungen zur Umstellung und zum Ausbau der Rüstungsproduktion erforderlich, sondern auch ein Heer von Arbeitskräften. Erneut stieg die Bedeutung der Häftlinge in den Konzentrationslagern, worauf die SS im Februar 1942 mit der Gründung des Wirtschafts-Verwaltungshauptamts (WVHA) und damit der Neuordnung des Lagerwesens reagierte. Für Flossenbürg bedeutete dies eine Verlagerung der wirtschaftlichen Interessen von der Werksteinproduktion für die Bauwirtschaft hin zu kriegswirtschaftlicher Produktion, die mit dem Einsatz von Häftlingen in SS-eigenen Betrieben bis zu deren Verleihung an die Wirtschaft und dem damit zusammenhängenden Betrieb zahlreicher Nebenlager einherging. So entstanden auch eine Reihe Außenlager von Flossenbürg im Reichsgau Sudetenland, wo zuvor Betriebe aus jüdischem oder tschechischem Besitz enteignet worden waren.
Ende 1942 waren etwa 3500 Häftlinge in Flossenbürg registriert, rund 440 davon in Außenlagern. Die Mehrheit der Häftlinge arbeitete aber immer noch in den Steinbrüchen.[8)]
Bereits im Frühjahr 1942 hatten sich Himmler, Pohl und der zum „Reichsminister für Bewaffnung und Munition" ernannte Albert Speer auf die Produktionsverlagerung des Regensburger Messerschmitt-Werks nach Flossenbürg verständigt. Speer war es aber letztlich, der stattdessen ab September 1942 mit Zustimmung von Hitler den gezielten Einsatz von Häftlingen in der Rüstungsindustrie favorisierte. Dennoch bemühte sich die SS weiterhin, die Produktion des bekannten Messerschmitt-Jägers Me 109 nach Flossenbürg zu holen. Schließlich vereinbarte die DESt mit der Firma Messerschmitt einen Kooperationsvertrag. Danach stellte Messerschmitt Produktionsmittel und Vorarbeiter zum Anlernen

der Häftlinge und lieferte das Rohmaterial gegen Bezahlung an die DESt, welche ihrerseits den Lohn für die Häftlinge der Firma Messerschmitt in Rechnung stellte.

Zur Vorbereitung der Produktion baute man in Flossenbürg ehemalige Steinmetzhallen um. Ende Juni 1943 waren unter der Tarnbezeichnung „Kommando 2004" bereits etwas mehr als 200 Häftlinge für das Flossenbürger Messerschmitt-Werk tätig und in der Folge wurden immer mehr Fertigungsbereiche in das Lager verlegt, was auch mit dem alliierten Luftangriff auf das Regensburger Messerschmitt-Werk vom 17. August 1943 zu tun hatte. 1944 wurde die Me 109 (eigentlich Bf 109) bis auf die Motoren und Leitwerke ausschließlich von Häftlingen in Flossenbürg produziert. Im Dezember 1944 arbeiteten bis zu 1700 Häftlinge für Messerschmitt und nur noch 530 in den Steinbrüchen, die immer noch Werksteine für Bauvorhaben lieferten, wie z. B. für den Rhein-Main-Donau-Kanal oder die SS-Kultstätte „Wewelsburg". Daneben waren Häftlinge aber auch in einer Weberei, in Baukommandos oder etwa einer SS-Tierwirtschaft beschäftigt.[9)]

Mit dem „Totalen Krieg" und dem wachsenden Häftlingseinsatz wuchs auch die Zahl der Nebenlager und Zugänge in Flossenbürg. Auch wenn durch die Führung der SS die wirtschaftliche Leistungsfähigkeit der Häftlinge in den Mittelpunkt gerückt wurde und es deshalb auch teilweise zur Verbesserung der Lebensumstände kam, u. a. wurde im Mai 1943 die sog. Prämienvorschrift vom WVHA erlassen und mehrere Lagerkommandanten wurden abgelöst, so war 1943 der „Wandel im System" noch nicht überall vollzogen. Als im März 1943 das WVHA etwa die Verlegung von 1000 polnischen Häftlingsfacharbeitern aus Lublin-Majdanek nach Flossenbürg anordnete, waren 200 von ihnen schon bei der Übernahme in Lublin völlig entkräftet. Auf dem Transport starben 34 Häftlinge und weitere 117 in den folgenden Tagen. Daraufhin richtete sich der Flossenbürger Kommandant Zill mit einer Beschwerde an das WVHA, in der er schrieb: *„Der Rüstungsindustrie ist mit diesen Häftlingen nicht gedient, die aufgewandte Zeit und Arbeit war zwecklos und die Hälfte der Räder dieses Transportzuges rollte nicht für den Sieg."*[10)]

Waren bis Anfang 1943 nur etwa bis 3500 Häftlinge registriert, so stieg deren Zahl bis März 1944 auf rund 7300 an. Ende Mai 1944 waren es schon 10 000 Häftlinge und im September 1944 über 25 000, wovon lediglich 6000 bis 7000 im Lager Flossenbürg und der Rest in Außenlagern untergebracht waren.

Mit dem 1. September 1944 wurden zusätzlich mehrere Außenlager des KL Ravensbrück, die sich im Einzugsbereich von Flossenbürg befanden, mit 10 000 weiblichen Häftlingen dem KL Flossenbürg unterstellt. Schließlich waren Ende November 1944 über 31 000 Häftlinge registriert, 23 000 davon in den mittlerweile 60 Außenlagern von Flossenbürg.

Der sich für das Deutsche Reich negativ entwickelnde Kriegsverlauf bei steigendem Arbeitskräftebedarf zwang Himmler zur Entscheidung, die ab Spätherbst 1942 praktizierte Deportation aller Juden aus den Lagern im Reichsgebiet nach Auschwitz im April 1944 zu stoppen und einem neuerlichen Arbeitseinsatz von Massen arbeitsfähiger, junger, jüdischer Häftlinge in allen Konzentrationslagern zuzustimmen. Für Flossenbürg bedeutete das u. a. die Zuführung von über 2600 polnischen Juden im August 1944.[11)]

Ende 1944 befanden sich über 8000 Häftlinge im Stammlager, davon waren allein 5000 mit der Fertigung verschiedenster Teile für den Jäger Me 109 beschäftigt. Tausende arbeiteten in Bauabteilungen und Arbeitskommandos immer neuer Außenlager, deren Zahl in der Endphase des Kriegs bis auf insgesamt 92 anstieg.[12)]

Mit den heranrückenden Fronten zum Ende des Kriegs wurde Flossenbürg durch seine Lage außerdem Zielort der Räumung anderer Konzentrationslager. Dadurch wurde das Lager weiter überfüllt. In Baracken, die für 300 Häftlinge gebaut waren, wurden schließlich bis zu 1000 Menschen zusammengepfercht. Die Lebensbedingungen verschlechterten sich dramatisch und die Todesrate stieg.

Allein mit der Evakuierung des KL Buchenwald Anfang April 1945 befanden sich 20 000 Häftlinge auf dem Marsch nach Flossenbürg.

Indessen diente der Arrestbau im Lager als letztes Gefängnis für prominente Sonderhäftlinge, die zum Widerstand des 20. Juli gehörten. Ein Teil von ihnen, darunter der Chef der Deutschen Abwehr, Admiral Wilhelm Canaris, und der ehemalige Reichsbankpräsident Hjalmar Schacht waren schon Anfang Februar 1945 nach Bombentreffern auf das Berliner Gestapo-Hauptquartier in die Oberpfalz verlegt worden. Anfang April 1945 kamen dann weitere Sonderhäftlinge nach Flossenbürg, darunter auch der im Widerstand aktive Pastor Dietrich Bonhoeffer.
Nach einem Standgericht fand am 9. April 1945 eine der letzten Exekutionen in Flossenbürg statt, bei der sieben Sonderhäftlinge im Hof des Arrestbaus erhängt wurden, unter ihnen Wilhelm Canaris und Dietrich Bonhoeffer. Insgesamt sollen in der Lagergeschichte mehr als 1000 Menschen an diesem Ort hingerichtet worden sein.[13)]
Die letzte Stärkemeldung des KL Flossenbürg stammt vom 15. April 1945 und führt über 9000 Häftlinge für das Stammlager auf. Hinzu kamen bis zu 10 000 Häftlinge aus Buchenwald, die im Lager oder seiner Umgebung untergebracht, aber nicht mehr registriert wurden.
Die Räumung des KL Flossenbürg begann Mitte April. Bis zum 20. April 1945 wurden bis zu 20 000 völlig entkräftete Häftlinge in mehreren Gruppen Richtung Süden in Marsch gesetzt. Im Lager selbst blieben fast 1600 kranke Häftlinge zurück, die nicht mehr fähig waren, einen Fußmarsch anzutreten. Fast 5000 Opfer wurden später entlang der Marschrouten der Flossenbürger „Todesmärsche“ entdeckt. Etwa 2000 bis 3000 Opfer forderten zusätzlich die „Todesmärsche“ der Außenlager von Flossenbürg.[14)]
Am 23. April 1945 wurde das Lager von US-amerikanischen Truppen befreit. Von den zurückgelassenen Häftlingen konnten noch über 1200 gerettet werden.[15)]
Von 1938 bis 1945 waren im KL Flossenbürg und dessen Außenlagern etwa 100 000 Häftlinge aus 30 Ländern registriert worden. Mindestens 30 000 fanden den Tod.[16)]

Bargeld im Lager

Die Verwaltung des Eigentums und des Bargelds von Häftlingen oblag, wie in den anderen Konzentrationslagern auch, einer Abteilung der Effektenkammer.
Zur Verwendung von Bargeld über den Zeitraum der Einführung von Prämienscheinen hinaus ist für das Lager Flossenbürg leider nichts bekannt. Man kann aber davon ausgehen, daß die Verwendung von Bargeld aus Guthaben innerhalb vorgeschriebener Höchstgrenzen parallel zur Verwendung von Prämienscheinen erlaubt war.

Prämienscheine des KL Flossenbürg

Bereits vor der Prämienvorschrift des WVHA der SS vom Mai 1943 waren Vergünstigungen für Häftlinge in Flossenbürg eingeführt worden. So hatten die Deutschen Erd- und Steinwerke (DESt) schon seit 1941 Leistungsprämien gewährt, hauptsächlich für Steinfacharbeiter. Seit Oktober 1942 war deutschen Häftlingen außerdem der Empfang von Lebensmittelpaketen erlaubt. Ab Januar 1943 galt dies dann auch für Häftlinge aus dem Protektorat Böhmen und Mähren sowie aus Westeuropa.
Mit dem massenhaften Einsatz von Häftlingen in der Fertigung von Teilen für den Jäger Me 109 waren auch im KL Flossenbürg entscheidende Voraussetzungen für die Umsetzung der Prämienvorschrift der SS gegeben, auf deren Basis Häftlinge zu höheren Leistungen motiviert werden sollten.
Entscheidend für die Umsetzung der Prämienvorschrift war die Einführung von Prämienscheinen, mit denen zusätzliche Lebensmittel, Zigaretten und Waren des täglichen Bedarfs in der Lagerkantine gekauft werden konnten. Zigaretten spielten im Lager aber auch eine große Rolle als Tauschobjekt. Außerdem ermöglichten Prämienscheine den Besuch eines Lagerbordells.
Im KL Flossenbürg war der Bau des Bordells schon am 17. November 1942 befohlen, aber erst im Frühjahr 1943 hinter dem Arrestgebäude begonnen worden.
Am 1. Juli 1943 trafen zehn weibliche Häftlinge aus dem KL Ravensbrück in Flossenbürg ein, die im „Kommando Sonderbau“ als Prostituierte ein-

gesetzt wurden. Das Lagerbordell blieb bis 1945 mit durchschnittlich 10 bis 20 Frauen in Betrieb.[17)] Auch wenn die Prämienvorschrift der SS für die Ausgabe von Prämienscheinen Wertstufen von 0,50 bis 4 RM vorsah, so sind bis heute vom KL Flossenbürg lediglich Werte zu 0,50 und 1 RM aus drei verschiedenen Auflagen bekannt geworden.[18)] Die ersten Ausgaben ohne Datum stammen aus dem Jahr 1943. Die dritte Ausgabe erfolgte 1944 und entspricht einem Einheitstyp, der auch in anderen Konzentrationslagern, wie Auschwitz und Mauthausen, verwendet wurde.
Leider sind von Prämienscheinen des KL Flossenbürg auch moderne Fälschungen bekannt, die in einem besonderen Kapitel erwähnt werden sollen.
In Holleischen im Sudetenland bestanden Außenlager des KL Flossenbürg. Die Wertmarken der Metallwerke Holleischen (MWH) gab es in Wertstufen von 1 RPf bis 5 RM.

Anmerkungen:

1) Jörg Skriebeleit, Region und Reich – Flossenbürg vor der Gründung des Konzentrationslagers, in: Flossenbürg – Stammlager, in: Wolfgang Benz/Barbara Distel (Hrsg.), Der Ort des Terrors, Band 4: Flossenbürg, Mauthausen, Ravensbrück, S. 17 – 18.

2) Jörg Skriebeleit, Standortwahl, in: Flossenbürg – Stammlager, in: Wolfgang Benz/Barbara Distel (Hrsg.), Der Ort des Terrors, Band 4: Flossenbürg, Mauthausen, Ravensbrück, S. 18 – 19.

3) Jörg Skriebeleit, Das Gründungsjahr 1938, in: Flossenbürg – Stammlager, in: Wolfgang Benz/Barbara Distel (Hrsg.), Der Ort des Terrors, Band 4: Flossenbürg, Mauthausen, Ravensbrück, S. 19 – 22.

4) Jörg Skriebeleit, Konsolidierung und Ausbaupläne 1939 – 1940, in: Flossenbürg – Stammlager, in: Wolfgang Benz/ Barbara Distel (Hrsg.), Der Ort des Terrors, Band 4: Flossenbürg, Mauthausen, Ravensbrück, S. 26 – 27.

5) Jörg Skriebeleit, Neue Rahmenbedingungen nach Kriegsbeginn, in: Flossenbürg – Stammlager, in: Wolfgang Benz/ Barbara Distel (Hrsg.), Der Ort des Terrors, Band 4: Flossenbürg, Mauthausen, Ravensbrück, S. 27 – 29.

6) Jörg Skriebeleit, Forcierter Lagerausbau 1940, in: Flossenbürg – Stammlager, in: Wolfgang Benz/ Barbara Distel (Hrsg.), Der Ort des Terrors, Band 4: Flossenbürg, Mauthausen, Ravensbrück, S. 29– 32.

7) Jörg Skriebeleit, Erweiterter Arbeitseinsatz und systematische Vernichtung 1941 – 1942, in: Flossenbürg – Stammlager, in: Wolfgang Benz/Barbara Distel (Hrsg.), Der Ort des Terrors, Band 4: Flossenbürg, Mauthausen, Ravensbrück, S. 32 – 33 f.

8) Jörg Skriebeleit, Die Neuorganisation des KZ-Wesens 1942, in: Flossenbürg – Stammlager, in: Wolfgang Benz/ Barbara Distel (Hrsg.), Der Ort des Terrors, Band 4: Flossenbürg, Mauthausen, Ravensbrück, S. 38 – 40.

9) Jörg Skriebeleit, Zwangsarbeit in der Rüstungsindustrie 1943, in: Flossenbürg – Stammlager, in: Wolfgang Benz/ Barbara Distel (Hrsg.), Der Ort des Terrors, Band 4: Flossenbürg, Mauthausen, Ravensbrück, S. 40 – 42.

10) Egon Zill (ehemaliger Lagerkommandant von Flossenbürg), Beschwerde an das WVHA der SS, Amt D II vom 6.4.1943.

11) Jörg Skriebeleit, Expansion und Entgrenzung 1944, in: Flossenbürg – Stammlager, in: Wolfgang Benz/ Barbara Distel (Hrsg.), Der Ort des Terrors, Band 4: Flossenbürg, Mauthausen, Ravensbrück, S. 46 – 48.

12) Jörg Skriebeleit, Die Flossenbürger Außenlager, in: Flossenbürg – Stammlager, in: Wolfgang Benz/ Barbara Distel (Hrsg.), Der Ort des Terrors, Band 4: Flossenbürg, Mauthausen, Ravensbrück, S. 50.

13) Jörg Skriebeleit, Massensterben und Befreiung – Die letzte Phase 1945: Flossenbürg als Auffanglager, in: Flossenbürg – Stammlager, in: Wolfgang Benz/ Barbara Distel (Hrsg.), Der Ort des Terrors, Band 4: Flossenbürg, Mauthausen, Ravensbrück, S. 52 – 54.

14) Jörg Skriebeleit, Massensterben und Befreiung – Die letzte Phase 1945: Todesmärsche, in: Flossenbürg – Stammlager, in: Wolfgang Benz/ Barbara Distel (Hrsg.), Der Ort des Terrors, Band 4: Flossenbürg, Mauthausen, Ravensbrück, S. 52 – 54.

15) Jörg Skriebeleit, Massensterben und Befreiung – Die letzte Phase 1945: Befreiung, in: Flossenbürg – Stammlager, in: Wolfgang Benz/ Barbara Distel (Hrsg.), Der Ort des Terrors, Band 4: Flossenbürg, Mauthausen, Ravensbrück, S. 52 – 54.

16) KZ-Gedenkstätte Flossenbürg, Rundgang (Broschüre), S. 2.

17) Jörg Skriebeleit, Prämiensystem, Leistungsanreize und Vernichtung – Haftbedingungen 1943, in: Flossenbürg – Stammlager, in: Wolfgang Benz/ Barbara Distel (Hrsg.), Der Ort des Terrors, Band 4: Flossenbürg, Mauthausen, Ravensbrück, S. 42 – 45.

18) Albert Pick/Carls Siemsen, Das Lagergeld der Konzentrationslager und D.P.-Lager 1933 – 1947, S. 37, sowie:
Ray Feller/Steve Feller, Silent Witnesses: Civilian Camp Money of World War II, S. 34 – 35, sowie:
Lance K. Campbell, Prisoner of War and Concentration Camp Money of the 20th Century, S. 59, sowie:
Arlie R. Slabaugh, Prisoner of War Monies and Medals, S. 32, sowie:
C. Frederick Schwan/Joseph E. Boling, World War II Remembered: History in your hands – a numismatic study, S. 498.

Prämienscheine des KL Flossenbürg

1.5.1 Konzentrationslager Floßenbürg

Belegt sind bisher nur die aufgenommenen Werte. Da es auch noch weitere Nennwerte entsprechend der Stückelung der SS-Prämienvorschrift gegeben haben kann, wurden für diese Katalognummern freigehalten. Die Scheine kommen mit und ohne eingetragene Häftlings-Nummer vor.

Erste Ausgabe: PRÄMIENSCHEIN in Ornamenten

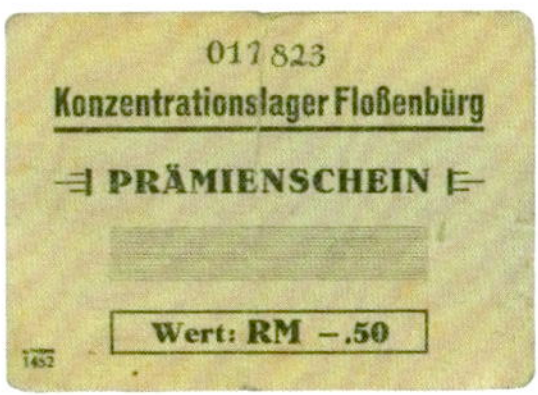

(Fl 1 Vs, Archiv der Gedenkstätte Flossenbürg)

Fl 1 **50 Reichspfennig (RM –,50)**
PS – Vs: Lagerbezeichnung, Raster für Häftlings-Nummer, Druckvermerk 1452
Rs: unbedruckt

Entwurf:	unbekannt	Format:	ca. 74 mm x 51 mm
Umlauf bis:	Oktober 1944?	Wz:	Papier graugrün, ohne Wz
Druck:	unbekannt	KN:	6stellig

Datum	Auflage	
o.D. (1943)	unbekannt*	RR

* Höchste bekannte KN: 019783

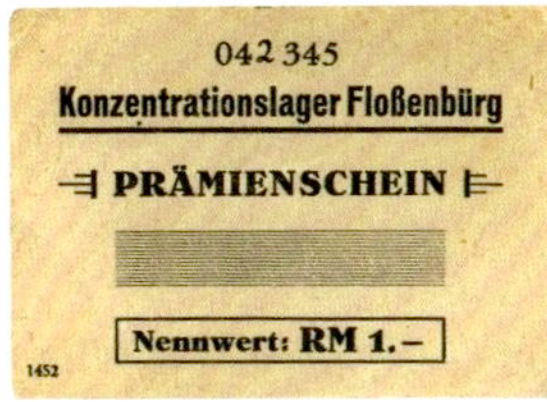

(Fl 1a, Fa. Hans Worbes, Berlin)

Fl 2 **1 Reichsmark (RM 1.–)**
PS 86 Vs: Lagerbezeichnung, Raster für Häftlings-Nummer, Druckvermerk 1452
Rs: unbedruckt

Entwurf:	unbekannt	Format:	ca. 74 mm x 51 mm
Umlauf bis:	Oktober 1944?	Wz:	Karton gelblich, ohne Wz
Druck:	unbekannt	KN:	6stellig

Datum	Auflage	
o.D. (1943)	unbekannt*	RR

* Höchste bekannte KN: 160885

Zweite Ausgabe: PRÄMIENSCHEIN ohne Ornamente

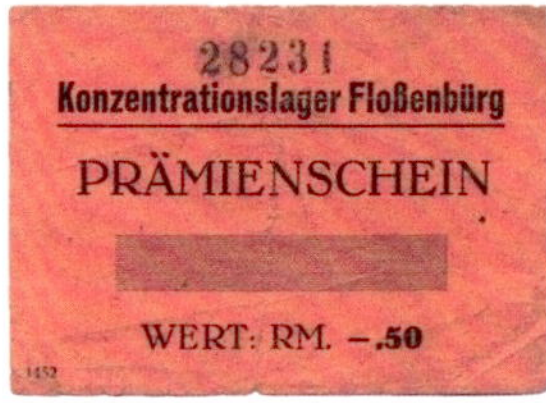

(Fl 6, Sammlung Wolfgang Haney, Berlin)

Fl 6 **50 Reichspfennig (RM. –,50)**
PS 85 Vs: Lagerbezeichnung, Raster für Häftlings-Nummer, Druckvermerk 1452
Rs: unbedruckt

Entwurf:	unbekannt	Format:	ca. 74 mm x 51 mm
Umlauf bis:	Oktober 1944?	Wz:	Papier rotlila, ohne Wz
Druck:	unbekannt	KN:	5stellig

Datum	**Auflage**	
o.D. (1943)	unbekannt*	RR

* Höchste bekannte KN: 28231

1.5.2 Konzentrationslager Flossenbürg (Einheitstyp)

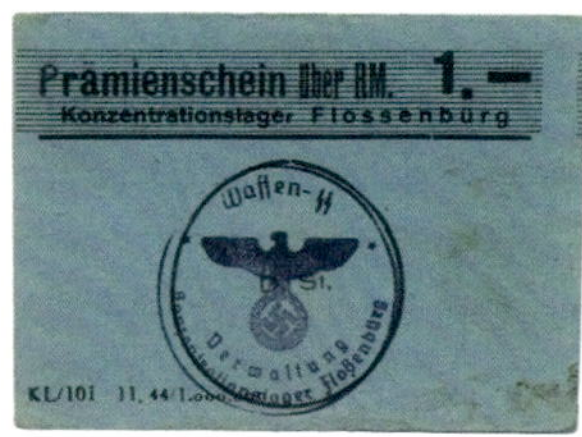

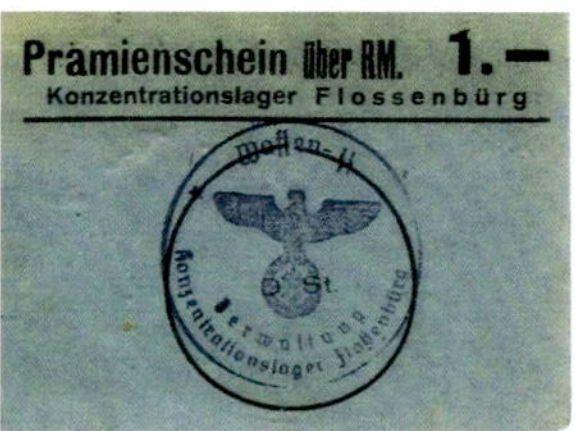

(Fl 12b Sammlung Wolfgang Haney, Berlin / Fl 7F Vs Sammlung Thomas van Eck)

Fl 12 **1 Reichsmark (RM. 1.–)**
PS 87 Vs: Wert- und Lagerbezeichnung auf Linienraster, Dienst-Stpl der Verwaltung schwarz oder violett, links unten Druckgenehmigungs-Nr: KL/101 11.44/1.ooo.ooo

Entwurf:	unbekannt	Format:	ca. 76 mm x 54 mm
Umlauf bis:	April 1945	Wz:	Karton graublau, ohne Wz
Druck:	unbekannt	KN:	ohne

Datum	**Auflage**			
o.D. (11/1944)	1 000 000	**a)**	ä in Prämienschein 2 mm breit	RR
		b)	ä in Prämienschein 2,5 mm breit	RR
		F)	Fehldruck ohne Linienraster und Druckvermerk	RRR

Wertmarken für Außenkommandos des KL Flossenbürg

1.5.3 Metallwerke Holleischen G.m.b.H. (MWH)

Holleischen (tschechisch: Holyšov) liegt nahe der böhmisch-bayerischen Grenze, wurde nach dem Münchner Abkommen von 1938 mit dem deutschsprachigen Sudetenland Teil des Deutschen Reichs und hatte etwa 1400 Einwohner.
Die im Ort vorhandenen Gebäude einer Spiegelglasfabrik baute man nach Ausbruch des Kriegs zum Rüstungsbetrieb Metallwerke Holleischen (MWH) um, in dem Munition und Fliegerabwehrkanonen (Flak) produziert wurden. 1940 entstand eine eigene Siedlung und ein Kasino für die bis zu 8000 zivilen Arbeiter des Werks und 1942 kamen ein Bahnhof und mehrere Kriegsgefangenenlager hinzu.
Das im April 1944 auf einem Landgut in der Nähe des Werks errichtete Frauenlager war anfangs dem KL Ravensbrück unterstellt und wurde im Herbst 1944 mit etwa 600 weiblichen Häftlingen Außenlager von Flossenbürg. Die Frauen mußten in Zwölfstunden-Schichten in den Metallwerken arbeiten. Daneben bestand ein Männerlager mit etwa 200 Häftlingen, die bei einem Baukommando zur Errichtung eines Schießplatzes eingesetzt waren. Neben den 8000 zivilen Arbeitern waren im Metallwerk etwa 2000 Kriegsgefangene und Häftlinge im Einsatz.
Das Männerlager hat wahrscheinlich nur bis zum 31. Januar 1945 bestanden. Für das Frauenlager wurde noch am 13. April 1945 vom Stammlager eine Liste zur Arbeitseinteilung von 1091 Häftlingen geführt. Partisanen befreiten das Lager am 3. Mai 1945 und übergaben es zwei Tage später an US-amerikanische Truppen.[19] Nach Kriegsende wurden hier Sudetendeutsche interniert, bevor sie aus ihrer Heimat vertrieben wurden.
Zur Nutzung der Wertmarken der Metallwerke Holleischen durch Häftlinge der Konzentrations-Außenlager sind berechtigte Zweifel angebracht, auch wenn diese Wertmarken schon lange als „Lagergeld“ und sogar als „Prämienscheine“ in Katalogen aufgeführt und im Handel angeboten werden. Schon allein deshalb muß auch hier auf sie eingegangen werden.[20]
Bei Holleischen handelte es sich um ein provisorisches Außenlager für Frauen auf einem Landgut, in dem man lediglich Schlafplätze hergerichtet hatte und das über keine eigene Kantine verfügte. Die Frauen wurden in den Werkskantinen der Metallwerke Holleischen verpflegt. Die MWH-Wertmarken spielten in den Erinnerungen von Zeitzeugen des Lagers keinerlei Rolle.[21] Wahrscheinlicher als der Gebrauch von Wertmarken in vielen Pfennig- und Markbeträgen für nur 600 bis 1100 weibliche Häftlinge (die 200 Häftlinge des Männerlagers arbeiteten ja in einem Baukommando), die außerdem nichts mit der Stückelung der Prämienvorschrift der SS zu tun haben und eher an Kleingeldersatz für einen Kantinenbetrieb denn an Prämienscheine erinnern, ist denn auch die Nutzung in dem bereits 1940 für Tausende zivile Arbeiter errichteten Kasino der Metallwerke. Dies würde auch die bis heute anhaltende, relativ große Häufigkeit der Wertmarken und den daraus resultierenden niedrigen Sammlerwert erklären.
Im Interesse der Sammler sollen die Wertmarken hier aber dennoch aufgeführt werden.

Anmerkungen:

19) Alfons Adam, Holleischen (Holyšov), in: Wolfgang Benz/Barbara Distel (Hrsg.), Das Geld des Terrors, Band 4, S. 151f.

20) Albert Pick/Carl Siemsen, Das Lagergeld der Konzentrationslager und D.P.-Lager 1933 – 1947, S. 41, sowie:
Ray Feller/Steve Feller, Silent Witnesses: Civilian Camp Money of World War II, S. 35 – 36, sowie:
Lance K. Campbell, Prisoner of War and Concentration Camp Money of the 20th Century, S. 63, sowie:
C. Frederick Schwan/Joseph E. Boling, World War II Remembered: History in your hands – a numismatic study, S. 499.

21) Alexander Schmidt (Leiter der Ausstellung der Gedenkstätte Flossenbürg), Telefonauskunft vom 11.6.2008.

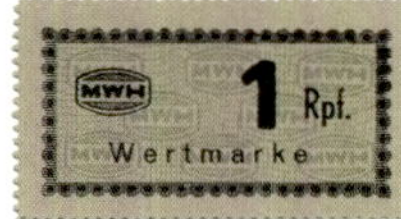

(Ho 1, Sammlung Wolfgang Haney, Berlin)

Ho 1 **1 Reichspfennig (1 Rpf.)**
PS 102 Vs: Udr. MWH-Firmensymbol grau
Rs: unbedruckt

Entwurf:	unbekannt	Format:	ca. 55 mm x 30 mm
Umlauf bis:	Mai 1945	Wz:	Karton hellbraungrau, ohne Wz
Druck:	unbekannt	KN:	ohne

Datum	**Auflage**	
o.D.	unbekannt	10,–

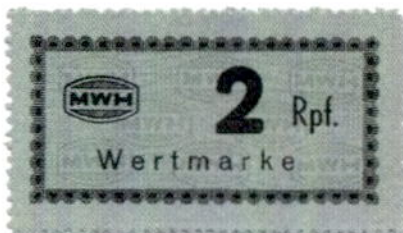

(Ho 2, Sammlung Wolfgang Haney, Berlin)

Ho 2 **2 Reichspfennig (2 Rpf.)**
PS 103 Vs: Udr. MWH-Firmensymbol grau
Rs: unbedruckt

Entwurf:	unbekannt	Format:	ca. 55 mm x 30 mm
Umlauf bis:	Mai 1945	Wz:	Karton hellgraublau, ohne Wz
Druck:	unbekannt	KN:	ohne

Datum	**Auflage**	
o.D.	unbekannt	10,–

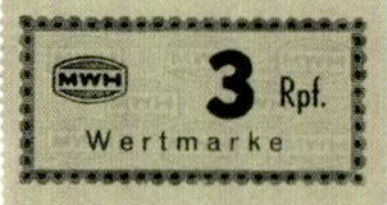

(Ho 3, Sammlung Wolfgang Haney, Berlin)

Ho 3 **3 Reichspfennig (3 Rpf.)**
PS 104 Vs: Udr. MWH-Firmensymbol grau
Rs: unbedruckt

Entwurf:	unbekannt	Format:	ca. 55 mm x 30 mm
Umlauf bis:	Mai 1945	Wz:	Karton hellgraugrün, ohne Wz
Druck:	unbekannt	KN:	ohne

Datum	**Auflage**	
o.D.	unbekannt	10,–

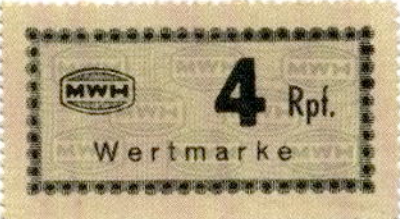

(Ho 4, Sammlung Wolfgang Haney, Berlin)

Ho 4 **4 Reichspfennig (4 Rpf.)**
PS 105 Vs: Udr. MWH-Firmensymbol grau
Rs: unbedruckt

Entwurf:	unbekannt	Format:	ca. 55 mm x 30 mm
Umlauf bis:	Mai 1945	Wz:	Karton blaßbraun, ohne Wz
Druck:	unbekannt	KN:	ohne

Datum	**Auflage**	
o.D.	unbekannt	10,–

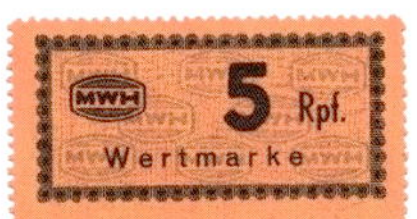

(Ho 5, Sammlung Wolfgang Haney, Berlin)

Ho 5 **5 Reichspfennig (5 Rpf.)**
PS 106 Vs: Udr. MWH-Firmensymbol grau
Rs: unbedruckt

Entwurf:	unbekannt	Format:	ca. 55 mm x 30 mm
Umlauf bis:	Mai 1945	Wz:	Karton hellorangerot, ohne Wz
Druck:	unbekannt	KN:	ohne

Datum	**Auflage**	
o.D.	unbekannt	10,–

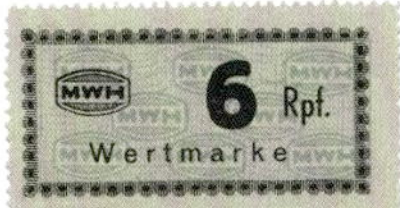

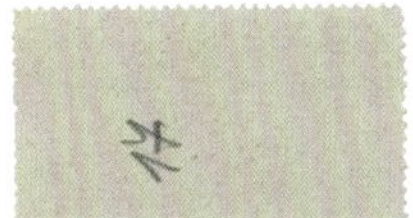

(Ho 6, Sammlung Wolfgang Haney, Berlin)

Ho 6 **6 Reichspfennig (6 Rpf.)**
PS 107 Vs: Udr. MWH-Firmensymbol graugrün
Rs: unbedruckt

Entwurf:	unbekannt	Format:	ca. 55 mm x 30 mm
Umlauf bis:	Mai 1945	Wz:	Karton hellgrau, ohne Wz
Druck:	unbekannt	KN:	ohne

Datum	**Auflage**	
o.D.	unbekannt	10,–

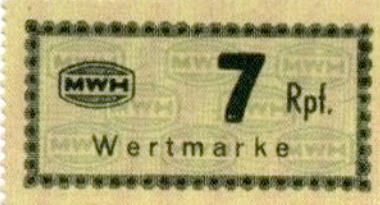

(Ho 7, Sammlung Wolfgang Haney, Berlin)

Ho 7 **7 Reichspfennig (7 Rpf.)**
PS 108 Vs: Udr. MWH-Firmensymbol grau
Rs: unbedruckt

Entwurf:	unbekannt	Format:	ca. 55 mm x 30 mm
Umlauf bis:	Mai 1945	Wz:	Karton hellchromgelb, ohne Wz
Druck:	unbekannt	KN:	ohne

Datum	**Auflage**	
o.D.	unbekannt	10,–

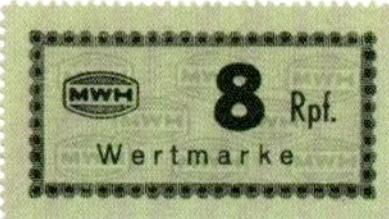

(Ho 8, Sammlung Wolfgang Haney, Berlin)

Ho 8 **8 Reichspfennig (8 Rpf.)**
PS 109 Vs: Udr. MWH-Firmensymbol grau
Rs: unbedruckt

Entwurf:	unbekannt	Format:	ca. 55 mm x 30 mm
Umlauf bis:	Mai 1945	Wz:	Karton hellgrüngrau, ohne Wz
Druck:	unbekannt	KN:	ohne

Datum	**Auflage**	
o.D.	unbekannt	10,–

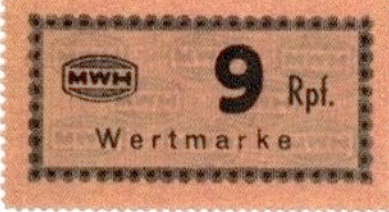

(Ho 9, Sammlung Wolfgang Haney, Berlin)

Ho 9 **9 Reichspfennig (9 Rpf.)**
PS 110 Vs: Udr. MWH-Firmensymbol grau
Rs: unbedruckt

Entwurf:	unbekannt	Format:	ca. 55 mm x 30 mm
Umlauf bis:	Mai 1945	Wz:	Karton hellrosarot, ohne Wz
Druck:	unbekannt	KN:	ohne

Datum	**Auflage**	
o.D.	unbekannt	10,–

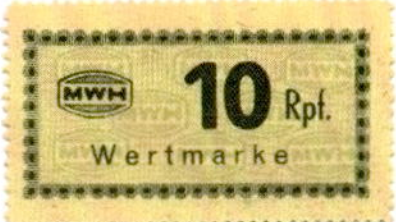

(Ho 10, Sammlung Wolfgang Haney, Berlin)

Ho 10 **10 Reichspfennig (10 Rpf.)**
PS 111 Vs: Udr. MWH-Firmensymbol grau
Rs: unbedruckt

Entwurf:	unbekannt	Format:	ca. 55 mm x 30 mm
Umlauf bis:	Mai 1945	Wz:	Karton chromgelb, ohne Wz
Druck:	unbekannt	KN:	ohne

Datum	Auflage	
o.D.	unbekannt	10,–

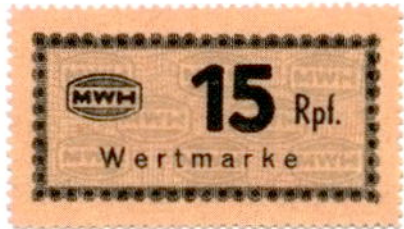

(Ho 11, Sammlung Wolfgang Haney, Berlin)

Ho 11 **15 Reichspfennig (15 Rpf.)**
PS 112 Vs: Udr. MWH-Firmensymbol grau
Rs: unbedruckt

Entwurf:	unbekannt	Format:	ca. 55 mm x 30 mm
Umlauf bis:	Mai 1945	Wz:	Karton hellrötlichkarmin, ohne Wz
Druck:	unbekannt	KN:	ohne

Datum	Auflage	
o.D.	unbekannt	10,–

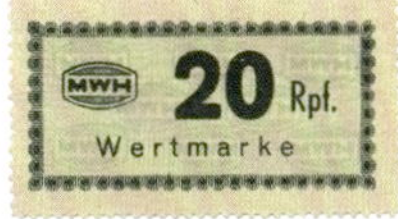

(Ho 12, Sammlung Wolfgang Haney, Berlin)

Ho 12 **20 Reichspfennig (20 Rpf.)**
PS 113 Vs: Udr. MWH-Firmensymbol grau
Rs: unbedruckt

Entwurf:	unbekannt	Format:	ca. 55 mm x 30 mm
Umlauf bis:	Mai 1945	Wz:	Karton hellgelbgrau, ohne Wz
Druck:	unbekannt	KN:	ohne

Datum	Auflage	
o.D.	unbekannt	10,–

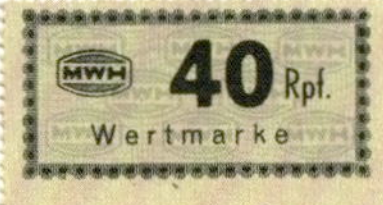

(Ho 13, Sammlung Wolfgang Haney, Berlin)

Ho 13 **40 Reichspfennig (40 Rpf.)**
PS 114 Vs: Udr. MWH-Firmensymbol grau
Rs: unbedruckt

Entwurf:	unbekannt	Format:	ca. 55 mm x 30 mm
Umlauf bis:	Mai 1945	Wz:	Karton gelblichweiß, ohne Wz
Druck:	unbekannt	KN:	ohne

Datum	Auflage	
o.D.	unbekannt	10,–

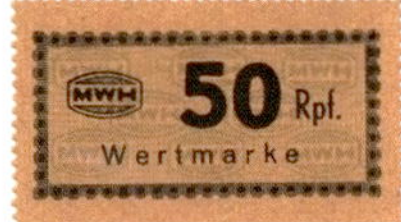

(Ho 14, Sammlung Wolfgang Haney, Berlin)

Ho 14 **50 Reichspfennig (50 Rpf.)**
PS 115 Vs: Udr. MWH-Firmensymbol grau
Rs: unbedruckt

Entwurf:	unbekannt	Format:	ca. 55 mm x 30 mm
Umlauf bis:	Mai 1945	Wz:	Karton hellzinnober, ohne Wz
Druck:	unbekannt	KN:	ohne

Datum	Auflage	
o.D.	unbekannt	10,–

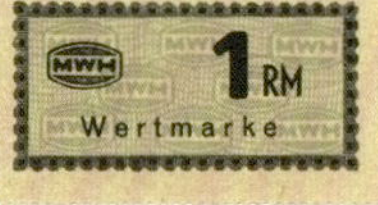

(Ho 15, Sammlung Wolfgang Haney, Berlin)

Ho 15 **1 Reichsmark (1 RM)**
PS 116 Vs: Udr. MWH-Firmensymbol grau
Rs: unbedruckt

Entwurf:	unbekannt	Format:	ca. 55 mm x 30 mm
Umlauf bis:	Mai 1945	Wz:	Karton hellbraungelb, ohne Wz
Druck:	unbekannt	KN:	ohne

Datum	Auflage	
o.D.	unbekannt	20,–

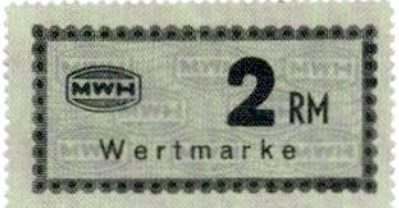

(Ho 16, Sammlung Wolfgang Haney, Berlin)

Ho 16 **2 Reichsmark (2 RM)**
PS 117 Vs: Udr. MWH-Firmensymbol graugrün
Rs: unbedruckt

Entwurf:	unbekannt	Format:	ca. 55 mm x 30 mm
Umlauf bis:	Mai 1945	Wz:	Karton grau, ohne Wz
Druck:	unbekannt	KN:	ohne

Datum	Auflage	
o.D.	unbekannt	20,–

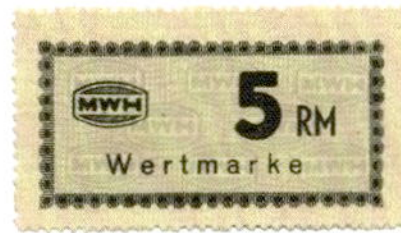

(Ho 17, Sammlung Wolfgang Haney, Berlin)

Ho 17 **5 Reichsmark (5 RM)**
PS 118 Vs: Udr. MWH-Firmensymbol grau
Rs: unbedruckt

Entwurf:	unbekannt	Format:	ca. 55 mm x 30 mm
Umlauf bis:	Mai 1945	Wz:	Karton hellchromgelb, ohne Wz
Druck:	unbekannt	KN:	ohne

Datum	Auflage	
o.D.	unbekannt	40,–

1.6 Groß-Rosen

Konzentrationslager

SCHLESIEN

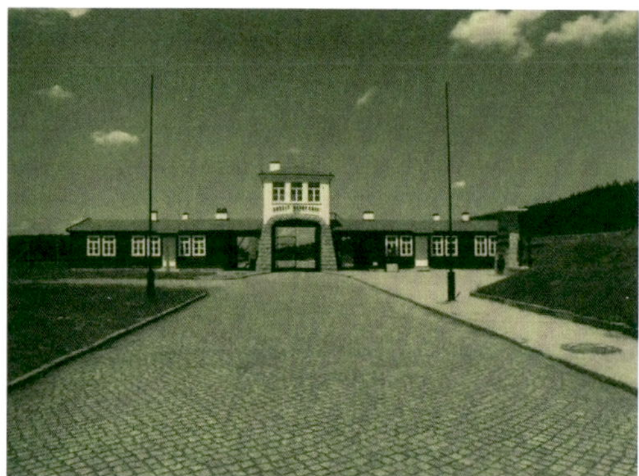

Konzentrationslager Groß-Rosen, Lagertor nach 1945.
(Foto: Museum Groß-Rosen)

Zur Geschichte des Lagers

Groß-Rosen war ein Dorf in Niederschlesien, etwa 60 km westlich von Breslau. Unweit des Ortes befand sich ein Steinbruch, in dem besonders harter schlesischer Granit abgebaut wurde. Wie bei den Konzentrationslagern Flossenbürg und Mauthausen, die schon 1938 entstanden waren, sollte der Steinbruch bei Groß-Rosen der Grund für die Errichtung eines Lagers sein. Granit spielte für die geplanten Großbauvorhaben des Dritten Reichs, wie den Umbau der Reichshauptstadt und den Ausbau von „Führerstädten", eine bedeutende Rolle. 1941 sollte deshalb bei Natzweiler in Elsaß-Lothringen noch ein weiteres „Steinbruch-Lager" entstehen.

Die SS-eigenen Deutschen Erd- und Steinwerke (DESt) kauften im Mai 1940 den Steinbruch und ein Granitwerk für eine halbe Million Reichsmark.[1)]

Die DESt übernahmen 200 zivile Beschäftigte des Granitwerks als Facharbeiter und holten vorerst einen Steinmetzmeister aus dem Lager Flossenbürg als Werkleiter. Schon seit 1938 galt in den Steinbruch-Lagern das Prinzip, daß der Werkleiter für die Arbeit der Häftlinge zuständig war, während der SS ausschließlich die Bewachung und der Betrieb des Lagers unterstand.

Das „Arbeitslager Groß-Rosen" entstand im Sommer 1940 als Außenlager des KL Sachsenhausen. Nach den Plänen der SS sollten hier schon bald 1000 Häftlinge im „Großeinsatz" arbeiten. Kriegsgefangene und Zwangsarbeiter errichteten im Juni und Juli 1940 die ersten beiden Baracken und einen Zaun, bevor am 2. August 1940 die ersten 100 Häftlinge aus Sachsenhausen eintrafen.

Nach weiteren Transporten aus Sachsenhausen und im März 1941 aus Buchenwald stieg die Belegung bis Mai 1941 auf 722 Häftlinge an, von denen etwa ein Drittel sog. „Berufsverbrecher" in Vorbeugehaft waren, die auch den Großteil der Funktionshäftlinge stellten.

Schon im Oktober 1940 hatte Himmler Groß-Rosen besucht, und ab 1. Mai 1941 wurde das Lager selbständig.

Trotz Pachtung zusätzlichen Geländes zur Ausweitung des Steinbruchs konnte man die erhofften Zielsetzungen nicht erreichen. Mit dem „Rußlandfeldzug" kamen immer mehr Zivilarbeiter an die Front und von den Häftlingen arbeitete kaum die Hälfte im Steinbruch.

Statt der geforderten Werksteine kamen aus Groß-Rosen oft nur Bruchsteine für den Tiefbau. Die DESt arbeiteten in Groß-Rosen noch bis 1943 mit Verlust.[2)]

Die Arbeit im Steinbruch forderte zahlreiche Opfer, zumal die Lebensumstände sowie die Behandlung der Häftlinge von Zeitzeugen als besonders hart, ja sogar schlimmer als in Auschwitz, beschrieben wurden. Allein im Winter 1941/1942 starben 91 Häftlinge, mehr als 10% aller Insassen. Ohne den ständigen Austausch kranker und invalider Häftlinge durch neue Zugänge aus anderen Lagern wie Dachau, wären

die Todeszahlen noch deutlich höher gewesen. Ausgehend von den schlechten sanitären Verhältnissen – es gab keinen Wasseranschluß und alles Wasser mußte in Tankwagen angefahren werden – brach im Juni 1941 eine Fleckfieber-Epidemie aus, die das Lager zeitweise isolierte.[3)]
Bis Ende 1941 waren fast 1400 Häftlinge nach Groß-Rosen verlegt worden, die meisten davon aus Sachsenhausen. Da zur gleichen Zeit die nicht mehr arbeitsfähigen Häftlinge zurückgeschickt wurden, stieg die Gesamtbelegung des Lagers aber kaum an und betrug am 11. Oktober 1941 weniger als 1200 Häftlinge.
1942 wurden dann mit rund 4900 Zugängen deutlich mehr Häftlinge in Groß-Rosen eingeliefert, viele davon waren Polen und Russen. Über 1200 Häftlinge wurden in andere Lager verlegt.
Ab Mitte 1944 stieg die Zahl der Zugänge rasant an. Groß-Rosen wurde zum Sammellager für Häftlinge aus Schlesien, Polen und Böhmen. Immer mehr Außenlager und Arbeitskommandos kamen hinzu. Allein 1944 mußte Groß-Rosen etwa 52 000 Häftlinge aufnehmen, etwa 20 000 davon aus Auschwitz-Birkenau. Zu Jahresbeginn 1945 waren im Stammlager und allen Außenlagern mehr als 76 700 Häftlinge registriert. Im Frühjahr 1945 kamen dann noch Transporte aus dem Osten mit über 6200 Häftlingen hinzu.[4)]
Mit den wachsenden Häftlingszahlen erfolgte auch ein ständiger Ausbau des Lagers, wozu zahlreiche Häftlinge eingesetzt waren. Als Groß-Rosen zum Auffanglager für evakuierte Lager und Gefängnisse im Osten wurde, mußte das eigentliche Lager sogar durch ein neues Barackenlager – das sog. „Auschwitz-Lager" – erweitert werden. Im Lager selbst waren auch Werkstätten der Firmen Siemens und Blaupunkt sowie eine Weberei entstanden.[5)]
Die harten Lebensbedingungen im Lager verbesserten sich erst mit der wachsenden Bedeutung der Häftlinge als Arbeitskräfte in der Kriegswirtschaft. In Groß-Rosen übernahm Johannes Hassebroek im Oktober 1943 das Lager als Kommandant bis zur Räumung 1945. Er zählte zur neuen Generation von SS-Kadern, die nicht mehr „Gewalt um jeden Preis" als alleiniges Mittel zum Zweck ansahen, sondern innerhalb der SS sozialisiert worden waren. Er verbot willkürliche Mißhandlungen, bestand auf der Einhaltung von Regeln für alle Seiten und bestrafte mitunter sogar Aufseher und Kapos. Die Arbeitsbedingungen und die Lebensmittelversorgung verbesserten sich aber kaum.[6)]
Groß-Rosen war aber nicht nur Ort der Vernichtung durch Arbeit, sondern auch Ort von Exekutionen und Massenmord mit Tausenden Opfern. Allein auf der Grundlage des sog. „Kommissar-Befehls" vom Juni 1941, nach dem alle politischen Kommissare der Roten Armee liquidiert werden sollten und der erst 1942 wieder aufgehoben wurde, tötete man in Groß-Rosen zwischen 4000 und 5000 sowjetische Kriegsgefangene.[7)]
Im Januar 1945 näherte sich die Rote Armee, und auf Befehl Himmlers wurde die Evakuierung des Lagers vorbereitet. Außenlager wurden aufgelöst und deren Häftlinge entweder in das Stammlager oder in mitteldeutsche Lager transportiert.
Anfang Februar wurde das Stammlager und 23 Außenlager geräumt, und es begann der Transport mit Zügen in andere Lager. Hunderte überlebten die mehrtägigen Bahnfahrten nicht. Im Stammlager blieb eine kleine Besatzung aus SS und Funktionshäftlingen zurück, die Leichen bargen, Spuren beseitigten und noch versteckte Häftlinge fanden und exekutierten.
Rund 44 000 Häftlinge kamen mit Transporten in andere Lager, davon rund 4000 nach Bergen-Belsen, 9559 nach Buchenwald, 2514 nach Dachau, 11 583 nach Flossenbürg, 4839 nach Mauthausen und 11 367 nach Mittelbau-Dora.
Etwa 36 000 Häftlinge blieben in Außenlagern zurück, von denen die letzten im Mai 1945 von sowjetischen Truppen befreit wurden. Das Stammlager wurde bereits am 13. Februar 1945 eingenommen.[8)]
Insgesamt durchliefen von 1940 bis 1945 etwa 120 000 Häftlinge das Lager Groß-Rosen, mehr als 40 000 davon kamen ums Leben.[9)]

Bargeld im Lager

Über die Verwaltung des Lagers Groß-Rosen ist, wie in der Öffentlichkeit auch über das Lager selbst, recht wenig bekannt. Dies liegt zum Teil wohl auch an der gezielten Vernichtung von Unterlagen im Februar 1945. Sicher waren die Verwaltungsstrukturen aber mit denen anderer Konzentrationslager vergleichbar, da diese nach einem einheitlichen Prinzip aufgebaut wurden, das sich in den frühen Konzentrationslagern – allem voran in Dachau – herausgebildet hatte.
Der erste Lagerkommandant Arthur Rödel kam etwa aus Buchenwald und zeichnete bis Herbst 1942 für den Auf- und Ausbau des Lagers verantwortlich.[10)]
Auch wenn für das Lager Groß-Rosen von Zeitzeugen die Lebensbedingungen als besonders hart bezeichnet werden, so gab es etwa kaum kulturelles oder religiöses Leben, keine Lagerbibliothek, kaum Zusammenhalt oder Solidarität unter den Häftlingen und einen strikt reglementierten und zensierten Postverkehr, so ist doch davon auszugehen, daß die übliche Vorgehensweise zur Verwaltung von Eigentumsgeld und Geldanweisungen für die Häftlinge auch für das Konzentrationslager Groß-Rosen galt.[11)]

Prämienscheine des KL Groß-Rosen

Auf der Grundlage der Prämienvorschrift des WVHA der SS vom Mai 1943 kam es auch für das KL Groß-Rosen zu mehreren Ausgaben von Prämienscheinen für Häftlinge. Vor einer Ausgabe im Einheitstyp vom August 1944 sind heute mittlerweile fünf verschiedene Ausführungen ohne Datum bekannt, die aus der Zeit von 1943 bis 1944 stammen. Für die verschiedenen Ausführungen (Auflagen), die bisher kaum als solche in der Fachliteratur aufgeführt wurden, sind aber leider nur einzelne Werte als Belege erhalten geblieben. Trotzdem kann mit dieser Arbeit erstmals der Versuch einer systematischen Katalogisierung erfolgen, die auch bisher unbekannte Scheine aufführt und zeigt.
Wahrscheinlich hat es zu jeder Ausgabe alle Wertstufen von 0,50 bis 4 RM gegeben, wie auch der hier gezeigte 4-RM-Schein belegt. Einige neue Scheine sind ja bereits in dem aktuellen

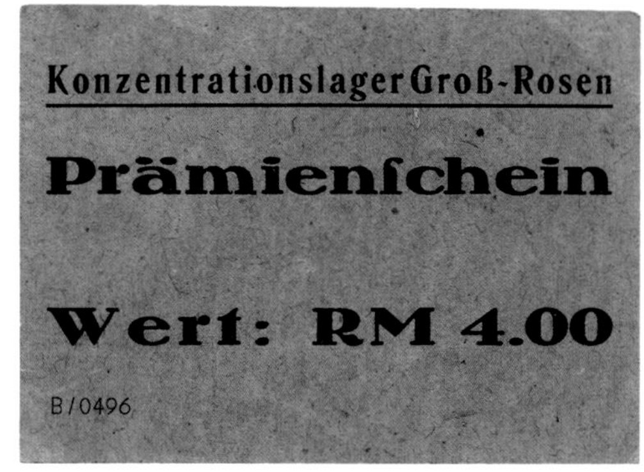

Konzentrationslager Groß-Rosen, Prämienschein über 4 RM ohne Datum (wahrscheinlich 1943).
(Fa. Hans Worbes, Berlin)

US-Katalog „Silent Witnesses" aufgeführt, leider jedoch ohne eine Systematik für mehrere Ausgaben mit verschiedenen Nennwerten daraus abzuleiten.[12)]
Wie auch bei Außenlagern anderer Konzentrationslager, so hing die Gründung von Außenlagern des Konzentrationslagers Groß-Rosen unmittelbar mit dem verstärkten Einsatz von Häftlingen in der Kriegswirtschaft, vor allem der Rüstungsindustrie, zusammen. Die Vergabe von Prämien für gute Arbeitsleistungen in Form von Prämienscheinen, die dann in Kantinen und Lagerbordellen eingelöst werden konnten, dienten letztlich der Intensivierung der Kriegswirtschaft durch leistungsabhängige Motivation.
Auch in den Außenlagern von Groß-Rosen arbeiteten Häftlinge für die Kriegswirtschaft, so etwa in Aslau beim Bau eines Flugplatzes, in Bad Warmbrunn in der Produktion von Waffen und Munition oder in Kamenz in der Herstellung von Flugzeugteilen. Ein wichtiges Projekt war auch der Bau des Führerhauptquartiers „Riese" im Eulengebirge.
Besonders in größeren Außenlagern, die für den Einsatz von Häftlingen in der Rüstungsproduktion entstanden waren und einen eigenen Kantinenbetrieb hatten, machten Prämienscheine Sinn. Ob die verschiedenen Auflagen (Ausführungen) von Groß-Rosen mit der Nutzung in unterschiedlichen Lagern zu tun hatten, ist leider nicht bekannt, ebenso der Betrieb eines Lagerbordells.

Anmerkungen:

1) Isabell Sprenger/Walter Kumpmann, Der Standort: Ein Steinbruch-Lager, in: Groß-Rosen – Stammlager, in: Wolfgang Benz/Barbara Distel (Hrsg.), Der Ort des Terrors, Band 6: Natzweiler, Groß-Rosen, Stutthof, S. 195 – 197.

2) Isabell Sprenger/Walter Kumpmann, Vom Arbeitslager zum KZ Groß-Rosen, in: Groß-Rosen – Stammlager, in: Wolfgang Benz/Barbara Distel (Hrsg.), Der Ort des Terrors, Band 6: Natzweiler, Groß-Rosen, Stutthof, S. 197 – 200.

3) Isabell Sprenger/Walter Kumpmann, Die Arbeit im Steinbruch, in: Groß-Rosen – Stammlager, in: Wolfgang Benz/Barbara Distel (Hrsg.), Der Ort des Terrors, Band 6: Natzweiler, Groß-Rosen, Stutthof, S. 201 – 202.

4) Isabell Sprenger/Walter Kumpmann, Häftlingszahlen, in: Groß-Rosen – Stammlager, in: Wolfgang Benz/Barbara Distel (Hrsg.), Der Ort des Terrors, Band 6: Natzweiler, Groß-Rosen, Stutthof, S. 202 – 205.

5) Isabell Sprenger/Walter Kumpmann, Der Ausbau des Lagers, in: Groß-Rosen – Stammlager, in: Wolfgang Benz/Barbara Distel (Hrsg.), Der Ort des Terrors, Band 6: Natzweiler, Groß-Rosen, Stutthof, S. 208 – 211.

6) Isabell Sprenger/Walter Kumpmann, Das Lagerpersonal und die Verwaltung, in: Groß-Rosen – Stammlager, in: Wolfgang Benz/Barbara Distel (Hrsg.), Der Ort des Terrors, Band 6: Natzweiler, Groß-Rosen, Stutthof, S. 211 – 214.

7) Isabell Sprenger/Walter Kumpmann, Exekutionen, in: Groß-Rosen – Stammlager, in: Wolfgang Benz/Barbara Distel (Hrsg.), Der Ort des Terrors, Band 6: Natzweiler, Groß-Rosen, Stutthof, S. 211 – 214.

8) Isabell Sprenger/Walter Kumpmann, Die Räumung des Lagers, in: Groß-Rosen – Stammlager, in: Wolfgang Benz/Barbara Distel (Hrsg.), Der Ort des Terrors, Band 6: Natzweiler, Groß-Rosen, Stutthof, S. 217 – 219.

9) Isabell Sprenger/Walter Kumpmann, Groß-Rosen – Stammlager, in: Wolfgang Benz/Barbara Distel (Hrsg.), Der Ort des Terrors, Band 6: Natzweiler, Groß-Rosen, Stutthof, S. 195.

10) Siehe Anmerkung 6).

11) Siehe Anmerkung 3)

12) Ray Feller/Steve Feller, Silent Witnesses: Civilian Camp Money of World War II, S. 37 – 38.

Prämienscheine des KL Groß-Rosen

1.6.1 Konzentrationslager Groß-Rosen

Belegt sind bisher nur die aufgenommenen Werte. Da es auch noch weitere Nennwerte entsprechend der Stückelung der SS-Prämienvorschrift gegeben haben kann, wurden für diese Katalognummern freigehalten.

Erste Ausgabe: M von RM mit geraden Strichen, mit Linien-Raster

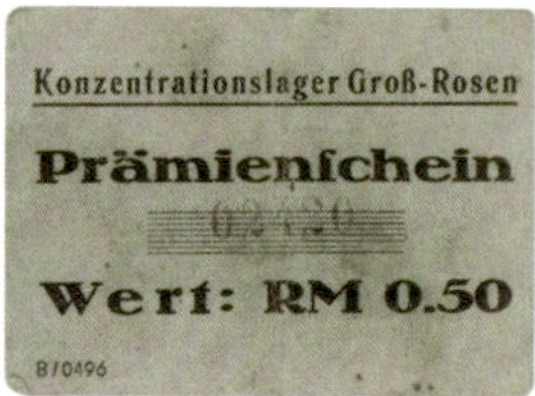

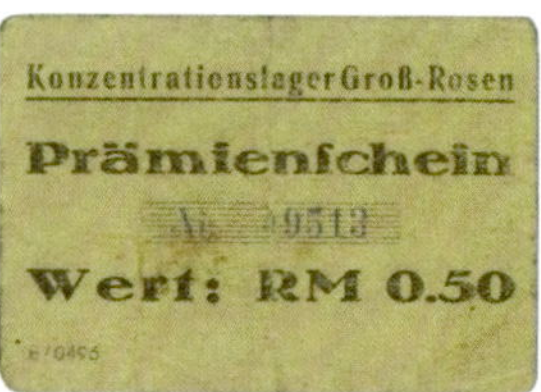

(Gr 1a Vs, United States Holocaust Memorial Museum / Gr 1b Vs, Charlton E. Meyer Jr.)

Gr 1 **50 Reichspfennig (RM 0.50)**
PS – Vs: Raster für Kontrollnummer mittig zwischen Lagerbezeichnung und Nennwert, Druckvermerk B/0496
Rs: unbedruckt

Entwurf:	unbekannt	Format:	ca. 74 mm x 51 mm
Umlauf bis:	Juli 1944?	Wz:	Papier farbig, ohne Wz
Druck:	unbekannt	KN:	5stellig

Datum	Auflage			
o.D. (1943)	unbekannt	a)	Papier weiß, KN 5stellig schwarz	RRR
		b)	Papier gelb, № KN 5stellig violett	RR

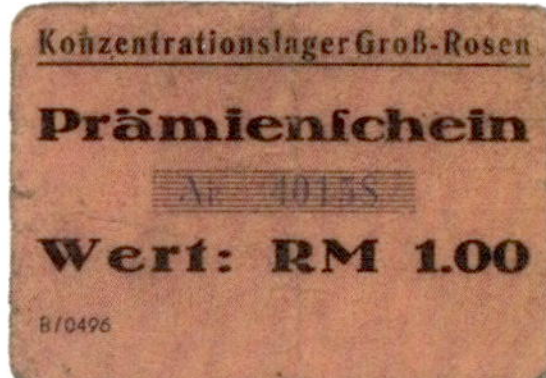

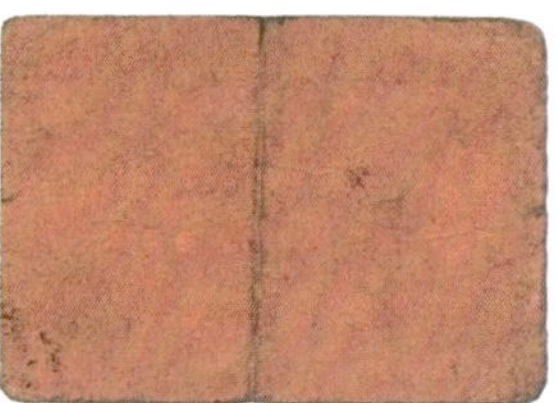

(Gr 2, Sammlung Wolfgang Haney, Berlin)

Gr 2 **1 Reichsmark (RM 1.00)**
PS 90 Vs: Raster für Kontrollnummer mittig zwischen Lagerbezeichnung und Nennwert, Druckvermerk B/0496
Rs: unbedruckt

Entwurf:	unbekannt	Format:	ca. 74 mm x 51 mm
Umlauf bis:	Juli 1944?	Wz:	Papier farbig, ohne Wz
Druck:	unbekannt	KN:	5stellig

Datum	Auflage		
o.D. (1943)	unbekannt	Papier hellrotlila, № KN 5stellig violett	RR

Zweite Ausgabe: M von RM mit geraden Strichen, ohne Linien-Raster

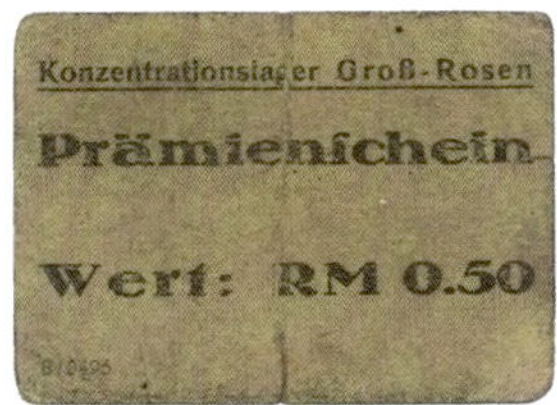

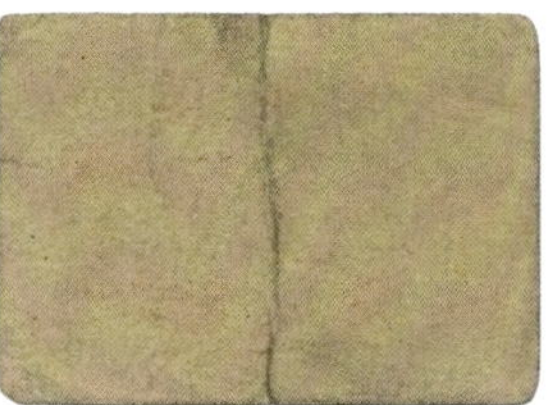

(Gr 6, Sammlung Wolfgang Haney, Berlin)

Gr 6 **50 Reichspfennig (RM 0.50)**
PS 88 Vs: ohne Raster für Kontrollnummer, Druckvermerk B/0496
Rs: unbedruckt

Entwurf:	unbekannt	Format:	ca. 74 mm x 53 mm
Umlauf bis:	Juli 1944?	Wz:	Papier farbig, ohne Wz
Druck:	unbekannt	KN:	ohne oder mit

Datum	**Auflage**		
o.D. (1943)	unbekannt	Papier gelb, ohne KN	RR

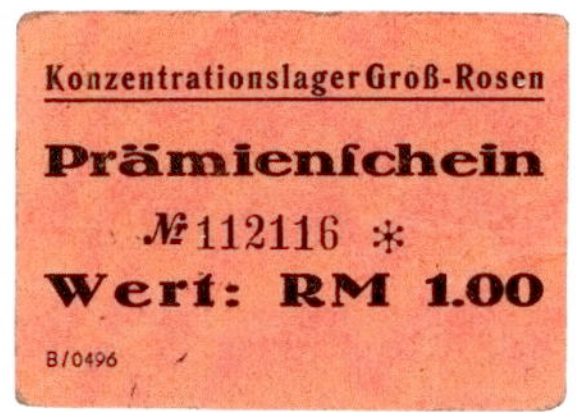

(Gr 7b Vs, Fa. Hans Worbes, Berlin)

Gr 7 **1 Reichsmark (RM 1.00)**
PS – Vs: ohne Raster für Kontrollnummer, Druckvermerk B/0496
Rs: unbedruckt

Entwurf:	unbekannt	Format:	ca. 74 mm x 53 mm
Umlauf bis:	Juli 1944?	Wz:	Papier farbig, ohne Wz
Druck:	unbekannt	KN:	ohne oder mit

Datum	**Auflage**			
o.D. (1943)	unbekannt	**a)**	Papier lilarosa, ohne KN	RR
		b)	Papier lilarosa, № KN 6stellig ⁂	RR

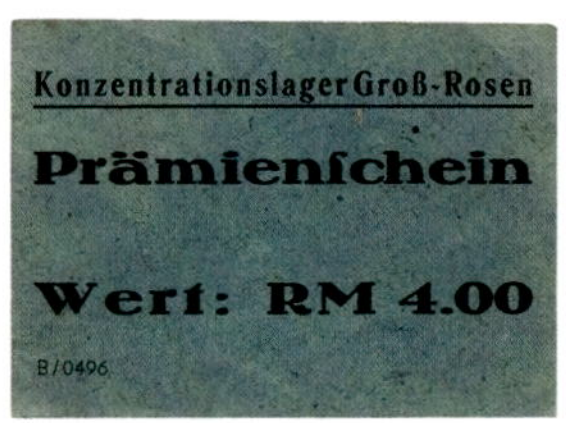

(Gr 10a Vs, Fa. Hans Worbes, Berlin)

Gr 10 **4 Reichsmark (RM 4.00)**
PS – Vs: ohne Raster für Kontrollnummer, Druckvermerk B/0496
Rs: unbedruckt

Entwurf:	unbekannt	Format:	ca. 74 mm x 53 mm
Umlauf bis:	Juli 1944?	Wz:	Papier farbig, ohne Wz
Druck:	unbekannt	KN:	ohne oder mit

Datum	**Auflage**		
o.D. (1943)	unbekannt	Papier graublau, ohne KN	RR

Dritte Ausgabe: M von RM mit schrägen Strichen, ohne Linien-Raster

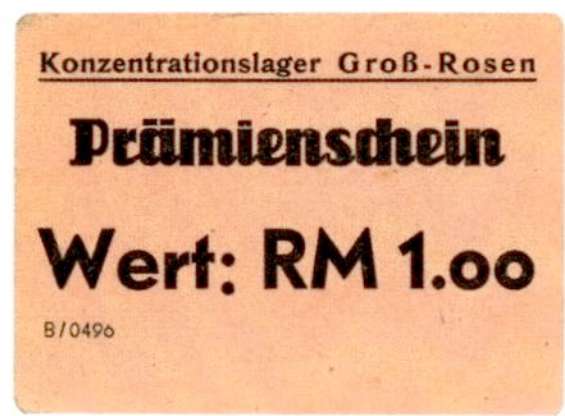

(Gr 12 Vs, Fa. Hans Worbes, Berlin)

Gr 12 **1 Reichsmark (RM 1.oo)**
PS – Vs: ohne Raster für Kontrollnummer, Druckvermerk B/0496
Rs: unbedruckt

Entwurf:	unbekannt	Format:	ca. 74 mm x 53 mm
Umlauf bis:	Juli 1944?	Wz:	Papier farbig, ohne Wz
Druck:	unbekannt	KN:	ohne

Datum	**Auflage**		
o.D. (1943)	unbekannt	Papier rosa, ohne KN	RRR

1.6.2 Konzentrationslager Gross-Rosen (Einheitstyp)

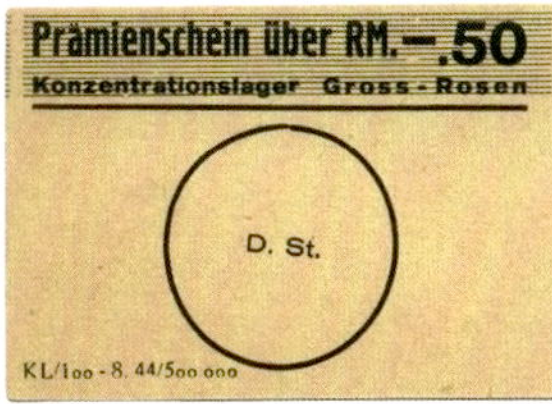

(Gr 16a Sammlung Wolfgang Haney, Berlin)

Gr 16 **50 Reichspfennig (RM. –.50)**
PS 89 Vs: Wert- und Lagerbezeichnung auf Linienraster, Druckvermerk: KL/100 - 8.44/5oo.ooo
Rs: unbedruckt

Entwurf:	unbekannt	Format:	ca. 76 mm x 52 mm
Umlauf bis:	April 1945	Wz:	Karton hellbraungelb, ohne Wz
Druck:	unbekannt	KN:	ohne

Datum	**Auflage**			
o.D. (8/1944)	500 000	**a)**	ohne Dienst-Stpl	RR
		b)	mit Dienst-Stpl	RR

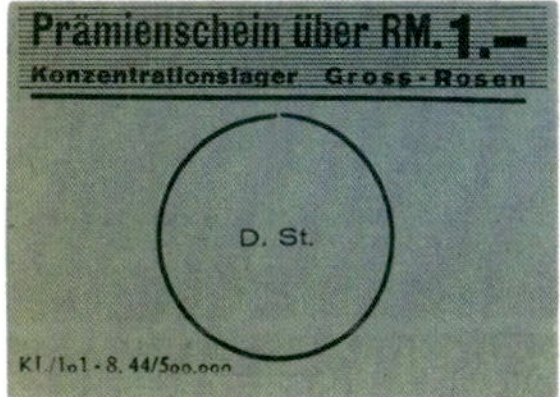

(Gr 17a Sammlung Wolfgang Haney, Berlin)

Gr 17 **1 Reichsmark (RM. 1.–)**
PS – Vs: Wert- und Lagerbezeichnung auf Linienraster, Druckvermerk: KL/101 - 8.44/5oo.ooo
Rs: unbedruckt

Entwurf:	unbekannt	Format:	ca. 76 mm x 52 mm
Umlauf bis:	April 1945	Wz:	Karton graublau, ohne Wz
Druck:	unbekannt	KN:	ohne

Datum	**Auflage**			
o.D. (8/1944)	500 000	**a)**	ohne Dienst-Stpl	RR
		b)	mit Dienst-Stpl	RR

1.7 Herzogenbusch (Vught)

Niederlande

Konzentrationslager

Zur Geschichte des Lagers

Der Vorschlag zur Errichtung eines neuen Durchgangslagers in der Nähe der Stadt Herzogenbusch ('s-Hertogenbosch) kam im Juli 1942 von dem Höheren SS- und Polizeiführer in Den Haag, Hanns Albin Rauter, an den Reichskommissar für die besetzten Niederlande, Dr. Arthur Seyß-Inquart. Grund war nicht zuletzt der schlechte Ruf des bereits im August 1941 gegründeten Durchgangslagers Amersfoort, in dem Hunger und Gewalt herrschten. Rauter gelang es, selbst den Reichsführer SS, Heinrich Himmler, von der Notwendigkeit eines neuen Lagers zu überzeugen.

Am 2. Dezember 1942 wurde das noch unfertige Lager dem Wirtschafts-Verwaltungshauptamt der SS (WVHA) unterstellt und war damit offiziell ein Konzentrationslager. Rauter übernahm die Dienstaufsicht, war damit also für das Lagerleben zuständig.

Das Lager Herzogenbusch, das in den Niederlanden unter der Bezeichnung „Kamp Vught" bekannt wurde, weil es in der Gemeinde Vught lag, sollte aber neben Westerbork nicht nur als Durchgangslager für „auszusiedelnde" niederländische Juden dienen, sondern ab 1943 auch als Schutzhaftlager für niederländische Gefangene, die zuvor in Lagern auf Reichsgebiet untergebracht worden waren.

Obwohl der Aufbau des Lagers noch nicht abgeschlossen war, erfolgte am 5. Januar 1943 dessen Eröffnung. Als „Judenlager Vught" diente es vor allem der Aufnahme sog. „privilegierter Juden", d. h. jener jüdischer Bürger, die vorerst vom Arbeitseinsatz und der Deportation freigestellt waren.[1]

In der Anfangszeit des Lagers herrschte Lebensmittelknappheit, ausgehend von schlechtem Wasser brach eine Ruhr-Epidemie aus, und die Krankenversorgung war mangelhaft.

Erst als ab Mai 1943 immer mehr Lebensmittelpakete von Angehörigen und vom Niederländischen Roten Kreuz das Lager erreichten und im Juli 1943 ein relativ gut ausgestatteter Krankenbau den Betrieb aufnahm, verbesserten sich die Lebensbedingungen deutlich. In der Freizeit spielten die Häftlinge Fußball oder Schach, musizierten oder nutzten die Lagerbibliothek.

In den 21 Monaten, in denen das KL Herzogenbusch bestand, durchliefen mehr als 31 000 Menschen das Lager. Die höchste Belegung wurde mit 15 000 Häftlingen erreicht.[2] Etwa 13 000 Juden und 4400 Nicht-Juden wurden von hier aus in andere Lager deportiert.[3]

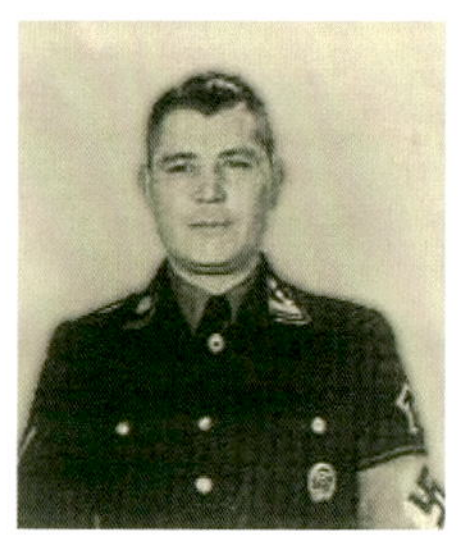

Konzentrationslager Herzogenbusch, zweiter Lagerkommandant, SS-Hauptsturmführer Adam Grünewald.

Den Vorstellungen Rauters von einem „Musterlager" konnten die Lagerkommandanten nicht entsprechen. Der erste Kommandant, Karl Walter Chmielewski, wurde schon im Oktober 1943 verhaftet und wegen Unterschlagung vor das SS- und Polizeigericht in Berlin gestellt. Dessen Nachfolger Adam Grünewald befolgte nicht den Rat Rauters, sein Kommando im Lager möglichst „maßvoll" anzutreten. Als einige weibliche Häftlinge einer Denunziantin die Haare abschnitten, ließ er Mitte Januar 1944 einen ganzen Block mit 74 Frauen über Nacht in eine Zelle sperren, in der bis zum nächsten Morgen zehn Frauen erstickten. Als das „Bunkerdrama" bekannt wurde, wurden er und sein Adjutant Wicklein Ende Januar 1944 verhaftet und vor das SS- und Polizeigericht in Velp gestellt. Nach Intervention Pohls begnadigte Himmler Grünewald und ließ ihn zur SS-Totenkopfdivision versetzten, wo er im Januar 1945 an der Front fiel.

Ab Februar 1944 war Hans Hüttig neuer Lagerkommandant des KL Herzogenbusch. Auch auf ihn versuchte Rauter einzuwirken. Beide kamen offenbar gut miteinander aus und Hüttig galt als weniger gewalttätig als seine Vorgänger.

Bewacht wurden die Häftlinge durch zwei Kompanien des am 1.1.1942 auf Weisung Himmlers aufgestellten Wachbataillons Nord-West, dem auch Niederländer angehörten.[4)]

Das sog. „Judendurchgangslager" war seit 16. Januar 1943 in Betrieb.[5)] In den Niederlanden lebten damals etwa 120 000 jüdische Bürger, die über die Sammellager Westerbork und Herzogenbusch deportiert werden sollten.[6)]

Der erste jüdische Transport erreichte Herzogenbusch mit etwa 450 Menschen aus Amsterdam. Es handelte sich um die ersten der sog. „Rüstungsjuden", die ausgehend von ihrer Tätigkeit in kriegswichtigen Unternehmen „freigestellt" worden waren.[7)] Insgesamt waren zum Jahresende 1942 rund 32 700 Juden vorläufig vom Arbeitseinsatz und damit von der Deportation freigestellt.[8)] Weitere Transporte mit Tausenden Menschen sollten folgen. Auch wenn die Lebensbedingungen im „Judenlager" besser waren als etwa im Schutzhaftlager, so herrschte doch Lebensmittelknappheit. Dies lag auch daran, daß es jüdischen Gefangenen nicht erlaubt war, Pakete zu empfangen. Allein der Jüdische Rat konnte den Häftlingen zusätzliche Lebensmittel zur Verfügung stellen. Eine lange Aufenthaltsdauer war für jüdische Häftlinge aber ohnehin nicht vorgesehen. Herzogenbusch war nur Zwischenstation auf dem Weg in die Vernichtungslager. Nachdem Mitte November 1943 etwa 1150 jüdische Häftlinge direkt von Herzogenbusch nach Auschwitz deportiert wurden, blieben nur noch rund 600 Juden im Lager zurück. Es handelte sich um Diamantschleifer und Arbeiter für die Firma Philips, die im Lager eine Produktionsstätte unterhielt.[9)]

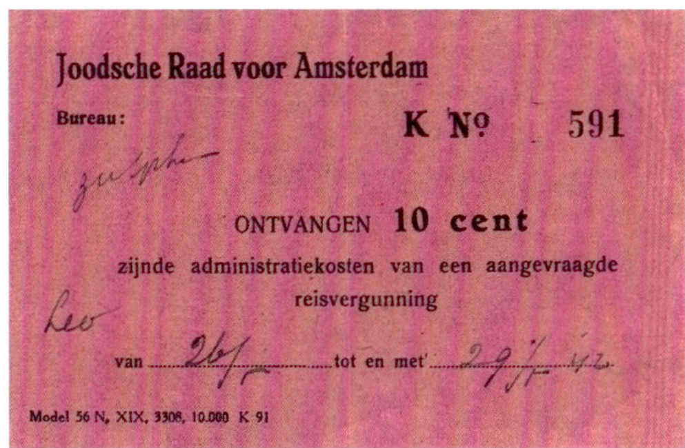
Joodsche Raad voor Amsterdam
Bureau: zutphen
K № 591
ONTVANGEN 10 cent
zijnde administratiekosten van een aangevraagde reisvergunning
Leo
van 26/5 tot en met 29/5 42
Model 56 N, XIX, 3308, 10.000 K 91

Jüdischer Rat von Amsterdam, Reisekostenvergütung über 10 Cent vom Mai 1942.
(Sammlung Wolfgang Haney, Berlin)

Etwa 12 000 Menschen, davon 1000 Frauen, durchliefen das Schutzhaftlager. Etwa 60% davon wurden wieder entlassen, entweder nach Ablauf der Haftzeit oder auch willkürlich. So amnestierte Rauter etwa Häftlinge zu Weihnachten oder aufgrund eines persönlichen Gesprächs. 4500 Schutzhäftlinge, meist Widerstandskämpfer, kamen von Herzogenbusch aus in andere Konzentrationslager.[10)]

Nach den Transporten jüdischer Häftlinge hatte sich das „Judendurchgangslager" immer mehr geleert. Die „freien Kapazitäten" nutzte man zur Einrichtung eines polizeilichen Durchgangslagers, in dem insgesamt 3900 Häftlinge, davon etwa 300 Frauen, inhaftiert wurden. Zu ihnen zählten Widerstandskämpfer, Zeugen Jehovas, Schwarzhändler und Diebe. Aber auch die normalen Gefängnisse waren überfüllt und schließlich kamen im Juni 1944 auch noch 1500 Untersuchungshäftlinge ins Lager.

Aus Furcht vor einer bevorstehenden Invasion der Alliierten an der niederländischen Küste wurden bis wenige Tage vor der Evakuierung des Lagers über 300 fluchtverdächtige Häftlinge, die als politisch riskant galten, auf dem SS-Schießstand beim Lager erschossen.[11)]

Der Vormarsch alliierter Truppen führte zur Räumung des Lagers am 5. und 6. September 1944. Etwa 2900 Männer wurden nach Sachsenhausen und 650 Frauen nach Ravensbrück transportiert. Alle anderen Häftlinge ließ man frei oder brachte sie in das Durchgangslager Amersfoort. Das Lager Herzogenbusch wurde also komplett von der

SS aufgelöst, bevor es von den Alliierten befreit werden konnte.[12)]
Insgesamt sollen mindestens 749 Häftlinge im Lager ums Leben gekommen sein, davon 329 durch Exekutionen.[13)]
Am 26. Oktober 1944 besetzten Alliierte das Lager. Es wurde nun für niederländische Häftlinge genutzt, die der Kollaboration mit den Deutschen beschuldigt wurden sowie für deutsche Zwangsevakuierte.
Hanns Albin Rauter, auf dessen Initiative die Gründung des Lagers zurückgeht, wurde trotz seines wiederholten Einsatzes für humanere Bedingungen im Mai 1948 durch ein Sondergericht in Den Haag zum Tode verurteilt und im März 1949 hingerichtet.[14)]
Dem steht entgegen, daß die Verfolgung der Juden ohne die Zusammenarbeit mit der niederländischen Polizei, ohne die in Europa einmalige Kopfprämie auf jeden denunzierten Juden in Höhe von 7,50 Gulden und die Transporte durch die Niederländische Bahn nicht möglich gewesen wäre. Selbst Anne Frank, die den Holocaust nicht überlebte, aber durch ihr Tagebuch weltberühmt werden sollte, war für 7,50 Gulden verraten worden. Schon 1943 konnte so das Land „judenrein" gemeldet werden. Von den 120 000 niederländischen Juden waren 107 000 deportiert worden, von denen nur 5000 überlebten. Niederländer waren also nicht nur an der Bewachung von Häftlingen in den Reihen der SS beteiligt. Längst nicht alle von ihnen waren Widerstandskämpfer, so wie dies gerne über Jahrzehnte vermittelt wurde.[15)]

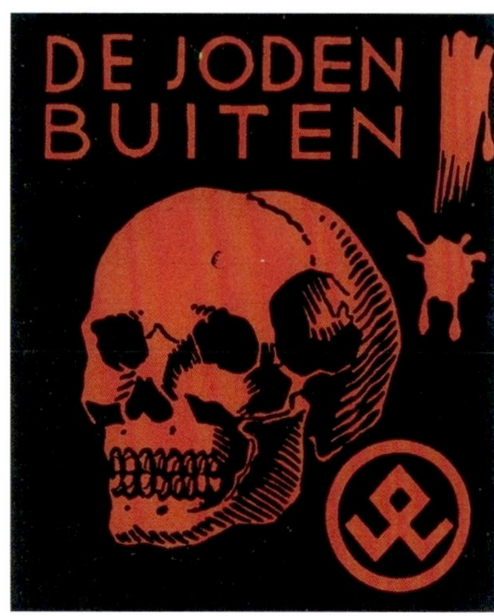

Vignette „Raus mit den Juden", herausgegeben von der niederländischen „Vereniging van Dietze Nationaalsocialisten" (Verdinaso).
(Sammlung Wolfgang Haney, Berlin)

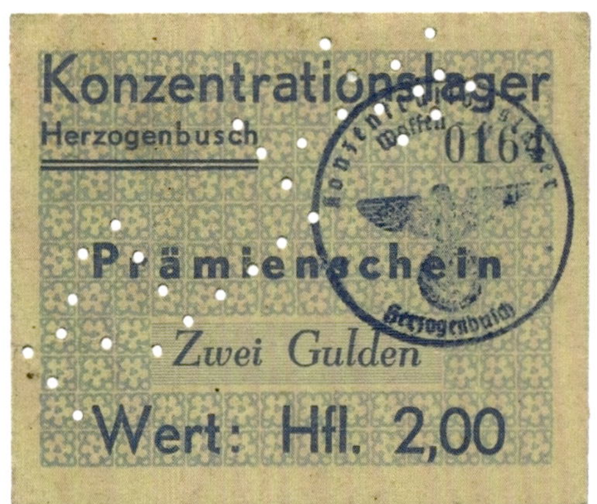
Konzentrationslager
Herzogenbusch
0164
Prämienschein
Zwei Gulden
Wert: Hfl. 2,00

Konzentrationslager Herzogenbusch, Prämienschein der wahrscheinlich ersten Auflage über 2 Gulden.
(Sammlung Wolfgang Haney, Berlin)

Bargeld im Lager

Da das KL Herzogenbusch nicht auf dem Gebiet des Deutschen Reichs lag, sind die in der Einleitung zum Thema Geld und Geldersatz in Konzentrationslagern genannten Regelungen zur Verwendung von Bargeld nicht direkt übertragbar. Im Lager galt nicht die Reichsmark, sondern der Niederländische Gulden.
Über die Verwendung von Bargeld im Lager ist zwar nichts bekannt, es dürfte aber bis zur Ausgabe des Lagergelds Anfang November 1943 verwendet worden sein.

Lagergeld und Prämienscheine

Von Mitte Februar 1943 bis Mitte Juni 1944 betrieb die Firma Philips unter eigener Aufsicht zwei Arbeitsbaracken im KL Herzogenbusch. Im „Philips-Kommando" arbeiteten bis zu 1200 männliche und weibliche Häftlinge unter vergleichsweise guten Bedingungen in der Montage oder bei der Ordnung von Akten, die nach dem Bombenangriff der Briten auf den Firmensitz in Eindhoven vom 6. Dezember 1942 durcheinander geraten waren. Viele Häftlinge in diesem beliebten Innenkommando waren Juden, denen die Tätigkeit für Philips lediglich einen Zeitaufschub einbrachte, sie aber nicht vor der Deportation retten konnte.[16)]

In niederländischer Fachliteratur wird angegeben, daß die Häftlinge für die Arbeit bei Philips eine Vergütung in Form von Lagergeld erhielten. Neben der als „Lagergeld" bezeichneten Ausgabe vom 1. November 1943 sind aber auch noch Prämienscheine ohne Datum bekannt. Hierzu schlußfolgern die niederländischen Autoren, daß beide Ausgaben auf der Grundlage der Prämienvorschrift des WVHA der SS vom Mai 1943 erfolgten.[17)]

Wahrscheinlicher ist, daß das Lagergeld vom 1. November 1943 die gleiche Funktion erfüllte, für die auch das Lagergeld des Außenlagers Amersfoort vom 1. Januar 1944 geschaffen wurde, und nichts mit der Prämienvorschrift der SS zu tun hatte. Danach sollte bis zur Einführung des Lagergelds die Verwendung von Bargeld in niederländischer Währung im Lager möglich gewesen sein, ebenso die Unterstützung von Häftlingen durch Geldanweisungen. Die Einführung des Lagergelds konnte maßgeblich die Fluchtgefahr verringern und der Abschöpfung von Bargeld dienen, da mit dessen Einführung Guthaben der Gefangenen nur mehr als Lagergeld ausgezahlt wurde.

Die Prämienscheine des Konzentrationslagers Herzogenbusch gab es wahrscheinlich schon vor dem Lagergeld, das typisch niederländisch gestaltet und gestückelt ist. Leider ist nicht bekannt, ob beide Ausgaben parallel umliefen, oder ob die Ausgabe des Lagergelds die Prämienscheine ablöste.[18)] Logisch wäre aber, daß die seltenen Prämienscheine nur an solche Häftlinge ausgegeben wurden, die im Lager arbeiteten (bei Philips oder auch im Luftwaffen-Kommando bei der Demontage abgeschossener alliierter Flugzeuge), und daß man Lagergeld unabhängig und parallel zu diesen ab November 1943 als Geldersatz für alle Häftlinge nutzte. Diese These muß aber leider eine Vermutung bleiben, wie auch für andere Annahmen keine Beweise

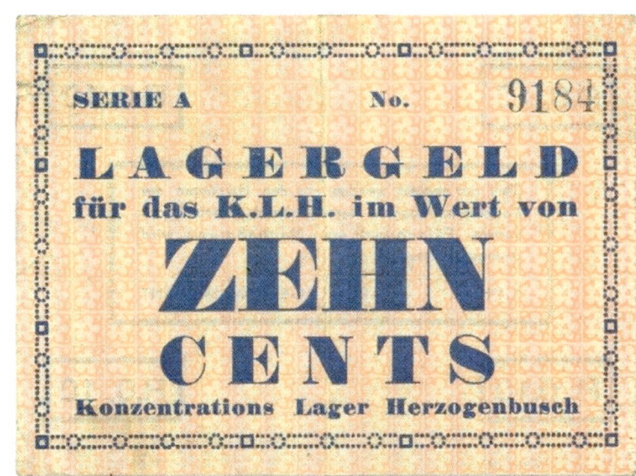

Konzentrationslager Herzogenbusch, Lagergeldschein über 10 Cents vom 1.11.1943.
(Sammlung Wolfgang Haney, Berlin)

vorliegen. Sie wird aber stark gestützt durch die Tatsache, daß Prämienscheine aus dem Lager Herzogenbusch in zwei verschiedenen Gestaltungen vorliegen, die auf zwei separate Auflagen auf der Grundlage der Prämienvorschrift hindeuten. Die ältere Auflage dürfte jene mit Unterdruckmuster sein. Die zweite Ausgabe entspricht vom Stil her den 1944er Prämienscheinen. Für sie wurde auch kein Unterdruck mehr verwendet, der bei der ersten Ausgabe sowie beim Lagergeld von 1943 vorkommt. Beide Auflagen hat es wahrscheinlich in der Stückelung 0,50 bis 2 Gulden gegeben, die sich an der Prämienvorschrift anlehnt. Ein Gulden hat damals etwa 1,33 Reichsmark entsprochen.[19)] Bisher konnten aber nicht alle Werte belegt werden.

Das Lagergeld gibt es dagegen in einer Stückelung von 10 Cent bis 10 Gulden, die typisch für den Ersatz von Bargeld ist und noch dazu einer praktischen Nutzung innerhalb eines Verfügungsrahmens entgegenkommt. Im Herzogenbuscher Außenlager Amersfoort lag dieser bei 20 Gulden im Monat. Man kann also davon ausgehen, daß auch die Häftlinge im Stammlager über monatlich 20 Gulden aus vorhandenen Guthaben verfügen konnten, die dann in Form von Lagergeld an sie ausgezahlt wurden.

Gedruckt wurden alle Ausgaben von der lagereigenen Druckerei. Die Prämienscheine wurden auf Karton gedruckt, während man für die Lagerscheine einfaches Papier verwendete. Die genauen Auflagenzahlen sind nicht bekannt.

Prämienscheine mit Unterdruckmuster sind in der Regel mit der Perforation „KL. HE" für Konzentrationslager Herzogenbusch versehen. Oftmals ist diese unsauber ausgeführt.

Lagergeld für Außenlager

Nach der Eröffnung des Lagers Herzogenbusch wurde das Lager Amersfoort vorübergehend Anfang März 1943 geschlossen und nach Umbau am 17. Mai 1943 als Außenlager von Herzogenbusch wieder in Betrieb genommen.
Von Amersfoort ist lediglich eine Ausgabe von Lagergeldscheinen mit Datum vom 1. Januar 1944 bekannt geworden, die genau wie das Lagergeld des Stammlagers eine typisch niederländische Nominalstückelung aufweist.

Anmerkungen:

1) Hans de Vries, Herzogenbusch (Vught) – Stammlager, in: Wolfgang Benz/Barbara Distel (Hrsg.), Der Ort des Terrors, Band 7: Niederhagen/Wewelsburg, Lublin-Majdanek, Arbeitsdorf, Herzogenbusch (Vught), Bergen-Belsen, Mittelbau-Dora, S. 133 – 134.

2) Hans de Vries, Häftlingsalltag, in: Herzogenbusch (Vught) – Stammlager, in: Wolfgang Benz/Barbara Distel (Hrsg.), Der Ort des Terrors, Band 7: Niederhagen/Wewelsburg, Lublin-Majdanek, Arbeitsdorf, Herzogenbusch (Vught), Bergen-Belsen, Mittelbau-Dora, S. 134 – 136.

3) Siehe Anmerkung 1).

4) Hans de Vries, Kommandanten und Wachmannschaft, in: Herzogenbusch (Vught) – Stammlager, in: Wolfgang Benz/Barbara Distel (Hrsg.), Der Ort des Terrors, Band 7: Niederhagen/Wewelsburg, Lublin-Majdanek, Arbeitsdorf, Herzogenbusch (Vught), Bergen-Belsen, Mittelbau-Dora, S. 136 – 138.

5) Hans de Vries, Judendurchgangslager, in: Herzogenbusch (Vught) – Stammlager, in: Wolfgang Benz/Babara Distel (Hrsg.), Der Ort des Terrors, Band 7: Niederhagen/Wewelsburg, Lublin-Majdanek, Arbeitsdorf, Herzogenbusch (Vught), Bergen-Belsen, Mittelbau-Dora, S. 140.

6) Siehe Anmerkung 1).

7) Siehe Anmerkung 5).

8) Siehe Anmerkung 1).

9) Siehe Anmerkung 5).

10) Hans de Vries, Schutzhaftlager, in: Herzogenbusch (Vught) – Stammlager, in: Wolfgang Benz/Babara Distel (Hrsg.), Der Ort des Terrors, Band 7: Niederhagen/Wewelsburg, Lublin-Majdanek, Arbeitsdorf, Herzogenbusch (Vught), Bergen-Belsen, Mittelbau-Dora, S. 138 – 140.

11) Hans de Vries, Polizeiliches Durchgangslager, in: Herzogenbusch (Vught) – Stammlager, in: Wolfgang Benz/Babara Distel (Hrsg.), Der Ort des Terrors, Band 7: Niederhagen/Wewelsburg, Lublin-Majdanek, Arbeitsdorf, Herzogenbusch (Vught), Bergen-Belsen, Mittelbau-Dora, S. 142 – 143.

12) Hans de Vries, Auflösung, in: Herzogenbusch (Vught) – Stammlager, in: Wolfgang Benz/Babara Distel (Hrsg.), Der Ort des Terrors, Band 7: Niederhagen/Wewelsburg, Lublin-Majdanek, Arbeitsdorf, Herzogenbusch (Vught), Bergen-Belsen, Mittelbau-Dora, S. 146 – 147.

13) National Monument Kamp Vught, Historie mit Statistiken auf Internetseiten: http://www.nmkampvught.nl.

14) Siehe Anmerkung 12).

15) Süddeutsche Zeitung (www.sueddeutsche.de), Die Niederlande und der Holocaust – 7,50 Gulden für einen Juden (Online-Kommentar zum Buch des Historikers Ies Vuijse: Tegen beter weten in: Zelfsbedrog en ontkenning in de Nederlandse geschiedschrijving over de jodenverfolging (Wider besseren Wissens. Selbstbetrug und Leugnung in der niederländischen Geschichtsschreibung über die Judenverfolgung) vom 3. Mai 2006.

16) Hans de Vries, Zwangsarbeit, in: Herzogenbusch (Vught) – Stammlager, in: Wolfgang Benz/Babara Distel (Hrsg.), Der Ort des Terrors, Band 7: Niederhagen/Wewelsburg, Lublin-Majdanek, Arbeitsdorf, Herzogenbusch (Vught), Bergen-Belsen, Mittelbau-Dora, S. 143 – 146.

17) Alphons Toele/Hans Jacobi, Vught, in: Het Noodgeld van Nederland in de Tweede Wereldoorlog 1940 – 1945, S. 326.

18) Alphons Toele/Hans Jacobi, Vught, in: Het Noodgeld van Nederland in de Tweede Wereldoorlog 1940 – 1945, S. 328 – 329.

19) Jürgen Schneider/Oskar Schwarzer/Markus A. Denzel (Hrsg.), Währungen der Welt II – Europäische und nordamerikanische Devisenkurse (1914 – 1951), Tabelle 154.

Ausgaben für das Stammlager KL Herzogenbusch

1.7.1 Prämienschein

Erste Ausgabe: Karton mit Unterdruck-Muster

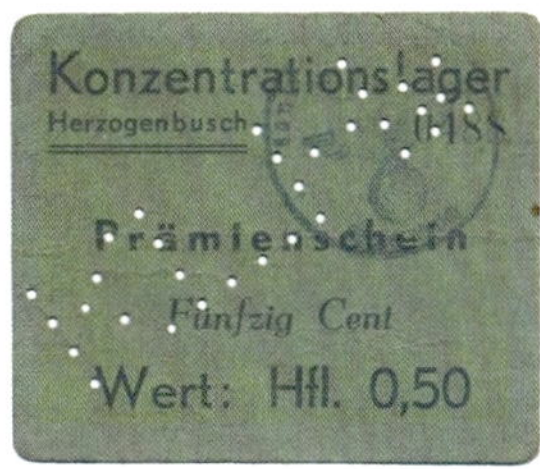

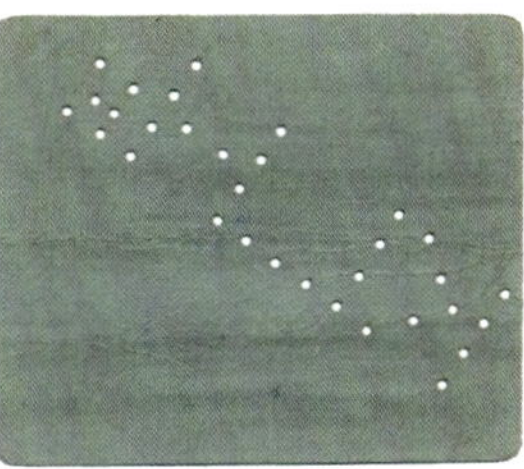

(Hb 1a, Sammlung Wolfgang Haney, Berlin)

Hb 1 **50 Cent (Hfl. 0,50)**
PS 98 Vs: Unterdruck Blümchenmuster gelb, Textdruck blau, mit Dienst-Stpl des Lagers
Rs: unbedruckt

Entwurf:	unbekannt	Format:	ca. 72 mm x 60 mm
Umlauf bis:	1944?	Wz:	Karton farbig, ohne Wz
Druck:	Lagerdruckerei	KN:	4stellig

Datum	**Auflage**			
o.D. (1943)	unbekannt*	**a)**	Karton graublau	RRR
		b)	Karton grau	RRR
		c)	Karton gelblich	RRR

* Höchste bekannte KN: 5338

(Hb 2, Sammlung Wolfgang Haney, Berlin)

Hb 2 **1 Gulden (Hfl. 1,00)**
PS – Vs: Unterdruck Blümchenmuster gelbgrün, Textdruck violett, mit Dienst-Stpl des Lagers
Rs: unbedruckt

Entwurf:	unbekannt	Format:	ca. 72 mm x 62 mm
Umlauf bis:	1944?	Wz:	Karton rot, ohne Wz
Druck:	Lagerdruckerei	KN:	4stellig

Datum	**Auflage**	
o.D. (1943)	unbekannt*	RRR

* Höchste bekannte KN: 5722

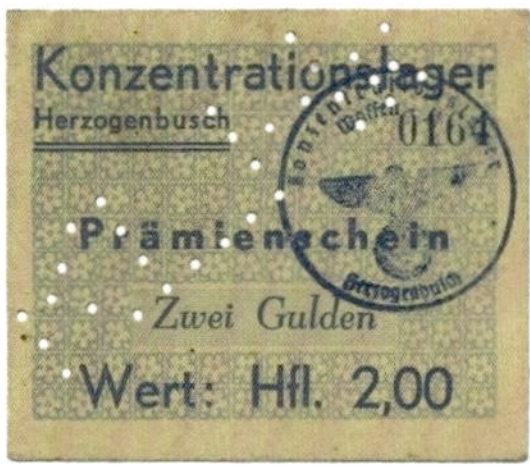

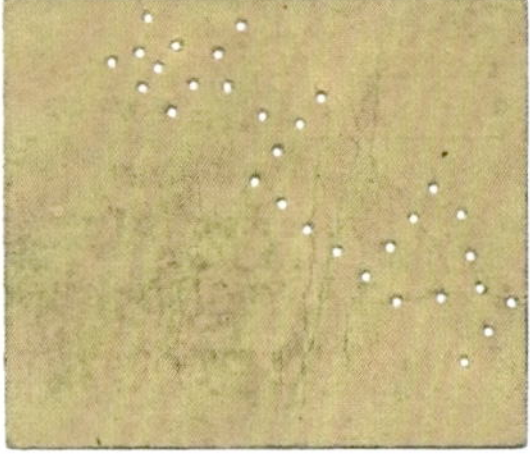

(Hb 3, Sammlung Wolfgang Haney, Berlin)

Hb 3 **2 Gulden (Hfl. 2,00)**
PS 101 Vs: Unterdruck Blümchenmuster hellblau, Textdruck blau, mit Dienst-Stpl des Lagers
Rs: unbedruckt

Entwurf:	unbekannt	Format:	ca. 72 mm x 60 mm
Umlauf bis:	1944?	Wz:	Karton gelblich, ohne Wz
Druck:	Lagerdruckerei	KN:	4stellig

Datum	**Auflage**	
o.D. (1943)	unbekannt*	RRRR

* Höchste bekannte KN: 2829

Zweite Ausgabe: Karton mit Linien-Raster

Es sind bisher nur die Werte zu 0,50 und 1 Gulden bekannt geworden. Wahrscheinlich hat es aber auch einen 2-Gulden-Schein gegeben.

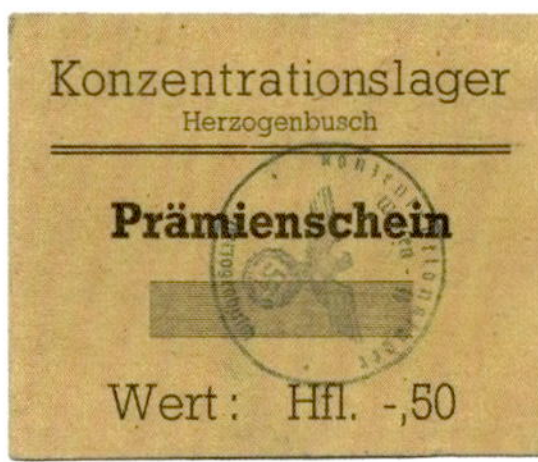

(Hb 4b, Sammlung Wolfgang Haney, Berlin)

Hb 4 **50 Cent (Hfl. –,50)**
PS 99 Vs: ohne Unterdruck, mit Linien-Raster, Textdruck schwarz, mit Dienst-Stpl des Lagers
Rs: unbedruckt

Entwurf:	unbekannt	Format:	siehe Varianten
Umlauf bis:	September 1944?	Wz:	Karton farbig, ohne Wz
Druck:	Lagerdruckerei	KN:	ohne

Datum	**Auflage**			
o.D. (1944)	unbekannt	**a)**	Karton weiß, Format ca. 80 mm x 65 mm	RRRR
		b)	Karton braungelb, Format ca. 74 mm x 59 mm	RRRR

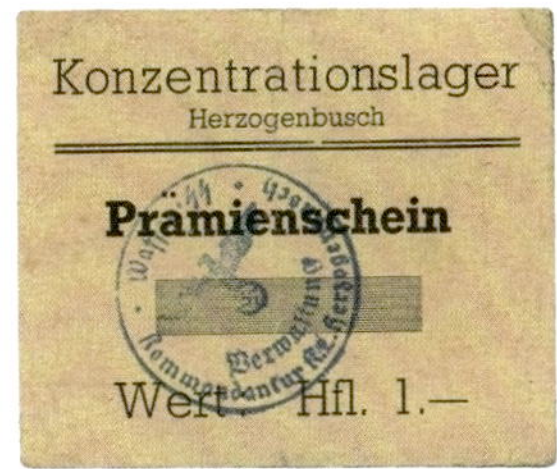

(Hb 5b, Sammlung Wolfgang Haney, Berlin)

Hb 5 **1 Gulden (Hfl. 1,–)**
PS 100 Vs: ohne Unterdruck, mit Linien-Raster, Textdruck schwarz, mit Dienst-Stpl des Lagers
Rs: unbedruckt

Entwurf:	unbekannt	Format:	ca. 73 mm x 60 mm
Umlauf bis:	September 1944?	Wz:	Karton farbig, ohne Wz
Druck:	Lagerdruckerei	KN:	ohne

Datum	**Auflage**			
o.D. (1944)	unbekannt	**a)**	Karton weiß	RRRR
		b)	Karton gelblich	RRRR

1.7.2 Lagergeld für das K. L. H.

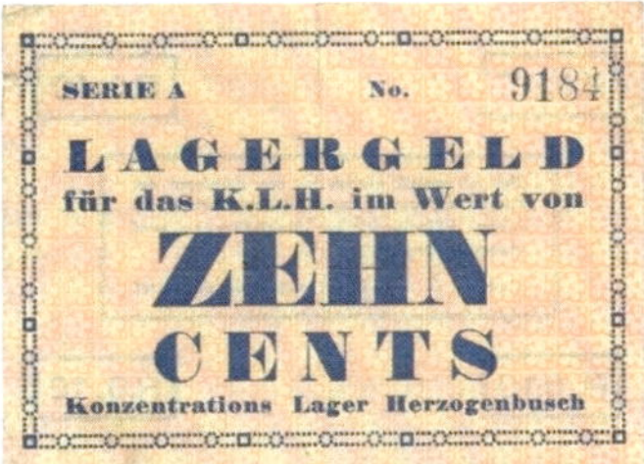

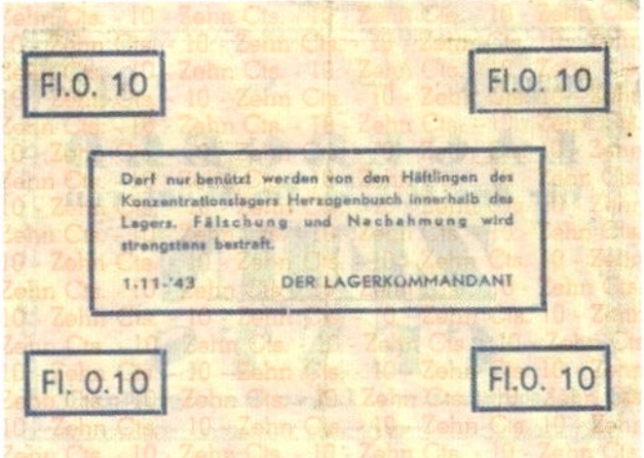

(Hb 7, Sammlung Wolfgang Haney, Berlin)

Hb 7 **10 Cents (Fl. 0.10)**
PS 93 Vs: Unterdruck Blümchenmuster altrosa, Text blau, Serie A
Rs: Unterdruck Wertangabe altrosa, Text blau

Entwurf:	unbekannt	Format:	ca. 90 mm x 64 mm
Umlauf bis:	September 1944?	Wz:	Papier weiß, ohne Wz
Druck:	Lagerdruckerei	KN:	4- oder 5stellig

Datum	**Auflage**	
o.D. (1944)	unbekannt*	RRR

* Höchste bekannte KN: 15870

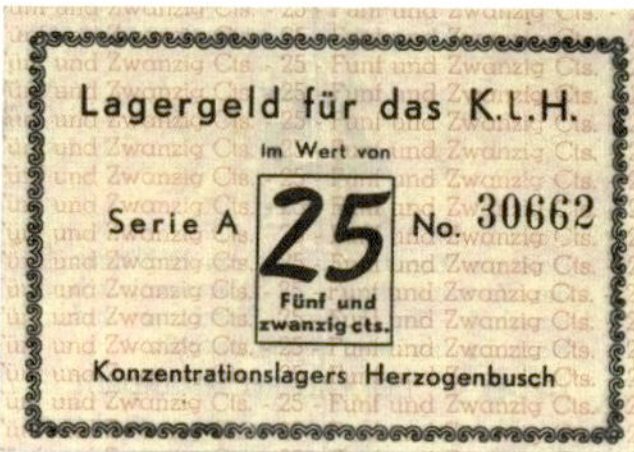

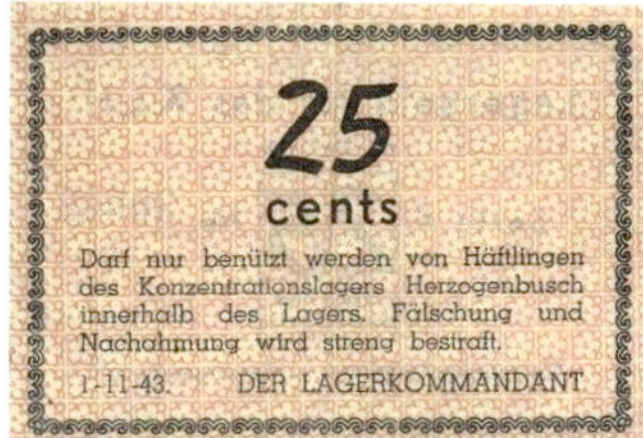

(Hb 8, Sammlung Wolfgang Haney, Berlin)

Hb 8 **25 Cents**
PS 94 Vs: Unterdruck Wertangabe altrosa, Text schwarz, Serie A
Rs: Unterdruck Blümchenmuster altrosa, Text schwarz

Entwurf:	unbekannt	Format:	ca. 88 mm x 59 mm
Umlauf bis:	September 1944?	Wz:	Papier weiß, ohne Wz
Druck:	Lagerdruckerei	KN:	3-, 4- oder 5stellig

Datum	**Auflage**	
o.D. (1944)	unbekannt*	RRR

* Höchste bekannte KN: 30934

Hb 9 **½ Gulden**
Berichte über diese Wertstufe konnten bisher nicht durch ein Original belegt werden!

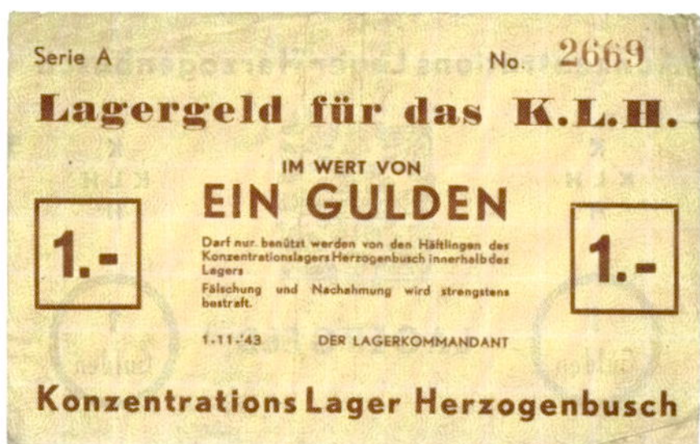

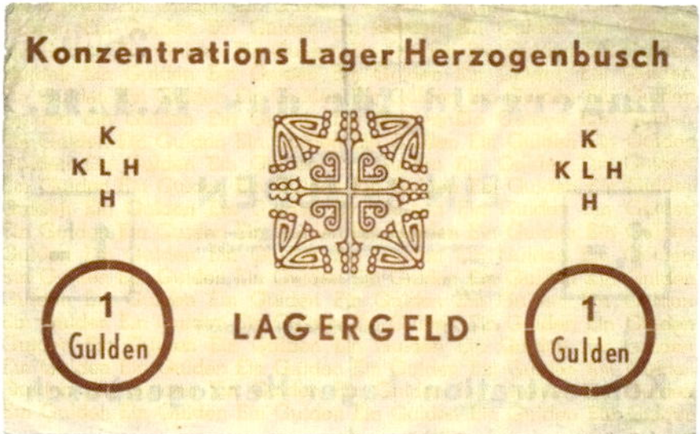

(Hb 10, Sammlung Wolfgang Haney, Berlin)

Hb 10 **1 Gulden (1.–)**
PS 95 Vs: Unterdruckmuster gelb, Text rotbraun, Serie A
Rs: Unterdruck Wertangabe gelb, Text rotbraun

Entwurf:	unbekannt	Format:	ca. 117 mm x 71 mm
Umlauf bis:	September 1944?	Wz:	Papier weiß, ohne Wz
Druck:	Lagerdruckerei	KN:	4- oder 5stellig

Datum	**Auflage**	
o.D. (1944)	unbekannt*	RRR

* Höchste bekannte KN: 32568

Hb 11 **2 Gulden**

Nach Feller/Feller (Silent Witnesses) soll auch ein Schein über 2 Gulden bekannt sein! In Anbetracht des real ausgegeben Werts über 2 ½ Gulden (He 12) würde dieser aber kaum Sinn machen. Ein Abbildungsnachweis fehlt in dem aktuellen US-Katalog.

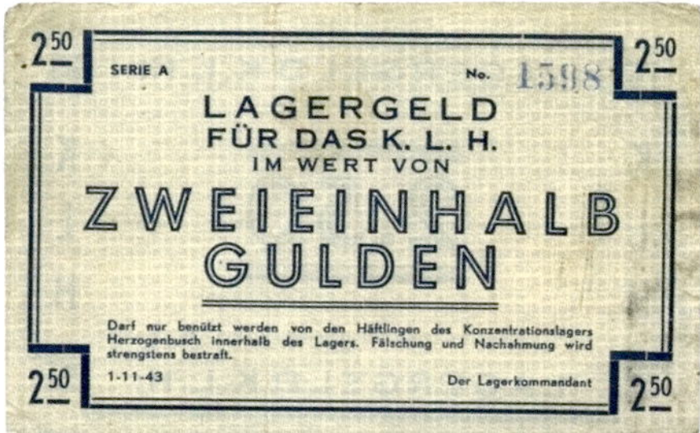

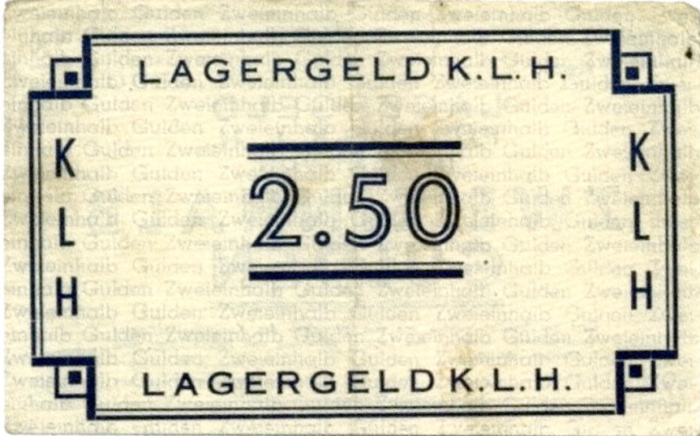

(Hb 12, Sammlung Wolfgang Haney, Berlin)

Hb 12 **2 ½ Gulden (2.50)**
PS 96

Vs: Unterdruckmuster hellblau, Text blau, Serie A
Rs: Unterdruck Wertangabe hellblau, Text blau

Entwurf:	unbekannt	Format:	ca. 117 mm x 71 mm
Umlauf bis:	September 1944?	Wz:	Papier weiß, ohne Wz
Druck:	Lagerdruckerei	KN:	4stellig

Datum	Auflage	
o.D. (1944)	unbekannt*	RRR

* Höchste bekannte KN: 8002

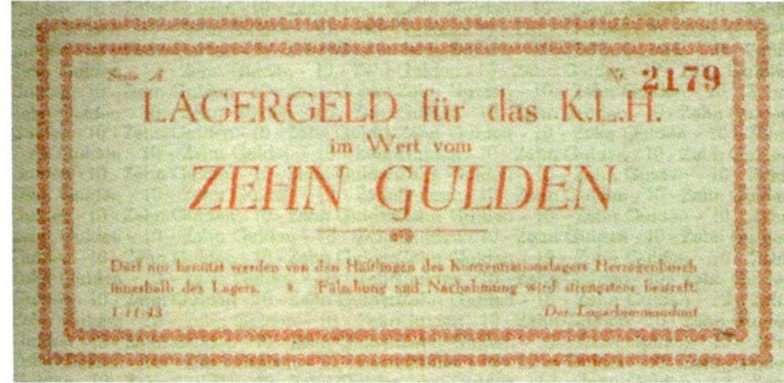

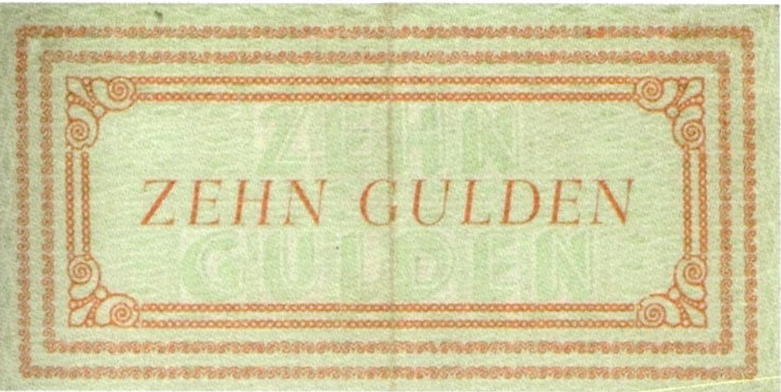

(Hb 13 Abb. verkleinert, Charlton E. Meyer Jr.)

Hb 13 **10 Gulden**
PS 97

Vs: Unterdruck Wertangabe graugrün, Text rot, Serie A
Rs: Unterdruck Wertangabe und Rautenmuster graugrün, Text rot

Entwurf:	unbekannt	Format:	ca. 146 mm x 71 mm
Umlauf bis:	September 1944?	Wz:	Papier weiß, ohne Wz
Druck:	Lagerdruckerei	KN:	4stellig

Datum	Auflage	
o.D. (1944)	unbekannt*	RRRR

* Höchste bekannte KN: 2179

Außenlager des KL Herzogenbusch

Polizeiliches Durchgangslager Amersfoort

Zur Geschichte des Lagers

Das niederländische Militär errichtete schon im September 1939 in der Leusderheide bei Amersfoort ein kleines Lager mit sechs Baracken, das „de Boskamp" genannt wurde.
Nach der niederländischen Kapitulation übernahm die deutsche Besatzungsmacht am 18. August 1941 das Lager, das vorerst provisorisch als Gefangenenlager für Männer genutzt wurde und dem SS-Wachbataillon Nord-West unterstand. Es wurden politische Gefangene inhaftiert, aber auch Juden und Zeugen Jehovas, Geiseln und sowjetische Kriegsgefangene.
Zeitweilig diente das Lager auch als Auffanglager für inhaftierte Frauen und Kinder mit amerikanischer Staatsangehörigkeit.
In dieser ersten Phase des Lagers, die bis zu dessen vorläufiger Schließung am 8. März 1943 andauerte, waren insgesamt rund 8500 Gefange inhaftiert gewesen.
Nach umfangreichem Ausbau wurde es als „Polizeiliches Durchgangslager Amersfoort" (PDA), das sich eigentlich in der Gemeinde Leusden befand, am 17. Mai 1943 wieder eröffnet. Das sog. „Erweiterte Lager" oder auch „Erweiterte Polizeigefängnis" stand nicht mehr unter Kontrolle der SS, sondern war der lokalen Polizeiverwaltung unterstellt. Es war nun Außenlager des KL Herzogenbusch (Vught) und diente als Schutzhaftlager, Durchgangslager für Juden, Arbeitserziehungslager und Internierungslager für Männer.
Die Häftlinge wurden zur Rodung des Waldes sowie zu Sägearbeiten im Umkreis des Lagers eingesetzt. Viele jüdische Gefangene wurden von hier aus in das KL Mauthausen, in Arbeitserziehungslager nach Essen zu den Hermann-Göring-Werken und in Konzentrationslager nach Deutschland weiter transportiert. Amersfoort war zugleich aber auch Hinrichtungsstätte.

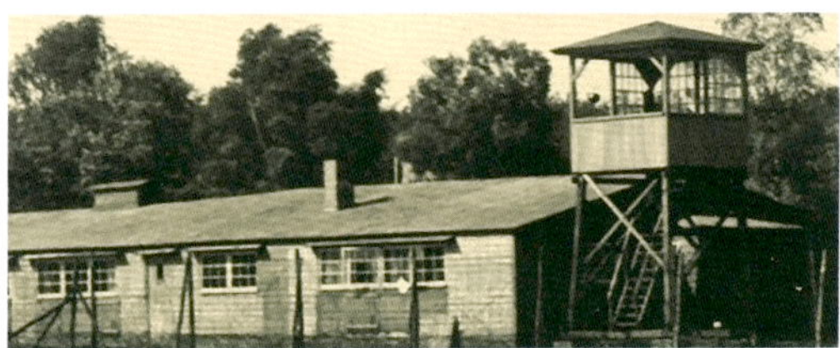

Teilansicht des Lagers Amersfoort mit Wachturm.
(Aufnahme aus der Zeit des ersten Lagers bis 1943)

Von den 26 700 Gefangenen der sog. Zweiten Periode von 1943 bis 1945 kamen 13 240 nach Deutschland. 3150 politische Gefangene wurden von Amersfoort aus in Konzentrationslager transportiert und etwa 9230 Gefangene wurden wieder freigelassen.
Bis zur Übergabe des Lagers an das Niederländische Rote Kreuz am 20. April 1945 wurden insgesamt 35 200 Männer eingewiesen. Bei der Übergabe befanden sich noch etwa 500 Gefangene im Lager.
1953 wurde am Ende des SS-Schießstands, der auch als Ort von Hinrichtungen diente, ein Nationaldenkmal eingeweiht.
Der „Gefangene vor dem Erschießungskommando" erinnert an die Häftlinge des „PDA".
Ein Besucherzentrum und ein Gedenkareal auf einem Teil des ehemaligen Lagergeländes ergänzen die heutige Gedenkstätte.[19)]

Zum Geld im Lager Amersfoort

Bis Ende 1943 konnten Lagerinsassen über mitgeführte Zahlungsmittel verfügen.

Mit Datum vom 1. Januar 1944 erfolgte auf Weisung des damaligen Lagerkommandanten Karl Peter Berg die Ausgabe von sog. Häftlings-Kantinengeld, u. a. um die Fluchtgefahr zu verringern. Flüchtige konnten mit dem Lagergeld in Freiheit nichts anfangen, was die Aussicht auf eine dauerhaft erfolgreiche Flucht sehr einschränkte. Mit Prämienscheinen hat dieses Kantinengeld nichts zu tun.

Jeder Gefangene durfte sich von seinen Angehörigen monatlich bis zu 20 Gulden schicken lassen. Die eingehenden Geldanweisungen wurden dann in Form von Kantinengeld ausgezahlt. Der Besitz regulärer Zahlungsmittel war dagegen seit Einführung des Kantinengelds streng verboten, und der Umtausch in solche durfte nur durch die Häftlingsgeldverwaltung erfolgen.

Wie der Name schon sagt, diente das Häftlingskantinengeld zum Einkauf in der Lagerkantine. Das Angebot war aber sehr eingeschränkt, es gab u. a. Ammoniakkuchen, sauer eingelegte Fische und Miesmuscheln. Alle Waren wurden weit über den handelsüblichen Preisen verkauft. Auch für zahlreiche Schwarzmarkthändler, die inhaftiert waren, bot die Häftlingskantine hier die einzige Einkaufsmöglichkeit.

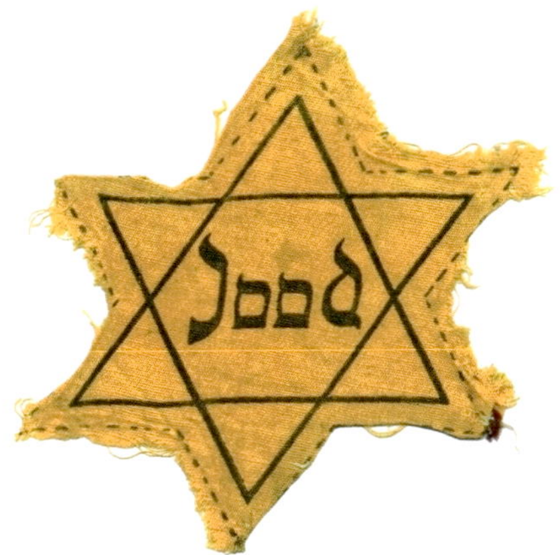

Gelber Davidstern aus Stoff zur vorgeschriebenen Kennzeichnung niederländischer Juden.
(Sammlung Wolfgang Haney, Berlin)

Hergestellt wurden die Lagerscheine von der Drukkerij Muurhuizen in Amersfoort, die sie mit ihrer Kenn-Nummer „K 73“ versah.

Allen niederländischen Druckereien wurden von der deutschen Besatzungsmacht Kennummern zugewiesen. Ab 22. Juni 1941 waren sie verpflichtet, diese Nummer auf all ihren Druckerzeugnissen anzugeben.

Laut Toele/Jacobi sollen alle Scheine auf Papier mit Fabrik-Wasserzeichen gedruckt worden sein, das jedoch meist nur in Fragmenten lesbar ist. Die Rekonstruktion des Wasserzeichens anhand verschiedener Stücke ergab folgenden Text: „JUTE REGISTER G. H. B. NORMAAL 2“.[20]

Bisherige Kataloge verzeichnen die Amersfoorter Scheine meist mit und ohne Wasserzeichen, wobei Stücke mit deutlich sichtbaren Teilen des Wasserzeichen-Textes seltener sind.

Anmerkungen:

19) Alphons Toele/Hans Jacobi, Amersfoort, in: Het Notgeld van Nederland in de Tweede Wereldoorlog 1940 – 1945, S. 324 – 325, sowie: Internetseite http://www.kampamersfoort.nl

20) Alphons Toele/Hans Jacobi, Amersfoort, in: Het Notgeld van Nederland in de Tweede Wereldoorlog 1940 – 1945, S. 324 – 325, 356 sowie: Albert Pick/Carl Siemsen, Das Lagergeld der Konzentrationslager und D.P.-Lager 1933 – 1947, S. 26 – 27, sowie: C. Frederick Schwan/Joseph E. Boling, World War II Remembered: history in your handes – a numismatic study, S. 497, sowie: Lance K. Campbell, Prisoner of War and Concentration Camp Money of the 20th Century, S. 64, sowie: Arlie R. Slabaugh, Prisoner of War Monies and Medals, S. 30, sowie: Steve Feller, Concentration Camps of German Occupied Countries, in: Ray Feller/Steve Feller, Silent Witnesses: Civilian Camp Money of World War II, S. 53 – 54.

Häftlings-Kantinengeldim Lager Amersfoort

1.7.3 Der Lagerkommandant

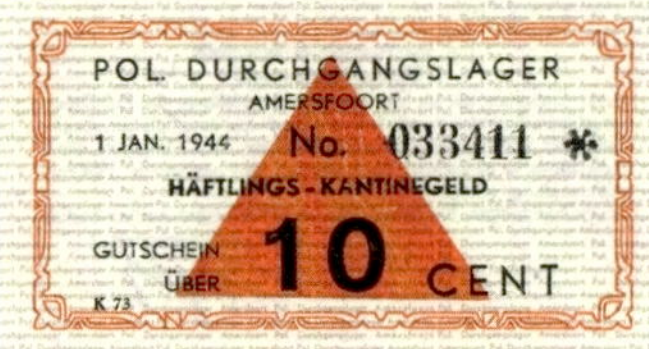

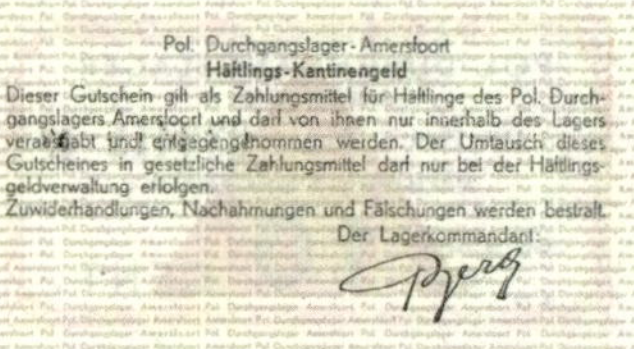

(Af 1a, Sammlung Wolfgang Haney, Berlin)

Af 1 **10 Cent**
PS 36 Vs: Zierrahmen und Dreieck rot, Text im Udr. grau
Rs: Text im Udr. grau

Entwurf:	unbekannt	Format:	90 mm x 50 mm
Umlauf bis:	April 1945	Wz:	ohne/Fabrik-Wz
Druck:	Muurhuizen, Amersfoort	KN:	6stellig, schwarz

Datum	Auflage			
1.1.1944	unbekannt*	**a)**	ohne Wz, No. KN ✻	R
		b)	mit Fabrik-Wz, No. KN ✻	RR
		c)	mit Fabrik-Wz, № KN	RRR

* Höchste bekannte KN: 039594

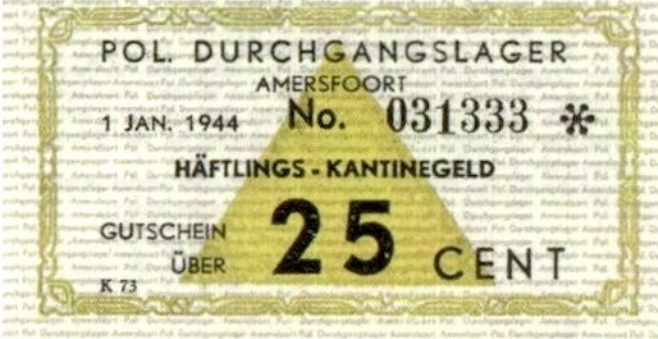

(Af 2a, Sammlung Wolfgang Haney, Berlin)

Af 2 **25 Cent**
PS 37 Vs: Zierrahmen und Dreieck gelb, Text im Udr. grau
Rs: Text im Udr. grau

Entwurf:	unbekannt	Format:	90 mm x 50 mm
Umlauf bis:	April 1945	Wz:	ohne/Fabrik-Wz
Druck:	Muurhuizen, Amersfoort	KN:	6stellig, schwarz

Datum	Auflage			
1.1.1944	unbekannt*	**a)**	ohne Wz, No. KN ✻	R
		b)	mit Fabrik-Wz, No. KN ✻	RR
		c)	mit Fabrik-Wz, № KN	RRR

* Höchste bekannte KN: 034369

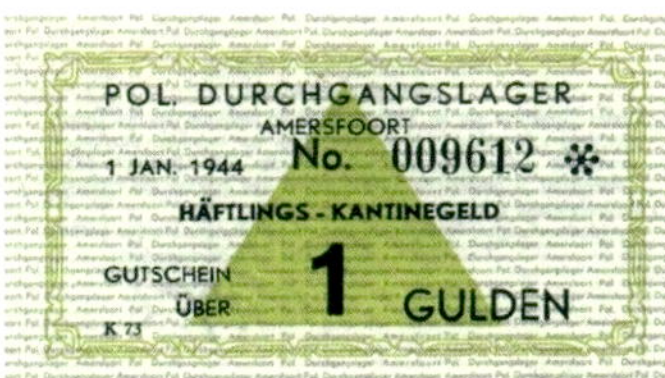

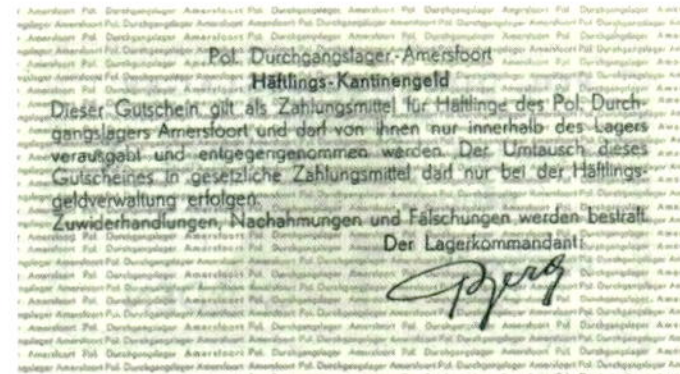

(Af 3a, Sammlung Wolfgang Haney, Berlin)

Af 3 **1 Gulden**
PS 38 Vs: Zierrahmen und Dreieck grün, Text im Udr. grau
Rs: Text im Udr. grau

Entwurf:	unbekannt	Format:	90 mm x 50 mm
Umlauf bis:	April 1945	Wz:	ohne/Fabrik-Wz
Druck:	Muurhuizen, Amersfoort	KN:	6stellig, schwarz

Datum	Auflage			
1.1.1944	unbekannt*	**a)**	ohne Wz, No. KN ✻	R
		b)	mit Fabrik-Wz, No. KN ✻	RR
		c)	mit Fabrik-Wz, № KN	RRRR

* Höchste bekannte KN: 009993

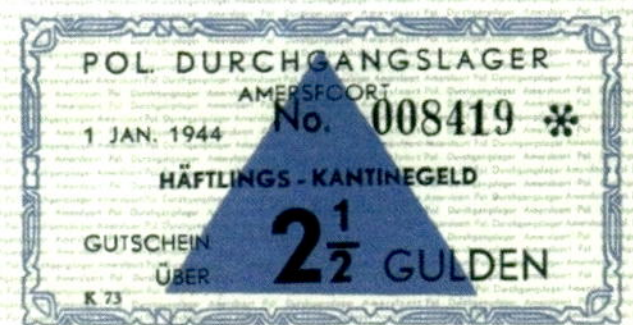

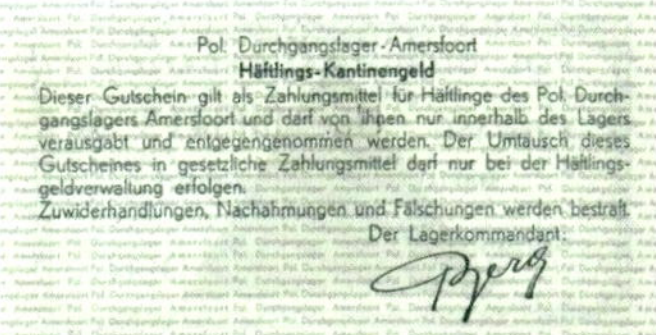

(Af 4a, Abb. Jos F. M. Eijsermans)

Af 4 **2 ½ Gulden**
PS 39 Vs: Zierrahmen und Dreieck blau, Text im Udr. grau
Rs: Text im Udr. grau

Entwurf:	unbekannt	Format:	90 mm x 50 mm
Umlauf bis:	April 1945	Wz:	ohne/Fabrik-Wz
Druck:	Muurhuizen, Amersfoort	KN:	6stellig, schwarz

Datum	Auflage			
1.1.1944	unbekannt*	**a)**	ohne Wz, No. KN ✻	RR
		b)	mit Fabrik-Wz, No. KN ✻	RRR
		c)	mit Fabrik-Wz, № KN	RRR

* Höchste bekannte KN: 009362

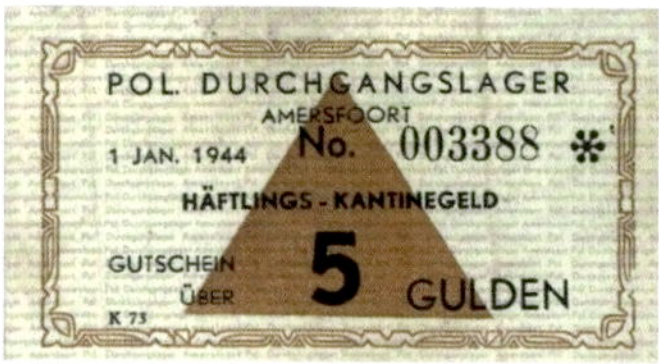

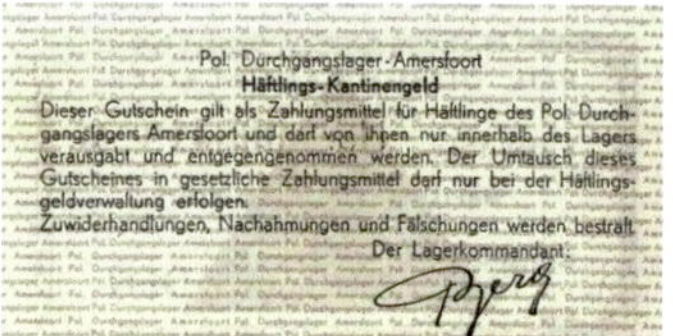

(Af 5a, Abb. Jos F. M. Eijsermans)

Af 5 **5 Gulden**
PS 40 Vs: Zierrahmen und Dreieck braun, Text im Udr. grau
Rs: Text im Udr. grau

Entwurf:	unbekannt	Format:	90 mm x 50 mm
Umlauf bis:	April 1945	Wz:	ohne/Fabrik-Wz
Druck:	Muurhuizen, Amersfoort	KN:	6stellig, schwarz

Datum	Auflage			
1.1.1944	unbekannt*	**a)**	ohne Wz, No. KN ✻	RRR
		b)	mit Fabrik-Wz, No. KN ✻	RRRR
		c)	mit Fabrik-Wz, № KN	RRRR

* Höchste bekannte KN: 00358

1.8 Lichtenburg

PROVINZ SACHSEN

Konzentrationslager

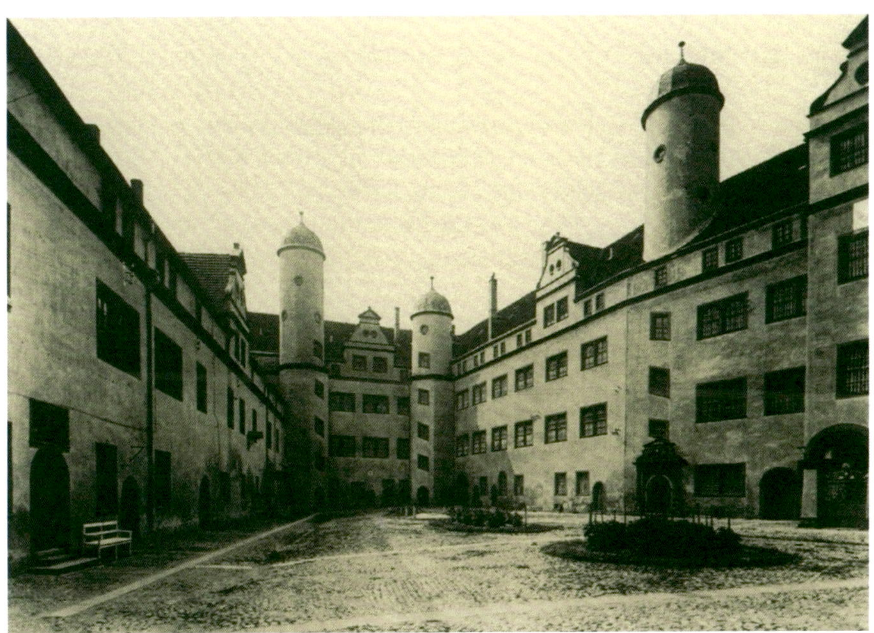

Konzentrationslager Lichtenburg, Schloßhof um 1935.
(Foto: Archiv der Gedenkstätte Lichtenburg)

Zur Geschichte des Lagers

Lichtenburg gehörte zu den frühen Konzentrationslagern, die nach der „Machtergreifung" der Nationalsozialisten gegründet wurden, meist aber nur kurze Zeit bestanden (siehe auch die Einleitung zum Geld und Geldersatz in den Konzentrationslagern 1933 bis 1945).

Am 13. Juni 1933 wurde das im Auftrag des Kurfürsten August von Sachsen Ende des 16. Jahrhunderts erbaute Renaissanceschloß Lichtenburg in Prettin an der Elbe durch Mitteilung des Regierungspräsidenten in Merseburg offiziell zum „Sammellager" für männliche „Schutzhäftlinge" des Regierungsbezirks.

Von 1811/12 bis 1928 hatte das Schloß bereits als Zuchthaus gedient und von 1928 bis 1933 leer gestanden.[1]

Die ersten 50 Häftlinge kamen aus Merseburg, danach etwa 500 „Schutzhäftlinge" aus dem gesamten Regierungsbezirk, davon allein 260 aus dem Polizeigefängnis Halle/Saale. Weitere Transporte folgten. Die meisten Häftlinge der Anfangszeit waren Kommunisten, Sozialdemokraten und Regimegegner.[2]

Bis August 1933 wurde die Bewachung durch zwei Hundertschaften der regulären Schutzpolizei gesichert, dann wurde das Schloß von einem SS-Kommando übernommen. Die Verwaltung blieb jedoch vorerst dem preußischen Innenministerium unterstellt. Dies hatte zur Folge, daß die zivilen Lagerdirektoren aus den Reihen der Polizei, denen zwar die Lagerwache unterstand und die um menschliche Umgangsformen bemüht waren, durch den brutalen SS-Wachtruppenführer Entsberger eingeschüchtert und dominiert wurden. Schließlich schaffte der neue SS-Kommandant von Lichtenburg, der zuvor Kommandant in Dachau war und später sogar zum Inspekteur der Konzentrationslager (IKL) aufsteigen sollte, Theodor Eicke, im Mai 1934 Tatsachen, indem er den Lagerdirektor entließ und damit die zivile Verwaltung abschaffte. Am 1. Juni 1934 wurde die Lagerordnung von Dachau eingeführt und am 15. Juni 1934 entzog Himmler schließlich dem Merseburger Regierungspräsidenten die Dienstaufsicht und übergab damit das Lager der Zuständigkeit der SS. Damit zählte Lichtenburg neben Dachau, Esterwegen und Sachsenburg zu den damals vier offiziellen Konzentrationslagern der SS.[3]

Waren die ersten Gefangenen hauptsächlich aus politischen Gründen nach Lichtenburg gekommen, so änderte sich die Zusammensetzung der Häftlingsgesellschaft im Laufe der Zeit. Im Mai 1934 wurden von den insgesamt 439 Gefangenen des Lagers 257 als „Kriminelle" geführt. Nach der Verschärfung des sog. „Schwulen-Paragraphen" im Jahre 1935 wurde für immer mehr Homosexuelle die erhöhte Kriminalisierung ihrer Sexualität auch zur Grundlage ihrer Verfolgung und Inhaftierung in Konzentrationslagern. Der § 175 sollte in der Fassung von 1935 noch bis 1969 in der Bundesrepublik fortbestehen und entfiel erst 1994 im Zuge der Rechtsangleichung mit der ehemaligen DDR. 1935 waren von insgesamt 711 Häftlingen des KL Lichtenburg 325 Homosexuelle. Auch die „Zeugen Jehovas" bildeten eine größere Häftlingsgruppe, besonders im späteren Frauenlager.[4]

Das KL Lichtenburg, das heute in der Öffentlichkeit kaum bekannt ist, spielte dennoch in der Geschichte der Entwicklung des Systems der Konzentrationslager keine unbedeutende Rolle.

1934/35 wurde es im Zuge der Schließung, Umorganisierung und Neugründung von Konzentrationslagern quasi zur „Sammel- und Verteilerstation".[5]

Das „Männerlager" bestand bis zur Überführung der Häftlinge nach Buchenwald im August 1937. Insgesamt sind mehr als 6000 Namen von Häftlingen für das Männerlager nachweisbar. Tatsächlich dürften aber noch mehr männliche Gefangene durch das Lager Lichtenburg gegangen sein.

Theodor Eicke, der nur im Mai 1934 in Lichtenburg blieb, folgten bis zur offiziellen Auflösung des Männerlagers am 18. August 1937 vier weitere Kommandanten. Der erste Schutzhaftlagerführer von Lichtenburg, Edgar Entsberger, wurde im Februar 1936 vom Schwurgericht Magdeburg wegen Körperverletzung mit tödlichem Ausgang in mehreren Fällen aus dem Frühjahr 1934 zu fünf Jahren Gefängnis verurteilt.[6]

Als damals einziges Frauenlager bestand Lichtenburg vom 15. Dezember 1937 bis zu dessen Auflösung nach der Inbetriebnahme des KL Ravensbrück am 18. Mai 1939. Aus dieser Zeit sind mehr als 1200 Namen von weiblichen Häftlingen bekannt, mehr als ein Drittel davon gehörten den „Zeugen Jehovas" an.[7]

Die Bewachung der weiblichen Häftlinge erfolgte ausschließlich durch zivile Aufseherinnen, die hier bereits ihre „Ausbildung" für Ravensbrück erhielten.[8]

Mit der Verlegung der weiblichen Häftlinge Mitte Mai 1939 nach Ravensbrück endete die Geschichte des Konzentrationslagers, das zu einem bedeutenden wirtschaftlichen Faktor in der Kleinstadt Prettin geworden war.

Das Schloß diente danach als Kaserne für ein Ersatzbataillon der SS-Totenkopfverbände, ab Winter 1941 als SS-Bekleidungslager und ab Frühjahr 1942 als SS-Hauptzeugamt. Nach dem Krieg übernahm die Rote Armee das Schloß und quartierte vorerst Flüchtlinge ein.

Für die Zeit des Männer- und Frauenlagers von 1933 bis 1939 sind 14 Todesopfer verzeichnet, zwischenzeitlich über das Archiv der Gedenkstätte aber 20 nachgewiesen.[9]

Zum „Lagergeld“ von Lichtenburg

Die von Lichtenburg bekannten Wertmarken über 1 und 2 Reichspfennig haben natürlich nichts mit den späteren Prämienscheinen zu tun, die erst ab 1943 in Konzentrationslagern ausgegeben wurden, sondern sind vielmehr als Kantinenbons anzusehen. Geht man davon aus, daß dieses „Häftlings-Lagergeld“ den Gefangenen anstatt Bargeld aus eigenen Guthaben und Geldanweisungen ausgezahlt, daß evtl. sogar ein Teil des Häftlingsgelds zur Teilfinanzierung des Lagerbetriebs einbehalten wurde, so wie dies im frühen Lager Oranienburg der Fall war, so sollte es unbedingt auch noch höhere Wertstufen gegeben haben.

Anmerkungen:

1) Stefanie Endlich, Lichtenburg, in: Wolfgang Benz/ Barbara Distel (Hrsg.), Der Ort des Terrors, Band 2: Frühe Lager, Dachau, Emslandlager, S. 151.
2) Ebenda.
3) Siehe Anmerkung 1), S. 153.
4) Siehe Anmerkung 1), S. 152 – 153.
5) Siehe Anmerkung 1).
6) Siehe Anmerkung 1), S. 151, sowie: 153 – 154.
7) Siehe Anmerkung 1), S. 151, 153.
8) Siehe Anmerkung 1), S. 154.
9) Siehe Anmerkung 1), S.

1.8.1 Konzentrationslager Lichtenburg (Häftlings-Lagergeld)

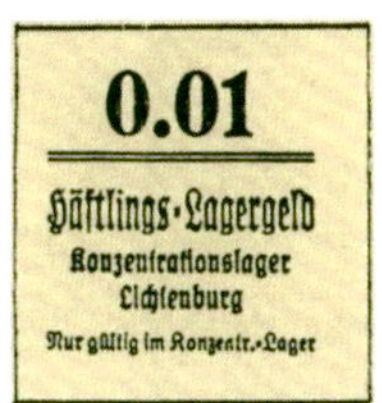

(Lb 1 Vs, Foto „The Shekel“, s/w-Kopie)

Lb 1 **1 Reichspfennig (0.01)**
PS 5 Vs: Doppelstrich zwischen Wertbezeichnung und Text
Rs: unbedruckt

Entwurf:	unbekannt	Format:	ca. 50 mm x 52 mm
Umlauf bis:	Mai 1939?	Wz:	Papier gelb, ohne Wz
Druck:	unbekannt	KN:	ohne

Datum	Auflage	
o.D.	unbekannt	RRR

Lb 2 **2 Reichspfennig (0.02)**
PS 6 Vs: Doppelstrich zwischen Wertbezeichnung und Text
Rs: unbedruckt

Entwurf:	unbekannt	Format:	ca. 50 mm x 52 mm
Umlauf bis:	Mai 1939?	Wz:	Papier grün, ohne Wz
Druck:	unbekannt	KN:	ohne

Datum	Auflage	
o.D.	unbekannt	RRR

1.9 Mauthausen

OBERDONAU

Konzentrationslager

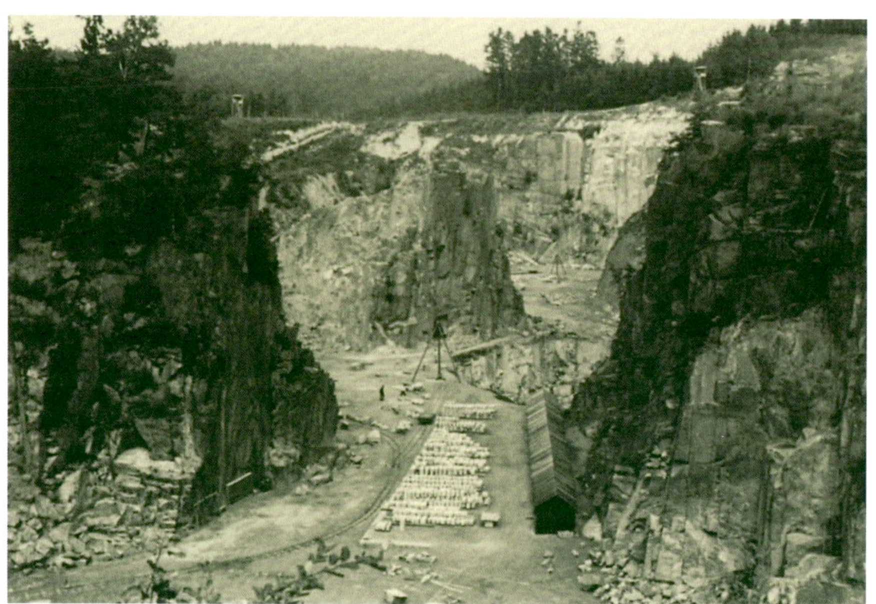

Konzentrationslager Mauthausen, Steinbruch „Wiener Graben“ unterhalb des Lagers.
(Museu d'Historica de Catalunya, Barcelona)

Zur Geschichte des Lagers

Am 15. März 1938 „meldete“ Hitler unter dem Jubel Zehntausender auf dem Wiener Heldenplatz den „Eintritt seiner Heimat in das Deutsche Reich“.[1] Schon am 28. März 1938 verkündete der Gauleiter von Oberdonau (Oberösterreich), Anton Eigruber, die Errichtung eines Konzentrationslagers für die „Volksverräter von ganz Österreich“.[2]

Mit der Volksabstimmung vom 10. April 1938, bei der 99,08% in Deutschland und 99,73% in Österreich für den „Anschluß“ und die deutsche Einheit stimmten, war das „Großdeutsche Reich“ entstanden.[3]

Da die Pläne der SS zum Ausbau bestehender und zur Gründung neuer Konzentrationslager selbst in hohen NS-Kreisen umstritten waren, konnte über den Umweg des Einsatzes von Häftlingen in der Baustoffproduktion für die großangelegten Bauvorhaben der Nationalsozialisten (Ausbau der Reichshauptstadt und von Führerstädten wie München, Nürnberg und Linz) die Unterstützung des Generalbauinspektors für Berlin, Albert Speer, und über diesen schließlich auch die Zustimmung Hitlers erwirkt werden.

Schon im März 1938 hatten der damalige Chef des Verwaltungsamts der SS, Oswald Pohl, und der Leiter der Inspektion der Konzentrationslager (IKL), Theodor Eicke, die Granitbrüche von Mauthausen besichtigt. Im April 1938 wurde die SS-eigene Deutsche Erd- und Steinwerke GmbH (DESt) gegründet, die am 25. Mai 1938 einen Steinbruchbetrieb in Gusen übernahm und im Juni einen Pachtvertrag mit der Gemeinde Wien über zwei weitere Steinbrüche bei Mauthausen, den sog. „Wiener Graben“ und den „Marbacher Bruch“, abschloß.

Die ersten 300 Häftlinge trafen am 8. August 1938 aus Dachau ein, dem Mauthausen bis zum Oktober 1938 als Außenlager unterstellt war.[4]

Wie in anderen sog. „Steinbruchlagern“, so mußten auch in Mauthausen anfangs zahlreiche Häftlinge beim Aufbau des Lagers arbeiten. Parallel dazu waren Häftlinge in den Steinbrüchen eingesetzt, und die hergestellten Werksteine wurden für den Bau des Lagers verwendet.[5]

Die anfängliche Planung sah den Ausbau des Lagers für 3000 Häftlinge und 400 Mann Bewachung bis Mitte 1939 vor.[6]

Bis zum Beginn des Kriegs waren die Granitwerke Mauthausen-Gusen bereits der größte Betrieb der DESt. Auch während des Kriegs ging der Ausbau weiter. Allein 1943 investierte die DESt 5,3 Millionen Reichsmark in den Gesamtausbau. Mit diesem Geld wurden nicht nur Straßen, Gleisanschlüsse, Werkstätten, Steinmetzhallen, Pumpwerke, Maschinen und Krananlagen bezahlt, sondern auch der Bau von Büro- und Schulungsgebäuden für die Werksleitung, Lehrlingsunterkünften und Siedlungsbauten für 400 zivile Beschäftigte, womit Mauthausen praktisch zur Zentrale der DESt wurde.

Trotz aller Investitionen blieb die Produktion von Werksteinen hinter den Erwartungen zurück.

Von 1,4 Millionen RM stieg die Werkstein-Produktion bis Ende 1943 lediglich auf über 2,1 Millionen RM im Jahr. Geliefert wurden Steine u. a. für Bauten des Oberkommandos des Heeres (OKH) in Berlin, für den Stadionbau in Nürnberg, für den Ausbau der Städte Linz und Wien sowie für den Bau der Reichsautobahnen. Auch wenn die Produktivität der Häftlinge nur auf 20% der von zivilen Steinmetzen geschätzt wurde, was nicht zuletzt an den Lebens- und Arbeitsbedingungen sowie an fehlender Ausbildung lag, so wurden die Steinbrüche von Mauthausen und Gusen doch als rentabel angesehen.[7]

Seit Kriegsbeginn waren die Häftlingszahlen immer weiter gestiegen. Zu den „kriminellen“ und „asozialen“ Häftlingen der Anfangszeit kamen nun auch immer mehr „Politische“ und Zwangs-

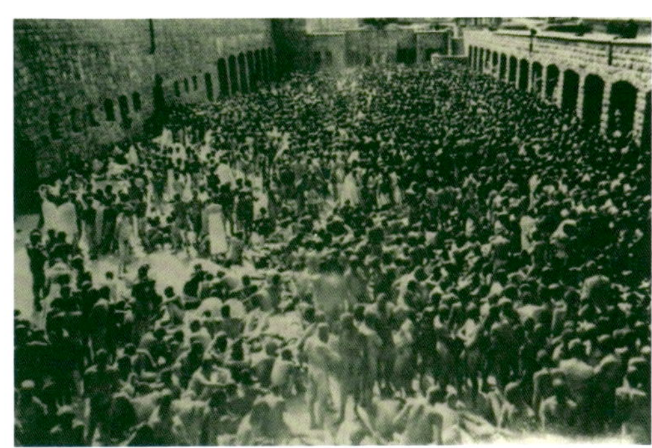

Massenankunft von Häftlingen im KL Mauthausen.
(Sammlung Wolfgang Haney, Berlin)

arbeiter aus besetzten Ländern, vor allem aus Polen. Allein 1940 wurden etwa 11 000 Häftlinge eingewiesen und 1941 waren es schon 18 000. Viele von ihnen kamen direkt in das Außenlager Gusen. 1942 hielt diese Entwicklung an, 13 000 männliche Häftlinge kamen nach Mauthausen. Ende 1942 waren 4773 Häftlinge im Stammlager, 7300 im Lager Gusen und weitere 1975 Häftlinge in anderen Außenlagern untergebracht. Himmlers Empfehlung vom Frühjahr 1942 zur Einrichtung von Lagerbordellen, die ein Mittel zur Steigerung der Arbeitsleistungen der männlichen Häftlinge sein sollte, wurde zuerst in Mauthausen umgesetzt. Im Juni 1942 trafen 24 weibliche Häftlinge aus dem Konzentrationslager Ravensbrück ein, die in Häftlingsbordellen in Mauthausen und Gusen als Prostituierte arbeiten mußten. Mit der „Wende von Stalingrad“ wurde auch das System der Konzentrationslager in den „totalen Krieg“ einbezogen und Häftlinge als Arbeitskräfte für die Kriegswirtschaft immer wichtiger. Dies führte zum rasanten Ausbau des Lagersystems mit immer neuen Außenlagern und drastisch steigenden Häftlingszahlen.

Waren Ende 1942 in Mauthausen und dessen Außenlagern noch etwa 14 000 Häftlinge registriert, so stieg deren Zahl bis Ende 1943 auf fast 35 000 und bis Ende 1944 – dem Jahr der radikalsten Ausweitung der Häftlingsarbeit – auf über 82 000 an.[8]

Je rücksichtsloser der Krieg an den Fronten und der Bombenterror der Alliierten gegen Deutschland geführt wurde, desto rücksichtsloser wurden im Angesicht des drohenden Untergangs auch Häftlinge aus vielen Ländern Europas als Arbeitssklaven in den „totalen Krieg“ eingebunden. Wenn man den massenhaften Einsatz von Häftlingen zur Produktionsverlagerung unter Tage bedenkt, die ursächlich mit dem Bombenkrieg der Alliierten zusammenhängt, so forderte diese Form der Kriegsführung in letzter Konsequenz nicht nur Hunderttausende Bombenopfer unter der deutschen Zivilbevölkerung und die Zerstörung von 1000 deutschen Städten und Gemeinden[9], sondern auch zahlreiche Menschenleben in Lagern wie Dora (Mittelbau) und Mauthausen.

Schon sehr früh stellte sich das Lager Mauthausen und die DESt auf die veränderten Bedingungen des „totalen Kriegs“ ein und forcierten die Errichtung von Außenlagern für die Kriegswirtschaft. Bereits am 23. Februar 1943 hatte die DESt Verträge über die Einrichtung einer Geschützteileproduktion und einer Werkstatt für Fahrzeuginstandsetzung abgeschlossen. Die Steyr-Daimler-Puch AG (SDPAG) verlegte die Fertigung von Gewehren nach Gusen. Die DESt errichtete hierfür Fertigungshallen sowie Büro- und Lagerräume, während die SDPAG selbständig die Fertigung leitete. Schon ab Herbst 1943 wurden die Steinbrucharbeiten zurückgefahren

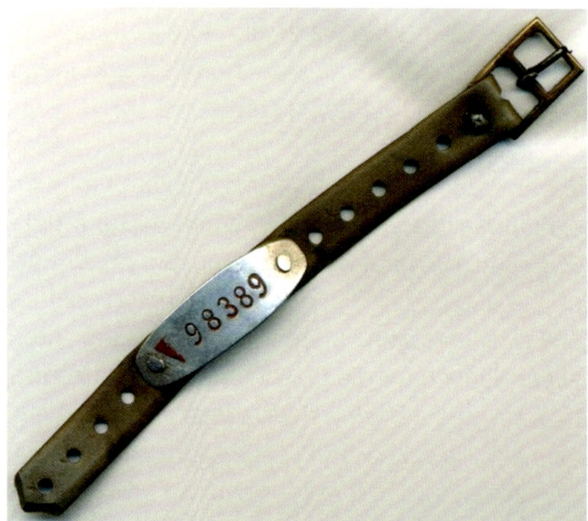

Konzentrationslager Mauthausen, selbst hergestelltes Armband eines tschechischen politischen Häftlings mit Häftlingsnummer. *(Sammlung Wolfgang Haney, Berlin)*

und man baute die Kriegsproduktion immer weiter aus. Ende 1944 sollen schon 6000 Häftlinge für die SDPAG gearbeitet haben, und 1945 produzierte die Firma schließlich in 18 Hallen Gewehre, Maschinenpistolen und Flugzeugmotoren.

Auch die Firma Messerschmitt verlagerte nach dem schweren Luftangriff vom 17. August 1943 auf das Regensburger Werk Teile der Flugzeugproduktion nach Gusen. 1944 begann man hier sogar mit dem Bau des Düsenjägers Me-262.

Am 15. September 1943 wurde in Mauthausen ein Konzentrationslager für Frauen eröffnet, die für die Zellwolle AG in Lenzing und eine Munitionsfabrik der Gustloff-Werke in Hirtenberg arbeiten mußten.

Wenn immer mehr Rüstungsproduktion nach Österreich verlagert wurde, so auch, weil dort der Luftraum als vergleichsweise „sicher“ galt.

Im Herbst 1943 begann man mit dem Bau unterirdischer Produktionsanlagen, um wesentliche Teile der Kriegswirtschaft vor alliierten Luftangriffen schützen zu können. Hierzu waren in den Außenlagern Ebensee, Melk und Gusen II jeweils mehr als 10 000 Häftlinge eingesetzt. Nach Ebensee sollten Teile der Raketenforschung und der sog. „V-Waffen-Fertigung“ verlegt werden, nachdem britische Bomber im August 1943 die Heeresversuchsanstalt in Peenemünde schwer getroffen hatten. Etwa 40% aller Häftlinge von Mauthausen waren im Herbst 1944 zum Bau von Stollen eingesetzt.[10]

Mauthausen war aber auch ein Konzentrationslager mit einer überdurchschnittlich hohen Sterblichkeitsrate. Das lag keineswegs nur an den harten Arbeits- und Lebensbedingungen im Lager, die sich mit der Umstellung von Steinbrucharbeiten auf die Kriegswirtschaft sogar besserten. Dies lag auch an der gezielten Selektion und Tötung bestimmter Häftlingsgruppen, wie etwa sowjetischer Kriegsgefangener, die nach dem sog. „Kommissarbefehl“ zu „erledigen“ waren und vor allem von arbeitsunfähigen und kranken Häftlingen, die man sogar in einer eigenen Gaskammer ermordete oder im Rahmen der Aktion „14f13“ in der „Euthanasie-Anstalt“ im Schloß Hartheim bei Linz vergaste.

Bis Ende 1942 lassen sich Transporte von über 1600 Häftlingen aus Mauthausen und Gusen nach Hartheim nachweisen. 1944 sollen es über 3200 kranke und schwache Häftlinge gewesen sein, für die der Aufwand zur Wiederherstellung ihrer Arbeitskraft in einem immer unbarmherziger radikalisierten System der Zwangsarbeit und im Interesse wirtschaftlicher Effektivität zu groß erschien. In der Gaskammer von Mauthausen starben etwa 3500 Menschen. Hinzu kommen ca. 900 Menschen, die auf Transporten in einem „Gaswagen" praktisch im Pendelverkehr zwischen den Krematorien von Mauthausen und Gusen durch Autoabgase erstickt wurden.[11)]

Mit den immer näher rückenden Fronten und der Auflösung von Konzentrationslagern im Osten wurde Mauthausen auch zum Auffanglager. Schon bis Ende 1944 kamen laufend Transporte aus anderen Lagern an. Als Anfang 1945 weitere Transporte aus Auschwitz, Groß-Rosen und Ravensbrück eintrafen, waren nicht nur die Aufnahmekapazitäten weit überschritten, unter den geschwächten Menschen brachen zusätzlich ansteckende Krankheiten aus. Ende Februar 1945 waren in Mauthausen und seinen Außenlagern mehr als 80 000 Menschen zusammengepfercht. Die alten Ordnungsprinzipien versagten, die Versorgung der Masse von Häftlingen wurde immer schwieriger.[12)]

Anfang Februar 1945 brachen etwa 500 gefangene sowjetische Offiziere aus ihrem Block aus und griffen unter großen Verlusten zwei Wachtürme an. Die von der SS eingeleitete Großfahndung nach den entflohenen Häftlingen, bei der auch Einheiten der Wehrmacht, die Gendarmerie, die örtliche Hitler-Jugend und der Volkssturm half, ging unrühmlich als „Mühlviertler Hasenjagd" in die Geschichte ein. Allein im Raum Mauthausen wurden in den ersten Tagen der Fahndung über 100 Häftlinge gefaßt und sofort erschossen. Nur wenige Häftlinge überlebten die dreiwöchige Jagd, einige von ihnen auch Dank der Hilfe von Zivilisten.[13)]

Bis zum 13. April 1945 hatte die Rote Armee Wien eingenommen. Die Räumung von Außenlagern erfolgte oft im letzten Moment vor der nahenden Front, da die Häftlinge noch zur Räumung von Betrieben eingesetzt wurden. Die Evakuierungsmärsche forderten noch einmal Tausende Opfer.

In der Nacht auf den 20. April 1945 erreichte eine Lastwagenkolonne des Internationalen Roten Kreuzes das Stammlager mit Lebensmittelpaketen und nahm 756 weibliche Häftlinge in die Schweiz mit. Unter den Gefangenen kam Hoffnung auf. Dennoch konnte die letzte Selektion von 3000 alten und schwachen Häftlingen aus dem sog. Sanitätslager nicht verhindert werden. Nur einige Hundert entkamen Dank des mutigen Einsatzes einiger Funktionshäftlinge der Gaskammer. Ende April/Anfang Mai 1945 wurde die Gaskammer schließlich demontiert und belastendes Material vernichtet.

Am 5. Mai erreichten US-Truppen die Gemeinde Mauthausen und nahmen einen Großteil der SS-Mannschaften gefangen. Eine Patrouille fuhr unter allgemeinem Jubel in das Lager, verließ es aber wieder. Einem Internationalen Lagerkomitee gelang es nur schwer, für Ordnung zu sorgen und Plünderungen zu verhindern. Dagegen stimmte es in einigen Fällen sogar Lynchjustiz zu. Am 6. oder 7. Mai rückten die Amerikaner schließlich endgültig im Lager ein. Trotz der sofort einsetzenden Hilfe mit Lebensmitteln und Medikamenten – mehr als 20 000 Kranke waren zu behandeln – starben in den folgenden Monaten noch Tausende an den Folgen der Haft.[14)]

In Mauthausen und seinen Nebenlagern wurden seit der Gründung 1938 bis zum 4. Mai 1945 mehr als 200 000 Häftlinge inhaftiert und insgesamt 102 795 Tote verzeichnet.[15)]

Die Sterblichkeit stieg von 3,5% im Jahr 1938 auf über 50% in 1942 an. Sie sank dann mit dem Häftlingseinsatz in der Industrie 1943 auf unter 25% und 1944 auf unter 17% ab, um in der Endphase des Lagers 1945 wieder deutlich auf über 44% zu steigen.[16)] Diese Entwicklung steht exemplarisch für die Geschichte der Konzentrationslager von „Schutzhaftlagern" über die „Vernichtung durch Arbeit" und den Einsatz in der Kriegswirtschaft bis hin zum Massensterben kurz vor deren Ende.

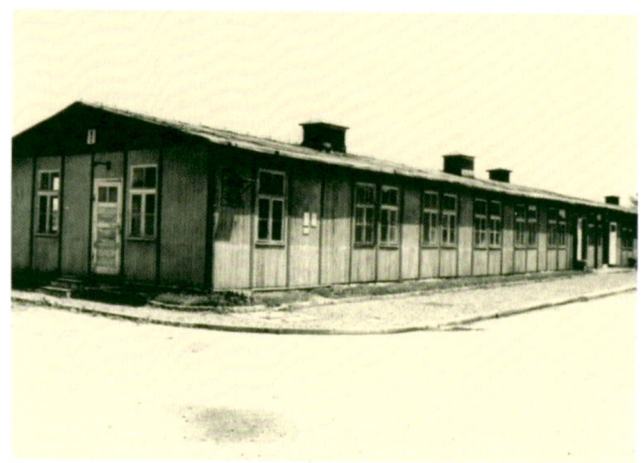

Konzentrationslager Mauthausen, Block I der Häftlingsselbstverwaltung mit Kantine und Lagerbordell.
(BMI/Fotoarchiv der KZ-Gedenkstätte Mauthausen)

Bargeld im Lager

Wie in allen Konzentrationslagern üblich, konnten sich die meisten Häftlinge Bargeld per Postanweisung schicken lassen, über das sie dann im Rahmen festgelegter Höchstbeträge verfügen konnten. Längst nicht alle Häftlinge erhielten aber Geld von ihren Angehörigen, da diese oftmals selbst keines hatten oder die Häftlinge von vonherein kein Geld empfangen durften, wie z. B. sowjetische Kriegsgefangene.

Zur Verwendung von Bargeld und Prämienscheinen in Mauthausen für Kantine und Lagerbordell informiert die aktuelle Netzadresse der Gedenkstätte „www.mauthausen-memorial.at“: *„In der so genannten Kantine, die im Herbst 1940 in der Mitte der Baracke (Block I: Lagerschreibstube) eingerichtet wurde, konnten Häftlinge theoretisch Lebensmittel, Tabak, Hygieneartikel und andere Dinge für den täglichen Bedarf kaufen. Allerdings bestand diese Möglichkeit nur für knapp die Hälfte der Häftlinge, nämlich jene, denen Angehörige Geld überwiesen, bzw. die über so genannte Prämienscheine verfügten. Diese wurden ab 1943 als angeblicher ‚Leistungsanreiz‘ vor allem an Funktionshäftlinge und solche Häftlinge ausgegeben, die Zwangsarbeit in der Rüstungsproduktion und in einigen Werkstätten leisteten. Das Angebot der Kantine bestand jedoch meistens aus Waren von geringem Wert fürs Überleben –wie Papiersäcke oder Reißnägel. Im linken Teil der Baracke war ab Sommer 1942 das Häftlingsbordell untergebracht. Solche Bordelle wurden auf Befehl Himmlers in fast allen Männer-Konzentrationslagern eingerichtet. Auch sie entstanden als Teil des erwähnten Prämien- und Vergünstigungssystems: Die sexuelle Ausbeutung von Frauen unter extremsten Bedingungen sollte in erster Linie Anreiz und Belohnung für ausgewählte männliche Häftlinge darstellen.“*[17]

Ein Kommandantur-Sonderbefehl vom 18. November 1943 basiert auf der Prämienvorschrift des WVHA der SS vom 15. Mai 1943 und regelt auch in deren Sinne die weitere Verwendung von Bargeld im Lager. Darin heißt es u. a.: *„Die Sparkonten sämtlicher Häftlinge sind bereits gesperrt. Ausgenommen hiervon sind lediglich die Häftlinge, die erübrigte Prämienbeträge auf ihren Sparkonten eingezahlt haben und im Laufe der Zeit davon Abhebung machen wollen.“*[18]

Ob und wie lange die Sperrung der privaten Häftlingsgelder Bestand hatte, ist leider nicht bekannt. In anderen Konzentrationslagern, wie etwa Buchenwald, wurde jedenfalls bis zum Schluß auch Bargeld an Häftlinge aus deren Guthaben ausgezahlt.[19]

Prämienscheine des KL Mauthausen

Bekannt sind zwei verschiedene Ausführungen von Prämienscheinen. Im Konzentrationslager Mauthausen begann man nicht nur sehr früh, Kontakte zur Rüstungsindustrie zu knüpfen und Häftlinge für kriegswichtige Aufgaben abzustellen, die erste Ausgabe von Prämienscheinen erfolgte laut Druckvermerk schon im April 1943, also noch vor der Prämienvorschrift des WVHA der SS vom 15. Mai 1943. Von dieser Ausgabe sind bis heute Werte zu 0,50, 1, 2 und 5 RM bekannt geworden. Diese Stückelung entspricht damit nicht der erst später durch Oskar Pohl ausgegebenen Prämienvorschrift, welche Nominale zu 0,50, 1, 2, 3 und 4 RM vorgab. Möglicherweise ist die Kommandantur von Mauthausen hier schon eigene Wege gegangen, noch bevor die Prämierung von Häftlingen als Mittel zur Leistungssteigerung von der SS für alle Lager vorgeschrieben wurde. So wurde ja auch bekannt, daß die DESt in Flossenbürg bereits seit 1941 Leistungsprämien gewährt hatte.

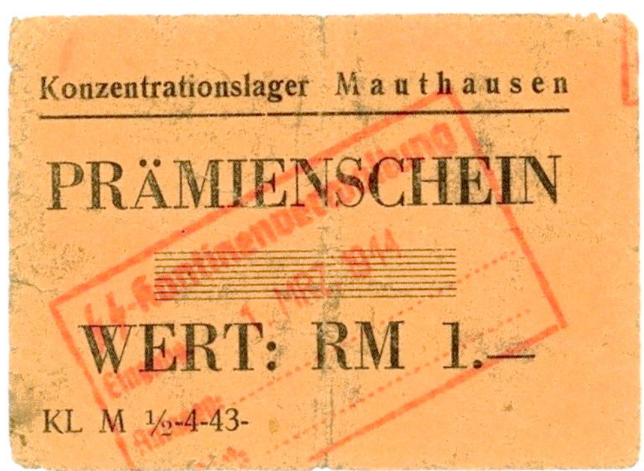

Konzentrationslager Mauthausen, Prämienschein über 1 RM vom April 1943 mit Eingangsstempel der SS-Kantinenverwaltung vom 1. März 1944.
(Sammlung Wolfgang Haney, Berlin)

Der Wert zu 50 Reichspfennig von 1943 wurde in der Fachliteratur bisher nicht aufgeführt, ist aber durch Belege im Archiv der Gedenkstätte Mauthausen beim österreichischen Bundesministerium des Innern in Wien nachgewiesen.
Die Scheine der ersten Ausgabe tragen in der Regel einen Kastenstempel der SS-Kantinenverwaltung mit Zeilen für den Eingang, für Anlagen und die Erledigung der Verrechnung. Man darf nicht vergessen, daß die Prämienscheine entweder durch den Prämien vergebenden Betrieb, bei Arbeitskommandos durch die SS und für den Lagerbetrieb durch die Lagerverwaltung selbst von der SS-Kantinenverwaltung gekauft und dann nach einmaliger Einlösung von dieser verrechnet werden mußten. Daß die meisten der heute vorkommenden Scheine über den Einlösungsstempel hinaus keine weiteren Vermerke und auch keine Häftlingsnummer oder Kontrollnummer tragen, obwohl ein Linienraster dafür vorgesehen war, zeigt deutlich, daß hier die Bürokratie hinter der Praxis zurückweichen mußte. Ähnliche Fälle sind auch von Prämienscheinen anderer Lager bekannt, die nicht vollständig ausgefüllt wurden, aber dennoch in Gebrauch waren. Gestempelt wurde in Mauthausen, wie in anderen Lagern auch, mit der Stempelfarbe, die gerade zur Verfügung stand. Es kommen deshalb z. B. rote, blaue und auch violette Stempel vor.
Stempel der Kantinenverwaltung belegen, daß Scheine der ersten Ausgabe vom April 1943 noch bis zum Juli 1944 eingelöst wurden. Rudolf Richter führte in seinem Katalog zum österreichischen Lagergeld die Auffälligkeit an, daß ein Vergleich von Scheinen aus verschiedenen Sammlungen und von diversen Abbildungen ergab, daß die Daten auf den Eingangsstempeln der Kantinenverwaltung bei allen nominalgleichen Scheinen übereinstimmten. Danach trugen alle Vergleichsstücke über 1 RM das Datum vom „15. JULI 1944", alle Scheine über 2 RM das Datum vom „1. APR 1944" und alle Scheine über 5 RM das Datum vom „1. Juni 1944". In diesem Zusammenhang wurde vermutet, daß es sich um eine Entwertung von Restbeständen handeln könnte.[20] Dem widersprechen aber gleich mehrere Umstände. Erstens gibt es auch Kantinenstempel mit anderen Einlösungsdaten, wie die Abbildung zeigt. Zweitens wären Restbestände von nicht ausgegebenen Prämienscheinen bei ihrer Entwertung nicht in gebrauchtem Zustand gewesen. Drittens würde eine Entwertung von Restbeständen nur dann Sinn machen, wenn parallel dazu neue Prämienscheine eingeführt worden wären. Eine neue Ausgabe von Prämienscheinen erfolgte aber erst im August 1944, während die Einlösungsstempel auf März bis Juli 1944 datieren (Dank der Zusammenarbeit mit Rudolf Richter konnten in der Katalogisierung die aktuell bekannten Einlösungsdaten mit aufgenommen werden).
Die Auflagenhöhe betrug ausgehend vom Druckvermerk eine halbe Million Stück je Nennwert.
Der Kommandantur-Sonderbefehl vom 18. November 1943 des Lagerkommandanten Ziereis basiert schließlich eindeutig auf der Prämienvorschrift des WVHA der SS vom Mai des Jahres und übernimmt sogar teilweise deren Formulierungen. Er regelt darüber hinaus aber auch interessante Detailfragen zur Vergabe von Prämienscheinen an Häftlinge innerhalb des Lagerbetriebs. In diesem Befehl heißt es u. a.:
„Damit nun aber auch diejenigen Häftlinge, die zum inneren Lagerbetrieb gehören, Geldprämien bekommen können, hat die Verwaltung Anweisung erhalten Prämienscheine zu kaufen und diese Häftlinge für ihre Mehrleistung zu prämieren. ... Die Kantinenverwaltung hat Anweisung er-

Standort arzt

AMM/F/8/2

Konz.-Lager Mauthausen
Kommandantur

Mauthausen, den 18.11.1943

Kommandantur - Sonderbefehl !

Häftlinge, die sich durch Fleiß, Umsichtigkeit, gute Führung und besondere Arbeitsleistung auszeichnen, erhalten künftig Vergünstigungen; so unter anderem Geldprämien.

Sie werden in Form von Prämienscheinen, die innerhalb der KL Geldeswert darstellen, als Belohnung denjenigen Häftlingen gegeben, die sich durch gute Leistung, Fleiß und besonderes Interesse hervortun.

Belohnt soll die Mehrleistung werden. Die Höhe der Belohnung hat sich nach dem Wert der Mehrleistung zu richten und soll im Einzelfalle etwa RM 0,5o, RM 1.--, RM 2.-, RM 3.-- oder 4.-- in besonderen wenigen Ausnahmefällen bis zu RM 10,-- je Woche im Höchstfalle betragen.

Damit nun aber auch diejenigen Häftlinge, die zum inneren Lagerbetrieb gehören, Geldprämien bekommen können, hat die Verwaltung Anweisung erhalten Prämienscheine zu kaufen und diese Häftlinge für ihre Mehrleistung zu prämieren. Es sind jedoch auch hier nur diejenigen Häftlinge zu belohnen, die sich tatsächlich durch besonderen Fleiß hervortun.

Mit den Prämienscheinen haben die Häftlinge die Möglichkeit in den Kantinen Rauchwaren und sonstige Bedürfnisse zu erstehen. Bei Ausgabe der Prämienscheine sind sämtliche Häftlinge des betreffenden Arbeitskommandos zugegen, damit auf diese Weise die mit Prämienscheinen nicht bedachten Häftlinge für die Folge zu erhöhter Arbeitsleistung angespornt werden. - . Die Sparkonten sämtlicher Häftlinge sind bereits gesperrt. Ausgenommen hiervon sind lediglich die Häftlinge, die erübrigte Prämienbeträge auf ihren Sparkonten eingezahlt haben und im Laufe der Zeit davon Abhebung machen wollen.
Die Kantinenverwaltung hat Anweisung erhalten, daß in den Schutzhaftlagern Mauthausen u. Gusen sowie in den Aussenlagern für Häftlinge sofort Kantinen errichtet werden.

Dazu wird nun befohlen, daß das Schutzhaftlager sowie der Standortarzt (Mauth. u. Gusen getrennt) und die Aussenlagerführer wöchentlich bis Freitag früh bei der Verwaltung die Anforderung, unterschrieben von dem verantwortlichem Führer, den Bedarf an Prämienscheinen vorlegen.

Die Abgabe der notwendigen Scheine erfolgt jeden Samstag von 8 - 9 h in der Kasse. Die Aussenlager erhalten die Prämienscheine sofort nach Einlangen der Anforderung.

Als ungefährer Richtpunkt ist etwa vorgesehen:

Lagerälteste, Chefärzte	RM 4.--
Blockälteste, Ärzte, Apotheker, Capo gr.Kommandos	" 3.--
Stubenälteste, Köche, Capo kl. Kommandos, Pfleger, Apothekergehilfen, Facharbeiter je nach Arbeitsleistung . . .	" 2.--
Facharbeiter u. Hilfsarbeiter je nach Arbeitsleistung, Schneider, Schuster, Friseure u. dgl.	" 1.--
Alle Häftlinge d. inneren Lagerbetriebes die eine Mehrleistung erzielen	" 0,5o

F.d.R.
Kraus
SS-Hauptsturmführer u.
Leiter der Verwaltung

gez. Z i e r e i s
SS-Obersturmbannführer u.
Lagerkommandant KLM

Konzentrationslager Mauthausen, Kommandantur-Sonderbefehl vom 15. November 1943.
(Archiv der Gedenkstätte Mauthausen, Wien)

halten, daß in den Schutzhaftlagern Mauthausen u. Gusen, sowie in den Aussenlagern für Häftlinge sofort Kantinen errichtet werden. Dazu wird nun befohlen, daß das Schutzhaftlager sowie der Standortarzt (Mauth. u. Gusen getrennt) und die Aussenlagerführer wöchentlich bis Freitag früh bei der Verwaltung die Anforderung, unterschrieben von dem verantwortlichen Führer, den Bedarf an Prämienscheinen vorlegen. Die Abgabe der notwendigen Scheine erfolgt jeden Sonntag von 8 – 9 h in der Kasse. Die Aussenlager erhalten die Prämienscheine sofort nach Einlangen der Anforderung. Als ungefährer Richtpunkt ist etwa vorgesehen:
Lagerälteste, Chefärzte: RM 4.–; Blockälteste, Ärzte, Apotheker, Capo gr. Kommandos: RM 3,–; Stubenälteste, Köche, Capo kl. Kommandos, Pfleger, Apothekergehilfen, Facharbeiter je nach Arbeitsleistung: RM 2,–; Facharbeiter u. Hilfsarbeiter je nach Arbeitsleistung, Schneider, Schuster, Friseure u. dgl.: RM 1,–; alle Häftlinge d. inneren Lagerbetriebes die eine Mehrleistung erzielen: RM 0,50."[21]

Die Richtwerte zur Vergabe von Prämienscheinen für Häftlinge im inneren Lagerbetrieb orientierten sich laut diesem Sonderbefehl ganz an der Stellung des Häftlings in der Häftlingsgesellschaft. Man kann davon ausgehen, daß dies in anderen Konzentrationslagern ähnlich gehandhabt wurde. Umsonst wird nicht in den Berichten von Zeitzeugen aus verschiedenen Lagern von einer „Bevorzugung der Funktionshäftlinge" bei der Prämienschein-Vergabe gesprochen. Aus Sicht der SS, deren Lagerwelt praktisch einen Staat im Staate bildete, konnte eine Prämierung je nach Verantwortung und Position innerhalb der Häftlings-Selbstverwaltung und des gesamten Lagerbetriebs nur angemessen sein.

Die zweite Ausgabe von Prämienscheinen für das KL Mauthausen entspricht dem Einheitstyp von 1944, der auch in anderen Lagern wie Auschwitz oder Ravensbrück ausgegeben wurde, und stammt laut Druckvermerk vom August 1944. Die Ausgabe sollte also auch in der vorgeschriebenen Stückelung erfolgt sein. Es sind bisher jedoch nur die Werte zu 0,50 und 1 RM belegt. Gebrauchte Scheine der Einheitsausgabe

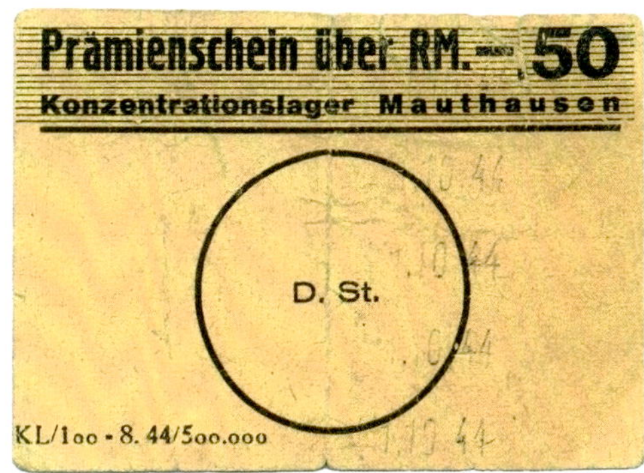

Konzentrationslager Mauthausen, Prämienschein über RM. –,50 (Einheitstyp) vom August 1944.
(Sammlung Wolfgang Haney, Berlin)

von Mauthausen zeigen einen sich wiederholenden Datumsstempel, entweder vom Tag der Einlösung oder gar vom Tag der Ausgabe. Auch bei diesen Scheinen gibt es auffällige Übereinstimmungen der Daten. So tragen alle vorliegenden und mit Abbildungen nachgewiesenen Scheine einen Stempel mit dem sich wiederholenden Datum vom „1.10.44".

Ersatzgeld von Außenkommandos

Bekannt wurden Kleingeldscheine der Wirtschaftsbetriebe SS-Neubauleitung Linz-Ebelsberg in Beträgen von 10 bis 60 RPf. Schon allein von ihren Nennwerten haben diese jedoch nichts mit der Prämienvorschrift der SS zu tun.

SS-Bauleitungen waren für den Bau und Ausbau von Lagern, Dienstgebäuden und Dienstwohnungen sowie der dazugehörigen Infrastruktur verantwortlich. Für Baumaßnahmen wurden nicht ausschließlich Häftlinge eingesetzt, sondern zum Teil auch Zivilarbeiter. Bei den Gutscheinen der SS-Neubauleitung Linz-Ebelsberg handelt es sich wahrscheinlich um Kantinenbons für SS-Angehörige und Zivilarbeiter, die nicht an Häftlinge ausgegeben wurden (siehe hierzu auch die weiteren Ausführungen zu den Außenlagern des KL Mauthausen in Linz).

Beim Außenkommando Loiblpaß, das für den Tunnelbau zwischen Kärnten und Laibach (Ljubljana) und damit für die Verkehrsverbindung in die dem Großdeutschen Reich angeschlossenen Gebiete des heutigen Sloweniens (Oberkrain

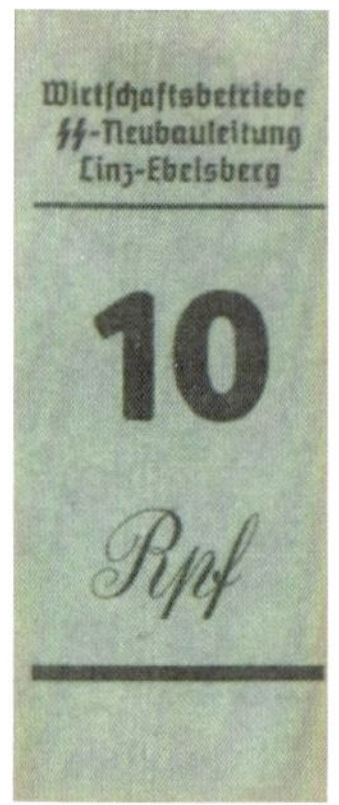

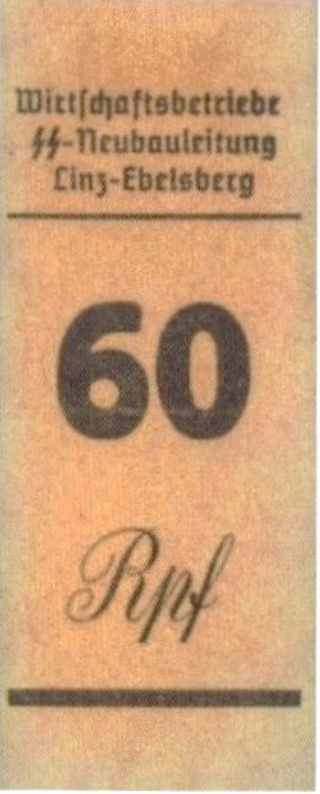

Konzentrationslager Mauthausen, SS-Neubauleitung Linz-Ebelsberg, Gutscheine über 10 und 60 RPf.
(Sammlung Charlton E. Meyer Jr.)

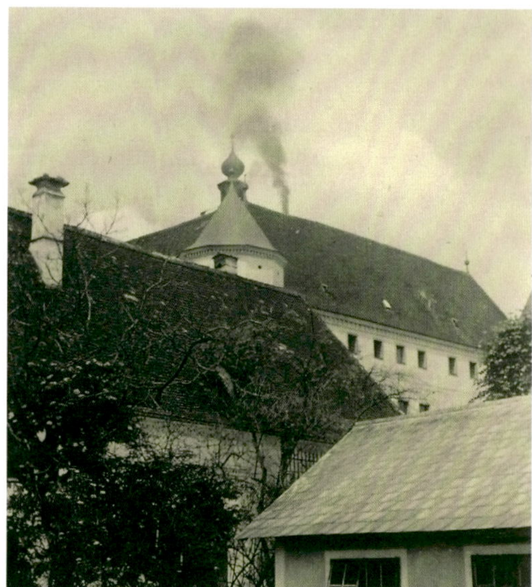

Schloß Hartheim, historisches Foto mit aufsteigendem Rauch aus dem Schornstein des Krematoriums.
(Dokumentationsstelle Hartheim des Oö. Landesarchivs, Foto: Karl Schuhmann)

und Unterkärnten) sowie auf den Balkan von großer Bedeutung war, wurden Prämienscheine des KL Mauthausen mit zusätzlichem Stempel der „Universale" Hoch- u. Tiefbau AG versehen, bevor sie an Häftlinge ausgegeben wurden.

Ein Fund im Schloß Hartheim

Die Pflegeanstalt Schloß Hartheim bei Linz wurde 1939 beschlagnahmt und diente nach Bau einer Gaskammer und eines Krematoriums ab 1940 als „Euthanasie-Anstalt". Im Zuge der Aktion „T4" zur Ermordung von geistig und körperlich Behinderten sowie psychisch Kranken wurden hier 1940/1941 rund 18 000 Menschen aus Anstalten in Österreich, Bayern sowie dem Protektorat Böhmen und Mähren und dem heutigen Slowenien getötet. Von 1941 bis 1944 wurden im Rahmen der Aktion „14f13" 12 000 kranke und schwache Häftlinge aus Konzentrationslagern, vor allem aus Dachau und Mauthausen, in der Gaskammer auf Schloß Hartheim erstickt.[22)]

Der „Betrieb" auf Schloß Hartheim wurde auf Befehl des Amtsleiters der Kanzlei Hitlers am 12. Dezember 1944 eingestellt. Häftlinge wurden zur Demontage von Anlagen eingesetzt, um das Schloß wieder in den ursprünglichen Zustand zu versetzen.[23)]

Im Herbst 2001 wurde bei Grabungen zur Verlegung einer Fernwärmeleitung auf Schloß Hartheim ein grausiger Fund gemacht. Man entdeckte Gruben mit Resten menschlicher Knochen, die aus dem Krematorium kommend in einer Knochenmühle zermahlen und dann zusammen mit Schlacke und persönlichen Gegenständen der Ermordeten vergraben worden waren. Nach der Entnahme und Untersuchung eines großen Grabungsblocks stand fest, daß sich unter den rund 8000 Fundstücken auch bisher völlig unbekanntes Anstaltsgeld der Pflegeanstalt Gabersee in Bayern befand. Die Münzen stammten wahrscheinlich aus dem Besitz von Patienten dieser Pflegeanstalt, die auf Schloß Hartheim ermordet worden sind. Über Zeitraum und Art des Gebrauchs dieses Anstaltsgelds ist leider nichts bekannt.[24)]

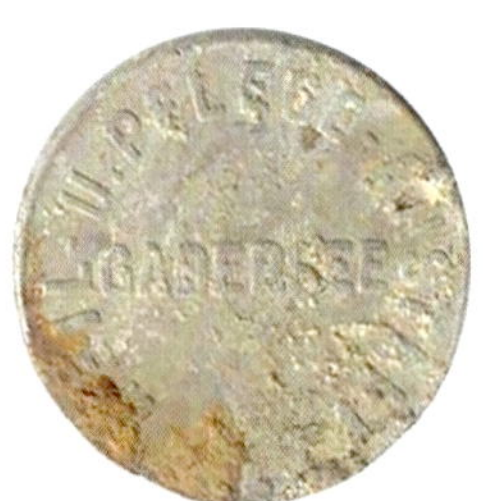

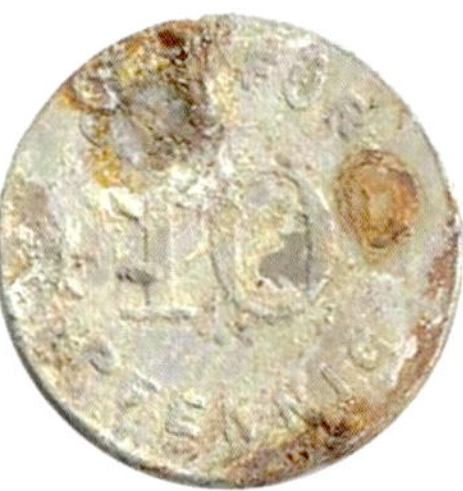

Bei Ausgrabungen auf Schloß Hartheim gefundenes Anstaltsgeld aus Gabersee in Bayern.
(Dokumentationsstelle Hartheim des Oö. Landesarchivs)

Anmerkungen:

1) Hans-Ludwig Grabowski/Henning Huschka/Wolfgang Schamberg, Österreich in den Weltkriegen, in: Ausländische Geldscheine unter deutscher Besatzung im Ersten und Zweiten Weltkrieg, S. 211.

2) Florian Freund/Bertrand Perz, Die Errichtung des Lagers Mauthausen, in: Mauthausen – Stammlager, in: Wolfgang Benz/Barbara Distel (Hrsg.), Der Ort des Terrors, Band 4: Flossenbürg, Mauthausen, Ravensbrück, S. 293 - 294.

3) Siehe Anmerkung 1).

4) Siehe Anmerkung 2).

5) Florian Freund/Bertrand Perz, Der Arbeitseinsatz der Häftlinge, in: Mauthausen – Stammlager, in: Wolfgang Benz/Barbara Distel (Hrsg.), Der Ort des Terrors, Band 4: Flossenbürg, Mauthausen, Ravensbrück, S. 301.

6) Florian Freund/Bertrand Perz, Die SS im Lager Mauthausen, in: Mauthausen – Stammlager, in: Wolfgang Benz/Barbara Distel (Hrsg.), Der Ort des Terrors, Band 4: Flossenbürg, Mauthausen, Ravensbrück, S. 296.

7) Florian Freund/Bertrand Perz, Der Arbeitseinsatz der Häftlinge, in: Mauthausen – Stammlager, in: Wolfgang Benz/Barbara Distel (Hrsg.), Der Ort des Terrors, Band 4: Flossenbürg, Mauthausen, Ravensbrück, S. 301 - 303.

8) Florian Freund/Bertrand Perz, Entwicklung der Häftlingszahlen und der Sterblichkeit, in: Mauthausen – Stammlager, in: Wolfgang Benz/Barbara Distel (Hrsg.), Der Ort des Terrors, Band 4: Flossenbürg, Mauthausen, Ravensbrück, S. 308 - 310.

9) Peter Gauweiler, Gedenken an die Opfer des Bombenkriegs im Zweiten Weltkrieg (Drucksache 15/986) vom Juni 2003.

10) Florian Freund/Bertrand Perz, Der Arbeitseinsatz der Häftlinge, in: Mauthausen – Stammlager, in: Wolfgang Benz/Barbara Distel (Hrsg.), Der Ort des Terrors, Band 4: Flossenbürg, Mauthausen, Ravensbrück, S. 305 - 307.

11) Florian Freund/Bertrand Perz, Tötungsaktionen und Entwicklung der Tötungsmittel, in: Mauthausen – Stammlager, in: Wolfgang Benz/Barbara Distel (Hrsg.), Der Ort des Terrors, Band 4: Flossenbürg, Mauthausen, Ravensbrück, S. 318 - 323.

12) Florian Freund/Bertrand Perz, Die Schlussphase, in: Mauthausen – Stammlager, in: Wolfgang Benz/Barbara Distel (Hrsg.), Der Ort des Terrors, Band 4: Flossenbürg, Mauthausen, Ravensbrück, S. 324 - 326.

13) Florian Freund/Bertrand Perz, Solidarität und Widerstand, in: Mauthausen – Stammlager, in: Wolfgang Benz/Barbara Distel (Hrsg.), Der Ort des Terrors, Band 4: Flossenbürg, Mauthausen, Ravensbrück, S. 329 - 330.

14) Florian Freund/Bertrand Perz, Befreiung, in: Mauthausen – Stammlager, in: Wolfgang Benz/Barbara Distel (Hrsg.), Der Ort des Terrors, Band 4: Flossenbürg, Mauthausen, Ravensbrück, S. 330 - 334.

15) Florian Freund/Bertrand Perz, Entwicklung der Häftlingszahlen und der Sterblichkeit, in: Mauthausen – Stammlager, in: Wolfgang Benz/Barbara Distel (Hrsg.), Der Ort des Terrors, Band 4: Flossenbürg, Mauthausen, Ravensbrück, S.315.

16) Siehe Anmerkung 15).

17) Florian Freund/Harald Greifeneder (Redaktion), Baracke 1 (Block I), Netzseiten der KZ-Gedenkstätte Mauthausen, http://www.mauthausen-memorial.at.

18) Konzentrationslager Mauthausen (Kommandantur), Kommandantur-Sonderbefehl vom 18.11.1943

19) Ottomar Rothmann, ehemaliger Häftling und Schreiber im Quarantäneblock des KL Buchenwald von 1943 - 1945, Erinnerungen im persönlichen Gespräch mit dem Autor vom 9.5.2008.

20) Rudolf Richter, Mauthausen, in: Notgeld Österreich – Lagergeld: Kriegsgefangenen-, Konzentrations-, Flüchtlings- und Interniertenlager in Österreich und der ehemaligen Donaumonarchie im 1. und 2. Weltkrieg sowie 1957 und Nebengebiete, S. 100 - 101.

21) Siehe Anmerkung 18).

22) Wolfgang Klimesch/Markus Rachbauer, Veritatem Dies Aperit, Vernichtet – Vergraben – Vergessen: Archäologische Spurensuche in Schloss Hartheim, in: Studien zur Kulturgeschichte von Oberösterreich, Folge 17, S. 177.

23) Florian Freund/Bertrand Perz, Tötungsaktionen und Entwicklung der Tötungsmittel, in: Mauthausen – Stammlager, in: Wolfgang Benz/Barbara Distel (Hrsg.), Der Ort des Terrors, Band 4: Flossenbürg, Mauthausen, Ravensbrück, S. 321.

24) Wolfgang Klimesch/Markus Rachbauer, Veritatem Dies Aperit, Vernichtet – Vergraben – Vergessen: Archäologische Spurensuche in Schloss Hartheim, in: Studien zur Kulturgeschichte von Oberösterreich, Folge 17, S. 179 - 187.

Ausgaben für das Stammlager KL Mauthausen

1.9.1 Konzentrationslager Mauthausen

Erste Ausgabe mit Linienraster in der Mitte

Scheine der ersten Ausgabe kommen mit und ohne schwarzem Punkt über dem letzten Buchstaben des Wortes „PRÄMIENSCHEIN" vor. Bei Scheinen ohne diesen Punkt dürfte es sich um eine erste Ausgabe innerhalb der genehmigten Gesamtauflage handeln.

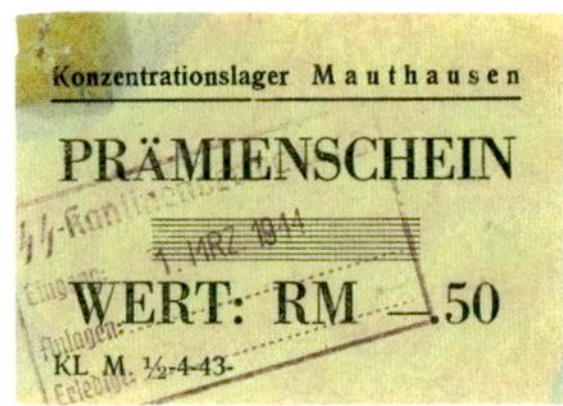

(Ma 1a Vs, Archiv der KZ-Gedenkstätte Mauthausen, Signatur F/08/01/01)

Ma 1 **50 Reichspfennig (RM –.50)**
PS – Vs: Druckvermerk links unten: KL M. ½-4-43-, mit oder ohne Stpl der SS-Kantinenverwaltung*
Rs: unbedruckt

Entwurf:	unbekannt	Format:	ca. 75 mm x 53 mm
Umlauf bis:	Juli 1944?	Wz:	Papier gelblich, ohne Wz
Druck:	unbekannt	KN:	ohne

Datum	Auflage			
o.D. (04/1943)	500 000	**a)**	ohne großen schwarzen Punkt über dem letzten „N" von PRÄMIENSCHEIN	RRR
		b)	mit großem schwarzem Punkt über dem letzten „N" von PRÄMIENSCHEIN (nicht nachgewiesen)	RRR

* Bekannt sind Einlösungsstempel zu Ma 1a) vom: 1.3.1944

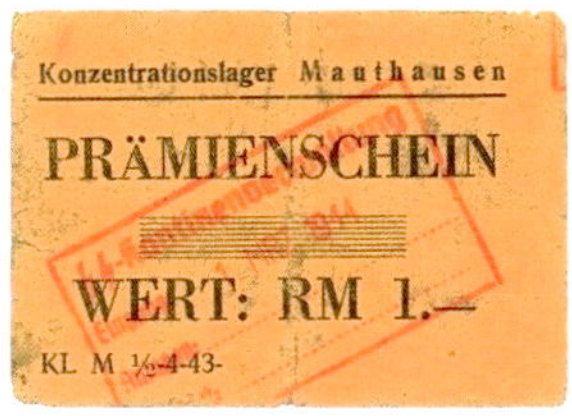

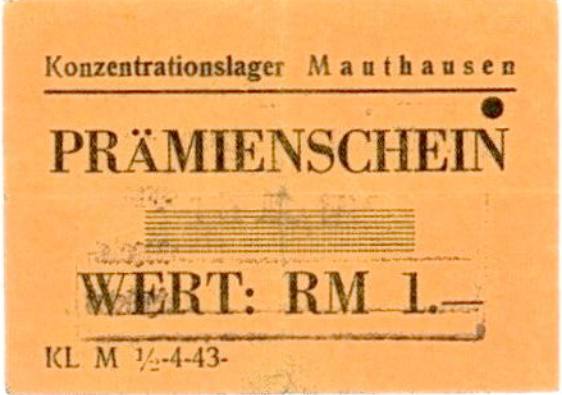

(Ma 2a/b, Sammlung Wolfgang Haney, Berlin)

Ma 2 **1 Reichsmark (RM 1.–)**
PS 121 Vs: Druckvermerk links unten: KL M ½-4-43-, mit oder ohne Stpl der SS-Kantinenverwaltung*
Rs: unbedruckt

Entwurf:	unbekannt	Format:	ca. 75 mm x 53 mm
Umlauf bis:	Juli 1944?	Wz:	Papier orange, ohne Wz
Druck:	unbekannt	KN:	ohne

Datum	Auflage			
o.D. (04/1943)	500 000	**a)**	ohne großen schwarzen Punkt über dem letzten „N“ von PRÄMIENSCHEIN	RRR
		b)	mit großem schwarzem Punkt über dem letzten „N“ von PRÄMIENSCHEIN	RR
		c)	wie b), mit zusätzlichem Stpl eines Außenkommandos	RRR

* Bekannt sind Einlösungsstempel zu Ma 1a) vom: 1.3.1944 und zu Ma 1b) vom: 1.4.1944, 15.6.1944, 15.7.1944

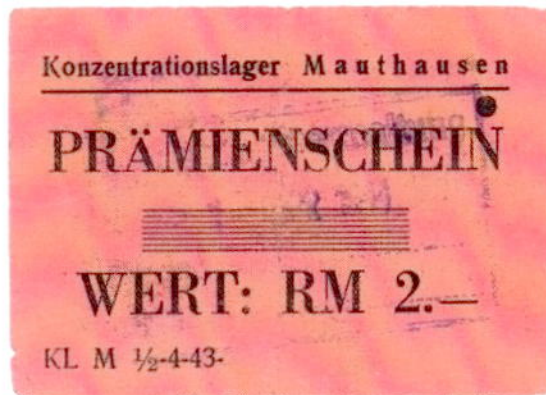

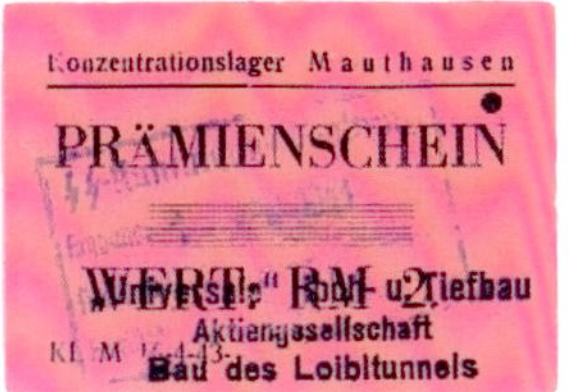

(Ma 3b Vs, Sammlung Wolfgang Haney, Berlin, Ma 3c, Rudolf Richter, Salzburg)

Ma 3 **2 Reichsmark (RM 2.–)**
PS 122 Vs: Druckvermerk links unten: KL M ½-4-43-, mit oder ohne Stpl der SS-Kantinenverwaltung*
Rs: unbedruckt

Entwurf:	unbekannt	Format:	ca. 74 mm x 52 mm
Umlauf bis:	Juli 1944?	Wz:	Papier hellrotlila, ohne Wz
Druck:	unbekannt	KN:	ohne

Datum	Auflage			
o.D. (04/1943)	500 000	**a)**	ohne großen schwarzen Punkt über dem letzten „N“ von PRÄMIENSCHEIN (nicht belegt)	RRR
		b)	mit großem schwarzem Punkt über dem letzten „N“ von PRÄMIENSCHEIN	RR
	wie:	**c)**	wie b), mit zusätzlichem Stpl eines Außenkommandos „Universale“ Hoch- u. Tiefbau / Aktiengesellschaft / Bau des Loibltunnels	RRR

* Bekannt sind Einlösungsstempel zu Ma 1b) vom: 1.4.1944, 5.7.1944 und Ma 1c) vom 1.4.1944

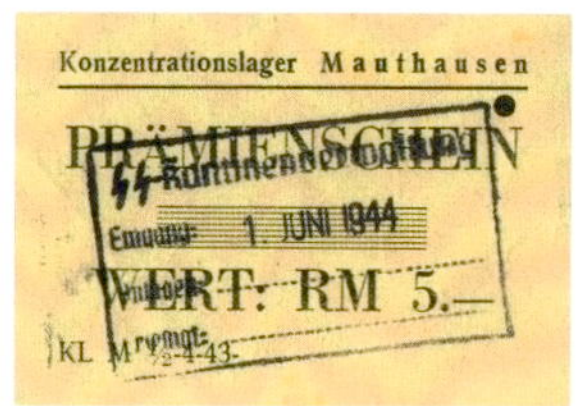

(Ma 4b Vs, HVB Stiftung Geldscheinsammlung, München)

Ma 4 **5 Reichsmark (RM 5.-)**
PS 123 Vs: Druckvermerk links unten: KL M ½-4-43-, mit oder ohne Stpl der SS-Kantinenverwaltung*
Rs: unbedruckt

Entwurf:	unbekannt	Format:	ca. 75 mm x 53 mm
Umlauf bis:	Juli 1944?	Wz:	Papier gelblich, ohne Wz
Druck:	unbekannt	KN:	ohne

Datum	Auflage			
o.D. (04/1943)	500 000	**a)**	ohne großen schwarzen Punkt über dem letzten „N“ von PRÄMIENSCHEIN (nicht belegt)	RRR
		b)	mit großem schwarzem Punkt über dem letzten „N“ von PRÄMIENSCHEIN	RR
	wie:	**c)**	wie b), mit zusätzlichem Stpl eines Außenkommandos „Universale“ Hoch- u. Tiefbau / Aktiengesellschaft / Bau des Loibltunnels	RRR

* Bekannt sind Einlösungsstempel zu Ma 1b) vom: 1.6.1944

Zweite Ausgabe mit Kreis für Dienst-Stpl (Einheitstyp)

Es sind nur Scheine mit Datum-Stpl vom 1.10.1944 bekannt.

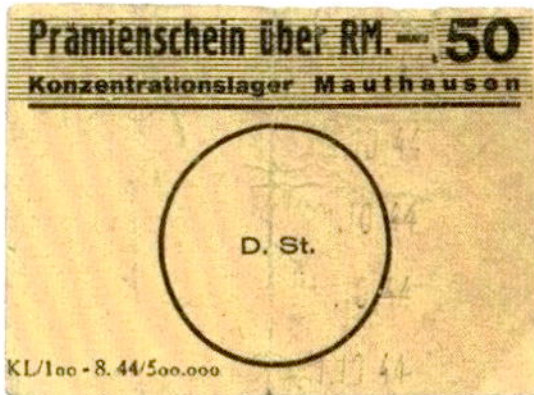

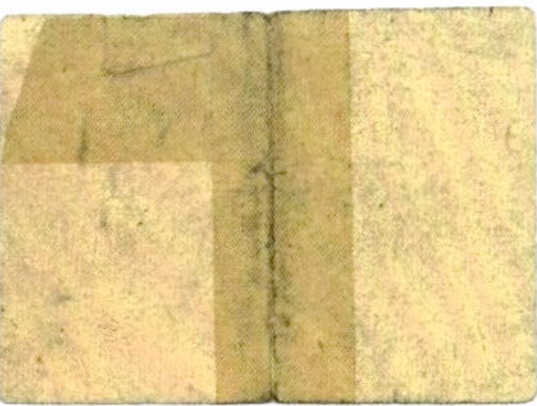

(Ma 5 Vs und Rs, Sammlung Wolfgang Haney, Berlin)

Ma 5 **50 Reichspfennig (RM. –.50)**
PS 124 Vs: Druckvermerk links unten: KL/100 - 8.44/500.000, nur ohne Dienst-Stpl bekannt, mit oder sich wiederholenden Datum-Stpl der Einlösung
Rs: unbedruckt

Entwurf:	unbekannt	Format:	ca. 73 mm x 53 mm
Umlauf bis:	Mai 1945?	Wz:	Papier gelblich, ohne Wz
Druck:	unbekannt	KN:	ohne

Datum	Auflage	
o.D. (08/1944)	500 000	RR

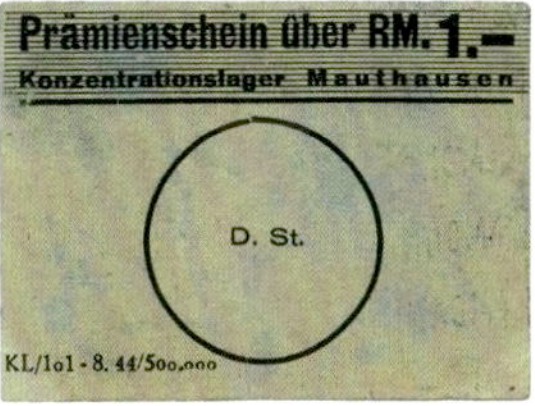

(Ma 6 Vs und Rs, Sammlung Wolfgang Haney, Berlin)

Ma 6 **50 Reichspfennig (RM. –.50)**
PS 125 Vs: Druckvermerk links unten: KL/100 - 8.44/500.000, nur ohne Dienst-Stpl bekannt, mit oder sich wiederholenden Datum-Stpl der Einlösung
Rs: unbedruckt

Entwurf:	unbekannt	Format:	ca. 73 mm x 53 mm
Umlauf bis:	Mai 1945?	Wz:	Papier gelblich, ohne Wz
Druck:	unbekannt	KN:	ohne

Datum	Auflage	
o.D. (08/1944)	500 000	RR

Ausgaben für Außenkommandos des KL Mauthausen

1.9.2 SS-Neubauleitung Linz-Ebelsberg

In Linz gab es insgesamt drei Außenlager des Konzentrationslagers Mauthausen. Linz I entstand im Januar 1943 bei den Reichswerken Hermann Göring (RWHG) im Zusammenhang mit dem Bau eines Schlackewerks der Hütte Linz. Der Standort war besonders wegen des vermeintlich sicheren Luftraums für die Rüstungsindustrie, insbesondere für den Bau von Panzern, sehr wichtig geworden.

Ein alliierter Bombenangriff vom 25. Juli 1944 zerstörte das Lager Linz I so stark, daß es aufgegeben werden mußte. Die überlebenden Häftlinge kamen Anfang August 1944 in das neu errichtete Lager Linz III. Von den 1756 Häftlingen, die insgesamt in Linz I registriert waren, starben über 120 bei dem alliierten Luftangriff und acht während des Lagerbetriebs.[23)]

Das Lager Linz II entstand im Februar 1944 ausgehend von Forderungen Hitlers zum Bau eines Luftschutzstollens für die Einwohner seiner „Heimatstadt“. Anfang Januar 1944 erteilte Himmler hierzu dem Chef des WVHA der SS, Oskar Pohl, entsprechende Aufträge. Im Februar berichtete Pohl, daß im Einvernehmen mit dem Generalbaurat von Linz die Zentralbauleitung der Waffen-SS und Polizei Linz mit dem Ausbau der Luftschutzstollen unter Einbeziehung der bereits tätigen Baufirmen beauftragt wurde.[24)] Am Ausbau der Luftschutzstollen dürften also nicht nur einige Hundert Häftlinge, sondern auch mehrere Baufirmen mit Zivilarbeitern beteiligt gewesen sein.

Die Wirtschaftsbetriebe der SS-Neubauleitung Linz-Ebelsberg waren sicher der Zentralbauleitung der Waffen-SS und Polizei in Linz unterstellt. Sie haben aber selbst nichts mit einem Außenlager des KL Mauthausen zu tun, auch wenn die SS-Bauleitungen u. a. für den Bau und Ausbau der Lager zuständig waren.

Die Lager Linz I und III befanden sich bei den ehemaligen Eisenwerken Oberdonau in der Gemeinde St. Peter. Linz II war kein Lager im herkömmlichen Sinne. Die Häftlinge waren direkt in dem Luftschutzstollen untergebracht, in dem sie arbeiteten. In Linz-Ebelsberg wurden im Auftrag der SS Bauten errichtet, die später dem österreichischen Bundesheer als Kaserne dienten. Die SS selbst nahm sie nie in Betrieb, sie wurden aber schon im Krieg zur Unterbringung von Flüchtlingen genutzt.[25)]

Die Scheine der SS-Neubauleitung Linz-Ebelsberg sind ganz sicher keine Prämienscheine auf der Grundlage der Prämienvorschrift der SS. Nicht zuletzt auch ausgehend von ihrer Stückelung handelt es sich wahrscheinlich um Kantinenbons für SS-Angehörige und Zivilarbeiter der SS-Neubauleitung in Linz-Ebelsberg im Zusammenhang mit dem Bau der späteren Kaserne. Sie werden hier trotzdem aufgeführt, um über deren Charakter aufzuklären und weil sie in der bisherigen Fachliteratur meist als Lagergeld katalogisiert wurden und deshalb von Sammlern auch in diesem Werk erwartet werden. Sie stammen wahrscheinlich aus dem Jahr 1944.

Anmerkungen:

23) Bertrand Perz, Linz I, in: Wolfgang Benz, Barbara Distel (Hrsg.), Der Ort des Terrors, Band 4: Flossenbürg, Mauthausen, Ravensbrück, S. 392 – 394.

24) Bertrand Perz, Linz II, in: Wolfgang Benz, Barbara Distel (Hrsg.), Der Ort des Terrors, Band 4: Flossenbürg, Mauthausen, Ravensbrück, S. 394 – 397.

25) Rudolf Richter, Linz-Ebelsberg, in: Notgeld Österreich – Lagergeld: Kriegsgefangenen-, Konzentrations-, Flüchtlings- und Interniertenlager in Österreich und der ehemaligen Donaumonarchie im 1. und 2. Weltkrieg sowie 1957 und Nebengebiete, S. 99 – 100.

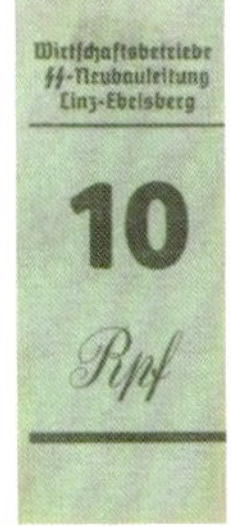

(Eb 1 Vs, Sammlung Charlton E. Meyer Jr.)

Eb 1 **10 Reichspfennig (10 Rpf)**
PS 119 Vs: Ausgabestelle und Nennwert
Rs: unbedruckt

Entwurf:	unbekannt	Format:	ca. 29 mm x 71 mm
Umlauf bis:	Mai 1945?	Wz:	Papier hellgrün, ohne Wz
Druck:	unbekannt	KN:	ohne

Datum	**Auflage**	
o.D. (1944?)	unbekannt	RR

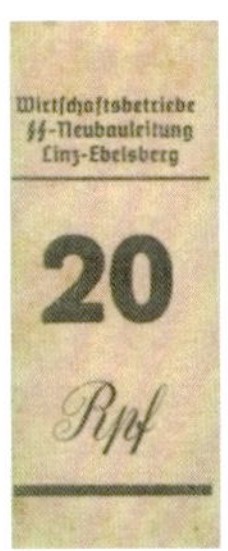

(Eb 2 Vs, Sammlung Charlton E. Meyer Jr.)

Eb 2 **20 Reichspfennig (20 Rpf)**
PS 120 Vs: Ausgabestelle und Nennwert
Rs: unbedruckt

Entwurf:	unbekannt	Format:	ca. 29 mm x 71 mm
Umlauf bis:	Mai 1945?	Wz:	Papier rosa, ohne Wz
Druck:	unbekannt	KN:	ohne

Datum	**Auflage**	
o.D. (1944?)	unbekannt	RR

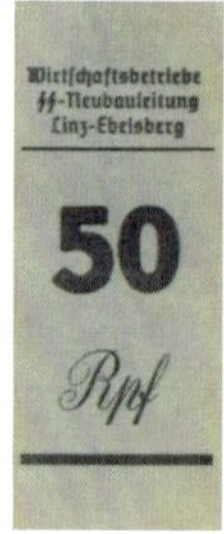

(Eb 3 Vs, Sammlung Charlton E. Meyer Jr.)

Eb 3 **50 Reichspfennig (50 Rpf)**
PS – Vs: Ausgabestelle und Nennwert
Rs: unbedruckt

Entwurf:	unbekannt	Format:	ca. 29 mm x 71 mm
Umlauf bis:	Mai 1945?	Wz:	Papier hellgraublau, ohne Wz
Druck:	unbekannt	KN:	ohne

Datum	**Auflage**	
o.D. (1944?)	unbekannt	RR

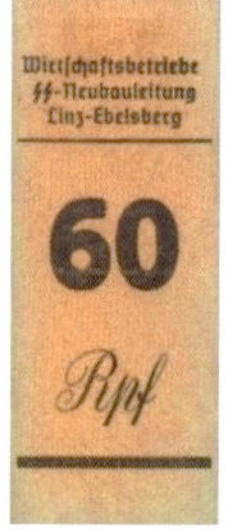

(Eb 4 Vs, Sammlung Charlton E. Meyer Jr.)

Eb 4 **60 Reichspfennig (60 Rpf)**
PS – Vs: Ausgabestelle und Nennwert
Rs: unbedruckt

Entwurf:	unbekannt	Format:	ca. 29 mm x 71 mm
Umlauf bis:	Mai 1945?	Wz:	Papier orangerot, ohne Wz
Druck:	unbekannt	KN:	ohne

Datum	**Auflage**	
o.D. (1944?)	unbekannt	RR

1.10 Mittelbau (Dora)

Thüringen

Konzentrationslager

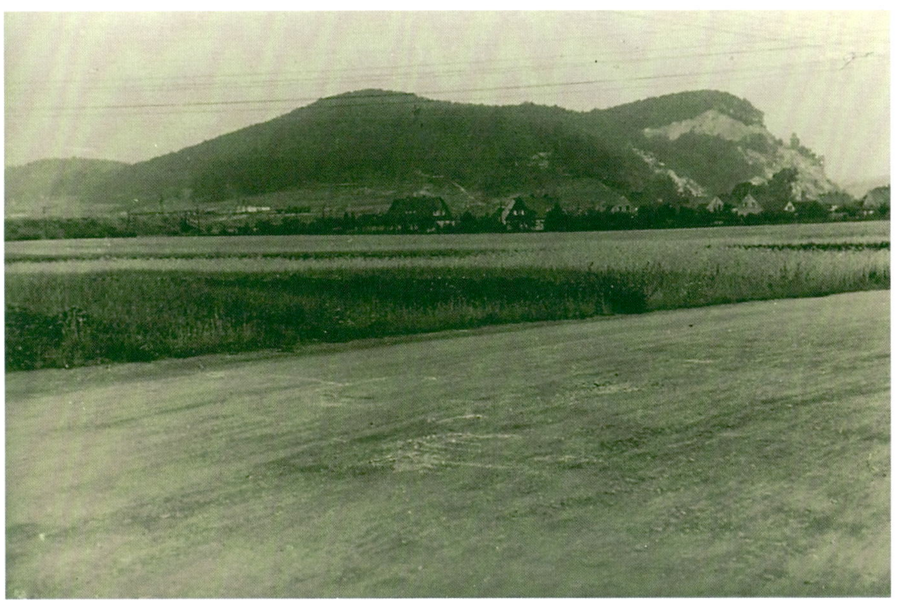

Der Kohnberg bei Nordhausen am Harz, in dem Häftlinge „Vergeltungswaffen" produzierten.
(Foto aus dem Bericht „Unsterbliche Opfer" von Karl Feuerer, Archiv der Gedenkstätte Buchenwald)

Zur Geschichte des Lagers

Durch Verfügung des WVHA vom 28. Oktober 1944 wurde das „Arbeitslager Mittelbau" selbständig und es entstand das letzte Stammlager während der NS-Diktatur. Dessen Geschichte hatte als Außenlager „Dora" des Konzentrationslagers Buchenwald bereits im Herbst 1943 nach einem britischen Luftangriff auf die Heeresversuchsanstalt Peenemünde begonnen, dessen Zerstörungen und Opfer zur Verlagerung der Raketenproduktion unter Tage führen sollten. Im September 1943 war die reichseigene Mittelwerke GmbH gegründet worden, die nach dem Ausbau vorhandener Stollen der Wirtschaftlichen Forschungsgesellschaft (Wifo) im Kohnstein bei Nordhausen zur Raketenfabrik (die Wifo hatte hier das zentrale Öllager des Deutschen Reichs unterhalten) auch die Herstellung der „Vergeltungswaffen" übernehmen sollte. Karl Feuerer schrieb in seinem unveröffentlichten Bericht „Unsterbliche Opfer" zum abgebildeten Foto des Kohnsteins: *„Der Kohnstein bei Nordhausen, in welchem zwei parallel laufende Tunnels gesprengt wurden, die miteinander wiederum durch 36 hallenähnliche Stollen verbunden waren. Durch 12 Eingänge konnten ganze Eisenbahnzüge in den Berg einfahren und die in dessen Innern produzierten V-Projektile abtransportieren. Nicht weniger als 45 km Gleisanlagen befanden sich in diesem Berg."*[1)]

Mit Fertigstellung der Stollenanlagen hatte eine moderne Rüstungsfabrik im Innern des Kohnsteins ihre Arbeit aufgenommen und die Häftlinge hatten nach und nach oberirdische Unterkünfte beziehen können. Doch die meisten Häft-

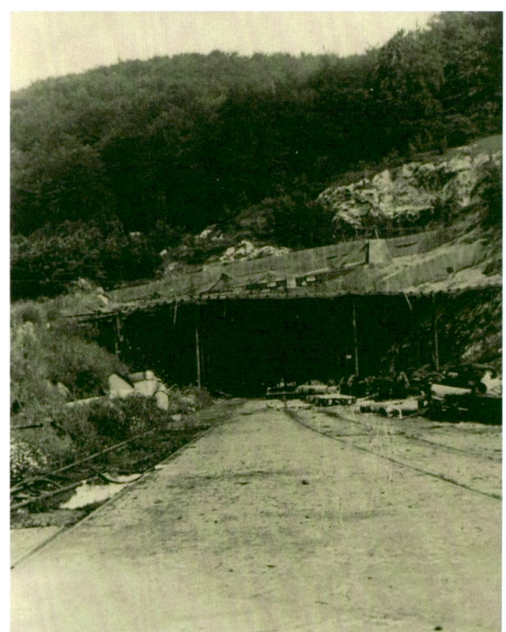

Getarnte Eisenbahn-Einfahrt in den Kohnstein.
(Foto aus dem Bericht „Unsterbliche Opfer" von Karl Feuerer, Archiv der Gedenkstätte Buchenwald)

linge, die während der katastrophalen Bedingungen der Aufbauphase von Herbst 1943 bis Frühjahr 1944 in den Stollen arbeiten und leben mußten, waren entkräftet und wurden nun abgeschoben, um Platz für geeignete und unverbrauchte Arbeitskräfte zu schaffen, die von Mittelbau-Ingenieuren in sämtlichen Konzentrationslagern ausgesucht wurden. Wernher von Braun musterte im August 1944 sogar persönlich in Buchenwald Häftlinge für die Raketenmontage.[2)]

Die Lebensbedingungen der Häftlinge hatten sich mit der Unterbringung im Barackenlager deutlich verbessert. Auch brachte die ausführliche Einarbeitungsphase für die in der Fertigung eingesetzten Häftlinge eine gewisse Erholung, und es wurden sogar gemischte Arbeitsgruppen aus Häftlingen und Zivilarbeitern geplant. Im Mai 1944 waren 4910 Häftlinge und 2500 deutsche Zivilarbeiter und Angestellte in der Montage von A4-Raketen bei den Mittelwerken tätig.[3)]

Zur Raketenproduktion unter Tage erinnerte sich der ehemalige Häftling Roman Kornejew: *„Die Produktion war hochentwickelt. Die Menschen arbeiteten an Fließbändern, montierten V1 und V2, schweißten die Raketenkörper zusammen ... Die Einzelteile wurden zur Montage angeliefert ... niemals stand das Band still."*[4)]

Ausgehend vom alliierten Bombenkrieg hatte Hitler im März 1944 die „endgültige Verlagerung der gesamten deutschen Industriewerke unter die Erde" gefordert.[5)]

Im Laufe des Frühjahrs und Sommers 1944 kamen im Zusammenhang mit weiteren Untertageverlagerungen, so für das „Jägerprogramm" des Junkers-Konzerns, das dringend benötigte Jagdflugzeuge im Kampf gegen die alliierten Bombengeschwader liefern sollte, und für die Mineralölindustrie, weitere unterirdische Fabriken rund um Nordhausen hinzu (z. B. im Himmelsberg bei Woffleben, im Kohnstein bei Niedersachswerfen und in der Heimkehle-Höhle bei Rottleberode), die maßgeblich und richtungsweisend für alle „Sonderbauaufträge" zum Schutze kriegswichtiger Industrien waren und zur späteren Selbständigkeit des Mittelbau-Komplexes führten.[6)] Seit dem 8. Juni 1944 wurde das bisherige „Kommando Dora" offiziell als „Arbeitslager Mittelbau I" bezeichnet.[7)] Zur weiteren Geschichte des Außenlagers „Dora" siehe unter Buchenwald.

Schon im Laufe des Sommers 1944 waren mehrere Außenlager Buchenwalds im Harz schrittweise ausgegliedert und „Dora" unterstellt worden. Als die Mittelbau-Lager Ende Oktober 1944 selbständig wurden, befanden sich in ihnen rund 32 500 Häftlinge, davon über 13 700 im Stammlager.[8)] Bis April 1945 kamen weitere 15 Außenlager hinzu, die meist direkt bei Firmen eingerichtet wurden, und die Zahl der Häftlinge stieg trotz zahlreicher Todesfälle auf über 40 000 an. Die Größe der Außenlager war sehr unterschiedlich. In einigen Kleinstlagern wurden ausschließlich italienische Kriegsgefangene ohne Bewachung untergebracht, die selbständig ihre Arbeitsplätze aufsuchten.[9)] Am gefürchtetsten war das im Januar 1945 eingerichtete Außenlager „Boelcke-Kaserne" in Nordhausen, das von Häftlingen „lebendes Krematorium" genannt wurde, weil es als „Zentrales Kranken- und Sterbelager" für Tausende völlig erschöpfte Häftlin-

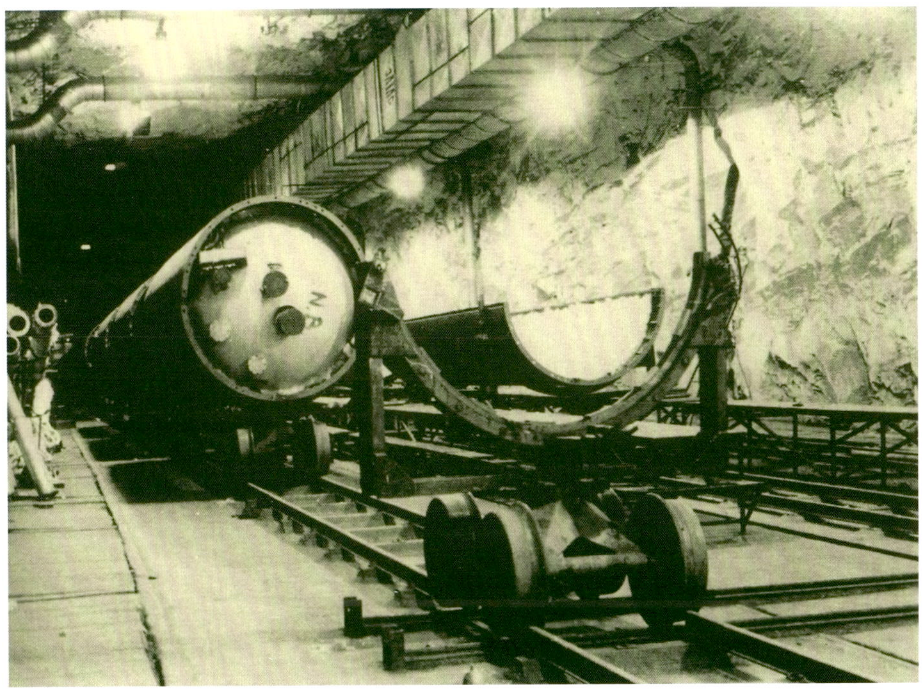

Konzentrationslager Mittelbau, Montagestrecke für „V2" im Stollen B, 1945.
(Sammlung der Gedenkstätte Buchenwald)

ge diente, die mit den Evakuierungstransporten aus Auschwitz und Groß-Rosen in den Südharz kamen oder durch die schwere Arbeit in den Stollen der Mittelbau entkräftet, krank und arbeitsunfähig geworden waren.[10)]

Trotz aller Bemühungen und dem überdurchschnittlichen Einsatz von Zivilarbeitern (Ende 1944 neben 5000 Häftlingen 3000 deutsche Arbeiter und Angestellte) lief die Raketenfertigung nicht reibungslos und die im Oktober 1943 von der Leitung der Mittelwerke geplante Monatsproduktion von 1800 Raketen wurde nie erreicht. Selbst eine korrigierte Planung, die monatlich nur noch 900 Raketen vorsah, war nicht realisierbar. Ab September 1944 wurden monatlich 600 bis 700 Raketen hergestellt.[11)]

Schließlich blieb es auch den Alliierten nicht verborgen, daß das thüringische Nordhausen zum Zentrum der deutschen Raketenproduktion geworden war. Am 3. und 4. April 1945 griffen britische Bomber die Stadt an und zerstörten sie zu über 85%. Nordhausen war dadurch die am stärksten durch Bomben zerstörte deutsche Stadt im Zweiten Weltkrieg. Bei den Luftangriffen wurden ausschließlich Wohngebiete und das Krankenhaus getroffen, 8800 Menschen kamen ums Leben. Auch die Boelcke-Kaserne wurde bombardiert, in der Tausende Häftlinge untergebracht waren. Strategisch wichtige Ziele wie der Bahnhof, Industrieanlagen oder die Mittelbau-Lager blieben unzerstört.

Unmittelbar nach dem britischen Luftangriff begann am Abend des 3. April 1945 die Räumung des Lagers mit einem Bahntransport 4000 sowjetischer Häftlinge nach Bergen-Belsen. Die meisten Außenlager wurden am 4. und 5. April 1945 geräumt. Bis zum 6. April fuhren mehrere Zügen mit jeweils Tausenden Häftlingen nach Bergen-Belsen, Sachsenhausen und Ravensbrück. Danach begannen die sog. „Todesmärsche", mit denen ganze Kolonnen zu Fuß über weite Strecken getrieben wurden und die zahlreiche Häftlinge nicht überlebten.[12)]

Nordhausen fiel am 11. April 1945 kampflos in die Hände von US-Truppen, die am selben Tag das Konzentrationslager Mittelbau erreichten.

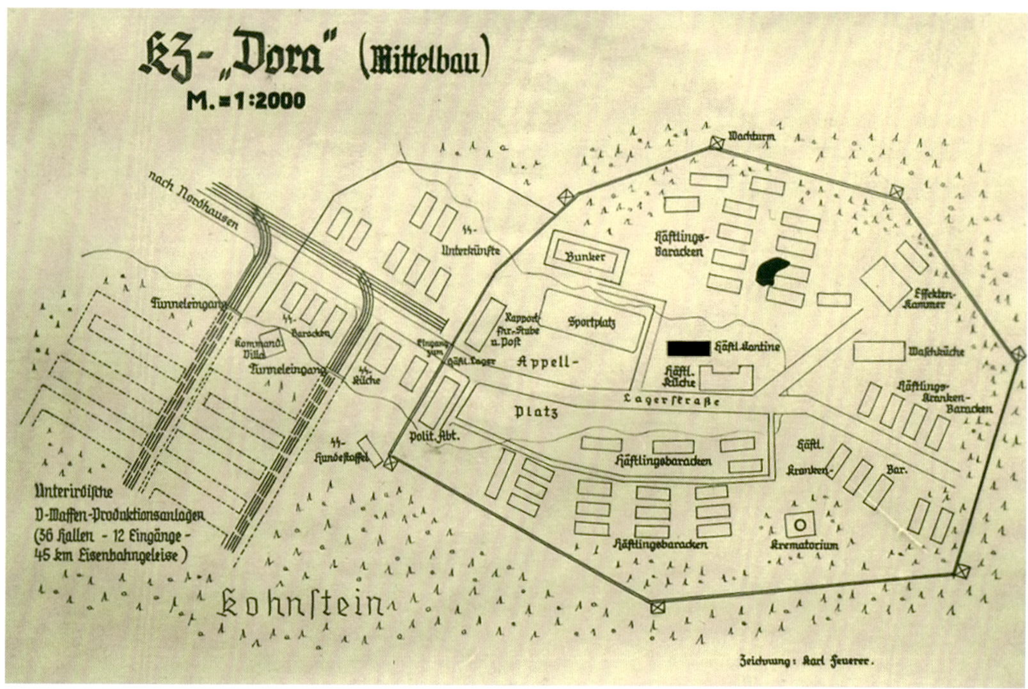

Konzentrationslager „Dora" (Mittelbau), Zeichnung von Karl Feuerer aus seinem Bericht „Unsterbliche Opfer" mit dem Standort der Häftlingskantine (Schwarz). *(Archiv der Gedenkstätte Buchenwald)*

Hier und in der Boelcke-Kaserne hatte die SS lediglich einige Hundert Kranke und Sterbende zurückgelassen. In der Boelcke-Kaserne fanden die Amerikaner rund 1200 Leichen, wie viele davon Opfer der Luftangriffe geworden waren, war nicht mehr festzustellen.[13)]

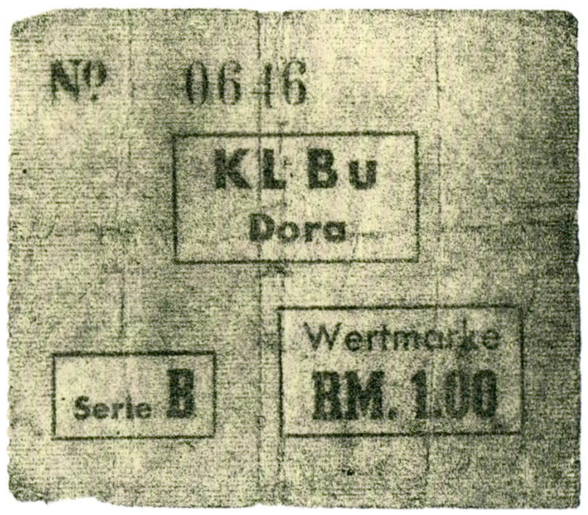

Konzentrationslager Buchenwald – Außenlager „Dora", bisher kaum bekannter Prämienschein über RM. 1.00. *(Schwarzweiß-Kopie, Auktionshaus Künker)*

Von den rund 60 000 Häftlingen, die seit der Gründung des Außenlagers „Dora" bis zur Befreiung in den Mittelbau-Lagern waren, kam etwa jeder Dritte ums Leben.[14)]

Prämienscheine des KL Bu / Dora

Die bisher kaum bekannten Wertmarken mit der Bezeichnung „KL Bu / Dora" stammen noch aus der Zeit der Zugehörigkeit des „Kommandos Dora" zum Konzentrationslager Buchenwald, weshalb sie auch dort mit aufgeführt und katalogisiert wurden.

Bekannt wurden sie durch Veröffentlichung in einem dänischen Katalog von Niels Nielsen über das von Dänen genutzte Papiergeld während des Zweiten Weltkriegs aus dem Jahr 1998.[15)] Danach hatte der ehemalige Buchenwald-Gefangene Arved Jensen (Häftlings-Nr. 85536) drei verschiedene Werte dieser Ausgabe als Andenken mit nach Hause gebracht.

Herr Jensen war Wachtmeister und kam im Zusammenhang mit der Verhaftung dänischer Polizisten am 29. September 1944 nach Bu-

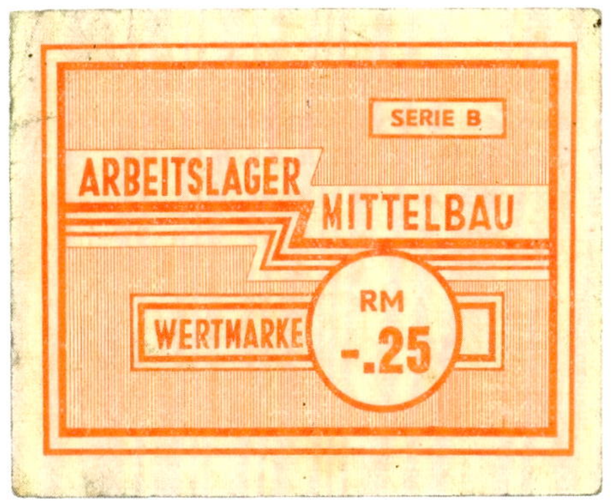

Arbeitslager Mittelbau, Wertmarke über RM –.25.
(Sammlung Wolfgang Haney, Berlin)

chenwald. Er wurde am 17. Dezember 1944 aus Buchenwald entlassen und kam mit einem Transport nach Taucha bei Leipzig, wo er als Zivilarbeiter für die Firma HASAG arbeitete, bei der u. a. die allseits bekannte „Panzerfaust" hergestellt wurde.[16]

Während seiner Haftzeit war Herr Jensen nicht im Außenlager „Dora", hätte aber leicht Kontakt zu Häftlingen haben können, die dort gewesen waren. Wahrscheinlich hatte er die Scheine in der Zeit von Oktober bis Dezember 1944 von einem anderen Häftling bekommen und für die Nachwelt aufbewahrt.

Wertmarken des Arbeitslagers Mittelbau

Die Bezeichnung der Lagergeldscheine als Wertmarken geht noch auf die Zeit zurück, da „Dora" zum KL Buchenwald gehörte. Es gab und gibt jedoch Vermutungen, daß sogar die Wertmarken für das „Arbeitslager Mittelbau" selbst noch aus dieser Zeit stammen.

Der Name „Mittelbau" wurde schon ab März 1944 von der Firma Junkers für die Außenkommandos des KL Buchenwald im Südharz genutzt, die mit deren Jägerprogramm zu tun hatten.[17] Seit Anfang Juni 1944 trugen die Lager dann offiziell diese Bezeichnung (Arbeitslager Mittelbau I für Dora und Arbeitslager Mittelbau II für die Lager Ellrich und Harzungen).

Die besondere Stückelung der Lagergeld-Ausgabe des „Arbeitslagers Mittelbau" von 1 RPf bis 10 RM, die nicht der Prämienvorschrift der SS entsprach, könnte theoretisch mit einem Prämiensystem zusammenhängen, mit dem ein Gruppenakkord eingeführt wurde, der sowohl für die Häftlinge als auch für die deutschen Vorarbeiter galt.

Die Mittelwerke hatten von Anfang an große Probleme, die geplanten Stückzahlen von A4-Raketen zu montieren. Laut eidesstattlicher Erklärung des zeitweiligen Leiters des Arbeitseinsatzbüros von Dora/Mittelbau, Wilhelm Simon, von 1947 hatte er deshalb schon seit dem 1. Februar 1944 die Aufgabe gehabt, ein Prämiensystem einzuführen. Als die Mittelwerke im April 1944 die nördliche Hälfte der Stollenanlage im Kohnstein auch noch an die neu gegründete „Nordwerke AG" abtreten mußte, die Strahltriebwerke für Jagdflugzeuge produzieren sollte, kam es zu einem drastischen Produktionseinbruch. Im Mai 1944 konnten noch 430 Raketen fertiggestellt werden, im Juni waren es dann 132 und im Juli 1944 sogar nur noch 86 Raketen.[18] Erst ab September 1944 hatte man sich an die neuen Bedingungen soweit angepaßt, daß die Montagezahlen relativ stabil waren.

Zieht man also in Betracht, daß der Produktionsausstoß im Juli 1944 seinen tiefsten Stand erreicht hatte und sich ab September 1944 auf 600 bis 700 Raketen einpendelte, so könnte die Einführung eines neuen Prämiensystems unter Verwendung neuer Wertmarken im August 1944 erfolgt sein. Für diese Annahme gibt es aber genauso wenig Aktenbelege wie für die Nennung noch früherer Termine.

Der Sammler und Heimatforscher Paul Lauerwald schrieb schon 1987 einen interessanten Artikel zum Lagergeld des Konzentrationslagers Mittelbau.[19] Danach stammen die Entwürfe zu den Wertmarken des „Arbeitslagers Mittelbau" laut Aussage ehemaliger tschechischer Häftlinge von deren Landsleuten, dem „Lagermaler" Dominik Cerný sowie von Josef Peč. Gedruckt wurden die Scheine von der Buchdruckerei Theodor Müller in Nordhausen.

Der ehemalige Drucker Harry Krause erinnerte sich 1979 in einem Bericht: *„Ich war damals Lehrling in der Firma Theodor Müller, Buch-*

*druckerei am Königshof in Nordhausen, und wir druckten das Geld für das Lager Dora. Es wurde auf einem Tiegel zu je zwei Stutzen hergestellt. Die Rückseite war mit einem Nummernvermerk versehen. Dadurch kamen die beiden Varianten zustande, einmal mit ,No', zum anderen mit *. Das Wasserzeichenpapier stellte die SS. Jeden Morgen kamen sie mit zwei Häftlingen, die in Waschkörben das Papier und die Druckform schleppten. Die Form wurde wieder in die Maschine gehangen. Die Anlegerin, die jeden Bogen in den Tiegel legte, druckte und wieder herausnahm, der Drucker, der den Druck, die Einstellung der Farbe und die Numerierung kontrollierte, wurden noch von zwei SS-Männern beobachtet. Die Häftlinge, die die Körbe brachten, wurden gleich wieder mit dem Auto weggebracht. Am Abend kamen zwei andere Häftlinge und schleppten alles wieder fort. L/0663 war das Zeichen für die Firma Müller. Alle Drucksachen erhielten diese Nummer.*"[20]

Als Paul Lauerwald 1987 seinen Bericht zum Lagergeld von Mittelbau schrieb, waren die Wertmarken des Buchenwalder Außenkommandos „Dora" der Fachwelt überhaupt noch nicht bekannt. Ausgehend davon und vom zeitlichen Ablauf der Baumaßnahmen und des Beginns der Raketenmontage, mußte er also annehmen, daß die damals einzig bekannten Scheine des „Arbeitslagers Mittelbau" um die Jahreswende 1943/1944 ausgegeben worden sein mußten. Diese Annahme wurde außerdem durch folgenden Bericht von Werner Schult aus dem Jahr 1978 gestützt: „*Im April 1943 habe ich eine Lehre als Buchdrucker in der Buchdruckerei Theodor Müller begonnen. Sehr früh habe ich, da die Mehrzahl der Fachkräfte zur Wehrmacht eingezogen waren, selbständig arbeiten müssen. Ein Druckauftrag, an den ich mich erinnere und den ich ausgeführt habe, war der Druck des Lagergelds für das Konzentrationslager Dora. Das ist Ende 1943 oder Anfang 1944 gewesen. Dieser Auftrag ist mir besonders deshalb in Erinnerung geblieben, da die gedruckten Scheine durch 2 Häftlinge in gestreifter Kleidung in Begleitung eines bewaffneten Uniformierten abgeholt wurden. Das war das erste Mal, daß ich Häftlinge zu Gesicht bekam. An nähere Angaben über Aussehen und Umfang der Lagergeldscheine kann ich mich nicht mehr erinnern. Druckmuster dieser Scheine, die ich – wie andere von mir hergestellte Druckerzeugnisse – aufbewahrte, sind im Laufe der Zeit verloren gegangen.*"[21]

Herr Schult lebt bis heute in Nordhausen und konnte sich auch im Sommer 2008 noch an den Druckauftrag erinnern. Die Scheine des Arbeitslagers Mittelbau, die ihm seinerzeit Herr Lauerwald zeigte, waren ihm sofort bekannt. Lediglich auf den genauen Zeitpunkt des Drucks konnte sich Herr Schult nun nicht mehr festlegen. Er meinte, daß es irgendwann 1943 oder 1944 gewesen sein muß, und es aber auch möglich wäre, daß zwei verschiedene Ausgaben in der Druckerei hergestellt worden waren, eine für Dora und eine für das Arbeitslager Mittelbau.[22]

Leider sind keine Unterlagen der Druckerei erhalten geblieben, die Auskunft über Zeitpunkt und Auflage des Wertmarkendrucks hätten geben können, da das Gebäude der Druckerei bei den britischen Luftangriffen vom 3. und 4. April 1945 völlig zerstört wurde.[23]

Fest dürfte stehen, daß mit dem schrittweise ab Februar 1944 eingeführten neuen Prämiensystem auch Prämienscheine genutzt wurden. Die Prämienschein-Ausgabe für das Buchenwalder Außenkommando „Dora" dürfte außerdem zuerst erfolgt sein.

Belegt ist auch die Nutzung von Scheinen der Standortkantine Buchenwald für das Außenkommando Rottleberode, das offiziell erst im Oktober 1944 Außenlager von Mittelbau wurde. Das Außenlager Rottleberode wurde im Frühjahr 1944 gegründet, und Mitte März 1944 begannen hier die Arbeiten für eine unterirdische Produktionsstätte der Firma Junkers, bei denen durchschnittlich etwa 500 bis 700 Häftlinge eingesetzt waren. Mit einem Teil der Häftlinge begann dann ab Juli 1944 die Produktion von Federkernen und die Montage von Flugzeugteilen für die Ju 88 und Ju 188 im sog. „Thyrawerk".[24] Hätte es die Scheine des „Arbeitslagers Mittelbau" zu dieser Zeit schon gegeben, so hätte man wohl nicht mehr die Scheine von Buchenwald genutzt. Einen ganz entscheidenden Hinweis auf den

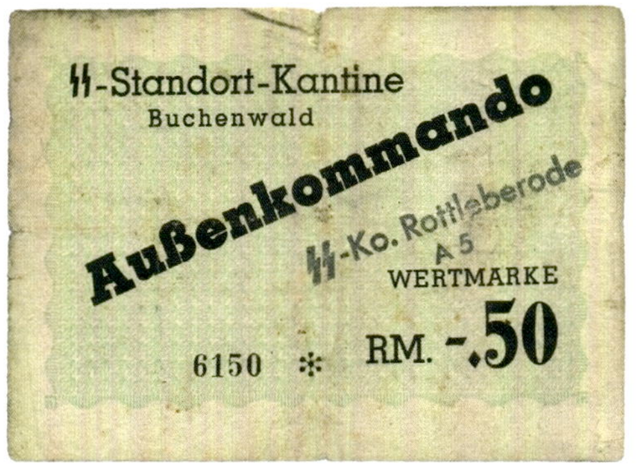

SS-Standortkantine Buchenwald, Wertmarke für Außenkommandos mit Stempel SS-Ko. Rottleberode A5.
(Sammlung Wolfgang Haney, Berlin)

Zeitpunkt der Einführung der neuen Mittelbau-Wertmarken bieten diese aber selbst. Laut rückseitigem Text war die Deckung für die Wertmarken bei der Zentralverwaltung der SS-Kantinen im Standortbereich Mittelbau hinterlegt. Geht man allein von diesem Text aus, so scheint auf den ersten Blick als Ausgabezeitpunkt ausschließlich ein Termin nach dem 28.10.1944 in Frage zu kommen, als das Lager selbständig wurde. Erst ab diesem Zeitpunkt sollte man von einem eigenen Standortbereich sprechen können. Der Prozeß immer größerer Eigenständigkeit begann aber bereits im Laufe des Jahres 1944, was auch zu der Umbenennung in „Arbeitslager Mittelbau" vom 8. Juni 1944 und zur schrittweisen Unterstellung von Außenkommandos führte, die die Weisung des WVHA der SS vom 28.10.1944 praktisch nur noch zur Formsache machten.

Einen entscheidenden Hinweis bietet ein „Schlüsseldokument" vom 10. September 1944 über eine neue Wachvorschrift auf dem Weg in die Selbständigkeit. In diesem wird, zumindest ausgehend von der bekannten Aktenlage, erstmalig vom „Standortbereich Mittelbau" gesprochen. Der spätere Lagerkommandant Förschner unterzeichnete als Standort-Kommandant.[25)]

Unabhängig davon wurde aber auch nach der Selbständigkeit des Lagers im Schriftverkehr, z. B. von Schreibstuben, immer noch der Name „Dora" verwendet.

Eine wesentliche Voraussetzung für die praktische Nutzung von Prämienscheinen bzw. Lagergeld ist das Vorhandensein einer Lagerkantine. Leider ist der genaue Zeitpunkt der Inbetriebnahme der Lagerkantine von „Dora" heute nicht mehr bekannt. Ende 1943 bis Anfang 1944 gab es sicher noch keine Kantine, da in dieser Phase des Stollenausbaus die Häftlinge nicht nur in den Stollen arbeiteten, sondern auch dort schliefen. Erst als die Produktionsstätten des Mittelwerks und der SS-Bereich fertig waren, begannen Anfang 1944 die Bauarbeiten für das oberirdische Lager, das von März bis Juni 1944 bezogen wurde. Im Spätsommer 1944 hatte das Lager dann erst sein endgültiges Aussehen. Die Lagerkantine wurde also wahrscheinlich in der Zeit von März bis Herbst 1944 in Betrieb genommen, das Häftlingsbordell sogar erst ab Anfang 1945.

Zieht man alle Fakten in Betracht, so ist es wahrscheinlich, daß die Buchenwalder Ausgabe für das Lager Dora vom Frühjahr 1944 stammt und mit dem ab Februar 1944 eingeführten Prämiensystem im Zusammenhang steht. Geht man davon aus, daß die Häftlingskantine bereits im März 1944 ihren Betrieb aufgenommen haben kann, so käme zur realen Existenz der Scheine auch ein zeitnaher praktischer Nutzen für die Häftlinge hinzu.

Frühestens ab dem September 1944, wahrscheinlich aber erst nach der Selbständigkeit des Lagers Mittelbau, wurden dann neue Wertmarken mit der Bezeichnung „Arbeitslager Mittelbau" ausgegeben, die sich auch auf den „Standortbereich Mittelbau" beziehen.

Die Wertmarken des „Arbeitslagers Mittelbau" sind vergleichsweise aufwendig gestaltet und sogar beidseitig bedruckt. Für ihren farbigen Druck nutzte man weißes Wasserzeichenpapier. Die Ausgabe erfolgte in mehreren Serien, die durch Großbuchstaben auf den Scheinen vermerkt sind. In der Katalogisierung werden die bekannt gewordenen Serien mit aufgeführt.

Die Scheine tragen weder Dienst- noch Einlösungsstempel der Kantinenverwaltung, was neben der großzügigen Stückelung, der aufwendigen Gestaltung und den niedrigen Kontroll-

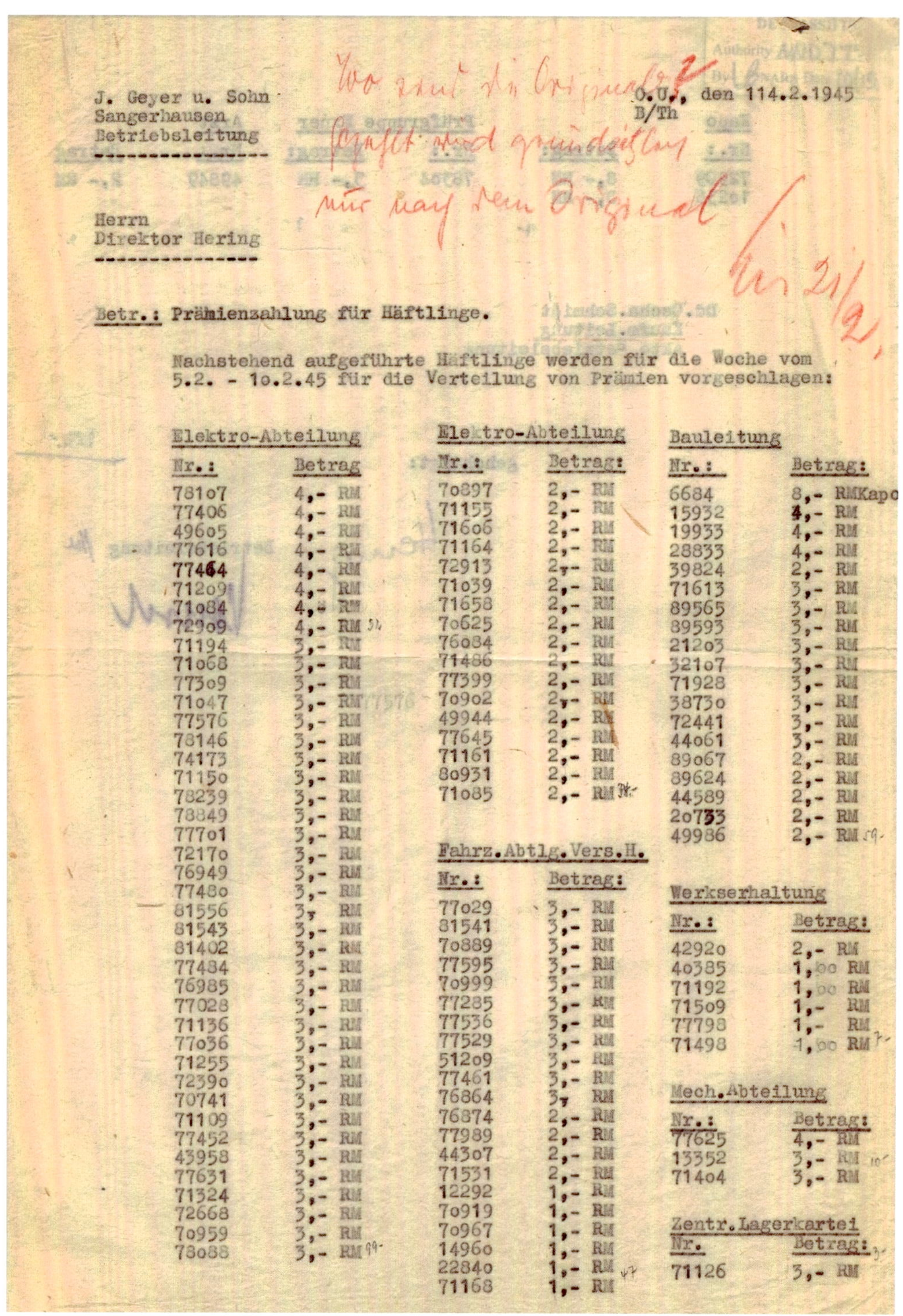

J. Geyer u. Sohn
Sangerhausen
Betriebsleitung

O.U., den 114.2.1945
B/Th

Wo sind die Originale?
Gezahlt wird grundsätzlich nur nach dem Original

Herrn
Direktor Hering

Betr.: Prämienzahlung für Häftlinge.

Nachstehend aufgeführte Häftlinge werden für die Woche vom 5.2. - 1o.2.45 für die Verteilung von Prämien vorgeschlagen:

Elektro-Abteilung

Nr.:	Betrag
781o7	4,- RM
77406	4,- RM
496o5	4,- RM
77616	4,- RM
77464	4,- RM
712o9	4,- RM
71o84	4,- RM
729o9	4,- RM
71194	3,- RM
71o68	3,- RM
773o9	3,- RM
71o47	3,- RM
77576	3,- RM
78146	3,- RM
74173	3,- RM
7115o	3,- RM
78239	3,- RM
78849	3,- RM
777o1	3,- RM
7217o	3,- RM
76949	3,- RM
7748o	3,- RM
81556	3,- RM
81543	3,- RM
81402	3,- RM
77484	3,- RM
76985	3,- RM
77028	3,- RM
71136	3,- RM
77o36	3,- RM
71255	3,- RM
7239o	3,- RM
70741	3,- RM
71109	3,- RM
77452	3,- RM
43958	3,- RM
77631	3,- RM
71324	3,- RM
72668	3,- RM
7o959	3,- RM
78o88	3,- RM 99.-

Elektro-Abteilung

Nr.:	Betrag:
7o897	2,- RM
71155	2,- RM
716o6	2,- RM
71164	2,- RM
72913	2,- RM
71o39	2,- RM
71658	2,- RM
7o625	2,- RM
76o84	2,- RM
71486	2,- RM
77399	2,- RM
7o9o2	2,- RM
49944	2,- RM
77645	2,- RM
71161	2,- RM
8o931	2,- RM
71o85	2,- RM 34.-

Fahrz.Abtlg.Vers.H.

Nr.:	Betrag:
77o29	3,- RM
81541	3,- RM
7o889	3,- RM
77595	3,- RM
7o999	3,- RM
77285	3,- RM
77536	3,- RM
77529	3,- RM
512o9	3,- RM
77461	3,- RM
76864	3,- RM
76874	2,- RM
77989	2,- RM
443o7	2,- RM
71531	2,- RM
12292	1,- RM
7o919	1,- RM
7o967	1,- RM
1496o	1,- RM
2284o	1,- RM 47.-
71168	1,- RM

Bauleitung

Nr.:	Betrag:
6684	8,- RMKapo
15932	4,- RM
19933	4,- RM
28833	4,- RM
39824	2,- RM
71613	3,- RM
89565	3,- RM
89593	3,- RM
212o3	3,- RM
321o7	3,- RM
71928	3,- RM
3873o	3,- RM
72441	3,- RM
44o61	3,- RM
89o67	2,- RM
89624	2,- RM
44589	2,- RM
2o733	2,- RM
49986	2,- RM 59.-

Werkserhaltung

Nr.:	Betrag:
4292o	2,- RM
4o385	1,oo RM
71192	1,oo RM
715o9	1,- RM
77798	1,- RM
71498	1,oo RM 7.-

Mech.Abteilung

Nr.:	Betrag:
77625	4,- RM
13352	3,- RM 10.-
714o4	3,- RM

Zentr.Lagerkartei

Nr.	Betrag: 3.-
71126	3,- RM

Firma J. Geyer und Sohn, Vorschlag zur Prämierung von Häftlingen des KL Mittelbau vom 14.2.1945 (Vorderseite).

(National Archiv Washington, Signatur RG 549-471, Kopie im Archiv der Gedenkstätte Mittelbau-Dora)

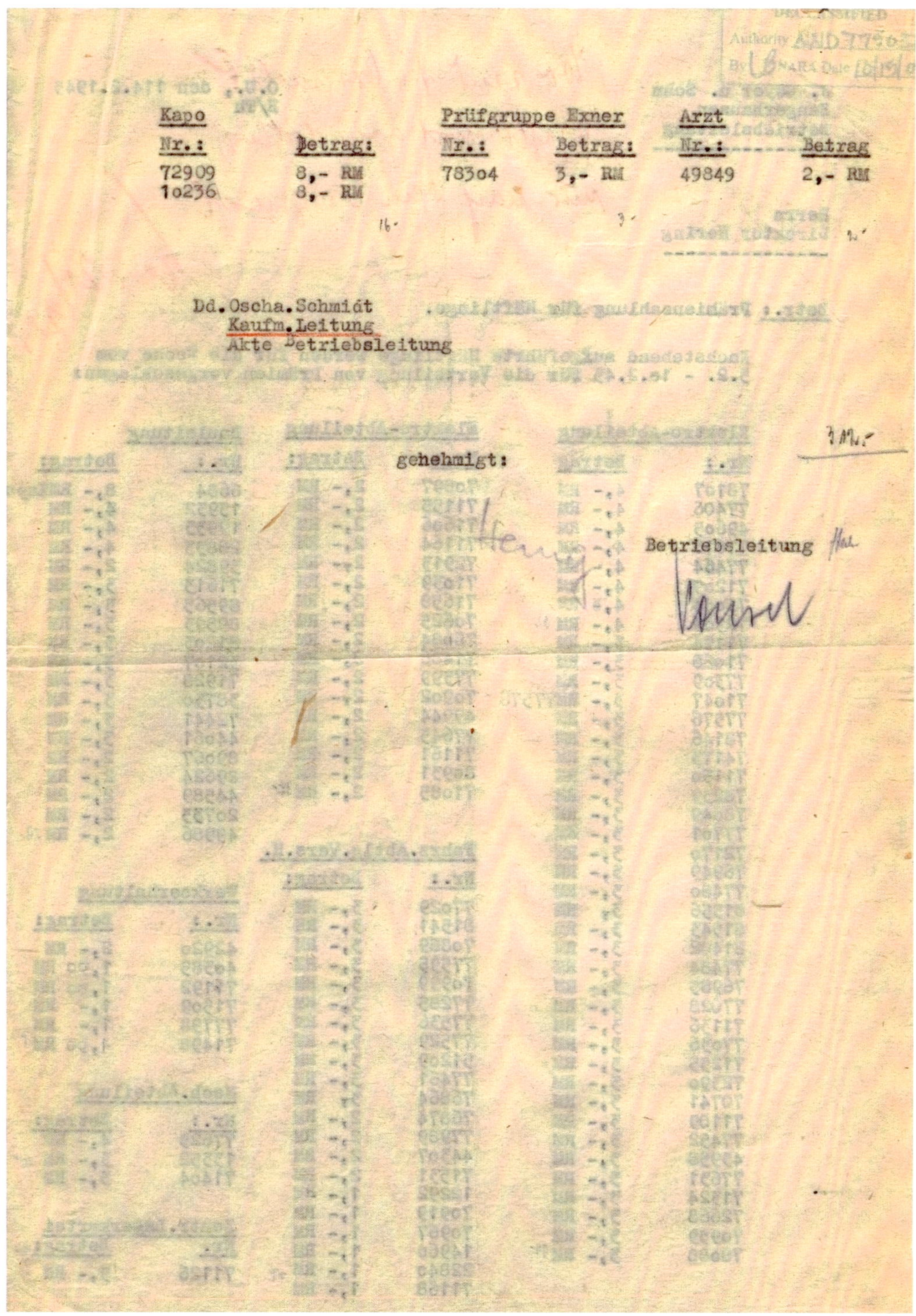

DECLASSIFIED
Authority NND 77[illegible]
By [illegible] NARA Date [illegible]

Kapo		Prüfgruppe Exner		Arzt	
Nr.:	Betrag:	Nr.:	Betrag:	Nr.:	Betrag
72909	8,- RM	78304	3,- RM	49849	2,- RM
10236	8,- RM				

16.- 3.- 2.-

Dd. Oscha. Schmidt
Kaufm. Leitung
Akte Betriebsleitung

genehmigt:

Betriebsleitung

Firma J. Geyer und Sohn, Vorschlag zur Prämierung von Häftlingen des KL Mittelbau vom 14.2.1945 (Rückseite).

(National Archiv Washington, Signatur RG 549-471, Kopie im Archiv der Gedenkstätte Mittelbau-Dora)

nummern (kaum über 010000) darauf hindeutet, daß die Scheine nicht nur zur einmaligen Einlösung gedacht waren, so wie dies bei den Prämienscheinen der anderen Konzentrationslager üblich war, sondern zur mehrmaligen Verwendung. Nur so lassen sich auch die Pfennig-Werte erklären, die als „Wechselgeld" benötigt wurden. Prämien wurden jedenfalls nicht über ungerade Beträge oder einige Pfennige gezahlt. Dies bestätigen sowohl einschlägige Prämienlisten als auch die Erinnerungen von Zeitzeugen. Prinzipiell muß man zur Vergabe von Prämienscheinen unterscheiden, ob die Vergabe durch eine Firma erfolgte, für die Häftlinge arbeiteten, oder ob es sich um ein Arbeitskommando handelte, das von einem Kapo geführt wurde, der seine Stellung innerhalb der Häftlingsgesellschaft nicht selten auch gegenüber den ihm unterstellten Häftlingen ausnutzte.

Für die Vergabe von Prämien durch eine Firma an sog. „Fertigungshäftlinge" ist die abgebildete Prämienliste der Firma Geyer & Sohn aus Sangerhausen ein deutliches Beispiel. Es wurde in der Regel auf korrekte Vergabe der Prämien nach Leistung geachtet und selbst der handschriftliche Vermerk spricht für sich: *„Wo sind die Originale? Gezahlt wird grundsätzlich nur nach dem Original."* Bei der Liste handelt es sich um einen Schreibmaschinendurchschlag mit Tippkorrekturen. Durch die Vorlage des Originals sollten nachträgliche Manipulationen zur Prämienvergabe ausgeschlossen werden. Bei der Firma Geyer & Sohn wurde die elektrische Ausstattung für die Bodenteile der A4-Rakete (V2) hergestellt. Die hier arbeitenden Häftlinge waren im Außenlager Artern untergebracht, das seit dem 20. November 1944 bestand und mit etwa 250 Häftlingen belegt war.[26]

Der ehemalige Häftling Ladislav Janra, der als Hilfsarbeiter und Kabelleger arbeitete, erhielt nach eigenen Angaben monatlich zweimal 5 bis 10 RM in Form von Prämien.[27]

Häftlinge, die in kleinen oder auch größeren Arbeitskommandos arbeiten mußten, waren dagegen bei der Vergabe von Prämien ganz von den Kommandoführern, den sog. Kapos, abhängig. Dies unterstreicht auch ein Bericht des ehemaligen Häftlings Karl Oismann aus dem Außenlager Harzungen. In diesem Lager waren Ende 1944/Anfang 1945 einige Tausend Häftlinge untergebracht, die für die Bauvorhaben bei Niedersachswerfen und Woffleben sowie am Kohnstein in Arbeitskommandos eingesetzt waren. Karl Oismann erinnerte sich: *„Im Konzentrationslager Mittelbau-Dora war ich hauptsächlich in Harzungen und arbeitete im Tunnel als Bohrer. Ich weiß wohl, daß Kapos manchmal den Häftlingen das Lagergeld ausgeteilt haben, ich selbst aber habe das Geld niemals erhalten. Das Lagergeld wurde nicht nach der Arbeit ausgegeben, sondern die Kapos haben das nach ihrem Willen gemacht. Der Kapo unseres Arbeitskommandos, Martin, hat mich gehaßt und aus diesem Grund bekam ich keine Gelder. Auch erinnere ich mich nicht, wie das Lagergeld ausgesehen hat. Man sprach, daß Häftlinge für dieses Geld in der Kantine Kautabak und gekochte, rote Rüben kaufen konnten."*[28]

Aber selbst die Prämienvergabe durch Firmen führte zu Problemen. So soll sich etwa eine Firma aus Nordhausen geweigert haben, Prämienscheine von der SS zu kaufen, da sie die Wirksamkeit des Prämiensystems in Frage stellte. Eine andere Firma beschwerte sich bei der SS, daß die Vergabe der Prämienscheine an alle Häftlinge erfolge und nicht nur an die leistungsstarken.[29]

Für das „Lagergeld" erhielt man in der Lagerkantine u. a. Kautabak, Machorka, rote Rüben, Dünnbier und minderwertige Lebensmittel.[30]

Außerdem konnte man mit den Wertmarken Bordellbesuche bezahlen sowie den Eintritt für das Lagerkino und für Fußballspiele im Lager.

Ehemalige tschechische Häftlinge erinnerten sich in Protokollen aus dem Jahr 1984 zu weiteren Angeboten der Lagerkantine an Schneckensuppe mit Senf für 1 RM, an Wasser, Brause, Bürsten, Zahnpasta und Sandseife.[31]

Der ehemalige Häftling Yves Beón schrieb 1999 in seinem Buch „Planet Dora – Als Gefangener im Schatten der V2-Rakete": *„Um die Arbeit zu forcieren, hatte die Firmenleitung bei der SS erwirkt, daß ein ‚Kioskverkauf' eingerichtet wurde. Das Geld dafür erhielten die Häftlinge in* *einer eigenen Währung, Geldscheine auf die ‚Konzentrationslager Mittelwerk'. Damit konnten sie in Salz eingelegten Kohl und Sprotten erstehen; beides führte zu Entzündungen der angegriffenen Mägen und Gedärme, so daß man trotz quälenden Hungers besser darauf verzichtete. Die Häftlinge gaben ihre Scheine lieber für russische Machorkov-Zigaretten, in Papp-röhrchen gestopfte Blütenblätter oder fetten schwarzen Machorka-Tabak, der extrem stark war, aus.*"[32)]

In den erwähnten Erinnerungsprotokollen tschechischer Häftlinge, die für Herrn Paul Lauerwald und dessen Arbeit zur Thematik des Lagergelds von Mittelbau bestimmt waren, finden sich aber auch einige Hinweise, die von entscheidender Bedeutung sind, bisher aber unbeachtet blieben. So erinnerte sich der ehemalige Häftling Maximilian Kuch (Nr. 16001, im Lager von September 1943 bis 4. April 1945) an zwei Ausgaben von Lagergeld. Er meinte die Ausgabe für das Buchenwalder Außenlager „Dora" und die Ausgabe des „Arbeitslagers Mittelbau". Zur Vergabe der Wertmarken erinnerte er sich, daß die Firmen die Wertmarken von der Verwaltung kaufen mußten. Die Verteilung erfolgte dann aber durch die Kapos, die nicht kontrolliert wurden.

Der ehemalige Häftling Rotislav Ministr (Nr. 16402, im Lager vom 5. September 1943 bis zum 4. April 1945) gab zu Protokoll, daß die ihm bekannten Prämienscheine wahrscheinlich in Weimar gedruckt wurden. Als Wertstufen gab er 1 bis 5 RM an. Ganz offensichtlich meinte er die erste Ausgabe von Prämienscheinen mit der Bezeichnung „KL Bu / Dora", die er auch persönlich gesehen hatte. Er hatte einmal monatlich vom Kommando Fahrbereitschaft der Firma Leich 5 bis 10 RM als Prämie erhalten.

Der ehemalige Häftling Ladislav Fišer meinte, daß die Wertmarken zuerst Häftlingen deutscher Nationalität zugeteilt wurden (z. B. mit grünen, schwarzen und lila Winkeln), der Rest dann an Häftlinge aus anderen Nationen.

Auch der ehemalige Häftling Rudolf Koryčan (Nr. 16542, im Lager vom 6. September 1943 bis 4. April 1945) erinnerte sich an zwei verschiedene Ausgaben von Lagergeld. Zur ersten Ausgabe (Dora) gab er als Druckerei Weimar und Trate, Dortmund, an. Diese Angabe soll am unteren Rand der Wertscheine gedruckt gewesen sein. Bei der zweiten Auflage (Mittelbau) nahm er an, daß sie evtl. in Berlin gedruckt worden war. Der wichtigste Hinweis von diesem Zeitzeugen bezieht sich aber auf die Verwendung der Wertmarken als Lagergeld. Herr Koryčan bekam hin und wieder 30 bis 50 RM von seinen Eltern aus dem damaligen Protektorat Böhmen und Mähren nach Dora gesandt. Im Lager wurden ihm dafür 15 bis 25 Mark in Wertmarken ausgezahlt. Da nach einer „Wechselordnung" das Umtauschverhältnis bei 2 : 1 lag. Er selbst bekam aber nie Wertmarken als Prämie ausgezahlt.

Der „Umtausch" von gültigen Zahlungsmitteln gegen Wertmarken im KL Mittelbau wurde auch von dem ehemaligen Häftling Josef Zbořil (Nr. 3163, im Lager vom 6. September 1943 bis 4. April 1945) bestätigt. Er bekam von seinen Eltern aus dem Protektorat einige Male 15 bis 20 RM geschickt und erhielt dafür Wertmarken im Verhältnis 2 : 1. Auch Dr. Ivo Unzeitig war Häftling in Dora und Mittelbau (Nr. 16843, im Lager vom 26. August 1943 bis zum 5. April 1945). Seine Eltern schickten ihm ab und an kleinere Reichsmark-Beträge, die im Verhältnis 2 : 1 in Wertmarken umgetauscht wurden.[33)]

Eine ungerechte Vergabepraxis von Prämien durch korrupte Funktionshäftlinge kam nicht nur in Dora bzw. Mittelbau vor. Dies wurde in Erinnerungen von Zeitzeugen mehrfach erwähnt. So schrieb der ehemalige Häftling in Buchenwald und Dora/Mittelbau Paul Rassinier 1959 in seinem Buch „Die Lüge des Odysseus": *„Die Häftlingsführung ist noch immer, was sie war: die Politischen sind in ansehnlicher Zahl in sie hineingelangt, und anstatt von Kriminellen werden die Häftlinge nun von Kommunisten, oder solchen, die es sein wollen, mißhandelt. Jeder einzelne erhält regelmäßig einen Lohn: zwei bis fünf Mark pro Woche. Dieser Lohn wird von der Häftlingsführung einkassiert, die ihn allgemein samstags auf dem Platz der Arbeitsstatistik verteilt, was sie jedoch in der Form eines von ihr organisierten solchen Gewühles tut, daß seine Forderung gleichbedeutend mit einer Kan-*

didatur für das Krematorium wäre. Nur sehr wenige Mutige finden sich ein. Die Kapos, Blockältesten und der Lagerschutz teilen sich, was sie nicht zu verteilen brauchen. Es werden auch Zigaretten verteilt – zwölf Zigaretten für zehn Tage –, die achtzig Pfennig kosten. Geld zum Bezahlen hat man nicht, und die mit der Verteilung beauftragten Blockältesten fordern von denen, die welches haben, solche Tugenden an Hygiene und Haltung, daß es fast unmöglich ist, in den Besitz der Zuteilung zu kommen. Schließlich wird auch Bier verteilt: grundsätzlich an jeden. Aber auch hier muß man bezahlen können. Die Familien der Häftlinge haben die Erlaubnis, ihnen monatlich 30 Mark zu schicken, die sie aus denselben Gründen ebensowenig erhalten wie ihren Wochenlohn oder die Zigaretten."[34]

Die Wertmarken des „Arbeitslagers Mittelbau" waren in der Praxis also weit mehr als „nur" Prämienscheine. Sie waren in der Tat „Lagergeld", das auch als Geldersatz für gültige Reichswährung genutzt wurde und kursierte. Damit ist nun auch die ganz besondere Stückelung der „Mittelbau-Wertmarken" geklärt. Man kann außerdem davon ausgehen, daß ab dem Zeitpunkt der Einführung der neuen Wertmarken kein Bargeld mehr im Lager ausgegeben wurde und dessen Besitz strafbar war.

Die Mittelbau-Wertmarken sind nicht ganz so selten wie die meisten Ausgaben anderer Konzentrationslager, dennoch kommen auch Fälschungen auf Papier ohne Wasserzeichen vor.[35]

Der aufmerksame Leser wird längst bemerkt haben, daß die gesamte Thematik nicht dazu angetan ist, einfache Antworten auf einfache Fragen zu bieten, sondern daß genügend Raum für weitere Forschungen bleibt.

Anmerkungen:

1) Karl Feuerer (Schutzhäftling in Dachau und Buchenwald 1933 bis 1945), Unsterbliche Opfer – Ein Tatsachenbericht aus dem KZ mit 200 Bildern und zahlreichen Dokumenten, unveröffentlicht, im Archiv der Gedenkstätte Buchenwald, Anhang mit Fotos.

2) Jens-Christian Wagner, Strukturwandel: Der Beginn der Raketenmontage und der Umzug der Häftlinge in das Barackenlager, in: Wolfgang Benz/Barba Distel (Hrsg.), Der Ort des Terrors, Band 7: Niederhagen/Wewelsburg, Lublin-Majdanek, Arbeitsdorf, Herzogenbusch (Vught), Bergen-Belsen, Mittelbau-Dora, S. 234 – 236.

3) Vgl. Anmerkung 2), S. 237.

4) Harry Stein (Hrsg.), Konzentrationslager Buchenwald 1937 – 1945 – Begleitband zur ständigen historischen Ausstellung, S. 180.

5) Vgl. Anmerkung 2), S. 238.

6) Jens-Christian Wagner, Unternehmen Mittelbau: Die Verlagerungspläne des Junkers-Konzerns, in: Wolfgang Benz/ Barbara Distel (Hrsg.), Der Ort des Terrors, Band 7: Niederhagen/Wewelsburg, Lublin-Majdanek, Arbeitsdorf, Herzogenbusch (Vught), Bergen-Belsen, Mittelbau-Dora, S. 241.

7) Jens-Christian Wagner, Die Herausbildung des KZ-Komplexes Mittelbau-Dora, in: Wolfgang Benz/ Barbara Distel (Hrsg.), Der Ort des Terrors, Band 7: Niederhagen/Wewelsburg, Lublin-Majdanek, Arbeitsdorf, Herzogenbusch (Vught), Bergen-Belsen, Mittelbau-Dora, S. 243.

8) Harry Stein (Hrsg.), Konzentrationslager Buchenwald 1937 – 1945 – Begleitband zur ständigen historischen Ausstellung, S. 182.

9) Jens-Christian Wagner, Das KZ Mittelbau als selbständiges KZ-Hauptlager, in: Wolfgang Benz/Barbara Distel (Hrsg.), Der Ort des Terrors, Band 7: Niederhagen/Wewelsburg, Lublin-Majdanek, Arbeitsdorf, Herzogenbusch (Vught), Bergen-Belsen, Mittelbau-Dora, S. 250.

10) Vgl. Anmerkung 9), S. 253 – 254.

11) Vgl. Anmerkung 2), S. 236 – 238 und 269.

12) Jens-Christian Wagner, Auflösung: Die letzten Monate, in: Wolfgang Benz/Barbara Distel (Hrsg.), Der Ort des Terrors, Band 7: Niederhagen/Wewelsburg, Lublin-Majdanek, Arbeitsdorf, Herzogenbusch (Vught), Bergen-Belsen, Mittelbau-Dora, S. 254 – 256.

13) Wie Anmerkung 12).

14) Harry Stein (Hrsg.), Konzentrationslager Buchenwald 1937 – 1945 – Begleitband zur ständigen historischen Ausstellung, S. 181.

15) Niels Nielsen, Sedler brugt af Danskere under 2. Verdenskrieg, S. 166 – 167.

16) Sabine Stein (Leiterin des Archivs der Gedenkstätte Buchenwald), tel. Auskunft vom 30.6.2008.

17) Jens-Christian Wagner (Gedenkstätte Mittelbau-Dora), telefonische Auskunft vom 30. Juni 1944.

18) Wie Anmerkung 3).

19) Paul Lauerwald, Das Konzentrationslager Mittelbau-Dora bei Nordhausen und sein Lagergeld, in: Der Geldscheinsammler, Ausgabe 4/87, S. 168 – 173.

20) Harry Krause (ehem. Mitarbeiter in der Buchdruckerei Theodor Müller in Nordhausen, geb. 1927), Bericht vom 2.9.1979 im Besitz von Paul Lauerwald.

21) Werner Schult (ehem. Mitarbeiter in der Buchdruckerei Theodor Müller in Nordhausen, geb. 1928), Bericht vom 22.11.1978 im Besitz von Paul Lauerwald.

22) Werner Schult (ehem. Mitarbeiter in der Buchdruckerei Theodor Müller in Nordhausen, geb. 1928), Telefongespräch mit dem Autor vom 1. Juli 2008.

23) Wie Anmerkung 19).

24) Jens-Christian Wagner, Rottleberode („A5", „Heinrich"), in: Wolfgang Benz/Barbara Distel (Hrsg.), Der Ort des Terrors, Band 7: Niederhagen/Wewelsburg, Lublin-Majdanek, Arbeitsdorf, Herzogenbusch (Vught), Bergen-Belsen, Mittelbau-Dora, S. 330 – 331.

25) Wie Anmerkung 17), sowie:
Jens-Christian Wagner, Täter und Zuschauer, in: Wolfgang Benz/Barbara Distel (Hrsg.), Der Ort des Terrors, Band 7: Niederhagen/Wewelsburg, Lublin-Majdanek, Arbeitsdorf, Herzogenbusch (Vught), Bergen-Belsen, Mittelbau-Dora, S. 267.

26) Dr. Regine Heubaum (Dokumentationsstelle der KZ-Gedenkstätte Mittelbau-Dora), Schreiben an den Autor vom 2.7.2008.

27) Wie Anmerkung 19).

28) Karl Oismann (Häftling im Lager Harzungen vom 16.6.1944 – 4.4.1945, Häftlingsnummer 56076) in einem Brief aus Haapsalu an Paul Lauerwald vom 14.2.1984.

29) Jens-Christian Wagner, Produktion des Todes – Das KZ Mittelbau-Dora, S. 391f.

30) Götz Dieckmann, Peter Hochmuth, KZ Dora-Mittelbau, Produktionsstätte der V-Waffen – Kampffront gegen faschistischen Terror und Rüstungsproduktion, S. 49.

31) Protokolle zu Aussagen ehemaliger tschechischer Dora-Häftlinge vom 21.2.1984 und 16.4.1984 (Jiri Vavrein, Maximilian Kuch, Dr. Ivo Unzeitig) im Besitz von Paul Lauerwald (Kopie im Besitz des Autors).

32) Yves Beón, Planet Dora – Als Gefangener im Schatten der V2-Rakete, S. 110.

33) Protokolle zu Aussagen ehemaliger tschechischer Dora-Häftlinge vom 21.2.1984 und 16.4.1984 (Maximilian Kuch, Rotislav Ministr, Ladislav Fišer, Rudolf Koryčan, Josef Zbořil, Dr. Ivo Unzeitig) im Besitz von Paul Lauerwald (Kopie im Besitz des Autors).

34) Paul Rassinier, Die Lüge des Odysseus, S. 111 – 112.

35) Albert Pick/Carl Siemsen, Das Lagergeld der Konzentrationslager und D.P.-Lager 1933 – 1947, S. 45 – 47.

1.10.1 Arbeitslager Mittelbau (Wertmarken)

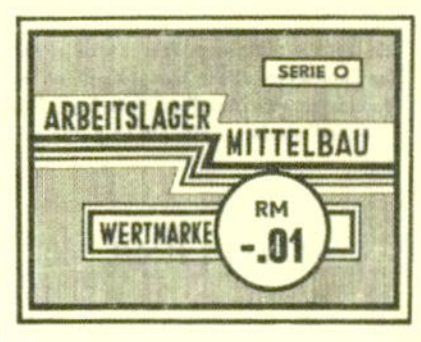

(Mi 1O, Sammlung Wolfgang Haney, Berlin)

Mi 1 **1 Reichspfennig (RM -.01)**
PS 135 Vs: Lager- und Wertbezeichnung im Rahmen dunkelgrau
Rs: Text und Kontrollnummer dunkelgrau

Entwurf:	Dominik Cerný/Josef Peč	Format:	ca. 60 mm x 48 mm
Umlauf bis:	April 1945	Wz:	Papier weiß, Doppelschlingen
Druck:	Buchdr. Theodor Müller	KN:	✻ KN 6stellig

Datum	**Auflage**		
o.D. (1944)	unbekannt	**Serien:** N, O, P	R

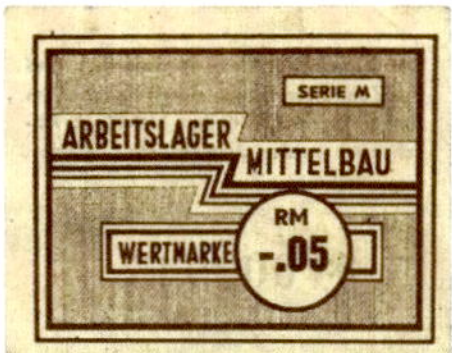

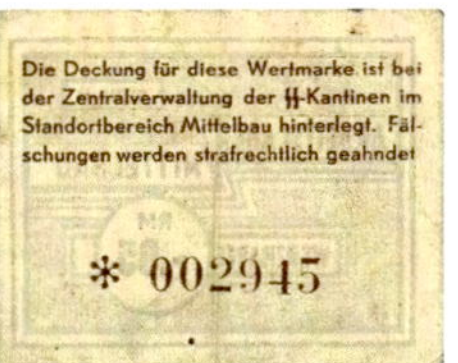

(Mi 2M, Bildarchiv des Verlags)

Mi 2 **5 Reichspfennig (RM -.05)**
PS 136 Vs: Lager- und Wertbezeichnung im Rahmen dunkelbraun
Rs: Text und Kontrollnummer dunkelbraun

Entwurf:	Dominik Cerný/Josef Peč	Format:	ca. 60 mm x 48 mm
Umlauf bis:	April 1945	Wz:	Papier weiß, Doppelschlingen
Druck:	Buchdr. Theodor Müller	KN:	✻ KN 6stellig

Datum	**Auflage**		
o.D. (1944)	unbekannt	**Serien:** I, J, L, M	RR

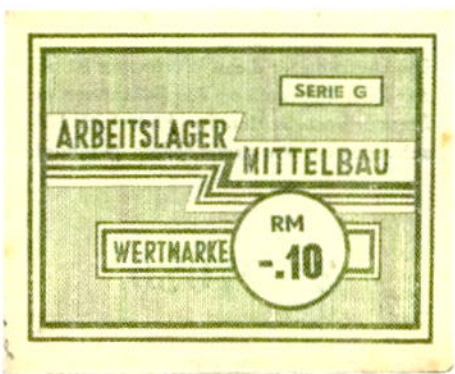

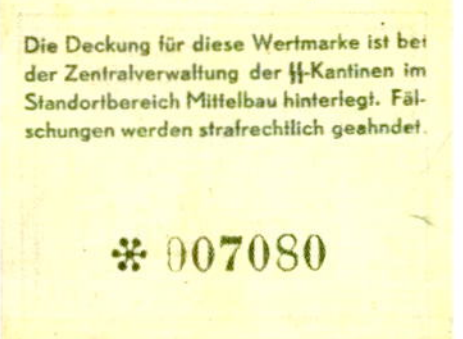

(Mi 3G, Sammlung Wolfgang Haney, Berlin)

Mi 3 **10 Reichspfennig (RM –.10)**
PS 137 Vs: Lager- und Wertbezeichnung im Rahmen dunkelolivgrün
Rs: Text und Kontrollnummer dunkelolivgrün

Entwurf:	Dominik Cerný/Josef Peč	Format:	ca. 60 mm x 48 mm
Umlauf bis:	April 1945	Wz:	Papier weiß, Doppelschlingen
Druck:	Buchdr. Theodor Müller	KN:	✻ KN 6stellig

Datum	**Auflage**		
o.D. (1944)	unbekannt	**Serien:** E, F, G, H	RR

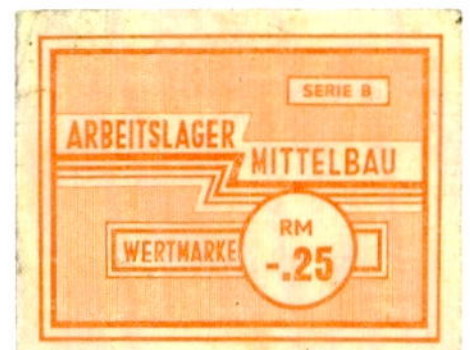

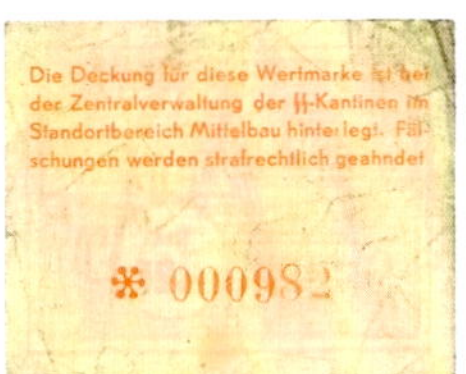

(Mi 4B, Sammlung Wolfgang Haney, Berlin)

Mi 4 **25 Reichspfennig (RM –.25)**
PS 138 Vs: Lager- und Wertbezeichnung im Rahmen ziegelrot
Rs: Text und Kontrollnummer ziegelrot

Entwurf:	Dominik Cerný/Josef Peč	Format:	ca. 60 mm x 48 mm
Umlauf bis:	April 1945	Wz:	Papier weiß, Doppelschlingen
Druck:	Buchdr. Theodor Müller	KN:	✻ KN 6stellig

Datum	**Auflage**		
o.D. (1944)	unbekannt	**Serien:** A, B, C, D, H	RR

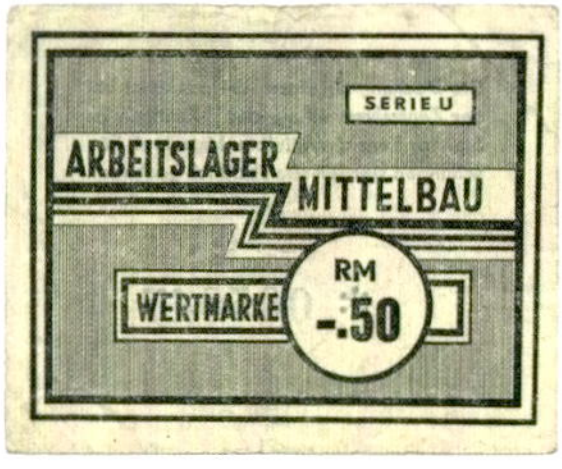

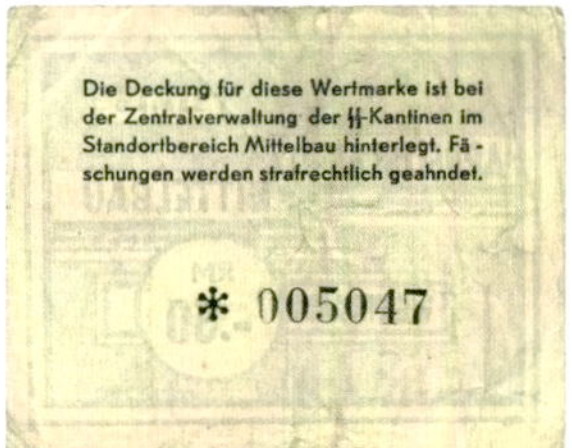

(Mi 5bU, Sammlung Wolfgang Haney, Berlin)

Mi 5 **50 Reichspfennig (RM –.50)**
PS 139 Vs: Lager- und Wertbezeichnung im Rahmen schwarz
Rs: Text und Kontrollnummer schwarz

Entwurf:	Dominik Cerný/Josef Peč	Format:	ca. 75 mm x 60 mm
Umlauf bis:	April 1945	Wz:	Papier weiß, Doppelschlingen
Druck:	Buchdr. Theodor Müller	KN:	✻ KN 6stellig

Datum	**Auflage**			
o.D. (1944)	unbekannt	**a)**	mit Wertzahl –.50, Rs „Fäl- schungen“, Serien: S, T	RR
		b)	mit Wertzahl –.50, Rs „Fä- schungen“, Serie: U	RR
		c)	mit Wertzahl – 50, Rs „Fäl- schungen“, Serien: R, S, T	RR
			Serien: R, S, T, U	

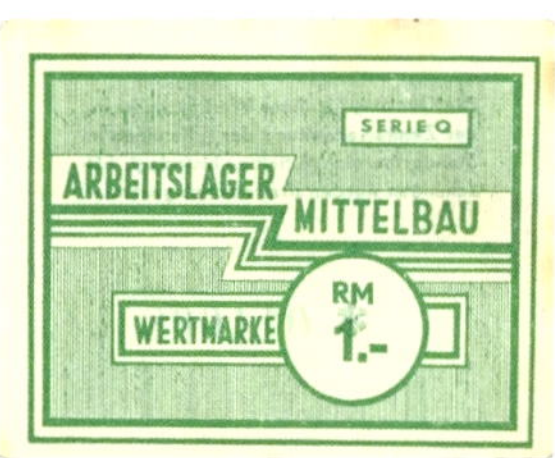

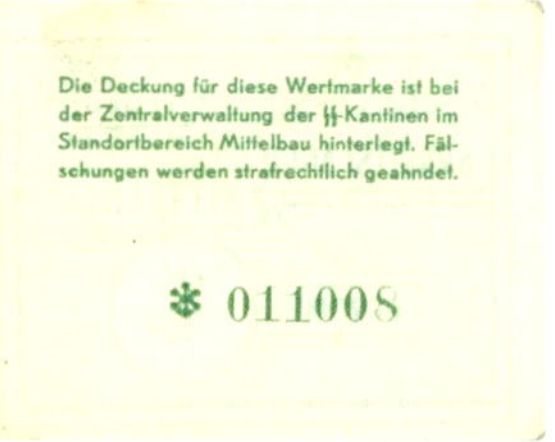

(Mi 6cQ, Sammlung Wolfgang Haney, Berlin)

Mi 6 **1 Reichsmark (RM 1.–)**
PS 140 Vs: Lager- und Wertbezeichnung im Rahmen grün
Rs: Text und Kontrollnummer grün

Entwurf:	Dominik Cerný/Josef Peč	Format:	ca. 75 mm x 60 mm
Umlauf bis:	April 1945	Wz:	Papier weiß, Doppelschlingen
Druck:	Buchdr. Theodor Müller	KN:	✻ KN oder № KN 6stellig

Datum	**Auflage**			
o.D. (1944)	unbekannt	**a)**	Rs mit Druckvermerk „L/0663“, ✻ KN	RR
		b)	Rs mit Druckvermerk „L/0663“, № KN	RR
		c)	Rs ohne Druckvermerk, ✻ KN	RR
		d)	Rs ohne Druckvermerk, № KN	RR
		e)	Rs hellblau, mit ✻ , ohne KN	RRR
			Serien: N, O, P, Q	

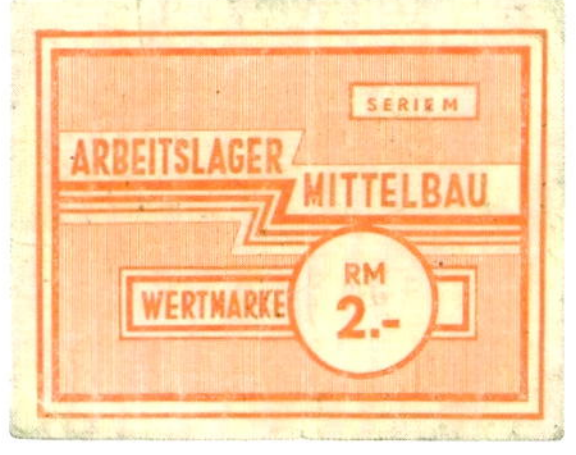

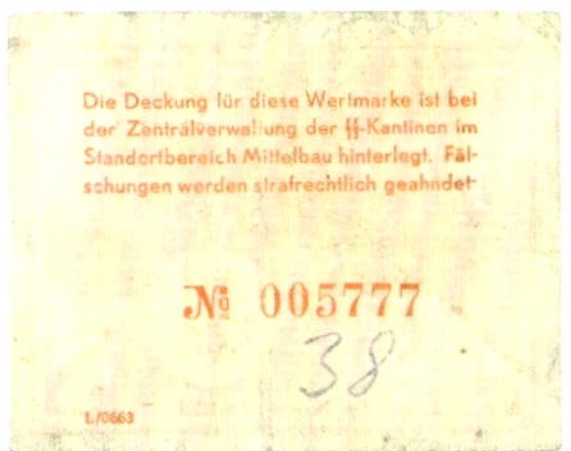

(Mi 7bM, Sammlung Wolfgang Haney, Berlin)

Mi 7 **2 Reichsmark (RM 2.–)**
PS 141 Vs: Lager- und Wertbezeichnung im Rahmen rot
Rs: Text und Kontrollnummer rot, links unten Druckvermerk „L/0663"

Entwurf:	Dominik Cerný/Josef Peč	Format:	ca. 75 mm x 60 mm
Umlauf bis:	April 1945	Wz:	Papier weiß, Doppelschlingen
Druck:	Buchdr. Theodor Müller	KN:	✻ KN oder № KN 6stellig

Datum	**Auflage**			
o.D. (1944)	unbekannt	**a)**	Punkt hinter der Wertzahl ▪, ✻ KN, Rs. Punkt am Textende normal unten, Serien: J, K, L, M	RR
		b)	wie a), doch № KN, Rs. Punkt am Textende mittig oben, Serien: J, K, L, M	RR
		c)	Punkt hinter der Wertzahl ◆, ✻ KN, Serie: K	RR
			Serien: J, K, L, M	

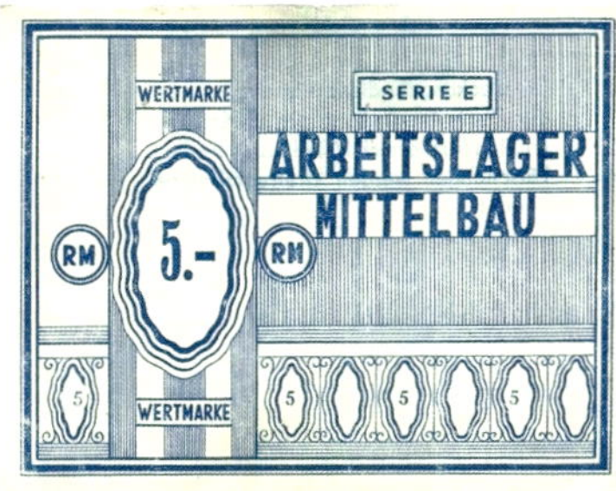

(Mi 8cE, Sammlung Wolfgang Haney, Berlin)

Mi 8 **5 Reichsmark (RM 5.–)**
PS 142 Vs: Lager- und Wertbezeichnung im Rahmen blau
Rs: Text und Kontrollnummer blau

Entwurf:	Dominik Cerný/Josef Peč	Format:	ca. 100 mm x 76 mm
Umlauf bis:	April 1945	Wz:	Papier weiß, verschiedene Wz
Druck:	Buchdr. Theodor Müller	KN:	✻ KN oder № KN 6stellig

Datum	**Auflage**			
o.D. (1944)	unbekannt	**a)**	Wz Achteckfliesen, Punkt nach Wertzahl ◆, ✻ KN, Serien: E, G	RRR

b)	Wz Achteckfliesen, Punkt nach Wertzahl •, ✻ KN, Serien: E, G, H	RRR
c)	Wz Achteckfliesen, Punkt nach Wertzahl •, № KN, Serien: E, G, H	RRR
d)	Wz Doppelschlingen, Punkt nach Wertzahl ⬩, ✻ KN, Serie: F	RRR
	Serien: E, F, G, H	

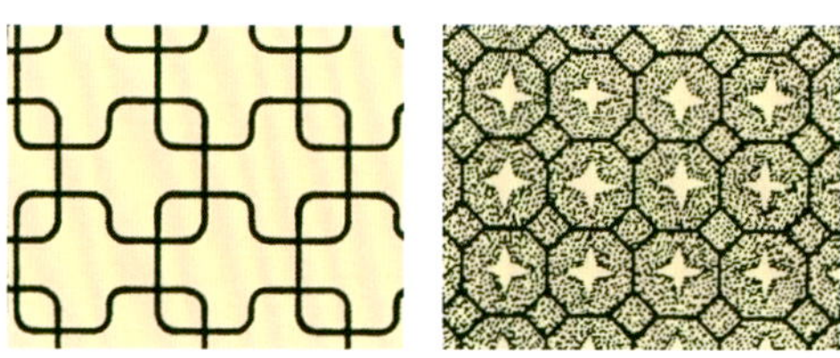

links: Wasserzeichen Doppelschlingen, rechts: Wasserzeichen Achteckfliesen

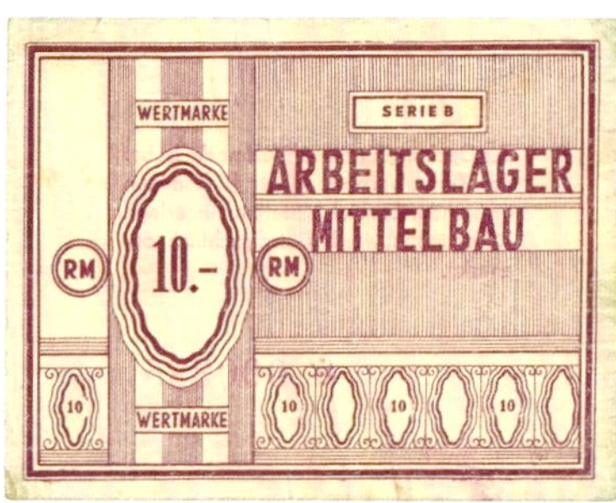

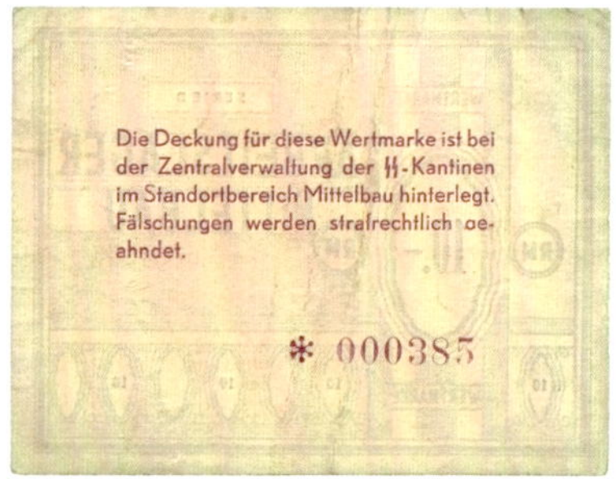

(Mi 9B, Sammlung Wolfgang Haney, Berlin)

Mi 9 **10 Reichsmark (RM 10.–)**
PS 143 Vs: Lager- und Wertbezeichnung im Rahmen violett
Rs: Text und Kontrollnummer violett

Entwurf:	Dominik Cerný/Josef Peč	Format:	ca. 100 mm x 76 mm
Umlauf bis:	April 1945	Wz:	Papier weiß, Doppelschlingen
Druck:	Buchdr. Theodor Müller	KN:	✻ KN 6stellig

Datum	**Auflage**		
o.D. (1944)	unbekannt	**Serien:** B, C, D	RRR

1.11 Natzweiler (Struthof) Elsaß (Oberrhein)

Konzentrationslager

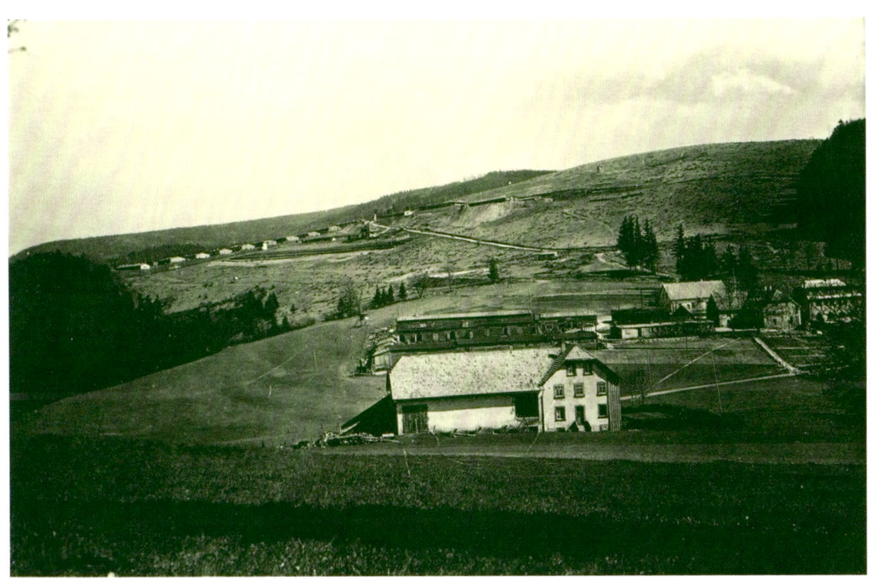

KL Natzweiler, Blick über Hotel und Bauernhof Struthof auf das Barackenlager Natzweiler (hinten links). (Foto aus dem Bericht „Unsterbliche Opfer“ von Karl Feuerer, Archiv der Gedenkstätte Buchenwald)

Zur Geschichte des Lagers

Mit dem Waffenstillstandsvertrag vom 25. Juni 1940 zwischen Frankreich und Deutschland fiel das deutschstämmig besiedelte und seit Jahrhunderten umstrittene Elsaß-Lothringen wieder an das Deutsche Reich, nachdem es erst 1919 nach dem „Frieden von Versailles“ zu Frankreich gekommen war, das durch seine Assimilationsbemühungen (Sprachenkampf) Autonomiebestrebungen ausgelöst hatte. Im Gegenzug setzte nun eine Germanisierungspolitik ein. Die beiden elsässischen Bezirke (Ober- und Unterelsaß) standen von 1940 bis 1944 unter deutscher Zivilverwaltung und bildeten zusammen mit Baden den Gau „Oberrhein“. Der deutschsprachige Teil Lothringens (Mosel-Gebiet) stand ebenfalls unter deutscher Zivilverwaltung und bildete zusammen mit der Saarpfalz (Saarland und Rheinpfalz) den Gau Westmark.[1)]

Bereits im Juli 1940 wurde in Schirmeck-Vorbruck im Breuschtal ein „Erziehungs- und Sicherungslager“ für Elsaß-Lothringer eingerichtet, das dem Befehlshaber des SD in Straßburg unterstand. Unweit von Schirmeck befand sich seit 1829 die Herberge Struthof in den Vogesen. Am 10. September 1940 begutachtete der Geologe und SS-Standartenführer Karl Blumberg, der in den 1920er Jahren in der Stein- und Baustoffindustrie gearbeitet hatte, einen nahegelegenen Steinbruch und entdeckte dabei ein Vorkommen von rosa Granit, das die Aufmerksamkeit der SS-eigenen Deutschen Erd- und Steinwerke (DESt) erregte. Generalbauinspektor Albert Speer wollte den seltenen Granit schließlich für Bauvorhaben in Berlin und Nürnberg (Deutsches Stadion) verwenden. Anfänglich war jedoch noch nicht an die Gründung eines neuen

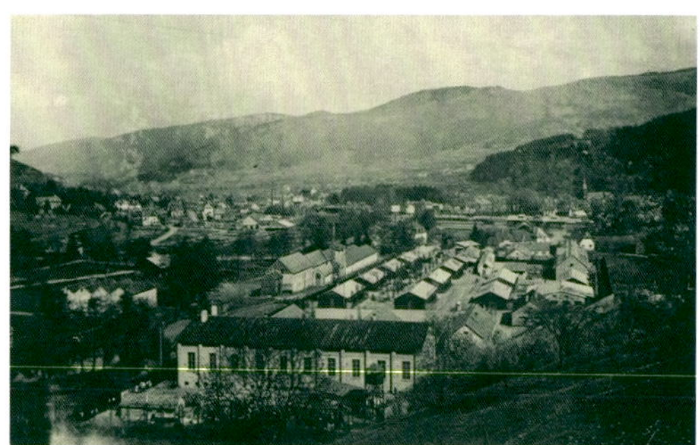

Blick auf das Lager Schirmeck-Vorbruck in den Vogesen.
(Foto aus dem Bericht „Unsterbliche Opfer" von Karl Feuerer, Archiv der Gedenkstätte Buchenwald)

„Steinbruch-Lagers" gedacht. Nur acht Tage später wurde Blumberg die Leitung eines neu zu gründenden Werks der DESt im Elsaß übertragen, welches seinen Sitz in Rothau hatte, das über eine Bahnverbindung nach Straßburg verfügte. Am 23. November 1940 wurden über das Arbeitsamt Straßburg 60 Zivilarbeiter abgestellt, die die rote Granitader erschließen sollten. Die Verhandlungen mit der Gemeinde Natzweiler zum Kauf des Geländes zogen sich jedoch bis zum Frühjahr 1941 hin. Am 3. März 1941 erhielt Oswald Pohl von zwei Ämtern seines WVHA der SS die Kopie eines Berichts zum Verhandlungsstand mit der Entscheidung, ein eigenes Lager zu gründen. Nach einer Ortsbesichtigung hatte man sich als Standort eines Arbeitslagers für bis zu 2500 Häftlinge auf eine Geländemulde am Struthof zwischen dem Hotel und einem Bauernhof geeinigt. Die DESt pachtete das Gelände und die Abbaurechte für den Steinbruch von der Gemeinde Natzweiler.[2)]

Wie bei Flossenbürg, Groß-Rosen und Mauthausen, so war auch bei Natzweiler die beabsichtigte Ausbeutung von Granitvorkommen für die geplanten nationalsozialistischen Monumentalbauten, Führerstädte, Autobahnen und Ostsiedlungen durch die SS-eigenen DESt Anlaß für die Lagergründung bzw. die Ortswahl.

Am 21. und 23. Mai 1941 trafen die ersten beiden Transporte mit je 150 Häftlingen aus dem KL Sachsenhausen in einem provisorisch mit Stacheldraht gesicherten Anbau (Tanzsaal) des Hotels Struthof ein, das von der SS-Verwaltung bezogen worden war. Weitere Transporte kamen aus Dachau, Sachsenhausen und Buchenwald. Bis Ende 1941 waren durchschnittlich 400 männliche Häftlinge am Struthof mit Rodungsarbeiten, Straßenbau und dem Aufbau eines terrassenartigen Barackenlagers beschäftigt. Die große Mehrheit davon waren Deutsche, die als Schwerverbrecher und Asoziale eingestuft waren. Ende November 1941 kam es zu einem tragischen Vorfall, der 15 Häftlinge das Leben kostete, die Hälfte aller registrierten Todesfälle der ersten sieben Monate des Lagers. Wegen Zigarettendiebstahls wurde durch den damaligen Schutzhaftlagerführer Josef Kramer eine Kollektivstrafe angeordnet. Alle Häftlinge mußten bei minus 14 Grad in Unterhose bekleidet von morgens bis mittags auf dem Appellplatz stehen. Die Tortur endete erst, als ein SS-Arzt in Berlin angerufen hatte, um sich über Kramer zu beschweren.[3)]

Das Lager blieb bis zum Sommer 1942 eine große Baustelle, auch wenn schon ab 31. März 1942 erste Kommandos im Steinbruch eingesetzt wurden.[4)]

Im Laufe des Jahres 1942 kamen fast 1500 neue Häftlinge mit Transporten aus Buchenwald und Dachau an. Da Natzweiler ab September 1942 außerdem Einweisungslager war, wurden auch immer mehr Häftlinge durch Einzelüberstellungen aus Gefängnissen eingewiesen. Mit den Neuzugängen kamen viele Russen, Polen und Tschechen, und die politischen Gefangenen stellten nun den Hauptanteil in der Häftlingsgesellschaft.[5)]

Auch wenn der Steinbruch noch bis zur Räumung des Stammlagers im September 1944 in Betrieb blieb, so spielte dessen Ausbeutung durch die kriegsbedingte Rückstellung großer Bauvorhaben und mit der wachsenden Bedeutung der Arbeitskraft von Häftlingen in der Kriegswirtschaft keine wesentliche Rolle mehr. Ab Anfang 1943 konzentrierte sich die DESt hauptsächlich auf die Rüstungs- und Luftfahrtindustrie. In eigens errichteten Baracken wurde mit mehr als 1000 Häftlingen eine Reparaturwerkstatt für Flugzeugmotoren der Junkers-Werke betrieben. Zur Vorbereitung von unterirdischen Produktionsstätten ließ die SS außerdem drei Tunnel in den Steinbruch bauen, die aber nie genutzt wurden.[6]

Bereits im Dezember 1942 war das erste Außenlager gegründet worden. Zum Schluß sollten es 52 Außenlager sein, die im Zusammenhang mit dem Häftlingseinsatz in der Kriegswirtschaft des „Totalen Kriegs" im Elsaß, in Lothringen, aber auch in Baden, Württemberg oder Hessen entstanden.

1943 wurden mehr als 4800 Häftlinge aus ganz Europa im Stammlager neu registriert, womit die Belegung auf das Dreifache gegenüber 1942 anstieg. Ab Mitte des Jahres wurden sog. „NN-Häftlinge" eingeliefert, und ein Erlaß des Reichssicherheitshauptamts (RSHA) vom 20. September 1943 bestimmte Natzweiler sogar zur Aufnahme aller „Nacht- und Nebel-Häftlinge". Diese Bezeichnung geht auf die geheimen „Richtlinien für die Verfolgung von Straftaten gegen das Reich oder die Besatzungsmacht in den besetzten Gebieten" des Chefs des Oberkommandos der Wehrmacht (OKW), Generalfeldmarschall Keitel, vom 7. Dezember 1941 zurück, die auf einen Befehl Hitlers beruhten. Des Widerstands verdächtige Personen sollten „bei Nacht und Nebel" nach Deutschland deportiert werden, um sie dort vor Sondergerichte zu stellen oder in Konzentrationslager einzuweisen. Bis August 1944 waren rund 2500 NN-Häftlinge eingeliefert worden, zwei Drittel von ihnen aus Frankreich, der Rest aus den Niederlanden, Belgien und Norwegen. Am 30. Juli 1944 wurde die Kategorie der NN-Häftlinge abgeschafft.[7]

Berüchtigt wurde Natzweiler aber auch wegen medizinischer Versuche an Häftlingen, die von drei Professoren der 1941 eingeweihten Reichsuniversität Straßburg vorgenommen wurden.

Der bekannte Anatom August Hirt testete Ende 1942 die Wirkung von Senfgas. Im Rahmen des von Himmler ins Leben gerufenen Programms „Ahnenerbe" plante Hirt den Aufbau einer anatomischen Sammlung an der Reichsuniversität in Straßburg. In einer eigens eingerichteten Gaskammer wurden im August 1943 insgesamt 86 männliche und weibliche Häftlinge erstickt, deren Skelette als Beispiele von Vertretern einer „Judeo-Bolschewistischen Rasse" für die Straßburger Sammlung bestimmt waren, die jedoch nie vollendet wurde.

Der Virologe Otto Bickenbach benutzte die Gaskammer für seine Forschungen zur Verbesserung seines Wirkstoffs gegen das Giftgas Phosgen. Er schickte 15 Häftlinge ins „Gas", von denen die meisten starben.

Der weltberühmte Bakteriologe Eugen Haagen forschte mit zwei Versuchsreihen 1943 und 1944 zu Typhus. Ausgehend von den mangelhaften Bedingungen konnte sich daraufhin der Fleckfiebervirus im April/Mai 1944 sogar im ganzen Lager verbreiten. Der von Haagen entwickelte Impfstoff ist bis heute in Gebrauch.[8]

Ende 1943 waren 587 Häftlinge in sieben Außenlagern untergebracht. Im Stammlager befanden sich zu diesem Zeitpunkt 1841 Männer.[9]

Der verstärkte Einsatz von Häftlingen in der Rüstungsindustrie und die Räumung von Gefängnissen beim Rückzug vor den alliierten Streitkräften in Frankreich ließ sowohl die Anzahl der Außenlager als auch die Häftlingszahlen 1944 drastisch ansteigen. Von Januar bis Ende August 1944 wurden fast 23 200 Häftlinge registriert, die meisten von ihnen kamen direkt in Außenlager.

Kurz vor der Evakuierung des Stammlagers befanden sich im September 1944 über 18 000 Häftlinge in Außenlagern von Natzweiler, darunter etwa 2400 Jüdinnen.[10]

Bereits Ende August 1944 fürchtete die SS, daß das Lager aus den Bergen von Widerstandsgruppen angegriffen werden könnte. Man ließ deshalb einen Graben rund um die Einzäunung ausheben und Maschinengewehrstellungen anlegen. Unterdessen informierten sich die Häftlinge über ein ins Lager geschmuggeltes Radio über den Vormarsch der Alliierten. Am 1. September 1944 kam der Befehl zur Evakuierung des Stammlagers aus Oranienburg. In den folgenden Tagen fuhren mehrere Bahntransporte mit rund 5500 Häftlingen nach Dachau. Alle Häftlinge aus dem Stammlager wurden in Dachau registriert, etwa ein Fünftel von ihnen wurde aber direkt in die fortbestehenden rechtsrheinischen Außenlager von Natzweiler überstellt. In Natzweiler waren nur 500 Häftlinge zurückgeblieben, die

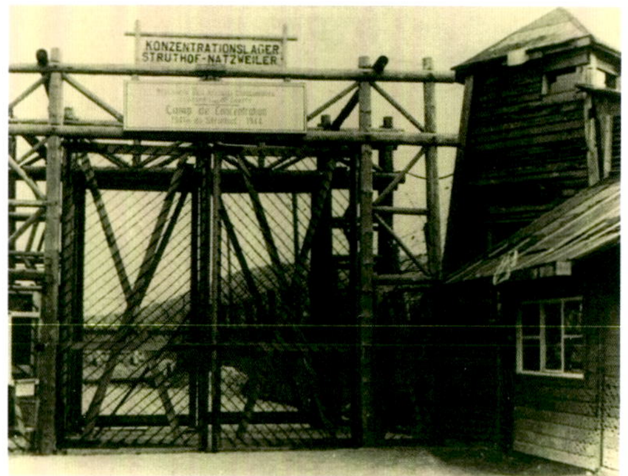

KL Natzweiler, das Lagertor nach 1945.
(Sammlung Wolfgang Haney, Berlin)

das Lager bis zum 19. September in Richtung Dachau verließen. Zu diesem Zeitpunkt befanden sich rund 3000 Kämpfer der Milice française unter Joseph Darnand im Lager, dessen Anhänger bereits in einer französischen Legion am „Kampf gegen den Bolschewismus" in der Sowjetunion teilgenommen hatten, in einer „Schutztruppe" Ministerpräsident Laval dienten und nun gegen die Résistance kämpften. Die französische Miliz blieb nur zwei Wochen im Lager. Währenddessen wurde die gesamte Verwaltung verlegt. Im November 1944 verließ auch Lagerkommandant Hartjenstein mit seinen Mitarbeitern Natzweiler und richtete eine neue Kommandantur in Guttenbach bei Neckargerach ein. Von hier aus bestand das KL Natzweiler ohne Stammlager bis April 1945 nur noch als Verwaltungseinheit fort. Die Anzahl der Außenlager und Häftlinge stieg sogar noch durch Aufnahme von jüdischen Häftlingen aus anderen evakuierten Konzentrationslagern.[11)]

Am 23. November 1944 erreichten US-Truppen das verlassene Lager im Elsaß, durch das insgesamt 52 000 Häftlinge gingen, von denen 19 000 bis 20 000 ums Leben kamen.[12)]

Von Dezember 1944 bis 1949 nutzten die Franzosen das Lager Natzweiler zur Inhaftierung von Personen, die der Kollaboration mit der deutschen Besatzungsmacht beschuldigt wurden.

Das am 31. Januar 1950 unter Denkmalschutz gestellte Lager wurde auf Veranlassung der französischen Verwaltung bis auf vier Baracken abgebrannt. Heute ist hier das „Europäische Zentrum des deportierten Widerstandskämpfers" ansässig.[13)]

Prämienscheine des KL Natzweiler

Zur Verwendung von Geld und Geldersatz im KL Natzweiler ist kaum etwas bekannt, es kann aber vom üblichen Verfahrensweg ausgegangen werden. Da in zahlreichen Nebenlagern von Natzweiler Häftlinge in kriegswichtigen Betrieben zum Einsatz kamen, war die Verwendung von Prämienscheinen wahrscheinlich, lange aber nicht nachgewiesen. Ray und Steve Feller konnten erst 2007 mit ihrem Buch „Silent Witnesses" die Existenz eines Prämienscheins über 0,50 RM des späten Einheitstyps für die Konzentrationslager belegen, der laut Druckvermerk vom November 1944 stammt.[14)]

In anderer Katalogliteratur ist das KL Natzweiler überhaupt nicht vertreten.

Wieder war es der im Archiv der Gedenkstätte Buchenwald aufbewahrte Bericht „Unsterbliche Opfer" des ehemaligen Häftlings Karl Feuerer, der einen wichtigen Beitrag leisten konnte. Im Anhang zu diesem Bericht bewahrte der Autor Fotos und Prämienscheine auf, darunter auch einen 1-RM-Schein des KL Natzweiler, der laut Druckvermerk vom August 1944 stammt und ebenfalls dem Einheitstyp entspricht.

Beide bekannten Prämienscheine, die zu zwei verschiedenen Ausgaben gehören, stammen aus einer Zeit, da deren Nutzung nach der Räumung des Stammlagers nur noch in den rechtsrheinischen Außenlagern möglich war, in denen noch bis April 1945 Häftlinge Zwangsarbeit leisten mußten. Der Schein zu 0,50 RM trägt einen Dienststempel des KL Natzweiler, der 1-RM-Schein einen Stempel der Deutschen Oelschiefer Forschungs-G.M.B.H. Schömberg.

Das Schömberger Außenlager entstand im Dezember 1943 nahe einer Versuchsanlage der DÖLF zur Ölgewinnung aus Schiefer. Einige Hundert Häftlinge arbeiteten in verschiedenen Kommandos, wie etwa „Straßenbau" und „Hubofen". Aufgelöst wurde es am 17. April 1945.[15)]

Frühere Prämienscheine des Lagers Natzweiler sind nicht bekannt, aber ausgehend von den

bereits 1943 – also zur Zeit des Inkrafttretens der Prämienvorschrift des WVHA der SS – eingesetzten „Fertigungshäftlinge" wahrscheinlich. Vielleicht werden sich hierfür eines Tages Belege finden.
Der Zeitpunkt der Inbetriebnahme einer Lagerkantine oder eines Lagerbordells ist dem Autor nicht bekannt.

Zu den Gutscheinen der Röchling'schen Eisen- und Stahlwerke G.m.b.H. Diedenhofen/Westmark, Werk Ebingen, siehe im Anhang unter Fälschungen und Fantasiescheine.

Anmerkungen:

1) Robert Steegmann, Natzweiler – Stammlager, in: Wolfgang Benz/Barbara Distel (Hrsg.), Der Ort des Terrors, Band 6: Natzweiler, Groß-Rosen, Stutthof, S. 23, sowie:
Hans-Ludwig Grabowski, Elsaß-Lothringen 1918, in: Deutsches Notgeld, Band 10: Das Papiergeld der deutschen Länder 1871 – 1948, S. 213.

2) Robert Steegmann, Die Standortwahl, in: Wolfgang Benz/Barbara Distel (Hrsg.), Der Ort des Terrors, Band 6: Natzweiler, Groß-Rosen, Stutthof, S. 24 – 25.

3) Robert Steegmann, Die Anfänge des Konzentrationslagers, in: Wolfgang Benz/Barbara Distel (Hrsg.), Der Ort des Terrors, Band 6: Natzweiler, Groß-Rosen, Stutthof, S. 25 – 26.

4) Robert Steegmann, Die Standortwahl, in: Wolfgang Benz/Barbara Distel (Hrsg.), Der Ort des Terrors, Band 6: Natzweiler, Groß-Rosen, Stutthof, S. 26, sowie:
Robert Steegmann, Die Anfänge des Konzentrationslagers, in: Wolfgang Benz/Barbara Distel (Hrsg.), Der Ort des Terrors, Band 6: Natzweiler, Groß-Rosen, Stutthof, S. 26.

5) Robert Steegmann, Das Jahr 1942, in: Wolfgang Benz/Barbara Distel (Hrsg.), Der Ort des Terrors, Band 6: Natzweiler, Groß-Rosen, Stutthof, S. 26 – 28.

6) Robert Steegmann, Die Standortwahl, in: Wolfgang Benz/Barbara Distel (Hrsg.), Der Ort des Terrors, Band 6: Natzweiler, Groß-Rosen, Stutthof, S. 25.

7) Robert Steegmann, Das Jahr 1943, in: Wolfgang Benz/Barbara Distel (Hrsg.), Der Ort des Terrors, Band 6: Natzweiler, Groß-Rosen, Stutthof, S. 29 - 30.

8) Robert Steegmann, Ärztliche Versorgung und medizinische Versuche, in: Wolfgang Benz/Barbara Distel (Hrsg.), Der Ort des Terrors, Band 6: Natzweiler, Groß-Rosen, Stutthof, S. 37 – 38.

9) Robert Steegmann, Das Jahr 1943, in: Wolfgang Benz/Barbara Distel (Hrsg.), Der Ort des Terrors, Band 6: Natzweiler, Groß-Rosen, Stutthof, S. 31.

10) Robert Steegmann, 1944 – Die letzten Monate des Stammlagers, in: Wolfgang Benz/Barbara Distel (Hrsg.), Der Ort des Terrors, Band 6: Natzweiler, Groß-Rosen, Stutthof, S. 39 – 40.

11) Robert Steegmann, Die Evakuierung des Stammlagers (September – November 1944, in: Wolfgang Benz/Barbara Distel (Hrsg.), Der Ort des Terrors, Band 6: Natzweiler, Groß-Rosen, Stutthof, S. 40 – 42.

12) Robert Steegmann, Das Ende des KZ Natzweiler?, in: Wolfgang Benz/Barbara Distel (Hrsg.), Der Ort des Terrors, Band 6: Natzweiler, Groß-Rosen, Stutthof, S. 43.

13) Robert Steegmann, Natzweiler nach 1945, in: Wolfgang Benz/Barbara Distel (Hrsg.), Der Ort des Terrors, Band 6: Natzweiler, Groß-Rosen, Stutthof, S. 43 – 44.

14) Ray Feller/Steve Feller, Natzweiler (France), in: Silent Witnesses: Civilian Camp Money of World War II, S. 41.

15) Immo Opfermann, Schömberg, in: Wolfgang Benz/Barbara Distel (Hrsg.), Der Ort des Terrors, Band 6: Natzweiler, Groß-Rosen, Stutthof, S. 163 – 167.

Prämienscheine des KL Natzweiler

1.11.1 Konzentrationslager Natzweiler (Einheitstyp)

Ähnlich wie bei den Einheitsausgaben für das KL Auschwitz belegen die bisher bekannt gewordenen Prämienscheine zwei verschiedene Ausgaben (vom August und November 1944) mit kleinem oder großem Kreis für den Dienststempel.

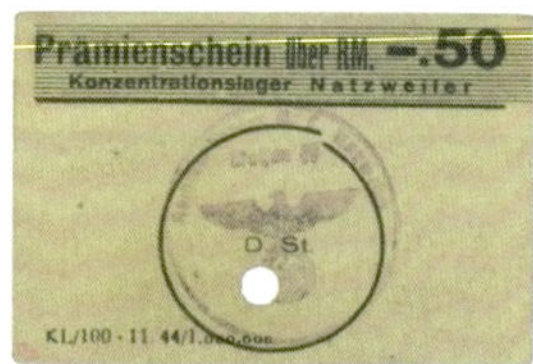

(Na 1bE Vs mit Lochentwertung, Sammlung Charlton E. Meyer Jr.)

Na 1 **50 Reichspfennig (RM. -.50)**
PS –
Vs: „Prämienschein" auf Linien-Raster mit Lagerbezeichnung,
Dienst-Stpl der Kommandantur K.L. Natzweiler oder eines Außenkommandos
Rs: unbedruckt

Entwurf:	unbekannt	Format:	ca. 70 mm x 47 mm
Umlauf bis:	April 1945	Wz:	Karton gelblich, ohne Wz
Druck:	unbekannt	KN:	ohne

Datum	Auflage			
o.D. (8/1944)	unbekannt	**a)**	erste Ausgabe mit kleinem Kreis: 24 mm Durchm., Existenz wahrscheinlich, bisher nicht belegt	RRRR
o.D. (11/1944)	1.000.000	**b)**	zweite Ausgabe mit großem Kreis: 36 mm Durchm., Druckvermerk: KL/100 - 11. 44/1.000.000	RRRR

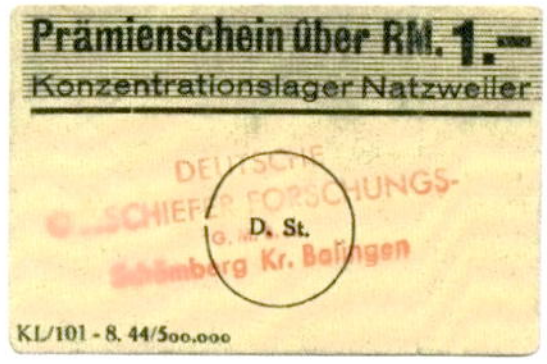

(Na 2a Vs, Sammlung Charlton E. Meyer Jr.)

Na 2 **1 Reichsmark (RM. 1.-)**
PS –
Vs: „Prämienschein" auf Linien-Raster mit Lagerbezeichnung,
Dienst-Stpl der Kommandantur K.L. Natzweiler oder eines Außenkommandos
Rs: unbedruckt

Entwurf:	unbekannt	Format:	ca. 72 mm x 46 mm
Umlauf bis:	April 1945	Wz:	Karton gelblich, ohne Wz
Druck:	unbekannt	KN:	ohne

Datum	Auflage			
o.D. (8/1944)	500.000	**a)**	erste Ausgabe mit kleinem Kreis: 24 mm Durchm., Druckvermerk: KL/101 - 8. 44/500.000	RRRR
o.D. (11/1944)	unbekannt	**b)**	zweite Ausgabe mit großem Kreis: 36 mm Durchm., Existenz wahrscheinlich, bisher nicht belegt	RRRR

1.12 Neuengamme

HAMBURG

Konzentrationslager

Zur Geschichte des Lagers

Während die frühen Konzentrationslager nach der „Machtergreifung" als „Schutzhaftlager" für politische Gegner entstanden waren und bis auf Dachau bald wieder schlossen, wurden ausgehend von den wirtschaftlichen Interessen der SS ab 1936 neue „Arbeitslager" im Zusammenhang mit den nationalsozialistischen Großbauvorhaben geplant. Für Hitlers Zustimmung zu den umstrittenen Lagerneugründungen sorgte der Generalbauinspektor für die Reichshauptstadt, Albert Speer.

Auch die Entstehung des KL Neuengamme ist eng mit den SS-eigenen Deutschen Erd- und Steinwerken (DESt) verbunden, die mehrere „Steinbruch-Lager" gründeten und Häftlinge zur Baustofferzeugung einsetzten.

Im Herbst 1938 kauften die DESt bei Neuengamme in den Hamburger Vierlanden eine stillgelegte Ziegelei und Grundstücke für den Tonabbau. Dem KL Sachsenhausen unterstellt, trafen von dort am 12. Dezember 1938 die ersten 100 Häftlinge ein. Sie wurden vorerst zu Aufräum- und Reparaturarbeiten eingesetzt und waren provisorisch auf einem Dachboden über den Trockenkammern untergebracht. Der Probebetrieb lief jedoch aufgrund von technischen Problemen nicht reibungslos.

Nach einem Besuch Himmlers in Neuengamme begannen im Januar 1940 Verhandlungen mit der Stadt Hamburg zum Ausbau des Sachsenhäuser Außenlagers als selbständiges großes Konzentrationslager. Da die Hansestadt riesige „Führerbauten" für das Elbufer plante, u. a. ein Gauhochhaus, ein Volkshaus für 50 000 Volksgenossen, ein KdF-Hotel und eine Hochbrücke über die Elbe, zeigte sie „größtes Interesse an der Erweiterung des mit Häftlingen betriebenen Klinkerwerks", da durch den Häftlingseinsatz die Baukosten deutlich gesenkt werden konnten.

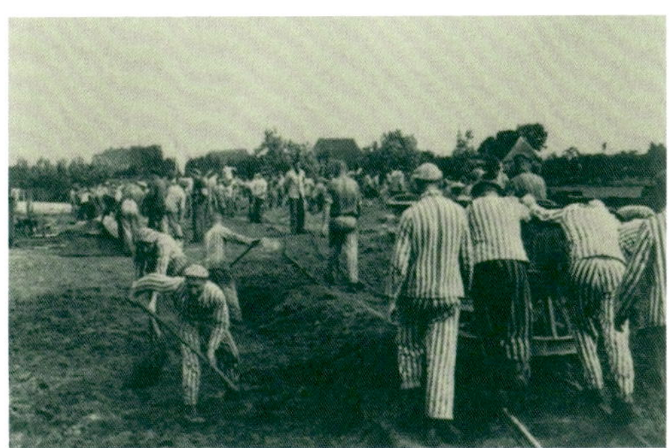

KL Neuengamme, Häftlinge bei den Bauarbeiten an der „Dove Elbe".

(Foto: NIOD, Nederlands Instituut voor Oorlogsdocumentatie, Amsterdam)

Zum Bau des neuen Werks gewährte die Stadt Hamburg den DESt ein Darlehen über eine Million Reichsmark. Außerdem verpflichtete sie sich, den Anschluß an den Bahn- und Schiffsverkehr zu übernehmen, wenn die DESt dafür kostenlos Häftlinge und Wachmannschaften für den Bau von Gleisanlagen und eines Kanals mit Hafenbecken stellen würde.

Mit weiteren Häftlingstransporten im März und Mai 1940 (insgesamt fast 500 Häftlinge) wurde die Belegung deutlich verstärkt, um mit dem Bau des neuen Lagers beginnen zu können. Im Frühjahr 1940 wurde Neuengamme außerdem direkt der Inspektion der Konzentrationslager (IKL) unterstellt und damit selbständig. Mit dem Eintreffen eines weiteren Transports von über 500 Häftlingen aus Sachsenhausen erfolgte am 4. Juni 1940 der Umzug in das noch unfertige „Schutzhaftlager".[1)]

Ende 1940 waren bereits rund 2900 Häftlinge in Neuengamme, die sowohl am Ausbau des Lagers als auch an einem neuen Groß-Klinkerwerk und in den Tongruben arbeiteten. Allein für den Ausbau der „Dove Elbe" mit Stichkanal und Hafenbecken waren im Schnitt 1000 Häftlinge abgestellt. Die Arbeiten dauerten noch bis 1944 an.[2)]

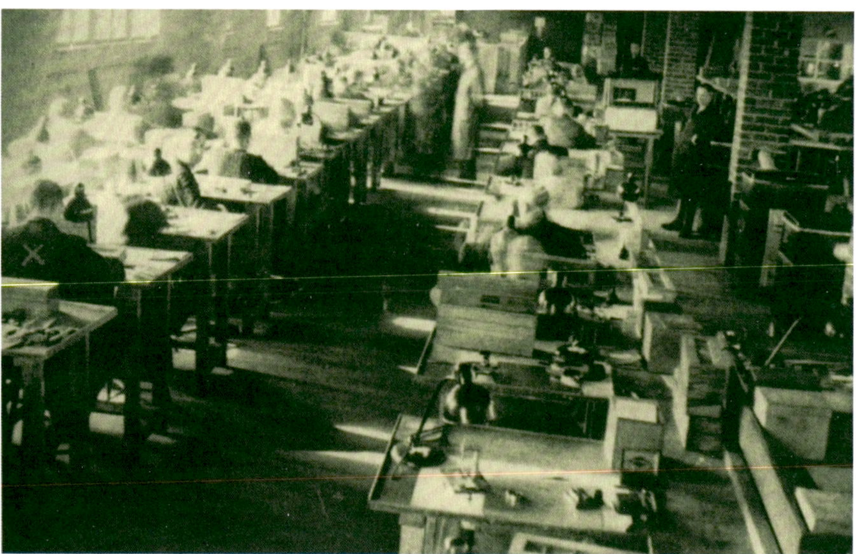

KL Neuengamme, illegales Foto eines Zivilarbeiters von der Häftlingsarbeit im Messap-Kommando.
(Foto: Archiv der Gedenkstätte Neuengamme)

Waren in der Anfangszeit hauptsächlich deutsche Häftlinge – „Politische" wie „Kriminelle" – nach Neuengamme gekommen, aus deren Reihen über lange Zeit auch führende Funktionen innerhalb der „Häftlingsselbstverwaltung" besetzt wurden, so internationalisierte sich die Häftlingsgesellschaft mit Ausdehnung der Kriegsschauplätze rasch. Im Oktober 1941 entstand sogar ein gesonderter Bereich als „Kriegsgefangenenarbeitslager", in dem sowjetische Gefangene untergebracht wurden.[3)]

Die Rolle sog. „Funktionshäftlinge" war in allen Lagern bedeutend und reichte von mitfühlender Solidarität bis zu rücksichtsloser Korruption, Unterdrückung, brutaler Gewalt und Mord an Mitgefangenen.

In Neuengamme war vom Januar 1941 bis November 1944 der Kommunist Jakob Fetz Lagerältester. Er führte im Auftrag der SS auf dem Appellplatz sogar öffentliche Hinrichtungen durch.[4)]

Die wachsende Bedeutung der Arbeitskraft von Häftlingen in der deutschen Kriegswirtschaft sollte ab 1942 auch erhebliche Auswirkungen auf das KL Neuengamme haben. Anfängliche Bedenken, die den Einsatz von Häftlingen in der Rüstungsindustrie betrafen – immerhin konnte auch Sabotage nicht ausgeschlossen werden –, mußten mit dem massenhaften Fronteinsatz deutscher Männer und dem daraus resultierenden akuten Arbeitskräftemangel zurückgestellt werden. Außerdem verloren die ursprünglichen Vorhaben der SS und ihrer DESt in der Baustoffwirtschaft mit der Kriegswende und der Einstellung von Großbauvorhaben an Bedeutung.

In unmittelbarer Nähe des Klinkerwerks entstanden sechs Baracken für Rüstungsbetriebe. Bis zu 300 Häftlinge arbeiteten ab März 1942 in der Motorenfabrik Carl Jastram im Motoren- und Schiffsbau. Hergestellt wurden Torpedo-Ausschußrohre und Wassertanks für U-Boote. Außerdem reparierten die Häftlinge Schiffsmotoren. Bei der Deutschen Meßapparate GmbH (Messap) produzierten bis zu 150 Häftlinge Zeitzünder für Granaten. Als Tochterunternehmen der bekannten Waffenfabrik Carl Walther aus dem thüringischen Zella-Mehlis entstanden im zweiten Halbjahr 1942 die Metallwerke Neuengamme. Im Januar 1943 begann die Produktion der Pistole Walther P38 in provisorischen Baracken. Nach dem Umzug in das neue Fabrikgebäude wurde mit bis zu 1000 Häftlingen

das Selbstladegewehr K 43 produziert. In einem „Industriehof“ wurden bei den SS-eigenen Deutschen Ausrüstungswerken (DAW) Bedarfsartikel für die Waffen-SS hergestellt.
Darüber hinaus kamen auch immer mehr Häftlinge in Außenkommandos zum Einsatz, die direkt bei Betrieben entstanden. Schon Anfang April 1942 kamen 500 Häftlinge aus Neuengamme in das neue Konzentrationslager Arbeitsdorf beim Volkswagenwerk. Im August 1942 entstand ein Außenlager bei den Phrix-Werken in Wittenberge und im Oktober 1942 bei den Reichswerken Hermann Göring in Salzgitter.
Eine Folge des alliierten Bombenterrors über Deutschland war der Einsatz von Häftlingen zur Leichenbergung, Trümmerbeseitigung und Bombenräumung in deutschen Großstädten. Das KL Neuengamme bildete eine SS-Baubrigade mit 1000 Häftlingen, die in kommunalem Auftrag zu Aufräumungsarbeiten nach Bombenangriffen in Bremen, Osnabrück, Hamburg, Kiel und Wilhelmshaven eingesetzt wurde.
Eine weitere Baubrigade, die seit März 1943 dem KL Neuengamme unterstand, war auf der besetzten britischen Kanalinsel Alderney mit dem Bau von Befestigungsanlagen beschäftigt.
Der verstärkte Einsatz von sog. „Fertigungshäftlingen“ in kriegswichtigen Produktionen ging mit Bemühungen zur Verbesserung der Lebensumstände in den Konzentrationslagern und zur Senkung der Sterblichkeit unter den Häftlingen einher. Das WVHA der SS ordnete deshalb schon ab 1942 eine Reihe von Maßnahmen an, die der Verbesserung der Versorgung der Häftlinge und der Leistungssteigerung dienen sollten. Hierzu zählten neben Maßnahmen zur medizinischen Versorgung und zum Empfang von Lebensmittelpaketen auch die Abschaffung grausamer Strafen, die Erlaubnis kultureller und sportlicher Aktivitäten und die Einführung eines Prämiensystems, auf dessen Grundlage sog. Prämienscheine ausgegeben wurden.
Die Zahl der Häftlinge in Außenlagern wuchs stetig an. Im August 1943 waren etwa 5800 Häftlinge im Stammlager und rund 3700 in Außenlagern untergebracht. Doch der „Totale Krieg“ sollte für weitere Außenlager sorgen. Die meisten davon entstanden in der Endphase des Kriegs 1945 bei

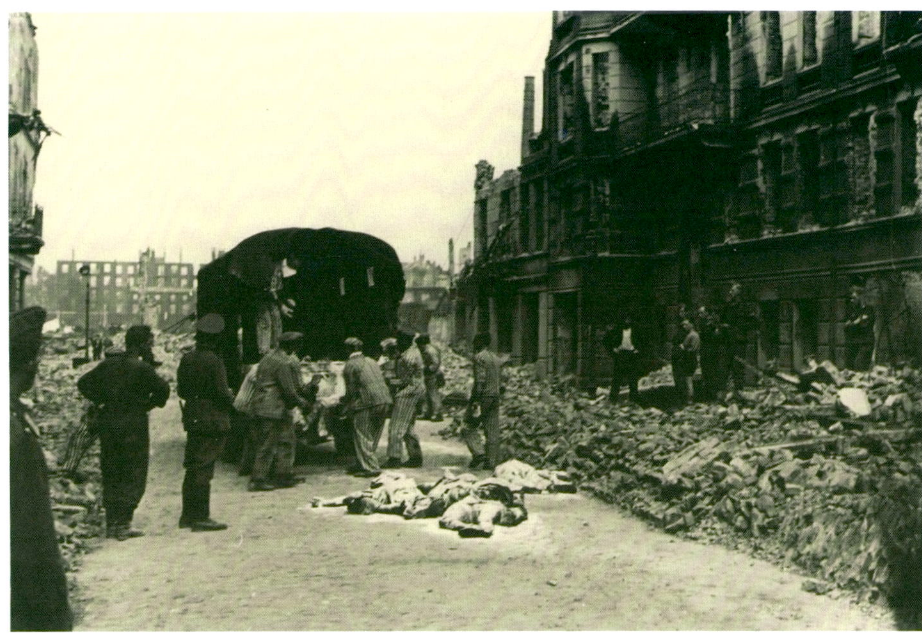

KL Neuengamme, Häftlinge bei der Bergung von Leichen nach einem alliierten Bombenangriff auf Hamburg. *(Foto: Sammlung Wolfgang Haney, Berlin)*

Rüstungsfirmen in ganz Norddeutschland, darunter auch 24 Frauen-Lager.

Ende März 1945 waren fast 40 000 Häftlinge in Außenlagern von Neuengamme, darunter über 12 000 Frauen. In dem hoffnungslos überfüllten Stammlager befanden sich bis zu 14 000 Häftlinge.[5]

Am Ende des Kriegs verschlechterten sich die Lebensbedingungen der Häftlinge dramatisch. Ausgehend von der Überbelegung der Lager waren die sanitären Verhältnisse sowie die medizinische und Lebensmittelversorgung völlig unzureichend, was den Tod vieler Häftlinge verschuldete. Verzweifelte „Endzeitaktionen", wie der Bau von Panzergräben am sog. „Friesenwall", forderten zudem innerhalb weniger Monate zahlreiche Opfer. In die Opferstatistik von Neuengamme müssen aber auch etwa 1400 Menschen gerechnet werden, die hier exekutiert wurden, ferner die Opfer einer Fleckfieberepidemie und von medizinischen Versuchen. Mit dem Giftgas Zyklon B wurden 1942 rund 450 sowjetische Armeeangehörige vergast, die nach dem „Kommissarbefehl" zu „erledigen" waren.[6]

Für viele der über 50 000 Häftlinge, die kurz vor Kriegsende noch dem KL Neuengamme unterstanden, begann Ende März 1945 die schrittweise Evakuierung der Außenlager vor den heranrückenden alliierten Truppen. Bis Mitte April war die Mehrzahl von ihnen durch Bahntransporte und Fußmärsche aufgelöst. In sog. „Auffanglagern" starben jedoch Tausende an Hunger und Krankheiten.

Bereits im Februar 1945 hatte Himmler dem Vizepräsidenten des Schwedischen Roten Kreuzes, Graf Folke Bernadotte, die Einrichtung eines „Skandinavierlagers" versprochen. Als Gegenleistung erhoffte sich der Reichsführer SS Kontakte zu den Briten, mit denen er einen Waffenstillstand aushandeln wollte, um eine bedingungslose Kapitulation abzuwenden.

In den Wochen vor Kriegsende wurde Neuengamme zum „Sammellager" für alle im Deutschen Reich gefangen gehaltenen Dänen und Norweger. Ein erster Transport brachte Kranke über Dänemark nach Schweden. Am 20. April 1945 fuhren über 4000 dänische und norwegische Häftlinge mit etwa 120 „Weißen Bussen" von Neuengamme aus in die Freiheit. Am gleichen Tag begann auch die Auflösung des Stammlagers, damit Hamburg noch vor dem Eintreffen der Alliierten von Häftlingen geräumt sein sollte. Einerseits befürchteten die Stadtväter Plünderungen durch befreite Zwangsarbeiter und Häftlinge, andererseits Strafmaßnahmen der Alliierten beim Vorfinden halbverhungerter „Elendsgestalten". Als alternative Unterbringung für über 10 000 im Stammlager verbliebene Häftlinge boten sich Schiffe als „schwimmende Konzentrationslager" an. Vom 21. bis 26. April 1945 wurden die Häftlinge nach Lübeck transportiert, wo sie auf zwei Frachtschiffen sowie dem Luxusliner „Cap Arcona" untergebracht wurden. Am 3. Mai 1945 griffen britische Jagdbomber die Schiffe an, die sie für Truppentransporter hielten. Die „Athen" wurde nur von einigen Bomben getroffen und überstand den Angriff mit fast 2000 Häftlingen an Bord relativ unbeschadet. Für 4200 Häftlinge an Bord der „Cap Arcona" und 2800 auf der „Thielbek" wurde der britische Angriff zur Katastrophe, die nur 400 von ihnen überlebten. Wenige Stunden vor einer möglichen Befreiung kamen 6600 Häftlinge ums Leben, sie verbrannten in den Schiffen, ertranken in der Ostsee oder wurden bei Rettungsversuchen erschossen. Die Räumung des Stammlagers sowie der Außenlager von Neuengamme in den letzten Kriegswochen forderte wahrscheinlich mehr als 16 000 Menschenleben.

Nach der fast vollständigen Räumung des Stammlagers sorgte ein „Restkommando" von 700 Häftlingen für Aufräumarbeiten. Die SS ordnete die Vernichtung sämtlicher schriftlicher Unterlagen an, darunter die Akten der Kommandantur und der Lager-Gestapo sowie der Lagerkartei, weshalb heute wichtige Belege zur Geschichte des Lagers fehlen.

Am 2. Mai 1945 hatten die letzten Häftlinge und SS-Angehörigen das KL Neuengamme verlassen. Die kurz darauf eintreffenden britischen Soldaten fanden ein leeres Lager vor, von dem keine Schreckensbilder um die Welt gingen, wie etwa von Bergen-Belsen.[7]

Insgesamt wurden etwa 81 000 männliche und 13 500 weibliche Häftlinge aus mehr als 20 Län-

dern in Neuengamme und dessen 86 Außenlagern registriert.[8] Mindestens 42 900 Menschen kamen nachweislich in den Lagern sowie bei deren Räumung ums Leben.[9]
Unter britischer Verwaltung wurde das Lager ab 9. Mai 1945 zunächst als sog. D.P.-Lager (Displaced Persons) für ehemalige sowjetische Zwangsarbeiter genutzt. Ab Juni 1945 wurde es zum Internierungslager für ehemalige SS-Angehörige, NS-Funktionäre, mutmaßliche Kriegsverbrecher und Sicherungsverwahrte aus Hamburg und Schleswig-Holstein. Die höchste Belegung wurde im Oktober 1945 mit fast 8000 Häftlingen erreicht, als das Lager schon unter belgischer Bewachung stand. Im Herbst 1946 kam die Nutzung als „Transitcamp" für die aus der britischen Besatzungszone Deutschlands ausgewiesenen Auslandsdeutschen hinzu. Erst am 13. August 1948 wurde das Lager auf Anordnung der britischen Militärregierung endgültig geschlossen.[10]

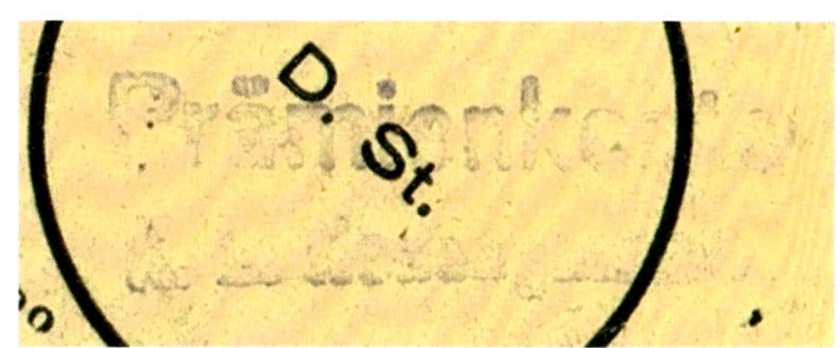

KL Neuengamme, Prämienschein des Einheitstyps von 1944 mit „Prämienkonto-Stempel".
(Sammlung Wolfgang Haney, Berlin, Abb. vergrößert)

Prämienscheine des KL Neuengamme

Vom KL Neuengamme sind verschiedene Auflagen von Prämienscheinen bekannt, jedoch ausschließlich mit Nominalen zu 0,50 und 1 RM. Während einige Scheine einer wahrscheinlich ersten Ausgabe lediglich eine Druckereikennung (E/0606) tragen, geht aus den Druckvermerken anderer Scheine auch eine frühe Ausgabe vom Juni 1943 hervor, also unmittelbar nach Inkrafttreten der Prämienvorschrift des WVHA der SS vom 15. Mai 1943. Zuletzt wurden Prämienscheine eines Einheitstyps ausgegeben, der auch in anderen Konzentrationslagern wie Auschwitz, Ravensbrück, Flossenbürg und Mauthausen genutzt wurde.
Die Katalogisierung führt die bisher bekannt gewordenen Varianten auf, ohne den Anspruch einer abschließenden Dokumentation zu erheben. Sicher wird es weitere Varianten und evtl. sogar Nennwerte gegeben haben, die bis heute leider nicht belegt werden konnten. Im Archiv der Gedenkstätte Neuengamme selbst sind nur wenige Prämienscheine erhalten geblieben.
In der Katalogisierung wurden alle bekannten Varianten, die nicht zum Einheitstyp für die Konzentrationslager gehören, unter den Nominalen zusammengefaßt, auch wenn diese unterschiedliche Auflagen (siehe Druckvermerke) und sogar Ausführungen (mit RM oder RM) belegen. Die im Lagergeld-Katalog von Pick/Siemsen aufgeführte Ausführung eines Prämienscheins über 0,50 RM auf grünem Karton (Nr. 129), die bis hin zum aktuellsten Katalog „Silent Witnesses" von Ray und Steve Feller von anderen Autoren stets so übernommen wurde, ist tatsächlich auf graublauem Karton ausgeführt. Dies beweist das Original, das hier als Ng 1c abgebildet ist, und bereits als Vorlage für den Pick/Siemsen-Katalog diente.[11]
Auffällig sind die laut Druckvermerken vom Juni und Oktober 1943 mit je 10 000 Stück recht kleinen Auflagen der frühen Neuengammer Prämienscheine. Man muß allerdings bedenken, daß im August 1943 „nur" rund 9500 Häftlinge in Neuengamme registriert waren (davon 5800 im Stammlager) und es mehrere verschiedene Auflagen gab, die nacheinander genutzt wurden.
Scheine des „Einheitstyps" mit Auflagen aus dem Jahr 1944 kommen mit Stempeln „Prämienkonto/K. L. Neuengamme" vor. Diese Abstempelung hängt wahrscheinlich mit dem Nachtrag zur Prämienvorschrift des WVHA der SS vom Februar 1944 zusammen, nach der Häftlinge, die eine Prämie erhalten hatten, zusätzlich den gleichen Betrag von ihrem Konto bei der Häftlingsgeldverwaltung abheben konnten.[12] Da die Auszahlung in solchen Fällen aller Wahrscheinlichkeit nach ebenfalls in Form von Prämienscheinen erfolgte, könnten diese durch den „Prämienkonten-Stempel" entsprechend gekennzeichnet gewesen sein. Ein zusätzliches

Indiz hierfür ist auch, daß diese Stempel nur von den 1944er Ausgaben bekannt sind.

Wesentliche Voraussetzung für den praktischen Nutzen der Prämienscheine und damit für die „Motivation" der Häftlinge im Sinne der Prämienvorschrift war der Betrieb von Lagerkantinen und Häftlingsbordellen.

Zum Geld der Häftlinge, zu Prämienscheinen und zum Einkauf in der Lagerkantine von Neuengamme finden sich eine Reihe von Aussagen in den Akten des sog. „Curiohaus-Prozesses", der 1946 gegen die Hauptverantwortlichen des Konzentrationslagers Neuengamme vor einem britischen Militärgericht in Hamburg geführt wurde. Der Prozeßbericht wurde 1969 vom Freundeskreis e.V. in Deutsch veröffentlicht.

Nachfolgend sollen einige wichtige Passagen aus den Zeugenvernehmungen dieses Prozesses zitiert werden, da sie nicht nur für das Lager Neuengamme, sondern auch zum besseren Verständnis der Rolle von Geld und Geldersatz in den Konzentrationslagern von Bedeutung sind.

Auf die Frage, wieviel Prozent der Internierten sich zusätzliche Lebensmittel kaufen konnten, antwortete der General der französischen Armee und ehemalige Häftling de Graneyce: *„Im Außenkommando Husum gab es keine Kantine. Im Lager selbst gab es für 30% Gelegenheit, in der Kantine zu kaufen."* [13]

Zum Angebot der Lagerkantine äußerte sich der Zeuge Philipp Jackson (der gebürtige US-Amerikaner hatte in Frankreich gelebt und war wegen der Mitgliedschaft seiner Eltern im französischen Widerstand verhaftet worden): *„Meistens konnte man Fischsalate, Gemüsesalate oder Rote Beete kaufen. Bezahlt wurde mit sogenanntem Lagergeld, das waren kleine Pappstreifen. Auch konnten wir jede Woche Zigaretten kaufen. Für das übrige Geld konnten wir kaufen, was wir wollten bzw. kriegten."* Er gab außerdem an, daß er im Lager arbeitete und dafür wöchentlich zwischen 50 Pfennig bis 4 Mark erhielt. Nach seinen Aussagen war es selten, daß jemand mehr als 4 Mark bekam, abgesehen von den Kapos und Blockältesten. Eine Portion Fischsalat kostete ungefähr 1 RM. Brot und Kaffee konnte man nicht kaufen, dafür aber ganz gutes Bier, der Liter für 1 RM. Der Zigarettenkauf hing von der wöchentlichen Arbeitsleistung ab. Für 2,50 RM (in Prämienscheinen) hatte man das Recht, zehn Zigaretten zu kaufen, die etwa 1 RM kosteten.[14]

Der im Prozeß angeklagte und im Oktober 1946 hingerichtete ehemalige Lagerkommandant Max Pauly wurde mehrfach durch die Verteidigung als Zeuge vernommen. Dabei ging man auch auf die Versorgung der Häftlinge ein.:

„Vert.: *Wurde Bier ausgegeben?*
Zeuge: *Ja. In der letzten Zeit ist es sehr viel in der Kantine verkauft worden, obwohl es von Berlin aus verboten war.*
Vert.: *Was gab es in der Kantine zu kaufen?*
Zeuge: *Bier, Zigaretten, Fischsalate, Gemüse, Kürbismark, Rote Beete, Fischmuscheln.*
Vert.: *Waren das Sachen, die man in der Zeit auch leicht im Laden kaufen konnte?*
Zeuge: *Ganz bestimmt nicht.*
Vert.: *Wie hoch war der Umsatz?*
Zeuge: *Monatlich RM 150.000,– bis 200.000. Das läßt sich nachweisen durch das Finanzamt in Bergedorf.*
Vert.: *Woher hatten die Häftlinge Geld?*
Zeuge: *Durch die Prämienscheine, durch ihr eigenes Konto, außerdem haben sie sich Geld schicken lassen können von zu Hause.*
Vert.: *War es möglich sich Geld von zu Hause schicken zu lassen?*
Zeuge: *Ja.*
Vert.: *Gab es das für alle Gefangenen?*
Zeuge: *Sofern sie Geld auf ihrem Konto hatten, ohne Weiteres."* [15]

Zum Eigentumsgeld der Häftlinge wurde durch die Verteidigung auch der ehemalige SS-Oberscharführer Schmitz als Zeuge befragt:

„Vert.: *Ist Ihnen bekannt, daß die Häftlinge eigene Konten hatten, von denen sie Geld abheben konnten?*
Zeuge: *Jawohl, die Häftlinge konnten sich Geld schicken lassen und hatten hier ein Konto."* [16]

Durch Verteidigung, Staatsanwalt und Präsident wurde der ehemalige Kantinenleiter und SS-Unterscharführer Hermann Julius Bill vernommen. Die ausführliche Befragung soll in umfangreichen Auszügen widergegeben werden:

„*Vert.*: *Waren Sie im Lager Neuengamme tätig?*
Zeuge: *Jawohl.*
Vert.: *In welcher Eigenschaft.*
Zeuge: *Zuletzt als Kantinenverwalter.*
Vert.: *Von welcher Kantine?*
Zeuge: *Von beiden. Von der SS- und von der Häftlingskantine.*
Vert.: *In welcher Zeit haben Sie die Kantine gehabt?*
Zeuge: *Von Januar 1943 bis April 1945. ...*
Vert.: *Über welche Kantine waren Sie unterrichtet?*
Zeuge: *Ich hatte die Verwaltung und mußte mit einkaufen.*
Vert.: *Gab es in den Außenlagern auch Häftlingskantinen?*
Zeuge: *Jawohl.*
Vert.: *In jedem Außenlager?*
Zeuge: *Jawohl.*
Vert.: *Wissen Sie, was für Waren für die Häftlingskantine eingekauft wurden?*
Zeuge: *Ja.*
Vert.: *Was waren das für Waren?*
Zeuge: *Hochwertiges Gemüse, Gurken, Rote Beete, Fisch, Sauerkraut usw., Tomaten, Fischkonserven, Fischpastete, eingelegte Fischrogen und Milch.*
Vert.: *War das brauchbare Ware?*
Zeuge: *Jawohl.*
Vert.: *Konnte man diese Dinge auch draußen im freien Handel kaufen oder waren sie besser als diese?*
Zeuge: *Nein, dieselben.*
Vert.: *Wo haben Sie diese Sachen gekauft?*
Zeuge: *Im Hamburg, Elmshorn, Dithmarschen im freien Handel.*
Vert.: *Wissen Sie, wie hoch der Umsatz der Häftlingskantine war?*
Zeuge: *Im letzten Jahr 1944 – 100 bis 120 Reichsmark.* (Anm. des Verfassers: Der Zeuge meinte 100 bis 120 Tausend RM monatlich, wie aus einer späteren Antwort und der Aussage des Lagerkommandanten Pauly hervorgeht).
Vert.: *Wer setzte die Verkaufspreise fest?*
Zeuge: *FISCHER???* (Anm. des Verfassers: Der Zeuge meinte wohl den Senator Hans-Joachim Fischer, der für Häftlingsangelegenheiten zuständig war.)
Vert.: *Wie erfuhren das die Häftlinge?*
Zeuge: *In der Häftlingskantine war eine Preistafel ausgehängt.*
Vert.: *Wie konnten die Häftlinge zahlen?*
Zeuge: *Sie bezahlten mit Prämienscheinen.*
Vert.: *Was ist das?*
Zeuge: *Das war bargeldloses Geld, das sie für ihre Arbeit bekamen.*
Vert.: *Kam das vor, daß aus der Kantine Lebensmittel für Kranke gekauft wurden?*
Zeuge: *Jeder Häftling konnte das Geld, das er verdiente, von seinem Konto abheben. ...*
Vert.: *Konnten aus der Kantine der Häftlinge Sachen in die Kantine der SS gelangen?*
Zeuge: *Nein, der Einkauf war gesondert. Die SS- und die Häftlingskantine waren getrennt.*
Vert.: *Durften SS-Angehörige in der Gefangenenkantine kaufen?*
Zeuge: *Nein.*
Vert.: *Wann war die Kantine geöffnet?*
Zeuge: *Den ganzen Tag über bis abends 20 – 21 Uhr.*
Vert.: *War die Kantine der Häftlinge stark besucht oder wurde sie gemieden?*
Zeuge: *Sie wurde stark besucht.*
St.A.: *Sie sagten, der Umsatz der Kantine sei 1944 ungefähr RM 100.000,-- gewesen?*
Zeuge: *Jawohl. 1943 war es etwas weniger.*
St.A.: *Da dies ja kein Umsatz ist, können Sie uns sagen, wie hoch der Profit daran ist? Wir wollen Sie nicht zu Zahlen zwingen; sagen Sie sie so ungefähr.*
Zeuge: *12 – 15% vielleicht.*
St.A.: *Zu welchem Zweck hat man diese Prozente verwandt?*
Zeuge: *Zu Weihnachten für Extraausgaben an die Häftlinge. So z.B. für extra Zigaretten.*
St.A.: *Diese 120.000 – 100.000,-- RM konnten Sie aber gewiß nicht zu einem Weihnachten ausgeben?* (Anm. des Verfassers: Der St.A. benutzt falsche Zahlen).

Zeuge: Der Rest ging an die Bank.
St.A.: Auf welches Konto?
Zeuge: SS-Konto, Neue Sparkasse in Bergedorf.
St.A.: Konnte die SS-Kantine davon abhaben?
Zeuge: Ja, die SS- und Häftlingskantine waren eines. Buchmäßig waren sie getrennt.
St.A.: Hat die SS-Kantine dann auch von diesem Konto abgehoben?
Zeuge: Nein, nur die Rechnungen wurden von diesem Konto bezahlt.
St.A.: Können Sie uns sagen, was alles mit diesem Geld gemacht wurde?
Zeuge: Nein. Bei Kriegsende hatte das Konto 300.000,-- RM. …
St.A.: Wieso können Sie sagen, daß die SS nicht von den Häftlingsgeldern bezogen hat?
Zeuge: Weil ich die Bücher selbst geführt habe. …
St.A.: Falls ich Sie richtig verstanden habe, sagten Sie, daß die Gefangenen mit Gutscheinen einkaufen konnten?
Zeuge: Jawohl, dieses Geld konnten die Häftlinge durch Arbeit erhalten und auch von ihrem Sparkassenkonto abheben.
St.A.: Das hat vor Ihnen schon einer gesagt. Es scheint nur, daß die Deutschen allein Kenntnis gehabt haben, da 94% der Häftlinge Ausländer waren. Dann können wir annehmen, daß 95% nur durch Arbeit in der Kantine einkaufen konnten? (Anm. des Verfassers: Der Staatsanwalt läßt völlig außer Acht, daß sich auch ausländische Häftlinge Geld schicken lassen konnten!).
Präs.: Wenn Sie von Ihrem Umsatz sprechen, meinen Sie die Mengen, die für die Kantine eingekauft wurden?
Zeuge: Ja.
Präs.: Sie meinen mit Umsatz die Einnahmen der Kantine?
Zeuge: Ja.
Präs.: Betraf diese Ziffer nur das Lager Neuengamme oder auch die Aussenlager?
Zeuge: Auch die Aussenlager.
Präs.: Es wurde gesagt, daß im Jahre 1945 – 40.000 Männer und 11.000 weibliche Gefangene in den ganzen Lagern von Neuengamme waren. Konnten die Frauen auch in den Kantinen kaufen?
Zeuge: Jawohl.
Präs.: Das heißt, daß der Gesamtumsatz für 51.000 Menschen war. Was konnten sich die Häftlinge für Lebensmittel kaufen. (Anm. des Verfassers: Der Präsident nimmt die Häftlingszahlen von 1945, die durch die Zugänge aus anderen Lagern im Rahmen von Evakuierungen deutlich angestiegen waren, als Vergleichsbasis zum Monatsumsatz! von 1944. Im August 1943 waren insgesamt 9500 Häftlinge in den Lagern von Neuengamme. Die Häftlingszahlen stiegen dann erst ab Mai und ganz besonders ab Ende1944 dramatisch an.)
Zeuge: Fischwaren, Rote Beete, Sauerkraut usw.
Präs.: Ich sage Ihnen ein Beispiel: Sie sind ein hungriger Mensch und haben 1 RM. Was würden Sie sich dafür kaufen?
Zeuge: Vielleicht Fischware.
Präs.: Gab es Brot in der Kantine zu kaufen?
Zeuge: Nein.
Präs.: Was konnte man dort kaufen?
Zeuge: Fischwaren und Gemüse. …
Präs.: Gilt der Umsatz von RM 100.000,-- einschließlich Zigaretten?
Zeuge: Ja, ich kann mich nur nicht mehr genau entsinnen. …
Präs.: Glauben Sie, daß 50% für Bier und Zigaretten war?
Zeuge: Vielleicht 40% bis 50%. Aber JACOBSEN weiß es, weil er die Sachen gekauft hat.
Präs.: Hat JACOBSEN irgend etwas mit der SS-Kantine zu tun gehabt?
Zeuge: Nein, er verkaufte nur in der Häftlingskantine. …
Präs.: Was konnte ein gewöhnlicher SS-Mann in seiner Kantine kaufen? Etwa Abendbrot?
Zeuge: Abendbrot konnte er sich nicht kaufen aber Zigaretten, Fische, Kämme, Seife.
Präs.: Auch Lebensmittel?
Zeuge: Ja, gelegentlich."[17]

Im Prozeß wurden auch Vertreter der Rüstungsindustrie als Zeugen gehört, die Häftlinge als billige Arbeitskräfte von der SS auslieh. Bei der Vernehmung des ehemaligen Leiters der Metallwerke Neuengamme, Herrn Walther, ging man auch auf die Prämierung der Häftlinge ein:

„*Vert.:* *Konnten die Gefangenen bei Ihnen etwas verdienen?*
Zeuge: *Sie bekamen Prämien.*
Vert.: *Wann gab es die?*
Zeuge: *Wöchentlich.*
Vert.: *Wie hoch war sie?*
Zeuge: *3 bis 10 Mark.*
Vert.: *Wollen Sie sagen, daß jeder Gefangene bei Ihnen 3 bis 10 Mark verdiente?*
Zeuge: *Ja.*
Vert.: *Was machten die Leute mit den Prämiengeldern?*
Zeuge: *Sie konnten im Lager was kaufen. Was, weiß ich nicht?*“[18]

Die Aussagen des ehemaligen Lagerkommandanten Pauly und des Kantinenleiters Bill zum Verkauf von Bier an Häftlinge decken sich auch mit Geldkarteien aus dem KL Dachau sowie mit Erinnerungen aus Mittelbau. Interessanter sind aber die Angaben zu den monatlichen Umsätzen der Lagerkantine und zum Umgang mit dem Eigengeld der Häftlinge.

Leider wurden die Angaben zum Umsatz der Neuengammer Lagerkantinen in der Verhandlung durch die Anklage mehrfach bewußt oder unbewußt fehlinterpretiert. So wurde in der Vernehmung des ehemaligen Kantinenleiters Bill nicht explizit darauf hingewiesen, daß es sich bei der Umsatzangabe von 100 – 120 000 RM um durchschnittliche Monatsumsätze aus dem Jahr 1944 handelt. Durch einen direkten Vergleich dieses Umsatzes, der als Jahresumsatz angesehen werden konnte, mit den deutlich höheren Häftlingszahlen aus dem Jahr 1945 versuchte das Gericht nicht nur den statistischen Umsatz je Häftling zu reduzieren, sondern auch die Bedeutung des Häftlingseinkaufs in den Kantinen herabzusetzen und damit letztendlich die Nutzlosigkeit der Prämien für die Häftlinge zu beweisen. Ausgehend von dieser falschen Interpretation wäre auf jeden der angeführten 51 000 Häftlinge im Jahr 1945 ein durchschnittlicher Umsatz von nur etwa 2 RM gekommen, was in der Tat eine zu vernachlässigende Größenördnung wäre. Geht man aber davon aus, daß Häftlinge etwa 2 RM wöchentlich an Prämien erhielten und diese auch in der Lagerkantine umsetzten, so würde dies pro Häftling einen Umsatz von etwa 8 RM im Monat ergeben. Zwischen August 1943 bis April 1944 waren etwa 10 000 Häftlinge in den Neuengammer Lagern untergebracht, die monatlich damit etwa 80 000 RM aus Prämien umsetzen konnten. Hinzu kommt natürlich noch des Eigentumsgeld der Häftlinge, das vom Konto abgehoben werden konnte und auch für den Kantinenkauf genutzt wurde, so daß die Angabe Bills über den durchschnittlichen Monatsumsatz realistisch erscheint. Der ehemalige Lagerkommandant Pauly gab sogar einen monatlichen Umsatz von 150 000 bis 200 000 RM in der Häftlingskantine an, der wahrscheinlich aus der Endzeit des Lagers stammt, als die Häftlingszahlen gestiegen waren. Auch die Auflagehöhen der Neuengammer Prämienscheine legen Zeugnis von deren massenhafter Verwendung ab. Im August 1944 wurden die beiden Nennwerte zu 0,50 und 1 RM in einer Auflage von je 500 000 Stück hergestellt, doch bereits im Oktober 1944 mußte eine Nachauflage über 1 Million Scheine in Druck gehen. Nicht korrekt war auch die Annahme des Staatsanwalts, daß nur deutsche Häftlinge über Geld von Konten verfügen und sich Geld von Angehörigen schicken lassen konnten. Er schlußfolgerte daraus, daß 95% aller Häftlinge lediglich über ihre Arbeit und damit über Prämien die Möglichkeit zum Einkauf in der Lagerkantine gehabt hätten. Tatsächlich konnten sich aber auch ausländische Häftlinge Geld auf ihre Konten schicken lassen. Schließlich wurde aus dem Monatsumsatz der Kantine durch den Staatsanwalt plötzlich ein Gewinn, der unmöglich für ein Weihnachtsfest ausgegeben worden sein kann, was schon rein rechnerisch unstimmig ist. Hingegen steht das durch den Zeugen angegebene Restguthaben im Verhältnis zu der von ihm genannten Gewinnspanne.

Das Häftlingsbordell von Neuengamme nahm im Mai 1944 seinen Betrieb auf.[19]

Zum „Verdienst" von Häftlingen in Außenkommandos soll ein Beispiel aus dem Lager Hannover-Stöcken angeführt werden, in dem bis zu 1500 Häftlinge für die dortige Akkumulatorenfabrik (AfA) arbeiten mußten. Hergestellt wurden u. a. Batterien für U-Boote. In der Bleiabteilung arbeiteten allein etwa 680 Häftlinge. Hier wurde die täglich zu fertigende Menge von Bleigüssen je nach Arbeitsplatz durch Meister festgelegt. Erfüllte der Häftling über die Woche die Vorgaben zu 100%, so bekam er Prämien von vier bis sechs Mark, für die er sich – so vorhanden – in der Lagerkantine Eßwaren kaufen konnte. Kapos erhielten etwas höhere Prämien von sechs bis acht Mark. Der ehemalige Betriebsmeister Werner J. sagte vor einer britischen Untersuchungskommission aus: *„Haben die Häftlinge dieses Minimum* (die Vorgabe) *erreicht, so bekamen sie ihre Prämien. Aber wenn sie es nicht erreichten, so ist ihnen auch weiter nichts geschehen. Im Gegenteil, ich habe oft gesehen, daß Häftlinge, die wegen körperlicher Schwäche das Minimum nicht mehr erreichen konnten, trotzdem noch ihre Prämien bekamen."*[20]

Anmerkungen:

1) Detlef Garbe, Neuengamme – Stammlager, in: Wolfgang Benz/Barbara Distel (Hrsg.), Der Ort des Terrors, Band 5: Hinzert, Auschwitz, Neuengamme, S. 315 – 317.

2) Detlef Garbe, Arbeits- und Lebensbedingungen, in: Neuengamme – Stammlager, in: Wolfgang Benz/Barbara Distel (Hrsg.), Der Ort des Terrors, Band 5: Hinzert, Auschwitz, Neuengamme, S. 317.

3) Ebenda, S. 318.

4) Ebenda, S. 319 – 320.

5) Detlef Garbe, Der Einsatz von Häftlingen in der Kriegswirtschaft, in: Neuengamme – Stammlager, in: Wolfgang Benz/Barbara Distel (Hrsg.), Der Ort des Terrors, Band 5: Hinzert, Auschwitz, Neuengamme, S. 326 – 332.

6) Detlef Garbe, Die Toten, in: Neuengamme – Stammlager, in: Wolfgang Benz/Barbara Distel (Hrsg.), Der Ort des Terrors, Band 5: Hinzert, Auschwitz, Neuengamme, S. 334 – 335.

7) Detlef Garbe, Die Räumung der Lager bei Kriegsende, in: Wolfgang Benz/Barbara Distel (Hrsg.), Der Ort des Terrors, Band 5: Hinzert, Auschwitz, Neuengamme, S. 336 - 339.

8) Detlef Garbe, Der Einsatz von Häftlingen in der Kriegswirtschaft, in: Neuengamme – Stammlager, in: Wolfgang Benz/Barbara Distel (Hrsg.), Der Ort des Terrors, Band 5: Hinzert, Auschwitz, Neuengamme, S. 331.

9) Detlef Garbe, Die Räumung der Lager bei Kriegsende, in: Wolfgang Benz/Barbara Distel (Hrsg.), Der Ort des Terrors, Band 5: Hinzert, Auschwitz, Neuengamme, S. 339.

10) Detlef Garbe, Die Neuengamme-Prozesse, Nachnutzungen des Lagers und die Entwicklung zur Gedenk- und Dokumentationsstätte, in: Wolfgang Benz/Barbara Distel (Hrsg.), Der Ort des Terrors, Band 5: Hinzert, Auschwitz, Neuengamme, S. 339 – 340.

11) Albert Pick/Carl Siemsen, Das Lagergeld der Konzentrationslager und D.P.-Lager 1933 – 1947, S. 43 – 44, sowie: Ray Feller/Steve Feller, Silent Witnesses: Civilian Camp Money of World War II, S. 42.

12) SS-Wirtschafts-Verwaltungshauptamt, 1. Nachtrag zur Dienstvorschrift für die Gewährung von Vergünstigungen an Häftlinge (Prämien-Vorschrift) vom 14.2.1944.

13) Freundeskreis e.V. (Hrsg.), Curiohaus-Prozess, Verhandelt vor dem britischen Militärgericht, in der Zeit vom 18. März bis zum 3. Mai 1946 gegen die Hauptverantwortlichen des KZ-Neuengamme, S. 47.

14) Ebenda, S. 53 und 55.

15) Ebenda, S. 324.

16) Ebenda, S. 410 – 411.

17) Ebenda, S. 436 – 440.

18) Ebenda, S. 198.

19) Reimer Möller (Archiv der Gedenkstätte Neuengamme), Telefonauskunft vom 17.7.2008, sowie: Freundeskreis KZ-Gedenkstätte Neuengamme (Hrsg.), Curiohaus-Prozess: verhandelt vor dem britischen Militärgericht in der Zeit vom 18. März bis zum 3. Mai 1946 gegen die Hauptverantwortlichen des KZ Neuengamme.

20) Rainer Fröbe/Claus Füllberg-Stolberg/Christoph Gutmann u.a., Konzentrationslager in Hannover – KZ-Arbeit und Rüstungsindustrie in der Spätphase des Zweiten Weltkriegs, Teil I, S. 80 – 81.

Prämienscheine des KL Neuengamme

1.12.1 Erste Ausgabe 1943

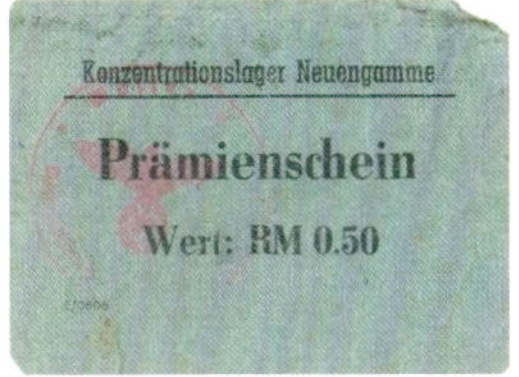

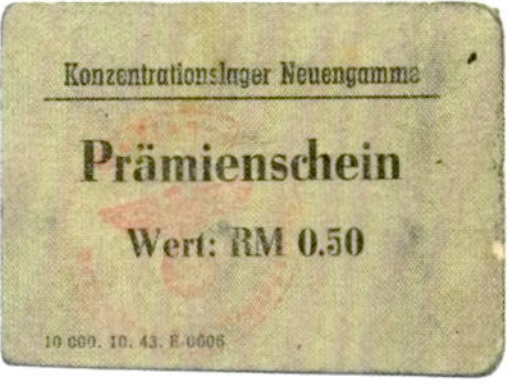

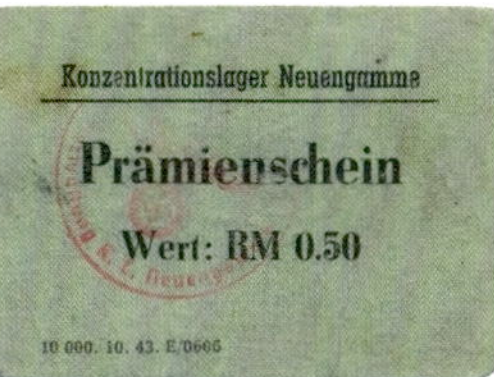

(Ng 1a, HVB Stiftung Geldscheinsammlung, München, Ng 1b/c Vs, Sammlung Wolfgang Haney, Berlin)

Ng 1 **50 Reichspfennig (RM 0.50)**
PS –/129 Vs: Lagerbezeichnung oben, „Prämienschein" und Wertbezeichnung in der Mitte, mit oder ohne Dienst-Stpl der Verwaltung, Rs: unbedruckt

Entwurf:	unbekannt	Format:	ca. 70 mm x 50 mm
Umlauf bis:	Juli 1944?	Wz:	Karton farbig, ohne Wz
Druck:	unbekannt	KN:	ohne

Datum	Auflage			
o.D. (1943?)	unbekannt	**a)**	Karton graublau, Druckvermerk E/0606	RRR
o.D. (10/1943)	10.000	**b)**	Karton gelblich, Druckvermerk 10 000. 10. 43 E/0606	RRR
o.D. (10/1943)	10.000	**c)**	Karton graublau, Druckvermerk 10 000. 10. 43 E/0606	RRR

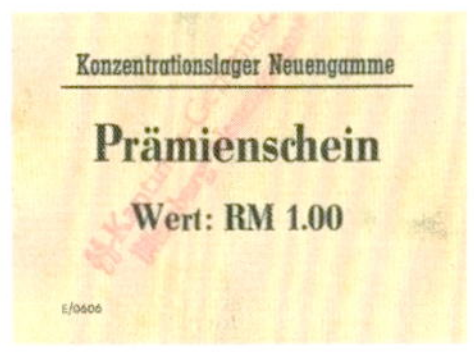

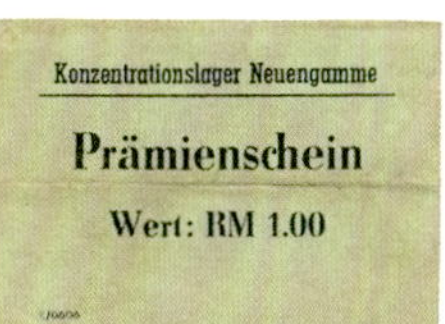

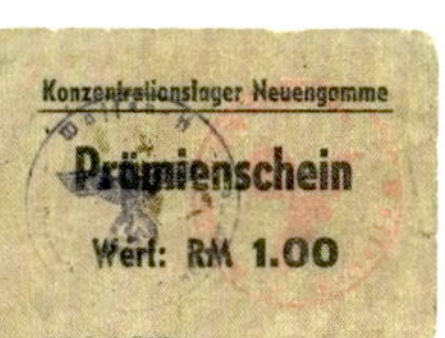

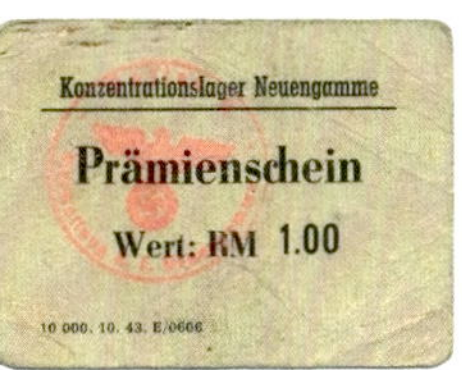

(Ng 2c Vs, HVB Stiftung Geldscheinsammlung, München, Ng 2d/e/f Vs, Sammlung Wolfgang Haney, Berlin, Abb. unter 50% verkleinert)

Ng 2 **1 Reichsmark (RM 1.00)**
PS 127... Vs: Lagerbezeichnung oben, „Prämienschein" und Wertbezeichnung in der Mitte, mit oder ohne Dienst-Stpl der Verwaltung oder der SS-Kantinen-Gemeinschaft, Rs: unbedruckt

Entwurf:	unbekannt	Format:	ca. 70 mm x 50 mm
Umlauf bis:	Juli 1944?	Wz:	Karton farbig, ohne Wz
Druck:	unbekannt	KN:	ohne

Datum	Auflage			
o.D. (1943?)	unbekannt	**a)**	Karton weiß, ohne Druckvermerk	RRR
o.D. (1943?)	unbekannt	**b)**	Karton weiß, Druckvermerk E/0606, mit oder ohne runden Dienst-Stpl	RRR
o.D. (1943?)	unbekannt	**c)**	wie b), doch mit Stpl der SS-Kantinen-Gemeinschaft	RRR
o.D. (1943?)	unbekannt	**d)**	Karton hellgrün, Druckvermerk E/0606	RRR
o.D. (6/1943)	10.000	**e)**	Karton weiß, Druckvermerk 10000. 6. 43. E/0606	RRR
o.D. (10/1943)	10.000	**f)**	Karton weiß, Druckvermerk 10 000. 10. 43. E/0606	RRR

1.12.2 Einheitstyp 1944

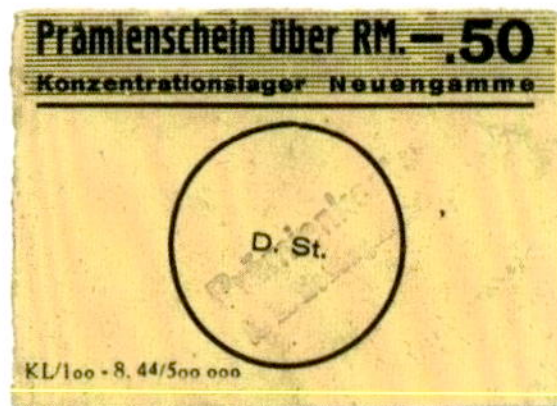

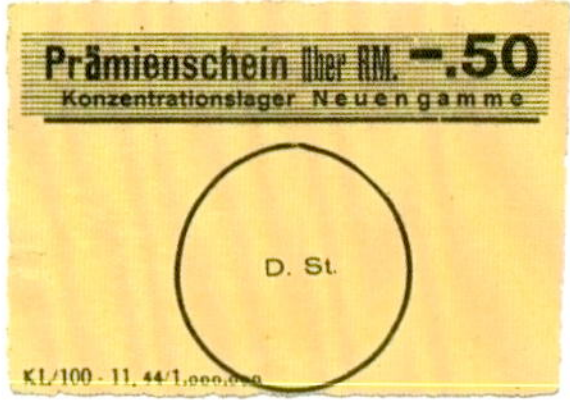

(Ng 3a/b Vs, Sammlung Wolfgang Haney, Berlin)

Ng 3 **50 Reichspfennig (RM. -.50)**
PS 132/134
Vs: „Prämienschein" auf Linien-Raster mit Lagerbezeichnung,
mit oder ohne Dienst-Stpl bzw. Prämienkonto-Stpl: „Prämienkonto/K. L. Neuengamme" (Abb.)
Rs: unbedruckt

Entwurf:	unbekannt	Format:	ca. 76 mm x 53 mm
Umlauf bis:	April 1945	Wz:	Karton gelblich, ohne Wz
Druck:	unbekannt	KN:	ohne

Datum	Auflage			
o.D. (08/1944)	500 000	**a)**	Druckvermerk: KL/100 - 8.44/500 000	RRR
o.D. (11/1944)	1 000 000	**b)**	Druckvermerk: KL/100 - 11.44/1.000.000	RRR

Ng 4 **50 Reichspfennig (RM. 1.-)**
PS 133
Vs: „Prämienschein" auf Linien-Raster mit Lagerbezeichnung,
mit oder ohne Dienst-Stpl bzw. Prämienkonto-Stpl: „Prämienkonto/K. L. Neuengamme" (Abb.)
Rs: unbedruckt

Entwurf:	unbekannt	Format:	ca. 76 mm x 53 mm
Umlauf bis:	April 1945	Wz:	Karton gelblich, ohne Wz
Druck:	unbekannt	KN:	ohne

Datum	Auflage		
o.D. (08/1944)	500 000	Druckvermerk: KL/101 - 8.44/500 000	RRR

1.13 Oranienburg

BRANDENBURG

Konzentrationslager

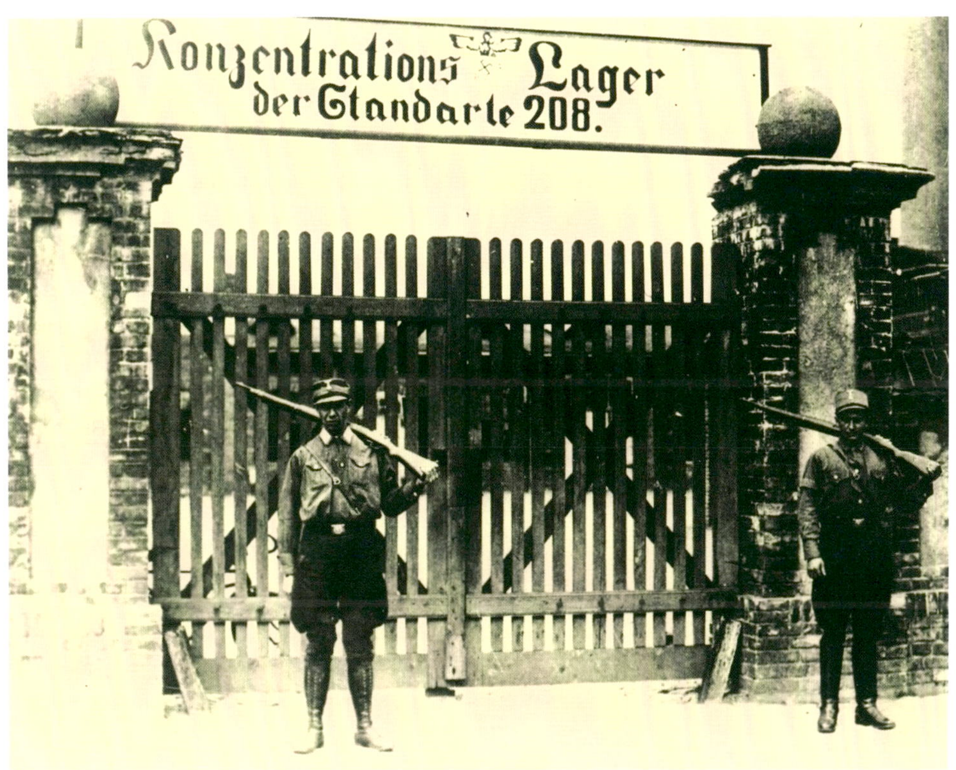

KL Oranienburg, von SA-Männern bewachtes Lagertor (Toreinfahrt einer ehemaligen Brauerei).
(Foto: Sammlung Wolfgang Haney, Berlin)

Zur Geschichte des Lagers

Das am „Tag von Potsdam", dem 21. März 1933, auf dem Gelände einer ehemaligen Brauerei mitten in der unweit von Berlin gelegenen märkischen Kleinstadt Oranienburg durch die SA (Sturmbann III der Standarte 208) eingerichtete Konzentrationslager war eines der ersten deutschen Konzentrationslager überhaupt, die nach der „Machtergreifung" der Nationalsozialisten in der Folge des Reichstagsbrands und der „Verordnung des Reichspräsidenten zum Schutz von Volk und Staat" vom 28. Februar 1933 als „Schutzhaftlager" eingerichtet wurden. Das Firmengelände und die Gebäude hatte eine Berliner Bank der SA kostenlos zur Verfügung gestellt.[1)]

Die ersten 40 Gefangenen waren von der SA willkürlich im Kreis Niederbarnim verhaftet worden, ohne daß maßgebliche Stellen in Berlin verständigt worden waren. Schon wenige Tage später wurde das „wilde Lager"[2)] durch die SA der Aufsicht des Potsdamer Regierungspräsidenten unterstellt. Gleichzeitig bot die SA staatlichen und kommunalen Behörden die Einweisung von „Schutzhäftlingen" an. Einweisungen erfolgten

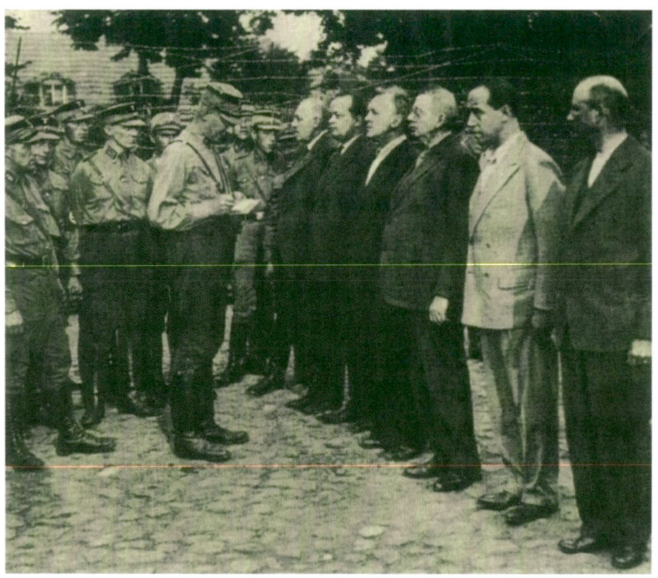

KL Oranienburg, Appell mit prominenten Gefangenen.
(Fotoarchiv des Verlags, aus „Unser Jahrhundert im Bild")

Zu den Lebensumständen der Häftlinge im KL Oranienburg äußerte sich ein politischer Gefangener in einem Hilferuf, der durch einen Korrespondeten der niederländischen Zeitung Nieuwe Rotterdamsche Courant im September 1933 übermittelt wurde, u. a.: *„Wir – seit Mitte März gefangen ... Alle Berichte inkl. Interviews unwahr wegen Angst vor Strafe. Verhöre fast immer nach Haft ohne Licht und mit dem Gummiknüppel. ... Hier bisher drei Tote ... In ehemaligen Lagerhäusern Brauerei. Alles feucht, verschimmelte Strohsäcke, Grippe, Halsentzündung, Rheuma ... Juden geht es bei weitem am schlechtesten, werden fast alle beim Transport verprügelt."*[7]

durch Polizei, Parteistellen und Kommunen.[3] Zu den inhaftierten Gefangenen zählten Regimegegner aller politischen Richtungen, neben Kommunisten und Sozialdemokraten sogar Mitglieder der Deutsch-Nationalen Volkspartei, die zu dieser Zeit mit Hitler regierte, sowie Angehörige des „Stahlhelms".[4]

Auf der gezeigten Abbildung (oben) sind in Zivilkleidung von links nach rechts der Vorsitzende der SPD-Fraktion im preußischen Landtag Ernst Heilmann, der Sohn des ehemaligen Reichspräsidenten und Reichsbannerführer Fritz Ebert, der Sekretär des SPD-Vorstands in Berlin Adolf Braun, der Ministerialrat a. D. Heinrich Giesecke vom Rundfunk, der Direktor der Reichs-Rundfunk-Gesellschaft Dr. Kurt Magnus sowie der Intendant und Sprecher der „Berliner Funkstunde" Dr. Hans Flesch zu sehen.[5]

Die öffentliche Wahrnehmung des Lagers, nicht zuletzt auch durch Berichte in der Lokalpresse, war von den Nationalsozialisten erwünscht. Die vorübergehende Infhaftierung politischer Gegner sollte schließlich als dauerhafte Warnung dienen, deren physische Vernichtung in Konzentrationslagern wurde zu jener Zeit hingegen noch nicht in Betracht gezogen.[6]

Durchschnittlich waren die Gefangenen zwei bis drei Monate in Oranienburg inhaftiert, einige wurden bereits nach kurzer Zeit entlassen, andere blieben über ein Jahr in „Schutzhaft". Die meisten Gefangenen kamen aus dem Kreis Niederbarnim und Berlin, im September und Oktober 1933 trafen aber auch Häftlinge aus anderen Lagern (Börgermoor, Lichtenburg und Sonnenburg) in Oranienburg ein.[8]

Nach dem sog. „Röhmputsch" und der Entmachtung der SA übernahm die SS am 4. Juli 1934 das Konzentrationslager Oranienburg. Im Juli 1934 waren SS-Wachmannschaften aus Dachau und Ellwangen eingesetzt. Bis Ende Juli 1934 wurde das Lager dann geschlossen. Es wurde zwar noch fast ein Jahr als „Reservelager" geführt, aber nicht mehr genutzt.[9]

In den 15 Monaten, in denen das Konzentrationslager Oranienburg bestand, wurden insgesamt etwa 3000 Häftlinge hier festgehalten, darunter drei Frauen. Mindestens 16 Häftlinge kamen ums Leben, darunter der Schriftsteller und Anarchist Erich Mühsam, der angeblich Selbstmord beging.[10]

Von den frühen Konzentrationslagern sollte nur Dachau bis zum Ende des „Dritten Reichs" bestehen bleiben und als „Musterlager" eine besondere Rolle einnehmen. Durch die Schließung des Konzentrationslagers Oranienburg war für die Bewohner der märkischen Kleinstadt jedoch die Nachbarschaft mit dem Terror nicht beendet. Im Sommer 1936 wurde im Oranienburger Stadtteil Sachsenhausen ein neues Lager gegründet, und die Inspektion der Konzentrationslager (IKL) leitete von Oranienburg aus das gesamte Lagersystem im Deutschen Reich.[11]

Das Lagergeld des KL Oranienburg

Eine Besonderheit des frühen Konzentrationslagers Oranienburg ist dessen Lagergeld, das bis heute in seiner grafischen Gestaltung als eindrucksvollstes geldgeschichtliches Zeugnis aus der Zeit der deutschen Konzentrationslager anzusehen ist. Eingeführt wurde es im Juli 1933 durch die SA-Lagerleitung, um darüber einen Deckungsbeitrag zu den Unterhaltskosten einzuziehen und um die Fluchtgefahr durch den Entzug gültiger Zahlungsmittel zu verringern.

Anfänglich mußten die einweisenden Stellen (z. B. Behörden oder Kommunen) die Unterhaltskosten für die durch sie eingewiesenen Häftlinge selbst übernehmen. Laut Anordnung des Regierungspräsidenten in Potsdam vom 24. Juni 1933 beliefen sich diese pro Häftling und Tag auf 1,50 RM. Ab 1. August 1933 übernahm dann das Polizeipräsidium in Potsdam die Kosten für Unterbringung und Verpflegung der Häftlinge im Konzentrationslager Oranienburg. Wahrscheinlich wollte man damit auch verhindern, daß Einweisungen aufgrund „finanzieller Belastungen" vermieden würden.

In der Verfügung der Lagerverwaltung zur Einführung des Lagergelds war festgelegt, daß alle Häftlinge ihr mitgeführtes Bargeld abzuliefern hatten. Davon wurden 30% für das Lager einbehalten, der Rest wurde in Lagergeld ausgezahlt. Bei Überweisungen von Geldbeträgen an Häftlinge wurde in gleicher Art und Weise verfahren. Annahmen, die das Lagergeld im Zusammenhang mit Propagandazwecken oder gar einer persönlichen Bereicherung von SA-Führern sehen, sind mehr als fraglich.

Es ist davon auszugehen, daß die Entwürfe für das Oranienburger Lagergeld von dem Rathenower Maler, Bildhauer und Notgeldkünstler Willi Horst Lippert stammen. Bereits in einer 1933 in Karlsbad erschienenen Broschüre mit

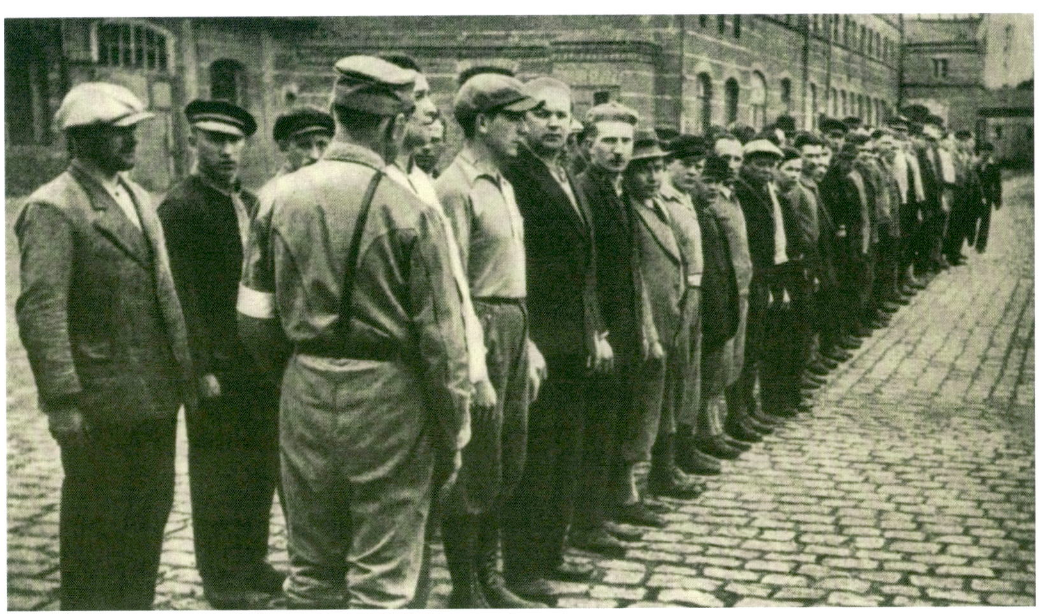

KL Oranienburg, „Schutzhäftlinge" müssen im Hof der ehemaligen Brauerei antreten.
(Aufnahme aus „Deutsche Chronik 1933 – 1945")

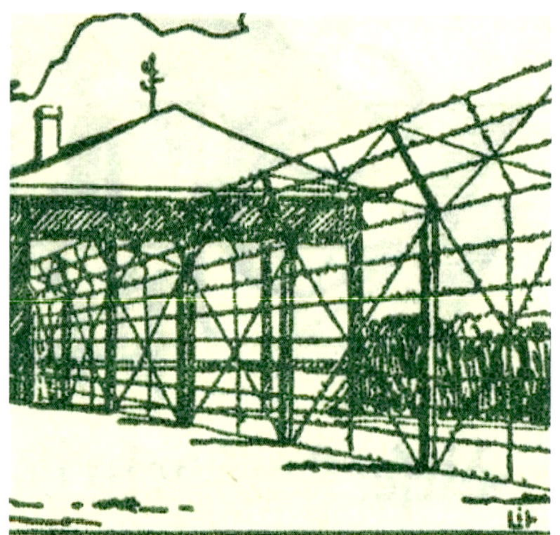

KL Oranienburg, Gutschein über 5 Pfg mit dem Künstlerzeichen „Lit" rechts unten, Detailansicht. (Sammlung Wolfgang Haney, Berlin)

dem Titel „Oranienburg" hatte der ehemalige SPD-Reichstagsabgeordnete Gerhard Seeger, dem nach sechsmonatiger Haft die Flucht aus Oranienburg ins Ausland gelungen war, berichtet, daß die Geldscheine von einem Häftling des Lagers entworfen worden seien, der aus Rathenow im Bezirk Potsdam stammte und Grafiker war. Die Oranienburger Scheine tragen das Künstlerzeichen „Lit", es könnte also aus den beiden Anfangs- und dem Endbuchstaben des Künstlernamens Lippert bestehen.

Daß es sich bei dem Künstler um Willi Horst Lippert handeln dürfte, ist wahrscheinlich, zumal im Sommer 1933 ein „Lippert, Willi" in Oranienburg inhaftiert war. Der 1898 in Rathenow geborene Künstler, der seit seiner „Wandervogelzeit" nur noch „Horsa" genannt wurde, hatte in der Inflationszeit bereits sog. „Serienscheine" entworfen und damit zum Teil sein Studium an der Kunstakademie in Berlin finanziert. So findet sich sein Name „W. H. Lippert" u. a. auf Serienscheinen aus Rathenow, Belgard, Gleiwitz und Stolp. Seine zweiwöchige „Schutzhaft" im Konzentrationslager Oranienburg wurde später als „Versehen" bezeichnet. Willi Horst Lippert ist am 13. November 1981 in Brunsbüttel gestorben.

Für die Gestaltung des Lagergelds verwendete der Künstler Motive aus dem Lagerleben, die so auf keinem anderen Lagergeld und keinen Prämienscheinen von Konzentrationslagern zu finden sind und überhaupt nur in dieser Zeit der „frühen Lager" möglich waren. So zeigt der niedrigste Nennwert einen Stacheldrahtzaun und der höchste einen Gefangenen bei der Arbeit (die Häftlinge des KL Oranienburg wurden auch zu Arbeiten in kommunalem Auftrag herangezogen). Am eindringlichsten aber steht der 50-Pfennig-Schein in Farbe und Darstellung des Reichsadlers, zweier SA-Posten und von Stacheldraht für die Zeit und das Terror-System der nationalsozialistischen Konzentrationslager, weshalb er auch für den Titel dieses Buchs „Das Geld des Terrors" ausgewählt wurde.

Von welcher Firma das Lagergeld für Oranienburg gedruckt wurde, ist leider unbekannt. Vermutungen, es könne sich um die Reichsdruckerei in Berlin handeln, treffen wohl eher nicht zu. Die Reichsdruckerei verwendete kein Papier mit dem Wasserzeichen „Hausmann-Wellen"[13], das zur Herstellung des Lagergelds benutzt wurde. Vielmehr gibt das Wasserzeichen selbst einen wichtigen Hinweis auf die mögliche Druckfirma.

Unbekannt sind auch die Auflagezahlen der Gutscheine. In Anbetracht der Häftlingsbelegung (die höchste Belegung war im August 1933 mit knapp über 900 Häftlingen erreicht), dürfte nur eine Auflage von wenigen Tausend Stück je Nennwert gedruckt worden sein.

Die Gültigkeit der „Gutscheine" war auf das Lager beschränkt. Sie sind wahrscheinlich bis zur Schließung im Juli 1934 umgelaufen und haben danach ihre Gültigkeit verloren.[12]

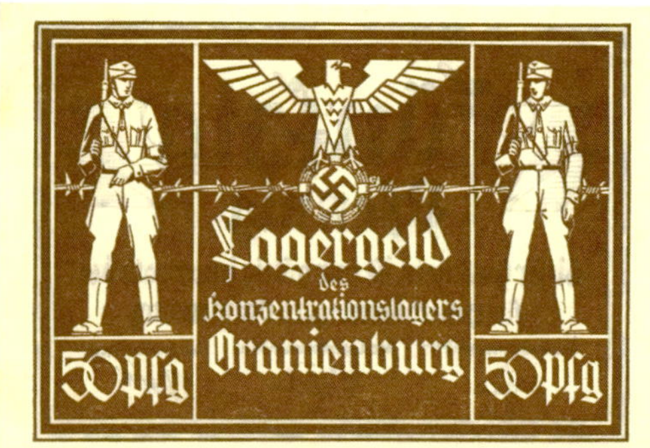

KL Oranienburg, Gutschein über 50 Pfg mit Reichsadler, SA-Posten und Stacheldraht. (Sammlung Wolfgang Haney, Berlin)

Konzentrationslager Oranienburg
Hauptverwaltung

Konten:
Postscheck: Berlin NW 7 Nr. 119808
Stadtsparkasse Oranienburg Nr. 1118
Kreissparkasse Niederbarnim, Nebenstelle E. Oranienburg, Nr. 351
Fernruf:
Oranienburg Sammel-Nr 2811–13

Abtlg.: III/S
Tagebuch-Nr. 295
Betrifft Lagergeld

Oranienburg, den 30. Dezember 1933.
Berliner Straße

Herrn

G. S t e i n m a n n ,

Baumschulenweg.

Hiermit übersenden wir Ihnen gratis zwei Serien Lagergeld und bitten, uns zur Kassenentlastung beigefügte Quittung mit Ihrer Unterschrift versehen zurückzusenden.

2 Serien Lagergeld

1 Quittung.

Konzentrationslager
Oranienburg.
Hauptverwaltung

KL Oranienburg, Brief der Hauptverwaltung zur Überlassung von zwei Serien Lagergeld.
(Sammlung Tom Warburton)

Interessant ist, daß die Hauptverwaltung des Konzentrationslagers Oranienburg seinerzeit schon Lagergeld zu „Sammlerzwecken" überlassen hat. Als Beleg hierzu führen Ray und Steve Feller in ihrem Buch „Silent Witnesses" das oben abgebildete Schreiben vom 30. Dezember 1933 an.[14] Wie der handschriftliche Vermerk samt Signatur des Empfängers aber zeigt, wurde damals ein Satz der zwei zugesandten Serien einem Museum in Buch (später Teil von Pankow im Norden Berlins und unweit von Oranienburg gelegen) überlassen.

Es handelt sich hierbei übrigens um den wahrscheinlich einzigen bekannten Beleg aus einem Konzentrationslager, der die Abgabe von Lagergeld bzw. Prämienscheinen an Privatpersonen dokumentiert. Auch dieser Vorgang war wohl nur in der Zeit der „frühen Lager" möglich, bedenkt man allein die Geheimhaltung, der selbst die Prämienverordnung der SS unterlag.

Ausgehend von der niedrigen Auflage und der heutigen Seltenheit des Oranienburger Lagergelds sind leider auch moderne Fälschungen bekannt geworden, die im Anhang an die Katalogisierung zur Aufklärung und zum Schutze der Sammler aufgeführt werden sollen.

Wegen seiner besonderen Gestaltung und der hieraus resultierenden „Beliebtheit" bei Sammlern wurde der 50-Pfennig-Schein zum bevorzugten Objekt für Fälscher.

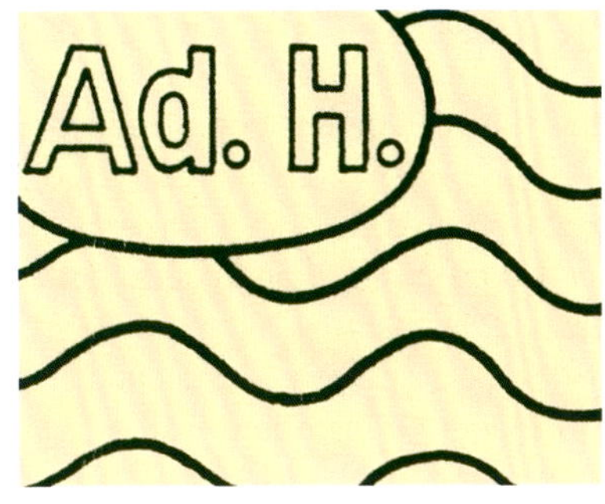

KL Oranienburg, Wasserzeichen „Hausmann-Wellen" (Kurt Lehrke: Deutsche Wertpapierwasserzeichen, Nr. 42).
(Bildarchiv des Verlags)

Anmerkungen:

1) Bernward Dörner, Oranienburg, in: Wolfgang Benz/Barbara Distel (Hrsg.), Der Ort des Terrors, Band 2: Frühe Lager, Dachau, Emslandlager, S. 177 – 178, sowie:
Erich Vormberg, Lagergeldscheine des Konzentrationslagers Oranienburg 1933/1934, in: Der Geldscheinsammler, Ausgabe 7/1993, S. 5.

2) Ausgehend von den anfangs fehlenden „Rechtsgrundlagen" zur Errichtung von Konzentrationslagern, werden die willkürlich und oftmals planlos durch die SA eingerichteten frühen Konzentrationslager auch als „wilde Lager" bezeichnet.

3) Bernward Dörner, Oranienburg, in: Wolfgang Benz/Barbara Distel (Hrsg.), Der Ort des Terrors, Band 2: Frühe Lager, Dachau, Emslandlager, S. 178.

4) Erich Vormberg, Lagergeldscheine des Konzentrationslagers Oranienburg 1933/1934, in: Der Geldscheinsammler, Ausgabe 7/1993, S. 5 – 6.

5) Bernward Dörner, Oranienburg, in: Wolfgang Benz/Barbara Distel (Hrsg.), Der Ort des Terrors, Band 2: Frühe Lager, Dachau, Emslandlager, S. 179, sowie:
Erich Vormberg, Lagergeldscheine des Konzentrationslagers Oranienburg 1933/1934, in: Der Geldscheinsammler, Ausgabe 7/1993, S. 6.

6) Siehe Anmerkung 3), S. 179.

7) Siehe Anmerkung 3), S. 179 – 180.

8) Siehe Anmerkung 3), S. 178 – 179.

9) Siehe Anmerkung 7).

10) Siehe Anmerkung 8).

11) Siehe Anmerkung 3), S. 180.

12) Erich Vormberg, Lagergeldscheine des Konzentrationslagers Oranienburg 1933/1934, in: Der Geldscheinsammler, Ausgabe 7/1993, S. 5 – 9., sowie:
Wilhelm Marquardt, Das Lagergeld des Konzentrationslagers Oranienburg, in: Kulturbund der DDR, Gesellschaft für Heimatgeschichte, Bezirksfachausschuß Numismatik Leipzig (Hrsg.), Numismatisches Jahrbuch – Arbeitskreis Notgeld 1982, sowie:
Wilhelm Marquardt, Weitere Erkenntnisse zum Bericht „Lagergeld im Konzentrationslager Oranienburg", in: Kulturbund der DDR, Gesellschaft für Heimatgeschichte, Zentraler Fachausschuß Numismatik (Hrsg.), Numismatische Hefte 28/1985, sowie:
Albert Pick/Carl Siemsen, Das Lagergeld der Konzentrationslager und D.P.-Lager 1933 – 1947, S. 18 – 19.

13) Kurt Lehrke, Deutsche Wertpapierwasserzeichen, Abbildungen, Tafel 2.

14) Ray Feller/Steve Feller, Silent Witnesses: Civilian Camp Money of World War II, S. 24.

Lagergeld des KL Oranienburg

1.13.1 Gutscheine von 1933

Das sich versetzt wiederholende Wasserzeichen zeigt das Kürzel „Ad. H." und Wellen.

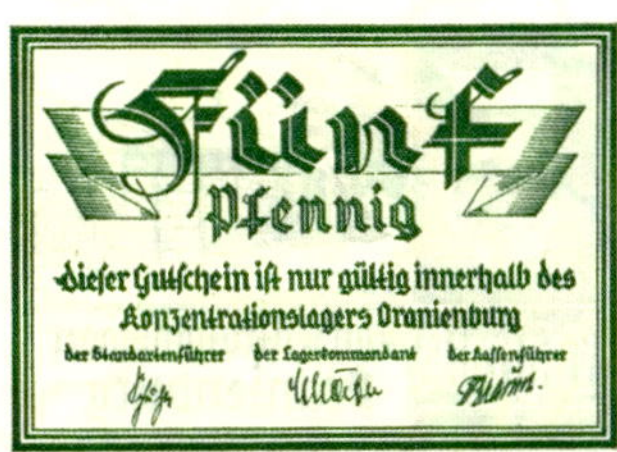

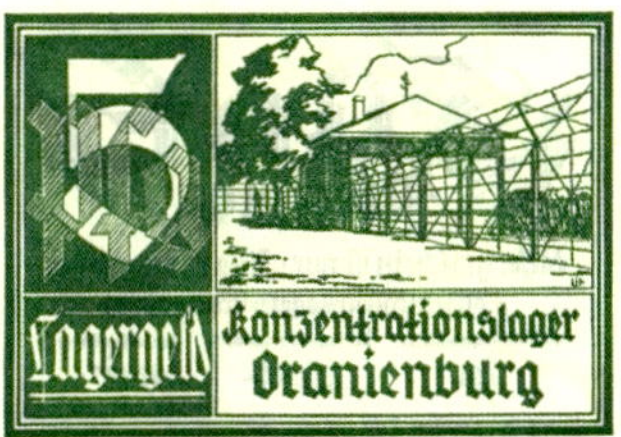

(Or 1b, Sammlung Wolfgang Haney, Berlin)

Or 1 **5 Pfennig**
PS 1
Vs: Wertbezeichnung, Gültigkeitsvermerk und Faksimile-Unterschriften
Rs: Baracke und Lagerzaun

Entwurf:	H. W. Lippert	Format:	ca. 95 mm x 70 mm
Umlauf bis:	Juli 1934	Wz:	Hausmann-Wellen
Druck:	unbekannt	KN:	ohne

Datum	Auflage			
o.D. (06/1933)	unbekannt	**a)**	mit Wz Hausmann-Wellen, Druck in Dunkelgrün	RR
		b)	wie a), doch Druck in Grün	RR

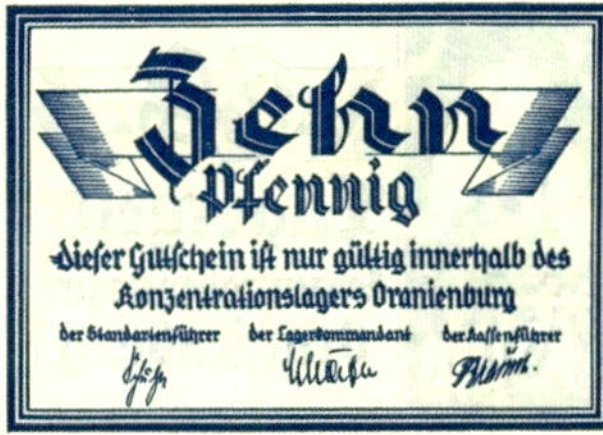

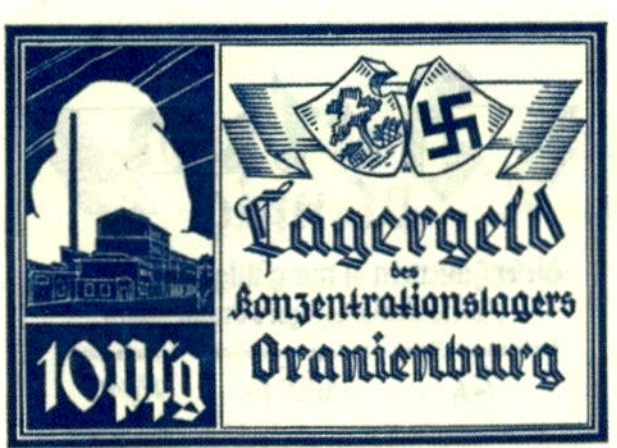

(Or 2b, Sammlung Wolfgang Haney, Berlin)

Or 2 **10 Pfennig**
PS 2
Vs: Wertbezeichnung, Gültigkeitsvermerk und Faksimile-Unterschriften
Rs: Gebäude der ehemaligen Brauerei und Banderole mit Wappen (links Oranienburg)

Entwurf:	H. W. Lippert	Format:	ca. 95 mm x 70 mm
Umlauf bis:	Juli 1934	Wz:	mit und ohne Hausmann-Wellen
Druck:	unbekannt	KN:	ohne

Datum	Auflage			
o.D. (06/1933)	unbekannt	**a)**	mit Wz Hausmann-Wellen, Druck in Dunkelblau	RR
		b)	wie a), doch Druck in Blau	RR
		c)	ohne Wz	RR

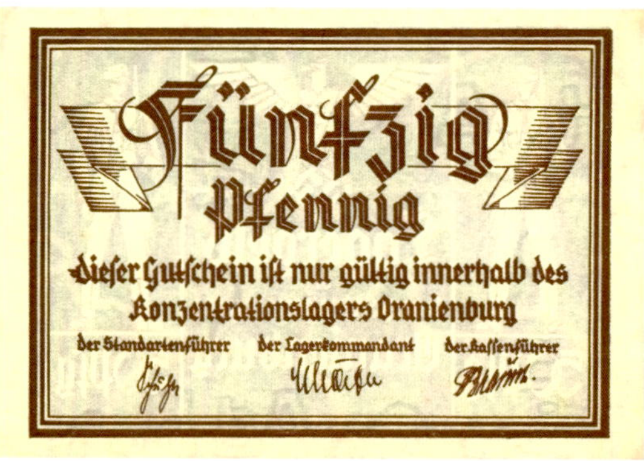

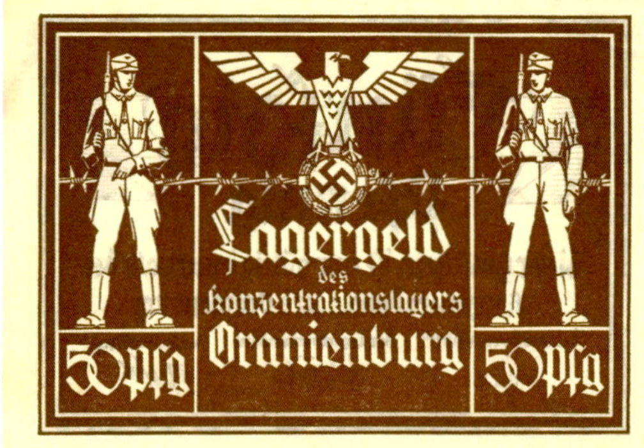

(Or 3b, Sammlung Wolfgang Haney, Berlin)

Or 3 **50 Pfennig**
PS 3 Vs: Wertbezeichnung, Gültigkeitsvermerk und Faksimile-Unterschriften
Rs: links und rechts SA-Posten, mittig Reichsadler und Stacheldraht

Entwurf:	H. W. Lippert	Format:	ca. 140 mm x 95 mm
Umlauf bis:	Juli 1934	Wz:	Hausmann-Wellen
Druck:	unbekannt	KN:	ohne

Datum	**Auflage**			
o.D. (06/1933)	unbekannt	**a)**	mit Wz Hausmann-Wellen, Druck in Dunkelbraun	RR
		b)	wie a), doch Druck in Braun	RR

Für den 50-Pfennig-Schein werden bei Feller/Feller zwei Varianten angegeben:
a) mit „Konzentrationslagers“ und **b)** mit „Konzentrationslayers“.
Die zweite „Variante“ resultiert aus einem Plattenfehler und war nicht beabsichtigt. Durch braune Farbe am oberen Ende des „g“ (siehe den abgebildeten Schein) wurde der Buchstabe unterbrochen und es entsteht der Eindruck, als handle es sich um ein „y“.

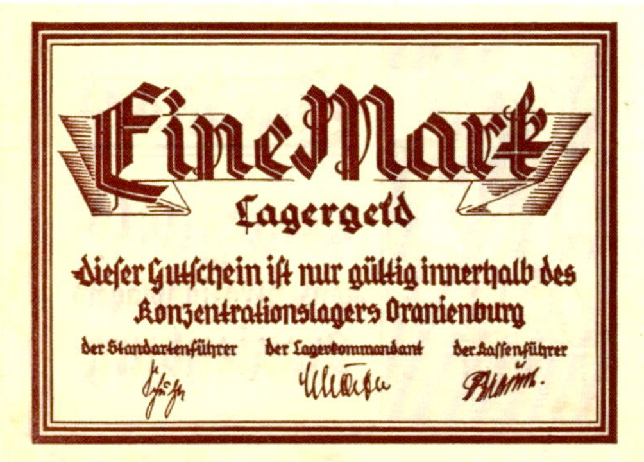

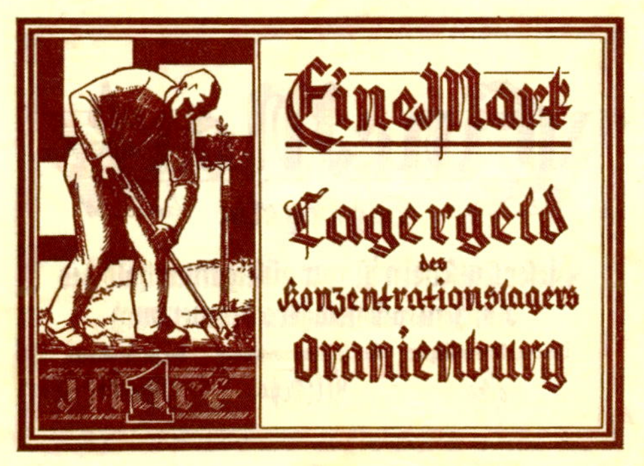

(Or 4b, Sammlung Wolfgang Haney, Berlin)

Or 4 **1 Mark**
PS 4 Vs: Wertbezeichnung, Gültigkeitsvermerk und Faksimile-Unterschriften
Rs: links Häftling mit Spaten beim Umgraben

Entwurf:	H. W. Lippert	Format:	ca. 140 mm x 95 mm
Umlauf bis:	Juli 1934	Wz:	Hausmann-Wellen
Druck:	unbekannt	KN:	ohne

Datum	**Auflage**			
o.D. (06/1933)	unbekannt	**a)**	mit Wz Hausmann-Wellen, Druck in Schwarzbraun	RRR
		b)	wie a), doch Druck in Rotbraun	RRR

Direkter Farbvergleich der unterschiedlichen Ausführungen des Oranienburger Lagergelds mit Wasserzeichen (Abbildungen in je 45% der Originalgröße):

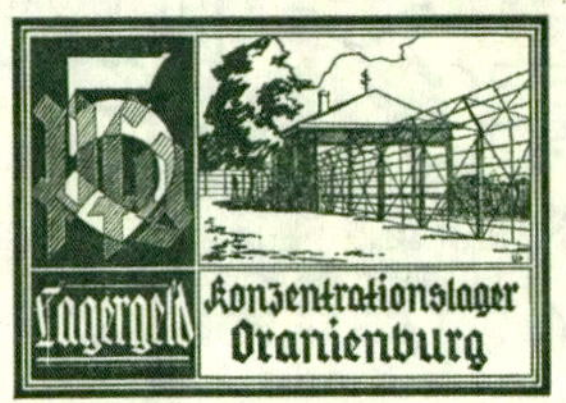

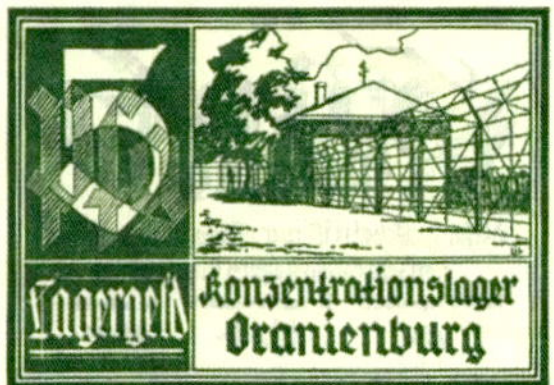

(Or 1a, Hans Worbes, Berlin / Or 1b, Sammlung Wolfgang Haney, Berlin)

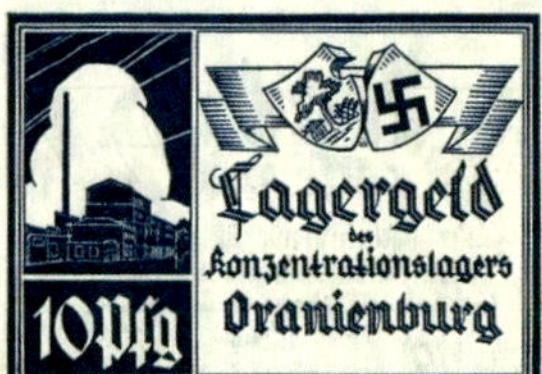

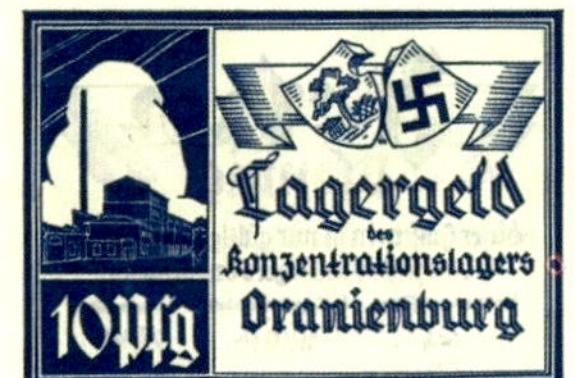

(Or 2a, Hans Worbes, Berlin / Or 2b, Sammlung Wolfgang Haney, Berlin)

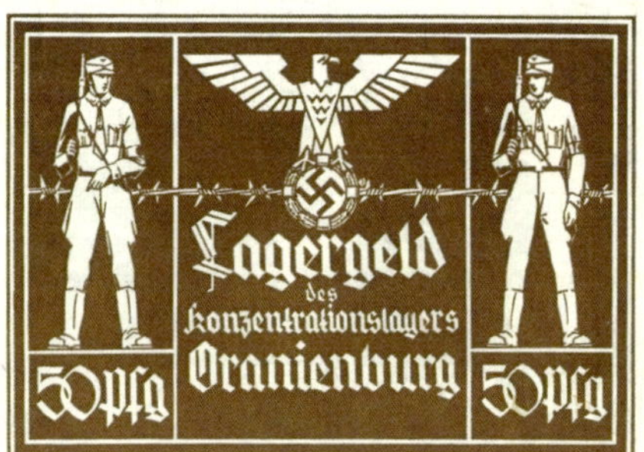

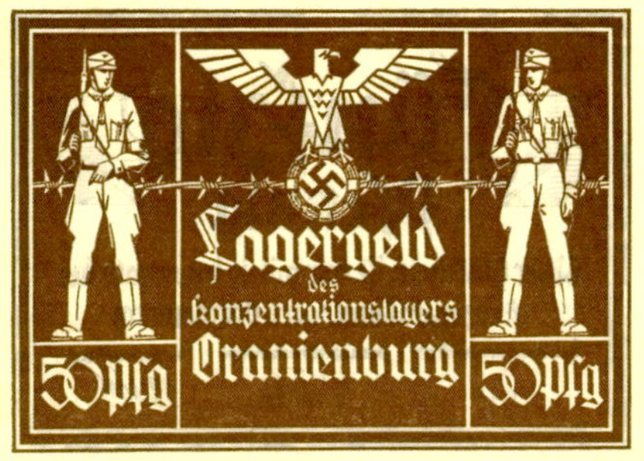

(Or 3a, Hans Worbes, Berlin / Or 3b, Sammlung Wolfgang Haney, Berlin)

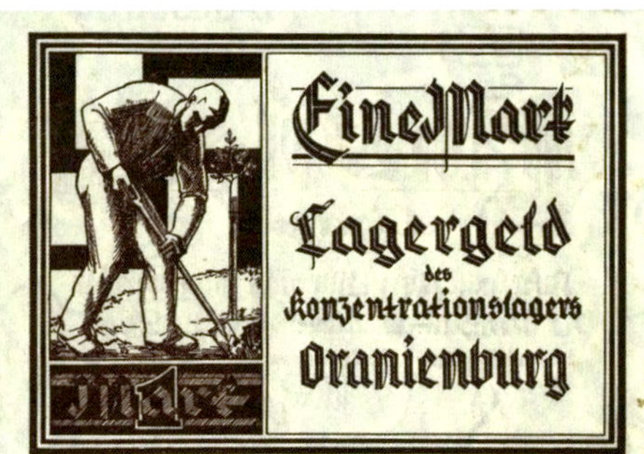

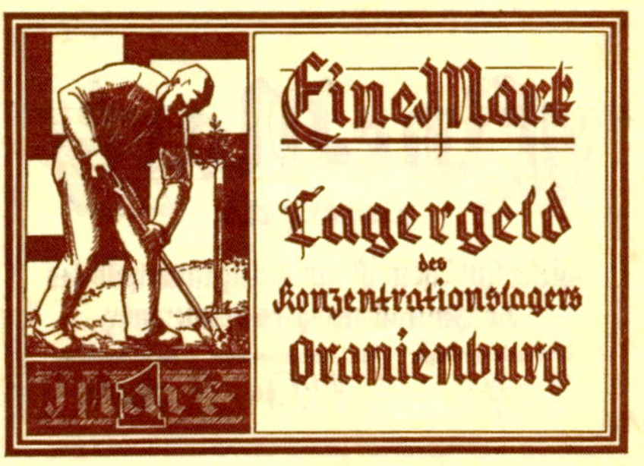

(Or 4a, Hans Worbes, Berlin / Or 4b, Sammlung Wolfgang Haney, Berlin)

1.14 Ravensbrück

Brandenburg

Frauenkonzentrationslager

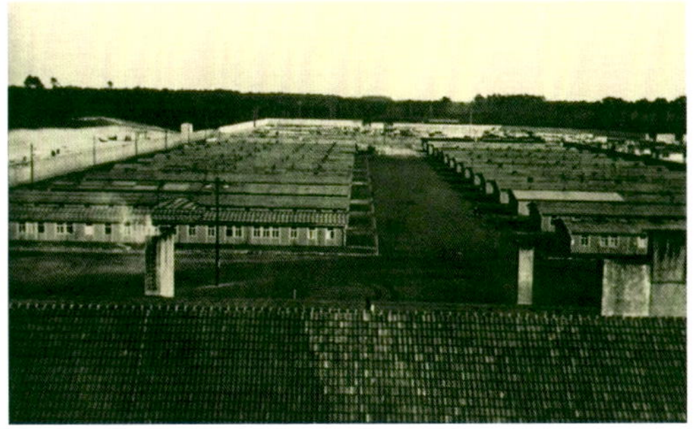

FKL Ravensbrück, Baracken des Frauenlagers mit Lagerstraße 1 von der Kommandantur aus.
(Foto: SS-Propaganda-Album 1940/1941, Sammlung Mahn- und Gedenkstätte Ravensbrück)

Zur Geschichte des Lagers

Mit dem Konzentrationslager Ravensbrück entstand das einzige große „Schutzhaftlager" für Frauen auf deutschem Reichsgebiet vor Ausbruch des Zweiten Weltkriegs.[1] Als Standort hatte sich die SS das kleine preußische Grenzdorf Ravensbrück ausgesucht, in unmittelbarer Nachbarschaft zum damals mecklenburgischen Luftkurort Fürstenberg/Havel. Ausschlaggebend für die Ortswahl war die verkehrstechnische Anbindung an die Eisenbahnstrecke Berlin – Stralsund/Rostock, an die Reichsstraße 96 und an den Wasserweg über die Havel bis nach Berlin, bei gleichzeitiger Abgeschiedenheit hinter dem Schwedtsee. Der Aufbau des Lagers erfolgte u. a. durch 350 bis 500 männliche Häftlinge des KL Sachsenhausen im Frühjahr 1939. Am Aufbau waren aber auch zahlreiche private Baufirmen beteiligt.[2]

In einem Schreiben der Geheimen Staatspolizei Berlin (Gestapo) vom 2. Mai 1939 wurde allen Staatspolizeileitstellen sowie den Führern der SS-Totenkopfstandarten und Kommandanten der Konzentrationslager mitgeteilt, daß ab dem 15. Mai 1939 die Verlegung des FKL (Frauen-Konzentrationslagers) Lichtenburg nach Ravensbrück erfolgt. Nach der Verlegung der Frauen aus Lichtenburg verzeichnete die Stärkemeldung vom 21. Mai 1939 für Ravensbrück 974 registrierte Häftlinge.[3] Aus Lichtenburg kamen aber auch weibliche Aufseherinnen, die hier ihre „Ausbildung" für das FKL Ravensbrück erhalten hatten.[4]

Bereits im Juli 1939 sah ein zweiter SS-Haushaltsplan eine Belegung mit 3000 weiblichen Häftlingen vor, und bis 1940 umfaßte das Lagergelände ein Areal von 45 000 m², die von einer vier Meter hohen und mit elektrisch geladenem Stacheldraht gesicherten Mauer umgeben war.[5]

Schon bald trafen neue Transporte ein, so Ende Juni 1939 mit 440 Frauen und Kindern aus dem Burgenland und, nach dem Kriegsausbruch, am 23. September 1939 mit den ersten 23 polnischen Frauen, die in der gesamten Lagergeschichte mit insgesamt etwa 40 000 Häftlingen, die größte Gruppe stellen sollten.[6]

Im Januar 1940 inspizierte der Reichsführer SS, Heinrich Himmler, das FKL Ravensbrück.

Bereits im Juni 1940 wurde die für 3000 Häftlinge geplante Aufnahmekapazität überschritten.[7]

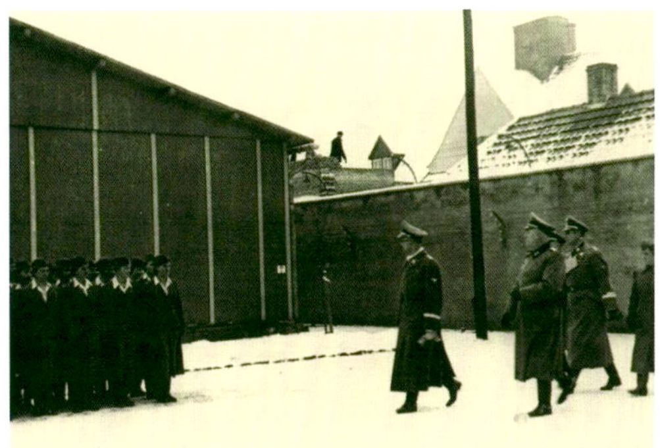

FKL Ravensbrück, Besuch des Reichsführers SS, Heinrich Himmler, im Januar 1940 (vor angetretenen Aufseherinnen). Hinter Himmler der damalige Lagerdirektor Max Koegel.
(Foto: SS-Propaganda-Album 1940/1941, Sammlung Mahn- und Gedenkstätte Ravensbrück)

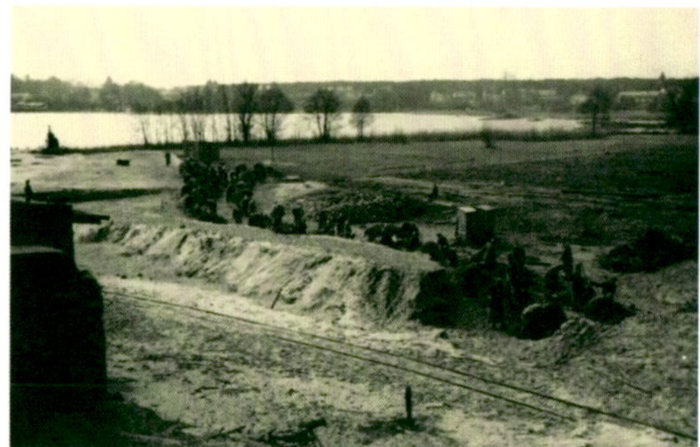

FKL Ravensbrück, Baukommando weiblicher Häftlinge bei Erdarbeiten am Schwedtsee.
(Foto: SS-Propaganda-Album 1940/1941, Sammlung Mahn- und Gedenkstätte Ravensbrück)

In den folgenden Jahren sollte das Lager ständig erweitert werden, u. a. um das sog. „Neue Lager". 1941 wurde der Verwaltung des Frauenlagers ein neu errichtetes Männerlager unterstellt und 1942 kam das Jugend-Lager „Uckermark" hinzu.[8)]
Wurden anfangs viele Häftlinge noch für Arbeiten zur Erweiterung des Lagers und für den Lagerbetrieb selbst eingesetzt, so bildete die Arbeit in SS-eigenen Betrieben und in der Landwirtschaft ab Mitte 1940 den Schwerpunkt bei der Stellung von Arbeitskommandos.[9)]
In den SS-Werkstätten, die im sog. „Industriehof" angesiedelt waren, verrichteten die Häftlinge vornehmlich „typische Frauenarbeiten". So stellten sie u. a. auch Häftlingskleidung her.[10)]
Am 21. Juni 1940 wurde in Ravensbrück die „Gesellschaft für Textil- und Lederverwertung m.b.H." (Texled) als viertes großes SS-Unternehmen gegründet.[11)] Bereits bestehende Werkstätten wurden dem neuen Betrieb unterstellt.[12)]
Besonders schwer mußten die Frauen in den Schneidereien, in der Rohrmattenflechterei und der Weberei arbeiten.[13)]
Zur Texled gehörte auch eine Angorakaninchenzucht, eine Kürschnerei und eine Strohschuhflechterei.[14)] Die Kaninchenzucht sollte Felle für die Ausfütterung von Unformen liefern, wurde aber 1943 unrentabel. In der Kürschnerei wurden zu diesem Zweck immer mehr Felle von gebrauchter Kleidung verwendet. Auch die Strohschuhflechterei verlor nach dem Desaster von Stalingrad an Bedeutung, da die bei der Wehrmacht eingesetzten Strohschuhe dem russischen Winter nicht trotzen konnten. Die Bilder von halberfrorenen deutschen Soldaten der 6. Armee, von denen etliche klobige Strohschuhe trugen, mit denen sie ihren Marsch in die Gefangenschaft und – für die meisten von ihnen – in den Tod angetreten haben, sind um die Welt gegangen und bis heute unvergessen.[15)]
1942 wurde ein Hallenkomplex errichtet, der für eine großangelegte Verarbeitung von „Alttextilien", zu denen auch die Kleidung von ermordeten Menschen aus den Vernichtungslagern zählte, vorgesehen war. Kriegsverlauf und Mangel an Maschinen sorgten dafür, daß hier wohl nur noch die Weberei und die Schneiderei in Betrieb ging. Hergestellt wurden Häftlingsbekleidung und SS-Uniformen.[16)]
Neben der Texled beschäftigte auch die SS-eigene „Deutsche Versuchsanstalt für Ernährung

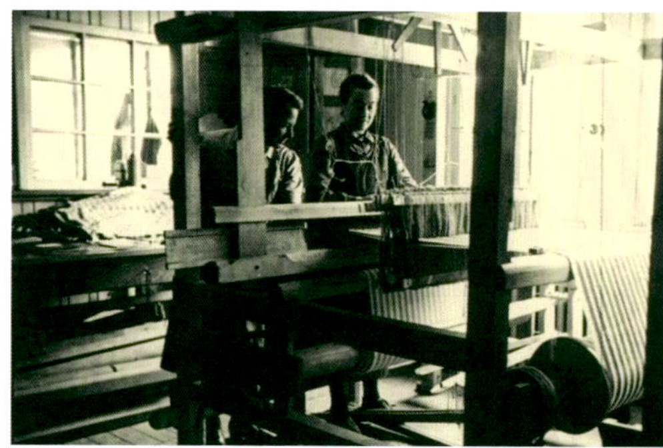

FKL Ravensbrück, Häftlinge in der Weberei bei der Herstellung von „Zebra-Stoff" für Häftlingskleidung.
(Foto: SS-Propaganda-Album 1940/1941, Sammlung Mahn- und Gedenkstätte Ravensbrück)

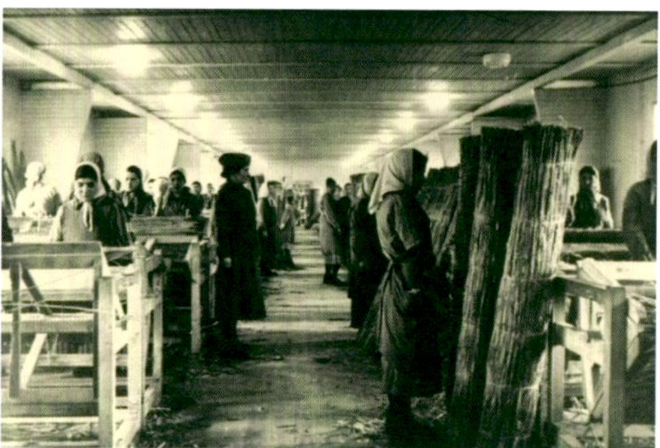

FKL Ravensbrück, Häftlingsarbeit in der Rohrmattenflechterei.
(Foto: SS-Propaganda-Album 1940/1941, Sammlung Mahn- und Gedenkstätte Ravensbrück)

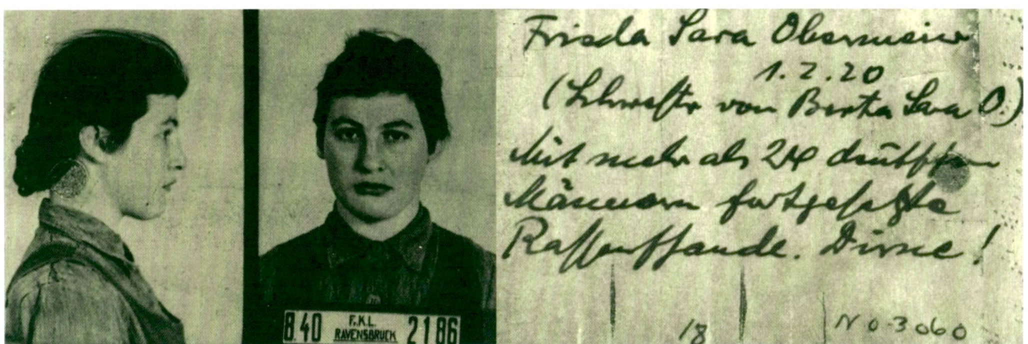

FKL Ravensbrück, Foto und Eintrag aus der Häftlingskartei. Der Jüdin Frieda Sara Obermeier wurde fortgesetzte Rassenschande mit mehr als 24 deutschen Männern vorgeworfen („Dirne!"). Sie wurde am 1.4.1942 im Rahmen der Aktion „14 f 13" in Bernburg vergast. (Sammlung Wolfgang Haney, Berlin)

und Verpflegung" (DVA) weibliche Häftlinge in Ravensbrück. Urspüngliche Zielsetzung der DVA war der Anbau heimischer Kräuter für die Herstellung von Heilmitteln. Häftlinge bewirtschafteten den ehemaligen Gutshof Ravensbrück und ab 1942 eine neue Gärtnerei, eine Geflügelzucht sowie 1943 einen Forst.[17]

Ausgehend von der Arbeitskräftesituation in der Kriegswirtschaft wurden weibliche Häftlinge auch für die Rüstungsindustrie immer bedeutender. In der Nähe des Lagerkomplexes entstanden Werkstätten der Firma Siemens & Halske, in denen Häftlinge ab August 1942 arbeiteten.[18]

War Ravensbrück von 1939 bis Anfang 1942 ein „Musterlager" für Frauen gewesen, in dem bis zum Schluß auch Aufseherinnen für andere Konzentrationslager ausgebildet wurden, so wurde es mit dem Beginn des „totalen Kriegs" 1943 durch die Gründung immer neuer Außenlager nicht nur zum „Stammlager", sondern auch zur Drehscheibe und Durchgangsstation für weibliche Häftlinge aus ganz Europa.[19]

Wie die Konzentrationslager für Männer, so war auch das Frauen-Konzentrationslager Ravensbrück nicht nur ein Ort, an dem Häftlinge Zwangsarbeit für die SS und die deutsche Kriegswirtschaft leisten mußten, es war auch ein Ort des Terrors und des Todes. Allein im Rahmen der Tötungsaktion „14 f 13", die dem „Euthanasieprogramm" folgte, sollen nach Häftlingsaussagen insgesamt 1600 Frauen, darunter 700 bis 800 jüdische Häftlinge, 1942 in der Gaskammer der Heil- und Pflegeanstalt Bernburg/Saale ermordet worden sein. Im April 1943 wurde in Ravensbrück ein eigenes Krematorium und Ende 1944 sogar eine provisorische Gaskammer in Betrieb genommen, in der ab Januar 1945 etwa 5000 Häftlinge ums Leben kamen, davon 104 aus dem Männerlager. Die SS bemühte sich, den Verbleib der vergasten Häftlinge durch nachträglich erstellte Transportlisten in das „Schonungslager Mittwerda" zu verschleiern.[20]

Andere Forschungen gehen von 2300 bis 2400 vergasten Häftlingen aus.[21]

Von Anfang an hatte die sprichwörtliche deutsche Bürokratie die Geschichte der Konzentrationslager und damit auch die Verwaltung von Häftlingen, Zwangsarbeit und Tod begleitet. So manche Transportliste erinnert bis heute an die Namen von Häftlingen und deren Leid.

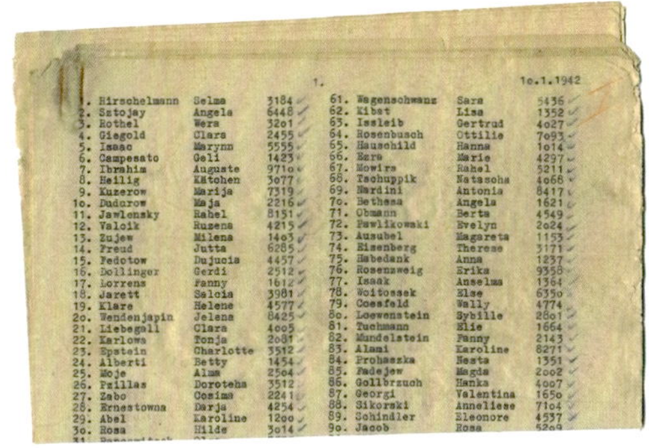

1. 10.1.1942

1.	Hirschelmann	Selma	3184	61.	Wagenschwanz	Sara	5436
2.	Sztojay	Angela	6448	62.	Kibet	Lisa	1352
3.	Rothel	Wera	32o1	63.	Issleib	Gertrud	4o27
4.	Giegold	Clara	2455	64.	Rosenbusch	Ottilie	7o93
5.	Isaac	Marynn	5555	65.	Hauschild	Hanna	1o14
6.	Campesato	Geli	1423	66.	Esra	Marie	4297
7.	Ibrahim	Auguste	971o	67.	Mowirs	Rahel	5211
8.	Heilig	Kätchen	3o77	68.	Tschuppik	Natascha	4o68
9.	Kuzerow	Marija	7319	69.	Nardini	Antonia	8417
1o.	Dudurow	Maja	2216	7o.	Bethesa	Angela	1621
11.	Jawlensky	Rahel	8151	71.	Obmann	Berta	4549
12.	Valcik	Ruzena	4215	72.	Pawlikowski	Evelyn	2o24
13.	Zujew	Milena	14o3	73.	Ausubel	Magareta	1153
14.	Freud	Jutta	6285	74.	Eisenberg	Therese	3171
15.	Fedotow	Dujucia	4457	75.	Habedank	Anna	1237
16.	Dollinger	Gerdi	2512	76.	Rosenzweig	Erika	9358
17.	Lorrens	Fanny	1612	77.	Isaak	Anselma	1364
18.	Jarett	Salcia	3981	78.	Woitossek	Else	635o
19.	Klare	Helene	4577	79.	Coesfeld	Wally	4774
2o.	Wendenjapin	Jelena	8425	8o.	Loewenstein	Sybille	28o1
21.	Liebegall	Clara	4oo5	81.	Tuchmann	Elie	1664
22.	Karlowa	Tonja	2o81	82.	Mundelstein	Fanny	2143
23.	Epstein	Charlotte	3512	83.	Alami	Karoline	8271
24.	Alberti	Betty	1454	84.	Prohaszka	Nesta	1351
25.	Moje	Alma	25o4	85.	Fadejew	Magda	2oo2
26.	Pzillas	Dorotehs	3512	86.	Gollbrzuch	Hanka	4oo7
27.	Zabo	Cosima	2241	87.	Georgi	Valentina	165o
28.	Ernestowna	Darja	4254	88.	Sikorski	Anneliese	71o4
29.	Abel	Karoline	12oo	89.	Schindler	Eleonore	4537
3o.	Rosa	Hilde	3o14	9o.	Jacob	Rosa	52o9

FKL Ravensbrück, Transportliste vom 10.1.1942. (Sammlung Wolfgang Haney, Berlin)

Ravensbrück, den 4. Dezember 1944.

Sehr geehrte Frau M ü l l e r !

Ihre Tochter, Maria Müller geb. 16.2.1909 Zeilsheim, meldete sich am 25.8.1944 krank und wurde daraufhin unter Aufnahem im hiesigen Krankenhaus in ärztliche Behandlung genommen. Es wurde ihr die bestmöglichste medikamentöse und pflegerische Behandlung zuteil. Trotz aller angewandten ärztlichen Bemühungen gelang es nicht, der Krankheit Herr zu werden.

Ich spreche Ihnen zu diesem Verlust mein Beileid aus. Ihre Tochter hat keinen letzten Wunsch geäußert.

Ich habe die Gefangeneneigentumsverwaltung meines Lagers angewiesen den Nachlass an den erbberechtigten Empfänger zu senden.

SS-Sturmbannführer sf-

FKL Ravensbrück, Benachrichtigung über den Tod des Häftlings Maria Müller an deren Mutter vom 4.12.1944.

(Sammlung Wolfgang Haney, Berlin)

Auf der vorigen Seite ist eine Todesnachricht an die Mutter einer „Ravensbrückerin“ abgebildet, die den Eindruck erwecken soll, dem infolge Krankheit verstorbenen Häftling wäre die bestmögliche medizinische Versorgung gewährt worden. Dabei konnte es nicht einmal als sicher gelten, ob der Häftling tatsächlich an einer Krankheit gestorben war oder an den Folgen von Hunger, Zwangsarbeit, medizinischen Versuchen, Mord oder Mißhandlung, auch wenn diese in Ravensbrück offiziell verboten war. Korrekt nach Vorschrift wird abschließend darauf hingewiesen, daß der Nachlaß der „verstorbenen“ Frau durch die Gefangeneneigentumsverwaltung an den erbberechtigten Empfänger gesandt wird. Dieser war in der Regel in der Häftlingskartei vermerkt.
Zum Eigentum des Häftlings gehörte – wie in allen anderen Lagern auch – neben privater Kleidung, sonstiger Habe und Wertgegenständen, die in der Effektenkammer aufbewahrt wurden, auch das Eigengeld.
Die letzten Monate des Lagers waren chaotisch. Aus Auschwitz und anderen östlichen Lagern kamen immer mehr Evakuierungstransporte an, so daß Anfang 1945 die höchste Zahl von Häftlingen erreicht wurde. Ende Januar 1945 sollen über 46 000 weibliche und mehr als 7800 männliche Häftlinge in Ravensbrück und seinen 70 Außenlagern registriert gewesen sein, und im Februar kamen noch einmal 11 000 Häftlinge aus anderen Lagern hinzu.[22]
Die völlige Überfüllung des Lagers führte neben der Reduzierung der Verpflegung zu katastrophalen hygienischen Bedingungen, die schließlich eine Typhusepidemie auslösten, die zahlreiche Opfer forderte.[23]
Im geräumten Jugend-Lager wurden arbeitsunfähige Frauen untergebracht, die in ständiger Angst vor Selektion und Tötung in der „Todeszone Uckermark“ um ihr Überleben kämpften. Etwa 5000 Frauen wurden in den letzten Monaten im sog. „Zelt“ zusammengepfercht, in dem ebenfalls Selektionen stattfanden.[24]
Kurz vor Kriegsende wurden schließlich 7500 Frauen mit Hilfe des Internationalen, des Schwedischen und des Dänischen Roten Kreuzes in die Schweiz und nach Schweden gebracht.[25]
Als am 27. April 1945 mit der Räumung des Lagers begonnen wurde, sollen sich hier noch 18 000 bis 30 000 Häftlinge befunden haben, die in Kolonnen auf die sog. „Todesmärsche“ Richtung Nordwesten getrieben wurden, über deren Opfer keine Zahlen vorliegen. Die letzte Kolonne setzte sich am 28. April 1945 gegen 14 Uhr in Marsch. Am 29. April verließen die letzten SS-Angehörigen des Lager, schalteten Wasser und Strom ab, und verschlossen das Lagertor. Nur 2000 bis 3000 kranke und nicht marschfähige Häftlinge sowie einige Ärztinnen und Pflegerinnen ließ man im Lager zurück.[26] Große Teile der Verwaltungsregistratur, von Personalakten und der im Revier geführten Krankenkartei waren vernichtet worden.[27]
Am 30. April 1945 erreichte ein sowjetisches Vorauskommando das Lager, dem am 1. Mai Truppen der 49. Armee der II. Weißrussischen Front folgten. Unter Leitung von Major Bulanow wurde mit den verbliebenen Ärztinnen und Pflegerinnen ein Lazarett eingerichtet, dennoch starben zahlreiche Frauen noch in den Tagen nach ihrer Befreiung an den Folgen der Lagerhaft. Frauen und Mädchen aus Fürstenberg wurden zur Krankenpflege und Leichenbestattung zwangsverpflichtet.[28]
Wegen der komplizierten Quellenlage kann heute die Gesamtzahl der Häftlinge und Opfer von Ravensbrück nur geschätzt werden. Es wird von etwa 132 000 Frauen und Kindern sowie 20 000 Männern und 1000 Jugendlichen ausgegangen, die zwischen 1939 und 1945 durch Ravensbrück und dessen Nebenlager gegangen sind. Nach Aussagen von Häftlingen soll die fortlaufende Numerierung registrierter Häftlinge bis Ende April 1945 fortgeführt worden sein und bei etwa 123 000 geendet haben.[29]
Deutlich schwieriger gestalteten sich Schätzungen zur Zahl der Opfer. Zu berücksichtigen sind hier auch Exekutionen, die ab Februar 1941 stattfanden. So soll das internationale Komitee der ehemaligen Häftlinge von Ravensbrück die Gesamtzahl der Opfer mit 92 000 eingeschätzt haben. Eine Zahl, die von Wanda Kiedrzyńska in einer Studie von 1961 einfach übernommen wurde.[30] Diese Zahl beruht aber in Wirklichkeit auf

einer oberflächlichen Bilanz der britischen Anklage im Hamburger Prozeß von 1946/1947, bei der weder Tausende von überlebenden Frauen in Außenlagern noch die kurz vor Kriegsende entlassenen Häftlinge und die mit den „Weißen Bussen" des Roten Kreuzes aus dem Lager befreiten Frauen berücksichtigt wurden. Ausgehend von Eintragungen beim Standesamt Ravensbrück, von Aufzeichnungen und Schätzungen überlebender Funktionshäftlinge sowie einer Sterblichkeitsstatistik des WVHA der SS vom August 1943 wird heute die Opferzahl auf etwa 28 000 geschätzt.[31] Rund 13 000 Opfer konnten bis heute namentlich nachgewiesen werden.[32]

Nachdem die letzten Häftlinge Ravensbrück im Sommer 1945 verlassen hatten, besetzte die Rote Armee den gesamten Lagerkomplex. Im Häftlingslager wurden bis zum Abzug der sowjetischen Truppen 1993 Soldaten untergebracht. Die ehemaligen Wirtschaftsgebäude und Fabrikhallen nutzte die Rote Armee als Werkstätten, Depots und Garagen. Die Häftlingsbaracken hatten die Sowjets in den Jahren nach dem Krieg abgebaut und an Flüchtlinge und Vertriebene aus dem deutschen Osten verkauft, die in der Region „gestrandet" waren und in den von ihnen erworbenen und wieder aufgebauten Baracken teils noch viele Jahre und Jahrzehnte lebten.[33] In den ehemaligen SS-Villen quartierten sich sowjetische Offiziere mit ihren Familien ein.

Zwangsarbeit in Häftlingsbordellen

Wenn man sich mit dem Frauenkonzentrationslager Ravensbrück beschäftigt und darüberhinaus auch mit der Prämienvorschrift der SS, in der zur „Motivation" der überwiegend männlichen Häftlinge in den Konzentrationslagern des NS-Regimes auch die Errichtung von Häftlingsbordellen eine große Rolle spielte, so kommt man an dem Schicksal zahlreicher Frauen aus Ravensbrück nicht vorbei, die in den sog. „Sonderbauten" der Männerlager zur Prostitution gezwungen wurden. Viele von ihnen meldeten sich sogar freiwillig, da ihnen eine Entlassung nach sechsmonatigem „Sonderkommando" in Aussicht gestellt wurde. Eine Hoffnung, die sich für kaum eine „Bordellfrau" erfüllte. Auf das Thema der Lagerbordelle und der Nutzung von Prämienscheinen für Bordellbesuche wurde schon ausführlich in der Einleitung eingegangen, dennoch sollen an dieser Stelle einige Erinnerungen von Zeitzeugen aus Ravensbrück die Betrachtungen vertiefen.

Krystyna Razińska war nach dem Warschauer Aufstand 1944 nach Ravensbrück gekommen und berichtete 1985, wie es ihr gelang, dem Bordelleinsatz zu entgehen: *„Sie haben uns aus den Baracken herausgeschmissen. Das war am Abend und man befahl uns, sich ganz auszukleiden. ... Es standen ungefähr drei Bänke und etwa vier SS-Männer, Offiziere, saßen da ... Und wir mußten nackt vor ihnen, mit einer Handbreit Abstand ... eine vor der anderen, einzeln vorbei marschieren. Und viele jungen Mädchen wurden ausgewählt. Danach haben wir erfahren ..., dass es für die Freudenhäuser war. ... Wir hörten nichts mehr von ihnen. ... Also haben ältere Frauen den jüngeren eine Brille gegeben, oder sie hießen sie, sich zu krümmen ..., um als Tolpatsch vorbeizugehen. Ich habe sogar geschielt ... und bin so vorbeigegangen."*[34]

Zum Bordelleinsatz und „Verdienst" weiblicher Häftlinge aus Ravensbrück äußerte sich Elisabeth Lynhard am 5. Mai 1945 in Dresden: *„In den Jahren 1942/1944 wurden oftmals im Lager befindliche Strassenmädchen und solche, die sich freiwillig meldeten, für Bordelle ausgesucht. Sie wurden vom Arzt und Kommandanten ausgesucht, gingen auf Transport, die „Besten" für die SS und Offiziere, die schlechtere Qualität für Gefangene. Ein solcher Transport von 10 Dirnen kam im Jahre 1943 nach 3monatiger Tätigkeit ins Lager zurück und brachte einen „Verdienst" von ca. 3000.– Mark mit. Die Frauen hatten verschiedene Einnahmen gemacht, zwischen 75 – 500.– Mark. Damit sie dem Gewerbe der Unzucht nicht mehr nachgehen konnten, hatte man sie ins Lager gesperrt, um sie nach einiger Zeit der Unzucht wieder zuzuführen. Schöne Moral!"*[35]

Stellvertretend für die „Bordellfrauen" aus Ravensbrück soll hier der Schicksalsweg von Margarete W. nachgezeichnet werden. Sie war 1918 als Tochter eines Kraftfahrers und späteren SA-Manns in Güstrow geboren worden, lernte Wäscherin und arbeitete als Landarbeiterin. Am

24. November 1939 wurde Haftbefehl gegen sie erlassen, weil sie ein Verhältnis mit einem Halbjuden im Nachbarort hatte und sich nicht von einem Bewacher polnischer Arbeiter „anmachen" lassen wollte. Sie kam zuerst ins Gefängnis nach Rostock und 1940 als Asoziale und „Kommunistensau" im Einzeltransport nach Ravensbrück. Bei einem Arbeitseinsatz in Fürstenberg hatte sie heimlich Kartoffeln aufgesammelt und über Feuer gebraten. Sie wurde denunziert und kam ein Jahr in den Strafblock. *„... drin bleiben, 18 Frauen ..., ins Revier, da kamen fremde SS-Leute, die suchten und guckten. Wir mussten uns alle ausziehen. ... gemustert ... Da sagte Kommandant Koch aus Buchenwald: Die füttern wir uns schon wieder raus, die ist an sich gut gebaut. ... Extra ein Block, umzäunt extra mit einer hohen Wand, zwei Meter hoch, immer zwei Häftlinge bekamen ein Zimmer. Wir wären jetzt in einem Häftlingsbordell, wir hätten es gut. ... und wehren konnten wir uns ja doch nicht. ...*
‚Sonderhäftlinge', das waren Kommunisten, hatten mehr Vergünstigungen (Funktionshäftlinge), *die hatten die Gelegenheit, den Sonderbau zu betreten, dafür mussten sie zwei Mark bezahlen und die konnten sich Frauen (Nr. 1, 2, 3 usw.) aussuchen. Faltenrock, Büstenhalter und Schlüpfer – zwei Stunden, rein, rauf, runter, raus. Danach Spritze und vorher Spritze, ¼ Stunde pro Häftling. Sonntag war Arbeitstag wie andere auch. ...*
Wir hatten besseres Essen. Wir haben den Tag über gelesen, je nachdem was zur Verfügung stand. Wenn die Häftlinge Feierabend hatten, mussten wir auf dem Sprung stehen.
Ich hatte zwei Helfer, durch die habe ich viele Vergünstigungen bekommen und sie sorgten dafür, dass ich die Zahl voll bekomme. Die haben ihr Recht verlangt.
14 Tage Arrest/Strafblock, weil Pulsadern aufgeschnitten, man wird abgestumpft, wir waren ihnen ausgeliefert. 1944 entlassen, die ganze Behördenlauferei, keiner hat mir geholfen. Antrag abgelehnt, da auf Grund ‚asozialen Verhaltens' verhaftet. Ab 1988 laufende Unterstützungen, nach Rentenerhöhung wieder gestrichen."
1943 waren im Sonderbau von Buchenwald 18 weibliche Häftlinge für 20 000 männliche im La-

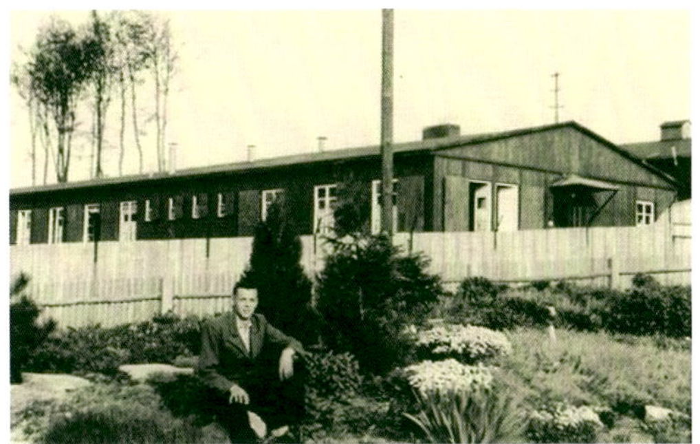

KL Buchenwald, unbekannter Häftling vor der umzäunten Bordellbaracke nach der Befreiung 1945.
(Archiv der Gedenkstätte Buchenwald)

ger, später dann sieben Frauen und 1945 neun Frauen, davon sechs von Anfang bis Ende. Margarete W. starb im Alter von 72 Jahren.[36)]
Erich Kogon meinte zum Thema der Häftlingsbordelle: *„Zweck der Übung, die den Vortritt bekamen, die Politischen zu korrumpieren, Häftlinge ließen sich Geld schicken, um das Bordell zu besuchen „hemmungslos"*.[37)] Wie schon zum Zweck einer angeblichen „Prämiengroßzügigkeit der SS", so irrt Kogon zumindest teilweise auch hier, wenn er den Zweck der Einrichtung von Lagerbordellen auf die Korrumpierung – vornehmlich politischer Häftlinge – festmacht. Es sei nur an den bereits in der Einleitung zitierten Brief Heinrich Himmlers aus dem Führerhauptquartier vom 23. März 1942 erinnert, in dem er auf verschiedene Vorschläge Oskar Pohls zur Verbesserung des Arbeitseinsatzes von Häftlingen in der Rüstungsindustrie und in SS-Baubrigaden u. a. schrieb: *„Mit der einfachen Rechnung, dass man Arbeiterhäftlinge nur mit 50% der Arbeitsleistung im Verhältnis zu deutschen Facharbeitern ansetzt, gebe ich mich nicht zufrieden. ... Für notwendig halte ich allerdings, dass in der freiesten Form den fleißig arbeitenden Gefangenen Weiber in Bordellen zugeführt werden. Ebenso muß eine gewisser kleiner Akkordlohn da sein. Wollte man diese beiden Bedingungen, besonders die erste, verneinen, hieße das, welt- und lebensfremd sein."*[38)]
Letztendlich fanden die Forderungen Himmlers dann in der Prämienvorschrift des WVHA der SS, die Oskar Pohl am 15. Mai 1943 ausgab, ihren Niederschlag.

Ein weiterer Grund für die Einrichtung von Lagerbordellen, der auch schon seit langer Zeit genannt und anerkannt ist, ist in der Eindämmung sich ausbreitender Homosexualität in den Männerlagern zu suchen.
Die Prämienvorschrift legte außerdem ganz konkret fest, daß die Bezahlung eines Bordellbesuchs nur durch Prämienscheine erfolgen konnte. Wenn sich also Häftlinge Geld für Bordellbesuche schicken ließen, so hätten sie dieses nach limitierter Auszahlung über die Häftlingsgeldverwaltung zuerst bei anderen Häftlingen in Prämienscheine umtauschen müssen. Wie etwa aus einem Zeitzeugenbericht aus Auschwitz überliefert wurde, stieg der „Tauschwert" von Prämienscheinen immer dann, wenn neue Frauen im Bordell eingetroffen waren.[39]
Auffällig ist, daß besonders politische Häftlinge nach dem Krieg nicht müde wurden, in ihren Erinnerungen zu beteuern, daß sie die Häftlingsbordelle gemieden hätten. Da Kommunisten in nicht wenigen Lagern als sog. Funktionshäftlinge wichtige Positionen in der Lagerverwaltung übernommen hatten, kam deren „Bevorzugung" nicht von ungefähr. Hinzu kommt, daß sie aufgrund ihrer Funktionen (z. B. Blockälteste) auch höhere Prämien erhielten.

Geld, Geldersatz und Prämienscheine

In der vorläufigen „Dienstvorschrift für das Fr. K. L. Ravensbrück (Lagerordnung)", die wahrscheinlich schon aus dem Jahr 1939 stammt, wird sehr detailliert auch der Umgang mit dem Eigengeld der Häftlinge geregelt. Im Einleitungsteil zum Geld und Geldersatz in den Konzentrationslagern wurde bereits der Teil der Lagerordnung abgebildet, der sich mit der Häftlingsgeldverwaltung beschäftigt. Darin wird u. a. bestimmt, daß alle Beträge über 5 RM auf den Konten der Häftlinge zu deponieren, und alle übrigen Beträge täglich an die Häftlinge auszuzahlen waren. Weitere Festlegungen zum Eigentum und Geld der Häftlinge finden sich in der Lagerordnung zur Effektenausgabe sowie zu Geldsendungen. Zu letzteren war festgelegt:
„9.) Für Häftlinge eingehende Geldsendungen sind von der Postzensurstelle in das Postbuch einzutragen und dem Häftlingsgeldverwalter mit den dazugehörigen Postabschnitten gegen Quittung zu übergeben. Wo zweckmäßiger, können eingehende Geldsendungen mittels Postblock vom Häftlingsgeldverwalter direkt vom Postamt in Empfang genommen werden. Der Häftlingsgeldverwalter verbucht die Beträge auf den Kontokarten der betreffenden Häftlinge und läßt die Eintragungen von den Häftlingen unterschriftlich bestätigen. Jedem Angehörigen der Kommandantur, sowie den Angestellten ist es streng verboten, Bargeld von Außenstehenden zwecks Aushändigung an Häftlinge entgegenzunehmen. Geld darf nur durch die Post den Häftlingen übermittelt werden.
10.) Geldsendungen aus dem Lager heraus sind grundsätzlich verboten. Ausnahmen bilden Rentenempfänger, die ihren Angehörigen laufende Unterstützungsbeträge übersenden, sowie Zahlungen für Gerichtskosten und zur Begleichung von Schulden. Diese Zahlungen sind der Politischen Abteilung zwecks Nachprüfung ihrer Berechtigung vorher anzumelden."[40]
Auch die in der Dienstvorschrift enthaltene „Allgemeine Lagerordnung" geht noch einmal auf Geldsendungen ein. Hier heißt es unter Punkt 5: *„Den Häftlingen ist erlaubt, sich von ihren Angehörigen Geld durch Postanweisungen schicken zu lassen. Sie dürfen Geldbeträge bis zu RM. 5.oo bei sich haben. Geldsendungen bis zu RM. 5.oo werden den Häftlingen ausgehändigt, sofern es sich nicht um Kriegshäftlinge handelt. Höhere Beträge wer-*

-01 4.01	-02 4.03	-02 4.05	-05 4.10	-10 4.20	-10 4.30	-20 4.50	-50 5.—	1- 6.—
-01 2.01	-02 2.03	-02 2.05	-05 2.10	-10 2.20	-10 2.30	-20 2.50	-50 3.—	1- 4.—
-01 —.01	-02 —.03	-02 —.05	-05 —.10	-10 —.20	-10 —.30	-20 —.50	-50 1.—	1- 2.—

Waren-Wertkarte
Häftling Nr. 7263
Konzentrationslager Ravensbrück
Gefangenen-Eigentums-Verwaltung
SS-Kantinen-Verwaltung Ravensbrück
Ausgegeben:

Konzentrationslager Ravensbrück, Waren-Wertkarte der Gefangenen-Eigentums-Verwaltung für den Einkauf in der Häftlingskantine im Gesamtwert von 6 RM. *(Sammlung Wolfgang Haney, Berlin)*

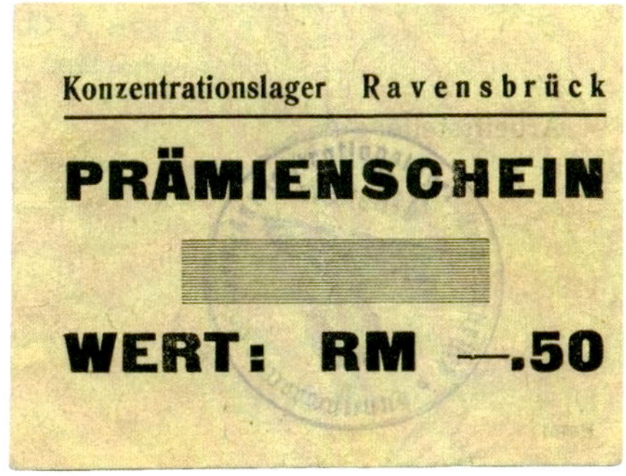
Konzentrationslager Ravensbrück
PRÄMIENSCHEIN
WERT: RM —.50

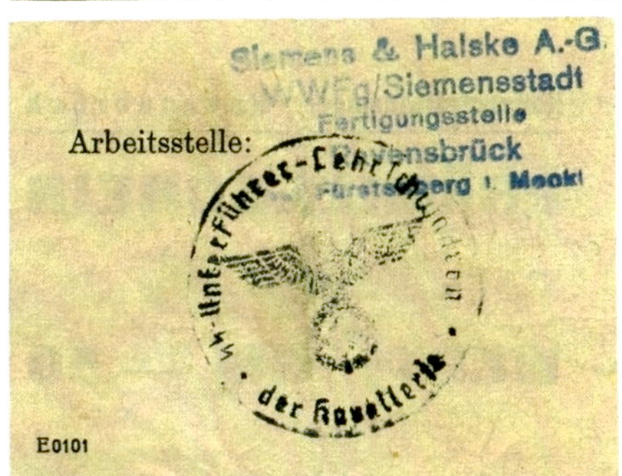
Siemens & Halske A.-G.
WWFg/Siemensstadt
Fertigungsstelle
Arbeitsstelle: Ravensbrück
Fürstenberg i. Meckl
E0101

Konzentrationslager Ravensbrück, Prämienschein der ersten Ausgabe von 1943 über RM –.50 mit rückseitiger Abstempelung der Firma Siemens & Halske, Fertigungsstelle Ravensbrück.
(Sammlung Wolfgang Haney, Berlin)

den ihnen gutgeschrieben und nach Bedarf auf Anfordern ausbezahlt. Zahlungen sind von den Häftlingen durch Unterschrift anzuerkennen.“[41]

Zumindest in der Anfangszeit des Lagers, mit großer Wahrscheinlichkeit aber bis zur Einführung der Waren-Wertkarten, die gemeinsam von der Gefangenen-Eigentums-Verwaltung und der SS-Kantinen-Verwaltung ausgegeben wurden, konnten die Häftlinge in Ravensbrück also in begrenztem Umfang über Bargeld verfügen. Leider kann heute nicht mehr genau gesagt werden, wann die für einen bargeldlosen Einkauf in der Lagerkantine vorgesehenen Waren-Wertkarten eingeführt wurden – sie tragen auch kein Datum. Man kann aber davon ausgehen, daß ihre Einführung mit der Prämienvorschrift des WVHA der SS vom Mai 1943 im Zusammenhang steht. Als die Zeitzeugin Helga Luther im Herbst 1943 als politische Gefangene nach Ravensbrück kam, waren die Waren-Wertkarten jedenfalls schon in Gebrauch. Sie wurden durch die Gefangenen-Eigentums-Verwaltung anstelle von Bargeld an die Häftlinge ausgegeben, die über entsprechende Guthaben auf ihren Kontokarten verfügten. Wie sich Frau Luther im Gespräch mit dem Autor erinnerte, konnte sie monatlich zwei dieser Karten, jede stellte in der Summe der einzelnen Abschnitte einen Gegenwert von 6 RM dar, anstelle von Bargeld von ihrem Konto „abheben“. Laut Frau Luther konnten alle Häftlinge, die Geldguthaben hatten, monatlich für 12 RM in der Kantine mit Waren-Wertkarten einkaufen. Beim Einkauf wurden die benötigten Teilbeträge von der Karte abgeschnitten, also nicht „ungültig“ gestempelt oder entwertet. Häftlinge, die Prämienscheine erhalten hatten, konnten parallel dazu auch mit diesen in der Kantine einkaufen.

Frau Luther arbeitete als Schwester auf dem Krankenrevier und bekam nach eigenen Angaben nie Prämienscheine. Sie konnte sich lediglich an die graublauen Wertkarten erinnern, die bis zum Schluß genutzt wurden. Rosa Karten, die ebenfalls nachgewiesen sind, waren ihr unbekannt. Bei ihrer Entlassung im April 1945 hatte sie ihr Restguthaben bei der Gefangenen-Eigentums-Verwaltung in voller Höhe und in bar ausgezahlt bekommen.[42] Möglicherweise handelt es sich bei den rosa Wertkarten um eine erste Ausgabe, die Frau Luther nicht mehr in die Hand bekam, oder an die sie sich nicht mehr erinnern konnte. Ravensbrück ist neben Stutthof übrigens das einzige Lager, von dem derartige Wertkarten bekannt wurden.

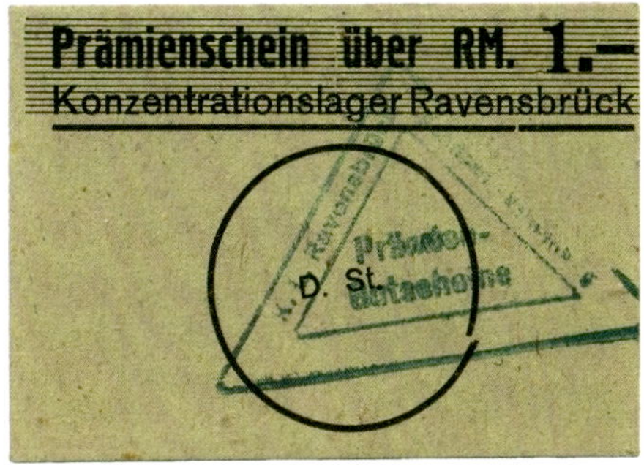
Prämienschein über RM. 1.–
Konzentrationslager Ravensbrück
D. St.

Konzentrationslager Ravensbrück, Prämienschein der zweiten Ausgabe von 1944 über RM. 1.– (Einheitstyp) mit Dreieckstempel der Kantinen-Verwaltung.
(Sammlung Wolfgang Haney, Berlin)

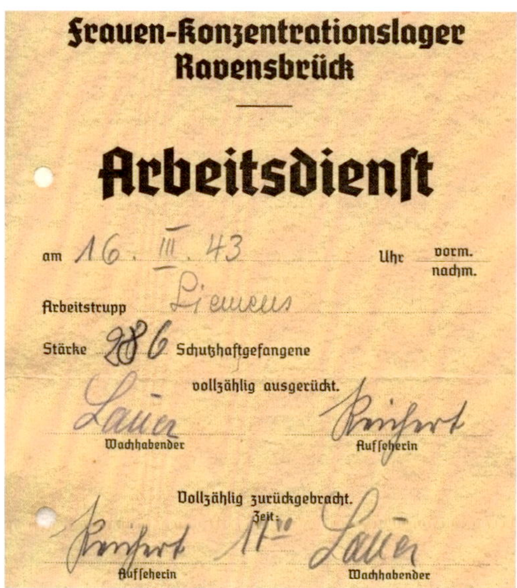

Frauen-Konzentrationslager
Ravensbrück

Arbeitsdienst

am 16. III. 43 Uhr vorm. nachm.

Arbeitstrupp Siemens

Stärke 286 Schutzhaftgefangene

vollzählig ausgerückt.

Wachhabender Aufseherin

Vollzählig zurückgebracht.

Zeit:

Aufseherin Wachhabender

FKL Ravensbrück, Arbeitsdienstzettel vom 16.3.1943 für Siemens-Arbeitstrupp von 286 „Schutzgefangenen".
(Sammlung Mahn- und Gedenkstätte Ravensbrück, Sign.: KL/18-6)

Mit der SS-Prämienvorschrift wurden auch in Ravensbrück Prämienscheine für Häftlinge eingeführt. Eine erste Ausgabe stammt denn auch wahrscheinlich aus dem Jahr 1943 und wurde für die Prämierung von Häftlingen in allen Arbeitskommandos und im Lagerbetrieb genutzt. Die Rückseite war für die Abstempelung durch das Arbeitskommando bzw. die Firma vorgesehen, über die die Prämienvergabe erfolgte. Die Abbildung auf der vorigen Seite zeigt einen Prämienschein über 0,50 RM, der von der Fertigungsstelle Ravensbrück der Firma Siemens & Halske bei der SS-Kantinen-Verwaltung gekauft und als Prämie vergeben wurde. Unklar ist der zweite Stempel des „SS-Unterführer-Lehrschwadrons der Kavallerie".

Möglicherweise waren einige Häftlinge zur Arbeit für ein solches Lehrschwadron eingesetzt und der Prämienschein wurde mehrfach genutzt. Für Siemens & Halske waren über 2000 Häftlinge in den bis zu 20 Werkhallen des „Siemenslagers" u. a. zur Fertigung von Relais, Schaltern, Spulen und Wicklungen, Mikrofonen, Telefonen, Meßinstrumenten und Kondensatoren eingesetzt.[44]

Eine zweite Ausgabe von Prämienscheinen entspricht einem Einheitstyp, wie er auch in anderen Konzentrationslagern (z. B. in Auschwitz und Mauthausen) ab August 1944 genutzt wurde. Die Ravensbrücker Scheine haben jedoch im Unterschied zu den anderen Einheitsausgaben keinen Druckvermerk, aus dem sich Zeitraum und Auflagenhöhe ableiten ließe.

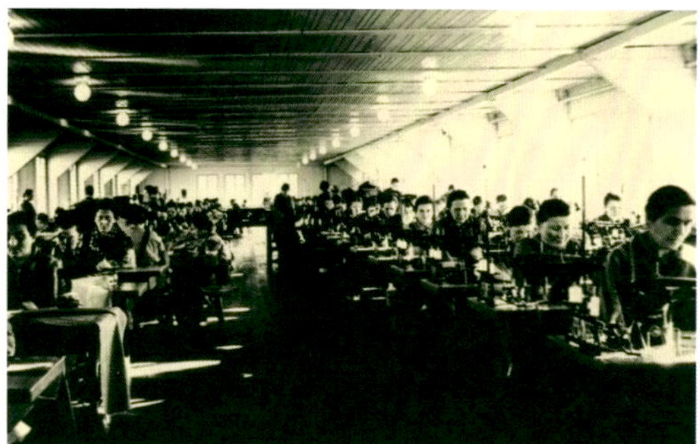

FKL Ravensbrück, Häftlingsarbeit in der Schneiderei, in der Häftlingskleidung und SS-Uniformen genäht wurden.
(Foto: SS-Propaganda-Album 1940/1941, Sammlung Mahn- und Gedenkstätte Ravensbrück)

Deutsche Textil- und Bekleidungswerke
G. m. b. H. Ravensbrück

PRÄMIENSCHEIN

WERT: RM —.50

Konzentrationslager Ravensbrück, Prämienschein der Deutschen Textil- und Bekleidungswerke G.m.b.H. über RM –.50 von 1944.
(Sammlung Wolfgang Haney, Berlin)

Im Oktober 1944 wurde aus der Texled die „Deutsche Textil- und Bekleidungswerke GmbH".[43] In den Schneidereien des Unternehmens arbeiteten zahlreiche weibliche Häftlinge u. a. an der Herstellung von Uniformen. Für den SS-Betrieb wurden eigene Prämienscheine gedruckt, die ausgehend von der neuen Firmenbezeichnung zwar frühestens vom Oktober 1944 sein können, aber nicht dem neuen Einheitstyp, sondern in ihrer Gestaltung der ersten Ravensbrücker Ausgabe entsprechen. Auch diese Scheine tragen keinen Druckvermerk.

Die Häftlinge des Männerlagers – bis Ende 1944 lag die durchschnittliche Belegung bei 1500 bis 2000 Häftlingen – waren in Arbeitskommandos zum ständigen Ausbau des Lagers, von Werkstätten und der SS-Siedlung eingesetzt.[45)]

Aus Ravensbrück sind auch Fälle bekannt geworden, in denen Häftlinge die Annahme von Prämien verweigerten. So berichtete u. a. Charlotte Müller in ihren Erinnerungen, daß sich im Lager eine kriegsgefangene sowjetische Ärztin namens Maria Klugman befand. Eines Tages sollten sie und einige weitere sowjetische Ärztinnen und Pflegerinnen des Krankenreviers Prämienscheine erhalten. Alle lehnten deren Annahme ab, da sie den Eid des Hippokrates geleistet hatten, nach dem es ihre humane Pflicht war, kranken Menschen zu helfen. Als die Lagerleitung beschloß, die sieben Frauen als Strafe zur Arbeit in eine Munitionsfabrik nach Barth zu schicken, verweigerten sie auch dies mit dem Hinweis auf die Genfer Konvention, nach der Kriegsgefangene (gemeint sind in Gefangenschaft geratene Angehörige regulärer Truppen) nicht zur Rüstungsproduktion des Feindes gezwungen werden dürfen. Man ließ sie zur Strafe drei Tage und zwei Nächte vor der Schreibstube stehen. Eine Frau starb, zwei kamen in den Strafblock und die anderen Frauen, darunter Maria Klugman, kamen schließlich als Putzfrauen nach Barth.[46)]

Anmerkungen:

1) Monika Herzog, Britta Pawelke, Sabine Röwer, Stefan Hördler (Beitrag Lagerleitung), Das Frauenkonzentrationslager Ravensbrück, in: Mahn- und Gedenkstätte Ravensbrück / Stiftung Brandenburgische Gedenkstätten (Hrsg.), Frauenkonzentrationslager Ravensbrück (CD-ROM mit HTML-Seiten).

2) Monika Herzog, Britta Pawelke, Sabine Röwer, Stefan Hördler (Beitrag Lagerleitung), Die Ursprünge des Lagers, in: Mahn- und Gedenkstätte Ravensbrück / Stiftung Brandenburgische Gedenkstätten (Hrsg.), Frauenkonzentrationslager Ravensbrück (CD-ROM mit HTML-Seiten).

3) Ebenda.

4) Stefanie Endlich, Lichtenburg, in: Wolfgang Benz/Barbara Distel (Hrsg.), Der Ort des Terrors, Band 2: Frühe Lager, Dachau, Emslandlager, S. 154.

5) Siehe Anmerkung 2).

6) Monika Herzog, Britta Pawelke, Sabine Röwer, Stefan Hördler (Beitrag Lagerleitung), Herkunft der Deportierten, in: Mahn- und Gedenkstätte Ravensbrück / Stiftung Brandenburgische Gedenkstätten (Hrsg.),Frauenkonzentrationslager Ravensbrück (CD-ROM mit HTML-Seiten).

7) Annette Leo, Lebensbedingungen der Häftlinge, in: Ravensbrück – Stammlager, in: Wolfgang Benz, Barbara Distel (Hrsg.), Der Ort des Terrors, Band 4: Flossenbürg, Mauthausen, Ravensbrück, S. 482.

8) Siehe Anmerkung 2).

9) Monika Herzog, Britta Pawelke, Sabine Röwer, Stefan Hördler (Beitrag Lagerleitung), Tagesablauf, in: Mahn- und Gedenkstätte Ravensbrück / Stiftung Brandenburgische Gedenkstätten (Hrsg.), Frauenkonzentrationslager Ravensbrück (CD-ROM mit HTML-Seiten).

10) Annette Leo, Zwangsarbeit und weiterer Ausbau des Lagers, in: Ravensbrück – Stammlager, in: Wolfgang Benz, Barbara Distel (Hrsg.), Der Ort des Terrors, Band 4: Flossenbürg, Mauthausen, Ravensbrück, S. 484.

11) Bernhard Strebel, Das KZ Ravensbrück: Geschichte eines Lagerkomplexes, S. 213.

12) Siehe Anmerkung 10).

13) Siehe Anmerkung 9).

14) Siehe Anmerkung 10).

15) Monika Herzog (wissenschaftliche Mitarbeiter/Leiterin museologische Dienste der Mahn- und Gedenkstätte Ravensbrück) im telefonischem Gespräch mit dem Autor vom 5. August 2008.

16) Siehe Anmerkung 10), S. 484 – 485.

17) Siehe Anmerkung 10), S. 485.

18) Monika Herzog, Britta Pawelke, Sabine Röwer, Stefan Hördler (Beitrag Lagerleitung), Das Frauenkonzentrationslager Ravensbrück sowie: Tagesablauf, in: Mahn- und Gedenkstätte Ravensbrück / Stiftung Brandenburgische Gedenkstätten (Hrsg.), Frauenkonzentrationslager Ravensbrück (CD-ROM mit HTML-Seiten).

19) Monika Herzog, Britta Pawelke, Sabine Röwer, Stefan Hördler (Beitrag Lagerleitung), Bilanz, in: Mahn- und Gedenkstätte Ravensbrück / Stiftung Brandenburgische Gedenkstätten (Hrsg.), Frauenkonzentrationslager Ravensbrück (CD-ROM mit HTML-Seiten).

20) Siehe Anmerkung 1), sowie: Monika Herzog, Britta Pawelke, Sabine Röwer, Stefan Hördler (Beitrag Lagerleitung), Die Toten von Ravensbrück, in: Mahn- und Gedenkstätte Ravensbrück / Stiftung Brandenburgische Gedenkstätten (Hrsg.), Frauenkonzentrationslager Ravensbrück (CD-ROM mit HTML-Seiten).

21) Stefan Hördler, Die Schlussphase des Konzentrationslagers Ravensbrück – Personalpolitik und Vernichtung, in: Zeitschrift für Geschichtswissenschaft 56(2008), H. 3. S. 244f.

22) Ebenda.

23) Monika Herzog, Britta Pawelke, Sabine Röwer, Stefan Hördler (Beitrag Lagerleitung), Die Toten von Ravensbrück, in: Mahn- und Gedenkstätte Ravensbrück / Stiftung Brandenburgische Gedenkstätten (Hrsg.), Frauenkonzentrationslager Ravensbrück (CD-ROM mit HTML-Seiten), sowie: Siehe Anmerkung 9).

24) Monika Herzog, Britta Pawelke, Sabine Röwer, Stefan Hördler (Beitrag Lagerleitung), Die Toten von Ravensbrück, in: Mahn- und Gedenkstätte Ravensbrück / Stiftung Brandenburgische Gedenkstätten (Hrsg.), Frauenkonzentrationslager Ravensbrück (CD-ROM mit HTML-Seiten).

25) Siehe Anmerkung 1).

26) Annette Leo, „Weiße Busse" und Todesmärsche, in: Ravensbrück – Stammlager, in: Wolfgang Benz, Barbara Distel (Hrsg.), Der Ort des Terrors, Band 4: Flossenbürg, Mauthausen, Ravensbrück, S. 513., sowie:
Monika Herzog, Britta Pawelke, Sabine Röwer, Stefan Hördler (Beitrag Lagerleitung), Die letzten Tage des Lagers, in: Mahn- und Gedenkstätte Ravensbrück / Stiftung Brandenburgische Gedenkstätten (Hrsg.), Frauenkonzentrationslager Ravensbrück (CD-ROM mit HTML-Seiten).

27) Siehe Anmerkung 19).

28) Monika Herzog, Britta Pawelke, Sabine Röwer, Stefan Hördler (Beitrag Lagerleitung), Die letzten Tage des Lagers, in: Mahn- und Gedenkstätte Ravensbrück / Stiftung Brandenburgische Gedenkstätten (Hrsg.), Frauenkonzentrationslager Ravensbrück (CD-ROM mit HTML-Seiten)., sowie: Siehe Anmerkung 25), S. 514.

29) Siehe Anmerkung 19).

30) Wanda Kiedrzyńska, Ravensbrück, S. 108.

31) Annette Leo, SS-Offiziere und Aufseherinnen, in: Ravensbrück – Stammlager, in: Wolfgang Benz, Barbara Distel (Hrsg.), Der Ort des Terrors, Band 4: Flossenbürg, Mauthausen, Ravensbrück, S. 499, sowie:
Bernhard Strebel, Das KZ Ravensbrück: Geschichte eines Lagerkomplexes, S. 505f.

32) Siehe Anmerkung 19).

33) Siehe Anmerkung 25), S. 514., sowie:
Monika Herzog, Britta Pawelke, Sabine Röwer, Stefan Hördler (Beitrag Lagerleitung), Gedenken, in: Mahn- und Gedenkstätte Ravensbrück / Stiftung Brandenburgische Gedenkstätten (Hrsg.), Frauenkonzentrationslager Ravensbrück (CD-ROM mit HTML-Seiten).

34) Wickert, Alles für Zwei Mark (inhaltliche Zusammenfassung zur Sendung des MDR im Besitz der Mahn- und Gedenkstätte Ravensbrück).

35) Ebenda, sowie: MGR/SBG NL Buchmann, Bericht 55, S. 11.

36) Siehe Anmerkung 33).

37) Ebenda.

38) Heinrich Himmler, Schreiben aus dem Führerhauptquartier vom 23.3.1942 an Oswald Pohl
(IFZ, MA 304/0812, aus National Archiv Washington)

39) Primo Levi, Ist das ein Mensch?, S. 34, 96

40) Frauenkonzentrationslager Ravensbrück, „Vorläufige" Dienstvorschrift für das Fr.K.L. Ravensbrück (Lagerordnung), XIII. Die Postzensur, 9.) und 10.) Geldsendungen, S. 31 – 32.

41) Frauenkonzentrationslager Ravensbrück, „Vorläufige" Dienstvorschrift für das Fr.K.L. Ravensbrück (Lagerordnung), XIV. Allgemeine Lagerordnung, 5.) Geldsendungen, S. 37.

42) Helga Luther (ehem. politischer Häftling im Frauen-Konzentrationslager Ravensbrück vom Herbst 1943 bis April 1945), aus Erinnerungen in einem persönlichen Gespräch mit dem Autor vom 11. April 2008.

43) Siehe Anmerkung 11).

44) Siehe Anmerkung 10), S. 486., sowie: Siehe Anmerkung 9).

45) Annette Leo, Das Männerlager, in: Ravensbrück – Stammlager, in: Wolfgang Benz, Barbara Distel (Hrsg.), Der Ort des Terrors, Band 4: Flossenbürg, Mauthausen, Ravensbrück, S. 499 – 500.

46) Charlotte Müller, Die Klempnerkolonne in Ravensbrück – Erinnerungen des Häftlings Nr. 10787, S. 134 – 137.

Geldersatz des FKL Ravensbrück

1.14.1 Waren-Wertkarten der Gefangenen-Eigentums-Verwaltung und der SS-Kantinen-Verwaltung

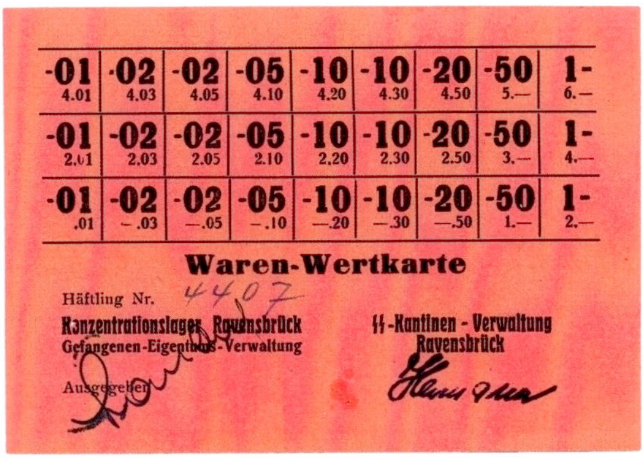

-01	-02	-02	-05	-10	-10	-20	-50	1-
4.01	4.03	4.05	4.10	4.20	4.30	4.50	5.—	6.—
-01	-02	-02	-05	-10	-10	-20	-50	1-
2.01	2.03	2.05	2.10	2.20	2.30	2.50	3.—	4.—
-01	-02	-02	-05	-10	-10	-20	-50	1-
.01	—.03	—.05	—.10	—.20	—.30	—.50	1.—	2.—

Waren-Wertkarte

Häftling Nr. 4407

Konzentrationslager Ravensbrück
Gefangenen-Eigentums-Verwaltung

Ausgegeben

SS-Kantinen-Verwaltung
Ravensbrück

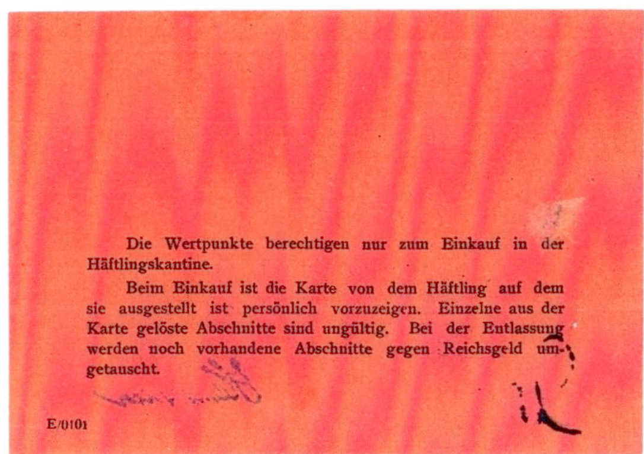

Die Wertpunkte berechtigen nur zum Einkauf in der Häftlingskantine.

Beim Einkauf ist die Karte von dem Häftling auf dem sie ausgestellt ist persönlich vorzuzeigen. Einzelne aus der Karte gelöste Abschnitte sind ungültig. Bei der Entlassung werden noch vorhandene Abschnitte gegen Reichsgeld umgetauscht.

E/0101

(Ra 1, Sammlung Wolfgang Haney, Berlin)

Ra 1 **6 Reichsmark**

PS 149 Vs: Wertabschnitte: 3 x 01, 6 x 02, 3 x 05, 6 x 10, 3 x 20, 3 x 50 RPf. und 3 x 1 RM, sowie Ausgabestellen, handschriftliche bzw. Faksimile-Unterschriften sowie Häftlingsnummer

Rs: Text zur Verwendung der Wertkarten und Druckvermerk „E/0101"

Entwurf:	unbekannt	Format:	ca. 145 mm x 100 mm
Umlauf bis:	April 1945?	Wz:	Papier rosa, ohne Wz
Druck:	unbekannt	KN:	ohne

Datum	Auflage	
o.D. (1943?)	unbekannt	RRR

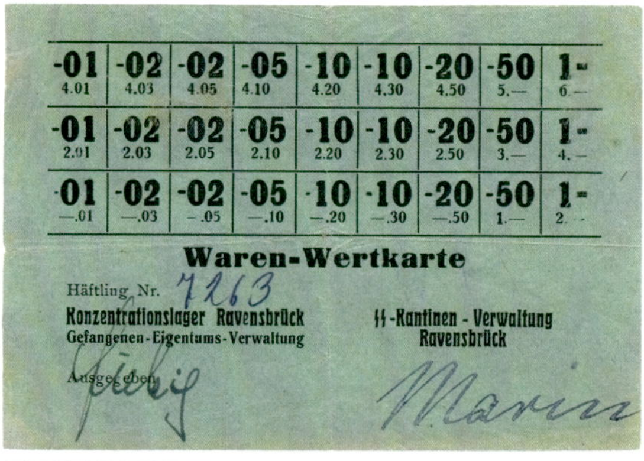

-01 4.01	-02 4.03	-02 4.05	-05 4.10	-10 4.20	-10 4.30	-20 4.50	-50 5.—	1- 6.—
-01 2.01	-02 2.03	-02 2.05	-05 2.10	-10 2.20	-10 2.30	-20 2.50	-50 3.—	1- 4.—
-01 —.01	-02 —.03	-02 —.05	-05 —.10	-10 —.20	-10 —.30	-20 —.50	-50 1.—	1- 2.—

Waren-Wertkarte

Häftling Nr. 7263

Konzentrationslager Ravensbrück
Gefangenen-Eigentums-Verwaltung

Ausgegeben:

SS-Kantinen-Verwaltung
Ravensbrück

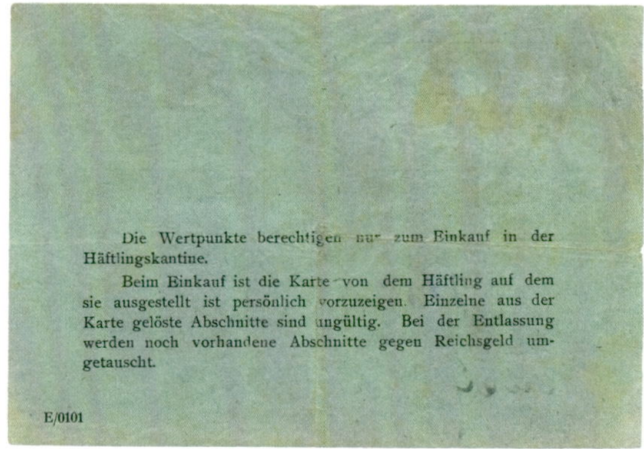

Die Wertpunkte berechtigen nur zum Einkauf in der Häftlingskantine.

Beim Einkauf ist die Karte von dem Häftling auf dem sie ausgestellt ist persönlich vorzuzeigen. Einzelne aus der Karte gelöste Abschnitte sind ungültig. Bei der Entlassung werden noch vorhandene Abschnitte gegen Reichsgeld umgetauscht.

E/0101

(Ra 2, Sammlung Wolfgang Haney, Berlin)

Ra 2 **6 Reichsmark**

PS 149 Vs: Wertabschnitte: 3 x 01, 6 x 02, 3 x 05, 6 x 10, 3 x 20, 3 x 50 RPf. und 3 x 1 RM, sowie Ausgabestellen, handschriftliche bzw. Faksimile-Unterschriften sowie Häftlingsnummer

Rs: Text zur Verwendung der Wertkarten und Druckvermerk „E/0101“

Entwurf:	unbekannt	Format:	ca. 145 mm x 100 mm
Umlauf bis:	April 1945?	Wz:	Papier graublau, ohne Wz
Druck:	unbekannt	KN:	ohne

Datum	**Auflage**	
o.D. (1943?)	unbekannt	RRR

Prämienscheine des FKL Ravensbrück

Die Prämienscheine kommen mit verschiedenen Stempeln der Lager- bzw. Kantinen-Verwaltung auf der Vorderseite vor. Die Rückseiten der ersten Ausgabe und der Prämienscheine der Deutschen Textil- und Bekleidungswerke waren für Abstempelungen der Arbeitsstellen gedacht. Viele Scheine kommen aber ohne rückseitige Stempel vor. Als Stempelfarbe wurde benutzt, was verfügbar war (u. a. Violett, Blau, Schwarz). Scheine mit Stempeln von Arbeitsstellen bzw. Arbeitskommandos sind deutlich seltener. Das Raster war ursprünglich wahrscheinlich für die Eintragung der Häftlingsnummer vorgesehen.

Verwaltungsstempel A: Rundstempel mit Reichsadler und Umschrift „Frauen-Konzentrationslager Ravensbrück – Verwaltung –“ sowie oben „Waffen SS“.
Verwaltungsstempel B: Rundstempel mit Reichsadler und Umschrift „Frauen-Konzentrationslager Ravensbrück“ sowie unten „Post Fürstenberg [Meckl.]“.
Verwaltungsstempel C: Dreieckstempel der Kantinen-Verwaltung mit Umschrift „K. L. Ravensbrück Kantinen-Verwaltung“ sowie in der Mitte „Prämien-Gutscheine“.

1.14.2 Konzentrationslager Ravensbrück

Die erste Ausgabe von Prämienscheinen stammt mit großer Wahrscheinlichkeit aus dem Jahr 1943 und war sowohl im Stammlager als auch in den Außenlagern gültig.

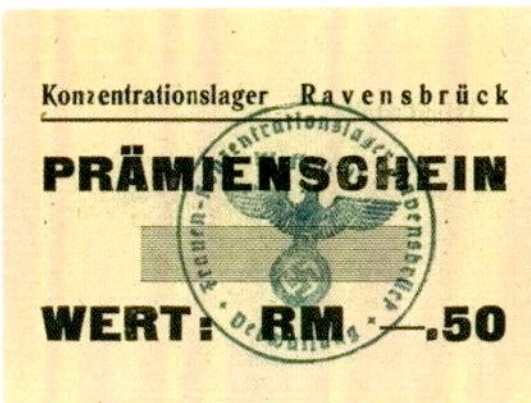

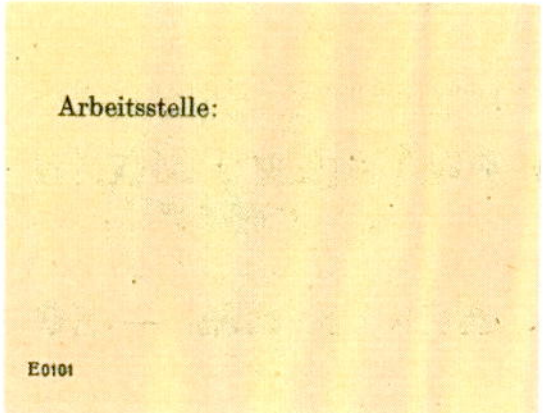

(Ra 3b, Sammlung Wolfgang Haney, Berlin)

Ra 3 **50 Reichspfennig (RM –.50)**
PS 150 Vs: Lagername, und Wertbezeichnung, mit oder ohne Stempel der Verwaltung
Rs: Raum für Stempel der „Arbeitsstelle“, unten Druckvermerk „E0101“

Entwurf:	unbekannt	Format:	ca. 70 mm x 55 mm
Umlauf bis:	Ende 1944?	Wz:	Papier grauweiß bis gelblich, ohne Wz
Druck:	unbekannt	KN:	ohne

Datum	Auflage			
o.D. (1943?)	unbekannt	a)	Vs und Rs blanko, ohne Stempel	RR
		b)	Vs mit Verwaltungsstempel A, Rs mit oder ohne Stempel einer Arbeitsstelle	RR
		c)	Vs mit Verwaltungsstempel B, Rs wie b)	RRR
		d)	Vs mit Verwaltungsstempel C, Rs wie b)	RR

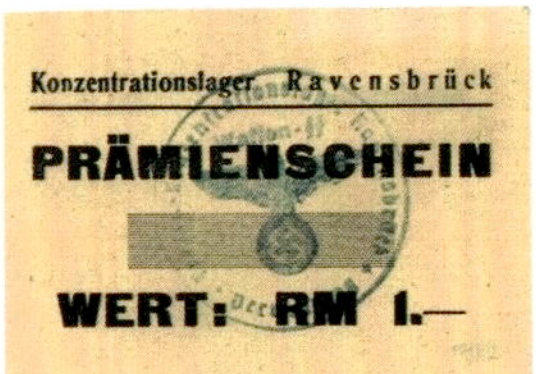

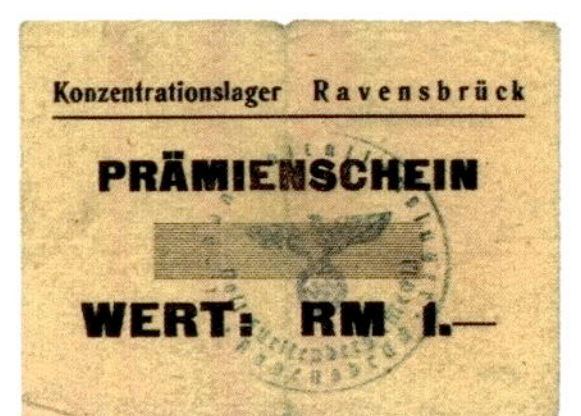

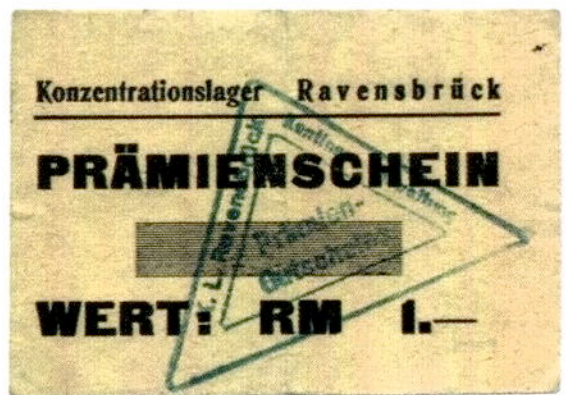

(Ra 4b/c/d Vs, Ra 4b/d: Sammlung Wolfgang Haney, Berlin, Ra 4c: Hans Worbes, Berln)

Ra 4 **1 Reichsmark (RM 1.–)**
PS 151 Vs: Lagername, und Wertbezeichnung, mit oder ohne Stempel der Verwaltung
Rs: Raum für Stempel der „Arbeitsstelle", unten Druckvermerk „E0101"

Entwurf:	unbekannt	Format:	ca. 70 mm x 55 mm
Umlauf bis:	Ende 1944?	Wz:	Papier grauweiß bis gelblich, ohne Wz
Druck:	unbekannt	KN:	ohne

Datum	**Auflage**			
o.D. (1943?)	unbekannt	**a)**	Vs und Rs blanko, ohne Stempel	RR
		b)	Vs mit Verwaltungsstempel A, Rs mit oder ohne Stempel einer Arbeitsstelle	RR
		c)	Vs mit Verwaltungsstempel B, Rs wie b)	RRR
		d)	Vs mit Verwaltungsstempel C, Rs wie b)	RR

Ra 5 **2 Reichsmark (RM 2.–)**
PS 152 Ein im Katalog von Pick/Siemsen (Das Lagergeld der Konzentrationslager und D.P.-Lager 1933 – 1947) auf Seite 48 aufgeführter und dort laut Maur erwähnter Prämienschein über 2 RM konnte bislang nicht nachgewiesen werden.

1.14.3 Konzentrationslager Ravensbrück (Einheitstyp)

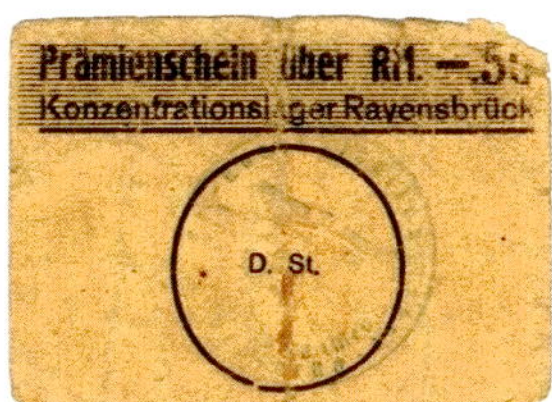

(Ra 6c Vs, Geldmuseum der Deutschen Bundesbank, Frankfurt a.M.)

Ra 6 **50 Reichspfennig (RM -.50)**
PS – Vs: „Prämienschein“ auf Linien-Raster mit Lagerbezeichnung
Rs: unbedruckt

Entwurf:	unbekannt	Format:	ca. 70 mm x 55 mm
Umlauf bis:	April 1944?	Wz:	Papier gelblich, ohne Wz
Druck:	unbekannt	KN:	ohne

Datum	**Auflage**			
o.D. (1944?)	unbekannt	**a)**	Vs und Rs blanko, ohne Stempel	RR
		b)	Vs mit Verwaltungsstempel A	RR
		c)	Vs mit Verwaltungsstempel B	RRR
		d)	Vs mit Verwaltungsstempel C	RR

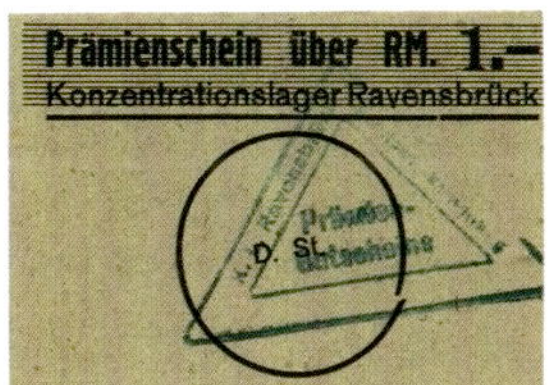

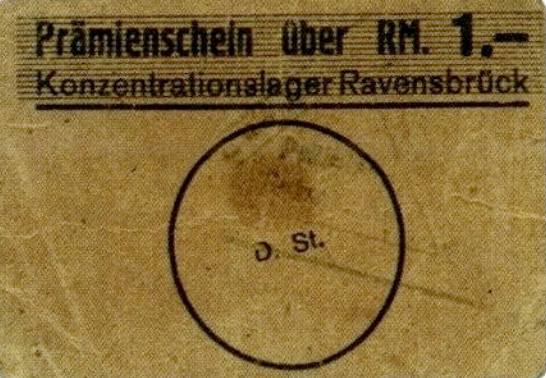

(Ra 7d/d Vs in Graubraun und Braun, Sammlung Wolfgang Haney, Berlin)

Ra 7 **1 Reichsmark (RM 1.-)**
PS 153 Vs: „Prämienschein“ auf Linien-Raster mit Lagerbezeichnung
Rs: unbedruckt

Entwurf:	unbekannt	Format:	ca. 70 mm x 55 mm
Umlauf bis:	April 1944?	Wz:	Papier graubraun bis braun, ohne Wz
Druck:	unbekannt	KN:	ohne

Datum	**Auflage**			
o.D. (1944?)	unbekannt	**a)**	Vs und Rs blanko, ohne Stempel	RR
		b)	Vs mit Verwaltungsstempel A	RR
		c)	Vs mit Verwaltungsstempel B	RRR
		d)	Vs mit Verwaltungsstempel C	RR

1.14.4 Prämienscheine der Deutsche Textil- und Bekleidungswerke G.m.b.H. Ravensbrück

Seit Oktober 1944 firmierte die SS-eigene Gesellschaft für Textil- und Lederverwertung m.b.H. (Texled) als Deutsche Textil- und Bekleidungswerke Ravensbrück. Wahrscheinlich erfolgte mit oder kurz nach der Umfirmierung auch die Ausgabe eigener Prämienscheine.

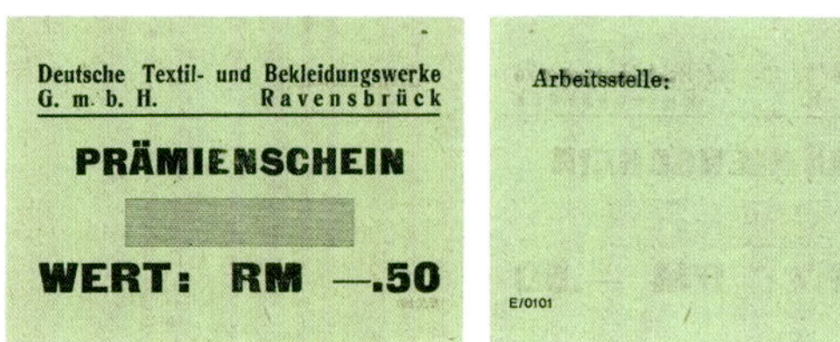

(Ra 8c, Sammlung Wolfgang Haney, Berlin)

Ra 8 **50 Reichspfennig (RM -.50)**
PS 154/155 Vs: oben Firmenbezeichnung, mittig und unten Raster und Wertbezeichnung
Rs: Raum für Stempel der „Arbeitsstelle", unten Druckvermerk

Entwurf:	unbekannt	Format:	ca. 70 mm x 55 mm
Umlauf bis:	April 1944?	Wz:	Papier grün, ohne Wz
Druck:	unbekannt	KN:	ohne

Datum	Auflage			
o.D. (10/1944)	unbekannt	**a)**	Vs Raster mit 10 Linien, Rs Druckvermerk E/0101	RR
		b)	Vs Raster mit 10 Linien, Rs Druckvermerk 1010/3	RR
		c)	Vs Raster mit 20 Linien, Rs Druckvermerk E/0101	RR
		d)	Vs Raster mit 20 Linien, Rs Druckvermerk E 010/5	RR

Ra 9 **1 Reichsmark (RM. 1.-)**
PS 156 Vs: oben Firmenbezeichnung, mittig und unten Raster und Wertbezeichnung
Rs: Raum für Stempel der „Arbeitsstelle", unten Druckvermerk

Entwurf:	unbekannt	Format:	ca. 70 mm x 55 mm
Umlauf bis:	April 1944?	Wz:	Papier farbig, ohne Wz
Druck:	unbekannt	KN:	ohne

Datum	Auflage			
o.D. (10/1944)	unbekannt	**a)**	Papier grün	RR
		b)	Karton rotorange	RR

1.15 Sachsenhausen

Brandenburg

Konzentrationslager

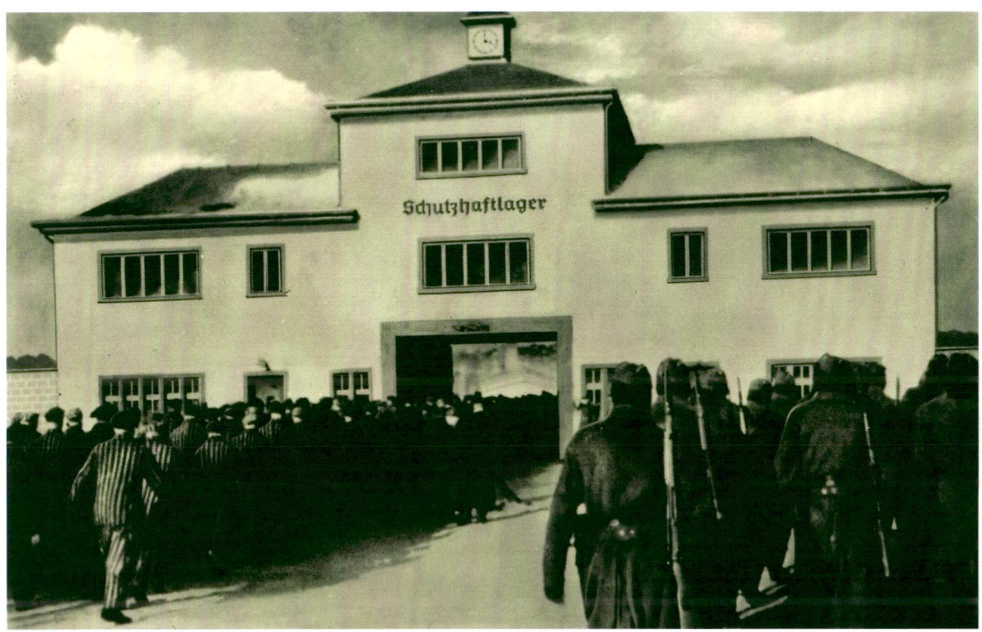

KL Sachsenhausen, Einmarsch einer Häftlingskolonne in das „Schutzhaftlager".
(Zeitgenössische Postkarte, Sammlung Wolfgang Haney, Berlin)

Zur Geschichte des Lagers

Bereits kurz nach der Machtergreifung der Nationalsozialisten waren 1933 verschiedene Konzentrationslager entstanden, die als sog. „wilde Lager" von der SA errichtet worden waren, und die meist nur kurze Zeit bestanden. Zu diesen frühen Lagern zählte auch das Konzentrationslager Oranienburg nördlich von Berlin (siehe dort). In der Folgezeit hatte Dachau eine wichtige Rolle für die Entwicklung der Lagerstrukturen und als „Kaderschmiede" der SS gespielt.

Mit der Übernahme der Gestapo durch die SS 1933/1934 war die Leitung der Konzentrationslager nach Berlin gezogen, und schon bald reifte der Plan, in unmittelbarer Nähe ein neues, zentrales Konzentrationslager für die Reichshauptstadt und ganz Norddeutschland zu schaffen, das bedeutend mehr Kapazitäten für Verhaftungen politischer Gegner bot.[1]

Nach der Übernahme des frühen Konzentrationslagers Oranienburg durch die SS und dessen Schließung 1934 zeigte die Stadt – vermutlich aus wirtschaftlichen Gründen – großes Interesse am Verbleib der SS-Verbände und räumte für diese sogar Anfang 1935 das Oranienburger Schloß, das dann im April 1935 von Einheiten des Wachverbands V „Brandenburg" (ab März 1936 SS-Totenkopfsturmbann „Brandenburg") belegt wurde. Ein Teil der SS-Mannschaften war zur Bewachung des Berliner Konzentrationslagers „Columbiahaus" eingesetzt.[2]

Der Leiter der Inspektion der Konzentrationslager (IKL), Theodor Eicke, kümmerte sich unterdessen persönlich um die Ortswahl für das geplante Lager. Dabei schien es ihm wichtig, einen Kompromiß aus einer verkehrsgünstigen Lage mit Anschluß an die Berliner S-Bahn und einem Platz zu finden, der möglichst abgeschieden und vor Einsichten abgeschirmt sein sollte. Die Wahl fiel auf ein Gelände, das zum Forstgutsbezirk Oranienburger Heide gehörte und vom zuständigen Forstamt Sachsenhausen günstig an die preußische Gestapo verpachtet wurde. Himmler überzeugte sich Ende Mai 1936 persönlich von der Tauglichkeit der Ortswahl. Schon die Baupläne für das neuen Lager machten deutlich, daß nördlich von Berlin ein Musterlager entstehen sollte, das dem in Dachau entwickelten Lagersystem entsprach und auch als Vorzeigeobjekt dienen konnte. Hatten anfängliche Finanzierungsprobleme die Lagergründung noch verzögert, so konnten diese durch den Verkauf des „Emslandlagers" Esterwegen an den Reichsarbeitsdienst (RAD) überwunden werden. Häftlinge, Wachmannschaften und Kommandantur von Esterwegen wurden kurzerhand nach Oranienburg verlegt.[3]

Die ersten 50 Häftlinge trafen am 12. Juli 1936 aus Esterwegen ein, weitere Transporte folgten. Es wurde rasch mit Rodungs- und Bauarbeiten begonnen. Hinzu kamen Häftlinge aus dem „Columbiahaus", aus dem KL Lichtenburg sowie aus Polizei- und Justizgefängnissen. Eicke drängte zur Eile, da Esterwegen bis zum Oktober vollständig aufgelöst werden sollte. Bis zum Dezember 1936 waren dann die ersten 18 Baracken des Häftlingslagers fertiggestellt, bis Ende 1937 waren es schon 53.[4]

Nach einer Masseneinweisung von 6000 Menschen im Juni 1938 reichten die vorhandenen Unterkünfte schon nicht mehr aus. Die SS-Bauleitung ließ deshalb neben der Kommandantur das sog. „Kleine Lager" mit 18 weiteren Baracken errichten, in dem nach der „Reichskristallnacht" vorübergehend 6000 Juden aus ganz Norddeutschland untergebracht wurden. Ein an dieser Stelle ursprünglich vorgesehener „Industriehof" wurde westlich vom Lager errichtet. 1937/1938 ließ Eicke neben den SS-Kasernen die neue Verwaltung der IKL errichten, in dem er ab 2. August 1938 seinen Dienstsitz nahm.[5]

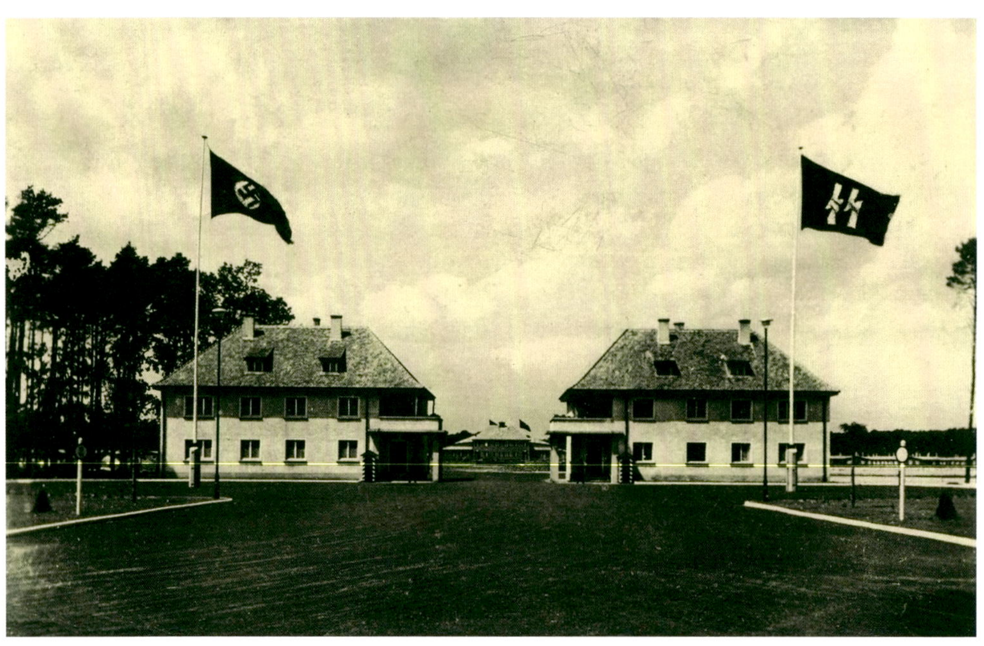

KL Sachsenhausen, Eingang des SS-Truppenlagers, im Hintergrund das SS-Wirtschaftsgebäude.
(Zeitgenössische Postkarte, Sammlung Wolfgang Haney, Berlin)

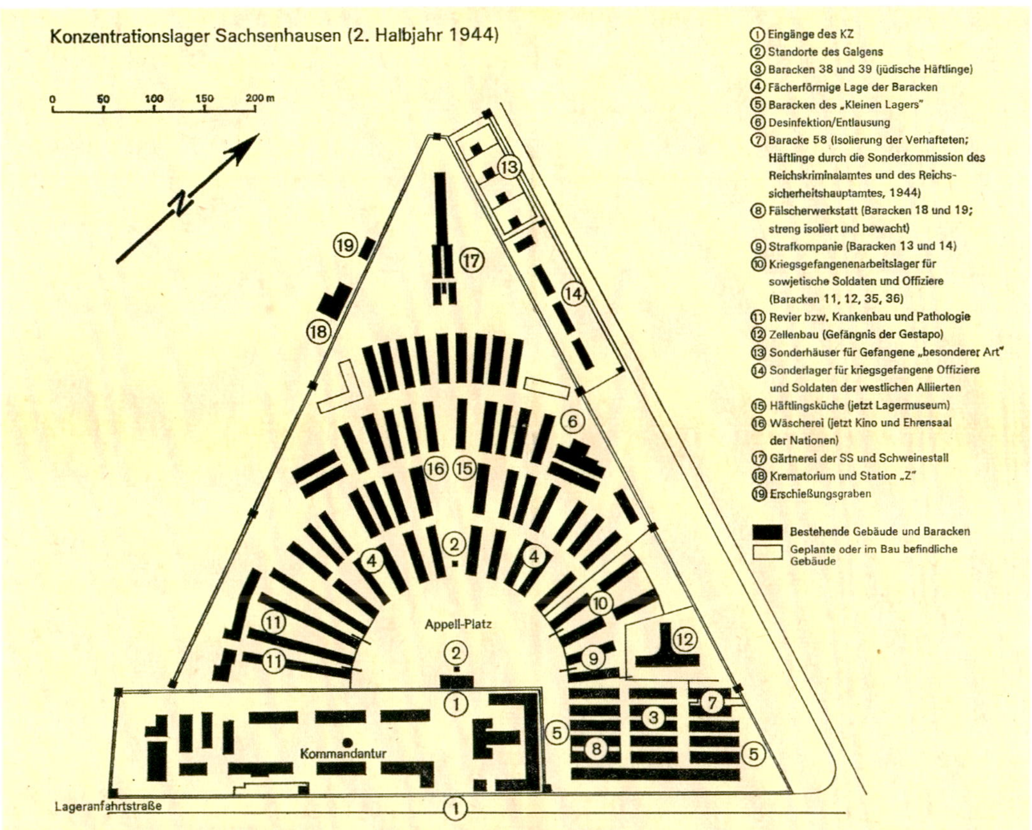

KL Sachsenhausen, Plan des Häftlingslager und der Kommandantur 1944.
(Sammlung Wolfgang Haney, Berlin)

Von hier aus organisierte und beherrschte die IKL das gesamte System der Konzentrationslager. Gleichzeitig war hier auch der Führungsstab der Totenkopfverbände (TV) zusammengefaßt, die als polizeilich-militärische Elitetruppe zur Bewachung der Konzentrationslager aufgebaut wurden. Das KL Sachsenhausen spielte eine bedeutende Rolle im Lagersystem, wurde es doch von der IKL, der Gestapo und anderen Stellen immer wieder auch zur Praxiserprobung neuer Entwicklungen – vor allem von Behandlungsvorschriften für Häftlinge – und sogar von Tötungstechniken genutzt. Außerdem erfolgte von hier aus auch die Gründung und der Aufbau zahlreicher neuer Lager, wie etwa Auschwitz, Buchenwald, Groß-Rosen, Neuengamme und Ravensbrück, wozu das hier ausgebildete SS-Personal und Funktionshäftlinge als Kader dienten.[6)]

Rund um das Lager entstand ein ganzer Komplex von Wirtschaftsbetrieben und militärischen Einrichtungen, wie Waffenlager, Kraftfahrzeugdepots und Werkstätten der SS, die der Versorgung der IKL und dem Ausbau der TV dienten.
Die enge Zusammenarbeit der SS mit dem Generalbauinspektor der Reichshauptstadt, Albert Speer, führte schließlich auch zur Gründung der SS-eigenen Deutschen Erd- und Steinwerke (DESt), die 1938 beim Konzentrationslager Sachsenhausen das wohl größte Klinkerwerk der Weltgeschichte mit einer Kapazität von 150 Millionen Steinen errichten ließ, die für die bauliche Umgestaltung Berlins nach Speers und Hitlers Visionen genutzt werden sollten.[7)]
Auch die Neugründungen mehrerer Konzentrationslager, wie Flossenbürg, Groß-Rosen, Mauthausen und Natzweiler als sog. „Steinbruch-

lager" hängen ursächlich mit den geplanten Großbaumaßnahmen des „Dritten Reichs" zusammen, für deren Verwirklichung sich die SS Profit durch den massenhaften Einsatz von Häftlingen versprach. Albert Speer war es schließlich auch, der in einer Zeit, da die Existenz von Konzentrationslagern in der NS-Führung umstritten war, Hitler von der Notwendigkeit des Häftlingseinsatzes in der Baustoffproduktion und der Gründung neuer Lager überzeugt hatte.[8)]

Bereits Ende Mai 1939 war nach mehreren gescheiterten Probeläufen klar, daß das neue Klinkerwerk keine brauchbaren Ziegel herstellen konnte, da sich der vorhandene Ton nicht für das moderne Trockenpreßverfahren eignete. Die gewaltige Fehlinvestition versuchte man zu retten, indem das Werk in den folgenden Jahren auf das bewährte Naßpreßverfahren umgestellt wurde. Auch wenn die Produktion schließlich in bescheidenem Umfang anlief, so konnte nie die angestrebte Klinkerqualität erreicht werden.

Mit Unterstützung Speers sollte im Herbst 1940 nördlich des Klinkerwerks sogar noch ein Bearbeitungswerk für Granitsteine entstehen. Doch auch dieses Vorhaben scheiterte, trotz fertiger Werkhallen und aufwendigem Bahnanschluß. In den Gebäuden zerlegten Häftlinge später Kabel und erbeutete Nachrichtengeräte in ihre Bestandteile, um die Rohstoffe einer Wiederverwendung zuführen zu können.[9)]

Die SS errichtete auch eine Reihe weiterer Betriebe in der Nähe des Lagers. So bauten die Deutschen Ausrüstungswerke (DAW) eine Brotfabrik, die dann zur SS-eigenen Deutschen Lebensmittel GmbH gehörte. Ab 1940 wurden im Industriehof aus Holz und Altleder primitive Schuhe für Häftlinge gefertigt, und die DAW ließen ab 1941 von Häftlingen in großem Umfang Möbel für Konzentrationslager und SS-Kasernen herstellen.[10)]

Am 16. März 1942 wurde die IKL als Amtsgruppe D dem neu geschaffenen Wirtschafts-Verwaltungshauptamt der SS (WVHA) unterstellt, das unter Leitung von Oswald Pohl den Ausbau und die Einbindung der Konzentrationslager in die Kriegswirtschaft vorantrieb.[11)] Mit der „Kriegswende" und der steigenden Bedeutung der Häftlingsarbeit für die Kriegswirtschaft wurden auch immer mehr Häftlinge des KL Sachsenhausen zur Rüstungsproduktion eingesetzt. Schon im zweiten Halbjahr 1942 begann die Luftschiff Zeppelin GmbH mit der Herstellung und Reparatur von Fesselballons, die alliierte Flugzeuge bei deren Angriffen behindern sollten.

In besonderen Betriebsstätten wurden serienmäßig Teile für die Privatwirtschaft auf der Basis von Stücklohn gefertigt, z. B. Radioteile für Telefunken. In einer für 1943 erwähnten Lumpentrennerei sortierte man höchstwahrscheinlich Kleidungsstücke von ermordeten Juden aus Vernichtungslagern und gab diese an Häftlinge ab.[12)]

Mit dem verstärkten Arbeitseinsatz von Häftlingen und den Einweisungen aus besetzten Gebieten im Krieg stiegen auch die Häftlingszahlen. Waren Ende 1939 noch 12 168 und Ende 1941 sogar „nur" 10 709 Häftlinge im KL Sachsenhausen registriert, so stieg deren Zahl ab 1942 kontinuierlich an. Ende 1942 waren es 16 577 Häftlinge, Ende 1943 dann 28 224 und Ende 1944 sogar 47 709 registrierte Häftlinge in Sachsenhausen und dessen Außenlagern, die ab 1942/1943 in rascher Folge entstanden waren. Die Belegung des Stammlagers selbst war bis Kriegsende auf 17 000 bis 20 000 Häftlinge angestiegen.[13)] Waren vor dem Krieg die deutschen und österreichischen Häftlinge in der absoluten Mehrheit, so bildeten diese infolge der zahlreichen Zugänge aus den deutsch besetzten Gebieten Europas ab 1942 nur noch eine Minderheit. Daran änderte auch die nach Kriegsbeginn durchgeführte Verhaftungswelle der Gestapo nach vorbereiteten Listen nichts, die fortgeführte Übernahme von Gefangenen aus Strafanstalten und die Ausweitung verfolgter Zielgruppen z. B. auf „Asoziale", „Bibelforscher" und „Zeugen Jehovas". Bereits im Juli 1940 hatte Himmler überdies angeordnet, daß alle Homosexuellen, welche „mehr als einen Partner verführt" hätten, ebenfalls in Vorbeugehaft zu nehmen waren. Die Zahl der Häftlinge mit rosa Winkel blieb in Sachsenhausen aber verhältnismäßig gering.[14)] Wie in anderen Lagern auch, so waren die meisten Funktionen innerhalb der Häftlingsgesellschaft, wie Lagerälteste, Blockäl-

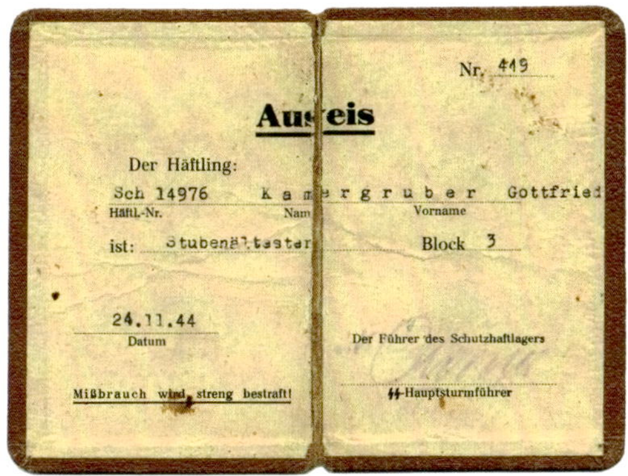
Nr. 419

Ausweis

Der Häftling:

Sch 14976 Ka[illegible]ergruber Gottfried

Häftl.-Nr. Name Vorname

ist: Stubenältester Block 3

24.11.44

Datum

Der Führer des Schutzhaftlagers

Mißbrauch wird streng bestraft!

SS-Hauptsturmführer

KL Sachsenhausen, Ausweis eines Stubenältesten.
(Sammlung Wolfgang Haney, Berlin)

teste und Kapos, durch deutsche Häftlinge besetzt, oft sogar durch sog. „Politische".[15] Auf dieser Seite ist der Ausweis eines deutschen Funktionshäftlings des KL Sachsenhausen aus dem November 1944 abgebildet, der als Stubenältester in Block 3 eingesetzt war.

Funktionshäftlinge spielten eine bedeutende Rolle in den Konzentrationslagern. Sie verfügten über große Handlungsspielräume, solange die Befehle der SS ausgeführt wurden.[16]

War in den Anfangsjahren des Lagers die Verpflegung zwar einfach, aber ausreichend gewesen – abends gab es Brot und verschiedene Wurstsorten und hin und wieder mittags auch Fleisch, so änderte sich dies mit Kriegsbeginn durch reduzierte Lebensmittelrationen. Innerhalb weniger Wochen waren nun auch kräftige Häftlinge durch Hunger und Arbeit geschwächt, und immer mehr Gefangene waren auf der verzweifelten Suche nach Eßbarem. Manche aßen gar verdorbene Lebensmittel, Gras oder Kabelfett. Besonders dramatisch war die Situation sowjetischer Kriegsgefangener, die im Herbst 1941 schon hungernd aus Wehrmachtslagern kamen und die sogar Leichenteile (z. B. die Leber) frisch verstorbener Kameraden aßen.[17] Schon in den Kriegsgefangenenlagern der Wehrmacht, in denen sich nach dem anfänglich schnellen deutschen Vormarsch ein nicht endend wollender Strom gefangener Rotarmisten ergoß, war es aus Hunger zu Kannibalismus gekommen.

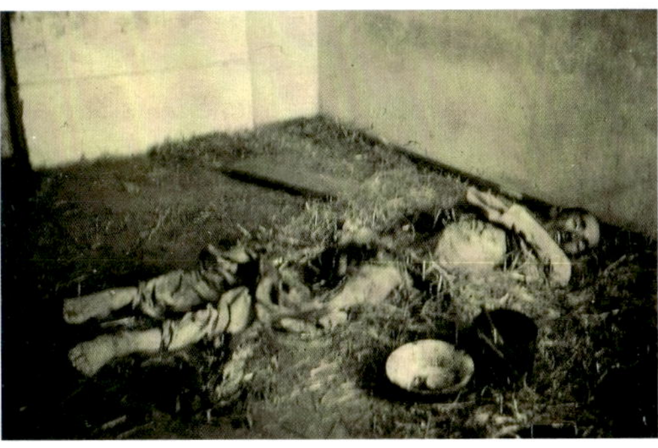

Angeschnittene Leiche eines sowjetischen Kriegsgefangenen im Wehrmachtslager Rositten in Ostpreußen (Winter 1941/1942).
(Foto aus dem Bericht „Unsterbliche Opfer" von Karl Feuerer, Archiv der Gedenkstätte Buchenwald)

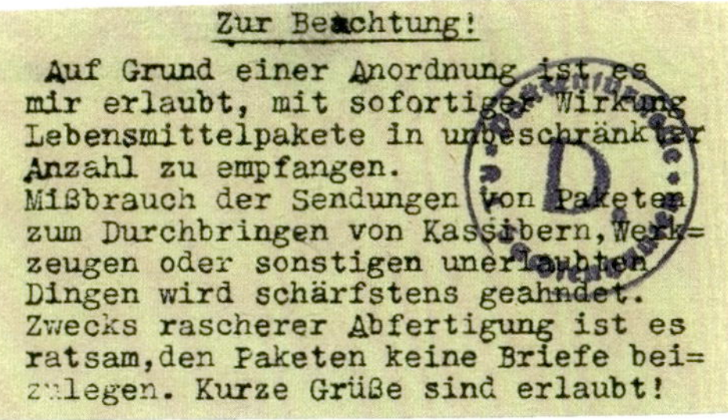
Zur Beachtung!

Auf Grund einer Anordnung ist es mir erlaubt, mit sofortiger Wirkung Lebensmittelpakete in unbeschränkter Anzahl zu empfangen.
Mißbrauch der Sendungen von Paketen zum Durchbringen von Kassibern, Werkzeugen oder sonstigen unerlaubten Dingen wird schärfstens geahndet.
Zwecks rascherer Abfertigung ist es ratsam, den Paketen keine Briefe beizulegen. Kurze Grüße sind erlaubt!

KL Sachsenhausen, Mitteilung zum unbeschränkten Empfang von Lebensmittelpaketen mit Stempel der Postzensurstelle. *(Sammlung Wolfgang Haney, Berlin)*

Nach der Übernahme der Lager durch das WVHA 1942 wurden eine ganze Reihe von Maßnahmen beschlossen, die der Verbesserung der Lebensbedingungen der Häftlinge in den Konzentrationslagern dienen sollten, so u.a. zur Hygiene, Verpflegung, Behandlung und medizinischen Versorgung. In diesem Zusammenhang ist wohl auch die abgebildete Erlaubnis zum unbeschränkten Empfang von Lebensmittelpaketen zu sehen, was zahlreichen Häftlingen half. Sowjetische Kriegsgefangene mußten in deutschen Lagern indes nicht allein an Hunger leiden. Im KL Sachsenhausen begann man im September 1941 mit der Selektion sog. „Kommissare", die in einer speziell entwickelten Genickschußanlage im „Industriehof" ermordet wurden. Mitte September wurde die Anlage auch Kommandanten anderer Konzentrationslager vorgeführt.

Paketsendung für Studenten.

Die Sendung erfolgt gemäß Entscheidung der Kommandantur des Konzentrationslagers Sachsenhausen vom 7./2. 1940, Az: 14 K 4/7. 2.40 Da/Schl.

KL Sachsenhausen, Beilagezettel zu einer Paketsendung für tschechische Studenten mit Stempel des Kriegerbunds, Centrale Prag. (Sammlung Wolfgang Haney, Berlin)

Eine ähnliche Anlage ging dann auch in Buchenwald in Betrieb. Von den rund 12 000 Rotarmisten, die von Ende August bis Mitte Oktober 1941 in Sachsenhausen eingeliefert worden waren, wurden 9000 bis 9200 in der Genickschußanlage getötet. Von den verbliebenen „Arbeitsrussen“ kamen in den folgenden Monaten die meisten ums Leben – sie verhungerten, starben an Entkräftung und Krankheiten oder wurden erschossen. Die Ermordung sowjetischer Kriegsgefangener aufgrund des sog. „Kommissar-Befehls“ war neben dem Genozid an Juden und der Aktion „14 f 13“ eine der größten Mordaktionen in deutschen Konzentrationslagern.[18]

Auch die Aktion „14 f 13“, die nach ihrem Aktenzeichen bei der IKL benannt wurde, ging von Sachsenhausen aus. Ziel war es, in der Folge der „Euthanasie-Aktion T 4“, der vornehmlich geistig Behinderte zum Opfer gefallen waren, sich nun in Abstimmung mit der „Kanzlei des Führers“ auch körperlich behinderter, kranker und arbeitsunfähiger Häftlinge in den Konzentrationslagern zu entledigen. Im April 1941 nahm deshalb in Sachsenhausen eine Ärztekommission – unterwiesen von Prof. Werner Heyde, der schon die Aktion „T 4“ geleitet hatte – ihre Arbeit auf. 269 selektierte Häftlinge wurden, statt – wie ihnen versprochen – in ein Sanatorium, in die Anstalt Sonnenstein bei Pirna gebracht und dort mit Giftgas erstickt. Tausende Häftlinge deutscher Konzentrationslager sollten noch im Rahmen dieser Aktion sterben. Die Morde wurden erst auf Befehl des Amtsleiters der Kanzlei Hitlers im Dezember 1944 eingestellt.[19]

Zahlreiche Häftlinge waren wegen ihres Widerstands gegen die deutsche Besatzung ihrer Heimat in Konzentrationslager gekommen. So wurden z. B. nach den Studentenunruhen zum tschechoslowakischen Nationalfeiertag 1939, bei denen man gegen die Deutschen im „Protektorat Böhmen und Mähren“ protestierte, etwa 1200 tschechische Studenten in Prag und Brünn verhaftet und am 17. November 1939 mit der Bahn nach Sachsenhausen transportiert. Bis 1942 wurden sie zwar schrittweise wieder entlassen, doch 18 von ihnen sind in Sachsenhausen ums Leben gekommen.[20] Während ihrer Haft im Konzentrationslager erlaubte der Kommandant am 7. Februar 1940 den Empfang sog. „Paketsendungen für Studenten“, die auch von Hilfsorganisationen kamen.

Um das Reich „judenfrei“ zu machen, waren die meisten Juden in deutschen Konzentrationslagern bis zum Herbst 1942 in Lager verlegt worden, die sich im besetzten Polen befanden, vor allem aber nach Auschwitz. Nach den verheerenden Zerstörungen durch alliierte Bombenangriffe, die auch die deutsche Luftfahrtindustrie schwer trafen, sowie in Anbetracht des akuten Arbeitskräftemangels wurden auch jüdische Arbeitskräfte für die deutsche Rüstungsindustrie unentbehrlich. Nachdem Hitler deren Einsatz zugestimmt hatte, kamen ab Juni 1944 auch Tausende jüdischer Gefangener aus Gettos und Konzentrationslagern in das KL Sachsenhausen – vornehmlich zur Zwangsarbeit in dessen Außenlager, die meist bei Rüstungsbetrieben entstanden waren. Ihre Zahl stieg bis Anfang 1945 auf über 11 000 an.[21]

Durch die Überbelegung verschlechterten sich die Lebensbedingungen immer mehr. Baracken, die nach Aufstockung für 200 Häftlinge vorgesehen waren, waren im Kriege manchmal sogar mit 400 Insassen belegt. Wie ein Vertreter der Schweizer Regierung berichtete, der im Oktober 1942 das Lager besucht hatte, sollte es 18 000 Häftlinge fassen. Jede der 68 Holzbaracken hätte dann über 260 Häftlinge aufnehmen müssen. 1944/1945 wurde diese Zahl noch übertroffen, was sich besonders negativ auf die sanitären und hygienischen Verhältnisse auswirkte.[22]

Konzentrationslager Sachsenhausen
Oranienburg bei Berlin

20/12.42.

Der Tag der Entlassung kann jetzt noch nicht angegeben werden. Besuche im Lager sind verboten. Anfragen sind zwecklos.

Auszug aus der Lagerordnung:

Jeder Häftling darf im Monat 2 Briefe oder Postkarten empfangen und absenden. Eingehende Briefe dürfen nicht mehr als 4 Seiten à 15 Zeilen enthalten und müssen übersichtlich und gut lesbar sein. ~~[illegible]~~ Geldsendungen sind nur durch Postanweisung zulässig, deren Abschnitt nur Vor-, Zuname, Geburtstag, Häftlingsnummer trägt, jedoch keinerlei Mitteilungen. Geld, Fotos und Bildereinlagen in Briefen sind verboten. Die Annahme von Postsendungen, die den gestellten Anforderungen nicht entsprechen, wird verweigert. Unübersichtliche, schlecht lesbare Briefe werden vernichtet. Im Lager kann alles gekauft werden. Nationalsozialistische Zeitungen sind zugelassen, müssen aber vom Häftling selbst im Konzentrationslager bestellt werden.

Der Lagerkommandant.

FROHE WEIHNACHTEN

Meine einzige, süße Lala! Als ich den Brief Deines Vaters sah, wußte ich sofort, daß Dir etwas Böses zugestoßen ist. Kann ich wirklich glauben, daß nach der Operation jegliche Gefahr für Dich beseitigt ist? Ach, könnte ich heute an Deinem Kra[…]enbette hocken u. Dir diese schweren Stunden erleichtern! Schreibe mir bitte sofort mein süßes Kind, oder bitte Deinen Vater darum, wie es Dir geht. Dein zweites Päckchen u. das Geld habe ich erhalten. Nur danken kann ich, heiß danken! Du darfst mir jetzt aber kein Geld mehr schicken, weil Du es selbst brauchst. Ich weiß, Du erfüllst meine Bitte, denn Du bist gut. Zum Fest sende ich Euch allen, meine Lieben, die innigsten Herzenswünsche u. Dir, mein Engel, wünsche ich baldige Genesung. Wenn ich Euren guten Kuchen mit dem selbstgebrühten Tee verzehren werde, kommen alle guten Tage wieder ins Gedächtnis zurück. Lebt wohl! Das nächste Weihnachtsfest feiern wir gemeinsam in der Heimat.

Ich küsse Dich u. Deine Lieben

Frk.

KL Sachsenhausen, Brief eines Häftlings zum Weihnachtsfest 1942 mit gedrucktem Auszug aus der Lagerordnung, der auch Geldsendungen betrifft. Die Regelung, welche die Zusendung von Paketen jeglichen Inhalts verbot, wurde gestrichen. (Sammlung Wolfgang Haney, Berlin)

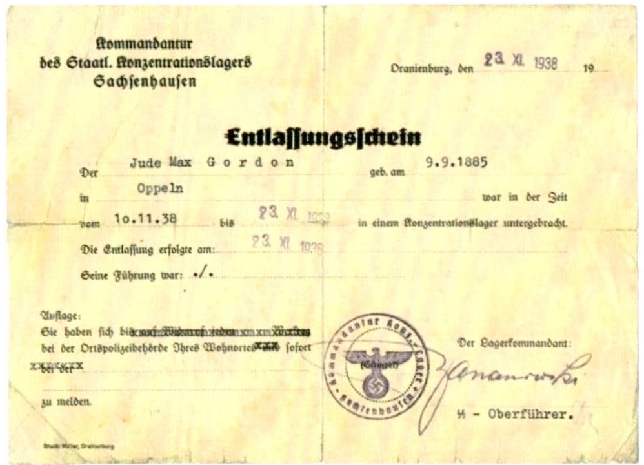

Kommandantur
des Staatl. Konzentrationslagers
Sachsenhausen

Oranienburg, den 23 XI 1938 19

Entlassungsschein

Der Jude Max G o r d o n geb. am 9.9.1885

in Oppeln war in der Zeit

vom 10.11.38 bis 23 XI 1938 in einem Konzentrationslager untergebracht.

Die Entlassung erfolgte am: 23 XI 1938

Seine Führung war: ./.

Auflage:
Sie haben sich bi... bei der Ortspolizeibehörde Ihres Wohnortes sofort ... zu melden.

Der Lagerkommandant:

SS - Oberführer.

KL Sachsenhausen, Entlassungsschein des jüdischen Häftlings Max Gordon vom 23.11.1938, der in der Folge der sog. „Reichskristallnacht" am 10.11.1938 verhaftet worden war. (Sammlung Wolfgang Haney, Berlin)

Schon 1944 wurde Oranienburg von alliierten Bombenangriffen getroffen. Besonders schwer zerstört wurden im März und April 1945 die Heinkel-Werke, in denen zahlreiche Häftlinge arbeiteten, sowie die Betriebe der Auergesellschaft, der Rangierbahnhof, das „Waldlager" des SS-Stützpunkts und das Großziegelwerk. Bei diesen Angriffen kamen auch Hunderte Häftlinge ums Leben.[23)]

Bereits seit Anfang 1945 wurden immer mehr Außenlager aufgelöst. Ab März wurden deren Häftlinge meist in das Stammlager verlegt. Im März und April 1945 wurden auf Anweisung der Kommandantur die meisten Akten und Karteien vernichtet und mehrere Tonnen Asche aus dem Krematorium im Oder-Havel-Kanal versenkt.

In der Nacht des 21. April 1945 begann die Räumung des Stammlagers. Etwa 33 000 Häftlinge wurden in Kolonnen auf den Fußmarsch in Richtung Nordwesten getrieben. Auf dem Marsch setzten sich einzeln Kolonnen und auch Wachmannschaften ab, es kamen aber auch noch Tausende durch Hunger und Entkräftung ums Leben. Befreit wurden die einzelnen Kolonnen dann durch US-amerikanische oder sowjetische Truppen. Im Lager selbst waren etwa 3000 kranke Häftlinge sowie Ärzte und Pfleger zurückgeblieben, davon fast die Hälfte Frauen und Kinder, die am 22. und 23. April 1945 von sowjetischen und polnischen Verbänden befreit wurden.[24)]

Von 1936 bis 1945 sind mehr als 200 000 Menschen im Konzentrationslager Sachsenhausen und dessen Außenlagern inhaftiert gewesen. Auch wenn sich die genaue Opferzahl heute nicht mehr ermitteln läßt, so geht man doch von Zehntausenden aus, die durch Hunger und Krankheiten oder an den Folgen von Zwangsarbeit und Mißhandlung umgekommen sind bzw. ermordet wurden.[25)]

Sowjetisches Speziallager

Viele der befreiten Häftlinge starben noch Wochen und Monate danach an den Folgen der Lagerhaft. Überlebende sowjetische Häftlinge wurden von ihren „Befreiern" als Verräter angesehen und traten oftmals den Weg in ein sowjetisches Zwangsarbeitslager an. Über Monate warteten im einstigen Stammlager außerdem ehemalige Häftlinge aus über 20 Ländern auf ihre Rückkehr in die Heimat. Anfang August 1945 übernahm der sowjetische Geheimdienst NKWD das Lager und internierte sog. Funktionsträger der NSDAP und des NS-Staats, aber auch völlig willkürlich alle „feindlichen Elemente". Allein 7000 ehemalige sowjetische Kriegsgefangene und Zwangsarbeiter wurden von Sachsenhausen aus in den Gulag geschickt.[26)]

Menschliches Leid und Tod endete in Sachsenhausen nicht nach der Befreiung 1945. Die Geschichtsbetrachtung wäre nur einseitig, die Mahnung in Anbetracht der Opfer zu halbherzig und die so gewonnene Halbwahrheit letztlich zu manipulativ, würde man Geschichte nicht – wie der Numismatiker eine Medaille – auch von beiden Seiten betrachten, um sie wirklich zu verstehen. Fakt ist, daß das Konzentrationslager Sachsenhausen von Soldaten eines Landes befreit wurde, in dem selbst mehr Menschen in Lagern umkamen als irgendwo sonst auf der Welt. Dem stalinistischen Terror-Regime werden heute mehr als 30 Millionen Opfer zugeschrieben, solche in Lagern, solche von „Säuberungen" oder von Strafaktionen und Schauprozessen. Tatsache ist auch, daß Sachsenhausen als Speziallager der Sowjets noch bis März 1950 weiter betrieben wurde, und daß fast die Hälfte der 60 000 nach 1945 inhaftierten Häftlinge sowjetische Emi-

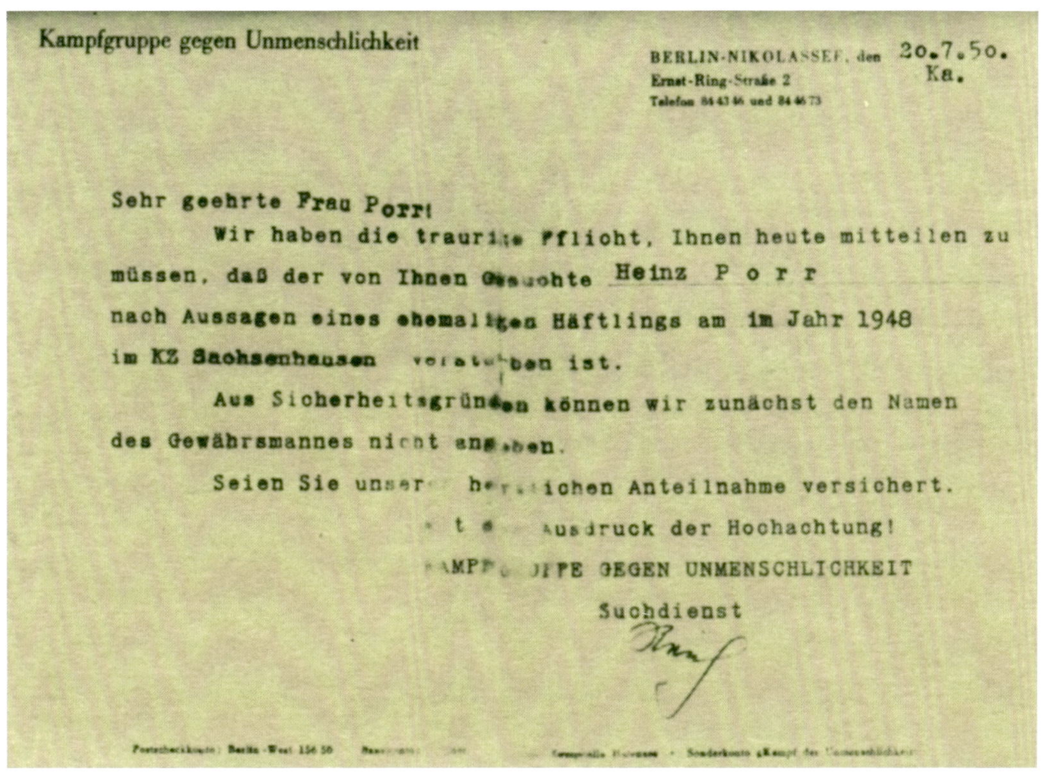

Kampfgruppe gegen Unmenschlichkeit

BERLIN-NIKOLASSEE, den 20.7.50.
Ernst-Ring-Straße 2 Ka.
Telefon 84 43 46 und 84 46 73

Sehr geehrte Frau Porr!

Wir haben die traurige Pflicht, Ihnen heute mitteilen zu müssen, daß der von Ihnen Gesuchte Heinz Porr nach Aussagen eines ehemaligen Häftlings am im Jahr 1948 im KZ Sachsenhausen verstorben ist.

Aus Sicherheitsgründen können wir zunächst den Namen des Gewährsmannes nicht angeben.

Seien Sie unserer herzlichen Anteilnahme versichert.

Mit dem Ausdruck der Hochachtung!

KAMPFGRUPPE GEGEN UNMENSCHLICHKEIT
Suchdienst

Postscheckkonto: Berlin-West 156 50

Westberliner „Kampfgruppe gegen Unmenschlichkeit", Benachrichtigung über den Tod eines deutschen Häftlings im sowjetischen Speziallager Sachsenhausen vom 20. Juli 1950. (aus: von Sachsenhausen bis Buchenwald – Todesfabriken der Kommunisten)[27]

granten bzw. Sowjetbürger waren – die meisten von ihnen ehemalige „Ostarbeiter" oder Kriegsgefangene, deren einziges Verbrechen darin bestand, den Krieg und die NS-Herrschaft überlebt zu haben. Frei nach dem Motto „Wer sich nicht für Stalin opfert, der ist ein Verräter!", wurden Hunderttausende Sowjetbürger deportiert – die meisten von ihnen fanden den Tod. Selbst bei seinem eigenen Sohn Jakow, der am 17. Juli 1941 in deutsche Kriegsgefangenschaft geriet, war Stalin nicht bereit, auf einen von deutscher Seite angebotenen Gefangenenaustausch gegen den deutschen Generalfeldmarschall Friedrich Paulus einzugehen, da sich nach dem sowjetischen Soldatengesetz kein Rotarmist in Gefangenschaft ergeben durfte. Stalin erklärte stattdessen, daß er keinen Sohn namens Jakow habe. In den drei großen Speziallagern des sowjetischen Geheimdienstes NKWD in der Sowjetischen Besatzungszone (SBZ) und der späteren DDR verschwanden nicht nur ehemalige Sowjetbürger und Nazi-Mitläufer, sondern auch zahlreiche politische Gegner und auffällige Jugendliche. Oft genügte schon ein politischer Witz oder die Denunziation eines mißliebigen Nachbarn. Mindestens 12 000 Häftlinge des sowjetischen Speziallagers Sachsenhausen kamen ums Leben. Einer von ihnen war der beliebte Schauspieler Heinrich George. Er hatte in dem deutschen „Durchhalte-Film" Kolberg eine Hauptrolle gespielt. In Buchenwald waren es von 1945 bis 1950 bis zu 15 000 Tote.

Als 1950 die Speziallager aufgelöst wurden, bedeutete dies aber längst nicht die Freiheit für die oft willkürlich Inhaftierten. Die Menschen kamen vor Standgerichte und wurden nach stalinistischer Manier ohne Rechtsgrundlage abgeurteilt, nicht wenige zum Tode. Der Rest verschwand auf Jahre in den Gefängnissen einer Republik von Sowjet-Gnaden, in der erst 1955 von den „Besatzern“ das Kriegsrecht aufgehoben wurde, und die sich dennoch „demokratisch“ nannte.[28] In der DDR verschwiegen, erinnert heute auch ein Museum an die Opfer des sowjetischen Speziallagers Sachsenhausen.

Zum Geldumlauf bis zur Einführung von Prämienscheinen

Man kann davon ausgehen, daß bis zur „Allgemeinen Lagerordnung“ des KL Sachsenhausen vom 6. November 1942 der Umgang mit dem Eigengeld der Häftlinge ähnlich geregelt war wie in den anderen Konzentrationslagern auch. Häftlinge konnten demnach im Rahmen ihrer Guthaben und eines festgelegten Verfügungsrahmens von ihren „Konten“ bei der Häftlingsgeldverwaltung Abhebungen von Bargeld (Reichsmark) vornehmen, für das sie in der Lagerkantine Einkäufe zum persönlichen Verbrauch tätigen konnten. Die neue Lagerordnung regelte schließlich, daß jeder Guthabenbesitzer über einen Betrag in Höhe von 15 RM pro Woche verfügen konnte, alle Einkäufe aber auf einem vorgeschriebenen bargeldlosen Verrechnungsweg zu erfolgen hätten. Ein solcher „bargeldloser Verrechnungsweg“ wäre allerdings nur über die Nutzung von Ersatzzahlungsmitteln denkbar, wie sie etwa in Form von Waren-Wertkarten aus den KL Ravensbrück und Stutthof bekannt wurden.
Ausgehend von der besondere Rolle des KL Sachsenhausen könnte es sich auch um einen „Test“ der SS-Führung zur Praxistauglichkeit vorgesehener Neuregelungen für alle Konzentrationslager handeln. Die SS-Dienstvorschrift zur

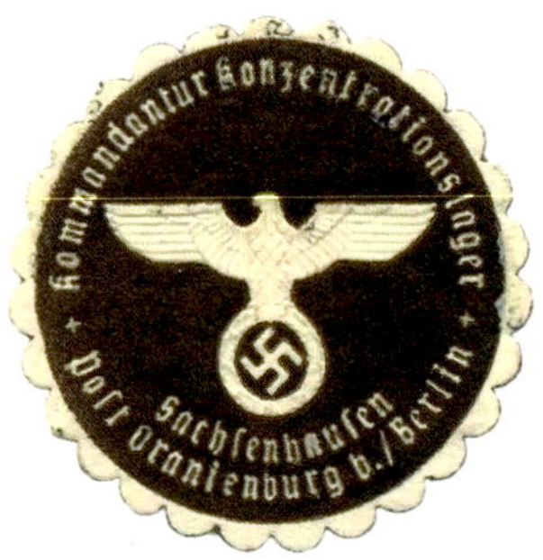

KL Sachsenhausen, Briefsiegel der Kommandantur. (Sammlung Wolfgang Haney, Berlin)

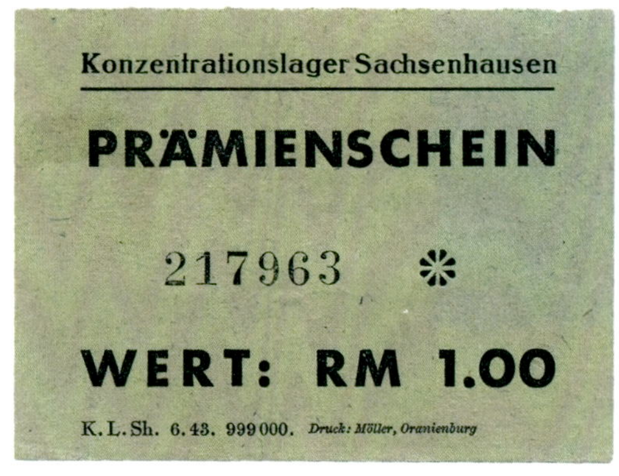

KL Sachsenhausen, Prämienschein der ersten Ausgabe vom Juni 1943 über RM 1.00. (Sammlung Wolfgang Haney, Berlin)

Einführung von Prämienscheinen stammt jedenfalls erst vom Mai 1943, und andere Geldersatzzeichen sind von Sachsenhausen bisher nicht nachweisbar.

Prämienscheine des KL Sachsenhausen

Die erste Ausgabe von Prämienscheinen des KL Sachsenhausen, die auf der Grundlage der Prämienvorschrift des WVHA der SS vom 15. Mai 1943 erfolgte, stammt laut Druckvermerk vom Juni 1943. Gedruckt wurden 999 000 Exemplare zu je 0,50 und 1 RM bei der Firma Möller in Oranienburg. Eine zweite Auflage über je 500 000 Prämienscheine je Nennwert folgte dann im Juli 1944. Zu beiden Auflagen kommen Varianten zur Angabe der Druckfirma und durch unterschiedliche Plunger (Sternchen hinter den Kontrollnummern) vor.
Wie auch in den anderen Konzentrationslagern, so dienten Prämienscheine in Sachsenhausen hauptsächlich zum Einkauf in der Lagerkantine und zur Bezahlung im Lagerbordell, das erst 1944 in Sachsenhausen den Betrieb aufnahm. Ausgaben des 1944er Einheitstyps für Konzentrationslager sind für das KL Sachsenhausen nicht bekannt geworden.
Aufgrund der einfachen Gestaltung kommen immer wieder auch moderne Falsifikate von Sachsenhäuser Prämienscheinen, aber auch Fantasiefälschungen vor. Auf diese soll in einem besonderen Kapitel am Ende des Buchs eingegangen werden.

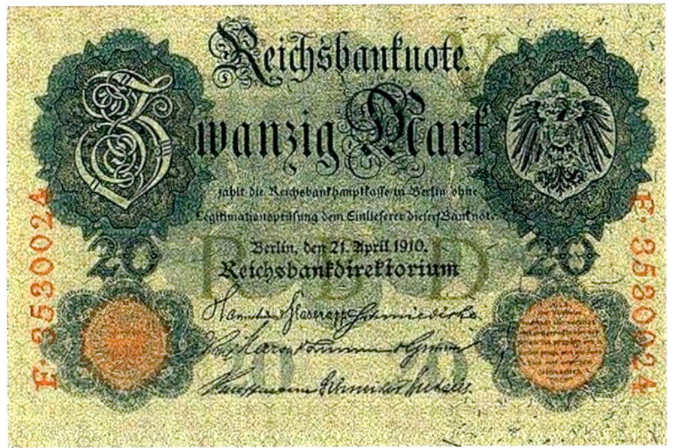

Britische Fälschung einer Reichsbanknote zu 20 Mark vom 21. April 1910. (Fotoarchiv des Verlags)

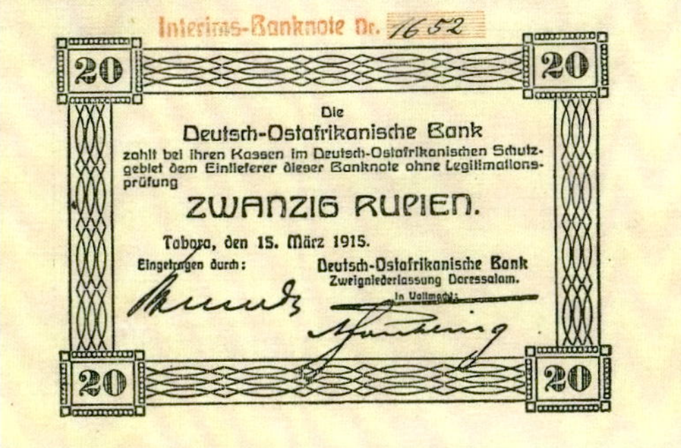

Britische Fälschung einer Interims-Banknote der Deutsch-Ostafrikanischen Bank über 20 Rupien vom 15. März 1915. (Fotoarchiv des Verlags)

„Unternehmen Bernhard" – Falschgeld für den „Endsieg"

Falschgeldproduktion zum Schaden des Kriegsgegners war nicht neu, auch wenn dies nicht selten als „mieser Trick der Nazis" dargestellt wurde und wird. Es ließen sich zahlreiche Beispiele aus der Geschichte anführen. So ließ Napoleon Bonaparte beispielsweise in großem Umfang Rubel-Noten fälschen, die er beim Vorstoß der „Großen Armee" auf Moskau bei sich führte, und im Ersten Wetkrieg fälschten die Briten gleich verschiedene Banknotenausgaben zum Schaden Deutschlands. Nicht nur, daß sich Beamte der Bank von England, Mitarbeiter des Marine-Geheimdienstes und Angehörige des Britischen Kriegsrats mit der Fälschung deutscher Reichsbanknoten befaßten – die Briten ließen auch zahlreiche Fälschungen von Interims-Banknoten der Deutsch-Ostafrikanischen Bank herstellen und zum Schaden der deutschen Schutzmacht in Umlauf bringen, da die damalige Weltmacht eigene Begehrlichkeiten mit Ostafrika verband.[29] Im Zweiten Weltkrieg kam es dann im Auftrag des Reichssicherheitshauptamts (RSHA) unter dem Decknamen „Unternehmen Bernhard" – benannt nach dem Leiter der Operation, dem SS-Sturmbannführer Bernhard Krüger – im KL Sachsenhausen zur wohl größten Fälschungsaktion der Weltgeschichte. Grafiker, Drucker, Graveure, Papierspezialisten und andere Fachleute, die aus verschiedenen Konzentrationslagern zusammengezogen wurden, fertigten in den zwei besonders gesicherten Blöcken 18 und 19 falsche Pfundnoten, Briefmarken, Pässe, Wertpapiere und zum Schluß auch US-Dollarnoten. Einer breiten Öffentlichkeit wurde die Aktion durch den im Februar 2008 mit dem „Oscar" prämierten deutsch-österreichischen Spielfilm „Die Fälscher" bekannt, der auf Erinnerungen des damals beteiligten Häftlings Adolf Burger beruht, die dieser in seinem Buch „Des Teu-

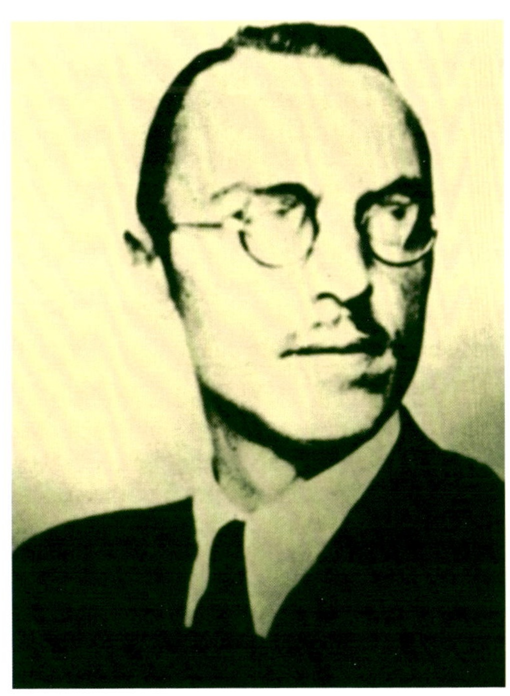

Alfred Naujocks hatte die Idee zur wohl größten Geldfälschungsaktion der Weltgeschichte.
(Fotoarchiv des Verlags)

fels Werkstatt“ für die Nachwelt erhalten hatte.[30)]
Die Idee zur Herstellung falscher Pfundnoten stammte Ende 1939 von SS-Hauptsturmführer Alfred Naujocks, dem die Abteilung „Technische Hilfsmittel“ im RSHA unterstand. Hier wurde alles gefälscht, was für den Auslandsgeheimdienst von Nutzen sein konnte, dazu zählten Geburts- und Sterbeurkunden, Reisepässe, Führerscheine, Diplome, Stempel und Siegel.[31)]
Naujocks konnte seinen obersten Vorgesetzten und Gönner Reinhard Heydrich und über diesen schließlich auch den Reichsführer SS, Heinrich Himmler, von seiner Idee begeistern. Heydrich bezog sogar den US-Dollar in den Fälscherplan mit ein. Himmler verfaßte ein Memorandum an Hitler, der den Vorschlag begrüßte, aber die Herstellung falscher US-Dollars ablehnte, da sich das Deutsche Reich zu diesem Zeitpunkt noch nicht im Krieg mit den USA befand.
Mit der Gesamtleitung des „Unternehmen Andreas“ wurde zunächst Naujocks selbst beauftragt, der einem seiner Fälscherexperten, Bernhard Krüger, die technischen Fragen überließ.
Zur vorgesehenen Qualität der Fälschungen forderte Heydrich in einem Geheimbefehl: *„Es darf sich hier nicht um eine Fälschung oder Nachahmung im üblichen Sinne handeln, sondern um eine nachträgliche, unautorisierte Herstellung. Die Scheine müssen derart originalgetreu hergestellt sein, daß selbst die erfahrensten britischen Pfundnotenspezialisten keine Unterschiede herausfinden können ...“*
Von den Anfängen im Winter 1939 bis zur Herstellung von „fast“ perfekten Fälschungen war man aber noch weit entfernt. Als ganz wesentlich, aber auch besonders schwierig, sollte sich die Nachahmung des britischen Wasserzeichenpapiers herausstellen. Zur Herstellung benutzte man schließlich Leinen-Hadern, die aus der Türkei importiert wurden. Auch wenn das falsche Papier täuschend echt schien, so unterschied es sich doch vom Original unter UV-Licht. Erst als man auch gebrauchte Lumpen zur Herstellung der Papiermasse benutzte, waren die Experimente mittels Handschöpfverfahren in einem separaten Gebäude der Papierfabrik Spechthausen bei Eberswalde von Erfolg gekrönt. Mit einem anderen Problem waren Mathematiker beschäftigt. Sie versuchten das britische Kontrollnummernsystem zu „knacken“. Jede Note der Bank of England war mit einer mathematisch nachprüfbaren Kontrollnummer versehen, deren Berechnungsweg unbekannt war. Ähnlich gesichert waren übrigens auch deutsche Reichsbanknoten und selbst der heutige Euro kommt ohne mathematische Überprüfbarkeit der Kontrollnummer als Sicherheitsmerkmal nicht aus.
Mit Unterstützung des privaten Druckereibesitzers und treuen Parteimitglieds August Petrick sowie spezieller Druckfarben aus der Reichsdruckerei, die man „unter der Hand“ besorgt hatte, konnten im Sommer 1940 erste zufriedenstellende Ergebnisse bei 10-Shillings- und 1-Pfund-Noten erzielt werden. Perfekt waren die Fälschungen aber noch lange nicht, sie waren eher von mittelmäßiger Qualität. Anfang 1941

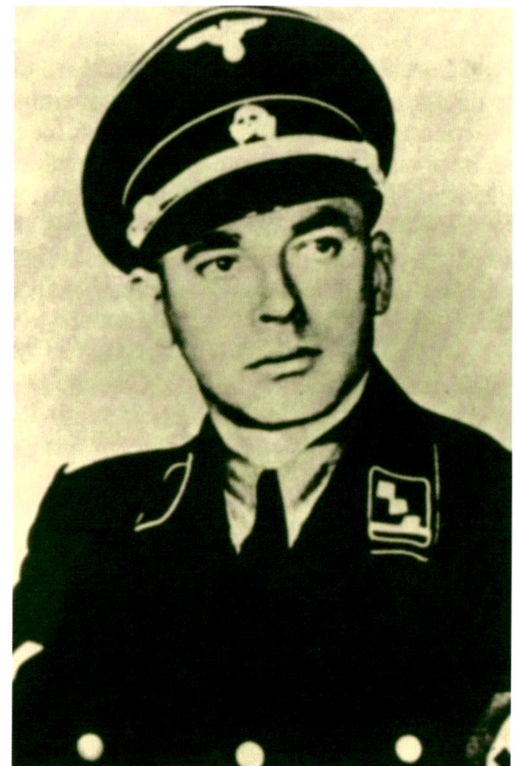

Der SS-Hauptsturmführer und gelernte Textil-Ingenieur Bernhard Krüger war vorerst nur technischer Leiter des später nach ihm benannten Falschgeld-Unternehmens.
(Fotoarchiv des Verlags)

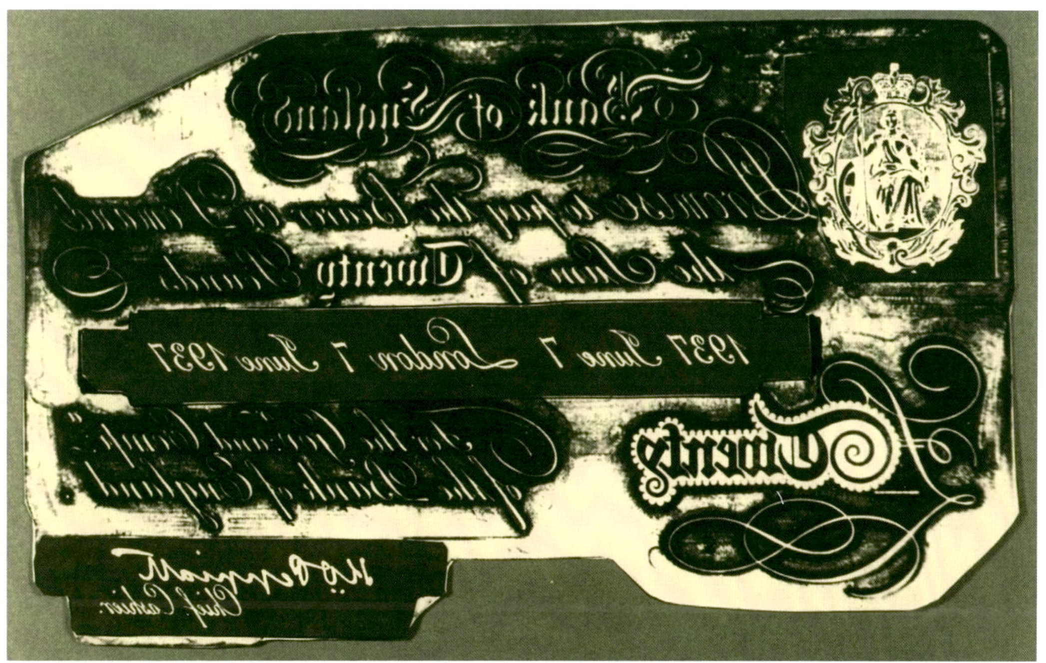

Auf Schloß Friedenthal hergestellte kupferne Druckplatte für eine 20-Pfund-Note des „Unternehmen Bernhard".
(Fotoarchiv des Verlags)

hatte man die ersten gut gelungenen 5-Pfund-Noten der „Produktion A" hergestellt. Die kupfernen Druckplatten wurden fotomechanisch in der Chemigraphischen Anstalt auf Schloß Friedenthal bei Oranienburg gefertigt, die dem Sicherheitsdienst (SD) unterstand.

Am 1. März 1941 gab sich ein deutscher Agent als Industrieller aus und legte bei einer Bank in Basel ein ganzes Bündel falscher Pfundnoten vor, die er angeblich vom Schwarzen Markt hätte. Nicht nur, daß die Schweizer die „Blüten" für echt befanden, auf ihre Rückfrage zur Echtheit der Kontrollnummern bei der Bank of England wurde diese problemlos bestätigt – ein durchschlagender Erfolg, der in Berlin gefeiert wurde. Naujocks Plan, nun die gefälschten Pfundnoten in Massen zu produzieren und zum Schaden der feindlichen Wirtschaft mit Flugzeugen über England abzuwerfen, wurde aber nicht umgesetzt. Bis zum Herbst 1942 wurde die Falschgeldproduktion unterbrochen, um deren Geheimhaltung nicht zu gefährden und eine Fälschung im großen Stil vorzubereiten. Auf Befehl Himmlers sollte schließlich die zu klein gewordene Fälscherwerkstatt beim RSHA geschlossen und in das Konzentrationslager Sachsenhausen verlegt werden, wo entsprechend qualifizierte jüdische Häftlinge in die Falschgeldherstellung eingebunden und nach Abschluß der Aktion aus Geheimhaltungsgründen getötet werden sollten.

Nachdem Naujocks wegen einer Bespitzelungsaffäre bei Heydrich in Ungnade gefallen und zur „SS-Leibstandarte Adolf Hitler" versetzt worden war, übernahm der zum Sturmbannführer beförderte Krüger die Gesamtleitung, und aus dem „Unternehmen Andreas" wurde das „Unternehmen Bernhard".

Mit Befehl des WVHA der SS vom 20. Juli 1942 wurden u. a. die Kommandanten der Konzentrationslager Buchenwald, Sachsenhausen und Ravensbrück aufgefordert, all deren jüdische Häftlinge zu melden, welche Grafiker, Drucker, Bank- und Papierexperten oder sonstige geschickte Handwerker waren. Im September 1942 wurde dann im KL Sachsenhausen eine moderne Fälscherwerkstatt eingerichtet. Sogar an eine

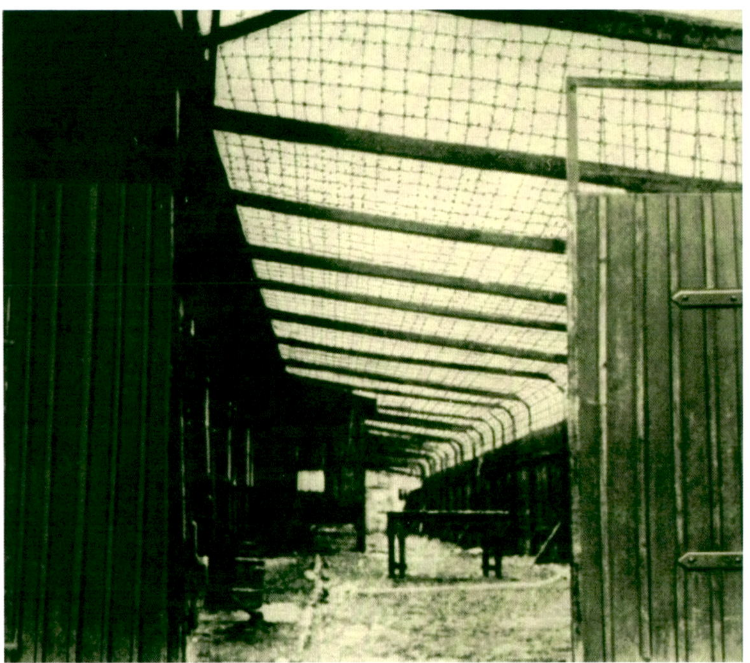

KL Sachsenhausen, Block 18 im Juni 1945 mit Tischtennisplatte im Hof.
(Aufnahme eines sowjetischen Fotografen)

eigene Notstromversorgung dachte man, um die Falschgeldproduktion rund um die Uhr gewährleisten zu können. Die Herstellung des Papiers übernahm nun die Firma Hahnemühle in Dassel im Kreis Einbeck. Unterdessen hatten mehrere Spezialisten auf Schloß Friedenthal Originalnoten in wochenlanger Arbeit auf sichtbare und geheime Sicherheitsmerkmale untersucht – sie wurden rund 150 mal fündig. Zu solchen Merkmalen zählten z. B. auch gewollte Druckunregelmäßigkeiten. Die danach gefertigten kupfernen Druckplatten waren „fast" perfekt.

Im Juni 1943 begann schließlich mit 26 Häftlingen in Sachsenhausen die „Produktion B". Hergestellt wurden falsche Noten der Bank of England über 5, 10, 20 und 50 Pfund.

Bei der abschließenden Qualitätskontrolle über einem Leuchttisch teilte man die Falsifikate in vier Kategorien ein. Die besten Qualitäten mit keinen oder minimalen Fehlern waren für Diplomaten bestimmt, die für das Falschgeld in neutralen Staaten kriegswichtige Waren einkaufen sowie Informationen und Devisen beschaffen sollten. Am bekanntesten wurde der unter dem Decknamen „Cicero" agierende Kammerdiener des britischen Botschafters in der Türkei. Er fotografierte geheime Unterlagen aus dem Tresor des Botschafters und leitete sie nach Berlin weiter, darunter auch die Protokolle der alliierten Geheimkonferenzen von Casablanca, Kairo und Teheran sowie den Plan zur alliierten Invasion in der Normandie. Als er entdeckt wurde, setzte er sich mit seinem „Lohn" in Höhe von 300 000 Pfund nach Südamerika ab. Die dortigen Banken erkannten jedoch seine Scheine als Fälschungen. Die mittlere Qualität war für Agenten und Saboteure im Ausland bestimmt, und die niedrigste Qualität nannte man „Abwurf". Sie waren für den ursprünglichen Plan von Naujocks bestimmt, um zum Schaden der englischen Wirtschaft aus Flugzeugen abgeworfen zu werden. Trotz einiger Fehler waren sie immer noch „Glanzstücke" der Fälscherkunst. Zu ihrem Abwurf kam es jedoch nie. Nachdem die Briten den Deutschen zuvorkamen und in großen Mengen gefälschte Lebensmittelkarten und Behelfszahlungsmittel der Wehrmacht über Deutschland abgeworfen hatten, kamen Hitler Bedenken an der Effektivität einer solchen Aktion, und er verbot sie schließlich.[32)]

Mit dem Verbot zum Einsatz des Falschgelds für Flugzeugabwürfe über Feindesland entfiel dessen ursprünglich vorgesehener Einsatzzweck vollständig. Neben der Bezahlung von Agenten und der Finanzierung von Sonderaktionen, wie dem Fall „Eiche" im September 1943 zur Befreiung des nach dem Seitenwechsel Italiens arrestierten und durch das SD-Sonderkommando

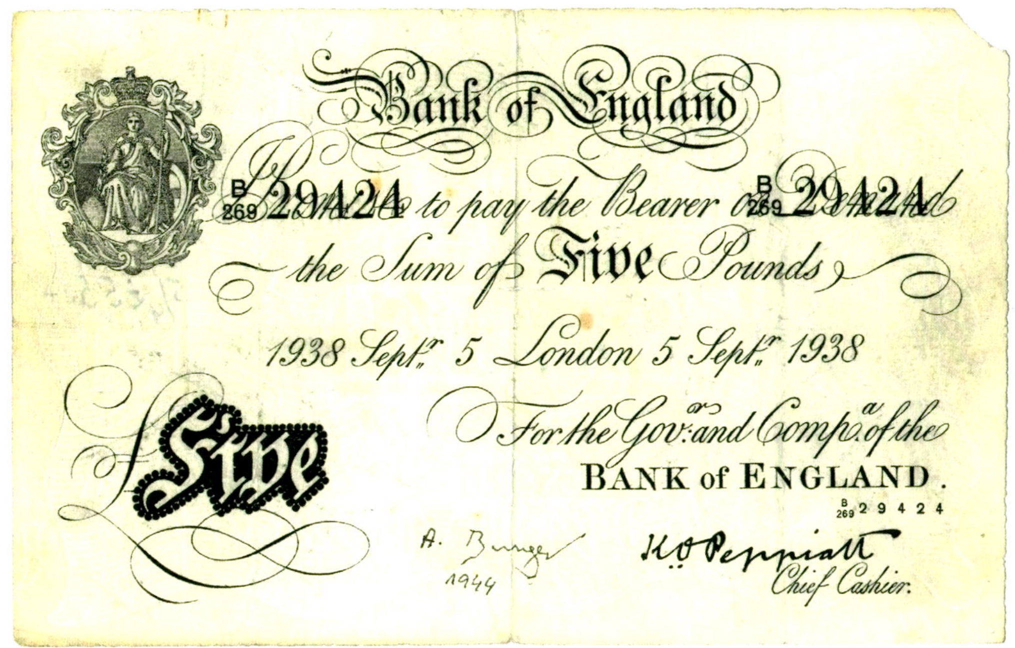

Eine im KL Sachsenhausen gefälschte 5-Pfund-Note der Bank of England mit persönlicher Unterschrift von Adolf Burger und der Jahreszahl 1944. *(Sammlung Wolfgang Haney, Berlin)*

„Friedenthal" unter Leitung von Otto Skorzeny befreiten Mussolini, wurde das Sonderreferat Wirtschaft innerhalb des RSHA mit dem weitergehenden Absatz betraut. Das Referat verfügte mit Fritz Schwend über einen ausgezeichneten Kaufmann mit weltweiten Kontakten. Obwohl er zuvor überhaupt nicht der SS angehörte, ernannte man ihn zum Sturmbannführer. Er baute eine reibungslos funktionierende Vertriebsorganisation auf. An seinem Drittel Provision von den abgesetzten Fälschungen beteiligte er seine internationalen Vertriebshelfer, zu denen schweizerische und italienische Bankiers genauso gehörten wie schwedische, portugiesische und spanische Hotelbesitzer, Kunst- und Antiquitätenhändler sowie alle Arten von Kaufleuten. Schwends Hauptquartier befand sich in Schloß Labers bei Meran in Südtirol, das zur Tarnung die Bezeichnung „Sonderstab Generalkommando III. Germanisches Panzerkorps" trug. Unter dem Namen Dr. Friedrich Wendig reiste Schwend durch die Welt. Die für Falschgeld eingekauften Diamanten, Gold und Kunstwerke wurden anschließend in der Schweiz gegen harte Devisen verkauft – gegen Franken, US-Dollar und echte Britische Pfund, mit denen kriegswichtige Einkäufe im Ausland getätigt werden konnten. Schwend kaufte sogar Waffen von Partisanen und bezahlte englische Agenten mit falschen Pfundnoten. Bernhard Krüger und Friedrich Schwend blieben sich aber unbekannt.[33)]

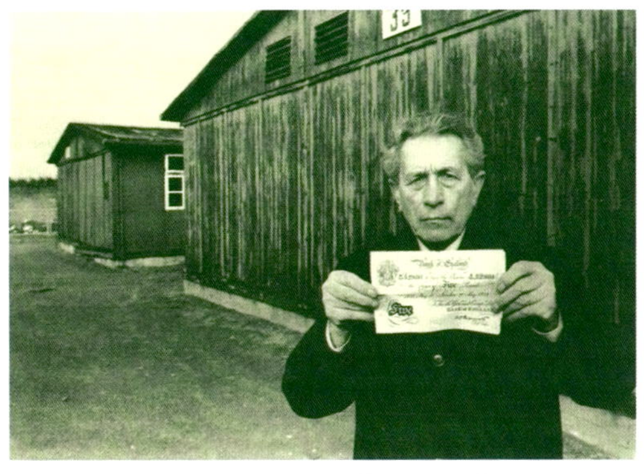

Adolf Burger 1992 mit einer gefälschten Pfund-Note vor Baracken der Gedenkstätte Sachsenhausen.
(Foto Thomas Sandberg/Ostkreuz, Sammlung Wolfgang Haney, Berlin)

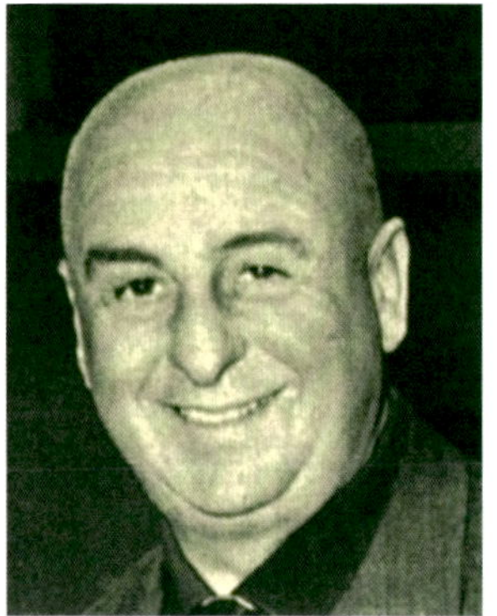
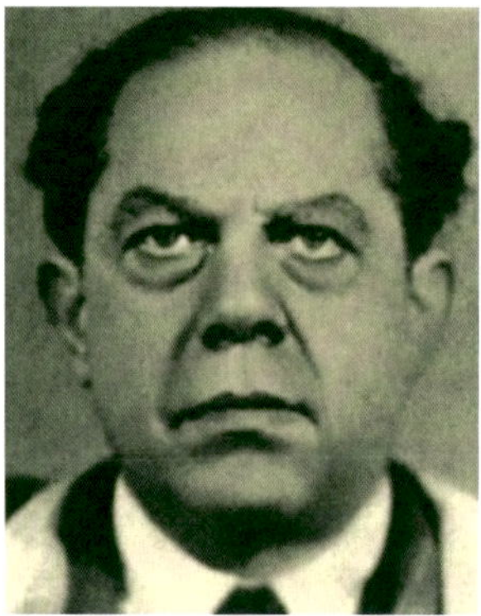

Friedrich Schwend – er übernahm den weltweiten Vertrieb des Falschgelds – und Salomon Smolianoff, der Meisterfälscher des „Unternehmen Bernhard“. (Fotoarchiv des Verlags)

Die Häftlinge des „Unternehmen Bernhard“ waren unterdessen vom übrigen Lager abgeschirmt, waren besser untergebracht, wurden besser behandelt und verpflegt, mußten aber dennoch in ständiger Todesangst leben. Auch wenn ihre Haare nicht geschoren wurden, sie Tischtennis spielen durften und sogar Kabarettaufführungen organisierten, so war ihnen doch ständig bewußt, daß sie als Geheimnisträger nach der Erfüllung ihrer Aufgabe wohl nicht mehr lange zu leben hätten. Sie versuchten deshalb auch selbst den Fortschritt der Aktion zu behindern, indem etwa die Fälschung des US-Dollars verzögert wurde. In einem Bericht, der sich in der heutigen Gedenkstätte Sachsenhausen befindet, heißt es u. a.: *„Wo immer es ging, setzten Maschinen plötzlich aus, war ein Zubehörteil nicht mehr aufzufinden, gab es plötzlich einen Defekt oder* (es fehlte) *ein Material, das nicht mehr aufzutreiben war, aber ‚unbedingt‘ benötigt wurde.“* Die Situation spitzte sich für die mittlerweile 144 Häftlinge in den Blöcken 18 und 19 zu, als alle Versuche zur Fälschung des US-Dollars erfolglos blieben.[34]

Anfang 1945 wurde die Lage an den Fronten immer aussichtsloser und es waren nach wie vor keine brauchbaren Dollar-Fälschungen in Sicht. Den Häftlingen der „Dollar-Gruppe“ fiel es immer schwerer, Krüger, der selbst unter Druck geriet, von ursächlich technischen Problemen zu überzeugen. Schließlich traf ein persönlicher Befehl Himmlers ein: *„Die Druckvorbereitungen für die Herstellung von verwendbaren Dollarnoten sind innerhalb der nächsten vier Wochen zu beenden. Wenn bis zu diesem Zeitpunkt keine brauchbaren Banknoten vorliegen, sind die Häftlinge der Dollar-Gruppe zu erschießen!“* Krüger war es schon zuvor gelungen, den vorbestraften und im KL Mauthausen als „unverbesserlichen Kriminellen“ inhaftierten Meisterfälscher Salomon Smolianoff ausfindig zu machen und Ende August 1944 in die „Dollar-Gruppe“ zu holen. Nach Himmlers Drohung wurde jede Form von Sabotage eingestellt. Beim 250. Versuch lieferte die Druckmaschine einen Bogen 100-Dollar-Noten in einer Qualität, auf die Smolianoff schon lange gehofft hatte. Als er die rasch auf „alt“ getrimmten „Blüten“ Krüger präsentierte, hielt dieser sie für echte Vergleichsstücke. In zehnstündigen Dauerschichten sollten nun nach Himmlers Willen Dollarnoten in Millionenhöhe gefälscht werden, doch der Krieg war bereits verloren, Berlin wurde pausenlos von alliierten Flugzeugen bombardiert und die Häftlinge hörten schon das Artilleriefeuer der Roten Armee. Am 20. Februar 1945 kam der Befehl zur Einstellung der Arbeit. Alle Maschinen waren zu zerlegen, zu verpacken und zum Abtransport vorzubereiten. Mit einem Sonderzug fuhren die Häftlinge des „Sonderkommandos Falschgeld“ mit der Werkstattausrüstung und dem gesamten Falschgeldvorrat am 24. Februar 1945 nach Mauthausen und von dort weiter nach Redl-Zipf in Oberösterreich. Hier sollten die Maschinen in unterirdischen Stollen versteckt werden, die seit 1943 dem Raketenprogramm gedient hatten. Am 1. Mai 1945 forderte Krüger die Häftlinge auf, alle falschen Banknoten und Druckvorlagen zu vernichten, bevor er verschwand. Das Ende des „Tausendjährigen Reichs“ war nicht mehr aufzuhalten. Drei Tage und Nächte brannte ein Feuer, der Rest wurde in Kisten verpackt und im nahen Toplitz-See versenkt. Am 5. Mai wurden die Häftlinge dann von US-Truppen befreit.[35] Zu den befreiten Häftlingen des Falschgeldkommandos gehörte auch der Tscheche Oskar Skála, der die Sortiererei geleitet hatte. Unter ständiger Lebensgefahr hatte er sich alle Daten zu den gedruckten Falsifikaten notiert. Seine heimlichen Aufzeichnungen gelten heute als zuverlässigste Quelle zum tatsächlichen Umfang der Fälschungsaktion. Nach Skála sollen fast vier Millionen 5-Pfund-Noten, rund 2,4 Millionen 10-Pfund-Noten, über 1,3 Millionen 20-Pfund-Noten und fast 1,3 Millionen Scheine zu 50 Pfund gefälscht worden sein. Zusammen ergab das eine damals kaum vorstellbare Summe von 143 Millionen Pfund Sterling. Es wurden jedoch nur die qualitativ hochwertigen Fälschungen der Kategorie I und II an das RSHA ausgeliefert. Nach Skála waren das fast 265 000 Scheine zu 5 Pfund, fast 176 000 Scheine zu 10 Pfund, über 141 000 Scheine zu 20 Pfund und über 89 000 50-Pfund-Noten.[35] Mehrfach wurde behauptet, daß in Sachsenhausen auch 5000 bis 6000 Dollar-Noten gefälscht worden seien. Tatsächlich soll man aber nur 200 Hunderter als „Muster“ gedruckt haben. Wenn sich die Polizei vieler Länder bis in die 1950er Jahre hinein über immer wieder auftauchende Dollar-Blüten wunderte, die gefährlich „echt“ waren, so vielleicht deshalb, weil auch die Dollar-Druckplatten und Muster aus Sachsenhausen 1945 verschwanden.[36]

Das Falschgeld des „Unternehmen Bernhard“ nutzte nicht nur führenden deutschen Stellen im Krieg, Schwend und seine „Vertriebsorganisation“ sowie einige Nazi-Größen bereicherten sich in erheblichem Umfang. Nicht wenige Herren des deutschen Nachkriegs-Wirtschaftswunders hatten mit Gewinnen aus der Falschgeldaktion eigene Firmen aufgebaut, Villen bezogen, schicke Autos für sich und teuren Schmuck für ihre Gattinen und Geliebten gekauft.[37]

Bernhard Krüger tauchte nach dem Krieg unter. 1955 wurde er durch Zufall vom amerikanischen Secret Service entdeckt. Er arbeitete in einem Hinterzimmer als unscheinbarer Angestellter in der Papierfabrik Hahnemühle, die einst das falsche Banknotenpapier geliefert hatte.[38]

Falschgeldschieber Schwend wurde Major der US-Armee, setzte sich später ebenfalls nach Südamerika ab und schmuggelte Waffen. 1977 kehrte er nach Deutschland zurück, wurde verhaftet, aber nur zur Bewährung verurteilt.[39]

Der berufskriminelle Meisterfälscher Smolianoff, alias „Solly“, baute sich mit einer Entschädigung, die er als „Verfolgter des NS-Regimes“ von der Bundesrepublik ausbezahlt bekam, in Südamerika eine neue Existenz auf.[40]

Alfred Naujocks kam 1941 mit der SS-Leibstandarte Adolf Hitler an die Ostfront. 1942 wurde er wegen Magengeschwüren entlassen und in die Wirtschaftsverwaltung der deutschen Besatzung in Belgien versetzt. 1943 bis 1944 nahm er an Sabotageakten in Dänemark teil. Am 19. Oktober 1944 lief er zu den Amerikanern über und kam in Kriegsgefangenschaft. Seine Aussagen wurden bei den Nürnberger Prozessen verwendet. Als er 1946 selbst als Angeklagter vor Gericht gestellt werden sollte, verschwand er. Seit 1961 wurde erneut gegen ihn ermittelt. Er starb während seines Prozesses 1966. Für die Nachwelt ging er als der Mann, der den Zweiten Weltkrieg begann, in die Geschichte ein. Naujocks hatte auf Heydrichs Befehl am 31. August 1939 einen fingierten Überfall auf den Reichssender Gleiwitz geleitet, der nach Auffassung der alliierten Siegermächte den Vorwand für den Beginn des „Polenfeldzugs“ liefern sollte. Tatsächlich hatte nicht einmal Hitler diesen „Vorfall“ für wichtig genug erachtet, um ihn in seiner berühmten Ansprache vom 1. September 1939 („... seit 5:45 wird jetzt zurückgeschossen“) überhaupt zu erwähnen, geschweige denn ihn als „Vorwand“ zu benutzen.[41]

Adolf Burger lebt bis heute in Prag. Zu seiner Arbeit in der Fälscherwerkstatt von Sachsenhausen sagte er: *„Wir standen vor der Wahl – Geld oder Leben, deshalb strengten wir uns an, unterließen aber auch nichts, die Experimente mit den Farben und den Papieren, die Gravur der Druckplatten, den Druck und andere Arbeiten in die Länge zu ziehen, um uns am Leben zu erhalten.“*[42]

Die falschen Pfund-Noten des „Unternehmen Bernhard“ sind für Sammler und Historiker bis heute begehrte zeitgeschichtliche Belege. Sie sollen deshalb als „Geld des Terrors“ in diesem Buch mit katalogisiert werden.

Kino und Wirklichkeit

Leider stimmt die Handlung des bereits erwähnten Films „Die Fälscher" nicht ganz mit den tatsächlichen Geschehnissen überein. Bei der Darstellung historischer Ereignisse sollte die Wahrheit aber weder künstlerischen noch sonstigen Interessen geopfert werden. Menschen, die nicht eigenständig den Ehrgeiz entwickeln, sich selbst über die wahren Hintergründe dieser und anderer „Geschichten" zu informieren, könnten annehmen, daß ihnen historisch verbürgte Wahrheiten vermittelt werden. Umso mehr verwundert es, daß Adolf Burger im Gespräch mit Helmut Caspar, der 2007 einen Artikel zum Film für die Zeitschrift Münzen & Papiergeld schrieb, erklärte, daß das Drehbuch für den Fälscherfilm viermal überarbeitet worden sei, bis alles stimmte. Außerdem hätte er nichts zugelassen, was zu irgendwelcher Legendenbildung beitragen würde.[43] Daß der Film leider trotzdem nicht immer der historischen Wirklichkeit entspricht, sollen nun einige Beispiele zeigen.

Der Film zeigt ausgiebig, daß die Häftlinge in Sachsenhausen am Gelingen von Pfund-Fälschungen arbeiteten. Er zeigt etwa, daß die historische Figur Smolianoff (im Film Sorowitsch) die Verwendung von Lumpen anregt, um das Papier zu perfektionieren. Er zeigt auch, daß Krüger (im Film Herzog) die Häftlinge von der erfolgreichen Mission eines deutschen Agenten in Basel informiert, bei der die hergestellten Blüten als „echt" durchgingen. All das hat in Wirklichkeit nichts mit der Fälscherwerkstatt und den Häftlingen in Sachsenhausen zu tun. All dies geschah in Wahrheit in der „Technischen Abteilung" des RSHA im Frühjahr 1941 – ganz ohne Häftlinge. Erst über ein Jahr später wurde im Herbst 1942 mit jüdischen Häftlingen aus verschiedenen Lagern eine neue Fälscherwerkstatt in Sachsenhausen eingerichtet. Hier wurde dann schließlich auch „nur noch" das bereits „fast" perfekt gefälschte Pfund mittels der vorhandenen Druckplatten aus Schloß Friedenthal produziert. Lediglich die „Dollar-Gruppe" wurde in Sachsenhausen wirklich vor eine neue Aufgabe gestellt, wobei das eindringliche Engagement von Burger zur Sabotage des Vorhabens (im Film übrigens die einzige historische Figur mit ihrem echten Namen) immer wieder herausgestellt wird. Natürlich wird dies vermutlich nichts mit Legendenbildung zu tun haben. Auch die frei in den Raum gestellte Behauptung, die Pfund-Noten würden allein zum Abwurf über England hergestellt, ist nicht haltbar. Zu diesem Zeitpunkt hatte Hitler längst einen Abwurf der Fälschungen untersagt. Ganz verschwiegen wird dafür, daß die Briten ihrerseits den Deutschen mit dem Abwurf gefälschten Gelds und sogar gefälschter Lebensmittelkarten, die ausgehend von der umfassenden Rationierung im Kriege die ohnehin sensible Versorgungslage in Deutschland in ein Chaos stürzen sollte, zuvorkamen.

Sogar die Befreiung der Häftlinge der Fälscherwerkstatt in Sachsenhausen ist frei erfunden. Weder haben Häftlinge mit der Waffe in der Hand das Sonderkommando befreit noch waren die Häftlinge des „Unternehmen Bernhard" zum Zeitpunkt der Befreiung des Lagers in Sachsenhausen. Sie waren bereits zwei Monate zuvor mit einem Zug Richtung „Alpenfestung" gefahren, wo zuletzt 142 von ihnen aus Redl-Zipf kommend im Lager Ebensee von US-Truppen befreit wurden.[44]

Der hoch geschätzte Adolf Burger sagte 2007: *„Ich habe überlebt, damit ich als Zeuge vor allem der jungen Generation die unzähligen Verbrechen der Nazis erklären und erläutern kann. Das war der Antrieb für das Buch, und deshalb begrüße ich es, daß nach ihm dieser Film gedreht wurde. Die Verbrechen der Nationalsozialisten dürfen sich nie wiederholen, jede Vertuschung und Verharmlosung ist verwerflich."*[45]

In einem Interview sagte der Regisseur des Films, Stefan Ruzowitzky: *„Wenn man in einem Land lebt, wo die rechtspopulistischen Parteien FPÖ und BZÖ mit ihrer unerträglichen ideologischen Nähe zu nationalsozialistischem Denken konstant um die 20% der Wähler gewinnen und genauso unerträglicherweise sogar an der Regierung beteiligt wurden, hat man schon mal das dringende Bedürfnis, sich mit so einem Thema auseinander zu setzen."*[46]

Schade, daß sowohl Autor als auch Regisseur mit dem Film Geschichtsaufarbeitung zum Teil an der Wahrheit vorbei betrieben haben. Damit haben sie sich und ihren Zielen am Ende keinen Gefallen getan. Auch wenn der Film mit dem „Oscar" belohnt wurde, macht man sich zwangsläufig unglaubwürdig, wenn man versucht, mittels Halbwahrheiten Wahrheiten zu vermitteln. Selbst Mitarbeiter der Gedenkstätte Sachsenhausen bedauerten, daß sie keinen Einfluß auf den Film gehabt hatten, wohl wissend, daß man es in diesem mit der historischen Wahrheit nicht so genau genommen hatte. Als Entschuldigung kann das Argument, es sei ja „nur" ein Spielfilm, trotzdem nicht gelten, dem widerspricht schon allein das erklärte Anliegen des Films. Zudem leben wir in einer Zeit, in der sich immer weniger Menschen für Geschichte interessieren, kaum Bücher in die Hand nehmen und sich bei Informationen fast ausschließlich auf die modernen Medien verlassen. Geht man davon aus, daß Meinung immer das Ergebnis von Erfahrung und Wissen ist, haben die Medien deshalb im wahrsten Sinne des Wortes eine ganz besondere Verantwortung als „Meinungsmacher". Eine ehrliche und objektive Darstellung historischer Ereignisse ist der einzig mögliche Weg, um Geschichtsaufarbeitung nicht zur Geschichtsmanipulation verkommen zu lassen. Ganz nebenbei wird der „Academy", die den Film mit dem „Oscar" bedachte, geschmeichelt haben, daß in ihm wiederholt eine herausragende Rolle des US-Dollars und dessen vermeintliche „Unfälschbarkeit" angedeutet wird. Nicht nur Geldscheinexperten wissen aber, daß auch dies mit der Realität wenig zu tun hat. Immer noch ist der US-Dollar die meistgefälschte Währung der Welt. Was Wunder, wenn seit 100 Jahren kaum sicherheitstechnisch aufgerüstet wurde. So sind heute Geldscheine aus Ländern der sog. „Dritten Welt" besser gegen Fälschungen geschützt als Dollar-Noten aus den USA.[47)]

Anmerkungen:

1) Hermann Kaienburg, Sachsenhausen – Stammlager, in: Wolfgang Benz/Barbara Distel (Hrsg.), Der Ort des Terrors, Band 3: Sachsenhausen, Buchenwald, S. 17 u.19.

2) Siehe Anmerkung 1), S. 18.

3) Siehe Anmerkung 1), S. 18 – 19, 21.

4) Hermann Kaienburg, Die bauliche Entwicklung des Lagerkomplexes bis zum Kriegsbeginn, in: Wolfgang Benz/Barbara Distel (Hrsg.), Der Ort des Terrors, Band 3: Sachsenhausen, Buchenwald, S. 21.

5) Siehe Anmerkung 4), S. 22 – 23.

6) Siehe Anmerkung 1), S. 17.

7) Hermann Kaienburg, Die Entwicklung zum umfassenden SS-Komplex, in: Wolfgang Benz/Barbara Distel (Hrsg.), Der Ort des Terrors, Band 3: Sachsenhausen, Buchenwald, S. 25.

8) Florian Freund/Bertrand Perz, Die Errichtung des Lagers Mauthausen, in: Mauthausen – Stammlager, in: Wolfgang Benz/Barbara Distel (Hrsg.), Der Ort des Terrors, Band 4: Flossenbürg, Mauthausen, Ravensbrück, S. 293.

9) Siehe Anmerkung 7).

10) Siehe Anmerkung 7), S. 26 – 27.

11) Jan Erik Schulte, Das SS-wirtschafts-Verwaltungshauptamt und die Expansion des KZ-Systems, in: Wolfgang Benz/Barbara Distel (Hrsg.), Der Ort des Terrors, Band 1: Die Organisation des Terrors, S. 141.

12) Siehe Anmerkung 7), S. 27.

13) Hermann Kaienburg, Die Einlieferungen und die Belegung des Häftlingslagers, in: Wolfgang Benz/Barbara Distel (Hrsg.), Der Ort des Terrors, Band 3: Sachsenhausen, Buchenwald, S. 29.

14) Hermann Kaienburg, Die Häftlingsgruppen während des Zweiten Weltkriegs, in: Wolfgang Benz/Barbara Distel (Hrsg.), Der Ort des Terrors, Band 3: Sachsenhausen, Buchenwald, S. 37.

15) Hermann Kaienburg, Das Funktionssystem der Häftlinge, in: Wolfgang Benz/Barbara Distel (Hrsg.), Der Ort des Terrors, Band 3: Sachsenhausen, Buchenwald, S. 41.

16) Ebenda.

17) Hermann Kaienburg, Ernährung und Unterbringung, in: Wolfgang Benz/Barbara Distel (Hrsg.), Der Ort des Terrors, Band 3: Sachsenhausen, Buchenwald, S. 49 – 50.

18) Hermann Kaienburg, Exekutionen und Mordaktionen, in: Wolfgang Benz/Barbara Distel (Hrsg.), Der Ort des Terrors, Band 3: Sachsenhausen, Buchenwald, S. 64.

19) Hermann Kaienburg, Die Behandlung der Kranken und Geschwächten, in: Wolfgang Benz/Barbara Distel (Hrsg.), Der Ort des Terrors, Band 3: Sachsenhausen, Buchenwald, S. 54 – 55.

20) Karel Krátký, Die Studentensonderaktion vom 17. November 1939 (Erklärung vom 30.8.1993), Sammlung Wolfgang Haney, Berlin (Kopie im Besitz des Autors).

21) Siehe Anmerkung 13), S. 36 – 37.

22) Siehe anmerkung 16), S. 51.

23) Hermann Kaienburg, Lagerräumung und Befreiung, in: Wolfgang Benz/Barbara Distel (Hrsg.), Der Ort des Terrors, Band 3: Sachsenhausen, Buchenwald, S. 66.

24) Siehe Anmerkung 23), S. 66 – 67.

25) Stiftung Brandenburgische Gedenkstätten – Gedenkstätte und Museum Sachsenhausen, http://www.stiftung-bg.de/gums/de/index.htm.

26) Hermann Kaienburg, Das sowjetische Speziallager, in: Wolfgang Benz/Barbara Distel (Hrsg.), Der Ort des Terrors, Band 3: Sachsenhausen, Buchenwald, S. 67 – 68.

27) Adrian Preissinger (Hrsg.), Von Sachsenhausen bis Buchenwald – Die Todesfabriken der Kommunisten, S. 311.

28) Hans-Ludwig Grabowski, Anmerkungen der Redaktion zu: Geld oder Leben – Fälscherdrama aus dem Konzentrationslager Sachsenhausen mit dem „Oscar" ausgezeichnet, in: Münzen & Sammeln, Ausgabe 04/2008, S. 144.

29) Michael H. Schöne, Britische Fälschungen von Kaiserreich-Banknoten, in: Münzen & Sammeln, Ausgabe 09/2008, S. 137 – 138.

30) Helmut Caspar, Geld oder Leben – Fälscherdrama aus dem Konzentrationslager Sachsenhausen mit dem „Oscar" ausgezeichnet, in: Münzen & Sammeln, Ausgabe 04/2008, S. 142 – 144.

31) Helmut Caspar, Blüten für Hitlers Krieg, in: Münzen & Papiergeld, Ausgabe 7+8/2006, S. 133 – 135, sowie: Karlheinz Walz, „Unternehmen Bernhard" – Falsche Pfunde für die Nazis, in: Falschgeld – Spannendes und Kriminalistisches, Ernstes und Amüsantes aus der Welt der Geldfälscher, S. 88 – 107.

32) Karlheinz Walz, „Unternehmen Bernhard" – Falsche Pfunde für die Nazis, in: Falschgeld – Spannendes und Kriminalistisches, Ernstes und Amüsantes aus der Welt der Geldfälscher, S. 90 – 95.

33) Siehe Anmerkung 32), S. 91, sowie 102 – 103.

34) Helmut Caspar, Blüten für Hitlers Krieg, in: Münzen & Papiergeld, Ausgabe 7+8/2006, S. 135.

35) Siehe Anmerkung 32), S. 103 – 106.

36) Siehe Anmerkung 32), S. 97 – 98.

37) Siehe Anmerkung 32), S. 103.

38) Siehe Anmerkung 32), S. 106 – 107.

39) Ebenda.

40) Ebenda.

41) Siehe auch: Günter Peis, The Man Who Started The War, London 1960, sowie: Hans-Ludwig Grabowski (unter Mitarbeit von Henning Huschka und Wolfgang Schamberg), Polen in den Weltkriegen, in: Ausländische Geldscheine unter deutscher Besatzung im Ersten und Zweiten Weltkrieg, S. 221.

42) Siehe Anmerkung 30).

43) Ebenda.

44) Florian Freund, Redl Zipf („Schlier"), in Wolfgang Benz/Barbara Distel (Hrsg.), Der Ort des Terrors, Band 4: Flossenbürg, Mauthausen, Ravensbrück, S. 418 – 419., sowie: Adolf Burger, Des Teufels Werkstatt – Die größte Geldfälscheraktion der Weltgeschichte.

45) Siehe Anmerkung 30).

46) Stefan Ruzowitzky, Interview, auf: http://www.diefaelscher.at/htm/home/index_dt.html.

47) Siehe Anmerkung 30).

Prämienscheine des KL Sachsenhausen

1.15.1 Konzentrationslager Sachsenhausen

Die Prämienscheine für das KL Sachsenhausen wurden in verschiedenen Auflagen von der Firma Möller in Oranienburg gedruckt. Die Druckfirma wurde gerade oder schräg angegeben.

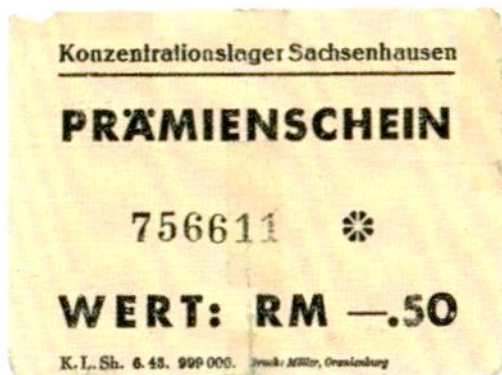

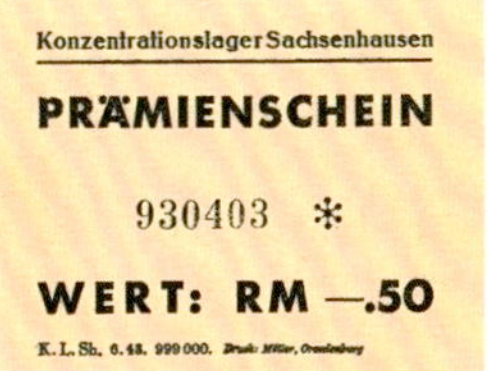

(Sa 1a/b, Sammlung Wolfgang Haney, Berlin)

Sa 1 **50 Reichspfennig (RM -.50)**
PS 158/159/161
Vs: Lagername, und Wertbezeichnung, ohne Stempel der Verwaltung
Rs: unbedruckt

Entwurf:	unbekannt	Format:	ca. 68 mm x 50 mm
Umlauf bis:	April 1945?	Wz:	Papier weiß bis gelblich, ohne Wz
Druck:	Möller, Oranienburg	KN:	6stellig

Datum	Auflage			
o.D. 06/1943	999 000	**a)**	Druckv. K. L. Sh. 6.43. 999 000., Drfa. schräg, KN ❁	RR
o.D. 06/1943	999 000	**b)**	Druckv. K. L. Sh. 6.43. 999 000., Drfa. schräg, KN ❋	RR
o.D. 06/1943	999 000	**c)**	Druckv. K. L. Sh. 6.43. 999 000., Drfa. gerade, KN ❋	RR
o.D. 07/1944	500 000	**d)**	Druckv. K. L. Sh. 7.44. 500 000., Drfa. gerade, KN ❋	RR

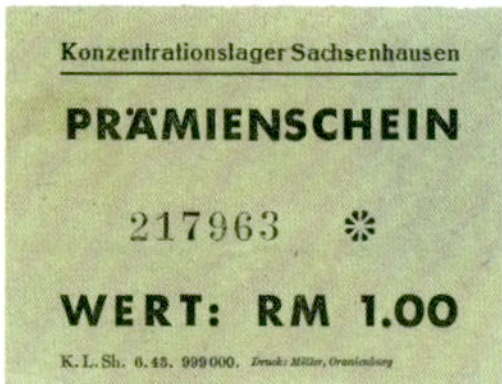

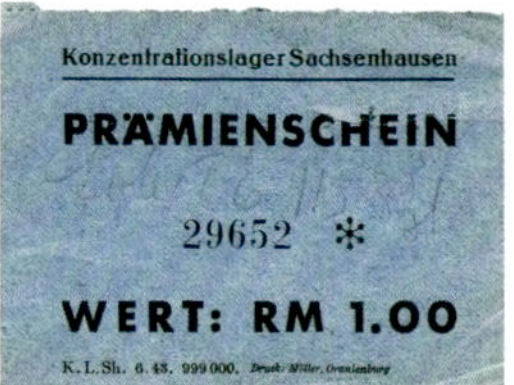

(Sa 2a, Sammlung Wolfgang Haney, Berlin, Sa 2b, Hans Worbes, Berlin)

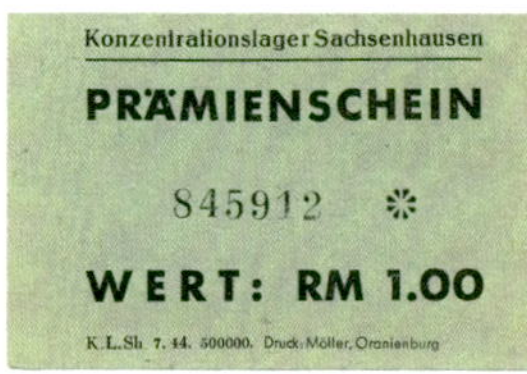

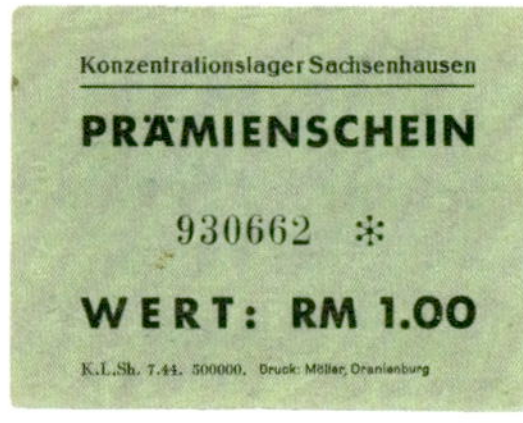

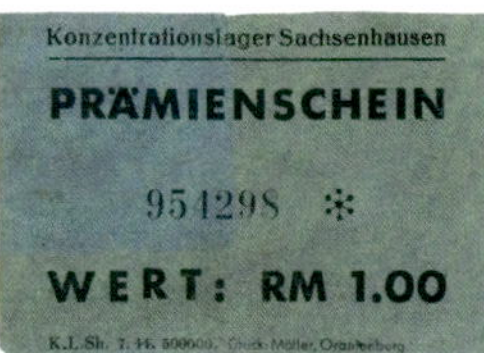

(Sa 2 c/d/e, Sammlung Wolfgang Haney, Berlin)

Sa 2 **1 Reichsmark (RM –.50)**
PS 160/162/163 Vs: Lagername, und Wertbezeichnung, ohne Stempel der Verwaltung
Rs: unbedruckt

Entwurf:	unbekannt	Format:	ca. 70 mm x 50 mm
Umlauf bis:	April 1945?	Wz:	Papier graublau oder blau, ohne Wz
Druck:	Möller, Oranienburg	KN:	5- oder 6stellig

Datum	**Auflage**			
o.D. 06/1943	999 000	**a)**	Papier graublau, Druckvermerk K. L. Sh. 6.43. 999 000., Drfa. schräg, KN ❃	RR
o.D. 06/1943	999 000	**b)**	Papier blau, Druckvermerk K. L. Sh. 6.43. 999 000., Drfa. schräg, KN ✻	RR
o.D. 07/1944	500 000	**c)**	Papier graublau, Druckvermerk K. L. Sh. 7.44. 500 000., Drfa. gerade, KN ❃	RR
o.D. 07/1944	500 000	**d)**	Papier graublau, Druckvermerk K. L. Sh. 7.44. 500 000., Drfa. gerade, KN ✻	RR
o.D. 07/1944	500 000	**e)**	Papier blau, Druckvermerk K. L. Sh. 7.44. 500 000., Drfa. gerade, KN ✻	RR

Die bei Pick/Siemsen sowie – von diesen übernommen – bei Feller/Feller aufgeführten Varianten auf grünem Papier existieren so nicht. Es handelt sich um graublaues Papier, das durch Lichteinwirkung vergilbt und damit scheinbar grünlich geworden ist.

Prämienscheine für Außenlager des KL Sachsenhausen

1.15.2 Arbeitslager Haselhorst-Nord

1940 wurde auf dem Gelände der Firma Siemens (Berlin-Siemensstadt) ein Lager für ausländische Zivilarbeiter eingerichtet. In dem als „Wohnlager Haselhorst-Nord" bezeichneten Barackenlager waren etwa 1800 männliche Arbeiter, darunter viele sog. „Ostarbeiter", untergebracht. Bei schweren alliierten Luftangriffen im Februar 1944 wurde es fast vollständig durch Brandbomben zerstört.

Im Juli 1944 kamen die ersten 150 bis 200 Häftlinge aus Sachsenhausen in das Lager, das sich bereits im Wiederaufbau befand. Mit Unterstützung ziviler Arbeiter und Monteure der Firma Siemens wurden neue Baracken aufgebaut, und im August 1944 trafen etwa 500 Frauen aus Ravensbrück ein. Bis Ende September 1944 waren dann auch etwa 1100 männliche Häftlinge im Lager untergebracht, das als Außenkommando dem KL Sachsenhausen unterstand. Die Lagerbereiche für weibliche und männliche Gefangene waren durch Stacheldraht voneinander getrennt.

Die Häftlinge arbeiteten hauptsächlich im Siemens-Kabelwerk (etwa 1000 Häftlinge, davon zwei Drittel Frauen), aber auch im Kleinbauwerk der Siemens-Schuckert-Werke und bei der Siemens-Bauunion.

Die Zubereitung der Mahlzeiten soll in einer Lagerküche durch die Häftlinge selbst erfolgt sein. Die zur Verfügung stehenden Lebensmittel waren aber von schlechter Qualität. Durch Unterschlagungen seitens korrupter SS-Angehöriger und Funktionshäftlinge verschlechterte sich die Versorgungslage zusätzlich. Monatlich sollen etwa 100 entkräftete Häftlinge im Austausch nach Sachsenhausen abgeschoben worden sein.

Als im Januar 1945 zusätzlich zahlreiche ungarische Juden zum Arbeitseinsatz im Lager eintrafen, wuchs die Belegung auf über 2000 Häftlinge an.

Am 28. März 1945 wurde das Lager Haselhorst-Nord durch einen erneuten alliierten Bombenangriff vollständig zerstört. Wie sich ein Zeitzeuge erinnerte, befanden sich an diesem Tag *„1137 männliche und 841 weibliche Häftlinge* (im Lager). *Wenn ich mich recht erinnere, hatten wir bei dem Terrorangriff im Lager selbst 3 Tote, allerdings war ein Teil der weiblichen Häftlinge in dem Durcheinander auf die Straße gelaufen und sind zum Teil nicht zurückgekehrt. Es ist möglich, dass von diesen noch ca. 10 tot sind."*

Die überlebenden Häftlinge kamen zeitweilig in ein provisorisches Auffanglager und wurden dann nach Sachsenhausen bzw. Ravensbrück zurückgeschickt.[1)]

Die Prämienscheine des „Arbeitslagers Haselhorst-Nord" sind recht selten. Laut Prämienvorschrift der SS wurden sie an Häftlinge vergeben, es ist aber nicht bekannt, wo diese eingelöst werden konnten. Wahrscheinlich hatte es neben der Lagerküche auch eine oder gar getrennte Kantinen gegeben, in denen die Häftlinge einkaufen konnten. Sie waren nur im Arbeitslager gültig.

Anmerkungen:

1) Wilfried Feldenkirchen, Berlin-Haselhorst, in: Wolfgang Benz/Barbara Distel (Hrsg.), Der Ort des Terrors, Band 3: Sachsenhausen, Buchenwald, S. 82 – 84.

Ha 1 **50 Reichspfennig (RM. –.50)**
PS 91 Vs: Lagername, und Wertbezeichnung, ohne Stempel der Verwaltung
Rs: unbedruckt

Entwurf:	unbekannt	Format:	ca. 54 mm x 38 mm
Umlauf bis:	März 1945?	Wz:	Karton farbig, ohne Wz
Druck:	unbekannt	KN:	ohne

Datum	**Auflage**	
o.D.	unbekannt	RRR

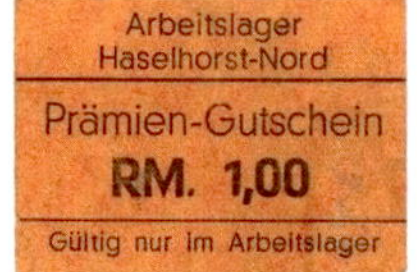

(Ha 2, Sammlung Wolfgang Haney, Berlin)

Ha 2 **1 Reichsmark (RM. 1,00)**
PS 91 Vs: Lagername, und Wertbezeichnung, ohne Stempel der Verwaltung
Rs: unbedruckt

Entwurf:	unbekannt	Format:	ca. 54 mm x 38 mm
Umlauf bis:	März 1945?	Wz:	Karton rot, ohne Wz
Druck:	unbekannt	KN:	ohne

Datum	**Auflage**	
o.D.	unbekannt	RRR

1.15.3 Ernst Heinkel AG – Werk Oranienburg (HWO)

Ernst Heinkel hatte 1922 die Flugzeugwerke Travemünde gegründet. Dank staatlicher Zuschüsse in den 1930er Jahren begann der Aufstieg zum Großunternehmen mit dem Bau neuer Zweigwerke in Oranienburg und Rostock. 1937 wurde unter Heinkels Leitung die Heinkel-Werke Oranienburg GmbH (HWO) gegründet, und ab 1943 wurde das Unternehmen zur Ernst Heinkel AG.

Im Herbst 1941 wurde ein erstes kleines Außenkommando des KL Sachsenhausen bei den HWO errichtet, in dem nur wenige Häftlinge Hilfsarbeiten verrichteten. Zum Bau eines Außenlagers und zur dauerhaften Unterbringung von Häftlingen kam es dann im September 1942. Damit waren die HWO das erste Unternehmen überhaupt, daß Häftlinge aus Konzentrationslagern in der Rüstungsproduktion einsetzte. Heinkel versprach sich vom Häftlingseinsatz, auch ausgehend vom hohen Arbeitskräftepotential, größere Flexibilität und Produktionssteigerungen. Im März 1942 startete er sogar einen Versuch mit 400 sowjetischen Kriegsgefangenen, der allerdings bereits nach einem Tag aufgegeben wurde, weil diese viel zu schwach für die Arbeit waren. Im September 1942 fiel die Entscheidung, die zivile Belegschaft des HWO nach und nach gegen Häftlinge auszutauschen. Dies hing nicht zuletzt mit dem großen Arbeitskräftemangel und dem daraus resultierenden ständigen Wechsel ausländischer Zivilarbeiter während des Kriegs zusammen, der eine kontinuierliche Produktion erschwerte.

Waren im September 1942 noch 800 Häftlinge bei den HWO im Einsatz, so stieg deren Zahl rasch an. Im März 1943 arbeiteten bereits über 3700 Häftlinge in dem Oranienburger Heinkel-Werk, im Dezember 1943 waren es schon über 6000 und die höchste Häftlingsbelegschaft wurde im Juni 1944 mit fast 7000 erreicht. Zur gleichen Zeit ging der Einsatz ausländischer Zivilarbeiter und Kriegsgefangener von rund 3800 im Juni 1942 auf knapp 2000 im Juni 1944 zurück.

Mit dem Einsatz von Häftlingen konnte die geplante Produktionssteigerung erreicht werden, indem man keine Rücksicht mehr auf die Arbeitskräfte zu nehmen brauchte. Während des Kriegs wurde fast überall in Deutschland länger gearbeitet, besonders in kriegswichtiger Produktion, und auch für die Häftlinge bei den HWO stieg der Arbeitseinsatz drastisch. Betrug ihre Arbeitszeit im März 1942 noch 175 Stunden im Monat, so mußten sie im Frühjahr 1944 schon 256 Stunden monatlich arbeiten. Zu diesem Zeitpunkt stellten Häftlinge vier Fünftel der Gesamtbelegschaft.

Mit dem Häftlingseinsatz wurde die Produktion in Oranienburg auf die He 177 umgestellt – das größte Kampfflugzeug der deutschen Luftwaffe. Häftlinge fertigten Einzelteile, arbeiteten am Rumpf und an den Tragflächen, preßten Flugzeugteile und übernahmen die Installation und die Vormontage. Bis auf die Endmontage fand die gesamte Produktion hinter Stacheldraht statt, was letztlich auch organisierte Sabotage nicht ausschließen konnte. So erinnerte sich der ehemalige Häftling Nikelskij: „*Maximal langsame Arbeit, kleine Beschädigungen, die man mit Unverständnis, Unvermögen, Dummheit des Menschen, aber nicht mit böser Absicht erklären konnte. ... Nur so konnte man die Organisation im ganzen erhalten.*“

Die meisten Häftlinge berichteten von einem guten Verhältnis zu den deutschen Zivilarbeitern, von relativ milden Haftbedingungen und besserer Verpflegung als im Stammlager Sachsenhausen. Untergebracht waren sie in einem Barackenlager neben den Werkhallen, in dem sie aber schutzlos Luftangriffen ausgeliefert waren. Mehrere alliierte Bombenangriffe vom 18. und 28. April 1944 zerstörten nicht nur Produktionshallen, sondern auch einen Teil des Barackenlagers. 1945 wurde dann ein Großteil des Werks durch weitere Bombenangriffe zerstört, und nach Kriegsende demontierten die sowjetischen Besatzer die noch vorhandenen Betriebs-anlagen.[1] Der Werksflugplatz wurde bis 1994 von den sowjetischen Truppen genutzt.

Die Wert-Marken der Heinkel AG Oranienburg sind nicht eindeutig als Prämienscheine gemäß Prämienvorschrift der SS zu identifizieren. Sie erinnern eher an Kantinenbons. Allein die Bezeichnung „KL Ernst Heinkel Aktiengesellschaft“ macht deutlich, daß sie ausschließlich für Häftlinge vom Außenkommando des KL Sachsenhausen genutzt wurden.

Anmerkungen:

1) Franziska Jahn, Niklaas Machunsky, Oranienburg (Heinkel-Werke), in: Wolfgang Benz/Barbara Distel (Hrsg.), Der Ort des Terrors, Band 3: Sachsenhausen, Buchenwald, S. 245 –248.

Erste Ausgabe ohne Kontrollnummer, „Wert-Marke“ einzeilig

Die Wert-Marken ohne Kontrollnummer sind einer ersten Ausgabe zuzuordnen, da ihre Druckgenehmigungsnummern (z. B. HWO 85-61-1) meist niedriger sind, als jene bei Wert-Marken mit Kontrollnummer (z. B. 85/106/1). Sie sind an unterschiedlichen Rändern gezackt, da sie in Blöcken gedruckt und an den Perforationen abgetrennt wurden. Die SS-Prämienvorschrift sah Nennwerte über 0,50, 1, 2, 3 und 4 RM vor. 4-RM-Scheine sind bisher von den Heinkel-Werken nicht bekannt geworden. Der Druck der Wert-Marken erfolgte wahrscheinlich in einer werkseigenen Druckerei.

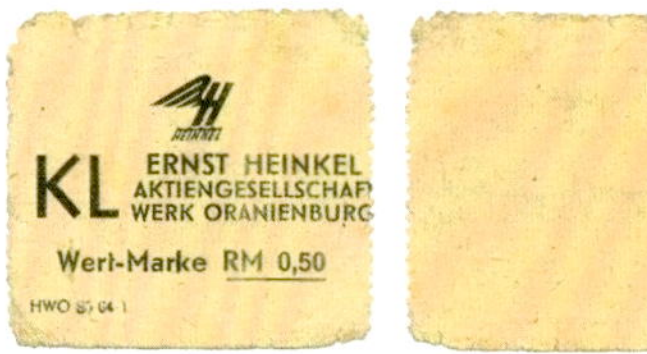

(He 1, Sammlung Wolfgang Haney, Berlin)

He 1 **50 Reichspfennig (RM 0,50)**
PS 144 Vs: Firmenzeichen, Lagername, und Wertbezeichnung, ohne Stempel
Rs: unbedruckt

Entwurf:	unbekannt	Format:	ca. 50 mm x 45 mm
Umlauf bis:	April 1945?	Wz:	Papier weiß, ohne Wz
Druck:	HWO?	KN:	ohne

Datum	Auflage		
o.D. (1943?)	unbekannt	Druckvermerk: HWO 85-64-1	RRR

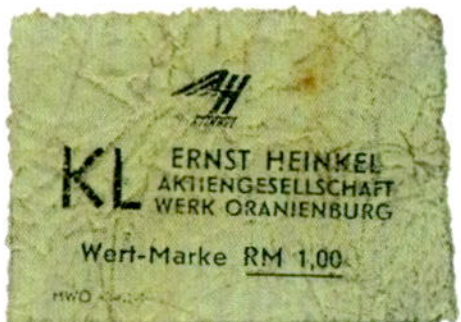

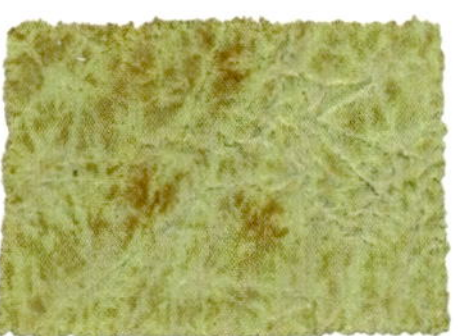

(He 2, Sammlung Wolfgang Haney, Berlin)

He 2 **1 Reichsmark (RM 1,00)**
PS 145 Vs: Firmenzeichen, Lagername, und Wertbezeichnung, ohne Stempel
Rs: unbedruckt

Entwurf:	unbekannt	Format:	ca. 60 mm x 42 mm
Umlauf bis:	April 1945?	Wz:	Papier graublau, ohne Wz
Druck:	HWO?	KN:	ohne

Datum	Auflage		
o.D. (1943?)	unbekannt	Druckvermerk: HWO 85-61-1	RRR

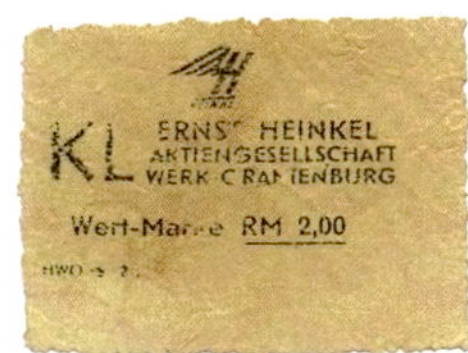

(He 3, Sammlung Wolfgang Haney, Berlin)

He 3 **2 Reichsmark (RM 2,00)**
PS 146 Vs: Firmenzeichen, Lagername, und Wertbezeichnung, ohne Stempel
Rs: unbedruckt

Entwurf:	unbekannt	Format:	ca. 60 mm x 45 mm
Umlauf bis:	April 1945?	Wz:	Papier gelb, ohne Wz
Druck:	HWO?	KN:	ohne

Datum	Auflage		
o.D. (1943?)	unbekannt	Druckvermerk: HWO 85-62-1	RRR

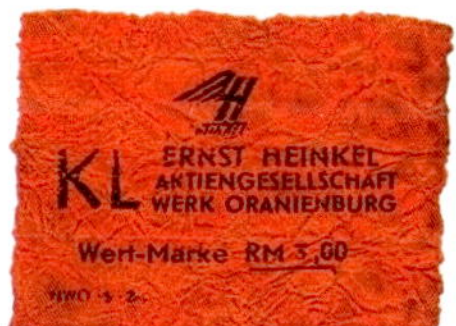

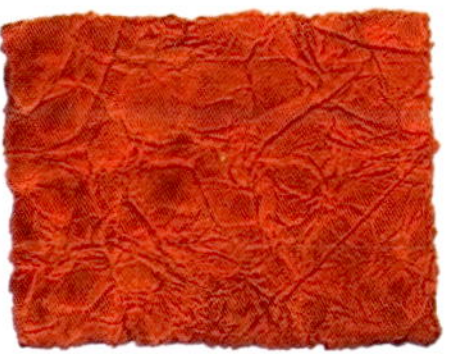

(He 4, Sammlung Wolfgang Haney, Berlin)

He 4 **3 Reichsmark (RM 3,00)**
PS 147 Vs: Firmenzeichen, Lagername, und Wertbezeichnung, ohne Stempel
Rs: unbedruckt

Entwurf:	unbekannt	Format:	ca. 60 mm x 45 mm
Umlauf bis:	April 1945?	Wz:	Papier orangerot, ohne Wz
Druck:	HWO?	KN:	ohne

Datum	Auflage		
o.D. (1943?)	unbekannt	Druckvermerk: HWO 85-62-1	RRR

Zweite Ausgabe mit Kontrollnummer, „Wert-Marke“ zweizeilig

Von der Ausgabe mit Kontrollnummer sind bisher nur Werte zu 0,25 und 3 RM bekannt geworden. Wahrscheinlich gab es aber auch noch andere Nennwerte. Die Wert-Marken der zweiten Ausgabe haben keinen Zackenrand, sie wurden geschnitten. Im Druckvermerk wurde die Auflagenhöhe mit angegeben.

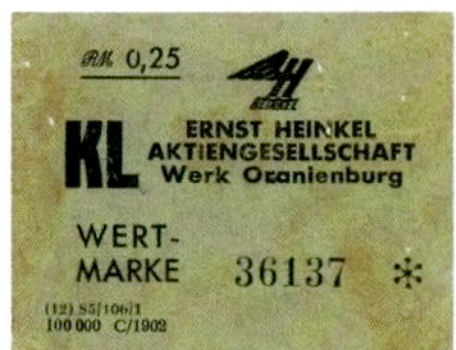

(He 5, Sammlung Wolfgang Haney, Berlin)

He 5 **25 Reichspfennig (RM 0,25)**
PS 148 Vs: Firmenzeichen, Lagername, und Wertbezeichnung, ohne Stempel
Rs: unbedruckt

Entwurf:	unbekannt	Format:	ca. 60 mm x 46 mm
Umlauf bis:	April 1945?	Wz:	Papier graublau, ohne Wz
Druck:	HWO?	KN:	5stellig ❋

Datum	**Auflage**		
o.D. (1944?)	100 000	Druckvermerk: (12) 85/106/1 100 000 C/1902	RRR

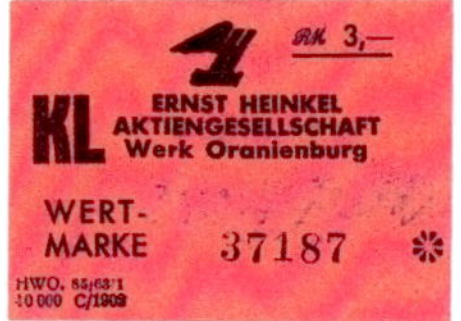

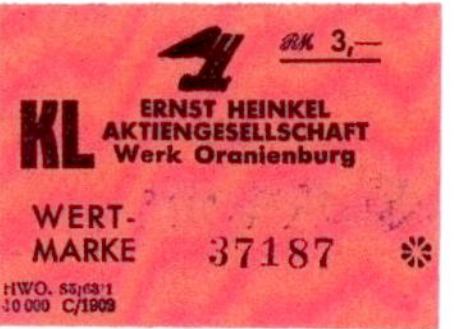

(He 6, Sammlung Wolfgang Haney, Berlin)

He 6 **3 Reichsmark (RM 3,00)**
PS – Vs: Firmenzeichen, Lagername, und Wertbezeichnung, ohne Stempel
Rs: unbedruckt

Entwurf:	unbekannt	Format:	ca. 60 mm x 43 mm
Umlauf bis:	April 1945?	Wz:	Papier rosa, ohne Wz
Druck:	HWO?	KN:	5stellig ❋

Datum	**Auflage**		
o.D. (1944?)	40 000	Druckvermerk: HWO. 85/63/1 40 000 C/1902	RRRR

1.15.4 Pfund-Fälschungen des „Unternehmen Bernhard“

Zur Unterscheidung echter Pfund-Noten der Bank of England von den Falsifikaten des „Unternehmen Bernhard“ soll nachfolgend auf einige wesentliche Erkennungsmerkmale eingegangen werden.

Da man das Nummernsystem der Bank of England entschlüsselt hatte, benutzte man nur Serien, die auch bei echten Pfund-Noten vorkamen. Die Fälschungen wurden praktisch parallel zu den echten Noten hergestellt, was deren Identifizierung sehr erschwerte. Die von deutscher Seite verwendeten Serien sind allerdings bekannt und werden in der Katalogisierung aufgeführt, so daß man sicher alle Scheine mit anderen Serienbezeichnungen von den „Bernhard-Fälschungen“ ausschließen kann.

Unterschiede beim Wasserzeichen

Im Schriftzug „BANK OF ENGLAND“ steht bei der Fälschung das „N“ nicht auf einer Ebene mit den anderen Buchstaben. Eine vertikal vom oberen dreieckigen Abschluß des Buchstabens nach unten verlaufende Linie beginnt bei der Fälschung exakt in der Mitte des Dreiecks und beim Original etwas links davon.

Unterschiede im ovalen Zierrahmen

Auffällig ist die unterschiedliche Ausführung einer nach unten ragenden Spitze im Blätterwerk des ovalen Zierrahmens um das Bild der Britannia, die in der Abbildung durch Pfeile gekennzeichnet ist. Bei der Fälschung fällt diese deutlich kleiner aus. Auch die Spitze des darüber befindlichen Blatts endet bei dem Falsifikat deutlich runder als beim Original.

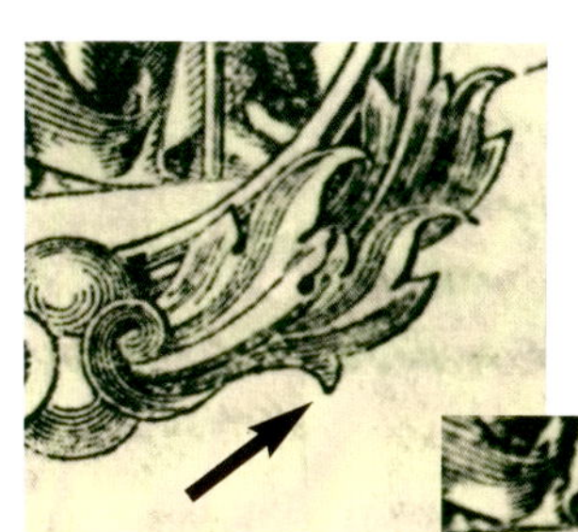

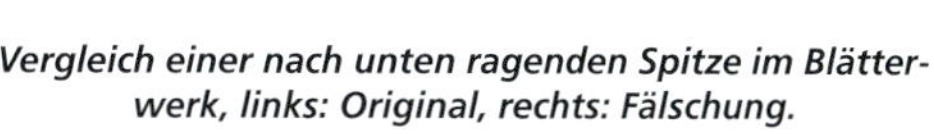

Vergleich einer nach unten ragenden Spitze im Blätterwerk, links: Original, rechts: Fälschung.

(Fotoarchiv des Verlags)

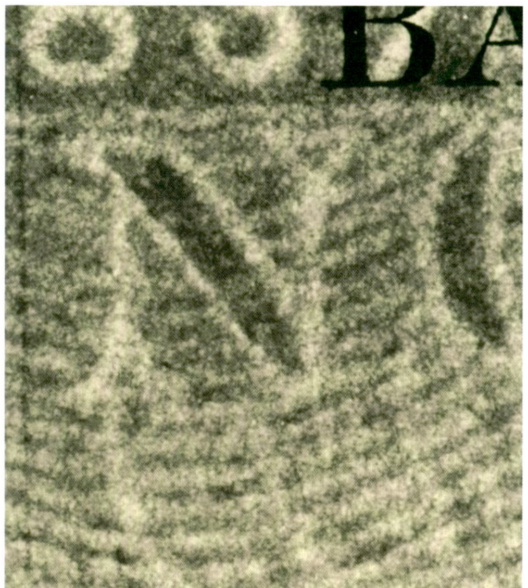

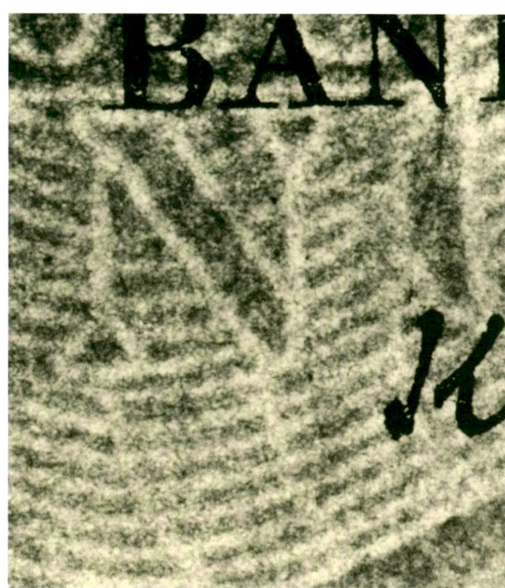

Vergleich der Wasserzeichen, links: Original, rechts: Fälschung.

(Fotoarchiv des Verlags)

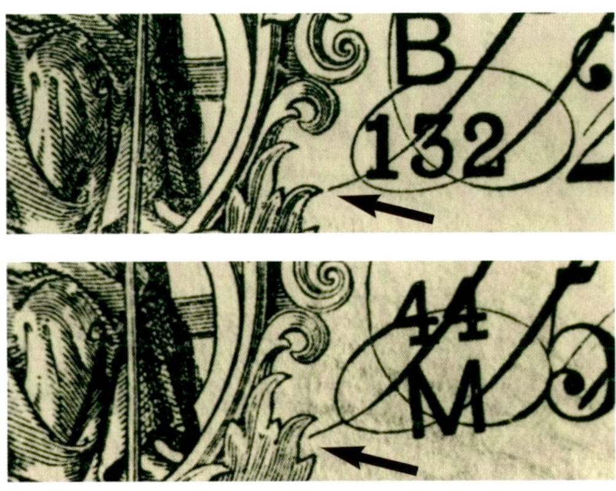

Vergleich des Linienbeginns am Zierrahmen, oben: Original, unten: Fälschung.
(Fotoarchiv des Verlags)

Rechts vom Zierrahmen beginnt die aufsteigende Linie eines „P" auf unterschiedlicher Höhe – beim Original direkt bei einer Blattspitze und bei der Fälschung oft zwischen zwei Blattspitzen.

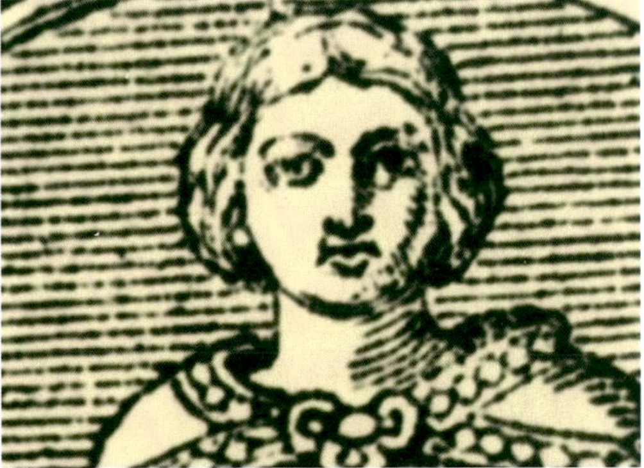

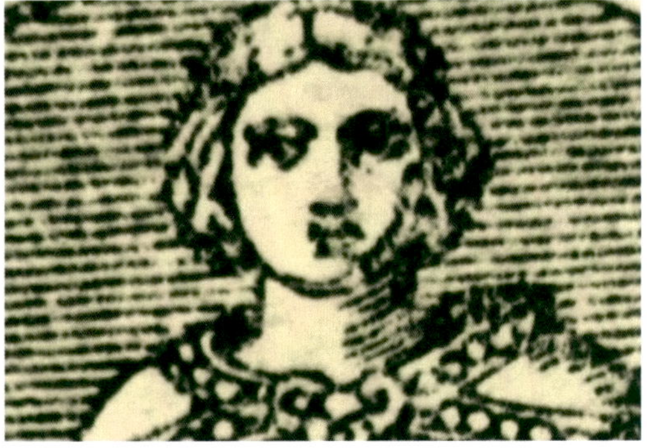

Vergleich des Kopfs der Britannia, oben: Original, unten: Fälschung.
(Fotoarchiv des Verlags)

Das Bild der Britannia

Auch beim Kopf der Britannia im ovalen Zierrahmen sind im direkten Vergleich Unterschiede auszumachen. Bei der Fälschung sind die Gesichtszüge nicht so fein und detailreich.

Die Krone

Ähnlich wie beim Kopf der Britannia, so ist auch die Krone auf der ovalen Vignette bei der Fälschung nicht so detailgetreu ausgeführt. Dies wird besonders beim Kreuz deutlich.

Die ovale Vignette

Die gesamte Zeichnung der ovalen Vignette wirkt im Original sehr plastisch und dreidimensional, bei der Fälschung hingegen flach und unsauber gedruckt. Das liegt hauptsächlich an den deutlich besser ausgeführten Schattierungen beim Original. Besonders auffällig ist der Unterschied in der Schattierung beim Gewand und links von der sitzenden Britannia um den Bienenkorb.[1)]
Auf die Nennung weiterer Unterscheidungsmerkmale kann an dieser Stelle verzichtet werden, da die bereits genannten völlig zur Identifizierung einer „Bernhard-Fälschung" ausreichen.

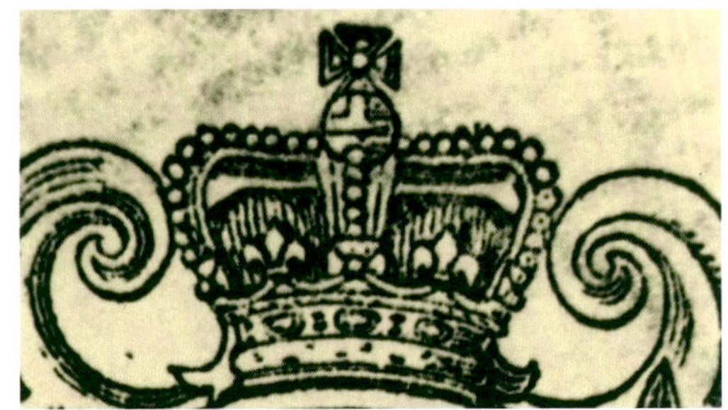

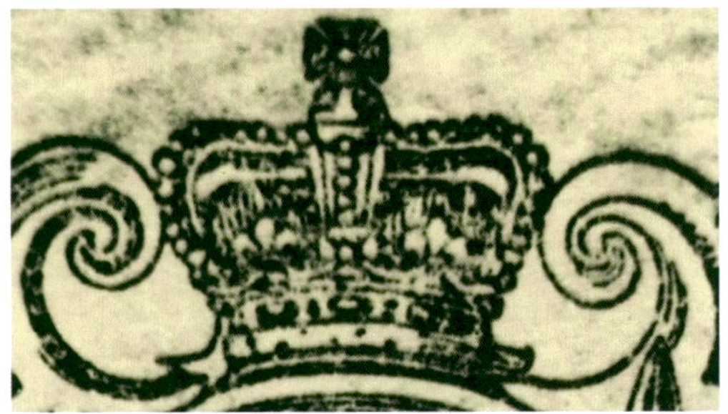

Vergleich der Krone auf der ovalen Vignette, oben: Original, unten: Fälschung.
(Fotoarchiv des Verlags)

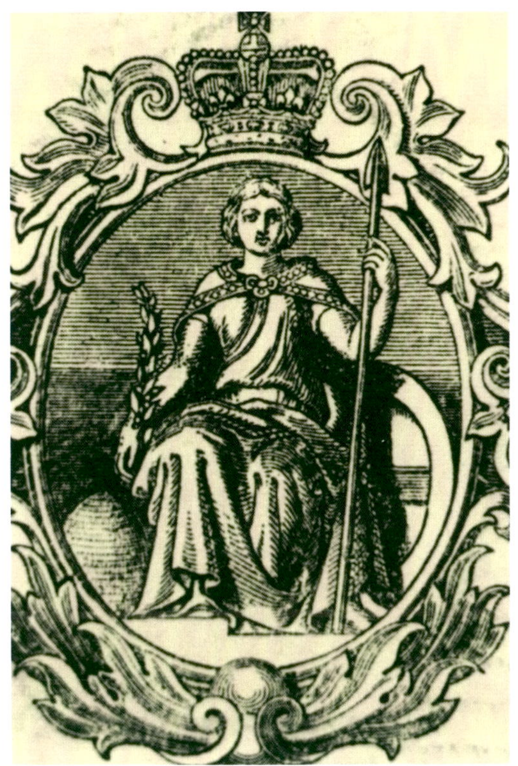
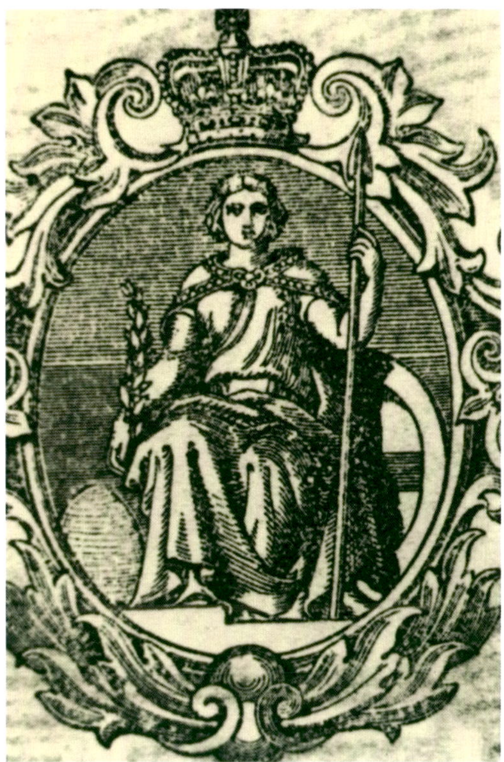

Vergleich der Vignette mit der Darstellung der Britannia, links: Original, rechts: Fälschung.

(Fotoarchiv des Verlags)

Falschgelderkennung damals

Bereits 1939 waren die Briten vor möglichen deutschen Fälschungen gewarnt worden. Zu dieser Zeit war Großbritannien nicht nur die bedeutendste Weltmacht, das britische Pfund war auch die wichtigste Leitwährung jener Zeit.

Damit das weltweit bestehende Vertrauen in den Pfund keinen Schaden nahm, lösten die Briten auch die als Fälschungen erkannten Pfund-Noten ein und nahmen Millionenverluste in Kauf. Die Spezialisten der Bank of England hatten schnell verschiedene Merkmale ausgemacht, an denen sie die deutschen „Blüten" erkennen konnten. Neben dem Papier der Produktion A, das gegenüber dem Originalpapier sogar als deutlich besser eingeschätzt wurde (zur Prüfung nutzte man gern den „Fingernageltest", bei dem das Papier bei den Originalen riß, bei den Fälschungen aber nicht), wurde hauptsächlich das Wasserzeichen mit dem abweichenden „N" der Prüfung unterzogen. Von deutscher Seite hatte man gewisse Unterschiede zum Original jedoch nicht aus Unvermögen hingenommen, sondern ganz bewußt angewandt. Schließlich sollten Fälschungen, die möglicherweise nach Deutschland zurückflossen, auch als solche erkannt werden.

Am 16. März 1945 verfügte die Bank of England die Einziehung aller Banknoten ab 10 Pfund. Sie wurden am 30. April 1945 ungültig und nur noch nach strenger Echtheitsprüfung eingelöst. Die 5-Pfund-Noten mit Daten vor dem 2. September 1944 wurden am 25. Januar 1946 ungültig. Sie wurden durch neue Noten mit metallischem Sicherheitsfaden ersetzt.[2)]

Bis heute werden der Bank of England aus aller Welt deutsche Fälschungen zur Einlösung vorgelegt. Sie werden einbehalten und vernichtet. Für Sammler sind sie dennoch ein Stück Zeitgeschichte, das es zu bewahren gilt.

Anmerkungen:

1) Karlheinz Walz, „Unternehmen Bernhard" – Falsche Pfunde für die Nazis, in: Falschgeld – Spannendes und Kriminalistisches, Ernstes und Amüsantes aus der Welt der Geldfälscher, S. 96 – 102.

2) Siehe Anmerkung 1), S. 99 – 102.

Die „Bernhard-Fälschungen" werden hier lediglich nach Unterschriften unterschieden. Es kommen aber neben verschiedenen Ausgabedaten auch unterschiedliche Ausgabeorte vor (z. B. London, Leeds und Bristol). Mitunter kam es bei Fälschungen sogar vor, daß Unterschriften und Ausgabedaten nicht zusammenpaßten. In der Katalogisierung wird die Auflagenhöhe der Fälschungen sowie die Anzahl der an das Reichssicherheitshauptamt ausgelieferten Falsifikate angegeben. Kleine Löcher (viele Briten nutzten Büroklammern, um die großen Scheine zusammen zu halten), Einrisse sowie fehlende Ecken und Ausrisse wurden absichtlich in der Fälscherwerkstatt angebracht, um die Scheine gebraucht wirken zu lassen.

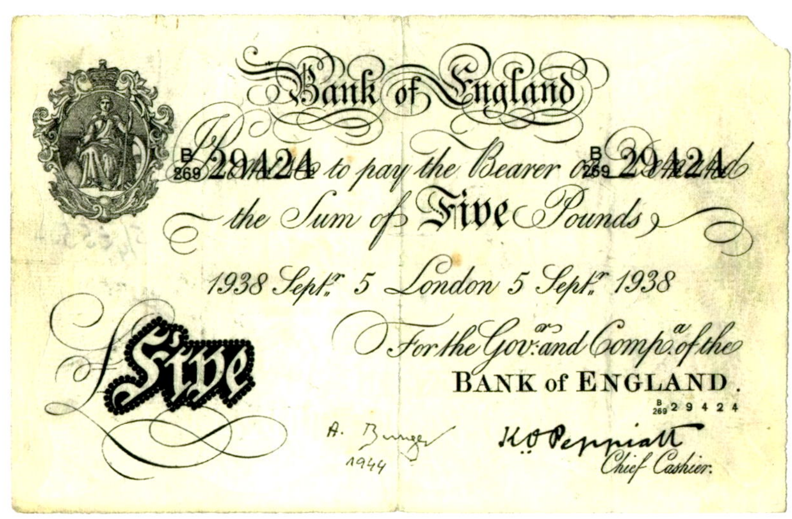

(Be 1 mit Us von Adolf Burger und Jahreszahl 1944, Sammlung Wolfgang Haney, Berlin)

Be 1 **5 Pfund (5 Pounds)**
PS – Vs: Vignette mit Britannia, Bankname und Wertbezeichnung
Rs: unbedruckt

Entwurf:	unbekannt	Format:	ca. 210 mm x 132 mm
Umlauf bis:	25. Januar 1946	Wz:	BANK OF ENGLAND
Druck:	Unternehmen Bernhard	KN:	5stellig

Serien: A128 – A275, A281 – A314, A317 –A398
B105 – B131, B134 – B182, B186 – B237, B256 – B279
J373 – J377

Datum	Auflage	RSHA		
verschieden	3 945 866	264 862	Us Peppiatt	R

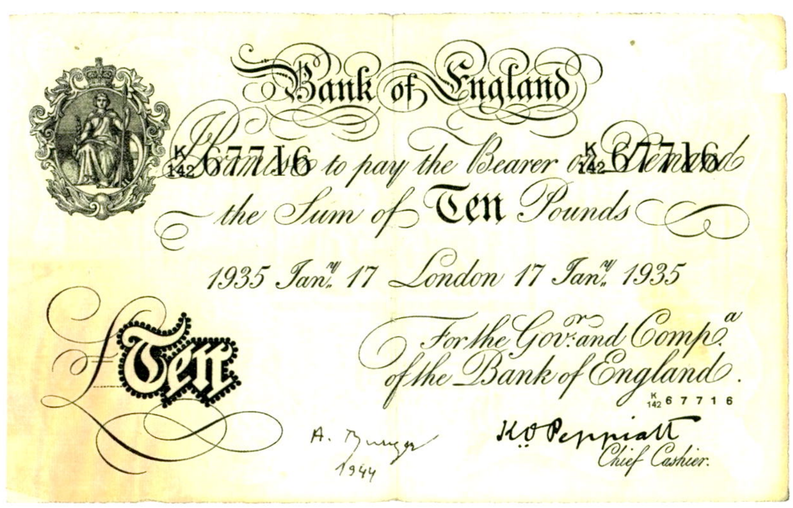

(Be 2 mit Us von Adolf Burger und Jahreszahl 1944, Sammlung Wolfgang Haney, Berlin)

Be 2 **10 Pfund (10 Pounds)**

PS – Vs: Vignette mit Britannia, Bankname und Wertbezeichnung
Rs: unbedruckt

Entwurf:	unbekannt	Format:	ca. 210 mm x 132 mm
Umlauf bis:	30. April 1945	Wz:	BANK OF ENGLAND
Druck:	Unternehmen Bernhard	KN:	5stellig

Serien: K102 – K184, K187 – K199
L100 – L107
V105 – V153, V163 – V170

Datum	Auflage	RSHA		
verschieden	2 398 980	176 560	**a)** Us Catterns	R
			b) Us Peppiatt	R

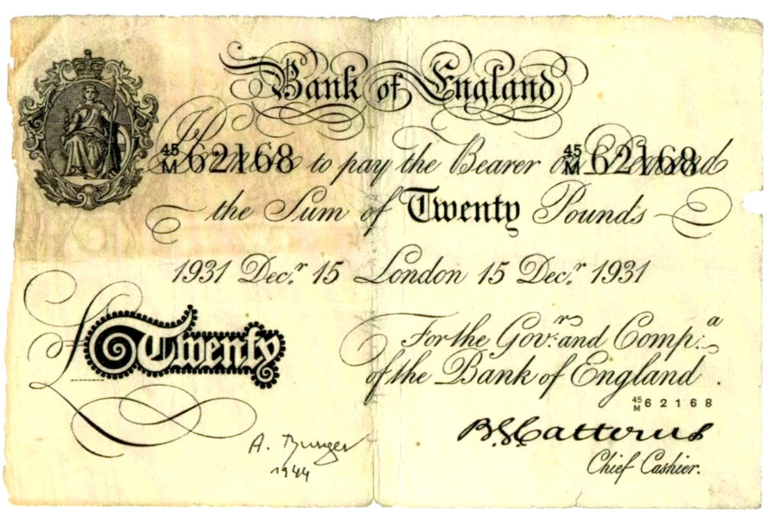

(Be 3 mit Us von Adolf Burger und Jahreszahl 1944, Sammlung Wolfgang Haney, Berlin)

Be 3 **20 Pfund (20 Pounds)**

PS – Vs: Vignette mit Britannia, Bankname und Wertbezeichnung
Rs: unbedruckt

Entwurf:	unbekannt	Format:	ca. 210 mm x 132 mm
Umlauf bis:	30. April 1945	Wz:	BANK OF ENGLAND
Druck:	Unternehmen Bernhard	KN:	5stellig

Serien: M43 – M55

Datum	Auflage	RSHA		
verschieden	1 337 334	141 046	**a)** Us Catterns	R
			b) Us Peppiatt	R

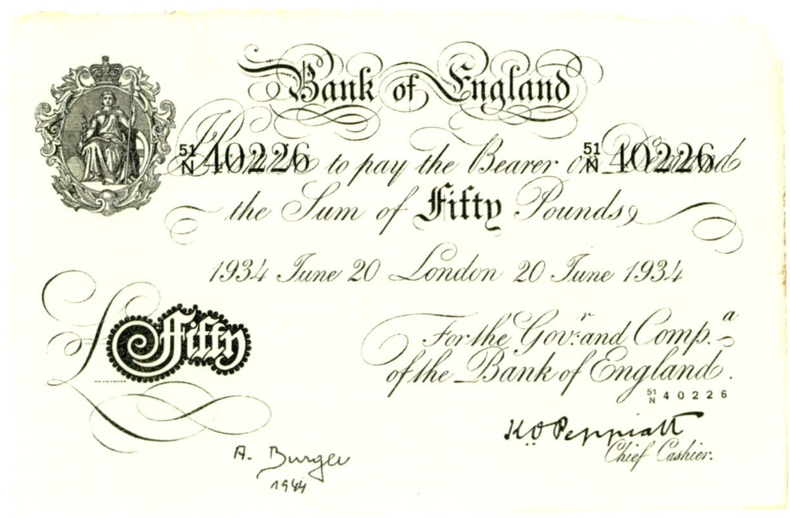

(Be 4 mit Us von Adolf Burger und Jahreszahl 1944, Sammlung Wolfgang Haney, Berlin)

Be 4 **50 Pfund (50 Pounds)**
PS – Vs: Vignette mit Britannia, Bankname und Wertbezeichnung
Rs: unbedruckt

Entwurf:	unbekannt	Format:	ca. 210 mm x 132 mm
Umlauf bis:	30. April 1945	Wz:	BANK OF ENGLAND
Druck:	Unternehmen Bernhard	KN:	5stellig

Serien: N42 – N61

Datum	Auflage	RSHA		
verschieden	1 282 900	89 152	**a)** Us Catterns	RR
			b) Us Peppiatt	RR

1.16 Stutthof

DANZIG-WESTPREUßEN

Konzentrationslager

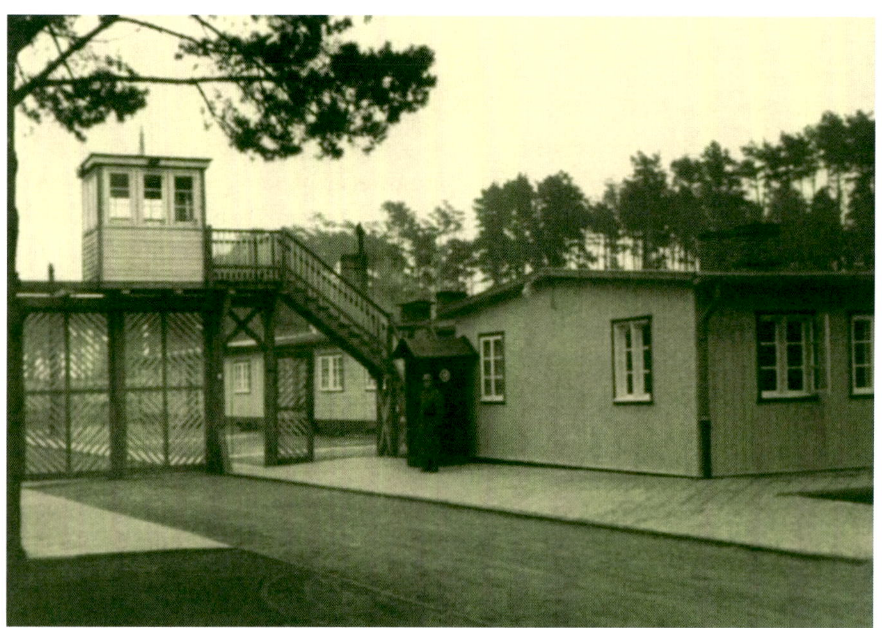

„Sonderlager Stutthof" bei Danzig, Toreinfahrt des „Alten Lagers" im Herbst 1941.
(Foto: Gedenkstätte Stutthof)

Zur Geschichte des Lagers

Am 3. April 1939 erteilte Hitler der Wehrmacht die Weisung, den „Fall Weiß" („Polenfeldzug") vorzubereiten. Damit rückte das kleine westpreußische Dorf Stutthof in den Blickpunkt der Geschichte. Zur Lösung der „polnischen Frage" wollte die deutsche Seite nicht nur die Wiedereingliederung Danzigs in das Deutsche Reich, sondern auch den Anschluß aller vormals deutschen Gebiete, inklusive der ehemaligen preußischen Teilungsgebiete, und deren völlige Germanisierung durch „ethnische Säuberungen" und Inhaftierung von „politisch unzuverlässigen Polen" erreichen. Schon im Juli 1939 wurde hierzu ein Lager geplant, für das dann im August die Vorbereitungsarbeiten begannen. So konnte das Lager Stutthof bereits einen Tag nach Kriegsbeginn am 2. September 1939 eröffnet werden. Hier inhaftierte man nicht nur Polen, sondern auch Juden und Einwohner Danzigs.[1] Bis zum Februar 1940 wurden jedoch die meisten Häftlinge aus der Region nach Neufahrwasser gebracht, und erst Ende 1939 wurden in Stutthof die ersten Häftlingsunterkünfte belegt.[2]

Mit der Eingliederung des Reichsgaus Danzig-Westpreußen in das Deutsche Reich (überwiegend Gebiete der ehemaligen preußischen Provinz Westpreußen sowie des Freistaats Danzig) wuchs die Bedeutung von Stutthof, das u. a. als „Zivilgefangenenlager", „Kriegszivilgefangenenlager" sowie „Gefangen-Sammellager" geführt wurde und bis 31. März 1941 der Kommandantur der Gefangenenlager in Danzig unterstand.

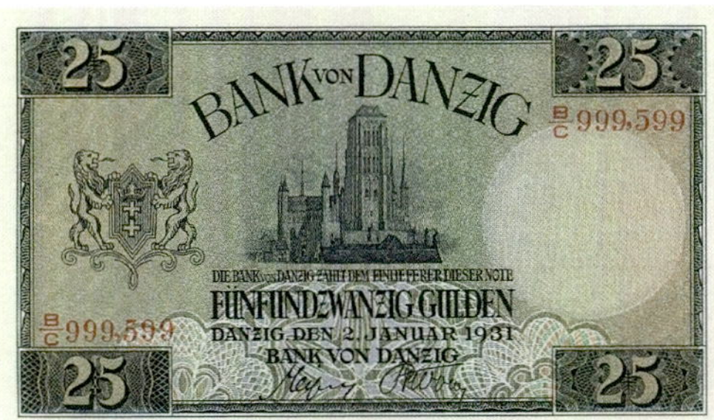

Freie Stadt Danzig, Note der Bank von Danzig über 25 Gulden vom 2. Januar 1931. (Fotoarchiv des Verlags)

Stutthof war ursprünglich also nicht als Konzentrationslager unter Leitung der IKL geplant.
Am 28. Mai 1941 hatte Himmler die Schaffung von sog. Arbeitserziehungslagern angeordnet. Der Inspekteur der Sicherheitspolizei in Danzig bestimmte das „Sonderlager Stutthof" am 1. Oktober 1941 zu einem von vier Arbeitserziehungslagern im Reichsgau Danzig-Westpreußen. Konzentrationslager wurde Stutthof schließlich mit der Unterstellung unter die Inspektion der Konzentrationslager (IKL) am 7. Januar 1942.
Bereits am 10. Dezember 1941 hatte ein Vertreter der IKL Stutthof besichtigt und in seinem Bericht Pläne zum Ausbau des Lagers unterbreitet, wonach die Aufnahmekapazität auf 25 000 Häftlinge, davon 20 000 sowjetische Kriegsgefangene, erweitert werden sollte. Die Lagerwerkstätten wurden durch die SS-eigenen Deutschen Ausrüstungswerke (DAW) übernommen.[3]
Im Frühjahr 1940 begann dann auch die Bewirtschaftung des Lagers, und bis 1941 wurden hauptsächlich Baracken für die SS und den Wirtschaftsbereich gebaut. Die Kommandantur zog in einem ehemaligen Alters- und Erholungsheim ein. Das bis 1941 entstandene Lager hatte noch vergleichsweise kleine Ausmaße. Von 1942 bis 1944 wurde dann neben dem „Alten Lager" ein „Neues Lager" errichtet und schrittweise ausgebaut. Die vom WVHA der SS ausgearbeiteten Pläne sahen Unterkünfte für 20 000 Häftlinge vor sowie DAW-Werkstätten, Waschräume, eine Großküche, ein Krematorium, Magazine und Kasernen für die SS-Wachmannschaften. Für die Realisierung der Baumaßnahmen wurde bis Ende 1943 eine Ziegelei gepachtet und den SS-eigenen Deutschen Erd- und Steinwerken (DESt) überlassen. Bis 1943 war der erste Abschnitt des „Neuen Lagers" für 10 000 Häftlinge fertiggestellt. Daneben entstanden Baracken für Werkstätten der DAW, darunter eine Kürschnerei, eine Sattlerei, eine Weberei, eine Schneiderei und eine Fahrradreparaturwerkstatt. Bis Ende 1943 waren die letzten Baracken im „Neuen Lager" bezogen. In einem Teil des „Alten Lagers" waren weibliche Häftlinge untergebracht. Ende Oktober 1943 begann der Bau von Fabrikhallen, in denen Häftlinge für die Kriegswirtschaft arbeiten sollten. Die ersten beiden Hallen wurden im zweiten Halbjahr 1944 durch die Flugzeugwerke Focke-Wulf unter der Tarnbezeichnung „Holzbau AG" belegt, die hier Teile für Jagdflugzeuge fertigen ließ.
Im Frühjahr 1944 begann man mit dem Bau weiterer Baracken, doch als Ende Juni 1944 die ersten 2500 jüdischen Frauen aus Auschwitz eintrafen, war man noch nicht fertig. Es entstand ein sog. „Judenlager", in dem aber auch polnische Frauen des Warschauer Aufstands interniert wurden. Die Ausbaupläne von 1943 konnten bis zum Ende des Lagers nicht mehr vollständig verwirklicht werden.[4]
Vom 2. September 1939 bis Ende März 1940 waren in den Lagern der Region Danzig-Westpreußen (Neufahrwasser, Grenzdorf und Stutthof) zusammen mehr als 9000 Personen inhaftiert gewesen. Ende Januar 1940 befanden sich in Stutthof 1100 Gefangene. Stutthof blieb bis Ende 1942 hauptsächlich ein Lager für polnische Häftlinge, oftmals Angehörige des Widerstands, aus dem Reichsgau Danzig-Westpreußen. Mit der Übernahme durch das IKL veränderte sich auch die Häftlingsgesellschaft durch die Einbindung in das zentral geleitete System der Konzentrationslager. Bis Mitte 1944 kamen Transporte mit Häftlingen unterschiedlichster Nationalitäten aus Buchenwald, Dachau, Flossenbürg, Mauthausen, Neuengamme und Sachsenhausen nach Stutthof. Allein 3000 Letten wurden im Lager registriert, die der lettischen Widerstandsbewegung angehörten oder einfach nur der lettischen Intelligenz, wie Pro-

fessoren, Politiker, Ingenieure, Ärzte und Priester. Von Ende Juni bis Ende Oktober 1944 kamen fast 23 600 Häftlinge aus Auschwitz nach Stutthof, davon über 21 800 Frauen – meist Jüdinnen aus Ungarn, dem „Protektorat", der Slowakei, Deutschland und anderen Ländern. In der zweiten Jahreshälfte 1944 dürften sich allein etwa 49 000 jüdische Häftlinge in Stutthof befunden haben.[5)]

Mitte 1944 sprach der Chef der Amtsgruppe D des WVHA der SS, Richard Glücks, mit dem damaligen Lagerkommandanten von Stutthof, Theodor Meyer, die Einrichtung einer Gaskammer ab. Neben einigen polnischen Partisanen, die als erste vergast worden sind, und 77 sowjetischen Kriegsgefangenen sollen etwa 300 bis 400 jüdische Frauen, wahrscheinlich Kranke und Schwache, durch Gas erstickt worden sein. Als Ende Oktober/Anfang November 1944 infolge der dramatischen Überbelegung eine Typhusepidemie ausbrach, welche besonders viele Opfer im „Judenlager" forderte, wurde das Morden in der Gaskammer eingestellt. Aus Stutthof gingen Transporte mit insgesamt über 11 100 jüdischen Häftlingen in andere Lager, aber auch zur Vernichtung nach Auschwitz.[6)]

Hatten sich Anfang 1944 nur etwa 7000 bis 8000 Häftlinge im KL Stutthof befunden, so stieg deren Zahl durch den massenhaften Häftlingseinsatz in der Kriegswirtschaft, für den schließlich auch jüdische Häftlinge zugelassen wurden, bis Ende August 1944 auf mehr als 60 000 an. Bis dahin hatte man aber schon fast 9000 jüdische Häftlinge zum Arbeitseinsatz in andere Lager überstellt. In Stutthof selbst hatten die meisten jüdischen Frauen keine Arbeit, sie waren zur Untätigkeit verurteilt. Nur etwa 3000 von ihnen waren zur Hilfe in der Landwirtschaft eingesetzt, und einige im Lagerbetrieb. Diese Lage, die zum raschen psychischen und physischen Verfall der Frauen beitrug, änderte sich erst, als in der zweiten Jahreshälfte 1944 zahlreiche Außenlager entstanden, in denen schließlich insgesamt über 26 000 jüdische Häftlinge, darunter mehr als 23 600 Frauen, zur Arbeit eingesetzt wurden.

Zur Optimierung des Arbeitseinsatzes von Häftlingen plante die SS die Einführung einer zentralen Häftlingskartei aller Konzentrationslager. Hierzu entstand im August 1944 in Stutthof eine Hollerith-Kartei mit etwa 80 000 Namen von Gefangenen mit mehr als 800 Berufen und Funktionen, die als Grundlage für die im Oktober 1944 eingeführten Richtlinien für den Arbeitseinsatz von Häftlingen in der Rüstungsindustrie und im Bauwesen diente.[7)]

Als am 12. Januar 1945 die Rote Armee ihre Winteroffensive begann, fiel die Entscheidung, die östlichen Konzentrationslager Auschwitz, Groß-Rosen und Stutthof zu räumen. Bereits am 16. Januar wurde der „Fall Eva" zur Evakuierung der gesamten Bevölkerung Westpreußens befohlen. Das schnelle Vorrücken der Front sorgte für hektische Endzeitstimmung. Am 23./24. Januar 1945 standen die sowjetischen Truppen bereits vor Elbing und Marienburg in nur noch etwa 50 Kilometer Entfernung vom Lager. In dieser Situation erwog man sowohl die Evakuierung der Häftlinge mittels Schiff nach Lübeck als auch die komplette Übergabe an den Feind. Schließlich erfolgte am 25. Januar 1945 der Befehl zur Räumung des Lagers in das 140 Kilometer entfernte pommersche Lauenburg. Die Auflösung der Außenlager hatte bereits Mitte Januar begonnen. Nach einer Meldung vom 24. Januar zählte das Stammlager einschließlich der noch existierenden Außenlager über 46 500 Häftlinge, davon rund 25 000 im Stammlager. Nach einer Selektion sollten nur die Kranken, Pflegepersonal sowie Häftlinge für den Lagerbetrieb zurückgelassen werden. Am 26. Januar verließen jedoch nur zwei Marschkolonnen mit 11 500 Häftlingen das Stammlager. Der Marsch wurde zum „Todesmarsch" für viele Häftlinge. Die Straßen waren von Flüchtlingen verstopft, es gab kaum Verpflegung und nur mangelhafte Unterkunftsmöglichkeiten in dem eiskalten Winter. Man verteilte die Häftlinge schließlich auf verschiedene Außenlager, die im März 1945 in die Frontlinie gerieten. Nun plante man sie vielleicht über Gotenhafen auf dem Seeweg zu evakuieren, doch Gotenhafen war voll von heimatlos gewordenen Menschen und verwundeten Soldaten. Nach der Torpedierung des Flüchtlingsschiffs „Gustloff" durch ein sowjetisches U-Boot,

bei der etwa 9000 Menschen umkamen, sollte der Name der Stadt traurige Berühmtheit erlangen. Am 9. und 10. März wurden die Häftlinge dann – teils in Lagern, teils auf dem Marsch – von der Roten Armee befreit.
Im Stammlager selbst waren zahlreiche Häftlinge zurück geblieben. Am 30. Januar 1945 waren es fast 11 900, davon über 6900 Frauen. Nach dem Abmarsch der zwei Kolonnen am 26. Januar war der Lagerbetrieb zusammengebrochen. Häftlinge aus der Effektenkammer und der Geldverwaltung verpackten das Lagerinventar sowie Kleidung und Schuhe. Erst ab Februar nahmen dann wieder wichtige Kommandos ihre Arbeit auf, so auch die Kantine und die Lagerküche. Im Februar kamen aber auch eine Vielzahl von Flüchtlingen aus Ostpreußen, die ihre einzige Rettung auf dem Weg in Richtung des vereisten Haffs gesucht hatten, sowie Fremdarbeiter auf der Flucht vor der Front und Wehrmachtsangehörige, die auf ihrem Rückzug bis an die Weichsel gekommen waren. Da das Lager von sowjetischen Flugzeugen angegriffen wurde, versuchte man sogar noch provisorische Bunker im nahen Wald zu bauen. Insgesamt waren nun 20 000 bis 40 000 Menschen im Lager, die in den teils verlassenen Baracken Schutz suchten. Schließlich versuchte man, auch weitere Häftlinge zu evakuieren. Nur wenige von ihnen konnten Westpreußen auf dem Seeweg verlassen. Da die sowjetischen Streitkräfte ihren Vorstoß auf Danzig und andere Stoßrichtungen konzentrierten, blieb das Lager in der schwer zugänglichen Landschaft der Weichselnehrung noch bis Ende April 1945 in Betrieb. Der letzte Evakuierungstransport verließ Stutthof am 27. April 1945. Ein Major der Wehrmacht, die das Haff noch bis zur bedingungslosen Kapitulation des Deutschen Reichs hielt, gab das Lager kurz vor Mitternacht am 8. Mai 1945 auf. Am 9. Mai trafen sowjetische Truppen ein, die neben 150 Häftlingen rund 20 000 Flüchtlinge aus Ostpreußen und Pommern sowie Kriegsgefangene aus verschiedenen Ländern vorfanden.
Von den insgesamt 110 000 Häftlingen, die zwischen 1939 und 1945 in Stutthof waren, sind 63 000 bis 65 000 ums Leben gekommen, davon allein 21 500 auf Evakuierungsmärschen und auf Schiffen. Die Evakuierungsversuche überlebten am Ende nur 2000 Häftlinge.

Geld, Geldersatz und Prämienscheine

In der Gedenkstätte Stutthof sind erstaunlich viele Unterlagen erhalten, darunter die Daten von etwa 85 000 ehemaligen Häftlingen und rund 300 000 Dokumente, wie Einlieferungsbücher, Transportlisten, Kommandanturbefehle, Häftlingsakten und Schriftverkehr der Lagerverwaltung.[8] Dieser glückliche Umstand ist sicher auch dem bis in die letzten Kriegstage laufenden Lagerbetrieb zu verdanken. Vielleicht sind deshalb von Stutthof auch seltene Gutscheine erhalten geblieben, die in ihrer Art sonst nur noch vom Frauen-Konzentrationslager Ravensbrück in Form der dort verwendeten Waren-Wertkarten belegbar sind. Mit deren Einführung wurde in Ravensbrück die Auszahlung von Bargeld aus Häftlingsguthaben eingestellt. Mit den Abschnitten der nun, anstelle von Bargeld, ausgezahlten Waren-Wertkarten, konnte dann in der Lagerkantine eingekauft werden.
Bis zur Einführung von Gut- und Prämienscheinen wurde mit dem Eigengeld der Häftlinge im KL Stutthof verfahren wie in den anderen Konzentrationslagern auch. Mitgebrachtes Geld wurde auf einer Karteikarte bei der Geldverwaltung eingetragen, und die Häftlinge konnten sich Bargeld durch Postanweisungen schicken lassen. Siehe hierzu auch den abgebildeten Brief eines Häftlings mit Auszug aus der Lagerordnung.
Hatte man 1942 das Eigengeld der Häftlinge bar ausgezahlt, so wurden wahrscheinlich schon ab Mitte 1943 anstelle von Bargeld nur noch Gutscheine an die Häftlinge abgegeben. Da die Gefangenen in regelmäßigen Abständen über festgelegte Beträge aus ihren Guthaben verfügen konnten, meist waren dies 15 RM, führte man in Stutthof zwei verschiedene Nominale von Gutscheinen ein, und zwar zu 5 und 10 RM. Die Gutscheine enthielten unterschiedliche Wertabschnitte, die zusammen den Nennwert ergaben, und die beim Einkauf abgetrennt werden konnten. Siehe hierzu auch den im Katalogteil abgebildeten Gutschein zu 10 RM. Verfügte ein Häft-

Konzentrationslager
Stutthof b. Danzig

Der Tag der Entlassung kann jetzt noch nicht angegeben werden. Besuche im Lager sind verboten. Anfragen sind zwecklos.

Auszug aus der Lagerordnung:

Jeder Häftling darf im Monat 2 Briefe oder 2 Postkarten empfangen und auch absenden. Ein Brief darf nicht mehr als 4 Seiten á 15 Zeilen enthalten und muß übersichtlich und gut lesbar sein. Postsendungen, die diesen Anforderungen nicht entsprechen, werden nicht zugestellt bzw. befördert. Pakete jeglichen Inhalts dürfen nicht empfangen werden. Geldsendungen sind zulässig, sie müssen aber durch Postanweisung erfolgen; Geldeinlagen im Brief sind verboten. Mitteilungen auf den Postanweisungsabschnitten sind verboten; Annahme wird sonst verweigert. Es kann im Lager alles gekauft werden. Nationalsozialistische Zeitungen sind zugelassen, müssen aber von dem Häftling selbst über die Poststelle des Konzentrationslagers bestellt werden. Unübersichtlich und schlecht lesbare Briefe können nicht zensiert werden und werden vernichtet. Die Zusendung von Bildern und Photos ist verboten.

Der Lagerkommandant.

Meine genaue Anschrift:

Schutzhäftling

Kosplochowski Stanisl.

Nr. 14288 Block 5

Konzentrationslager
Stutthof b. Danzig

Liebe Vatter Mutter

und Gros Vatter

Teile mit bin Gott sie dank gesund was

ich aüch eüch von ganzen herzen Wünsze

Brif habe ich erhalten vor Führ ich eüch herzlich

danke aüch geld di 10 RM. habe erhalten

vor Führ ich herzlich danke. Liebe Mutter

Fregst mihr ob ich di 8. ünd 11 RM. erhalten

habe di dü nach Mauthausen geschikt hast

Nur diese Zeilen beschreiben!

Konzentrationslager Stutthof, erste Seite des Briefs eines polnischen Häftlings an seine Eltern, in dem er den Empfang einer Geldsendung bestätigt. Im Briefkopf befindet sich ein Auszug aus der Lagerordnung mit den Bestimmungen zum Briefverkehr und zu Geldsendungen. Der Poststempel auf dem Briefumschlag trägt das Datum vom 23. August 1942.

(Sammlung Wolfgang Haney, Berlin)

Archiwum Muzeum Stutthof

verst. – 8. JAN. 1944

21 214

Konzentrationslager Stutthof bei Danzig

(Vor- und Zuname) .... Häftlings-Nr. 21 214.

geb. am 20.11.1907. Heimatort Frankfurth a. M. Fahrtn. Deutsch.

Datum 1943	Beleg Nr.	Zugang RM	Zugang Rpf	Abgang RM	Abgang Rpf	Bestand RM	Bestand Rpf	Bestätigung
12.4.	E7	127	50			127	50	Büche
12.4.	E7	15	–			142	50	Büche
15.4.	A11			15	–	127	50	Büche
20.5.	A36			15	–	112	50	Büche
19.5.	E33	5	–			117	50	Büche
19.5.	E33	20	–			137	50	Büche
10.6.	E45	10	–			147	50	Büche
15.6.	A43			15	–	132	50	Büche
22.6.	E49	5	–			137	50	Büche
12.7.	E60	15	–			152	50	Büche
15.7.	A59			15	–	137	50	Büche
11.8	E71	15	–			152	50	Büche
16.8	A83			15	–	137	50	Büche
17.9.	E88	15	–			152	50	Büche
24.9.	A115			15	–	137	50	Büche
12.10	E106	15	–			152	50	Büche
7.12.	A182			15	–	137	50	Büche
13.3.	A263			137	50	—		
		242	50	242	50	—		

5436.

Übertrag:

Konzentrationslager Stutthof, Geldkartei des deutschen Häftlings Hermann Buche aus dem Jahr 1943. Auffällig sind die regelmäßigen Zugänge und die Abgänge in stets gleicher Höhe zu 15 RM.

(Archiv des Museums Stutthof)

ling über Eigengeld, so konnte er sich dies in Form von Gutscheinen auszahlen lassen. Bei der Auszahlung wurden die Gutscheine mit einem aktuellen Datumstempel vom Tag der Auszahlung versehen. Die einzigen, bisher bekannten Belege aus dem Archiv des Museums Stutthof tragen Daten vom 24. August 1944 (5 RM) und 13. Januar 1945 (10 RM). Auf den Gutscheinen konnten sowohl Name als auch Häftlingsnummer des Eigentümers vermerkt werden.
Wie in Ravensbrück, so erfolgte auch in Stutthof die Nutzung der Gutscheine parallel zu der von Prämienscheinen. Mit beiden Ersatzzahlungsmitteln konnte in der Kantine bezahlt werden.
Nach dem Erlaß der Prämienvorschrift der SS vom 15. Mai 1943 wurden auch im KL Stutthof Prämienscheine zur Prämierung von Arbeitsleistungen für Häftlinge eingeführt. Die erste bekannte Ausgabe stammt vom Juni 1943 mit einer Auflage von einer halben Million Stück zu 0,50 RM und einer Million Scheine zu 1 RM. Kleinere Auflagen folgten dann laut Druckvermerken im März und August 1944. Das Linienraster auf den Prämienscheinen war für den Eintrag der Häftlingsnummer vorgesehen.
Der Druck sämtlicher Ersatzzahlungsmittel, Gutscheine wie auch Prämienscheine, erfolgte durch die Druckerei des „Wehrkreises XX“, der seinen Sitz in Danzig hatte.
Alle Scheine tragen für ihre Gültigkeit einen Stempel „Akolt“ mit Dienstgrad Ober- bzw. Hauptscharführer (Feldwebel bzw. Oberfeldwebel). Richard Akolt leitete ab 1940 die SS-Kantinengemeinschaft im Lager Stutthof (anfänglich noch als Scharführer), und wurde nach dem Krieg zu drei Jahren Haft verurteilt, in der er 1948 starb.

Raucherkarten

Vom KL Stutthof existiert in einer polnischen Privatsammlung auch eine Raucherkarte für Häftlinge, ähnlich wie sie in Auschwitz verwendet wurden. Leider hat dem Autor kein Vergleichsstück vorgelegen, so daß derzeit keine weiterführenden Angaben möglich sind.
Das Thema bietet insgesamt noch ausreichend Forschungsmöglichkeiten für Sammler und Historiker.

Anmerkungen:

1) Danuta Drywa, Die Entstehung des KZ, in: Stutthof – Stammlager, in: Wolfgang Benz/Barbara Distel (Hrsg.), Der Ort des Terrors, Band 6: Natzweiler, Groß-Rosen, Stutthof, S. 477 – 480.

2) Danuta Drywa, Organisation und Bau des Lagers, in: Stutthof – Stammlager, in: Wolfgang Benz/Barbara Distel (Hrsg.), Der Ort des Terrors, Band 6: Natzweiler, Groß-Rosen, Stutthof, S. 481.

3) Siehe Anmerkung 1).

4) Siehe Anmerkung 2), S. 480 – 486.

5) Danuta Drywa, Die Häftlingsgesellschaft, in: Stutthof – Stammlager, in: Wolfgang Benz/Barbara Distel (Hrsg.), Der Ort des Terrors, Band 6: Natzweiler, Groß-Rosen, Stutthof, S. 494 – 499.

6) Danuta Drywa, Die Sonderaktionen, in: Stutthof – Stammlager, in: Wolfgang Benz/Barbara Distel (Hrsg.), Der Ort des Terrors, Band 6: Natzweiler, Groß-Rosen, Stutthof, S. 499 – 502, sowie:
Danuta Drywa, Existenzbedingungen der Häftlinge, in: Stutthof – Stammlager, in: Wolfgang Benz/Barbara Distel (Hrsg.), Der Ort des Terrors, Band 6: Natzweiler, Groß-Rosen, Stutthof, S. 504 – 505.

7) Danuta Drywa, Häftlingsarbeit – Das KZ Stutthof als Wirtschaftsbetrieb, in: Stutthof – Stammlager, in: Wolfgang Benz/Barbara Distel (Hrsg.),Der Ort des Terrors, Band 6: Natzweiler, Groß-Rosen, Stutthof, S. 508 – 514.

8) Danuta Drywa, Häftlingsarbeit – Die KZ-Gedenkstätte, in: Stutthof – Stammlager, in: Wolfgang Benz/Barbara Distel (Hrsg.), Der Ort des Terrors, Band 6: Natzweiler, Groß-Rosen, Stutthof, S. 521 – 522.

Geldersatz des KL Stutthof

1.16.1 Gutscheine des K.L. Stutthof

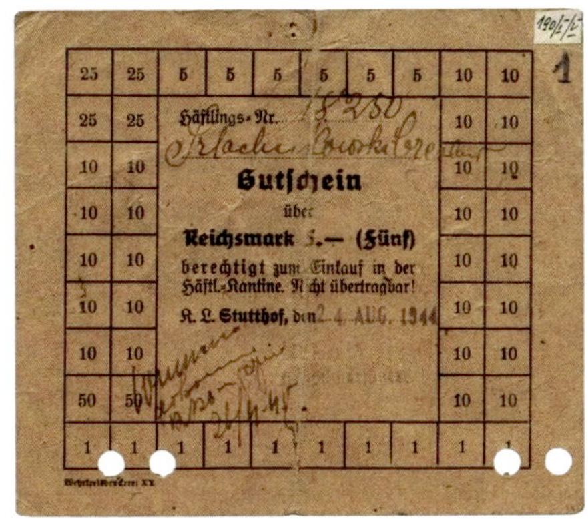

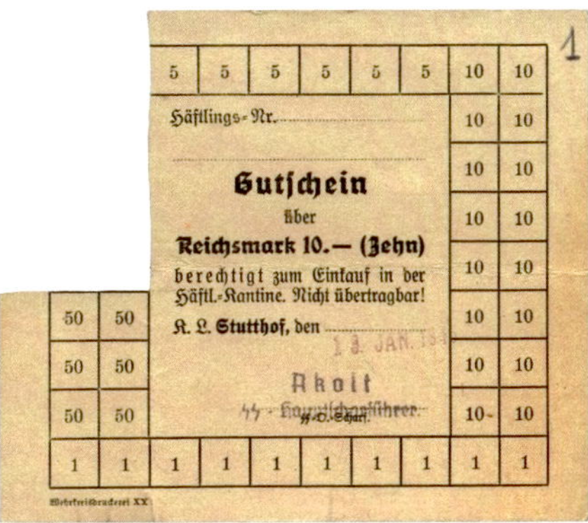

(St 1 Vs mit handschriftlichem Vermerk vom 26.4.1945 / St 2 Vs mit eingelösten Abschnitten, Museum der Gedenkstätte Stutthof)

St 1 **5 Reichsmark (Reichsmark 5.–)**
PS – Vs: Wertabschnitte: 10 x 1, 6 x 5, 26 x 10, 4 x 25 und 2 x 50 RPf. = 5 RM
sowie Stempel (Datum und Leiter der Kantinengemeinschaft „Akolt"),
mit oder ohne handschriftlichem Namen und Häftlingsnummer

Entwurf:	unbekannt	Format:	ca. 115 mm x 100 mm
Umlauf bis:	April 1945	Wz:	Karton braun, ohne Wz
Druck:	Wehrkreisdruckerei XX	KN:	ohne

Datum	Auflage	
o.D. (1943?)	unbekannt	RRRR

St 2 **10 Reichsmark (Reichsmark 10.–)**
PS – Vs: Wertabschnitte: 10 x 1, 6 x 5, 16 x 10 und 16 x 50 RPf. = 10 RM
sowie Stempel (Datum und Leiter der Kantinengemeinschaft „Akolt"),
mit oder ohne handschriftlichem Namen und Häftlingsnummer

Entwurf:	unbekannt	Format:	ca. 115 mm x 100 mm
Umlauf bis:	April 1945	Wz:	Karton gelblich, ohne Wz
Druck:	Wehrkreisdruckerei XX	KN:	ohne

Datum	Auflage	
o.D. (1943?)	unbekannt	RRRR

Prämienscheine des KL Stutthof

1.16.2 Konzentrationslager Stutthof

Da die Gestaltung der Prämienscheine beibehalten wurde, werden die ausgegebenen Werte mit den bekannten Druckvermerken als Varianten aufgeführt.
Von Außenlagern sind keine besonderen Ausgaben bekannt, ebenso keine diesbezüglichen Abstempelungen.

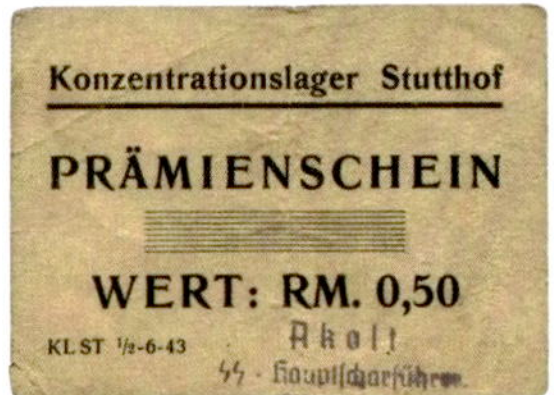

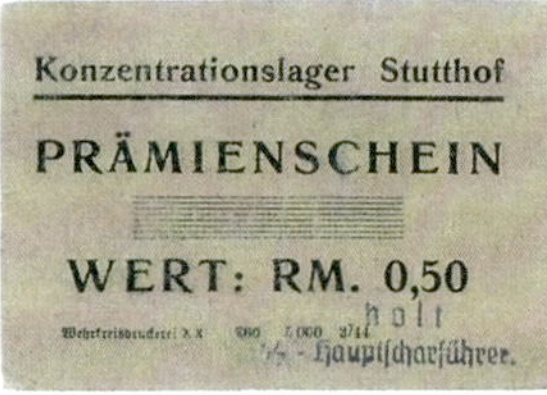

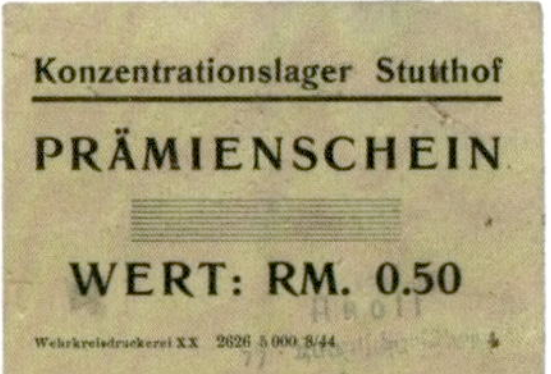

(St 3a Vs, Museum der Gedenkstätte Stutthof, St 3b Vs, Sammlung Wolfgang Haney, Berlin, St 3c Vs, Sammlung Ronny van Waardhuizen)

St 3 **50 Reichspfennig (RM. 0,50)**
PS 164/ 165 Vs: Lagername, und Wertbezeichnung, mit oder ohne Namensstempel „Akolt“
Rs: unbedruckt

Entwurf:	unbekannt	Format:	ca. 74 mm x 52 mm
Umlauf bis:	April 1945	Wz:	Karton grauweiß bis gelblich, ohne Wz
Druck:	Wehrkreisdruckerei XX	KN:	ohne

Datum	Auflage			
o.D. (06/1943)	500 000	**a)**	Druckvermerk: KL ST ½-6-43	RRR
o.D. (03/1944)	5000	**b)**	Druckvermerk: Wehrkreisdruckerei XX 760 5000 3/44	RRR
o.D. (08/1944)	5000	**c)**	Druckvermerk: Wehrkreisdruckerei XX 2626 5000 8/44	RRR

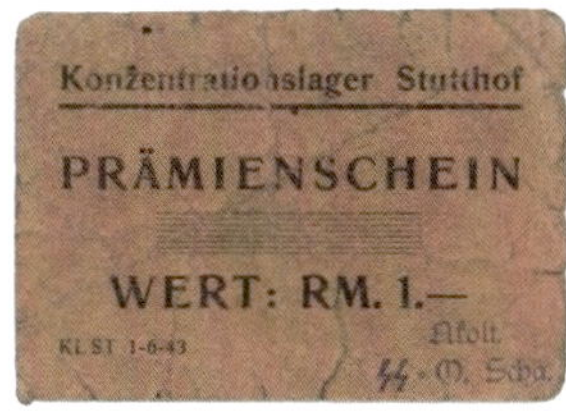

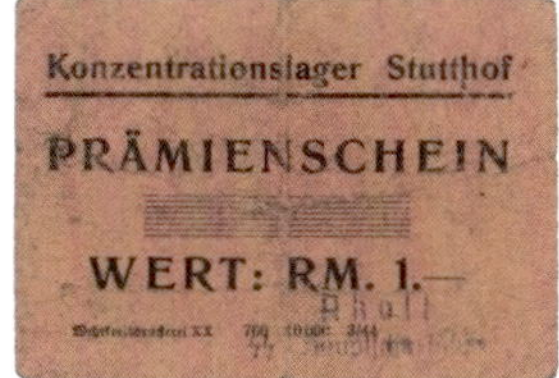

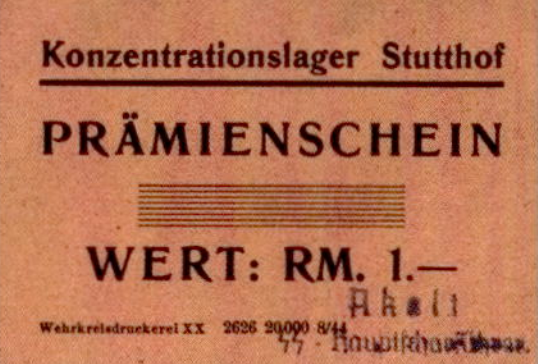

(St 4a/b Vs, Sammlung Ronny van Waardhuizen, St 4c Vs, Museum der Gedenkstätte Stutthof)

St 4 **1 Reichsmark (RM. 1.–)**
PS 166/167 Vs: Lagername, und Wertbezeichnung, mit oder ohne Namensstempel „Akolt“
Rs: unbedruckt

Entwurf:	unbekannt	Format:	ca. 74 mm x 52 mm
Umlauf bis:	April 1945	Wz:	Karton rot, ohne Wz
Druck:	Wehrkreisdruckerei XX	KN:	ohne

Datum	Auflage			
o.D. (06/1943)	1 000 000	**a)**	Druckvermerk: KL ST 1-6-43	RRR
o.D. (03/1944)	10 000	**b)**	Druckvermerk: Wehrkreisdruckerei XX 760 10000 3/44	RRR
o.D. (08/1944)	20 000	**c)**	Druckvermerk: Wehrkreisdruckerei XX 2626 20000 8/44	RRR

1.17 Westerbork

NIEDERLANDE

Judendurchgangslager

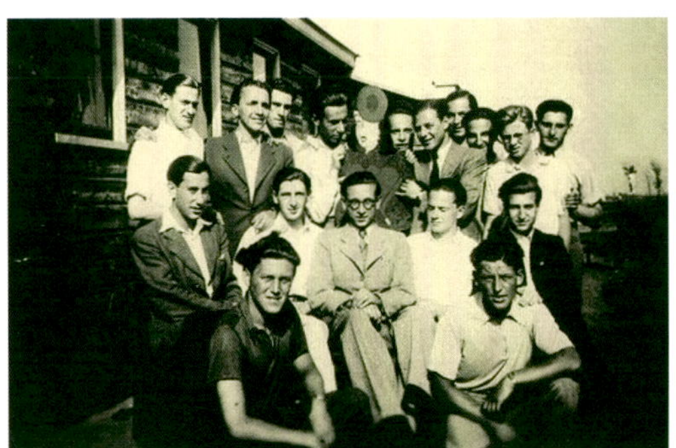

Zentrales Flüchtlingslager Westerbork, Gruppe männlicher, deutscher Juden im Jahr 1940.
(Fotokopie: Sammlung Werner Roman, USHMM)

Zur Geschichte des Lagers

Mitte Dezember 1938 hatten die Niederlande im Interesse freundschaftlicher Beziehungen zum deutschen Nachbarn ihre Grenzen für Flüchtlinge aus dem Deutschen Reich geschlossen. Sie waren ab diesem Zeitpunkt weder willkommen noch sollten sie integriert werden. Zur vorübergehenden Unterbringung der vornehmlich jüdischen Flüchtlinge beschloß die niederländische Regierung im Februar 1939 den Bau eines Aufnahmelagers bei Westerbork. Eine erste Gruppe traf hier am 9. Oktober 1939 ein. Sie gehörte zu den 900 deutschen Juden, die vergebens versucht hatten, mit dem Schiff St. Louis von Hamburg nach Kuba zu fliehen.

Als am 10. Mai 1940 deutsche Truppen zum „Schutze der niederländischen Neutralität“ und zur Verhinderung einer Landung britischer Streitkräfte auf dem Kontinent in den Niederlanden einmarschierten, befanden sich rund 700 Menschen im „Zentralen Flüchtlingslager Westerbork“. Das „Kamp Westerbork“ wurde von der deutschen Besatzung übernommen und weiter genutzt. Inhaftiert wurden deutsche Juden, die in den Niederlanden verhaftet wurden oder sich freiwillig meldeten.

Nachdem bereits Ende 1941 entschieden wurde, Westerbork als zentrales Durchgangslager für die Massendeportation der niederländischen Juden zu nutzen, wurde das Lager am 1. Juli 1942 dem Befehlshaber der Sicherheitspolizei und des Sicherheitsdienstes (BdS) unterstellt und als „Polizeiliches Judendurchgangslager“ (JDL) geführt. Westerbork war also kein Konzentrationslager und unterstand auch nicht der IKL bzw. dem WVHA der SS.

Schon am 15. Juni 1942 begann die Deportation niederländischer Juden. Ab Juli 1942 trafen dann immer mehr Transporte in Westerbork ein. Hier sammelte man die Juden aus allen Teilen des Landes und stellte Transporte in die Vernichtungslager zusammen, hauptsächlich nach Auschwitz-II-Birkenau und nach Sobibór. Der erste Zug rollte am 14. Juli 1942 Richtung Osten. Ihm folgten fast zwei Jahre lang weitere Züge, die nach einem festen Fahrplan verkehrten. Meist kamen sie montags in Westerbork an und fuhren dann am Tag darauf neue Opfer in den Tod. Drei Tage dauerte die Fahrt in stickigen Güterwagen mit einem Eimer als Toilette. Wer die Fahrt überlebte, auf den wartete das Gas.

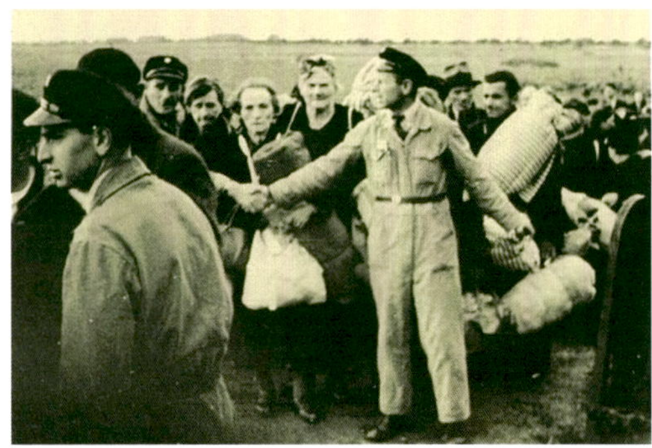

Judendurchgangslager Westerbork, Angehörige des jüdischen Ordnungsdienstes (OD) bei der Ankunft eines Transports im Lager 1942.
(Fotokopie: Sammlung Trudi Gidan, USHMM)

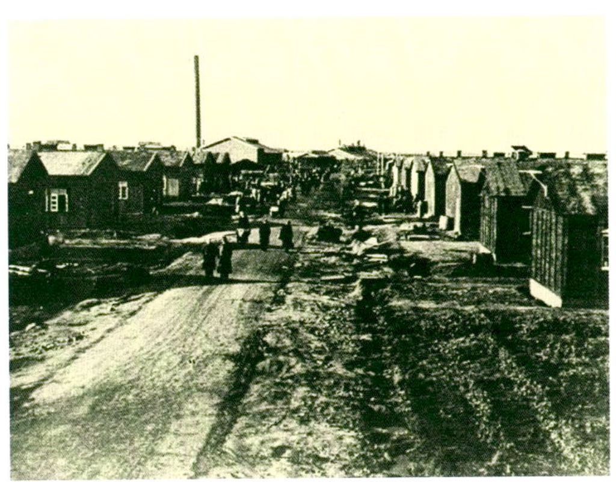

JDL Westerbork, Lagerstraße mit Baracken.
(Fotokopie: Herinneringscentrum Kamp Westerbork)

Bis zum Grenzbahnhof Nieuweschans wurden die Züge von niederländischem Bahnpersonal begleitet, ab da übernahm die Deutsche Reichsbahn bis in die Vernichtungslager.

Die meisten Menschen waren mit über 15 200 am 3. Oktober 1942 und fast 15 500 am 23. Juni 1943 im Lager registriert.

1943 wurde ein Krematorium auf dem Lagergelände in Betrieb genommen. Hier wurden die Leichen der an Krankheiten und Altersschwäche im Lager verstorbenen Gefangenen verbrannt. Insgesamt sind 751 Menschen im Lager Westerbork gestorben. Hinzu kamen die Leichen von Angehörigen des Widerstands, die in der Nähe des Lagers hingerichtet und ebenfalls im Lager kremiert wurden.

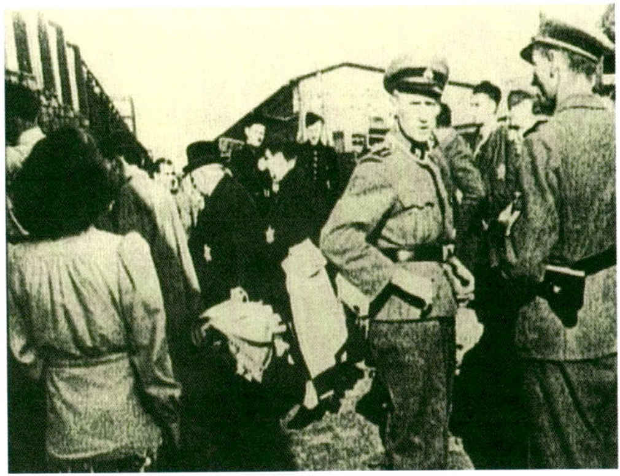

JDL Westerbork, jüdische Gefangene werden unter Aufsicht der SS mit der Bahn deportiert.
(Fotokopie: Herinneringscentrum Kamp Westerbork)

1943/1944 entstanden verschiedene Werkstätten, in denen die Gefangenen bis zu ihrer Deportation arbeiten mußten, u. a. eine Schneiderei, eine Linoleumfabrik und die „Lagerindustrie“, in der Flugzeuge, Apparate, Batterien und Kabel zerlegt sowie Metalle, Folien und Abfall für eine Wiederverwertung sortiert wurden.

Im Lager selbst wurde der Anschein der Normalität bewahrt. Es wurde weitestgehend auf die in Konzentrationslagern übliche Terrorherrschaft verzichtet, es gab eine Schule, ein Kranken- und ein Waisenhaus, sportliche Veranstaltungen und sogar ein eigenes Orchester. Statt Kapos und SS gab es in Westerbork mit dem Ordnungsdienst eine eigene jüdische Polizei, wie sie auch von Gettos her bekannt ist.

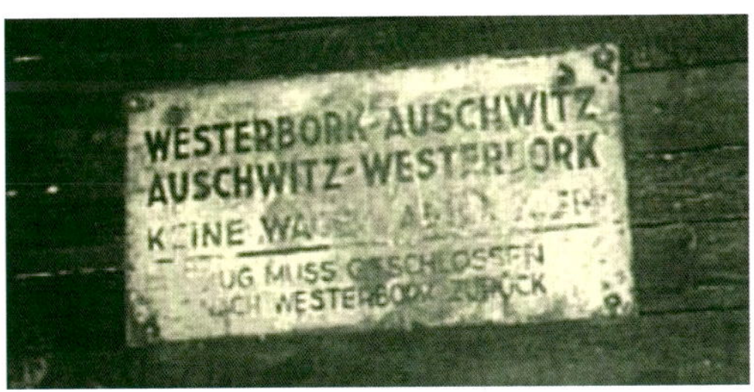

Wagenlaufschild der Deutschen Reichsbahn für den „Pendelverkehr“ zwischen Westerbork und Auschwitz zur Deportation jüdischer Menschen.
(Original: Herinneringscentrum Kamp Westerbork)

Der letzte Transport verließ Westerbork am 13. September 1944 mit 279 Menschen in Richtung Bergen-Belsen. Zehn Tage zuvor hatte auch Anne Frank, die durch ihr Tagebuch weltberühmt und zur Symbolfigur für die Opfer des Holocaust werden sollte, Westerbork auf dem Weg nach Bergen-Belsen verlassen, wo sie Anfang März 1945 an Typhus starb.

Von Juli 1942 bis September 1944 hatten 98 Züge mit über 100 000 Menschen Westerbork verlassen, davon 65 Züge mit 57 800 Menschen nach Auschwitz, 19 Züge mit über 34 300 Menschen nach Sobibór, acht Züge mit über 3700 Menschen nach Bergen-Belsen und sechs Züge mit fast 4500 Menschen nach Theresienstadt. Unter den Opfern befand sich auch eine kleinere Gruppe von 245 Sinti und Roma. Nur

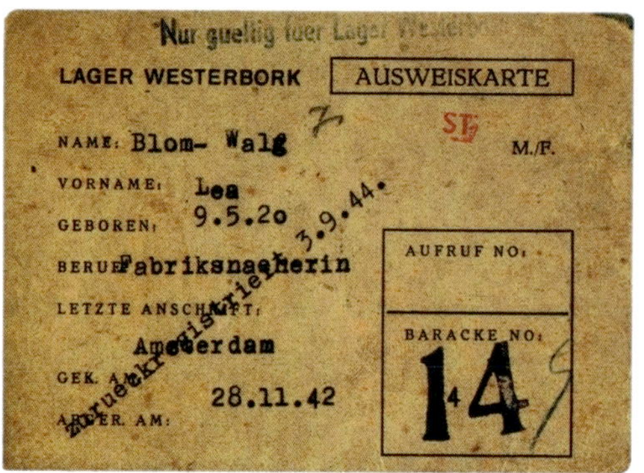

Nur gueltig fuer

LAGER WESTERBORK | AUSWEISKARTE

NAME: Blom- Walg M./F.

VORNAME: Lea

GEBOREN: 9.5.2o

BERUF: Fabriksnaeherin

LETZTE ANSCHRIFT: Amsterdam

GEK. AM: 28.11.42

ABFER. AM:

AUFRUF NO:

BARACKE NO: 14

JDL Westerbork, Ausweiskarte der jüdischen Gefangenen Lea Blom-Walg.

(Original: Yad Vashem)

5000 jüdische Gefangene sollten den Krieg überleben und wieder in ihre Heimat zurückkehren. Nachdem der letzte Transport Westerbork verlassen hatte, blieben noch Hunderte jüdischer Gefangener im Lager zurück. Sie wurden von kanadischen Truppen befreit, die am 12. April 1945 Westerbork erreichten.

Nach dem Krieg wurden in Westerbork ohne Prozeß ehemalige Mitglieder der „Nationaal-Socialistische Beweging in Nederland" (NSB) und sog. Kollaborateure inhaftiert. Danach wurde es Wohnlager für Soldaten aus Niederländisch-Indien und von den Molukken. 1970 wurde es verlassen und danach abgerissen. Seit 1983 informiert ein nahe des ehemaligen Lagers befindliches Erinnerungszentrum an das Durchgangslager Westerbork, das zum Sinnbild für die Vernichtung der niederländischen Juden geworden war.[1]

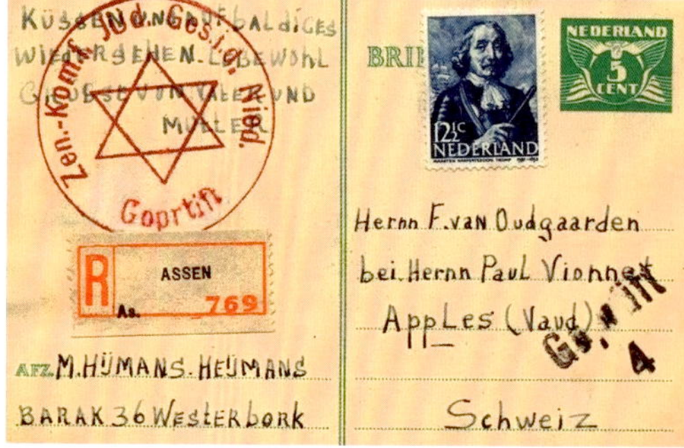

JDL Westerbork, Postkarte jüdischer Eltern an ihre ins Schweizer Exil geflüchteten Kinder.

(Kopie: Tijdmachine, Kees de Brouwer)

Gutscheine des Lagers Westerbork

Die Gutscheine des Lagers Westerbork haben nichts mit der Prämienvorschrift der SS zu tun, auch wenn sie bei Pick/Siemsen unter Prämienscheinen aufgeführt wurden.[2] Es handelt sich vielmehr um Lagergeld, wie es in den anderen niederländischen Lagern (Amersfoort und Herzogenbusch) ebenfalls genutzt wurde und das die Fluchtgefahr durch Einbehaltung des Bargelds reduzieren sollte. Außerdem diente es zur Bezahlung von Arbeitsleistungen an Gefangene des Lagers und zur Abschöpfung von deren regulären Zahlungsmitteln. Bis zu dessen Einführung sollte die Verwendung von Bargeld im Lager üblich gewesen sein, ebenso Geldanweisungen an Gefangene in niederländischer Guldenwährung.

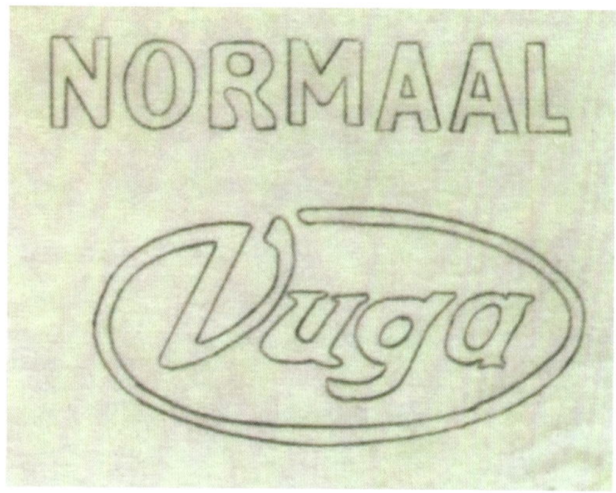

Fabrik-Wasserzeichen Vuga-Normaal.

(Original: Ray Feller)

Der Entwurf für das Lagergeld von Westerbork stammt von dem Gefangenen Werner Löwenhardt. Die Vorderseiten der Scheine zeigen neben der Lagerbezeichnung und dem Nennwert ein Logo mit Zahnrad als Symbol der Arbeit. Auf den Rückseiten findet sich im Unterdruck eine Ansicht des Lagers. Alle Werte wurden in drei Serien (AA, BB und CC) bei der Druckerei Van de Kamp in Groningen hergestellt (Druckereikennung K 1227).[3] Verwendet wurde Papier mit Fabrik-Wasserzeichen „Vuga NORMAAL". Da dieses nicht flächendeckend auf dem Papier vorkam, sind Scheine mit vollständigem, teilweisem oder auch ohne Wasserzeichen bekannt.[4]

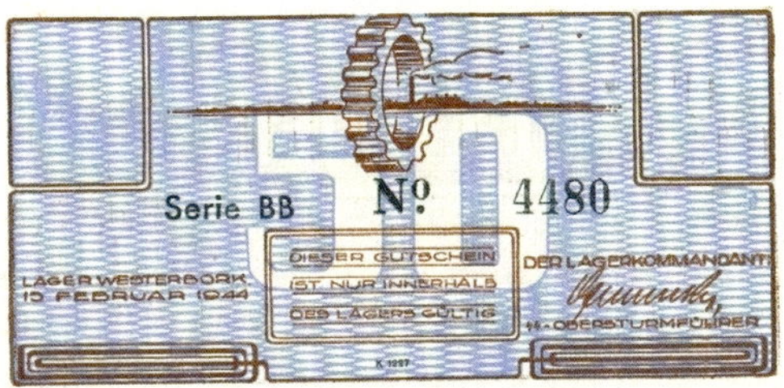

Lager Westerbork, Gutschein über 50 Cent vom 15. Februar 1944.
(Sammlung Wolfgang Haney, Berlin)

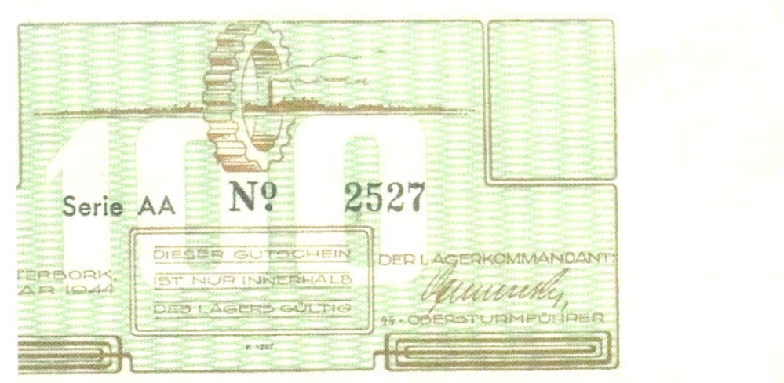

Lager Westerbork, Fehlschnitt eines Gutscheins über 100 Cent. *(Sammlung Thomas van Eck)*

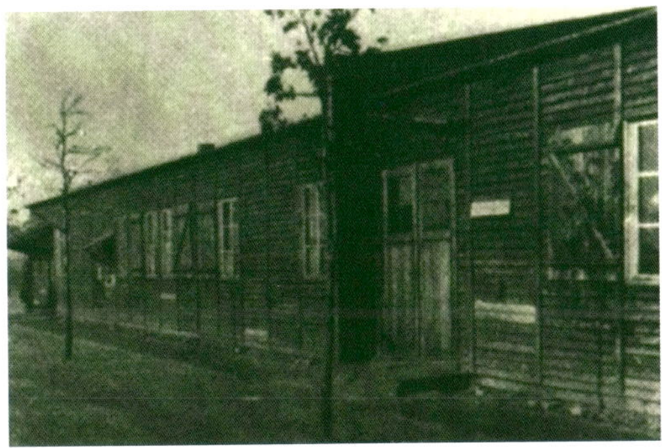

Lager Westerbork, Lagerkantine.
(Fotokopie: Yad Vashem)

Lebensmittelkarten

Wie in den jüdischen Gettos, so gab es auch im „Judendurchgangslager Westerbork" Lebensmittelkarten. Sie wurden wie das Lagergeld von Westerbork in der Druckerei Van de Kamp in Groningen hergestellt. Die Abbildung zeigt eine bereits benutzte Lebensmittelkarte (zwei Abschnitte) aus dem Besitz der ehemaligen jüdischen Gefangenen Lea Blom-Walg.

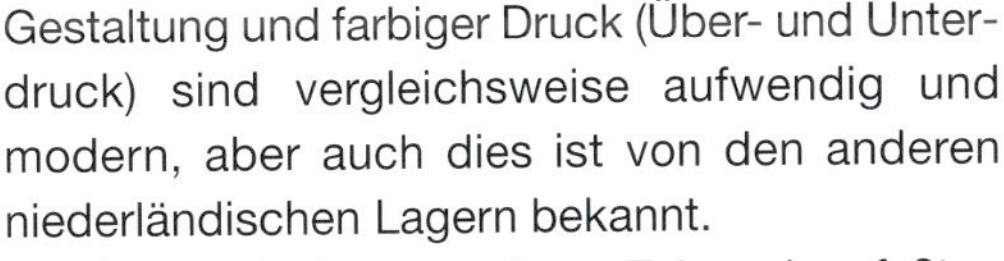

Gestaltung und farbiger Druck (Über- und Unterdruck) sind vergleichsweise aufwendig und modern, aber auch dies ist von den anderen niederländischen Lagern bekannt.

Das Logo mit dem von einem Zahnrad umfaßten Lager mit Schornstein stand für die Aussage des Lagerkommandanten Gemmeker, wonach jüdische Arbeit bedeutend für den deutschen Sieg sei. Wie sich Herr Löwenhardt erinnerte, wurde das Lagergeld zum Einkauf in der Kantine genutzt, so es dort etwas zu kaufen gab. Meist bekam man aber nur Ersatzseife, Kaffee und Rasierklingen, aber keine Lebensmittel.[5]

Vom Westerborker Lagergeld sind einzelne Druckproben und unfertige Scheine sowie Fehldrucke (z. B. mit verschobenem Druck auf der Rückseite) und Fehlschnitte bekannt.

Nach der Befreiung des Lagers haben Häftlinge einige Hundert Serien gebrauchter Scheine mitgenommen. Vor ca. 20 Jahren sind diese dann auf den Sammlermarkt gelangt, weshalb sie heute nicht besonders selten sind.[6]

	F 2	F 3	F 4	F 5	F 6
F 7	F 8	F 9	F 10	F 11	F 12
F 13	F 14	F 15	F 16	F 17	F 18
F 19	K 1227 Name: Blom-Walg, Lea				F 22
F 20	Geb. Datum: 9.5.20				F 23
F 21	Baracke: Bei Verlust kein Ersatz				F 24
F 25	F 31	F 37	F 43	RF 12	RF 6
F 26	F 32	F 38	F 44	RF 11	RF 5
F 27	F 33	F 39	F 45	RF 10	RF 4
F 28	F 34	F 40	RF 15	RF 9	RF 3
F 29	F 35	F 41	RF 14	RF 8	RF 2
	F 36	F 42	RF 13	RF 7	RF 1

JDL Westerbork, Lebensmittelkarte.
(Fotokopie: Yad Vashem)

Anmerkungen:

1) Andreas Pflock, Judendurchgangslager, auf: www.gedenken-in-benelux.de, sowie: KZ Westerbork, auf: www.wikipedia.de.
2) Albert Pick/Carl Siemsen, Westerbork, in: Das Lagergeld der Konzentrationslager und D.P.-Lager 1933 – 1947, S. 51 – 52.
3) Alphons Toele/Hans Jacobi, Westerbork, in: Het Notgeld van Nederland in de Tweede Wereldoorlog 1940 – 1945, S. 331.
4) Ray Feller/Steve Feller, Westerbork, in: Silent Witnesses: Civilian Camp Money of World War II, S. 58.
5) Ebenda.
6) Siehe Anmerkung 3).

Gutscheine des JDL Westerbork

1.17.1 Lager Westerbork

Ausgehend von den stets 4stelligen Kontrollnummern und den drei ausgegebenen Serien je Nominal (AA, BB, CC) sollte die Auflage insgesamt 30 000 Stück je Nennwert betragen haben. Anders als Prämienscheine waren die Gutscheine nicht zur Verrechnung bestimmt, sondern sie liefen wie Geld im Lager um.

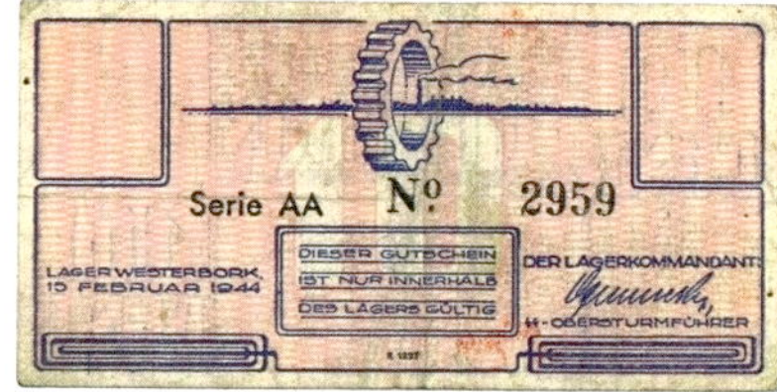

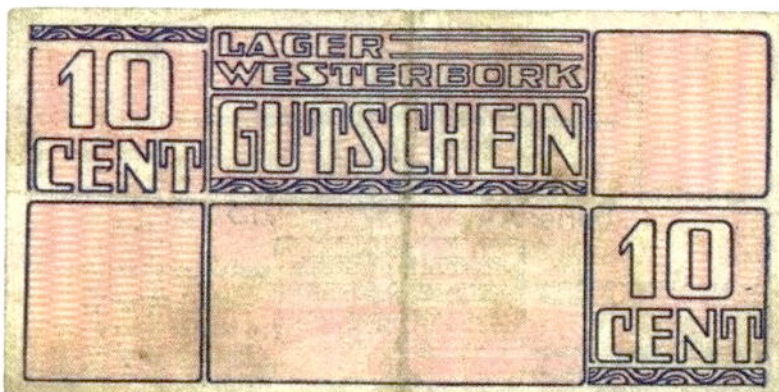

(We1, Sammlung Wolfgang Haney, Berlin)

We 1 **10 Cent**
PS 168 Vs: Blau auf Rosa, Zahnrad mit Lagerlandschaft
Rs: Blau auf Rosa, Lageransicht im Unterdruck

Entwurf:	Werner Löwenhardt	Format:	ca. 106 mm x 52 mm
Umlauf bis:	April 1945	Wz:	Papier weiß, mit Fabrik-Wz
Druck:	Van de Kamp (K 1227)	KN:	4stellig

Datum	Auflage		
10.2.1944	(30 000)?	**Serien:** AA, BB, CC	50,–
		P) Druckprobe in abweichenden Farben (Dunkelblau auf Orangebraun) und mit dunkelblauer statt schwarzer Serie und Kontrollnummer	RRR

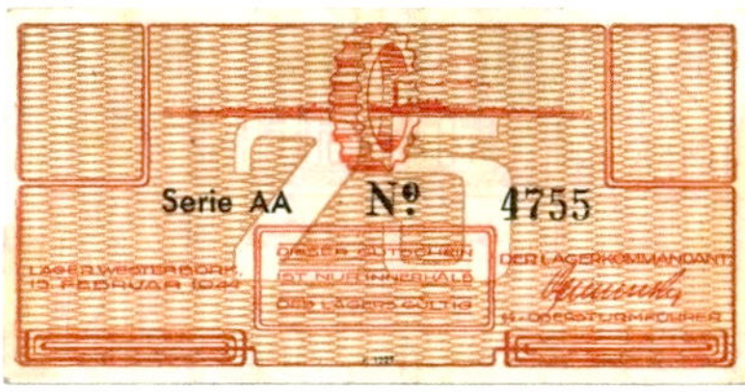

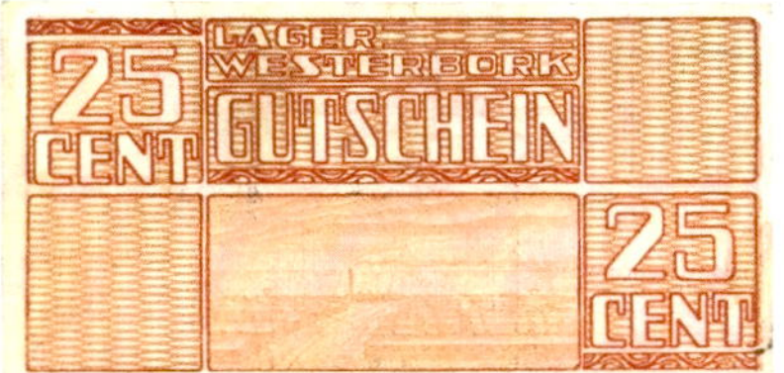

(We2, Sammlung Wolfgang Haney, Berlin)

We 2 **25 Cent**
PS 169 Vs: Rot auf Braun, Zahnrad mit Lagerlandschaft
Rs: Rot auf Braun, Lageransicht im Unterdruck

Entwurf:	Werner Löwenhardt	Format:	ca. 106 mm x 52 mm
Umlauf bis:	April 1945	Wz:	Papier weiß, mit Fabrik-Wz
Druck:	Van de Kamp (K 1227)	KN:	4stellig

Datum	**Auflage**		
10.2.1944	(30 000)?	**Serien:** AA, BB, CC	50,–

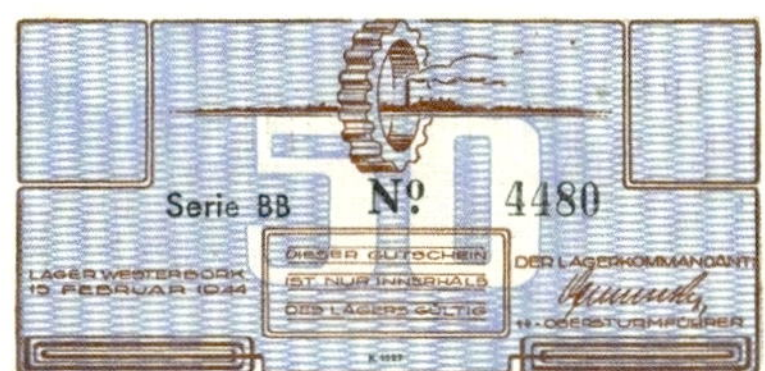

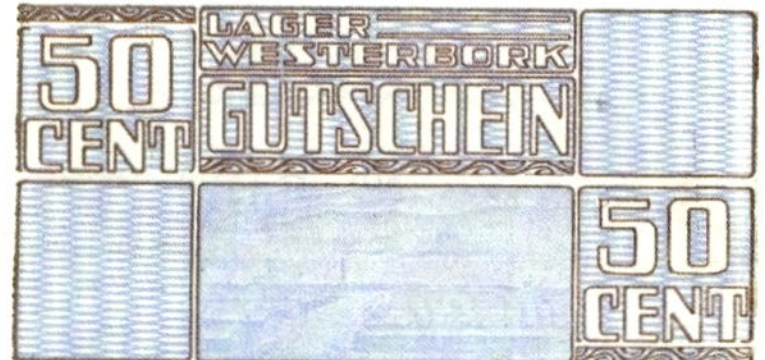

(We3, Sammlung Wolfgang Haney, Berlin)

We 3 **50 Cent**
PS 170 Vs: Braun auf Hellblau, Zahnrad mit Lagerlandschaft
Rs: Braun auf Hellblau, Lageransicht im Unterdruck

Entwurf:	Werner Löwenhardt	Format:	ca. 106 mm x 52 mm
Umlauf bis:	April 1945	Wz:	Papier weiß, mit Fabrik-Wz
Druck:	Van de Kamp (K 1227)	KN:	4stellig

Datum	**Auflage**		
10.2.1944	(30 000)?	**Serien:** AA, BB, CC	50,–

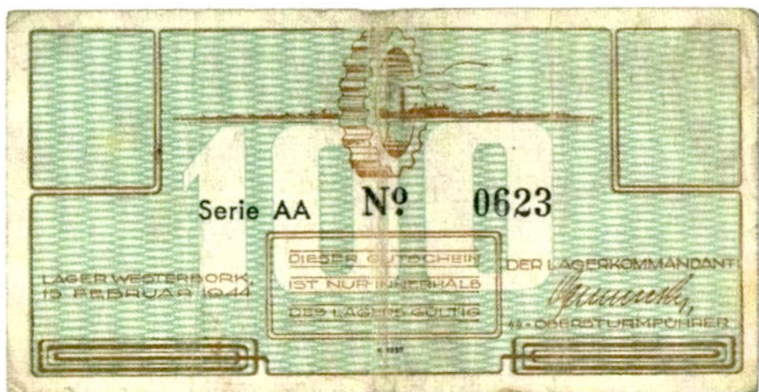

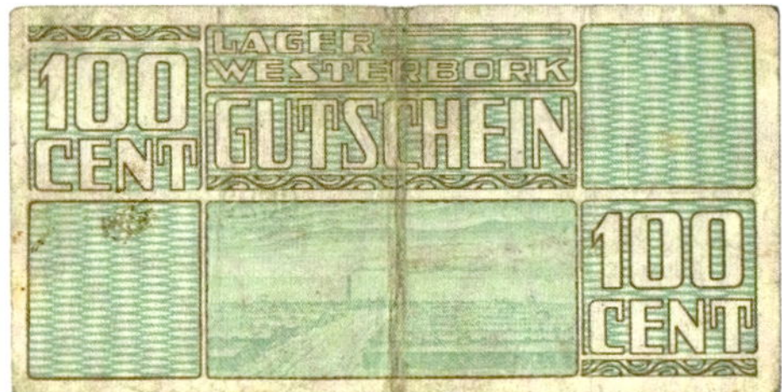

(We4, Sammlung Wolfgang Haney, Berlin)

We 4 **100 Cent**
PS 171 Vs: Braun auf Hellgrün, Zahnrad mit Lagerlandschaft
Rs: Braun auf Hellgrün, Lageransicht im Unterdruck

Entwurf:	Werner Löwenhardt	Format:	ca. 124 mm x 62 mm
Umlauf bis:	April 1945	Wz:	Papier weiß, mit Fabrik-Wz
Druck:	Van de Kamp (K 1227)	KN:	4stellig

Datum	**Auflage**		
10.2.1944	(30 000)?	**Serien:** AA, BB, CC	50,–

2. Geld und Geldersatz in jüdischen Gettos 1933 – 1945

Zur Geschichte des Antisemitismus

Wenn man sich mit der Geschichte jüdischer Gettos und der damit im Zusammenhang stehenden Judenverfolgung und -vernichtung im „Dritten Reich" und dessen Einflußsphäre – dem Holocaust – beschäftigt, so kommt man um eine – wenn auch nur kurze – historische Betrachtung der Judenfeindlichkeit, die bereits seit rund 2500 Jahren bekannt ist und besonders die europäische Geschichte begleitet, nicht umhin.

In der Antike war es der Monotheismus der Juden, ihr Glauben an nur einen Gott als Schöpfer der Welt, und ihre daraus resultierende Verweigerung, andere Götter anzunehmen, der sie – umgeben von aufstrebenden Großreichen von Ägypten bis Rom, welche allesamt zahlreiche Götter anbeteten (darunter auch die eroberter Völker), und oft sogar ihre Könige als Götter verehrten – zu „Feinden des Menschengeschlechts" (Tacitus) machte. Schon Antiochos IV., der um 170 v. Chr. den Zeus-Kult in Israel einführen wollte und dabei auf Widerstand stieß, versuchte die Religion und Identität des Volkes Israel auszulöschen. Unter den Römern, die die jüdische Religion anfangs duldeten, endete der Jüdische Krieg im Jahr 70 n. Chr. mit der Zerstörung des zweiten Tempels von Jerusalem. Im Jahr 135 verboten die Römer schließlich die Ansiedlung von Juden in Jerusalem und beendeten die jüdische Teilautonomie in Palästina.

Im Mittelalter war es der den Juden vorgeworfene „Christusmord", der zur Grundlage eines Antijudaismus wurde und im Neuen Testament seine Begründungen für die „Enterbung" des Volks Gottes zugunsten der Institution Kirche fand. Es folgte eine systematische Verfolgung der Juden im Namen der Kirche, die das in den heidnischen Ländern übernommene Christentum zur Staatsreligion mit eigenem Herrschaftsanspruch erklärt hatte. Nach erfolglosen Missionsversuchen wurden Juden schließlich schon im Mittelalter in Gettos gedrängt und zum Inbegriff des Bösen diffamiert. In Spanien sorgte 1492 die Inquisition der katholischen Kirche für Vertreibung und Zwangstaufen sowie für einen frühen rassisch begründeten Judenhaß. Danach galten der Inquisition lediglich Christen, die der Reinheit des Blutes (ein vom Großinquisitor Tomás de Torquemada geprägter Begriff) entsprachen, als unverdächtig. Aber auch in anderen Ländern Europas wurden Juden als „Mörder des Heilands" verfolgt, wenn auch noch nicht auf rassischer Grundlage wie in Spanien.

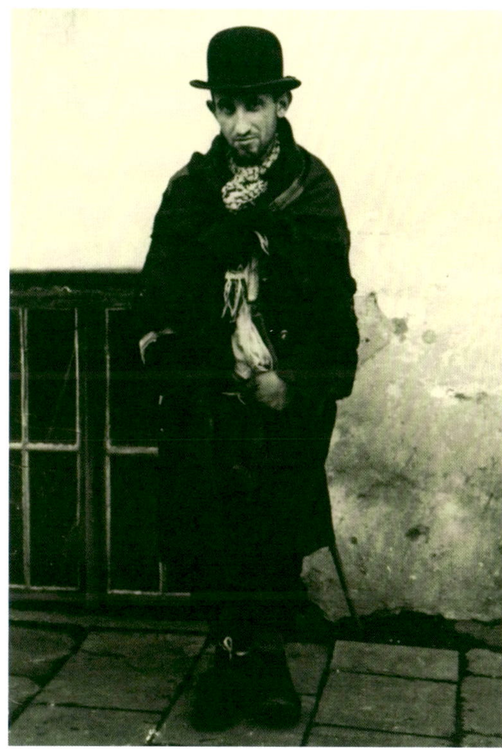

Aufnahme eines Gettobewohners, mißbraucht als stereotypes Abbild der „Jüdischen Rasse".
(Sammlung Wolfgang Haney, Berlin)

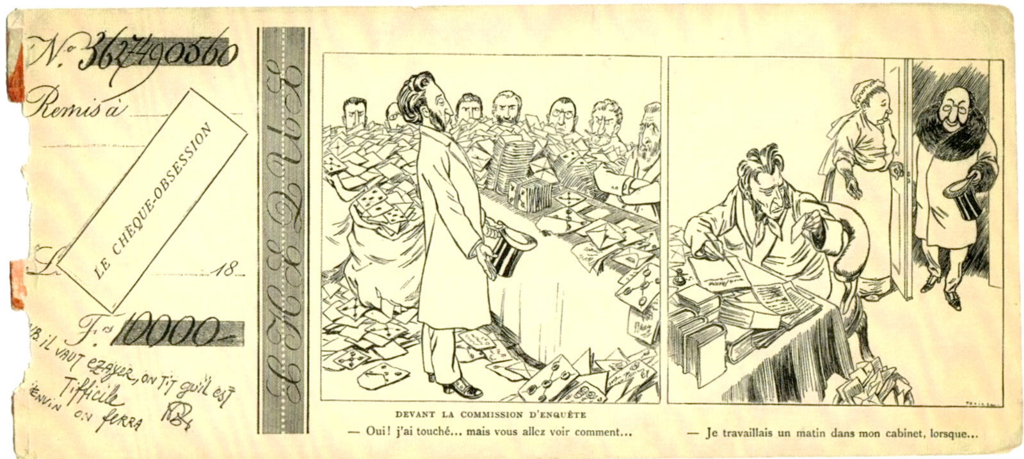

Französische, antijüdische Propaganda in Form eines Wechsels aus dem 19. Jahrhundert.
(Sammlung Wolfgang Haney, Berlin)

Im Zusammenhang von Armut, Not, Kriegen, Kreuzzügen und Pest führte der Antijudaismus nicht selten zu Pogromen an Juden, die man für alles Leid verantwortlich machte. Selbst der weltberühmte Reformator und Übersetzer der Bibel ins Deutsche, Martin Luther, empfahl 1543 in seiner Schrift „Von den jüden und iren lügen" Arbeitszwang, Religionsverbot und sogar deren Ausweisung. Eine Auffassung, die europäische Geschichte noch lange Zeit prägen sollte.

Als nach der Französischen Revolution von 1789 in ganz Europa nationalstaatliche Bestrebungen einsetzten, begann eine zögerliche rechtliche Emanzipation der europäischen Juden. Gleichzeitig fällt in diese Zeit aber auch der Beginn eines völkisch begründeten Judenhasses, den man als Frühantisemitismus bezeichnet.

Besonders die seit Jahrhunderten von Juden betriebenen Kredit- und Wechselgeschäfte boten immer wieder Anlaß für judenfeindliche Propaganda und Zündstoff für den Volkszorn. Dies verstärkte sich noch, als mit der Ausweitung des Bankwesens der jüdische Einfluß in der Finanzwelt und damit auf die wirtschaftliche und politische Entwicklung in den Zeiten der industriellen Revolution stieg.

Als um 1860 der Rassismus aufkam, entwickelte sich aus dem Judenhaß ein rassisch begründeter Antisemitismus in ganz Europa.

Bereits 1897 hatte der deutsche Jude Theodor Herzl auf dem von ihm einberufenen ersten Zionistischen Weltkongreß in Basel das Ziel formuliert, eine „Heimstätte des jüdischen Volkes" in Palästina zu schaffen, das damals Teil des Osmanischen Reichs war. Nur zwei Jahre später gründete er in London eine Gesellschaft für jüdische Kolonisation, die über den Ankauf von Land Platz für jüdische Siedlungen schaffen sollte. 1898 lebten nur etwa 4300 Juden in Palästina, bis 1903 stieg deren Zahl auf rund 5200 an. Ziel der Kolonisation war die Rückgewinnung des „Heiligen Landes" für das „Volk Gottes".

Etwa zur selben Zeit erschienen in vielen Ländern die umstrittenen und heute noch im arabi-

Antisemitische Postkarte mit „Ehren-Diplom für Halsabschneider und Wucherseelen" aus dem Jahr 1898.
(Sammlung Wolfgang Haney, Berlin)

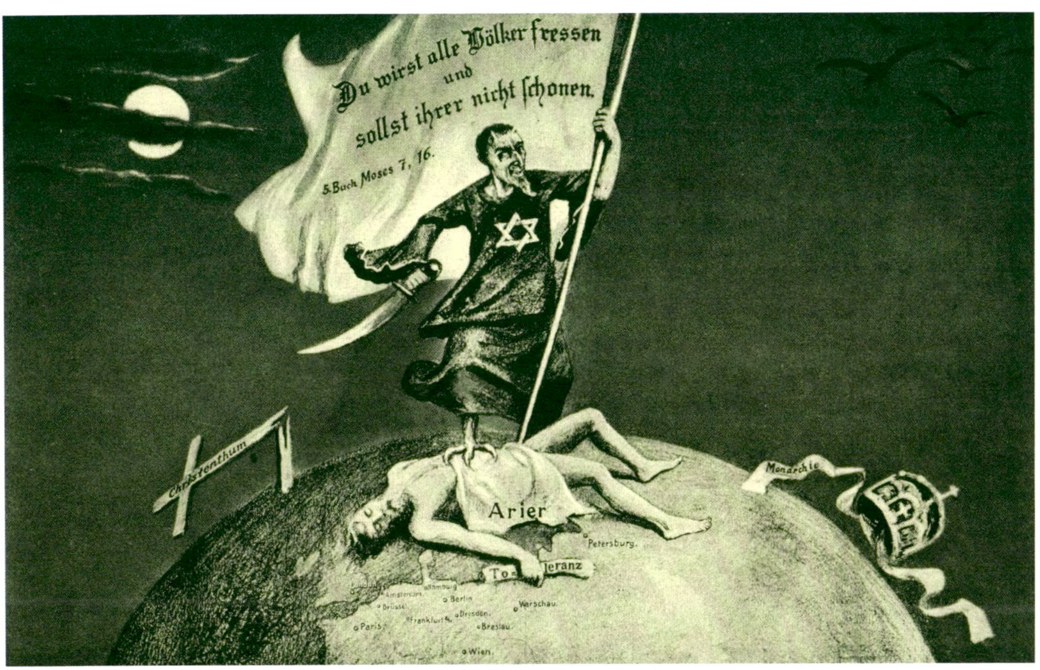

Antisemitische Postkarte mit dem Titel „Der Weltboxer – Ein Zukunftsbild aus dem Jahre 1901".
(Sammlung Wolfgang Haney, Berlin)

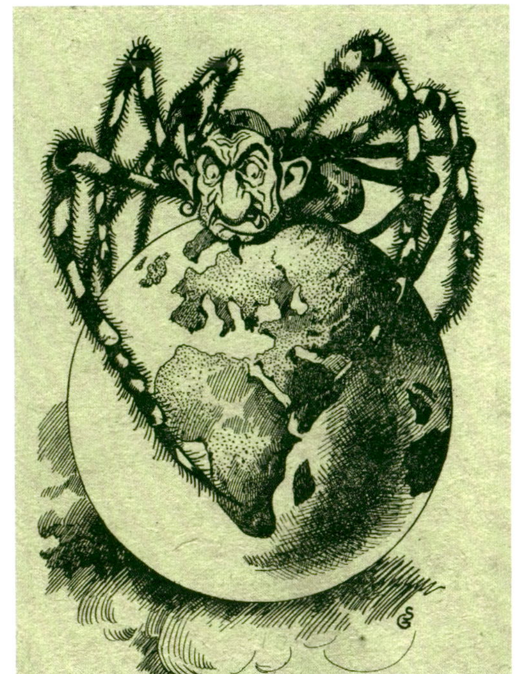

Antisemitische Karikatur aus Frankreich zu einer angeblichen „jüdischen Weltverschwörung".
(Sammlung Wolfgang Haney, Berlin)

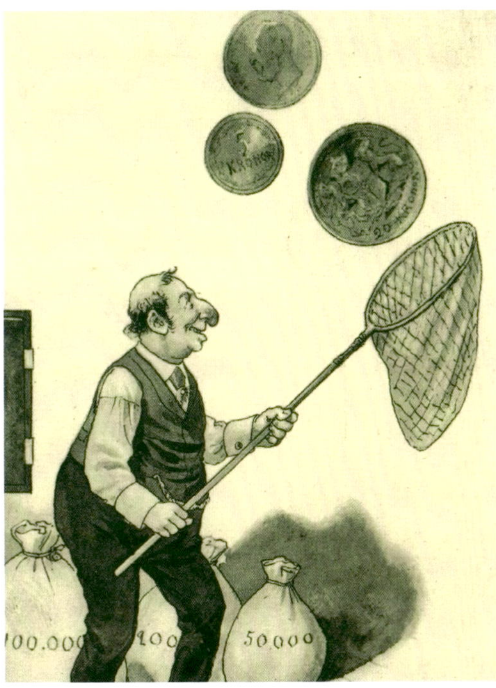

Antisemitische Karikatur aus Schweden zum jüdischen Einfluß auf den Finanzmarkt..
(Sammlung Wolfgang Haney, Berlin)

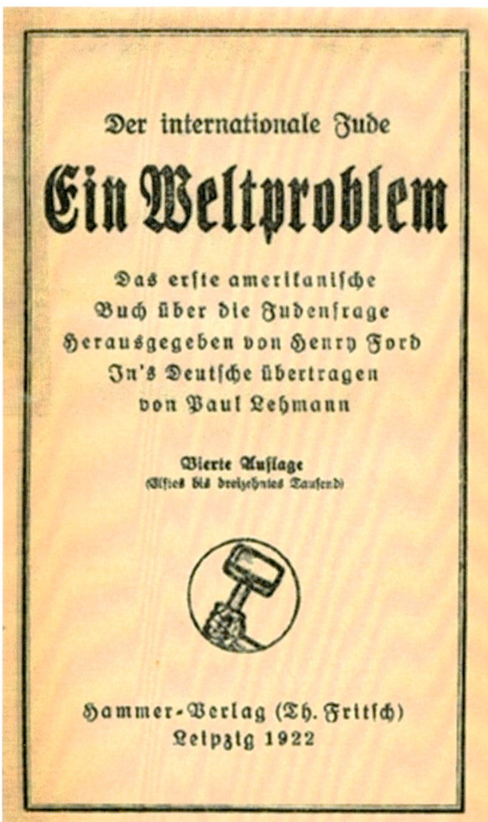

Der internationale Jude

Ein Weltproblem

Das erste amerikanische Buch über die Judenfrage

Herausgegeben von Henry Ford

In's Deutsche übertragen von Paul Lehmann

Vierte Auflage

(Elftes bis dreizehntes Tausend)

Hammer-Verlag (Th. Fritsch) Leipzig 1922

Titel von Henry Fords Buch „Der internationale Jude – Ein Weltproblem" in der deutschen Ausgabe von 1922.
(Sammlung Alexander Buschorn)

schen Raum weit verbreiteten „Protokolle der Weisen von Zion", die zur Grundlage für jüdische „Weltverschwörungstheorien" wurden und zu Antisemitismus und Judenverfolgung in ganz Europa und darüber hinaus führten. Besonders in Frankreich, in Rußland, im jungen deutschen Kaiserreich und in Österreich-Ungarn entstand eine Ideologie zur Bekämpfung, Vertreibung und Vernichtung aller Semiten – womit man die Juden meinte. Noch vor dem Ersten Weltkrieg führte dies zu einer ersten großen jüdischen Auswanderungswelle nach Palästina.

Nach dem Krieg verstärkte sich der Antisemitismus noch. Überall erschienen nun Schriften gegen das Judentum. In den USA veröffentlichte der Industriegigant Henry Ford ab 1919 im eigenen Verlag antisemitische Artikel, darunter auch über die „Protokolle der Weisen von Zion", bei denen es sich um Fälschungen des zaristischen Geheimdienstes handeln soll. Ford veröffentlichte die Artikel dann Anfang der 1920er Jahre in dem vierbändigen Werk „Der internationale Jude – Ein Weltproblem". Dieses Werk vertrat nicht nur die Weltverschwörungstheorie, wonach das Weltjudentum durch einen geheimbündlerischen Komplott dank ihrer Macht in Hochfinanz und Wirtschaft die Weltherrschaft erreichen wollte. Es übte auch entscheidenden Einfluß auf das Werden und die Ziele des deutschen Nationalsozialismus aus. Wie der ehemalige Reichsjugendführer Baldur von Schirach am 23. Mai 1946 in einer Aussage vor dem Gerichtshof in Nürnberg bekräftigte: *„Das ausschlaggebende antisemitische Buch, das ich damals las und das Buch, das meine Kameraden beeinflußte ... war das Buch von Henry Ford ‚Der internationale Jude'. Ich las es und wurde Antisemit. Dieses Buch hat damals auf mich und meine Freunde einen so großen Eindruck gemacht, weil wir in Henry Ford den Repräsentanten des Erfolgs, den Repräsentanten aber auch einer fortschrittlichen Sozialpolitik sahen."*[1)]

Nicht nur Baldur von Schirach war von der jüdischen Weltverschwörungstheorie überzeugt, auch Hitler bezog sich in seinem Buch „Mein Kampf" wiederholt auf die Protokolle der Weisen von Zion und in dessen amerikanischer Ausgabe wurden sogar Teile der Artikel aus Fords Buch übernommen. Schließlich stellte Heinrich Himmler in einem Brief von 1924 zu Henry Ford fest, er sei *„einer der wertvollsten, gewichtigsten und geistreichsten Vorkämpfer"*.[2)]

Der Antisemitismus war zu jener Zeit allgegenwärtig und längst kein deutsches Phänomen. Hitler hatte Jahre seiner Jugend in Wien verbracht, einem Schmelztiegel der Völker und Rassen, den er genau dafür haßte und der seinen ganz persönlichen Antisemitismus stärkte. Schon 1920 gab der österreichische „Schutzverein Antisemitenbund" Spendenscheine aus, auf denen nicht nur das Hakenkreuz als Symbol einer antijüdischen Bewegung verwendet wurde, sondern auch die Verbrennung von Zeitun-

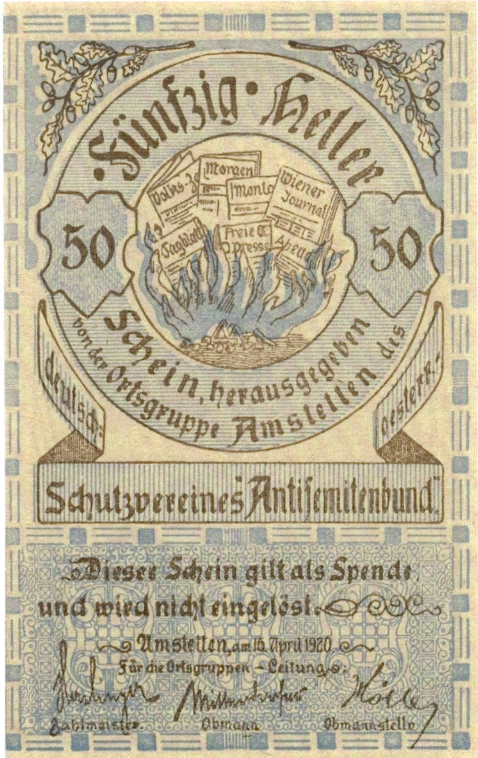

Schutzverein Anitsemitenbund, Spendenschein über 50 Heller vom 16. April 1920 (Oben: Vs mit Zeitschriftenverbrennung, Unten: Rs mit Hakenkreuz).
(Sammlung des Autors)

gen dargestellt ist, die die spätere Bücherverbrennung nach der Machtergreifung der Nationalsozialisten vorweg nahm. Die Darstellung richtete sich gegen den jüdischen Einfluß in den Medien, über die das Meinungsbild einer Gesellschaft entscheidend geprägt werden kann. Auf der Rückseite wird aufgerufen: „*Deutsche aller Parteirichtungen welche ihr Volk lieben u. die demselben drohende Gefahr des Judentums erkannt haben u. diese bekämpfen wollen, treten*

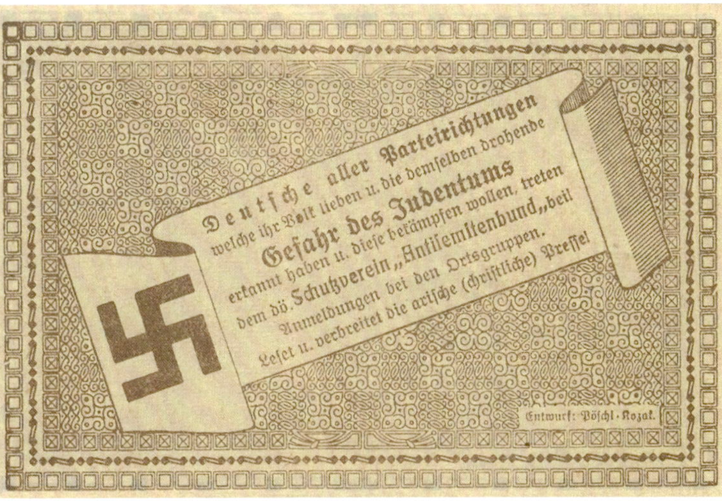

dem dö. (deutschösterreichischen) *Schutzverein ‚Antisemitenbund' bei!*"

Die Auswirkungen der Inflation in Deutschland, die nicht zuletzt den immensen Reparationsforderungen von Versailles geschuldet war, hinter denen man aber auch jüdische Interessen vermutete und die Millionen Menschen in die Armut führte, förderten den Antisemitismus genauso, wie Börsenkrache aller Art und schließlich die große Weltwirtschaftskrise ab 1929, von der angeblich nur jüdische Spekulanten und Bankiers profitierten, die aber allein in Deutschland ein Millionenheer von Arbeitslosen schuf, aus dem sich immer mehr Anhänger des Nationalsozialismus formierten.

Eine wahre Flut von antisemitischen Postkarten, Vignetten, Aufdrucken und Flugblättern ging um die Welt. Selbst aus Brasilien sind Postkarten mit antisemitischen Darstellungen bekannt, obwohl das Land kaum jüdische Einwohner hatte. In Deutschland benutzte man ungültig gewordene Geldscheine aus der Zeit der großen Inflation, um sie mit antijüdischen Überdrucken zu versehen. Besonders politisch rechte Parteien und Gruppierungen, wie der Völkisch-Soziale Block und die Nationalsozialisten bedienten sich derartiger Propagandamittel, die die Menschen zum einen an die Inflation erinnern sollten und zum anderen die Schuld dafür den Juden zuwiesen und den Judenhaß schürten. Allein die Themen der antisemitischen Postkarten aus

aller Welt und der Propaganda-Überdrucke auf Geldscheinen sind so umfangreich, daß man ihnen eigene Veröffentlichungen widmen könnte. Dabei spielten ungültige Geldscheine mit Überdrucken oder geldscheinähnliche Propagandadrucke als Träger politischer Botschaften besonders im Wahlkampf eine große Rolle, da sich die Menschen erfahrungsgemäß eher nach vermeintlichem Geld bücken, als nach einem unscheinbaren Flugblatt. Bis in die Gegenwart hinein werden deshalb „Propaganda-Geldscheine" von den unterschiedlichsten politischen Strömungen genutzt. Im Zweiten Weltkrieg warf man sogar geldscheinähnliche „Überläufer-Ausweise" über gegnerischen Stellungen ab, um die Soldaten zur Aufgabe zu bewegen.
Die turbulente Epoche der „Weimarer Republik" war geprägt von der offenen politischen Auseinandersetzung zwischen den damals bestimmenden revolutionären Hauptströmungen des Kommunismus (Sowjet-Bolschewismus), der seine imperialistischen Ziele unter dem Deckmantel „Proletarier aller Länder vereinigt euch"

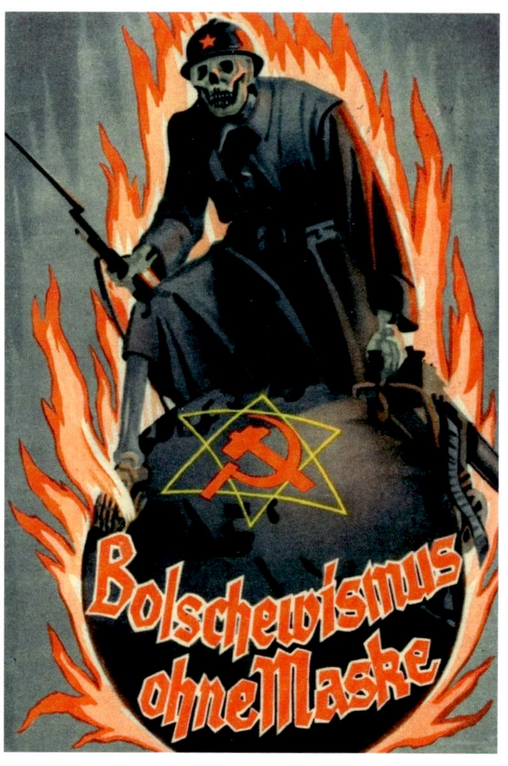

Antisemitische Postkarte zum „jüdischen Bolschewismus".
(Sammlung Wolfgang Haney, Berlin)

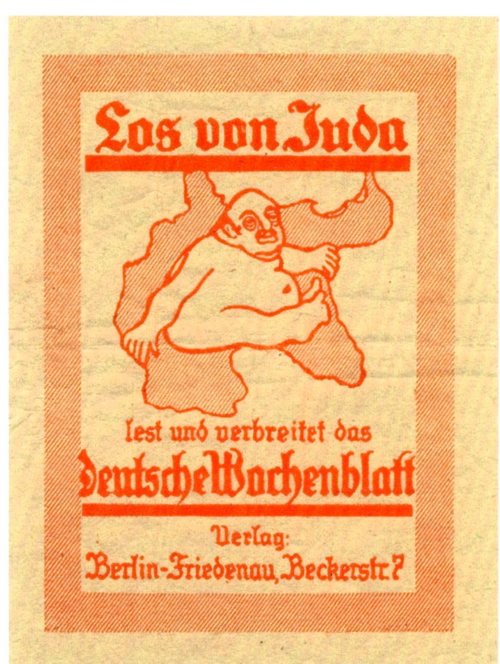

Antisemitische Vignette des „Deutschen Wochenblatts" mit dem Titel „Los von Juda".
(Sammlung Wolfgang Haney, Berlin)

verbarg, und dem noch jungen Faschismus (Nationalsozialismus), dessen soziale Ziele garnicht weit von denen der Kommunisten entfernt waren, weshalb er auch viele Anhänger aus der Arbeiterschaft gewinnen konnte. Allerdings war jener von starkem Nationalismus geprägt, was seinerseits zu Imperialismus führte. Nationalsozialistische Propaganda nutzte deshalb auch das Bild des „internationalen Juden" (basierend auf Henry Ford), um etwa den „Bolschewismus" als jüdisch durchsetzte Weltverschwörung darzustellen, gegen die nur der Nationalsozialismus ein Bollwerk zur Rettung der Nationen sein konnte. Nationalsozialistische Bewegungen gab es in dieser Zeit, wie kommunistische auch, nicht nur in Deutschland, Italien und Österreich, sondern in zahlreichen Ländern Europas und sogar in den USA. Die Darstellung sog. Sowjet- oder Ost-Juden und deren Verbrechen, wie im Falle der abgebildeten Propagandascheine zu Bela Kun und Radeck,

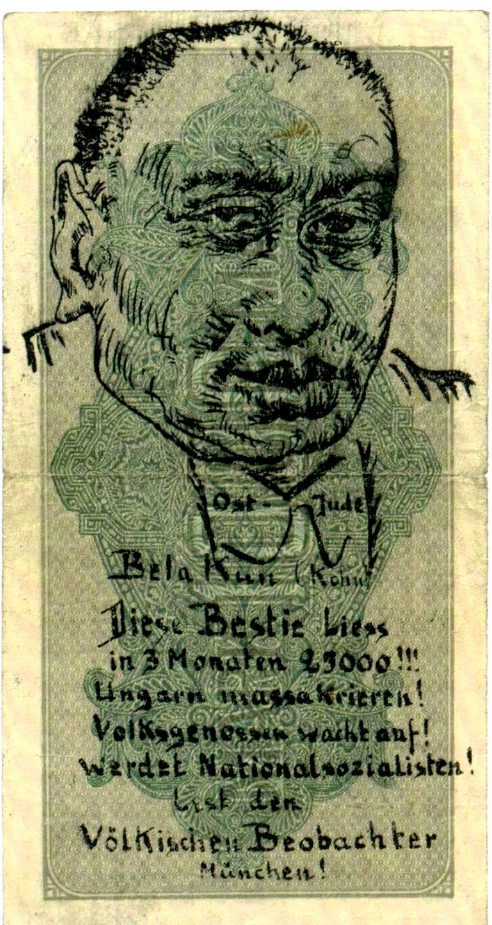

Antisemitischer Überdruck des Völkischen Beobachters auf einem 1000-Mark-Schein der Inflation zum „Ost-Juden" Bela Kun.
(Sammlung Wolfgang Haney, Berlin)

waren ein beliebtes Kampfmittel des nationalsozialistisch geprägten Antisemitismus und Antibolschewismus. Damit zeichneten sich die zwei wesentlichen Katastrophen, die durch den Nationalsozialismus ausgelöst werden sollten, der Holocaust und der fast unvermeidbar scheinende Krieg zwischen den Diktatoren Hitler und Stalin bereits im Vorfeld ab.

Schon ab 1925 mehrten sich schließlich Gewalttaten von SA-Trupps gegen jüdische Bürger und deren Einrichtungen, Geschäfte und Wohnungen.

Antisemitismus in Deutschland bis 1939

Nach der sog. Machtergreifung der Nationalsozialisten am 30. Januar 1933 wurde deren Antisemitismus quasi zur Staatsdoktrin erhoben. Bereits im Frühjahr 1933 setzte eine gezielte Diskriminierung und Ausgrenzung der deutschen Juden ein. Juden, die im öffentlichen Dienst beschäftigt waren, verloren ihre Arbeit.

Im Rahmen des 25-Punkte-Programms der NSDAP zur Verdrängung des Judentums aus der deutschen Wirtschaft, das schon 1920 beschlossen worden war, wurde am 1. April 1933 überall im Deutschen Reich zum Boykott jüdischer Firmen, Geschäfte, Arzt- und Anwaltspraxen aufgerufen. Begründet wurde dies mit einem angeblich durch das Weltjudentum veranlaßten Boykott deutscher Waren im Ausland. Nach dem „Judenboykott" mußten auch viele jüdische Freiberufler, wie Rechtsanwälte, Ärzte und Apo-

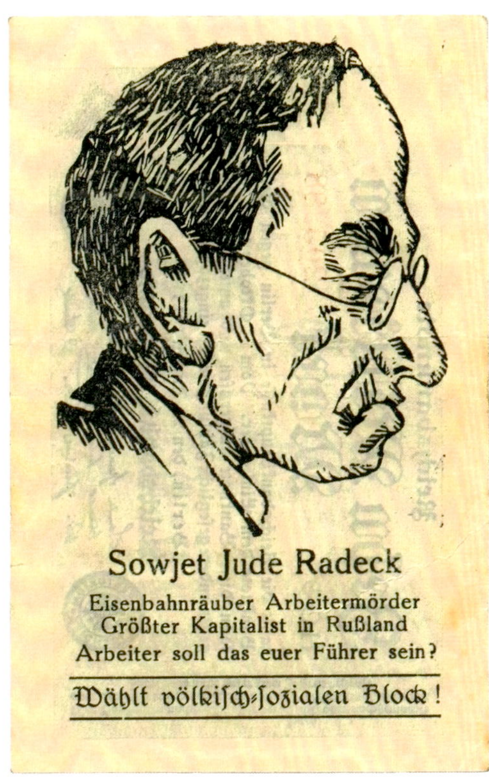

Antisemitischer Aufdruck des Völkisch-Sozialen Blocks auf der Rückseite einer Inflationsnote zu 10 Mio. Mark zum „Sowjet Juden Radeck".
(Sammlung Wolfgang Haney, Berlin)

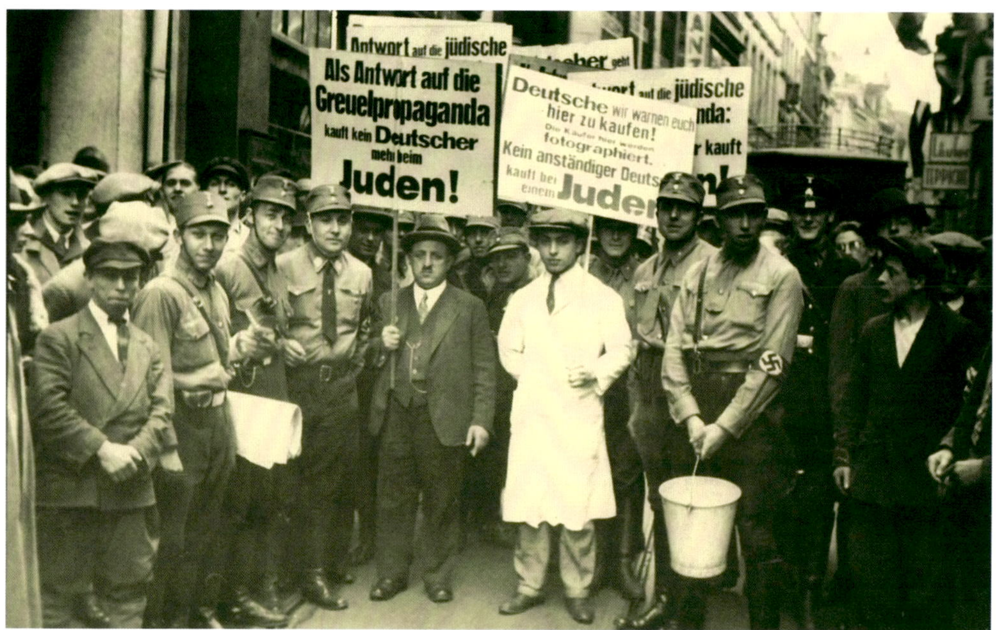

Überall in Deutschland begann am 1. April 1933 der Boykott jüdischer Geschäfte.
(Sammlung Wolfgang Haney, Berlin)

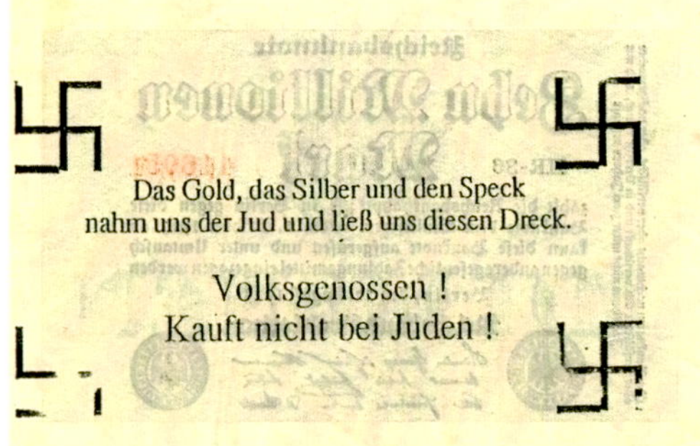

Propaganda-Aufdruck zum „Judenboykott" 1933 auf einer Banknote der Inflation. (Sammlung Wolfgang Haney, Berlin)

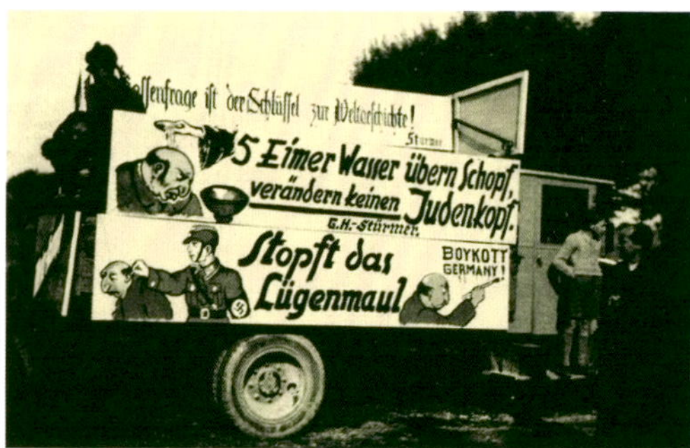

Boykott-Aufruf mittels LKW in Regensburg.
(Sammlung Wolfgang Haney, Berlin)

theker ihre Tätigkeit aufgeben, und im Ausland mehrten sich die kritischen Stimmen gegenüber den neuen deutschen Machthabern.

Wie schon in Zeiten der Weimarer Republik, so verwendete man zum „Judenboykott" vom April 1933 erneut auch Banknoten aus der Inflationszeit, um sie mit antisemitischen Überdrucken und gezielten Boykott-Aufrufen zu versehen (siehe Abbildungen). So gesehen, zählen auch die zu antisemitischer Propaganda mißbrauchten Reichsbanknoten der Inflation zum „Geld des Terrors". 1933 verließen allein 37 000 Juden Deutschland.

Am 17. August 1935 ordnete die Gestapo die Einrichtung einer reichsweiten „Judenkartei" an, und im Monat darauf legalisierten die Nürnberger Rassegesetze die staatlich forcierte Rassentrennung. 1937 forderte Himmler erstmals öffentlich die „Entjudung Deutschlands", die u. a. durch Zwangsenteignung und Mobilisierung des „Volkszorns" mit Ausschreitungen erreicht werden sollte.[3)]

Nachdem der damalige Reichsbankpräsident Hjalmar Schacht mehrfach gegen den Boykott protestiert hatte, weil dieser sowohl den Handel als auch die Preis- und Währungsstabilität gefährdete, wurde er am 27. November 1937 abgelöst.[4)]

Mit dem Anschluß Österreichs vom März 1938, der durch die Volksbefragungen vom 10. April 1938 sanktioniert wurde, kamen zu den noch etwa 350 000 „Reichsjuden" rund 192 000 österreichische Juden hinzu. Besonders in Wien, das einen jüdischen Bevölkerungsanteil von 9% hatte, kam es zu wochenlangen Ausschreitungen. NSDAP-Mitglieder übernahmen „kommissarisch" die Leitung jüdischer Geschäfte und Betriebe. Reichskommissar Josef Bürckel stoppte die „wilden" Enteignungen, indem er die neuen „Geschäftsführer" am 13. April 1938 durch Gesetz auch zu Eigentümern der vormals jüdischen Firmen machte.[5)] Im gesamten Reich waren nun die Schaufenster jüdischer Geschäfte mit dem Davidstern oder mit „Jude" zu kennzeichnen.

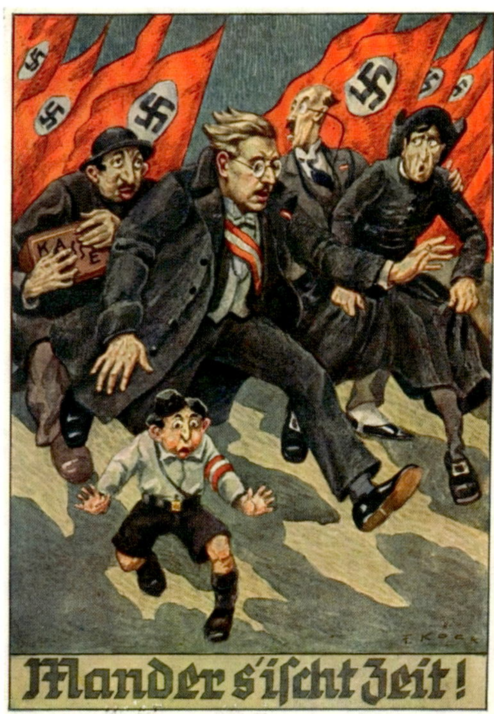

Propaganda-Postkarte zur Flucht österreichischer Juden.
(Sammlung Wolfgang Haney, Berlin)

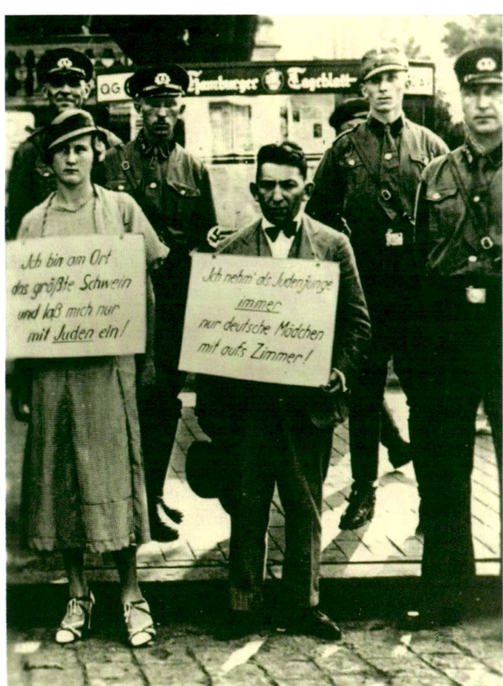

„Rassenschande", Foto mit Unterschrift: „Diese Beiden wurden im Sommer 1935 aus einem Hamburger Hotel herausgeholt und herumgeführt.
(Sammlung Wolfgang Haney, Berlin)

Zu Beginn des Jahres 1938 hatte das Haushaltsdefizit des Deutschen Reichs bei 2 Milliarden Reichsmark gelegen, die Schuldenaufnahme war an ihre Grenzen gestoßen und im Finanzministerium befürchtete man gar die Zahlungsunfähigkeit. Demgegenüber schätzte man das jüdische Gesamtvermögen im „Großdeutschen Reich" auf 8,5 Milliarden Reichsmark, davon allein 4,8 Milliarden an liquiden Wertpapieren. Hermann Göring, der Schacht übergangsweise abgelöst hatte, erließ im April 1938 ein Gesetz, wonach alle Juden im Reich gezwungen wurden, bis zum 31. Juli 1938 ihr gesamtes Vermögen über 5000 RM bei den Finanzämtern offen zu legen. Geplant war ein Zwangsumtausch von Wertpapieren aus jüdischem Besitz in deutsche Staatsanleihen und deren Verkauf gegen ausländische Devisen. Damit sollte nicht nur das Haushaltsloch gestopft, sondern auch eine Vertreibung der deutschen Juden ins Ausland finanziert werden.[6)]

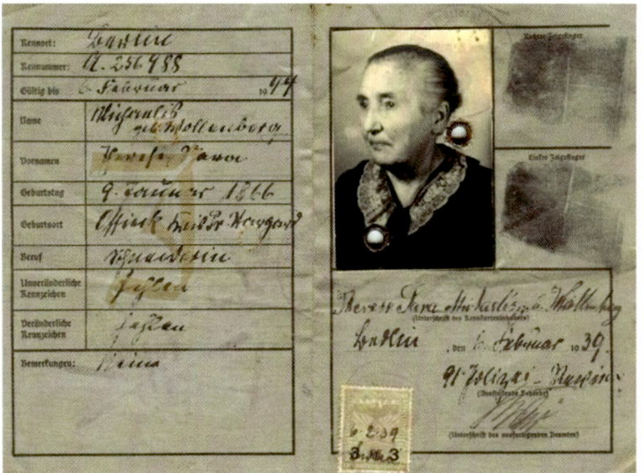

Sonderausweis einer jüdischen Frau aus Berlin vom 6. Februar 1939.
(Kopie: www.holocaustresearchproject.org)

Da viele europäische Staaten eine jüdische Flüchtlingsflut aus Deutschland befürchteten, trafen sich im Juli 1938 Vertreter von 32 Ländern auf einer internationalen Konferenz im französischen Evian, um über deren Abwendung zu beraten. Kein einziges Land erklärte sich zur Aufnahme bedrohter deutscher Juden bereit. Stattdessen protestierte etwa die Schweiz, in die bereits viele österreichische Juden geflohen waren, gegen eine „Verjudung" und drohte eine allgemeine Visumspflicht an. In Deutschland wurde deshalb allen Juden die Ausreise in die Schweiz verboten und sie mußten ihre Reisepässe abgeben. Sie erhielten stattdessen ab dem 23. Juli 1938 Kennkarten, die sie ständig bei sich zu tragen hatten. Seit dem 17. August mußten alle deutschen Juden Zweitnamen annehmen, Männer „Israel" und Frauen „Sara". Außerdem wurde eine „Zentralstelle für jüdische Auswanderung" eingerichtet. Bis zum Herbst 1938 verließen danach rund 54 000 jüdische Bürger das Reich. Ab 5. Oktober 1938 führte man Sonderausweise für Juden mit einem roten „J" ein.

Nachdem Polen am 9. Oktober 1938 beschlossen hatte, daß die Pässe aller polnischen Staatsbürger, die länger als fünf Jahre im Ausland gelebt haben und die kein Sondervisum eines polnischen Konsulats erhielten, am 30. Oktober 1938 ablaufen sollten, forderte die deutsche Regierung Polen bis zum 26. Oktober in einem Ultimatum auf, die Rückkehr der von dem drohenden Paßentzug Betroffenen zu garantieren. Im Deutschen Reich lebten illegal etwa 70 000 – meist verarmte – polnische Juden. Bis zu 17 000 davon waren von der Staatenlosigkeit bedroht. Als Polen die deutsche Forderung ablehnte, wurden die betroffenen Personen auf Befehl der Gestapo in der Nacht zum 29. Oktober festgenommen, an die deutsch-polnische Grenze gefahren und auf die polnische Seite getrieben. Auf diese Massenabschiebung waren die polnischen Grenzbeamten nicht vorbereitet, sie verweigerten den polnischen Juden die Einreise mit Waffengewalt, während die deutsche Seite eine Rückkehr ins Reich verhinderte. Nach einem tagelangen Drama auf Grenzbahnhöfen und im Niemandsland, ohne Nahrung und von beiden Seiten bedroht, ließ Polen die Menschen schließlich die Grenze passieren. Ein Teil von ihnen wurde bei jüdischen Gemeinden in Polen untergebracht, rund 7000 mußten in das Flüchtlingslager Zbaszyń (ehemals Alt-Bentschen) marschieren, wo sie bis zum Ausbruch des Zweiten Weltkriegs blieben.[7)]

In Paris erfuhr der siebzehnjährige polnische Jude Herschel Grynszpan am 3. November, daß auch seine Familie in das Flüchtlingslager vertrieben worden war. Er beschloß sich für die Leiden seiner Eltern zu rächen, besorgte sich einen Revolver und schoß damit am 7. November 1938 in der Deutschen Botschaft in Paris auf den Diplomaten Ernst Eduard vom Rath, der am 9. November an seinen Verletzungen starb.

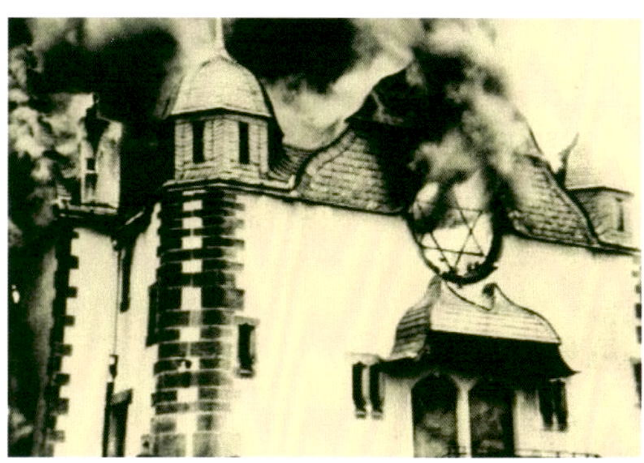

Brennende jüdische Synagoge bei den November-Pogromen 1938 (Kristallnacht).
(Kopie: www.historywiz.com)

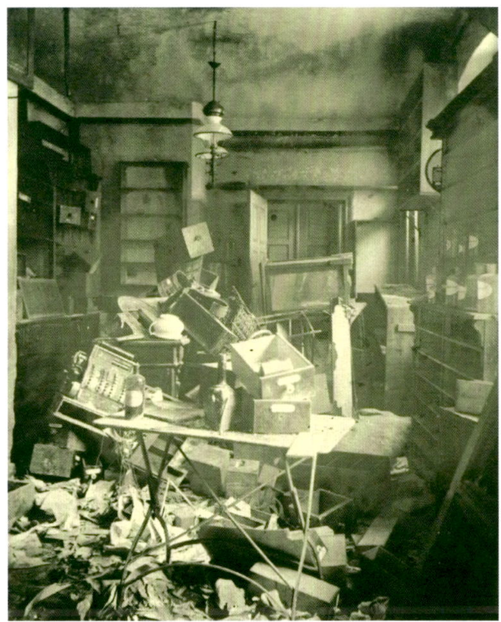

Während der November-Pogrome geplündertes und zerstörtes jüdisches Geschäft.
(Sammlung Wolfgang Haney, Berlin)

Töten wollte er eigentlich den deutschen Botschafter.
Nachdem das Attentat des jüdischen Studenten David Frankfurter auf den Parteifunktionär der NSDAP Wilhelm Gustloff im Februar 1936 fast folgenlos blieb, nutzte die NS-Führung das neuerliche Attentat als willkommenen Anlaß und propagandistischen Aufhänger für die dadurch ausgelösten November-Pogrome (Reichskristallnacht) sowie für die endgültige Enteignung und Verdrängung der Juden aus der deutschen Wirtschaft. Das „Weltjudentum" sollte als Auftraggeber des Attentats verantwortlich sein und den „spontanen Volkszorn" der Deutschen zu spüren bekommen, der in Wirklichkeit oftmals von der Partei organisiert war. Viele Deutsche sahen passiv zu oder einfach nur weg.
Bei den November-Pogromen 1938 wurden fast alle jüdischen Synagogen zerstört, rund 7500 jüdische Geschäfte geplündert und annähernd 30 000 Juden verhaftet und in Konzentrationslager deportiert. Die meisten von ihnen kamen bis August 1939 wieder frei, nachdem sie sich schriftlich bereit erklärten, auszuwandern und ihren Besitz dem Staat zu übereignen. Allein in der Pogromnacht des 9. November 1938 kamen mindestens 400 Menschen ums Leben.
Zur Rolle von Hitler und Goebbels im Zusammenhang mit der Reichskristallnacht notierte Himmler am 10. November: *„Als ich den Führer fragte, hatte ich den Eindruck, dass er von den Vorgängen nichts wusste. Der Befehl kommt von der Reichspropagandaleitung ..."*
Der ehemalige Reichspressechef, Otto Dietrich, schrieb jedoch in seinen Erinnerungen: *„Der schmutzige Befehl, der auch in der Partei schwere Bedenken auslöste, wurde Goebbels am Abend des 9. November in Hitlers Privatwohnung in München erteilt und wie ich aus einwandfreier Quelle erfuhr, war er von einem Wutausbruch Hitlers begleitet, als sich Hemmungen bei den mit der Durchführung betrauten Personen bemerkbar machten."*[8)]
Am 12. November 1938, also unmittelbar nach dem Pariser Attentat und den Pogromen, fand im Reichsluftfahrtministerium unter der Leitung von Göring eine Beratung statt, in deren Ergebnis alle reichsdeutschen Juden weitestgehend enteignet und zur Auswanderung gezwungen werden sollten. Es wurde eine „Judenvermögensabgabe" als kollektive Sühneleistung und Strafsteuer in Höhe von einer Milliarde Reichsmark angeordnet. Zur Verwendung des Gelds

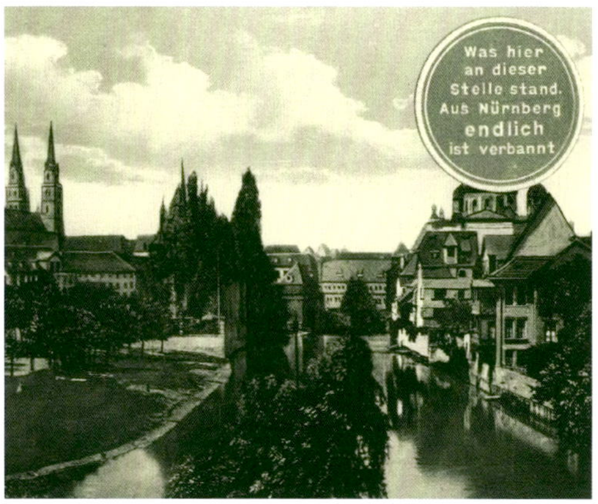

Postkarte aus Nürnberg mit Aufkleber über dem Bild der ehemaligen jüdischen Synagoge: „Was hier an dieser Stelle stand, aus Nürnberg endlich ist verbannt."
(Kopie: www.historywiz.com)

vermerkte Göring am 18. November an den Reichsverteidigungsrat: *„Sehr kritische Lage der Reichsfinanzen. Abhilfe zunächst durch die der Judenschaft auferlegte Milliarde und durch die Reichsgewinne bei der Arisierung jüdischer Unternehmen.“*[9)]

Die sog. „Sühneleistung“ oder auch „Judenbuße“ war beginnend ab 15. Dezember 1938 in vier Quartalsraten zu leisten. Jeder jüdische Bürger, dessen Vermögen 5000 RM überstieg, mußte 20% davon an den Staat abführen. Da ihnen gleichzeitig der Verkauf von Staatsanleihen untersagt wurde, mußten sie die Gelder aus eigenen Sparguthaben oder durch den Verkauf von Immobilien, Kunstgegenständen oder Schmuck aufbringen. Nachträglich wurde sogar noch eine fünfte Rate zum 15. Dezember 1939 festgesetzt, so daß das Staatsdefizit mit insgesamt 1 126,6 Millionen RM zur Hälfte gedeckt werden konnte. Doch die Folgen der sog. „Reichskristallnacht“ waren für die deutschen Juden nicht allein finanzieller Art. Durch ein Verbot von Goebbels wurde ihnen die Teilnahme am kulturellen Leben versagt, so durften sie z. B. kein Theater, Kino, Varieté, Kabarett oder keinen Zirkus mehr besuchen. Nachdem man jüdische Studenten bereits zuvor von deutschen Hochschulen verbannt hatte, ordnete der Reichserziehungsminister Bernhard Rust am 14. November 1938 die sofortige Entlassung aller jüdischen Schüler aus deutschen Schulen an. Am 28. November erlaubte man den Regierungsbezirken, Ortsbereiche zu bestimmen, für die Juden der Zutritt zu bestimmten Zeiten verboten werden konnte. Am 3. Dezember wurden allen Juden durch Anordnung Himmlers, der auch Chef der deutschen Polizei war, die Führerscheine und Kraftfahrzeugpapiere entzogen. Außerdem mußten sie noch vorhandene Gewerbebetriebe, Grundbesitz und Vermögen veräußern sowie ihre Wertpapiere bei einer Devisenbank hinterlegen. Der Verkauf von Kunstgegenständen, Schmuck und Juwelen wurde ihnen untersagt. Damit entzog man sogar wohlhabenden Juden ihre Existenzgrundlage.

Am 24. Januar 1939 erhielt Reinhard Heydrich von Göring den Auftrag, die „Judenfrage“ durch Auswanderung und Evakuierung zu lösen, weshalb dieser die „Reichszentrale für jüdische Auswanderung“ gründete und leitete. Bis zum Beginn des Zweiten Weltkriegs verließen noch einmal rund 200 000 Juden das Reich. Überall im Ausland wurde von ihnen ein „Vorzeigegeld“ verlangt, und ihre Visa konnten sie oft nur noch über den Schwarzmarkt, durch Kredite ausländischer Verwandter oder durch Bestechung von Beamten erlangen.[10)]

Gettoisierung und „Endlösung“

Bereits auf der erwähnten Beratung vom 12. November 1938 in Görings Reichsluftfahrtministerium stellte Heydrich die Frage, was mit den enteigneten Juden werden solle. Hier war es, wo erstmals auch Pläne zu deren Gettoisierung zur Sprache kamen. Schon seit dem Mittelalter waren, ausgehend von Forderungen der Kirche, überall in Europa besondere Stadtviertel zur räumlichen Abtrennung der Juden von den Christen entstanden, die die Juden bei Dunkelheit nicht verlassen durften.

Waren vor dem Krieg noch zahlreiche deutsche Juden ausgewandert, so stand ihnen dieser Ausweg nach Kriegsausbruch kaum noch offen. Juden, die dennoch ins Ausland fliehen konnten, wurden im Deutschen Reichsanzeiger mit der Feststellung des Verlusts ihrer deutschen Staatsangehörigkeit bekannt gemacht, ihr Besitz wurde beschlagnahmt. Zudem sollten sie immer mehr aus dem öffentlichen Leben verdrängt werden. Mit der Zwangsumsiedlung in sog. „Judenhäuser“ wurde auch ihre Bewegungsfreiheit eingeschränkt. Sie erhielten nur zeitlich begrenzt Ausgang und durften nur außerhalb der allgemein gültigen Geschäftszeiten einkaufen. Nachdem man ihnen ihre Kraftfahrzeuge genommen hatte, wurden auch ihre Fahrräder, Elektrogeräte und Wollkleidung beschlagnahmt. Man verbot ihnen sogar die Nutzung von öffentlichen Verkehrsmitteln, von Telefonen, das Betreten von Krankenhäusern und den Kauf von Zeitungen, Büchern, Blumen und bestimmten Lebensmitteln. Auch ihre Lebensmittelzuteilungen wurden mehrfach reduziert.

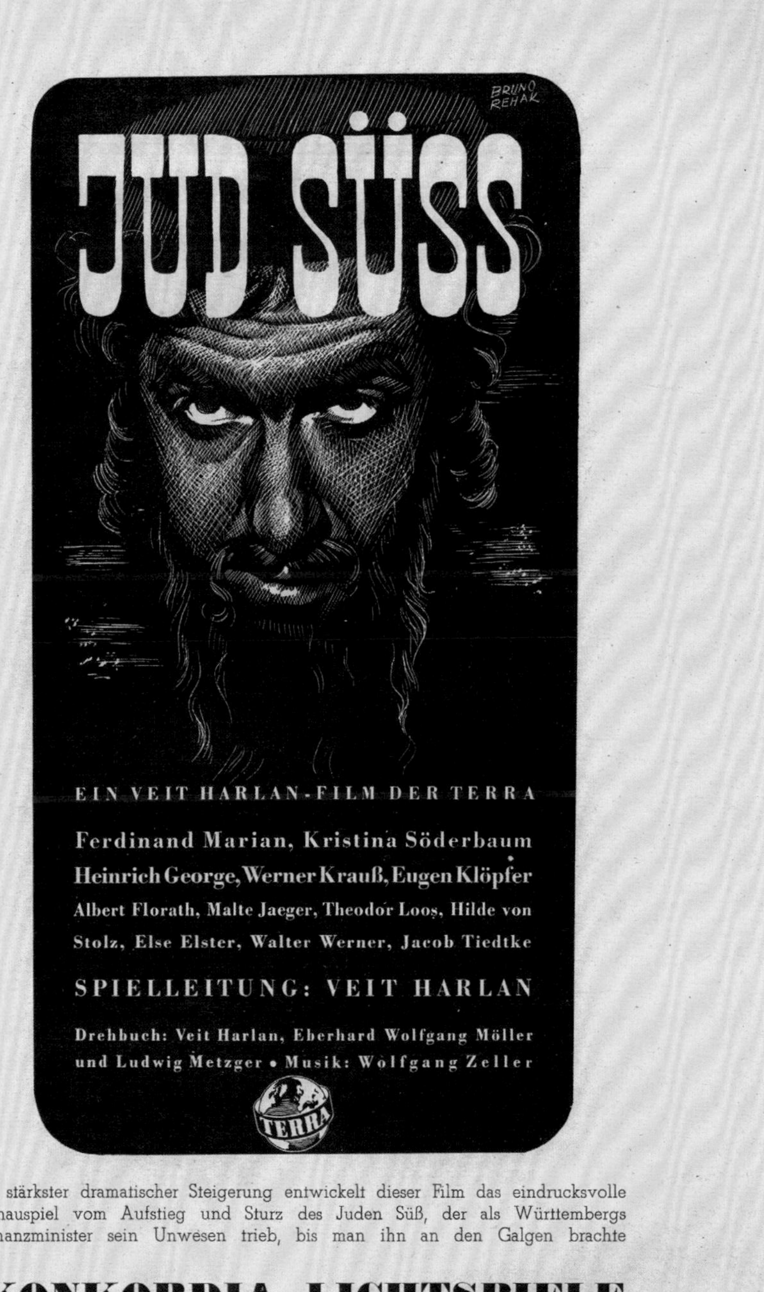

Filmplakat zum antisemitischen Propagandafilm „Jud Süss" von 1940.
(Sammlung Wolfgang Haney, Berlin)

Kortner

Zuname: . . . . Kortner

Vorname: . . . . Fritz Nathan Israel

Geboren am: 12. 5. 1892

in: . . . . Wien

Beruf: . . . . Schauspieler

Letzter inländ. Wohnsitz: Bln.-Schöneberg, Freiherr-vom-Stein-Str. 5

Der deutschen Staatsangehörigkeit für verlustig erklärt durch Bekanntmachung vom 16. 8. 1940, veröffentlicht in der Nr. 197 des Deutschen Reichsanzeigers und Preußischen Staatsanzeigers vom 23. 8. 1940. Der Obengenannte besaß früher die österreichische Bundesbürgerschaft.

Blatt aus der Nr. 197 des Deutschen Reichsanzeigers und preußischen Staatsanzeigers vom 23. August 1940 mit der Bekanntmachung zum Verlust der deutschen Staatsangehörigkeit des Schauspielers Fritz Kortner, der in den USA als Regisseur weltbekannt werden sollte.
(Sammlung Wolfgang Haney, Berlin)

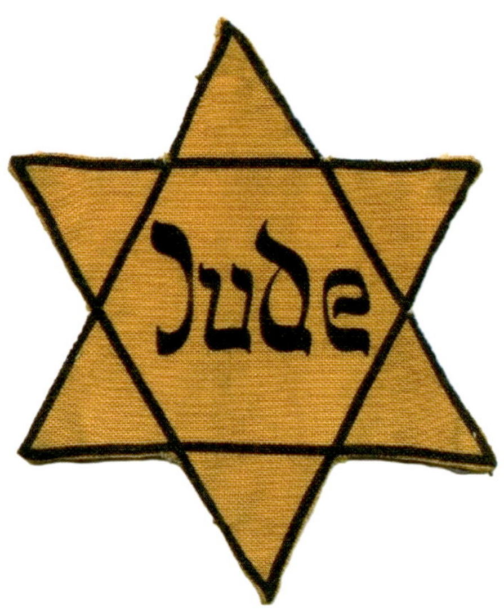

Ab 1. September 1941 mußten alle Juden einen „Judenstern" tragen.
(Sammlung Wolfgang Haney, Berlin)

Ab 1. September 1941 wurde für alle jüdischen Bürger das Tragen eines „Judensterns" zur Pflicht. Damit setzte man die bereits 1938 erwogenen Pläne zur öffentlichen „Brandmarkung" der Juden in die Tat um.

Am 9. November 1941 – genau drei Jahre nach der „Kristallnacht" – erhielten Tausende jüdische Bürger von Berlin, München und Frankfurt am Main erstmals eine behördliche Aufforderung zur Räumung ihrer Wohnungen. Sie hatten sich zur Deportation an festgelegten Sammelplätzen und Bahnhöfen einzufinden.

Mit der Ausweitung des nationalsozialistischen Macht- und Einflußbereichs im Krieg wurde Osteuropa zum zentralen Schauplatz der Judenverfolgung, Judengettoisierung und Judenvernichtung – des Holocaust. Von den 950 Gettos, die zwischen 1939 und 1944 bestanden, befanden sich allein je etwa 400 auf polnischem bzw.

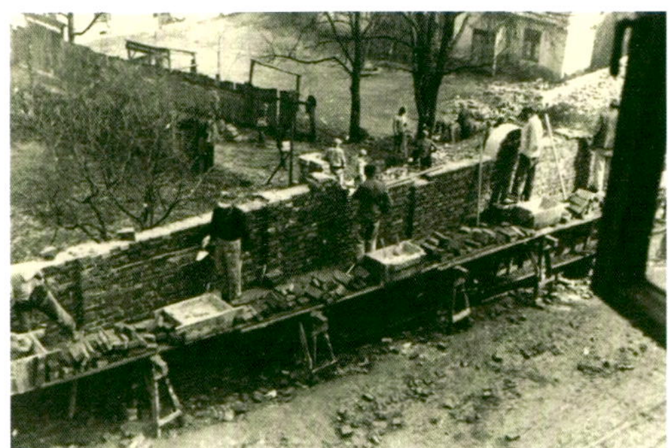

Bau der sog. „Judenmauer" zur Abgrenzung des Krakauer Gettos. *(Sammlung Wolfgang Haney, Berlin)*

sowjetischem Gebiet. Die gezielte Konzentration der jüdischen Bevölkerung in abgetrennten „Wohnbezirken" begann im ersten Halbjahr 1940. Die Maßnahmen gegen polnische Juden übernahmen dabei eine Vorbildrolle für spätere Maßnahmen im „Altreich".

Nachdem die Zivilverwaltung des Generalgouvernements bereits Ende November 1939 eine Kennzeichnungspflicht für Juden eingeführt hatte (eine weiße Armbinde mit Davidstern) – also knapp zwei Jahre vor einer solchen im Deutschen Reich – wurde parallel dazu die Bewegungsfreiheit der polnischen Juden durch nächtliche Ausgangssperren und Ansiedlungsverbot außerhalb der ausgewiesenen Wohnbezirke (Gettos) eingeschränkt.

Die Gettoisierung begann im Generalgouvernement etwa im April 1940 und wurde bis Ende 1941 abgeschlossen. Die drei größten „jüdischen Wohnbezirke" waren das Getto von Litzmannstadt (Lodz), daß im April 1940 eingerichtet wurde, das Warschauer Getto (errichtet im Oktober 1940) und das Getto von Lemberg (ab Dezember 1943).

Verbotsschild in Deutsch und Polnisch. *(Sammlung Wolfgang Haney, Berlin)*

Die osteuropäischen Gettos wurden zu Sammellagern der jüdischen Bevölkerung aus der Region, aber darüber hinaus auch aus Deutschland und deutsch besetzten Gebieten.

Eine wesentliche Maßnahme zur Durchsetzung deutscher Interessen in den jüdischen Gettos war die zwangsweise Einrichtung sog. „Judenräte", die anfänglich noch der deutschen Zivilverwaltung, später aber der SS und Polizei gegenüber verantwortlich waren. Sie wurden zu Befehlsempfängern und hatten die erhaltenen

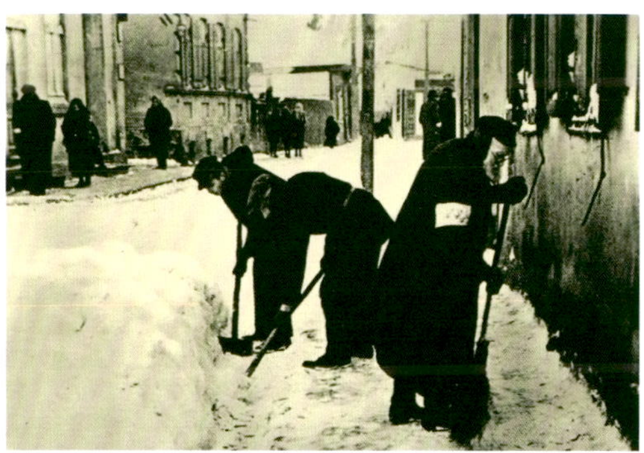

Schneeräumen in einem polnischen Getto. *(Sammlung Wolfgang Haney, Berlin)*

Weisungen gegenüber den jüdischen Gettobewohnern durchzusetzen. So mußten sie etwa Zwangsarbeitseinsätze organisieren, verbliebene Vermögenswerte einsammeln und ausliefern und später sogar unterstützende Maßnahmen zur Deportation ihrer jüdischen Mitbürger in die Vernichtungslager leisten. Hierbei kam auch die „Judenpolizei" zum Einsatz, die ursprünglich zur Aufrechterhaltung der öffentlichen Ordnung in den jüdischen Gettos gebildet worden war. Im Grunde genommen glichen damit die „Judenräte" dem Prinzip nach den „Häftlingsselbstverwaltungen" in den Konzentrationslagern, wobei in den Gettos bis zur „Endlösung" die trügerische Hoffnung auf den Fortbestand zivilen, jüdischen Lebens – wenn auch in abgeschlossenen Wohnbezirken – aufrecht erhalten wurde. In die-

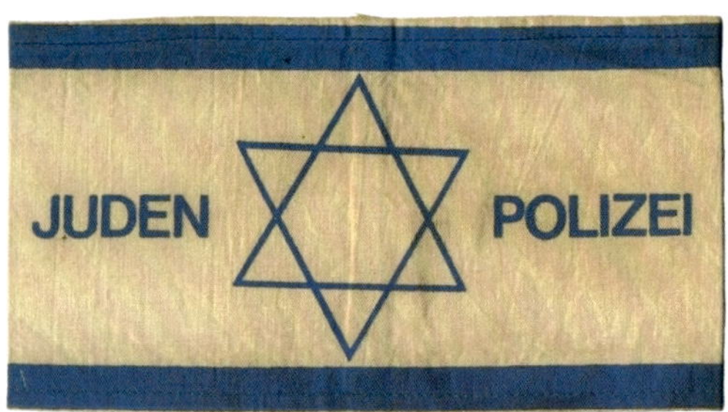

Armbinde der „Judenpolizei" aus einem Getto.
(Sammlung Wolfgang Haney, Berlin)

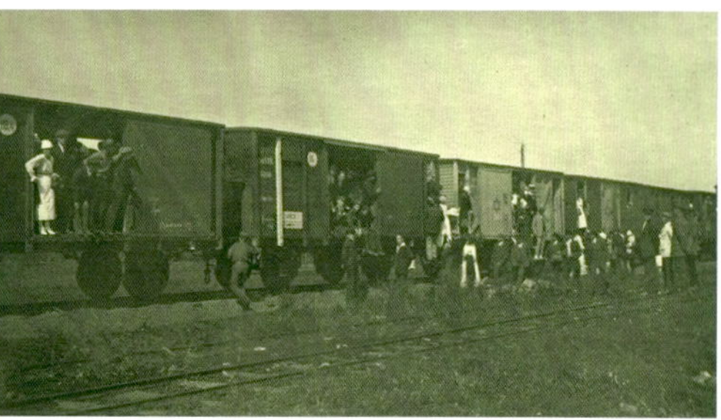

Deportation von Juden in Estland.
(Sammlung Wolfgang Haney, Berlin)

sem Zusammenhang sei nur an die propagandistische Darstellung des Gettos Theresienstadt unter dem Motto „Der Führer schenkt den Juden eine Stadt" gedacht.

Der Alltag in den jüdischen Gettos widersprach dem vermittelten und von manchen Deportierten erhofften Bild gemeinschaftlichen jüdischen Lebens. Er war von Hunger, Krankheiten und Tod überschattet. Ausgehend von schlechten hygienischen Bedingungen kam es zu Seuchen. Trotz streng kontingentierter Lebensmittel wurden Gettobewohner als Leiharbeiter an Firmen außerhalb der jüdischen Wohnbezirke „vermietet", oder aber sie mußten in gettoeigenen Wirtschaftsbetrieben arbeiten.

Nach der „Wannseekonferenz" vom Januar 1942, auf der die sog. „Endlösung der Judenfrage" beschlossen wurde, begann die systematische Auflösung der Gettos. Ein Großteil der Bewohner wurde mit Zügen direkt in die Vernichtungslager transportiert. Kleinere Gettos wurden zum Teil an Ort und Stelle liquidiert. Im Falle des Warschauer Gettos führte dessen geplante Liquidierung zum bewaffneten Aufstand der Bewohner.

Im System des nationalsozialistischen Terros spielten die jüdischen Gettos neben den sog. „Judendurchgangslagern" eine entscheidende Rolle als „Vorhof zur Hölle".

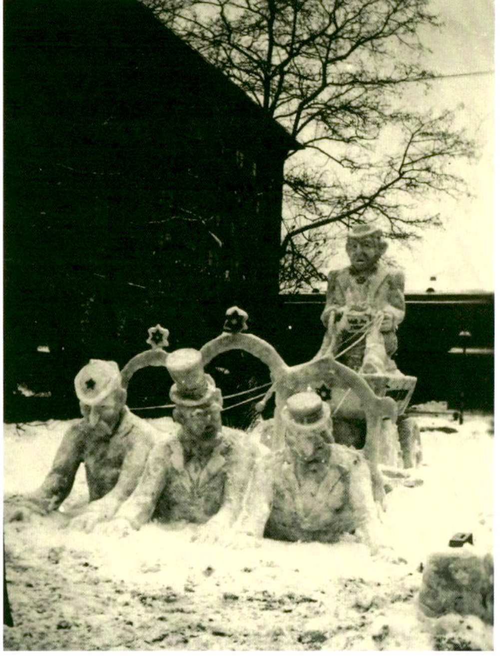

Eine im Getto Riga errichtete Eisskulptur stellte einen vom „Weltjuden" gelenkten Karren dar, vor den Stalin, Roosevelt und Churchill gespannt wurden.
(Sammlung Wolfgang Haney, Berlin)

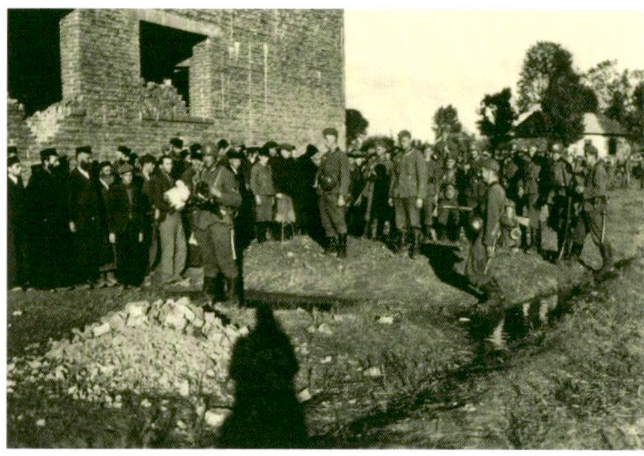

Deutsche Soldaten im Getto von Kock.
Die Bewohner kamen in das Vernichtungslager Treblinka.
(Sammlung Wolfgang Haney, Berlin)

Geld und Geldersatz in jüdischen Gettos

Anders als in Konzentrationslagern, gab es in den jüdischen Gettos unter NS-Herrschaft keine allgemeingültigen und verbindlichen Weisungen zur Einführung von Geldersatzzeichen. Im Falle der Konzentrationslager war dies die Prämienvorschrift des WVHA der SS vom Mai 1943 gewesen.

In den Gettos galten im allgemeinen die regulären Zahlungsmittel – also z. B. im Generalgouvernement die Noten der Emissionsbank in Polen (Krakauer Zloty) oder im Reichskommissariat Ukraine die Ausgaben der Zentralnotenbank Ukraine in Rowno.

Bereits im September 1939 hatte Heydrich die Bildung von Ältestenräten in jüdischen Wohngebieten angeordnet. In den Gettos waren „Selbstverwaltungen" aufzubauen, die u. a. für die Verteilung von Lebensmitteln und Brennstoffen, für die Einrichtung medizinischer Versorgung, von Ordnungsdiensten (wie jüdische Polizei und Feuerwehr), von Arbeitsämtern, Gerichten, Gefängnissen, Banken, Schulen so-

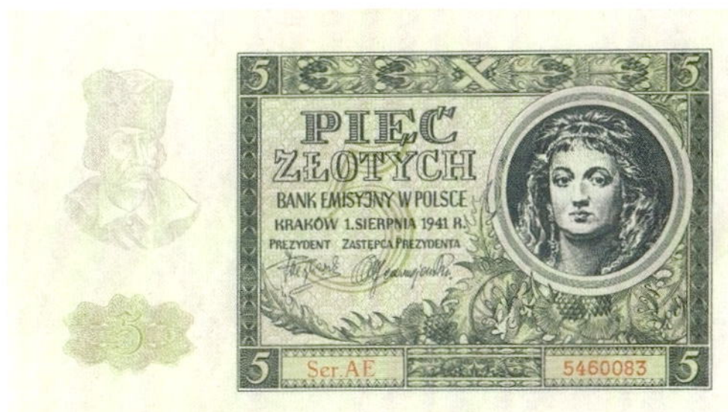

Generalgouvernement Polen, 5 Zloty der Emmissionsbank in Polen vom 1. August 1941.
(Fotoarchiv des Verlags)

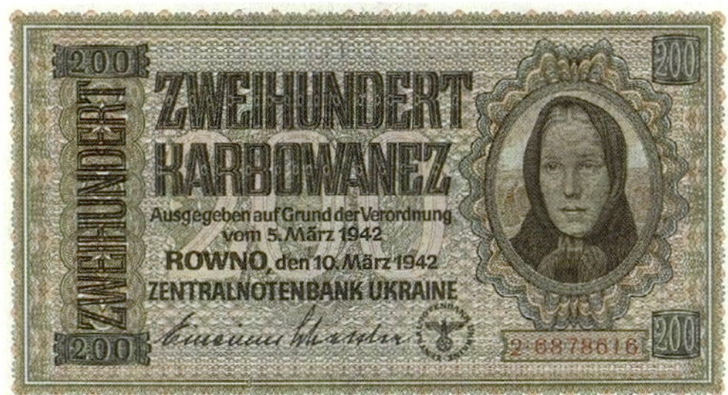

Reichskommissariat Ukraine, 200 Karbowanez der Zentralnotenbank Ukraine vom 10. März 1942.
(Fotoarchiv des Verlags)

Stadtverwaltung Lublin, Lebensmittelkarte für Juden vom August bis September 1942.
(Sammlung Wolfgang Haney, Berlin)

Judenrat von Reichshof im Distrikt Krakau, Sonderkarte für Juden vom Oktober bis November 1942.
(Sammlung Wolfgang Haney, Berlin)

wie Kinder- und Altenheimen zuständig waren. Hierzu entstanden in den großen Gettos jüdische Verwaltungsapparate, die im Zuge der Kontingentierung und Reglementierung eine Vielzahl von Drucksachen, wie Bekanntmachungen, Bezugscheine, Kantinenbons, Quittungen, und schließlich auch Gettogeld drucken ließen.

Neben den Stadtverwaltungen im Reich und in besetzten Gebieten gaben nun auch Judenräte von Gettos besondere Lebensmittelkarten für Juden aus. Daneben gab es für Nacht- und Schwerarbeiter sowie für Schwangere Lebensmittelzulagen in Form von Küchentalons für zusätzliche Mahlzeiten oder den Bezug von Milch und Gemüse. Es sind wesentlich mehr Drucksachen aus Gettos bekannt, als in diesem Rahmen vorgestellt werden können.

Getto Riga, „Lebensmittelkarte für Gettoverpflegung".
(Sammlung Wolfgang Haney, Berlin)

Über die Judenräte waren aber auch alle Gettobewohner listenmäßig zu erfassen. Durchschläge dieser regelmäßig zu aktualisierenden Listen gingen an deutsche Verwaltungsstellen.

Nicht zuletzt hatten sie die „Versorgung der Judengemeinschaft" mit Lebensmitteln durch die Aufbringung finanzieller Mittel zu sichern. Anhand eines Beispiels aus dem Getto Litzmannstadt wird deutlich, wie dies in der Praxis gehandhabt wurde: Danach hatte der Älteste der Juden seine Wünsche zur Versorgung des Gettos als Bedarfsanmeldungen auf Bestellscheinen bei der deutschen Gettoverwaltung einzureichen. Hier wurde entschieden, ob und in welchem Umfang die bestellten Waren geliefert werden durften. Die Auslieferung erfolgte dann bis zu einem Umschlagplatz vor dem Getto, wo die Waren übernommen wurden. Für die Lieferungen wurde das „Gettokonto" mit dem Warenwert, einem Regiekostenzuschlag von 15% und ab Mitte Juli 1940 noch mit einer Sondersteuer von 3% belastet.

Bis zum 31. Dezember 1940 mußte das Getto mehr als 10 Millionen RM für Warenlieferungen aufbringen. Hierzu reichten die Mittel der ohnehin meist enteigneten jüdischen Bewohner und zusätzliche Spenden nicht aus. So ist das Motto des Judenältesten von Litzmannstadt, Mordechai Rumkowski, „Unsere Arbeit – Unsere Hoffnung" sowohl als Strategie für den täglichen Überlebenskampf zu sehen, wie auch als trügerische Hoffnung, durch die Bedeutung der Arbeit dem drohenden Schicksal zu entgehen.[11]

Da eigene Ersatzzahlungsmittel von nur wenigen Gettos bekannt sind, kann man die Gründe für deren Einführung und Nutzung nicht verallgemeinern. Auf diese sowie auch auf weitere zeitgeschichtliche Belege soll in den einleitenden Texten zu den jeweiligen Gettos näher eingegangen werden. Von regulären Ausgaben kann man eigentlich nur im Fall von Theresienstadt und Litzmannstadt sprechen. Beide Ausgaben haben Geldcharakter und kommen heute noch recht häufig in privaten Sammlungen vor. Das Getto Litzmannstadt ist auch die einzige in diesem Buch aufgeführte Ausgabestelle, die Münzen prägte. Angebliche Behelfsausgaben zum Aufstand im Warschauer Getto sind dagegen umstritten, auf ihre Darstellung und Beschreibung soll aber dennoch nicht verzichtet werden. Darüber hinaus sind einzelne Ausgaben bekannt geworden, die noch nicht endgültig erforscht sind. So sollen vom Judenrat der Stadtverwaltung in Bielsk zwei verschiedene Werte „Judengeld" ausgegeben worden sein. Da kein Originalbeleg vorlag, konnte die Authentizität nicht geprüft werden.

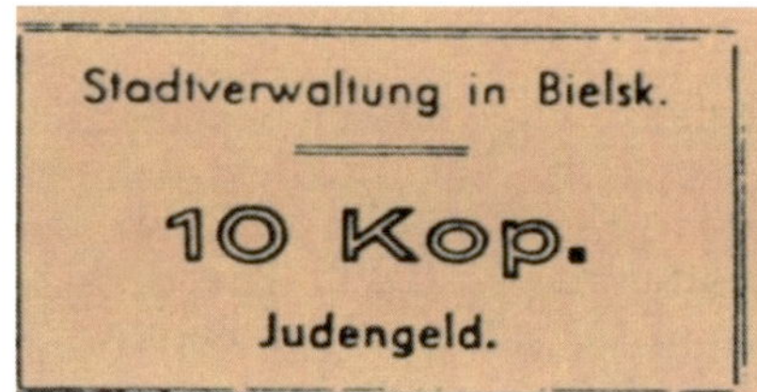

Stadtverwaltung Bielsk, „Judengeld" über 10 Kopeken.
(Kopie: Numismatist)

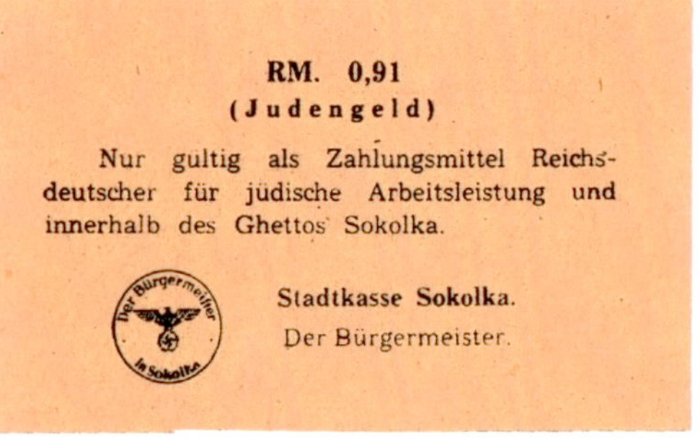

Stadtkasse Sokolka, „Judengeld" über 0,91 RM.
(Sammlung Wolfgang Haney, Berlin)

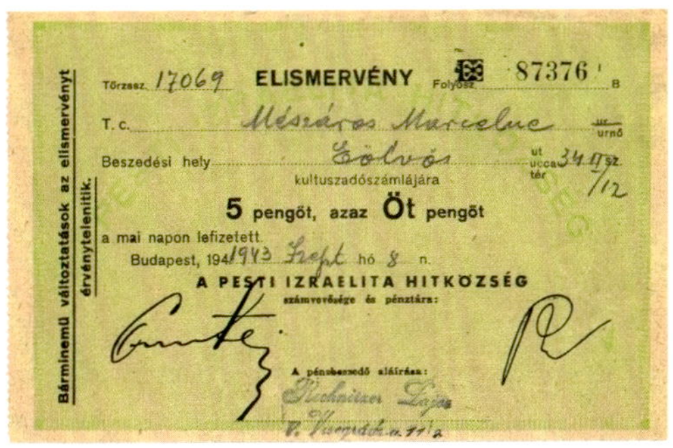

Törzssz. 17069 ELISMERVÉNY Folyósz. 87376 B

T. c. Mészáros Marcelne úr úrnő

Beszedési hely Eötvös út utca tér 34 sz. 7/12

kultuszadószámlájára

5 pengőt, azaz Öt pengőt

a mai napon lefizetett.

Budapest, 1943 Szept hó 8 n.

A PESTI IZRAELITA HITKÖZSÉG

számvevősége és pénztára:

A pénzbeszedő aláírása:

Bárminemű változtatások az elismervényt érvénytelenítik.

Jüdische Gemeinde Pest, Spendenquittung über 5 Pengö von 1943.

(Sammlung Wolfgang Haney, Berlin)

Leider inspiriert das Thema auch immer wieder Fälscher zu primitiven Fantasiescheinen. Die Ausgaben von Bielsk sind aber historisch nachvollziehbar und deshalb auch katalogisiert.

Die Stadtkasse von Sokolka gab sog. „Judengeld“ zum ungewöhnlichen Nennwert von 0,91 RM aus, der möglicherweise für eine Tagesarbeit stand. Laut Aufdruck konnten „Reichsdeutsche“ damit jüdische Arbeitsleistungen bezahlen. Die Scheine waren nur im Getto gültig.

Ein besonders tragisches Kapitel des Holocaust ist die Deportation und Ermordung der ungarischen Juden. Hin und wieder werden „Einkaufsgutscheine“ der jüdischen Gemeinde von Pest (Teil von Budapest) angeboten, bei denen es sich zwar ganz sicher um echte Zeitdokumente handelt, aber in Wirklichkeit um nicht einlösbare Spendenquittungen. Meist sind sie handschriftlich auf das Jahr 1943 datiert.

Auf die hier erwähnten Ausgaben wird im anschließenden Katalogteil näher eingegangen, auch wenn es zu den zeitgeschichtlichen Belegen der jüdischen Gettos unter deutscher Herrschaft sicher noch einige offene Fragen gibt und es noch manches zu entdecken gilt.

Gedenkausgaben

Im Anschluß an die Katalogisierung soll auch auf einige moderne Ausgaben zum Gedenken an Gettos eingegangen werden. Sie gehören zwar nicht zum eigentlichen „Geld des Terrors“, auch wenn teils historische Geldscheine überdruckt wurden, sie runden aber das Thema ab.

Anmerkungen:

1) Baldur von Schirach vor dem Internationalen Militärtribunal in Nürnberg am 23. Mai 1946; zitiert nach Pfahl-Traughber, Der antisemitisch-antifreimaurerische Verschwörungsmythos (Anm. 4), S. 39.

2) Armin Pfahl-Traughber, Der antisemitisch-antifreimaurerische Verschwörungsmythos in der Weimarer Republik und im NS-Staat., in: Anton Pelinka/Helmut Reinalter (Hrsg.), Vergleichende Gesellschaftsgeschichte und politische Ideengeschichte der Neuzeit, Band 9, S. 39.

3) Hans-Jürgen Döscher, Reichskristallnacht, S. 20.

4) Wilfred Mairgünther, Reichskristallnacht – Hitlers „Kriegserklärung“ an die Juden, S. 52.

5) Helmut Genschel, Die Verdrängung der Juden aus der Wirtschaft im Dritten Reich, S. 160f.

6) Kurt Pätzold/Irene Runge, Kristallnacht – Zum Pogrom 1938, S. 55.

7) Rita Thalmann/Emmanuel Feinermann, Die Kristallnacht S. 37f.

8) Siehe Anmerkung 4), S. 140 – 141.

9) Siehe Anmerkung 4), S. 132.

10) Siehe Anmerkung 3), S. 117.

11) Bericht des Rechnungshofs des Deutschen Reiches über die Prüfung der Gettoverwaltung von Litzmannstadt vom 26. April 1941, in: Manfred Schulze/Stefan Petriuk, Unsere Arbeit – Unsere Hoffnung: Getto Lodz 1940 – 1945, Eine zeitgeschichtliche Dokumentation des Post- und Geldwesens im Lager Litzmannstadt, S. 39 – 41.

2.1 Bielsk

Polen/Weißrußland/Bialystok

Getto

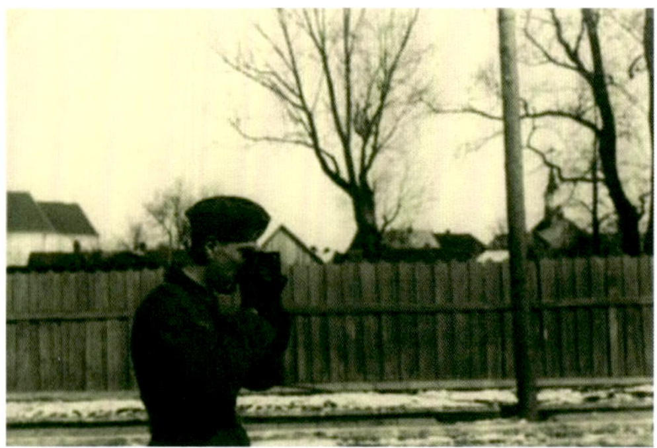

Deutscher Soldat vor dem Gettozaun von Bielsk 1941.
(Foto: Sammlung Tomek Wisniewski)

Zur Geschichte des Gettos

Das heutige Bielsk-Podlaski kam 1919 zum unanhängig gewordenen Polen. Im polnisch-sowjetischen Krieg verschob Polen 1920 seine Ostgrenze bis kurz vor Minsk. Am 23. September 1939 besetzte die Rote Armee, die laut dem geheimen Zusatzprotokoll des „Hitler-Stalin-Pakts" Polen bis zur sog. „Curzon-Linie" beanspruchte, auch die Stadt Bielsk, die danach Teil Weißrußlands wurde. Nach dem Einmarsch deutscher Truppen in die Sowjetunion fiel der Landkreis Bielsk dann am 1. August 1941 an den polnischen Bezirk Bialystok, der nach dem Anschluß des Gebiets um Grodno am 1. November 1941 Teil des Deutschen Reichs wurde. An diesem Tag wurde hier auch die Reichsmark eingeführt und im Verhältnis 1 RM = 10 Rubel gegen die bis dahin umlaufenden sowjetischen Zahlungsmittel eingetauscht.[1] Ab 1. Januar 1942 war die Reichsmark dann im Bezirk Bialystok alleiniges gesetzliches Zahlungsmittel.

Vom Getto Bielsk ist relativ wenig bekannt. Es wurde bereits kurz nach der deutschen Besetzung eingerichtet. In ihm sollen 7000 Juden aus der Region sowie 4000 weitere aus Bocki, Bransk, Narew und Orla untergebracht worden sein. Zum 2. November 1942 wurde es aufgelöst. Die Bewohner wurden mit der Bahn zu je 1000 Menschen in das Vernichtungslager Treblinka transportiert.[2]

In ihrem Buch „Silent Witnesses" schreiben Ray und Steve Feller zum Getto Bielsk, es sei erst 1943 liquidiert worden, wobei 5000 Menschen in das Todeslager Treblinka kamen. Facharbeiter soll man nach Bialystok geschickt haben. Wie der Überlebende des Gettos von Bielsk, Meir Peker, berichtete, hat es im Getto keine Lebensmittelkarten gegeben, und es erfolgte keine geordnete Verteilung von Lebensmitteln.[3]

Zum „Judengeld" von Bielsk

Bereits in der Zeitschrift „Numismatist" vom April 1982 und danach in „The Shekel" vom September/Oktober 1982 berichtete Dr. Henry Fenigstein, ein Überlebender des Gettos Warschau, von sehr seltenen Scheinen aus dem Getto Bielsk.

Die zwei bekannt gewordenen Scheine der Stadtverwaltung Bielsk lauten auf 10 Kopeken bzw. 5 Rubel. Sie müssen also aus der Zeit vom Beginn der deutschen Besatzung bis vor der Einführung der Reichsmark stammen, also etwa von Juli bis Oktober 1941. Mit den als „Judengeld" bezeichneten Scheinen konnte laut rückseitigem Aufdruck nur in den jüdischen Geschäften von Bielsk bezahlt werden. Für ihre Gültigkeit stand der Name des damaligen Bürgermeisters von Bielsk, Tobien, dem die Verwaltung des Gettos unterstand.[4]

Anmerkungen:

1) Rolf Jehke, Territoriale Veränderungen in Deutschland und deutsch verwalteten Gebieten 1874 – 1945, auf: www.territorial.de.

2) Siehe auch: Yitzhak Arad, The Deportation of the Jews from the General Government, Biylystok General District and Ostland, auf: www. holocaust-info.dk.

3/4) Ray Feller/Steve Feller, Silent Witnesses: Civilian Camp Money of World War II, S. 61.

2.1.1 Stadtverwaltung in Bielsk (Judengeld)

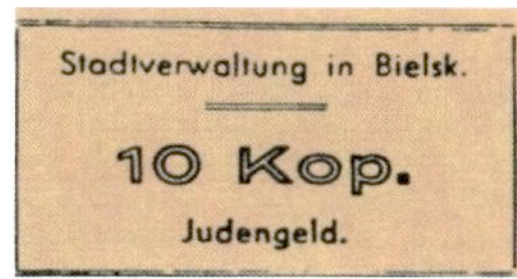

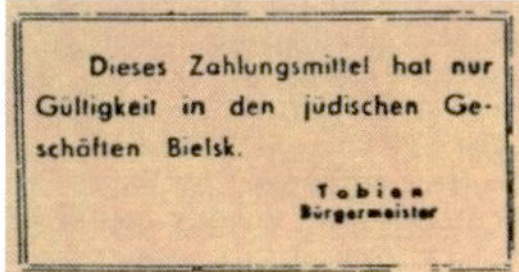

(Bi 1, Foto „Numismatist")

Bi 1 **10 Kopeken (10 Kop.)**
PS 7 Vs: Doppelstrich zwischen Ausgabestelle und Nennwert
Rs: Gültigkeitsvermerk und Emittent

Entwurf:	unbekannt	Format:	unbekannt
Umlauf bis:	Oktober 1941?	Wz:	Papier rosa, ohne Wz
Druck:	unbekannt	KN:	ohne

Datum	**Auflage**	
o.D. (1941)	unbekannt	RRRR

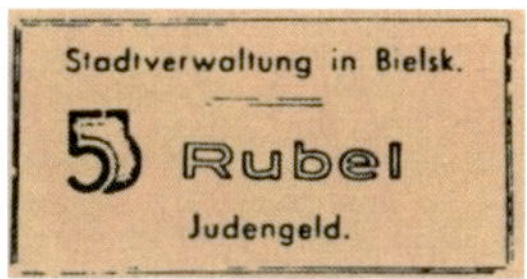

(Bi 2 Vs, Foto „Numismatist")

Bi 2 **5 Rubel (5 Rubel)**
PS 8 Vs: Doppelstrich zwischen Ausgabestelle und Nennwert
Rs: Gültigkeitsvermerk und Emittent

Entwurf:	unbekannt	Format:	unbekannt
Umlauf bis:	Oktober 1941?	Wz:	Papier rosa, ohne Wz
Druck:	unbekannt	KN:	ohne

Datum	**Auflage**	
o.D. (1941)	unbekannt	RRRR

2.2 Budapest

UNGARN

Jüdische Gemeinde / Getto

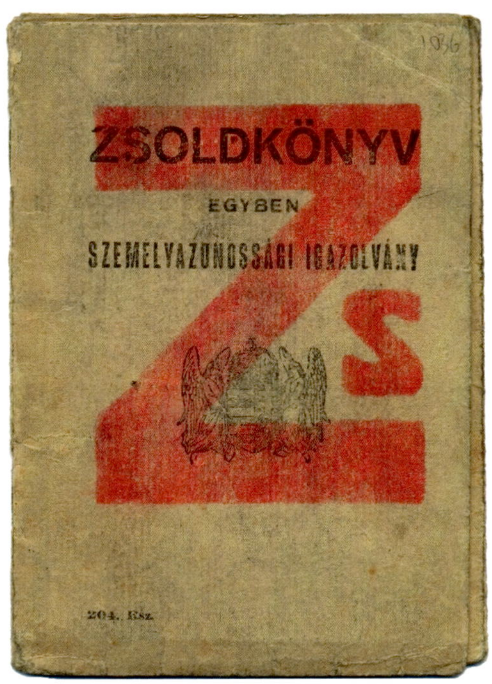

Ausweis für ungarische Juden.
(Sammlung Wolfgang Haney, Berlin)

Zur Geschichte des Gettos

Zwischen 1938 und 1941 konnte Ungarn mit deutscher Unterstützung sein Staatsgebiet durch Rückgewinnung des Oberlands, der Karpato-Ukraine, des nördlichen Siebenbürgens und der Batschka wesentlich erweitern. An der Seite Deutschlands nahm das Land ab 27. Juni 1941 am Krieg gegen die Sowjetunion teil. Nach der Niederlage von Stalingrad und der Einkesselung einer 200 000 Mann starken ungarischen Armee bei Woronesh wurden erste Kontakte der Regierung Miklós Kállay zu den Alliierten geknüpft, um einen Bündniswechsel vorzubereiten. Nach der deutschen Niederlage bei Kursk und der alliierten Landung in Italien wollte Deutschland jedoch keinen weiteren Bündnispartner verlieren. Als Anfang März 1944 die sowjetische Frühjahrsoffensive begann und Ungarn von einer sowjetischen Invasion bedroht war, drängte Hitler Reichsverweser Horthy, der Besetzung Ungarns durch die Deutsche Wehrmacht zuzustimmen (Unternehmen Margarethe I), die ab 19. März 1944 erfolgte. Am 23. März 1944 wurde eine neue Regierung unter Ministerpräsident Sztójay gebildet, die den Krieg an deutscher Seite fortsetzte. Auch wenn Ungarn nicht unter deutscher Militärverwaltung stand, so wurde mit Edmund Veesenmayer doch ein Bevollmächtigter des Großdeutschen Reichs in Ungarn bestimmt.

Wurden die ungarischen Juden anfangs „nur“ materiell ausgebeutet, so begann bereits unter Kállay deren offene Verfolgung. Nach dem Einmarsch deutscher Truppen erließ die neue Regierung Sztójay innerhalb kürzester Zeit 107 Gesetze, die die jüdische Bevölkerung Ungarns vollständig entrechteten. Ab 16. April 1944 begann die Gettoisierung der ungarischen Juden, und ab 27. April wurden unter Leitung von Adolf Eichmann die ersten Massentransporte in Vernichtungslager organisiert. Ab 15. Mai 1944 fuh-

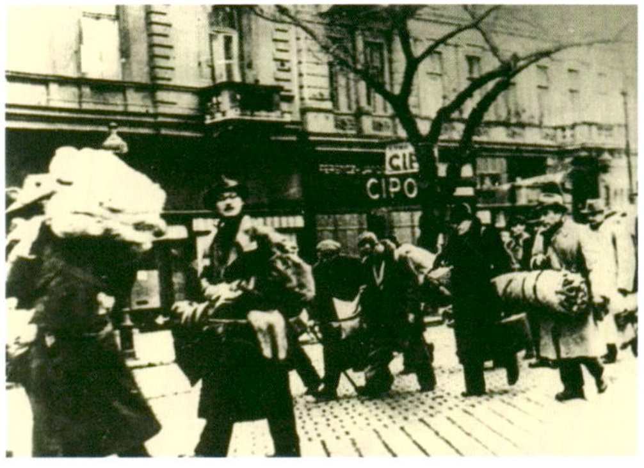

Deportierte ungarische Juden in einer Budapester Straße.
(Foto: Raoul Wallenberg, Kopie: Sammlung Wolfgang Haney, Berlin)

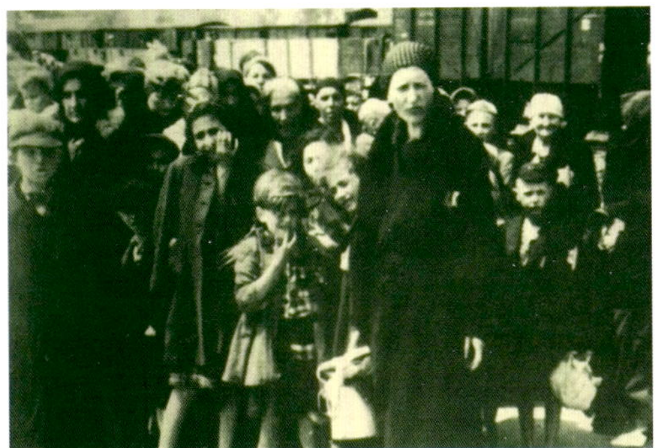

Transport ungarischer Juden ins Vernichtungslager 1944.
(Sammlung Wolfgang Haney, Berlin)

ren täglich mehr als 10 000 ungarische Juden in den Tod, vornehmlich nach Auschwitz-Birkenau. Die Transporte wurden von ungarischer Miliz begleitet. 150 000 jüdische Männer kamen in Arbeitskommandos. Anfang Juli 1944 versuchte der ungarische Reichsverweser Horthy unter dem Eindruck der sowjetischen Sommeroffensive, des erfolgreichen Durchbruchs der alliierten Invasion in Nordfrankreich und internationaler Proteste jede weitere deutsch-ungarische Zusammenarbeit zur Vernichtung der Juden seines Lands zu verweigern. Er verhinderte den Abtransport der letzten 200 000 ungarischen Juden und setzte eine neue Regierung unter General Géza Lakatos ein. Nach einem Telegramm Veesenmayers vom 11. Juli 1944 waren innerhalb von nur zwei Monaten bereits 437 402 Juden deportiert worden. Im September 1944 wurde die neue Regierung durch die ungarischen Faschisten, die sog. „Pfeilkreuzler", gestürzt. Eine neue Regierung unter deren Führer Ferenc Szálasi führte die Deportationen in geringerem Umfang weiter und setzte den Krieg an der Seite Deutschlands bis zum bitteren Ende fort. Als Horthy am 15. Oktober 1944 versuchte, einen Waffenstillstand mit der Sowjetunion und den Westalliierten zu schließen, wurde er verhaftet und in Deutschland interniert.

Das Getto von Budapest wurde im Januar 1945 von sowjetischen Truppen befreit. Von der deutschen Besatzung bis zur Befreiung wurde die jüdische Bevölkerung der Stadt von 200 000 auf 70 000 reduziert. Im Getto von Budapest kamen Zehntausende infolge der katastrophalen Lebensbedingungen um oder fielen den Pogromen der Pfeilkreuzler zum Opfer, die Tausende ungarische Juden im Getto und an den Ufern der Donau ermordeten.

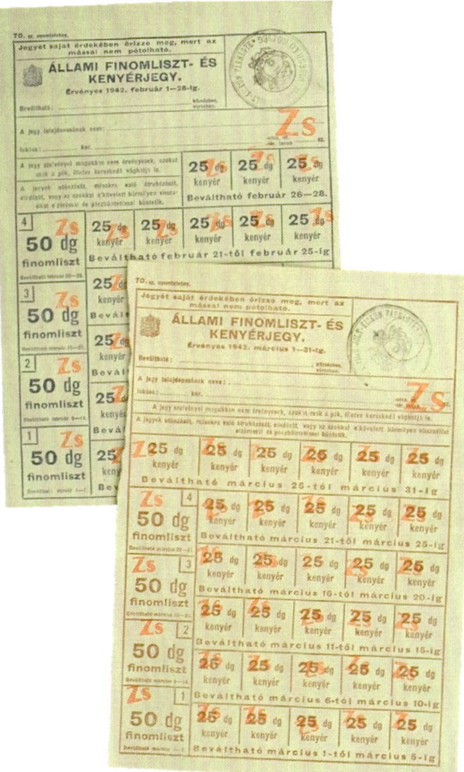

Jegyét saját érdekében őrizze meg, mert az mással nem pótolható.

ÁLLAMI FINOMLISZT- ÉS KENYÉRJEGY.

Érvényes 1942. február 1–28-ig.

Zs

25 dg kenyér | 25 dg kenyér | 25 dg kenyér

Beváltható február 26—28.

4 Zs 50 dg finomliszt | 25 dg kenyér | 25 dg kenyér | 25 dg kenyér | 25 dg kenyér | 25 dg kenyér

Beváltható február 21-től február 25-ig

3 Zs 50 dg finomliszt

2 Zs 50 dg finomliszt

1 Zs 50 dg finomliszt

Jegyét saját érdekében őrizze meg, mert az mással nem pótolható.

ÁLLAMI FINOMLISZT- ÉS KENYÉRJEGY.

Érvényes 1942. március 1–31-ig.

Zs

25 dg kenyér | 25 dg kenyér | 25 dg kenyér | 25 dg kenyér | 25 dg kenyér | 25 dg kenyér

Beváltható március 26-tól március 31-ig

Zs 4 50 dg finomliszt | 25 dg kenyér | 25 dg kenyér | 25 dg kenyér | 25 dg kenyér | 25 dg kenyér

Beváltható március 21-től március 25-ig

Zs 3 50 dg finomliszt | 25 dg kenyér | 25 dg kenyér | 25 dg kenyér | 25 dg kenyér | 25 dg kenyér

Beváltható március 16-tól március 20-ig

Zs 2 50 dg finomliszt | 25 dg kenyér | 25 dg kenyér | 25 dg kenyér | 25 dg kenyér | 25 dg kenyér

Beváltható március 11-től március 15-ig

Zs 1 50 dg finomliszt | 25 dg kenyér | 25 dg kenyér | 25 dg kenyér | 25 dg kenyér | 25 dg kenyér

Beváltható március 6-tól március 10-ig

Beváltható március 1-től március 5-ig

Lebensmittelkarten für ungarische Juden von 1942.
(Sammlung Wolfgang Haney, Berlin)

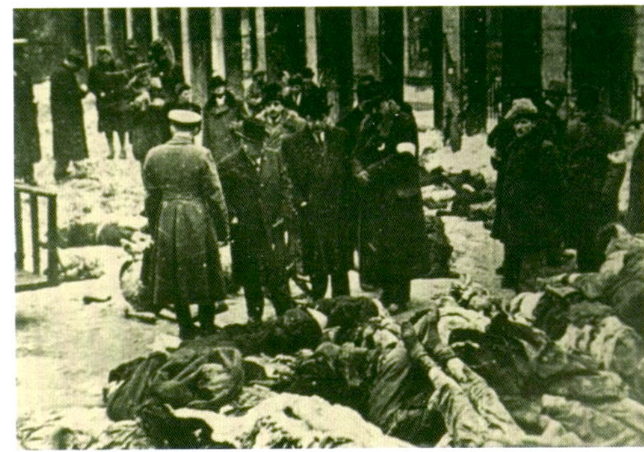

Jüdische Opfer der Pogrome der „Pfeilkreuzler" in der Nähe einer Synagoge in Budapest.
(Sammlung Wolfgang Haney, Berlin)

2.2.1 Jüdische Gemeinde Pest (Pesti Izraelita Hitközség)

Das Budapester Getto bestand nur einige Monate und hatte keine eigenen Ersatzgeldausgaben. Bereits vor dem Beginn der offenen Judenverfolgung in Ungarn gab die jüdische Gemeinde von Pest – einem Stadtteil der ungarischen Hauptstadt Budapest – Spendenquittungen über 5 bzw. 10 Pengö aus, die nicht einlösbar waren. Da diese auf dem Sammlermarkt u. a. als jüdische Gutscheine oder Einkaufsgutscheine angeboten werden, was sie aber nicht sind, sollen sie hier aufgeführt werden, um über deren wahre Bestimmung aufzuklären.

Die Spendenquittungen sind einseitig bedruckt und wurden von einem Quittungsblock abgerissen, weshalb sie links gezähnt sind. In der zweiten und dritten Zeile von oben wurde handschriftlich der Spender eingetragen. Auch die Eintragung des Datums und sogar der Stunde der Spende erfolgte per Hand. Ganz unten wurde der Spendensammler vermerkt, entweder auch handschriftlich oder – wie im abgebildeten Beispiel – gestempelt.

Immer wieder werden auch Scheinchen in ungarischer Sprache als jüdische Gutscheine angeboten, die dem abgebildeten Schein über 40 Filler ähneln. Diese haben nicht das geringste mit dem Holocaust zu tun. Es handelt sich um Quittungen über den Beitrag an die jeweilige orthodoxe jüdische Gemeinde für rituelle, koschere Schlachtungen (Schächtungen).

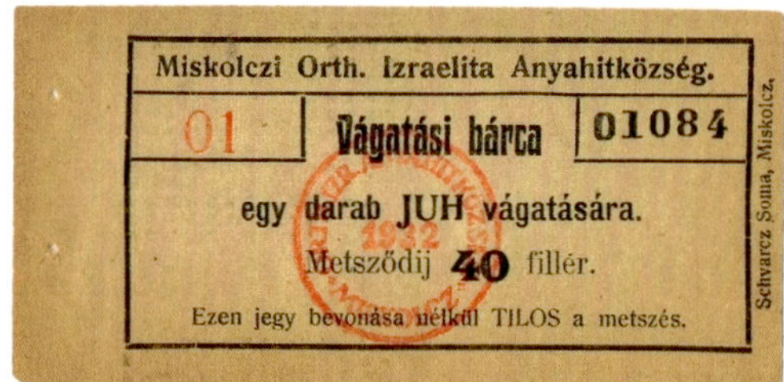
Miskolczi Orth. Izraelita Anyahitközség.
01 | Vágatási bárca | 01084
egy darab JUH vágatására.
Metsződij 40 fillér.
Ezen jegy bevonása nélkül TILOS a metszés.
Schvarcz Soma, Miskolcz.

Beitragsquittung der jüdischen Gemeinde Miskolcz für eine Schlachtung von 1932. *(Sammlung Wolfgang Haney, Berlin)*

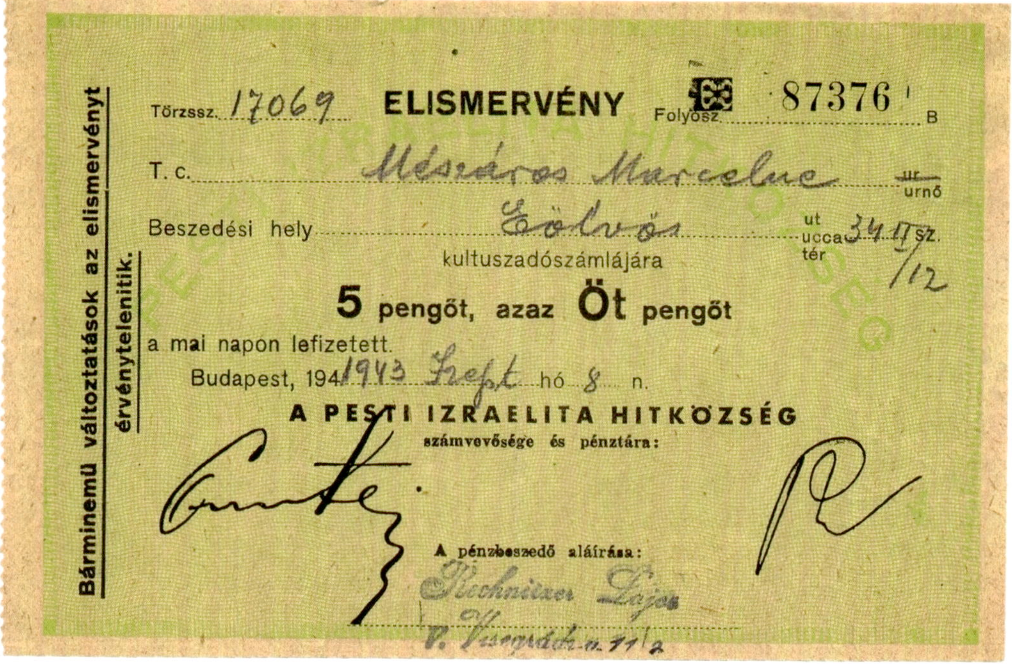
Bárminemű változtatások az elismervényt érvénytelenitik.

Törzssz. 17069 ELISMERVÉNY Folyósz. 87376 B
T. c. Mészáros Marcelne úr/urnő
Beszedési hely Eötvös ut/ucca/tér 34 II/12 sz.
kultuszadószámlájára
5 pengőt, azaz Öt pengőt
a mai napon lefizetett.
Budapest, 1943 Szept. hó 8 n.
A PESTI IZRAELITA HITKÖZSÉG
számvevősége és pénztára:
A pénzbeszedő aláírása:
Rechnitzer Lajos
V. Visegrádi u. 11/2

Jüdische Gemeinde Pest, Spendenquittung über 5 Pengö vom 8. September 1943. *(Sammlung Wolfgang Haney, Berlin)*

2.3 Litzmannstadt

POLEN/WARTHELAND

Getto

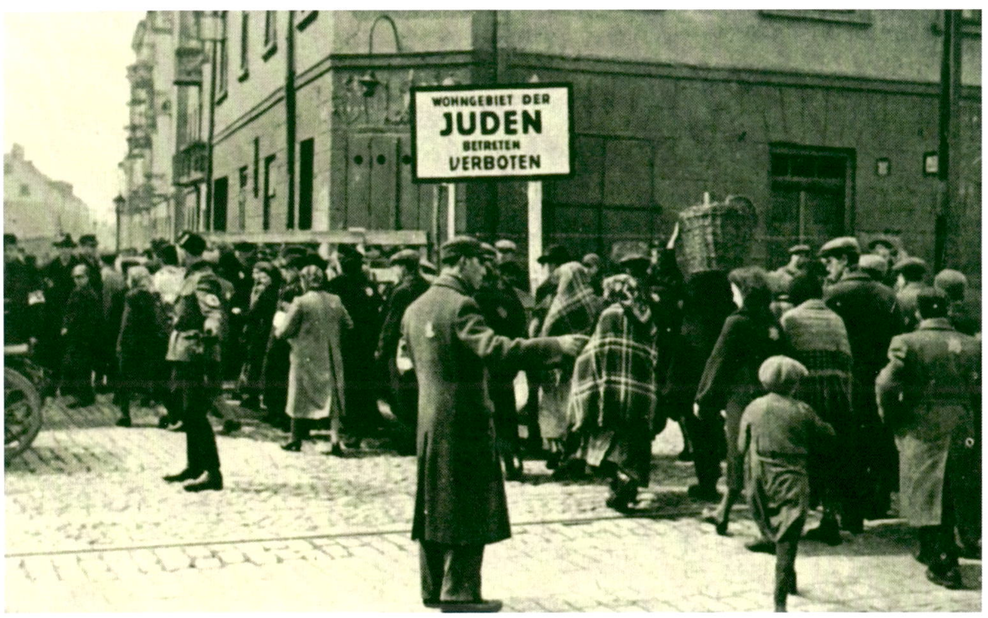

Zwangsumsiedlung in das Getto Litzmannstadt mit Hinweisschild „Wohngebiet der Juden".
(Sammlung Wolfgang Haney, Berlin)

Zur Geschichte des Gettos

Bereits 1423 war Lodz Stadt nach Magdeburger Recht geworden, doch durch die Pest und einen großen Brand von 1661 stagnierte die Stadtentwicklung. 1793 kam das Städtchen (um 1800 wurden nur 190 Einwohner gezählt) mit der zweiten polnischen Teilung an Preußen, unter Napoleon 1807 an das Herzogtum Warschau und 1815 mit dem sog. Kongreßpolen unter russische Herrschaft. Ab 1823 siedelten sich viele deutsche Tuchmacher, meist aus preußischen Provinzen wie Schlesien und Posen, aber auch aus Sachsen und Böhmen, in Lodz an. Die erste Textilfabrik wurde 1826 von Christian Friedrich Wendisch errichtet, weitere Textil- und Maschinenfabriken sowie Spinnereien sollten folgen. Lodz (deutsch auch Lodsch) nahm durch die deutschen Textilfabrikanten einen gewaltigen wirtschaftlichen Aufschwung, der es zum „Manchester des Ostens" machen sollte.

Anfangs konnten sich Juden völlig frei und ohne Auflage in der Stadt ansiedeln. Nach einem Erlaß des Zaren beschränkte die Verwaltung des Königreichs Polen jedoch 1822 die Zuzugsmöglichkeiten für Juden durch eine „Zehn-Punkte-Regelung". Durch eine geforderte Hinterlegung von 20 000 Zloty in bar (für damalige Zeiten ein Vermögen) und dem Nachweis, daß man Polnisch, Französisch oder Deutsch lesen und schreiben könne, öffnete man die Tore der Stadt nur für sehr reiche Juden. Schon im Juli 1827 wies man der jüdischen Bevölkerung dann bestimmte Wohnbezirke zu, Lodz hatte damals gerade einmal 2800 Einwohner. 1831 waren von über 4300 Einwohnern nur 9% Juden.[1]

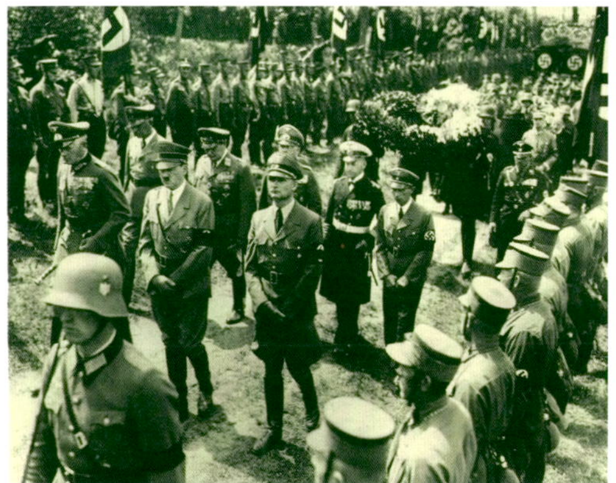

Geballte NS-Prominenz zur Beerdigung des 1936 verstorbenen Generals Karl Litzmann, nach dem Lodz am 11. April 1940 umbenannt werden sollte.
(Sammlung Wolfgang Haney, Berlin)

Ab 1848 wurde es Juden schließlich erlaubt, sich in der Fabrikstadt anzusiedeln, und 1882 entstand die erste jüdische Synagoge der Stadt.
Mit der wirtschaftlichen Blüte stieg die Einwohnerzahl sprunghaft an, und durch den massenhaften Zuzug von Menschen in die „gelobte Stadt" ging die deutsche Bevölkerung von anfänglich 78% auf 18% im Jahr 1911 zurück. 1911 hatte Lodz bereits 522 000 Einwohner.
Zum wirtschaftlichen Aufschwung der Stadt haben Deutsche, Polen und Juden gleichermaßen beigetragen. Ausschlaggebend war der Aufbau der Textilindustrie durch die Deutschen bis etwa 1860, die Polen stellten das Heer der Fabrik- und Heimarbeiter und die Juden bestimmten zusammen mit den Deutschen den Handel.[2)]
Für die NS-Führung war Lodz gleich mehrfach von besonderer Bedeutung. Zum einen war die Stadt ein bedeutender Industriestandort mit 1200 Fabriken und rund zwei Millionen Webspindeln, deren wirtschaftlicher Aufstieg deutsche Wurzeln hatte. Zum anderen lebten in der Stadt 1939 immer noch rund 70 000 Deutsche. Die größte Minderheit stellte aber mit 233 000 Menschen die jüdische Bevölkerung.[3)]
Lodz wurde am 8. September 1939 fast ohne Widerstand von der deutschen Wehrmacht besetzt.[4)] Am 17. September marschierten sowjetische Truppen in Ostpolen ein und besetzten es bis zur sog. Curzon-Linie, womit sie die 1920 von Polen annektierten Gebiete zurückgewannen.
Am 21. September 1939 ordnete der Leiter des SS-Hauptamts Sicherheitspolizei, Heydrich, die Aussiedlung von Juden aus den polnischen Westgebieten (ehemalige deutsche Reichsgebiete) und die Ernennung von „Ältesten der Juden" in den deutsch besetzten polnischen Gebieten an. Daraufhin wurde am 13. Oktober 1939 Mordechai Chaim Rumkowski zum „Judenältesten" von Lodz ernannt.
Am 26. Oktober 1939 wurden vormals deutsche, aber auch polnische Gebiete dem Deutschen Reich angeschlossen und aus „Restpolen" wurde das Generalgouvernement. Am 9. November 1939 kam Lodz zum Reichsgau Wartheland. Schon zwei Tage später wurden die Mitglieder des „Judenrats" von Lodz verhaftet und deportiert. Die meisten von ihnen wurden ermordet.
Am 14. November ordnete der Regierungspräsident von Kalisch, Friedrich Uebelhoer, die Kennzeichung und nächtliche Ausgangssperre für Juden in Lodz an (siehe Abbildung), und am 10. Dezember 1939 verfaßte er eine geheime Denkschrift zur Bildung eines Gettos, in der er abschließend die „Endlösung der Judenfrage" für die Stadt schon vorwegnahm, als er schrieb: *„Endziel muß jedenfalls sein, daß wir die Pestbeule restlos ausbrennen."* Schon damals war für ihn also die Bildung eines „abgegrenzten Wohnbezirks", in dem die jüdische Bevölkerung der Stadt „weggesperrt" werden konnte, nur eine „Übergangslösung" gewesen.[5)]

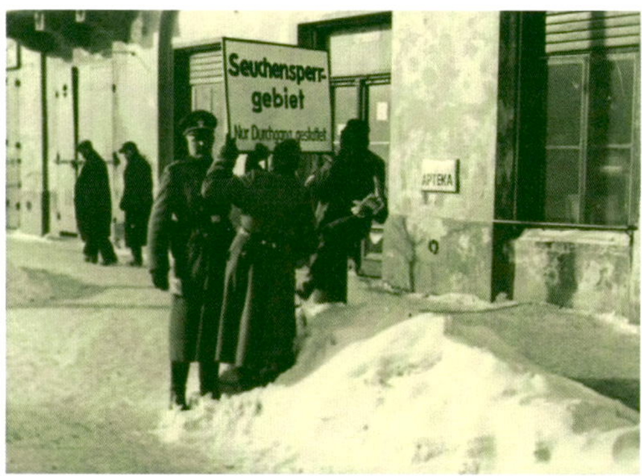

Die deutsche Besatzung beginnt mit der Abgrenzung des Gettos als „Seuchensperrgebiet".
(Sammlung Wolfgang Haney, Berlin)

Verordnung

vom 14. November 1939

Erhebliche durch die Juden verursachte Mißstände im öffentlichen Leben des Verwaltungsbereichs des Regierungspräsidenten zu Kalisch veranlassen mich, für den Verwaltungsbereich des Regierungspräsidenten zu Kalisch folgendes zu bestimmen:

§ 1

Als besonderes Kennzeichen tragen Juden ohne Rücksicht auf Alter und Geschlecht am rechten Oberarm unmittelbar unter der Achselhöhle eine 10 cm breite Armbinde in judengelber Farbe.

§ 2

Juden dürfen im Verwaltungsbereich des Regierungspräsidenten zu Kalisch in der Zeit von 17—8 Uhr ihre Wohnung ohne meine besondere Genehmigung nicht verlassen.

§ 3

Zuwiderhandlungen gegen diese Verordnung werden mit dem Tode bestraft. Bei Vorliegen mildernder Umstände kann auf Geldstrafe in unbeschränkter Höhe oder Gefängnis, allein oder in Verbindung miteinander, erkannt werden.

§ 4

Diese Verordnung tritt bis auf die Bestimmung in § 1 sofort, § 1 vom 18. November 1939 ab in Kraft.

Lodz, den 14. November 1939.

Der Regierungspräsident zu Kalisch

Uebelhoer

Generalgouvernement Polen, Verordnung des Regierungspräsidenten zu Kalisch, Friedrich Uebelhoer, zur Kennzeichnung und Ausgangssperre für Juden vom 14. November 1939. *(Kopie)*

Uebelhoer stellte in seinem Rundschreiben fest, daß seines Erachtens 320 000 Juden in Lodz lebten, 220 000 davon in den nördlichen Stadtteilen. Bis zur Errichtung eines Gettos sollten aber auch Juden evakuiert werden, um Platz für Deutsche aus Rußland und Lettland zu schaffen.

Am 10. Januar 1940 erschien in der „Lodscher Zeitung“ eine Polizeiverordnung zur Bildung einer Bannmeile zwischen dem „Judenviertel“ und dem Rest der Stadt. Den eigentlichen Beginn des Gettos markiert die Verordnung vom 8. Februar 1940 zu den „Wohn- und Aufenthaltsrechten der Juden in Lodsch“. Danach umfaßte das Getto einen Teil der nördlichen Altstadt, das Elendsviertel Balut, den Außenbezirk Marysin sowie den jüdischen Friedhof. Im Getto waren 31 000 Wohnungen, davon nur 725 mit Wasseranschluß und die meisten ohne Kanalisation.[6)]

Zeitplan zur polizeilichen Verordnung
vom 8. Februar 1940 betr. Wohn- und Aufenthaltsrechte der Juden.

In den Tagen vom 20. bis 24. Februar 1940 ist gestattet, daß diejenigen Polen, welche aus dem Wohngebiet der Juden im Norden (§ 1 der Polizeiverordnung) in das Wohngebiet im Süden (§ 2 der Polizeiverordnung) eingewiesen sind, innerhalb dieses neuen Gebietes einen Wohnungstausch durchführen innerhalb aller jener Wohnungen, welche bisher von Polen bewohnt waren und welche bisher von Juden bewohnt waren. Ausgenommen von dem Recht des Umzuges, des Wohnungstausches und der freiwilligen Belegung bleiben in dieser Woche die Gebiete der bisherigen Gemeinde Chojny und Ruda-Pabianicka sowie das Gebiet, welches umgrenzt wird von den Straßen: Wiesenstraße (Lonkowa), Ludendorffstraße (Zeromskiego), Mozartstraße (Skoczowska), Glokkengasse (Stanislawa), Adolf-Hitler-Straße (Petrikauer), Breslauer Straße (Pabianicka) und im Westen von der Eisenbahnlinie.

Desgleichen ist es in den Tagen vom 20. bis 24. Februar denjenigen Juden, welche in das neue Wohngebiet der Juden eingewiesen worden sind, oder welche bisher dort gewohnt haben, gestattet, einen Wohnungstausch vorzunehmen innerhalb des neuen Wohngebietes der Juden, und zwar innerhalb aller derjenigen Wohnungen, welche dort bisher von Juden bewohnt waren, oder durch die Umsiedlung der letzten Woche dem Aeltesten der Juden zur Belegung durch Juden zugewiesen sind. Die für die Durchführung dieses Wohnungstausches notwendigen Umzüge werden hiermit freigegeben. Es bleibt aber untersagt, in dieser Woche andere als die oben genannten Umzüge vorzunehmen, insbesondere ist die freiwillige Abwanderung in die neuen Wohngebiete in dieser Woche untersagt und Zuwiderhandlungen haben die im § 13 der Ausführungsbestimmungen angedrohten Folgen.

Alle Umsiedlungen in den Tagen vom 21. bis 24. Februar 1940 erfolgen mit Betten, Bettstellen, Matratzen und Bettzeug. Die dafür notwendigen Transportmittel haben die Beteiligten rechtzeitig sicherzustellen, wofür auf § 9 der Ausführungsbestimmungen bezüglich rechtzeitiger Kennzeichnung der Wagen verwiesen wird.

Ueber die im § 3 der Ausführungsbestimmungen genannten Gegenstände und die oben genannten Schlafgelegenheiten hinaus dürfen Einrichtungsgegenstände nicht mitgeführt werden.

In den Tagen vom 21. bis 24. Februar 1940 finden täglich nur 3 Gruppentransporte der Polen von Norden nach dem Süden statt, und zwar: um 8 Uhr, um 11 Uhr und um 14 Uhr.

Die Blockordner der Polen haben sicherzustellen, daß die Mitnahme der neu zugelassenen Einrichtungsgegenstände nicht zu einer Verzögerung der Transporte führt. Die Transportgruppen haben sich daher bereits eine halbe Stunde vor den festgesetzten Zeiten zu sammeln und zu einem geordneten Zuge zu ordnen.

Auf die rechtzeitige schriftliche Anmeldung notwendiger Krankentransporte wird nochmals hingewiesen; desgleichen auf § 13 der Ausführungsbestimmungen, nach denen jeder Hauseigentümer und Mieter zunächst auf unbestimmte Zeit die Einweisung von neuen Mietern in die Wohnungen zu dulden hat.

Montag, den 19. Februar 1940,

bleibt frei von Umsiedlungen.

Dienstag, den 20. Februar 1940,

siedeln um alle Juden, welche sich noch in dem durch § 2 der Polizeiverordnung vom 8. 2. 40 den Polen zugewiesenen Wohngebiet einschließlich der neuen Gemeinden Chojny und Ruda Pabicnicka aufhalten.

Sammelpunkt: Markthalle am Reymont-Platz.

Mittwoch, den 21. Februar 1940.

siedeln alle Juden um aus dem Gebiet, welches von den Straßen umgrenzt wird:

Nibelungenstraße (Emilienstr.), Spinnereistr. (Przendzalniana), Böhmische Linie (Napiorkowskiego), Adolf-Hitler-Straße (Petrikauer Str.).

Sammelpunkt: Wuppertaler Straße (Milionowa) Ecke Rüsterstraße (Grabowa).

Am gleichen Tage übersiedeln die Polen aus denjenigen Blocks, des den Juden gemäß § 1 der Polizeiverordnung zugewiesenen Wohngebietes, welche im Zeitplan vom 12. bis 17. 2. 40 vorgesehen waren, aber noch nicht zur Umsiedlung gelangt sind. Diese Polen werden eingewiesen in das Gebiet, welches umgrenzt wird von den Straßen:

Eichhörnchengasse (Wolowa), Albert-Breyer-Straße (Skorupki), Glockengasse (Stanislawa), Adolf-Hitler-Straße (Petrikauer), Breslauer Straße (Pabianicka) und Eisenbahn.

Donnerstag, den 22. Februar 1940,

siedeln alle Juden um aus den Straßen:

Nibelungenstr. (Emilienstr.), Spinnereistraße (Przendzalniana), Fabrikstraße (Fabryczna), Eisenstraße (Zelazna), Königsbacher Straße (Rokocinska), Rudolf-Heß-Straße (Gluwna), Schillerstraße (Sienkiewicza), Ludwig-Grohmann-Straße (Tylna), Seitenstraße (Boczna).

Sammelpunkt: Fabrikstraße (Fabryczna) Ecke Marktstraße (Targowa).

Am gleichen Tage übersiedeln die Polen aus Block 5, welcher folgende Straßen umfaßt:

Rudererstraße (Wioslarska), Pfeffergasse (Pieprzowa), Brunnenstraße (Berka Joselewicza), insoweit diese Straßen in dem neuen Wohngebiet der Juden liegen. Diese Polen werden eingesiedelt in das Gebiet der Gemeinde Chojny.

Freitag, den 23. Februar 1940,

siedeln alle Juden um aus dem Gebiet, welches umschlossen wird von den Straßen:

Kölnische Straße (Stanislawskiego), Albert-Breyer-Straße (Skorupki), Eichhörnchengasse (Wolowa), Warenstraße (Towarowa), Parkstraße (Parkowa), Erhard-Patzer-Straße (Radwanska), Uferstraße (Brzezna), Schiller-Straße (Sienkiewicza), Ludwig-Grohmann-Straße (Tylna), Seitenstr. (Boczna), Nibelungenstr. (Emilienstr.).

Sammelpunkt: Erhard-Patzer-Straße (Radwanska), Ecke Schlachthofstraße (Inzynierska).

Am gleichen Tage übersiedeln die Polen aus Block 6, welcher die Straße Rybna umfaßt, soweit sie im neuen Wohngebiet der Juden liegen. Diese Polen werden eingesiedelt in das Gebiet der Gemeinde Ruda Pabianicka.

Lodsch, den 17. Februar 1940

Der Umsiedlungsleiter

Zeitplan zur polizeilichen Verordnung vom 8. Februar 1940 zu den Wohn- und Aufenthaltsrechten der Juden in der Stadt Lodsch.

(Veröffentlichung in der „Lodscher Zeitung“ vom 9. Februar 1940)

In der Stadt lebten zu diesem Zeitpunkt noch etwa 158 000 Juden, die in dem anfangs nur rund 4 qkm großen Getto zusammengepfercht wurden. 49 000 Polen mußten hierzu aus dem ausgewiesenen Gebiet umgesiedelt werden.

Am 24. Februar 1940 wurde den Lodscher Juden die Benutzung öffentlicher Verkehrsmittel verboten. Drei Tage später gründete der „Älteste der Juden", Rumkowski, einen jüdischen Ordnungsdienst, und am 15. März nahm die Gettopost ihren Betrieb auf.[7]

Da Litzmannstadt nach der Angliederung zum Reichsgebiet gehörte, bezeichnete man das dortige Getto auch als „Gaugetto" und befahl dessen Schließung am 8. April 1940.

Am 11. April 1940 wurde Lodsch (Lodz) auf Führerbefehl in Litzmannstadt umbenannt, um an den 1936 verstorbenen deutschen General Karl Litzmann zu erinnern, der im Ersten Weltkrieg nahe Lodz eine Schlacht leitete und später Unterstützer und Abgeordneter der NSDAP wurde. Zum „Führergeburtstag" am 20. April 1940 berichtete die „Litzmannstädter Zeitung" unter der Überschrift „Abschließung des Gettogebietes": *„Die Gettobildung im Norden von Litzmannstadt ist nunmehr soweit fortgeschritten, daß die vollständige Abschließung erfolgen kann. Ab 15. April 1940 darf das Gettogebiet von Reichsdeutschen überhaupt nicht mehr und von Volksdeutschen nur zum Zwecke der Umsiedlung betreten werden."* Am 30. April wurde das Getto Litzmannstadt dann vollständig abgeriegelt.

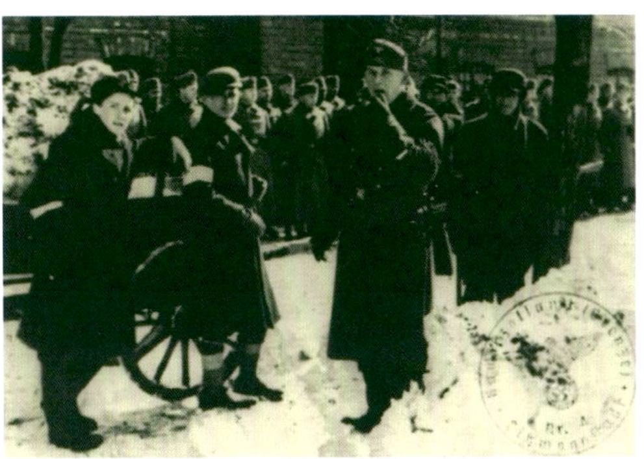

Getto Litzmannstadt, mittels Handkarren wird der Schnee aus den Straßen abtransportiert.
(Sammlung Wolfgang Haney, Berlin)

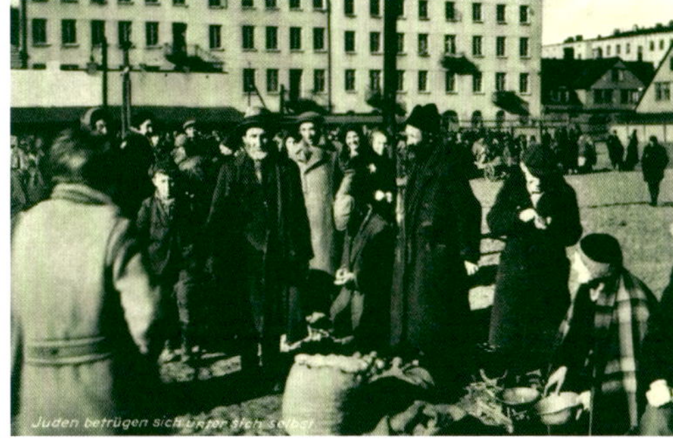

Propaganda-Postkarte zum Getto Litzmannstadt mit dem Titel „Juden betrügen sich unter sich selbst". Auf der Rückseite: „Judenmarkt unter Juden. Die Juden wurden sofort nach dem Einmarsch der deutschen Truppen in Polen unter sich konzentriert. Sie können sich jetzt gegenseitig auf Ihren eigenen Wochenmärkten betrügen …" (Sammlung Wolfgang Haney, Berlin)

Das Verlassen des Gettos war bei Androhung der Todesstrafe untersagt.

Als „Gaugetto" wurde Litzmannstadt sowohl zum Ort von Einweisungen aus dem Reichsgau Wartheland als auch zum Ausgangspunkt von Deportationen in die Vernichtungslager. Darüber hinaus trafen aber auch jüdische Transporte aus dem „Altreich" ein, aus dem Protektorat Böhmen und Mähren und sogar aus Luxemburg.[8]

Die Lebensbedingungen im Getto waren furchtbar. Viele Menschen hungerten, erfroren im Winter in ungeheizten Wohnungen oder wurden Opfer von Seuchen. Von 1940 bis 1944 starben über 43 000 Menschen im Getto. Bereits im Januar 1942 begannen außerdem Massendeportationen in das Vernichtungslager Kulmhof (Chelmno), für die der „Judenrat" sogar selbst Transportlisten zu erstellen hatte. Bis Ende Mai 1942 wurden 55 000 Menschen aus dem Getto Litzmannstadt nach Kulmhof deportiert und dort ermordet. Anfang September folgten ihnen weitere 16 000 Menschen aus dem Getto, darunter alle Kinder unter zehn Jahren, Kranke und Schwache. Im Getto kam es zu einer regelrechten Menschenjagd durch die Gestapo. Als die Transporte am 12. September 1942 vorerst abgeschlossen waren, lebten nur noch etwa 89 500 Menschen im Getto von Litzmannstadt.

Ende Juli 1944 standen sowjetische Truppen an der Weichsel bei Warschau, und bereits am

2. August mußte Rumkowski die Verlegung des Gettos bekanntgeben. Bis zum 30. August 1944 deportierte man fast 61 000 Menschen aus dem Getto nach Auschwitz-Birkenau. Nur einige Tausend von ihnen wurden als Arbeitskräfte selektiert, alle anderen starben noch am Ankunftstag im Gas. Am 28. August 1944 fuhr auch der „Judenälteste" Mordechai Chaim Rumkowski nach Auschwitz und wurde dort ermordet.

Als das Getto am 17. Januar 1945 von der Roten Armee befreit wurde, hatten nur noch etwa 870 Menschen in Verstecken überlebt.[9]

Zwangsarbeit im Getto

In seinem Rundschreiben zur Gettobildung vom 10. Dezember 1939 schrieb der Regierungspräsident zu Kalisch, Uebelhoer, bezüglich der Versorgung des Gettos, daß Lebensmittel und Brennstoffe grundsätzlich nur durch Tauschware wie Textilien bezahlt werden dürften und es auf diese Weise gelingen sollte, die „von den Juden gehamsterten und versteckten Sachwerte restlos herauszuholen".[10] In einem Schreiben des Oberbürgermeisters von Litzmannstadt an den „Judenältesten" Rumkowski vom 30. April 1940 heißt es u. a.: *„Zur Sicherstellung der Ernährung der Bevölkerung des Gettos sind Sie berechtigt, alle gesammelten Vorräte zu beschlagnahmen und zur Verteilung zu bringen. Da das gesamte jüdische Vermögen nach reichsgesetzlicher Regelung als beschlagnahmt gilt, haben Sie sämtliche Vermögenswerte der Juden, soweit sie nicht zur unmittelbaren Lebensnotwendigkeit gehören (z. B. zur Bekleidung, Ernährung und Wohnung), listenmäßig zu erfassen und sicherzustellen. Sie sind ferner berechtigt, alle Juden zu unentgeltlichen Arbeitsleistungen zu verpflichten."*[11]

Zuständig war in der deutschen Stadtverwaltung die städtische „Ernährungs- und Wirtschaftsstelle, Abteilung Getto". Im Mai 1940 hatte Hans Biebow, ein Kaufmann aus Bremen, die Leitung der deutschen Gettoaufsicht bei der Stadtverwaltung übernommen, und baute sie zu einem Instrument der Ausbeutung jüdischer Arbeitskraft aus.[12] Im Getto entwickelte sich der „Judenrat", der für die Umsetzung aller Anweisungen und die Erfüllung sämtlicher Forderungen im Getto verantwortlich war, mit Rumkowski an der Spitze zu einem quasi diktatorischen Regime.[13] Die jüdische „Selbstverwaltung" beschäftigte im Juli 1940 bereits über 7300 Personen.[14]

Für die beschlagnahmten Wertsachen, wie Devisen und Schmuck, wurden dem Getto minderwertige Lebensmittel geliefert. Sehr bald stand für Rumkowski fest, daß selbst die mindeste Versorgung im Getto nur durch die Erbringung hoher Arbeitsleistungen gesichert werden konnte. Schon im April 1940 bemühte er sich deshalb um die Gründung von Textilbetrieben, und das Getto entwickelte sich vom „jüdischen Sammellager" zum „Arbeitsgetto".

Arbeiteten die meisten Gettobewohner anfänglich noch in Textilfabriken oder Tischlereien, so wurden sie bald auch als Zwangsarbeiter an deutsche Firmen „ausgeliehen". Von den 144 000 Juden, die im Sommer 1941 im Getto lebten, arbeiteten allein 40 000 für die Wehrmacht und 3500 waren in Arbeitslagern außerhalb des Gettos untergebracht. Erwirtschaftet wurden im Juni 1941 rund 1,3 Millionen Reichsmark. Eine besondere Bedeutung erlangte das Getto Litzmannstadt für die Versorgung der Wehrmacht mit Bekleidung.[15]

Der Rechnungshof des Deutschen Reichs hatte das Getto schon im Mai 1941 überprüft und festgestellt: *„Der Geldbedarf für die der Judenge-*

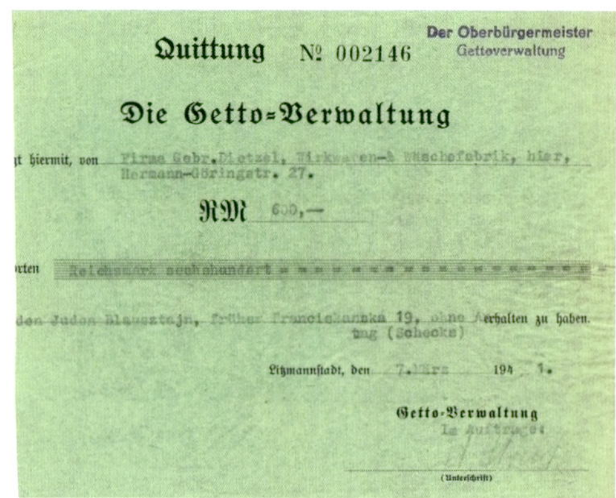

Quittung № 002146 — Der Oberbürgermeister Gettoverwaltung

Die Getto=Verwaltung

...t hiermit, von Firma Gebr. Dietzel, Wirkwaren-& Wäschefabrik, hier, Hermann-Göringstr. 27.

RM 600,—

...rten Reichsmark sechshundert

den Juden [illegible], früher Franciszkanska 19, ohne ... erhalten zu haben. ...ung (Schecks)

Litzmannstadt, den 7. März 1941.

Getto-Verwaltung
Im Auftrage

(Unterschrift)

Quittung der städtischen Gettoverwaltung zum Empfang von 600 RM von der deutschen Firma Gebr. Dietzel aus Litzmannstadt vom 7. März 1941.

(Sammlung Wolfgang Haney, Berlin)

meinschaft gelieferten Wirtschaftsgüter wird in der Hauptsache aufgebracht durch die Arbeitsleistungen der einsatzfähigen Gettoinsassen, durch Verwertung der von ihnen abgelieferten oder beschlagnahmten Besitzgüter, durch Einziehung von jüdischen Forderungen an ausserhalb des Gettos befindliche Schuldner und durch Spenden und Unterstützungen, die aus dem Auslande, dem Generalgouvernement und dem Altreich eingehen."[16]

Der Einsatz der Gettobewohner für die Kriegswirtschaft sollte in der Folge noch weiter intensiviert werden. In einem Bericht des Rüstungskommandos Litzmannstadt (RüKdo L.) vom 12. Dezember 1941 heißt es: *„Bei den Juden hat sich im Rahmen der Rüstungsfertigung am besten der geschlossene Einsatz im Getto bewährt. Unter strengen Arbeitsbedingungen werden hier zum Teil überraschend gute Ergebnisse erzielt. Das Litzmannstädter Getto mit seinen über 170.000 Insassen hat sich auf diese Weise zu der wohl größten Werkstatt Deutschlands entwickelt. Die hier zusammengehaltenen Juden sind zum größten Teil Handwerker. Ihr Einsatz in maschinell gut ausgestatteten Werkstätten bedeutet bei der denkbar einfachsten Lebensführung – die Insassen erhalten die Kost arbeitender Sträflinge – eine gewaltige Leistungsmöglichkeit für billige Fertigung jeder Art. ... Unter diesen Umständen konnten auch eine ganze Reihe von Wehrmachtsaufträgen ins Getto gelegt werden, so daß z. Zt. 90 bis 95 v.H. der Fertigung allein an die Wehrmacht gehen. Neben Uniformen, Pelzarbeiten und textilem Zubehör werden Geräte verschiedenster Art, Werkzeuge und Behälter aus Holz und Metall gefertigt. Die erforderlichen Maschinen und Bearbeitungsgeräte werden zum größten Teil im Getto selbst gebaut. Das Getto bietet so eine wirksame Entlastung für die zahlreichen handwerklichen Engpaßgebiete des Altreiches.*" Die deutsche Gettoverwaltung stellte in einem Schreiben vom 25. Oktober 1943 fest: *„Den wehrwirtschaftlich wichtigen Gebieten gleichzusetzen sind auch die Fertigungsstätten im Getto, die mit 70.000 Arbeitskräften für die Kriegswirtschaft in letzter Zeit fast ausschließlich für die Rüstung arbeiten.*"[17]

Neben der Textilfertigung und Holzverarbeitung erhielt aber auch die Metallabteilung, die auch eigene Münzen für das Getto herstellte, umfangreiche Aufträge der Wehrmacht. So wurden neben Messern, Schaufeln und Stahlkernen für Infanteriemunition etwa auch Koppelschlösser, Abzeichen, Orden und sogar Kleinkunsterzeugnisse hergestellt.[18]

Aus einer solchen Werkstatt stammen zwei selbstgefertigte silberne Broschen, die auf ganz besondere Art Zeugnis von der Arbeit und den Lebensbedingungen im Getto ablegen.

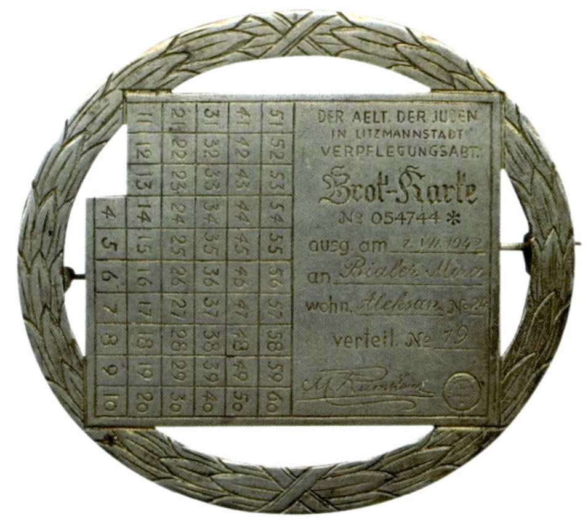

Getto Litzmannstadt, Silberbrosche mit Darstellung einer benutzten Brotkarte der Verpflegungsabteilung des Ältesten der Juden (mit Namen und Datum vom 1. Juli 1942) im Eichenlaubkranz.
(Sammlung Wolfgang Haney, Berlin)

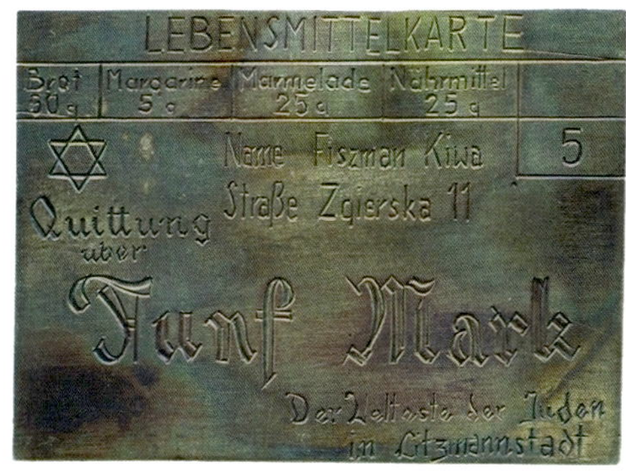

Getto Litzmannstadt, Silberbrosche mit Darstellung einer Lebensmittelkarte in Kombination mit einer Quittung über 5 Mark (Gettogeld).
(Sammlung Wolfgang Haney, Berlin)

Empfangsbestätigung Ankunfts Nr. 2134/IV/14
Empfänger Kenig Laja
Strasse Sulzfelderstr. 16/44
à Cto. Lohnauszahlung RM. 12 Rpf.
wörtlich RM. zwoelf Rpf.
Absender: DER AELTESTE DER JUDEN
in Litzmannstadt-Getto Aufgabe-Nr. 1578
Litzmannstadt, den 1.V. 1941 Obigen Betrag erhalten [Unterschrift]
Zuschlaggebühr

Getto Litzmannstadt, Empfangsbestätigung über eine Lohnauszahlung in Höhe von 12 RM vom 1. Mai 1941.
(Sammlung Wolfgang Haney, Berlin)

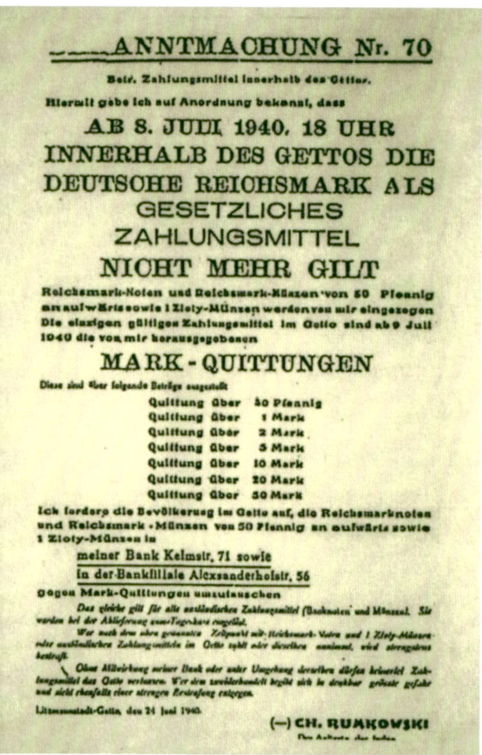

...ANNTMACHUNG Nr. 70

Betr. Zahlungsmittel innerhalb des Gettos.

Hiermit gebe ich auf Anordnung bekannt, dass

AB 8. JULI 1940, 18 UHR INNERHALB DES GETTOS DIE DEUTSCHE REICHSMARK ALS GESETZLICHES ZAHLUNGSMITTEL NICHT MEHR GILT

Reichsmark-Noten und Reichsmark-Münzen von 50 Pfennig an aufwärts sowie 1 Zloty-Münzen werden von mir eingezogen. Die einzigen gültigen Zahlungsmittel im Getto sind ab 9 Juli 1940 die von mir herausgegebenen

MARK-QUITTUNGEN

Diese sind über folgende Beträge ausgestellt

Quittung über 50 Pfennig
Quittung über 1 Mark
Quittung über 2 Mark
Quittung über 5 Mark
Quittung über 10 Mark
Quittung über 20 Mark
Quittung über 50 Mark

Ich fordere die Bevölkerung im Getto auf, die Reichsmarknoten und Reichsmark-Münzen von 50 Pfennig an aufwärts sowie 1 Zloty-Münzen in

meiner Bank Kelmstr. 71 sowie
in der Bankfiliale Alexanderhofstr. 56

gegen Mark-Quittungen umzutauschen

Das gleiche gilt für alle ausländischen Zahlungsmittel (Banknoten und Münzen). Sie werden bei der Ablieferung zum Tageskurs [illegible].

Wer nach dem oben genannten Zeitpunkt mit Reichsmark-Noten und 1 Zloty-Münzen oder ausländischen Zahlungsmitteln im Getto zahlt oder dieselben annimmt, wird strengstens bestraft.

Ohne Mitwirkung meiner Bank oder unter Umgehung derselben dürfen keinerlei Zahlungsmittel das Getto verlassen. Wer dem zuwiderhandelt begibt sich in [illegible] gefahr und sieht ebenfalls einer strengen Bestrafung entgegen.

Litzmannstadt-Getto, den 24 Juni 1940.

(—) CH. RUMKOWSKI
Der Aelteste der Juden

Getto Litzmannstadt, Bekanntmachung des Ältesten der Juden zur Außerkurssetzung der Reichsmark im Getto.
(Kopie: Staatsarchiv Lodz)

Die eigene Getto-Währung

Die Schaffung einer eigenen „Binnenwährung“ für das Getto Litzmannstadt stellt eine Besonderheit der deutschen Währungsgeschichte dar, die der Abschöpfung aller im Getto vermuteten Gelder aus jüdischem Besitz dienen sollte.

Im Mai 1940, also direkt nach der Schließung des Gettos, schätzte man ein, daß sich noch etwa 5 Millionen Reichsmark im Getto befänden, die von den Bewohnern zurückgehalten und nur auf dem Schwarzmarkt verwendet werden würden. Zudem rechnete die Stadtverwaltung spätestens ab Juni 1940 damit, das Getto andauernd finanziell unterstützen zu müssen. Mit dem eigenen Gettogeld sollten deshalb alle noch im Getto vorhandenen Geldwerte, egal ob Reichsmark, Zloty oder ausländische Devisen, vollständig herausgezogen werden. Zu diesem Zweck wurde die Reichsmark ab 8. Juli 1940 im Getto für ungültig erklärt. Eingeführt wurden stattdessen ab 9. Juli 1940 Mark-Quittungen des Ältesten der Juden, die man zu alleinigen Zahlungsmitteln im Getto erklärte, die außerhalb des Gettos aber praktisch wertlos waren.[19]

Mit seiner Bekanntmachung Nr. 70 (siehe Abbildung) forderte Rumkowski die Gettobewohner auf, alle Reichsmarknoten und Reichsmarkmünzen ab 50 Pfennig Nennwert sowie alle ausländischen Zahlungsmittel bei „seiner Bank“ (Bank des Aeltesten der Juden in Litzmannstadt) gegen die neuen Mark-Quittungen umzutauschen. Für den Fall der Annahme ungültig erklärter Zahlungsmittel und von Devisenschmuggel aus dem Getto wurden strenge Strafen angedroht.

Sehr ausführlich beschäftigt sich der bereits mehrfach erwähnte Bericht des Rechnungshofs

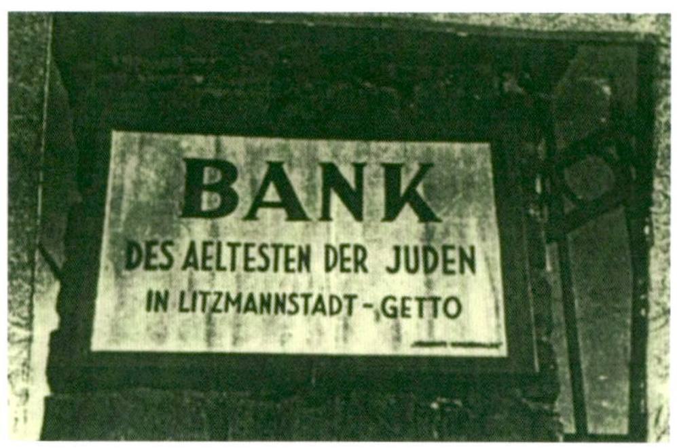

Getto Litzmannstadt, Schild am Eingang der Bank des Aeltesten der Juden.
(Kopie: Städtisches Historisches Museum Lodz)

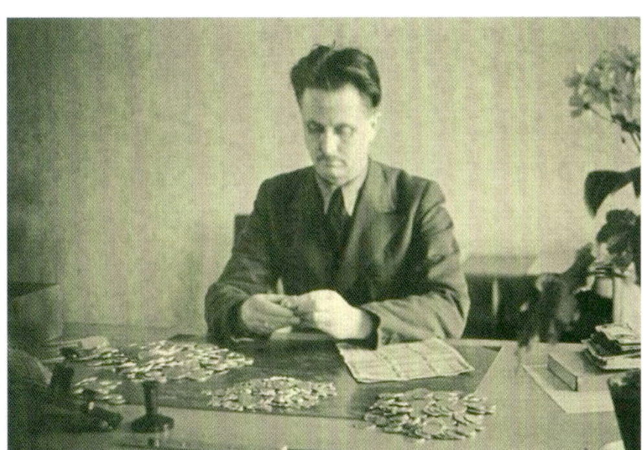

Getto Litzmannstadt, der Finanzleiter des Gettos, Ser.
(Kopie: Guy Franquinet)

des Deutschen Reichs vom Mai 1941 auch mit den Ersatzzahlungsmitteln für das Getto. Darin heißt es unter der Überschrift: „II. Deckung des Geldbedarfs für die der Judengemeinde gelieferten Wirtschaftsgüter“: *„Um den Verkehr, der sich auf Schleichwegen entwickelte, völlig zu unterbinden, war die Abziehung der im Getto befindlichen gesetzlichen Zahlungsmittel und der Warenvorräte erforderlich. Bei der großen Zahl der im Getto untergebrachten Juden entstand die Notwendigkeit, nach Abzug der gesetzlichen Zahlungsmittel ein Zahlungsmittel zuzulassen, da ein Giralverkehr* (Zahlungsabwicklung auf dem Verrechnungsweg über täglich liquidierbare Konten mittels „Buchgeld“) *für diesen großen Personenkreis nicht durchführbar war. Der Oberbürgermeister hat daher auf Anweisung des Regierungspräsidentem dem Ä. d. J. gestattet, sich ein Zahlungsmittel, das nur für das Getto bestimmt ist, zu beschaffen. Dieses Zahlungsmittel ist des Geldcharakters dadurch entkleidet worden, daß es lediglich in Form von Quittungen über bestimmte Beträge mit der Unterschrift des Judenältesten ausgegeben werden darf. Hierdruch verliert dieses Zahlungsmittel, da es ohne irgendwelche Zusätze in Umlauf gegeben wird, den Geldcharakter, ermöglicht aber andererseits dem Ä. d. J., innerhalb seines geschlossenen Gebiets den Warenverkehr zu regeln. Das von dem Ä. d. J. beschaffte Zahlungsmittel ist unter beamter Kontrolle bei einer Druckerei in Litzmannstadt gedruckt. Die Kontrolle über den Umlauf übt die Stadtverwaltung aus. Innerhalb des Gettos ist von dem Ä. d. J. eine Währungsbank aufgezogen, die den Umlauf innerhalb des Gettos kontrolliert. Eine Deckung für das Zahlungsmittel besteht nicht. Der Ä. d. J. gibt die Quittungen nur aus gegen Abgabe von Reichsmark-Zahlungsmitteln seitens der Gettobewohner bezw. vergütet er mit dem Zahlungsmittel an ihn abgelieferte Waren und ausgeführte Arbeitsleistungen der Gettobewohner. Durch die Erklärung des Gettogelds zum allein gültigen Zahlungsmittel im Getto gelangt der Ä. d. J. in den Besitz der im Getto befindlichen Reichsmark-Bestände, mit denen er die Waren kauft, die zur Erhaltung des Gettos erforderlich sind. Ein Umlauf des Zahlungsmittels außerhalb des Gettos ist theoretisch und praktisch ausgeschlossen, da das Zahlungsmittel außerhalb des Gettos nicht ausgegeben wird, aus dem Getto nicht herauskommen kann und auch niemand dafür außerhalb des Gettos einen Gegenwert erhalten würde.*
Die Reichsbanknebenstelle Litzmannstadt hat dem Oberbürgermeister im Juni 1940 im Auftrag des Reichsbankdirektoriums mitgeteilt, daß in der Ausgabe eines besonderen Zahlungsmittels für den abgeschlossenen Judenstadtteil in der ihr geschilderten Form ein Verstoß gegen § 25 des Gesetzes über die Deutsche Reichsbank vom 15. Juni 1939 nicht zu erblicken sein würde. Der Ä. d. J. hat am 17. Juni 1940 Gettogeld-Quittungen über eine Summe von 7.348.000,– empfangen. Davon wurden von der Judenbank bis Ende Dezember 1940 3.529.747,50 ausgegeben.“[20]

Den eigentlichen Anstoß zur Schaffung einer Binnenwährung für das Getto ging höchstwahrscheinlich vom damaligen Litzmannstädter Bürgermeister Dr. Karl Marder aus, der sich durch seine Promotion als Experte für die Entschuldung von Kommunen nach der deutschen Inflation auswies. Da über die Ersatzwährung erfolgreich reguläre Zahlungsmittel aus jüdischem Besitz aus dem Getto herausgezogen und über ein „Ernährungskonto“ zu dessen Versorgung eingesetzt werden konnten, machte das Beispiel sogar Schule. So interessierten sich auch die Verwaltungen der Gettos von Bialystok und Tarnow für die „Litzmannstädter Lösung“. Zur praktischen Umsetzung kam es hier jedoch nicht.[21]

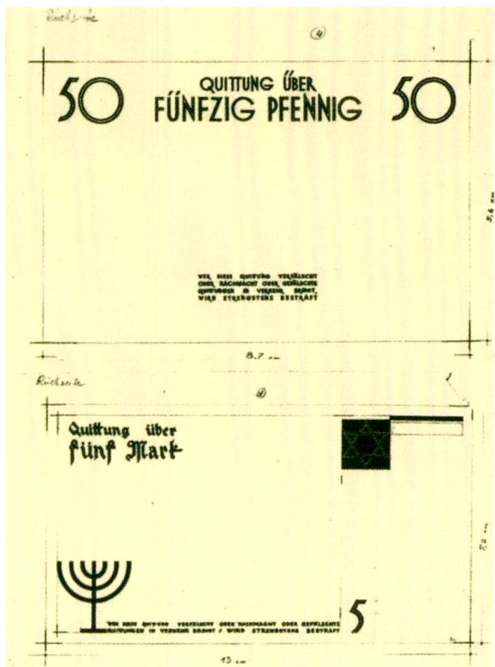

Getto Litzmannstadt, Entwurf zur Quittung über 50 Pfennig von Ignaz Gutman.
(Kopie: Yad Vashem)

Papiergeld-Ersatz im Getto

Den ersten Entwurf für das Gettogeld fertigte auf Bitte Rumkowskis ein jüdischer Künstler namens Brauner. Brauners Skizze zeigte eine aufgehende Sonne hinter einem gefangenen Mann, der wütend an seinen Ketten zog. Rumkowski soll die Skizze wütend zerrissen haben.[22)]

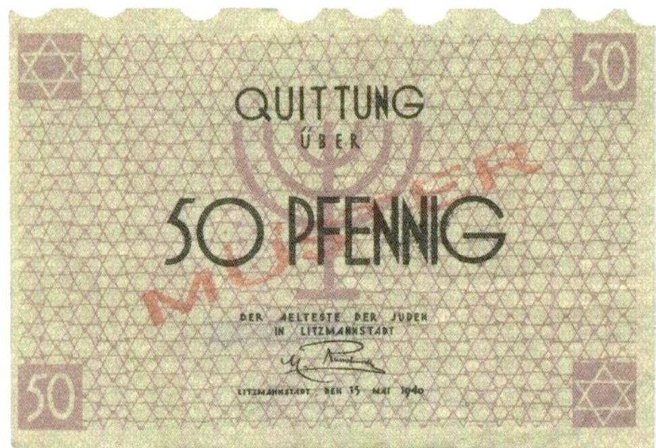

Getto Litzmannstadt, Musterschein zu 50 Pfennig des Ältesten der Juden vom 15. Mai 1940.
(Sammlung Wolfgang Haney, Berlin)

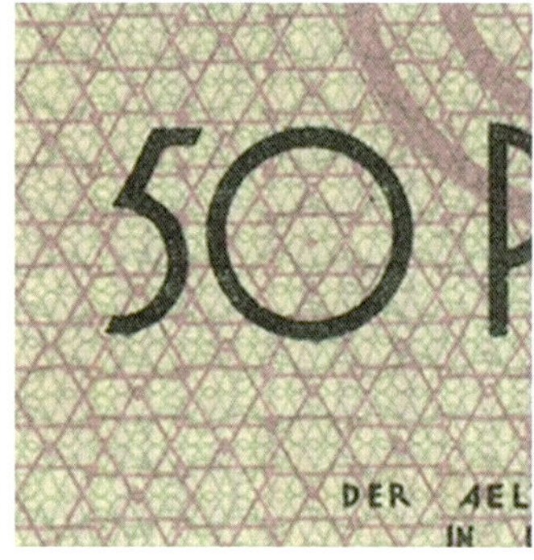

Der Aelteste der Juden in Litzmannstadt, Detail einer Quittung über 50 Pfennig mit einem farbigen Punkt im Zentrum des Davidsterns in der Null der Wertzahl.
(Sammlung des Autors)

Anstelle von Brauner wurde nun der Architekt Ignaz Gutman mit dem Entwurf einer Geldscheinserie beauftragt, die Grafik stammt von Pinkus Szwarc. Gutman verwendete lediglich den Davidstern und einen siebenarmigen Leuchter (Menora) als jüdische Symbole für die sieben verschiedenen Werte von 50 Pfennig bis 50 Mark. Gedruckt wurden die Mark-Quittungen bei der Firma Siegmund Manitius außerhalb des Gettos (Ludendorfer Straße 87).[23)]

Da die Scheidemünzen mit Nominalen unter 50 Pfennig weiter in Umlauf blieben, ging man davon aus, daß zusammen mit den gedruckten Mark-Quittungen der Geldverkehr im Getto abgedeckt werden konnte.

Im Unterschied zu den oft primitiven Ausgaben für Konzentrationslager sind die Mark-Quittungen von Litzmannstadt sehr aufwendig ausgeführt. Man verwendete nicht nur Unter- und Überdruck, die höheren Werte wurden sogar auf Wasserzeichenpapier gedruckt. Jeder Wert wurde mit speziellen Sicherheitsmerkmalen versehen, um Fälschungen vorzubeugen. Auf den Rückseiten jedes Scheins warnte zusätzlich ein Straftext vor Nachahmungen und Verfälschungen. Wie sich herausstellen sollte, war die Besorgnis vor Fälschungen nicht unbegründet. Fest steht, daß solche im Getto hergestellt wurden.[24)]

Im Januar 1942 mußten die Zwei-Mark-Quittungen sogar vollständig aus dem Verkehr gezogen werden, weil zahlreiche Fälschungen davon umliefen. Auf diese soll jedoch in einem besonderen

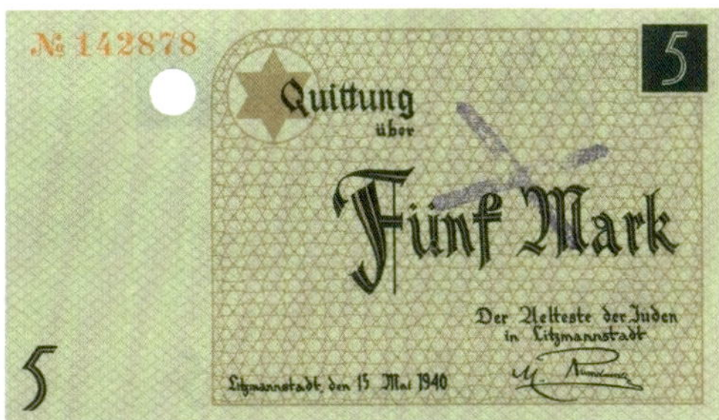

Getto Litzmannstadt, durch Lochung und gestempeltes Andreaskreuz entwertete Quittung über 5 Mark.
(Sammlung Wolfgang Haney, Berlin)

Kapitel zu Fälschungen und Fantasiedrucken am Ende des Buchs eingegangen werden. Betrachten wir hier stattdessen lieber ein geheimes Sicherheitsmerkmal, das das Erkennen von Original und Fälschung erleichtert – einen unauffällig platzierten farbigen Punkt, der bei jedem Nominal an einer anderen Stelle zu finden ist, was den Eindruck der Zufälligkeit erweckt, so man ihn überhaupt ausmacht. Als Beispiel soll an dieser Stelle eine Detailvergrößerung des niedrigsten Werts genügen. Die Katalogisierung wird aber zu jedem Nominal durch eine Detailabbildung des geheimen Erkennungsmerkmals ergänzt.
Wie bei allen Geldscheindrucken, so gab es auch für die Litzmannstädter Mark-Quittungen Probedrucke und Muster. So bekannt, werden diese in der Katalogisierung mit aufgeführt. Es kommen auch verschiedene Arten der Entwertung vor.
Im Getto nannte man die Quittungen nach Rumkowski, dessen Faksimile-Unterschrift auf jedem Schein zu finden ist, bald nur noch „Rumkis". Von den am 17. Juni 1940 an die Bank des Ältesten der Juden in Litzmannstadt ausgelieferten Quittungen in Gesamthöhe von 7 348 000 Mark wurden in den zwei folgenden Monaten nur 1 486 611 Mark gegen reguläre Zahlungsmittel eingetauscht. Nach einer Aufstellung Rumkowskis vom 2. Februar 1941, die im Rechnungshof-Bericht erwähnt wird, sollen bis zum 31. Dezember 1940 Bargeldbeträge in Gesamthöhe von 6 551 500 RM abgeführt worden sein. Die im Laufe der Jahre im Getto per Postanweisungen eingehenden Millionen-Beträge an Spenden und Unterstützungen zahlte man den Empfängern in Quittungen aus.[25]
Zu Spenden und Unterstützungszahlungen hatte der Rechnungshof in seinem Bericht vom Mai 1941 festgestellt: „*Aus dem Ausland, dem Generalgouvernement und dem Altreich gehen laufend Spenden und Unterstützungen ein, die ebenfalls dem ‚Gettokonto' für die Ernährung und Versorgung des Gettos gutgeschrieben werden. In letzter Zeit sollen diese Zuwendungen in erhöhtem Maße eingegangen sein (Eingang in der Zeit vom 1. Januar bis 15. Januar 1941 = 117 022,47 RM = 7800 RM täglich).*"[26]
Auch die Erlöse aus dem Verkauf beschlagnahmter jüdischer Wertsachen und gegen Quittungen angekaufter Waren wurden dem Konto für die Ernährung und Versorgung des Gettos gutgeschrieben.[27]
Da die Papierscheine rasch verschlissen, waren Suppenküchen, Brot- und Gemüse-Abteilungen sowie andere Fürsorgeeinrichtungen im Getto angewiesen worden, stark gebrauchte Quittungen aus dem Verkehr zu ziehen. Diese wurden bei der „Hauptkasse des Aeltesten der Juden" gezählt und gebündelt. Der Stempel „Destrukty" auf den Bandarolen bedeutet „Eingezogen". Hin und wieder druckte dann die Firma Manitius in Litzmannstadt nach Anforderung der Getto-Verwaltung neue Quittungen.[28]
Interessant ist, daß ursprünglich auch Werte zu 10 und 20 Pfennig geplant waren und es hierzu auch Entwürfe gab, die am 12. Juli 1940 bei der

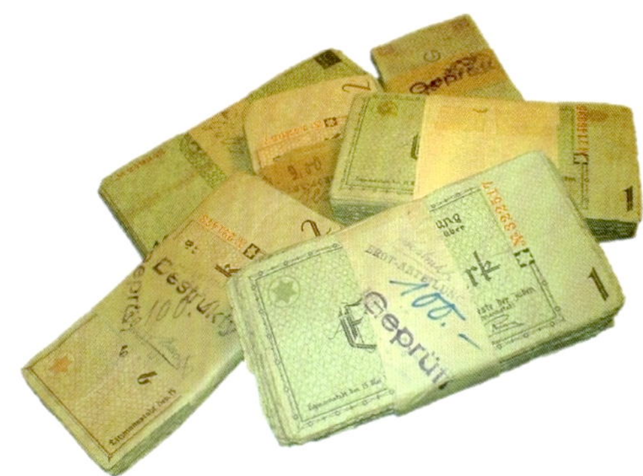

Getto Litzmannstadt, aussortierte und gebündelte Mark-Quittungen mit Prüfstempeln.
(Sammlung Wolfgang Haney, Berlin)

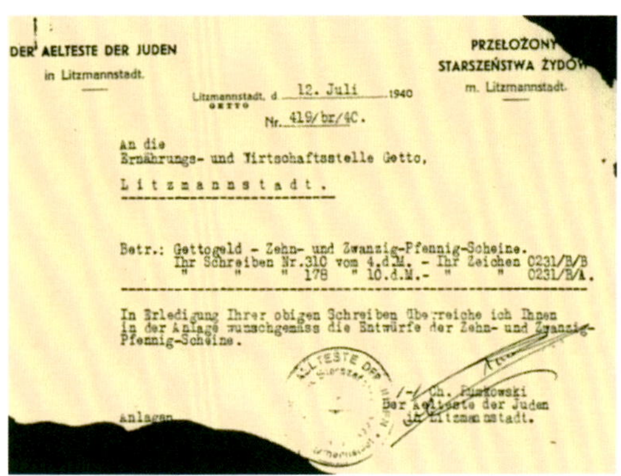

DER AELTESTE DER JUDEN
in Litzmannstadt.

PRZEŁOŻONY
STARSZEŃSTWA ŻYDÓW
m. Litzmannstadt.

Litzmannstadt, d. 12. Juli 1940
GETTO
Nr. 419/br/4C.

An die
Ernährungs- und Wirtschaftsstelle Getto,

Litzmannstadt.

Betr.: Gettogeld - Zehn- und Zwanzig-Pfennig-Scheine.
Ihr Schreiben Nr.310 vom 4.d.M. - Ihr Zeichen 0231/B/B
" " " 178 " 10.d.M.- " " 0231/B/A.

In Erledigung Ihrer obigen Schreiben überreiche ich Ihnen in der Anlage wunschgemäss die Entwürfe der Zehn- und Zwanzig-Pfennig-Scheine.

/-/ Ch. Rumkowski
Der Aelteste der Juden
in Litzmannstadt.

Anlagen

Getto Litzmannstadt, Schreiben von Chaim Rumkowski zur Vorlage von Entwürfen zu 10- und 20-Pfennig-Quittungen vom 12. Juli 1940.
(Kopie aus: Unsere Arbeit – Unsere Hoffnung)

„Ernährungs- und Wirtschaftsstelle Getto" der Stadtverwaltung eingereicht wurden. Da man die deutschen Reichsmünzen unter 50 Pfennig aber vorerst im Umlauf beließ, wurden diese kleinen Werte nach der Einführung der Mark-Quittungen „noch" nicht benötigt (siehe Abbildungen).[29]

Bei den bekannt gewordenen, großformatigen Drucken von Quittungen zu 50 Pfennig und 1 Mark handelt es sich höchstwahrscheinlich um Fälschungen. Auch diese sollen in einem gesonderten Kapitel am Ende des Buchs vorgestellt werden.

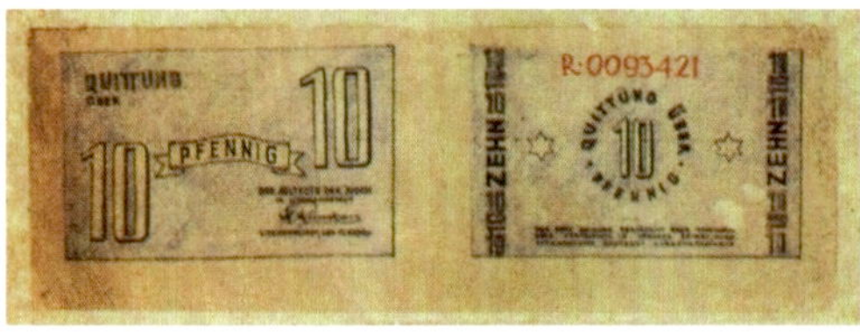

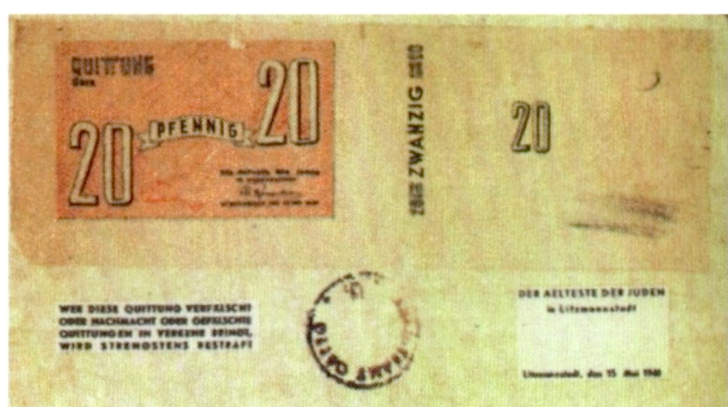

Getto Litzmannstadt, nicht umgesetzte Entwürfe zu Quittungen über 10 und 20 Pfennig mit Datum vom 15. Mai 1940.
(Kopie aus: Silent Witnesses)

Behelfsausgaben als Kleingeldersatz

Die Deutsche Reichspost hatte schon im Februar 1940 die Zustellung von Postsendungen in das Getto eingestellt. Die sog. „Judenpost" wurde einer Postsammelstelle übergeben. Als diese in das Getto umzog, begann am 15. März 1940 mit der Gründung einer Postabteilung unter Leitung von David Warszawski die Geschichte eines eigenen Postwesens im Getto Litzmannstadt.[30]

Aufgrund einer Verordnung Rumkowskis vom 1. März 1942 wurde sämtliches deutsches und polnisches Kleingeld im Getto eingezogen, was zu erheblichen Problemen im Zahlunsverkehr führte. So kam die Getto-Post zum Erliegen, weil sie keine Postkarten mehr verkaufen konnte, die 10 Pfennig kosteten. Mit Rumkowskis Genehmigung druckte daraufhin die Postabteilung mit Datum vom 17. April 1942 eigene Gutscheine zu je 8 x 10 Pfennige auf den Rückseiten von Postkarten. Außerdem stempelte sie die Rückseiten von 50-Pfennig-Quittungen mit verschieden aufgeteilten Pfennig-Beträgen ab, wodurch sie – in Abschnitte getrennt – als Kleingeldersatz zirkulieren konnten. Eine weitere Ausgabe von 10-Pfennig-Scheinen auf den Rückseiten von Postkarten gab die Postabteilung mit Datum vom 15. Mai 1944 in Umlauf.

Vom ersten Gutschein über 10 Pfennig gab es auch eine Ausführung mit gitterartigem Unterdruck aus Davidsternen, wie er bei den umlaufenden Mark-Quittungen verwendet wurde.

Neben den Behelfsausgaben der Postabteilung sollen auch abgestempelte, handgeschriebene Zettel über 5, 10 und 20 Pfennig im Getto umgelaufen sein sowie in kleinen Mengen private Mark-Quittungen einiger Geschäfte und Institu-

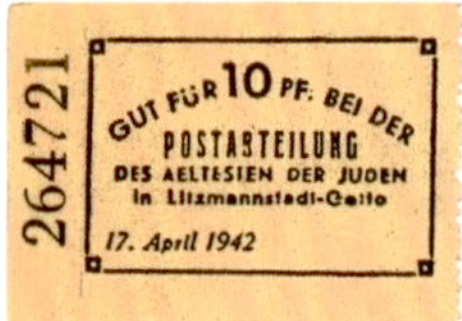

Getto Litzmannstadt, Behelfsausgabe der Postabteilung über 10 Pfennig auf der Rückseite einer Postkarte vom 17. April 1942.
(Sammlung Wolfgang Haney, Berlin)

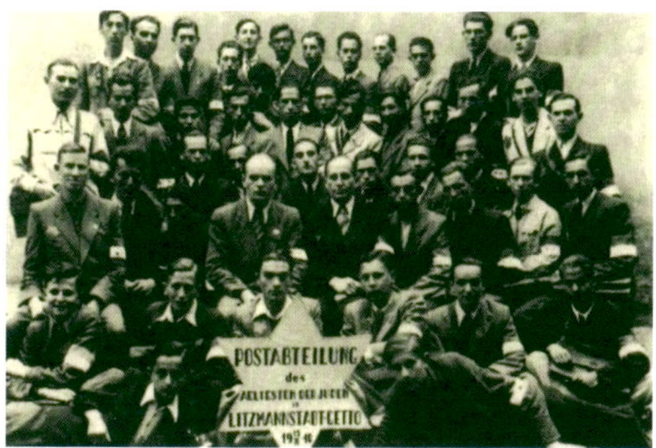

Getto Litzmannstadt, Gruppenbild zur Gründung einer eigenen Postabteilung „Litzmannstadt-Getto".
(Kopie aus: Unsere Arbeit – Unsere Hoffnung)

tionen, die allesamt Rumkowski direkt unterstanden, in Beträgen zu 1, 2, 4, 5 und 20 Pfennig. In der „Getto-Chronik" wird jedoch auf solche Ausgaben leider nicht eingegangen.[31]
Ab März 1944 gab die Postabteilung sogar eigene Briefmarken unter der Bezeichnung „Judenpost" und mit dem Porträt von Chaim Rumkowski aus.

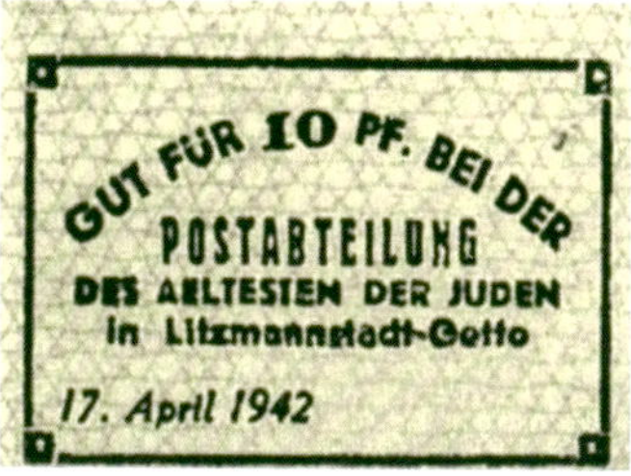
GUT FÜR 10 PF. BEI DER
POSTABTEILUNG
DES AELTESTEN DER JUDEN
in Litzmannstadt-Getto
17. April 1942

Getto Litzmannstadt, Gutschein der Postabteilung über 10 Pfennig mit gitterartigem Unterdruck aus Davidsternen.
(Kopie aus: Unsere Arbeit – Unsere Hoffnung)

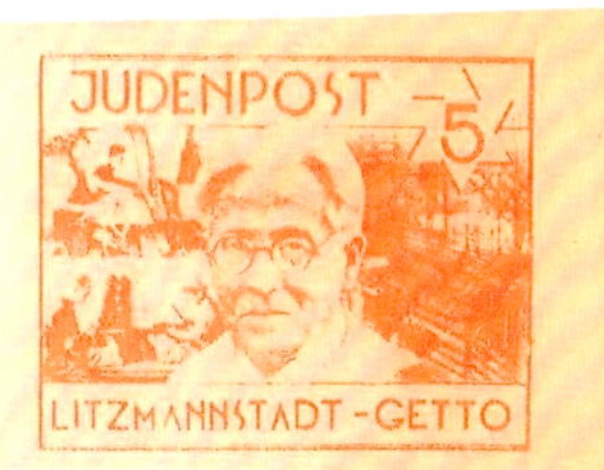

Getto Litzmannstadt, Briefmarke der „Judenpost" über 5 Pfennig vom März 1944 mit Porträt des „Judenältesten" Chaim Rumkowski.
(Auktion Dr. Reinhard Fischer, Abbildung vergrößert)

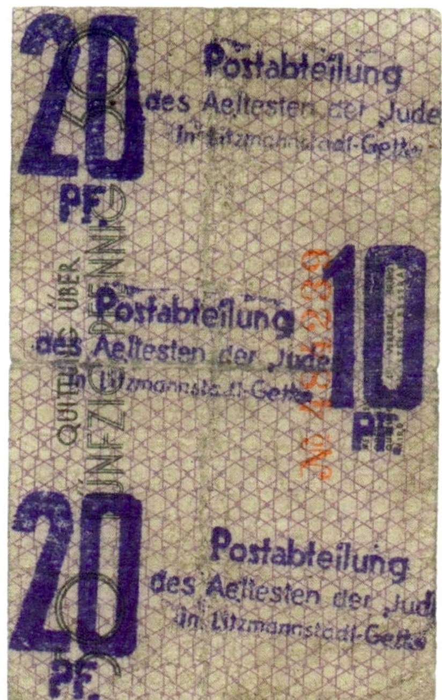

Getto Litzmannstadt, Rückseite einer 50-Pfennig-Quittung mit Stempeln der Postabteilung über verschiedene Pfennig-Beträge.
(Sammlung Wolfgang Haney, Berlin)

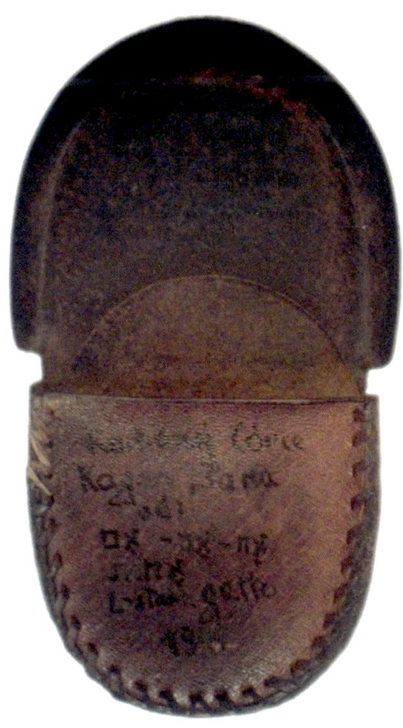

Getto Litzmannstadt, selbst gefertigte Geldbörse.
(Sammlung Wolfgang Haney, Berlin)

Münzen des „Aeltesten der Juden“

Die Behelfsausgaben der Postabteilung waren nicht in ausreichender Menge vorhanden und konnten nur eine Übergangslösung darstellen. Rumkowski veranlaßte deshalb die Herstellung von Entwürfen für Münzen über 10 Pfennig im Getto. Im Zusammenhang mit Wehrmachts- und Rüstungsaufträgen waren genügend gut ausgestattete Werkstätten für Metallverarbeitung sowie Fachkräfte verfügbar. Kurzfristig wurden 100 000 Münz-Quittungen zu 10 Pfennig geprägt und schon ab 14. Juni 1942 ausgegeben. Zwei Tage später legte Rumkowski mit einem Schreiben zur „Einführung von Getto-Kleingeld“ Muster dieser Münzen bei der deutschen Gettoverwaltung in Litzmannstadt vor (siehe Abbildung). Mit Schreiben vom 24. Juni 1942 beanstandete Hans Biebow die Ähnlichkeit des vorgelegten Musters mit der damaligen deutschen Münze zu 10 Reichspfennig und forderte die Vorlage eines neuen Entwurfs als Zeichnung, bevor die Herstellung neuer Münzen beginnt. Am selben Tag wurde die Produktion der abgelehnten 10-Pfennig-Quittungen im Getto eingestellt. Die meisten der bereits hergestellten bzw. wieder eingezogenen Stücke wurden anschließend eingeschmolzen, was auch ihre heutige Seltenheit erklärt. Es

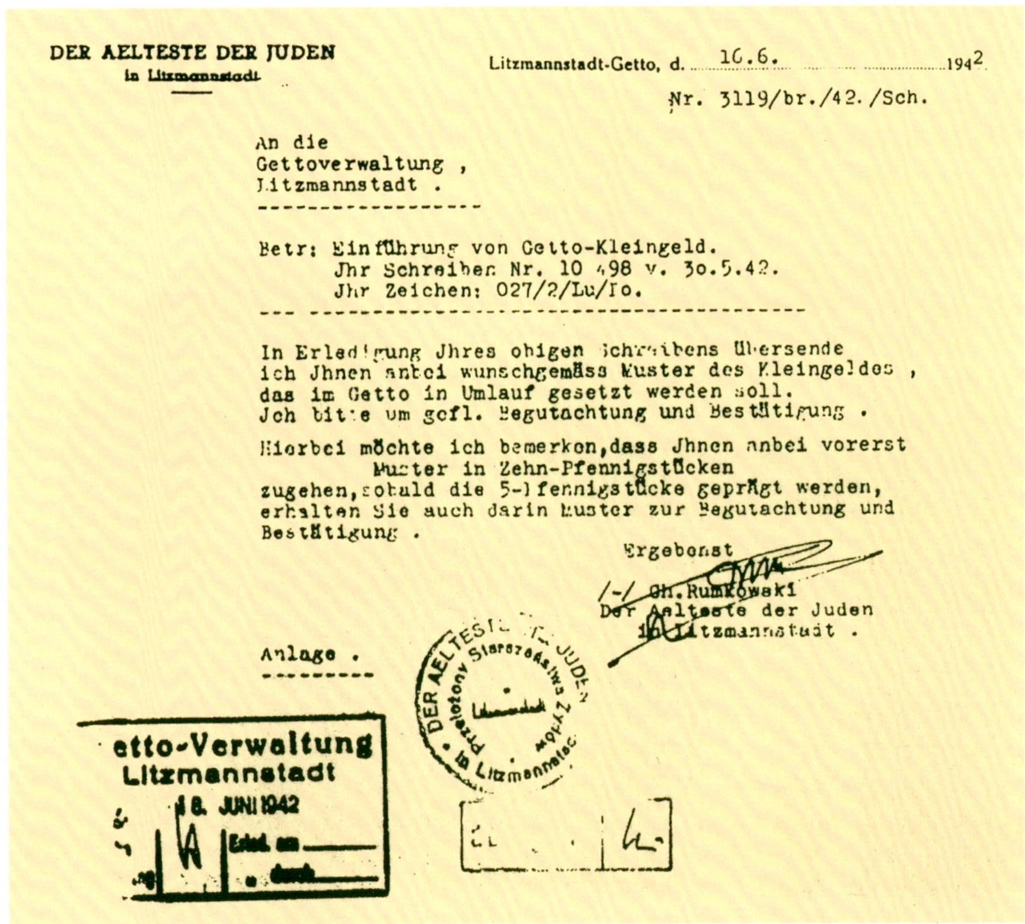

DER AELTESTE DER JUDEN
in Litzmannstadt

Litzmannstadt-Getto, d. 16.6. 1942.

Nr. 3119/br./42./Sch.

An die
Gettoverwaltung,
Litzmannstadt.

Betr: Einführung von Getto-Kleingeld.
Jhr Schreiben Nr. 10 498 v. 30.5.42.
Jhr Zeichen: 027/2/Lu/Io.

In Erledigung Jhres obigen Schreibens übersende ich Jhnen anbei wunschgemäss Muster des Kleingeldes, das im Getto in Umlauf gesetzt werden soll. Jch bitte um gefl. Begutachtung und Bestätigung.

Hierbei möchte ich bemerken, dass Jhnen anbei vorerst Muster in Zehn-Pfennigstücken zugehen, sobald die 5-Pfennigstücke geprägt werden, erhalten Sie auch darin Muster zur Begutachtung und Bestätigung.

Ergebenst
/-/ Ch. Rumkowski
Der Aelteste der Juden
in Litzmannstadt.

Anlage.

Getto-Verwaltung
Litzmannstadt
18. JUNI 1942
Erled. am
durch

DER AELTESTE DER JUDEN in Litzmannstadt

Getto Litzmannstadt, Schreiben des Ältesten der Juden an die deutsche Gettoverwaltung zur Einführung von Münzen vom 16. Juni 1942.

(Kopie: Guy Franquinet)

— 157

An den
Ältesten der Juden
Litzmannstadt
Getto.

Schreiben Nr. 1o183

027/1/B/R 24. 6. 1942.

Betrifft: Kleingeld im Getto.

Die mir mit Schreiben vom 16. 6. 1942 eingereichten 1o Pf.-Stücke habe ich einer Prüfung unterzogen und auf folgendes beanstanden:

1.) Die Münzen haben die gleiche Größe wie die deutschen 1o Pf.-Stücke.

2.) Die 1o hat dieselbe Form, wie die des deutschen 1o Pf.-Stückes.

3.) Eine Verbindung des deutschen Eichenlaubes mit dem Davidstern ist unzulässig.

4.) Auf der Rückseite sind Kornähren angebracht, was ebenfalls unerwünscht ist.

Ich verlange daher folgendes:

zu 1. Zwecks möglichs geringen Materialverbrauch sind die Geldstücke erheblich kleiner zu halten.

zu 2. Die 1o ist ganz abweichend von dem deutschen 1o Pf.-Stück zu halten, und zwar dünne Schrift; die Eins unten mit einem langen Querfuß.

zu 3. Das Eichenlaub kommt in Fortfall; hier ist die Anbringung irgendeines anderen Zeichens unnötig, oder aber eine ganze Reihe von Sternen ist anzubringen.

zu 4. Die auf der Rückseite um den Stern angebrachten Kornähren sind zu beseitigen.

Bevor Sie nun eine neue Stanze anfertigen, ersuche ich Sie, mir nochmals eine Zeichnung vorzulegen, damit unnötiger Arbeitsgang in der Fabrikation ausgeschaltet wird.

Im Auftrage:

(Biebow)

Getto Litzmannstadt, Schreiben der deutschen Verwaltung vom 24. Juni 1942 mit der Ablehnung der vorgelegten Muster von 10-Pfennig-Quittungen.

(Kopie: Staatsarchiv Lodz)

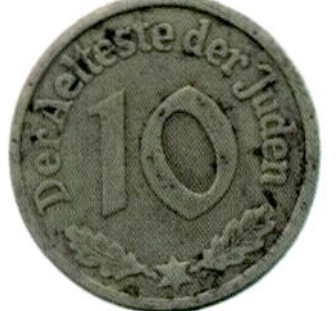
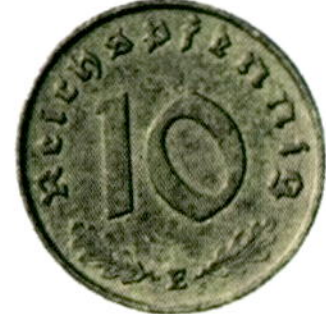

Der Aelteste der Juden in Litzmannstadt, erste Ausführung einer Münz-Quittung über 10 Pfennig vom Juni 1942 im Vergleich mit einer deutschen Münze über 10 Reichspfennig.
(Sammlung Wolfgang Haney, Berlin/Fotoarchiv des Verlags)

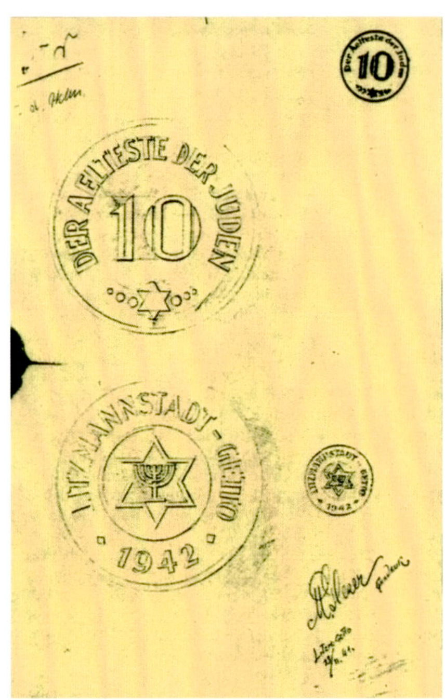

Getto Litzmannstadt, Entwurfszeichnung für neue Münz-Quittungen über 10 Pfennig vom 13.11.1941.
(Kopie aus: Unsere Arbeit – Unsere Hoffnung)

sollte noch bis zum 8. Dezember 1942 dauern, bis neue 10-Pfennig-Quittungen ausgegeben wurden. Ausgehend vom raschen Verschleiß des Papiergelds, wurden ab 27. Dezember 1943 auch Münz-Quittungen über 10 Mark, ab 22. Februar 1944 solche über 5 Mark und – noch kurz vor der Auflösung des Gettos – am 21. August 1944 Münzen zu 20 Mark in Umlauf gegeben.[32] Von den 20-Mark-Quittungen sollen aber nur noch etwa 600 Stück hergestellt worden sein.[33] Neben den tatsächlich ausgegeben Münz-Quittungen wurden auch eine Reihe von Proben und Abschlägen bekannt. Wie zwei klippenartige Probeabschläge in Blei von Stempeln der Vorder- und Rückseite belegen, war auch eine Münz-Quittung zu 5 Pfennig in der Gestaltung der abgelehnten 10-Pfennig-Quittung vorbereitet gewesen. Es läßt sich aber nicht mit Sicherheit sagen, ob die Bleiabschläge zum 5-Pfennig-Stück tatsächlich aus dem Getto stammen oder aber nach dem Krieg in Warschau angefertigt wurden. Es sind auch einige 5-Pfennig-Stücke in Magnesium bekannt geworden. Nach Bulletin Nr. 62 vom 22. Juni 1942 war ursprünglich die Prägung von 700 000 Stück 10-Pfennig-Quittungen und 400 000 Stück Münz-Quittungen zu 5 Pfennig geplant.[34]

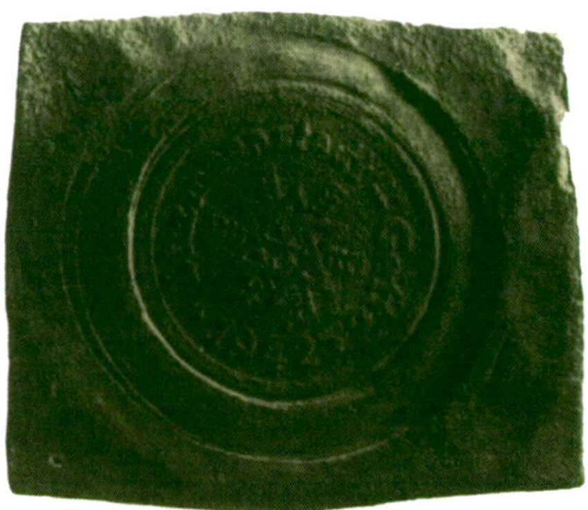

Getto Litzmannstadt, klippenförmige Probeabschläge in Blei von Stempeln für 5-Pfennig-Quittungen in der Gestaltung des ersten 10-Pfennig-Stücks.
(Kopie: Guy Franquinet, Abbildung vergrößert)

Von den dann umgelaufenen Quittungen zu 10 Pfennigen sowie 5, 10 und 20 Mark existieren verschiedene Abschläge, darunter auch in Edelmetall und teilweise mit Riffelrand. Es ist sogar der Entwurf einer 50-Mark-Quittung in Silber bekannt, dessen Authentizität jedoch nicht als sicher gilt.[35]

Auf die Darstellung technischer Fragen zur Herstellung des Hartgelds im Getto Litzmannstadt soll an dieser Stelle verzichtet werden, da das den Rahmen dieser Arbeit sprengen würde. Vielmehr sei auf das Buch „Litzmannstadt – Ein Kapitel deutscher Geldgeschichte" von Guy Franquinet und anderen Autoren verwiesen, in dem sehr ausführlich auf derartige Detailfragen, wie Münzmaterial, Stempel und Prägevorrichtungen, Herstellung, Stempelfehler und Fälschungen eingegangen wird.

Am 2. September 1944 verloren alle Mark-Quittungen des Ältesten der Juden in Litzmannstadt (Münzen und Geldscheine) ihre Gültigkeit. Zu diesem Zeitpunkt waren die großen Transporte in die Vernichtungslager abgeschlossen und das Getto aufgelöst. Nur noch etwa 600 Menschen waren als Aufräumungskommando im ehemaligen „jüdischen Wohnbezirk" von Litzmannstadt verblieben.[36]

Die Münz-Quittungen des Gettos Litzmannstadt sind die einzigen Münz-Zeugnisse aus deutschen Gettos und Konzentrationslagern – also ein ganz besonderes „Geld des Terrors".

Leider sind heute von den Litzmannstädter Münzen zahlreiche Fälschungen am Markt – mehr als Originale. Auch auf diese soll in einem gesonderten Kapitel später noch kurz eingegangen werden.

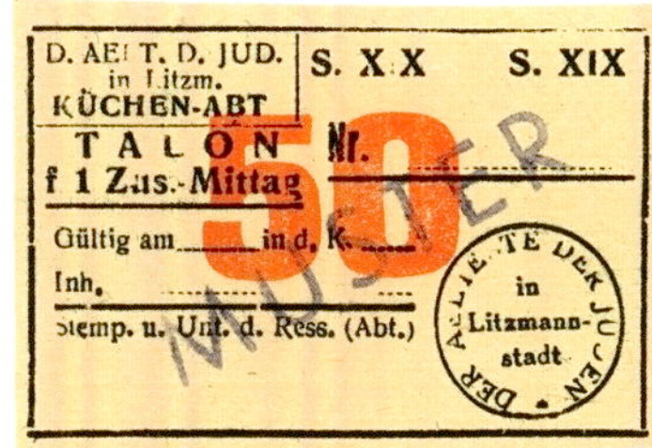

D. AE! T. D. JUD. in Litzm. KÜCHEN-ABT
S. XX S. XIX
TALON Nr.
f 1 Zus.-Mittag
Gültig am ______ in d. K. ______
Inh. ______
Stemp. u. Unt. d. Ress. (Abt.)
50
MUSTER
DER AELTESTE DER JUDEN in Litzmannstadt

Getto Litzmannstadt, Muster eines Talons für ein zusätzliches Mittagessen.
(Sammlung Wolfgang Haney, Berlin)

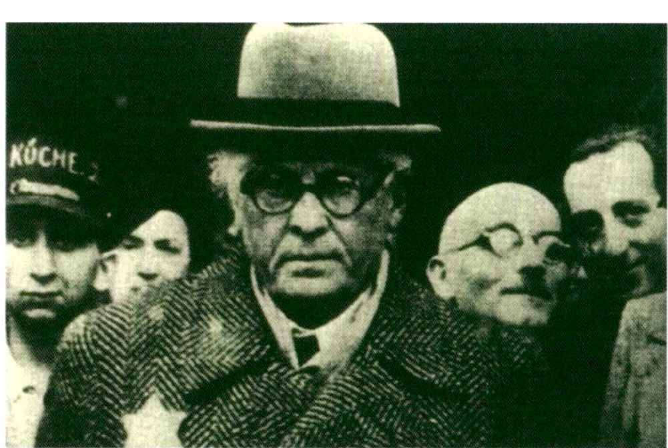

Getto Litzmannstadt, Chaim Rumkowski bei der Eröffnung einer Suppenküche im Getto.
(Kopie aus: Chronicle)

Rationierungsbelege

Trotz zahlreicher Maßnahmen, die erhebliche Summen auf das „Ernährungskonto Nr. 700" einbrachten – von der eigenen Binnenwährung und der daraus resultierenden Einziehung allen Bargelds aus dem Getto heraus und über Geldanweisungen in das Getto hinein, über Erlöse aus Beschlagnahmungen von Wertsachen und der Einziehung deutscher und polnischer Kursmünzen bis hin zum Ankauf von Waren im Getto gegen wertlose Quittungen – blieb die finanzielle Absicherung der Versorgung der Gettobewohner bis zum Schluß schwierig. Selbst bei einem sehr niedrigen Verpflegungssatz von 30 Pfennig pro Person und Tag kamen bei der Masse der Menschen im Getto rasch Millionenbeträge zusammen. Der permanente Mangel an Lebensmitteln im Getto führte dazu, daß die jüdische Selbstverwaltung schon sehr früh eine Vielzahl von Kontingentierungs- und Rationierungsbelegen einführen mußte, um eine einigermaßen gerechte Verteilung sichern zu können. Neben den eigentlichen Lebensmittelkarten waren dies vornehmlich sog. Talons der Küchenabteilung für zusätzliche Mittagessen, Suppen, Fleisch-Portionen oder Gemüse sowie Gutscheine der Kolonialwaren- und Brotabteilung (z. B. für Kartoffeln oder Kohlrüben). Wurden Lebensmittelkarten pro Kopf verteilt und Talons für zusätzliche Mahlzeiten für Schwer- oder Nachtarbeit vergeben, so mußten alle anderen Talons, welche nur beschränkt verfügbar waren, mit Quittungen gekauft werden. Gutscheine für Seife oder ein Wannenbad mußte man beantragen, ihre Vergabe erfolgte dann meist straßenweise. Es gab sogar Talons der Gesundheitsabteilung für ärztliche Hilfe und von Apotheken für Medikamente, Talons für Bekleidung (z. B. für Handschuhe, Strümpfe und Mützen), für Wein oder ein Ritualbad.[37]

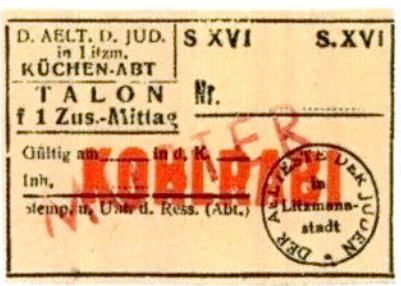

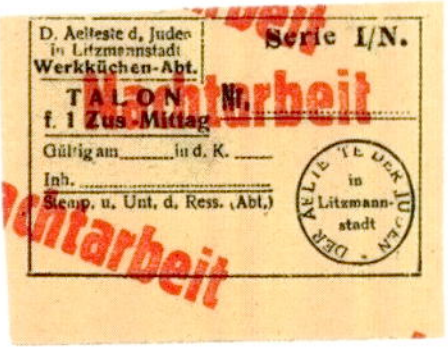

Getto Litzmannstadt, Talons für je ein zusätzliches Mittagessen (Kohlrabi und Nachtarbeit).
(Sammlung Wolfgang Haney, Berlin)

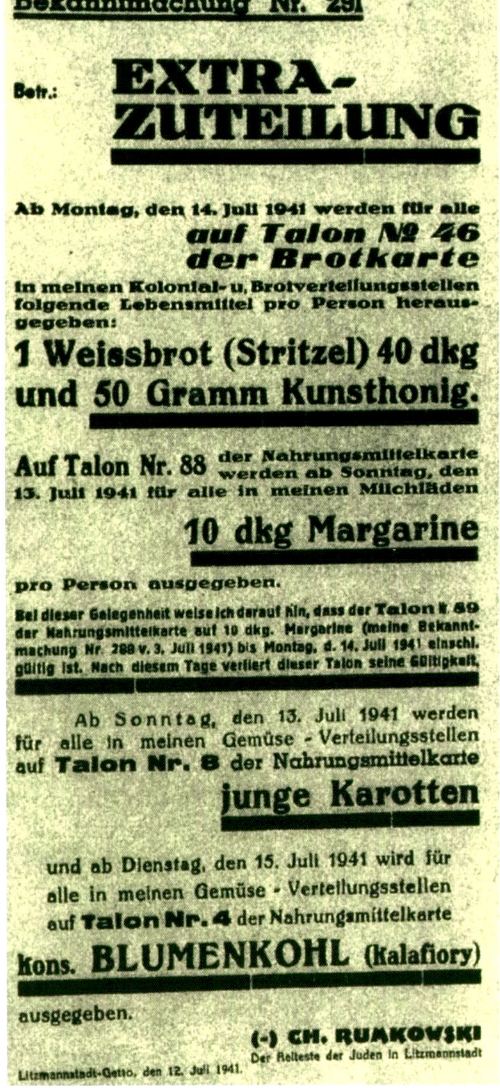

Bekanntmachung Nr. 291

Betr.: **EXTRA-ZUTEILUNG**

Ab Montag, den 14. Juli 1941 werden für alle **auf Talon № 46 der Brotkarte** in meinen Kolonial- u. Brotverteilungsstellen folgende Lebensmittel pro Person herausgegeben:

1 Weissbrot (Stritzel) 40 dkg und 50 Gramm Kunsthonig.

Auf Talon Nr. 88 der Nahrungsmittelkarte werden ab Sonntag, den 13. Juli 1941 für alle in meinen Milchläden

10 dkg Margarine

pro Person ausgegeben.

Bei dieser Gelegenheit weise ich darauf hin, dass der Talon K 89 der Nahrungsmittelkarte auf 10 dkg. Margarine (meine Bekanntmachung Nr. 288 v. 3. Juli 1941) bis Montag, d. 14. Juli 1941 einschl. gültig ist. Nach diesem Tage verliert dieser Talon seine Gültigkeit.

Ab Sonntag, den 13. Juli 1941 werden für alle in meinen Gemüse-Verteilungsstellen auf Talon Nr. 8 der Nahrungsmittelkarte

junge Karotten

und ab Dienstag, den 15. Juli 1941 wird für alle in meinen Gemüse-Verteilungsstellen auf Talon Nr. 4 der Nahrungsmittelkarte

kons. BLUMENKOHL (Kalafiory)

ausgegeben.

(-) CH. RUMKOWSKI
Der Aelteste der Juden in Litzmannstadt

Litzmannstadt-Getto, den 12. Juli 1941.

Getto Litzmannstadt, Bekanntmachung von Chaim Rumkowski zur Extrazuteilung von Lebensmitteln auf Talons vom 12. Juli 1941.
(Kopie aus: Unser einziger Weg ist Arbeit)

Getto Litzmannstadt, Mittagstalon für Deligierte.
(Sammlung Wolfgang Haney, Berlin)

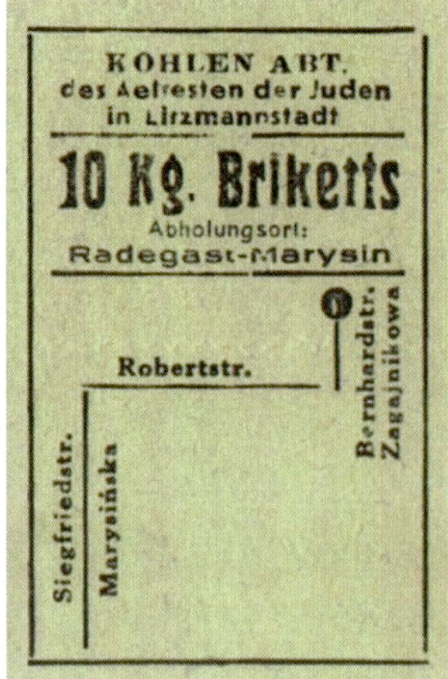

Getto Litzmannstadt, Gutschein für 10 kg Briketts.
(Fotoarchiv des Verlags)

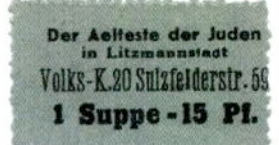

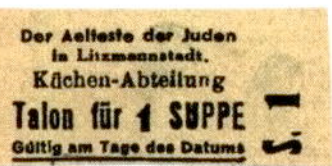

Küche der Postabteilung
des Aeltesten der Juden
in Litzmannstadt-Getto
Gemüse B
d.

Getto Litzmannstadt, Talons für Suppe bzw. Gemüse.
(Sammlung Wolfgang Haney, Berlin)

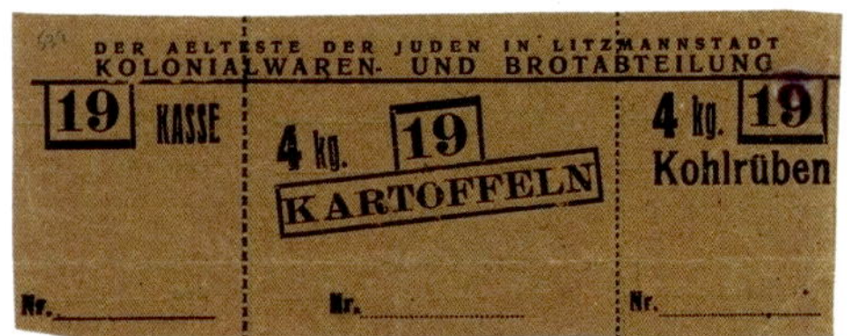

Getto Litzmannstadt, Gutschein für Kartoffeln.
(Sammlung Wolfgang Haney, Berlin)

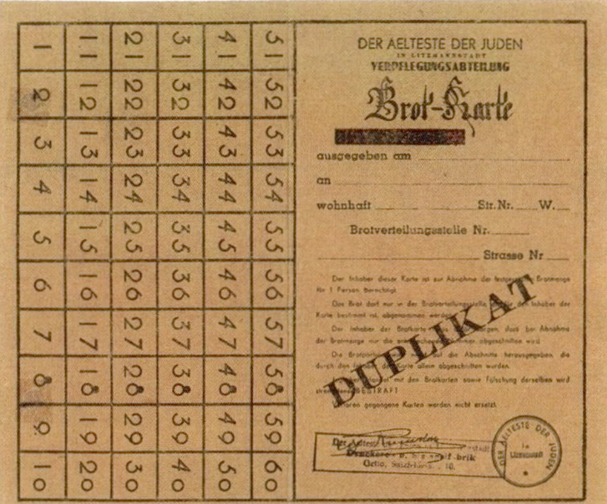
DER AELTESTE DER JUDEN
IN LITZMANNSTADT
VERPFLEGUNGSABTEILUNG
Brot-Karte
ausgegeben am
an
wohnhaft Str. Nr. W.
Brotverteilungsstelle Nr.
Strasse Nr.
DUPLIKAT

Getto Litzmannstadt, Brotkarte.
(Sammlung Wolfgang Haney, Berlin)

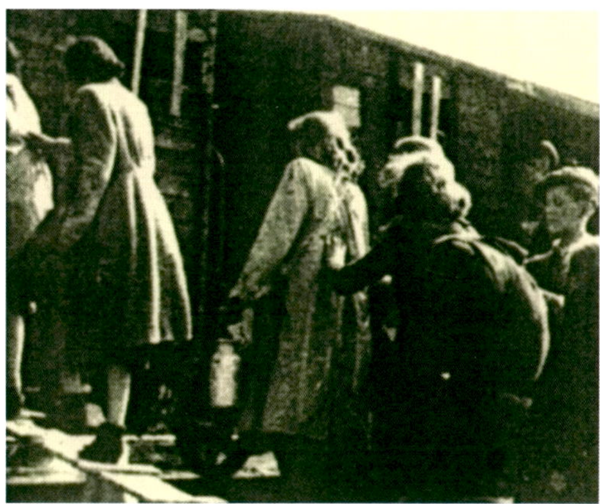

Getto Litzmannstadt, Deportation in das Vernichtungslager Kulmhof. (Sammlung Wolfgang Haney, Berlin)

Da es sich bei derartigen Talons – wenn auch nicht um Geld – so doch aber um interessante zeitgeschichtliche Belege handelt, sei es erlaubt, einige davon hier beispielhaft abzubilden.

Talons für Zusatzverpflegung und andere Bezugscheine wurden auf dem Schwarzmarkt im Getto gehandelt. Zu stark überhöhten Preisen konnte man auch bessere Lebensmittel wie Butter kaufen. Ende August 1942 kostete z. B. ein Brot 150 Mark, eine Kartoffel 23 Mark und Margarine 250 Mark. Bezahlt wurde mit „Rumkis“, die bis zur Auflösung des Gettos den Zahlungsverkehr und damit auch die Warenverteilung sicherten.[38)]

Kasino-Bons

Kasino-Bons (Werte zu 5, 10 und 20 Pfennig bekannt) waren nicht für das Getto bestimmt, sondern zur Nutzung im Kasino der Geheimen Staatspolizei (Gestapo). Sie werden deshalb in der Katalogisierung nicht mit angeführt.[39)]

Anmerkungen:

1) Manfred Schulze/Stefan Petriuk, Vorgeschichte bis zur Errichtung des Gettos, in: Unsere Arbeit – Unsere Hoffnung: Getto Lodz 1940 – 1945, S. 2 – 3.

2) Ebenda.

3) Ebenda, sowie:
Guy Franquinet, Zur Geschichte der Stadt Lodz, in: Litzmannstadt – Ein Kapitel deutscher Geldgeschichte, S. 13.

4) Siehe Anmerkung 1), S. 4.

5) Ebenda.

6) Siehe Anmerkung 1), S. 7 – 13., sowie:
Guy Franquinet, Zur Geschichte des Gettos, in: Litzmannstadt – Ein Kapitel deutscher Geldgeschichte, S. 17.

7) Siehe Anmerkung 1), S. 7 – 13.

8) Ebenda.

9) Siehe Anmerkung 9), s. 18., sowie:
Peter Klein, Spuren aus dem Getto Lodz – Dokumente der Sammlung Wolfgang Haney, Berlin, S. 14 – 15.

10) Friedrich Uebelhoer (Regierungspräsident in Kalisch), Bildung eines Gettos in der Stadt Lodsch, in:
Manfred Schulze/Stefan Petriuk, Vorgeschichte bis zur Errichtung des Gettos, in: Unsere Arbeit – Unsere Hoffnung: Getto Lodz 1940 – 1945, S. 8.

11) Schreiben des Oberbürgermeisters von Litzmannstadt an den Ältesten der Juden Litzmannstadt vom 30. April 1940, veröffentlicht in: Manfred Schulze/Stefan Petriuk, Vorgeschichte bis zur Errichtung des Gettos, in: Unsere Arbeit – Unsere Hoffnung: Getto Lodz 1940 – 1945.

12) Peter Klein, Spuren aus dem Gett Lodz – Dokumente der Sammlung Wolfgang Haney, Berlin, 7, sowie: Guy Franquinet, Zur Geschichte der Stadt Lodz, in: Litzmannstadt – Ein Kapitel deutscher Geldgeschichte, S. 16.

13) Peter Klein, Spuren aus dem Gett Lodz – Dokumente der Sammlung Wolfgang Haney, Berlin, 7.

14) Guy Franquinet, Litzmannstadt – Ein Kapitel deutscher Geldgeschichte, S. 16.

15) Siehe Anmerkung 13), S. 8 – 9.

16) Manfred Schulze/Stefan Petriuk, Unsere Arbeit – Unsere Hoffnung: Getto Lodz 1940 – 1945, S. 48.

17) Peter Hammer, Einbindung des Gettos in die Kriegswirtschaft, in: Guy Franquinet, Litzmannstadt – Ein Kapitel deutscher Geldgeschichte Siehe Anmerkung 14), S. 24 – 27.

18) Ebenda.

19) Peter Klein, Quittungen als Geldersatz, in: Spuren aus dem Getto Lodz – Dokumente der Sammlung Wolfgang Haney, Berlin, S. 48 – 49.

20) Manfred Schulze/Stefan Petriuk, Unsere Arbeit – Unsere Hoffnung: Getto Lodz 1940 – 1945, S. 41 – 42.

21) Peter Klein (Historiker und Experte für das Getto Litzmannstadt), im persönlichen Gespräch vom 17.9.2008.

22) Ray Feller/Steve Feller, Silent Witnesses: Civilian Camp Money of World War II, S. 66, sowie: D. Atsmony, The Getto Litzmannstadt and its money, S. 39.

23) Ray Feller/Steve Feller, Silent Witnesses: Civilian Camp Money of World War II, S. 66, sowie: H. F. Kahn, Concentration camp and ghetto mail system under the Nazi regime, in: The Shekel, Ausgabe März/April 1983, S. 5, sowie: Czeslaw Milczak, Katalog polskich pieniedzy papierowych od 1794, S. 462.

24) Ray Feller/Steve Feller, Silent Witnesses: Civilian Camp Money of World War II, S. 66 – 67, sowie: D. Atsmony, The Getto Litzmannstadt and its money.

25) Siehe Anmerkung 19), sowie: Anmerkung 20) S. 45.

26) Siehe Anmerkung 20).

27) Ebenda.

28) Siehe Anmerkung 19), S. 54.

29) Manfred Schulze/Stefan Petriuk, Unsere Arbeit – Unsere Hoffnung: Getto Lodz 1940 – 1945, S. 110.

30) Peter Klein, „In hebräischer und jiddischer Sprache verboten", in: Spuren aus dem Getto Lodz – Dokumente der Sammlung Wolfgang Haney, Berlin, S. 32.

31) Wolfgang Haney, Das Getto-Geld von Litzmannstadt (1940 – 1945) – Der Versuch einer Darstellung, in: Festschrift des Numismatischen Clubs Berlin-Pankow e.V., S. 82 – 83, sowie: Albert Pick/Carl Siemsen, Das Lagergeld der Konzentrationslager und D.P.-Lager 1933 – 1947, S. 20 – 23., sowie: Manfred Schulze/Stefan Petriuk, Unsere Arbeit – Unsere Hoffnung: Getto Lodz 1940 – 1945, S. 117 und 119.

32) Wolfgang Haney, Das Getto-Geld von Litzmannstadt (1940 – 1945) – Der Versuch einer Darstellung, in: Festschrift des Numismatischen Clubs Berlin-Pankow e.V., S. 82 – 83, sowie: Guy Franquinet, Die Schaffung einer jüdischen Binnenwährung, in: Litzmannstadt – Ein Kapitel deutscher Geldgeschichte, S. 51.

33) Guy Franquinet, Die Münzen von Litzmannstadt, in: Litzmannstadt – Ein Kapitel deutscher Geldgeschichte, S. 66.

34) Siehe Anmerkung 29), S. 83.

35) Siehe Anmerkung 33), S. 67 – 68.

36) Siehe Anmerkung 32)., sowie: Manfred Schulze/Stefan Petriuk, Unsere Arbeit – Unsere Hoffnung: Getto Lodz 1940 – 1945, S. 90.

37) Peter Klein, Wertgutscheine und Lebensmittelkarten, in: Spuren aus dem Getto Lodz – Dokumente der Sammlung Wolfgang Haney, Berlin, S. 52 und 56., sowie: Wolfgang Haney, Das Getto-Geld von Litzmannstadt (1940 – 1945) – Der Versuch einer Darstellung, in: Festschrift des Numismatischen Clubs Berlin-Pankow e.V., S. 81 (zum Verpflegungssatz), sowie: Ray Feller/Steve Feller, Silent Witnesses: Civilian Camp Money of World War II, S. 76 – 80.

38) Manfred Schulze/Stefan Petriuk, Unsere Arbeit – Unsere Hoffnung: Getto Lodz 1940 – 1945, S. 83 und 106., sowie: Ray Feller/Steve Feller, Silent Witnesses: Civilian Camp Money of World War II, S. 76 – 80.

39) Albert Pick/Carl Siemsen, Das Lagergeld der Konzentrationslager und D.P.-Lager 1933 – 1947, S. 23.

40) Guy Franquinet, Die Schaffung einer jüdischen Binnenwährung, in: Litzmannstadt – Ein Kapitel deutscher Geldgeschichte, S. 50.

2.3.1 Der Aelteste der Juden in Litzmannstadt (Papier-Quittungen)

Die Detailansichten unter den Abbildungen der Vorder- und Rückseiten zeigen die Plazierungen eines farbigen Punktes als geheimes Sicherheitsmerkmal.
Laut Berichten der Druckerei sollen von der ersten Serie insgesamt 1 790 600 Quittungen im Gesamtwert von 8 206 000 Mark gedruckt worden sein, davon 63 000 Stück zu 50 Mark.[40]

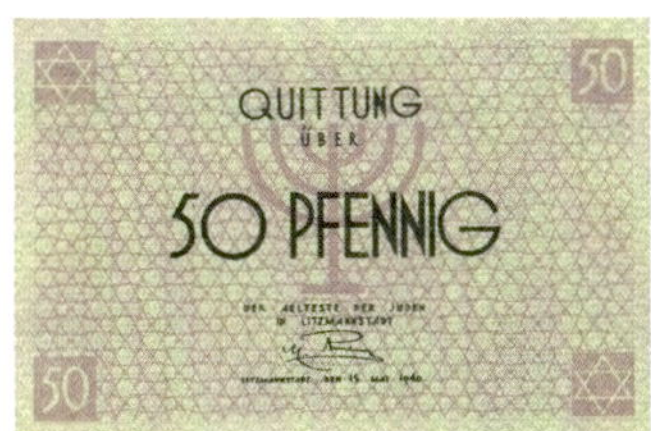

(Li 1a, Sammlung des Autors)

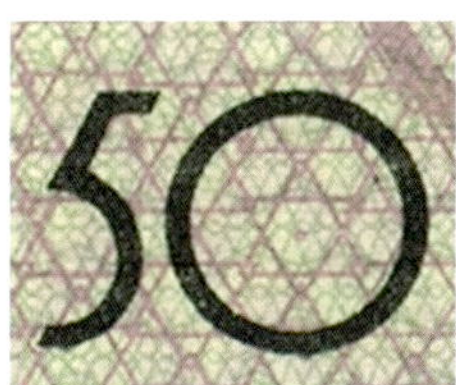

(Li 1 Detail, farbiger Punkt in der Mitte des Davidsterns in der Null der Wertzahl)

Li 1 **50 Pfennig**
PS 9
Vs: Mitte siebenarmiger Leuchter (Menora), links oben und rechts unten Davidstern, Unterdruck mit Gitter aus Davidsternen
Rs: Unterdruck mit Gitter aus Davidsternen

Entwurf:	I. Gutman / P. Szwarc	Format:	87 mm x 56 mm
Umlauf bis:	2.9.1944	Wz:	Papier sämisch, ohne Wz
Druck:	Fa. Manitius Litzmannstadt	KN:	№ KN 6stellig rot*

Datum	Auflage		I/III
15.5.1940	unbekannt		30,– / 10,–
		M) Druck blaßviolett (wie Umlaufstücke), Vs mit rotem Überdruck „MUSTER“, Rs mit durchbalkter KN, Rand wellenförmig beschnitten	RR
		E) Druck kräftig violett, Vs mit Stempel „ENTWERTET“, Rs mit niedriger KN (z. B. „000458“)	RR

* Feller/Feller führen auch orangene KN auf.

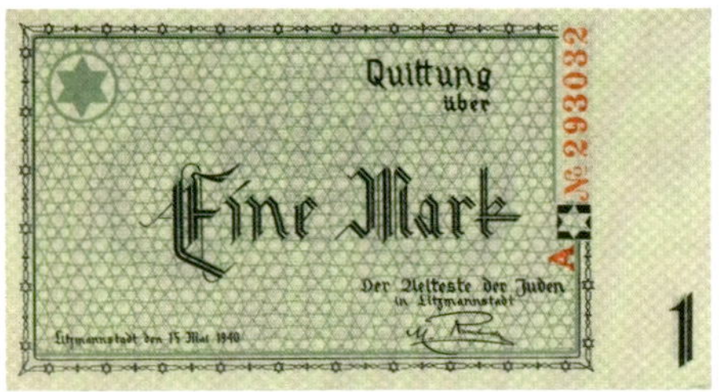

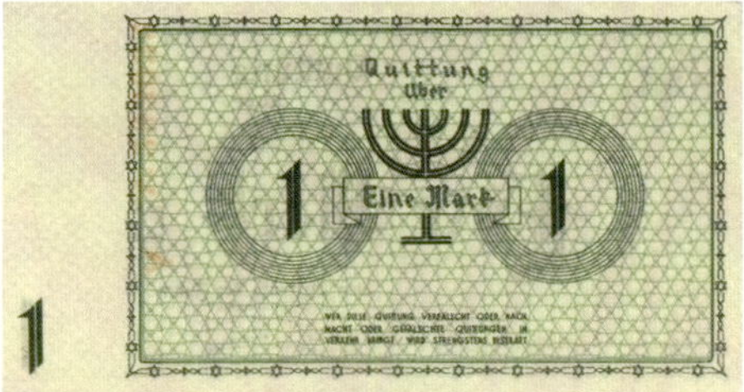

(Li 2b, Sammlung des Autors)

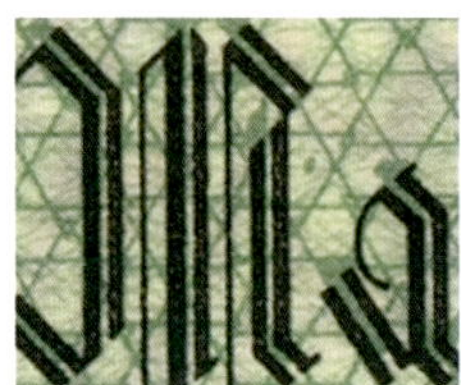

(Li 2 Detail, farbiger Punkt neben dem „M" von „Mark")

Li 2 **1 Mark**
PS 10 Vs: links oben Davidstern, Unterdruck mit Gitter aus Davidsternen
Rs: Mitte siebenarmiger Leuchter (Menora), Unterdruck mit Gitter aus Davidsternen

Entwurf:	I. Gutman / P. Szwarc	Format:	120 mm x 64 mm
Umlauf bis:	2.9.1944	Wz:	Papier sämisch, ohne Wz
Druck:	Fa. Manitius Litzmannstadt	KN:	6- oder 7stellig rot

Datum	**Auflage**			**I/III**
15.5.1940	unbekannt	**a)**	№ KN 6stellig	200,– / 50,–
		b)	**A** № KN 6stellig	40,– / 10,–
		c)	№ KN 7stellig	150,– / 30,–
		M)	mit Lochung und KN „000000"	RRR
		E)	wie a), doch Rs mit Stempel „ENTWERTET", mit niedriger KN (z. B. „000458")	RR

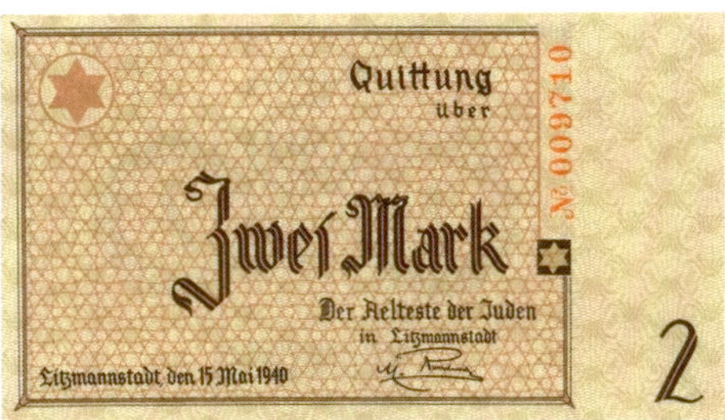

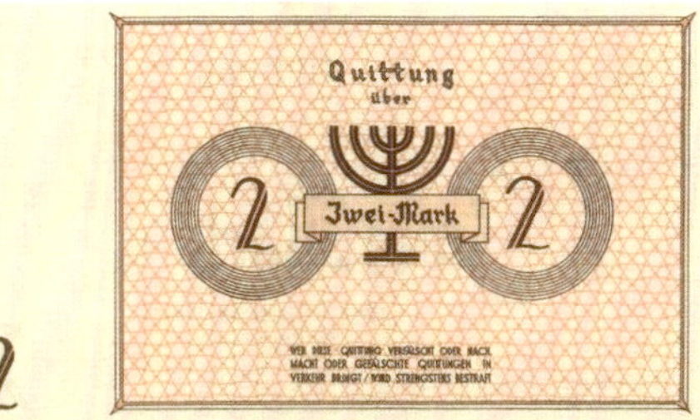

(Li 3, Sammlung Wolfgang Haney, Berlin)

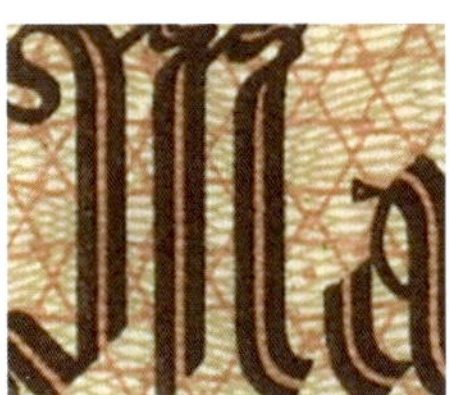

(Li 3 Detail, farbiger Punkt zwischen dem „M" und dem „a" von „Mark")

Li 3 **2 Mark**

PS 11 Vs: links oben Davidstern, Unterdruck mit Gitter aus Davidsternen

Rs: Mitte siebenarmiger Leuchter (Menora), Unterdruck mit Gitter aus Davidsternen

Entwurf:	I. Gutman / P. Szwarc	Format:	124 mm x 69 mm
Umlauf bis:	Januar 1942*	Wz:	Papier sämisch, ohne Wz
Druck:	Fa. Manitius Litzmannstadt	KN:	№ KN 6stellig rot

Datum	Auflage		I/III
15.5.1940	unbekannt		400,– / 100,–
	M)	mit Lochung und KN „000000"	RRR
	E)	Rs mit Stempel „ENTWERTET", mit niedriger KN (z. B. „000458")	RR

* Aus dem Verkehr gezogen wegen den sog. Rauchwerger-Fälschungen (diese ohne den geheimen Farbpunkt).

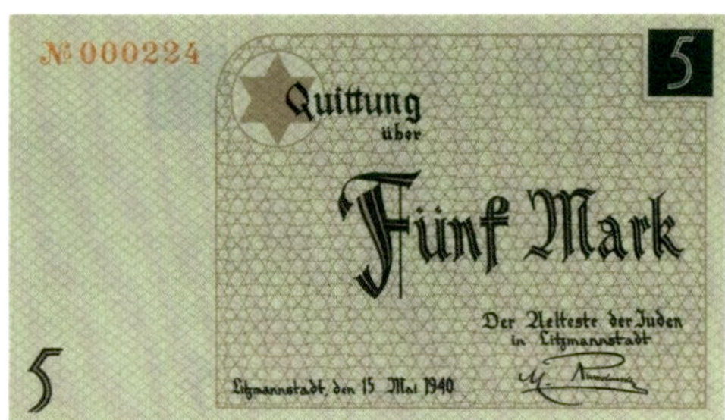

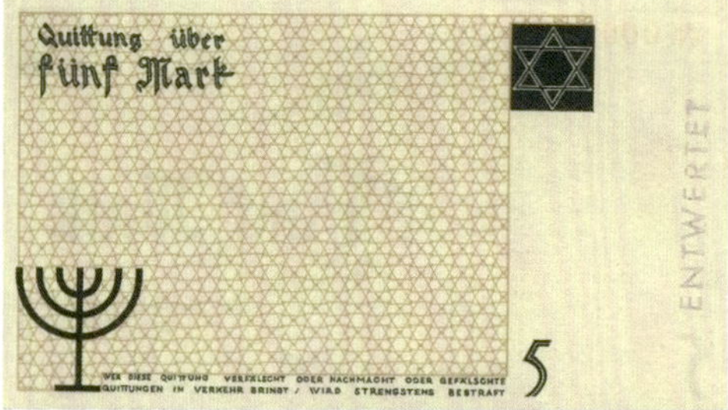

(Li 4E1, Sammlung Wolfgang Haney, Berlin)

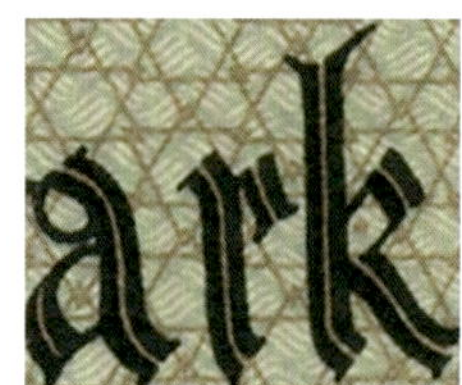

(Li 4 Detail, farbiger Punkt im „k“ von „Mark“)

Li 4 **5 Mark**
PS 12 Vs: links oben Davidstern, Unterdruck mit Gitter aus Davidsternen
Rs: links unten siebenarmiger Leuchter (Menora), rechts oben Davidstern, Unterdruck mit Gitter aus Davidsternen

Entwurf:	I. Gutman / P. Szwarc	Format:	siehe Varianten
Umlauf bis:	2.9.1944	Wz:	Papier sämisch, ohne Wz
Druck:	Fa. Manitius Litzmannstadt	KN:	№ KN 6stellig rot*

Datum	**Auflage**			**I/III**
15.5.1940	unbekannt	**a)**	Format 129 mm x 73 mm, KN 4 mm hoch*	75,– / 20,–
		b)	Kartonpapier, Format 120 mm x 73 mm, KN 4,8 mm hoch	300,– / 50,–
		E1)	wie a), doch Rs mit Stempel „ENTWERTET“, mit niedriger KN (z. B. „000458“)	RR
		E2)	wie a), doch mit Lochung, Vs mit Andreaskreuz-Stpl, mit laufender KN (z. B. „142878“)	RR

* Feller/Feller führen auch orangene KN auf.

* Scheine mit № („o“ mit zwei Unterstrichen) sind wahrscheinlich Fälschungen!

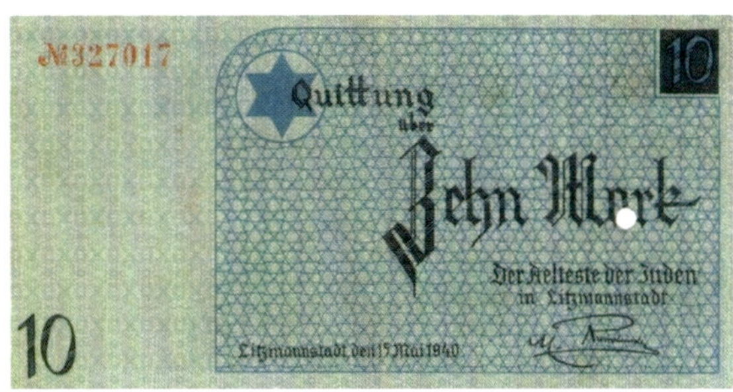

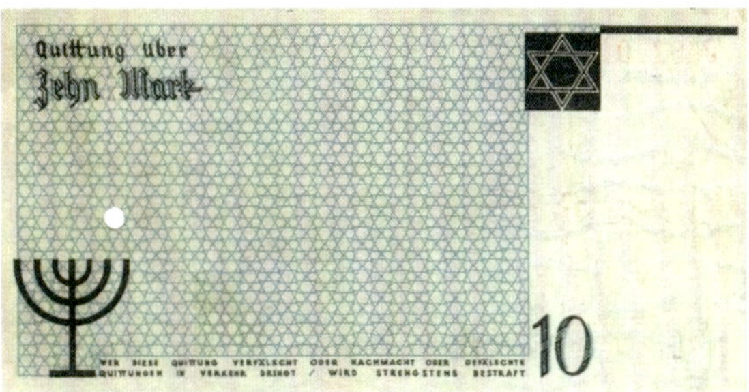

(Li 5AE, Kopie aus: Katalog Polskich Pieniedzy Papierowych od 1795)

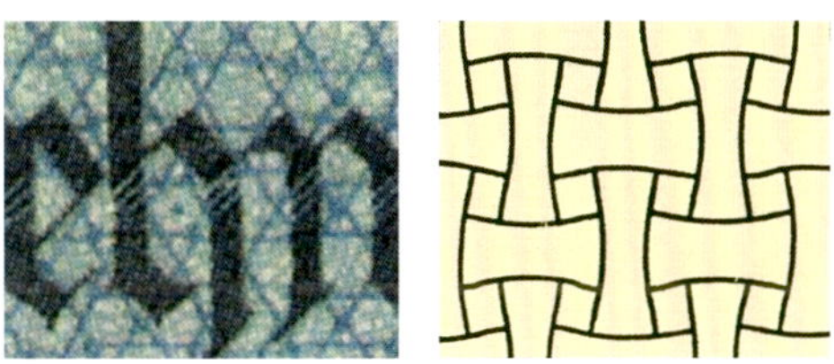

(Li 5A Detail, farbiger Punkt im „h“ von „Zehn“ / Wz verflochtene Wellenbänder)

Li 5A **10 Mark (Blau*)**
PS 13
Vs: links oben Davidstern, Unterdruck mit Gitter aus Davidsternen
Rs: links unten siebenarmiger Leuchter (Menora), rechts oben Davidstern, Unterdruck mit Gitter aus Davidsternen

Entwurf:	I. Gutman / P. Szwarc	Format:	150 mm x 75 mm
Umlauf bis:	2.9.1944	Wz:	Papier sämisch, mit oder ohne Wz
Druck:	Fa. Manitius Litzmannstadt	KN:	6stellig rot

Datum	**Auflage**			**I/III**
15.5.1940	unbekannt	**a)**	Wz verflochtene Wellenbänder, № KN	700,– / 250,–
		b)	Wz verflochtene Wellenbänder, № KN	RRR / 500,–
		c)	ohne Wz, № KN	600,– / 200,–
		E)	wie b), doch mit Lochung, mit laufender KN (z. B. „327017“)	RRR

* Laut Parchimowicz gibt es Drucke von Blau bis Grün. Li 5A steht nur für deutlich blaue Scheine.

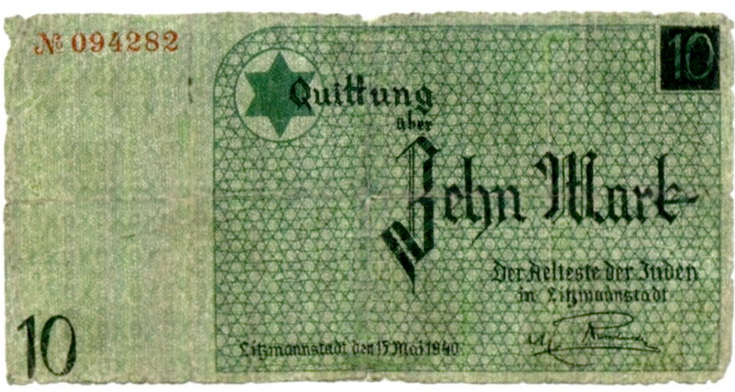

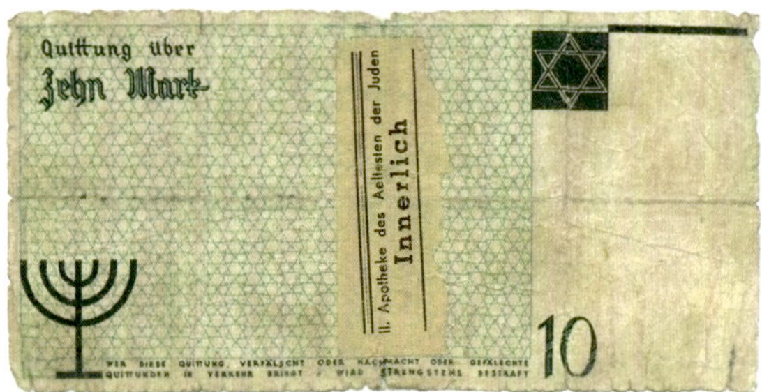

(Li 5B, Sammlung Wolfgang Haney, Berlin)

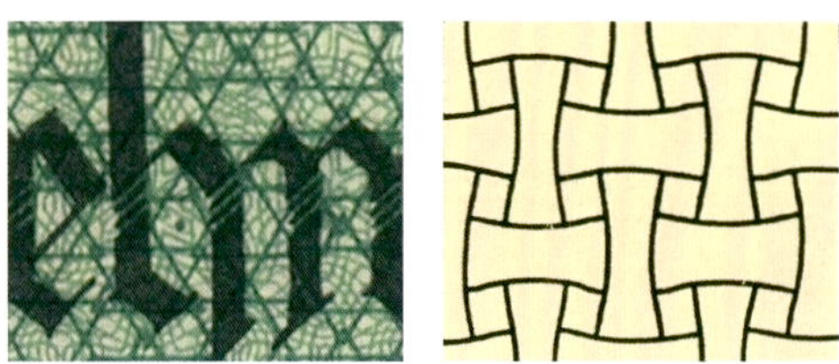

(Li 5B Detail, farbiger Punkt im „h“ von „Zehn“ / Wz verflochtene Wellenbänder)

Li 5B **10 Mark (Grün*)**
PS 13 Vs: links oben Davidstern, Unterdruck mit Gitter aus Davidsternen
Rs: links unten siebenarmiger Leuchter (Menora), rechts oben Davidstern,
Unterdruck mit Gitter aus Davidsternen

Entwurf:	I. Gutman / P. Szwarc	Format:	150 mm x 75 mm
Umlauf bis:	2.9.1944	Wz:	Papier sämisch, mit oder ohne Wz
Druck:	Fa. Manitius Litzmannstadt	KN:	№ KN 6stellig rot**

Datum	Auflage			I/III
15.5.1940	unbekannt	**a)**	Wz verflochtene Wellenbänder, № KN**	600,– / 200,–
		b)	ohne Wz, № KN	100,– / 20,–
		E)	wie a), doch Rs mit Stempel „ENTWERTET“, mit niedriger KN (z. B. „000458“)	RR

* Laut Parchimowicz gibt es Drucke von Blau bis Grün. Li 5B steht für blaugrüne bis grüne Scheine.
** Feller/Feller führen auch orangene KN auf.

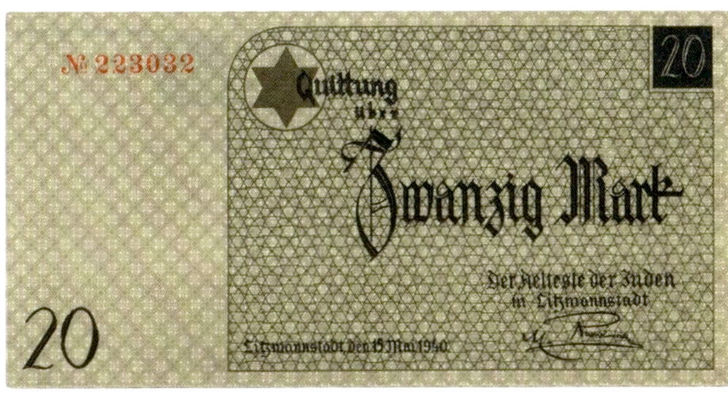

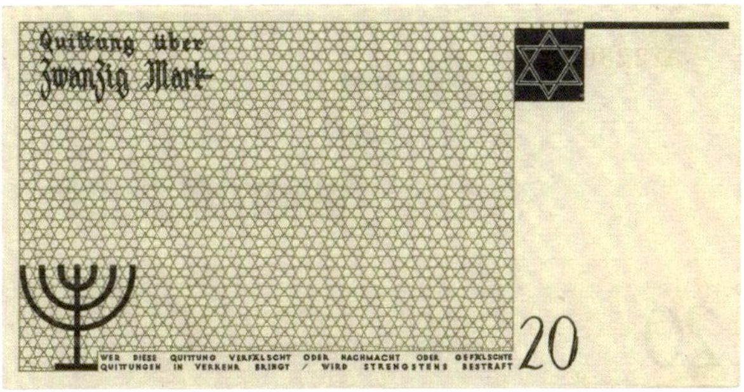

(Li 6, Sammlung des Autors)

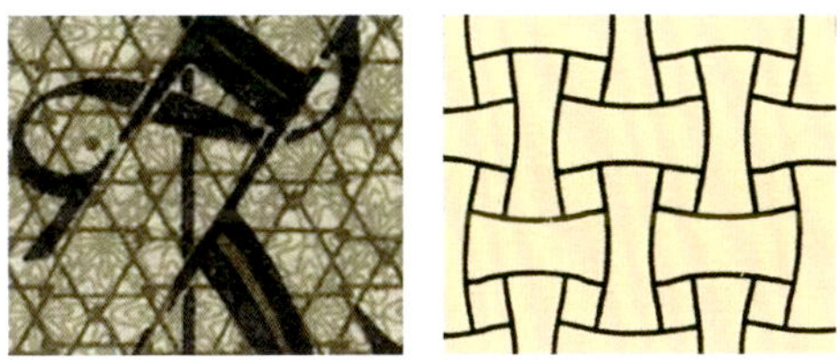

(Li 6c Detail, farbiger Punkt im „Z" von „Zwanzig" / Wz verflochtene Wellenbänder)

Li 6 **20 Mark**
PS 14 Vs: links oben Davidstern, Unterdruck mit Gitter aus Davidsternen
Rs: links unten siebenarmiger Leuchter (Menora), rechts oben Davidstern, Unterdruck mit Gitter aus Davidsternen

Entwurf:	I. Gutman / P. Szwarc	Format:	160 mm x 80 mm
Umlauf bis:	2.9.1944	Wz:	Papier sämisch, mit oder ohne Wz
Druck:	Fa. Manitius Litzmannstadt	KN:	№ KN 6stellig rot*

Datum	Auflage			I/III
15.5.1940	unbekannt	**a)**	Wz verflochtene Wellenbänder, № KN*	600,– / 300,–
		b)	wie a), doch № KN („o" mit 2 Unterstrichen)	RRR / 600,–
		c)	ohne Wz, № KN	60,– / 25,–
		E)	wie a), doch Rs mit Stempel „ENTWERTET", mit niedriger KN (z. B. „000458")	RRR

* Feller/Feller führen auch orangene KN auf.

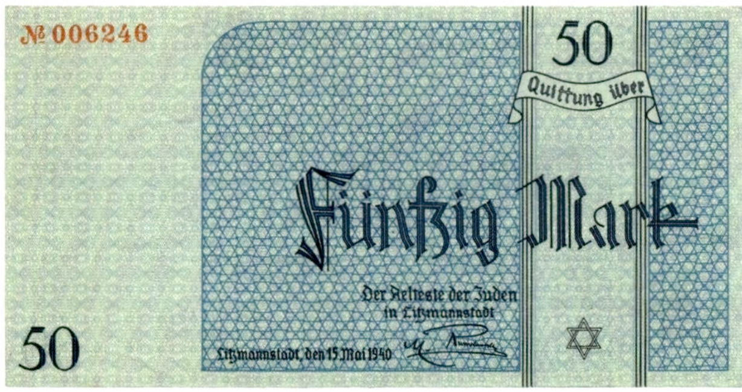

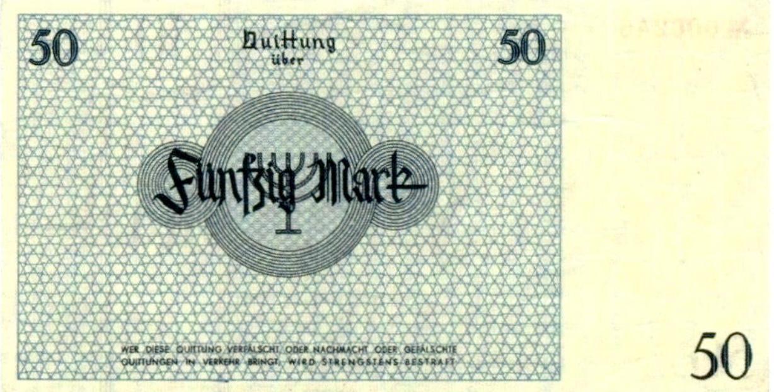

(Li 7, Sammlung Wolfgang Haney, Berlin)

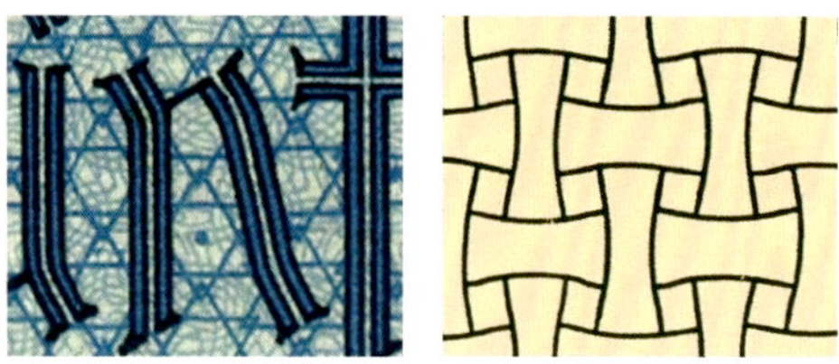

(Li 6c Detail, farbiger Punkt im „n" von „Fünfzig" / Wz verflochtene Wellenbänder)

Li 7 **50 Mark**
PS 15 Vs: rechts unten Davidstern, Unterdruck mit Gitter aus Davidsternen
Rs: Mitte siebenarmiger Leuchter (Menora), Unterdruck mit Gitter aus Davidsternen

Entwurf:	I. Gutman / P. Szwarc	Format:	167 mm x 84 mm
Umlauf bis:	2.9.1944	Wz:	Papier sämisch, mit Wz
Druck:	Fa. Manitius Litzmannstadt	KN:	№ KN 6stellig rot*

Datum	Auflage			I/III
15.5.1940	unbekannt	**a)**	Wz verflochtene Wellenbänder, № KN*	800,– / 250,–
		b)	wie a), doch № KN („o" mit 2 Unterstrichen)	RRR / 700,–
		E)	wie a), doch Rs mit Stempel „ENTWERTET", mit niedriger KN (z. B. „000458")	RRR

* Feller/Feller führen auch orangene KN auf.

Besonderheiten (Muster und Entwertungen) aus dem Getto Litzmannstadt:

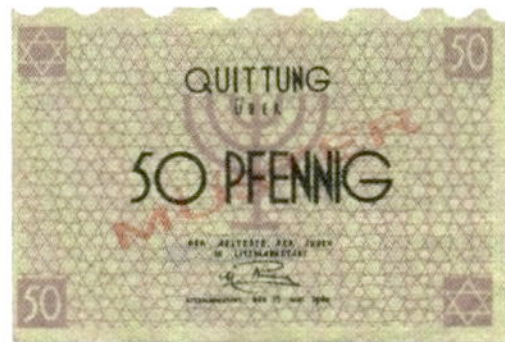

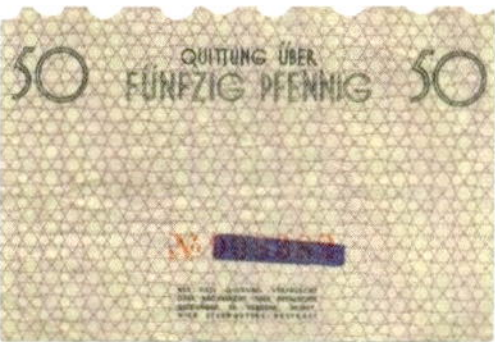

(Li 1M, Sammlung Wolfgang Haney, Berlin, Abbildung auf 40% verkleinert)

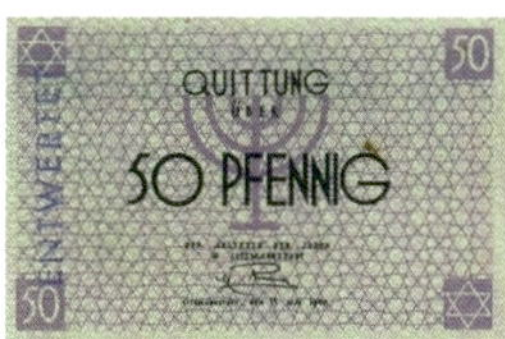

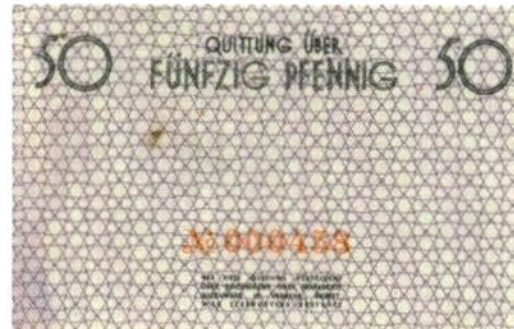

(Li 1E, Sammlung Wolfgang Haney, Berlin, Abbildung auf 40% verkleinert)

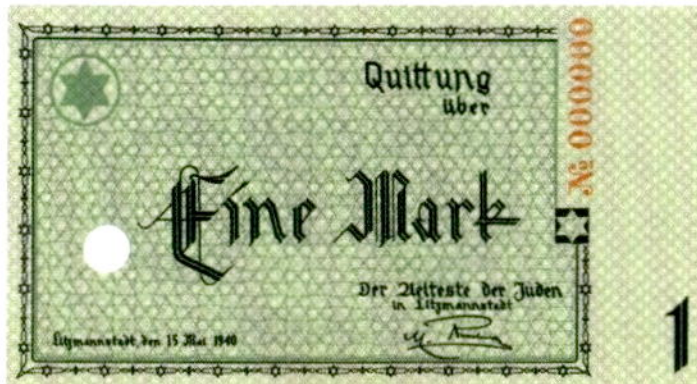

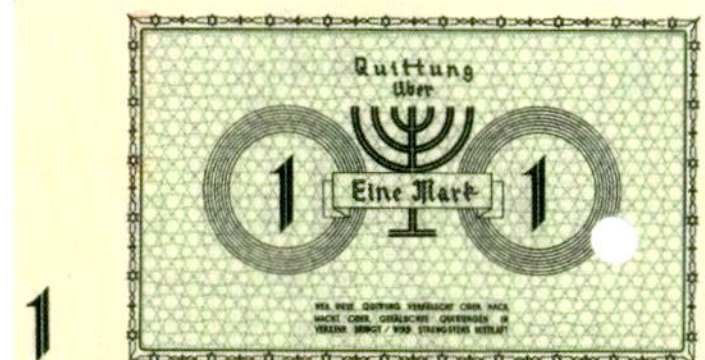

(Li 2M, Sammlung Wolfgang Haney, Berlin, Abbildung auf 40% verkleinert)

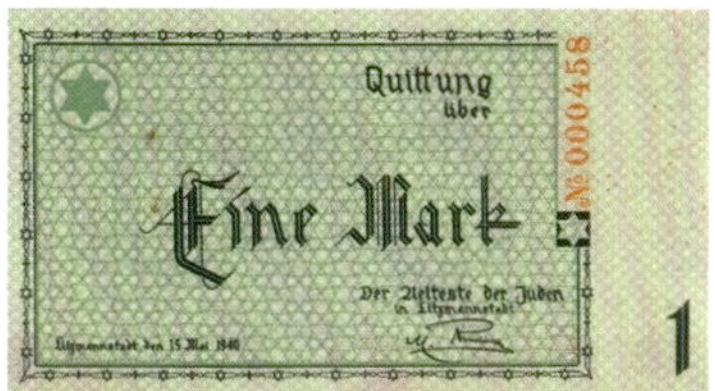

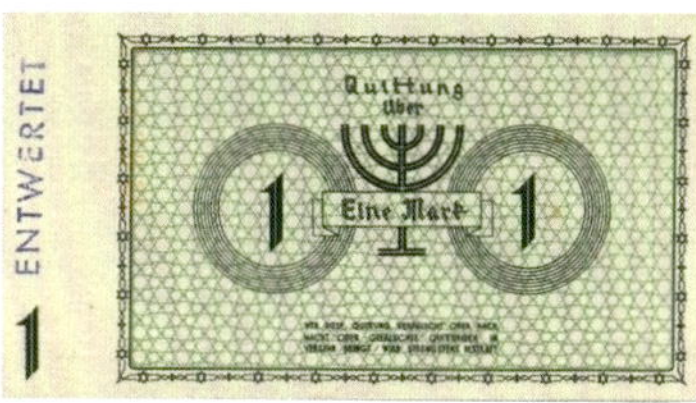

(Li 2E, Sammlung Wolfgang Haney, Berlin, Abbildung auf 40% verkleinert)

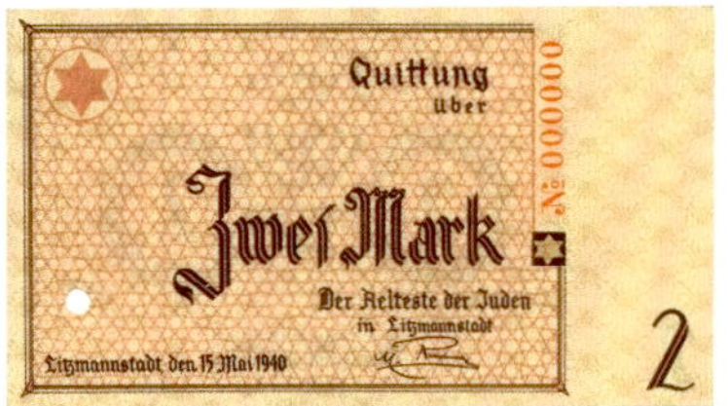

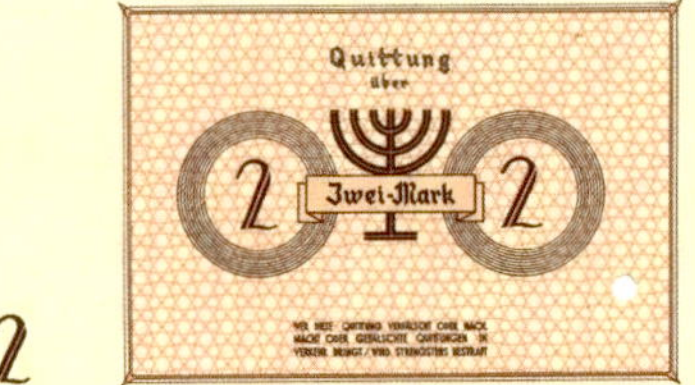

(Li 3M, Sammlung Wolfgang Haney, Berlin, Abbildung auf 40% verkleinert)

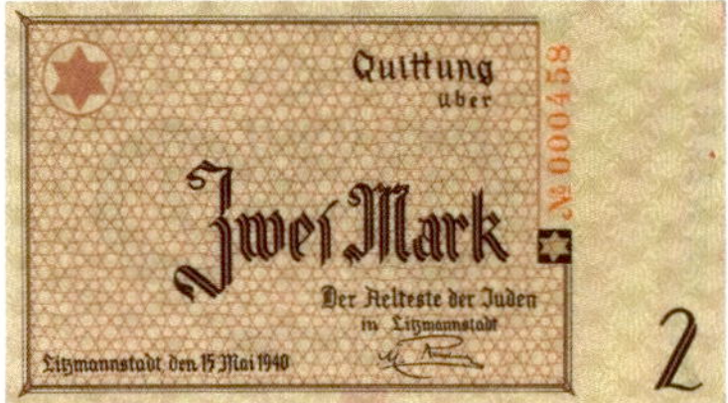

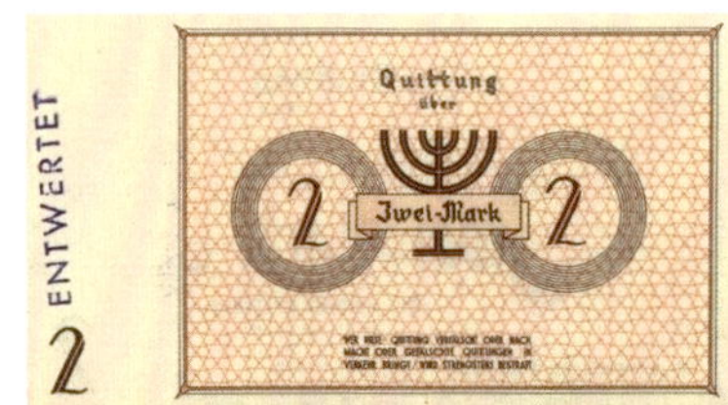

(Li 3E, Sammlung Wolfgang Haney, Berlin, Abbildung auf 40% verkleinert)

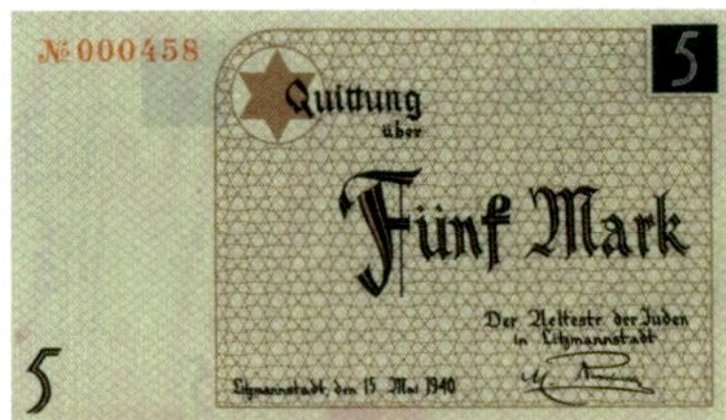

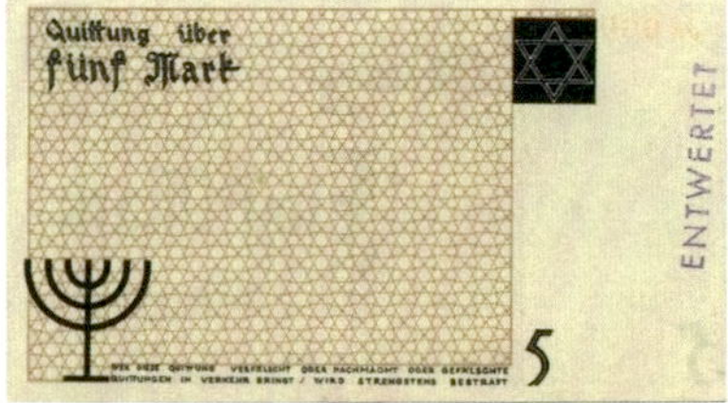

(Li 4E1, Sammlung Wolfgang Haney, Berlin, Abbildung auf 40% verkleinert)

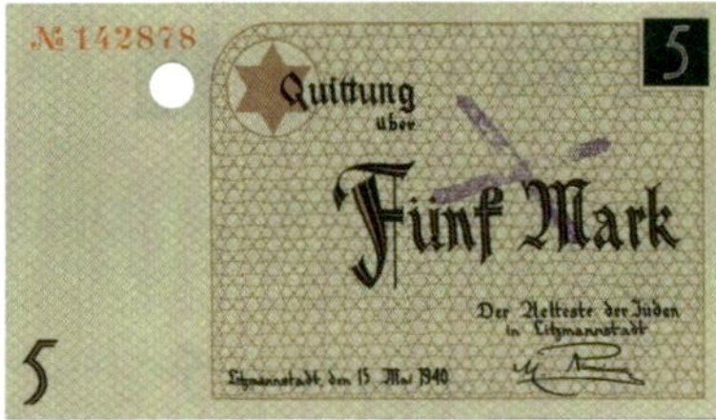

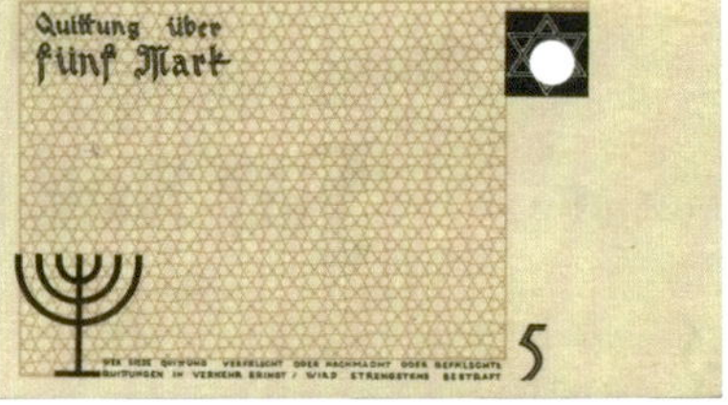

(Li 4E2, Sammlung Wolfgang Haney, Berlin, Abbildung auf 40% verkleinert)

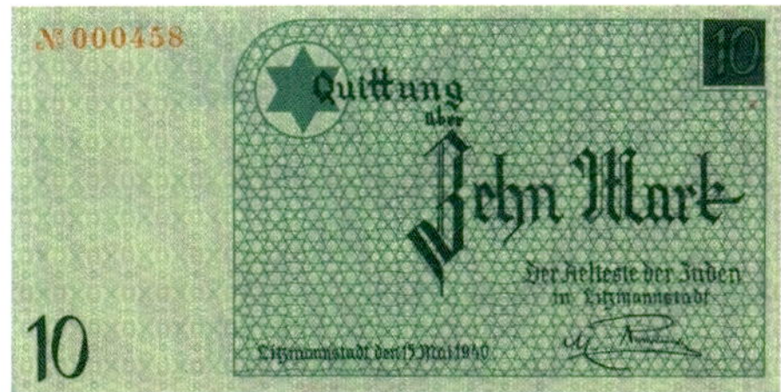

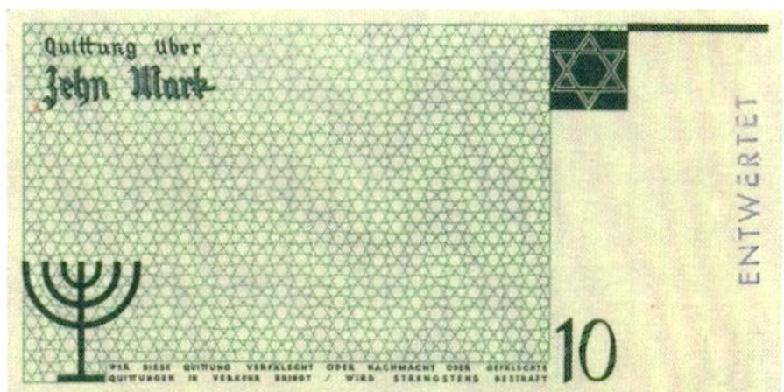

(Li 5BE, Sammlung Wolfgang Haney, Berlin, Abbildung auf 40% verkleinert)

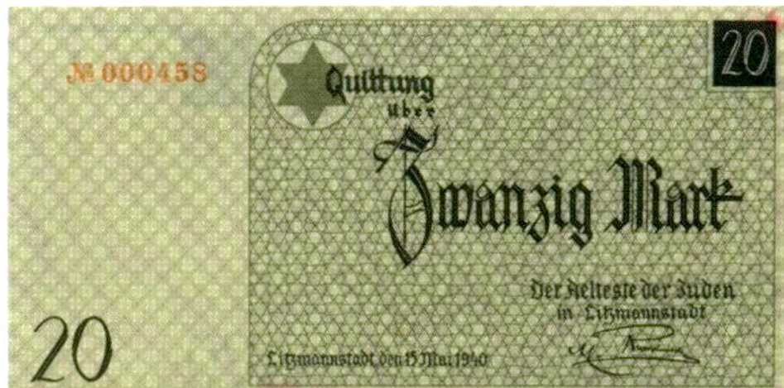

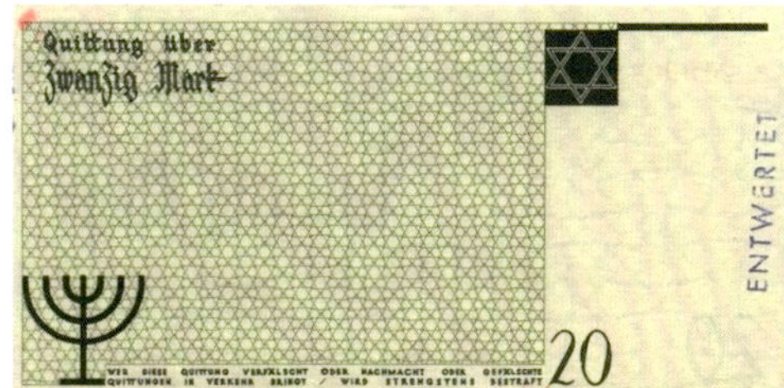

(Li 6E, Sammlung Wolfgang Haney, Berlin, Abbildung auf 40% verkleinert)

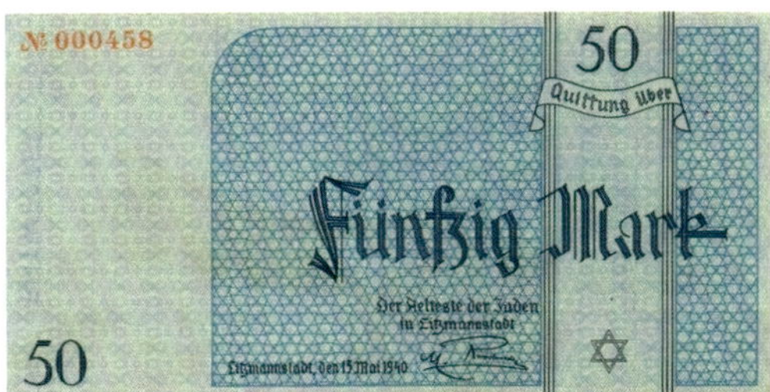

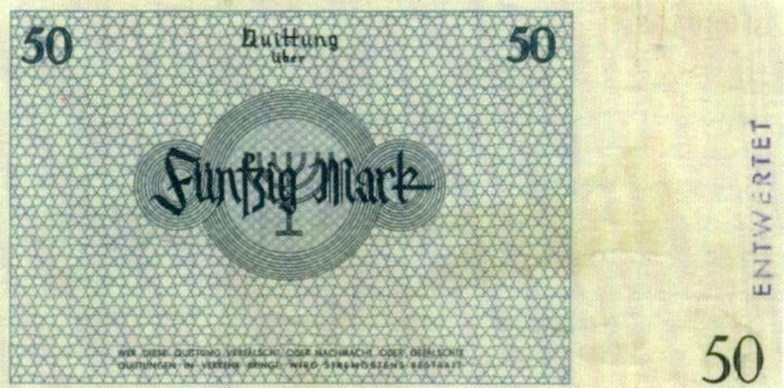

(Li 7E, Sammlung Wolfgang Haney, Berlin, Abbildung auf 40% verkleinert)

2.3.2 Postabteilung des Aeltesten der Juden in Litzmannstadt (gestempelte Teilstücke auf 50-Pfennig-Quittungen)

Einzelne Abschnitte kommen sehr selten vor, da sie im Umlauf aufgebraucht wurden. 50-Pfennig-Quittungen mit Teilstücken auf den Rückseiten wurden original nur in der Ausführung mit 1 x 10 + 2 x 20 Pfennig gestempelt. Andere Stückelungen sind moderne Manipulationen echter 50-Pfennig-Quittungen mit anderen Stempeln (2 x 15 + 1 x 20 Pfennig oder 2 x 25 Pfennig).

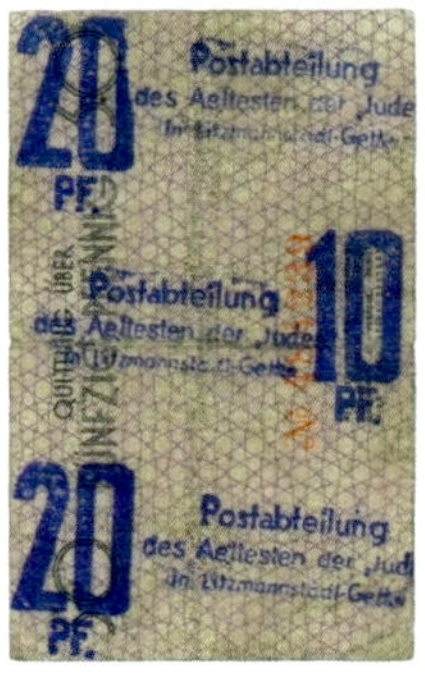

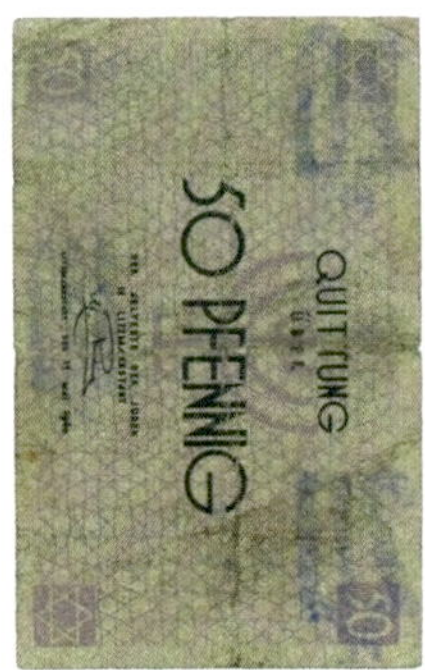

(Li 8, Sammlung Wolfgang Haney, Berlin)

Li 8 **50 Pfennig (1 x 10 + 2 x 20 Pfennig)**
PS 16–18 Vs: Mitte siebenarmiger Leuchter (Menora), links oben und rechts unten Davidstern, Unterdruck mit Gitter aus Davidsternen
Rs: Unterdruck mit Gitter aus Davidsternen, gestempelte Teilstücke 1 x 10, 2 x 20 Pfennig

Entwurf:	I. Gutman / P. Szwarc	Format:	56 mm x 87 mm
Umlauf bis:	2.9.1944	Wz:	Papier sämisch, ohne Wz
Druck:	Fa. Manitius Litzmannstadt	KN:	№ KN 6stellig rot

Datum	Auflage	I/III
15.5.1940	unbekannt	RRR / 250,–

2.3.3 Postabteilung des Aeltesten der Juden in Litzmannstadt (handgeschriebene Zettel mit Stempel)

Pick/Siemsen führen unter Nr. 19 – 21 handgeschriebene Zettel mit Stempel zu 5, 10 und 20 Pfennig auf. Es gab solche aber auch von verschiedenen Geschäften im Getto, die dem Ältesten der Juden direkt unterstanden (1, 2, 4, 5 und 20 Pfennig). Derartige Belege sind heute äußerst selten und die Gefahr von Fantasiefälschungen ist groß. Zweifelsfrei echte Stücke sind mindesten mit RRR einzuschätzen. Die meisten Kataloge führen solche Belege heute nicht mehr auf, weshalb auch hier auf deren Listung verzichtet werden soll.

2.3.4 Postabteilung des Aeltesten der Juden in Litzmannstadt (gedruckte Behelfsausgaben auf Postkarten)

Drucke auf den Rückseiten behelfsmäßig perforierter Postkarten der Postabteilung (je 8 x 10 Pfennig). Vollständig erhaltene Postkarten mit rückseitigen 10-Pfennig-Drucken sind äußerst selten.

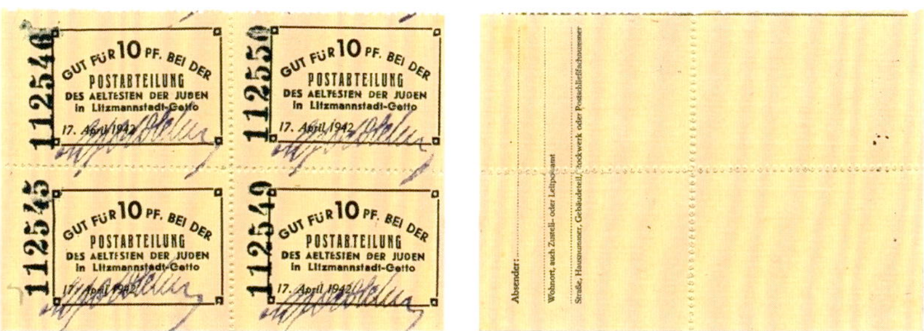

(Halbe Postkarte mit Behelfsdrucken auf der Rückseite, Sammlung Wolfgang Haney, Berlin)

Erste Ausgabe mit Unterdruck

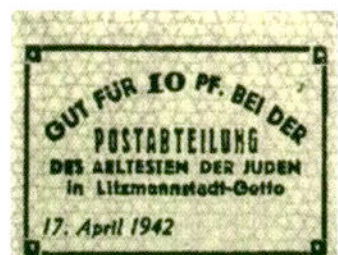

(Li 9 Vs, Kopie aus: Unsere Arbeit – Unsere Hoffnung)

Li 9 **10 Pfennig**
PS 23 Vs: Emittent und Wert im Rahmen, grüner Unterdruck mit Gitter aus Davidsternen
Rs: unbedruckt oder Fragmente eines Postkartenvordrucks

Entwurf:	unbekannt	Format:	ca. 45 mm x 33 mm
Umlauf bis:	2.9.1944	Wz:	Karton, ohne Wz
Druck:	Gettoverwaltung	KN:	ohne KN

Datum	Auflage		I/III
17.4.1942	unbekannt	ohne Us	400,– / 80,–

Zweite Ausgabe ohne Unterdruck, mit großer Wertzahl

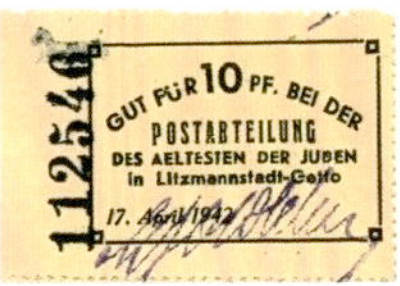

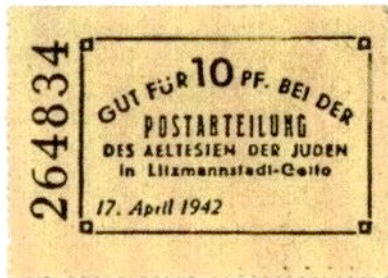

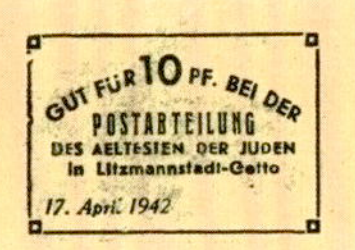

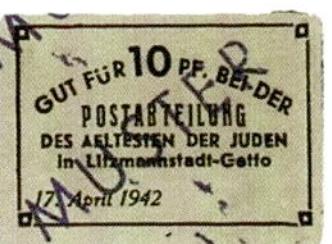

(Li 10a,b,c Vs, Sammlung Wolfgang Haney, Berlin / Li 10M, Kopie aus Milczak)

Li 10 **10 Pfennig**
PS 23/24 Vs: Emittent und Wert im Rahmen, ohne Unterdruck, links KN
Rs: unbedruckt oder Fragmente eines Postkartenvordrucks

Entwurf:	unbekannt	Format:	ca. 54 mm x 36 mm
Umlauf bis:	2.9.1944	Wz:	Karton, ohne Wz
Druck:	Gettoverwaltung	KN:	mit oder ohne KN

Datum	**Auflage**			**I/III**
17.4.1942	unbekannt	**a)**	links KN gestempelt 4-, 5- oder 6stellig, mit Faksimile-Us	300,– / 50,–
		b)	links KN 6stellig gedruckt, ohne Us	300,– / 50,–
		c)	ohne KN, ohne Us	300,– / 50,–
		M)	wie c), doch Vs mit Spl „MUSTER“	RR

Dritte Ausgabe ohne Unterdruck, mit kleiner Wertzahl

Pick/Siemsen führen auch eine Ausgabe vom 20. April 1942 auf, die jedoch nicht nachgewiesen werden konnte.

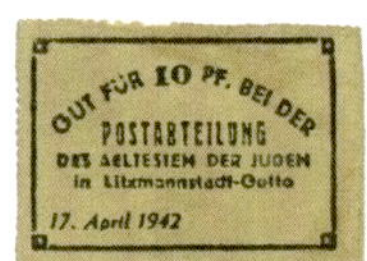

(Li 11b, Firma Marek Staskiewicz)

Li 11 **10 Pfennig**
PS 25 Vs: Emittent und Wert im Rahmen, ohne Unterdruck, links KN
Rs: unbedruckt oder Fragmente eines Postkartenvordrucks

Entwurf:	unbekannt	Format:	ca. 48 mm x 33 mm
Umlauf bis:	2.9.1944	Wz:	Karton, ohne Wz
Druck:	Gettoverwaltung	KN:	mit oder ohne KN

Datum	**Auflage**			**I/III**
17.4.1942	unbekannt	**a)**	mit KN 5- oder 6stellig, ohne Us	300,– / 50,–
		b)	ohne KN, ohne Us	300,– / 50,–

Vierte Ausgabe vom Mai 1944

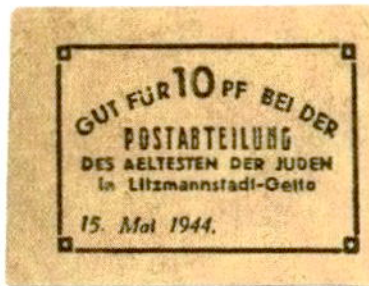

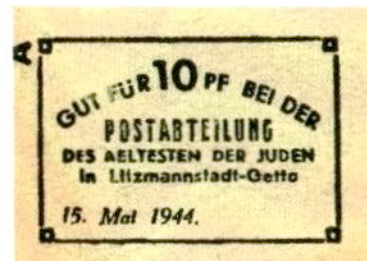

(Li 12a, b, Sammlung Wolfgang Haney, Berlin)

Li 12 **10 Pfennig**
PS 26 Vs: Emittent und Wert im Rahmen, ohne Unterdruck, links KN
Rs: unbedruckt oder Fragmente eines Postkartenvordrucks

Entwurf:	unbekannt	Format:	ca. 48 mm x 35 mm
Umlauf bis:	2.9.1944	Wz:	Karton, ohne Wz
Druck:	Gettoverwaltung	KN:	ohne KN

Datum	**Auflage**			**I/III**
15.5.1944	unbekannt	**a)**	ohne Serie	300,– / 50,–
		b)	links mit Serie A	300,– / 80,–
		M)	Vs mit Aufdruck „MUSTER“	RR

2.3.5 Der Aelteste der Juden in Litzmannstadt (Münz-Quittungen)

Am 14. Juni 1942 begann man im Getto mit der Herstellung von Hartgeld. Zunächst wurden 10-Pfennig-Stücke geprägt. Wegen der zu großen Ähnlichkeit mit den Reichsmünzen wurde deren Prägung am 24. Juni 1942 gestoppt. Die bereits ausgegebenen Münzen wurden eingezogen und mit dem Bestand vernichtet, so daß nur wenige Stücke dieses ersten Typs erhalten blieben. Am 8. Dezember 1942 wurde der zweite Typ der 10-Pfennig-Münzen ausgegeben. Am 27. Dezember 1943 folgten dann 10-Mark-Stücke und am 22. Februar 1944 die 5-Mark-Stücke. Alle Münzen wurden zunächst aus Elektron AM 503 geprägt, später aus Aluminium. Aus diesem Metall prägte man auch 20-Mark-Stücke.

Alle Münz-Quittungen des Ältesten der Juden von Litzmannstadt wurden in der Metallabteilung des Gettos hergestellt. Die Bewertungen wurden vom aktuellen „Jaeger-Katalog“, dem Standard- und Zitierwerk für deutsche Münzen ab 1871, übernommen. Auf Bewertungen in Stempelglanz wurde hier jedoch verzichtet, da keine Originalstücke in dieser Erhaltung bekannt sind. Als Konkordanz wurden die Katalognummern nach „Jaeger“ mit angegeben.
Zu Besonderheiten, wie Probeabschläge, Fehlprägungen u.dgl., soll auf die Arbeit von Guy Franquinet „Litzmannstadt – Ein Kapitel deutscher Geldgeschichte“ verwiesen werden.

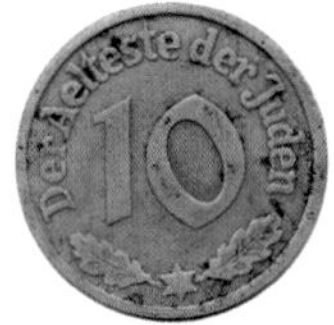

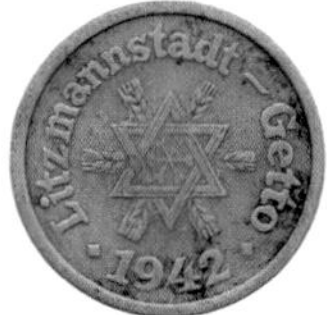

(Li 13, Sammlung Wolfgang Haney, Berlin)

Li 13 **10 Pfennig**
JL 1
Vs: bogig: Der Aelteste der Juden über Wert, unten Davidstern zwischen zwei Eichenblättern
Rs: Litzmannstadt-Getto • 1942 und durchbrochener Davidstern mit Ähren

Entwurf:	Tiefenbach	Material:	Elektron AM 503
Stempel:	Fryd	Rauhgewicht:	0,95 g
Erstausgabe:	01.03.1942	Durchmesser:	21,2 mm
Umlauf bis:	24.06.1942	Rand:	glatt

Datum	Auflage		ss / vz
1942	100 000	Vorsicht vor Fälschungen!	600,– / 820,–

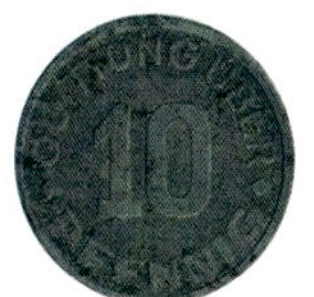

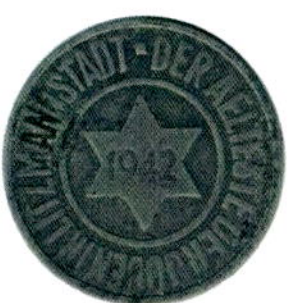

(Li 14, Sammlung Wolfgang Haney, Berlin)

Li 14 **10 Pfennig**
J L 2 Vs: bogig: QUITTUNG ÜBER • PFENNIG, mittig Wertzahl
Rs: DER AELTESTE DER JUDEN IN LITZMANNSTADT •, mittig Davidstern mit Jahreszahl 1942

Entwurf:	unbekannt	Material:	Elektron AM 503
Stempel:	vermutlich Fryd	Rauhgewicht:	0,76 g
Erstausgabe:	08.12.1942	Durchmesser:	19,1 mm
Umlauf bis:	02.09.1944	Rand:	glatt

Datum	**Auflage**		**ss / vz**
1942	1000 000	Vorsicht vor Fälschungen!	350,– / 900,–

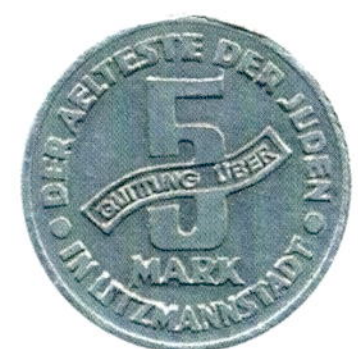

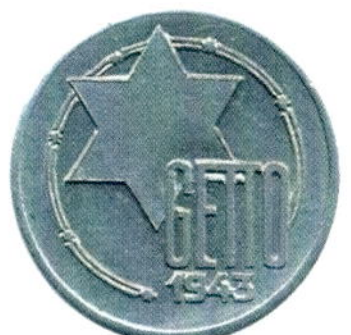

(Li 15b, Sammlung Wolfgang Haney, Berlin)

Li 15 **5 Mark**
J L 3 Vs: DER AELTESTE DER JUDEN • IN LITZMANNSTADT, innen 5 MARK mit gewelltem Schriftband QUITTUNG ÜBER
Rs: Davidstern und GETTO mit Jahreszahl 1943 auf Doppelkreis mit Sternchen

Entwurf:	Schwarz	Material:	siehe Varianten
Stempel:	Glezer	Rauhgewicht:	siehe Varianten
Erstausgabe:	22.02.1944	Durchmesser:	siehe Varianten
Umlauf bis:	02.09.1944	Rand:	glatt

Datum	**Auflage**			**ss / vz**
1943	800 000	**a)**	Material Elektron, Gewicht 1,03 g, Durchmesser 22,7 mm*	290,– / 400,–
		b)	Material Aluminium, Gewicht 1,57 g, Durchmesser 22,5 mm*	100,– / 150,–

* Vorsicht vor Fälschungen!

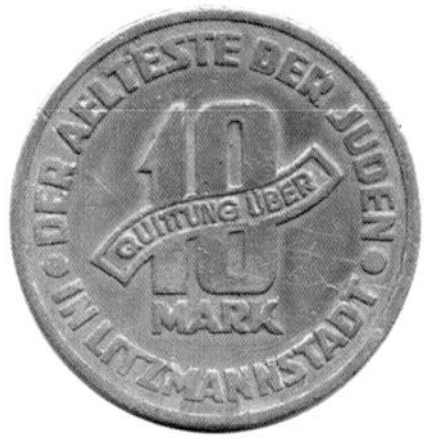

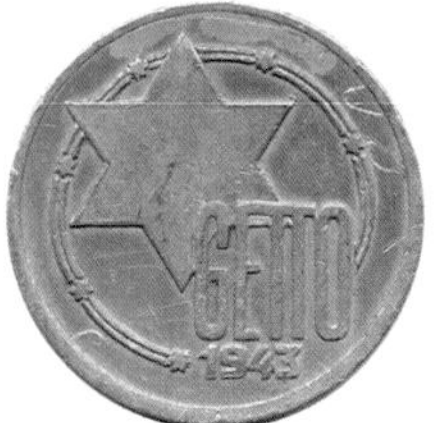

(Li 16c, Sammlung Wolfgang Haney, Berlin)

Li 16 **10 Mark**
J L 4 Vs: DER AELTESTE DER JUDEN • IN LITZMANNSTADT, innen 10 MARK mit gewelltem Schriftband QUITTUNG ÜBER
Rs: Davidstern und GETTO mit Jahreszahl 1943 auf Doppelkreis mit Sternchen

Entwurf:	Schwarz	Material:	siehe Varianten
Stempel:	Glezer	Rauhgewicht:	siehe Varianten
Erstausgabe:	27.12.1943	Durchmesser:	siehe Varianten
Umlauf bis:	02.09.1944	Rand:	glatt

Datum	Auflage			ss / vz
1943	100 000	**a)**	Material Elektron, Gewicht 1,75 g, Durchmesser 28,4 mm*	370,– / 500,–
		b)	Material Aluminium, Gewicht 2,6 g, dünner Rohling (Dicke 1,6 – 1,7 mm), Durchmesser 28,3 mm*	75,– / 100,–
		c)	Material Aluminium, Gewicht 3,4 g, dünner Rohling (Dicke 2,1 – 2,2 mm), Durchmesser 28,3 mm*	75,– / 100,–

* Vorsicht vor Fälschungen!

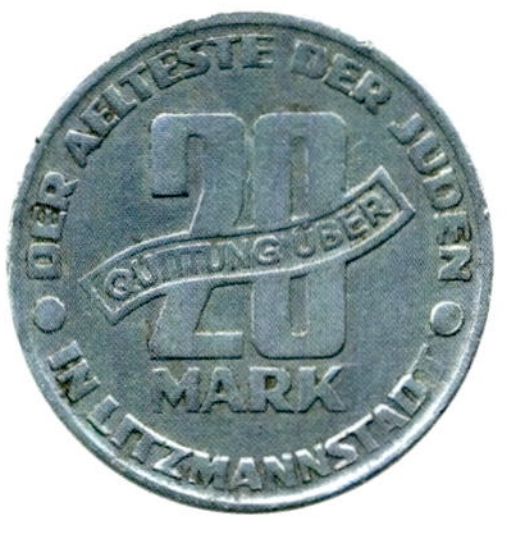

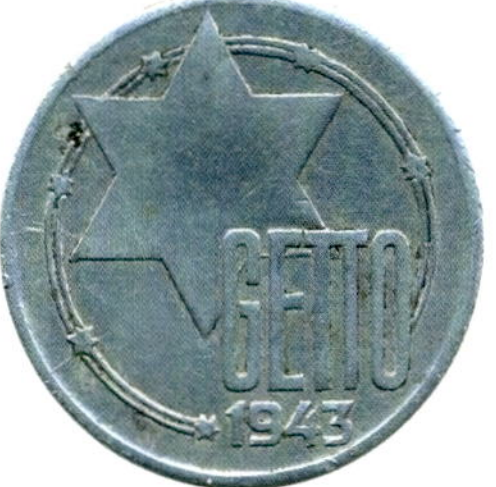

(Li 17, Sammlung Wolfgang Haney, Berlin)

Li 17 **20 Mark**
JL 5 Vs: DER AELTESTE DER JUDEN • IN LITZMANNSTADT, innen 20 MARK mit gewelltem Schriftband QUITTUNG ÜBER
Rs: Davidstern und GETTO mit Jahreszahl 1943 auf Doppelkreis mit Sternchen

Entwurf:	Schwarz	Material:	Aluminium
Stempel:	Glezer	Rauhgewicht:	6,98 g
Erstausgabe:	21.08.1944	Durchmesser:	ca. 33,45 mm
Umlauf bis:	02.09.1944	Rand:	glatt

Datum	**Auflage**		**ss / vz**
1943	ca. 600	Vorsicht vor Fälschungen!	800,– / 1200,–

Es war auch ein 5-Pfennig-Stück geplant, das aber nicht geprägt wurde.
Von allen Münz-Quittungen sind einseitige Bleiabschläge bekannt, vermutlich sind dies aber Nachkriegsprodukte.
Von Li 13 bis Li 17 sind Abschläge in Silber bekannt (teilweise mit Riffelrand).

2.4 Sokolka

Polen/Weißrußland/Bialystok

Getto

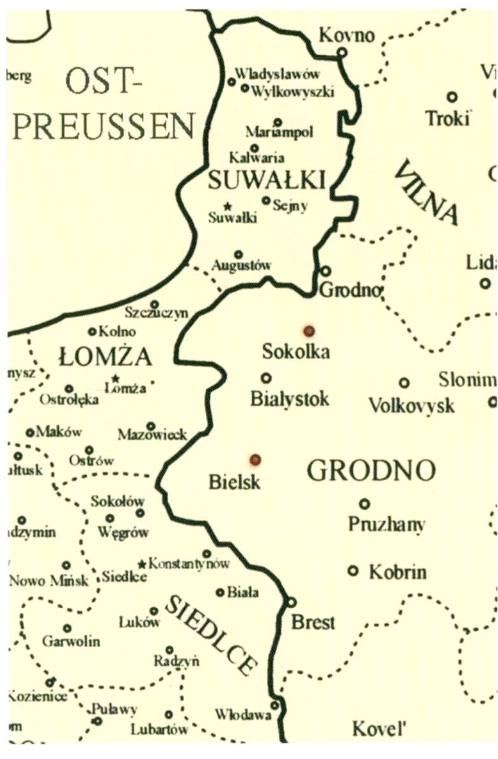

Karte vom weißrussischen Gebiet Grodno mit Bialystok, Sokolka und Bielsk.

Zur Geschichte des Gettos

Die jüdische Ansiedlung in Sokolka begann in der zweiten Hälfte des 17. Jahrhunderts. 1698 folgte das könglich polnische Privileg Eigentum zu besitzen und zu handeln. 1921 lebten 2821 Juden in der Kleinstadt, damals 46% der Gesamtbevölkerung. Zwischen den zwei Weltkriegen blühte die jüdische Gemeinde auf, es gab eigene Schulen, Bibliotheken und Sportvereine und 80% der Wirtschaft und des Handwerks von Sokolka waren in jüdischem Besitz.[1]

Durch den Frieden von Riga endete 1921 der polnisch-sowjetische Krieg mit einer Gebietserweiterung Polens nach Osten. Die Sowjetunion beanspruchte deshalb ihrerseits im geheimen Zusatzprotokoll zum „Hitler-Stalin-Pakt" Ostpolen bis zur sog. „Curzon-Linie" und marschierte am 23. September 1939 in diese Gebiete ein. Sokolka kam, wie auch Bielsk (siehe dort), zum weißrussischen Gebiet Grodno.[2]

Mit dem Ausbruch des Zweiten Weltkriegs stieg die Zahl der jüdischen Bevölkerung durch Flüchtlinge aus dem deutsch besetzten Teil Polens stark an. Ende 1939 befanden sich im sowjetisch besetzten Sokolka etwa 9000 Juden.

Am 27. Juni 1941 wurde Sokolka von der Wehrmacht besetzt. Juden wurden zur Zwangsarbeit gezwungen, durften nur eingeschränkt Waren kaufen und mußten Strafgelder zahlen.[3]

Nach dem Einmarsch deutscher Truppen in die Sowjetunion wurde der um das Gebiet Grodno erweiterte polnische Bezirk Bialystok am 1. November 1941 Teil des Deutschen Reichs. Die Reichsmark wurde eingeführt und im Verhältnis 1 RM = 10 Rubel gegen die bis dahin umlaufenden sowjetischen Zahlungsmittel eingetauscht. Ab 1. Januar 1942 war sie dann alleiniges gesetzliches Zahlungsmittel im Bezirk Bialystok.[4]

Schon im Herbst 1941 wurde in Sokolka ein Getto eingerichtet, über das aber nur wenig bekannt ist. Am 5. November 1942 fand eine Selektion statt, nach der der Großteil der jüdischen Einwohner aus dem Getto und der Umgegend in das Arbeitslager Kelbasin deportiert wurde. Von hier aus fuhren die meisten nach einigen Wochen mit der Bahn in das Vernichtungslager Treblinka und damit in den Tod.[5]

In Sokolka waren nur etwa 200 Juden zurück geblieben, die in einer Textilfabrik arbeiten mußten, in der u. a. Filzstiefel für die Wehrmacht hergestellt wurden. Sie wurden am 18. Januar 1943 ermordet.[6]

Zum „Judengeld“ von Sokolka

Nach dem Anschluß an das Deutsche Reich gab die Stadtkasse von Sokolka sog. „Judengeld“ aus, mit dem Reichsdeutsche jüdische Arbeit bezahlen konnten und das nur innerhalb des Gettos gültig war. Zum ungewöhnlichen Nennwert von 0,91 RM schreibt Feller/Feller[6], daß dieser auf dem damals aktuellen Umtauschkurs zwischen Reichsmark und polnischen Zloty basieren würde. Dieser Auffassung kann hier jedoch nicht gefolgt werden. Erstens galt in Sokolka bis zur deutschen Besetzung nicht der polnische Zloty sondern der sowjetische Rubel und zweitens wurde mit der Gründung der Emissionsbank in Polen und der Ausgabe der sog. „Krakauer Zloty“ schon Anfang 1940 ein Zwangskurs von 1 RM = 2 Zlote eingeführt.

Wahrscheinlich diente das „Judengeld“ zur Zahlung einer Tagesarbeit. Anstelle zusätzlicher regulärer Zahlungsmittel gelangten auf diese Art nur ungedeckte Ersatzzahlungsmittel der Stadtkasse in das Getto. Vorstellbar ist die Bezahlung eines Tagwerks in kommunalem Auftrag oder für deutsche Betriebe, das auf diese Weise preiswert abgegolten werden konnte.

Die Scheine wurden von einem Block abgerissen und sind deshalb links gezähnt.

Anmerkungen:

1) Siehe Artikel zu den kleinen Gettos in Polen auf: www.encyclopedie.bseditions.fr., sowie: Ray Feller/Steve Feller, Silent Witnesses: Civilian Camp Money of World War II, S. 80.
2) Rolf Jehke, Territoriale Veränderungen in Deutschland und deutsch verwalteten Gebieten 1874 – 1945, auf: www.territorial.de.
3) Siehe Anmerkung 1).
4) Siehe Anmerkung 2).
5) Siehe Anmerkung 1).
6) Ebenda.
7) Ray Feller/Steve Feller, Silent Witnesses: Civilian Camp Money of World War II, S. 80.

2.4.1 Stadtkasse Sokolka, Der Bürgermeister („Judengeld“)

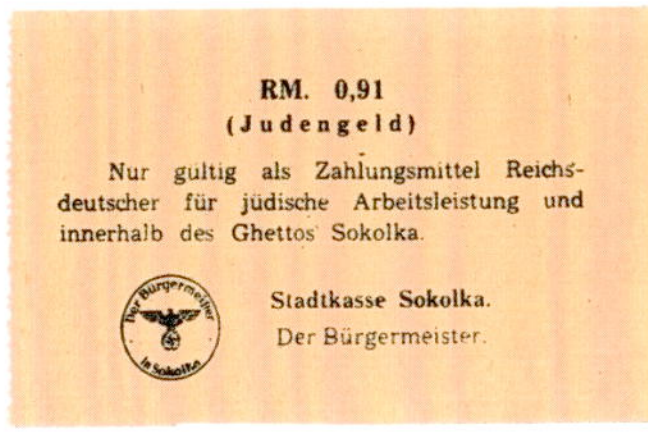

(So 1, Sammlung Wolfgang Haney, Berlin)

So 1 **0,91 Reichsmark (RM. 0,91)**
PS 28 Vs: Nennwert, Gültigkeitsvermerk, Ausgabestelle und gedruckter Stempel
Rs: unbedruckt

Entwurf:	unbekannt	Format:	89 mm x 55 mm
Umlauf bis:	November 1942?	Wz:	Papier rosa, ohne Wz
Druck:	unbekannt	KN:	ohne

Datum	Auflage	
o.D. (1942?)	unbekannt	RRR

2.5 Theresienstadt PROTEKTORAT BÖHMEN UND MÄHREN

Getto/Konzentrationslager/Polizeiliches Gefängnis

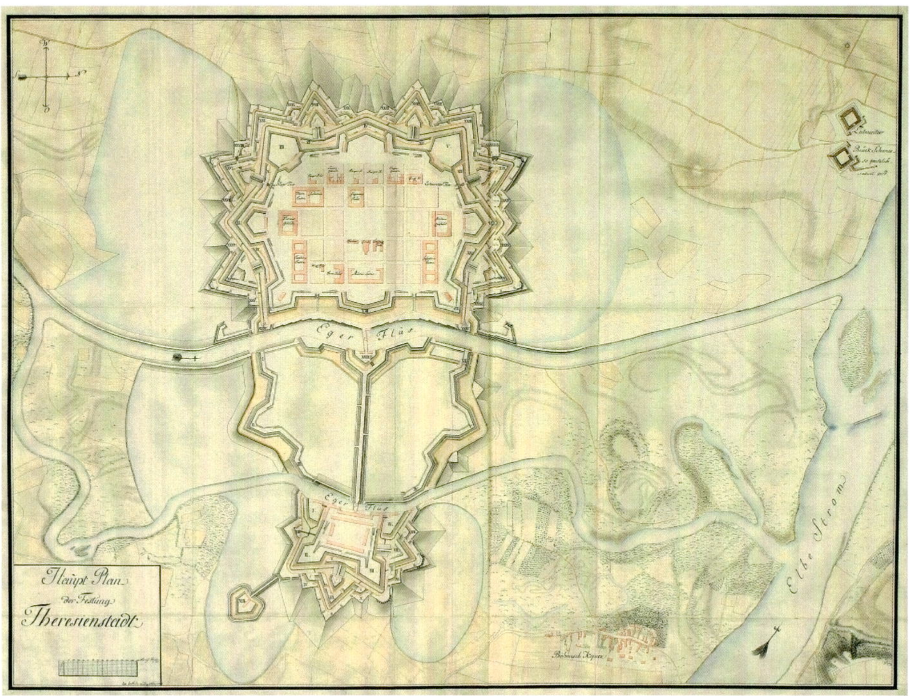

Historischer Haupt-Plan von Stadt und Festung Theresienstadt. Oben die „Garnisonsstadt", das spätere Getto, und unten die sog. „Kleine Festung", die später als Gestapo-Gefängnis diente.

Zur Geschichte des Gettos

Ende des 18. Jahrhunderts wurde die Festung Theresienstadt im Norden Böhmens im Auftrag des österreichischen Kaisers Joseph II. erbaut. In ihren Mauern befand sich die sog. „Kleine Festung" sowie die „Garnisonsstadt". In der „Kleinen Festung" waren u. a. die Attentäter von Sarajewo eingekerkert gewesen, die mit der Ermordung des österreichischen Thronfolgers den Ersten Weltkrieg auslösten. Alle drei starben hier, darunter auch der Todesschütze Gawrilo Prinzip.

Nach der Besetzung des „Protektorats Böhmen und Mähren" richtete die Gestapo im Juni 1940 in der „Kleinen Festung" ein berüchtigtes Gefängnis ein. Im Gestapo-Gefängnis waren anfangs nur männliche Häftlinge untergebracht. Eine Frauenabteilung kam erst im Juni 1942 nach dem Attentat auf Reinhard Heydrich hinzu. Bis 1945 waren in der „Kleinen Festung" rund 27 000 Männer und 5000 Frauen inhaftiert, meist aus dem tschechischen Widerstand. 250 wurden in der Festung hingerichtet, 2500 starben in Theresienstadt und 8000 in anderen Konzentrationslagern.[1)]

Im „Protektorat" lebten etwa 88 000 Juden, über deren Schicksal im Oktober 1941 bei Beratungen zwischen Reinhard Heydrich, Adolf Eichmann und Karl Hermann Frank auf der Prager Burg entschieden wurde. Im Sitzungsprotokoll vom 17. Oktober 1941 heißt es: *„Zunächst wird ein Transport von*

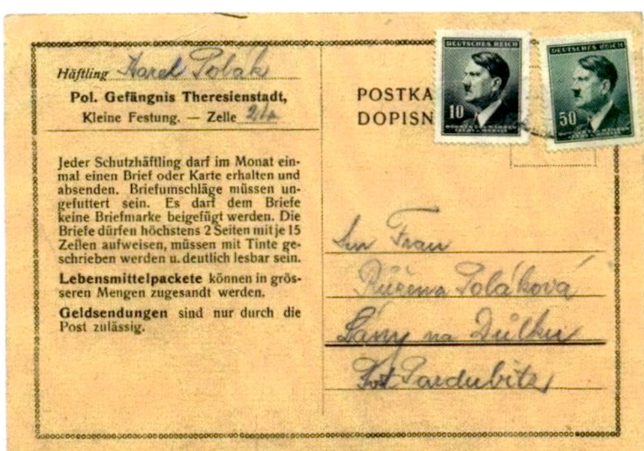

Häftling

Pol. Gefängnis Theresienstadt,
Kleine Festung. — Zelle

Jeder Schutzhäftling darf im Monat einmal einen Brief oder Karte erhalten und absenden. Briefumschläge müssen ungefuttert sein. Es darf dem Briefe keine Briefmarke beigefügt werden. Die Briefe dürfen höchstens 2 Seiten mit je 15 Zeilen aufweisen, müssen mit Tinte geschrieben werden u. deutlich lesbar sein.

Lebensmittelpackete können in grösseren Mengen zugesandt werden.

Geldsendungen sind nur durch die Post zulässig.

POSTKA
DOPISN

Postkarte eines tschechischen Gefangenen aus dem Pol. Gefängnis Theresienstadt vom 6. Januar 1943 mit den Bestimmungen für Post- und Geldsendungen. *(Sammlung Wolfgang Haney, Berlin)*

5.000 Juden nach Litzmannstadt evakuiert. Ein Teil ist bereits fort. Wenn alle 5.000 fort sind, soll eine kurze Pressenotiz darüber in die Zeitung kommen, aber in geschickter Weise, es muß darin zum Ausdruck kommen, wie schnell die reichsdeutsche Arbeit abrollt. Dann soll eine kurze Pause erfolgen, um die Vorbereitungen zur weiteren Evakuierung bzw. Gettoisierung nicht zu stören. In der Zwischenzeit werden die Juden aus Böhmen und Mähren in je einem Durchgangslager gesammelt für die Evakuierung. Für diesen Zweck ist von dem Wehrmachtsbevollmächtigten beim Reichsprotektor Theresienstadt von allen Wehrmachtsteilen völlig frei gemacht worden. Den dortigen Tschechen ist nahegelegt, anderswohin zu ziehen. Falls der Grund und Boden

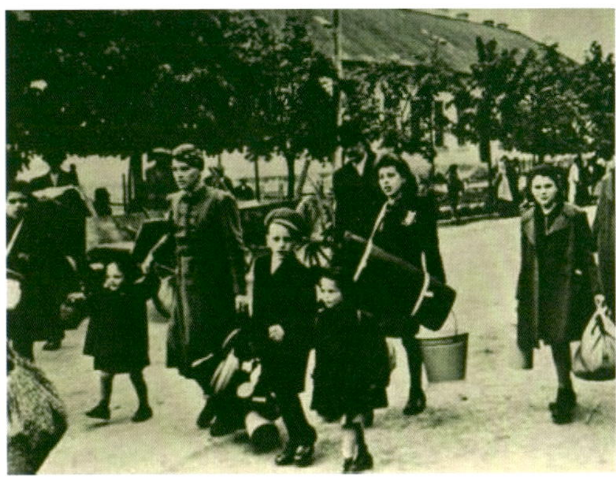

Ankunft jüdischer Deportierter in der Festung Theresienstadt. *(Fotoarchiv des Verlags)*

nicht sowieso schon Reichseigentum ist, wird er von der Zentralstelle für jüdische Auswanderung aufgekauft und damit deutscher Grundbesitz. In Theresienstadt werden bequem 50.000 bis 60.000 Juden untergebracht. Von dort kommen die Juden nach dem Osten."[2)]

Im November 1941 entstand in der „Garnisonsstadt" ein Getto für die jüdische Bevölkerung des Protektorats, das nach der „Wannsee-Konferenz" zur „Endlösung der Judenfrage" ab 1942 zum Sammel- und Durchgangslager für Juden aus ganz Europa wurde. In der nationalsozialistischen Propaganda wurde Theresienstadt unter dem Motto „Der Führer schenkt den Juden eine Stadt" als „Jüdische Mustersiedlung" verklärt und sogar Besuchern aus dem Ausland gezeigt. Dabei nutzte man die vorhandene Festungsanlage und baute sie weiter aus. Anders als etwa bei den großen Gettos in Polen war damit Theresienstadt kein abgegrenzter „jüdischer Wohnbezirk", sondern eine von unversehrten Festungsmauern umgebene und dadurch isolierte „Stadt" für sich. Aber auch die Leitung des Gettos Theresienstadt war deutlich anders organisiert als in den übrigen Gettos. In Theresienstadt war keine Stadtverwaltung für das Getto zuständig, sondern die Zentralstelle für jüdische Auswanderung in Prag, die eine Kommandantur einsetzte, was den Vergleich mit einem Konzentrationslager nahelegt. Hatte im Herbst 1941 die „Abteilung G" der Prager Kultusgemeinde noch Vorschläge für die Organisation in Theresienstadt ausgearbeitet, wonach eine Gettoverwaltung mit Leitung und Ältestenrat die innere Organisation durch Selbstverwaltung der Siedlung übernehmen sollte, so erteilte in der Praxis der Lagerkommandant Anweisungen an den „Judenältesten". Erst im Zusammenhang mit der propagandistischen „Vermarktung" von Theresienstadt wurde aus der Lagerkommandantur eine „Dienststelle" und in deren Befehlen bezog man sich auf eine „Jüdische Selbstverwaltung".

Das Festungswerk brachte es mit sich, daß nur eine geringe Anzahl von Wachpersonal benötigt wurde. Lediglich 20 SS-Angehörige unterstanden der Kommandantur bzw. der Dienststelle. Hinzu kamen rund 100 tschechische Gendarmen zur Bewachung der Zugänge und Sperren der Festung.

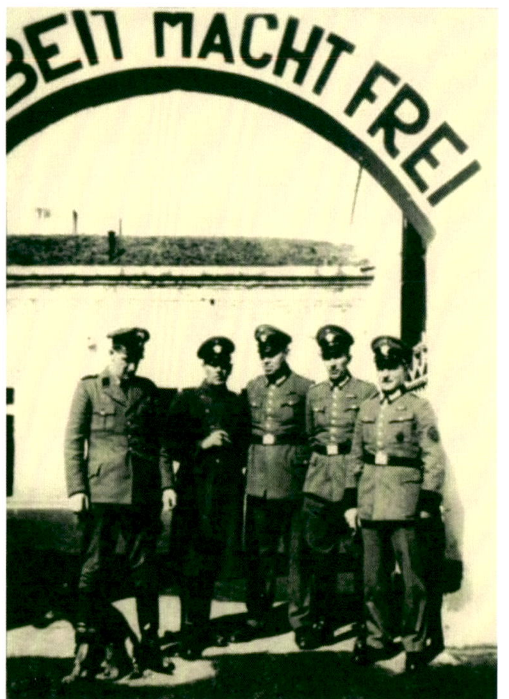

Deutsche Soldaten vor dem Eingangstor zur Festung.
(Fotoarchiv des Verlags)

Nachdem ein „Aufbaukommando", das im November 1941 aus Prag in die Festung verlegt worden war, alle notwendigen Arbeiten zur Vorbereitung der Massenaufnahme von Deportierten abgeschlossen und einen „Judenrat" gebildet hatte, wurden bis zum Mai 1942 rund 28 000 tschechische Juden nach Theresienstadt deportiert. Aus Theresienstadt rollte der erste Transport mit 1000 Personen am 9. Januar 1942 in Richtung Osten. Die Anweisungen hinsichtlich Anzahl und „Kategorie" für die Transporte kamen von der Kommandantur, die ihre Weisungen aus Berlin erhielt. Die „Jüdische Selbstverwaltung" hatte die Weisungen umzusetzen und sogar die Auswahl für die Transportlisten zu treffen. So war Theresienstadt für viele Juden lediglich eine Zwischenstation auf dem Weg in die Vernichtungslager im Osten. Für ankommende und abfahrende Deportierte diente die sog. „Schleuse" als Sammelstelle. Jede Person, die auf eine Transportliste kam, erhielt eine schriftliche Einberufung (siehe Abbildung), von der man nur durch eine „Ausreihung" mit Unterschrift des „Judenältesten" befreit werden konnte.

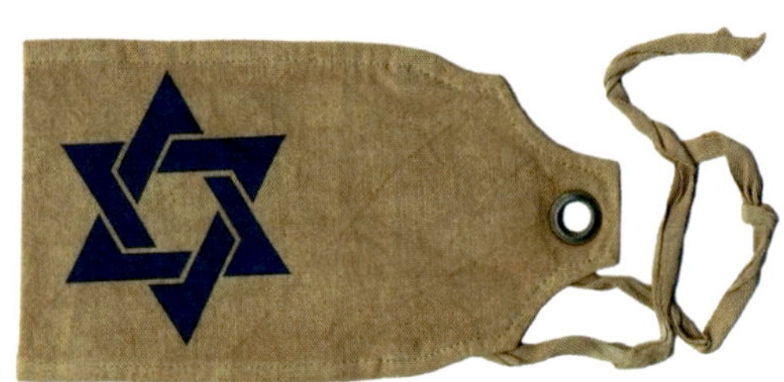

Armbinde des jüdischen Ordnungsdienstes (Gettowache) in Theresienstadt.
(Sammlung Wolfgang Haney, Berlin)

3066 705/AAv Windholz Ladislaus 1913 Hauptstr.1/204 A V

E I N B E R U F U N G

Sie wurden in den Transport eingereiht und haben sich zur Abfertigung pünktlich lt.Angabe des Gebäude-bezw.Hausältesten am Sammelplatz einzustellen.
Der Sammelplatz Ihrer Gruppe ist im rechten oberen Eck dieser Einberufung(an letzter Stelle des aufgeklebten Streifens) angegeben.

Nach Erhalt dieser Einberufung müssen Sie sofort Ihr Gepäck vorbereiten Der Umfang des mitzunehmenden Gepäcks muss auf das allernotwendigste Mindestmass herabgesetzt werden. Keineswegs kann mehr als 1 Koffer oder 1 Weichgepäckstück mitgenommen werden.Grundsätzlich ist das Gepäck in die Schleuse persönlich mitzunehmen.

Schleussenantritt 17.12.43.1[illegible] h früh

Einberufung von Ladislaus Windholz in einen Transport vom 17. Dezember 1943.
(Sammlung Wolfgang Haney, Berlin)

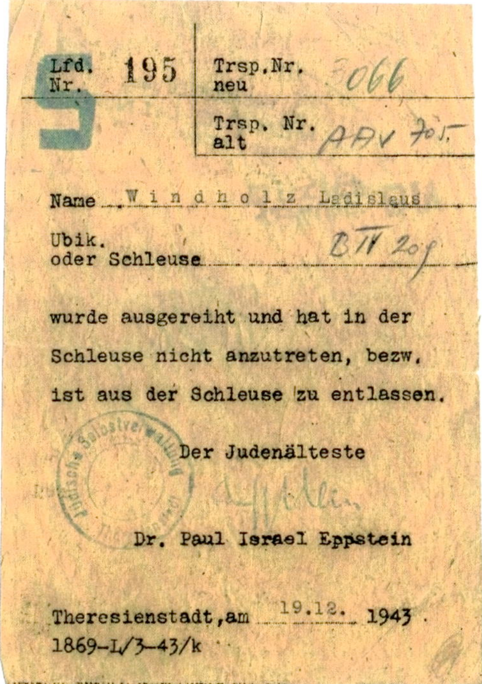

Lfd. Nr. 195 — Trsp.Nr. neu 3066 — Trsp. Nr. alt AAV 705

Name Windholz Ladislaus

Ubik. oder Schleuse BII 209

wurde ausgereiht und hat in der Schleuse nicht anzutreten, bezw. ist aus der Schleuse zu entlassen.

Der Judenälteste

Dr. Paul Israel Eppstein

Theresienstadt, am 19.12. 1943

1869-L/3-43/k

„Ausreihung" von Ladislaus Windholz durch den „Judenältesten" Dr. Paul Israel Eppstein vom 19. Dezember 1943. Der Transport ging ohne ihn mit 2503 Menschen nach Auschwitz, nur 449 davon überlebten.
(Sammlung Wolfgang Haney, Berlin)

Ein jüdischer Ordnungsdienst, der dem „Judenrat" unterstand (Gettowache), überbrachte die „Einberufungen" meist in der Nacht und gewährleistete die öffentliche Ordnung und Sicherheit im Getto – selbst wenn dies die Todestransporte betraf.

Die Idee, Theresienstadt nicht nur als „Sammel- und Durchgangslager", sondern auch als „Altersgetto" für ausgewählte deutsche Juden zu nutzen, ging auf einen Tagebucheintrag von Joseph Goebbels vom 18. November 1941 zurück, in dem es heißt: *„Heydrich berichtete mir über seine Absichten bezüglich der Abschiebung der Juden aus dem Reichsgebiet. Die Frage läßt sich schwieriger an als wir zuerst vermutet hatten. 15.000 Juden müssen sowieso in Berlin bleiben, da sie bei kriegswichtigen und gefährlichen Arbeiten beschäftigt sind. Auch eine Reihe von alten Juden können nicht mehr nach dem Osten abgeschoben werden. Für sie soll ein Judenghetto in einer kleinen Stadt im Protektorat eingerichtet werden."*[3] Bei der „Wannsee-Konferenz" vom 20. Januar 1942 wurde schließlich Theresienstadt als „Altersgetto" bestimmt, in das alle „Reichsjuden" über 65 Jahre gebracht werden sollten. Außerdem beschloß man die dortige Unterbringung von allen Juden mit Kriegsbeschädigungen oder Auszeichnungen aus dem Ersten Weltkrieg. Die Nutzung als „Altersgetto" für deutsche Juden

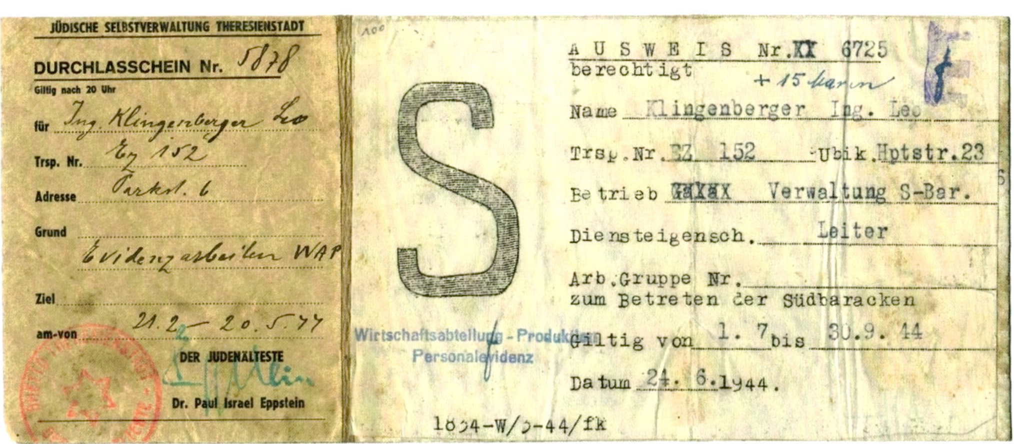

JÜDISCHE SELBSTVERWALTUNG THERESIENSTADT

DURCHLASSCHEIN Nr. 5878

Giltig nach 20 Uhr

für Ing. Klingenberger Leo

Trsp. Nr. Ez 152

Adresse Parkstr. 6

Grund Evidenzarbeiten WAP

Ziel

am-von 21.2 – 20.5.44

DER JUDENÄLTESTE

Dr. Paul Israel Eppstein

AUSWEIS Nr. XX 6725

berechtigt + 15

Name Klingenberger Ing. Leo

Trsp.Nr. EZ 152 Ubik. Hptstr.23

Betrieb XXXXX Verwaltung S-Bar.

Diensteigensch. Leiter

Arb. Gruppe Nr.

zum Betreten der Südbaracken

Giltig von 1. 7 bis 30.9.44

Datum 24. 6.1944.

Wirtschaftsabteilung - Produktion Personalevidenz

Durchlaß-Schein der Jüdischen Selbstverwaltung Theresienstadt für Dr. Leo Klingenberg, der sich damit innerhalb und außerhalb des Gettos frei bewegen konnte, auch nach 21 Uhr (Ausgangssperre). Solche Sonderausweise bekamen nur wenige Personen wie Ärzte, Ingenieure, Arbeiter von Nachmittagsschichten oder Küchenpersonal. Dr. Klingenberg überlebte Theresienstadt.
(Sammlung Wolfgang Haney, Berlin)

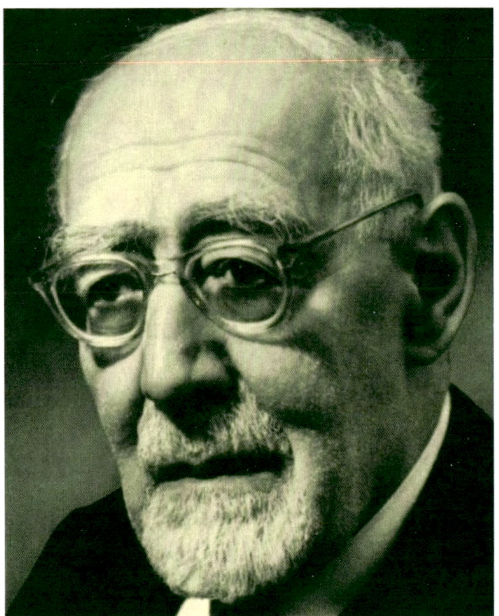

Leo Beck (1873 – 1956) war ab 1933 Präsident der Reichsvertretung der deutschen Juden und kam 1943 als prominenter „Altersjude" nach Theresienstadt.
(Foto: Sammlung Wolfgang Haney, Berlin)

hatte entscheidenden Einfluß auf die Sterblichkeit im Getto. So stellte der tschechische Historiker Miroslav Kárný zum Vergleich der Todesrate von tschechischen und deutschen Juden fest: *„In Theresienstadt selbst starben insgesamt 6152 tschechische Häftlinge; das waren 8,37% der ganzen Häftlingszahl aus tschechischen Transporten – es starb jeder Zwölfte. Die Sterblichkeit der deutschen Gruppe war in Theresienstadt fast sechsmal höher. Es starben hier 20.848 Juden, das waren 48,57% der ganzen Häftlingszahl aus deutschen Transporten – jeder Zweite."* Dieser gravierende Unterschied hing maßgeblich mit der Funktion als „Altersgetto" zusammen. Betrachtet man aber alle Todesfälle, also auch die nach der Deportation in den Osten, worauf später noch eingegangen werden soll, so lag die Todesrate etwa gleich hoch bei über 85%.[4)] Im Getto sollen insgesamt über 70 000 ältere Juden gewesen sein, unter ihnen zahlreiche Prominente, wie der Rabbiner und Präsident der Reichsvertretung der deutschen Juden (1933 bis 1943) Leo Beck, der 1943 nach Theresienstadt kam und überlebte.

Unterdessen gingen die Todestransporte bis März 1943 unvermindert weiter, wurden dann reduziert und endeten erst im Oktober 1943.[5)] Zu dieser Zeit wuchs der internationale Druck auf Deutschland derart, daß man Theresienstadt für einige Monate als „Vorzeige-Getto" benötigte. Im Juni 1944 wurde dem Internationalen Komitee vom Roten Kreuz ein Besuch des Gettos erlaubt. Vorausgegangen war dessen „Verschönerung" sowie Transporte zur Reduzierung der Überbevölkerung, die vorerst in einem sog. „Familienlager" in Auschwitz-Birkenau endeten, um die Deportierten bei Nachfragen des Roten Kreuzes präsentieren zu können, danach aber schließlich doch in der Vernichtung. In Theresienstadt begannen am 26. Februar 1944 die Dreharbeiten zu dem Propagandafilm „Theresienstadt – Ein Dokumentarfilm aus dem jüdischen Siedlungsgebiet", mit dem die Weltöffentlichkeit getäuscht werden sollte. Die meisten Mitwirkenden und der Filmemacher kamen nach Abschluß der Dreharbeiten nach Auschwitz.[6)] Außer in diesem Fall und bei „Altentransporten" nahm die SS – abgesehen von den allgemeinen Richtlinien – keinen Einfluß auf die Auswahl der Menschen für die Todestransporte und überließ dies der jüdischen Selbstverwaltung. Erst bei den letzten Transporten im Oktober 1944 – als die Propaganda um das „Mustergetto" vorläufig seinen Zweck erfüllt hatte – wurden die Opfer einzeln von der SS bestimmt. So erhielt auch der im Dezember 1943 „ausgereihte" Ladislaus Windholz am 25. Oktober 1944 doch noch seine Vorladung für einen

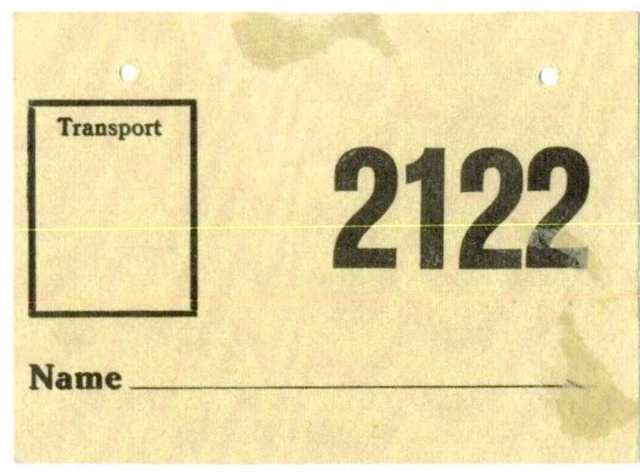
Transport

2122

Name

Getto Theresienstadt, Transportnummer.
(Sammlung Wolfgang Haney, Berlin)

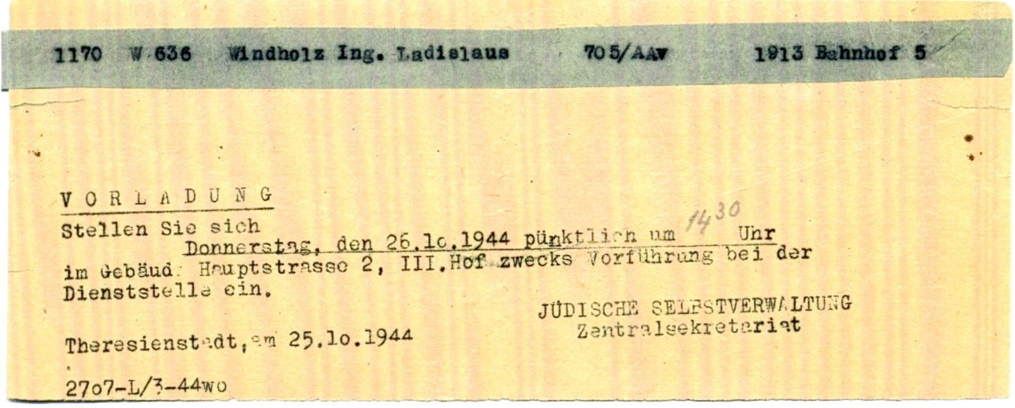
1170 W 636 Windholz Ing. Ladislaus 705/AAV 1913 Bahnhof 5

VORLADUNG

Stellen Sie sich Donnerstag, den 26.1o.1944 pünktlich um 14³⁰ Uhr im Gebäude Hauptstrasse 2, III.Hof zwecks Vorführung bei der Dienststelle ein.

JÜDISCHE SELBSTVERWALTUNG
Zentralsekretariat

Theresienstadt, am 25.1o.1944

27o7-L/3-44wo

Vorladung von Ladislaus Windholz vom 25. Oktober 1944 zu einem Todestransport am folgenden Tag.
(Sammlung Wolfgang Haney, Berlin)

Transport. Es sei erlaubt, an dieser Stelle in Wort und Bild an ein einzelnes Menschenschicksal zu erinnern, da es exemplarisch für das anderer steht. Insgesamt wurden bis zum Ende des Kriegs mehr als 140 000 Menschen nach Theresienstadt deportiert. In den letzten Kriegstagen trafen dann noch einmal etwa 13 000 Häftlinge aus geräumten Konzentrationslagern ein. Von den jüdischen Gefangenen fuhren 88 000 mit Todestransporten nach Auschwitz, Treblinka, Majdanek oder Sobibor, nur 4000 von ihnen sollten überleben. Etwa 33 000 starben in Theresienstadt, vor allem an den furchtbaren Lebensumständen, an Hunger und Krankheiten. Nach Miroslav Kárný waren bis zum 20. April 1945 insgesamt 73 468 tschechische und 42 921 deutsche Juden deportiert worden. Von den tschechischen Juden starben 6152 im Getto und 60 382 kamen in Transporte, die nur 3097 überlebten. Von den deutschen Juden starben 20 848 im Getto und 16 098 wurden in den Osten transportiert, wovon weniger als 100 überlebten.[7] Anfang 1945 konnte das Internationale Rote Kreuz in Verhandlungen mit der SS die Überstellung von 1200 Juden am 6. Februar 1945 in die Schweiz erreichen. Mitte April wurden alle überlebenden dänischen Juden nach Schweden entlassen und die SS übergab das Getto dem Roten Kreuz. Am 8. Mai 1945 traf die Rote Armee ein. Im „Buch der Befreiten“ werden 12 830 Namen aufgeführt.

Zwangsarbeit im Getto

Im Getto waren alle Insassen verpflichtet zu arbeiten, freigestellt waren nur Kranke und Prominente. Die Organisation und Arbeitseinteilung erfolgte durch eine Abteilung des Ältestenrats. Zur Arbeit im Getto erinnerte sich Charlotte Guthmann-Opfermann: *„Zu Anfang wurde jeder in die Arbeitskolonne eingeteilt, zum Putzen oder anderen sich täglich wiederholenden Gruppenarbeiten. Wenn wir erst vom Arbeitsprogramm erfasst wären, so sollten wir Augen und Ohren offen halten nach Möglichkeiten, die entweder mit der Verpflegung oder mit der Verwaltung zu tun hätten. Die meisten dieser Dienste wurden von den Häftlingen gehalten, die schon lange in Theresienstadt waren. Diese Leute hatten die ärgsten Zeiten überlebt und halfen sich gegenseitig oder persönlichen Bekannten, ‚bessere‘ oder weniger gefährliche Arbeit zu verrichten.*

Die Arbeit in dem Sägewerk z. B. war gefährlich. Dort wurden Betten und Bänke für den Lagerbedarf hergestellt. Die Maschinen waren nicht im besten Zustand, und die neuankommenden Arbeiter waren nicht besonders geschult und dieser Arbeit oftmals nicht gewachsen. Eine meiner Nachbarinnen hat später dort gearbeitet und sie erzählte mir, sie habe beim Schichtwechsel mehrere Finger neben der Säge gefunden. Niemand hat ihr das erläutert. Wahrscheinlich hatte ein Kollege oder eine Kollegin einen Betriebsunfall in der vorhergehenden Schicht. Aber das Leben war so wertlos, daß niemand weiter darauf achtete.

Die Arbeit in der Glimmerfabrik hatte irgendetwas mit Kriegsvorbereitungen zu tun. Man hantierte mit Asbest und anderen gesundheitsschädlichen Materialien. Diese Arbeit war ‚ungesund', man riskierte Krebs und andere Erkrankungen, aber man erhielt dafür eine etwas größere Ration Brot. Krebs später im Leben oder andere Erkrankungen waren für uns aber nicht so furchterregend wie die laufenden Abtransporte, denn keiner von uns machte sich Hoffnung, später einmal ein reifes Alter zu erleben. So riskierte man schon gerne irgendwelche Krankheiten in der (wohl nie zu erlebenden) Zukunft, im Austausch gegen etwas mehr Brot in der Gegenwart, denn der tägliche Hunger schmerzte mehr als die Furcht vor einer späteren Erkrankung. ...

Landwirtschaftsarbeit war ‚gut'. Man konnte manchmal Gurken, Rüben, Bohnen oder eine Kartoffel stehlen und sich damit etwas bei der Verpflegung helfen. Allerdings wurden die Arbeitskolonnen beim Aus- und Einmarsch von der Lagerwache am Lagertor genauestens kontrolliert, und wenn man mit einer Kartoffel oder Rübe erwischt wurde, so gab es harte Strafen.

Arbeitsplätze oder Wohnquartiere wurden ständig frei durch die häufigen Abtransporte, durch Erkrankung oder Tod anderer Häftlinge. Eugenie erklärte uns, warum es notwendig wäre, sich um diese Arbeitsplätze zu bemühen. Es war die einzige Möglichkeit, sich das Leben etwas zu erleichtern und mit einiger Berechtigung hoffen zu können, diese harte Zeit zu überleben."[8]

Geld und Geldersatz im Getto

Nach dem Anschluß des Sudetengebiets und der deutschen Besetzung der „Resttschechei" wurde im Protektorat Böhmen und Mähren neben der Krone auch die Reichsmark bei einem Zwangskurs von 1 RM = 10 Kronen zum gesetzlichen Zahlungsmittel erklärt.[9] Vom 9. Februar bis 31. Mai 1940 kamen vorerst Behelfsausgaben tscheschoslowakischer Banknoten mit Protektorats-Stempeln in Umlauf. Ab August wurden dann Staatsnoten des Protektorats und ab Februar 1942 Noten der Nationalbank für Böhmen und Mähren in Kronen-Währung ausgegeben.[10] Auch im Getto von Theresienstadt galten die Tschechischen Kronen. Geldsendungen an Insassen des Gettos waren per Postanweisung möglich. Der Betrag wurde nach Eingang gegen Empfangsbestätigung (siehe Abbildung) durch die jüdische Selbstverwaltung an den Begünstigten ausgezahlt.

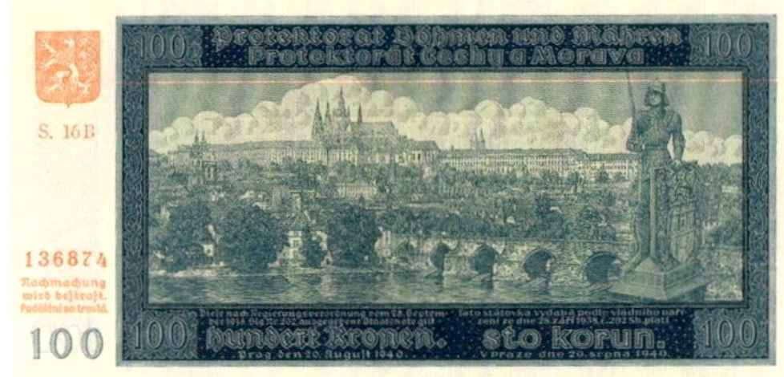

Protektorat Böhmen und Mähren, Staatsnote über 100 Kronen vom 20. August 1940 mit einer Stadtansicht von Prag über die Moldau und die Karlsbrücke auf die Prager Burg
(Sammlung des Autors)

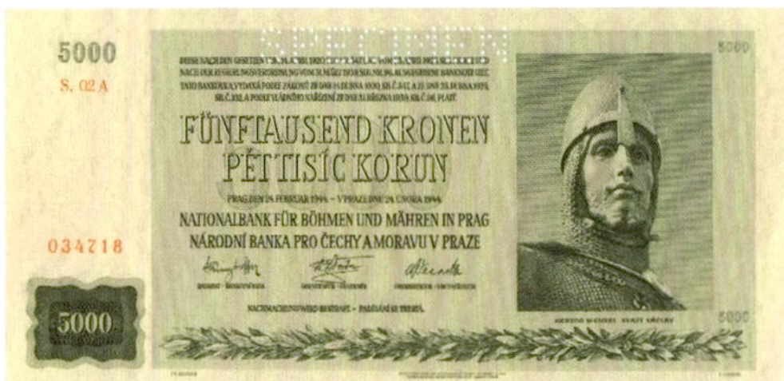

Nationalbank für Böhmen und Mähren in Prag, Note über 5000 Kronen vom 25. September 1944 mit Bildnis Herzog Wenzels von Böhmen.
(Sammlung des Autors)

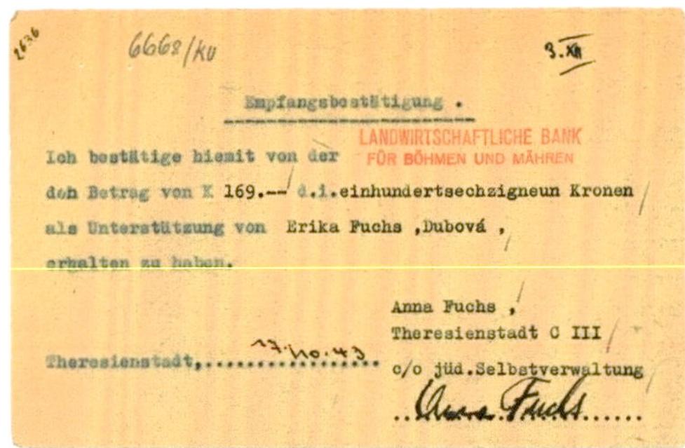

6668/Ku 3.XII

Empfangsbestätigung.

LANDWIRTSCHAFTLICHE BANK FÜR BÖHMEN UND MÄHREN

Ich bestätige hiemit von der den Betrag von K 169.-- d.i.einhundertsechzigneun Kronen als Unterstützung von Erika Fuchs ,Dubová , erhalten zu haben.

Anna Fuchs ,
Theresienstadt C III
Theresienstadt, 17.10.43 c/o jüd.Selbstverwaltung
Anna Fuchs

Getto Theresienstadt, Empfangsbestätigung einer Unterstützungszahlung in Höhe von 169 Kronen an Anna Fuchs vom 17. Oktober 1943.
(Sammlung Wolfgang Haney, Berlin)

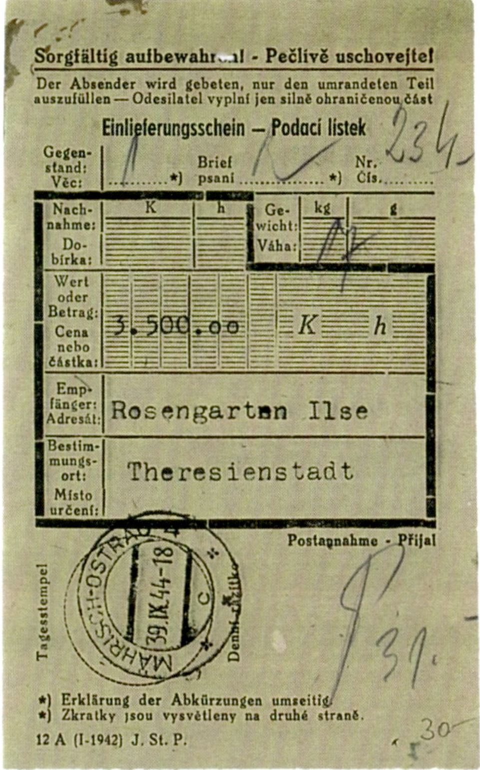
Sorgfältig aufbewahr...l - Pečlivě uschovejte!
Der Absender wird gebeten, nur den umrandeten Teil auszufüllen — Odesilatel vyplní jen silně ohraničenou část

Einlieferungsschein — Podací lístek

Gegenstand: Věc: Brief *) psaní *) Nr. Čís. 234

Nachnahme: Dobírka: K h Gewicht: Váha: kg g

Wert oder Betrag: Cena nebo částka: 3.500.oo K h

Empfänger: Adresát: Rosengarten Ilse

Bestimmungsort: Místo určení: Theresienstadt

Postannahme - Přijal

Tagesstempel

*) Erklärung der Abkürzungen umseitig.
*) Zkratky jsou vysvětleny na druhé straně.
12 A (I-1942) J. St. P.

Einlieferungsschein für eine Geldsendung über 3500 Kronen an Frau Ilse Rosengarten im Getto Theresienstadt vom November 1944.
(Sammlung Wolfgang Haney, Berlin)

Bereits im Herbst 1942 teilte die SS-Kommandantur dem Ältestenrat im Getto mit, daß durch diesen eine Bank zu errichten sei, die eigenes Geld ausgeben, den Notenumlauf kontrollieren und für die Geldschöpfung sorgen sollte. Nach einer Tabelle mit fünf Tarifen waren alle Gettobewohner – vom Judenältesten bis hin zum nicht arbeitenden „Betreuten“– mit Bargeld zu versorgen. Hierzu gab die „Bank der Jüdischen Selbstverwaltung Theresienstadt“ Kontrollkarten zur Auszahlung der freigegebenen Beträge aus „Lohneinheiten“ in bar und zur Verrechnung von Gutschriften, die etwa doppelt so hoch lagen, auf ein Sparkonto aus, von dem allerdings keine Entnahmemöglichkeit bestand. Die Gutschriften wurden auf Spar-Karten eingetragen, die jeder bei sich zu tragen hatte. Auf den Spar-Karten wurden sog. freie und gesperrte Guthaben eingetragen.

Um das Bankgeschäft abzuwickeln, mußten 50 000 Konten eingerichtet und monatlich ebensoviele Buchungen vorgenommen werden. Außerdem waren monatlich 50 000 handschriftliche Eintragungen auf den Spar-Karten notwendig. Hierzu wurde von der SS ein Gruppe von 50 bis 60 Mitarbeitern genehmigt.

Die Geschäftsleitung der Bank bestand aus dem ehemaligen Vorstandsmitglied der Böhmischen Escomptebank und Creditanstalt in Prag, Dr. Stefan Popper, dessen Stellvertreter Dr. Ludwig Hilft, dem früheren Direktor der Legiobank Prag, Herrn Karel Waigner, sowie Dr. Ludwig Waller, vormals Syndikus der Deutschen Bank in Berlin.

Im März 1943 wurden aus Brünn Durchschreibeplatten und Kontokarten geliefert, im benachbarten Bauschowitz (Bohušovice), wo sich auch der Bahnhof für das Getto befand, wurden die Spar-Karten gedruckt und im April 1943 wurden die von der Druckerei der Prager Nationalbank hergestellten Kronen-Quittungen geliefert, für die die Litzmannstädter Mark-Quittungen als Vorbild dienten.[11)]

In einem Vortrag, den der ehemalige Mitarbeiter der Tschecheslowakischen Nationalbank Jindra (Jindrich) Schmidt 1968 in Prag hielt, ging er auch auf die Quittungen für das Getto Theresienstadt ein. Danach soll schon im Juni 1942 der Auftrag

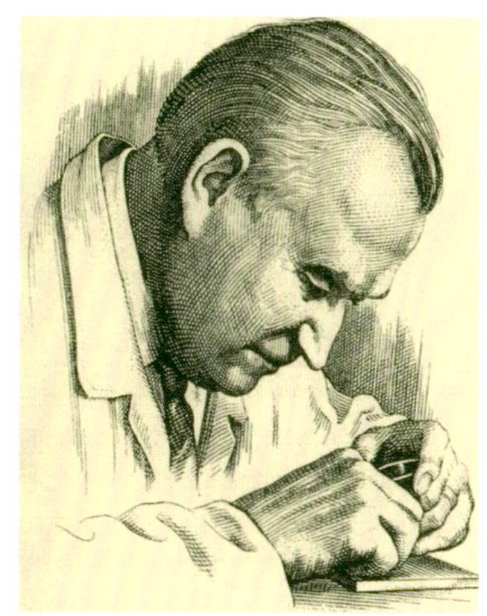

Nationalbank für Böhmen und Mähren in Prag, Der Graveur Jindra Schmidt schuf die Druckplatten für die Theresienstädter Quittungen.
(Kopie aus: The International Engraver's Line)

A | B | C
Vollarbeiter | Nichtarbeiter | Kurzarbeiter

Nr. 10181

Pers. Nr.

KONTROLLKARTE

Name: PFEFFER BERTA

Trspt.-Nr.: 5464 Ubik.: CIII/77

Von der Arbeitsstelle auszufüllen

Genaue Angabe der Lohneinheit

Nr.

2 Der Ältestenrat Finanzabteilung Nr. 10181 Pers. Nr.

Die BANK der JÜDISCHEN SELBSTVERWALTUNG THERESIENSTADT

zahle gegen diese Anweisung für Februar 1943

an ………… Trspt. Nr. …………

den freigegebenen Betrag in bar und verrechne die zur Gutschrift bestimmte Summe auf Sparkonto.

FINANZABTEILUNG

Unterschrift des Begünstigten

215

1 Der Ältestenrat Finanzabteilung Nr. 10181 Pers. Nr.

Die BANK der JÜDISCHEN SELBSTVERWALTUNG THERESIENSTADT

zahle gegen diese Anweisung für Januar 1943

an ………… Trspt. Nr. …………

den freigegebenen Betrag in bar und verrechne die zur Gutschrift bestimmte Summe auf Sparkonto.

FINANZABTEILUNG

Unterschrift des Begünstigten

215

3 Der Ältestenrat Finanzabteilung Nr. 10181 Pers. Nr.

Die BANK der JÜDISCHEN SELBSTVERWALTUNG THERESIENSTADT

zahle gegen diese Anweisung für März 1943

an ………… Trspt. Nr. …………

den freigegebenen Betrag in bar und verrechne die zur Gutschrift bestimmte Summe auf Sparkonto.

FINANZABTEILUNG

Unterschrift des Begünstigten

215

450

ZUR BEACHTUNG

1. Nach Erhalt des Anweisungsbogens füllen Sie in allen 4 Abschnitten Ihren Namen und Ihre Transportnummer aus, die Arbeitenden auch die Pers. Nr., sobald ihnen diese durch ihre Arbeitsstelle bekanntgegeben wird.
2. Ihre Unterschrift (links im Eck) ist jedoch erst kurz vor Einlösung des bezüglichen Anweisungsabschnittes einzusetzen.
3. Der Inkassotag und - Betrag wird rechtzeitig bekanntgegeben werden. Das Inkasso erfolgt bei Arbeitenden durch ihre Arbeitsstätte, bei Betreuten (Nichtarbeitenden) durch den Gebäude- oder Hausältesten. Nach erfolgtem Inkasso erhalten Sie den freigegebenen Betrag von Ihrer Arbeitsstätte bezw. Ihrem Hausältesten ausbezahlt.
4. Mit der Anweisung Nr. 1 (Januar 1943) geben Sie gleichzeitig auch die „Kontrollkarte" ab, in welcher Sie Ihren Namen, die Trspt. Nr. und Ihre derzeitige Ubikation vormerken. Alles andere füllt Ihre Arbeitsstätte aus.
5. Anweisungen von Verstorbenen oder nach dem Osten Abgegangenen werden von den berufenen Organen abgenommen. Jeder Versuch eines Missbrauchs fremder Anweisungen wird strengstens bestraft.
6. Merken Sie sich die Nummer Ihres Anweisungsbogens für den Fall des Verlustes vor. Verluste sind der Finanzabteilung sofort anzuzeigen. Ein Ersatz findet nur statt, falls der Verlust ordnungsgemäß bei der Ordner-Wache gemeldet und nachdem die verlorene Anweisung gesperrt wurde.
7. Bewahren Sie den Anweisungsbogen sorgsam auf und schützen Sie ihn im eigenen Interesse vor Verunreinigung. Schadhafte oder verschmutzte Anweisungen werden zurückgezogen.

FINANZABTEILUNG

Bank der Jüdischen Selbstverwaltung Theresienstadt, Kontrollkarte für Berta Pfeffer vom Frühjahr 1943. Frau Pfeffer überlebte in Theresienstadt. (Sammlung Wolfgang Haney, Berlin)

4. Fortsetzung von Seite 3

Gesperrt Guthaben

Datum	1944	zu-ab ±	BETRAG KRONEN	h	UNTERSCHRIFTEN Buchhaltung	Kassa
	Vortrag	+	455.-			
4. II	B 14	+	95.-			
			550.-			
9. III	B/26	+	95.-			
			645.-			
5. 4.	B 8	+	95.-			
			740.-			
6. 5.	B 93	+	95			
			835			
2 6	A 363/3	+	255.-			
			1090			
25 7.	A 308/3	+	255.-			
			1345.-			
21. 8.	A/341/3	+	255			
Trspt. V. 2			1.600.-			

215

BANK DER JÜDISCHEN SELBSTVERWALTUNG THERESIENSTADT

Spar-Karte

Nr. 53091

für Pollak Otto

Trspt. Nr. Cu-175 Ubik. L 231

2. Auszug aus dem Sparkonto Nr. 53091

Sperr- ~~FREIES~~ Guthaben

Datum		zu-ab ±	BETRAG KRONEN	h	UNTERSCHRIFTEN Buchhaltung	Kassa
1944 Trspt. V. 4		+	1600			
28 9	A 369/3	+	255			
Übertrag			1855			

NAME: Pollak Otto **3.**

GESPERRTES Guthaben

Datum 1943		zu-ab ±	BETRAG KRONEN	h	UNTERSCHRIFTEN Buchhaltung	Kassa
7 Juni	L 80	+	25.-			
6 7	B 24	+	25.-			
		+	50.-			
9. 8.	B. 131	+	25.-			
		+	75.-			
18. 9.	B 117	+	25.-			
		+	100.-			
12. 10	B 126	+	70.-			
			170.-			
4 11	B. 39	+	95.-			
		+	265.-			
5 12	[illegible]	+	95.-			
1944			360.-			
17 1	B 289	+	95.-			
Übertrag S. 4.			455.-			

Bank der Jüdischen Selbstverwaltung Theresienstadt, graue Spar-Karte für Otto Pollack vom Juni 1943 bis September 1944.

(Sammlung Wolfgang Haney, Berlin)

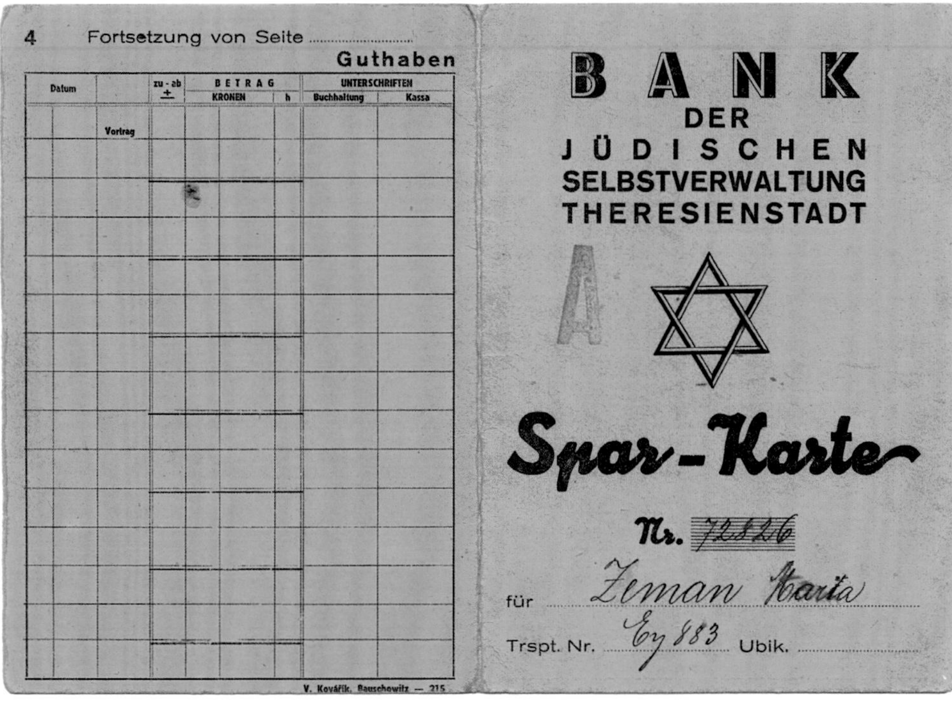

4 Fortsetzung von Seite ....

Guthaben

Datum		zu - ab ±	BETRAG KRONEN	h	UNTERSCHRIFTEN Buchhaltung	Kassa
	Vortrag					

V. Kovářík, Bauschowitz — 215

BANK DER JÜDISCHEN SELBSTVERWALTUNG THERESIENSTADT

A

Spar-Karte

Nr. 72826

für Zeman Marta

Trspt. Nr. Ey 883 Ubik. ....

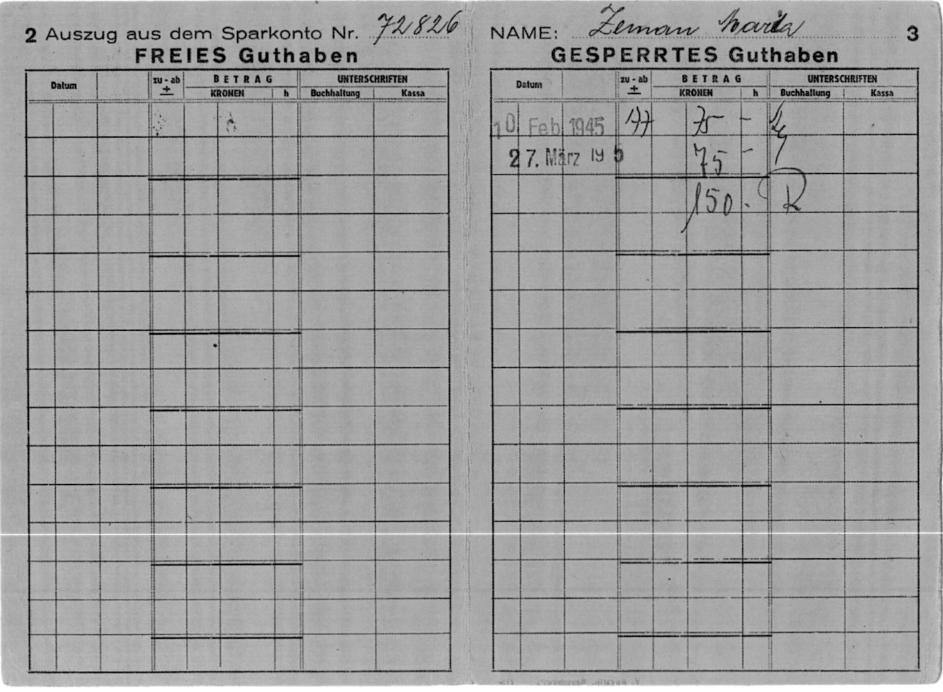

2 Auszug aus dem Sparkonto Nr. 72826

FREIES Guthaben

Datum		zu - ab ±	BETRAG KRONEN	h	UNTERSCHRIFTEN Buchhaltung	Kassa

NAME: Zeman Marta 3

GESPERRTES Guthaben

Datum		zu - ab ±	BETRAG KRONEN	h	UNTERSCHRIFTEN Buchhaltung	Kassa
10. Feb. 1945		47	75	-	[illegible]	
27. März 1945			75	-	[illegible]	
			150	-	[illegible]	

Bank der Jüdischen Selbstverwaltung Theresienstadt, rosa Spar-Karte von 1945. Wahrscheinlich hing die Ausgabe neuer Spar-Karten mit der Vernichtung sämtlicher Kontokarteien von Deportierten im Februar 1945 zusammen.

(Sammlung Wolfgang Haney, Berlin)

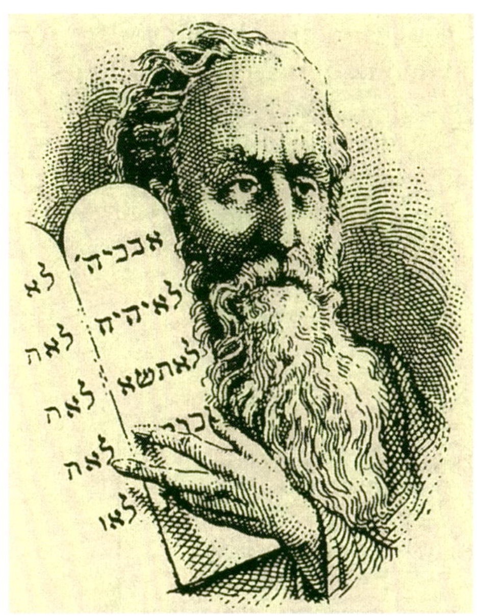

Erster Entwurf des Mosesbilds von Jindra Schmidt mit feinen Gesichtszügen und ohne Locken.
(Fotoarchiv des Verlags)

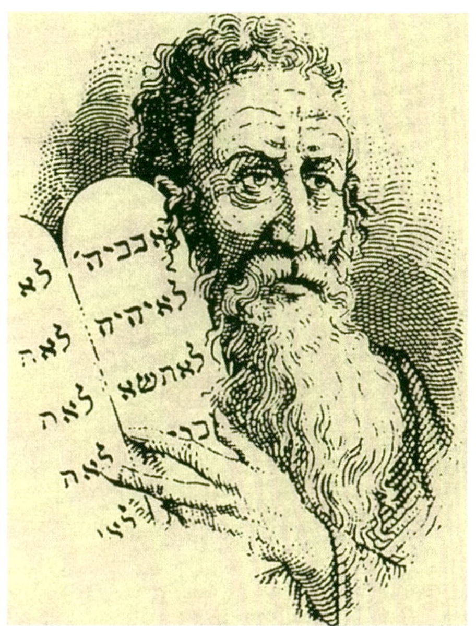

Geänderter Entwurf des Mosesbilds von Jindra Schmidt mit Hakennase und Korkenzieher-Locken.
(Fotoarchiv des Verlags)

zur Ausarbeitung von Entwürfen erfolgt sein, also noch vor der SS-Anweisung zur Gründung einer Bank an die jüdische Selbstverwaltung im Getto. Ursprünglich sollen in Theresienstadt selbst Entwürfe entstanden sein, und zwar nach dem Bericht „Die verheimlichte Wahrheit" von H. G. Adler durch die Zeichner und Gettobewohner Petr Kien und Heillbronn. Da diese jedoch jüdische Symbole wie den siebenarmigen Leuchter (Menora) zeigten, wurden sie wohl von der Kommandantur abgelehnt. Mit der Ausarbeitung neuer Entwürfe wurde deshalb die Wertpapierdruckerei des Protektorats in Prag beauftragt, in der Jindra Schmidt als Graveur arbeitete. Von ihm stammt das Mosesbild mit den Gesetzestafeln, das auf allen Werten zu sehen ist. Allerdings wurde sein erster Entwurf dazu vom Verbindungsmann der Deutschen Reichsbank, der den Noten- und Wertzeichendruck im Protektorat überwachte, abgelehnt. Die Gesichtszüge und der Ausdruck des Bildnisses erschienen ihm zu edel, um auf Geldzeichen für jüdische Gettoinsassen Verwendung zu finden. Er ordnete die Änderung des Entwurfs an, wünschte einen häßlichen Moses mit Hakennase und den typischen jüdischen Korkenzieher-Locken, den sog. Peyzen. Außerdem bestand er auf der wörtlichen Übersetzung des hebräischen Textes auf den Gesetzestafeln, wohl aus Angst vor versteckten Botschaften oder gar einem Aufruf zum Widerstand. Die in seinem Auftrag durch die Universitätsbibliothek Prag angefertigte Übersetzung ergab dann allerdings, daß Schmidt tatsächlich nur einen Teil der Zehn Gebote verwendet hat. Obwohl man auch mit dem überarbeiteten Mosesbild noch nicht ganz zufrieden war, begann schließlich aus Zeitnot der Druck der Quittungen für das Getto.[12] Die Prager Druckerei lieferte schließlich 53 Millionen Quittungen in Stückelungen zu 1, 2, 5, 10, 20, 50 und 100 Kronen.

Am 12. Mai 1943 öffnete die Bank der Jüdischen Selbstverwaltung im Rathaus von Theresienstadt ihre Schalter. In Massenabfertigung wurden mittels der neuen Quittungen Barauszahlungen vorgenommen sowie Gutschriften auf Konten und Spar-Karten vorgenommen. Hierzu waren auf den Kontrollkarten die monatlich gutzuschreibenden Beträge aufgeführt. Durch die Blockältesten wurden die Spar-Karten eingesammelt und mit evtl. Statusänderungen, die sich auf die Zuordnung nach der Tarif-Tabelle auswirkten (z. B. Arbeitsaufnahme eines Jugendlichen oder Invalidisierung eines Arbeiters), bei der Bank vorgelegt. Nach der Kontrolle des Auszahlbetrags wurde die Spar-Karte aktualisiert und einige Tage später lag das Bargeld in Form von Quittungen und die Spar-Karten abholbereit bei der Bank. Durch die Blockältesten wurde alles dann wieder verteilt. Die Gettobewohner erhielten, je nach Tarif, zwischen 50 und 250 Kronen monatlich bar ausgezahlt. Die Gutschriften auf den Spar-Karten lagen zwischen 50 und 400 Kronen im Monat.[13)]

Laut einer Veröffentlichung in der Zeitschrift „The Shekel" von 1983 erhielten arbeitende Männer monatlich 105 bis 250 Kronen, arbeitende Frauen 95 bis 205 Kronen, Teilzeitarbeiter 80 Kronen, Betreute 70 Kronen, Kriegsversehrte und Träger des Eisernen Kreuzes Erster Klasse und höherer Kriegsauszeichnungen 195 Kronen sowie Prominente (Professoren, Doktoren, Wissenschaftler, bekannte Künstler oder Politiker) 145 Kronen in bar ausgezahlt.[14)] Auf den Spar-Karten wurden aber auch sog. „freie Guthaben" vermerkt, die meist aus Geldüberweisungen stammten. Derartige Unterstützungszahlungen spielten eine große Rolle im Getto und sicherten, da in regulären Zahlungsmitteln angewiesen, ganz wesentlich den Bankbetrieb ab. Der Umlauf der Quittungen betrug zum Höchststand zeitweilig 18 Millionen Kronen, sank dann aber ausgehend von der durch Transporte reduzierten Zahl der Gettobewohner auf rund 7 Millionen Kronen im Jahr 1945 ab.[15)]

Propaganda und Wirklichkeit

Das eigene Geld für das „Muster-Getto" wurde schließlich auch zum Bestandteil der Propaganda zum Besuch des Internationalen Roten Kreuzes (IRK) im Juni 1943. Dr. Ludwig Hilft aus Wien, ein Angehöriger des Bankvorstands, wurde hierzu mit der Ausarbeitung eines Organisationsplans beauftragt. Auf dem Marktplatz wurden Ladengeschäfte eingerichtet, die Damen- und Herrenbekleidung anboten. Die Gettobewohner konnten sich dort Kleidung kaufen, die ihnen bei der Ankunft im Getto abgenommen worden war. Über eine Verteilerstelle waren diese Sachen bislang kostenlos abgegeben worden. In einem Kaffeehaus konnte man kaum genießbare schwarze Brühe kaufen, jedoch nur wenn man auch einen Platz bekam. Noch bis in das Jahr 1945 hinein wurden Eintrittskarten und Anweisungen auf ein Getränk für das Kaffeehaus Theresienstadt abgegeben. Auch für die zuvor kostenlose Benutzung der öffentlichen Duschen sowie für den Besuch von Kulturveranstaltungen mußte man nun zahlen.[16)]

Im Getto war aber auch die Versorgung mit Lebensmitteln über Essenkarten nach „Verpflegungs-Einheiten" rationiert und für Bekleidung gab es Sonder-Bezugsscheine.

Beim Besuch der IRK-Kommission spielte die Bank und das Gettogeld eine wichtige Rolle. Es

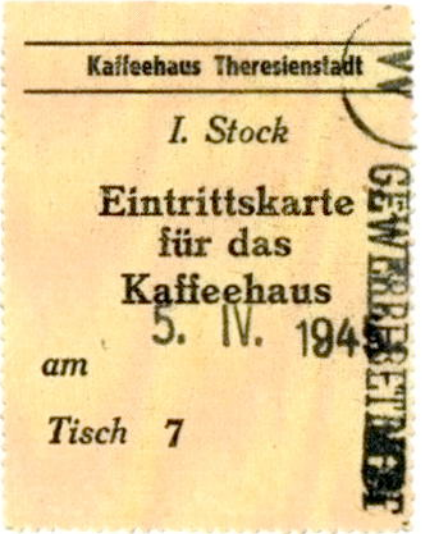

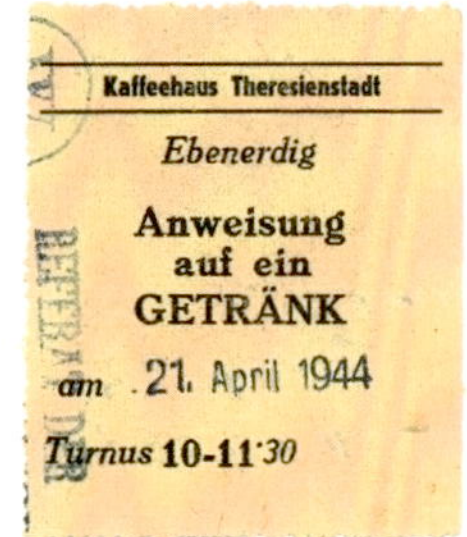

Eintrittskarte für das Kaffeehaus vom 5. April 1945 und Anweisung auf ein Getränk vom 21. April 1944.

(Sammlung Wolfgang Haney, Berlin)

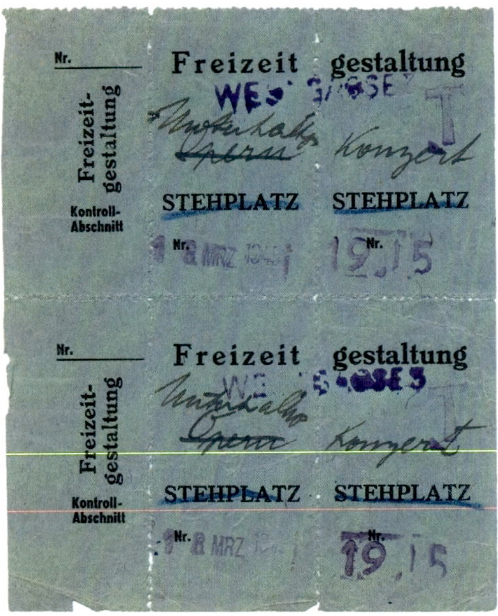

Theresienstadt, Eintrittskarten für Freizeitgestaltung (Unterhaltung und Konzert) vom 18. März 1945.

(Sammlung Wolfgang Haney, Berlin)

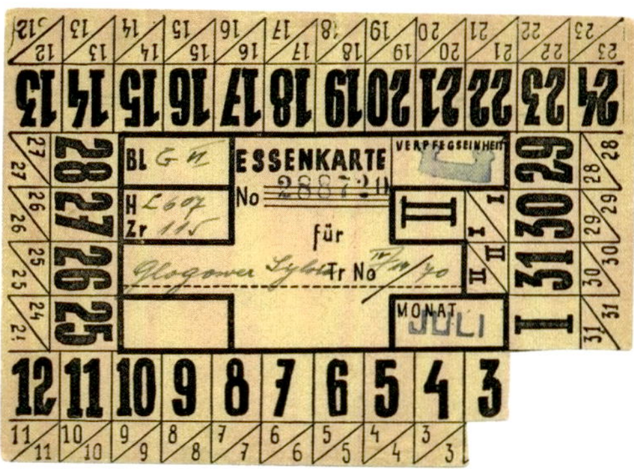

Theresienstadt, Essenkarte für Verpflegungseinheit C von Sylvia Glogower. Auf der Karte sind neben dem Namen auch die Transport-Nr. der Ankunft, Block, Haus und Zimmer angegeben. (Sammlung Wolfgang Haney, Berlin)

wurde eine Vortrag über die Bedeutung der Bank, das Wirtschaftsleben im Getto, den Notenumlauf, die Abschöpfungsquellen und die Deckung der Quittungen gehalten. Der Bankdirektor erklärte, daß ein hoher Betrag als Deckungsreserve für den „Auswanderungsfonds Böhmen und Mähren" zur Verfügung gestellt wurde. Tatsächlich mußte die Bank Monatsbilanzen erstellen, die über die Kommandantur nach Prag und Berlin weitergeleitet wurden und es fanden mehrfach Kontrollen durch einen Wirtschaftsprüfer aus Berlin statt.

Der Rückfluß des Gettogelds an die Bank erfolgte nicht nur durch die Einnahmen der Geschäfte, des Kaffeehauses oder durch Eintrittsgelder zu Kulturveranstaltungen. Jeder, der mit einem Transport das Getto in Richtung Osten verließ, mußte seine Spar-Karte und all sein Bargeld abliefern. Die Mitnahme der Kronen-Quittungen aus dem Getto heraus war unter Androhung strenger Strafen untersagt, dies galt auch für Arbeitskommandos, die außerhalb des Gettos zum Einsatz kamen. Viele Menschen, die zu Transporten eingeteilt waren, lieferten ihre Quittungen nicht ab, sondern verteilten sie unter Verwandten und Bekannten, weshalb eine Kopfquote von 700 Kronen festgelegt wurde.

Als auch die Kommandantur im Februar 1945 den Krieg als verloren ansah, mußten alle Karteikarten zu freien und Sperrkonten sowie sämtliche Unterlagen zu den nach Osten transportierten Menschen mit einem gefälschten Stichtag vom 31. Dezember 1944 abgeliefert werden, auch unter vorgehaltener Pistole. Mehrere Tage lang wurden dann wichtige Unterlagen verbrannt und so der Stand des Sperrguthabens von 100 Millionen auf 20 Millionen Kronen „reduziert". In dieser Situation übernahm schließlich das Rote Kreuz das Getto. Am 9. Mai 1945 wurde die Bank geschlossen. Über den aus beschlagnahmten jüdischen Vermögen gebildeten „Auswanderungsfonds" standen genügend Mittel zur Verfügung, um die gesperrten 20 Millionen Kronen in regulärem Geld an die Überlebenden auszuzahlen. Rund 10 000 Überlebende des Gettos und wenige Hundert Rückkehrer aus Auschwitz meldeten sich bei der Bank und erhielten nach Prüfung zwischen 1000 bis 5000 Kronen in bar ausgezahlt, was für sie ei-

Auswanderungsfonds
für Böhmen und Mähren
Prag XVIII., Schillstraße 11

Betrifft: Antrag auf Gewährung einer Entschädigung gemäß § 2 der Dritten Vdg. RProt. über die Betreuung der Juden und jüd. Organisationen vom 19. XI. 41.

Ihr Antrag vom 28.7.1942 betreffend den Juden Hermann MUDr. Alois, Kladno wurde hier unter dem Geschäftszeichen

XV KN 57045 / 22672

in Vormerkung genommen. Über den Antrag kann erst nach Ablauf der Anmeldungsfrist (31. XII. 1942) entschieden werden. Ich bitte daher Rückfragen zu unterlassen, da sie nicht beantwortet werden können.

Im Auftrag
gez. Dr. Pittasch
Stellv. Geschäftsführer

Antwortkarte des Auswanderungsfonds Böhmen und Mähren zu einem Antrag auf Entschädigung vom 28. Juli 1942. (Sammlung Wolfgang Haney, Berlin)

Theresienstadt, Sonder-Bezugsschein für Bekleidung.
(Sammlung Wolfgang Haney, Berlin)

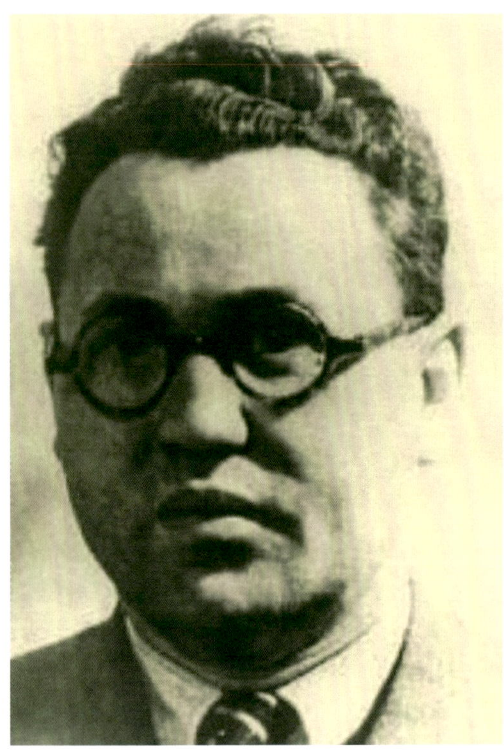

Der Älteste der Juden von Theresienstadt, Jakob Edelstein (1903 – 1944).
(Kopie: United States Holocaus Memorial Museum, USHMM)

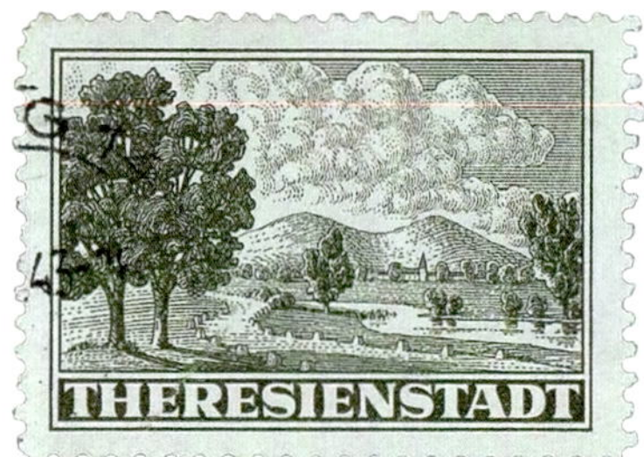

Zulassungsmarke für Pakete in das Getto Theresienstadt vom 10. Juli 1943.
(Auktion Dr. Reinhard Fischer, Abbildung vergrößert)

ne wichtige Starthilfe für die Zeit nach Getto, Terror und Krieg war.
Alle Kronen-Quittungen tragen die Unterschrift des damaligen „Judenältesten" Jakob Edelstein. Er wurde am 18. Dezember 1943 nach Auschwitz deportiert und dort am 20. Juni 1944 zusammen mit seiner Frau und seinem Sohn erschossen.[17)]
Ausgehend von größeren Restbeständen, kommen die Scheine aus dem Getto Theresienstadt heute noch meist in druckfrischer Erhaltung vor. Es gibt auch gebrauchte Stücke mit Abstempelung „KONTROLL" und Bankname. Die Authentizität der Stempel ist jedoch nicht nachgewiesen.

Anmerkungen:

1) Malá pevnost (Prag 1988), S. 46.
2) Karel Lagus, Vorspiel, in: Rat der jüdischen Gemeinden in Böhmen und Mähren: Theresienstadt, S. II.
3) Josef Goebbels (Elke Fröhlich, Hrsg.), Die Tagebücher von Joseph Goebbels, Teil II, Band 2, S. 309.
4) Siehe auch: Miroslav Kárný, „Deutsche Juden in Theresienstadt".
5) Ray Feller/Steve Feller, Silent Witnesses: Civilian Camp Money of World War II, S. 80 – 81.
6) Siehe auch: Überblick über den Besuch der IRK-Kommission in Theresienstadt auf: www.ghetto-theresienstadt.de.
7) Siehe Anmerkung 4).
8) Inge Naumann (Hrsg.), Begegnungen 3, Stationen: Lotte Guthmann Wiesbaden (Förderkreis Aktives Museum Deutsch-Jüdischer Geschichte in Wiesbaden, Hrsg.), S. 94f., siehe auch: www.ghetto-theresienstadt.de.
9) Günter Graichen, Die Geldzeichen der Tschechoslowakei, S. 24
10) Holger Rosenberg (Bearb. Hans-Ludwig Grabowski), Die deutschen Banknoten ab 1871, S. 275.
11) Siehe: Bank der Jüdischen Selbstverwaltung, auf: www.ghetto-theresienstadt.de.
12) Karlheinz Walz, Das Moses-Bild auf den Lagernoten von Theresienstadt, in: Der Geldscheinsammler 5/1994, S. 20f.
13) Siehe Anmerkung 10).
14) The Shekel, Vol. XVI, No. 2, March – April 1983, S. 29.
15) Siehe Anmerkung 10).
16/17) Ebenda.

2.5.1 Der Älteste der Juden in Theresienstadt (Kronen-Quittungen)

Auflagezahlen, so angegeben, nach Campbell (1993).

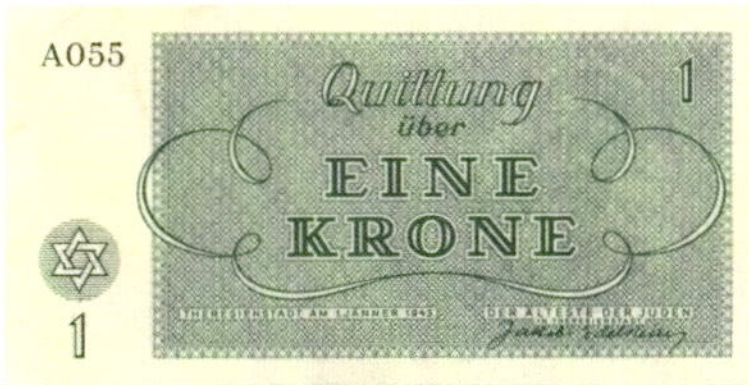

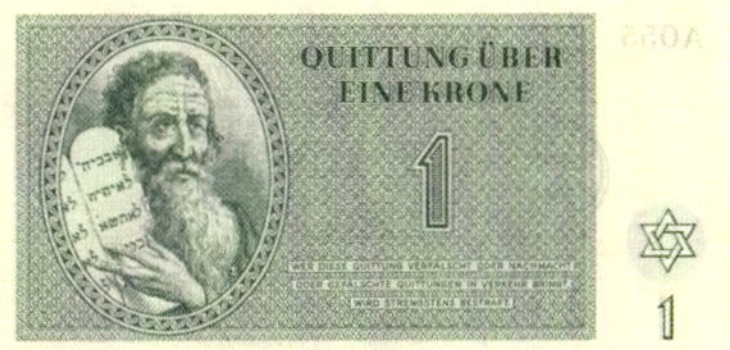

(Th 1, Sammlung des Autors)

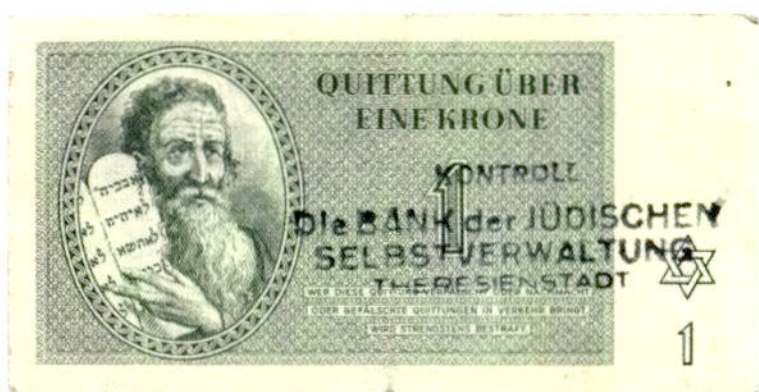

(Th 1 Rs mit Kontroll-Stpl der Bank, Sammlung Wolfgang Haney, Berlin)

Th 1 **1 Krone**
PS 29 Vs: links durchbrochener Davidstern
Rs: links Moses mit Gesetzestafeln, rechts durchbrochener Davidstern

Entwurf:	Jindra Schmidt	Format:	ca. 100 mm x 50 mm
Umlauf bis:	9. Mai 1945	Wz:	Papier weiß, ohne Wz
Druck:	Staatsdruckerei Prag	KN:	ohne

Datum	Auflage		I
1.1.1943	2 242 000	**Serie:** A	10,–

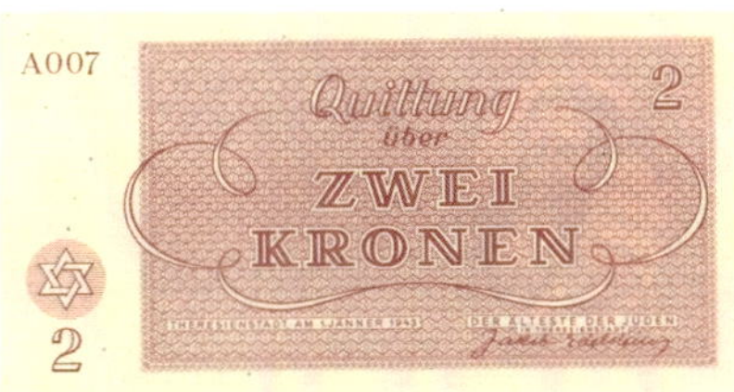

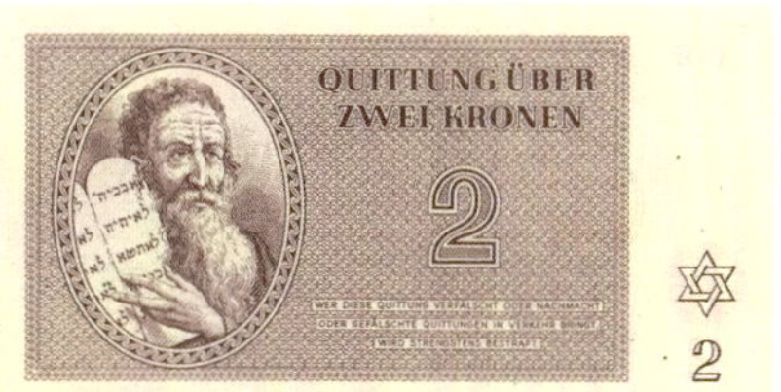

(Th 2, Sammlung des Autors)

Th 2 **2 Kronen**
PS 30 Vs: links durchbrochener Davidstern
Rs: links Moses mit Gesetzestafeln, rechts durchbrochener Davidstern

Entwurf:	Jindra Schmidt	Format:	ca. 110 mm x 55 mm
Umlauf bis:	9. Mai 1945	Wz:	Papier weiß, ohne Wz
Druck:	Staatsdruckerei Prag	KN:	ohne

Datum	Auflage		I
1.1.1943	1 019 000	**Serie:** A	10,–

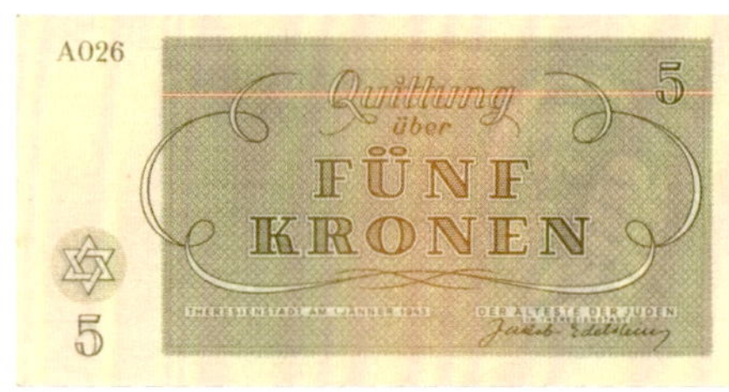

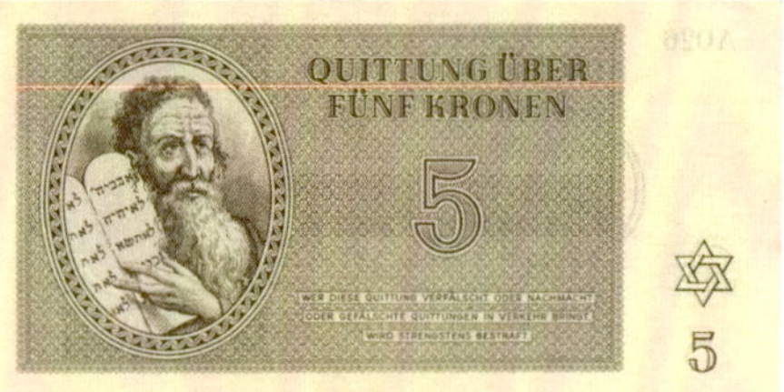

(Th 3, Sammlung des Autors)

Th 3 **5 Kronen**
PS 31
Vs: links durchbrochener Davidstern
Rs: links Moses mit Gesetzestafeln, rechts durchbrochener Davidstern

Entwurf:	Jindra Schmidt	Format:	ca. 118 mm x 60 mm
Umlauf bis:	9. Mai 1945	Wz:	Papier weiß, ohne Wz
Druck:	Staatsdruckerei Prag	KN:	ohne

Datum	**Auflage**		**I/III**
1.1.1943	530 000	**Serie:** A	10,– / 5,–

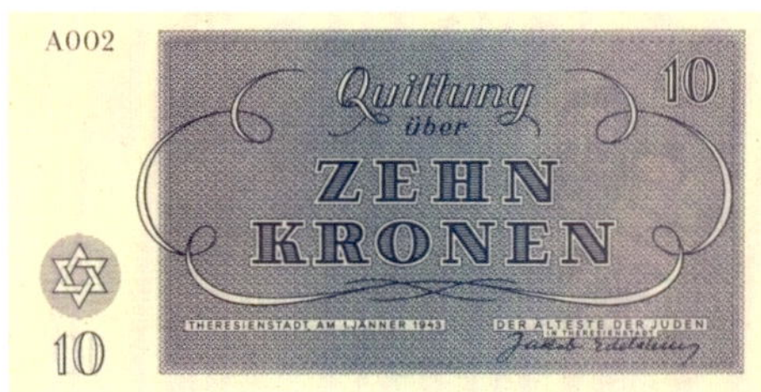

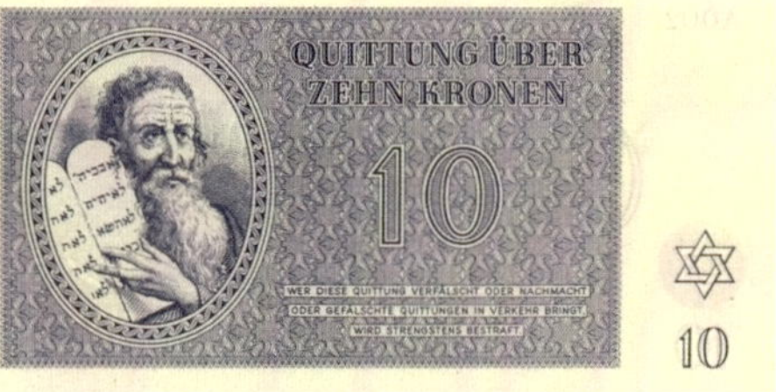

(Th 4, Sammlung des Autors)

Th 4 **10 Kronen**
PS 32
Vs: links durchbrochener Davidstern
Rs: links Moses mit Gesetzestafeln, rechts durchbrochener Davidstern

Entwurf:	Jindra Schmidt	Format:	ca. 125 mm x 62 mm
Umlauf bis:	9. Mai 1945	Wz:	Papier weiß, ohne Wz
Druck:	Staatsdruckerei Prag	KN:	ohne

Datum	**Auflage**		**I/III**
1.1.1943	456 000	**Serie:** A	10,– / 5,–

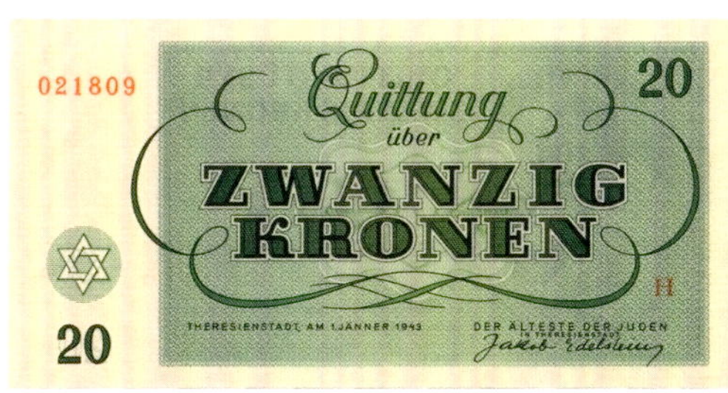

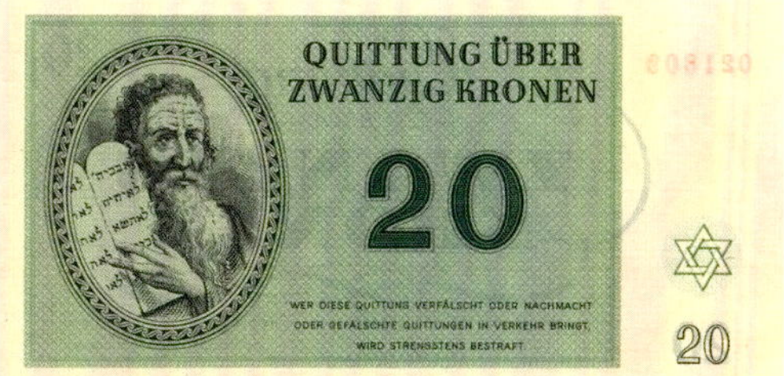

(Th 5H, Sammlung des Autors)

Th 5 **20 Kronen**

PS 33 Vs: links durchbrochener Davidstern

Rs: links Moses mit Gesetzestafeln, rechts durchbrochener Davidstern

Entwurf:	Jindra Schmidt	Format:	ca. 135 mm x 66 mm
Umlauf bis:	9. Mai 1945	Wz:	Papier weiß, ohne Wz
Druck:	Staatsdruckerei Prag	KN:	ohne

Datum	**Auflage**		**I/III**
1.1.1943	unbekannt	**Serien:** A, B, C, D, E, F, G, H, I, K, L, M, N, O, P, Q, R	15,– / 7,–

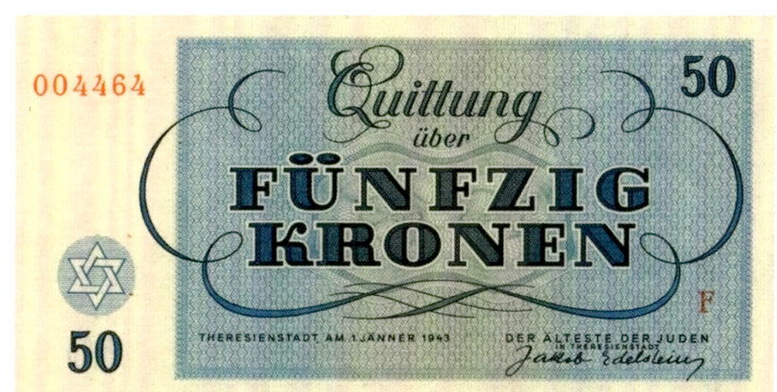

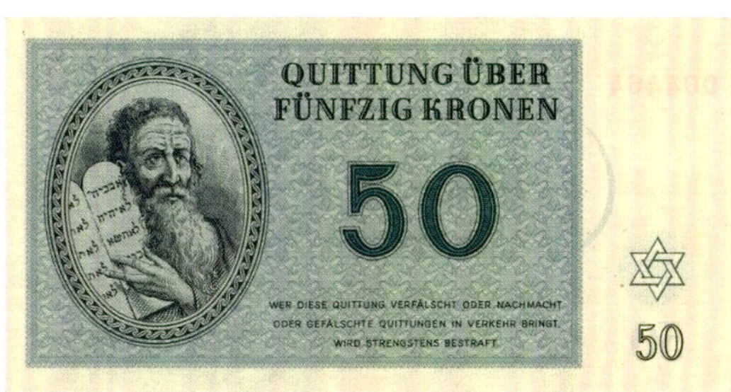

(Th 6F, Sammlung des Autors)

Th 6 **50 Kronen**
PS 34 Vs: links durchbrochener Davidstern
Rs: links Moses mit Gesetzestafeln, rechts durchbrochener Davidstern

Entwurf:	Jindra Schmidt	Format:	ca. 142 mm x 72 mm
Umlauf bis:	9. Mai 1945	Wz:	Papier weiß, ohne Wz
Druck:	Staatsdruckerei Prag	KN:	ohne

Datum	Auflage		I/III
1.1.1943	unbekannt	**Serien:** A, B, C, D, E, F, G, H	15,– / 7,–

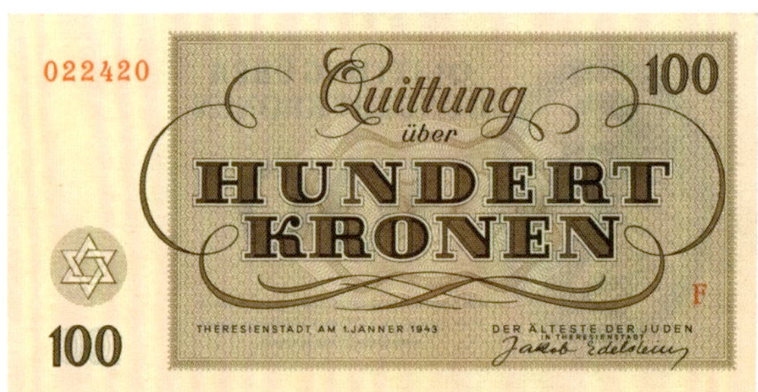

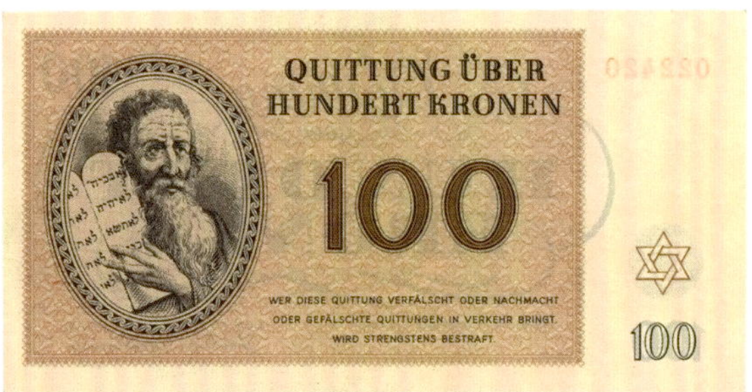

(Th 7F, Sammlung des Autors)

Th 7 **100 Kronen**
PS 35 Vs: links durchbrochener Davidstern
Rs: links Moses mit Gesetzestafeln, rechts durchbrochener Davidstern

Entwurf:	Jindra Schmidt	Format:	ca. 150 mm x 75 mm
Umlauf bis:	9. Mai 1945	Wz:	Papier weiß, ohne Wz
Druck:	Staatsdruckerei Prag	KN:	ohne

Datum	Auflage		I/III
1.1.1943	unbekannt	**Serien:** A, B, C, D, E, F, G, H, I, K, L, M, N, O	30,– / 15,–

2.6 Warschau

Generalgouvernement Polen

Getto

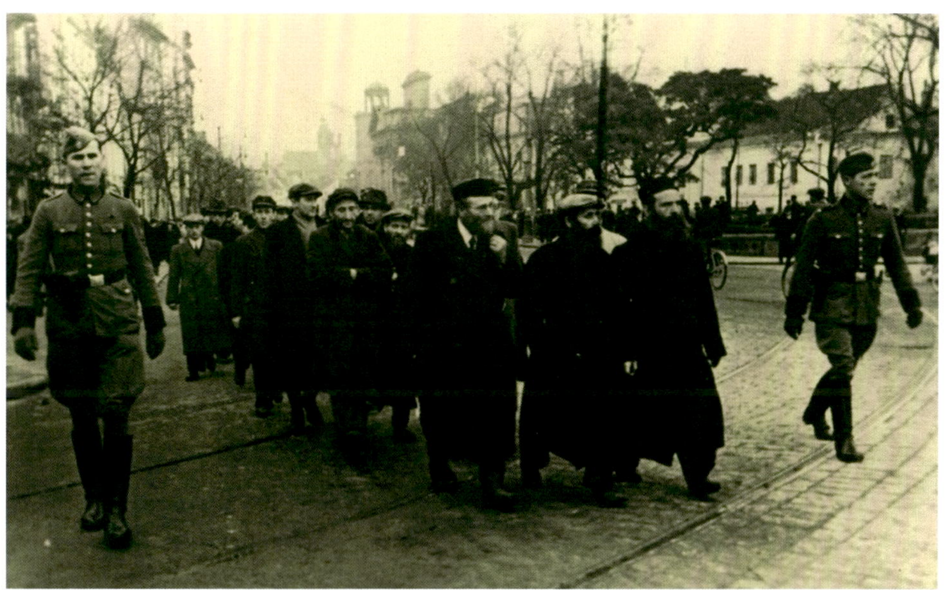

Warschau, Abtransport von polnischen Juden, Krakauer Vorstadt im Frühjahr 1940.
(Sammlung Wolfgang Haney, Berlin)

Zur Geschichte des Gettos

Der „Jüdische Wohnbezirk in Warschau" wurde Mitte 1940 im Zentrum der Stadt eingerichtet. Ab 15. November 1940 wurde das Getto durch eine 18 km lange und 3 Meter hohe Mauer von der Außenwelt abgeschirmt. Wie in anderen Gettos, so wurde auch in Warschau ein „Judenrat" gebildet, dem die „Selbstverwaltung" des Gettos oblag. Dem „Judenältesten", Adam Czerniakow, war auch eine jüdische Ordnungspolizei unterstellt. Er war für die Umsetzung von Anweisungen im Getto verantwortlich bis hin zur Auswahl der Menschen für die Transporte in den Tod. Trotz Überfüllung kamen immer mehr Juden aus Warschau, ganz Polen und deutsch besetzten Gebieten in das Getto. Schließlich lebten im größten Getto des Holocaust etwa 350 000 Menschen auf engem Raum. Insgesamt sind rund eine halbe Million Menschen in das Getto verschleppt worden.

Die strikte Rationierung von Nahrungsmitteln und die schlechten Lebensverhältnisse zogen Hunger und Seuchen nach sich. Trotzdem mußten zahlreiche Gettobewohner Zwangsarbeit in Fabriken leisten. Es gab aber auch ein selbst organisiertes Kulturleben, Kinderbetreuung und Armenfürsorge. Ab dem 22. Juli 1942 sollte das Getto im Zuge der „Endlösung der Judenfrage" schrittweise aufgelöst werden. Nach den großen Deportationen vom Sommer 1942 in die Vernichtungslager, vorwiegend nach Treblinka, blieb lediglich ein „Restgetto" erhalten, das kein zusammenhängendes Gebiet mehr darstellte. Viele Familien wurden dadurch getrennt und die letzten „arischen" Firmen (sog. „Shops"), die für eine begehrte Arbeitserlaubis und damit für zeitweiliges Überleben sorgen konnten, schlossen bis Anfang September 1942. Am 6. September wurden alle Gettobewoh-

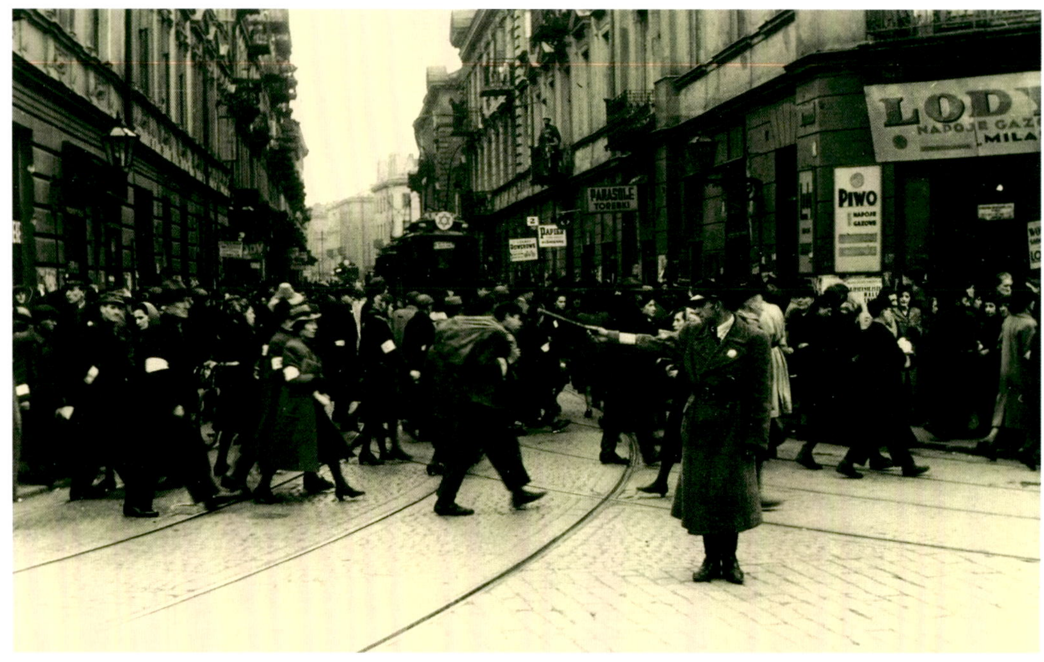

Getto Warschau, ein jüdischer Ordnungspolizist regelt den Verkehr.
(Sammlung Wolfgang Haney, Berlin)

ner zur Selektion versammelt, um das Getto durch Abtransport der nicht mehr benötigten Arbeitskräfte noch weiter zu verkleinern. Zigtausende mußten den Weg in den Tod antreten. Weitere Selektionen folgten. Besonders brutal ging das „Sonderkommando Trawniki", das aus freiwilligen Letten, Litauern, Weißrussen und Ukrainern bestand, die in Lublin ausgebildet und im Getto als Hilfspolizei eingesetzt worden waren, gegen die Menschen vor.

Anfang April 1943 lebten offiziell nur noch etwa 40 000 Menschen im Getto von Warschau, man geht aber von weiteren 30 000 Personen aus, die sich illegal im Getto aufhielten. Ihnen blieb nur die Wahl zwischen Selektion und Vernichtung oder bewaffnetem Widerstand.

Am 19. April begann mit dem Aufstand im Warschauer Getto die bedeutendste jüdische Widerstandsaktion gegen den planmäßigen Völkermord – den Holocaust. Die jüdische Kampforganisation Zydowska Organizacja Bojowa (ZOB) führte einen verzweifelten Kampf in den Straßen des Gettos. Der Aufstand wurde im Rahmen der „Aktion Reinhard" von der SS bis zum 8. Mai 1943 blutig niedergeschlagen. Der Widerstand dauerte aber an und endete erst nach der völligen Zerstörung des

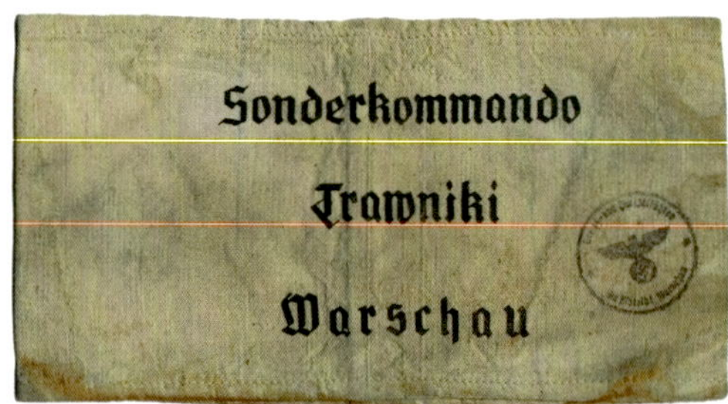

Getto Warschau, Armbinde des Sonderkommandos Trawniki. (Sammlung Wolfgang Haney, Berlin)

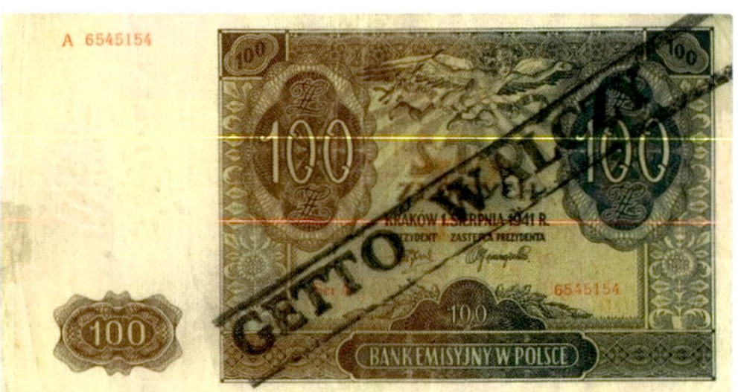

Getto Warschau, Note der Emissionsbank in Polen mit Stempel „Kämpfendes Getto". (Sammlung Wolfgang Haney, Berlin)

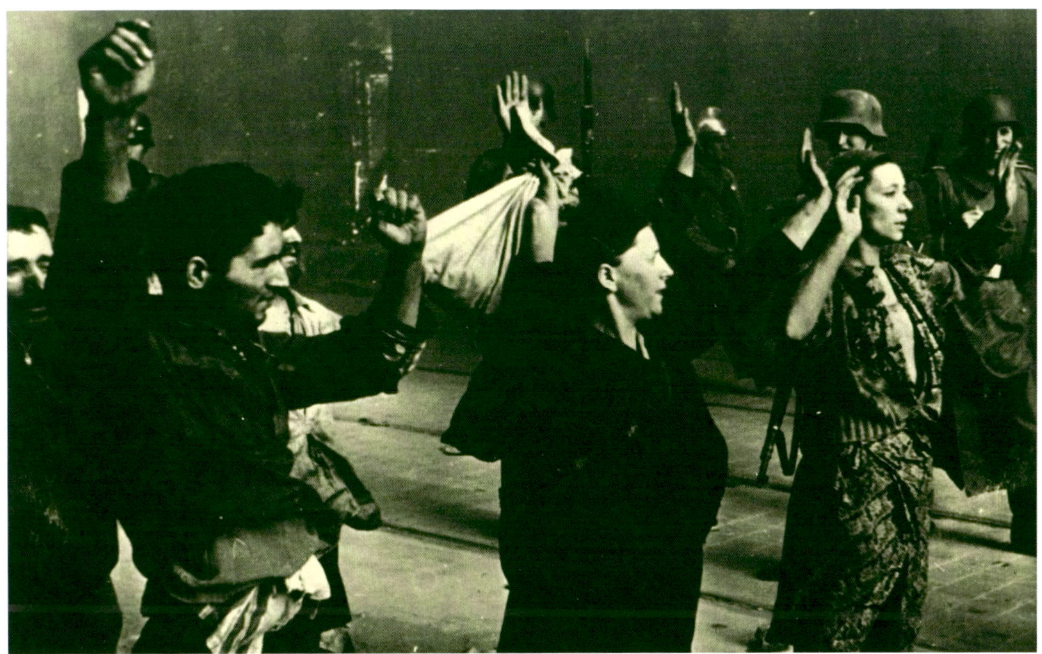

Getto Warschau, Verhaftung von Gettobewohnern nach dem Aufstand. Deutsche Originalunterschrift: Diese Banditen verteidigten sich mit der Waffe. (Sammlung Wolfgang Haney, Berlin)

Gettos am16. Mai 1943. An diesem Tag meldete SS-Brigadeführer Stroop nach Krakau: *„Der ehemalige jüdische Wohnbezirk Warschaus besteht nicht mehr. Mit der Sprengung der Warschauer Synagoge wurde die Großaktion um 20.15 Uhr beendet. ... Gesamtzahl der erfassten und nachweislich vernichteten Juden beträgt insgesamt 56.065. ... Meine Leute haben ihre Pflicht einwandfrei erfüllt. Ihr Kameradschaftsgeist war beispiellos."*[1] Tatsächlich sind von den 70 000 Menschen im Getto etwa 14 000 bei den Kämpfen umgekommen. Die überlebenden 56 000 Bewohner wurden verhaftet, 7000 gleich an Ort und Stelle erschossen und 22 000 in Vernichtungslager abtransportiert. Die restlichen 27 000 kamen in Konzentrations- und Arbeitslager. Nur wenige hatten sich durch die Kanalisation retten können. Nach der Niederschlagung des Aufstands wurden die Überreste des Gettos zerstört. Auf Teilen des Geländes wurde ein Konzentrationslager errichtet. Trotz wiederholter Razzien konnten sich Bürger von Warschau in den Ruinen des zerstörten Gettos verstecken und nahmen im August 1944 sogar am Warschauer Aufstand teil, nach dem die Stadt in Schutt und Asche gelegt wurde – was danach von Warschau blieb, war eine Steinwüste.

Zum Geld im Warschauer Getto

Bis zum Aufstand im Warschauer Getto galten die herkömmlichen Zahlungsmittel der Emissionsbank in Polen für das Generalgouvernement. Bereits im Frühjahr 1941 sollen aber von einer Untergrundverwaltung des Gettos primitive Geldscheine (Marken) hergestellt worden sein, die ob ihrer Authentizität und Verwendung im Getto um-

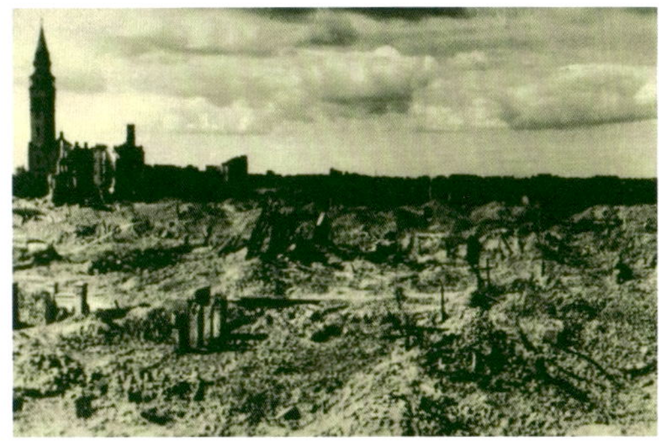

Warschau 1945 – Eine Steinwüste.
(Sammlung Wolfgang Haney, Berlin)

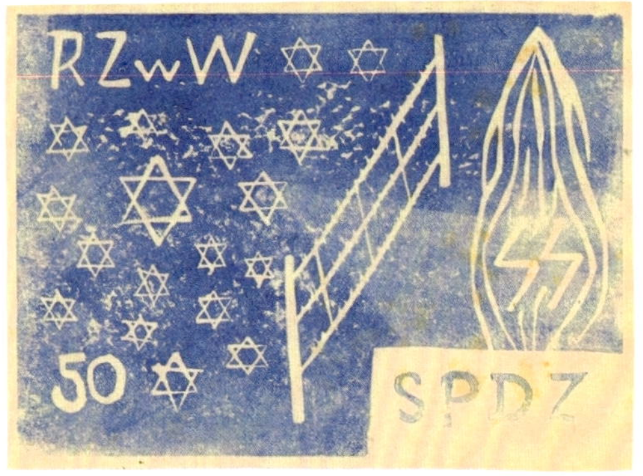

Getto Warschau, umstrittener Druck zu 50 Groszy.
(Sammlung Wolfgang Haney, Berlin)

stritten sind. Zeitzeugen widersprechen sich und Akten sind hierzu nicht vorhanden. Zwischen Befürwortern und Gegnern – beide Seiten auch aus den Reihen von Überlebenden – gab es sogar Zweifel, ob die Drucke als Geldersatz oder als Briefmarken dienen sollten. So konnte sich Ferdinand Wallner, der das Warschauer Getto überlebte, 1969 nicht vorstellen, daß im Getto Geldscheine oder Briefmarken hergestellt wurden, obwohl er sich erinnerte, daß es Aktivitäten gab, die unter deutscher Kontrolle stehende Gettopost zu organisieren. Er kannte aber keine Einzelheiten. Mit einem Brief vom 24. Juni 1969 gab Wallner, damals Präsident der internationalen Expertenvereinigung für Philatelie (A.I.E.P.), seine Stellungnahme zu den „Getto-Marken" ab (siehe Abbildung auf der folgenden Seite). Am 10. August 1969 ergänzte er: *„Gestern erhielt ich hier die 5 u. 10 Gr. zur Prüfung und habe mittlerweile ergänzend noch mitzuteilen, daß die Vorlage der Essays an die deutsche Besatzungsmacht im April 1941 erfolgte, von dieser die Ausgabe und Verwendung jedoch verboten wurde!"* (Siehe Abbildung unten).[2)]
Der Numismatiker und Philatelist Henry Fenigstein arbeitete bis zum Aufstand im April 1943 im jüdischen Hospital des Gettos und sammelte schon damals geld- und postgeschichtliche Belege. Er konnte sich nicht daran erinnern, im Getto jemals von solchen Drucken gehört oder sie gar gesehen zu haben. Er meinte 1982, daß diese wohl nach

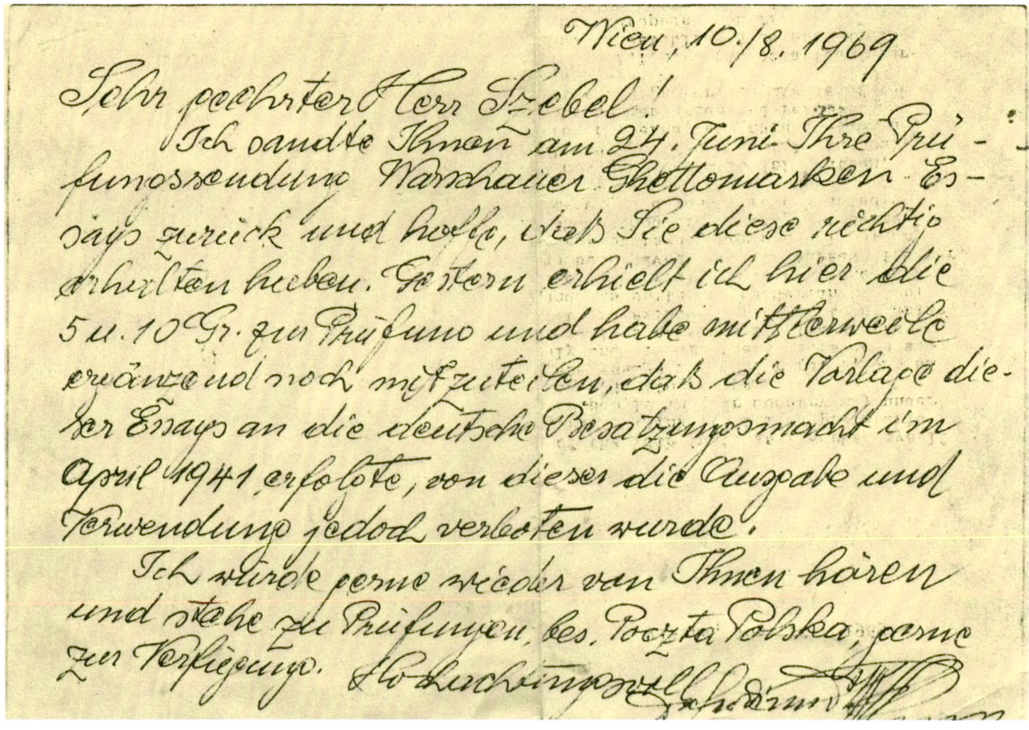

Wien, 10/8. 1969

Sehr geehrter Herr Szebel!

Ich sandte Ihnen am 24. Juni Ihre Prüfungssendung Warschauer Ghettomarken Essays zurück und hoffe, daß Sie diese richtig erhalten haben. Gestern erhielt ich hier die 5 u. 10 Gr. zur Prüfung und habe mittlerweile ergänzend noch mitzuteilen, daß die Vorlage dieser Essays an die deutsche Besatzungsmacht im April 1941 erfolgte, von dieser die Ausgabe und Verwendung jedoch verboten wurde.

Ich würde gerne wieder von Ihnen hören und stehe zu Prüfungen, bes. Poczta Polska, gerne zur Verfügung. Hochachtungsvoll [illegible]

Brief Dr. Ferdinand Wallners vom 10. August 1969 zur Ablehnung der Zulassung der Warschauer Getto-Marken.
(Kopie: Sammlung Wolfgang Haney, Berlin)

dem Krieg von naiven Sammlern hergestellt wurden. Bei Überlebenden aus Konzentrationslagern ist es jedoch auch nicht selten vorgekommen, daß sie während ihrer Haft nicht mit Lagergeld in Berührung kamen oder aber sich nicht mehr daran erinnern konnten, weil die Erinnerungen an den täglichen Überlebenskampf und die Schrecken des Lagerlebens zu tiefe Narben in ihr Gedächtnis gegraben hatten.[3)]

Möglicherweise sollten die mit Linoleum-Platten hergestellten, primitiven Handdrucke auch nur als Muster dienen, die gar im Auftrag des Judenrats hergestellt worden sein könnten. Angeblich soll auch ein Gesuch vom 10. November 1941 um

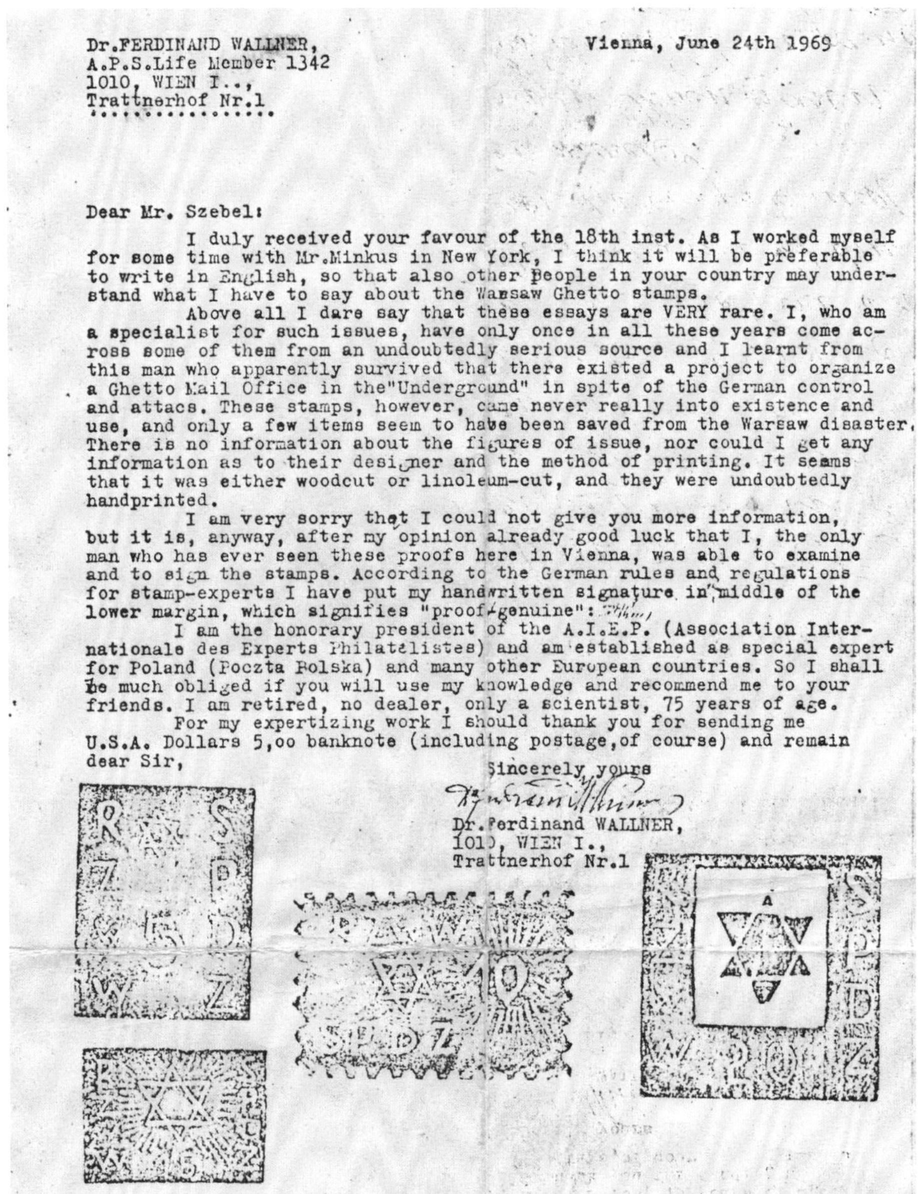

Dr.FERDINAND WALLNER,
A.P.S.Life Member 1342
1010, WIEN I..,
Trattnerhof Nr.1

Vienna, June 24th 1969

Dear Mr. Szebel:

I duly received your favour of the 18th inst. As I worked myself for some time with Mr.Minkus in New York, I think it will be preferable to write in English, so that also other people in your country may understand what I have to say about the Wassaw Ghetto stamps.

Above all I dare say that these essays are VERY rare. I, who am a specialist for such issues, have only once in all these years come across some of them from an undoubtedly serious source and I learnt from this man who apparently survived that there existed a project to organize a Ghetto Mail Office in the"Underground" in spite of the German control and attacs. These stamps, however, came never really into existence and use, and only a few items seem to habe been saved from the Warsaw disaster. There is no information about the figures of issue, nor could I get any information as to their designer and the method of printing. It seems that it was either woodcut or linoleum-cut, and they were undoubtedly handprinted.

I am very sorry that I could not give you more information, but it is, anyway, after my opinion already good luck that I, the only man who has ever seen these proofs here in Vienna, was able to examine and to sign the stamps. According to the German rules and regulations for stamp-experts I have put my handwritten signature in middle of the lower margin, which signifies "proof-genuine":

I am the honorary president of the A.I.E.P. (Association Internationale des Experts Philatelistes) and am established as special expert for Poland (Poczta Polska) and many other European countries. So I shall be much obliged if you will use my knowledge and recommend me to your friends. I am retired, no dealer, only a scientist, 75 years of age.

For my expertizing work I should thank you for sending me U.S.A. Dollars 5,oo banknote (including postage,of course) and remain dear Sir,

Sincerely yours

Dr.Ferdinand WALLNER,
1010, WIEN I.,
Trattnerhof Nr.1

Brief von Dr. Ferdinand Wallner an Mr. Szebel vom 24. Juni 1969 zu den Drucken aus dem Warschauer Getto.

(Kopie: Sammlung Wolfgang Haney, Berlin)

Zulassung der Drucke für den internen Verkehr im Getto durch die deutsche Kommandantur abgewiesen worden sein. Selbst wenn es derartige Gesuche vom April bzw. November 1941 gegeben hat, was bei der Gestaltung der Drucke kaum vorstellbar ist, so wäre es wohl nicht bei einer einfachen Ablehnung geblieben. Immerhin sind nicht nur die Motive eindeutig, sondern auch die Kürzel, die ganz sicher hinterfragt worden wären. So steht „RZwW“ für „Rada Zydow(ska) w Warszawie“ (Jüdische Regierung in Warschau) und „SPDZ“ für „Skladnica Pocztowa Dzielnicy Zydowskiej“ (Jüdische Post-Abteilung).

Wo Fakten fehlen, ranken sich Mythen und Legenden. Stanley Kronenberg ging 1971 davon aus, daß es sich um Post-Kupons handelte, die für den Brief- und Paketverkehr im Getto genutzt wurden. Der abgebildete 50-Groszy-Druck hat eine Größe von etwa 15 cm x 11 cm, ein nicht nur ungewöhliches, sondern auch unpraktisches Format für einen „Briefmarke“. Der Getto-Überlebende Arnold Shay glaubte 1983 an die Theorie, daß die Drucke von der Poststelle als Tauschmittel genutzt wurden, weil es Probleme mit fehlendem Kleingeld gab. Für Kleingeld bekam man kaum noch etwas im Getto zu kaufen und auf dem Schwarzmarkt stiegen die Preise bis in den Himmel. Gerade deswegen soll kaum noch Kleingeld, z.B. für Briefmarken, im Umlauf gewesen sein.[4] Eine andere Theorie besagt, daß die Drucke sowohl als Briefmarken als auch Kleingeldersatz genutzt wurden. Sollten die Drucke tatsächlich schon aus dem Jahr 1941 stammen, dann haben sie – trotz vielfacher Behauptungen – in Wahrheit nicht unmittelbar mit dem Aufstand im Warschauer Getto zu tun. Zu diesem kam es erst zwei Jahre später. Stimmen die Theorien von den fragwürdigen Anträgen auf Zulassung der Drucke für das Getto jedoch nicht, dann wäre eine Nutzung im kämpfenden Getto denkbar, und zwar als Geldersatz und Propagandamittel zugleich.

Nicht wenige Numismatiker – Sammler wie Händler (auch in Polen) – gehen davon aus, daß es sich schlicht um Fantasiedrucke aus der Zeit nach dem Zweiten Weltkrieg handelt, mit denen Profit auf dem Sammlermarkt erzielt werden sollte. Dagegen spricht allerdings deren relative Seltenheit, was

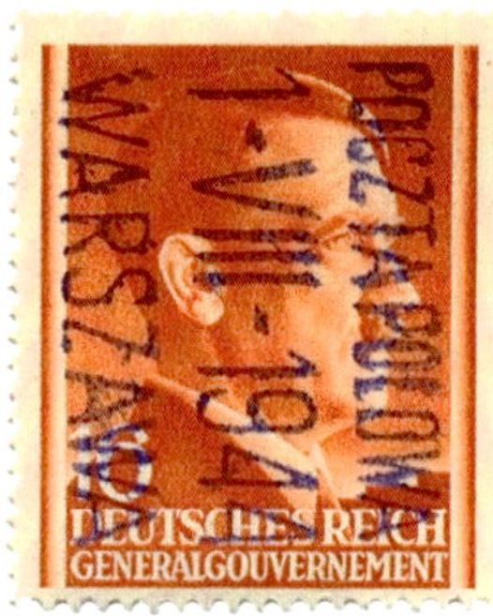

Briefmarke des Generalgouvernements mit Stempel zum Beginn des Warschauer Aufstands am 1. August 1944.
(Sammlung Wolfgang Haney, Berlin)

natürlich auch beabsichtigt sein konnte. Da keine endgültige Klarheit über Echtheit und Verwendung der Drucke besteht oder auch darüber, ob es sich um Produkte einer Sammlerfantasie oder des Sammlerbetrugs handelt, sollen die Drucke an dieser Stelle aufgeführt werden, um sie einem breiten Publikum vorzustellen. Fest dürfte stehen, daß sie in Handarbeit mit selbst geschnittenen Linoleumplatten auf einfachem Büropapier hergestellt wurden. Der Druck erfolgte einseitig, die Marken wurden mit einer Schere ausgeschnitten.

Zum Warschauer Aufstand vom August 1944, nicht zu verwechseln mit dem Aufstand im Warschauer Getto vom April 1943, wurden Briefmarken des Generalgouvernements mit Hitlerporträt auf Befehl des Chefs der polnischen Feldpost, Major Maksimilian Broszkiewicz, mit einem Stempel als Überdruck versehen. Sie wurden bei den Kämpfen im Postamt „Warschau 1“ gefunden, kamen aber nicht mehr zur Ausgabe.[5]

Anmerkungen:

1) Wladyslaw Bartoszewski, Das Warschauer Ghetto – Wie es wirklich war: Zeugenbericht eines Christen, S. 106, sowie:
Philip Friedman, Im Ghetto von Warschau, in: Der Zweite Weltkrieg, Bd. 2: Von Pearl Harbor bis Stalingrad, S. 126.

2) Ferdinand Wallner, Korrespondenz mit Mr. Szebel zu den Marken des Warschauer Ghettos vom 24.6. bzw. 10.8.1969.

3) Ray Feller/Steve Feller, Silent Witnesses: Civilian Camp Money of World War II, S. 89.

4) Ebenda.

5) Stefan Petriuk, Attest vom 21.9.1988.

2.6.1 Jüdische Post-Abteilung (SPDZ)

Als Format wurde die Größe der bedruckten Fläche angegeben, da der Rand durch den Beschnitt mit einer Schere sehr unterschiedlich ausfällt.

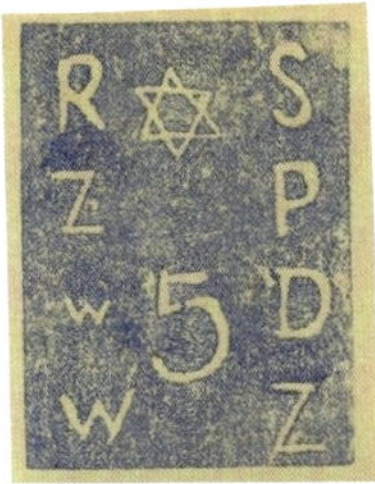

(Wa 1 Vs, Sammlung Steve Feller)

Wa 1 **5 Groszy (5)**
PS – Vs: links RZwW, Mitte Davidstern und Wertzahl, rechts SPDZ
Rs: unbedruckt

Entwurf:	unbekannt	Format:	ca. 45 mm x 60 mm
Umlauf bis:	nicht nachgewiesen	Wz:	Papier sämisch, ohne Wz
Druck:	Linoleumdruck	KN:	ohne

Datum	Auflage	
o.D. (1941?)	unbekannt	R

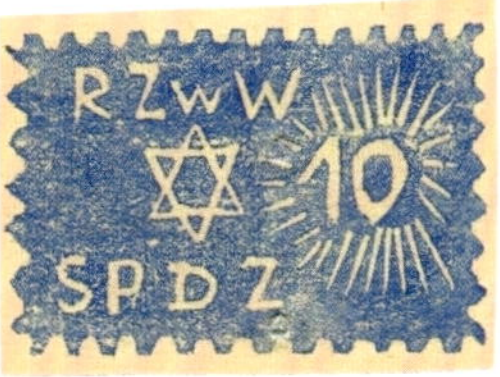

(Wa 2, Sammlung Wolfgang Haney, Berlin)

Wa 2 **10 Groszy (5)**
PS – Vs: oben RZwW, Mitte Davidstern und Wertzahl mit Strahlen, unten SPDZ
Rs: unbedruckt

Entwurf:	unbekannt	Format:	ca. 65 mm x 43 mm
Umlauf bis:	nicht nachgewiesen	Wz:	Papier sämisch, ohne Wz
Druck:	Linoleumdruck	KN:	ohne

Datum	Auflage	
o.D. (1941?)	unbekannt	R

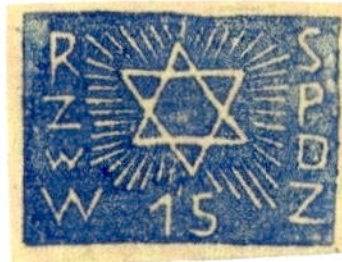

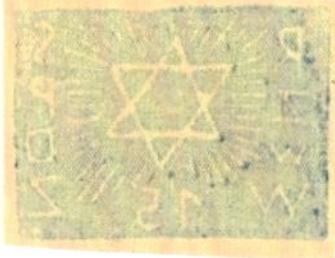

(Wa 3, Sammlung Wolfgang Haney, Berlin)

Wa 3 **15 Groszy (15)**

PS – Vs: links RZwW, Mitte Davidstern mit Strahlen und Wertzahl, rechts SPDZ
Rs: unbedruckt

Entwurf:	unbekannt	Format:	ca. 43 mm x 30 mm
Umlauf bis:	nicht nachgewiesen	Wz:	Papier sämisch, ohne Wz
Druck:	Linoleumdruck	KN:	ohne

Datum	**Auflage**	
o.D. (1941?)	unbekannt	R

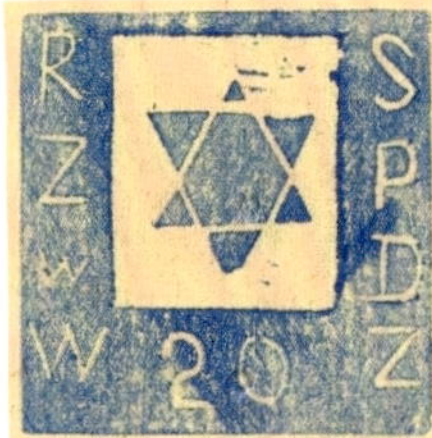

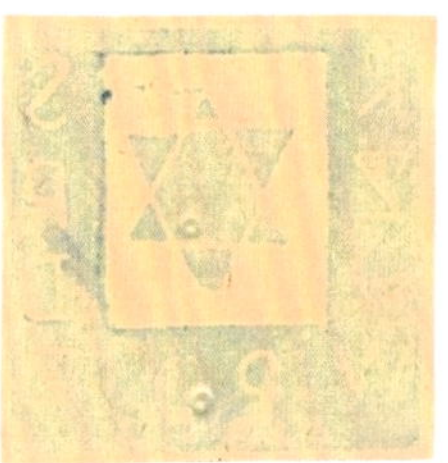

(Wa 4, Sammlung Wolfgang Haney, Berlin)

Wa 4 **20 Groszy (20)**

PS – Vs: links RZwW, Mitte Davidstern im Rahmen und Wertzahl, rechts SPDZ
Rs: unbedruckt

Entwurf:	unbekannt	Format:	ca. 56 mm x 56 mm
Umlauf bis:	nicht nachgewiesen	Wz:	Papier sämisch, ohne Wz
Druck:	Linoleumdruck	KN:	ohne

Datum	**Auflage**	
o.D. (1941?)	unbekannt	R

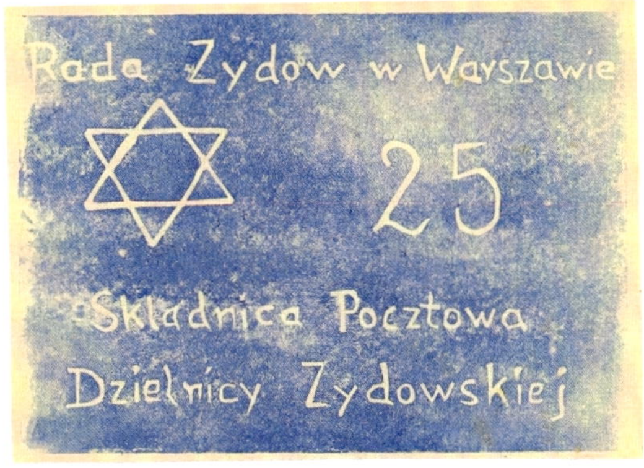

(Wa 5 Vs, Sammlung Wolfgang Haney, Berlin, Abb unter 50% verkleinert)

Wa 5 **25 Groszy (25)**
PS – Vs: oben und unten Text, Mitte Davidstern und Wertzahl
Rs: unbedruckt

Entwurf:	unbekannt	Format:	ca. 150 mm x 100 mm
Umlauf bis:	nicht nachgewiesen	Wz:	Papier sämisch, ohne Wz
Druck:	Linoleumdruck	KN:	ohne

Datum	Auflage	
o.D. (1941?)	unbekannt	RR

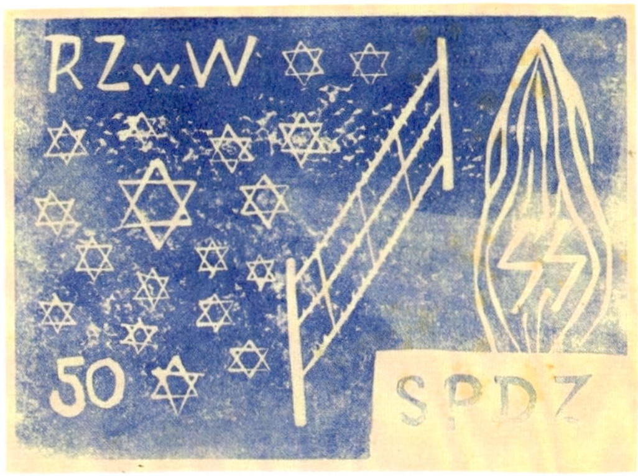

(Wa 6 Vs, Sammlung Wolfgang Haney, Berlin, Abb unter 50% verkleinert)

Wa 6 **50 Groszy (50)**
PS – Vs: oben RZwW, Mitte Davidsterne hinter Stacheldraht, rechts Flamme mit SS-Runen und SPDZ
Rs: unbedruckt

Entwurf:	unbekannt	Format:	ca. 148 mm x 105 mm
Umlauf bis:	nicht nachgewiesen	Wz:	Papier sämisch, ohne Wz
Druck:	Linoleumdruck	KN:	ohne

Datum	Auflage	
o.D. (1941?)	unbekannt	RR

2.6.2 Kommissarischer Bürgermeister von Warschau (Kontributionszahlungen)

Nach der Niederschlagung des Aufstands im Warschauer Getto wurde die Bevölkerung der Stadt durch die deutsche Besatzung zu Kontributionszahlungen in Gesamthöhe von 100 Millionen Zlotych verpflichtet. Die Einzahlbelege vom Februar 1944 bescheinigen die Zahlung von 30 Zlotych als Anteil an den am 5. Februar 1944 aufgerufenen Kontributionszahlungen. Sie sind zwar kein Geld, gehören aber im Zusammenhang mit der deutschen Besatzung, dem Getto Warschau und der Strafzahlung zumindest zum Thema rund um das „Geld des Terrors".

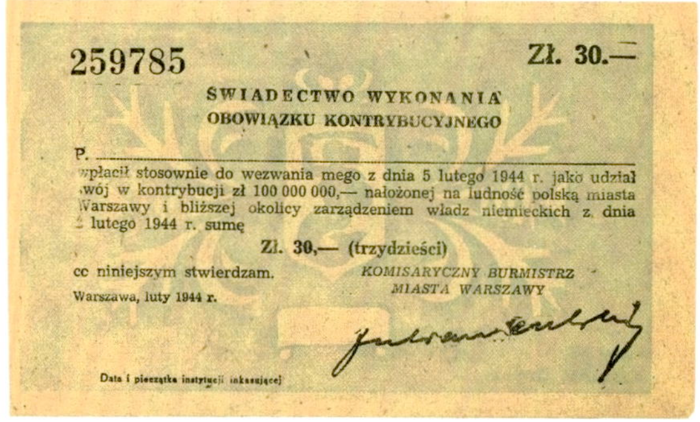

259785 Zł. 30.—

SWIADECTWO WYKONANIA
OBOWIĄZKU KONTRYBUCYJNEGO

P. ______

wpłacił stosownie do wezwania mego z dnia 5 lutego 1944 r. jako udział wój w kontrybucji zł 100 000 000,— nałożonej na ludność polską miasta Varszawy i bliższej okolicy zarządzeniem władz niemieckich z dnia lutego 1944 r. sumę

Zł. 30,— (trzydzieści)

cc niniejszym stwierdzam.

KOMISARYCZNY BURMISTRZ
MIASTA WARSZAWY

Warszawa, luty 1944 r.

Data i pieczątka instytucji inkasującej

(Wa 7 Vs, Sammlung Wolfgang Haney, Berlin)

Wa 7 **30 Zlotych**
PS – Vs: Stadtwappen im Unterdruck
Rs: unbedruckt

Entwurf:	unbekannt	Format:	ca. 149 mm x 88 mm
Umlauf bis:	Februar 1944	Wz:	Papier sämisch, ohne Wz
Druck:	unbekannt	KN:	6stellig

Datum	Auflage	
02/1944	rund 3,3 Millionen	R

3. Gedenkausgaben

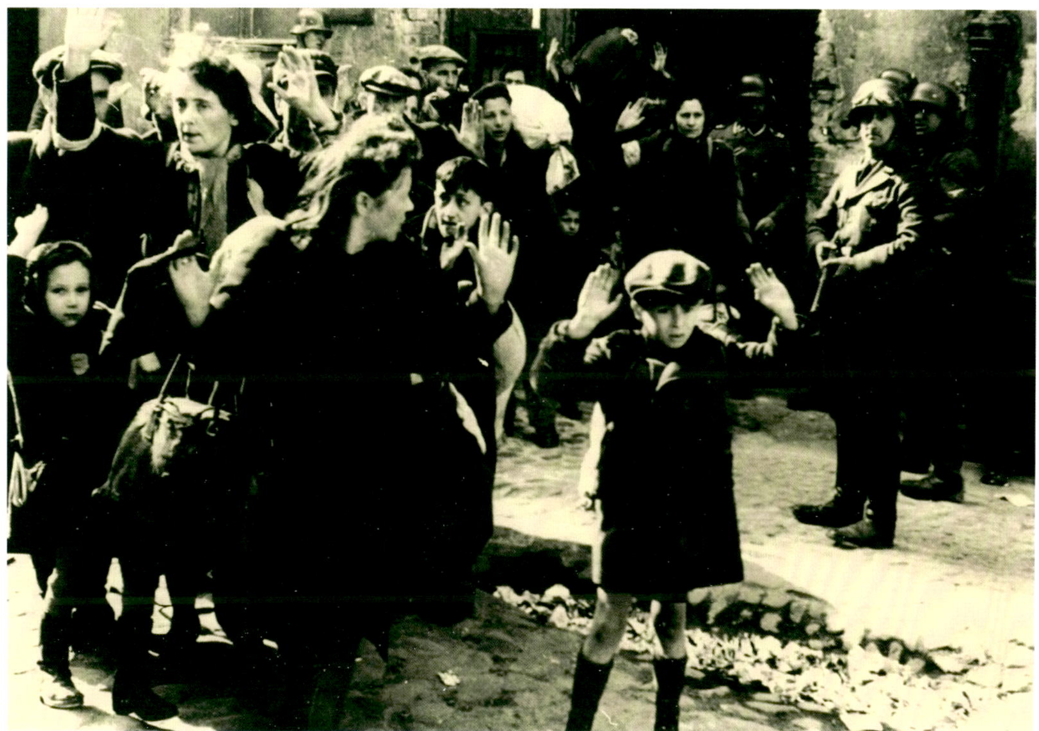

Getto Warschau, das wohl bekannteste Foto von der Verhaftung jüdischer Bewohner im Getto. (Kopie: Sammlung Wolfgang Haney, Berlin)

Gedenkausgaben auf den Holocaust

Um an das Schicksal und Leid von Millionen Menschen in den jüdischen Gettos und Konzentrationslagern sowie die Opfer des Holocaust zu erinnern, gab und gibt es eine Vielzahl Gedenkausgaben von Briefmarken sowie Gedenkmünzen und Medaillen aus zahlreichen Ländern. Dies allein kann ein Sammelgebiet für sich bilden. Geldscheine wurden und werden dagegen eher selten als Objekt des speziellen Gedenkens genutzt. Auf den folgenden Seiten sollen einige Beispiele hierfür aus Polen und Litauen vorgestellt werden, die eine Sammlung rund um das Thema „Geld des Terrors" abrunden können.

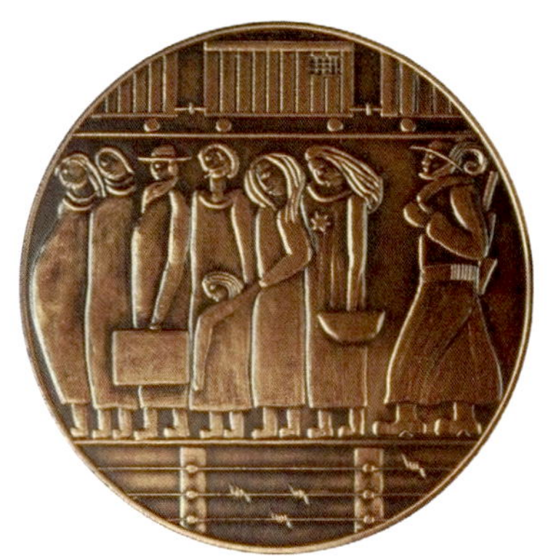

Medaille von 1984 zum Gedenken an das Schicksal der ungarischen Juden. (Sammlung Wolfgang Haney, Berlin)

3.1 Auschwitz, Majdanek, Treblinka und Getto Warschau – 1986

Überdrucke des polnischen Vereins für Numismatik und Philatelie Warschau (K.N.F.) von 1986 auf Original-Geldscheinen für das Generalgouvernement zur Erinnerung an die Vernichtungslager unter deutscher Besatzung Auschwitz, Majdanek und Treblinka sowie an den 43. Jahrestag des Aufstands im Warschauer Getto von 1943.

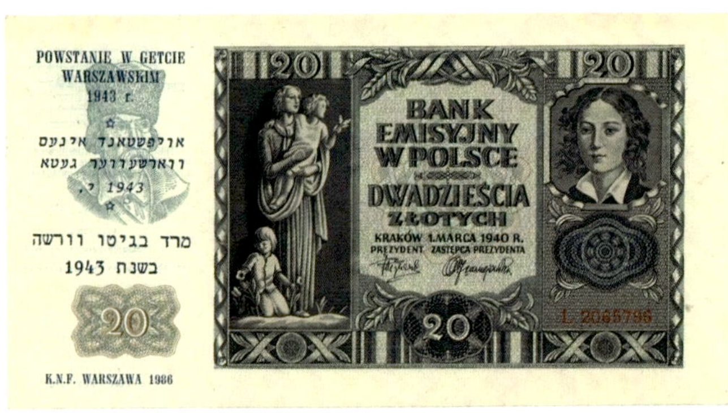

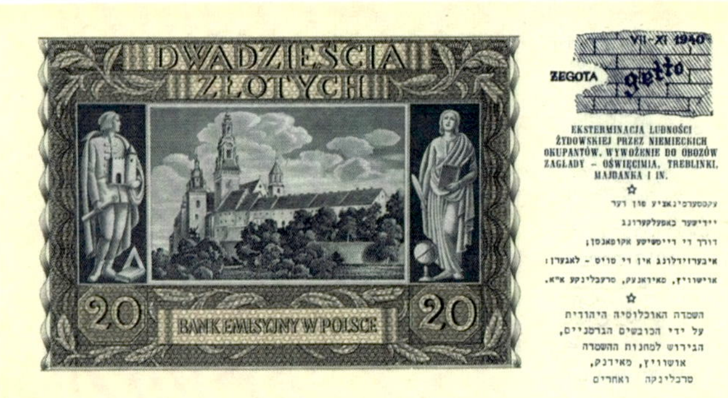

(Ge 1, Sammlung Wolfgang Haney, Berlin)

Ge 1 **20 Zlotych**
PS – Vs und Rs: Überdruck auf Original-Banknote in Polnisch und Hebräisch

Datum	Auflage	
1.3.1941	unbekannt	Übderdruck von 1986

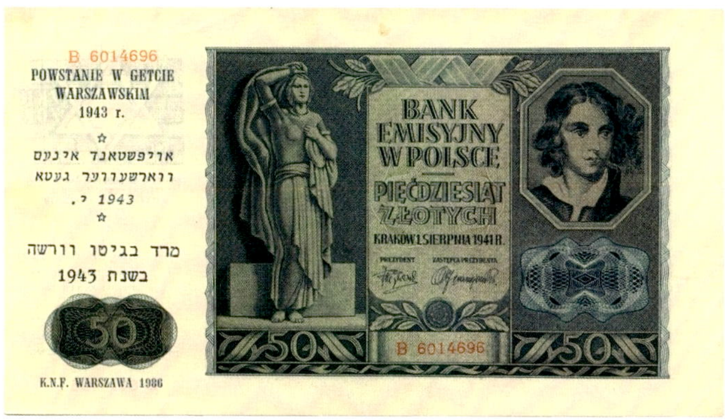

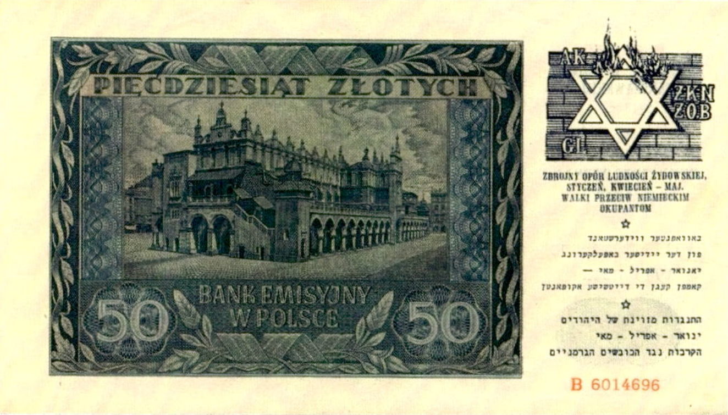

(Ge 2, Sammlung Wolfgang Haney, Berlin)

Ge 2 **50 Zlotych**

PS – Vs und Rs: Überdruck auf Original-Banknote in Polnisch und Hebräisch

Datum	Auflage	
1.8.1941	unbekannt	Übderdruck von 1986

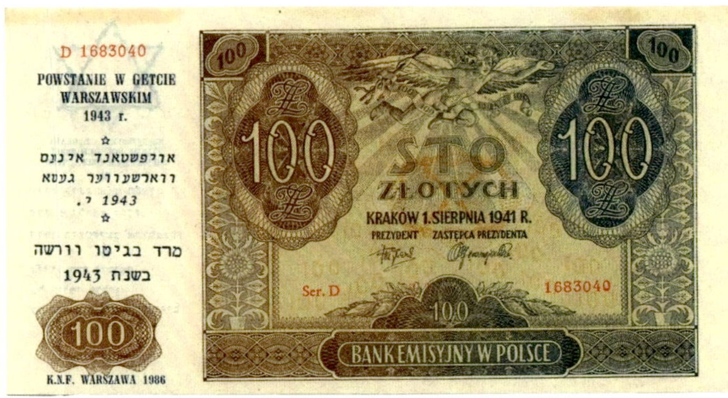

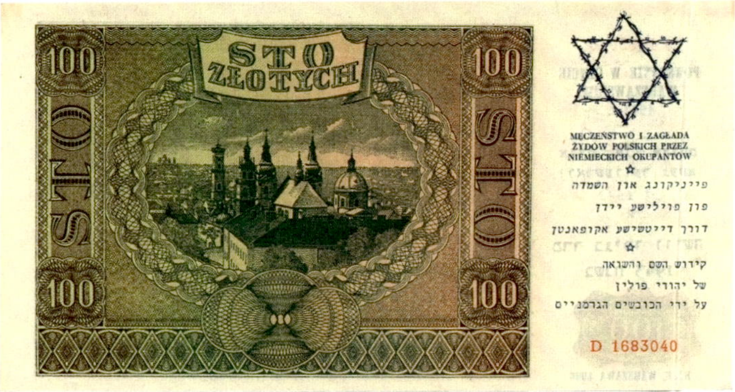

(Ge 3, Sammlung Wolfgang Haney, Berlin)

Ge 3 **100 Zlotych**
PS – Vs und Rs: Überdruck auf Original-Banknote in Polnisch und Hebräisch

Datum	Auflage	
1.8.1941	unbekannt	Übderdruck von 1986

3.2 Gettos Litzmannstadt und Warschau – 1993

Überdruck einer polnischen numismatischen Gesellschaft von 1993 auf einer Note der Polnischen Nationalbank über 50 Zlotych zur Ausgabe von Münzen im Getto Litzmannstadt und zum 50. Jahrestag des Aufstands im Warschauer Getto.

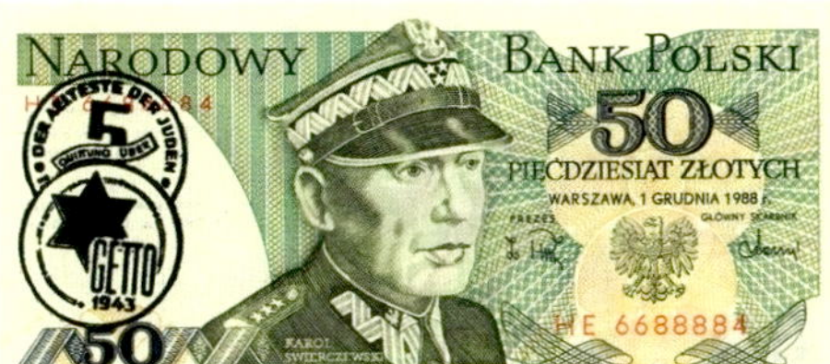

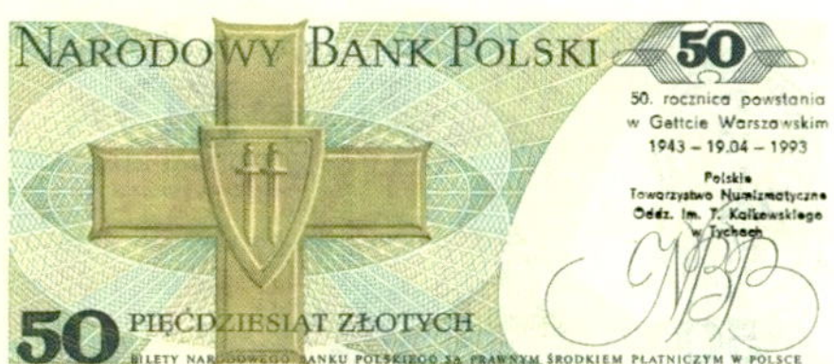

(Ge 4, Sammlung Wolfgang Haney, Berlin, Abb. unter 50% verkleinert)

Ge 4 **50 Zlotych**
PS – Vs: Überdruck in Form der Vorder- und Rückseite einer 5-Mark-Quittung aus Litzmannstadt
Rs: Überdruck zum 50. Jahrestag des Aufstands im Warschauer Getto

Datum	Auflage	
1.12.1988	unbekannt	Übderdruck von 1993

3.3 Getto Wilna – 2003

Ausgabe von Gedenkscheinen in verschiedenen Werten von 2002 zum 60. Jahrestag der Auflösung des Gettos von Wilna 2003. Das Getto bestand vom September 1941 bis zum September 1943. Etwa 80 000 Bewohner wurden in das Vernichtungslager Sobibor transportiert.

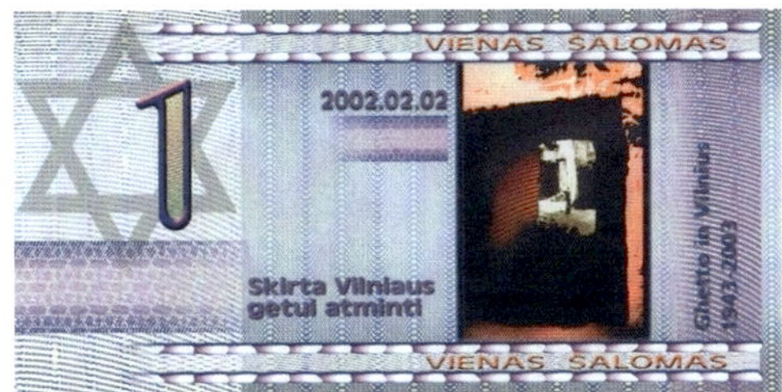

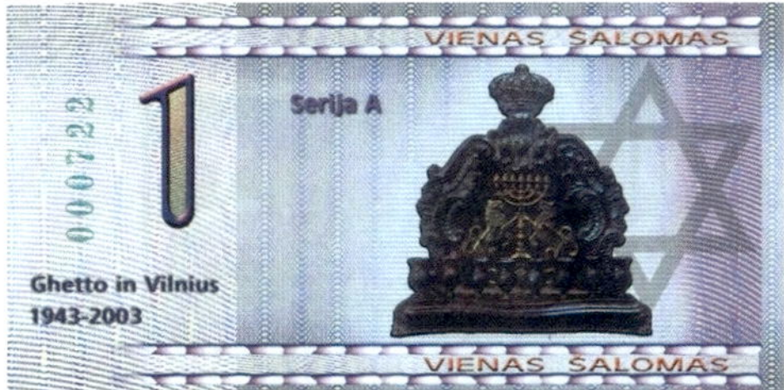

(Ge 5, Sammlung Wolfgang Haney, Berlin)

Ge 5 **1 Salomas (Insel)**
PS – Vs: Links Davidstern, Rechts Szene aus dem Getto Wilna
Rs: Rechts Wappen mit siebenarmigem Leuchter (Menora) vor Davidstern

Datum	Auflage	
2.2.2002	unbekannt	Serie: A, mit KN

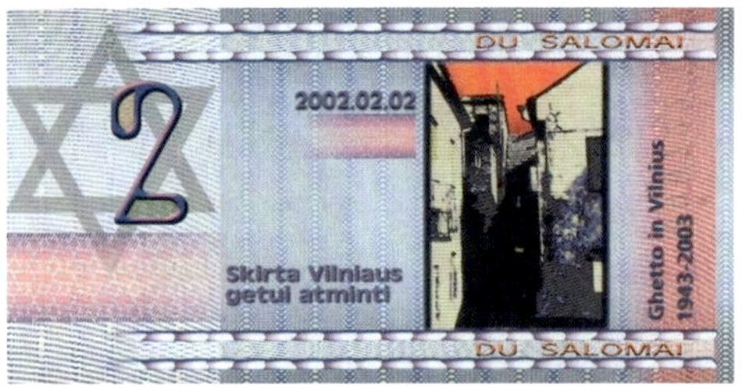

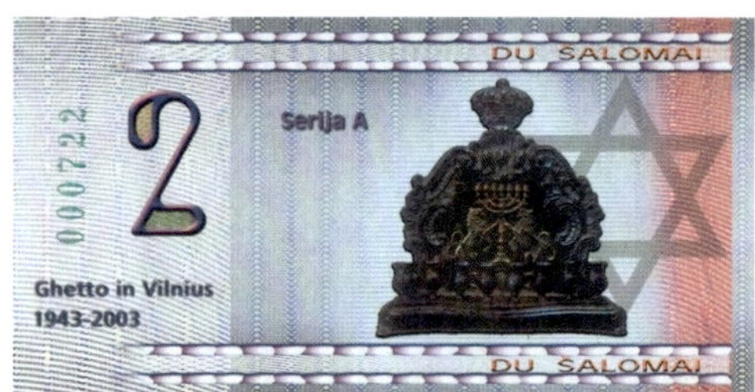

(Ge 4, Sammlung Wolfgang Haney, Berlin)

Ge 6 **2 Salomai (Inseln)**
PS – Vs: Links Davidstern, Rechts Szene aus dem Getto Wilna
Rs: Rechts Wappen mit siebenarmige, Leuchter (Menora) vor Davidstern

Datum	Auflage	
2.2.2002	unbekannt	Serie: A, mit KN

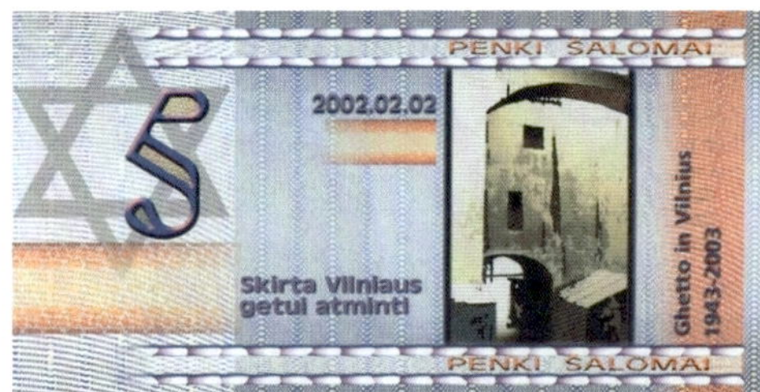

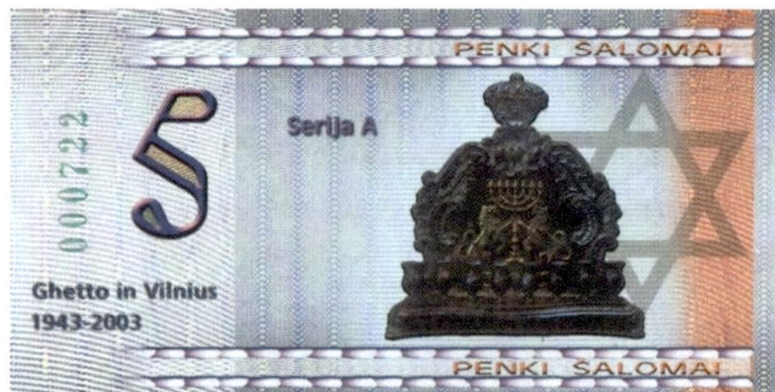

(Ge 5, Sammlung Wolfgang Haney, Berlin)

Ge 7 **5 Salomai (Inseln)**
PS – Vs: Links Davidstern, Rechts Szene aus dem Getto Wilna
Rs: Rechts Wappen mit siebenarmigem Leuchter (Menora) vor Davidstern

Datum	Auflage	
2.2.2002	unbekannt	Serie: A, mit KN

4. Fälschungen, Manipulationen, Fantasiescheine

Da originale Scheine von Konzentrationslagern und Gettos heute meist sehr selten sind und die Nachfrage nicht nur bei Geldscheinsammlern, sondern auch bei Sammlern von Judaika und Zeugnissen des Holocausts sehr groß ist, werden leider auch immer wieder Fälschungen, Manipulationen und Fantasiedrucke angeboten, vor denen hier gewarnt werden soll. Für den Vertrieb werden besonders Internetauktionen genutzt, die oft auch von unerfahrenen Sammlern besucht werden.

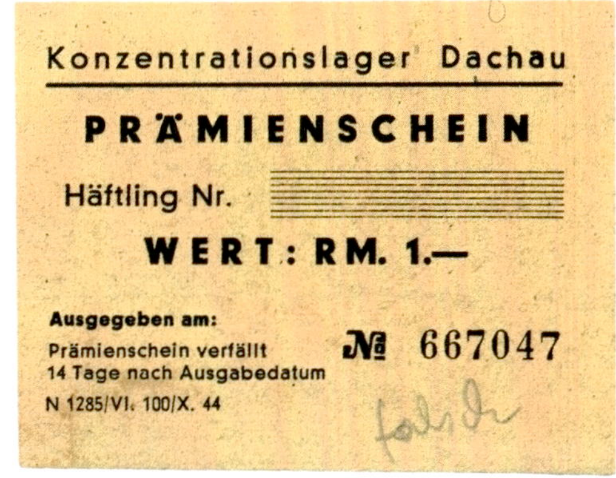

KL Dachau, gefälschter Prämienschein über 1 RM.
(Sammlung Wolfgang Haney, Berlin)

Begriffsbestimmungen

Von Fälschungen spricht man, wenn echte Geldscheine möglichst detailgetreu nachgeahmt werden. Bei herkömmlichen Banknoten, die schon in der Zeit des deutschen Kaiserreichs über aufwendige Sicherheitsmerkmale verfügt haben, ist das in der Regel ein schwieriges Unterfangen. Außerdem kommen viele historische Banknoten heute noch recht häufig vor, weshalb sich Fälschungen zu diesen kaum lohnen und eher selten sind, es sei denn, es handelt sich um zeitgenössische Nachahmungen. Da die Prämienscheine für die Konzentrationslager meist sehr einfach ausgeführt und dazu noch selten sind, wurden sie leider zu einem beliebten Objekt für Fälscher. Fälschungen sind z. B. von den Dachauer Prämienscheinen bekannt, die auch als Vorlage für Fantasiedrucke anderer Lager, wie Treblinka und Auschwitz, dienten.

Von Manipulationen spricht man, wenn echte historische Geldscheine, z. B. mittels Überdruck, Perforationen oder Stempeln, so verändert werden, daß deren Wert für Sammler erheblich steigt. Derartige Manipulationen sind von den 50-Pfennig-Quittungen aus Litzmannstadt bekannt, die man mit unterschiedlichen Teilbeträgen abstempelte, um so neue „Notausgaben" zu kreieren. Bei Manipulationen werden zum Teil echte, aber auch falsche Stempel verwendet. In Zeiten digitaler Bildbearbeitung und computergesteuerter Stempelfertigung sind falsche Stempel und Fantasiestempel kein Problem mehr.

Bei Fantasiescheinen wird nicht versucht, etwas Echtes nachzuahmen oder zu manipulieren, es werden ganz einfach einzelne Ausgaben oder sogar ganze Ausgabeserien frei erfunden und angelehnt an historische Vorbilder neu gestaltet. Abgesehen von den Ausgaben des Warschauer Gettos, die zumindest umstritten sind, trifft dies aber sicher auf die primitiv gestempelten Gutscheine der Röchling'schen Eisen- und Stahlwerke in Diedenhofen/Westmark zu, die schon seit Jahrzehnten als „KZ-Geld" (Außenlager von Natzweiler) gesammelt und gehandelt werden und durch so manche Katalogliteratur geistern. Auch SS-Prämienscheine wurden frei erfunden.

In der folgenden Übersicht sollen bekannt gewordene Fälschungen, Manipulationen und Fantasiedrucke vorgestellt und beschrieben werden, um Sammler und den Handel zu sensibilisieren und aufzuklären. Dabei kann kein Anspruch auf Vollständigkeit erhoben werden.

4.1 Auschwitz

Als Vorlage für die Fantasiescheine von Auschwitz dienten Dachauer Prämienscheine.

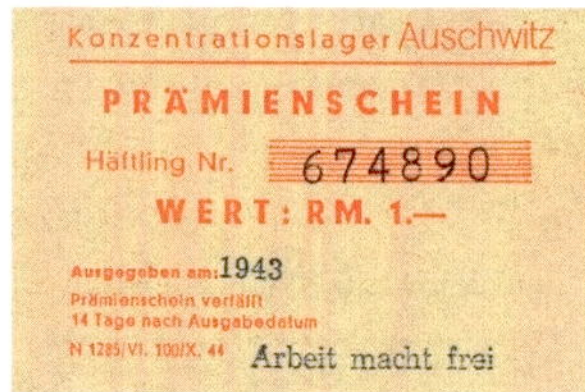

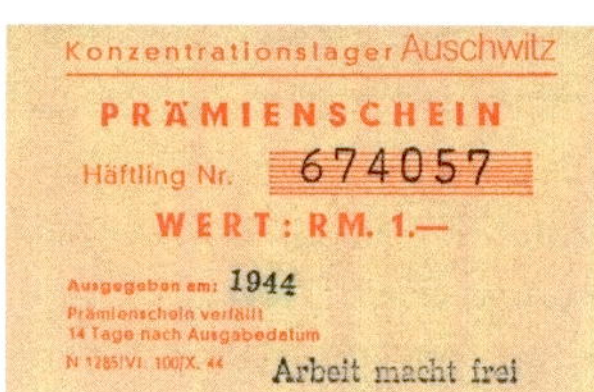

(Au F1a/b Vs, Sammlung des Autors)

Au F1 **1 Reichsmark – Fantasiescheine**

Vs: Häftlings-Nr auf Linienraster, Jahr und „Arbeit macht frei" gestempelt, links unten Druckgenehmigungs-Nr: N 1285/VI. 100/X. 44

Rs: unbedruckt Fomat: ca. 80 mm x 50 mm

Datum	Auflage			
(1943)	unbekannt	**a)**	Ausgegeben 1943	–
(1944)	unbekannt	**b)**	Ausgegeben 1944	–

Die auf dünnem, sämischem Papier ohne Wasserzeichen gedruckten Scheine offenbaren sich bei näherer Betrachtung gleich mehrfach als moderne Fantasieprodukte zum Schaden der Sammler.

Nachstehend sollen einige wichtige Erkennungsmerkmale genannt werden:

1. Gestaltung und Text übernahm man vollständig von den Prämienscheinen des KL Dachau. Sogar der Druckvermerk „N 1285/VI. 100/X. 44" ist identisch (N 1285 stand für Dachau) und hat nichts mit Auschwitz zu tun.
2. Der Druckvermerk enthält die Angabe „X. 44", deren Bedeutung den Fälschern nicht bekannt war. Scheine, deren Druck erst im Oktober 1944 genehmigt worden wäre, könnten keinen Datum-Stpl von 1943 tragen.
3. Das Papier stammt aus der Nachkriegszeit.
4. Die Scheine tragen keinen Dienst-Stpl, dafür aber – völlig fehl am Platz – das von Dachau übernommene Lagermotto „Arbeit macht frei".
5. Im KL Auschwitz hat man keinen Registratur-Stpl als Numerator verwendet.
6. Originalscheine von Auschwitz trugen keinen Verfallszeitraum. Dieser würde nur dann Sinn machen, wenn das genaue Datum der Übergabe an den Prämienempfänger auf dem Schein vermerkt wäre. Hier wurde aber nur eine Jahreszahl gestempelt.
7. Die Häftlingsnummer wurde in Auschwitz offiziell auf den Scheinen nicht angegeben, da diese nicht personengebunden sein sollten.

4.2 Dachau

Die Dachauer Prämienscheine wurden von modernen Fälschern nicht nur nachgeahmt, sie dienten auch als „Vorbild“ für Fantasieausgaben anderer Lager, wie Auschwitz, Sachsenhausen und sogar Treblinka, das überhaupt keine Prämienscheine hatte. Da man Gestaltung und Text bis auf den Lagernamen vollständig von den Dachauer Scheinen übernahm, tragen die Fantasiescheine der anderen Lager auch den Dachauer Druckvermerk „N 1285/IV. 50/X. 44“ und sind daran leicht als Falsifikate zu erkennen.
Hergestellt wurden sie vor etwa 15 Jahren in Kreisen von Militariasammlern, die übrigens immer nur Werte zu 1 RM fälschten. Diese hatten mit dem Nachlaß eines ehemaligen SS-Wachmanns aus Dachau auch einige Prämienscheine erworben und zu ihrem Erstaunen unerwartet teuer verkaufen können. Da sich ein Drucker in ihren Reihen befand, war die Idee der Nachahmung der primitiven Scheine schnell realisiert. Aus dieser „Werkstatt“ stammen dann auch die Fantasieausgaben anderer Lager nach dem Dachauer Vorbild und frei erfundene Prämienscheine der SS (siehe dort).
Die Dachauer Fälschungen unterscheidet man von den Originalen nicht nur durch das Papier, sondern sehr leicht auch an den Häftlingsnummern, deren Druck ein Paginierstempel nachahmt.
Es sind auch Stücke mit falschem Dienststempel „SA der N.S.D.A.P. Standarte Hamburg-Altona“ bekannt, die natürlich auf Dachauer Prämienscheinen überhaupt keinen Sinn ergeben (siehe Abbildung im Katalog).

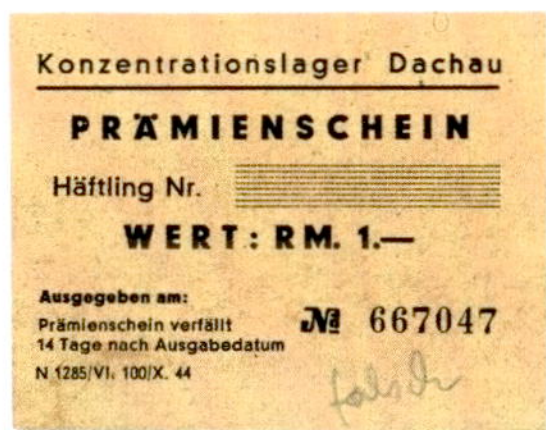

(Da F1, Sammlung Wolfgang Haney, Berlin)

Da F1 **1 Reichsmark – Fälschung**
Vs: Häftlings-Nr auf Linienraster, links unten Druckgenehmigungs-Nr: N 1285/VI. 100/X. 44, KN gedruckt
Rs: unbedruckt Fomat: ca. 73 mm x 55 mm

Datum	Auflage		
(10/1944)	unbekannt	Papier gelblich statt blaßgrün!	–

Sehr gut gemachte Fälschung des Dachauer Prämienscheins über 1 RM mit Druckvermerk vom Oktober 1944, eigentlich nur durch das Papier zu erkennen.

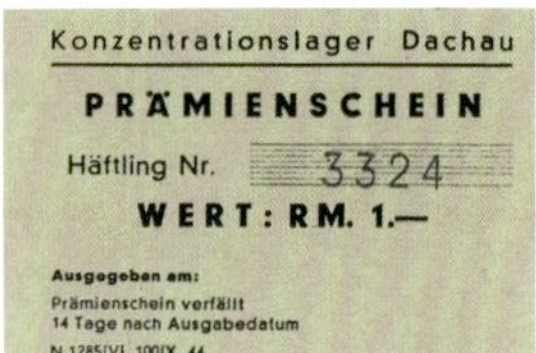

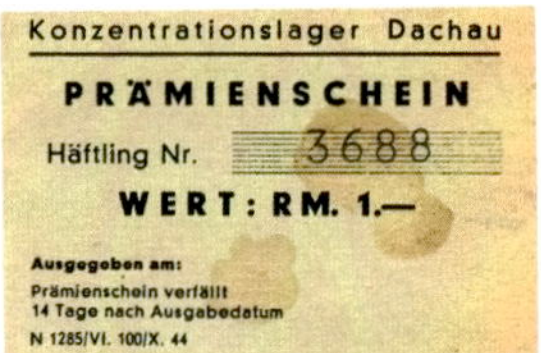

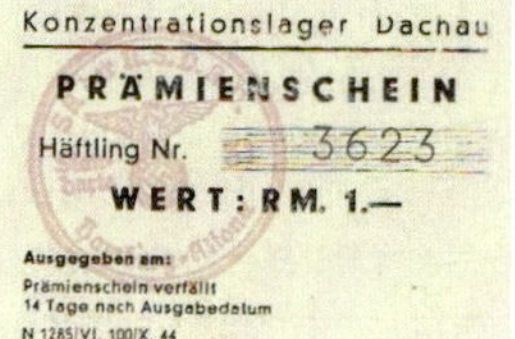

(Da F2 Vs, Sammlung des Autors / Da F2 Vs gealtert, Sammlung Wolfgang Haney, Berlin Da F2 Vs mit Stempel, Sammlung Anton Geiger)

Da F2 **1 Reichsmark – Fälschung**
Vs: Häftlings-Nr auf Linienraster, links unten Druckgenehmigungs-Nr: N 1285/VI. 100/X. 44
Rs: unbedruckt Fomat: ca. 73 mm x 48 mm

Datum	Auflage		
(10/1944)	unbekannt	Papier weiß bis grau (auch künstlich gealtert), auch mit Stpl	–

Einfache Fälschung. Am leichtesten an der gedruckten Häftlings-Nr zu erkennen, die einen Paginierstempel vortäuscht sowie an der fehlenden Kontrollnummer.
Es sind auch Stücke bekannt, die künstlich gealtert wurden, um den Eindruck echter Prämienscheine zu erwecken (siehe Abbildung).

4.3 Diedenhofen/Westmark – Werk Ebingen

Selten kommt es vor, daß Fälscher für eine Ausgabestelle, die eigentlich keine war, gleich eine ganze Serie von Fantasiescheinen erfinden. Sieht man einmal von den zumindest umstrittenen Scheinen des Warschauer Gettos ab, so trifft dies lediglich für die gestempelten Kartonmarken der Röchling'schen Eisen- und Stahlwerke G.m.b.H. Diedenhofen/Westmark für das Werk Ebingen vom August/September 1942 zu.
Die Einrichtung eines Außenlagers des KL Natzweiler im lothringischen Ebingen war länger geplant, da man für die Reichswerke Hermann Göring dringend Arbeitskräfte in der Eisen- und Stahlbearbeitung benötigte. Die Region Fenschtal bei Diedenhofen (Thionville) und Metz war bereits seit dem 19. Jahrhundert zu einem Zentrum der französischen Metallurgie geworden. Die Reichswerke befanden sich eigentlich in Hayingen und erst für Ende August 1944 wird die Ankunft von 500 Jüdinnen aus Auschwitz im Außenkommando Ebingen angegeben. Die Ankunft war jedoch zu spät, um in Anbetracht des alliierten Vormarschs noch ein funktionsfähiges Lager zu errichten. Schon am 2. September 1944 wurden deshalb die Frauen zu Fuß auf den Weg nach Ravensbrück geschickt, 135 von ihnen konnten auf dem Marsch fliehen, 363 kamen am 29. September in Ravensbrück an.[1)]
Ein funktionierendes Außenkommando Ebingen, welches gar noch eigene Geldzeichen nutzte, hatte es also nicht gegeben, schon gar nicht im Herbst 1942. Das erste Außenlager von Natzweiler wurde überhaupt erst im Dezember 1942 gegründet. Wie sieht es aber mit einem Außenkommando Diedenhofen aus? Hier war laut einer geheimen Aufstellung von Oswald Pohl (Chef des WVHA der SS) vom 21. Februar 1944 der Einsatz von Häftlingen für die Luftfahrtindustrie vorgesehen. Dazu sollte ein Außenlager von Natzweiler errichtet werden, in dem 600 Häftlinge Lufttorpedos für das Gerätewerk Pommern mit seinem Werk in Diedenhofen herstellen sollten. Heute läßt sich nicht mehr klären, ob es in Diedenhofen überhaupt noch ein funktionierendes Außenlager gab, und wenn ja, so auf alle Fälle nicht im August/September 1942.[2)]
Die Röchling'schen Eisen- und Stahlwerke hatten ihren Stammsitz in Völklingen im Saarland (Weltkulturerbe Völklinger Hütte). Im Zweiten Weltkrieg wurden etwa 70 000 Zwangsarbeiter

aus der Sowjetunion, Polen, Jugoslawien, Frankreich, Belgien und Luxemburg beschäftigt, davon etwa 14 000 in Völklingen selbst. Hermann Röchling war seit 1941 im Verwaltungsrat der Deutschen Reichsbank und gehörte ab 1942 zum Führungsstab der deutschen Kriegswirtschaft. Außerdem war er Reichsbeauftragter für Eisen und Stahl in den besetzten Gebieten.

Die Völklinger Hütte betrieb als einziges saarländisches Werk ein eigenes Arbeitserziehungslager in Etzenhofen.

Selbst wenn man davon ausginge, daß es sich um echte Ausgaben handelt, so hätten diese nichts mit Geldersatz oder Prämienscheinen der Konzentrationslager zu tun. So wiesen schon Albert Pick und Carl Siemsen 1993 in ihrem Lagergeld-Katalog darauf hin, daß die in verschiedenen Werten gestempelten Scheine, die sowohl als Gefangenenlager- oder Konzentrationslagerscheine angeboten werden, wahrscheinlich von einem Sammler angefertigt wurden.[3] Es gibt Ausführungen auf gelblichem bzw. grauem Karton und mit Daten vom 8. bzw. 13. August sowie vom 11. September 1942. Die Währungsbezeichnungen lauten auf PF = Pfenning und Mark. Richtig wäre Reichspfenning und Reichsmark (RM) gewesen. Die Scheine wurden vor Jahrzehnten gestempelt und geschnitten.

Anmerkungen:

1) Robert Steegmann, Ebingen (Ebange), in: Wolfgang Benz/Barbara Diestel (Hrsg.), Der Ort des Terrors, Band 6: Natzweiler, Groß-Rosen, Stutthof, S. 79.

2) Charles-Claude Biedermann, Diedenhofen (Thionville), in: Wolfgang Benz/Barbara Diestel (Hrsg.), Der Ort des Terrors, Band 6: Natzweiler, Groß-Rosen, Stutthof, S. 77 – 77.

3) Albert Pick/Carl Siemsen, Das Lagergeld der Konzentrationslager und D.P.-Lager 1933 – 1947, S. 37.

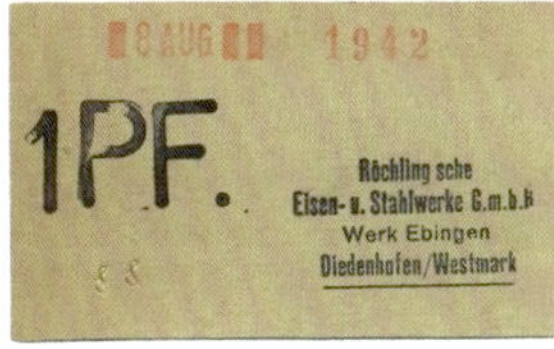

(Di F1, Sammlung Wolfgang Haney, Berlin)

Di F1 **1 Pfennig**

Vs: Datum, Wert und Firma gestempelt, kaufmännisches „&“ eingeprägt
Rs: unbedruckt

Datum	Auflage		
(8.8.1942)	unbekannt	1 PF., Karton gelblich ca. 75 mm x 45 mm, &&	–

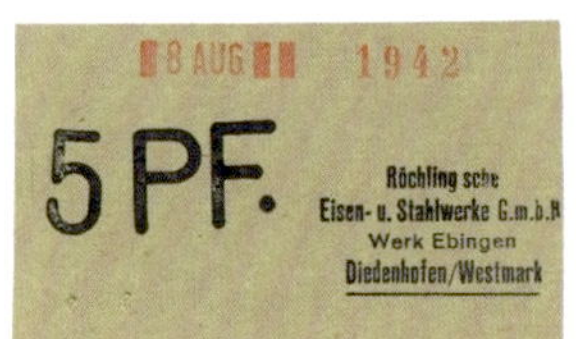

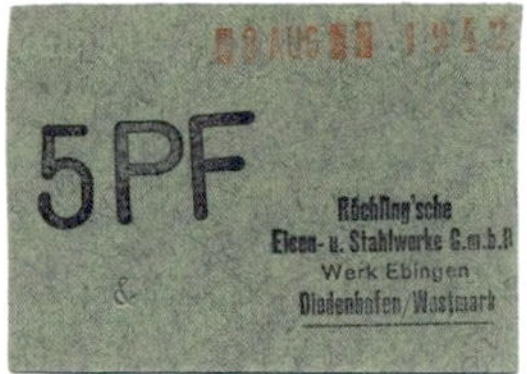

(Di F2a,b Vs, Sammlung Wolfgang Haney, Berlin)

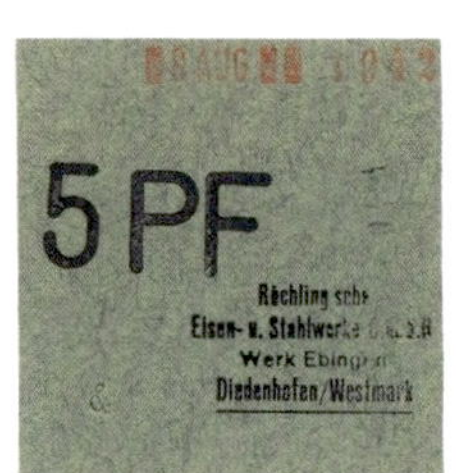

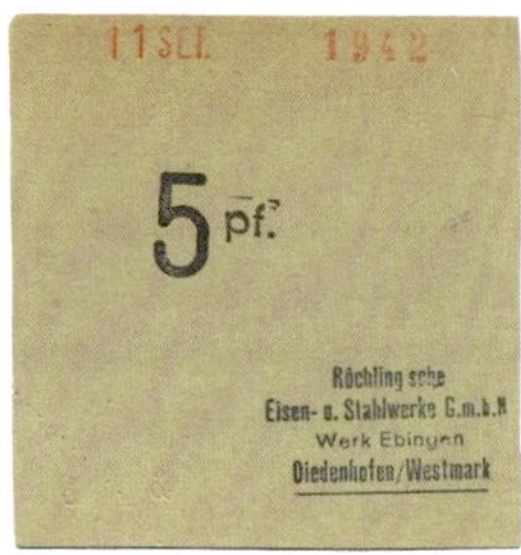

(Di F2c Vs, Sammlung des Autors, Di F2d Vs, Sammlung Wolfgang Haney, Berlin)

Di F2 **5 Pfennig**

Vs: Datum, Wert und Firma gestempelt, kaufmännisches „&" eingeprägt
Rs: unbedruckt

Datum	Auflage			
(8.8.1942)	unbekannt	**a)**	5 PF., Karton gelblich ca. 75 mm x 45 mm, &&	–
(8.8.1942)	unbekannt	**b)**	5 PF, Karton grau mit Fasern ca. 70 mm x 50 mm, &	–
(8.8.1942)	unbekannt	**c)**	5 PF, Karton grau mit Fasern ca. 60 mm x 60 mm, &	–
(11.9.1942)	unbekannt	**d)**	5 pf., Karton gelblich ca. 70 mm x 70 mm, &/&	–

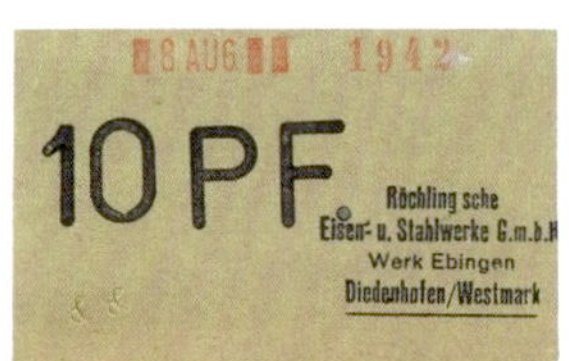

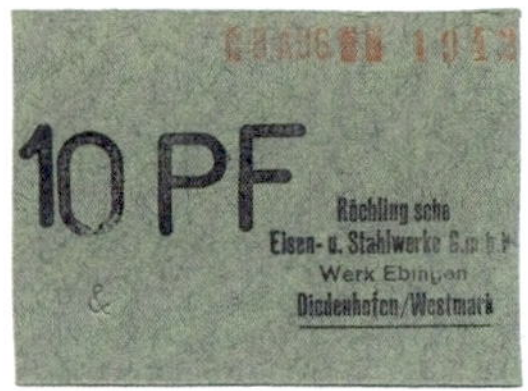

(Di F3a Vs, Sammlung Wolfgang Haney, Berlin, Di F3b Vs, Sammlung des Autors)

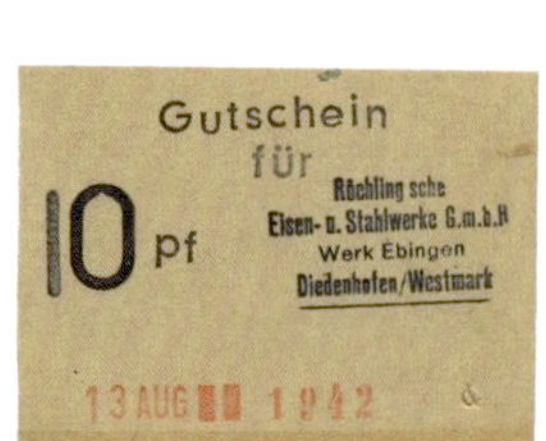

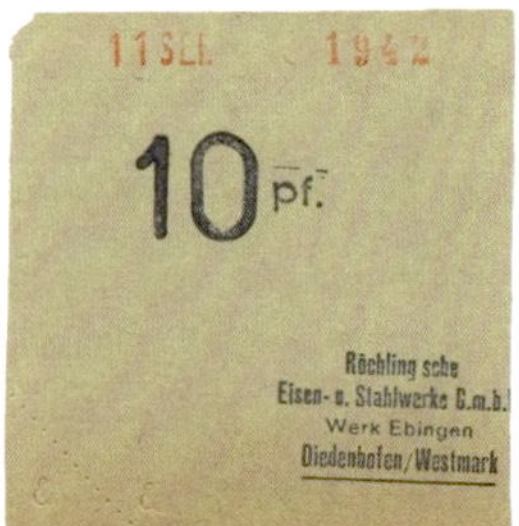

(Di F3c Vs, Sammlung des Autors, Di F3d Vs, Sammlung Wolfgang Haney, Berlin)

Di F3 **10 Pfennig**
Vs: Datum, Wert und Firma gestempelt, kaufmännisches „&“ eingeprägt
Rs: unbedruckt

Datum	Auflage			
(8.8.1942)	unbekannt	**a)**	10 PF., Karton gelblich ca. 75 mm x 45 mm, &&	–
(8.8.1942)	unbekannt	**b)**	10 PF, Karton grau mit Fasern ca. 70 mm x 50 mm, &	–
(13.8.1942)	unbekannt	**c)**	10 pf, Karton gelblich ca. 70 mm x 50 mm, &	–
(11.9.1942)	unbekannt	**d)**	10 pf., Karton gelblich ca. 70 mm x 70 mm, &/&	–

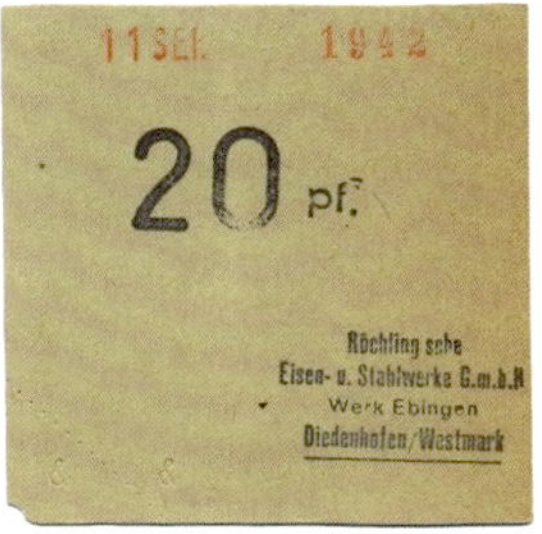

(Di F4 Vs, Sammlung Wolfgang Haney, Berlin)

Di F4 **20 Pfennig**
Vs: Datum, Wert und Firma gestempelt, kaufmännisches „&“ eingeprägt
Rs: unbedruckt

Datum	Auflage		
(11.9.1942)	unbekannt	20 pf., Karton gelblich ca. 70 mm x 70 mm, &/&	–

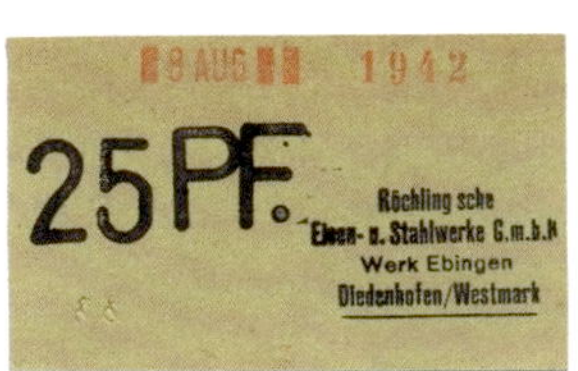

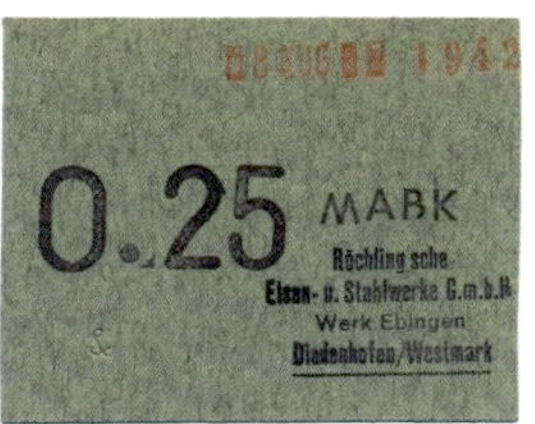

(Di F5a Vs, Sammlung Wolfgang Haney, Berlin Di F5b Vs, Sammlung des Autors)

Di F5 **25 Pfennig**
Vs: Datum, Wert und Firma gestempelt, kaufmännisches „&“ eingeprägt
Rs: unbedruckt

Datum	Auflage			
(8.8.1942)	unbekannt	**a)**	25 PF., Karton gelblich ca. 75 mm x 45 mm, &&	–
(8.8.1942)	unbekannt	**b)**	0.25 MARK, Karton mit Fasern ca. 70 mm x 55 mm, &	–

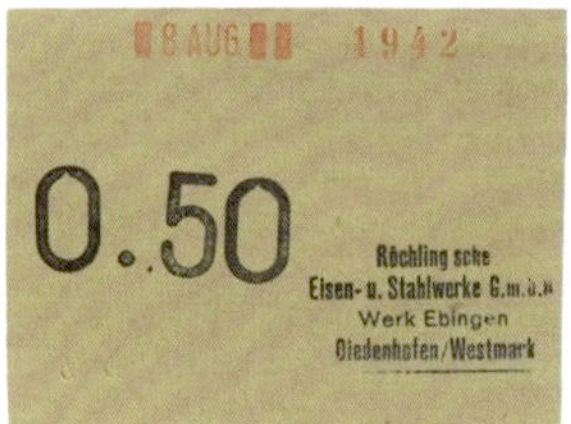

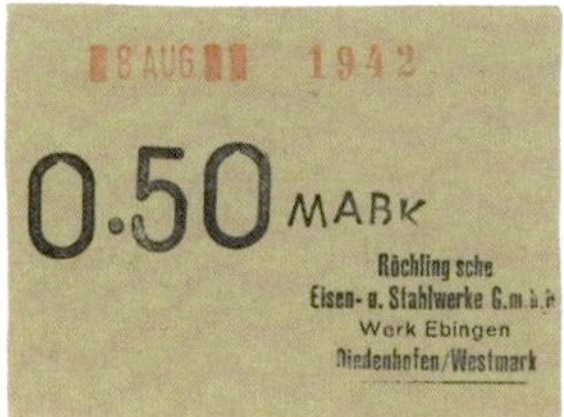

(Di F6a,b Vs, Sammlung Wolfgang Haney, Berlin)

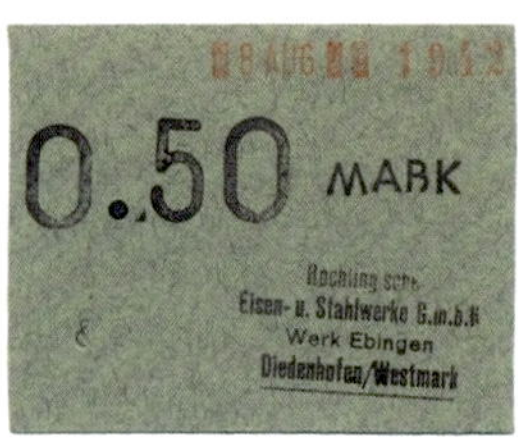

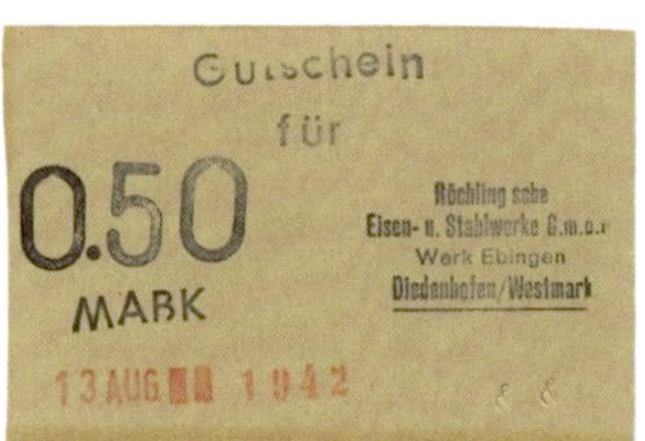

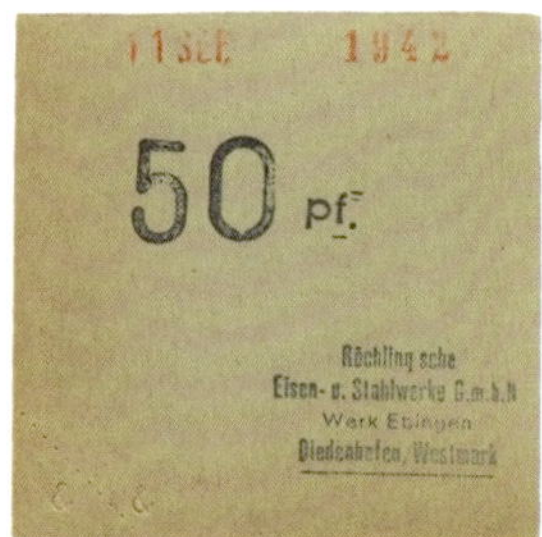

(Di F6c,d Vs, Sammlung des Autors, Di F6e Vs, Sammlung Wolfgang Haney, Berlin)

Di F6 **50 Pfennig**

Vs: Datum, Wert und Firma gestempelt, kaufmännisches „&" eingeprägt
Rs: unbedruckt

Datum	Auflage			
(8.8.1942)	unbekannt	**a)**	0.50, Karton gelblich ca. 75 mm x 55 mm, &&	–
(8.8.1942)	unbekannt	**b)**	0.50 MARK*, Karton gelblich ca. 75 mm x 55 mm	–
(8.8.1942)	unbekannt	**c)**	0.50 MARK*, Karton grau, Fasern ca. 70 mm x 55 mm, &	–
(13.8.1942)	unbekannt	**d)**	0.50 MARK*, Karton gelblich ca. 85 mm x 55 mm, &&	–
(11.9.1942)	unbekannt	**e)**	50 pf., Karton gelblich ca. 70 mm x 70 mm, &/&	–

* Für das „R" von „MARK" wurde ein „B" manipuliert!

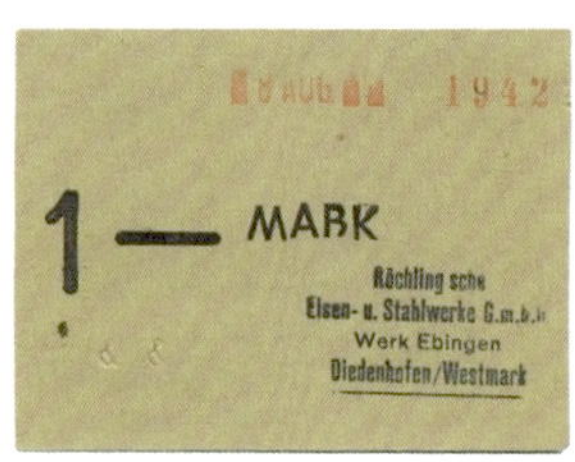

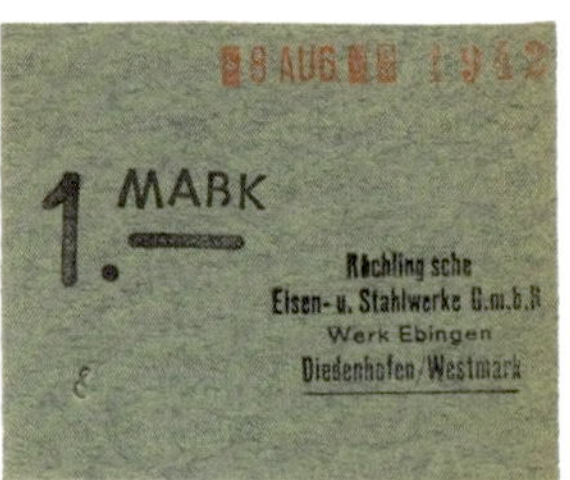

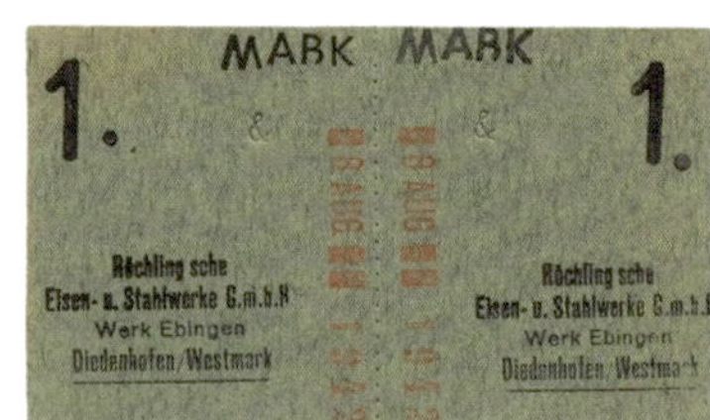

(Di F7a Vs, Sammlung Wolfgang Haney, Berlin, Di 7b, c Vs, Sammlung des Autors)

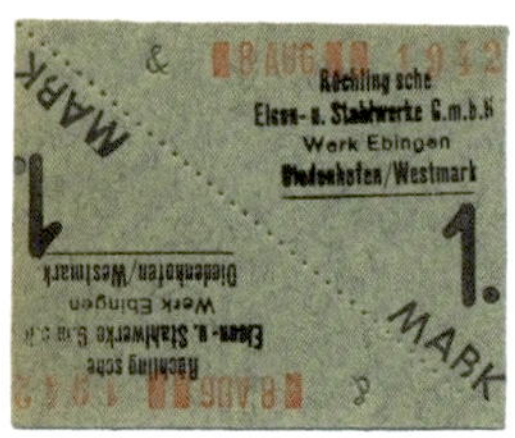

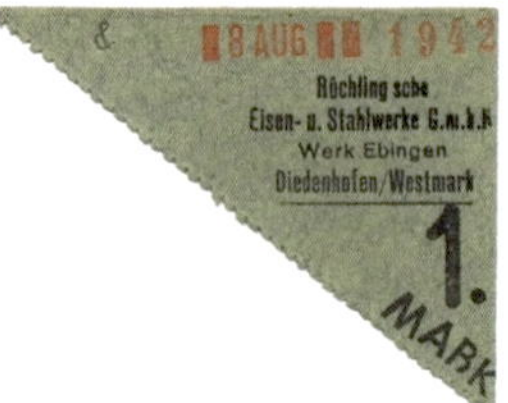

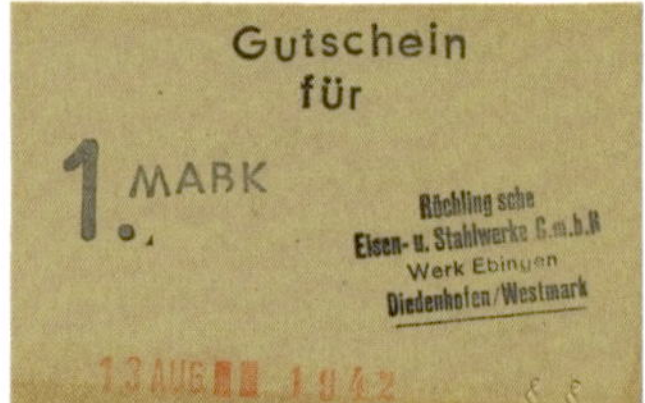

(Di F7d, d geteilt, e Vs, Sammlung des Autors)

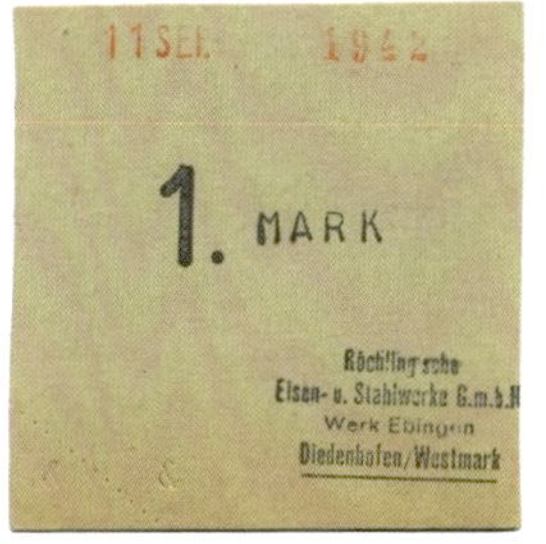

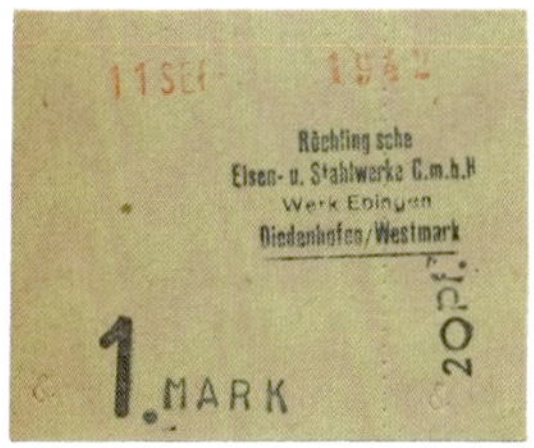

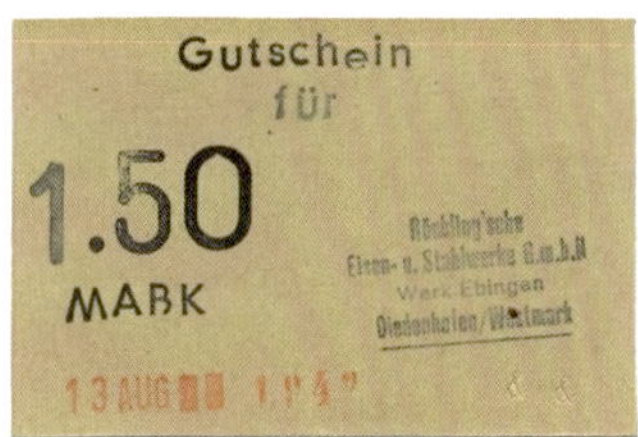

(Di 7f, 8 Vs, Sammlung Wolfgang Haney, Berlin, Di 9 Vs, Sammlung des Autors)

Di F7 **1 Mark**
Vs: Datum, Wert und Firma gestempelt, kaufmännisches „&" eingeprägt
Rs: unbedruckt

Datum	Auflage			
(8.8.1942)	unbekannt	**a)**	1 –, Karton gelblich ca. 75 mm x 55 mm, &&	–
(8.8.1942)	unbekannt	**b)**	1.–, Karton grau mit Fasern ca. 75 mm x 55 mm, &	–
(8.8.1942)	unbekannt	**c)**	1. MARK* I 1. MARK*, Doppelschein** mit senkrechter Perforation, Karton grau mit Fasern ca. 95 mm x 55 mm, & I &	–
(8.8.1942)	unbekannt	**d)**	1. MARK* / 1. MARK*, Doppelschein** mit diagonaler Perforation, Karton grau mit Fasern ca. 70 mm x 55 mm, & / &	–
(13.8.1942)	unbekannt	**e)**	1. MARK*, Karton gelblich ca. 85 mm x 55 mm, &&	–
(11.9.1942)	unbekannt	**f)**	1. MARK, Karton gelblich ca. 70 mm x 70 mm, &/&	–

* Für das „R" von „MARK" wurde ein „B" manipuliert!
** Auch geteilt als Einzelscheine vorkommend (siehe Abbildung zu Di F7d)!

Di F8 **1 Mark + 20 Pfennig**
Vs: Datum, Wert und Firma gestempelt, kaufmännisches „&" eingeprägt
Rs: unbedruckt

Datum	Auflage		
(11.9.1942)	unbekannt	1. MARK I 20 pf., Karton gelblich ca. 70 mm x 55 mm, &I&	–

Di F9 **1.50 Mark**
Vs: Datum, Wert und Firma gestempelt, kaufmännisches „&" eingeprägt
Rs: unbedruckt

Datum	Auflage		
(13.8.1942)	unbekannt	1.50 MARK*, Karton gelblich ca. 85 mm x 55 mm, &&	–

* Für das „R" von „MARK" wurde ein „B" manipuliert!

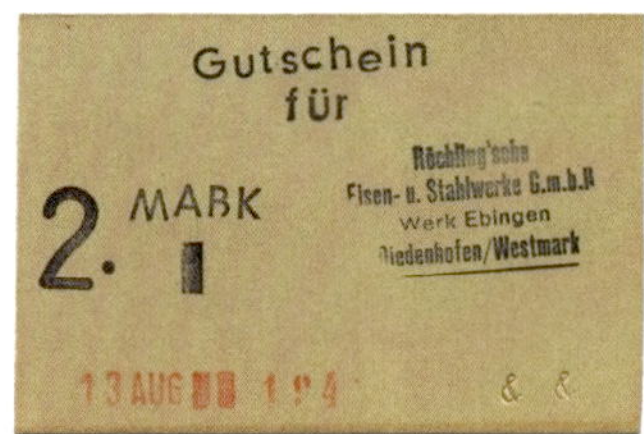

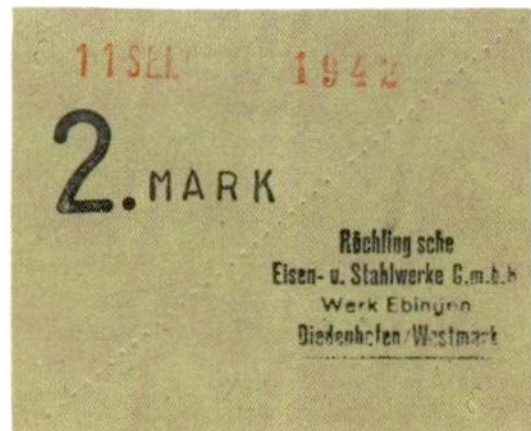

(Di 10a Vs, Sammlung des Autors, di 10b Vs, Sammlung Wolfgang Haney, Berlin)

Di F10 **2 Mark**
Vs: Datum, Wert und Firma gestempelt, kaufmännisches „&" eingeprägt
Rs: unbedruckt

Datum	Auflage			
(13.8.1942)	unbekannt	**a)**	2. MARK*, Karton gelblich ca. 85 mm x 55 mm, &&	–
(11.9.1942)	unbekannt	**b)**	2. MARK, Karton gelblich ca. 70 mm x 55 mm, &/&	–

* Für das „R" von „MARK" wurde ein „B" manipuliert!

4.4 Litzmannstadt

Zu den Litzmannstädter Mark-Quittungen gab es zeitgenössische Fälschungen, die sogar noch vor den echten Scheinen in Umlauf kamen.
In der Getto-Chronik vom 26. Juli 1941 heißt es: *„Falschgeld – Aufgetaucht sind falsche 2-Mark-Banknoten. Aufgefallen ist das bei der Bank nur dadurch, weil bei einer Überprüfung zwei 2-Mark-Banknoten mit einer und der gleichen Registriernummer vorgelegen haben. Es soll sich angeblich um 5000 falsche 2-Mark-Banknoten handeln. Hergestellt haben soll sie ein gewisser Rauchwerger aus der Wawelska Strasse 27.*
Auf Grund der Entdeckung wurden auf Anordnung des Ältesten der Juden sofort sämtliche im Getto in Umlauf befindlichen 2-Mark-Banknoten aus dem Verkehr gezogen."[1] Am 14. November 1941 vermerkt schließlich die Getto-Chronik: *„Geldfälscher vor Gericht – Am 14.11. hat vor dem Gettogericht die Verhandlung gegen den 2-Mark-Geldfälscher Rauchwerger begonnen."* Rauchwerger wurde im Januar 1942 im Rahmen der „Aussiedlungsaktion" aus dem Getto deportiert.[2] Im selben Monat mußten die 2-Mark-Quittungen vollständig aus dem Verkehr gezogen werden, weil zu viele von ihnen umliefen.

Die „Rauchwerger-Fälschungen" erkennt man relativ leicht am fehlenden geheimen Farbpunkt zwischen dem „M" und dem „a" von „Mark".
Leider gibt es auch moderne Fälschungen der Litzmannstädter Scheine, die so gut gemacht sind, daß man sie lediglich am Numerator erkennen kann. Am deutlichsten wird dies bei den unterschiedlichen Ausführungen der Ziffern der Kontrollnummer (vergl. Ziffer 7).[3]

Die oberen zwei Kontrollnummern gehören zu echten Mark-Quittungen, die unterste Kontrollnummer wurde mit einem anderen Numerator gedruckt.
(Kopie aus: Milczak)

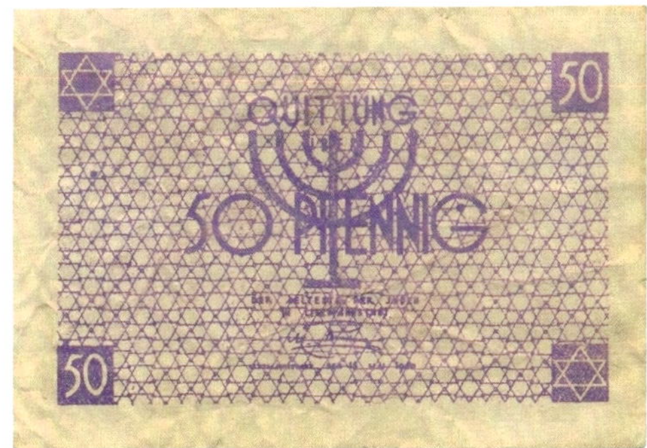

(Li F1, Sammlung Wolfgang Haney, Berlin)

Li F1 **50 Pfennig – am Original angelehnte Fantasiefälschung**
Vs: siebenarmiger Leuchter (Menora) und Gitter aus Davidsternen
Rs: Gitter aus Davidsternen Fomat: ca. 130 mm x 88 mm

Datum	Auflage	
(15.5.1940)	unbekannt	–

Zu den „großen" Scheinen von Litzmannstadt gab und gibt es zahlreiche Vermutungen, z. B. es könne sich um Notausgaben aus der Zeit nach der Auflösung des Gettos für die einigen Hundert verbliebenen Bewohner handeln, die mit Aufräumungsarbeiten betraut waren.[4] Diese Auffassung kann hier nicht geteilt werden. Von den ofiziellen Mark-Quittungen gab es noch so viele Reststücke, daß diese heute noch ausreichend am Sammlermarkt vorhanden sind. Wozu hätte man also neue Scheine für wenige Bewohner drucken sollen, noch dazu in so schlechter Qualität?
Bei diesen Fantasiedrucken machte man sich erst gar nicht die Mühe, das Original nachzuahmen. Am auffälligsten ist das deutlich größere Format (Originale: ca. 87 mm x 56 mm), die abweichenden Farben (Originale: Vs und Rs Druck schwarz auf violett) sowie der einfache und unsaubere Druck (Originale: mit Unter- und Überdruck, Fälschungen: ein Druckvorgang in je nur einer Farbe). Für die Kontrollnummer wurde außerdem ein anderer Numerator verwendet. Sie kommen übrigens auch auf strahlend weißem Papier (Weißmacher wurden erst ab 1944/1945 benutzt) in druckfrischer Erhaltung vor. Das oben abgebildete Stück wurde wahrscheinlich künstlich gealtert.
Die Einfachheit der Ausführung und die offensichtlichen Unterschiede zum Original sind höchstwahrscheinlich beabsichtigt, was das Interesse an ihnen sogar steigerte.
Für den Autor sowie zahlreiche Fachleute aus Deutschland und Polen sind diese Scheine nur eines: schlecht gemachte Fantasiefälschungen.

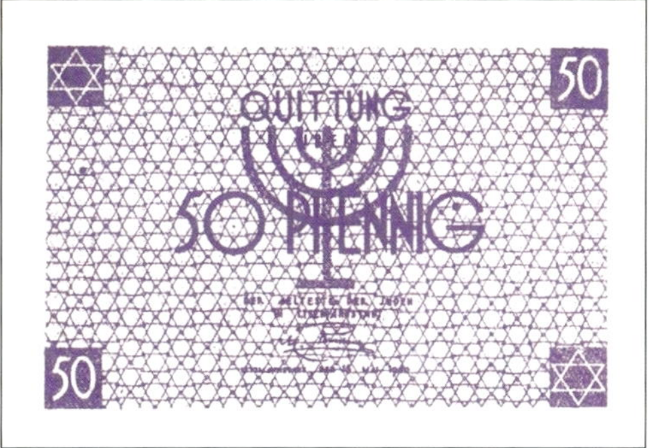

(Li F1 druckfrisch und auf schneeweißem Papier, Sammlung Uwe Bronnert)

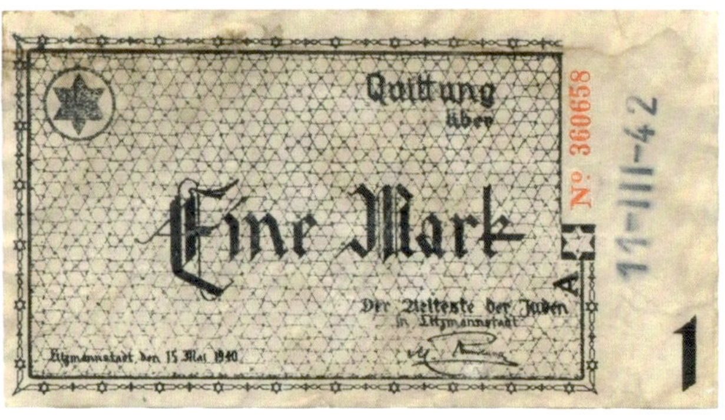

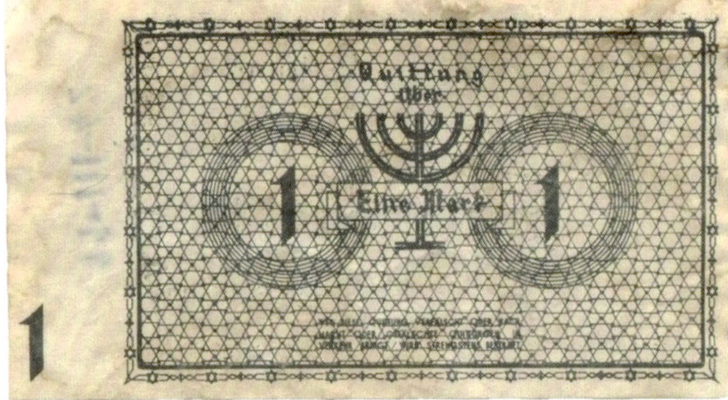

(Li F2, Sammlung Uwe Bronnert)

Li F2 **1 Mark – am Original angelehnte Fantasiefälschung**
Vs: links oben Davidstern, Druck mit Gitter aus Davidsternen, mit Datum-Stpl „11-III-42"
Rs: Mitte Menora, Gitter aus Davidsternen Fomat: ca. 170 mm x 93 mm

Datum	Auflage	
(15.5.1940)	unbekannt	–

Das zur vorhergehenden Fantasiefälschung Gesagte trifft im wesentlichen auch auf die Ausführung zu 1 Mark zu. Das Format des Originals beträgt 120 mm x 64 mm. Während echte Stücke beidseitig einen schwarzen Druck auf olivgrünem Unterdruck aufweisen, wurde die Fälschung beidseitig nur in Schwarz gedruckt.

Der Datumsstempel vom 11. März 1942 fällt in eine Zeit des Kleingeldmangels im Getto, nachdem die zuvor umlaufenden deutschen und polnischen Kursmünzen abgeliefert werden mußten.

So gesehen könnte man also eine Theorie aufstellen, nach der die großformatigen 50-Pfennig- und 1-Mark-Quittungen in dieser Zeit wegen des Kleingeldmangels und als Ersatz für die bereits im Januar 1942 wegen der Rauchwerger-Fälschungen ungültig erklärten 2-Mark-Quittungen gesehen werden könnten. Aber es wäre eben nur eine Theorie. Gefehlt hat es nach der Einziehung der Kursmünzen an kleinen Beträgen zu 10 Pfennig, weshalb die dann folgenden Notausgaben der Postabteilung auch auf diesen Betrag lauteten. Außerdem hatte die Bank des Ältesten der Juden bei Bedarf auch mehrfach Quittungen bei der Druckerei Manitius in Litzmannstadt nachdrucken lassen. Die großformatigen Scheine wurden keinesfalls von dieser Druckerei hergestellt.

Die abgebildete 1-Mark-Quittung stammt aus den USA. Daß es sich um eine Fälschung handelt, wurde auch bei deren Angebot nicht in Frage gestellt.

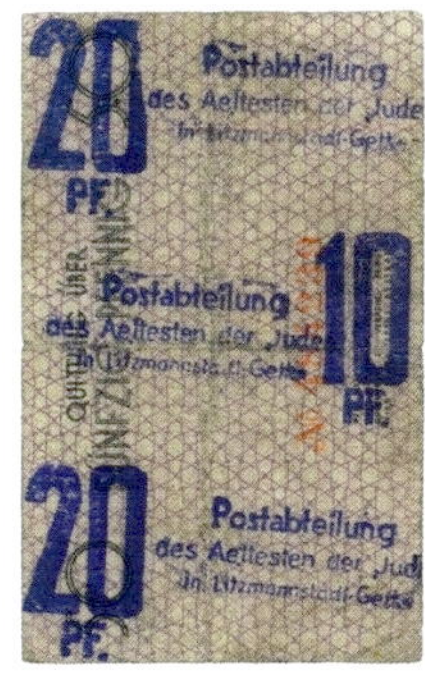
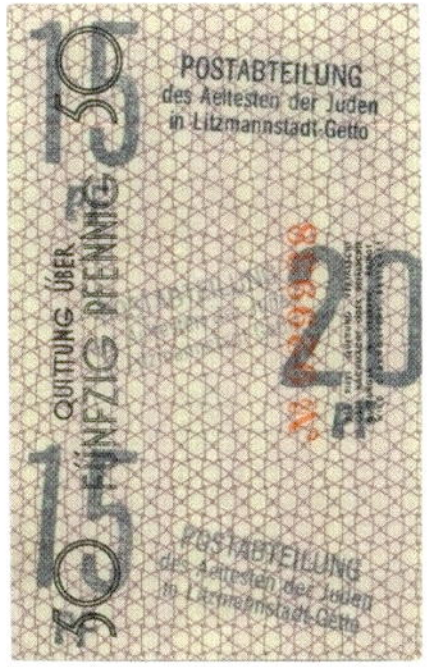

(Li 8 Original /Li F3a, b, Sammlung Wolfgang Haney, Berlin)

Li F3 **50 Pfennig in Teilbeträgen – Manipulationen**

Vs: gestempelte Teilstücke auf der Rückseite der 50-Pfennig-Quittung
Rs: Vorderseite der 50-Pfennig-Quittung Fomat: ca. 56 mm x 87 mm

Datum	Auflage			
(15.5.1940)	unbekannt	**a)**	Teilbeträge 2 x 15 Pfennig + 1 x 20 Pfennig	–
		b)	Teilbeträge 2 x 25 Pfennig	–

Bei diesen Manipulationen wurde versucht, den Wert häufig vorkommender, echter 50-Pfennig-Quittungen durch Stempel mit vom Original abweichenden Teilstücken zu steigern. Originale der Notausgabe der Postabteilung wurden auf den Rückseiten nur mit der Stückelung 2 x 20 Pfennig + 1 x 10 Pfennig versehen (Abbildung links). Bei dem mittleren und rechten Schein weichen nicht nur die Teilbeträge ab, es wurden auch völlig andere Stempel – sowohl für die Ziffern als auch für die Postabteilung – verwendet (Originale: „Postabteilung“, Manipulationen: „POSTABTEILUNG“).

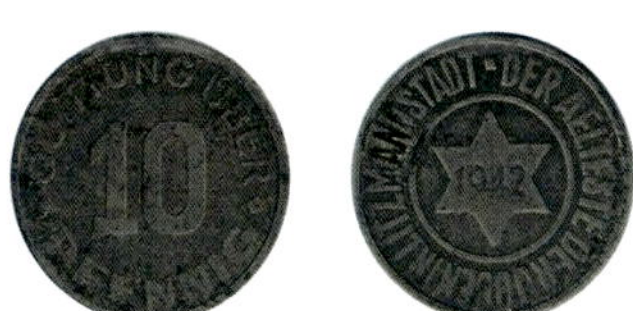

(Li 14 Original, Sammlung Wolfgang Haney, Berlin)

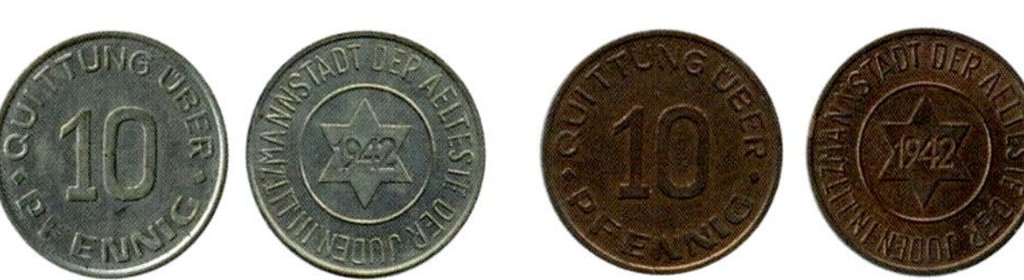

(Li F4a, b Fälschungen, Sammlung Wolfgang Haney, Berlin)

Li F4 **10 Pfennig – Fälschungen**

z. B. Prägungen in anderen Legierungen (Originale in Elektron, eine Magnesium-Legierung)

Datum	Auflage			
(1942)	unbekannt	**a)**	Prägung in Eisen oder Kupfernickel	–
		b)	Prägung in Kupfer	–

Bei den Münzen von Litzmannstadt ist die Situation deutlich ärger als bei Geldscheinen, so daß Guy Franquinet in seinem bereits zitierten Buch befürchtet, es gäbe mehr Fälschungen als Originale am Markt. Im Zweifel sollte man einen Experten befragen.

4.5 Oranienburg

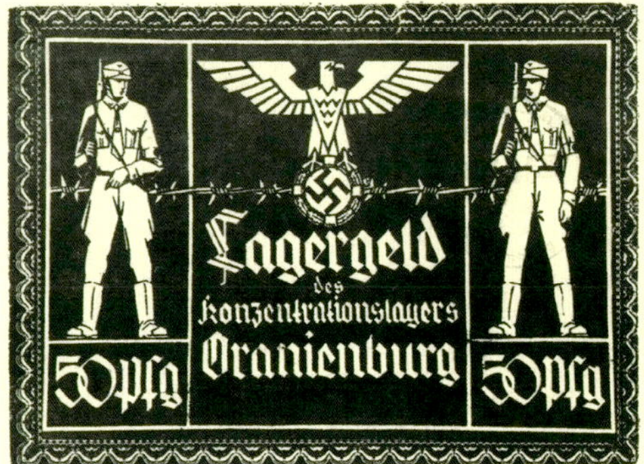

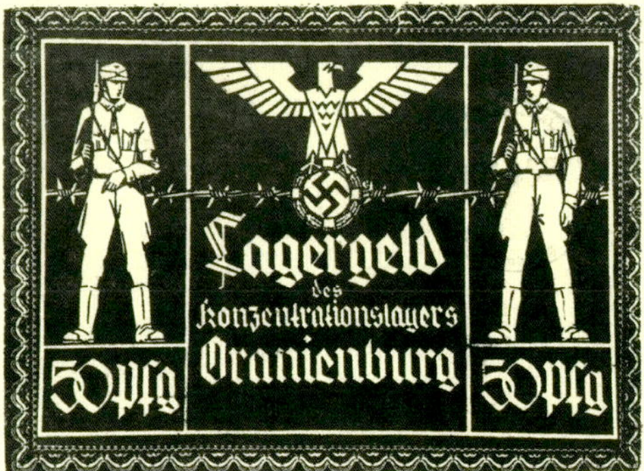

(Or F1, Sammlung Wolfgang Haney, Berlin)

Or F1 **50 Pfennig – Fantasiefälschung**
Vs: links und rechts SA-Posten, mittig Reichsadler und Stacheldraht
Rs: wie Vs Fomat: ca. 132 mm x 94 mm

Datum	Auflage	
(1933)	unbekannt	–

Bei den sog. „Hamburger Fälschungen" bedruckten die Fälscher einfach Vorder- und Rückseite mit dem Motiv der Rückseite des Originals in einfachem Schwarzdruck. Der Schein ist wegen des Motivs bei Sammlern, besonders in den USA, sehr beliebt, aber selten. Möglicherweise war den Fälschern sogar die Gestaltung der echten Vorderseite und die Farbe des Originals unbekannt. Vom Format her ist die Fantasiefälschung etwas kleiner als die echten Stücke.

4.6 Sachsenhausen, Dachau, Dora ... und kein Ende?

Zu Sachsenhausen sind Fälschungen nach dem Vorbild der Originale auf einfachem Papier, aber auch auf Karton mit einem „Dienst-Stempel" des „Konzentrationslagers Oranienburg" mit Hakenkreuz statt dem üblicherweise verwendeten Hoheitsadler bekannt, was eigentlich schon Mißtrauen wecken sollte. Da letztere zusammen mit einem Entlassungsschein aus dem KL Sachsenhausen angeboten wurde, der den gleichen Stempel trägt (siehe Abbildung), kamen selbst Fachleuten vorerst keine Bedenken, und sie hielten sowohl Entlassungsschein als auch Prämienschein als besondere „Variante" für echt. Bei genauerer Betrachtung wird klar, daß beide „Machwerke" mit einem modernen Tintenstrahldrucker hergestellt wurden. Der „Prämienschein" wurde sogar noch unregelmäßig beschnitten und künstlich gealtert, um den Eindruck eines gebrauchten Stücks zu verstärken.

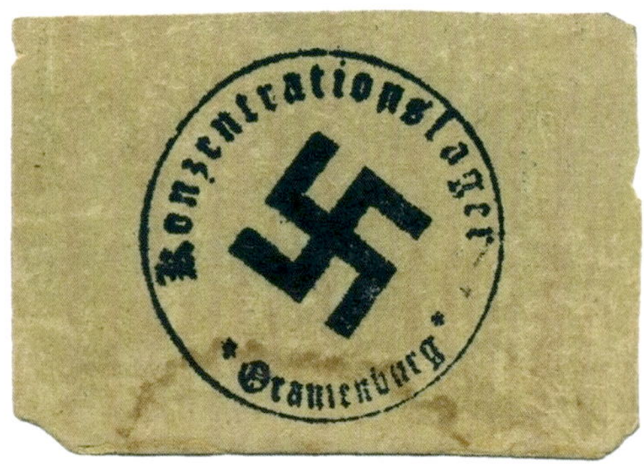

„Dienst-Stempel" auf der Rückseite eines gefälschten Prämienscheins des KL Sachsenhausen.
(Sammlung Wolfgang Haney, Berlin)

Der Stempel ist reine Fantasie und soll allein schon durch das Hakenkreuz leichtgläubige Sammler täuschen. Die Herstellung eines solchen Stempels ist im Zeitalter des Computers kein Problem mehr. Wie der direkte Vergleich zwischen gefälschtem Entlassungsschein und einer Original-Druckplatte eines Entlassungsscheins aus dem KL Sachsenhausen vom April

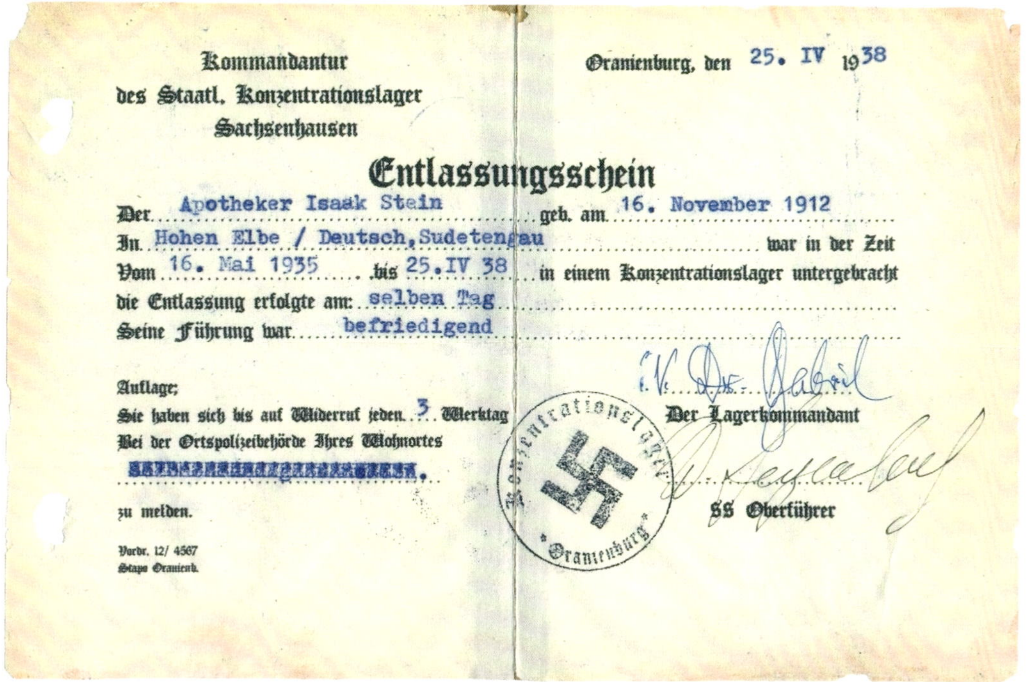

Kommandantur
des Staatl. Konzentrationslager
Sachsenhausen

Oranienburg, den 25. IV 1938

Entlassungsschein

Der Apotheker Isaak Stein geb. am 16. November 1912
in Hohen Elbe / Deutsch, Sudetengau war in der Zeit
vom 16. Mai 1935 bis 25.IV 38 in einem Konzentrationslager untergebracht
die Entlassung erfolgte am: selben Tag
Seine Führung war befriedigend

Auflage:
Sie haben sich bis auf Widerruf jeden 3. Werktag
bei der Ortspolizeibehörde Ihres Wohnortes
zu melden.

Der Lagerkommandant
SS Oberführer

Konzentrationslager Oranienburg

Vordr. 12/ 4567
Stapo Oranienb.

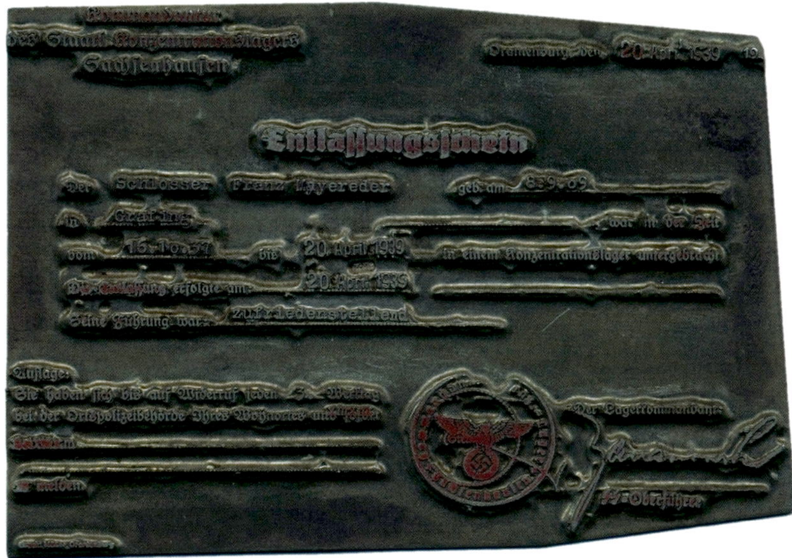

KL Sachsenhausen, oben: gefälschter Entlassungsscheine mit „Hakenkreuz-Stempel", unten: Original-Druckplatte eines Entlassungsscheins aus Sachsenhausen vom 20. April 1939 (wegen besserer Lesbarkeit gespiegelt dargestellt).
(Sammlung Wolfgang Haney, Berlin)

1939 zeigt, gibt es deutliche Unterschiede (nicht nur im Format). Im Kapitel zu Sachsenhausen wird auch ein gedruckter Original-Entlassungsschein von 1938 gezeigt. Unpassend ist natürlich die Abstempelung von „Belegen" aus dem KL Sachsenhausen mit einem Stempel des KL Oranienburg ohnehin.

In der Gestaltung der Sachsenhausener Fälschung auf Karton werden zwischenzeitlich auch immer mehr Fantasiefälschungen von „Prämienscheinen" anderer Konzentrationslager angeboten. Sie tauchen etwa bei Internetauktionen auf, wo sie wissentlich oder unwissentlich zum Schaden der Sammler angeboten und leider nicht selten auch teuer ersteigert werden.

Dank einer Information durch den bekannten österreichischen Sammler und Autor Rudolf Richter im Zusammenhang mit diesem Buchprojekt konnte schon im Sommer 2008 auf einen solchen Fall im Internet aufmerksam gemacht werden, dessen Beispiel gleichzeitig vor ähnlichen Angeboten warnen soll.

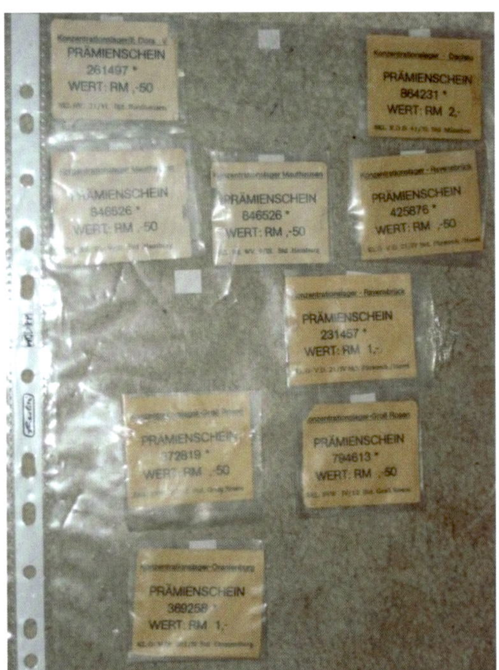

Angebot von Fantasiefälschungen verschiedener Konzentrationslager aus dem Internet.
(Kopie aus einer Internetauktion)

Unter der Überschrift „9 x Prämienscheine, KZ Geld, Wertmarken – extrem selten" wurden im März 2008 einheitlich gestaltete „Prämienscheine" verschiedener Lager mit einem Startpreis von 5 Euro angeboten, und zwar von Dachau, Dora V, Groß Rosen, Mauthausen, Oranienburg und Ravensbrück. Schon allein diese Auswahl hätte den historisch bewanderten Sammler mißtrauisch machen sollen.

Die Prämienvorschrift der SS stammt vom Mai 1943. Erst diese bildete die Grundlage für die Einführung von Prämienscheinen. Das Konzentrationslager Oranienburg bestand aber nur bis 1934 und hatte in dieser Zeit eigenes Lagergeld, das nichts mit Prämien zu tun hatte. Erst ab Juni 1943 gab es in dieser Region Prämienscheine, dann aber im KL Sachsenhausen, das sich lediglich in der Nähe des ehemaligen frühen Lagers Oranienburg befand, aber nichts mit diesem zu tun hatte. Ein Konzentrationslager „Dora V" gab es nicht. Dora war ein Außenlager des Konzentrationslagers Buchenwald, das ab Oktober 1944 als Arbeitslager Mittelbau selbständig wurde und anschließend eigene Prämienscheine mit dieser Lagerbezeichnung ausgab. Hier bauten Häftlinge in Stollen die sog. V-Waffen. Kam der „Gestalter" der Fanatsiescheine deshalb auf die Idee, dem Namen des Außenkommandos Dora noch ein „V" hinzuzufügen? Oder meinte er etwa eine römische Fünf? Auch das wäre falsch.

In den Druckgenehmigungsvermerken wird das Kürzel IKL verwendet. Dieses stand für die Inspektion der Konzentrationslager. Die IKL war aber bei Einführung der Prämienscheine längst durch das Wirtschafts-Verwaltungshauptamt der SS (WVHA) abgelöst worden, von dem auch die Pämienvorschrift stammte.

Selbst dem geschichtlich nicht so sattelfesten Sammler sollten aber bei der einheitlich primitiven Gestaltung die mitgedruckten Kontrollnummern samt Plunger (Sternchen dahinter) auffallen. Spätestens diese enttarnen die „Prämienscheine" als moderne Machwerke.

Wie der Verkäufer angab, sollen die Scheine der Gedenkstätte Ravensbrück bis September 2007 als Leihgaben für die Ausstellung „Prostitution im

KZ" zur Verfügung gestanden haben. Dies sollte sicher die Echtheit der Stücke unterstreichen. Wie eine Rücksprache mit der Gedenkstätte ergab, hatte es diese Ausstellung tatsächlich gegeben und es standen dafür auch Kopien von Prämienscheinen zur Verfügung. Es handelte sich aber um keine Ausstellung der Gedenkstätte selbst, sondern um eine Gastausstellung aus Österreich, die nicht von der Gedenkstätte gestaltet war. Die besagten Scheine wurden aber dennoch wegen berechtigter Zweifel von der Gedenkstätte aus der Ausstellung entfernt. Ansonsten werden dort nur Stücke aus der eigenen Sammlung gezeigt, deren Echtheit fest steht.
Die „Prämienscheine" wurden Ende März 2008 für 223 Euro verkauft. Käufer und Verkäufer wurden durch den Autor über den Sachverhalt informiert. Wie nicht anders zu erwarten, stieß dies beim Verkäufer auf wenig Einsicht.[5]
Leider ist mit diesem Fall belegt, daß nicht nur immer mehr Prämienscheine aus Konzentrationslagern und Münzen aus dem Getto Litzmannstadt gefälscht werden, sondern sogar zeitgeschichtliche Dokumente, wie eben ein Entlassungsschein. In Anbetracht einer wachsenden Sammlergemeinde zum Thema Judaika und Holocaust gibt es sehr zu denken, wenn aus purer Gewinnsucht zweifelhafte Geschäfte mit dem Schicksal von Menschen gemacht werden. Werden demnächst womöglich auch Dokumente für echt gehalten, die Menschenschicksale verfremden, neue Schicksale erfinden oder gar Vorgänge inszinieren oder leugnen?

Anmerkungen:

1) Manfred Schulze/Stefan Petriuk, Unsere Arbeit – Unsere Hoffnung: Getto Lodz 1940 – 1945, S.60.
2) Siehe Anmerkung 1), S. 62.
3) Czeslaw Milczak, Katalog polskich pieniedzy papierowych od 1794, S. 466.
4) Eberhard Wühle, Die Geldscheine des Gettos Litzmannstadt (Lodz), in: DGW-Informationen 2007, Heft 2, S. 3 – 9.
5) Hans-Ludwig Grabowski, Fantasiescheine von Konzentrationslagern und kein Ende?, in: Münzen & Sammeln, Ausgabe 07+08/2008, S. 143.

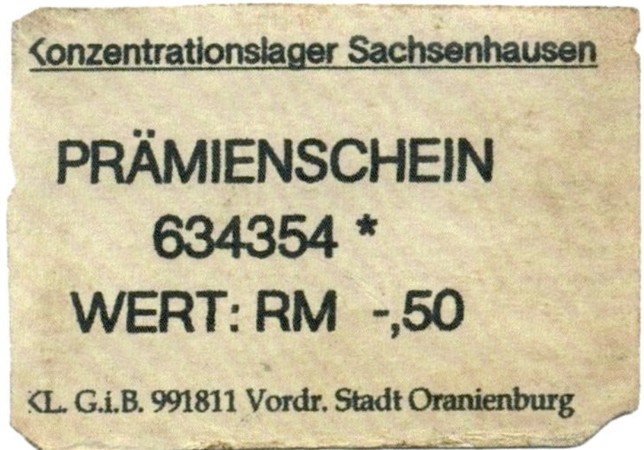

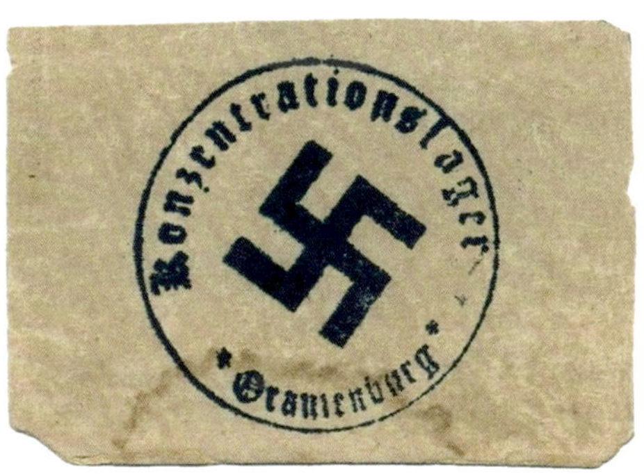

(KL F1g, Sammlung Wolfgang Haney, Berlin, Abbildung in Originalgröße)

KL F1 **50 Pfennig, 1 RM und 2 RM – Fantasiefälschungen**
Vs: Lagerbezeichnung und Wertangabe ähnlich wie bei Originalen
Rs: Fantasiestempel des KL Oranienburg mit Hakenkreuz Fomat: ca. 62 mm x 42 mm

Datum	Auflage			
(1943)	unbekannt	**a)**	KL Dachau, RM 2,- Druckvermerk mit IKL und Std. München	–
		b)	KL Dora V, RM ,-50* Druckvermerk mit IKL und Std. Nordhausen	–
		c)	KL Groß Rosen, RM ,-50* Druckvermerk mit IKL und Std. Groß Rosen	–

		d)	KL Mauthausen, RM ,-50* (zur Kontrollnummer**) Druckvermerk mit IKL und Std. Hamburg***	–
		e)	KL Oranienburg, RM 1,- Druckvermerk mit IKL und Std. Oranienburg	–
		f)	KL Ravensbrück, RM ,-50* sowie 1,- Druckvermerk mit IKL und Fürstenb./Havel	–
		g)	KL Sachsenhausen, RM -,50, Druckvermerk: IKL G.i.B. 991811 Vordr. Stadt Oranienburg****	–

* Satzfehler! Richtig wäre: –,50.
** Zu Mauthausen sind sogar mehrere Stücke mit identischer KN „846526" bekannt!
*** Hier wurde wohl Mauthausen mit Neuengamme verwechselt.
**** Die Drucksachen für das KL Sachsenhausen wurden von der Firma Möller in Oranienburg hergestellt.

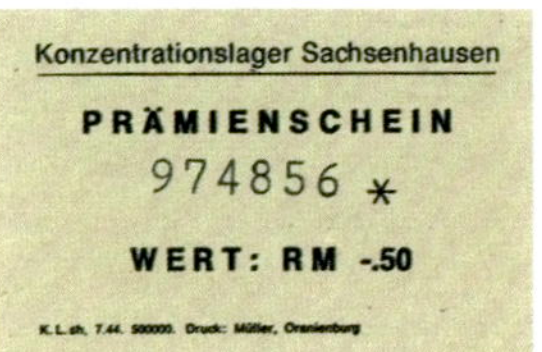

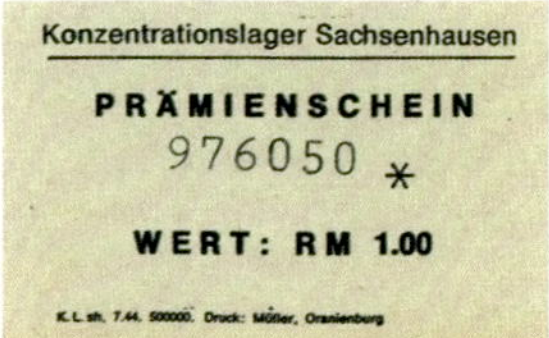

(Sa 1a, b, Sammlung Wolfgang Haney, Berlin)

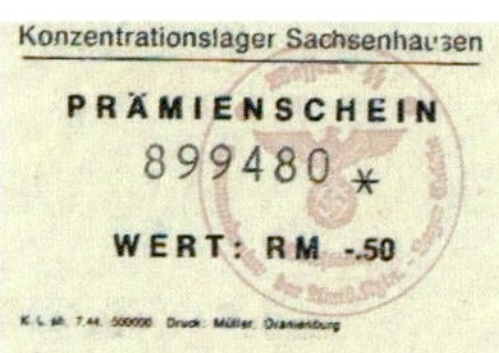

(Sa 1a, b mit Stempel, Sammlung Anton Geiger)

Sa F1 50 Pfennig und 1 RM – Fälschungen

Vs: Lagerbezeichnung und Wertangabe ähnlich wie bei Originalen
Rs: unbedruckt Fomat: ca. 75 mm x 48 mm

Datum	Auflage			
(07/1944)	unbekannt	**a)**	RM -,50, mit Druckvermerk: K. L. sh. 7.44. 500000. Druck: Müller, Oranienburg*	–
(07/1944)	unbekannt	**b)**	RM 1.00, mit Druckvermerk: K. L. sh. 7.44. 500000. Druck: Müller, Oranienburg*	–

* Der Druckvermerk wurde dem Original abgeschaut, doch die Druckfirma heißt Möller!

Die Scheine kommen auch mit Dienststempel „Waffen-SS Kommandantur der Amts-Kztr.-Lager Lublin" vor (siehe untere Abbildungen).

4.7 Treblinka

Als Vorlage für die Fantasiescheine von Treblinka dienten Dachauer Prämienscheine. Gleiche Ausführung wie die Fantasiefälschungen von Auschwitz.
Solche Fantasiefälschungen gibt es auch von Majdanek.

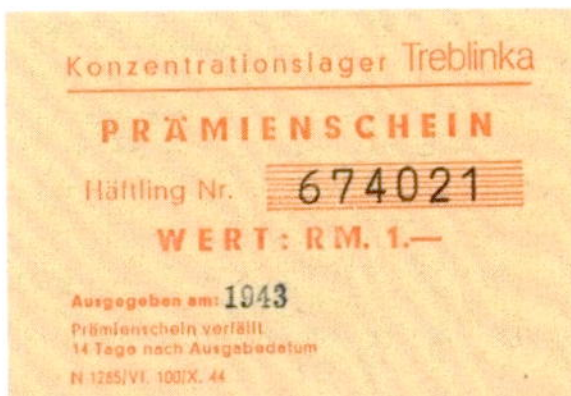

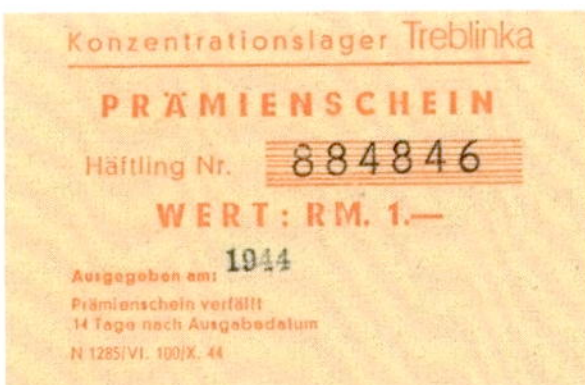

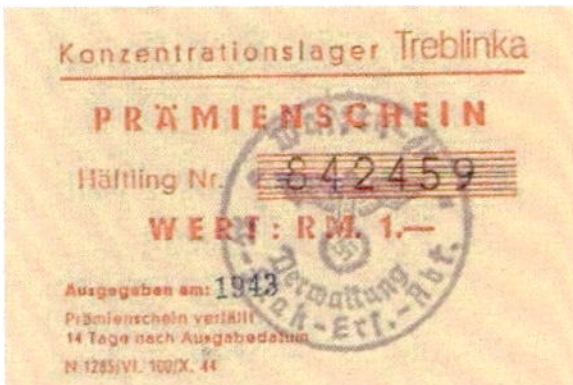

(Tr F1a/b Vs, Sammlung des Autors, Tr F1a mit Stempel, Sammlung Anton Geiger)

Tr F1 **1 Reichsmark – Fantasiescheine**

Vs: Häftlings-Nr auf Linienraster, Jahr und „Arbeit macht frei“ gestempelt, links unten Druckgenehmigungs-Nr: N 1285/VI. 100/X. 44

Rs: unbedruckt — Fomat: ca. 80 mm x 53 mm

Datum	Auflage			
(1943)	unbekannt	**a)**	Ausgegeben 1943	–
(1944)	unbekannt	**b)**	Ausgegeben 1944	–

Die Scheine kommen auch mit Dienststempel „Waffen-SS Verwaltung SS-Flak-Ers.-Abt.“ vor (siehe Abbildungen).

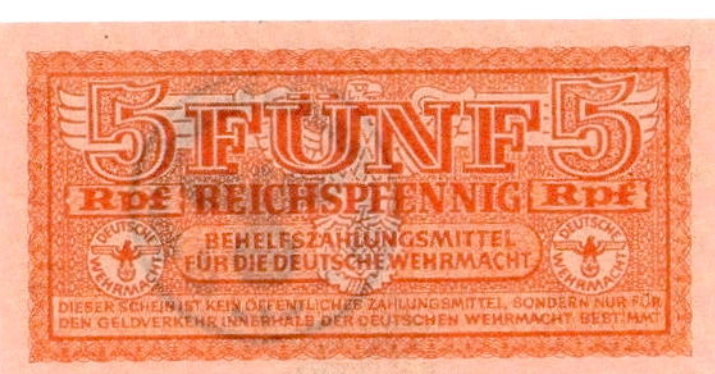

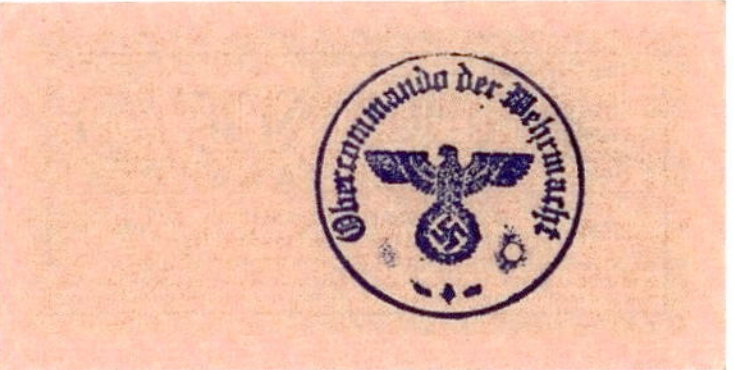

(Behelfszahlungsmittel der Wehrmacht über 5 Reichspfennig mit falschem Stempel des „OKW“, Sammlung des Autors)

Zu Abstempelungen:

Zum Teil werden auch echte Stempel benutzt, die über Auktionen oder im Fachhandel erworben werden, um Fälschungen einen „offiziellen Anstrich“ zu geben oder aber um echte historische Geldscheine (z. B. aus dem Generalgouvernement, Reichskreditkassenscheine oder Zahlungsmittel der Wehrmacht) zu stempeln und dadurch interessanter für Sammler zu machen.
So wurde auch schon mancher echte Geldschein mit dem Stempel der „SS-Flak-Ersatz-Abteilung“ versehen.
Wie Fantasiefälschungen von Geldscheinen gibt es auch Fantasiestempel. Als Beispiel zeigt die Abbildung einen echten Schein mit falschem Stempel auf der Rückseite. Die Fälscher waren wohl der deutschen Sprache nicht im erforderlichen Maße mächtig, denn aus dem „Oberkommando der Wehrmacht“ (OKW) wurde ein „Obercommanda der Wehrmach“ (OCW?).

4.8 SS-Prämienscheine

Die Fälscher dachten sich wohl, wenn es Prämienscheine für Häftlinge in den Konzentrationslagern gab, warum dann nicht auch für SS-Angehörige? Die Fälschungen stammen aus derselben Werkstatt wie die Fantasiescheine für Auschwitz und Treblinka.

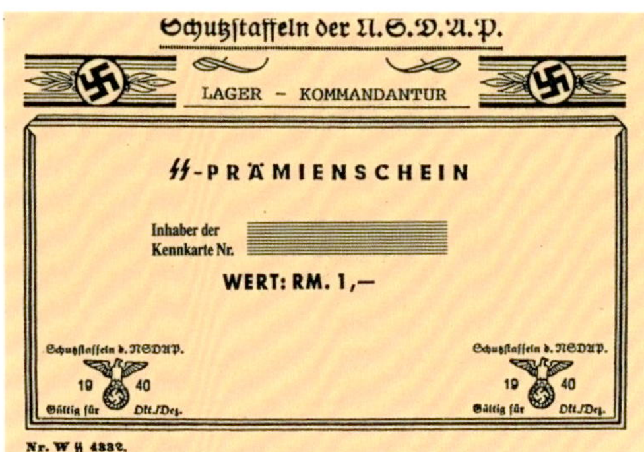

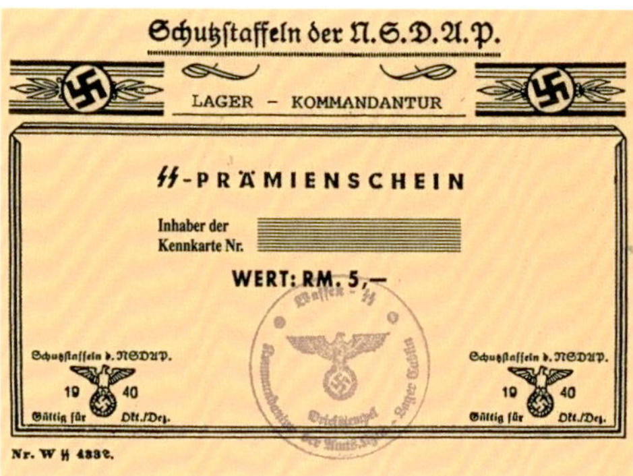

(SS F1a, c, Sammlung Wolfgang Haney, Berlin)

SS F1 **1, 2 und 5 RM – Fantasiescheine**

Vs: Schutzstaffeln der N.S.D.A.P., oben Fahnen mit Hakenkreuz, unten Hoheitsadler

Rs: unbedruckt Fomat: ca. 135 mm x 95 mm

Datum	Auflage			
(1940)	unbekannt	**a)**	RM 1,–, mit oder ohne Stempel*	–
		b)	RM 2,–, mit oder ohne Stempel*	–
		c)	RM 5,–, mit oder ohne Stempel*	–

* Mit Stempel ist bekannt: alle Werte mit „Waffen-SS Kommandantur der Amts-Kztr.-Lager Lublin“.

Literaturverzeichnis

Ada Buffulini, Das Konzentrationslager Bozen, in: Roter Winkel Nr. 1 – 2. 01.1976

Adolf Burger, Des Teufels Werkstatt – Die größte Fälscheraktion der Weltgeschichte, München 2007

Adrian Preissinger (Hrsg.), Von Sachsenhausen bis Buchenwald – Todesfabriken der Kommunisten, Berg am See 1991

Albert Pick/Carl Siemsen, Das Lagergeld der Konzentrations- und DP-Lager 1933 – 1947, Regenstauf 1993

Alfons Adam, Holleischen, in: Wolfgang Benz/Barbara Distel (Hrsg.), Der Ort des Terrors, Band 4: Flossenbürg, Mauthausen, Ravensbrück, S. 151–154

Alphons Toele/Hans Jacobi, Het Noodged van Nederland in de Tweede Wereldoorlog 1940 – 1945, Leiden 1996

Angelika Königseder, Die Entstehung des Lagers und das „Interessengebiet" Auschwitz, in: Wolfgang Benz/Barbara Distel (Hrsg.), Der Ort des Terrors, Band 5: Hinzert, Auschwitz, Neuengamme, S. 80–87

Angelika Königseder, Die Entwicklung des KZ-Systems, in: Wolfgang Benz/Barbara Distel (Hrsg.), Der Ort des Terrors, Band 1: Die Organisation des Terrors, S. 30–42

Annette Leo, Ravensbrück – Stammlager, in: Wolfgang Benz/Barbara Distel (Hrsg.), Der Ort des Terrors, Band 4: Flossenbürg, Mauthausen, Ravensbrück, S. 473–520

Arlie R. Slabaugh, Prisoner of War Monies and Medals, Chicago 1965

Armin Pfahl-Traughber, Der antisemitisch-antifreimaurerische Verschwörungsmythos der Weimarer Republik und im NS-Staat, Wien 1993 (Vergleichende Gesellschaftsgeschichte und politische Ideengeschichte der Neuzeit, Band 9, hrsg. von Anton Pelinka/Helmut Reinalter)

Benoît Cazenave: L'exemplarité du commandant SS Karl Otto Koch (Der Kommandant Karl Otto Koch, das Muster eines SS-Kommandanten), Biographie, Brüssel 2005

Bernhard Strebel, Das KZ Ravensbrück: Geschichte eines Lagerkomplexes, Paderborn u.a. 2003

Bernward Dörner, Oranienburg, in: Wolfgang Benz/Barbara Distel (Hrsg.), Der Ort des Terrors, Band 2: Frühe Lager, Dachau, Emslandlager, S. 177–180

Bertrand Perz, Linz I, in: Wolfgang Benz/Barbara Distel (Hrsg.), Der Ort des Terrors, Band 4: Flossenbürg, Mauthausen, Ravensbrück, S. 392–394

Bertrand Perz, Linz II, in: Wolfgang Benz/Barbara Distel (Hrsg.), Der Ort des Terrors, Band 4: Flossenbürg, Mauthausen, Ravensbrück, S. 394–398

C. Frederick Schwan/Joseph E. Boling, World War II Remembered, history in your hands – a numismatic study, Port Clinton 1995

Charles-Claude Biedermann, Diedenhofen (Thionville), in: Wolfgang Benz/Barbara Distel (Hrsg.), Der Ort des Terrors, Band 6: Natzweiler, Groß-Rosen, Stutthof, S. 76–77

Charlotte Müller, Die Klempnerkolonne in Ravensbrück – Erinnerungen des Häftlings Nr. 10787, Berlin 1981

Claudia Curio, Das Instrumentarium der Massenvernichtung: Gaskammern und Krematorien, in: Wolfgang Benz/Barbara Distel (Hrsg.), Der Ort des Terrors, Band 5: Hinzert, Auschwitz, Neuengamme, S. 121–125

Czeslaw Milczak, katalog polkich pieniedzy papierowych od 1794, Warschau 2005

Danuta Czech (Hrsg.), Auschwitz – faschistisches Vernichtungslager, Warschau 1988

Danuta Czech, Kalendarium der Ereignisse im Konzentrationslager Auschwitz-Birkenau 1939 – 1945, Reinbek bei Hamburg, 1989

Danuta Drywa, Stutthof – Stammlager, in: Wolfgang Benz/Barbara Distel (Hrsg.), Der Ort des Terrors, Band 6: Natzweiler, Groß-Rosen, Stutthof, S. 477–529

Detlef Garbe, Neuengamme – Stammlager, in: Wolfgang Benz/Barbara Distel (Hrsg.), Der Ort des Terrors, Band 5: Hinzert, Auschwitz, Neuengamme, S. 317–346

Dietrich Frank/Hans L. Grabowski, Unbekanntes Kantinen-Lagergeld, in: Leserpost, Münzen & Papiergeld, Ausgabe 6/2006

Erich Vormberg, Lagergeldscheine des Konzentrationslagers Oranienburg 1933/1934, in: Der Geldscheinsammler, Ausgabe 7/1993, S. 5–6

Esther Neustadt, Suhl, in: Wolfgang Benz/Barbara Distel (Hrsg.), Der Ort des Terrors, Band 3: Sachsenhausen, Buchenwald, S. 580–581

Eugen Kogon, Der SS-Staat, Frechen 2000

Florian Freund, Redl Zipf („Schlier“), in: Wolfgang Benz/Barbara Distel (Hrsg.), Der Ort des Terrors, Band 4: Flossenbürg, Mauthausen, Ravensbrück, S. 416–420

Florian Freund/Bertrand Perz, Mauthausen – Stammlager, in: Wolfgang Benz/Barbara Distel (Hrsg.), Der Ort des Terrors, Band 4: Flossenbürg, Mauthausen, Ravensbrück, S. 293–346

Franciszek Piper, Ausrottung, in: Danuta Czech (Hrsg.), Auschwitz – faschistisches Vernichtungslager, Warschau 1988, S. 75–114

Frank Baranowski, Langensalza, in: Wolfgang Benz/Barbara Distel (Hrsg.), Der Ort des Terrors, Band 3: Sachsenhausen, Buchenwald, S. 484–486

Franka Bindernagel/Tobias Bütow, Böhlen, in: Wolfgang Benz/Barbara Distel (Hrsg.), Der Ort des Terrors, Band 3: Sachsenhausen, Buchenwald, S. 402–404

Franziska Jahn/Niklaas Machunsky, Oranienburg (Heinkel-Werke), in: Wolfgang Benz/Barbara Distel (Hrsg.), Der Ort des Terrors, Band 3: Sachsenhausen, Buchenwald, S. 245–248

Fritjof Meyer, Die Zahl der Opfer von Auschwitz – Neue Erkenntnisse durch neue Archivfunde, in: Osteuropa, 52 Jg., Ausgabe 5/2002

Götz Dieckmann/Peter Hochmuth, KZ Dora-Mittelbau: Produktionsstätte der V-Waffen – Kampffront gegen faschistischen Terror und Rüstungsproduktion, Nordhausen 1970

Günter Peis, The Man Who Started The War, London 1960

Guy M.Y.Ph. Franquinet/Peter Hammer/Hartmut Schoenawa/Lothar Schoenawa, Litzmannstadt – ein Kapitel deutscher Geldgeschichte, Crailsheim 1994

H.F. Kahn, Concentration camp and ghetto mail system under the Nazi regime, in: The Shekel, Ausgabe März/April 1983

Hans de Vries, Herzogenbusch (Vught) – Stammlager, in: Wolfgang Benz/Barbara Distel (Hrsg.), Der Ort des Terrors, Band 7: Niederhagen/Wewelsburg, Lublin-Majdanek, Herzogenbusch (Vught), Bergen-Belsen, Mittelbau-Dora, S 133–150

Hans-Jürgen Döscher, Reichskristallnacht – die Novemberprogrome 1938 im Spiegel ausgewählter Quellen; eine Dokumentation, Bonn 1988

Hans-Ludwig Grabowski (unter Mitarbeit von Henning Huschka und Wolfgang Schamberg), Ausländische Geldscheine unter deutscher Besatzung im Ersten und Zweiten Weltkrieg, Regenstauf 2006

Hans-Ludwig Grabowski, Anmerkungen der Redaktion zu: Geld oder Leben – Fälscherdrama aus dem Konzentrationslager Sachsenhausen mit dem „Oscar“ ausgezeichnet, in: Münzen & Sammeln, Ausgabe 4/2008

Hans-Ludwig Grabowski, Deutsches Notgeld, Band 10: Das Papiergeld der deutschen Länder 1871 - 1948, Die Banknoten und Notgeldscheine der deutschen Länder, Provinzen und Bezirke, Regenstauf 2006

Harry Stein, Buchenwald – Stammlager, in: Wolfgang Benz/Barbara Distel (Hrsg.), Der Ort des Terrors, Band 3: Sachsenhausen, Buchenwald, S. 303–356

Harry Stein, Konzentrationslager Buchenwald 1937 - 1945 – Begleitband zur ständigen historischen Ausstellung (hrsg. von der Gedenkstätte Buchenwald), Göttingen 2004[3]

Heinz Bergschicker, Deutsche Chronik 1933 – 1945, Ein Zeitbild der faschistischen Diktatur, Berlin 1981

Helmut Caspar, Blüten für Hitlers Krieg, in: Münzen & Papiergeld, Ausgabe 7+8/2006

Helmut Caspar, Geld oder Leben – Fälscherdrama aus dem Konzentrationslager Sachsenhausen mit dem „Oscar“ ausgezeichnet, in: Münzen & Sammeln, Ausgabe 4/2008

Helmut Genschel, Die Verdrängung der Juden aus der Wirtschaft im Dritten Reich, Göttingen 1966

Hermann Kaienburg, Sachsenhausen – Stammlager, in: Wolfgang Benz/Barbara Distel (Hrsg.), Der Ort des Terrors, Band 3: Sachsenhausen, Buchenwald, S. 17–72

Hermann Kaienburg, Zwangsarbeit: KZ und Wirtschaft im Zweiten Weltkrieg, in: Wolfgang Benz/ Barbara Distel (Hrsg.), Der Ort des Terrors, Band 1: Die Organisation des Terrors, S. 179–194

Herwig Lewy, Schönebeck I („Julius“), in: Wolfgang Benz/Barbara Distel (Hrsg.), Der Ort des Terrors, Band 3: Sachsenhausen, Buchenwald, S. 568–571

Holger Rosenberg (Bearb. Hans-Ludwig Grabowski), Die deutschen Banknoten ab 1871, Regenstauf 2007

Immo Opfermann, Schömberg, in: Wolfgang Benz/Barbara Distel (Hrsg.), Der Ort des Terrors, Band 6: Natzweiler, Groß-Rosen, Stutthof, S. 163–167

Inga Naumann (Hrsg.), Begegnungen 3, Stationen Lotte Guthmann - Wiesbaden, Lotte Sarah Guthmann – XII/5-11- Theresienstadt, Charlotte Opfermann – USA (hrsg. von Förderkreis Aktives Museum Deutsch-Jüdischer Geschichte in Wiesbaden), 1993

Isabell Sprenger/Walter Kumpmann, Groß-Rosen – Stammlager, in: Wolfgang Benz/Barbara Distel (Hrsg.), Der Ort des Terrors, Band 6: Natzweiler, Groß-Rosen, Stutthof, S. 195–221

Jan Erik Schulte, Das Ss-Wirtschafts-Verwaltungshauptamt und die Expansion des KZ-Systems, in: Wolfgang Benz/Barbara Distel (Hrsg.), Der Ort des Terrors, Band 1: Die Organisation des Terrors, S. 141–155

Jens-Christian Wagner, Dora, in: Wolfgang Benz/ Barbara Distel (Hrsg.), Der Ort des Terrors, Band 3: Sachsenhausen, Buchenwald, S. 412–415

Jens-Christian Wagner, Mittelbau-Dora – Stammlager, in: Wolfgang Benz/Barbara Distel (Hrsg.), Der Ort des Terrors, Band 7: Niederhagen/Wewelsburg, Lublin-Majdanek, Arbeitsdorf, Herzogenbusch (Vught), Bergen-Belsen, Mittelbau-Dora, S. 223–289

Jens-Christian Wagner, Produktion des Todes – Das KZ Mittelbau-Dora, Göttingen 2001

Joachim Woock, Zwangsarbeit ausländischer Arbeitskräfte im Regionalbereich Verden/Aller, Norderstedt 2004

Johannes Tuchel, Organisationsgeschichte der „frühen“ Konzentrationslager, in: Wolfgang Benz/ Barbara Distel (Hrsg.), Der Ort des Terrors, Band 1: Die Organisation des Terrors, S. 43–57

Jörg Skriebeleit, Flossenbürg – Stammlager, in: Wolfgang Benz/Barbara Distel (Hrsg.), Der Ort des Terrors, Band 4: Flossenbürg, Mauthausen, Ravensbrück, S. 17–66

Joseph Goebbels (hrsg. von Elke Fröhlich), Die Tagebücher von Joseph Goebbels, Teil II, Band 2, München 1987

Jürgen Schneider/Oskar Schwarzer/Markus A. Denzel (Hrsg.), Währungen der Welt II – Europäische und nordamerikanische Devisenkurse (1914 – 1951), Stuttgart 1997

Karlheinz Walz, Das Moses-Bild auf den Lagernoten von Theresienstadt, in: Der Geldscheinsammler, Ausgabe 5/1994

Karlheinz Walz, Falschgeld – Spannendes und Kriminalistisches, Ernstes und Amüsantes aus der Welt der Geldfälscher, Regenstauf 1999

Kurt Lehrke, Deutsche Wertpapierwasserzeichen, Berlin 1955

Kurt Pätzold/Irene Runge, Kristallnacht – Zum Pogrom 1938, Köln 1988

Lance K. Campbell, Prisoner fo War and Concentration Camp Money of the 20th Century, Port Clinton 1989

Manfred Schulze/Stefan Petriuk, Unsere Arbeit – unsere Hoffnung: Getto Lodz 1940 – 1945, Eine zeitgeschichtliche Dokumentation des Post- und Geldwesens im Lager Litzmannstadt, Schwalmtal 1995

Margarete Buber-Neumann, Als Gefangene bei Stalin und Hitler, Stuttgart 1978

Michael H. Schöne, Britische Fälschungen von Kaiserreich-Banknoten, in: Münzen & Sammeln, Ausgabe 9/2008

Miroslav Kárny, Deutsche Juden in Theresienstadt, in: Theresienstädter Studien und Dokumente, 1994

Monika Herzog/Britta Pawelke/Sabine Röwer/Stefan Hördler, Das Frauenkonzentrationslager Ravensbrück, in: Mahn- und Gedenkstätte Ravensbrück/ Stiftung Brandenburgische Gedenkstätten (Hrsg.), Frauenkonzentrationslager Ravensbrück (CD-Rom mit HTML-Seiten)

Niels Nielsen, Sedler brugt af danskere under 2. Verdenskrig, ohne Ort 1998

Norbert Frei (Hrsg., im Auftrag des Instituts für Zeitgeschichte), Standort- und Kommandanturbefehle des Konzentrationslagers Auschwitz 1940 – 1945, München 2000

Paul Lauerwald, Das Konzentrationslager Mittelbau-Dora bei Nordhausen und sein Lagergeld, in: Der Geldscheinsammler, Ausgabe 4/1987, S. 168–173

Paul Rassinier, Die Lüge des Odysseus, Wiesbaden 1959

Peter Klein, Spuren aus dem Getto Lodz 1940 – 1944 – Dokumente der Sammlung Wolfgang Haney, Berlin, Berlin 2000

Philip Friedman, Im Ghetto von Warschau, in: Der Zweite Weltkrieg, Bd. 2: Von Pearl Harbor bis Stalingrad, Stuttgart u.a. 1989

Primo Levi, Ist das ein Mensch?, München 1988

Rainer Fröbe/Claus Füllberg-Stolberg/Christoph Gutmann u.a., Konzentrationslager in Hannover– KZ-Arbeit und Rüstungsindustrie in der Spätphase des Zweiten Weltkriegs, Teil I, Hildesheim 1985

Ray Feller/Steve Feller, Silent Witnesses: Civilian Camp Money of World War II, Port Clinton 2007

Reinhard Tieste, KGL – Katalog des Papiergeldes der deutschen Kriegsgefangenenlager im I. Weltkrieg, Bremen 1998

Rita Thalmann/Emmanuel Feinermann, Die Kristallnacht, Frankfurt/Main 1987

Robert Steegmann, Ebingen (Ebange), in: Wolfgang Benz/Barbara Distel (Hrsg.), Der Ort des Terrors, Band 6: Natzweiler, Groß-Rosen, Stutthof, S. 79

Robert Steegmann, Natzweiler – Stammlager, in: Wolfgang Benz/Barbara Distel (Hrsg.), Der Ort des Terrors, Band 6: Natzweiler, Groß-Rosen, Stutthof, S. 23–47

Rudolf Richter, Notgeld Österreich – Lagergeld: Kriegsgefangenen-, Konzentrations-, Flüchtlings- und Interniertenlager in Österreich und der ehemaligen Donaumonarchie im 1. und 2. Weltkrieg sowie 1957 und Nebengebiete, Regenstauf 1997

Siegfried Schütt, Die Simson-Legende, Aus der Geschichte eines Traditionsunternehmens, Gotha 2005

Stanislav Zámecník, Dachau – Stammlager, in: Wolfgang Benz/Barbara Distel (Hrsg.), Der Ort des Terrors, Band 2: Frühe Lager, Dachau, Emslandlager, S. 233–274

Stanislav Zámecník, Das war Dachau, Luxemburg 2002

Stefan Hördler, Die Schlussphase des Konzentrationslagers Ravensbrück – Personalpolitik und Vernichtung, in: Zeitschrift für Geschichtswissenschaft 56 (2008), H.3.

Stefanie Endlich, Lichtenburg, in: Wolfgang Benz/ Barbara Distel (Hrsg.), Der Ort des Terrors, Band 2: Frühe Lager, Dachau, Emslandlager, S. 151–159

The Shekel, Vol. XVI, No. 2, March – April 1983

Tomasz Kiryllow, Und ihr werdet doch verlieren – Erinnerungen eines polnischen Antifaschisten, Berlin 1985

Tomasz Kranz, Lublin-Majdanek – Stammlager, in: Wolfgang Benz/Barbara Distel (Hrsg.), Der Ort des Terrors, Band 7: Niederhagen/Wewelsburg, Lublin-Majdanek, Arbeitsdorf, Herzogenbusch (Vught), Bergen-Belsen, Mittelbau-Dora, S. 33–84

Verena Walter, Der Aufbau des Lagers Birkenau, in: Wolfgang Benz/Barbara Distel (Hrsg.), Der Ort des Terrors, Band 5: Hinzert, Auschwitz, Neuengamme, S. 106–108

Walther Hofer (Hrsg. u. komm.), Der Nationalsozialismus: Dokumente 1933 – 1945, Frankfurt 1982

Wanda Kiedrzynska, Ravensbrück, Studie 1961

Wilfried Feldenkirchen, Berlin-Haselhorst, in: Wolfgang Benz/Barbara Distel (Hrsg.), Der Ort des Terrors, Band 3: Sachsenhausen, Buchenwald, S. 82–84

Wilfried Mairgünther, Reichskristallnacht – Hitlers „Kriegserklärung" an die Juden, Kiel 1987

Wilhelm Marquardt, Das Lagergeld des Konzentrationslagers Oranienburg 1933/1934, in: Kulturbund der DDR, Gesellschaft für Heimatgeschichte, Bezirksfachausschuß Numismatik (Hrsg.), Numismatisches Jahrbuch – Arbeitskreis Notgeld 1982

Wilhelm Marquardt, Weitere Erkenntnisse zum Bericht „Lagergeld im Konzentrationslager Oranienburg", in: Kulturbund der DDR, Gesellschaft für Heimatgeschichte, Zentraler Fachausschuß Numismatik (Hrsg.), Numismatische Hefte 28/1985

Wladyslaw Bartoszewski, Das Warschauer Ghetto – Wie es wirklich war: Zeugenbericht eines Christen, Frankfurt/Main 1986

Wolfgang Benz, I.G. Farben, in: Wolfgang Benz/ Barbara Distel (Hrsg.), Der Ort des Terrors, Band 5: Hinzert, Auschwitz, Neuengamme, S. 87–90

Wolfgang Benz/Barbara Distel (Hrsg.), Der Ort des Terrors, Geschichte der nationalsozialistischen Konzentrationslager, Bände 1 – 7, München 2005–2008

Wolfgang Benz/Miriam Bistrovic/Claudia Curio/ Barbara Distel/Franziska Jahn/Angelika Königseder/Brigitte Mihok/Verena Walter, Auschwitz, in: Wolfgang Benz/Barbara Distel (Hrsg.), Der Ort des Terrors, Band 5: Hinzert, Auschwitz, Neuengamme, S. 79–173

Wolfgang Haney, Das Getto Geld von Litzmannstadt (1940 – 1945) – der Versuch einer Darstellung, in: Festschrift des Numismatischen Clubs Berlin-Pankow e.V. zu seinem 40. Jubiläum, Berlin 1997, S. 80–83

Wolfgang J. Mehlhausen/Hans-Ludwig Grabowski, Handbuch Geldscheinsammeln, Regenstauf 2004

Wolfgang Klimesch/Markus Rachbauer, Veritatem Dies Aperit, Vernichtet – Vergraben – Vergessen: Archäologische Spurensuche in Schloss Hartheim, in: Studien zur Kulturgeschichte von Oberösterreich, Folge 17

Wolfgang Michalka (Hrsg.), Deutsche Geschichte 1933 – 1945: Dokumente zur Innen- und Außenpolitik, Frankfurt/Main 1993

Yves Beón, Planet Dora – Als Gefangener im Schatten der V2-Rakete, Gerlingen 1999

Quellenverzeichnis

Dienstvorschrift für die Gewährung von Vergünstigungen an Häftlinge (Prämien-Vorschrift) des WVHA der SS vom 15.5.1943, Abschrift aus dem Archiv der Gedenkstätte Buchenwald

Dr. Norbert Moczanski (Oberarchivrat des Thüringischen Staatsarchivs Meiningen), Mitteilung vom 6.7.2008

Dr. Regine Heubaum (Dokumentationsstelle der KZ-Gedenkstätte Mittelbau-Dora), Schreiben an den Autor vom 2.7.2008

Ferdinand Wallner, Korrespondenz mit Mr. Szebel zu den Marken des Warschauer Ghettos vom 24.6. bze. 10.9.1968, Sammlung Wolfgang Haney, Berlin

Frauenkonzentrationslager Ravensbrück, „Vorläufige" Dienstvorschrift für das Fr.K.L. Ravensbrück (Lagerordnung), Gedenkstätte Ravensbrück

Freundeskreis e.V. (Hrsg.), Curiohaus-Prozess, Verhandelt vor dem britischen Militärgericht in der Zeit vom 18. März bis zum 3. Mai 1946 gegen die Hauptverantwortlichen des KZ-Neuengamme, Hamburg 1969

Hans-Ludwig Grabowski, geldgeschichtliche Belege aus seiner Sammlung

Harry Krause (ehem. Mitarbeiter in der Buchdruckerei Theodor Müller in Nordhausen, geb. 1927), Bericht vom 2.9.1979, Privatarchiv Paul Lauerwald

Heinrich Himmler, Schreiben aus dem Führerhauptquartier vom 23.3.1942 an Oswald Pohl (IFZ, MA 304/0812, aus National Archiv Washington)

Internationales Lagerkomitee, KL Bu – Bericht des internationalen Lagerkomitees Buchenwald (sog. „Erster Lagerbericht"), Weimar o.J. (vermutlich 1945)

Karel Krátky, Die Studentensonderaktion vom 17. November 1939 (Erklärung vom 30.8.1993), Sammlung Wolfgang Haney, Berlin

Karl Feuerer (Schutzhäftling in Dachau und Buchenwald 1933 bis 1945), Unsterbliche Opfer – Ein Tatsachenbericht aus dem KZ mit 200 Bildern und zahlreichen Dokumenten, unveröffentlicht, Archiv der Gedenkstätte Buchenwald

Karl Oismann (Häftling im Lager Harzungen vom 16.6.1944 – 4.4.1945, Häftlingsnummer 56076) in einem Brief aus Haapsalu an Paul Lauerwald vom 14.2.1984, Privatarchiv Paul Lauerwald

Konzentrationslager Dachau (Kommandantur, 1.10.1933), Disziplinar- u. Strafordnung für das Gefangenenlager, Gedenkstätte Dachau

Konzentrationslager Mauthausen (Kommandantur), Kommandantur-Sonderbefehl vom 18.11.1943, Gedenkstätte Mauthausen

Konzentrationslager Sachsenhausen, Allgemeine Lagerordnung KL Sachsenhausen vom 6.11.1942, Gedenkstätte Sachsenhausen

KZ-Gedenkstätte Flossenbürg, Rundgang (Broschüre)

Marlies Gräfe/Bernhard Post/Andreas Schneider (Hrsg.), Quellen zur Geschichte Thüringens: Die Geheime Staatspolizei im NS-Gau Thüringen 1933 – 1945, 2 Bände, Erfurt 2004

Protokolle zu Aussagen ehemaliger tschechischer Dora-Häftlinge vom 21.2.1984 und 16.4.1984, Privatarchiv Paul Lauerwald

SS-Wirtschafts-Verwaltungshauptamt, 1. Nachtrag zur Dienstvorschrift für die Gewährung von Vergünstigungen an Häftlinge (Prämien-Vorschrift) vom 14.12.1944, Gedenkstätte Dachau

Stadtarchiv Suhl, Schreiben an das Institut für Deutsche Geschichte, Karl-Marx-Universität Leipzig, 5.4.1957, in: BwA, 62-83-1, zitiert nach: Esther Neustadt, Suhl, in: Wolfgang Benz/Barbara Distel (Hrsg.), Der Ort des Terrors, Band 3: Sachsenhausen, Buchenwald, S. 580–581, Anm. 2

Stefan Petriuk, Attest vom 21.9.1988, Sammlung Wolfgang Haney, Berlin

Tadeusz Szymanski (ehem. Häftling und langjähriger Mitarbeiter der Gedenkstätte Auschwitz), Erläuterungen zur „Raucherkarte" (Brief aus Sammlung Wolfgang Haney, Berlin)

Uwe Bronnert, geldgeschichtliche Belege aus seiner Sammlung

Werner Schult (ehem. Mitarbeiter in der Buchdruckerei Theodor Müller in Nordhausen, geb. 1928), Bericht vom 22.11.1978, Privatarchiv Paul Lauerwald

Wickert, Alles für Zwei Mark (inhaltliche Zusammenfassung zur Sendung des MDR), Mahn-und Gedenkstätte Ravensbrück

Wolfgang Haney, zahlreiche Belege seiner zeitgeschichtlichen Sammlung, Berlin

Quellen aus dem Internet

Andreas Pflock, Judendurchgangslager, auf www.gedenken-in-benelux.de

Florian Freund/Harald Greifeneder (Redaktion), Baracke 1 (Block I), Netzseiten der Gedenkstätte Mauthausen, http://www.mauthausen-memorial.at

Fritjof Meyer, Replik auf Piper (Erwiderung auf die Kritik von Franciszek Piper vom 4. Dezember 2003) unter http://www.holocaust-history.org/auschwitz/fritjof-meyer/meyer-replik-auf-piper.shtml

http://www.auschwitz.org.pl

http://www.buchenwald.de

http://.www.deathcamps.org

http://www.dora.de

http://www.encyclopedie.bseditions.fr

http://www.gedenkstaette-flossenbuerg.de

http://www.ghetto-theresienstadt.de

http://www.holocaust-chronologie.de

http://www.kampamersfoort.nl

http://www.kz-gedenkstaette-dachau.de

http://www.lexikon-der-wehrmacht.de/Soldat/Besoldung.htm

http://www.mauthausen-memorial.at

http://www.nmkampvught.nl

http://www.ravensbrueck.de

http://www.shoa.de

http://www.stiftung-bg.de

http://www.struthof.fr

http://www.stutthof.pl

http://www.ushmm.org

http://www.westerbork.nl

http://www.wikipedia.org

National Monument Kamp Vught, Historie mit Statistiken, auf: http://www.nmkampvught.nl

Peter Gauweiler, Gedenken an die Opfer des Bombenkriegs im Zweiten Weltkrieg (Drucksache 15/986) vom Juni 2003, auf: http://www.peter-gauweiler.de/pdf/reden/bombenkrieg.pdf

Rolf Jehke, Territoriale Veränderungen in Deutschland und deutsch verwalteten Gebieten 1874 – 1945, auf: http://www.territorial.de

Stefan Heymann, Bericht eines ehemaligen Häftlings, auf: http://home.pages.at/chris999/kz.htm

Stefan Ruzowitzky, Interview, auf: http://www.diefaelscher.at/htm/home/index_dt.html

Stiftung Brandenburgische Gedenkstätten – Gedenkstätte und Museum Sachsenhausen, auf: http://www.stiftung-bg.de/gums/de/index.htm

Süddeutsche Zeitung, Die Niederlande und der Holocaust – 7,50 Gulden für einen Juden (Onlin-Kommentar zum Buch des Historikers les Vuijse: Tegen beter weten in: Zelfbedrog en ont kenning in de Nederlandse geschiedsschrijving over de jodenverfolgung (Wider besseren Wissens. Selbstbetrug und Leugnung in der niederländischen Geschichtsschreibung über die Judenverfolgung)) vom 3. Mai 2006, auf: http://www.sueddeutsche.de

Überblick über den Besuch der IRK-Kommission in Theresienstadt, auf: http://www.ghetto-theresienstadt.de

Yitzhak Arad, The Deportation of the Jews from the General Government, Biylystok General District and Ostland, auf: http://www.holocaust-info.dk